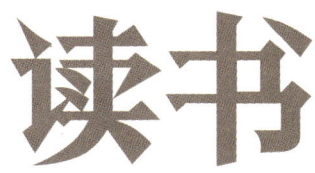

王　军	从读懂梁思成开始
赵汀阳	纪念老师李泽厚
沈　双	废纸·档案·感情
卜　键	危弱之际的保岛行动
程亚文	公司,"准政治制度"?
魏　斌	斛律明月之箭

· 文墨与家常 ·

文墨与家常

王蒙 文 康笑宇 图

应邀为《读书》杂志封二写豆腐块小文,已经有几年了。如今,一敲键,不好,有王郎才尽之窘。告退前先对付一下,给本专栏标题加一个字,原名"文墨家常",现更改为"文墨与家常",即生活与文字的互动吧。

诗文名句,俚语成语,进入生活,变成家常,事例多了去了。过中秋吃月饼赏月,离不开"明月几时有,把酒问青天"——苏东坡《水调歌头》。没有在家乡过节日,"每逢佳节倍思亲"的句子,刻在心上,挂在嘴上。而"量小非君子,无毒不丈夫"一语的狠劲儿、恶意与正打歪着(不是歪打正着)劲儿,超出了文墨范畴,带着一种江湖气乃至匪气的流露。

原文应是"无度不丈夫"。王实甫《西厢记》第五本第四折:"你不辩贤愚,无毒不丈夫"里的"毒",也是度量、程度、风度的度的代用字,平仄顺口,度而"毒"之,正打歪着。一毒,有了家常化,更易于普及上口。俚语中或会有点挑战捣蛋刺激性的耍弄,这是一例。

春天到了,心里出现的是"又是一年芳草绿,依然十里杏花红"。过大年了,哼哼唧唧什么"爆竹声中一岁除"。更意识到炮仗在大城市中已经消沉,至于王安石诗中说到的"屠苏""新桃""旧符",知之者不多矣。

而文字符号也有无用的证明,至今有住楼房的业主,到了电梯前按下"∧"键、又按"∨"键,电梯门一开,他先陪上再下,或陪下再上,耽误他人、耽误自己,妨碍他人、妨碍自己,这样做的人偏偏并不是文盲,还有时正是正急于送货的快递小哥。这是否也是一种文化习性:先挤进去,再考虑去哪儿,先排上队,再问买什么。当然,全面小康的形势,使急于插队的现象大大减少了。

读书

DUSHU　　　　2022　　1

王　军　　从读懂梁思成开始 ………… 3
王海龙　　丁龙史实两甲子解谜 ………… 14

渠敬东　　随李零先生回家（上）………… 24

赵汀阳　　纪念老师李泽厚 ………… 33
沈　双　　废纸·档案·感情 ………… 44

短长书

徐志摩藏书与约瑟夫·康拉德　　刘铮 ………… 53
汪宁生与顾颉刚的学术交谊　赵满海 ………… 56
何以奇幻　张怡 ………… 62

卜　键　　危弱之际的保岛行动 ………… 69
王子今　　帝国下腹部的脂肪 ………… 79

程亚文　　公司，"准政治制度"？ ………… 88

苏福忠　之不拉与海乙那 ………… 96
王　丁　大清钦差会见童年罗素记 ………… 105

品书录 ………… 113
制度的重量（高波）·被侮辱与被损害者的明治维新（丁诺舟）·当代"诗教"的可能性（康宇辰）·印度测绘局的"地图开疆"（刘秧）

张明杰　日本国宝《真草千字文》之辨 ………… 138

魏　斌　斛律明月之箭 ………… 148
谢一峰　华夷观的"频谱" ………… 158

余成峰　从大数据神话拯救隐私 ………… 167

刘以林　漫画 ………… 13
王蒙　康笑宇　文墨与家常 ………… 封二

从读懂梁思成开始

王军

供批判用的"古书"

梁思成一九四三年所著《中国建筑史》，原名《中国艺术史建筑篇》，一九五五年以油印本印出时改为现名。此书与梁思成的《图像中国建筑史》均成书于抗日战争末期，是梁思成学术生涯第一季，即中国古代建筑调查研究学术历程的总结之作。

其后，梁思成倾力于战后重建事业，创办清华大学建筑系以培养人才，投身中华人民共和国首都的规划建设，致力于文化遗产保护，倡导"中而新"建筑创作，完成《营造法式》注释。是为梁思成学术生涯之第二季。

《中国建筑史》是一座里程碑，可是梁思成生前只同意将此书稿以油印本的形式印出，作为高等学校交流讲义之用。他在油印本前言称这是一部"古人写的古书"，供批判参考之用。油印本于一九五五年二月在上海第一次印刷，就在此时，风向逆转，《建筑学报》发起了"对以梁思成为首的复古主义建筑理论的批判"，建筑工程部召开设计及施工工作会议，批判"资产阶级形式主义和复古主义思想"。有论者指出，梁思成的这部书稿，"多不问社会背景，只讨论各种结构式样，因此并不能说明这些结构式样产生和演变的原因"，"作为一个中国建筑史的研究者，对于建筑'在社会上、宗教上，乃至政治活动上的历史'是不应丝毫不加以注意的"。

在彼时复杂的社会环境之下，上述讨论

是颇具学术性的。遗憾的是，梁思成未能获得公开回应的机会。一九七二年他逝世之后，这部书稿终于得以正式出版。这部"古人写的古书"幸未被湮没于历史的尘埃之中。

然而，针对梁思成中国建筑史研究的学术批评并未停止，在二十一世纪初还掀起了不小的浪头，代表性的言论包括："当梁思成和他的同仁们在建立中国古典主义的道路上迈出一步又一步时，他们大概都将之视为他们坚强的民族主义信念的实现，以及他们所学到的西方古典主义建筑学术体系在中国的成功应用。然而，他们并没有也不可能意识到，他们所借以立足的西方古典主义的建筑学术体系与中国建筑体系之间内在的一种根本矛盾。这种矛盾在梁思成等的强烈'民族主义'观念的张扬之下，显得更为突出……这也是梁思成建筑历史观的悲剧所在。"（赵辰：《"民族主义"与"古典主义"——梁思成建筑理论体系的矛盾性与悲剧性之分析》）这样的批评直指梁思成中国建筑史研究之心法，诚可谓兹事体大。

梁思成这位中国建筑史研究的开拓者，在抗日战争时期贫苦交加的四川李庄农舍，以殉国者的姿态对他所从事的中国建筑史研究做出总结，确实是出自强烈的爱国心。可是，这一爱国心，即所谓"民族主义信念"，真的将他导入了以西方古典主义言说中国建筑体系的"悲剧"之中吗？

竞相角逐的"战场"

梁思成是一九三一年正式加入朱启钤创办的中国营造学社专事中国建筑史研究的，此前，这一研究领域已成为西方及日本学者竞相角逐的"战场"。

一九〇一年，梁思成出生之年，日本学者伊东忠太一行，受日本内阁派遣，在八国联军占领北京之际，对紫禁城进行了拍摄与测绘。受伊东忠太影响，一批日本学者加入进来，欧洲学者紧随其后。二十世纪初至三十年代，他们携带照相器材，对中国古代建筑进行了持续调查，并以"图版＋评解"方式发表。在梁思成加入中国营造学社之前，西方及日本学者已出版的这类著作包括：一九二〇年出版之法国学者伯希和（Paul Pelliot）的《敦煌图录》（*Les grottes de Touen-houang*）；一九二三至一九二四年出版之法国学者谢阁兰（Victor Segalen）的《考古图谱》（*Mission archéologique en Chine*，两卷）；一九二三年出版之德国学者鲍希曼（Ernst Boerschmann）的《中国的建筑与景观》（*Baukunst und landschaft in China*）；一九二五年出版之鲍希曼的《中国建筑》（*Chinesische Architektur*，两卷）；一九二五年出版之伊东忠太与日本建筑史学者关野贞合著的《东洋建筑》；一九二五至一九二八年出版之关野贞与日本佛教史学者常盘大定合著的《支那佛教史迹》（第一至五卷）；一九二八至一九二九年出版之伊东忠太、关野贞与日本建筑史学者塚本靖合编的《支那建筑》（上下卷图版）；一九三〇年出版之瑞典学者喜龙仁（Osvald Siren）的《中国早期艺术史·建筑卷》（*A history of early Chinese art*. Vol 4. Architecture）。

在这场学术竞争中，伊东忠太是一位重要人物。他于一九〇五年，在奉天（今沈阳）与日本建筑史学者大熊喜邦抄录了奉天宫殿文溯阁存四库全书本《营造法式》，并将抄本存东京大学工学部建筑学教室。他还于一九三一年出版《支那建筑史》，对《营造法式》这部罕见的宋代建筑官书做出评价："中国人既不置重建筑，故此类书籍甚少。余所知者，仅宋代编有《营造法式》，明代著有《天工开物》及现行之数种书籍而已。此数种书，不独解释困难，且无科学的组织，故有隔靴搔痒之憾。"他在书中断言："研究广大之中国，不论艺术，不论历史，以日本人当之，皆较适当。"他亦承认："日本人之长处，亦即日本人之短处。盖日本人所知者，中国之皮相也，因此不能得其真髓，不能有根本的新发见。"接着，他把目光投向西方："欧美人因在昔无中国之观念，故能以崭新之思想，突飞之努力，下独创的考察。"这当中，是没有中国学术的位置的。

一九三〇年六月，伊东忠太应邀在中国营造学社发表演讲，建议中日两国学者合作进行中国建筑史研究："在支那方面，以调查文献为主；日本方面，以研究遗物为主，不知当否？"

伊东忠太是日本明治维新后成长起来的具备近代科学技术知识的建筑史学者，中国出现这类人才则迟至清朝覆灭之后中国掀起留学西洋的浪潮之后，梁思成即为其中代表。以年龄论，伊东忠太与梁思成之父梁启超为同一代人，这意味着中国建筑史研究与日本相比，有着整整一代人的差距。这自然是伊东忠太建议"在支那方面，以调查文献为主；日本方面，以研究遗物为主"的原因所在，因为那时他尚不知掌握测绘及照相技术并能够以近代科学技术知识记录、研究建筑实物的中国学者何在。

可是，伊东忠太的这一建议，刺痛了中国学者的心。置身彼时中国内忧外困、备受列强凌辱之境况，颇令人产生"中国无人"之感。这也促使朱启钤立即动员时任东北大学建筑系主任的梁思成加入中国营造学社以奋起直追。

梁思成的视野

伊东忠太关于《营造法式》的评价是冒失和武断的。他费力抄写的文溯阁本《营造法式》虽然存放于东京大学工学部建筑学教室，可是在朱启钤创办中国营造学社倾力研究这一文献之前，日本学者的研究付诸阙如，盖缘于伊东忠太对此书的偏见。这不但限制了日本学者研究中国建筑史的深度，还对一脉相承的日本古代建筑的研究带来了消极影响。

《营造法式》是北宋官订的建筑设计、施工的专书，其性质略似今天的设计手册加上建筑规范，是中国古籍中最完善的一部建筑技术专书。一九一八年，朱启钤在南京江南图书馆发现清道光元年丁氏抄本《营造法式》，即交商务印书馆印行。后又嘱陶湘勘校诸本，于一九二五年重刊仿宋陶本《营造法式》。梁启超旋寄一函给在美国宾夕法尼亚大学攻读建筑的梁思成、林徽因（曾用名林徽音），题识略述《营造法式》编撰者李诫之业绩，叮嘱"思成徽音俾永宝之"。

一九二七年梁思成入哈佛大学研究东方建筑，系统阅读了日本与西方学者对中国建筑与艺术的调查成果。对喜龙仁与鲍希曼这两位欧洲学术界的代表性人物，梁思成在一九四七年评论道："他们谁也不懂中国建筑的'文法'（grammar），对中国建筑的描述不得要领。两人之中，喜龙仁要好一些，他引用了《营造法式》，却漫不经心。"一九四五年，梁思成撰文指出："中国建筑的'文法'是怎样的呢？以往所有外人的著述，无一人及此，无一人知道。不知道一种语言的文法而研究那种语言的文学，当然此路不通。不知道中国建筑的'文法'而研究中国建筑，也是一样的不可能。"

而要破解中国建筑之"文法"，何其难矣！梁思成在《营造法式注释·序》中坦言，研究《营造法式》，"老师傅是没有的。只能从宋代的实例中去学习。而实物在哪里？虽然有些外国旅行家的著作中提到一些，但有待亲自去核证"。他竟将那些大名鼎鼎的外国建筑史学者称为"外国旅行家"，实是因为他们不习《营造法式》不能深入研究之故。

在中国建筑史研究领域，梁思成虽然是迟来的后生，但他以坚定的意志，通过实物调查与文献考证，倾力解读《营造法式》，试图开启中国建筑史研究之"不二法门"。这正是梁思成与前辈外国学者的学术分野。

"文法"探义

梁思成在《营造法式注释·序》中追述了他的研究历程："要研究宋《法式》，应从清工部《工程做法》开始；要读懂这些巨著，应从求教于本行业的活人——老匠师——开始。因此，我首先拜老木匠杨文起老师傅和彩画匠祖鹤州老师傅为师，以故宫和北京的许多其他建筑为教材、'标本'，总算把工部《工程做法》多少搞懂了。对于清工部《工程做法》的理解，对进一步追溯上去研究宋《营造法式》打下了初步基础，创造了条件。"

清工部《工程做法》规定，有斗栱之建筑以斗栱之斗口为模数，无斗栱之建筑以明间面阔为基准，度屋名物，一以贯之。这一方法与宋《营造法式》以斗栱之横拱截面（即一"材"）为度量单位的制度（即"以材为祖"）一致，皆是以建筑之某一部件为模数，令所有空间为其倍数或分数，并根据模数等级，等比例伸缩变造，生成乐律般的空间秩序。一九三四年一月，林徽因在《清式营造则例·绪论》中指出，这一制度，"实是中国建筑真髓所在"。这当是对前引伊东忠太所说"盖日本人所知者，中国之皮相也，因此不能得其真髓"的直接回应。

在加入中国营造学社不到三年的时间里，梁思成、林徽因就对中国建筑构造之基本方法做出揭示，这确与他们在留学美国期间所接受的严格的西方古典主义训练有深刻联系。习西方古典主义建筑构造之法，必从 Order（梁思成译为"型范"，今学术界通译为"柱式"）入手。这一制度，见载于古罗马建筑师维特鲁威的《建筑十书》，即以柱径为模数单位，令所有建筑空间为其倍数或分数，这与《营造法式》"以材为祖"制度、《工程做法》斗口模数制度一致。

梁思成敏锐地注意到这一现象。他在一九三二年发表的第一篇古建筑调查报告《蓟县独乐寺观音阁山门考》中，不但首次释读了《营造法式》"以材为祖"制度，还首次指出，斗栱在中国建筑上所占之地位，"犹 Order 之影响欧洲建筑，至为重大"。他的这一结论并不以套用"西古"为鹄的，而是指出了一个基本事实——东西方古典主义建筑皆以某一建筑构件为模数单位，以此确立建筑各空间伸缩变造、比例权衡之法。这无疑是一个重要发现，对于东西方建筑史研究皆具有重大意义。

在独乐寺建筑调查取得这一突破之后，梁思成又马不停蹄地对河北宝坻（今属天津）广济寺三大士殿辽构、河北正定古代建筑做了实测研究。正定存唐代以降各历史时期重要建筑，这使梁思成对古代建筑制度之演变有了深切认识。在此基础之上，梁思成与刘敦桢、林徽因于一九三三年赴大同调查。大同是伊东忠太、关野贞等日本学者用力甚深之处，他们试图通过对云冈石窟、下华严寺薄伽教藏殿辽构等建筑的研究，探明日本古代建筑之源流。

与日本学者研究方法泾渭相别的是，梁思成、刘敦桢合写之《大同古建筑调查报告》，皆列出当地辽金建筑的模数单位——材契（契亦是《营造法式》规定的建筑设计模数单位，为上下相邻两栱空隙之高）的测绘数据，并将之与《营造法式》的相关规定做了比较研究。

一九三七年七月，梁思成、林徽因发现山西五台山佛光寺东大殿唐构，并对其模数制度做了深入研究，证实了梁思成一九三二年在独乐寺调查报告中做出的关键性判断："以材契为度量之制，辽宋已符，其为唐代所遗旧制必可无疑。"

以上调查研究，使梁思成能够在抗日战争时期，充满自信地对中国古代建筑之结构技术做出总结，献出这一部《中国建筑史》，并为其英文著作《图像中国建筑史》绘制那幅著名的《中国建筑之"Order"》图解，在其中注明："斗栱及全建筑之各部均以材或其分数或倍数为比例之度量单位。"他以英文Order一词表示中国建筑"以材为祖"之制，实是因为这两种制度内在逻辑一致，诚可谓"东海西海，心理攸同"，并无攀附西方古典主义以张扬民族主义之畸形心态。

"错误的立场和历史观点"

在《中国建筑史》油印本前言中，梁思成提到了此书存在的"错误的立场和历史观点"，包括"以帝王朝代为中心的史观，只叙述了封建主和贵族的建筑活动，没有认识到那些辉煌的建筑物是各时期千千万万人民劳动的创造和智慧的积累"。这在很大程度上代表了梁思成经历一九五一年思想改造运动之后的思想状态。

梁思成所从事的建筑调查活动，确实是以宫殿、寺庙为主要对象。他先是调查北京故宫，以此为重点，借以读通清工部《工程做法》；然后再倾力寻找早期建筑，以宗教建筑为重点，结合实测研究，借以读通宋《营造法式》。实践证明，这样的选择是完全正确的，因为中国存早期建筑以宗教建筑为主，非宗教建筑之类，如民居，多经历频繁毁建，已难存早期规制。

但这并不意味着梁思成不重视对非宗教建筑的研究。

一九三四年，梁思成出版《清式营造则例》，在绪论之后刊出的第一图"平面部分名称"，就对比研究了两进院的四合住宅与两进院的四合寺观，指出"普通平面均齐的配置方法，不论宫殿庙宇或住宅，均由若干座的建筑物合成"。此前，梁思成在一九三二年发表的《我们所知道的唐代佛寺与宫殿》一文中指出："中国的宗教建筑，与非宗教建筑，本来就没有根本不同之点，不像欧洲教堂与住宅之迥然不同。"基于这样的认识，梁思成的建筑史调查，不会将非宗教建筑排除在外。一九三四年，梁思成与林徽因赴山西调查，次年发表《晋汾古建筑预查纪略》，即专列"山西民居"一节。

在《中国建筑史》一书中，梁思成还将当时大量存在的清代住宅建筑略分四区研究。他指出："在建筑种类中，唯住宅与人生关系最为密切。"中国建筑的"许多平面布署，大的到一城一市，小的到一宅一园，都是我们生活思想的答案，值得我们重新剖视"。所以，他在一九四九年主持编制的《全国重要建筑文物简目》中，将"北平城全部"列为第一项文物；并在五十年代，指导学生王其明调查研究北京四合院住宅。

时下仍有人以为，梁思成"面对两个不同类型的文明，却用治西方建筑史的方法来治中国建筑史。这方法对中国建筑的终结是有致命性的。他采用西方建筑史当时比较主流的方法——以帝王将相为核心的建筑史，事实上西方建筑史的做法也不完全是那样。这就使中国的民间建筑完全不在他所讨论的建筑史范围内。但我们又以他的观点制定了建筑文物保护法，导致每个城市只保留几处著名的传统大建筑就可以了，其他都拆了。你可以看到，治史的方法对现实会有什么样的影响"（朱晓佳：《他们最不听设计师的——建筑师王澍的困扰》）。

显然，这样的说法是没有事实根据的。

创立体系

前文引一九五五年建筑思想批判中，有论者对《中国建筑史》提出批评，指其"多不问社会背景，只讨论各种结构式样，因此并不能说明这些结构式样产生和演变的原因"，"对于建筑'在社会上、宗教上，乃至政治活动上的历史'是不应丝毫不加以注意的"。

事实上，梁思成在写作此书时已注意到这一问题，但他坦言："本篇之作，乃本中国营造学社十余年来对于文献术书及实物遗迹互相参证之研究，将中国历朝建筑之表现，试作简略之叙述，对于蜕变沿革及时代特征稍加检讨，试做分析比较，以明此结构系统之源流而已。中国建筑历史之研究尚待于将来建筑考古方面发掘调查种种之努力。"

在他看来，他所完成的只是一部探索中国建筑结构技术之源流的专著，这只是他所理想的中国建筑史研究体系的一部分。对此，他在《中国建筑史》绪论中明言："建筑显著特征之所以形成，有两因素：有属于实物结构技术上之取法及发展者，有缘于环境思想之趋向者。对此种种特征，治建筑史者必先事把握，加以理解，始不至淆乱一系建筑自身之准绳，不惑于他时他族建筑与我之异同。治中国建筑史者对此着意，对中国建筑物始能有正确之观点，不做偏激之毁誉。"

这里，他指出了中国建筑史研究的基本路径，即"结构技术＋环境思想"。

他对所以先事结构技术之研究做了说明："古之政治尚典章制度，至儒教兴盛，尤重礼仪。故先秦西汉传记所载建筑，率重其名称方位，布署规制，鲜涉殿堂之结构。嗣后建筑之见于史籍者，多见于五行志及礼仪志中。记宫苑寺观亦皆详其平面布署制度，而略其立面形状及结构。"所以，他锁定了以结构技术为主要内容的《营造法式》，因为不能释读此书，就叩不开鲁班之门。

这个世界留给他的时间不多。从一九三一年他加入中国营造学社到一九三七年抗日战争全面爆发，他只有六年时间做田野调查。

"七七事变"之后，他与林徽因逃亡至昆明，双双病倒。大病初愈，他即与刘敦桢带队，于一九三九年九月至一九四〇年二月赴川康地区做田野调查。此后，学社工作面临重重困难，田野调查不得不停止。

在有限的时间里，他收获了唐代建筑佛光寺东大殿、隋代建筑赵州桥之发现等重要的田野调查成果，释读了宋《营造法式》"以材为祖"制度、清《工程做法》斗口模数制度，理解了中国建筑之"文法"，指出东西方古典建筑在模数化设计方面的一致性，写就《中国建筑史》，诚可谓成就辉煌。但他并不满足于此。在总结中国建筑之结构技术之后，他还渴望进一步探索中国建筑之环境思想。他认为"政治、宗法、风俗、礼仪、佛道、风水等中国思想精神之寄托于建筑平面之……分布上者，固尤深于其他单位构成之因素也"。

他举出中国建筑环境思想研究四个需要注意的方面：一、不求原物长存之观念；二、建筑活动受道德观点之制裁；三、着重布署之规划；四、建筑之术师徒传授，不重书籍。他已决意在这一领域深入探索。可是，在一九五五年建筑思想批判之后，他的学术空间

> 每个人身上都有太阳,主要是如何让它发光。——苏格拉底

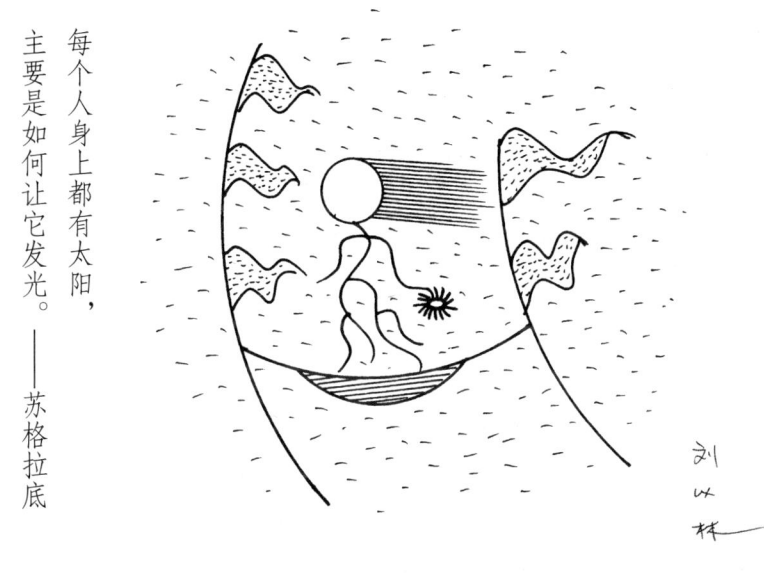

迅速缩减,相关研究已难以为继。但他所构建的"结构技术+环境思想"之中国建筑史研究体系,为后世学者开辟了道路。

时至今日,随着一代又一代学人前赴后继,相关领域研究持续深入,一大批成果涌现出来。我们已能看到,模数化设计贯通中国古代建筑之结构技术与环境思想,新石器时代以来诸多经典案例皆可为证,这是中国古代建筑与空间设计之精华所在。梁思成关于中国建筑环境思想的论述,有其鲜明的精神指向,绝非后世之论者以褊狭的"机械唯物论"所能定义的;他所构建的中国建筑史研究体系所显示的开阔视野,亦绝非后世之论者以只见树木、不见森林之"结构理性主义"概念所能遮掩的。

梁思成中国建筑史研究之坎坷命运,一而再地向我们提示,欲知中国建筑,须静下心来,怀着同情之了解,实事求是,不羼杂任何沽名钓誉之企图,不做任何偏激之毁誉,从读懂梁思成开始。

王海龙

丁龙史实两甲子解谜

　　二十多年前，我翻译阐释人类学家克利福德·吉尔兹《地方性知识》时记得他说过：在文化人类学界，似乎有个定律，那个说了"因"的人往往就该说"果"。虽然丁龙个案算不上典型的人类学课题，但它却是个因文化碰撞而激起的社会历史事件；如果把它看作一个文化学个案，那么，提出问题的我应该对它的结局给予一个总结性的回答。

　　华工丁龙捐款在美利坚名校建成汉学系的故事今天已经是一个提起来很让读者振奋的传奇事件。一百二十年前，一个下层华工在纽约哥伦比亚大学创建了一个汉学系——时间、地点、民族悲情等等因素很容易使这个话题被人们关注、传播，甚至放大其中的历史细节，将历史演成神话。可是，很少有人细想，为什么这样一个励志且使人想来振奋的往事能够被雪藏近一百年。笔者上世纪末才挖掘出来。

　　这一百年间发生了什么？为什么这个故事少有史料留存，为什么在素以重视保存原始文件的美国这个个案的文件搜求起来这么困难？美国人不记述倒也罢了，让人费解的是，自上世纪初在哥伦比亚大学留学的华人在中国政坛、文坛领袖众多，其中很多人就修习过汉学或跟中国相关的课程，他们不可能没接触过跟丁龙相关的史实或史料，为什么这些学人几乎对此没有留心或记录？——

说一点没有记载不是事实，但遗憾的是，这里的"有"甚至不如"无"。因为在偶或谈及丁龙时，往往是瞎编故事，反倒把丁龙的事迹变成了低俗的逸事或宣传工具（见《胡适口述自传》，华东师范大学出版社一九九七年版，89、105页；Chiang, Monlin.*Tides from the West*, Yale University Press, 1947;3, p.164；《钱穆全集》"中国史学发微·略论中国历史人物之一例"，九州出版社二〇一一年版）。这些，我们后边会掰谎详叙。

别忘了，当年丁龙不可能凭一己之力在美国名校建成一个汉学系。这里须有个因缘际遇，建立这样一个系科是需要天时地利人和的。应该说，丁龙是一粒种子，但仍需要合适的土壤才能长成参天大树。这个令它生长的土壤就是时代的呼唤。

一、创造历史的契机：丁龙成功的条件

丁龙，作为当年美国一个底层的佣仆，他为什么有这么"高大上"的建立汉学系的追求和愿望，他是如何设立、又是怎样实现这一目标的？我过去的文章对此做过解读。随着更多的原始资料的发掘，今天得以有机会将视角拓展得更宏阔，从当年的国际政治背景和那时美国人之中国观等角度来审视其"文化上下文"场阈。二十年前，囿于资料所限，我的发掘文章对这方面探讨不够。所以其后竟至出现一些臆测和虚构情节影响视听。作为这一史实发掘者和大多第一手资料的发布者，在此应该以历史学的严肃态度来加以澄清。

一百二十年后回溯，丁龙发心捐款成立汉学系的年代的政治历史背景更加清晰了：此事发生在历史激荡和中华民族面临生死存亡的时刻。一九〇〇年八国联军侵华，结局是中国惨败并为世界列强凌辱。一九一〇年，西方国家组成联盟抱团结伙向中国发难、逼迫清廷赔款及发布丧权辱国的道歉等等。其结果就是逼签了令中国人感到奇耻大辱的《辛丑条约》。

在海外的华人侨胞也能感受到这场灾难的烈度。在欧洲、日本

甚至南洋,华夏帝国的地位如风中芦苇;而那时美国对华工更是肆意残害盘剥,臭名昭著的排华事件层出不穷。十九世纪末以来美国对华工的蹂躏、排华事件等给了丁龙以巨大的刺激。丁龙身在其中,也深受排华骚扰和侮辱,加上庚子之乱在美国引起仇视中华文明的狂潮,内因加外因,使得丁龙希望美国人能更多了解中国的历史、文明与传统。他捐款建汉学系盼望美国人了解并尊重中华文明的想法是逐渐形成的。

在二十年前我发表文章之前,大多丁龙传说都忽略了卡本蒂埃(Horace Walpole Carpentier),或以"他的主人"一词轻轻带过,或者用"美国雇主""东家"来轻描淡写。我用第一手档案资料首次发现了大量卡本蒂埃同两任校长间关于筹建汉学系的通信才真正还原了这段历史。其实在哥大原始文件中除了一封捐款信外几乎找不到任何关于丁龙的记录,破解丁龙之谜全赖卡本蒂埃的档案。当然,建立汉学系也是卡本蒂埃促成的(那时校史档案馆"丁龙"名目下除一张"丁龙讲座教授"名录卡和一张英文简报"Editorial:Dean Lung—A Humble Chinese"外,没有任何记录。我直到发现卡本蒂埃给两任校长通信后才解开全部建汉学系之谜)。丁龙是一粒种子,卡本蒂埃是土壤。没有土壤种子永远不能发芽;但即使再肥沃的土壤,没有种子它永远也只能是荒土。在这个事件中,丁龙的幸运是遇到了卡本蒂埃,他不仅心地高贵,而且有财力、有能力,卡氏后来成为哥大的校董。

当然,仅有这些还不够。这里的天时地利人和还需一个契机的叩门:基于当年美国期冀崛起的企愿和对远东事务愈来愈浓厚的兴趣,其朝野皆雄心勃勃地要睁眼看世界。学术上,当年哥伦比亚大学有着著名文化人类学家博厄斯(Franz Boas)创设了文化历史学派,开世界上多元文化研究之先河。博厄斯除了是人类学家,也是比较语言学家。巧合的是,在哥大建立汉学系以后,正是这被称作"美国人类学之父"的博厄斯被哥大委派去欧洲寻找汉学教授。

二、验证传说：筚路蓝缕的建档和复档

除了上面的原因，哥大愿意此刻建汉学系还有一个重要的学术契合点。巧合的是，在丁龙捐款前几年，哥大印欧语言学家威廉姆斯·杰克逊、闪米特语言学者理查·高泽尔等也曾先后积极建议校长创设汉学系以回应时代需要并占领美利坚学术制高点。他们在学术上更早地发出了建立汉学系的呼声。

还有一些"人和"方面的机缘：当年哥大校长赛斯·洛本人和其家族也跟中国有着千丝万缕的联系。校长家祖上做中国生意起家，他的祖父和父亲都曾是纽约最大的中国贸易商并参与创建和管理广州著名的旗昌洋行。校长本人也有内在的中国情结。上面是当时国际、国内和哥大内部背景。

除了哥大行政方，学校董事会也适时地发出了要建立汉学系的呼声。当时哥大土木工程教授和校董威廉·巴克莱·帕森斯曾去中国参建广汉铁路，因此对中国的历史和社会深感兴趣；他取了个中文名柏生士。帕森斯在华跟中国上层官僚、军阀以及各色人等接触频繁，他跟当时清廷驻美大使伍廷芳和美国驻华大使康格都相熟。这无疑是建立汉学系的积极动力和人脉。他回美后将其在华购买的大量书籍捐给了哥大，这成了建立汉学图书馆的第一笔捐赠。

由此，因缘际会，天时地利加上人和，恰在此时，丁龙的振臂一呼，完成了这一划时代创举。百年后回溯这个案例，我们发现，这种机缘辏合应属可遇不可求的。丁龙伟大，也是幸运的。在他之前和在他以后，很多仁人志士做过类似的努力，但唯丁龙的努力终于开花结果而且硕果累累。

丁龙史实的发掘过程，我当年的文章已经介绍了详情。那时互联网尚未普及，很多资料都尘封百年，为了一个具体史实往往要耗时很久去核对。除了查工具书、档案，咨询政府机构，还查对海关

资料和人口统计材料等等。到最后发现并解读了两箱卡本蒂埃同两任校长间关于建立汉学系的详尽通信和原始材料而终于揭开了谜底。

其实只有这些仍然很不够，侥幸，那时我还有一些奇遇和机缘获取一些文献、书信以外的活的材料。其中印象深刻的是我有幸通过约翰·麦斯凯尔教授的帮助采访了当时健在的夏志清的恩师王际真。那时候王先生已是百岁老人，见面时王际真讲述了他听闻的丁龙材料并介绍我参考早年系主任富路特（Luther Carrington Goodrich）关于汉学建系史的文章和记录，这些宝贵线索成了我完成这个课题最早的解谜之钥。

其后，我又有幸得遇当年健在的原东亚系主任、丁龙讲座教授毕汉思（Hans Bielenstein），获得了另外一些资料。同样，我从忘年交唐德刚先生那里也获取了一些有用信息。唐先生早年曾在东亚图书馆工作，算得上是汉学系资料的老管家，他对哥大早年汉学资料搜集方面的史实相当熟稔，对其内容如数家珍。

新世纪以来，丁龙故事在华人世界广为流传。中国中央电视台等机构曾多次来哥大拍摄，校方指派我参与审稿并协助。丁龙史实反馈到了哥大，曾担任过东亚系主任的汉学家狄百瑞（William Theodore de Bary）教授随后也写文回顾了汉学系创建历史。狄百瑞先生曾是我的老师，我也有机会采访他，得获丁龙讲座的很多细节内容。因为获得了全球性的关注，丁龙信息也在哥大有了系统备案，并被写成了正史。历经近三十年，哥大终于给丁龙建立了比较详实的历史档案。笔者关于丁龙及校史的著作被收藏入他当年捐建的东亚图书馆，算是给丁龙史实建档和复档画上了一个句号。

二〇〇四年哥大庆祝建校二百五十周年，我应邀介绍丁龙，因此又循迹发掘了一些丁龙资料。我查找过纽约民政局资料并查询加州移民文献，又在纽约州公路局网站上发现丁龙路，且顺藤摸瓜找到了丁龙的雇主卡本蒂埃晚年的故居，并由此得以跟高文镇历史学家取得了联系。同时，我还辗转采访了小镇当年曾经见过丁龙和卡本蒂埃的百岁老人，了解了丁龙可能回中国的消息。我的另一发现是通过档案资料得知卡本蒂埃曾经捐款给广东岭南医学院，这是他关心中国并将道义支持延伸到美国以外的一个实在的物证资料。

三、文化考古学：从口头到文献的历程

随着近二十年电子和数字化技术突飞猛进，大量历史文献得以面世。这对丁龙个案的发掘是一大幸事。因为随着历史文献和物证材料的呈现，丁龙已经不止是个私人文件和个人回忆中塑造的角色而成了一个新闻、历史资料实证和公开史料记载的形象。这里面的资料大多数都具权威性，有的取自当年的新闻报道，有的是校史档案，有的是学校公开发表的文献和年终报表等。它们从不同的角度给我们刻画了立体的丁龙形象。

除了我当年挖掘发表的丁龙、卡本蒂埃和哥大两任校长赛斯·洛及尼古拉斯·巴特勒间的通信资料外，仅就个人目力所及的不完全统计，近二十年丁龙文献的发现大约有以下一些进展。

迄今发现最早报道丁龙事迹的是《纽约论坛报》。它在一九〇一年十月十三日用了大半版篇幅介绍了丁龙其人以及他捐建汉学系的义举，报道内容较为详尽。

一九〇二年二月二十五日，哥大《观察者报》详细报道了清廷给丁龙所捐汉学系捐书的情况。报道指出，中国政府捐赠珍贵百科全书性质的《古今图书集成》来支持丁龙讲座教授席位，并介绍了这套巨著的价值及其对美国学者、学生和促进美国汉学研究的意义等。同年三月十一日，该报又报道了汉学系邀请英国剑桥大学教授翟理思（Herbert Allen Giles）来哥大做讲座的情形，他的两场演讲题目分别是"中国的语言"和"中国的图书馆"。哥大校长巴特勒亲自出席并介绍翟理思。在演讲中，翟理思盛赞中华文明的源远流长以

及了解中国对西方的重要性，并介绍其时英国虽有五个汉学讲习，但却没有一个具备哥大丁龙教习所享有的条件。其实，这次翟理思的讲座是为了汉学系成立和邀请汉学教授而热身宣传的。可以看出，翟理思对此很配合而且很尽心。其后，一九一四年牛津出版社出版的《哥伦比亚大学》一书，刊登了丁龙讲座教授及其赞助基金捐款二十二万五千美元的官方记录。

出版于一九一八年的《学校与社会》杂志详细报道了卡本蒂埃遗赠哥大和其女校各一百万美元的消息。其中专门提到了他追加遗赠三十万美元给丁龙汉学系。除了这些捐赠，他同时还遗赠基金给加州大学和医院等。这里还特意提到他遗赠给中国岭南格致书院两万五千美元。这篇文章报道，卡本蒂埃于此年一月三十一日逝世，终年九十二岁。

一九二〇年，哥伦比亚大学出版社出版的《宪章、法案、官方文件和纪录》第一卷第380页专门给"丁龙汉学教习"设项。记载一九〇一年十月七日校长和董事会设立这个讲席和系科的原委及捐款详情，并阐述了这个讲席的文化意义。这项官方记录显示经过追加，到那时，这项基金数目是二十二万六千二百美元。

丁龙的再次出现是在有名的文学期刊《纽约客》一九三一年三月号上。这一期有文章介绍丁龙事迹始末。它基本上忠于史实，只是把卡本蒂埃捐款数目说成了第一次十万美元、第二次五万美元。此文提到了当时的中文教授是王际真，那时有十八位学生，除了两位是中国人，其他皆为没有任何东方背景的白人学生。

请注意，到此为止，尚未有任何一位中国人或在哥大留学的中国学者正式提及过丁龙的名字。

下面开始出现了中国人的有关记录。其中较早的是蒋梦麟一九四七年出版的英文自传《西来潮》。可惜的是，在这本自传中，他对很多美国无聊琐事津津乐道，唯独对他学习四年并得到博士的哥大学习生活一笔带过。可见这里面有很多他不愿说或不能说之处。巧的是,他偏偏提到了丁龙。可惜他说的却全是错谬,造成了最早关于丁龙的误导。他在书里把丁龙说成是个洗衣工,把丁龙的捐款说成了富有戏剧性的"一袋金子"——因为那时对城市华人固定的形象是洗衣工或是淘金客,所以蒋梦麟生造了这个漫画场面。蒋梦麟在哥大留学四年,其时汉学系成立不久,存放丁龙原始档案处和汉学系离他的宿舍均不超过百步距离。只要稍微留点神他想获知事情真相并不难。

其后,五十年代胡适口述历史中也有片言只语提到了丁龙史实。其实,胡适应是最有资格和最应该说清楚这段历史的,因为他的博士论文副导师夏德教授就是第一任丁龙讲座和汉学系的创系教授。胡适的"副修"是汉学,而他的博士论文写的中国古代哲学属于汉学内容,汉学系应该是他的母系之一。但是,出于某种奇怪的原因,他刻意支吾了这一段。提到导师夏德,只是说了一些逸闻趣事。回忆中虽然提到了丁龙和卡本蒂埃建汉学系,但没有细节。而且,胡适的最大失误是他一字不提丁龙发起捐款,却声称是"卡氏乃独立捐资给哥大设立一席专治汉学的'丁龙讲座'"。由于胡适的地位且他又是汉学系博士生当事人的身份,他的说法被认为权威,误导了不少人(《胡适口述自传》,华东师范大学出版社一九九七年版)。

四、百年孤独:寂寞身后事

二十世纪最有价值的资料是哥大原系主任富路特一九五七年撰写的建系简中文章。当年是它充实了我的研究。由于富路特写文时史料尚在,而且他是亲历现身说法者,故它比较真实且线索和条理都清晰,是忠信的参考文件。

此期给了我更多细节的另一资料来源是哥大东亚系的原教师蒋彝的英文著作《哑行者在旧金山》。蒋彝就在本系任教,书中他谈到丁龙故事比较详细，刻画了有血有肉的丁龙，而且手绘了丁龙、卡本蒂埃和富路特的画像（Chiang, Yee. The Silent Traveler in San Francisco, W.W. Norton & Company. Inc. New York, 1964, pp. 225-231）。

再后是一九六四年十二月二日刊载丁龙事迹的旧金山华人英文报纸，这是我二十年前到哥大校史馆寻找丁龙文献时丁龙名下的唯一一份文字材料，前文已经提及。

其后，唐德刚发表于《哥大图书馆专刊》一九六七年二月号的文章《善行：从慈禧到哥伦比亚大学》详尽介绍了建系伊始清政府向哥大捐书的情节和内容，是一篇详实的史料记录（Tong, Te-Kong. "From the Empress Dowager to Columbia: A Benefaction", Columbia Library Columns, Volumes XVI, February 1967, Number 2）。

最后要提到的是利用丁龙故事做宣传且误导华人世界视听的董显光和钱穆等的传播内容。董显光曾为政客，一九五八年在香港讲演发表文章谈丁龙并虚构和衍生很多故事。钱穆则更离谱，在其《中国史学发微》中杜撰丁龙籍贯和卡本蒂埃身份，并称汉学系是在丁龙"死后"才建立等等。文章除了道听途说就是臆造，不仅史实混乱，而且给以后研究丁龙和寻找丁龙家乡等造成了很多不应有的误导（海龙：《大事小错：钱穆说丁龙》，载《文汇报》二〇一七年九月九日）。

为什么丁龙事迹会被埋藏百年？这是我常常思考的一个问题，经过日久爬梳和研究，我基本上寻到了答案。

上节原始资料陈列显示丁龙捐款事迹当年并不乏文献正史记载。所谓埋藏云云，其实主要是它在华人世界不为人所知。哥大自二十世纪初丁龙捐建汉学系伊始就有着大量中国学生来此留学，其中不乏专门研究中国历史哲学文化学者。他们中有很多后来成了名人、政客和各界精英，为何他们对这件当年应该让华人扬眉吐气的事件这样漠然，并不给予应有的宣传和介绍呢？这个问题不只我在问，当年钱穆在找不到证据而只能凭道听途说编造故事时也曾抱怨过：

"余居北平教读北大、清华、燕京三大学,教授多数以上全自美国留学归来,亦有自哥伦比亚毕业来者,但迄未闻人告余丁龙事。"虽然无人告知真相并不是钱穆杜撰丁龙事迹的借口,但从他的叙述中,可以看出当年的留美学者对丁龙个案的确淡漠甚至无视。

他们不言说并不意味着不知晓此事。譬如前面我们列举蒋梦麟就曾借用这故事调侃中国人并臆想编造故事来遗患读者。而胡适本人受益且直接受教于丁龙汉学系,但言及此事亦故意语焉不详一语带过。我查考了丁龙捐建汉学系前后在哥大留学一批闻人中就有顾维钧、郭秉文、马寅初、胡适、蒋梦麟、孙科、宋子文、陶行知、金岳霖、冯友兰、潘光旦、吴文藻等。他们都有可能跟丁龙事迹和汉学系有交集,而且这些人中不乏专治中国学问并且后来成为中国名校校长和著名教育家的。但是,他们著作中都缺少关于丁龙的这一笔介绍。

为什么呢?我发现,当年中国名人哥大回忆录或记录多是写给西方人看的。他们的写作当然要迎合西方人口味。在谈及中国人时常以高高在上的精英口气将底层华人面貌传奇化甚至漫画化是其惯技。这些旧时留学精英往往自外于普通人、劳动者和"苦力",也比较无视下层人的贡献和苦难。查阅他们当年的资料和手记,这些人多不愿搭理底层人的呼吁。当年留学生极少融入"唐人街"的生活,故而蒋梦麟想当然地把丁龙写成"洗衣工"并杜撰了"一袋金子"的荒唐故事。反倒是西方人档案和记录比较真实列举了丁龙史实,下面列举资料和档案可证。此外,丁龙讲座教授富路特担任哥大的系主任多年,正是他撰写了哥大汉学系的建系史,较为详尽地记录并还原了丁龙捐建汉学系的史实。

渠敬东

随李零先生回家（上）

父亲有老家，我没有。即便我的履历表上籍贯一直写的是江苏丰县，可那就是个抽象的概念，不会常驻自己的心里。读老一辈学者的书，才慢慢知道家乡的意味。费孝通先生的开弦弓、林耀华先生的古田，都是让他们魂牵梦绕的地方，苏南江村和闽北山区有着不同的乡土社会生态，也注定他们选择了社会人类学和文化人类学的不同学术路向。家乡，是他们埋在心灵土地中的种子，既是一种需要不断返回的绵延记忆，也注定会成为他们看待世界的范式，将自己的生养之地扩展为一种更为普遍的生命可能。

在我熟悉亲近的朋友那里，也有好些"家乡的学问"。郑振满一辈子都在破译他的莆田密码；王铭铭总将"刺桐城"说成世界的中心；李零先生，把他的山西老家写成了"大地文章"……费孝通先生曾说"家乡美味如梦多"（《话说乡味》），一旦什么东西进入梦里，便必成他的"命运"了，那就是他寄托精神的地方，逃也逃不掉。

一

与李零先生熟识，不过几年的时间。我常常没大没小，先生也不讲老少，就有了忘年的交情。我们曾一起外出考察，去额济纳旗是文研院组织的活动，他逢人就介绍我是领导；去宝鸡和凤翔，是他借学术会议的机会，领着我到处访古，我像个小孩子一样跟在他屁股后面转悠。此间，我们还重访了先生从事考古田野工作的处女地，其中很多涉及学问人情的故事，他写了文章发表在《读书》上。

与先生一起，多的还是吃饭聊天。聊得最嗨的地方，就是他讲老家的奇闻逸事，或是发生在他表兄、堂妹、侄甥辈以及武乡老西儿的那些个故事。他兴致盎然，模仿加表演，几乎要用上唱念做打的功夫，不免引得我对他的家乡心驰神往。我开始慢慢懂得，家乡对先生意味着什么。对一个学者来说，学问不是倒着走的，不是等到他闭门造车再学富五车的时候，再回到家乡为祖上和老乡带来无上荣光，而是在他的学术生命里，始终保藏着家乡风土注入的基因。

先生的老家，在山西省武乡县北良侯村。可他生于河北邢台，长于北京，到了五岁那年，才跟随父母回老家为爷爷奔丧。他曾在《我们的中国》中回忆过那次模糊的记忆："老家是什么意思？我不知道。"（《大地文章》）到了二十二岁的时候，他作为上山下乡的知识青年，才再回家乡，"在那里度过了五年，种地、教小学、当广播员"，给自己的一生留下了不可磨灭的印迹。

看先生的书，很容易知道他的这些经历，可知道了又如何？一个没有家乡的人，仅仅通过几段文字，怎能懂得写在脸上、藏在心中的家乡味道？怎能从字里行间体会到他的心路旅程？我对先生和他的家乡越来越有兴趣，这既是社会学者的一种与生俱来的田野渴望，也出于一位学界榜样的召唤力量，当然，我自己也有个小私心：作为一个没有家乡的学人，又如何在将来找到自己的精神归往。

好在李零先生有个习惯，总是喜欢带着二五好友回他的山西老家看看。这不，学期快结束的时候，他给我电话说，有没有兴趣随他再回家乡一趟。接到电话，我倒有些迫不及待了，看物看景倒是其次，他给了我研究他的机会，说不定也给了我省察自己的机会！

二

一个人的家乡，并非只是地图上的一个小点点，而是从面到线、从线到点构成的一个网络系统。李零先生曾从"中国山水"的大概念出发，"以山定水，以水定路"，勾勒出太行山脉的方位、坐标、坡度和路向，即所谓的"太行八陉"。有了这些穿梭山间、顺水而行的古道，便会有历史上人们"可行、可望、可游、可居"的古迹，有了城邑、村落、墓葬、寺庙、石窟、关隘……

武乡在太原以南、长治以北，夹处于太行为东、太岳为西两道山脉的腹地中，这片由浊漳河冲积成的潞安盆地，就是历史上的上党地区。而太原、太谷、祁县，南至临汾，与上党分隔于太岳山，则属于汾河流域。先生有一方印，戏称为"上党老西"，虽说这是外地人用来形容"抠门儿"的词，他也笑而纳之，说那可是"节俭"的美德。先生常引用苏东坡的诗句"上党从来天下脊"，说明这个地方"上与天齐"，是了不得的地方，既是战略要冲，兵家必争之地，也层累着各个时代的历史，是文化荟萃之地。"人说山西好风光"，既然上党齐天，好上之好，就该是此次行程最后的高潮，要徐徐来临。

随李零先生回家的第一站路程，是太原和榆次。在这里，只看古物，不看风光。短短两天，我们在各大博物馆中穿行，整个山西，那些没有上调京城的好物件、名物件，都收在眼底。有的物件历史久远，上至商周，有的物件信息丰厚，有的物件美轮美奂，有的物件光是体量或面积便足以令人叹为观止。先生像往常一样，端着相机认真拍照，遇到他感兴趣的重点文物，便细细端详，间或与同行们论说一二。只是他近来手抖得厉害，他笑称为"一级震颤"。

博物馆其实就是个文字库、符码库，所有陈列都屏蔽了人文和历史环境，并非活的呈现。我只知道，传统的书画如此陈列与展现，没有了海德格尔说的那种"上手状态"，就不会有真正存在的气息，也许考古和历史学家也有相似的感受吧。这些古物可用来归类、分型、化验、断代、解析，形成一个复杂的知识系统。不过，这次，也有偏得。我们有幸参观了山西博物院还未揭幕的永乐宫特展，流光溢彩的琉璃屋脊，造型雄伟而又充满着律动，令人惊叹，而造像残妆上朵朵袅袅盘升的祥云，让人无限遐想那曾经的华美，只能在一瞬的浮现中。也许，历史的本质即在于此，永乐宫已然归置他处，她的美是否还可得见？这让我想起了萨福的诗：

当她从流放地返回家乡，

但是你已经忘记了一切。（萨福：《是你说的，阿缇斯》）

博物馆的好处，是字识得多了，便会对此地上下、前后、左右的历史有个通观的了解，对于文化的等级和重量，以及形式上的最大可能性，即所谓的艺术特征，形成深刻的印象。博物馆不能呈现家乡的气息和风貌，却可以作为丰厚的背景，从信息上强化人的认识。

我们还顺道拜见了山西国民师范学校和山西督军府的旧址。也许，从古今之间见历史，才是真正的历史。近代山西，从未落在时代的后面，国民师范学校是中国最早的高等师范学校之一，规制完备，样貌堂堂，虽然很大一部分建筑已被拆除，却有着不凡的气调。督军府则是一座几进几出的院落，足可想见当年的威势，只可惜山西境内的考古重器（如义方彝）虽专门陈设，却与好些个假古董同处一院，煞了风景，也害了心情。古今之间真是变幻无穷，真真假假，是是非非，常常伴生在一起，也算是一种调适吧。

文峰塔和宣文佛塔，是太原的地标。我们到的时候，已是傍晚时分，这里空无一人，同行的朋友兴奋极了，据说这里文运泰来，便争着为孩子们的美好未来登高望远。李零先生说，双塔公园的烈士陵园里曾葬着他的三舅，几年前，他的表兄办了件大事：将父亲接回老家，安葬在家族的墓地里。他还说，这位表哥，就是他上山下乡做小学教师的那个学校的校长。看了那么多的古物，活生生的人终于要出现了。我特别期待这样的场景，那位身为农民的老先生，将自己的父亲从烈士陵园迁葬到老家墓地的老人，究竟是什么样子的呢？

三

出了太原，我们的车在汾河平原上一路向南，先生常说的"走会"，也就开始了。"大会不如小会，小会不如走会"，是他的一贯说法，也是他常年来的体会。先生喜欢咖啡馆或饭桌上的闲聊，从来没有主题，聊到哪里谁也不会知道，要是同事朋友们一起出行，精神头就全来了。人一放松，见的东西便新鲜，说的话题也新鲜，再加上车窗掠过的风景，一切都很敞亮。这样的情形，当然也会在我们的车子里发生。这不，下一站是先生特意为我安排的，说是去祁县的渠家大院，给我个认祖归宗的机会。由此，便自然说起了祖先的话题。

他说："山西有好多个大院，我连一个也没去过……我怀疑，我就是胡人的后代，是从贝加尔湖来的。"欸？我记得当年父亲也讲起过，渠姓不在百家姓中，也是源出山西，多半是胡人的后代，说不定也是从贝加尔湖来的。同行的张辉老师，也兴奋了起来："我虽是个南通人，可南通这地方尤其说不清楚，保不齐就是蒙古人种，离贝加尔湖更近。"说着说着，先生又提起极为久远的山西历史，晋的起源，以及春秋五霸的晋、三家分晋的晋……

说来滑稽，原本是要来先生的家乡，却要先探访我的"家乡"。可这家大院又哪里是我的家乡啊！说实话，渠姓的确源出山西，这些年渠氏宗亲会就是在这里成立的，渠姓全国人口总数不到十万，仅仅分布于山西、江苏、河南和河北，据说这些地方的渠姓，都聚集在祁县，又修谱又建祠，不亦乐乎。渠姓来自昭余祁古城，渠家的发迹在明末和清代；其实，我们徐州的那支早在山西票号发家之前，就响应国家号召，背井离乡，迁移到明代的黄泛区了。

只有穷人走了，富人才能成为富人。眼见号称"渠半城"的渠家大院层层落落、密密森森的样子，别说是要寻的老家了，就连当作客栈让我住一宿，都会满身不自在。更别说，人住的地方，非得搞成雕梁画栋、琼楼玉宇的气派，确实是有钱人、暴发户的作风。难怪先生一个大院也没去过，即便是这一次，他也在靠近门房的小院里坐着，一直等到我们参观完毕。显然，各式大院，不是先生心目中的山西，他极不喜欢奢华之风，更不喜欢纯粹的门面，他最看重那些朴实无华的历史，以及积淀在人身上最为自然的气息，唯有此，才是先人最丰厚的馈赠。

这所比附意义上的豪华版老家，没有给我带来亲近感，相反，我倒是比游客还像游客。对现代人来说，同姓同源，并不会像古人那样形成一种天然的认同，生命中距离很远的地方，再贴上多少乡缘的标签，也无法成为自己真实的组成部分。这一程，本是来寻家的，却发现家乡更为遥远，更为模糊，几乎不曾存在过。

四

离开祁县，来到平遥。对古城，我们并无再访的兴趣，此行的目的，是镇国寺和双林寺。

镇国寺距平遥城不远，仅十三公里。穿过山门，即天王殿，在元塑四大天王的怪异目光的注视下，万佛殿便在眼前。我不得不说，那一刻，确实吃了一惊！很少遇见如此美的建筑，初见的感觉如早恋般，竟有些许喘息的困难。文献上讲：万佛殿面阔三间，进身六架椽，殿顶为单檐九脊歇山式；柱头斗栱铺作叠架五层，七铺作，双杪双下昂，重栱偷心造，与五台山唐代建筑佛光寺东大殿法式相同。

我不太懂古法营造的机理，却可以凭直觉感觉其非同寻常的美：建筑的主体方方正正，台基很矮，仿佛一个人稳稳地盘坐着，敦实有力，端庄有礼，温厚而雍容。然而，大殿飞挑出的檐角，呈现出几条大幅度的曲线，伸展得既深又远，如庄子笔下鲲鹏的翅膀，又如唐代宫廷乐舞中的霓裳，舒展自如，稳重而又轻灵。万佛殿的出檐将近三米，如此庞大的重量，需要硕大的斗栱来做支撑，木作结构相当繁复。其厚实的重量与轻盈的姿态似乎形成了巨大的矛盾，却协调得如此完美，古人讲的"气韵生动"，由此足可以得到玩味了。

万佛殿内的脊檩下，写有"维大汉天会七年岁次癸亥叁月建造"的墨书题记，说明它建于五代十国的北汉时期。当年宋太祖三征北汉未果，直到宋太宗才完成此业，焚毁晋阳，历史才告一段落。尚不知当年的镇国寺（原名京城寺）经历过怎样的厄运，或是幸运地逃过了浩劫。如今它与平顺龙门寺西配殿和平顺大云院弥陀殿，同为我国目前发现的有碑文和题记佐证的三座五代木结构古建筑，弥足珍贵。

有专家说过，万佛殿唐风犹存，同佛光寺的东大殿一样，给了我们"仍可看到"的幸运。虽说金、元、明各代屡次修葺或改建，但古风仍在，气度如初。这不禁让我想起今天依然流传的唐画，多为宋代的摹本，其中流淌的气息，是否也像万佛殿般，依然活在不变的精神里呢？坊间也常有人说，唯有日本的建筑遗存了唐风，可此话又该怎讲呢？当年日本人从宋画中只择去了梁楷、牧溪的画风，既不见范、李、郭的浩然之气，也没得马、夏的真传，中国文化中的堂正气象，终究还是不容易学到的。所以，从日本的文化来揣度中国历史曾经的精神，恐怕还是有学问上的危险。就拿建筑本身来说，日本怕是多了些艳丽和柔美，少了些敦厚、宽广、雄强和壮美。

不说日本罢，此行关心的还是山西。镇国寺初为北汉皇室兴建，后世仍不断得到敕封，足以说明三晋大地，皇家建筑是很常见的，中华文化中的极致者，潜移默化地化育在此地的风土里。镇国寺内，不仅建筑是无价瑰宝，万佛殿内的五代彩塑亦极为珍贵。佛坛的布局形制沿袭了唐代古制，具有特别的研究价值，其造像的精美度也是无与伦比的，特别是两侧的胁侍菩萨，庄谐同生，动静相宜，几乎与敦煌莫高窟四十五窟（盛唐时期）的两尊异曲同工，甚至不由得叫人凭空猜测，会否出自同一工匠之手？

可是论彩塑，还有一波惊鸿在等着我们，那就是双林寺！这是我心仪已久的地方，多少年前，便买下过天津人美出版的巨幅画册，常常翻看。可这一次，当我亲临其境，走进山门，却还是吃了一惊！迎面的天王殿，四大天王赫然立于殿墙之外，一字排开，气宇轩昂，大有"力拔山兮气盖世"之势，仿佛凝固了空气。这足有三米多高的四尊大像，怒目圆睁，半坐半立；每副神情，都将额头、眉骨、瞳孔、鼻尖、上唇和下颌都聚集于面部的中线，将所有的气力和威风都凝结于视线处，才会造成上述咄咄逼人的效果。

坐立着的天王们，虽姿态各异，但身体的躯干部都与面部的朝向向反方向略作扭曲，颇有些类似罗丹说的"从一个姿态到另一个姿态的转变"，方能让人们预测到人物的身体如何从过去转向将来，形成动态的效果。天王们撑起的四肢，骨架沉稳而有张力，肌肉雄健而不隆起，倒不像是西方解剖学那般夸张的准确，而富含中国艺术中写意的成分。非逼真，才传神！

天王殿后的第一进院落是释迦殿，因限流，我们只能在门口的狭窄空间内看个大概。空气中的灰尘，在几缕透过窗棂的光线中飘浮着，昏暗的气氛里，隐约地藏匿着各样的影子。突然间，我莫名地感觉到，左右两侧分别有一道斜视的目光，瞄向我，刺向我，让我无法躲藏；两尊力士背靠着大殿的前墙，威武伫立，黑暗遮去了他们表情与衣着的所有细节，唯有那质疑、呵斥和惩戒的目光，令人胆寒。这斜视的一瞥，如闪电般，怕是会瞬间击中所有信众的要害，使他们的心灵彻底暴露在外，无从蒙蔽。据说，所有造像的眼睛，都是由山西当地的特种琉璃制成的。艺术的真谛在于，一旦物有了神，世界也便不再是曾经的样子了。

双林寺的高潮，在释迦殿与大雄宝殿之间两侧的配殿。这里的十八罗汉，均为明代所塑，可谓中国佛教造像艺术的绝品了。罗汉，即为阿罗汉(Arhat)，生世来源各异，却都在佛祖释迦牟尼的劝导下，回小向大，修行圆满，达到涅槃的境界。他们戒德清净，又随缘教化度众，是堪受供养的圣者。双林寺的罗汉塑像，并无圣者的威严，他们的各自形象，多在圣俗之间，或笑，或嗔，或喜，或怒，或顾，或盼，与平常人没什么两样；可他们人生的辗转和修为，却极其精准地表现于各自的眉宇、眼眸、神情、姿态，甚至是衣装的纹理、褶皱和线条中。中国艺术的常理，是有"神"方有"采"，有"神"才最"真"，因此，画家或工匠的手笔，能否"出神"，能否"传神"，便是分出高下的判准。十八罗汉皆从现世而来，自然带着浓厚的生活气息。可是，他们又"往世不涅"，不再受生死轮回之苦，一心善行，无比纯洁。正是这种圣与俗的结合，才塑造了他们的异相与真神。

双林寺的彩塑，妙就妙在满是世俗化的气息：俗中见雅，平常中得精神，是中国人理解的"佛性"之所在，罗汉如此，菩萨亦如此。只是匠人们对菩萨的表现，用的是别样的手法。菩萨造像继承了六朝以来"宽衣博带，秀骨清像"的风格，却又显得更加精致松弛。中国的人物画传统，常有"曹衣出水""吴带当风"的说法，风动般的线条感，是人物造型的灵魂。双林寺的彩塑，真正应和了《寺塔记》中所说的"天衣飞扬，满壁风动"的灵动气象，那种呼之欲出的美，带来的永远是一种亲近感，一种怡然的快乐，而非悲悯和寂灭。

双林寺中的气息，让我沉浸其中，不断在各个大殿中来回穿梭，生怕在夏日的阳光下，所有这些美好微妙的印象，会被强烈的光线照得全无踪影。那种不一样的亲切感，恍如隔世，又仿佛贴得最近，历史中的最美，才是最真切的生命气息。那一刻，我似乎有了一种回家的感觉，即便是这种想法有矫揉造作之嫌，却显得特别自然。

双林寺，先生不知来过多少遍，他是否也常有这样的感受，是否也会以此作为自己的家园？像往常那样，他坐在寺门口，等着我们出来。

他见到我，于是问："怎样？好吧？"我说："何止！"他满意地笑了笑，神情中还有一丝得意。

赵汀阳

纪念老师李泽厚

如我所见的李泽厚思想光谱

李泽厚的重要地位已经在思想史上留下了足够深的印记,无人可忽视他对二十世纪八十年代思想解放的巨大影响。在李老师的大量写作里,有些是时代之作,有些是关于问题之作,那些"时代之作"有着与语境交织的影响力,包括涉及美学论争、中国现实以及知识界争论的文章,在这几十年的思想史中都可检索。我这里叙述的只是我所理解的李老师的一个思想侧面,分析只限于"问题之作",可能是片面的,但来自我的阅读以及持续三十六年与他的聊天记忆。

对于我,李泽厚是永远的老师,也常常是论友,类似棋友的论友。李老师很喜欢在辩论中推进问题,他有强大的开局能力和打开问题的兴趣。一九八五至一九九〇年间讨论比较密集,一九八八年之前我跟李老师读硕士,住得不远,常去李老师家。后来李老师移居海外,见面机会少了,但还是继续讨论了不少问题。这些讨论主要围绕李老师感兴趣的话题,争论的位置有点类似围棋的黑白棋,李老师一定选择唯物论,并且批评我是唯心论;或选择经验论,指定我是逻辑主义或先验论;或坚持现代化,指定并批评我是后现代,诸如此类。其实我不敢冒充唯心论者、先验论者或后现代,李老师"执黑先走",

我就执了白棋。这种选择很有趣,等于迫使我采用唯心论或先验论的观点。也有我坚决不承认的,李老师有时会说:你这种搞逻辑的……我必须纠正说,我真的不是搞逻辑的,逻辑水平比逻辑学家差得太远。其实,类似黑棋白棋被安置在哪一个立场上并不重要,任何一个立场都有各自的道理,都能得到专项技能的训练。在围棋式讨论中,似乎学到了双手互搏。

我愿意把在这种争论中选择立场当作思想游戏。如果说有真实的"主义"之别,我想说,李老师是乐观主义和进步论者,而我是悲观主义或现实主义,在这个事情上的分歧就比较大。我倾向于先确定"最差可能世界",然后再分析问题,当然不排除可以期待的"最好可能世界"。李老师相信进步论,对人类进步前景有着乐观态度,他认为首先解决"吃饭"问题,其他问题才能顺理成章地展开。我曾经对他说,"吃饭哲学"的名字实在糟糕。他说,"吃饭哲学"名字虽然糟糕,但优势是你绝对驳不倒,有谁敢说吃饭不是首要问题呢?李老师是个纯正的唯物论者,他总能为现代进步给出一些"绝对驳不倒"的辩护。大概二○○四年,我陪李老师去科尔沁草原,有一天晚上聊天又说到现代进步论,他说:有谁愿意回到没有电、没有自来水和天然气、没有冲水马桶的前现代?我必须承认他是对的。他讲过一个故事:在八十年代,美国教授詹姆逊盛赞中国人骑自行车住小房子很是环保,可当说到让他们互换,就语塞了。

虽然李老师是乐观主义者,却也曾经态度相反地批评我说,天下体系太乐观了。我答说,天下体系只是建构了一个分析坐标,至于未来如何,这个问题归老天。哲学问题都是无解的问题,但谈论总有个结束,绝大多数时候是李老师"赢棋",以我承认他的某个"驳不倒"论据为结束。在我记忆里,在这多年的讨论中,只有三次李老师说我是对的,一次是将近三十年前,我把"道可道非常道"解为"可循规之道并非普遍之道",与常见解释不同,李老师认为有道理；另一次也久远了，大概是一九九六年左右，我说可把中国哲学的主要关注定义为"事的哲学"，而西方哲学的主流是"物的哲学"。李老师说好，要是明确为"人之事"就更好了。这个观点写在《一个或所有问题》一书中，后来在发表英文论文时写成"philosophy of facts"和"philosophy of things"。fact 就是"所做之事"，确实主要是"人之事"，不过后来我还是留出个活口给潜在可能的更多主体，比如超级人工智能，或许还有外星文明；还有一次我向他汇报思考的新进展，说我构造了一个以"我行"（facio）为基础的形而上学，李老师从来都不同意笛卡儿，因此也乐见以 facio 替换 cogito（我思）的第一位置。

李老师的思想光谱基本上是马克思主义、康德和孔子。这是跨度很大的创意组合，这三种思想资源之间存在着不少差异，甚至矛盾。他解释说，他只取用对他有用的部分，重新组合，也就不会互相矛盾了。要理解这种思想组合也需要理解李泽厚的思想视域，我的理解是，那是一个由历史、心理学和美学叠合起来的视域，他以这样的重叠视域去解释几乎所有哲学问题。一切事情都属于历史，因此历史的重要性不言而喻；他预言心理学在未来会成为最重要的问题，这是极有创见的预言，理由是，人性的秘密就在心理，如果没有成熟的心理学就难以真正理解人；他还说过美学是第一哲学。我说，这个断言似乎太夸张，美学能够解释的问题和领域比较有限，不足以成为思想基础。李老师有妙对，他说，如果考虑到所有事情都有个"度"，对"度"的意识需要感性经验，而感性属于美学，那就不夸张了。"度"是李老师最感兴趣的问题之一。这个字由他的湖南口音说出念为"dou"，现在每说到这个字，好像都能幻听到李老师的声音。

李泽厚重视的问题

李老师研究过的问题很多，他的思想尺度受到康德哲学框架的明显影响。康德哲学探讨了三大问题：我能够知道什么？我应该做什么？我可以希望什么？又把这三大问题归总为一个总问题，通常称为第四问题：人是什么？但其实第四问题并非前三个问题的加总，而是前三个问题所归属的更高一层的形而上学问题。李老师直接切入了康德的第四问题。我之所以这样理解的理由是，他很少讨论知识论，几乎绕过了知识论，也几乎绕过了信仰，尽管他从史学的角度讨论过宗教的社会性；在道德哲学上也用力不算多，只在晚年才开始正面讨论伦理学，而数十年里一直不断研究人的问题，也就是直接去回答康德的第四问题。

关于这个论题，李老师最早的直接努力大概见于一九六四年的《试论人类起源》提纲，后与赵宋光先生共同讨论而合作写成《论从猿到人的过渡期》一文，一九七六年以"方燿"为共同笔名发表在《古脊椎动物与古人类》这个专业科学杂志上，当时的科学杂志可以发表人文的文章倒是有些不寻常。一九八六年，他推荐我读这篇文章及其原始提纲，里面讨论了一个他"最重视的"问题，他说，可惜这篇文章"毫无影响"。他想考考我是否有兴趣。我确实很感兴趣，但没有太多去思考"什么是人"这个定性的宏大问题——规模太大，这种量级的问题在我的能力之外。但其中，"制造工具是人成为人的决定性一步"，这个分析让我觉得是一个问题入口，通向哲学和科学一直都关心的"人的临界点"问题。当时我在学习分析哲学，还跟逻辑研究室的胡耀鼎老师学数理逻辑，我相信语言才是人成为人的临界点，与"工具论"形成了一种对比。差不多半年后我产生了一个自觉有些意义的想法，就去找李老师，那是一次长时间的争论，下面会说到这个问题。

先说李老师把人的问题落实为三个方面，似可表达为：一、是什么使人成为人？二、人性之本是什么？三、人如何解释人的生活？我不敢肯定这样表述是否符合李老师的原义。他自己把人的问题表达为"人活着""如何活""活得如何"。如此表述在文学上更生动，但就是因为过于生动反而没有充分显示其明确所指，即由康德的"人是什么"化出来的"李泽厚问题"。

是什么使人成为人？李老师相信，工具是一个划界性的决定因素，晚年，他的分析又加上了"度"的概念。这意味着一个与希腊的政治社会学解释或先秦的伦理学解释大为不同的唯物论解释。古希腊认为人是政治人，属于城邦，且有公共权利和公共义务，因而成为人，就是说，公共权利和公共义务是人成为人的必要条件，而在城邦之外那些未获政治定义的生命"非神即兽"。先秦时代至少儒家和墨家都认为人是道德人，所谓人兽之别"几希"，那一点点根本差别就是道德。这两种经典定义都大有疑点，因为，在人成为政治人和道德人之前早就开始了文明。而且，并非所有政治都采取城邦形式，以城邦定义政治实为"管见"。另一方面，人的道德只是结构复杂，却未必比野兽高明，以博弈论观之，除了自我牺牲的行为（这是至今难以解释的问题），人的大部分伦理道德并未超出利益考虑。希腊对人另有一个比较贴切的哲学理解，即有思想能力的理性人。这种理解与亚里士多德的分类学有关，相当接近现代观点。不过，理性却是一个需要解释而至今尚未被充分解释的概念。历史地看，关键问题就在于，什么是导致人成为人的临界点？循着马克思和恩格斯的思路，李泽厚老师找到了"工具"，并给出了创造性的解释：主动制造工具意味着人建立了因果关系和目的意识，这两个意识建构了人的主体性。后来又指出，工具使人理解了什么是"度"，因此得以理解什么是合理性。

这个论点极有意义。人为的目的成为主动意识，意味着超越了本能；理解了"度"就超越了非理性；因果意识更是人理解万物的基础。这里有件怪事，关于因果关系至今尚无普遍接受而无懈可击的定义，这一点意味着我们对"知识"的概念尚无透彻的知识。因果关系正是理解几乎所有知识的基础，不理解因果就等于不理解知识。有些科学家和哲学家甚至疑心因果关系只是人的发明，并非自然本身的情况。在此背景下，李泽厚论点至少是对如何发明因果关系的一个可能为真的解释，这个成果无疑是非常重要的。

第二个问题更有李泽厚特色。人性之本是什么？李老师的选择是"情本体"，并且相信这是儒家原理，但这一点多受质疑。在"郭店楚简"发现之前，孔孟以及《礼记》等文本显示，儒家虽论及情，但更重视人的社会关系。关系的内在性质为仁，外在形式为礼，行为准则为义，其中无疑都有人情在，但问题是，人情被设定为仁义礼乐的治理对象和限度，却不是原则或根据，《礼运》说得明白："圣王修义之炳礼之序以治人情。故人情者，圣王之田也。"后出土的"郭店楚简"之"性自命出"篇，却有从前未见之新意；"性自命出，命自天降。道始于情，情生于性。始者近情，终者近义"。李老师很重视"郭店楚简"，那里有他一直想找的证据，尤其是"道始于情"一句。情何以通道？因为情源于性，性是自然，天给定的，理所当然属于道。这个推论清晰明了，但这种推论依赖自然齐一性的假设。这个非常有用的假设虽未被证明，但我们都相信它，因为人类知识需要这个假设，自然科学也一直试图证明这个假设，如爱因斯坦。

李老师留下的一个问题是，如果默认这个假设，就可以承认情达于道。不过，情与道的一致关系可以有"以情为本"的自然主义理解，也可以有"以道为本"的理性主义理解。哪个理解更符合人的主体性？简单地分析，就自然而言，本体意味着初始性或本初状态，在本初状态里，情与道是一致的，那么"情本体"就成立了；另一方面，人的主体性又在于人的存在时态永远是未完成时或永远的将来时，这意味着，理性的出现就颠倒了本体的自然位置，本体变成了未来性，在人的前方而不在身后，即理性所指向的未完成的"前方"，所以《礼记》以情为需要治理耕作的田地，所期待的治理成果即合乎道的未来状态才是本体。"郭店楚简"里"始者近情，终者近义"这句话大有深意，等于指出了，既然有始有终，那么就有处于两端的两种"本体"，一个是自然给定的，另一个是人的理想。李老师提出工具本体和心理本体，也是两种本体，与此相关，但在定位上似乎有些不同。这个解释还没来得及向李老师汇报，近年每次通话都说些眼前的事情，以为有的是时间"下次再谈"——这是每次通电话结束时李老师的结束语。

李泽厚老师讲"人化"情感，意味着承认理性的作用，不过他更强调社会作用和历史作用，以经验主义的"积淀论"来推想一个从量变到质变的过程，特别表现为"经验变先验"。现在还没有确切研究来显示社会和历史会在多大程度上改变人性，但已知的是，在不同社会和历史语境里，人情有不同表现方式。另有科学证明，要达到生物上或基因上的改变，文明的历史还太短，因此观察不到人情或人性的结构变化。或许，情感或人性深嵌于人的生物性之中，而社会和历史只能改变其表现型而不能改写其基因型。

第三，人如何解释人的生活？李老师在这个问题上进行过大量分析，涉及生活、社会、历史、伦理和美学，如此多论题交织在一起形成一个辐射面，需要在思想史里研究。其中的"巫史传统"论题是一个具体问题，但却是以小见大的论题。巫史转换是史学界普遍承认的中国历史上一个特殊现象，是解释中国文明性质的关键。在文明初期，巫术普遍存在，不是文化特色，有些文化一直延续巫术，有些文化则从巫术升级为宗教，甚至演变为一神教，但中国却走了完全不同的路，在某处拐弯绕过了宗教而走向历史，成为一个以历史意识和历史思维为本的精神世界。

史学家和人类学家描述了"从巫到史"的转换，但解释何以如此的理由就不容易了。李老师以颇多笔墨讨论了巫史转换,指出其中必定发生了一个"理性化"的过程。这个论点很重要,可难点是,必须找到导致发生如此特殊演变的动机和理由。古人不是总想着花样翻新的当代艺术家,文明早期的生活条件和资源的有限性也不允许进行看不到明显好处的变革,"法先王"是文明早期的常态。《商君书》记载有言"利不百不变法,功不什不易器",《战国策》也有相似表述"利不百者不变俗,功不什者不易器"。在这样的古代状态下,巫史转换作为一个翻天覆地的变化,必有强劲的非常理由。

李老师发现了一个有助于形成理性化意识的演化环节,即巫术的规则积淀成为礼,称为"由巫到礼"的演变。礼既是行为规范,也是用来检讨行为的形式,在反思中久而便形成了理性化。周公对传统旧礼进行了全面修订改革而建立更合理的礼制系统,史称周公制礼乐,就是一次最大的反思运动。建制化的礼无疑是意识理性化的一个重要因素,然而,巫化为礼仍然不是由巫到史的充分理由,但肯定是其中一个重要条件。近年我做了一点相关工作,试着从另一路径来解释。李老师去世前一天,我正准备一个视频会的关于历史性的发言,涉及巫史问题。第二天在视频会上,我的对话方是法国的历史学家阿赫托(Francois Hartog),我介绍了李泽厚问题以及关于巫史转换动因的一个补充解释。李老师虽不在场,但也是向他的汇报。殷墟甲骨文几乎 90% 都是关于占卜的记录,这意味着最早的"历史"档案,尽管只是关于占卜的专门历史档案而不是一般历史事件的档案,但初民或可能已通过占卜档案而意识到历史的重要性并建立了初步的"历史性"反思意识,就是说,历史始于建档,而建档使人意外地发现了历史。接下来还发生了周克商之上天"西顾"变局,以及西周以德取民心的人文主义的兴起。不过这个证据链似乎仍然还不够完整,还有待继续研究。

李泽厚老师处处从历史意识来建立对人对生活的解释,或者说,生活总是被历史所解释的，这是一个使解释变得深厚的路径。

建构论的三个假设

在李老师哲学中有三个反复被强调的原则：历史建理性、经验变先验、心理成本体，这三个原则实质上是三个建构性的假设，能够用来解释许多事情，但这些假设还有待证明。有一次李老师说，或许要五百年后才能证明。为什么是五百年？估计只是表达"很久"的意思。这三个假设是连环套，都与"积淀"概念有关。"历史建理性"需要在"经验变先验"之中被解释，而"经验变先验"又需要通过"心理成本体"来说明。

"历史建理性"的假设意味着，理性的概念、原理和方法都是在历史中慢慢发展出来的。其未决问题是：一、被历史"建构"的理性是否落实为物理或生理的变化？李老师想留下大脑等待科学验证，就是想证明这一点。与经验论相反，乔姆斯基曾经试图证明先天语法，这种激进的先天论并不能完全自圆其说，尚无定论。语言的先天语法虽有疑点，语言却可能真的有某种给定结构，但不太可能是语法，倒很可能是逻辑结构。逻辑存在于任何一种有效思维形式之中，并非专属自然语言，数学证明了这一点。应该说，是语言就总要使用逻辑结构。无论哪一种自然语言，其语法都等价地表达了情景化的逻辑图像，即安排人与物或物与物的关系规划。我疑心正是语言里隐藏的逻辑规划导致乔姆斯基误以为存在着先天语法。略感意外的是，李老师对与之对立的乔姆斯基论点却有些同情，他说过，"先天语法"是有的，但不是先天的，而是很早就"积淀"成功的，以至于人们以为事情从来如此。二、我曾经给李老师提出反论：逻辑是先天的，而且是先验的，逻辑不可能还原为历史经验，很大部分的数学和科学是无法经验的甚至是超验的，这至少证明历史经验不能解释所有理性形式。数学和逻辑是理性之本，如果不算这两种，就基本上没有理性了。对此,李老师认为关键在于搞清楚如何实现"经验变先验"。

"经验变先验"的杀手锏是"积淀",但问题是如何积淀。至今被承认的积淀方法是归纳。由于很少有完全归纳,这就意味着大多数归纳的结果是概率,而不是先验原理。这里不得不面对休谟问题:全部经验加起来也不能必然推知未来,也就等于不可能推出普遍知识。康德知道这是最严重的问题,因此试图以先验论来解决,但今天的科学以及哲学都承认康德未能解决这个问题。李老师有个不同于康德的策略,他反先验论之道而行之,以一种比休谟更加经验主义的历史经验论来解释,他不满足于归纳和概率,而采取皮亚杰式的心理建构论而相信积淀的成果不是归纳,而是心理结构,不是保真原理,而是建制化结构。这确实是有别于康德的另一条出路。

问题还在继续。如果说,有限经验就足以建立绝对原则,那么等于说,不同的经验集合就会产生不同的先验原则,各种文明之间就不存在可通约的思想了。另外,数学和逻辑的先验有效性肯定不是来自经验证明。然而令人吃惊的是,李老师的"心理结构"却很接近历史事实,就是说,人类在事实上就是基于有限经验来强行建立普遍模型的,往往只需数次经验就足以让人相信一个普遍模式,所谓"事不过三",甚至"一朝被蛇咬",似乎一次就够了。这件事情涉及无穷性的思想困境。人类没有能力达到无穷性,就像康德嘲笑的那样,像"乡巴佬一样等着河水流干"是非理性的。因此,就"实用理性"而言,人们倾向于相信一瓢水和万瓢水在"道理上"是一样的。实用理性果然是个妙计,不过以实用理性来建构的心理结构却无法成为真理和知识的根据,而涉及信念和思维的经济成本。

"心理成本体"是一个事先假设的结论。李老师的观察角度常采用历史唯物论和心理学的混合方式,他认为人类的稳定心理结构是通过历史生成的本体。这里的"心理"实为身心一体化的合成状态,有别于笛卡儿的身心二元论，即并非有一个事物是身体，另一个事物是意识，而是包含身体感觉和意识影响的合成结构。按照笛卡儿，主体性属于意识，身体虽属个人所有，却属于认知客体，是意识的对象，是主体语法里的宾语。李老师却以心理来定义主体性，也就把身体也化入主体性里，相当于说，不仅"万物皆备吾心"，而且"万事皆从吾身"。这种心理化的主体性比笛卡儿的心灵有着更强的主体性。笛卡儿主义的主体性只是把意识定义为时间性的自变量，而把主体性落在心理上，就不仅是时间性的自变量，而且在空间性上成为万物的自变量，如果没有心理，万物无价值。

这个论点却不是唯我论，而是人类中心主义。心理虽落在个人，却是社会和历史的产物，因此，个人携带的心理结构实为人类性或社会性的，既是我的，又是我们的，在此可以看到李泽厚从康德主义转到马克思主义。事实上，除了老子设想的"婴儿状态"，主体性总是包含着大于主体性的意识设置，即主体性中存在着"共主体性"。这是我杜撰的概念。我对以"结构"来定义主体性会比较犹豫，结构有着固化性，不太符合主体性的自由、变通性和自反性（reflexivity）。自反性意味着反思能力，是自由和变通性的基础，而自反性正是结构所无的性质。

李老师的心理本体不属于存在论，无意解释事物何以如此存在；也不属于知识论，并不解释万物如何显现为我的表象或"内化现实"；而是价值论或广义伦理学，即人的主体性以积淀了社会和历史的心理结构来对万物进行价值判断，在此可以发现李老师又从马克思主义转到孔子。虽然他常用本体论这个概念，实质上是广义伦理学，在中国哲学的语境里，本体往往同时就是伦理。

李老师打开的问题，我愿意将其视为思想遗产，通过讨论而使"李泽厚问题"存在于进行时，以此来纪念老师李泽厚。

李老师，"下次再谈"……

沈 双

废纸·档案·感情
——"老沈"的私密空间

我父亲沈昌文在一篇纪念陈原先生的文章中提到他们之间的交流常常要借力于外文。"同我讲外国话时多半是彼此工作中出现的无可奈何的事情。"何以"无可奈何"？按照我的理解是因为某些意义是在外语和母语中间产生的。比如，我爸写道："有时，我向他汇报，什么什么难事经过斡旋，总算解决了。……于是，他突然冒出一句爱说的拉丁文，'Eppur si muove!'（它仍然转动着！）"这个据说源自伽利略的谚语，就此在语言之间产生了效应。"于是，每次听了这话后我都是信心大足，从容地准备迎接下一个春天的来到。好在我在出版界始终都是小人物，无论地球是否muove，在我的身子底下也没有火刑的煎熬。"（沈昌文：《陈原的几句外国话》，二〇〇四年十二月）

我爸很知道如何利用语言"之间"的空间来创造自己的意思。比如他曾非常得意地把"后现代""后殖民"等带有"post"的字眼，戏称为"邮政局派"的理论，这是重复过很多遍的笑话。除了嘲笑某种食洋不化的人（比如说他的女儿）掉书袋之外，仔细想想可能未必是在抖包袱。也可能"邮政局派"这样的用词直截了当地体现了他对邮政系统由衷的热爱和致敬。王强对他的描述是准确的——"思想的邮差"。只是我有时也纳闷：这"思想"是先于"邮差"而存在还是因"邮差"而存在？

编辑这个职业就是一种媒介。我爸在八九十年代《读书》杂志的工作，以及他的编辑理念经很多人包括他自己的综合概括之后，已经被上升成某种"思想"。但是对我这样的亲人来说，我爸永远是一个无法被抽象化的具体的生命。他每天有好几个小时就是一个"邮差"，是自制名片上那个手里提着两包校样的笑呵呵的废纸搬运工。

经历了二〇二〇年一场史无前例的瘟疫，我们已经没有办法用既有的话语叙说国与国之间、人与人之间的联系了，因此才会出现类似"社交距离"这样似是而非的新字眼。我爸在这个节骨眼儿上辞世而去，我觉得这就如同一个足智多谋的"邮差"拒绝继续扮演"媒介"的角色，不愿意帮助我们重新建立和睦的关系了。我爸的死伴随着这个世界的断裂，反而让我重新思考"媒介"这回事儿。当我终于能够走进他的房间的时候，看到散落在书桌上的剪报，看到整理了一半的书籍，看到他的眼镜、放大镜、胶棒，我总在想，这个"邮差"想要传递的最后一封信是什么？他当时脑子里在想什么？

哲学家阿多诺曾经参与编辑了朋友本雅明的书信集。他在序言中说道："瓦尔特·本雅明这个人从一开始就完全是他的工作的媒介。"（Walter Benjamin the person was from the very beginning so completely the medium of his work.）有点拗口，但是仔细想想说得通。按照惯常的思维，工作是一个人赖以生存的手段，所以工作是人的"媒介"才对。但是在阿多诺的眼里，本雅明的生命反而是一个"媒介"，因为它是"一个为了使得某些内容得以在语言中呈现出来的场域"（"an arena of movement in which a certain content forced its way, through him, into language"）。在这里我要向我爸表示道歉：在此搬弄外文并不是要做"邮政局"的事儿，而真是觉得没有比这几句英文能更加准确地表达我父亲生命的阐释了。我爸一辈子停不下来，比如一九九七年他在与黄集伟的对话中，曾形象地说道："我今年六十六了，我发觉我的经验、知识还有精力三方面到了我一生的巅峰……下午我总是到北京图书馆去看书去，我老是骑车。我老是在想：我要是骑到半路骑不动了，我'打的'吧。可我没一次骑不动过。有时候骑到了，我还是想骑到北大去看看万圣书园吧。"（《四十七年的喜悦与两个小时的孤独：黄集伟与沈昌文对话》，《知道》176—177页）一个骑车骑到停不下来的人——这个略带滑稽的形象对他挺适合的。我爸的生命就是这样一个"活动的场域"（arena of movement），它的存在意义仅仅是为了使得"某种内容"（a certain content）冲破禁锢，得以表达。我们以前在家里曾经时常善意地嘲笑我爸的邋遢外表，这包括年纪大了之后经常在手臂腿上出现的血迹和伤口。这大概是他走在外面不小心摔了跟头留下的印记。（注意，他对黄集伟只是说了骑车停不下来，并没有讲到中途是否摔了跤。）我妈在及时给他处理伤口的同时总是忍不住要骂上几句。我在一边时常纳闷：他怎么可以这样糟蹋自己的身体？身体对他来说到底是个什么东西？现在借用阿多诺的用词，我可以说，他的身体甚至生命根本就是一个"场域"、一个"媒介"，若不是为了表达"某种内容"，要这个"劳什子"有什么意义呢？

我是多么渴望他那滔滔不绝得意洋洋略带浮夸的叙述，能够再一次像大雨一样把我浇个透湿啊！我曾经在这样的大雨里感到透不过气来，但是现在却非常怀念。有很长一段时间，大概也因为他逐渐耳聋，我们之间的交流有百分之八十的时间是他一个人独白，讲他又见了什么人，有了什么新的策划。男人需要听众，尤其是成功的男人。只是现在我意识到，如果某个人的一生都仅仅是他工作的"媒介"，甚至是"借口"的话，那么就让他畅快地表达这个"内容"，让自己暂且做一个被动的而又投入的听众，又有什么不可呢？现在没有机会了。只有他留下来的一些物件儿，或许从中能拼凑出"某些内容"。

一、废纸

我爸虽然喜欢把自己描述成与时俱进的"不良老年",他实际上是一个离不开废纸、剪刀、糨糊、信封、曲别针的老派写字人。我上小学的时候被他带到人民出版社的资料室"打工",最频繁做的工作是把用过的信封拆开,翻过来,制造新的信封。我对《读书》的最初记忆也是和纸张有关,有好几年,每个月的某一天他都要伏案看稿写字熬一个通宵,早晨一摞整整齐齐的校样,由一根尼龙绳牢牢地绑在自行车后座上,这就是下个月的杂志了。这样的记忆使得多年之后看到谁在书桌边写字裁纸,动用剪刀糨糊,都会令我怦然心动,引起无限的怀旧之情。

沈昌文漫像。沈帆绘。

他去世后家里还有不少到处收集来的成捆的校样。那是用来给我做剪报用的。剪报——这是十几年来我和他之间最主要的交流方式了。他听力日益衰退之后,已经不大可能在电话上与我进行长时间的复杂的交谈。于是,每次打电话回家,他重复次数最多的话就是"我现在在替你打工"。他指的是最近十几年来他以我的名义做的最为勤奋的事情——制作剪报。

"以我的名义"是因为这项工作虽然因我而起,其实不能说是为我的意志而转移。我的确亲自促成了这件事现有的状况。本来他习惯性地把他读到的文章裁下来,贴在旧校样的后面,再连同几本杂志寄给我,这样做持续了有四五年。后来,我工作单位的秘书有点招架不住每周都会收到的跨洋海运包裹,委婉地提出可否减少包裹的数量。而我又一直担心老爸把退休金的相当一部分直接付给了邮政总局。于是想了想觉得最好的办法恐怕是说服他接受新的文件处理技术——扫描。

这个我爸倒是学得很快。他很快就学会了如何制作PDF文本，并存在电脑终端或者移动硬盘上。有趣的是，对于一个"旧媒体"出身的人来说，"新媒体"的出现并没有让他放弃一个老编辑的看家技术。他对于剪刀胶水的依旧钟爱体现在每一张扫描之前的底稿上。那是在废校样的背面，把杂志报纸上的文章裁下来重新排版而构成的。读报，分类列表，剪报，重新排版，扫描，之后存储到硬盘上，这个过程他重复了很多年，直至临去世前二十四小时。从某个角度甚至可以说是这件事情最后要了他的命：据家人回忆，他去世前两三天，执意要出门到拐角的小店里买胶棒，家人反复劝阻不成，终于导致感冒肝昏迷以至不治。在他所有扫描的历史中，我没有发现任何一页重新排版过的文字有次序颠倒的现象，只是最后做的一些文档上漏掉了出处。这证明他的脑子从来没有退化到不能处理文字的地步。难道是另一个世界也需要文字？

也许可以看成是我对他"思想操练"（这个词据说是费孝通老先生对于不甘寂寞的老人参加文化活动的描述）的贡献，我曾经不时给他提出一些挑战：比如我要求他每份剪报都要标上出处和页码，或者隔三差五地给他一个课题，要求他关注某个方面的信息。这些建议他都欣然接受并立即付诸实施。但是总体看来他的剪报内容过于庞杂，范畴过于宽泛，并不能反映出明确的目的或者一以贯之的逻辑。与其说是一个研究助理为教授完成的作业（我的同事们曾非常羡慕我有这样一个研究助理般的父亲，半开玩笑地提出"可否请他特别收集一下有关明史研究方面的信息"），不如说是一个"知道分子"沉浸于纷乱的信息中的自我愉悦。经常，我面对他交给我的庞杂而丰富的剪报，都在纳闷：他在寻找什么？他在整理这些资料的时候想的是什么？我并不能勾勒出即便是草蛇灰线似的踪迹。或许是我看得不够仔细？

我的结论是，沉浸于其中就是我爸做这个工作的主要目的。这件事情因我而起，却不以我为中心，甚至对他自己来说也未必有明确的目的。他曾经在某篇文章中写道，不编杂志之后他有时候会在脑子里假想与读者的对话。同样的道理，通过剪报来构造一个虚拟的世界才是最起始也是最终的目的。当然，做了一辈子的编辑，他是不能够独享这个虚拟世界的。我是第一读者，之后那些被重新排版过的黏在废校样背面的文章，又被他打包寄给了家里其他成员，于是我们这个小团体成了由他独立创刊并发行的特殊杂志的幸运读者。

我曾经试图模仿他的样子，在他订阅的报刊中寻找我认为值得搜集的信息，终不能为。在我看来，诸多报纸的长相都过于相似，语气和态度又完全可以预期。如何从中发现那些新的、配得上"信息"这两个字的内容呢？我终于没有我爸的耐心，更没有他"逆向阅读"的敏锐和洞察力，这个项目大概只能到此结束了。

二、档案

我爸搜集的所有文档内容并不都是如此庞杂的。有两类资料，他是非常仔细地分类，并有意识地收藏。一类是以八九十年代的《读书》杂志为中心的资料，包括内部编辑的《读书》通讯、海内外报刊对于《读书》杂志的评论，等等。这些我看到的只是扫描。原件他是否曾经拥有过，后来又到哪里去了，我不得而知。然而这个缺失，在我看来也传递了一种态度，一种对于价值的理解。我爸并不是不看重名人笔迹、作家书信，比如他会为了投其所好，把收藏的作家书信手稿"宝剑赠英雄"般地送人。但是除了市场价值之外，他相信这些物件儿还有其他价值。最起码这是个人的回忆。这些资料就是为了勾起一个念想，一个关涉他思之念之放不下的过去世界的物证。正如他并不认为旧媒介新媒体之间一定要互相排斥一样，不管是原件、复印件，还是电子版，对于记忆来说，都可以起到同样的作用。

关于收藏这件事儿，我爸求全而且十分"自我"。比如他的藏书经常以主题分类。取决于一时的兴趣，他会把一整类图书摆放在书房最醒目的位置。一旦某个类别得到他的青睐，这个主题的书，只会有增无减。不管是多么不起眼的出版物，只要被他发现，都会收入。而这种分类以及摆放的方式，完全取决于他的阅读兴趣，以至有几年暑假他到我这里（美国）小住，为了消磨时间，我给他布置了整理我书房的任务。结果我的藏书不只被他斥为毫无价值因为太不完整外，而且之后的半年多我都找不到必要的参考书。

我爸的另一类资料，更是为了再现某些邂逅、某些机缘而设立起来的。应该是在退休之后，他有时间经营他那个小小的收藏时，开始建立了一系列以人名来分类的卷宗。这些人包括他的作者、熟人，也有一些与他没有直接关系而属于公众人物范畴的人们。内容大多包括了通信、稿件，以及与某人有关的消息。这些卷宗可能是由《读书》杂志而起，却未必以他离开《读书》为限。换言之，这些资料表达的不仅仅是怀旧，而是某种持续的关注。本雅明有一句话说得特别好："书籍并不是因为收藏者而活了过来，而是收藏者通过书籍得到了生命。"（Not that they come alive in him; it is he who lives in them.）本雅明说的是书，我爸收藏的是人。我爸的这些卷宗当然不能赋予他那极其广泛而纷杂的朋友圈（很多名字我都不认识）以鲜活的生命，如果说这只是搜集有关某人的资料，那就把收藏者的个人感情完全抛之在外了。准确地说，这些物件儿就是他的"微信朋友圈"，他必须依靠这些故友新知才能继续存活下去。这也就是为什么这些卷宗从来都是他最宝贝的东西，很长一段时间被安放在唯一一个上了锁的柜子里。我爸曾坚定地说：这些东西我有用，要随时查阅。所谓"查阅"，就是同老朋友对话，在这样的交流中活过来，体验自己的生命。这在我爸的老年时光中，应该是分量不轻的安慰。

我曾经好奇地翻过其中一些，当时感到很混乱，没有耐心。加上我走进他的书房大多是在七月份，酷暑难耐，空间逼仄，我知道它内容丰富，说它是一个档案库太冷冰冰了，这是要重现一个世界的架势。我若走进去，就必定要浸在里面，也许就此迷失走不出来也不一定。有了这样的顾虑我就从来没有仔细看过它们。现在则不禁为这些卷宗最后的命运而悲叹。

据说最近两三年来，我爸决绝地、有系统地把这些资料都打散，或分送朋友，或完全销毁。这是为什么？也许他已经预感到自己生命将尽了？是他心力不够了，没有能力召唤过去的魂灵了？欧洲神话中的奥菲斯（Orpheus）追到地狱里去索求爱妻的魂魄，却在即将踏出地府的时候回头看了一下，结果前功尽弃，终不能把爱妻带回人间。有一种解释是那时候他心旌摇荡了，不再能够专注于眼下的事情了。或许这就是我爸？我大概看穿越小说看多了，总是觉得那些花了二十年工夫积攒起来的资料，就是我爸的魂魄。当他去销毁它们的时候，就等于魂飞魄散，实际上他那时候已经死亡了。

三、感情

感情不是物件儿，但只能够通过物件儿表达出来。如果我过分强调了我爸私密的一面，那只是因为媒体一般没有太多兴趣描述所谓"老顽童"的沈昌文独处时候的状态。只有亲人可以通过他的东西看到他十分感性的一面。他和他的书、废纸、卷宗的亲近就是和他自己内心的亲近，和过去的交流。这些东西也许有了新的主人，但是它所唤起的场景和氛围是没有办法留住的。

所以说，这些东西也是个"媒介"。我爸的感情表达必须要通过它们，他不会直截了当地告诉你什么。比如说他对我的看法要辗转地借助外人的叙述才能表达出来。扬之水在一九八七年二月十三日的日记中转述了"老沈"对于自己感情历史的叙述,谈到他与初恋"胡女士"的感情（我应该是在一九八七年之后很久才偶尔在我父亲的一篇文章里知道有这个人的存在的）。同时也转述道："老沈也曾在女儿心里占过一个中心的位置。但曾几何时，这个地位已经濒临危机了。那是沈双从美国回来以后，逢到晚间，老沈再欲与爱女作长谈，听到的却是恭敬的婉拒了，'爸爸，你早点睡觉吧'。"〔《〈读书〉十年》（一），41页〕这一段只不过描述了一个年轻人长大了出去见了世面必然的成长。本来已经被扬之水稳妥地安置在一个特定的历史空间里了。有趣的是，扬之水的日记出版后不久的二〇一二年暑假，我一如既往地到我爸的书房里翻看新书。他特地挑出这本，翻到这一页，略带愧疚地说了些什么，大概是道歉的意思。现在想起来意思好像是：这是过去的事儿，已经翻篇儿了，不要计较，等等。

我时常想，这个以扬之水日记的备注形式，表达出来的感情，到底意在何处？我觉得对于这个备注最准确的解释，是他在与亲人的感情交流中加的一个逗点。好像说话的时候喘的一口气，再说下一句。这个停顿，大概就是我们家最惊天动地的感情转折了。我们家的感情交流没有惊叹号，不构成任何事件。我爸对于亲人的依恋是他执着地至死都要书写下去的文章，没有句号（所以他因为出去买胶棒感冒至死的解释我是完全相信的）。以前我每次探亲结束回程的时候，他都要坚持送到机场，一个人在二楼遥遥招手，然后自己坐机场大巴回家。后来走不动了，总在最后一顿晚餐之后，打开门上的一扇小窗，笑盈盈地挥手道别。这一次我回来走出电梯的一刹那，恍惚之间仿佛又看到了他的笑脸。

二〇二一年四月至七月之间

短长书

徐志摩藏书与约瑟夫·康拉德

刘铮

一九三一年十一月十九日,徐志摩罹难殒逝。其身后藏书,多归松坡图书馆。事实上,直到近年,我们才有机会知道,尽管徐志摩曾于松坡图书馆任职数年,主持购藏工作,可他生前并没有捐书给松坡图书馆的打算。一九三○年十月二十一日,徐志摩致信丁文江,称:

> 昨闻振飞说松馆(指松坡图书馆)今由大哥主持,这是好极了的。我有一点琐事要奉烦,前天松馆来信说,虎馆址(指西单石虎胡同的松坡图书馆)即将移让,我寄存在那里的书橱十二架及衣箱杂件,得想法挪,但一时我在南中,又无妥便可以代劳,闻石虎七号今由王抟沙先生承租,可否请大哥向与商量,暂时仍容封寄,年前我当设法来运或另移他处。王利民兄不知仍在馆服务否?如在,拟请其代为照料,俾弗散失。(《徐志摩全集》第七卷,3页)

同年十一月八日,显然是在收到丁文江的复信后,徐志摩又去信,表示:

> 书生可怜,书外更无所有,捐助之意恕不能纳,必须迁移时,只有暂行寄存史家胡同五十四号甲金岳霖处。已告知东荪及利民兄,希为招呼,俾弗散失,则感激如何可言!(同上注)

从书信内容可揣知,丁文江劝徐志摩将寄存在石虎胡同的书直接捐给松坡图书馆,徐志摩明确拒绝了。可惜世事难料,一年后,徐志摩即身故,他的书到底留在了松坡图书馆。

近二三十年,部分松坡图书馆旧藏的外文书流散坊间,徐志摩当年心心念念、希望有人照料"俾弗散失"的藏书,也终究散失了。有读者买到徐志摩旧藏。如诗人西川,就曾在散文《与书籍有关》中提到,他在北京的旧书店买到的书里面"有打着'志摩遗书'蓝色椭圆形印戳的《牛津版十九世纪英语文论选》,徐志摩的圈圈点点跃然纸上"(《深浅:西川诗文录》,166—167页)。目前,流散在外的徐志摩藏英法文书,可以查考到书名的,约有八九种。它们无一例外,均属松坡、"志摩遗书"序列。从内容上看,它们都是品位不俗的文学著作,包括萨克雷、罗斯金等的作品,符合徐志摩的阅读趣味。

二〇二〇年,我在网上买到一部精装英文旧书,是约瑟夫·康拉德(Joseph Conrad)的随笔集《人生与文学散论》(*Notes on Life and Letters*,1921)。该书书名页正中空白处,钤一方朱文篆印"志摩所作"。我推测,此书为徐志摩旧藏。它不属于松坡、"志摩遗书"序列,没盖图书馆的收藏章。

按说,"志摩所作"这种印文,钤在作品手稿上才合适,钤在外文藏书上未免别扭。我想,理由或许是徐志摩匆忙之际未加细审。就在一九三〇年十月二十一日写给丁文江的那封信里,徐志摩曾写道:

早该拜谢你慨赠的名著,我先前在巴黎在北京都买过一册,不用说都教朋友给拖跑。这是第三册到我手,我已题上字盖上章,决不再让它跑的了。

可见,徐志摩平时并不常在外文藏书上题字盖章;也许偶尔钤印,以示珍重,也免得给朋友"拖跑"。由于我购买时,商家并未以名人藏书为招徕,而是当一本普通的英文旧书卖的,因此似无作伪之动机。若欲作伪,仿刻一枚外间习见的"志摩"印,不是比别出心裁刻一方其实并不很切合情境的"志摩所作"更合理吗?此书末页又有中国书店旧书定价章,可知在国内流传颇久了。从纸背观察"志摩所作"印油的渗入深度,可判断此印非近年新钤者。综合上述特征,我认为,此书为徐志摩旧藏,殆无疑义。

既然这是约瑟夫·康拉德的著作,那么徐志摩平日是否读过康拉德的书呢?我遍检《徐志摩全集》,在他的文章、书札中共找到七篇涉及康拉德者，兹按时间先后为序简述如下。

一九二二年，徐志摩在《雨后虹》一文中提道："我又想起康赖特的《大风》，人与自然原质的决斗。"这里谈及的是康拉德的小说《台风》。

一九二二年，徐志摩撰写《丹农雪乌》，介绍意大利小说家邓南遮，称："他的笔力有道斯妥奄夫斯基的深彻与悍健、有莆洛贝的严密与精审，有康赖特（Joseph Conrad）禽捉文字的本能……"

一九二三年，徐志摩在有名的散文《曼殊斐儿》中提及："她问我最喜欢读那几家小说，我说哈代，康拉德……"

一九二三年夏，徐志摩在南开大学暑期学校举办系列讲座《近代英文文学》（赵景深整理），他在讲座中称许"康拉特下笔凝练，愈看愈深"，指出"他善于描写海洋生活"，并列举了康拉德的三部代表作：《台风》《大海如镜》《在陆海之间》。在后面谈到作家威尔斯时，徐志摩又说："威尔斯和康拉得也不同。康拉得是以人为本位，而他是以社会为本位的。"

一九二七年，徐志摩参与翻译小说《玛丽玛丽》，他在译序中称："在我翻译往往是一种不期然的兴致……我想翻柏拉图，想翻旧约，想翻哈代，康赖特的小说，想翻裴德的散文，想翻鲁意思的哥德评传，想翻的还多着哪……"

一九二九年七月二十一日，徐志摩在复女诗人李祁的信中称："Lagoon 我所最喜，译文盼立即寄我，短文一并寄来。Youth 何不一试？再加一篇，即可成一 Conrad 短篇集，有暇盼即着手如何？"徐志摩"最喜"的康拉德短篇小说即《礁湖》，后面建议李祁试译的则是康拉德短篇小说《青春》。

一九三〇年，徐志摩在小说集《轮盘》自序中表示，"恐怕我一辈子也写不成一篇如愿的小说"，之后列举他歆慕的小说名家福楼拜、康拉德、契诃夫、曼殊斐儿、伍尔夫夫人等，称"我念过康赖特，我觉得兴奋"。

由上可见，徐志摩对约瑟夫·康拉德的小说非常熟悉、非常喜爱、非常佩服，不但敦促别人加以译介，甚至自己也曾动过翻译的念头。这样一来，他会购读康拉德的随笔集，也就顺理成章了。

英国文人、著名的中国诗歌翻译者阿瑟·魏礼（Arthur Waley，或译魏雷），与留英时期的徐志摩过从甚密，他晚年撰写了一篇关于徐志摩的短文《欠中国的一笔债》。魏礼提及徐志摩在英国时与大作家的交往："他的顶礼心情和朝圣脚踪，愈来愈指向文学的领域。他访康拉德（Conrad）、威尔斯（Wells）、哈代（Hardy）、毕列茨（Bridges）；在这一连串的谒见中，他创造出一种中国前所未有的新文体，就是'访问记'。这种文字激情四溢，是因发现新事物而沸腾的一种内心兴奋，与普通新闻式的报道迥然不同。"（梁锡华译，见《徐志摩评说八十年》，93页）鉴于魏礼所述为"孤证"，我们一时还无法确定徐志摩是否真的拜访过康拉德，不过从情理上讲，喜读康拉德作品的徐志摩有参拜这位文坛耆宿的愿望，是再正常不过了。

《人生与文学散论》并非稀见之书，但有徐志摩钤印的这一册，乃一九二一年的初版本，我在网上淘书二十年，该版本也只见过这么一次。一九二一年，对徐志摩来说，是个重要的年份：正是在这一年，他经狄更生推荐，以特别生的资格入读剑桥大学皇家学院。兴许，人在剑桥的徐志摩，是在《人生与文学散论》刚刚出版时就买来读了；兴许，读这部书，也是谒见他仰慕的大作家康拉德的一种准备呢。

汪宁生与顾颉刚的学术交谊

赵满海

短长书

一

二十世纪三四十年代，顾颉刚在读书和外出考察的过程中，意识到边疆少数民族风俗习惯和内地偏僻地区的民俗有助于解决古史问题，从而撰写了一系列读书笔记，渐次在《责善》半月刊发表。一九四九年，他选择其中一部分文章结集为《浪口村随笔》，由合众图书馆油印百册以分赠好友。一九六三年，他对该书做了进一步修订，更名为《史林杂识初编》，由中华书局公开出版。其后他继续撰写相关读书笔记，多收入《顾颉刚读书笔记》之中。这些论文、著作、读书笔记是今人了解顾颉刚民族考古学成就的主要材料。

汪宁生，笔名林声、任焦，祖籍江苏省灌云县板浦镇，一九三〇年生于南京，一九五四年选调考入北京大学历史系考古专业。在大学五年中，他感受到了由张政烺、苏秉琦等著名学者传承而来的"清儒考证之学"和"五四运动以后科学方法整理国学"的传统，逐渐找到了读书治学的门径和乐趣。一九五九年，汪宁生大学毕业留校任助教，一开始担任苏秉琦"秦汉考古"课辅导工作，随后被指定报考隋唐史专业研究生。由于无法自由选择工作与专业，血气方刚的汪宁生以交白卷的方式表示抗议，其后遭到领导训斥和群众批判，被分配到中央民族学院历史系，并于一九六〇年开始参加云南民族调查组(《考古人和他们的故事②》，以下简称《考古人》)。

在这个时期，西方已经兴起借助民族调查深化考古研究的风气，也就是后来的民族考古学。在国内，考古学研究与民族调查在当时尚未建立密切的联系。汪宁生念念不忘心爱的考古研究，却没有条件从事考古发掘，"不能发掘则无考古可言，徒然四处乱跑，长此以往将成废物"。面对现实，汪宁生一度准备放弃昔日的理想："既然命定此生将以民族研究或教学工作为职业，不若尽早开始。年来所经之处于民族历史及社会情况渐生兴趣，亦非毫不关心，但只算'玩票'，从今日起彻底改行矣。"(汪宁生：《西南访古卅五年》，以下简称《西南访古》)

在这种工作与学术兴趣相背离的愁苦心境中，汪宁生偶然看到了顾颉刚的《浪口村随笔》，心情顿时为之"开朗"。汪宁生发现，该书的特点在于借助中国边疆少数民族或内地偏僻地区的民俗资料对中国古代史做出新解释。前者如顾先生用藏族、白族招赘习俗，说明古代赘婿与奴隶无异；

用傣族、苗族丢包习俗，说明内地抛彩球择婿之风的由来；以蒙藏人民服饰作为实例，考证古人的"披发左衽"的含义；以喇嘛庙中酥油偶像作为比喻，来解释《老子》中"刍狗"一词的内涵；后者如借助黄河、柳江上所见的连舟搭桥解释古代的"造舟为梁"；借助四川、湖南民间住宅的天窗说明古代"中霤"。这种研究模式给汪宁生带来了巨大的震撼，他猛然意识到边疆少数民族和内地偏僻地区的民俗资料对于考证古代历史问题颇有助益，而自己所从事的正是西南少数民族调查的工作，完全有机会接触到比顾颉刚更多的少数民族的"奇风异俗"，"为什么不能用以研究考古学和中国古史问题呢"？自己一向热衷于考古学与古代史研究，"假如能适当地运用民族学资料于考古学或古史领域，无异于为这些学科扩张大量研究材料"，定然会促进历史研究的发展（《考古人》）。

在那个特定的政治环境里，汪宁生借助西南地区少数民族资料印证古史的工作未能得到太多外界的支持，因而这项研究工作只能作为学术"自留地"。随着民族志资料积累的增多，汪宁生逐渐对一些古代史和考古学问题形成了初步认识。如一九六四年，他在景洪曼龙枫乡曼养广参加劳动时，注意到当地人的劳动方式，发现男子点种的木棒一端削尖，或加铁尖，"我恍然于古代之矛镖之类武器实起于点种棒，或一器而多用"（《西南访古》）。一九六五年，他在滇西南调查的过程中发现了沧源崖画，并实地考察了基诺山的"长房"，就此确立了"搜集和利用民族学资料研究考古学及中国古史的治学方向"（汪宁生：《多所见闻 以证古史——记顾颉刚先生对我的启迪和帮助》，以下简称《多所见闻》）。其后他研究古代典章制度、风俗习惯的很多论文，都从早年民族调查时的见闻中获得了灵感。

除了具体研究方法上的启发，汪宁生还从顾颉刚论著中汲取了治学的精神。在阅读了顾颉刚的多种论著之后，他对顾颉刚"永不满足现成的结论，勇于探索"及其对中国古史的怀疑与新解产生了深刻的认同感（《多所见闻》）。从汪宁生的各种学术论著与日记中，能看得出这种理性审视历史的精神贯穿其一生。虽然已经确立了自己的治学目标，但是从一九六五年到一九七三年，在各种政治运动中，汪宁生很难置身事外，他从一九六五年"九月起去墨江参加'四清'。正值求知欲旺盛研究兴趣浓厚之际，不能从事专业工作，日以'阶级斗争'为业，内心痛苦之极"。一九六六年六月，被调回昆明参加"文化大革命"，在这种混乱的局面下，"个人研究计划亦成泡影"。在一九七三年的一篇日记中总结道："自一九六五年秋至今，已有八年'不务正业'。"(《西南访古》)内心的苦闷，溢于言表。

二

一九七四年（或一九七五年），汪宁生经中央民族学院教授闻宥介绍(《多所见闻》)，开始与顾颉刚通信，将自己借助民族志印证古史的文章寄给顾颉刚请教，顾氏对他"勉励有加"，坚定了汪宁生坚持民族考古学研究的信心。

除了精神上的鼓励之外，顾颉刚还将汪宁生的论文推荐给一些权威的学术杂志发表，如《耦耕别解》发表于《文物》一九七七年第四期。在《汪宁生集》出版时，汪宁生在这篇论文末尾加了一条《补记》："这篇小文是顾颉刚先生推荐发表的，盛情难忘。"（汪宁生：《古俗新研》）顾颉刚在一九七八年五月十五日写给汪宁生的一封信中详细讲述了这件事情的来龙去脉。汪宁生这篇论文名为《耦耕新解》，早几年寄给了顾颉刚，顾氏认为该文"胜意联翩，不胜钦羡"，于是推荐给《历史研究》，因故未能发表，其后他又将此文推荐给《文物》，终于刊出(《顾颉刚书信集》)。其后汪宁生又将自己的另一篇论文《武王伐纣前歌后舞新解》寄给顾颉刚征求意见，顾氏读后"心为开朗"，尽管对于论文个别细节问题持有不同看法，仍然将该文推荐给《历史研究》编辑部，最后该文发表于《历史研究》一九八一年第四期，题目改为《释"武王伐纣前歌后舞"》。汪宁生在后来的回忆中讲到，由于这些文章与当时的风气"不合时宜"，甚至可能给自己带来横祸，自己把这些论文寄给顾颉刚，旨在与前辈学者做学术交流，并不想发表(《多所见闻》)。《文物》和《历史研究》在历史学界享有盛誉，能在这些平台发表学术论文，客观上对汪宁生学术地位的确立具有很大帮助。

《顾颉刚日记》面世之后，我们获得了更多宝贵的一手材料，从中可以看出顾颉刚对汪宁生民族考古学研究的欣赏。在《顾颉刚日记》中，汪宁生的名字先后出现过七次，集中在一九七八年到一九七九年这一段时间。一九七八年五月十六日，顾颉刚给汪宁生写信，高度评价了汪宁生的论文《耦耕新解》与《武王伐纣前歌后舞新解》，认为汪氏"以少数民族之遗风印合古史，顿开新境，此正今日史家应任之工作"。这项工作既需要阅读古书，又需要做民族调查，二者相结合方可深入开展研究工作，但为当时环境所不许，"足下年龄似在四十左右（？），独能旁搜远绍，成此绝业，他日成就何可量耶！羡甚，喜甚！"（《顾颉刚书信集》）一九七八年六月四日，顾颉刚看完了汪宁生的《试论中国古代铜鼓》（《顾颉刚日记》）。同年六月十二日，他又给汪宁生写了一封信，在这封信中表达了对《试论中国古代铜鼓》一文的喜欢，同时也向汪氏补充了一些他昔年在广西有关铜鼓的见闻资料。这封信中也谈到自己通过远行以扩大见闻、深化历史研究的夙愿，但由于各种教学、开会以及年老体衰等因素的影响而无法实现。他看到汪宁生年富力强，在当时正好可以将读书和调查结合起来，从而"解决前人误解或不能解之问题，歆羡何似！希望他日大有成就，为古史界开一新园地也"（《顾颉刚书信集》）。一九七八年六月二十五日，顾颉刚通过闻宥对汪宁生的籍贯、学历、工作单位等有了进一步的了解，而且得知他深受自己《史林杂识初编》的影响，"最感兴趣的是以民族学的材料解释考古学和古代史上的一些问题"。对于这个无意间得到的知己，顾颉刚寄予了极高的期望，"将来必可恢扩此一门径"。三天之后收到汪宁生来信，谈到其对《史林杂识初编》的高度评价和所受启发，"予不期得此中年同道，可喜也"（《顾颉刚日记》）。八月五日，顾颉刚为汪宁生写字一幅，内容录自《荀子·劝学篇》："吾尝跂而望矣，不如登高之博见也。登高而招，臂非加长也，而见者远；顺风而呼，声非加疾也，而闻者彰。假舆马者，非利足也，而致千里；假舟楫者，非能水也，而绝江河。君子生非异也，善假于物也。"（彭洪俊：《汪宁生先生学术年谱》）这幅字一直悬挂在汪宁生的客厅里，历几次搬家而不改。

这段话应当可以看作顾颉刚对汪宁生善于改进研究方法的欣赏，汪宁生也以此条幅鼓励其学生，研究任何学问都要注意方法（尹绍亭：《悼念汪宁生先生》）。

一九七九年五月七日，汪宁生到北京办事，顺道看望顾颉刚，将自己的《云南各族古代史略》赠送顾颉刚。这次面谈，顾先生不仅向汪宁生谈及自己的诸多往事，并且带着他参观了自己的藏书室和工作室，强调"搞东西总是要事先把材料搞全"。这些对汪宁生触动很大，"现在每当我写点什么东西，想急于求成草草结束时便想起顾先生这番话，督促我重新安下心来"（《多所见闻》）。汪宁生《云南考古》于一九七九年出版时，顾颉刚还为其题写书名。《汪宁生集》出版时，汪宁生有意收录了顾颉刚的题签。

三

一九八〇年顾颉刚去世之后，汪宁生撰写了《多所见闻　以证古史——记顾颉刚先生对我的启迪和帮助》一文，表达了继承顾颉刚遗志，将民族考古学发扬光大的愿望："顾先生享年八十有七，可谓长寿。他一生从事整理研究中国古史的工作。由于自然的规律，现在他不能再做下去了。而中国古史上存在问题尚多，有待我们这一代甚至下一代人来继续解决。"（《多所见闻》）一九九四年，他又通过撰写《以治学为职业，作真实之贡献——读〈顾颉刚读书笔记〉有感》，深入阐发了他对顾颉刚治学精神、方法的理解与仰慕（《中华文史论丛》一九九四年第一期）。此后，他在《谈民族考古学》这篇著名的方法论文章中对《浪口村随笔》和《史林杂识初编》给予极高的评价，认为顾颉刚"用民族学和民俗学材料印证古代习俗和名物制度，而且所用材料大部分得自自己的所见所闻，这可算是中国民族考古学的最早专著"（《社会科学战线》一九八七年第二期）。二〇〇一年，最能反映汪宁生借助民族志材料研究古史成就的《古俗新研》出版，在该书前言中，他不仅再次高度肯定了顾颉刚研究古史的科学精神，并指出"用民族、民俗资料研究中国古史，顾颉刚先生的《浪口村随笔》《史林杂识》实肇其端"。在其后撰写的具有自传性质的《历九州之风俗 考先民之史迹》中，汪宁生旧事重提。在《顾颉刚全集》编写的过程中，他向编者提供了顾颉刚写给他的两通书信，并将其中一封收入自己晚年编订的《书信》之中。

二〇一三年十月十四日，汪宁生又一次阅读了对自己确定治学方向至关重要的《史林杂识初编》(《汪宁生先生学术年谱》)。翌年，汪宁生因病去世，这是目前所见资料中他与顾颉刚的最后一次交集。

顾颉刚去世后汪宁生所做的这些工作，不仅为我们了解顾颉刚丰富多彩的学术人生提供了宝贵的原始材料，而且为他们这段弥足珍贵的学术交谊画上了一个圆满的句号。

汪宁生在确定自己研究方向的过程中受到顾颉刚的重要影响，但是在研究内容、研究方法、学术观点上却又与顾颉刚不尽相同，顾颉刚对此深为了解，并不妨碍其对汪宁生的欣赏与帮助，汪宁生也没有因此而减少对顾颉刚的敬重。他们肝胆相照，惺惺相惜，共同谱写了中国现代学术史上一段和而不同的佳话！

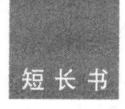

何以奇幻

张 怡

短长书

二十世纪七十年代初，法国文学批评家茨维坦·托多罗夫写过一本《奇幻文学导论》(*Introduction à la littérature fantastique*)。这部小书不到两百页，因其对奇幻文学的全新定义，出版后引发热议，令欧美奇幻文论的研究气象为之一变。托氏在研究中对读者活动的重视，无形中偏离结构主义诗学一贯主张的"内在性"批评原则，为其日后反思结构主义文学批评观，以及转向文化人类学研究埋下种子。《奇幻文学导论》因此声名远播，了解结构主义思潮史的读者应该对它都不陌生。该书已有中译本，近年来关于其理论价值的学术讨论也有展开。然而有一个关键问题在相关讨论中尚未被触及，即标题"奇幻文学"（la littérature fantastique）中"奇幻"（fantastique）的词义和用法。所谓 fantastique，究竟指的是什么？这个词从何而来，什么时候在法语中开始被用来指称某种文学类型？从一个凡常的形容词到特定文学流派的标记，它又经历了怎样的旅程？

一

于 fantastique 词义的历史演变，学者已有考证。法语 fantastique 的词源经拉丁语词 fantasticum，可上溯至希腊语动词 phantasein（意思是"制造幻觉"或"异乎寻常的显灵、现形"），其形容词 phantastikon 指"与想象有关的"，由它派生出名词 phantastiké 即亚里士多德所说"想象虚幻事物的能力"。根据现存历史资料，法语 fantastique 作为形容词中世纪时已开始使用，表示"着魔、被鬼怪附身"，有罗曼语文学家戈德弗鲁瓦（Godefroy）所引语例为证。进入十七世纪，fantastique 的语义范围扩展，不再只作贬义词用。菲勒蒂埃（Furetière）在辞典中将它定义为"想象中、只具有表象的"，或"不太可能、古怪荒唐、不现实的"。到十九世纪前期，《法兰西学院辞典》（一八三一）对 fantastique 的定义是"幻想、虚幻的"，亦可指"徒具外形、没有实体的（事物）"。

值得注意的变化出现在一八六三年《利特雷辞典》（Dictionnaire Littré）。《利特雷辞典》一方面沿袭了一八三一年《法兰西学院辞典》释义（"只存在于想象活动""徒具有形事物的表象"），另一方面在 fantastique 下新增一个关联词目 contes fantastiques（奇幻故事）："通常来说指的是童话及鬼怪故事，亦可特指由德意志作家霍夫曼引领的一种文学类型潮流，超自然现象在这类故事中扮演重要角色。"此后的辞典如《法兰西学院辞典》（一八七八）、《法语萃编》（一九八〇）等都沿用了上述释义。

由此可见，fantastique（奇幻）在法语中用来表示一种特定的文学类型，是十九世纪三十年代以后的事。它的出现和法国文坛对德意志作家霍夫曼的译介、接受有密切关系。辞典提到的霍夫曼，即恩斯特·泰奥多尔·阿玛多伊斯·霍夫曼（E. T. A. Hoffmann）。他生于一七七六年，原名恩斯特·泰奥多尔·威廉·霍夫曼，因为仰慕莫扎特而改了名字。霍夫曼是作家、音乐家、诗人，少年时便显露出多方面的艺术天赋，成年后为谋生的缘故，不得不子承父业，辗转普鲁士多地的法院任职。墓志铭上称他一生是"优秀的公务员、优秀的诗人、优秀的音乐家、优秀的画家"，事实上公职生涯拘束乏味，与霍夫曼日见炽烈的艺术热忱并不相容。久而久之，这位志趣不常的艺术家创造出一种对照强烈的奇异生活方式："白天作为奉公守法的刑事法官，严格地摒弃一切有关情绪和审美的考虑，而夜间则成为广阔无垠的想象之国的国王，过着无拘无束的生活，与现实风马牛不相及的生活。"（勃兰兑斯语）生活中的这种形式独特的浪漫主义自我二重性，在霍夫曼作品中留下深刻印记。一八二二年，霍夫曼在柏林因病过世，留下数量可观的作品，除了音乐和漫画之外，还有长篇小说《魔鬼的万灵药》以及收录其中短篇小说的多个作品集《仿卡洛风格的幻想作品》《夜晚故事》《谢拉皮翁弟兄》等。

霍夫曼的小说受当时德意志浪漫派艺术旨趣影响，大多神异怪诞，想象奇绝，不拘一格，似有日耳曼民间童话的"神奇"遗风。不过，霍夫曼在其幻想创作中，以一种细致入微的笔触和精密准确的手法，揉入了对现实生活的观察和认识。所以，他的作品处理现实世界和幻想世界的关系，较之前人，别开生面。幻想世界在其笔下变换面貌，不再只是恣意的想象，而成为一种令人不安的现实。勃兰兑斯曾这样形容霍夫曼的艺术："我们从最平凡的日常生活突然转入了一个奇形怪状、五颜六色、像魔术一样千变万化的世界，以致一切事物在我们眼前开始旋转起来，所有关系、所有生活方式、所有人物都不再是那样稳定而完整了。我们时刻都在怀疑，我们与之打交道的到底是真正的人呢，还是他的幽灵、他的镜像、他的以另一个形体或一种乘幂出现的本质,或者不过是他的幻想的离魂呢。"一个幽暗的内在经验世界就此在读者面前铺展,霍夫曼为幻想文学开掘出前所未有的心理深度。

二

霍夫曼的幻想世界是内向性的,小说家把它的源头定位在人类灵魂的最深处。卡斯泰(Pierre-Georges Castex)、马塞尔·施奈德(Marcel Schneider)等法国奇幻文学研究者认为,霍夫曼作品在法国风靡一时,原因正在于此。当时主导法国文坛的浪漫派在拜伦的作品和英国哥特小说之后,迫切需要一点儿美学上的新刺激。霍夫曼的出现恰逢其时,一时间巴黎各大报刊与文学沙龙无人不读、不谈他的"奇幻"作品,如大名鼎鼎的诗人波德莱尔、奈瓦尔、戈蒂耶,小说家巴尔扎克、诺蒂埃,文艺批评家圣伯夫。一八三六年戈蒂耶在《巴黎杂志》上写道:"霍夫曼在法国流行,比德意志更甚。所有人都在读他的故事,从女门房到贵妇人,从艺术家到杂货商,没有人不乐在其中。"

霍夫曼在法国意外成就大名,令"奇幻"成了家喻户晓的时髦词,机缘凑巧中,离不开两位关键人物:霍夫曼的密友科尔夫医生(David Ferdinand Koreff)、译者勒夫－韦玛尔(Loève-Veimars)。据卡斯泰研究,科尔夫医生原是哈登贝格亲王的亲信兼私人医生,他学识广博,热爱艺术,熟稔新兴的德意志文学,对当时流行的动物磁力学说颇有研究。霍夫曼在柏林结识科尔夫后,很快便深相吸引,两人与诗人康坦萨、沙米索等一同组成了大名鼎鼎的谢拉皮翁文学圈。据说《谢拉皮翁弟兄》中的人物万森很可能就是以科尔夫为原型的。一八二二年霍夫曼过世后,科尔夫医生因卷入政治事件,失去亲王信任,从柏林移居巴黎。在那里,他施技诊疗,著书讲学,声誉更隆。又常出入巴黎各大沙龙,交游广阔,与画家德拉克洛瓦,作家司汤达、梅里美、缪塞、雨果都曾结谊。在此期间,科尔夫医生遇到了勒夫－韦玛尔。这位头脑灵活、野心勃勃的年轻人,是当时巴黎新闻界崭露头角的新星,活跃于《费加罗报》《巴黎杂志》

《百科全书杂志》《两世界杂志》。科尔夫医生的出现，让勒夫-韦玛尔迅速意识到把霍夫曼作品译介到法国是千载难逢的好时机。科尔夫医生与霍夫曼交往最频时，正值后者创作巅峰期。因此医生对作家本人的生平经历、个性趣味及作品风格了如指掌，可为翻译工作提供必不可少的一手资料。勒夫-韦玛尔本人通晓德法两种语言。他虽然生在巴黎，父辈却是地道的德裔犹太人，常年在汉堡经营商号。为此年轻人还特地把原来名字里的 Loewe-Weimar 改头换面，用 V 替换 W，又加上一个 s 与重音符号，给它多添一点法国味。

一八二九年，霍夫曼死后的第七年，从六月开始，勒夫-韦玛尔所译《骑士格鲁克》《唐璜》等霍夫曼作品在《巴黎杂志》陆续刊出。十月，译者撰写的作家生平研究《霍夫曼最后的日子及死亡》一文发表。同月《水星》杂志登载《萨尔瓦多玫瑰》两节选段，并借机预告了第一部法文本霍夫曼作品集即将在巴黎面市。两个月后，勒夫-韦玛尔法文本前四卷正式由朗迪埃尔出版社发行。出版时，第一卷封面上醒目地印着两个词：*Contes fantastiques*（奇幻故事）。

三

就文学影响和商业出版的成就论，勒夫-韦玛尔法文本无疑是成功的。不过，这个译本在翻译时注重的是迎合一八三〇年法国读者的阅读趣味，对译文是否忠实于霍夫曼原作，并不太在意。除大段删削原文外，该译本有不少随意发挥、曲解错谬之处。将霍夫曼作品集名译为"奇幻故事"（*Contes fantastiques*）即是其中之一。十九世纪最好的霍夫曼法文译者亨利·埃格蒙（Henri Egmont）在一八三六年就批评过"奇幻故事"的译法有误。《霍夫曼传》的作者里奇（Jean F. A. Ricci）也提出过相同看法。

为什么说"奇幻故事"是误译？首先，霍夫曼本人从未使用过与法语 fantastique 对等的字词称呼自己的作品。唯一勉强可比的，是霍夫曼一八一五年出版的一部作品集名《仿卡洛风格的幻想作品》

(*Fantasiestücke in Callots Manier*)，这个集子收录了小说家一八〇八至一八一五年间写的不同作品。德语Fantasiestücke即幻想作品，法语对等词为fantaisie（英语：fantasie）。它原是从绘画和音乐术语借来的词，在当时主要是指一种自由的创作体裁，创作者可随心所欲，发挥想象，不受任何规则束缚。在一八三〇年，德语Fantasiestücke和法语contes fantastiques两个词并无任何含义层面的接壤处，只能勉强算是发音相近。从这个角度说，"奇幻故事"的译法是不准确的。不过，也有现代学者提出不同看法。如卡斯泰认为，"奇幻故事"的译法看似不忠实，事实上是法语自身的语言特殊性决定的。霍夫曼谈及其作品确实只用过"幻想作品"（fantaisies）一词，但考虑到现代法语中fantaisies通常指轻盈愉悦的心血来潮、迷人逗趣的幻觉想象，其文字色调与霍夫曼幽暗不安的作品氛围不符。反倒是fantastique令人联想到霍夫曼笔下艺术世界的气氛，能更准确地描绘出其作品特色。

需要指出的是，"奇幻"的译法并非勒夫－韦玛尔首创，一定程度上应受到前人影响。据目前所见资料，最早在法语中使用这个词形容霍夫曼作品的，是文艺批评家兼报人让－雅克·安培（Jean-Jacques Ampère）。一八二八年八月二日，安培为希奇希（Hitzig）的霍夫曼传记《论霍夫曼的生平及遗产》（*Aus Hoffmanns Leben und Nachlass*）撰写书评《霍夫曼》。这篇刊于《环球报》的文章称霍夫曼"以稳健的笔触刻画最奇幻的人物"，并首次把《仿卡洛风格的幻想作品》译作 *Contes fantastiques à la manière de Callot*（仿卡洛风格的奇幻故事）。另一个不容忽视的影响来源是英国作家瓦尔特·司各特的文学评论。一八二九年四月，司各特《虚构作品中的超自然：论霍夫曼作品》一文由法国人德福孔普雷（J.-B. Defauconpret）编译后，发表在《巴黎杂志》上。司各特原文提到fantastic mode of writing，德福孔普雷译成genre fantastique（奇幻文类）。〔近年有学者指出德福孔普雷将司各特文中fantastic mode of writing译作genre fantastique也是一处值得注意的误译。据司各特原文可知，所谓fantastic mode of writing，是指霍夫曼的写作放任想象力，

67

仿佛野马脱缰，不受任何拘束，比较接近的法文表达是 mode d'écriture fantasque（天马行空、异想天开的写作方式），而非 genre fantastique。从英文 fantastic 到法文 fantastique，德福孔普雷把 fantastic 的英文后缀 -tic 直接替换成对应的法文后缀 -tique，而未考虑 fantastic 在文中的原意。］该文被勒夫－韦玛尔用作法文本霍夫曼作品集的序言，勒夫－韦玛尔"奇幻故事"的译名很有可能也受到德福孔普雷影响。

是蹩脚的误译？是对旧译的因循？还是翻译活动中有理据的创造？无论如何，勒夫－韦玛尔的《奇幻故事》影响太大，奇幻文学的"奇幻"之名就这样被广泛接受，并流传开来。一八三六年，勒夫－韦玛尔译本出版六年后，亨利·艾格蒙在其新译本序言里批评了勒夫－韦玛尔的翻译不忠，但也不得不承认"奇幻故事"的"错译"已深入人心，连自己也只能从俗沿用了。

奇幻文学的"奇幻"定名有其偶然性。令人好奇的是，这个有些误打误撞的译名为何竟在很短时间内就成功卷起流行的风潮。这一点恐怕勒夫－韦玛尔本人都未曾料到。如果以后见之明考察这意外的成功，原因还在于 fantastique 一词自身。法国现代奇幻文学研究者若埃尔·马尔里厄（Joël Malrieu）指出，根据 fantastique 的词义变化，可以看出这个词在法语史上很长一段时间内含义一直变动不居，进入十七世纪后语义进一步泛化，所指并不明确。词义的模糊真空让 fantastique 有机会变成一个可以接纳新含义注入的空心词。而且，对比词义过于清晰且鲜明的 fantaisie，在一八三〇年以前，fantastique 从未被法国人用作指某种文学或艺术作品的类别。其词尾的形容词后缀 -ique 在法语中又是抽象术语最常见的标记。借助上述解释，fantastique 在一系列与想象有关的法语词中脱颖而出，得到浪漫派的青睐，被他们占据并赋予全新含义，由此成为引领一种文学新风尚的旗号，也就不难想象了。

卜　键

危弱之际的保岛行动
——晚清黑龙江上游的"夹心滩争端"始末

咸丰十一年（一八六一）夏，一队清军乘船从瑷珲溯江而上，进行一年一度的边界巡查，行至著名的雅克萨（俄名阿尔巴金诺）江面，发现沙俄移民居然在右面的岛上大肆垦种，立刻登岛阻拦。官兵平毁了俄民搭建的窝棚之类，也对禾苗踩踏一番，返回后报知上峰。代理副都统爱绅泰曾全程参加瑷珲签约谈判，深知对方的得寸进尺，立刻赴布拉戈维申斯克（海兰泡）严正交涉，清廷与沙俄的一场领土之争随即拉开序幕。

一　红衣炮城

本文所说的岛屿，今天叫古城岛，隶属漠河县兴安镇。该岛位于雅克萨的对面，中间隔着约三百五十米的黑龙江主航道，其与右岸之间则是一道江汊细流，水波不兴。整个岛屿近似元宝形，大势平缓，土地肥沃，面积约十五平方公里，为黑龙江第二大岛。

雅克萨，本名阿尔巴津，为达斡尔酋长拉夫凯的一座城寨，位于黑龙江左岸的崖壁之上。清顺治七年（一六五〇），哈巴罗夫帮伙从雅库茨克翻越外兴安岭而来，发现这座江畔小城，"城与乌卢斯中已空无人影，城中有五座塔楼，城旁有几座大碉堡，壕沟很深，在所有塔楼下面都有地道和通向水边的暗道，城周围环以一条小河，通向阿穆尔河"（《历史文献补编》，35—36页），遂加占领，并在此基础上兴筑堡垒,仍称阿尔巴津。沙皇闻知后很兴奋,打算设立阿穆尔(黑龙江)督军区,后因哥萨克在中下游连遭挫败,难以立足,便将雅克萨划归尼布楚督军管辖。此地的自然条件远优于尼布楚,殖民者招徕流犯和移民,在周边垦荒耕种,设立村屯,甚至还建了一座东正教堂,成为沙俄侵入黑龙江流域的桥头堡。康熙二十四年(一六八五)五月,数千清军精锐水陆大进,打响收复雅克萨之役,一举将该城拿下。此乃康熙帝经过数年筹备的一次军事行动,不光克复罗刹经营数十年的雅克萨,粉碎沙俄建立阿穆尔督军府的企图,也将沿江上下的沙俄据点基本扫清。由于地处僻远,清军在得胜后没有留兵驻守,而哥萨克于数月后潜回,抢修了更为坚固的城堡,增派了军队,意图殊死一搏。次年七月,黑龙江将军萨布素率部再至,进攻受阻,遂将雅克萨堡团团围住。敌军死伤惨重,一年后所剩不及十分之一,最终在《尼布楚条约》签署后彻底撤出。

两次进剿雅克萨,清军均在正对着它的岛上修筑土城,排列大炮向对岸猛轰,因而又称作红衣炮城。古城岛一名,即来源于此。康熙帝对雅克萨之役极为重视,钦派都统朋春为水陆统帅,护军统领佟宝、副都统班达尔沙为参赞,另有在瑷珲督办屯田的户部侍郎萨海,在索伦办理后勤支援的理藩院侍郎明爱、副都统马喇,加上黑龙江将军萨布素与两位副都统,可谓大员云集。前敌指挥部就设在该岛,临时军台驿道也通向这里。可以想象大战期间的繁忙热闹,而战争一旦结束,军队与后勤保障人员呼啦啦全撤,剩下的又是一座荒岛,偶尔有鄂伦春猎人路过,燃起一堆篝火。

"雅克萨"一语,意为"被江水刷塌的湾子",崖岸壁立,而江中岛屿则弥望平衍,每年春季都会遭遇流冰的冲击。春汛严重时,冰排涌积如峰如峦,蔽岛而过,当年清军所筑炮城很快垮塌沦没。《瑷珲县志·古迹》记载:

> 雅克萨又名红衣炮城,康熙二十二年征剿罗刹,运用神

威大炮十三尊，比及罗刹败北，我军暂住于雅克萨城地方。嗣经奉命撤防之际，请炮凯旋，独有一炮摇之坚不可动，始遗于彼。道光以前有查边者旋，称尚见此炮半陷土中；以致咸同年间有人去看，仅见炮口；而后光绪之初即无影响。昔有人云：彼已奏明敕封镇北侯矣。

这是一个与雅克萨之战相关联的传说，其中的"雅克萨城"实指古城岛。史籍中常这样真假缠结，由于曾作为攻打雅克萨的基地，岛上的红衣炮城竟与对岸的罗刹堡垒合二为一。而所称遗留原地的大炮，也只能在古城岛上才会出现渐渐被淤土掩埋的情形。清军也曾绕着雅克萨筑垒设炮，但不会把炮留在那里，也不易被淤埋。

二 盗耕与争持

一八五四年五月，在俄军首次闯行黑龙江的开航仪式上，石勒喀东正教堂司祭向亲率船队的东西伯利亚总督穆拉维约夫致敬，献给他一幅撤离雅克萨时带回的圣母像；船队经过雅克萨时，穆督特命停船，带领部下登遗址凭吊。而在强占黑龙江左岸之初，俄方即重点在雅克萨原址兴建移民村落，命名阿尔巴金诺。比起那些匆忙撒下的零星移民点，这里一开始就较有规模，几十户人家复耕旧有田垅，也在山林间开荒种地。沙俄当局重视的是其象征意义，而新移民却很快体会到田地匮乏，生存艰难，发现江中岛屿土地肥沃，便悄悄登岛开垦。他们当然知道这是中国的土地，起初不免胆怯，但见无人过问，便尔大肆耕种，并逐渐扩展到右岸地区。

清廷忽视边防，收回雅克萨之后没有在当地驻军，古城岛上没有固定的清朝居民，附近一带也没有卡伦和村屯。当地鄂温克、鄂伦春部落以打猎谋生，居无定所，不事农业，也造成俄人的越界私耕愈演愈烈。乾隆三十年制定巡边制度，"每年派出黑龙江城官兵，格尔毕齐河口巡查边界一次，又每届三年赴格尔毕齐河源至兴安岭梁巡查一次",也做不到及时发现与解决问题。得知俄人私自登上古城岛耕种,黑龙江将军特普钦即命瑷珲副都统提出抗议。此时穆拉维约夫虽已离任,左岸军政长官多为其爱将:阿穆尔驻军司令为少将布谢,原为近卫军少校,曾任老穆的专差官、库页岛驻军司令;而布拉戈维申斯克的长官萨斐启也是其旧部,两年前曾随船抵达大沽口外洋面。萨斐启自知己方无理,答应约束移民不再偷越垦种,并亲笔写了一份承诺书交给清朝官员。

那时该岛既无人居住,也没有名字。特普钦在奏折中称作"黑龙江右岸地方","有俄人越界,在雅克萨对岸私垦地亩"(《黑龙江将军特普钦诗文集》,129页,因俄人于雅克萨对岸越界种地严饬巡江各员加意防禁片)。瑷珲衙门奉命对俄交涉,也如此指称,未说明那是一个岛屿。这样做自也不难理解,一旦说明是岛,俄方便会找到图赖的理由。无论如何,阿尔巴金诺村民不仅没有撤出,种植面积反而扩大到近千亩,而且就连右岸的阿奇夏纳,也侵占耕种了六百多亩。

同治元年(一八六二)夏天,巡边清军再次发现盗耕,登岛干预,对方已有准备,倚仗人多拒不服从,并声称已得到上方的批准。瑷珲副都统派员去找布谢指控,回称去年的字据是别人写的,自己不知道,并说已奉有上司的明文,允许俄人前往耕种。清方追问为何违反条约,奉了谁的命令?这个老兄大约也觉理亏,支支吾吾,不得已才吐露实情:雅克萨一带山多林密,难以大面积开垦,移民请求到右岸空旷处开垦种植,已得到新任东西伯利亚总督卡尔萨科夫批准,不便阻止,只能将清方的意见转报上司。

特普钦要求瑷珲委派精干之员再次过江,指出其上司的做法属于严重违约,如果对所属人等毫无约束,甚至要他们越界胡作非为,怎么能使两国和约生效?布谢理屈词穷,只好又写了一份字据,表示"下年再不违约越界耕种"。特普钦将此事奏报朝廷,并说:

奴才伏查沿江地面,自额尔古讷至黑河口三千余里,江左俄屯处处，接连不断，而江右一带多属旷地，并无人居。每年派员上下迎查，即遇有越界耕种之事，与之理论，决不听从，欲即平毁，则彼众我寡，横行阻拦，且未便以微事与之启衅。迨与该管上司持约商办，又复推脱耽延，仍将田禾乘隙收去……（《筹办夷务始末》（同治朝）卷十一，特普钦奏今年俄人仍越界私种已与俄酋布色依理论片）

特将军抓住了事情的关键：几年之间，沿江数千里，左岸俄国村屯接连不断，右岸中国地方则是一派空寂，增建的十余所卡伦，也因经费不足被迫裁了一半；俄方在左岸修筑了快速驿道，江上有火轮，清军则仍是百余年前的木船，因缺钱维修，能下水的不足一半。特别是雅克萨所处的上游地域，中方几乎是荒无人烟。这就是《中俄北京条约》后两岸的实际情形，追索其远因，应是清廷长期封禁大东北造成的，是以特普钦急切呼吁允许移民实边。

多年与俄方打交道的经验，使特普钦对于布谢的承诺很怀疑，奏称："本年虽又给字据，难保下年不仍蹈故辙，似此辗转推托，实属狡诈异常。"他说会严命巡江将士"加意防禁"，也将详情咨报总理各国事务衙门，希望朝廷能予以关注。

三 将军府的对驳

特普钦的判断是正确的，俄方明知该岛属于中国，也不愿乖乖让出已经耕种的土地。阿穆尔州驻军司令布谢，同时也是穆督设立的"阿穆尔防线"司令，近卫军出身，一贯持强硬立场。同治二年（一八六三）二月，布谢让人通知瑷珲衙门，说要派员前往齐齐哈尔的黑龙江将军衙门。新任副都统关保赶忙拦阻，并亲自到布市沟通，岂知布谢根本不听，坚称东西伯利亚总督有公文急需送交黑龙江将军，并说如瑷珲当局不提供驿马，将自备马车前往，除非将他们套上枷锁押回。第二天一早，俄方信使马列为乞等就渡江登岸，自带马匹和四轮大车,沿驿路直奔省城而去。关保觉得不便动粗,只能派人陪伴监视,一面派飞骑报知将军。

特普钦见阻拦不住,倒也镇静应对,将马列为乞邀至将军署会谈。马列为乞恭谨有加,递上布谢签署的公文(并无东西伯利亚总督的文件),"恳求在省城通商,并乞由齐齐哈尔省城,借道前往吉林,由松花江水路回国"。此类诉求历来为清廷所忌,又有明显的侦察窥测之意,特普钦以条约不载予以驳回。对方还要争辩,特普钦便拿出《中俄北京条约》文本,让他指出哪一条写着准许俄方在省城通商,遂为之语塞。特普钦态度和悦,询问有何重大事件要面商,马列为乞提出的第一条就是越界开垦,说是去年俄国村民在雅克萨对岸种地,中方派兵阻拦,而此地从前属于俄国,自然有权耕种。特普钦告知:不要说此地本来就属于中国,不可能允许你们越界耕种;即使从前归属俄国,现已立约分界,在中国界内,也应该双方遵守,不应违约。

马列为乞颇能狡辩,又说该岛与右岸之间有江汊,"所种之地,原在江汊之左,因江汊北移,始归右岸"。特普钦指出:条约以大江主流分界,俄人耕种之地既然在大江右岸,无论有没有江汊,也不管江汊有没有移动,都要以主流为限。见特普钦头脑清晰,所讲句句在理,马列为乞无话可说,转而恳请暂借该岛耕种。特普钦坦言告知:"如果与和约相符,即百年亦不相争;如与条约不符,即暂时亦不应借。"一番话堂堂正正,俄方信使只得返回,特普钦派员"伴送该俄人回行"。清廷对此做法很满意,也提醒特普钦"俄人贪得无厌,诡谲异常,现虽废然而返,难保不另生枝节,别启狡谋"(特普钦:《阻止俄酋布色依非法借马借地通商及俄人越界耕地折》)。

岂知就在此时,沙俄军队已携带枪械登上该岛,保护俄国移民大肆开垦。布谢唯恐清兵干预,派出骑兵和步兵一百多人日夜守护,不光将岛上垦荒扩大至三四千亩,还在右岸多处垦荒播种。清军前往盘查驱赶,哥萨克态度蛮横,坚称该岛归属未定,争吵不退,然后收割载运而归。

四 "夹心滩"之诡

此一事件迁延数年。俄国移民越界开垦的越来越多,从上游蔓延到下游,愈演愈烈。布谢经关保副都统多次交涉,不得不承认右岸是中国土地,确属在右岸盗耕的,并不派兵保护,听任清军采取驱逐行动,唯独对雅克萨对面岛上的土地坚执不退。

对于这个无名岛屿,双方在表述时都动了心思:清方直接说"黑龙江右岸地方""雅克萨对岸",避免说它是一个岛屿;俄方则坚称它与右岸之间有江汊隔开,甚至胡说这条江汊就是原来的主流,将之称作"夹心滩"。这是一种有意模糊主权的叫法,竟也出现在同治二年八月初所发谕旨中:"惟夹心滩一处,该酋布色依辄以和约内并未载明,强称为两国之地……"(《清穆宗实录》卷七十六)。其中的"夹心滩"一名,应是沿用特普钦奏折中的说法,而特普钦则是转述布谢(即布色依)之言。十天后,特将军奏报与俄方交涉情况,再一次提到"夹心滩",曰:

> 经副都统节次面见,该酋始则称他处之地,均听平毁,惟雅克萨对过夹心滩地方,系两国公中地址,已种禾苗,拨兵看守,不准平毁。又经该副都统执约辩论,始许饬散看守之人,并言俟秋后伊亲见该悉毕尔将军,转行该国驻京大臣,恳求将雅克萨对过地方,暂借垦种……〔《筹办夷务始末》(同治朝)卷二十二,977—978页〕

请注意,以上仍是转述布谢的话,由"夹心滩"而"公中地址",声称总督卡尔萨科夫亲许移民耕种,阿穆尔州和布市军政长官无权做出让步,还出示了一份卡督的手谕。

夹心滩,无疑是俄人想出来的一个诡巧之名,包藏祸心,为俄方的侵占提供了借口——既然被江水夹在河道中心,界约中并未明确属于哪方。先说"共管",进而就是"俄管",在沙俄殖民史上早有恶例:《尼布楚条约》留下的乌第待议地区,《瑷珲条约》对于乌苏里江以东地域,写明的都是"共管",但很快就被沙俄独占。

关保拿出萨斐启和布谢写的字据,对方仍不松口,只答应将军队撤走。布谢不久后离开布市,所承诺的撤兵撤人在他处大体实行,"惟雅克萨对过夹心滩地方,查有俄人种地二百余晌,马、步兵等一百余名,各执枪刀,声言系两国公中地方,所换和约,并未指明"。特普钦如实奏报俄方的作为,称其在右岸私种之庄稼均听任踏平,"尚知说理",接着述说其拒绝退出的该岛情况:

> 惟夹心滩一处,据委员探称,长约二十里,宽约十余里,滩西有小河一道,上下河口俱入黑龙江身大流,余在滩之左边。

(特普钦:《查办俄人越界于雅克萨对过夹心滩地方种田不肯退让折》)

这位将军在领土之争中持有坚定立场与足够的警惕性,可还是被老毛子带到了沟里——采用其"夹心滩"之说,当也因原来的说法不够简洁。精明如恭亲王奕訢一开始也没留意,当年九月在对俄国驻华代办开列"界事清单"时,照录特普钦奏折中的说法:"今年七月间,俄人在黑龙江右岸夹心滩,私垦地亩二百余晌。"虽强调是右岸,也沿用了"夹心滩"之名。

五 奕訢主持的交涉

其实布谢也承受着内外两方面的压力,心知错在己方,瑷珲官员盯着不放,而雅克萨的移民生活艰难,强烈要求越界垦种,甚至闹到总督那里。他尽量拖延避见,提出"夹心滩""公中地"的托词,也包括暂借岛上土地耕种的请求,辗转委托沙俄驻华使节与总理各国事务衙门协商。这场领土之争很快反映到两国高层,局地争端也上升为外交争端。

接特普钦咨文后,掌领总理各国事务衙门的奕訢即行照会俄使巴留捷克。巴留捷克回复已发给东西伯利亚总督，如经查实，必会严办背约之人。不久巴公使因病回国，代办格凌喀反诬清军进入俄界抓人毁房。总理衙门对此事积极展开交涉，与俄国公使照会往来，反复辩论。请看奕䜣于同治二年八月的照会：

> 本王大臣查此项江滩，紧靠黑龙江右岸，实系中国专管地方。缘和约统以黑龙江左右分岸，自当以江身大流为断，该滩既靠右岸，自与俄国无干……即该头目布色依亦明知系中国地方，是以前次派员与之理论，始则推脱上年字句为署任所给，伊不知情；继因理竭词穷，方允饬禁所属，下年不准越界耕种，并送给中国俄字一纸，以备将来为据。是该头目自认违约，已确有凭证，今忽为此论，显系故意狡赖，希图小利，并藉掩饰其背约之咎。似此越界私垦，藉词狡强，又复先行带兵拦阻，实出情理之外。至所称奉上司饬令耕种等语，是否奉贵国之命，抑系该上司自己主意？〔《筹办夷务始末》（同治朝）卷二十五，1092页〕

层层说理，环环相扣，文字简洁有力，尤应注意的是以"右岸江滩"代替了"夹心滩"。俄使理屈词穷，只好念起拖字诀，声称要向东西伯利亚总署及阿穆尔州了解情况，然后就没了下文。

奕䜣认为"此事倘不力为争论，恐其端一开，该俄人得步进步，无所底止，实于边疆大有关系"。两个多月后，俄国新任驻华公使倭良嘎里抵京，奕䜣再次强调争议岛屿为"右岸江滩"："早已明知右岸为中国专管地方，不应觊觎，故扺言该管上司从中主使，以期掩饰其背约之咎……相应再行照会贵大臣，转行东悉毕尔总督严饬边界官，将所耕不应耕种之中国江滩，任凭中国平毁，不准再有越界私垦情事……"〔《筹办夷务始末》（同治朝）卷二十五，1095页〕在这份照会中，奕䜣措辞更为严正，也注意分寸的把握，只说当地俄员食言狡赖；对该岛的表述也更严谨，称其为"黑龙江右岸江滩"及"中国江滩"。

倭良戛里复照，答应将照会转发东西伯利亚总督，商请查办。新任总督卡尔萨科夫虽为穆拉维约夫一手提拔，但做事比前任要规范且温和许多。一八六四年五月二十五日，倭良戛里照会总理各国事务衙门，告知卡督已行文阿穆尔省，要求"严行禁止本国民人，嗣后不得越界于黑龙江右岸私行垦种地址"。此日为同治三年四月十九日，奕䜣立即复照，表示"本王大臣等同深嘉悦"，并提醒对方落实。撤出已在岛上耕种数年、开垦数千亩的移民，并非易事，但这次俄方没有食言，当年就撤离了该岛，没再发生越界耕种事件。

"弱国无公义，弱国无外交"，此言出诸北洋政府外交部长陆徵祥之口，颇能传递出早期中国外交官的悲凉无助。而仔细斟量，此语难免口号化，有失偏颇和空疏，甚至不无卸过推责之嫌。第一次鸦片战争以后，列强相继入侵，所逼签的条约无一平等，在在呈现出强梁霸凌之势；而与之相对应，战场上仍有舍生忘死的志士，谈判桌上也不乏据理力争的前贤，似乎从未有过什么"任人宰割"。古城岛的失而复得也证明：越是在危弱之际，越是需要展开积极外交，需要当事者的胆略与智慧，而公义往往就出现在坚持和苦撑之后。

古城岛今属漠河县兴安镇，岛上原有一个生产大队，就叫古城村，多为闯关东的山东人后裔。二〇一九年夏天，我与潘振平兄乘一条铁壳小船渡越江汊登岛，走上数十米缓坡，满眼是望不到尽头的大豆，田间有一条笔直的水泥路，走上二三里后，两旁可见废弃的木刻楞，稍远也可见村落遗迹。年轻的村长介绍，一九五八年春季开江时，上游冲下的巨大冰块几乎扫平了岛上房屋，全村躲在稍高的岛脊上。而对岸的阿尔巴金诺村民发现后，很快告知苏军派直升机前来救援……一九八五年又出现过一次流冰灾难，古城村民被迫迁徙，但一直在岛上耕种。横穿过古城岛，便是黑龙江的主航道，远远望向对岸，依稀见一群俄罗斯妇女儿童在游泳野餐，江水淙淙溶溶，岁月静好。

王子今

帝国下腹部的脂肪

进行古代人物身体史的考察，人们会注意到地位高贵者因生活安逸形成特殊肥胖体态的故事。尊贵者的画像，甚至可见表现"腰腹十围，踞坐一榻适满"的体型（[清]孙衣言：《候选训导洪君墓志铭》）。"以肥瘦知贵贱"（《古谣谚》卷一九），成为社会常识。讨论国家政治，也可以发现类似的历史信息。《吕氏春秋·知化》写道，齐湣王亡国而居于卫，竟然"容貌充满，颜色发扬"，自称"带益三副"。汉代学者高诱解释，"三副"或作"三倍"。"带益三倍，苟活者肥，令腹大耳。"而历朝"冗官""赘员"益增，成为王朝下腹"垂腴"，几乎形成周期性的病患。有关行政得失与王朝盛衰的认识，也许能够由人体脂肪过度的有害堆积这种病理现象，得到有意义的启示。

一、富贵者"腰腹博硕"

古来成功致富贵人士，状貌往往肥硕。有人说"凌烟阁上人"皆"伟哉风骨"（[宋]张纲：《代人上郑相牛日三首》）。或言功臣将相"丹青上凌烟"者，其形象大多"腰腹伟"（[清]查慎：《题陈树斋军门听雨图》）。

《后汉书·耿秉传》可见"有伟体，腰带八围"的记述。《三国志·魏书·司马朗传》说司马朗"身体壮大"。裴松之注引司马彪《序传》称其"腰带十围"。《晋书》中说到传主"腰带十围"的，还有《庾敳传》《尹纬载记》《赫连勃勃载记》。《李势载记》说"势身长七尺九寸，腰带十四围"。《宋书·南郡王义宣传》也可见"腰带十围"的记载。《梁书·韦放传》有关"腰带十围"的记述，见于《昭明太子传》《太祖五王传·萧嗣》《太宗十一王传·安陆王大春》。《魏书·神元平文诸帝子孙列传·东阳王丕》说到几位曾经"从驾"立功，"并以旧老见礼"的皇亲贵族"皆容貌壮伟"，亦"腰带十围"。《北齐书·孝昭帝纪》："身长八尺，腰带十围，仪望风表，迥然独秀。"可知依当时的人体美学意识，一定的腰围，被看作仪容出众的表现。《北齐书·文襄六王传·河南王孝瑜》："体至肥大，腰带十围。"《娄昭传》"腰带八尺"，《慕容俨传》"腰带九尺"，又《周书·叱列伏龟传》"腰带十围"，《庾信传》"腰带十围"，《隋书·世积传》"腰带十围"，也都值得注意。《南史·文学传·高抱》也可见"腰带十围"。以"围"计"腰带"尺寸，应当是指两手拇指和食指合围的长度，有说"径尺为围"的（如《庄子·人间世》陆德明释文引"李云"），也并非准确测定。我们只大略知道"腰带十围""腰带十四围"体型惊人肥硕。但是"腰带八尺""腰带九尺"，据丘光明编著《中国历代度量衡考》以九件骨尺、铜尺文物实物考察的南北朝尺度，以为"根据仅有的材料，似以李淳风所定尺长三十点二厘米更为可信"的意见，则"腰带九尺"，竟然可达二百七十一点八厘米。

据《北史·恩幸传·赵修》记载，赵修"本给事东宫，为白衣左右，颇有膂力"，而"起自贱伍，暴致富贵，奢傲无礼"。其体态特征，史称"素肥壮，腰腹博硕"。这应当与"贱伍"时期已经大为不同。据《旧唐书·高祖二十二子传·江王元祥》："元祥体质洪大，腰带十围，饮啖亦兼数人。"当时"腰带十围"情形可能并不罕见，于是唐诗有"将军带十围，重锦制戎衣"句（耿沛：《入塞曲》）。《旧唐书·太宗诸子传·濮王泰》则称李泰"腰腹洪大"，以致"趋拜稍难"。《新唐书·太宗诸子传·濮王泰》则说"泰大腰腹"。唐代后期强势军阀朱泚，据说"资壮伟，腰腹十围"（《新唐书·逆臣传中·朱泚》）。

二、董卓"燃脐"故事

就个体人生来说，曾经是"英雄""武士"的董卓，出身陇西临洮，以"六郡良家子"身份"为羽林郎"，"有才武，膂力少比，双带两鞬，左右驰射"。《三国志·魏书·董卓传》记载，他奉命击羌、胡，"六军上陇西，五军败绩，卓独全众而还"。然而控制"京都兵权"，横暴朝中之后，已经成为超常肥胖将军。据裴松之注引《英雄记》，董卓被吕布等格杀后，"暴卓尸于市。卓素肥，膏流浸地，草为之丹"。看守董卓尸体的官员"暝以为大炷，置卓脐中以为灯，光明达旦，如是积日"。《后汉书·董卓传》的记述是："乃尸卓于市。天时始热，卓素充肥，脂流于地。守尸吏然火置卓脐中，光明达旦，如是积日。"庾信《哀江南赋》所谓"燃腹为灯"，以及杜甫诗句"燃脐郿坞败"，李贺诗句"曾燃董卓脐"，苏轼诗句"毕竟英雄谁得似，脐脂自照不须灯"等，都是对这一故事的回顾。俞樾诗作以"卓脐肥"与"楚腰细"为对，也别有意思。

历史上另一位曾经"以骁勇闻"的名将安禄山，据说"肚大，每著衣带，三四人助之，两人抬起肚，猪儿以头戴之，始取裙裤带及系腰带"。"晚年益肥壮，腹垂过膝，重三百三十斤，每行以肩膊抬挽其身，方能移步"，于是"肥大不任战"，当年"骁勇"（《旧唐书·安禄山传》），只是往日的记忆。《安禄山事迹》卷上说："晚年益肥，腹垂过膝，自秤得三百五十斤。"《资治通鉴》卷二一五写道："禄山体充肥，腹垂过膝，尝自称腹重三百斤。"竟然具体说到"腹"部的重量，固未足信。但异常"肥壮""肥大"，腹部下垂"过膝"，应是事实。

关于董卓"素肥""素充肥"，史籍都说到"脂""膏"。《说文·肉部》说："膏，肥也。""肪，肥也。"段玉裁注以为这两处"肥"都"当作脂"。又引"王符曰'白如猪肪'"。《说文·肉部》说："脂，戴角者脂，无角者膏。"可知"脂膏"都是指动物脂肪。

三、"垂腴"：恶政的象征

作为生理知识而介入政治生活，借用为政治比喻，"肥肉""脂膏"的超常蓄积，被看作恶政的象征。《说文·肉部》："腹，厚也。"段玉裁注："腹厚叠韵。""谓腹之取名，以其厚大。"又引《释名》曰："腹，复也，富也。"以为"文法同"。《释名·释形体》是这样说的："腹，复也，富也，肠胃之属以自裹盛，复于外复之，其中多品，似富者也。""腹"与"复"和"富"的关系，以及所谓"似富者也"的表现，是发人深思的。

对于《说文·肉部》所谓"腴，腹下肥者"，段玉裁注指出是指人体，"此主谓人"。又写道："《论衡》传语曰'尧若腊，舜若腒，桀、纣之君，垂腴尺余'是也。"《论衡·语增》："传语曰：圣人忧事，深思事勤，愁扰精神，感动形体，故称'尧若腊，舜若腒；桀、纣之君，垂腴尺余'。夫言圣人忧世念人，身体羸恶，不能身体肥泽，可也；言尧、舜若腊与腒，桀、纣垂腴尺余，增之也。"王充说，言圣人忧民勤事，"不能身体肥泽"，是可以的。但是所谓"尧若腊，舜若腒，桀纣之君垂腴尺余"，则应是夸大其词。按照《礼记·少仪》郑玄注的说法："腴，腹下也。"《论衡·道虚》也可见"世称尧若腊，舜若腒，心愁忧苦，形体羸癯"的说法。《太平御览》卷八〇引邓析言曰："古诗云：'尧、舜至圣，身如脯腊，桀、纣无道，肌肤三尺。'"

先古圣王形象多黑瘦，往往"羸恶""羸癯"，"不能身体肥泽"的情形，又见于《意林》引《尸子》所谓"尧瘦舜黑"，《文子·自然》引老子所谓"神农形悴，尧瘦癯，舜黧黑，禹胼胝"，《淮南子·修务》所谓"神农憔悴，尧瘦臞，舜黴黑，禹胼胝，则圣人忧劳百姓甚矣"。《吕氏春秋·贵生》高诱注使用了"瘦瘠"文字："尧、舜、禹、汤之治天下，黧黑瘦瘠。"

与此不同，《荀子·非相》说到反面政治人物的形象："古者桀、纣"，其身形"长巨姣美"。这应当与养尊处优相关。《楚辞·天问》

直言其"肥"："受平胁曼肤，何以肥之？"王逸解释说："言纣为无道，诸侯背畔，天下乖离，当怀忧癯瘦，而反形体曼泽，独何以能平胁肥盛乎？"按照王逸的理解，纣的形象，正是《论衡》所谓圣人"不能"的"身体肥泽"。而所谓"桀、纣之君，垂腴尺余"，是更极端的说法。

四、"冗官""赘员"，国家病患

有人重视腹部过量脂肪堆积的危害，并且将这种生理现象与贪腐行为相联系。晋国大夫叔鱼初生，其母观察其体型，以其"牛腹"，断言"必以贿死"（《国语·晋语八》）。"牛腹"竟然是与"贿"相关的人体征象。又如刘克庄《贫居自警》诗以清贫志向与"燃脐"悲剧对比："夸士燃脐犹殉货，先贤覆首或无衾。"沈錬《休贪百姓钱》也写道："请君但看燃脐报，可是黄金坞内填。"现在看来，把这种政治告诫看作对王朝格局构建、帝国决策倾向、君王行政取舍提出的警告，其实也是适宜的。关于腹部的异常，又有"腹尺"之说。"腹尺"或许与"垂腴尺余"有某种关联。《三国志·魏书·荀彧传》裴松之注引《平原祢衡传》说到"赵荡寇""有腹尺"，于是有"可使监厨请客"的调侃，据说"其意以为""赵健啖肉"。所谓"腹尺"，《汉语大词典》的解释是"腹的阔度"，以为"比喻食量大"。

"腹大""垂腴"的情形，也适合用以形容传统政治体制。

以身体部位比喻王朝秩序之安危得失，是中国传统政论的语言习惯。如《晋书·刘聪载记》载刘易、刘敷等谏语有"陛下心腹四支何处无患"的警告。《六朝通鉴博议》卷七可以看到这样的说法："治国如治身。心肠四休，将养调治缓急，各自有序。人失其序，则疾生之。国失其序，则乱生之。"指出古来有"虚心腹，肥支体，遂为后世深患"者，于是发表了"可不戒夫"的严正警告。

而历代开明的政论家言称帝国政治弊病最多见的批评，是对"冗官""赘员"现象的指摘。《说文·肉部》："肬，赘肬也。"又《说文·部贝》："賸，物相增加也。"段玉裁注："賸增叠韵。以物相益曰賸。字之本义也。今义训为赘疣。与古义小异，而实古义之引伸也。改其字作剩而形异矣。""賸"字现今简写为"剩"，已经"形异"。古字"賸"结构有"肉"，可以理解为不必要的，甚至灾难性的"增加"，是可以从人体生理与病理的角度认识其意义的。史籍所见王朝的"赘员"(《明史·忠义传·阮之钿》)、"赘余"之"官"(《清史稿·职官志二·太常寺》)，都是可以由"赘肬"有所认识的。"赘肬"，有时又写作"赘疣"(《清史稿·选举志·考绩》)，更强调其病患性质。宋人陈彭年《重修广韵》卷四《去声·八未》："赘，赘肉也。又最也，聚也。""赘"即"赘肉"可以理解为脂肪的过度壅积。

"冗官""赘员"，造成民众过于沉重的负担。有人称此为"官多则民扰"。唐代名臣刘晏曾有此说(《资治通鉴》卷二二六)。同样的说法又见于宋人胡寅《致堂读史管见》卷二二。明清政论中，"官多则民扰"频繁出现。李鸿章言"官多则民必扰"(《李文忠公奏稿》卷三六)，语气尤为肯定。又有"官多则民困"([清]陈澹然：《权制》卷一)之说。"冗官""赘员"也导致行政运行效率的降低，往往也成为危害社会安定的隐患。顾炎武写道："官多则乱，将多则败。"(《日知录》卷五)这样的意见，和卢梭在《社会契约论》中如下说法是一致的："如果国家仍然是同一个国家，行政官的数目纵然可以任意增加，政府却并不会因此便获得更大的实际力量"，"还可以肯定：负责的人越多，则处理事务就愈慢"，"随着行政官的增多，政府也就会松弛下来。""行政官的人数愈多，则政府也就愈弱。"卢梭指出："这是一条带有根本性的准则。"（卢梭：《社会契约论》，何兆武译，商务印书馆一九八〇年版，84、82页）

顾炎武生年较卢梭约早一百年。他提出的行政学"治官"理念，其实已经相当先进。前引"官多则乱"，可以看作顾炎武治官第一定律。他的治官第二定律是"大官多者其世衰"(《日知录》卷八《乡亭之职》)。顾炎武治官第三定律是"省官之故,缘于少事"。他提出的"省事"更重于"职官多寡"(《日知录》卷八《省官》)的主张,是符合文景之治坚持的"无为而治"的原则的。

"冗官""赘员"直接成为影响吏治效能的危害。"官多则权分"([明]曾大奇:《治平言》卷上),"官多则各持其柄则无所营"([明]程开祜:《筹辽硕画》卷三三),"官多则十羊而九牧"([明]吴节:《吴松坡先生文集》卷一)等意见,都说明相关规律的发现。当然,"冗官""赘员"对整个社会的负面影响也被指出。如多有学者指出,"官多则吏多,吏多则民扰"([宋]黄震:《黄氏日抄》卷七一),"官多则事烦,吏多则民残"([宋]陈均:《宋九朝编年备要》卷五),"官多则役多,役多则费多"([明]毕自严:《度支奏议》堂稿卷五),"官多则食繁,食繁则赋重,赋重则民困,民困而国未有不贫者焉也"(《志远斋史话》卷五)等。

五、怎样"紧缚肚皮"

元人臧梦解曾作《座右铭》,借人体各部位为喻,提出了"硬着脊梁""净洗眼睛""牢踏脚跟""紧缚肚皮"四个方面的要求。其中"紧缚肚皮"所说,是可以作为国家政治史思考的借鉴的:"这肚皮忍得饥,众肥甘,我糠糜。将军腹,宽十围。贪取败,脂燃脐。平生事,百瓮齑。咬菜根,事可为。"([元]周南瑞编:《天下同文集》卷三二《铭》)所谓"百瓮齑",使我们联想到刘克庄诗句"赤粟黄虀味最深"。"咬菜根,事可为"是个人修养的境界,也是端正世风的目标。然而就王朝管理者来说,在控制"冗官""赘员"方面"紧缚肚皮",以避免"腹宽十围",是有很大难度的。《黄帝内经素问》卷四说,有的方域"其民华食而脂肥","其病生于内,其治宜毒药"。这里所说的"其治宜毒药",可以理解为,要治愈"华食""脂肥"的"内""病",必须下决心,用重药。政府结构这种"官职冗滥"现象,往往总是在历代王朝的中期发生,于是形成了一种历史的循环。这种现象同政府成员的腐败、政府效能的退化，几乎是同步的。所谓"官职冗滥"，即"官数"表现为极度膨胀的反常现象，是病态政治的症状，也形成可能导致严重社会危机的起因。

江苏东海尹湾汉墓出土《东海郡吏员簿》是关于西汉东海郡吏员编制的简牍资料，又有《东海郡属吏设置簿》。两相比较，郡太守府实际所用属吏数远远超过定员数。人们还发现，《东海郡吏员簿》所记载东海郡县之属吏名目与严耕望《秦汉地方行政制度》一书中考定的郡县属吏名目差异甚大。前者名目少，分职简略，后者则名目多，分职详密。或许简牍资料所反映的东海郡吏员名目是汉初制定的编制。郡县行政长官起初按照这一编制设置属吏。然而，后来郡府县廷行政分工逐渐细密，郡府县廷的组织机构也日益增大，在定编之外，又以"君卿门下""以故事置""请治所置吏""赢员"等名目任命增设属吏，于是吏名人数出现新的规模。"赢员"，就是多余的吏员。朝廷知道郡县属吏之实际用人数远远多于定编数，可能有适当更改增加编制以适应实际的情形，但是地方政府膨胀不已，朝廷对郡县政府属吏编制之调整永远赶不上实际用人数的增加（廖伯源：《简牍与制度——尹湾汉墓简牍官文书考证》，文津出版社有限公司一九九八年版，63—67页）。据《续汉书·百官志五》刘昭注补引《古今注》，汉顺帝永和三年（一三八），"河南尹及雒阳员吏四百二十七人"。可是据《汉官》一书提供的东汉京师地方官府员吏编制资料，"河南尹员吏九百二十七人"，此外，雒阳县又有"员吏七百九十六人"，两者相合，多至一千七百二十三人，是《古今注》所说河南尹及雒阳员吏四百二十七人的四倍余。两种记载数字如此悬殊，可能也反映了在实际政治生活中法定编制和实际员额的差别。

"官职冗滥"现象的严重危害，往往可以促使国家机器加速腐化乃至彻底朽坏，逐渐出现烂透了的态势。列宁曾经说，官吏，是旧社会"身上的'寄生物'"，"是使这个社会分裂的内部矛盾所产生的寄生物,而且正是'堵塞'生命的毛孔的寄生物"。所谓"寄生机体""寄生赘瘤"也是他形容这种"寄生物"使用的语词(列宁:《国家与革命》,《列宁选集》第三卷,人民出版社二〇一二年版,135、158页)。这种寄生物日益繁生且拥塞于肌体,可能窒息政治机构的活力乃至整个社会的生命力。克服"官职冗滥"现象以解救政治危局,如所谓"救官冗之弊"(苏轼:《论冗官札子》),"省罢""赘员之无益有损"([宋]黄震:《榜放县吏日纳白撰钱申乞省罢添倅广德君》),是历史上许多次改良与改革运动曾经提出的政治任务。然而官僚制度作为政治体制的主体构架,是专制主义王朝实现历史存在和行政运行的主要支撑。于是往往有"虽知冗滥,力不能裁节之"(《宋史·李迨传》)的情形。政治体制中"紧缚肚皮"的失败,在中国专制时代是经常的。正是帝制政权的性质决定了其自我调节的机能逐渐退化。因为官吏久已成为有重要影响的社会阶层,于是革裁冗官的改革常常会遭遇十分顽强的抗拒。

《齐民要术》卷六《养牛马驴骡》谈"相马之法",指出"弱瘠大腹"是"羸"马的形象。政治生活中的"大腹"情形,确实在王朝中晚期历史中导致"羸"的实力消减。畜牧业的相关经验可以借以帮助理解社会政治现象。有学者指出,元代政治术语可见"要肚皮""吃肚皮""使肚皮"等,据说与"赃贿"有关。"要肚皮"指索贿,"吃肚皮"指受贿,"使肚皮"指行贿。成为这种政治语言背景的,在于"马是游牧社会的重要财产,母马腹中胎儿隐含附加值的意义,官员以权谋私,索贿受贿,实际上是割取附加值"(特木勒:《释"肚皮"》,载《中国史研究》二〇一一年一期)。论者的发现很有意思。联系到"紧缚肚皮"之说言及"贪取败,脂燃脐",政治史现象的这种揭示,对于官员个体的道德"紧缚"和国家政治的体制"紧缚",都是有意义的。

(《中国地方行政制度史》甲部《秦汉地方行政制度》,严耕望著,北京联合出版公司二〇一九年版)

程亚文

公司，"准政治制度"？

大公司的"上帝之城"

在出版于一九五四年的《二十世纪的资本主义革命》(The 20th Century Capitalist Revolution) 一书中，哥伦比亚大学经济学家阿道夫·贝利 (A.A.Berle) 提出，几个世纪以来，现代公司一般被视为一种法律团体，但进入二十世纪后，人们开始把它当作经济制度来研究；而现在也应该把它当作"准政治制度"来探讨。贝利甚至没有把它当作一本经济学著作："我们应当把一个相当明确和值得注意的现象——美国大公司——作为政治学的对象来加以研究。"

这番令人大开脑洞的说辞，其实也是对贝利以往观念的颠覆。一九三二年，他曾与哈佛大学经济学家梅里克·多德 (Merrick Dodd) 围绕企业伦理问题发生了一场辩论。后者认为，商业公司是一个既具有商业能力，又服务社会的经济组织，不能仅为股东谋利，还要保护雇员合法权益，遵守商业和行业法规，以及为公众利益负责，换句话说，公司的员工、客户、合作方、所在社区，乃至公司所处的国家和社会，都是其利益相关方，需要在公司运行中被关照到。贝利的意见相反，他说企业管理者只需要以利润最大化为目标，不必考虑股东收益之外的其他利益。这两个人的看法代表了二十世纪以来资本主义模式的两端，贝利是股东至上主义，多德是利益相关者主义。没想到，二十年后贝利"背叛"了自己，倒向了论争对手多德一边，也成了利益相关者主义的拥趸。在《二十世纪的资本主义革命》一书中，贝利公开申明，多德的看法是正确的，而他自己当时的观点是错误的，现在他已转变认识、"弃暗投明"，"这场争论是以完全赞成多德教授的意见而解决的"。

贝利为什么后来"背叛"了自己，从股东资本主义的信奉者变成了利益相关者主义的支持者，他到底走过了什么样的心路历程？这已经不太好考证，但他所处的时代场景是清晰的，那就是在遭遇一九二九年的经济大萧条后，美国经历了罗斯福新政的制度创新，在一定程度上扭转了此前"镀金时代"资本主义的野蛮生长，导引三十至五十年代进入新的时代风尚，精英阶层普遍认识到不能独享经济发展成果，而要与全社会形成共享互惠关系。这种新兴思潮不仅体现在如富兰克林·罗斯福这样的政治家的言行中，也体现在经济活动的具体实践者那里。贝利的思想转变，应当受到了这一风气的洗礼，他也看到了二十世纪上半叶困扰美国的突出问题：大公司的兴起和企业权力的扩展，在极大提升生产力的同时，也严重伤害美国社会的内部和谐。贝利谈道："一九五四年的资本主义和一八五四年的资本主义只不过有依稀相似之处，而和一八〇四年的资本主义相比，简直就没有什么真正的共同点了。"不同就在于，随着十九世纪后期第二次工业革命的发展，美国在进入二十世纪后已成为世界上最大的工业化国家，大公司也随美国这个"新兴国家"而起，在自律性市场信条下出现了产业集中和寡头化现象，一个个工业部门里，少数大公司统治了全行业，"那种由两个、三个或四个人公司控制着本工业部门一半以上的地盘的'集中'体制已经稳固地建立起来"；一九五四年，一百三十五家大公司拥有美国工业资产的45%，又占到当时全球制造产值的四分之一。贝利发现这改变了以往美国公司与国家、公民的关系，大公司从宏观来说可以影响美国经济、政治走向，"二百个最大的公司的这种权力集合起来，就能够决定整个国民经济是向前发展还是停滞不前";从微观来说也可以决定美国公民的个人命运,以往美国企业任意挑选或辞退职工的自由权利,已经不能适用,原因在于,以往有成千上万雇主,即使是最大强大的雇主,其行为也只能影响美国经济的极小部分,然而,新的现实是,"在一九五四年盛行一时的公司集中体制的情况下,公司措施的影响实际上足以剥夺人们的谋生机会","大公司之间的竞争会毁灭成千上万人们的生计和整个社会"。贝利感慨:"二十世纪中叶的资本主义已经获得了进行一定程度的计划经济的权力和手段",然而,这个"计划"并不是国家或政府赋予的,它并非走向社会主义,只是强化了大公司的产业集中及其支配社会、左右政治的能力。

贝利看到了随大公司兴起,现实世界的权力关系变化,大公司不管愿意还是不愿意,必须担负起一定的公共角色,而不能一味如过去那样强调其私人性。由于大公司的活动在国内国际都能产生巨大影响,规范大公司的权力,塑造新的企业伦理,使之体现出公共性,"成为一个服务性的组织,而不致成为专横的机构",就非常必要。在贝利看来,限制大公司为所欲为的绝对权力的抵销力量,在美国也已经出现,包括舆论的监督、寡头竞争的制约和国家政治权力的抑制等。但这些都是外在的约束,贝利更希望大公司的伦理自觉,培育"公司的良心",探索与全社会的新的相处方式。这条道路该如何去建呢?"要解决两个互相结合的、属于政治性的谜:实现公司和社会之间的机能协调,实现公司活动和流行的伦理观念之间的协调。"贝利援引奥古斯丁在《上帝之城》中的说法,指出人类生活必然有一个稳定的道德和哲学前提,它渗入并规范每一个有形的机构,"只有这个哲学内容才给各个制度以永久性;这个哲学的组织比之制度的设立有更长的生命"。贝利的意思再也明白不过,企业的伦理与整个社会或政治共同体的伦理具有同构性,或者说要反映政治共同体的伦理,而不能仅仅是一种经济存在。良心是天启的，超越了法律的形式性规范："人类的天良中深深地铭刻着这样一种假定：在某处总有一个及时地加在人世间的王公、权力和各种机构头上的更高的法律"，会使人想起中国人以往常说的"头上三尺有神灵。""更高的法律"并非通常所说的法律，而是自然法或道德与哲学，它又构成了制度的前提。

财务政治家与新"革命"

贝利看到了公司资本主义时代带来的挑战和蕴含的机会，他所谈论的对大公司的外在制约机制，到底有没有起作用呢？他所希望的公司良心，又到底有没有产生？

应当说，在战后一段时间内，因为两次世界大战的惨痛教训记忆犹新，工业化国家的大公司总体来说是比较收敛的，无论从理念还是从实践（比如交纳高额税收）来看，所奉行的乃是利益相关者资本主义，兼顾了自身利益与社会责任的均衡，这也使得贝利这样的观察者，一度认为美国的福利制度与苏联的社会主义在一定程度上已经"趋同"。贝利对大公司的观察是深刻细腻的，他对大公司伦理的强调，也极其具有时代意义，然而，可能会让贝利失望，他所说的对资本主义的外在规范与公司的道德自律，看起来只是战后的一时光景，并没有结构化为资本主义的内在品质。曾从业于新闻界、后在纽约大学任教的另一位美国学者菲迪南德·伦德伯格（Ferdinand Lundberg），在一九六八年出版的《富豪与超级富豪——现代金钱权势的研究》一书中，描绘了一幅与贝利所期大为不同的美国大公司画像，在这幅画像中，不仅产业进一步向大公司集中，财富也重新向少数大富者汇聚，美国社会再次向贫富分化演进，它也预示或酝酿了在进入八十年代后，随着新一轮全球化浪潮涌动，工业化国家重现"阶级政治"、资本再度左右起政治的后景。

伦德伯格所看到的东西，部分与贝利类似，比如，从一九二二到一九五三年，美国2%最富家庭所占有的财富比数，从33%下降到29%，这几十年间，美国的经济不平等有所减轻，体现了贝利所说的"人民资本主义"的特点。然而，自五十年代中期开始，美国的财富重新出现向少数人集中的趋势，产业向大公司集中也在强化。有趣的是，伦德伯格同样提出不能简单地把美国的大公司视为一种工商企业，"与其说美国电话电报公司是一个公司，不如说是一个准政治国家"，这些大公司之所以成为"准政治国家"，并不是由于作为投资人的政府的参股，而是因为它们"不仅是经济体系的一个主要部分，还是运行中的政治体系的一个主要部分"。这些"准政治国家"的总裁和大股东，不断做出判断、采取行动，其涉及范围之广，不亚于任何最高层政府领导人所面临的局面，作为一个美国总统考虑的，大体上也是大公司的决策者在同样条件下所考虑的；他们与政府中上层人物打交道时，也断然不是国家领导人同见多识广的公民之间的会议，倒更像中世纪的国王同可以翻手为云、覆手为雨的贵族之间的会议。伦德伯格"异想天开"，提出这些"准政治国家"的总裁和大股东，不能看成是公司领导人、大股东或大资本家，而是财务政治家（finpols），那些掌管着超级企业或"准政治国家"的人，在职能、外貌或处事方式方面，跟政府领导人没什么两样。

伦德伯格在他的书中，详尽分析了六十年代美国巨富家族的财富构成、来源与纳税情况，他认为美国已演变成一个公司国家，其权力结构已与中世纪欧洲国家围绕王权、贵族与教会为中心类似，中央政府与最高领导人（公众政治家）是现实版的王权，公司政治家乃是财富贵族，知识分子扮演了教会的角色，其他大多数人都处在外围、成为附属品。相对来说，知识分子在美国的权力，远远比不上中世纪的教会，他们以怀疑的眼光注视着政府与"准政治国家"的共同政策，但其制约能力十分有限；政府和公众政治家，与大公司和财务政治家之间，既斗争又合作，在共同构建了"赢家通吃"

的事实时，又刻意营造了民主的假象，"上帝的选民和打入地狱的灵魂"竟然相反相成，结果是"美国与巴西和阿根廷相比，其相似之处，远远超过美国与法国或英国相比"，但却没有多少美国人能够理解这种事实。当然，伦德伯格也指出，一个有决心且能权衡轻重的总统，能够压服财务政治机构，然而，作为王权的政府，究竟有没有威逼利诱公司贵族产生出"对通用汽车公司有利的也同样有利于美国"的结果呢？需要打上一个大大的问号。

贝利和伦德伯格都认为美国的大公司是一种政治性存在，两者的含义大相径庭。前者所指或所期望的是公司的公共性、与全社会达成利益相关，后者乃是指大公司操控国家、服务于巨富阶层财富增殖的能力和权力，即以少数人的私人利益为目的，国家和社会成为手段。哪一种才是大公司在美国的真实面相呢？在战后的一段时间内，贝利所说的利益相关者主义，在一定程度上是存在的，但进入六十年代以后，伦德伯格看到的更接近真实。伦德伯格所描绘的情景，乃是股东资本主义在二十世纪下半叶以来的先声，进入全球化进程后，基于金融和新技术的"公司王国"（Corporatocracy）大行其道，完全改造了战后一段时间的利益相关者主义，以致在一九九七年由众多美国大公司组成的"商业圆桌会议"上，共同通过一项宣言，声称公司的目标只有一个，那就是股东利益至上，其他都不在公司应当考虑之列。这在另一位美国学者彼得·伯杰（Peter L.Berger）看来，也是一场革命性转变，他在八十年代后期，也出版了一本名为《资本主义革命》（*Capitalist Revolution*）的著作，但与贝利所说的"革命"大异其趣，是要为放任资本自由的股东至上主义正名，认为后者更有可能使收入差距趋于平等。然而，最近三十多年来很多国家转向股东资本主义的实际结果，与伯杰的预计恰恰相反，大多数国家的贫富差距都在拉大，不是越来越平等，而是越来越不平等了。德国经济学家汉斯－尤根·雅各布斯（Hans-Jürgen Jakobs）有意无意仿照伦德伯格对六十年代美国财富归属的梳理,于二〇一六年出版《谁拥有世界——全球新资本主义的权力结构》一书,对当代世界以各种参股公司、合资公司为体现的金融资本主义也做了细致罗列和分析,黑岩、黑石、桥水、卡塔尔投资局等资产管理公司和基金公司支配着数万亿美元资本,在全球跨越国界、行业流动,相互交织形成了一个全球金融经济权力网络,在其所到之处,企业的集中化程度攀到了历史新高,资本垄断使得世界财富分配越来越失衡。无论是贝利所说的对公司的外在约束,还是所期望的"公司的良心",都没有达成他所预期的效果。

找回公司良心?

八十年代以来的全球化进程,也是逐步解除资本管制、淡化大公司社会责任的过程,由于在全球资本运动及其管理之间失去平衡,它所产生的负面影响,时至今日已不再是可以承受之重。法国总统马克龙在二〇二〇年初给欧盟二十八个国家的公开信中,提出欧洲的"敌人"有大国、互联网巨头以及难民,互联网巨头正是代表了全球化进程中的资本力量,它们在全球的跑马圈地、横冲直撞,在马克龙看来已经成为新的威胁来源。美国政治学者弗朗西斯·福山在二〇二〇年底也曾联合其他学者撰文《如何从大型科技公司手中拯救民主?》,指出亚马逊、苹果、脸书、谷歌和推特等巨型互联网平台已经成为主导性企业,掌握着超级强大的经济力量,对政治传播也拥有无比强大的控制力,支配了信息的传播和对政治动员的协调,它对美国的民主制度已构成独一无二的威胁。与二十世纪中期的贝利一样,福山认为要制衡这些庞然大物的权力,必须强化外在制约,包括政府监管。与百年前相比,今天缘于互联网、大数据和人工智能等新兴技术而起的大公司,在成长为"巨无霸"的速度、掌握的财富规模、影响社会走向和左右国家决策的能力上,又已远远超过它们的"前辈"。对拥有海量数据的科技巨头，即便是盛产大公司的美国，近年来公众的负面看法也在急剧增多，一扫这些"人类技术公司王国"在二十年前的高大上形象。最近，一位"脸书"前女雇员弗朗西斯·汉根（Frances Hangen）公开揭露，与公开宣称致力于促进公益相反，"脸书"实际上常常用放大仇恨言论的算法谋利，她还与《华尔街日报》分享了相关的大量"脸书"内部文件；美国《大西洋月刊》执行主编阿德里安娜·拉弗朗丝（Adrienne Lafrance）也发文猛烈批评脸书监控、操纵和剥削用户，唯股东利益是图，打造隐形帝国，已经成为美国的敌对势力。

大公司的名声不佳，也引发了业内的一定警觉和反省。二〇一九年八月的美国"商业圆桌会议"，众多在全美如雷贯耳的大公司的总裁们坐在一起，重新发表了一个宣言，改写了一九九七年所定的股东利益至上原则，声称公司要与全社会构成利益相关者。这或许是假心假意，但这种姿态有总比没有要好。一场致力于对大公司进行重新规制的全球性浪潮，也在兴起，二〇二一年七月，大约一百三十个国家就一项由美国提出的全球最低税收方案达成一致，共同防止跨国公司通过将利润转移到低税率国家来避税。诺贝尔经济学奖获得者斯蒂格利茨评议认为，一九四二至一九八七年间，除了其中的四年之外，美国企业的税率一直高达40%甚至50%，现在将全球企业最低税率定为15%还是太少了，远远低于高收入国家工薪阶层和中产阶级通常支付的费用，甚至低于很多国家的有效税率，美国政府应该坚持将全球最低税率提高到至少21%。近年来，欧洲国家反对大型科技公司垄断的呼声越来越高，征收数字税、开展司法审查、提高市场准入门槛等等措施都在悉数展开。最近三四十年来在全球化进程中发生的资本与政治关系的失衡，正在面对越来越强的反向纠偏作用力。

之不拉与海乙那

苏福忠

一

　　就一门手艺来说，鲁迅谈得最多的是翻译，比起谈写作，可谓不厌其烦，苦口婆心。只涉及"译文"的，如为翻译作品或者集子作序跋，鲁迅全集里可能多达近二百篇，其中会不同程度地说到译文和引用译文；真正涉及翻译这门手艺本身的文字，有十多篇，也算很多了，最早的应该是《不懂的音译》，开篇就明明白白地说："翻译外国人的名字用音译，原是一件极正当，极平常的事，倘不是毫无常识的人们，似乎决不至于还会说费话。"然而，迟至上世纪九十年代中，仍有混了点名声的译家津津有味地谈论外国人的译名问题，长篇大论，可惜常识不够，基本上是"费话"，甚至拿钱锺书的话吓唬人，说索性在译文里照录外国人的名字，真可谓鲁迅所说："凡有一件事，总是永远缠夹不清的，大约莫过于在我们中国了"，"现在的许多翻译者，比起往古的翻译家来，已经含有加倍的顽固性的了"。

　　文章里明确"翻译"行为的文字，即谈论翻译本身的文章，最长的一篇万余字，当属《"硬译"与"文学的阶级性"》。这里，鲁迅重在说明自己的译文为什么会"硬译"，进而强调"文学的阶级性"，因为这是一个不容易讲清楚的话题，尤其涉及无产阶级的文学。毕竟，从文学发展的历史看，历代作家由向上看转向往下看，本属于文学写作的必然规律，但描写和揭示无产者的生活、精神和思想，确乎是不大容易摸准脉搏的。比如说要写他们的苦，北方人说"天下三百六十行，除了赶脚（牲口）别放羊"，绝不会像江南谚语说生活三大苦是"打铁、划船、磨豆腐"。在北方乡间，铁匠和磨豆腐的是很有些身份的人，日子也确实比一般农人高出不少，土地改革时把这两行的人家都划成了中农，我们村的豆腐坊经营者甚至都被划成富裕中农了。创作什么样的阶级人物，无产阶级被描写、被揭示的生活之苦痛，他们是否认同等更是问题。所以，鲁迅对翻译普列汉诺夫界定无产阶级文学的理论非常重视，要把道理传达出来，一种全新的东西，只有"硬译"最保险。道理是从外文里移植而来，应该理解、宽容和接纳，不应因对译文吹毛求疵而忽略道理本身。这样做起码可以为老旧和固化的语言增添新东西，并举了日语从译文中得益的例子。鲁迅不怕以自己的译文为例："自然，世间总会有较好的翻译者，能够译成既不曲，也不'硬'或'死'的文章的，那时我的译本当然就被淘汰，我就只要来填这从'无有'到'较好'的空间罢了。"

当你读到鲁迅写这篇大文所针对的文章时，才能明白鲁迅的苦衷有多么无奈。梁实秋在其《论鲁迅先生的"硬译"》里说："曲译诚然要不得，因为对于原文太不忠实，把精华译成了糟粕……并且部分的曲译即使是错误，究竟也还给你一个错误，这个错误也许真是害人无穷的，而你读的时候究竟还落个爽快。"译家就心安理得让读者去读"糟粕"？"害人无穷"的"错误""读的时候究竟还落个爽快"，没有错误的译文反倒让读者读了不爽快吗？鲁迅到底是一个认真对待翻译这门手艺的人，他分别在《几条"顺"的翻译》《风马牛》和《再来一条"顺"的翻译》等多篇文章里举例说明"顺"在哪里，其中一个是"以针穿手，以秤秤之"，而鲁迅坐实的却是"但译起来须是'铁丝',不是'针',针是做衣服的。至于'以秤秤之',却连影子也没有"。若果鲁迅高寿,看见梁实秋迟至上世纪六十年代还在《亨利五世》里,说威尔士大兵夜间活动会"插一根韭菜",全然不想一根又细又软又薄的韭菜怎么往胸间插,而且晚至上世纪八九十年代的译本都袭用了这个译法,还都是些颇有几分名气的译家,就能想到中国的文人是多么"糊涂"了。其实,哪怕常识不够和脑力差一些,只要手勤,便会在原文字典里查到 leek 是一种很粗的葱,是威尔士的徽号。如果实在翻译不动,那就学习鲁迅音译为"里克葱",也不至于贻笑大方。

鲁迅举了一个例子:赵景深在《小说月报》里说"格罗泼已将马戏的图画故事 *AlayOop* 脱稿",害得鲁迅找来英文词典,将书名下注的英文"Life and love among the acrobats told entirely in pictures""查了一通,才知道原来并不是'马戏'的故事,而是'做马戏的戏子们'的故事"。相信英语有四六级水平的人,也看得出译者的问题就是语法糊涂;英语语法是所有西语中最简单明了的,语法糊涂者,应该是脑力就糊涂的。

二

《关于翻译的通信》,是鲁迅很全面很具体地谈论翻译的大文章,既有具体的针对目标,又有关于翻译这门手艺的本质的剖析。来信是瞿秋白写给《铁流》译者曹靖华的,其中列举了不少赞同和批评的例子,是很地道的翻译批评,在总结经验时瞿秋白首先解读严复的"信达雅",说"现在赵景深之流"利用严复的这个理论说事,"他是用一个'雅'字打消了'信'和'达'","古文的文言怎么能够译得'信',对于现在的将来的大众读者,怎么能够'达'"!他竟然要求译者"'宁错而务顺,毋拗而仅信'"!瞿秋白因此明确提出了他的翻译主张:"绝对的正确和绝对的白话","从一般人的普通话,直到大学教授的演讲的口头的白话","翻译应当把原文的本意,完全正确的介绍给中国读者,使中国读者得到的概念等于英俄日德法"。

这些说法已经很前瞻、很全面了,但相比较鲁迅的说法还是差了一大截,可我们知道,瞿秋白是鲁迅肯定的一流"大翻译家",所以鲁迅放低身份,先从自身说起:

> 我也是一个偶尔译书的人,本来应该说几句话的,然而至今没有开过口。"强聒不舍"虽然是勇壮的行为,但我所奉行的,却是"不可与言而与之言,失言"这一句古老话。况且前来的大抵是纸人纸马,说得耳熟一点,那便是"阴兵",实在是也无从迎头痛击。

> 但由我看来,这是冤枉的,严老爷和赵老爷,在实际上,有虎狗之差。

> 他的翻译,实在是汉唐译经历史的缩图。

"他的翻译"是指严复的翻译,其渊源很深,严复之于赵景深"有虎狗之差"。不少脑子糊涂的人以为鲁迅"有虎狗之差"的批评刻薄、尖刻,其实是把"赵景深之流"摆在了很高的地位。鲁迅在谈及近代翻译史上最著名的误译的案例时,很为赵景深教授开脱了一些责任。

> 自然,这所谓"不顺",决不是说"跪下"要译作"跪在膝之上","天河"要译作"牛奶路"的意思,乃是说,不妨不像吃茶饭一样几口可以咽完,却必须费牙来嚼一嚼。

> …………

> 却说希腊神话里的大神宙斯……和某女士生了一个男孩子。……宙斯夫人却偏又是一个很有些嫉妒心的女神。……但宙太太的乳汁,却因此一吸,喷了出来,飞散天空,成为银河,也就是"牛奶路",——不,其实是"神奶路"。但白种人是一切奶都叫 milk 的,我们看惯了罐头牛奶上的文字,有时就不免于误译,是的,这样是无足怪的事。

赵景深教授看到了这样为他开脱的文字，别说大名鼎鼎者如鲁迅，即便出自藉藉无名的人，都应该提上两瓶好酒，去和人家交交心。可惜，那时候和今天大同小异，留洋回来的很多人学问也不过道听途说或者捡了点皮毛，却可以摆出专家学者的谱儿，像陈西滢一样说"不爱莎士比亚你就是傻子"，像诗人徐志摩白纸黑字写道："我们是去过大英国，莎士比亚是英国人，他写英文的，我们懂英文的，在学堂里研究过他的戏……英国留学生难得高兴时讲他的莎士比亚，多体面多够根儿的事情，你们没有到过外国看不完全原文的当然不配插嘴，你们就配扁着耳朵悉心听……没有我们是不成的，信不信？"见了这样肤浅之极的呜里哇啦，谁还会觉得鲁迅的"也未必不及跟着中国的文士们去陪莎士比亚吃黄油面包之有趣"的话是刻薄呢？

针对论敌，鲁迅说话应该不客气，而针对瞿秋白主张翻译要用"绝对的正确和绝对的白话"提供给广大读者和大众，鲁迅则要婉转得多：

> 这些大众粗粗的分起来：甲，有很受了教育的；乙，有略能识字的；丙，有识字无几的。而其中的丙，则在"读者"的范围之外，启发他们的是图画，讲演，戏剧，电影的任务，在这里可以不论。……供给乙的，还不能用翻译，至少是改作，最好还是创作，而这创作又必须并不只在配合读者的胃口，讨好了，读的多就够。至于供给甲类的读者的译本，无论什么，我是至今都主张"宁信而不顺"的。

针对三类读者群，鲁迅把希望寄托在"有很受了教育的"甲类，算知识精英，如鲁迅在《由聋而哑》一文里指出，他们必须明白"一道浑浊流，固然不如一杯清水的干净而澄明，但蒸溜了浊流的一部分，却就有许多杯净水在"。这个独到见解，对文艺作品的翻译同样重要，甚至就是甲类读者的职责所在：

> 说到翻译文艺，倘以甲类读者为对象，我是主张直译的。

我自己的译法，是譬如"山背后太阳落下去了"，虽然不顺，也决不改作"日落阴山"，因为原意以山为主，改了就变成太阳为主了。……所以在现在容忍"多少的不顺"，倒并非不能算"防守"，其实也还是一种的"进攻"。……但这情形也当然不是永远的，其中的一部分，将从"不顺"而成为"顺"，有一部分，则因为到底"不顺"而被淘汰，被踢开。

鲁迅的强项是懂道理而后讲道理，只是他讲的很多道理，我们根本就注意不到或者注意到了也不明白或者因为自己不明白就对鲁迅说三道四了。文学和艺术的翻译，鲁迅讲得再透彻不过。对于新的好译本，鲁迅认为"不但在输入新的内容，也在输入新的表现法"，因为"中国的文或话，法子实在太不精密了"，"这语法的不精密，就在证明思路的不精密，换一句话，就是脑筋有些糊涂"。为了解决两种文字转换时不够通顺的问题，"我以为只好陆续吃一点苦，装进异样的句法去，古的，外省外府的，外国的，后来便可以据为己有"。鲁迅这样说，也这样做，他的语言是白话文以来表达最丰富却最简练的，连标点符号都是丰富多彩的，自然希望译文能传递新的东西，而新的东西一开始和旧的习惯不相容，被认为不顺，不通，这是再明白不过的道理。

三

除了这两篇关于翻译的长文，鲁迅分别在《鲁迅译著书目》、《现代电影与有产阶级》、《为翻译辩护》、《关于翻译》（二篇）、《论重译》、《再论重译》、《"莎士比亚"》、《又是"莎士比亚"》等十多篇短小精悍的文章里谈论了翻译的方方面面，即便是在小说《伤逝》里写到"涓生手记"，都会切实地谈到翻译：

但译书也不是容易事，先前看过，以为已经懂得多，一动手，却疑难百出了，进行得很慢。然而我决计努力地做，一本新的字典，不到半月，边上有了一大片乌黑的指痕，这就证明着我的工作的切实。

尽管是在塑造虚构人物，但这番话之所以难能可贵，在于没有做过翻译的人是断不会讲得出来的；即便有翻译实践，望文生义或者"宁顺而不信"者，也断不会有这样深刻的体会，因为这也涉及个人的能力。鲁迅的态度一向诚恳，实践的能力非同一般，加之他的写作一览众山小，因此谈到翻译就格外令人信服：

> 创作对于自己，的确要比翻译切身，易解，然而一不小心，也容易发生"硬作"，"乱作"的毛病，而这毛病，却比翻译要坏得多。我们的文化落后，无可讳言，创作力当然也不及洋鬼子，作品的比较的薄弱，是势所必至的，而且又不能不时时取法于外国。

> 我主张首先要看成绩的好坏，而不管译文是直接或间接，以及译者是怎样的动机。

> 我要求中国有许多好的翻译家，倘不能，就支持着"硬译"……而且我自己是向来感谢着翻译的。

在我几十年的职业生涯中，对译文和译者横挑鼻子竖挑眼的人太多，说出理由的太少，什么要让译文"求美""本土化""归化""删繁就简""优化论""超越原文"等等，口号满天飞，更多的人是翻译能力没有提高，却凭空制造了一套自说自话，对别人出口伤人而对自己却敝帚自珍，给翻译这块地儿搞得一片荒芜，哪管鲁迅早已说得透彻："倘不是穿心烂，就说，这苹果有着烂疤了，然而这几处没有烂，还可以吃得。"鲁迅所以如此宽容，是因为很多"批评家"全然不懂——

> 翻译的不行，大半的责任固然该在翻译家，但读书界和出版界，尤其是批评家，也应该分负若干的责任。要救治这颓运，必须有正确的批评，指出坏的，奖励好的，倘没有，

则较好的也可以。

再不会想起鲁迅早已警告过——

>……但在工作上，批评翻译却比批评创作难，不但看原文须有译者以上的工力，对作品也须有译者以上的理解。……我以为翻译的路要放宽，批评的工作要着重。倘只是立论极严，想使译者自己慎重，倒会得到相反的结果，要好的慎重了，乱译者却还是乱译，这时恶译本就会比稍好的译本多。

更不会像鲁迅那样有资格有资本地来翻检自己——

>据书目察核起来，我在过去的近十年中，费去的力气实在也并不少，即使校对别人的译著，也真是一个字一个字的看下去，决不肯随便放过，敷衍作者和读者的，并且毫不怀着有所利用的意思。

没有一些译著又没有认真做过外文编辑工作的人，很难理解一个译者需要对这门手艺多么虔诚，即便一则短篇小说或者一个上下文需要融会贯通的片段甚至一个长句子，都需要耗费怎样的精神。至于校订别人的译文，真要做到"一个字一个字的看下去"，那虔诚的态度则甚于亲自做翻译，因为内心难免"做得再好也是给别人做嫁衣裳"的潜流；其次是对已有的译文得看了又看才决定改动或迁就，因此就有了挂一漏万的现象，多数是署了"校订"的名而已，一般读者又不知就里，也就信以为真了。鲁迅因为极为认真，不惜把自己否定了——

>最致命的，是：创作既因为我缺少伟大的才能，至今没有做过一部长篇，翻译又因为缺少外国语的学力，所以徘徊观望，不敢译一种世上著名的巨制。

四

鲁迅在翻译这门手艺上，尽管没有专著，却是名副其实的理论家和实践者,从二十多岁就开始用心探索了。在《摩罗诗力说》里,他为进化论呐喊说:"如人所牧马,往往出野物,类之不拉(Zebra),盖未驯以前状,复现于今日者。""之不拉"如今都知道是斑马,其实斑马没有长斑,而是纹,应该叫"纹马"。斑马的"纹"非常重要,因为斑马是非洲草原上皮最薄毛最短的动物,因而最易遭受蝇虻的攻击,有了一身的纹,蝇虻来袭时眼睛无法聚焦,眼前一片眩晕,只好碰头撞脑地飞走。因为语言最大的性质是习惯性,我们习惯叫斑马无可厚非,只是若想了解更多,鲁迅的"之不拉"才最能引发好奇心。

电视的普及,动物世界的展现,让"鬣狗"成了常见之物,我却因此总想起鲁迅的"海乙那",几乎是想起来就读一次《狂人日记》,因为电视解说太不准确,把鬣狗定义为"土狼""跟在狮虎之后捡吃剩的",乍听明白,其实很不全面。

> 有一种东西,叫"海乙那"的,眼光和样子都很难看;时常吃死肉,连极大的骨头,都细细嚼烂,咽下肚子去,想起来也教人害怕。"海乙那"是狼的亲眷,狼是狗的本家。前天赵家的狗,看我几眼,可见他也同谋,早已接洽。

这里的"海乙那"能替换为"鬣狗"吗?显然不行,否则这段文字就死了,连带《狂人日记》也会瘫痪大半。"海乙那"尖鼻尖嘴厚颚肥腮一片兀突,贼而垂的三角眼,不成比例的长脖子搭配溜肩、溜臀、溜尾巴,猥琐又凶恶,"吱儿溜溜"的尖叫尤其让人脊背毛扎扎的。这是一种无法用一个词儿形容其本质的家伙,直到我碰上了"胁肩谄笑"这个成语才算聊解一点点不爽。

我常希冀鲁迅还活着,不厌其烦地给烝民讲他了然于心的道理:凡是奇异的,均可以直接拿来,"之不拉"和"海乙那"便是。

大清钦差会见童年罗素记

— 王丁

事情的缘起，为一八七七年初春的一个星期天的午后，清朝驻英公使馆一行四人应邀前往罗素公爵家拜访。事后三位参与者留下记述，分别为正副钦差大臣郭嵩焘、刘锡鸿以及翻译官张德彝。所谓童年罗素，就是后来成为大哲学家、获得一九五〇年诺贝尔文学奖的英国人：伯特兰·罗素（Bertrand Russell, 1872-1970）。他是曾两次出任英国首相的约翰·罗素勋爵的次孙。因为人物的外语译名古奥隔阂，迄今为止，似无人注意到这里有关于童年罗素的情节，特撰此文试为揭明，或可为近代中外交往与罗素的中国因缘增一谈助。

郭嵩焘的记述

光绪三年二月十一日（一八七七年三月二十五日），在英国驻北京公使威妥玛（Thomas Wade）的居间策划下，清驻英公使郭嵩焘携副使刘锡鸿及翻译张德彝、马格里，一行四人，驱车二十余里，去访问英国一家老贵族：

> （光绪三年二月十一日）礼拜。罗尔斯勒斯夫人约茶会。勒斯为三十年前宰相执国政者，年八十五，住里登门地方。所居室曰：渍布洛得叱，一小结构，树木环抱，多数千百年古树。来陪者罗尔斯佛得思里。勒斯言，约尔克海口有大教堂，为英国最著名者，不可不一往视。情意恳恳，自言今日读辣丁古文字书，年老而学犹勤也。孙二人，皆纯良文秀，小者四岁。问其年，曰："佛尔珥叱。"佛尔

者，译言四也。珥叱者，年也。问其名，曰："白尔思兰阿克威林石。"问何以名字如此之多，始知其以三名合成文也，大率白尔思兰名，其正名。(郭嵩焘：《伦敦与巴黎日记》卷五，岳麓书社二〇〇八年版，141页)

"勒斯为三十年前宰相执国政者，年八十五"一句显示，郭嵩焘造访的主人家就是罗素勋爵 (John Russell, 1st Earl Russell, 1792-1878)，一八七七年正是他的八十五周岁。他于一八四六至一八五二、一八六五至一八六六年间两次入相组阁，掌御大英国政。他前后两次结婚，第一任夫人阿德莱德 (Adelaide) 于一八三八年病故，留下两人共同的一对女儿。三年之后一八四一年续娶弗朗西丝 (Frances, 昵称 Fanny)，给公爵生下三男一女。"约茶会"的自然是 Fanny 老太太，也就是小罗素的奶奶。

"里登门地方"，郭嵩焘的译音用字不准 (或许"登"为"齐"的讹字)，据下句提到的罗家宅邸实际所在，可以确定所指即是 Richmond Park，今译里士满公园，是伦敦的御苑之一。罗家大宅"溃布洛得叱"即 Pembroke Lodge，今译彭布罗克山庄，是里士满公园的十大建筑之一，曾于一八五七年由维多利亚女王赐赠给时任首相的老罗素，供他一家终生居住 (Pamela F. Jones, *Richmond Park: Portrait of a Royal Playground*. London, 1972, p.41)。

这座庄园坐落于一片坡地之上，从这里可以俯瞰泰晤士河谷和温莎宫苑。首相的长子夫妇不幸早逝，遗下两男一女，由祖父祖母监护。小罗素一八七六到一八九四年在此度过童年和少年时代，直到二十二岁。在这样的环境中长大，后来罗素在回忆录中写道："久而久之，开阔的地平线，无遮无挡的日出日落，在我眼里就是理所当然的事。"(*The Autobiography of Bertrand Russell, 1872–1914*, Boston/Toronto, 1951, p.13)

文中提到的两个小男孩，就是老罗素长子的遗孤，分别是斯坦利·罗素（John Francis Stanley Russell）和本文的主人公伯特兰。长孙当时十二岁，已经入学，平时住寄宿学校，周末回到爷爷奶奶的庄园。《罗素自传》对大哥有一些记述。郭嵩焘的日记显示，他特别注意了在场众人中最小，可能也是最活泼的成员——那个四岁的小朋友，问了他年纪、名字。小家伙显然不惧生害羞，有问有答，让钦差大人甚是欢喜，印象深刻。有关郭嵩焘和小罗素的英语对话，待下文分解。

张德彝的记述

陪同郭嵩焘往访前首相罗素一家的，还有汉翻译官张德彝。在他的日记中，对当天的行程见闻及罗素祖孙两代均有描述：

> （光绪三年二月）十一日丁酉 晴，凉。申初，同马清臣随二星使乘马车过泰木斯江长桥，西行三十余里，至立墀满村大囿旁，拜公爵勒色喇。屋宇建于山头，四望无际，树木参差，花卉繁盛。入内见其妻，七旬老姬也。其次子勒慈，暨其长子勒萨所遗之子女各一，皆八九岁。继入内室见勒公，年八十有五，鹤发童颜，床头危坐，言语温恭。坐间又来男女六七人，皆左右邻也。各饮茶一杯，面包几片。临别，其孙女勒阿姒请署名于簿。（张德彝：《随使英俄记》，岳麓书社二〇〇八年版，363页）

把罗氏宅邸所在的Richmond译为"立墀满村"，译音用字比郭嵩焘的"里登门"准确。"公爵勒色喇"，即Earl Russell。在场的"次子勒慈"，即威廉·罗素（George Gilbert William Russell, 1848-1933）。"长子勒萨"，即安伯雷子爵（John Russell, Viscount Amberley, 1842-1876），在一八七七年中国客人造访罗家之时，他已去世一年有余，其妻去世更早。以上信息与罗家的成员情况符合。但是，张德彝说"所遗之子女各一"，却不是事实，实际情况是夫妇俩生了二男一女，二

107

男已见上文郭嵩焘记述部分,一女鲁克丽霞(Rachel Lucretia, 1868-1874)已于三年前病故,另有一个孪生姐妹,出生时即夭折。所以,张德彝所能见到的小孩只能是Francis、Bertrand两兄弟,一八七七年之时分别为十二岁、四岁零八个月,因此张德彝下一句"皆八九岁",也有失笼统。至于提到的女孩"勒阿姒",名字显然一依张德彝的外国人起名法:姓使用Russell的第一音节勒。但阿姒(A-Si)所指不明,有可能是老首相的另一个孙女,属于罗家的哪一支不得而知。前述郭嵩焘记录的是"孙二人",没提到孙女,的确是当时罗素家只有二孙的实情。同住的女性成员中有一位颇为活跃的"阿加莎姑妈"(Aunt Agatha),为罗素的姑姑,老首相的女儿,但与"其孙女"的说法不合。

刘锡鸿的记述

三十年前宰相曰专勒士者,年八十五矣,寓李志门(地名)之偏布禄罗址(里名),相距二十四里,嘱威妥玛致意,订期来相访。以其年高,不欲劳之,于十一日特往就见。其人步履虽艰,目光荧荧,尚能读书,日以著述为事。自谓幸延残年,得见中国名下士,告别时犹恋恋不舍也。(刘锡鸿:《英轺私记》,岳麓书社二〇〇八年版,135页)

这是此行记述的第三个版本,作者是清驻英副使刘锡鸿。他心目中此行的主要人物只是八十五岁的前宰相"专勒士",即John Russell。见到他,就达成宗旨,对同一天见到的其他家庭成员不着一笔,可谓公事公办,见到满大人兴奋不已跑前跑后的小孩子及其与郭正使的对话,更不值一提。这颇可体现刘锡鸿冷淡的性格特点,也是他与郭嵩焘不睦的又一个表现。他的记述比前两个记录唯一值得称许之处,是他提到此行的幕后牵线人是威妥玛,起初的会见动议,是来自老罗素勋爵主动表示愿意到大清使署来拜访,清使馆答复表示要往拜长者。往复沟通之后,这才有了郭嵩焘提到的罗素夫人的家庭茶会邀请。

罗素本人的回忆

　　罗素在七十九岁的时候出版了自传第一卷,写的是他生命旅程的前三分之一:一八七二到一九一四年,从出生到出名。在爷爷奶奶家度过的童年、少年时代,在幼年先后失去妈妈、爸爸的经历,在罗素心里留下了不可磨灭的印记,"孤独"是他经常提到的词,但他童年的整个基调还是欢快、幸福的。《自传》的第一句话就是:"我有生以来第一个历历在目的记忆,是我在一八七六年二月到达彭布罗克山庄时的情景。"(*The Autobiography of Bertrand Russell, 1872–1914*, p. 7)新来的小主人带来了不小的骚动,山庄的仆人们对他好奇备至,各种特别照顾,让他大惑不解。家庭教师、仆人们给他带来不少快乐。幼小的他,当时也不晓得上至在任首相、女王的各种枢机官,下至贵人名流,都曾对他加以仔细端详。

　　他记得,他被接到山庄,是在一个融雪的季节,那时他四岁;他记得四周岁生日那天,吃了生日蛋糕,喝了茶,得到的生日礼物是一件乐器,一把小号,他爱不释手,吹了整整一天(同上,p. 32);之后是上幼儿园,从四岁到五岁半,那段时光给他带来不少乐趣。他提到,祖父家里有不少大名流、各国大使来来去去,具体是哪些,在四五岁的小童记忆里当然是难有名有姓的。小罗素一定是个活泼、多动的孩子,一次家中安排四岁的他照相,摄影师无论如何也没法让他静下来不动,无奈之中,向他许诺,如果他乖,就会得到一块海绵蛋糕(sponge cake)作为奖赏。拍摄取得圆满成功。让他在晚年仍然耿耿于怀的是,大人们不守信用,他配合了照相,奖品却没有给他兑现(同上,p. 19)。

　　现存一幅据说是摄于一八七六年的小童罗素的半身照,我愿意

小童罗素

相信,这就是当年大清客人郭嵩焘一行在彭布罗克山庄见到的"白尔思兰勒斯"的当年模样,跃跃欲试的体态显出有点淘气,头发乱乱的,但眼睛明澈,透露着聪颖和无穷的好奇心。

有关一八七七年的中国来客,看来罗素并没有形成一个概念性的印象,否则以他的中国之爱——《罗素自传》有专门的"中国"一章,记述他在中国讲学之旅、社交圈子——他一定不会不写上一笔奇装异服的满大人出现在他家庄园里引起的轰动。按张德彝所记,拜访过程当中,"坐间又来男女六七人,皆左右邻也",这应该是闻讯赶来的好事邻里。

当年的四岁小童"白尔思兰勒斯",后来以数理逻辑改造哲学,成就了以"语言学的转向"为特征的二十世纪新哲学,驰誉国际,大哲学家罗素的种种著作舶来中国,赢得追随者无数。在一九二〇到一九二一年间,他从任教的剑桥大学请研究假,应邀偕女友勃拉克(Dora Black)访华一年之久,除了在北大进行逻辑、哲学的讲学、研究,还对中国的历史与现实问题产生了很大的兴趣,写出一本《中国问题》,当中他写道:"吾之往中华,本为讲学授徒。然居华愈久,则愈感吾所能为师之处少,应请教于中国人之处实多。"这种谦逊除却个人方面的客气,实际的意义更多在于为西方文明的主流地位、强势态度做修正。当时"一战"刚过,欧洲知识分子进入了一个惶惑期。罗素以一个做数理哲学出身的哲学家而关心入世的思想、社会问题,身体力行,力促西方走出自我中心,在"中国问题"中为西方求镜鉴。

见闻异词

据目前所知，在公开出版的西文书刊报章中，未见对中国外交使臣这次来访留下的文字记录。前首相罗素本人生前写过一种政治回忆录（*Recollections and Suggestions 1813-1873*），出版于一八七五年，时间还在中华客人到访之前。

当年去罗素家做客的四人，洋翻译马格理（Halliday Macartney, 1833-1906）没有自己写过回忆录，一九○八年出版的《马格理行述》（D.C. Boulger & J. Crichton-Browne, *The Life of Sir Halliday Macartney*. London, 1908）对此没有一字提及。另外三人，正使郭嵩焘、副使刘锡鸿、翻译张德彝，各有记述，情节在详略取舍上颇有异同，要在均有独特信息，可以互补，把这一场星期天英国贵族之家下午茶复原到一个比较有细节的程度，事件、地点、风光、建筑、家庭成员关系、过访的邻里、简约的茶食、临行时要署名留念的访客登记簿。

姓氏Russell的汉字化，三位记述者各有自己的写法，郭嵩焘"勒斯"，刘锡鸿写了John Russell全名"专勒士"，张德彝用了最复杂的方式：在保持一家人同姓的情况下，做出三个名字来"勒色喇""勒萨""勒慈"。这是他的常见做法，为外国人名字汉语汉字化闯出一条新路来，颇具匠心。

Russell这个姓氏在英语世界不算稀见。清末在中国活跃的美国商社"旗昌洋行"（Russell & Co.）东主Samuel Russell，当时的译名为"剌素"。本文的主人公罗素的爷爷、英国政治家John Russell曾经在马克思的笔下出现过，编译局译为"约翰·罗素勋爵"。他的侄儿利奥波德（Odo William Leopold Russell, 1825-1884）是英国外交官，曾任驻德意志大使，在李凤苞《使德日记》中以驻柏林使团的领袖人物、热心承诺为英中关系穿针引线的面貌多次出现，名为"卢赛尔"（见拙文《大清的朋友圈——李凤苞记录的诸国驻德公使名单》，载《语藏集》，上海文艺出版社二〇二一年版，132、146—148页）。

郭嵩焘对这次访问的记录细节最多。日记里的"罗尔斯"，是英语Lord"爵士"不准确的音译。在"日记"中郭嵩焘在更多时候译写成"罗尔得"。"佛尔者，译言四也。珥叱者，年也"，写的是小罗素回答问他几岁，正常的英语说"四岁"，是four years (old)，绝无four age(s) 之说。"珥叱"之为"年"，谓age"年岁"。不通的four age，想必是郭嵩焘自己或者是他的某些英语欠通的文案编造的，小罗素不会犯这种生来就说英语的人（native English speaker）永远不可能犯的错误。对罗素名字发音的记录"白尔思兰阿克威林石"，与原型Bertrand Arthur William相差比较大，不能逐个音节对得上，"思"不如"忒"，"克"不如"色/瑟"，"石"是赘余，人家原名是William，而不是Williams。"白尔思兰名，其正名"，字句不甚顺畅，友人艾俊川认为原文或为"白尔思兰为其正名"。这些出入，在英语不通、自己口音又有根深蒂固的湖广话干扰的郭嵩焘的"还音"实践中属于正常情况，读者心知其意，综合判断可也。

一八七七年这次郭嵩焘一行前往彭布罗克山庄对前首相罗素的礼节性访问，在中英外交史中并没有很重要的意义。罗素本人当时年幼，没有留下记忆，但这次会面事实上成为他与中国结缘的序幕。当年六十岁的郭嵩焘帮他留下了记录。此篇小记如能为未来的《罗素传》增加一条不仅时间地点人物确定，而且情节也亲切有趣的材料，则英语汉诂地看明白这几段外交官日记就有了历史的意义。

二〇二一年九月十九日于上海衡文公寓

品书录 | 高波

制度的重量
——读《辨色视朝：晚清的朝会、文书与政治决策》

李文杰探讨晚清朝会与文书制度的新书有一个有趣的名字："辨色视朝"。这个出自《礼记·玉藻》的典故，说的是君臣天色方明即开始理政，具体到晚清，醇亲王奕譞列举他所亲见亲闻的几位皇帝的作息时间表，说道光年间"每日请驾，例于寅正三刻（4:45）；咸丰年间召见，常在卯辰之交（7:00），盈廷诸臣皆系卯正（6:00）以前入朝。近闻自（慈禧）归政后，每日寅正（4:00），早事即由奏事处传出，是以臣工无不丑刻（1:00-3:00）趋朝，寅刻（3:00-5:00）备齐"。

在前现代，日出而作、日落而息是整个社会的基本节律，君主政治亦不例外。但这个作息时间表，对电力发明以后习惯了昼夜颠倒的现代人来说，可是十足的难以忍受。在这强烈的古今对比下，李文杰提出了他贯穿全书的疑问：清朝君臣可谓是"中国历史上最为勤政的君臣团队"，但"辨色视朝的祖制、宵衣旰食的团队，为何造就了近代以来屈辱的内外困局"？

这不是个有简单答案的问题。本书上中下三编，从朝会与文书入手，以十余个相互映衬与勾连的主题，通过"政治权力的来源与责任、各机构的特点、政治运转的规则与效果"，反复探索这一问题的不同意涵。李文杰指出，清朝承元明以来君主权力加强的大势，君臣上下都以君主大权独揽为常态。在这种政治文化下，"杜绝了权臣奸相的弊端"的军机处长期存在并被当作是制度优势，相反，咸同之际"赞襄政务大臣"

113

制度很快被政变颠覆,光宣时期议会与责任内阁的尝试举步维艰,共同的阻力即是被认为威胁君主大权。简言之,基于中国历史内在逻辑的制度惯性,为晚清改革加上了强韧的体制约束。

清朝君主虽然大权独揽,但权力与责任是一体两面的,掌握巨大的权力,就意味着必须承担同样巨大的责任与风险,一旦君主能力不足或代理君权者权威有限,就会是不可承受之重。与那些侧重清朝皇帝如何或英明或跋扈(更多时候自然是两者兼有)地驾驭臣下的旧说不同,李文杰特别注意到晚清君臣之间以及官僚集团内部达成"共识"的重要性:最高统治者通过文书与廷议将统治与决策之责分散给臣下,尤其在对外和战问题上多借助中高层官僚会议,原因就是"战与和的决策是会议做出的,廷臣皆有署名",最上位者的压力自然小很多。

李文杰进一步强调,这种制度性的"共识"政治是晚清官僚集团的基本运作方式。不管是处理常规政务的部院议覆,还是针对重大政务的九卿会议乃至大学士六部九卿会议,都采取多人议政并共同署名上奏的集体决策制,在李文杰看来,这种政治决策方式,可谓是"一种有限范围的精英主义的民主",让君主集权制有了相应的弹性。但是,官僚集团首先考虑的是维持集团整体的稳定,这一点甚至优先于政策的合理性,"奏折中的对策或方案须获得所有人的一致同意。而各位大臣自身知识结构、文化见识、政治立场、冒险精神都不尽相同,有时甚至完全相反,如果要让所有人对一份奏折都画押同意,则须隐藏起奏折的锋芒,这也就意味着越是平庸的建议,争议越少,也越容易获得通过"。"为防止政策失误的责任牵累各方,文书朝着最为平庸的方向靠拢,集体决策、群策群力往往沦为'虚应故事'。"

这是在说晚清,但并不限于晚清,而是直指秦汉以来整个中国历史。自秦朝废封建、立郡县,君主集权制虽视朝代不同而表现各异,但一以贯之,构成田余庆与阎步克所说的理解古代中国不变的"中轴"。自中唐至两宋,中古门阀制度瓦解,科举地位日增,以名实分离与重复设官为主要特征的使职差遣制日益成熟，权力更加集中于最高统治者之手。而相较于封建制，郡县制下的权力集中同时也意味着责任与风险的集中，最高统治者所面对的统治压力大大增加，汉代人徐乐即主张封建制大患在瓦解，郡县制大患则在土崩，而"天下之患，在于土崩，不在于瓦解"。至宋代，二程将这一道理说得更形象也更深刻，所谓"当春秋、战国之际，天下小国介于大国，奔命不暇，然足以自维持数百年。此势却似稻塍，各有界分约束。……今天下却似一个万顷陂，要起卒起不得，及一起则汹涌，遂奈何不得"。故而"只要安静，不宜使摇动"。即为了规避郡县制下的集权风险，君主与官僚集团运用权力时必须更加谨慎与克制，即使过于消极也在所不惜。宋代之后，形式化的集议与文牍政治盛行，祖宗家法日益森严化，都可算是典型的例证。

王汎森在论及清朝政治与文化时，特别提出有一种"隐秘的、无所不在的消极性的创造力"，它属于"受众、被影响者、被支配者"，"从中可以看出每一个'影响'不见得只是单纯的由上而下的支配而已，它们往往既是'支配'，又是一个又一个'创造'或'再制造'"。若就统治关系，清朝君臣自然是支配者而非被支配者，但若结合上述两千余年郡县制的大势，身处其中的慈禧、光绪以及军机处、总理衙门的衮衮诸公，也可以看作另一种意义上的"受众、被影响者、被支配者"，不得不通过朝会与文书发挥其"隐秘的、无所不在的消极性的创造力"。

这里隐含着制度与人（以及以人为中心的事件）的辩证关系，对此，李文杰有着清晰的认识。他一面说："近代史学科自产生开始，基本上是以大事件作为主轴来带动的，从史料集的编纂、学会的成立到研究热点的聚拢，无不是围绕重要历史人物与重大历史事件而展开。"另一面则说："政治制度的研究往往被看作面朝故纸堆做的寻章摘句的枯燥技艺，它时常会遭受'只见制度不见人'的责难：只有枯燥的典制构筑的框架，而不见活生生人的行为与思想。这是本书试图去尽力避免的。为此，本书关注的，往往是影响或说明重要制度形成与变动的历史事件,希望以此去展示制度形成的动态经过与多元考量。"即以"制度性事件"打通二者的隔阂,平衡中国近代史旧有的事件中心倾向。

令我印象特别深刻的是李文杰对制度与人的复杂互动的刻画。在本书第九章中,他通过对档案的细致爬疏,发现"大学士六部九卿会议"这一重要朝会制度,竟然起源于咸丰帝的一次笔误——他在朱批时不经意间将旧有的"大学士九卿会议"误写为"大学士六部九卿会议",君无戏言,更无误笔,为了在六部尚书之外凑足九卿,军机处不得不突破原有的六部尚书加上都察院、通政司、大理寺的九卿规模,将更多的衙门与京官纳入廷议范围。

如果尚在承平年代抑或最高统治者尚能大权独揽,这一之前君主无意间造成的政治参与的扩大,大概只会昙花一现。但咸丰以后,清朝内外交困,统治危机日益严重,且连续三代(同治、光绪、宣统)都是幼君继位,不得不实行母后垂帘、亲王辅政的权宜制度。危机日深而又权威不足,最高统治者迫切需要群臣分担统治风险,故不得不借助这一偶然出现的"大学士六部九卿会议"的先例,将"九卿"解释为极言其多的虚指,以让高达数百人的中上层京官都参与廷议,晚清清流士大夫的崛起乃至维新变法的发生,均与这一旧瓶装新酒式的制度创新密切相关。

显然,这种意义上的制度与人的互动研究,绝不可能局限于君主与少数高等官僚,而必须是对统治阶级中上层的整体考察。戴海斌论及晚清史,主张要"注意研究近代史上的'中等人物'"。他们"介于达官显贵与草根平民之间、知识阅历上往往具备传统与新学双重训练","有些是位置重要,有些是因为个性突出,有些则依赖于人际关系而有所作为,有些则综而具之",往往会成为近代中国某些关键"回目"的幕后推手。而李文杰在对各式朝会与文书的分析之外,特辟专章(第六章),研究清代军机章京的职责与选任。这些类似政治秘书的角色,品级不高而地位关键,正是隐身在当时实际政治过程以及后来历史叙述幕后的"中等人物"。

在分析章京群体乃至背后的整个清朝体制时，李文杰特别强调政治与专业化间的张力。在他看来，政治与专业化关系的不同，相当程度上解释了军机章京与总理衙门章京处境、性格与作用的差别，总理衙门因为需要直接处理繁难而危险的对外交涉事务，其章京多因专业能力与经验而被选任，难以简单替代，结果"形成清朝中央机构中少有的、一定意义上的'章京/秘书专政'，出现位处中层的司官在摒斥胥吏办事的同时，又让大臣倚重的现象"。而军机处则仍遵循着列文森所说的传统中国政治的"业余主义"原则，不仅军机大臣均为兼差，章京也更重视文书草拟能力而非专业知识，故而无法形成总理衙门式的部门主义与"章京/秘书专政"。

我感兴趣的，并不是李文杰的这一锐利分析对理解近代中国制度现代化的意义，而是这一政治与专业化的二分的延伸形式：政治与制度的二分，对理解晚清某些关键性的"制度性事件"意味着什么。李文杰强调该书有"两个重要的背景，一是一八六一年建立的垂帘听政制度，一是一九〇六年之后展开的筹备立宪"。故有专章（第三章）分析辛酉政变的发生以及随后垂帘听政体制的建立。他认为，从制度的角度讲，明清以来君主乾纲独揽的体制，排斥任何可能威胁君权的权臣的产生，而咸丰帝去世前所建立的"赞襄政务大臣"制度，"与明清以来持续削弱相权的趋势完全背离"。"从制度史的内在理路来看，他们（指肃顺等赞襄政务大臣）的落败是无疑的：数百年来，削弱相权、严防权臣的趋势早已内化为政治伦理。相权的坐实、名分的僭越，将使他们被彻底孤立。"故而迅速被更象征君权的"垂帘听政"体制所取代。

这个"长时段"的制度分析是颇具洞察力的，但若结合以清朝的政治文化以及咸丰、同治之际的政治形势，则问题尚有进一步的探讨空间。乾隆在《御制古稀说》中曾经得意地说："前代所以亡国者，曰强藩，曰外患，曰权臣，曰外戚，曰女谒，曰宦寺，曰奸臣，曰佞幸，今皆无一仿佛

117

者。"在他口中，权臣不过是可能威胁君主大权的八个因素之一。而从历代王朝政治来看，皇太后称制往往伴随着外戚干政，宗室辅政则权臣频出，均可能威胁到君位乃至王朝存续，故而在君权高涨的清代，二者也受到严厉的提防与抑制。结果，因为无法在清朝祖制中找到支持，慈禧不得不转向宋代寻找母后垂帘的先例；而恭亲王奕䜣虽然有清朝初年睿亲王多尔衮辅佐顺治皇帝的先例，但身死爵夺的多尔衮，与其说是个可以遵循的先例，倒不如说是个饱含危险的警告。如此说来，肃顺等赞襄政务大臣固然正当性存疑，两宫皇太后与恭亲王奕䜣也同样有居位不正的嫌疑。

事实上，明清时期君权高涨造成的一个制度后果，就是君主年幼或其他原因无法亲掌大权时，无论是谁出任摄政者，其正当性都存在瑕疵。垂帘体制的长期化，与其说是两宫皇太后与恭亲王奕䜣拥有无可置疑的制度性权威，倒不如说他们为弥补自身地位的弱点所采取的一系列政治决策是克制而有远见的，前述以大学士六部九卿会议为主要载体的政治参与的扩大，即可看作要通过统治阶级内部的"集议"弥补并重塑正当性。这样看来，短时段的政治因素至少与中长时段的制度因素同等重要。

当然，这种解释上的节制，或许与李文杰作为历史学者的自我定位有关。如他在《中国近代外交官群体的形成（1861—1911）》一书的后记中所说："学问有其高深处，但路径却并不复杂，是材料的、史识的、说明的。"这一朴实守拙而非高蹈飞扬的姿态，恰恰为读者的进一步思考打开了空间。为达成他所追求的"朴茂"科学式的研究目标，作者在导论中专辟一节，交代该书使用的各种档案与文书的形成过程、文献特征与史料价值。经过细密的考辨，他得出结论："如果从奏摺、上谕等重要政务文书的涵盖面、准确性及细节的'狭义真实'来考虑，我认为不妨如此给晚清史料排个序：档案馆原档、影印或点校档案、《官报》、《实录》、文集、《邸抄》与《京报》、《光绪朝东华录》、其他衍生史料集。以上也是本书采纳史料的先后次序。"

在我看来，这一排序并不是要给出放之四海而皆准的答案，而是李文杰对自己研究主题与学术取向的再次确认。最能说明这一点的，就是他利用宫廷原档中咸丰与光绪的奏摺朱批而进行的制度与人事考证。他从这些奏摺的形制、笔迹入手，发现光绪帝未亲政前曾"习批奏摺"，练习如何做一个合格的皇帝。这些奏摺"常有先工整、后潦草，前后书法不一的情况"，显示小皇帝的"心情与脾气"时有起伏，努力适应皇帝这一角色的要求而又经常难以如愿，如果发挥一点"理趣"，可以说正如光绪帝身不由己的悲剧人生。而在另一处，李文杰又发现咸丰帝去世前夕，奏摺朱批"多半使用笔力遒劲、颜色殷红的批示，绝非病重之人所为"，这表明载垣、肃顺等人已经开始代咸丰批摺，掌握了大大超出军机大臣本职的权力。而"也有一些奏摺，本身是载垣等人所上，则不交载垣等人批示，而是咸丰帝自行批示，因而笔力虚弱、颜色淡红"。则又显示出垂死的咸丰帝仍然竭力履行着作为最高统治者的职责。在这里，奏摺笔迹的强弱、颜色的深浅，成了解读幕后历史真相与当事人真实处境的"密码"，而这只有亲阅原档并细致探究才能做到。

《荀子·非相》篇有云："五帝之外无传人，非无贤人也，久故也。五帝之中无传政，非无善政也，久故也。禹、汤有传政而不若周之察也，非无善政也，久故也。"马端临在《文献通考》自序中进一步引申道："昔荀卿子曰：'欲观圣王之迹，则于其粲然者矣，后王是也。''君子审后王之道，而论于百王之前，若端拜而议。'然则考制度，审宪章，博闻而强识之，固通儒事也。"作为中国最后一个大一统王朝，清朝相较之前的王朝，可谓是后王之于前王，而与宫廷档案散失殆尽的前朝不同，大规模留存至今的清朝宫廷档案，正是古代中国政治与制度的"粲然"之迹，而也只有李文杰这样的有心与有恒者，以积年累月的艰苦研究与潜心考索，才有与古人"端拜而议"的可能。

（《辨色视朝：晚清的朝会、文书与政治决策》，李文杰著，上海人民出版社二〇二〇年版）

品书录 | 丁诺舟

被侮辱与被损害者的明治维新

一八六八年的明治维新被视为日本近代史的重要转折点,旧有的封建制度被新型的资本主义生产关系取代,日本自此走上了富国强国之路。长久以来,日本人也将明治维新开启的明治时代视为光辉四射的盛世。深受日本民众喜爱的历史作家司马辽太郎将明治时代评价为"世界史上的奇迹",是全体国民为追寻青天中的一朵白云而努力攀登的时代。"无论出生自何种社会阶层,只要拥有必要的记忆力和毅力,就能当上博士、官吏、军人、教师……夸张点说,就能有如神助般地承担起国家重任。"(司马辽太郎:《坂上之云》)越是这种蒸蒸日上的时代,人们越关注建构时代主旋律的英雄人物,而受时代洪流左右的小人物们则往往较少受到关注。

二〇一八年适逢明治维新一百五十周年纪念,日本各地展开了大量纪念活动,日本历史学界也召开了多场以明治维新为主题的研讨会,重新思考明治维新的功过得失成为日本近代史学界的研究热点。除传统的政治经济研究之外,以特定社会阶层为主要对象的微观研究大量涌现,关注大时代中的小人物命运成为明治维新研究的新突破口,这一趋势在日本国立历史民俗博物馆教授横山百合子的著作《从江户到东京:小人物们的明治维新》中得到了集中体现。

若要考察明治维新给小人物生活状况带来的影响,就必须先明确明治维新对旧有社会秩序造成了何种影响。在明治维新之前,日本的社会秩序被概括为"身份等级集团"制度。所谓"身份等级集团"是指担任同一社会职能的人所组成的集团，例如村中百姓组成农民集团、町中商人组成商人集团。各集团均承担公权力赋予的某种公共职能，农民集团有权从事农业生产、管理公共用地、共同兴修水利，但同时必须承担年贡。同理，从事皮革制造的集团有权垄断皮革资源与相关生产设施，同时又负责上贡皮革和执行各种刑罚。换言之，从事不同行业的集团在维持生存与生活的前提下，必须承担某种公共职能，这一职能又逐渐形成特殊权利，统治者承认各集团的特殊权利与自治能力，依靠这些集团进行间接统治，这就是所谓"身份等级集团"制度。从现代法律的角度而言，"身份等级集团"制度在一定程度上体现了权利与义务的对等性，各社会集团在享有特定权利的同时，必须履行相应的义务，权利越多义务也就越重。有日本学者将这一社会秩序的特征概括为"没有绝对赢家与输家"，武士阶层虽然地位高贵、身居要职，却因肩负过多的公共职责而囊中羞涩，而身份卑微的商人却因独占商业特权而腰缠万贯，对等的权利与义务维持着社会的平衡。

明治维新所打破的正是这种社会平衡，进而以自由与进步的理念构筑了全新的"竞技型"社会秩序，有能力者可以成为有如神助的绝对赢家，而没能追上时代潮流者则会成为无立锥之地的绝对输家。原本不被允许经商的武士靠炒卖地产暴富，世代从事屠宰业的屠夫却被国有企业逐出市场。从国家形态与政治体制而言，明治维新所带来的变革无疑具有进步性。然而，正是在这种进步的时代，弱势群体的悲鸣才容易被胜利的号角所掩盖。因此欲全面地认知新时代，就需要关注前一个时代的弱势群体，考察他们在新时代的境遇是否改善。

在明治时代之前，妓女与贱民是日本社会中最为典型的弱势群体，是名副其实的被侮辱与被损害者。妓女作为商品公开进行交易，而处理死牛死马的人则被视为贱民，不得与一般人杂居。

明治维新后不久，政府先后发布《贱民废止令》与《娼妓解放令》，要求各府、县平等对待曾经的贱民，允许其自由选择职业与居住地，同时无条件解放所有妓女，不受理与卖身契相关的任何财产诉讼，只允许基于本人自由意愿的性服务行为，试图借此建立全民平等的社会秩序。从政治学角度而言，《贱民废止令》与《娼妓解放令》是对旧有封建等级秩序的根本否定，体现了近代民主制国家的自由与平等原则，这无疑体现了明治维新的革新性与进步性。但是，当聚焦"被解放者"实际生存境遇的变化时，我们却会发现他们的生活并未如学术推论一般。

横山百合子在《从江户到东京：小人物们的明治维新》中专设两章，分别对妓女与贱民在明治维新前后的生活境况进行了对比。在明治维新以前，二者都形成了各自的身份等级集团，在承担义务的基础上，享有自己的特殊权利。妓女们聚集于吉原与深川两地，与妓院经营者共同构成一个身份等级集团。政府将吉原与深川定为合法提供性服务的"花街"，在花街外进行的一切性服务皆为非法。合法的经营者与娼妓分别被称为"游女屋"和"游女"，负责统管江户的性服务行业，而非法经营者和娼妓则被称为"卖女屋"和"卖女"。"游女屋"和"游女"有义务揭发"卖女屋"与"卖女"的违法行为，以维持性服务业的秩序。换言之，花街的妓院垄断了整个江户的性服务行业。

从整体而言，由妓女与妓院经营者组成的身份等级集团保持着权利与义务的对等性，但如果深入到身份等级集团内部则会发现，妓女与妓院经营者的权利与义务却并不对等。妓女是妓院经营者谋取利润的生产资料，虽说高级妓院的妓女生活条件较为优越，但大部分利润仍然收入经营者腰包，而运营成本微薄的中小妓院则会强迫妓女连续服务六七位客人，或对妓女施加酷刑，或不给食粮。有时只给妓女少许劣质食粮，致妓女患病，亦不请医者探诊，很多不堪虐待的妓女选择自杀或放火复仇。即便如此，政府也很少插手花街内部的管理。

之所以不插手，是因为明治维新之前的身份等级制度允许各身份集团进行自我管理。虽然妓女受到了残忍的剥削，但是在其他身份集团的人看来，妓女的待遇并无不妥之处，因为妓女的工作与手艺人的学徒并无本质差别，均受本身份集团内部特有的规则管辖。因此，经济陷入窘境的农民、町人家庭均会主动将女儿、妻子卖到妓院，也正因如此，合法的妓女并不以自己的行为为耻，其他身份集团的人也不会蔑视妓女。

明治维新虽然在制度上解放了妓女阶层，但缺乏谋生技能的妓女往往只有两条出路，或"自愿为娼"，或寻得意中人靠结婚从良，除此之外再难有别的出路。横山百合子选取妓女阿悴作为考察对象。阿悴被迫在三州屋为娼，但多次逃跑，躲到一直关照她的常客石原菊次郎家中。阿悴不断向石原菊次郎哭诉自己的境遇，最终将其打动，石原菊次郎愿意替阿悴偿还借款，并向东京府提出请求，通过结婚拯救阿悴。可见，在明治维新初期，大部分人依然延续此前的思维逻辑，将花街视为合理的存在，妓女并不是歧视的对象，而是底层身份集团中的一分子，因而身份地位与其类似的菊次郎才会竭尽全力地试图帮助阿悴，阿悴也能光明正大地请求东京府批准其结婚。阿悴的行动源于近世社会对性服务行业的默认态度，也是日本底层民众对自身价值的自我肯定。

对妓女而言，明治维新带来的变革是一柄双刃剑。随着改革的不断深入，民众对妓女的态度在政府的导向下开始发生变化。一八七六年政府发布太政官布告，要求警视厅及各地方官负责取缔并严惩卖淫行为。自此开始，政府的公文书中频繁出现"卖淫""阴卖女""淫卖女"等词语，无论公娼私娼，妓女不再被认为是被迫提供性服务的受害者，而是"自愿为娼"的卖淫活动主体，这一认知变化体现了重视个人自由意志的西方自由人权思想对重视集体行为的日本传统认知的影响与冲击。政府对妓女的新定义逐渐被民众接受，社会舆论对妓女的态度随之发生了根本变化。虽然明治维新之前也有部分人蔑视妓女，使用"卖女"等歧视用语，但明治维新之后，民众对妓女的同情与阶级认同感普遍消失，取而代之的是对伤风败俗的社会异物的蔑视与嘲讽。社会舆论的变化导致性服务经历成为女性无法洗去的污点，妓女本人也开始蔑视自己，最终成为无法发声为自己辩解的卑微存在。明治维新没有为妓女在新社会中预备新的谋生之路，反而将妓女从原本的底层身份等级集团中剥离，并置于社会大众的对立面，妓女们不得不背负前所未有的污名，再难有人能像阿悴那样堂堂正正地向意中人求婚。

如果说妓女是因明治维新而背负污名的"被侮辱者"，那么贱民则是被夺去特权的"被损害者"。明治维新以前，贱民拥有行乞及获得死牛死马的特殊权利，因此垄断了日本的皮革制造业，虽谈不上攫取暴利，却让贱民集团甘愿承担多项公共事务，除上缴被称为"绊纲钱"的税银外，还负责更换鼓皮、上贡灯芯、执行刑罚、处理死尸、接送囚犯等。明治维新后，新政府发布了《贱民废止令》，过去的贱民在身份等级与职业选择上获得与一般人同等的待遇，但不再享有皮革业垄断权，禁止聚居一处。与妓女类似，除屠宰牲畜、制作皮革外，贱民阶层没有其他生存手段。因此，虽然被赋予了职业选择自由，但贱民阶层在明治维新后仍主要从事屠宰与皮革制造工作。贱民的领袖弹直树在明治维新不久后便率领贱民进军制靴行业，主动从欧美引进先进技术，甚至成功与政府签订大宗军靴制造合同。然而，与财阀勾结的明治政府不可能让无权无势的旧贱民集团继续垄断皮革行业，合同签约不满一年，政府就突然终止了合同，将包括军靴在内的皮靴经营权委托给三井财阀，过去的贱民集团被彻底逐出世代赖以生存的皮革制造业。

然而明治维新后，日本人开始效仿欧美人食用牛肉，一时间牛肉需求大增，这给予了曾经的贱民们一线生机。一八七五年，牛肉批发商福井数右卫门等人在文部省的指导下，成立了牛肉屠宰特许公司，自此政府开始积极干预牛肉产业。

虽然屠宰场由牛肉批发商管理，但实际操刀的屠夫自然是经验丰富的贱民集团出身者。牛肉批发商并非一对一地雇佣屠夫，而是与整个屠夫集团签订合约，报酬也直接支付给整个集团。屠夫集团拥有极强的自治权，可以决定屠宰场的工作细则。虽说批发商支付的报酬极为低廉，但曾经的贱民们毕竟找到了活用一技之长的谋生之路。可是好景不长，与财阀勾结的政府很快将触手伸向了牛肉产业。一八七七年，警视厅宣布屠宰场必须交由警视厅直接管辖，一八七九年又宣布要将屠宰场卖给民营企业。这一时期，明治政府正在转变维新以来的殖产兴业政策，逐步将国家投资兴建的国有企业廉价卖给民间企业，推进全产业的民营化，而廉价购得国有企业的往往是与政要勾结的财阀以及藩阀官僚的亲信。屠夫们虽试图维护屠夫集团的自主性，但最终还是输给了政府与财阀构建的资本主义企业秩序，或被企业一对一地雇佣为廉价劳动力，或被彻底逐出屠宰业，沦为简单体力劳动者。

明治时代是一个最好的时代，可以凭一技之长改变家族命运，底层落魄武士能够凭借过人的财会能力跻身政府高官之列（矶田道史：《武士の家計簿》）。明治时代也是一个最坏的时代，原本在身份等级制度保障的特权与责任中获得安生的底层民众突然被抛到激烈而不平等的社会竞争中，成为被侮辱与被损害的对象。明治维新打破了责任与特权对等的身份等级逻辑，带来了社会各阶层间前所未有的高流动性。活跃的社会流动性是促进国家发展与经济进步的重要因素，但必须辅以切实的扶贫政策才能实现经济社会的稳定发展。然而明治政府不但没有扶贫，反而与财阀合谋攫取底层民众的利益，甚至带动舆论歧视底层民众从事的特殊职业。因此，明治时代的社会流动是以剥夺底层民众的利益与尊严为代价的。时代的进步往往会伴有牺牲者，对以妓女和贱民为代表的底层民众而言，明治维新并没有带来真正意义的解放，有的只是新的不幸。

（《从江户到东京：小人物们的明治维新》，横山百合子著，张敏译，上海人民出版社二〇二一年版）

品 书 录 ｜ 康宇辰

当代"诗教"的可能性

近读陈平原的新书《文学如何教育：人文视野下的文学教育》，发现该书对人文学的社会实践可能性做了一次重要的思考。在这个人文学科不敌自然与社会科学而日渐式微的时代，陈平原不只呼吁"理直气壮且恰如其分地说出人文学的好处"，也用自己的教学实践和学科观察，提供了一个人文学"入世"去创造"事功"的方案——文学教育。人文学者通过文学教育的中介，是可以改良当代中国人的精神状况，从而有益于世道人心的。人心的改造不能量化考评，但这也是当代精神文明建设一个困难而重要的方面。

人文学归根结底是认识人的学问。俄国思想家巴赫金就认为，认识物与认识人需要作为两个极端来对照。物是纯粹死的东西，它只有外表，只为他人而存在，能够被这个他人以单方面的行动完全彻底揭示出来。而认识人的极致则是在上帝面前思考上帝，是对话、提问、祈祷。人文学因此需要对话的方法论，而一个特色随之产生，那就是在人文学的研习中，不只认知主体会去理解认知客体，认知客体也会回报以能动性，去影响改造认知主体。文学教育作为人文学教育的一个种类，受教育者也是在和文学文本、文学作家、文学传统对话，一个人阅读了文本这一精神产品，精神产品上蕴含的作家心智也会参与对读者精神的形塑。这种对话以及由此成立的心灵改造，其实就是人文学的事功。

人文学心灵建设的方法有多种，陈平原谈及语文教育时则认为，过于直接的道德说教，过于强烈的伦理诉求，易引起学生反感，效果并不好。如传统中国虽强调文学与教化之间千丝万缕的联系，但"诗言志"与"文以载道"就大不相同。套用到语文教学，更让人欣赏的则是风流蕴藉的"诗教"。我想提出"诗教"作为语文教育的一个推荐方法是十分可取的。诗教，其实也就是用文学来进行教育，但这个词更多地包含了古典的渊源。在春秋时期，孔子被记载下来的言论就屡次提到"诗教"的意义，如"其为人也温柔敦厚，《诗》教也"。又比如谈论诗之"兴观群怨"的功能。在上古时期，"诗教"的起源其实是一种外交辞令和政治素养，是贵族教养的一种体现。在之后的岁月里，它逐渐有了更多用文章进行人格修持的内涵。古代"诗教"借助于文学而使人"温柔敦厚"，"可以兴，可以观，可以群，可以怨"，它是一种合群的教养，纵使有所"怨"，也是怨而不怒的态度，因而在古代社会里不着一字地规范了人际、人伦的种种隐曲，而共同体也是这样得以凝聚的。至于现代诗教，我赞同学者姜涛的归纳："现代'诗教'强调'内面'自由，而二十世纪的革命'诗教'、集体主义'诗教'，则提倡'爱憎分明'，用'大我'来克服'小我'，在奔跑的历史中校正那些'小资产阶级的手势'。"（姜涛：《今夜，我们又该如何关心人类》）如果我们认为现代诗教的传统可以溯源至波德莱尔的诗歌生命，那么这是一个从世界中醒觉而追求自由的、个体与世界充满张力的诗歌自我，中国"五四"的觉醒者、铁屋中的呐喊者们，也在这种类似的情感与境遇中借着舶来的文艺和思想而掀起了社会的更新运动。革命的诗教也在这条延长线上，只是轻重方面有所转移，以加入一个大的洪流。借助欧西资源而有的个人主义式的对自我的肯定，是中国新文学的一个反叛性起点，我们因此也可以说，现代诗教有自我肯定的、自爱的传统。现代诗教最终流向了社会主义的革命和建设，因而这也是一种发展出了共同体维系方法的、合群的诗学。自爱与群的联合，看似两端，实则是现代诗教的一体两面，也

127

是一个非常有意义的传统。

但在当下的语境里，自爱的、合群的精神状态或许并不是那么普遍。那么当下的气质更可能是什么呢？陈平原有一个观察，那就是当代的一些文艺更倾向于回到内心生活，而这可能是一种社会中主体普遍的无力感所致。这是一个文学史上屡次出现的现象，在无力改造客观世界的时刻，人们就向内收缩，回到了内心。内心的深渊或富矿的挖掘，带来了某种繁华到颓废的先锋美学，而内心的沉溺也在加剧人际联结的衰弱，如果是这样一个涣散的、无力的，但是同时又极度焦虑和恐惧失败的年代，我们可能确实需要对自爱合群的诗教做一些召唤。但在讨论这个话题之前，应该用更详细的谈论说明一些中国社会精神上的当代特色。

新世纪以来，对中国人精神面貌的讨论从未停止。我注意到很早就有了学者借助德国思想家马克斯·舍勒的理论对所谓"怨恨"心态的探讨。舍勒对"怨恨"产生机制的描述富有启发。在他看来，怨恨来源于比较，因比较而嫉妒，因嫉妒而不能达到预期，长期无能就导致怨恨。舍勒承认，社会中的个体之间不可能不比较，但有两种比较：一种是虽也在比较，但不会因比较结果而定义自我或怀疑自我的意义；另一种比较是必须比较胜利才能觉得自我有意义，后一种比较容易产生怨恨。而现代倡导平等和竞争的市民社会，因其表面上的机会均等给人希望，而实际上隐藏着巨大的差别，所以最容易滋生怨恨。而舍勒作为一个基督徒则认为，能让人觉得自己有意义，且不是因为比较胜利才有意义，从而真正自爱的东西是信仰上帝。因为信上帝的人能够和上帝沟通同在，所以他知道自己本就有价值，不是和别人比较来找价值。这样的人爱自己，安排自己在自己的位分上实现价值，并且可以爱他人。现代西方市民社会的仁爱道德，则是基于怨恨。

但比舍勒的抽象分析更让人警醒的是把怨恨的生成机制带入当下社会观察。正如学者成伯清指出的，改革开放以来，先是在向自由竞争过渡的阶段有了更多的嫉妒，在这个自由竞争的窗口期渐渐关闭的今日又有了更多的怨恨。怨恨永远是和无力感相关的。当那个阶层流动的通道尚还畅通，比如人们可以通过高考或经商等途径改变命运时，怨恨不太普遍。但是如果上升通道越来越少，人怎么奋斗都可能是失败多于成功，那么焦虑和怨恨就随之暗结。这样就可能会有更多共敌的身份政治产生。也就是说，人们因为共同的恨、共同敌视一个事物而联结起来。这让人担忧，因其可能有的派性、恨意、破坏，且自古以来仇恨从来没有建成过一个新天地。如果在内卷的、焦虑的时代，在过度竞赛且没有自爱教育的时代，人们可能会因为害怕失败而习得一系列负面的人际技能，会有越来越多阶层的、性别的、城乡的对峙，那么有没有可能改善呢？社会科学和公共治理会提出各种微观制度和具体调控的改良方案，但是人心的引导和慰藉更需要的是教育发挥作用。这其中，就有教人"自爱"和"合群"的诗教传统。

自爱和自恋不同，自爱源于相信自我有价值，但是在与他者的联系和共处中有此确信。这种自爱的态度，文学可能教会人们。如当代小说《平凡的世界》里孙少平这样的农村青年，年少时被一本《钢铁是怎样炼成的》启蒙，向往更大的世界、更好的生活，一生出走与追求。而《平凡的世界》可以体现文学良好的建设性，因孙少平是一个并没有一夜暴富或登上巅峰的主人公，但他志存高远而不自我迷恋，非常健全地活在人际的关联里，也拥有爱他人的能力。文学的启蒙教育不只给人理想，给人远方的世界，而同时它还给人自我调整的能力、宽阔而富有同情的心、面对人生起伏的良性心态。这也是《平凡的世界》给一个时代的大众的抚慰。但除了文学榜样的激励作用外，文学教育或"诗教"还另有深意。一个人读文学，其实是在和作者的心灵深入对话。通过文学阅读理解了他人的灵魂深处，互相对话辩难，交换心灵的经验，会帮助读者建设心智。被文化传统所教育的人，与文明中的许多优秀心灵同在，他们学会了更好地处世和安顿自我,背后依靠的也不再是单薄的小我,而是一个文明共同体,这是对人性的最大肯定,是信心的来源。共同体如能相互理解,因共享文化基因而凝聚,也可能通向一种"诗可以群"的建设。

由此,我们看出面对当代中国人精神状况的困境,在务实性的体制调试和治理改良之外,人文学的文学教育实践也是一种重要的滋补方法。其实,包括文学教育在内的人文学教育,它更接近于一种教人"幸福"的能力。幸福不是一门技能,得到幸福无所谓捷径,反而,得到幸福与经历困难和挫败、与忍耐和参透人生的晦暗、与认清世界然后仍然爱世界有关。幸福是心灵建设的果实,而哪里有浅白的、可以轻易算出投入产出比的心灵建设呢?文学滋养的心灵,并不是简单的积极向上天真乐观,一颗健全的心也是复杂有机的心,它不会对痛苦无知无觉,但却可以有一种超越的努力。

举例来说,人的本质是什么,这是一个文学的主题。关于此,我常常温习文学家卡夫卡的箴言,他曾这样写道:

谁若弃世,他必定爱所有的人,因为他连他们的世界也不要了。于是他就开始察觉真正的人的本质是什么,这种本质无非是被人爱。前提是,人们与他的本质是相称的。(卡夫卡:《对罪愆、苦难、希望和真正的道路的观察》)

这段话讨论人类的爱。如果一个人的本质是被人们爱,而前提"人们与他的本质是相称的"却不成立,也就是说人们并没有爱他,那又怎么办呢?一个人希望通过获得他人的爱来完成自己,但没人配合。而对人的本质是被爱的察觉,是做出爱一切人因而"弃世"的决断后获得的。因爱所有人而弃世,也是因为世界的现状和"爱一切人"的处世决断根本不相称。这段话缠绕着爱与被爱的经验和反思:爱一切人者只能不要世界,与此同时他发现人的本性需要被爱,但这个被爱无法获得。卡夫卡关于爱的陈述,带着整体性的绝望判断。

本雅明曾说:"要恰如其分地看待卡夫卡这个形象的纯粹性和

它的独特性，人们千万不能忽略这一点：这种纯粹性和美来自一种失败，导致这种失败的环境因素是多重的。我们禁不住要说：一旦他对最终的失败确信不疑，每一件在途中发生的事情都如同在梦中。再没有什么事情比卡夫卡强调自己的失败时的狂热更令人难忘。"（本雅明：《论卡夫卡》）其实我们可以对照上述材料而得到一个认识：卡夫卡的失败来自一个确认——他不会被爱。不被他人爱的人是无法完成自我的人，所以他是失败的。他一生带着一种受害狂的热烈在言说这场失败。人要自爱才不怨恨，要自爱才能爱人。由此来看卡夫卡的文学方式，令人震惊，仿佛从一处枯竭的井泉里意外诞生了丰饶的生命。他确定自我不会被他者爱，但是用极野蛮的执拗来言说这个困境，为什么有此不竭的蛮力？这就是文学的意义所在。文学让人意识到自我的可贵处，让人有根底地自爱，因此不能在情感上枯竭，反而不断在受难中吁求。对绝望的不竭言说背后，是深厚的人道主义困苦。为何要显影世界和心灵的暗面？因为显影本身就是一种呼救，越是干瘪的表象下面，偏执狂强悍的呼喊越高亢。

当代人恐惧失败，而卡夫卡狂热地咀嚼自我的失败，诗教由此被推到一个高度：不只是表现爱、人情、温暖的文学有意义，那些诚实的、从无路中挖出路来反抗绝望的文学，也有意料之外的抚慰和解释力量。诗教也不一定只要温柔敦厚，它有时是神奇的本质直观，让人在当头一棒后理解了世界上多一些深一些的事情，这未尝不让人明智、被疗愈。确如陈平原所言，真的研习人文学得从人生忧患上用功，是不能太富贵、太精英、太顺畅的。如能深入体察和理解当代某些症候性的普遍感受的因由和层次，一种解救的希望、心灵的建设，是可以期待的。世界是那样正负面经验的参差，如果直面困顿且知道自爱的重要，把自爱的源泉开掘在对世界复杂性、悖论性乃至残酷处的了悟上，这将可能是一种深厚的理解之爱，它背后是更高级的心灵的健全。所以最后我们不妨回到穆旦代表的"现代诗教"传统中,他说:"在犬牙的甬道中让我们反复/行进,让我们相信你句句的紊乱/是一个真理。而我们是皈依的,/你给我们丰富,和丰富的痛苦。"(穆旦:《出发》)一个理解丰富的痛苦的诗教,拥有更多维护正面人性的可能,而兼顾学科建设与诗教精神,表现出对人间的关切与情怀,正是人文学视野下好的文学教育。

(《文学如何教育:人文视野下的文学教育》,陈平原著,东方出版社二〇二一年版)

品书录 | 刘秧

印度测绘局的"地图开疆"

十九世纪以来,英帝国殖民主义者通过印度测绘局(the Survey of India)的地理调查和地图测绘,将印度从异国情调和未知区域转变为明确且可知的地理实体。地图是英帝国获取海外本土知识,进行殖民统治不可或缺的工具。在《创造历史,绘制领土:英属印度的制图实践(一七五六至一九〇五)》一书中,美国学者伊恩·巴罗(Ian J. Barrow)利用丰富的档案文献、个人传记、旅行日记以及大量的地图手稿,考察了十八世纪晚期至二十世纪初,即从英国统治孟加拉开始到寇松被任命为印度总督的约一百五十年间,英帝国利用制图技术将殖民地的土地变为"领土"的过程,探讨制图员和测量员如何采用各种策略将历史嵌入他们的叙述中。地图既用于展示领土的历史,也用于证明拥有土地的合理性。

一

从十八世纪下半叶开始,东印度公司成为英国获得海外领土权力的重要机构。它不断地通过军事、贿赂以及联盟等手段获得大量的海外土地。随着东印度公司将权力扩展至印度本土以及印度之外，它必须解释其所谓主权的基础。其中，"领土"的概念是解释的关键。要使土地变成领土，需要以某种形式有人居住、挪用或承认。巴罗认为，居住意味着穿越土地，用经纬仪计算，然后绘制它。因此，测绘过程是土地转化为领土的关键组成部分，印度测绘局在其中扮演了重要角色。

印度测绘局以制图而闻名，其建立最早可以追溯到十八世纪中期。虽然在一八七八年才被正式命名，但它是世界上最古老的现代科技机构之一，可以说它是英印政府的技术支柱。巴罗通过殖民地制图充分展示了英帝国占有领土和重新书写历史的五种方式，即联想历史、进步历史、敬畏历史、浪漫历史和怀旧历史，使我们更好地理解将土地变为领土所带来的不仅包括财富的获取，更重要的是主权的建立。

巴罗将第一种方式称为"联想历史"（associative history）。他将领土置于熟悉的传统所有权之内。十八世纪晚期的地图制作者经常暗示印度被英国人占有的方式与地主拥有自己土地的方式类似。印度测绘局发布的地图旨在唤起东印度公司对孟加拉进行管理的热情，就如同英国是孟加拉的土地主一样。十八世纪的大多数测量员，以随军调查或带着政治任务的调查为主，使用描述性的叙述和图画般的制图惯例，将原本可能存在威胁和未知的土地描绘成一个宜居和引人入胜的画面。这些早期的殖民地测量员使用树木、山脉、寺庙或城市作为标志，通过路线调查建构了描述安全旅行的地图。这些制图者中最著名的是詹姆斯·伦内尔（James Rennell），他被称为"印度地图之父"。他于一七七九年出版了《孟加拉地图集》（Bengal Atlas），一七八二年又出版了《印度地图回忆录》（Memoir of a Map of Hindoostan）。这些地图将孟加拉描绘为地主的乡村庄园，试图表明东印度公司正在履行其新的双重角色，即私人土地主和负责任的国家监护人。伦内尔采用欧洲传统的制图技术，例如可识别的符号、标准化的书写，使孟加拉看起来熟悉且无威胁。这种熟悉感使得伦内尔能够将一块仍然属于莫卧儿皇帝统治下的异域土地转变为由英帝国拥有并由精英统治的领土。

第二种方式是科学的三角测量技术被用于制图而产生的"进步历史"（progressive history）。英帝国的制图师将测量的精确性与知识、领土占有联系起来，他们认为，通过三角测量，最终的印度地图肯定会变得更加可信。这种地图有助于准确显示英属印度的领土。与具有科学外衣的三角测量技术不同，早期制图术采用的路线调查方法所提供的信息只是部分可靠，而三角测量则大大提高了数学精度，被认为能够对土地进行全面而精确的测量。它为殖民地空间提供了一种全面的科学方法，融合地形和收入调查的过程，使民众认为英国可以用像控制地图秩序一样的方式统治印度的土地和人民。巴罗认为，三角测量可以提高东印度公司作为开明赞助人的声誉，因为它具有严谨和科学的性质。他将三角测量成为绘图的主要测量形式描述为一种进步的历史，因为引入新的和更精确的科学仪器和技术将提高东印度公司对印度的认识，证明英国科学的优越性，从而加强了东印度公司对其殖民合法性的主张。

地图还通过以个人命名的土地来讲述占有的历史，也即巴罗提出的"敬畏历史"（reverential history）。这一章节主要围绕一八五六年珠穆朗玛峰命名的争议展开。印度测绘局将印度前总督乔治·珠穆朗玛（George Everest）的名字作为新发现的山脉的名称，以纪念前测量员乔治·珠穆朗玛。在这之前，此山脉被称为"第十五个山峰"（Peak XV）。通过将测绘部门中资深成员的名称与世界上最高峰相关联，英帝国进步和奉献的精神得以凸显，并以此来表明其领土占有的合理性。尽管有大量证据表明珠穆朗玛峰存在多达六个尼泊尔和西藏名字，但印度测绘局和英印政府坚持用英国本土测量员的名字命名。乔治·珠穆朗玛被尊为英国数学和地理科学知识的灯塔。一个受人尊敬的人物名称与特定地理特征的联系象征着英国的政治胜利,不仅提升了其测量技术的科学权威,而且强化了殖民统治的政治权威。

制图师用来说服读者认为其对印度的占领具有合法性的第四种方式是重新实施旧时的测量方法,即"浪漫历史"(romantic history)。其核心是关于一名印度文盲金塔普(Kintup)的故事。金塔普在十九世纪八十年代参与了对中亚与西藏的路线和河流的跨境考察。他在喜马拉雅山的荒野中游历了四年,使用基本的测量技术记录了大量的调查信息。官员们浪漫化了金塔普的故事,他也被视为时代忠诚的见证。十九世纪下半叶,印度测绘局和皇家地理学会将印度浪漫注入印度制图。他们相信,通过雇佣印度人将西藏和中亚地图制成仿旧的外观,英国精英部门的形象和价值将得到提升。此外,像金塔普一样受过基本测量技术培训、愿意冒着生命危险为英属印度的"科学"做贡献的印度"班智达"(pundit,行家)是忠诚的象征,也暗示印度需要英国的专业知识。跨喜马拉雅和中亚的调查和探险注入了诸多浪漫主义的想象,英印政府鼓励英国公众将印度的调查视为一种将男子气概与殖民主义的高尚理想相结合的活动。例如,对英国冒险精神的骄傲和钦佩,以及让英帝国远离俄罗斯扩张主义的强烈愿望等情绪都反映在测量员冒着生命危险,跨越印度边境探索异域的故事中。

最后,是作者称为原始时刻的"怀旧历史"(nostalgic history)。十九世纪末,地图制作者经常回顾过去英国权力刚建立或巩固时的那些时刻。巴罗在书中探讨了一个重要时刻,即加尔各答黑洞变成一座纪念碑之时,使公众对英帝国产生"怀旧之情"。"加尔各答黑洞"是一座地牢,一七五六年威廉堡陷落之后,英国战俘被囚禁于此三天。由于空间狭窄,许多人因窒息和中暑而死亡。一八九九年,印度总督寇松在监狱原址上建造了一座纪念碑。巴罗认为,将"黑洞"绘制在加尔各答的大街上,无论是作为一个公共展览,还是旅游景点,都将这一事件融入遗址,并将怀旧之情投射到现场。在这里,"黑洞"被认为是一个原始时刻,普遍为人所知。竖立纪念"黑洞"死者的纪念碑,使得"观察黑洞遗址引起的愤怒、内疚转变为更高贵和实用的爱国主义和感恩的美德"。通过这种方式,不仅强调了英国统治的合法性,而且强化了英国人的自豪感。

二

巴罗的这本书为我们理解制图术、历史与权力之间的关系提供了独特的分析视角。在十八世纪末至二十世纪初,制图员通过诉诸联想历史、进步历史、敬畏历史、浪漫历史和怀旧历史等方式来证明拥有殖民地领土是正当合理的。巴罗认为"领土"不是一个中立的空间,而是一块被国家用于政治目的的土地。地图与"领土化"过程有关,因为它们扮演着使领土易于获取和可控制的狡猾角色。印度测绘局的调查活动被视为一种科学的"全景监视器",旨在为殖民者提供一个全面的监视和控制印度农村和人口的网络。英国在印度的相关测绘活动,减少了印度作为一个神秘的、宗教的地理空间的色彩,使其成为一个理性的、科学的空间。通过测量员和制图师绘制的地图,国家空间以及领土边界被制图语言标记和划分。

英帝国绘制的殖民时期的地图不是简单地显示边界、河流和山脉,而是通过使用不同的配色方案标明哪些地区是"英国财产",哪些是"独立国家"。其中,红色用于标记英属印度领土,盟军用黄色标注,敌人用绿色标注,处于中立状态的国家则用紫色和橙色标注。英国地图制作者将对历史的特定理解与土地视角联系起来,使他们能够以地图的方式展示帝国的权力和占领的需要。

国外对制图史的研究很多都受到地理学家、制图师和地图历史学家约翰·布莱恩·哈利(John Brian Harley)在制图学方面开创性研究的影响。巴罗也承认他对地图的兴趣深受哈利的影响。哈利将地图视为文本,他认为地图和所有历史文献一样,存在扭曲、沉默、夸张和谎言。根据哈利的说法："地图不是中立的、没有价值的对世界的呈现。地图是一种优势的权力语言……制图是一种目的论话语，具有权力，可以强化现状，并在图表线内冻结社会互动。"如果在适当的时机绘制和发布，地图可以成为提供观点或促成更广泛辩论的有效工具。

地图的强大之处在于，它们能够以一种迷人的方式表明，控制人民和贸易，重点是对土地的控制。土地的控制权和所有权成为英帝国的领土扩张和获得霸权地位的决定性衡量标准。地图成为传达土地权力意义的重要手段。此外，通过绘制边界并指出英国权力的范围，这些地图成为领土防御的优先事项。地图不仅显示世界在任何特定时间和地点的划分，而且还表明这种划分是科学的、合法的，并且被视为理所当然。它利用了"科学"的所有合法权力，既"代表"又实现了"实地"政治关系的自然化。十八世纪中期至二十世纪初出版的绝大多数地图都呈现出以国家为中心的视角。这主要归因于国家对地理信息的垄断，制图符号的标准化，以及地图的"客观化"过程，即观察者和印度之间的距离被设想为地理事实。因此，许多西方学者都认同"十八和十九世纪的制图成为殖民主义的女仆"这一说法。

地图制作的背后是一系列权力关系。地图创建了自己的规范和标准。无论是个人赞助，还是国家机构出资，这些规范和标准都可以在地图的内容和制图模式中体现。他们通过调整测量结果以操纵地图的尺度，或通过排版过度放大或移动标志，或使用富有情感色彩的宣传误导人们的看法。因此，地图成为制定观念、操纵观点以及强化观点的有力媒介。英国人在意识形态、行政和军事上创造了一种"对他们有利"的印度"地理概念"。这些地图成为英帝国心理战的重要组成部分。正如苏格兰历史学家詹姆斯·大卫·福布斯（James David Forbes）曾经断言的那样："制作地图的英国人要比军队强大得多。"

(*Making History, Drawing Territory : British Mapping in India, c. 1756–1905*, Ian J. Barrow, New York: Oxford University Press, 2003)

张明杰

日本国宝《真草千字文》之辨

作为识字的启蒙教科书,同时也是习书的文本,《千字文》不仅在中国千载流传,而且在同为汉字文化圈的东亚诸国,尤其是日本,也流传广泛,影响深远。

从《古事记》中百济王仁的传说记载可知,《论语》《千字文》是最早传入日本的汉文典籍。对于这一传说的真实性,尽管历来不乏持怀疑论者,但难以否认的是,在汉字传来之初,某种形式的古《千字文》与《论语》曾于当时的日本颇流行。因此,《古事记》中的《千字文》文本恐非仅仅止于传说,有相当大的可信度,不妨理解为汉字或汉字文化传入日本的象征。只是由于距今时代久远,传入日本的《千字文》早期写本已无从稽考。

南朝梁武帝时期周兴嗣奉诏编撰的《千字文》问世后,不仅成为习字的入门书,而且成为历代书家竞相挥毫的原始文本。在书法史上,以身为王羲之七世孙的智永所书《真草千字文》流传最广,影响最大。智永与祖兄出家为僧,名法极,住山阴永欣寺,故人称"永禅师"。智永深得祖传家学,又潜心学习,书法声誉极高。据称他为传播和弘扬家法,于永欣寺内长期临习《千字文》。"凡三十年,于阁上临得真草千文,好者八百余本,浙东诸寺各施一本,今有存者,犹直钱数万。"(何延之:《兰亭记》)目前所知,智永所书《真草千字文》也是周兴嗣《千字文》现存最早的文本。

早在奈良时代（七一〇至七九四）及平安时代（七九四至一一九二）初期，周兴嗣《千字文》以及智永系统的《真草千字文》就已传入日本，成为习字、习书的入门教科书。正仓院文书以及藤原宫、飞鸟池等遗迹的出土木简也证实了这一点。此后，各种形式的《千字文》在日本普及开来。据文献学家长泽规矩也的考察，日本现存最早的《千字文》刊本有《新板大字附音释文千字文注》（五山版，十四世纪），以及与《胡曾咏史诗》《蒙求》二书合刊的《新刊大字校正释文三注故事》等（长泽规矩也：《本邦旧传古版千字文》，《书苑》三卷一号）。不过，正如书名所示，两书均旨在对《千字文》进行注音或释文，并非真正意义上的习书《千字文》。

作为初具法帖形式的书法用书，最早的刊本应是室町后期（十六世纪中后期）刊刻的《四体千字文》（一五五〇）和《四体千文书法》（一五七四），即兼具篆、隶、真、草四种字体的习书所用法帖。

江户时代，由于德川幕府实行海禁，直接从中国输入碑版法帖变得困难，仅靠长崎一港贸易又难以满足人们对《千字文》的需求。于是，各种形式的《千字文》应运而生，相继出版，其中既有中国历代法书的翻刻，又有日本书家的挥毫。中国法书中又以文徵明、

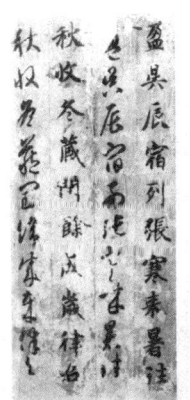

（传）智永《真草千字文》

赵孟頫所书《千字文》较为流行。江户初期曾有明代刊本《十体千字文》的翻刻，总体上这一时期仍是以多体尤其是四体《千字文》为主流。

进入明治时代以后，真草《千字文》才逐渐占了主导地位，当时多称为二体千字文。现作为日本国宝书迹而广为人知的传智永《真草千字文》，也是在明治前期才浮出水面，且被部分人士鉴定为智永法书的。

说起来，这一存世罕见墨宝的披露，与我国驻日使馆人员杨守敬大有关系；此外，该墨宝后来被认定为智永真迹也与流亡京都时期的罗振玉、王国维有关。

据传这一墨迹是由入唐求法僧或遣唐使携归日本的，但其所在长期以来一直不明，直到幕末明治时期，京都的儒医江马天江（一八二五至一九〇一）在为一行脚僧诊病后，作为谢礼而得到此墨迹，后又出让给嗜书法的友人彦根藩士谷铁臣（号太湖或如意山人，一八二二至一九〇五）。据说谷氏是用《佩文韵府》与天江做的交换。但当时鉴赏者对此墨迹，尤其是其书写者看法不一，有的认为是智永真迹，有的认为是出自虞世南或褚遂良之手的唐代摹本。

一八八一年初，书法家日下部东作（号鸣鹤，一八三八至一九二二）造访我使馆杨守敬，并观看了其收藏的《真草千字文》拓本，立刻意识到谷铁臣所藏《真草千字文》墨迹定是智永真迹，随即致函谷铁臣告知此发现，信函曰：

> 如意先生：昨访清客杨惺吾。观其所藏智永二体千文旧拓刻本，云此自王阳明先生旧藏真迹入刻者。熟视之，与公所藏之千文，神彩、形质毫发相肖，恰如出一手。以弟所鉴，公藏帖，不是空海，不是唐人，定为永师真迹无疑。天下后世，不以耳为目者，知弟言不妄。开春第一以此代贺词云。东作，十四年一月四日。

函中"十四年"当为明治十四年,即一八八一年。"智永二体千文旧拓刻本"应是宝墨轩刻本。此后,这一石刻拓本经日下部东作及岩谷修等书法家恳请,杨守敬予以出让,后转归三井听冰阁,现藏三井纪念美术馆。

杨守敬出让的宝墨轩刻本《真草千字文》在日本很快就有了复制本,由大藏省印书局于一八八二年出版,一九一八年又有晚翠轩刊本。明治时期,日本书家挥毫的真草千字文也不断问世,如明治初年曾来华游学的佐瀬得所(一八二二至一八七八)就有《二体千字文》面世,且多次再版。《真草千字文》的流行,也促进了日本书学者楷书与草书的进步。清末民初时期部分赴日人士就曾感叹日本书学者还都写有一手漂亮的草书。殊不知,日本无中国的科举考试,习书者无需像中国知识人那样拘泥于关系到科考命运的"馆阁体",可以随意学习和应用草体。这也是日本草书流行的要因之一。

一九〇二年仲夏,日下部东作特地为真迹本大字题跋:"永师八百本之一、天下第一本。"尽管日下部断定谷铁臣所藏《真草千字文》为智永真迹,但当时还是有论者认为是后人临摹,曾亲眼目睹过这一墨迹的杨守敬就认定是智永书的唐代摹本,这在其为该墨迹本所做的题识中有明确记载:

……乍睨之,仿佛同出一源,细审乃觉有谨肆之别。观其纸质、墨光,定为李唐旧笈无疑。又可知余本实有所受法,非同凿空之比。赵子固称虞永兴庙堂碑为楷法极则,今庙堂原石已亡,永兴得法于永师,则谓此千文为庙堂真影可也。

书画鉴定历来仁智各见,尽管同是依据宝墨轩刻本来鉴定谷氏墨迹本,但杨守敬与日下部东作两人的结论却不尽相同,对此也无可非议。从现存宝墨轩刻本来看,虽然笔画锋芒可见,书法温雅整齐,但整体样式颇新,与其他旧刻本相比有失古雅,而且缺字较多。事实也证明,仅靠宝墨轩刻本,实难以判断墨迹本是否出自智永之

杨守敬题识（部分）

手，因为这一原石所依据的底本恐来自摹本，而非智永真迹。因此，杨守敬所言"乍睨之，仿佛同出一源，细审乃觉有谨肆之别"，更令人信服。

这里值得注意的是，杨守敬在题识中首次提到"关中石刻本"，即宋大观三年（一一〇九）薛嗣昌据长安崔氏所藏真迹摹刻上石的旧拓本，俗称"关中本"。这是至今学界公认的智永《真草千字文》最佳拓本。可以说，这一提示为此后考订墨迹本是否为智永真迹提供了重要线索或启示。只可惜，当时日本鲜有目睹过该"关中本"精拓者，这也在很大程度上影响到人们对墨迹本的鉴评。

谷铁臣去世后，该墨迹辗转落入大阪实业家小川为次郎（一八五一至一九二六）之手，据说时间在明治末年。大正元年，即一九一二年末，小川氏委托圣华房主人山田茂助用珂罗版复制印行，并附带杨守敬与内藤湖南的题跋，从此这一墨迹受到书道界的广泛关注。不知何故，小川氏复制本并没有收录日下部东作的题跋，而杨守敬与内藤湖南的题跋又均未肯定该墨迹为智永真迹，这也无形中影响到后人对该墨迹的作者认定。

内藤湖南的题跋洋洋洒洒五十余行，九百余字（无标点）。字里行间可见其广征博引，力陈已见之用心，当然，其中的观点也受到各种质疑。不过，不可否认的是，其题跋对墨迹本的鉴赏，尤其是后来被指定为国宝书迹产生了极大影响。题跋曰：

> 谷如意翁旧藏《真草千字文》，今归简斋小川君插架。从前鉴赏家多定为智永真迹，清国杨星吾亦以为唐拓永书。今以关中石本校之，行款既同，结体亦肖，至其神采发越，墨华绚烂，竟非石本可比，谓为出于永师，似无不可（翁覃谿以关中本宋初讳字缺末笔，疑北宋人所书；杨星吾以宝墨轩本独缺渊字末笔，其出武德旧笈，并失之凿矣）。

小川为次郎藏《真草千字文》复制本（一九一二）

但此本传来我邦，当在唐代，当时归化之僧、遣唐之使，所赍二王以下率更、北海、季海等法书，载在故记旧牒，班班可考。独永师有此剧迹，而官私著录寂焉未有之及，何也？……永师所书八百本，皆拓梁集王书，董彦远已言之。东坡所云永师欲存王氏典刑，以为百家法祖，故举用旧法。非不能出新意、求变化是也。然则此本拓摹其或出于永师之徒，亦未可知。关中石本与此形神逼肖，不为无由。乃谓此本为永师真迹，亦未为凿空妄断矣。……今以三家书与此本真书对照，永兴有此雍容，而无此清妍；勃海有此峻整，而无此温润；河南有此妩媚，而无此端雅。……

从以上题跋不难看出，内藤湖南撰写时明显意识到杨守敬题识的存在，他率先依据杨守敬提示的"关中本"加以比照，认为该墨

143

迹"谓为出于永师,似无不可"。内藤的考订也不乏隐晦暧昧之笔,诸如"此本拓摹其或出于永师之徒,亦未可知","谓此本为永师真迹,亦未为凿空妄断矣"等等,巧妙地暗示既有可能是智永真迹,又有可能是临摹。最后才认定是"摹法已兼临写"的"唐人拓摹"。其实这也是一种模棱两可的结论,似乎意欲回避"真迹"或"摹本"之类的裁断。

内藤题跋中最受学界关注的是,指出该墨迹为《东大寺献物帐》所录"拓王羲之书"之一。这就为这一墨迹的古老身份以及流入日本的古老年代找出了有力的证据,因为《东大寺献物帐》是记录献纳东大寺的圣武天皇(七〇一至七五六)生前爱玩珍宝之目录。不过,内藤的这一主张也是一种臆断,对此也无需盲信。实际上,日本书道论者中,就不乏对此怀疑或批驳者(可参考樋口铜牛:《学问化之书神圣也》,载《书苑》十卷十号)。

该墨迹早在一九三一年就被指定为日本国宝,新的《文化财法保护法》颁布(一九五〇)后不久,又被重新指定为国宝书迹,时间是一九五三年二月十四日,收藏者为小川为次郎之孙小川广巳。如

内藤湖南题跋(部分)

今这件国宝书迹的名称和基本信息显示为"《真草千字文》（纵29.3厘米，横14.2厘米，唐代，京都府个人藏）"，作者阙如。其介绍文字意为：该墨迹为书于麻纸的真、草二体千字文，册装。过去一直被视为智永真迹，但似应看作王羲之书之拓摹。书法精致，富有润赋之趣，堪称古传千字文之白眉。盖唐代之拓摹。现存王羲之拓摹有《丧乱帖》（皇室御物）、《孔侍中帖》（国宝）等，但均是草体，而本帖则为真草两体，故此，可谓天下真草第一法帖，尤值得重视。

显而易见，这件墨迹在被指定为国宝之际，上述内藤湖南的题跋起到了至关重要的作用，甚至连"王羲之书之拓摹"以及"唐代之拓摹"之类的认定都沿袭了内藤的考证结论。但是，话说回来，内藤湖南的考证也只是一家之言。几乎与内藤湖南同时代的罗振玉、王国维就持不同意见。

该传世墨迹转入小川为次郎之手，并出版复制本时，恰值罗振玉、王国维避难京都后不久，两人有幸观赏到这一墨迹，并一致认为是智永真迹无疑，而且后来还分别撰写了题跋或题识。为广其传播，罗振玉还自行影印刊出，现在可以确认罗振玉曾为墨迹或墨迹影印本作了两跋。其一曰："宋人言永师手写千文八百本，今传人间有关中石刻，清俭殊甚。尝见宋拓本亦然，但略腴泽耳。往客金阊，闻元和顾氏藏墨迹一本，托亡友费屺怀编修为介，谋一见。未逾月，编修遽卒，竟不果。寻得见传刻本，则较陕刻为丰，乃拙而不健，意尚非出永师手。后于东友小川简斋许得见此本，则多力丰筋，神采焕发，非唐以后人所得仿佛，出永帅手无疑。昔贤评右军书势雄强，永师传其家法，固应尔尔。此不但可压倒关中本及顾氏所藏，且可证宋以来官私法帖右军诸书传摹之失。亟写影精印，以贻好古之士，即此以求山阴真面，庶几其不远乎？"（此题跋录自《罗振玉学术论著集》第十集，上海古籍出版社二〇一三年版，撰写日期不明。）其二曰："真草千文一卷，为智永禅师真迹，学者于此可上窥山阴堂奥，为人间剧迹。顾或以为与关中石本肥瘦迥殊而疑之，是犹执人之写照而疑及真面也。近我内府检定书画名迹中，有宋王知微临永师真草千文。宝沈庵宫保（熙）为予言，丰筋多肉与此本吻合。异日当写影付印，以与此本并传示海内，承学之士庶不至执石刻以疑真迹乎。宣统壬戌三月，上虞罗振玉书于津沽嘉乐里寓。"（此题跋采录自原色影印本《国宝小川本真草千字文》，勉诚出版二〇一八年版。撰写时间"宣统壬戌"，即一九二二年，当时罗振玉居于天津。这一题跋多见于日本后出墨迹复制本中。）

在以上两跋中，罗振玉通过与关中石刻本对照，同时又参考了清内府所藏宋代王知微临本信息，认为小川氏所藏墨迹"多力丰筋，神采焕发"，定是出自智永之手的真迹。只是题跋中所谓"宋王知微临永师真草千文"本，罗振玉仅是凭宝熙所言，并未亲眼目睹。尽管如此，但这一提示也十分难得，不失为一条重要线索。如若该王知微临本尚存，那么对鉴赏日本现存墨迹定大有裨益。

寓居京都期间的王国维在获观该墨迹后，也写下了简短的题识：

日本小川简斋藏智永书真草千字文墨迹，盖当时所书八百本之一，行款与关中石本相同。其行笔全用右军家法，而往往有北朝写经遗意。盖南朝楷书真迹今无一存，存者唯北朝写经耳。一时风气如此，不分南北，若以稍带北派疑之，犹皮相之论也。（《王国维全集》第三卷，浙江教育出版社二〇〇九年版）

王国维此题识见于其为日本人所办《盛京时报》所写的系列文稿中，初题《风俗杂谈》，后改为《东山杂记》，时间约在一九一三年七月至翌年五月。王国维也认为该墨迹为智永真迹，即其"所书八百本之一"。当时王国维与内藤湖南等京都大学学者多有交往，此观点是否与他们分享过，尚不得而知。

后来观看到日本所藏墨迹复制本的启功也赞同罗振玉的观点，认为该墨迹为智永真迹。其在为影印本所撰题跋中指出："日本藏《真草千字文》墨迹一本，乃唐时传去者，其笔锋墨彩，纤豪可见。证以陕刻及群玉堂刻四十二行，益见墨迹之胜。此直是永师手迹，无容置疑。多见六朝隋唐遗墨，自知其真实不虚。"最后还赋诗一首："永师真迹八百本，海东一卷逃劫灰。儿童相见不相识，少小离家老大回。"（《启功丛稿》，中华书局一九八一年版）改革开放后，启功有机会亲临日本，并有幸在京都小川家获观原本墨迹。他通过仔细观摩，并以敦煌所出唐代蒋善进临本对勘，更确信为智永真迹无疑。

不过，徐邦达的意见较为慎重或折中："智永真迹，其他也没有见到过。此本是否就是他手临的八百本之一，还是唐人临写，虽不易确断，但既为《东大寺献物帐》中的东西，那么绝不能后于唐代，则是可以肯定的。同时论书法确实超过北宋薛氏关中刻本，对此自能分晓。"（徐邦达：《古书画过眼要录》，湖南美术出版社一九八七年版）

日本"二战"后出版的该墨迹复制本多收录杨守敬、日下部东作、内藤湖南和罗振玉四人的题跋或题识，其中二人（杨、内藤）是持唐代摹本或拓摹本之意见者，另两人（日下部、罗）则是持智永真迹之说者。值得强调的是，这些题跋或题识无形中也给该墨迹传播过程中的作者认定问题带来了影响。若翻阅半个世纪以来日本出版的相关展览图录等，就会发现对该墨迹作者表述不一，时而阙如，时而又冠以智永之名。但总体而言，以显示智永真迹者为多，如影响较大的二玄社刊本、一再重版的清雅堂刊本等均定名为"智永真草千字文真迹"，甚至近年勉诚出版的高仿真复制本《国宝小川本真草千字文》，其内页也明确标注书者为"智永"。

当然，对于现存日本的这一墨迹是否为智永真迹，中日两国学者间至今仍存在分歧，想必这一争论今后还将持续下去。但不管怎么说，作为唯一传世最古的《真草千字文》墨迹，即使尚未能断定其为智永真迹，其价值也无与伦比，堪当重宝。

魏斌

斛律明月之箭

金庸小说《射雕英雄传》第五回中，讲述了一个铁木真和众人弯弓射雕的情节，郭靖在哲别指导下，一箭射落双雕，成为书中所说的"射雕英雄"。这个随着小说、电视剧流行而广为大众所熟知的名号，历史上其实早有由来。北朝时期的斛律光，晚唐时期的高骈，就都由于射落飞雕而获得过类似的美称。

斛律光射雕，是东魏末期高澄执政之时。一次他随从高澄在邺城附近校猎，见一只大鸟飞翔于云表，"引弓射之，正中其颈。此鸟形如车轮，旋转而下，至地乃大雕也"（《北齐书·斛律光传》）。文士邢子高亲见其事，感叹说："此射雕手也。"斛律光也因此被誉为"落雕都督"。只不过他射的是单雕。稍晚一些，北周时期长孙晟从长安出使突厥，与突厥摄图可汗游猎于草原，遇到二雕"飞而争肉"，长孙晟"驰往"，利用二雕争斗纠缠的时机，"一发而双贯"（《隋书·长孙晟传》）。一般认为，这可能是后来"一箭双雕"成语的出处。但长孙晟是否得到过类似的"射雕"名号，传记没有记载。

与斛律光、长孙晟相比，晚唐时期的高骈虽然也得到了"落雕侍御"名号，但有一定的运气成分。据云他见"二雕并飞"，祈愿说："我且贵，当中之。"结果一箭而中二雕，预示了他后来的显赫人生。

金庸小说中的射雕情节，发生在大漠草原，出场的人除了郭靖这个草原化的汉人之外，都是蒙古人。历史上以射雕著名的斛律光和长孙晟，则分别是北朝时期内迁的敕勒人和鲜卑人。高骈射雕时代较晚，他的家族据说出自渤海高氏，但其实祖父高崇文之前"七世"一直生活在幽州边境，后来才任职内地。也就是说，后来大家耳熟能详的"一箭双雕"成语，似乎并不是产生于华夏文化自身的语境之中，而是一个北境人群内迁带来的"内亚性"元素。从历史学角度来说，这是一个饶有兴味的问题。

关于这些北朝内迁家族的骑射传承，《北齐书》卷一七斛律金、斛律光、斛律羡父子合传的末尾，提到了这样一件事：

> 羡及光并少工骑射，其父每日令其出畋，还即较所获禽兽。光所获或少，必丽龟达腋。羡虽获多，非要害之所。光常蒙赏，羡或被捶挞。人问其故，金答云："明月必背上着箭，丰乐随处即下手，其数虽多，去兄远矣。"闻者咸服其言。

这段记载讲的是斛律光、斛律羡兄弟早年之事。明月和丰乐，传记说分别是他们的"字"，但更可能是两人的敕勒名字。斛律金评判兄弟二人打猎收获，结果收获猎物多的弟弟丰乐被"捶挞"，收获少的哥哥明月反而"蒙赏"。原因是哥哥每箭射中的角度都很讲究，从背脊高处射入，贯穿腋部。弟弟却有些随意。父亲据此认为，弟弟虽然收获猎物数量多，展示出来的箭术水平和时机把握能力，远不如哥哥。

这个评价与斛律光传记生平相呼应，实际上是解释了他的高超箭术和杰出军事能力的养成过程。最早知道这个意味深长的故事，还是在接触《北齐书》之前。一九九八年我从武汉大学图书馆学系毕业，考入本校历史系读研究生，跟随朱雷老师学习魏晋南北朝隋唐史。上课、答疑都是在朱老师家中，经常散漫地聊天，有一次谈到做学问的方法，朱老师讲了这个故事，告诫我们将来写东西不要追求数量，而要追求学术精准度和力度。那时我刚开始研究生阶段的学习，加上本科所学又非历史专业，一切尚懵懵懂懂，但这个故事给我留下了极为深刻的印象，迄今二十余年，仍经常浮现于眼前。

朱老师应该是很喜欢这个故事，讲给很多学生听过。二〇一七年他给黄楼兄《碑志与唐代政治史论稿》作序，也提到了这个故事，并解释"丽龟"一词出自《左传·宣公十二年》中的"射麋丽龟"，引孔颖达疏云："丽为著之义。龟之形，背高而前后下。此射麋丽龟，谓著其高处。"跟这个故事表达的旨趣有关，朱老师还有两次闲谈让我印象很深。一次是告诫我做学问路子要正，举的例子是八旗子弟养画眉鸟。这种鸟擅长模仿其他鸟叫，正因为如此，一个大忌是让它听到不入流的鸟叫声，一旦模仿，很难再改掉，谓之"脏口"。一次是谈到阅读和写作习惯，说："我更喜欢读论文，不太喜欢读专著。论文如匕首，短小精悍，都是干货。很多专著因为篇幅关系，内容往往掺水。"正是由于这种理念，朱老师在数十年的学术生涯中只发表了三四十篇论文，在同辈学者中数量算是比较少的。不过有好多篇都是受到学界赞赏的佳作，确实称得上是"所获或少，必丽龟达腋"。

一个北朝内迁部落家族的骑射传承故事，被用来譬喻现代学术生活中的研究能力和品味养成，不得不说，本身就是一种睿智和识见。二〇二一年八月十日凌晨，朱老师因病突然辞世。作为受业弟子，惊愕和伤感之余，不由经常回想起读书期间他的诸多教导，而脑海中浮现最多的，就是斛律光兄弟的这个故事。思绪飘浮之际，也产生一个疑问：在北朝内迁家族日趋华夏化的潮流下，这样的骑射传承究竟有着怎样的文化意义？

北朝的统治者和国家权力起源于内亚草原边境。而生长于草原地带的游牧人群，"儿能骑羊，引弓射鸟鼠，少长则射狐兔：用为食。士力能毌弓，尽为甲骑"（《史记·匈奴列传》），自幼练习骑射，长大后成为弯弓的战士，几乎是他们与生俱来的生活方式和职业选择,也是一种文化认同。丹尼斯·塞诺(Denis Sinor)在《内亚的战士》一文中,曾引用圣希多尼乌斯·阿波黎纳里斯(Sidonius Apollinaris)对匈人高超骑射能力的记述:

  优雅的弓和箭带给他们快乐,他们的手坚定而恐怖,他们坚信,他们的箭一脱手便能置人于死地。

射雕就是草原骑射之风的一个象征。《史记·李将军列传》提到,匈奴入侵上郡,景帝派遣从军的中贵人率数十骑驰骋,遇到三个强悍的匈奴人,"三人还射,伤中贵人,杀其骑且尽"。李广获知后认为,此三人必定是"射雕者",于是率骑围攻,杀其二而俘其一,"果匈奴射雕者也"。这也是射雕最早见于文献记载。敦煌藏经洞所出的《韩擒虎话本》,则以通俗的语言讲述了射雕与突厥风俗的关系。当时韩擒虎奉命出使突厥:

  单于接得天使,升帐而坐,遂唤三十六射雕王子,总在面前处分:"缘天使在此,并无歌乐,蕃家弓箭为上,射雕落雁,供养天使。"王子唱喏,一时上马,忽见一雕从北便来,王子一见,当时便射。箭既离弦,不东不西,况雕前翅过。单于一见,忽然大怒,处分左右,把下王子,便擗腹取心,有挫我蕃家先祖。

话本内容是出于想象和编造,但单于(实际应为可汗)所说的"蕃家弓箭为上",却是对草原骑射风俗很贴切的描述。

斛律金家族原本是生活在北魏六镇边境的敕勒部落,正属于丹尼斯·塞诺所说的"内亚的战士"。具体来说,骑射能力包括"骑""射"两个方面,后者又可以细分为射中的精准度和力度(决定着射程和杀伤力)两项指标。一个优秀的内亚骑射战士,在这些指标上都需要比较突出。斛律金的评判,就包含了"射"的两项指标——"必背上着箭",说的是射中的精准度;"必丽龟达腋",则需要相当的力度。

北魏后期名将、祖先"世为部落大人"的奚康生,在精准度和力度两项指标上都留下了突出事迹。北魏进攻南齐控制的义阳城时，南齐守将张伏护登上城楼，"言辞不逊"，奚康生"以强弓大箭望楼射窗，扉开即入，应箭而毙"，南齐方面惊诧莫名，称之为"狂弩"（《魏书·奚康生传》）。奚康生是利用对方开闭城楼窗户的瞬间将箭射入，射程既远，对精准度和时机把握的要求也极高。这件事大概在南朝广为流传，以至于数年之后，梁武帝萧衍特意送给奚康生两张大弓，"长八尺，把中围尺二寸，箭粗殆如今之长笛，观者以为希世绝伦"。奚康生集会文武试弓，竟然"犹有余力"。

奚康生的事迹，具体说明了精准度和力度对于箭术的意义，也是对斛律金之语的生动诠释。二者之中，力度显然更为基本，精准度是建立在力度（射程）之上的。如所周知，北魏平城时代的皇帝们，巡幸途中经常会举行竞赛性的射箭活动，比赛内容主要就是建立在力度基础上的射远（可能也需要一定技巧）。如北魏文成帝和平二年（四六一）巡幸河北，途经灵丘之时，"诏群官仰射山峰，无能踰者。帝弯弧发矢，出山三十余丈，过山南二百二十步，遂刊石勒铭"。当然，见于文献记载的多次御射活动，一般都是皇帝射程最远，很难说是与射者毫无保留的竞赛。

据有幸保存下来的北魏皇帝东巡碑（仅存拓片）和南巡碑来看，参与这种射箭比赛的贵族和将领人数不少。可以想见，如果精于箭术，在这样的活动中会备受瞩目。说起来，"武士弯弓，文人下笔"，北朝时代武士的骑射能力，跟文士的辞章能力一样，既是战场上的实用技能，也具有炫耀性和社交性，是获取社会声誉的重要资本。

随着北魏政权的逐渐华夏化，骑射作为一种草原习俗，也开始跟华夏传统射礼相结合，演化为《隋书·礼仪志三》记载的北齐春秋两季马射之礼。这种射箭活动往往有很多观众，成为展示个人能力的重要场合。以箭术著称的元景安，曾在北齐孝昭帝的西园燕射活动中，"正中兽鼻"，拔得头筹，让孝昭帝"嗟赏称善，特赉马两疋，玉帛杂物又加常等"(《北齐书·元景安传》)。这些赏赐的物质意义也许并不太大，但因此得到的赞誉和潜在的仕进可能性，却是很重要的。而据元景安传记记载，他和斛律光、皮景和等人，还因为骑射能力出众，经常被叫去参加另外一种场合："时江南欹附，朝贡相寻，景安妙闲驰骋，雅有容则，每梁使至，恒令与斛律光、皮景和等对客骑射，见者称善。"东魏北齐与南朝的使节交聘往来，并不仅仅是仪式化的外交活动，也是重要的文化竞争场合。为此双方都力争选派最具学问和辞章能力的文士，以免在接待场合的文化竞争中落于下风。而除了文士，显然也会选派精于骑射的武士。这很有些类似于现代的奥林匹克运动会，原本是运动员个人之间的力量和技巧竞争，却往往被赋予了国家荣辱的意涵。

骑射能力在当时既然是有益于个人声望和仕途的重要资本，而精准度和力度又是核心评判指标，这样就可以理解为何青年斛律光会在这些指标上锐意练习。长孙晟传记也提到，北周"尚武"，因此"贵游子弟咸以相矜，每共驰射"。布尔迪厄（Pierre Bourdieu）和帕斯隆（J.- Claude Passeron）在谈到年轻人的文化学习时说：

> 如果说当时人很少把学习当作放弃与背离，那是因为他们应当掌握的知识被全社会高度赞赏，掌握它们就意味着进入了精英的圈子。(《继承人——大学生与文化》，邢克超译，商务印书馆二〇〇二年版，26页)

这种学习动力和积极性，正是王褒所说的"文士何不诵书，武士何不马射"(《梁书·王规附子褒传》)。从"射雕手""落雕都督"的美誉，到后来统军作战"未尝失律"，成为关乎北齐国运的"大将"，斛律光充满荣誉的一生，仿佛都在印证着他年轻时刻苦练习骑射的价值。有意思的是，在这个故事中，弟弟斛律羡是作为陪衬和反面例子而存在的。实际上他后来也以箭术著称，传记就说他"尤善射艺"。我怀疑兄弟二人打猎中的表现，可能并不在于实际骑射能力的高下，而是对待打猎（骑射练习）的态度。这或许跟兄弟两人的性格有关。斛律光"居家严肃，见子弟若君臣"，"门无宾客，罕与朝士交言"（《北史·斛律光传》），是一个很有些古板和矜持的人；斛律羡则"机警"，大概性格比较随意。

需要指出的是，并不是在所有的武士社会中，骑射都具有如此重要的意义。对于骑射能力的高度强调，很大程度上是一个"内亚性"现象。中世纪欧洲的骑士们，对于弓箭的认识和看法就不太正面。池上俊一在介绍中世纪骑士的武器装备时，特意用了"卑鄙的弓"作为一个小节标题，认为在中世纪欧洲骑士的战斗伦理中，使用这种远程性攻击（带有一定的暗袭性质）武器，是"非常卑鄙下作的行为"（《图说骑士世界》，曹逸冰译，天津人民出版社二〇一八年版，114—119页）。比起弓箭，他们更重视剑和长枪。

当擅长弯弓的"内亚战士"们涌入长城边境，建立起横跨游牧、农耕地带的政治体时，骑射能力作为他们的军事优势象征，往往会被刻意强化和维护，甚至会作为一种"习俗"，被赋予文化认同和族群边界的意义。这方面最著名的例子，是清代统治者对满族人群"国语骑射"能力的不断强调。尽管如此，当这些内迁人群面临着已经完全不同于内亚草原的生活环境时，骑射能力的下降似乎是不可避免的趋势。

《北史》卷五四的斛律金父子传记，在斛律光兄弟射猎故事之前，还有一段不见于《北齐书》的记载，就与此有关：

> 羡及光并工骑射。少时猎，父金命子孙会射而观之，泣曰："明月、丰乐用弓不及我，诸孙又不及明月、丰乐，世衰矣。"

这条记载是《北史》编撰者后来加入的，其中"少时猎"一句明显有误，当时有"诸孙"在场，可见是斛律光兄弟壮年之事。斛律金在家族会射之时，对祖孙三代"用弓"能力的不断下降感到痛心，认为"世衰矣"，用现在通俗的话说，也就是"一代不如一代"。这个叹息和传记强调的斛律光刻苦练习箭术并获得巨大荣誉之间,形成了某种矛盾。

斛律金本人的骑射能力,传记中没有记述具体事例,只是说柔然可汗阿那瓌曾"深叹其工"。不过传记特别提到,斛律金"行兵用匈奴法,望尘识马步多少,嗅地知军度远近",可见完全是草原部落生活积累的军事经验。这一点很值得注意。

后来被高欢称为"敕勒老公"的斛律金,离开草原边境内迁时大概三十七八岁,早已经是非常成熟的"内亚战士"。而斛律光内迁时只有十岁左右,练习骑射主要是在六镇之乱后的内地军事环境中。至于斛律金的孙子们,则是成长于东魏北齐晋阳或邺城的显赫勋贵子弟。也就是说,短短几十年间,祖孙三代的生活环境发生了巨大变化。这应当是造成"用弓"能力不断下降的原因。子孙们面临的不再是质朴的草原部落生活,需要掌握骑射之外的更多技能,比如汉语读写和各种政治礼仪。在这种背景下,"用弓"能力下降也就成为一个自然的文化变迁现象,并不能简单地理解为"世衰矣"。

斛律金也有不如子孙的地方。最显著的是汉语读写能力。他的汉语名字原本按照敕勒本名"阿六敦"取为"敦",由于经常要在文书上署名,他嫌"敦"这个字太难写,改为笔画较少的"金",但"犹以为难"。司马子如教他写"金"字时,为了便于理解,按照字形画成屋子的形状,他才勉强学会(《北史·斛律金传》)。跟他的情况相似,同样出身于六镇部落、被高欢称为"鲜卑老公"的库狄干,在文书上署名时,写"干"字总是"逆上画之",被当时人所取笑,称之为"穿锥"(《北齐书·库狄干传》)。可以想见,这些内迁部落酋长汉语读写能力的缺乏,会在很大程度上限制他们的州郡行政治理能力。库狄干在定州刺史任上,就被评价为"不闲吏事,事多扰烦"。

内迁时只有十岁左右的斛律光和年龄更小的斛律羡,在汉语学习上投入的精力自然比父亲要多。一个可以参考的例子,是六镇之

155

乱后自武川镇内迁的宇文护。其母阎姬晚年在信中回忆，他们被尔朱荣迁移到晋阳以东的寿阳县居住，当时只有十来岁的宇文护、贺兰祥等几个孩子，就有博士教他们学习（《周书·晋荡公护传》）。宇文护、斛律光年龄相近，斛律光兄弟无疑也会有这样的学习课程。当然，这些生长于战乱之中的内迁第二代，读写能力可能仍然有限。斛律光传记中没有提到这一点，只是说"将有表疏，令人执笔，口占之，务从省实"，又说"行兵用匈奴卜法"，可见仍较为质朴。库狄干家族直到孙子辈才真正"知书"。不管如何，随着子孙汉语读写能力的上升和知识结构的变化，必然会影响到他们的社会取向和文化认同。斛律金那些自幼锦衣玉食的孙子们，面对祖父"世衰矣"的叹息，不知道会是一种怎样的感受，内心也许未必认同。

斛律金的叹息，是一种基于草原部落经验的人生认知，希望子孙们能够保持像他一样的骑射能力，以此作为"我家直以立勋抱忠致富贵"之资。可是，不仅他的子孙们已经处于华夏化的社会环境中，而且由于内迁勋贵阶层整体上的世代间变迁，斛律氏刻意保持这种军事能力，也会显得过于突出。斛律金并不是高欢创业时最核心的亲戚集团成员，虽然高氏后来不断通过联姻方式进行拉拢，但这种基于利害关系的政治联姻，所能建立的信任感已经不同于高欢创业时已经存在的那种亲戚关系。于是，当北齐中期以来维系勋贵军事权力平衡的段孝先（娄太后姐姐之子）于武平二年（五七一）因病去世后，缺少制衡力量而危险性凸显的斛律光，次年就被后主高纬诛杀，并"尽灭其族"。

斛律光是被出身河北士族的"盲眼老公"祖珽，利用北周制作的"明月照长安"谣言谮死。东魏北齐时期，以内迁六镇勋贵为核心的"弯弓武士"和以河北士族为核心的"下笔文人"，一直处于高度的紧张关系之中，从这一点来说，斛律光之死或许可以看作这种紧张关系的一个结果，意味着"下笔文人"对"弯弓武士"的胜利。当然，这种胜利只不过是利用了少年皇帝高纬的忐忑心理："盲人歌杀斛律光，无愁天子幸晋阳。……眼中不觉邺城荒，行乐未足游幸忙。"这是元代人郝经观看展子虔画《齐后主幸晋阳宫图》后的题咏（《郝经集》卷九）。斛律光之死曾让后来的无数读史者叹息，正如《北齐书》卷一七卷末"史臣曰"所说："内令诸将解体，外为强邻报仇。呜呼！后之君子可为深戒。"但话说回来，人都是生活在特定的历史情势之中，面对未知的前方，能够做出的选择是很受限制的。如果斛律光不死，继续掌握兵权，北齐政权也许可以不那么快灭亡，可是否会像北周一样最终为类似于斛律氏的外戚杨氏所取代，也是一个很难分说的历史假设。

并不识字的斛律金，大概是从历史故事中听说了"古来外戚梁冀等无不倾灭"，晚年对于斛律氏"一门一皇后、二太子妃、三公主"的荣盛显赫感到不安，认为"我家直以立勋抱忠致富贵，岂可藉女也"。可如此频繁的皇室联姻，原本就是由于斛律氏的军事"立勋"过于突出，让统治者高氏从最初的政治拉拢，逐渐变成一种担忧。这样想的话，斛律金希望后代在草原部落骑射传统中坚守前进，努力训练他们的军事能力，最终使得斛律光兄弟一个"声震关西"，一个"威行突厥"，究竟是幸还是不幸呢？

斛律光之箭射向的，正是这样的历史语境。由内迁北境人群缔造的东魏北齐政权，一方面延续着基于统治权力优越感的草原边境文化认同，一方面又继承了北魏迁洛以来急速的华夏化潮流及其文化遗产，在"弯弓""下笔"两个面相上呈现出极为复杂的历史张力。被裹挟于其中的人们，无论做出怎样的选择，都会面临着来自反作用力的限制。"射雕手"斛律光能够做到"必背上看手""必丽龟达腋"的精确射中猎物，但他处于急速变化时代之中的人生，则充满了不确定性，更像是一个不怎么高明的箭士，弯弓瞄准了猎物的某个部位，却未必能够如愿射中。

谢一峰

华夷观的"频谱"

一

"在现代世界,国族主义以其空前的力量,左右着历史进程。"(谭凯:《肇造区夏:宋代中国与东亚国际秩序的建立》,殷守甫译,IX页,下引此书只注页码)尤其是在新冠疫情遍及全球的今天,民族国家之间的尔疆我界因防疫需要而显得分外清晰,世界各国间的人员往来和人文交流也降至数十年以来的冰点。

但在二○二一年一月二十一日的"域艺术art"公众号上,一则有趣的消息深深地吸引了笔者的注意,也在相当程度上挑战了人们对于国族主义和国家边界的理解和认识。据悉,一项艺术项目将美墨边境的边界墙变成了粉红色跷跷板的临时基地,邀请两侧的孩子们一起玩耍。这一项目,获得了伦敦设计博物馆二○二○年度最佳设计奖。金属墙本来是分隔美国和墨西哥的鲜明屏障,在此却成为一个交汇点——一系列跷跷板的支点,使两个国家的孩子可以共享一个游乐场玩具。由此而论,现代民族国家间的边界,确实能够在政治上将不同的国家分隔为不同的主权实体,并在必要时限制其相互之间的往来;但边境或者边疆地区的情形却绝非如此简单,体现出多元复杂的互动和过渡。

既然在现代民族国家,边界的实际情形与我们一般性和概念化的认知间依旧存在着显明的差异,那么在一千年前的宋代,"国族主义"和"国族意识"的出现,也不应完全用后设的现代概念来生搬硬套,而是需要将其置于当时的语境中加以切实的分析和把握。或许我们应该用一种"频谱"的思维来加以理解,既注意到宋代出现和凸显的新要素、新特征,或谓之新的"频段";亦不能忽视可能被一度压制的"低音"或非主流的"频段",更不能理所当然地推而广之——认定与宋廷对峙的辽、金和西夏等政权也处于相同的"频段",彰显出类似的特征。

二

汉学家罗茂锐(Morris Rossabi)曾用"对等政权间的中国"(Morris Rossabi. *China Among Equals: The Middle Kingdom and its Neighbors, 10th -14th Centuries*, University of California Press, 1983)来形容十至十四世纪间宋廷与辽、金、西夏等相邻政治体间的对等关系;而在传统的政治史语境中,随着澶渊之盟的订立,宋辽间形成了正式的交聘关系。这一颇具对等邦交意味的互动方式,为一个多世纪以后的宋金政权间的交聘模式提供了先例。

在谭凯看来:"整体上看,两个政权互为对等的情况绝非常态,但宋辽的情况明确说明这种对等来往也并非全然不可能。"(24页)"真正意义深远的,或许是一种外交的'世界性格局'在这一时期的出现;在这一世界性的格局中,人们有了新形式的社交往来,以及全新的、深入邻境的远行经历。"(27—28页)此处所谓"新形式的社交往来",具体而言,便是澶渊之盟后一个世纪中宋辽间频繁的使节往来。"宋朝派往辽朝的外交使团由百余人组成。文臣出任国信使,武臣出任国信副使。"(37页)据安梅文(Melvin Ang)的统计,百分之六十的赴辽国信使都进入了政府决策层。谭凯在安氏的基础上,对宋代外交使节成为宰辅的数量、比例和平均年龄等进行了更为细致的统计分析(38—41页)。在交通不甚发达的古代,宋朝使臣往往需要花费数月之久才能完成使命；四时捺钵制度的存在，更为宋使深入辽境，对辽朝腹地的自然风貌和风土人情的直观了解和体验，提供了更为充裕的时间和丰富的行动路线。

依谭凯之论："十一世纪政治精英间跨越政权、文化的交往显然增强了宋辽两朝间的互信。"（79页）"宋辽官员紧密的社交来往是使鸽派在朝廷占据主导的重要原因。"（68页）这一说法，固然有一定的道理，却至多只能被视为宋辽间和战关系的诸多决定性因素之一。从根本上而言，澶渊之盟后宋辽间长期和平局面的形成，是经历了五代后期至太宗、真宗时期契丹与中原政权反复拉锯之后实力趋于动态平衡的产物。一旦这一双方实力的动态平衡被打破，或者新的契机出现（如女真的兴起），宋辽间的和平局面便会遭到严峻挑战，乃至破裂，并不会因为宋臣的使辽经历而改变。

真正值得注意的变化，依旧是宋臣的使辽经历对其华夷观念的重塑。正如谭凯所言："唐代精英们只会在首都（以帝国中心的姿态）迎接四面八方的来客。这恐怕只会强化他们已有的认识，即大唐的首都是文明的中心。相反，北宋精英作为使节深入欧亚草原，去往邻国的首都，这让他们得以见证一个全然不同的世界。大量高级别政治家、学者亲自前往遥远的土地，精英间自然就形成了一种新的世界观，以新的方式理解'中国''汉''华'等古老的概念。一种新的身份认同也随之形成。"（298页）

三

如果说宋代士人的出使经历扩展了其华夷认知的"频段"，宋辽、宋夏间边境空间的压缩和线性边界的形成，则压缩了华夷之间的过渡性空间。在陈寅恪看来，安史之乱以降，河北地区出现了所谓的"胡化"倾向——来自东北、西北的奚、契丹、粟特等族迁徙交汇，使其渐染胡风、逐渐转变为一胡化之地域。仇鹿鸣则从农业帝国和游牧帝国的南北对峙和互动,揭示出从安史之乱至澶渊之盟的近三百年间河北地域民族混杂的形态,探索了"胡化说"的射程。而在谭凯看来:为了让宋朝真正成为一个汉人政权,宋廷的决策者与史官都意识到,必须抹去王朝建立者的胡族背景,使中原腹地的人们相信自己同种同源;同时,还需要廓清边陲族群的分野,把汉人与非汉人区分开来。如果说唐王朝是一个"霸权型帝国"(hegemonic empire),宋廷的决策即是希望通过线性防御体系的建立,转向所谓的"领土型帝国"(territorial empire)(111页)。

与线性防御体系接踵而来的,是双方线性边界的划定。"如果说北宋前期的朝廷并不在意将几片农田拱手相让,到十一世纪下半叶,宋廷已经在边境上寸土必争了。"(116页)在傅海波(Herbert Franke)与杜希德(Denis Twitchett)等人看来,宋辽边境可以称得上是"现代意义上的真正的国际边界"。然更为重要的是,这一边界线"不是一个政权单方面构筑起的一道防线,而是两个政权共同商定、共同认可的分界线"(117页)。至十一世纪七十年代以降,"封堠与壕堑的组合成为标准边境线,不仅涵盖了整个宋夏边境,也出现在河东宋辽边境线上。封堠—壕堑型边境的广泛应用,使得它成为当时世界体系下的标准'边境线语言'(language of demarcation)"(123页)。换言之,十一世纪中期以来的一系列举措使得宋辽之间的缓冲区域大大缩小了,安史之乱以来具有"胡化"倾向和多族群凝聚特征的河北地区被一分为二,由一个相对独立的政治单元分隔为宋、辽政权所直接控制的领土。边疆的空间与边民的空间也随之被压缩,建立在双方势力均衡和共同协议之下的线性边界得以确立和稳定。

不过需申明的是:在宋神宗时代,宋廷虽然在南北边疆进行了全面而广泛的勘界立界;但依黄纯艳的细致研究可知:"宋代存在着点状模糊疆界、片状模糊疆界、带状清晰疆界和线状清晰疆界等多样疆界形态。影响疆界形态的主要因素是关系形态,疆界清晰程度

161

与关系的对抗程度呈正比。"(《宋代的疆界形态与疆界意识》,载《历史研究》二〇一九年第五期,22页)换言之,宋朝与周边政权间的疆界形态始终是多元的,宋辽间的边境形态只是其"多维频谱"中的一个"频段",绝不能以偏概全,借以推演出宋代边境线的普遍情形。

四

事实上,即便是在形成所谓线性边界的宋辽边境,政治边界的划定也并非意味着观念边疆的改变。二者非但不同步,还长期保持着相当的差异,处在不同的"频段"。这种现实政权边界和传统华夷分际间的张力,在和平时期和外交场域或许隐而不显,却以"汉唐旧疆"和幽云情结的方式得以呈现,彰显出宋代士人华夷观念的另一面。

在有关"汉唐旧疆"的讨论方面,黄纯艳将这一话语与宋神宗时期的开边相系。"雍熙战争后,宋朝对外逐步放弃华夷一统话语,'汉唐旧疆'成为对外开拓和对待幽燕、西夏、交趾等问题的主要话语。"(《"汉唐旧疆"话语下的宋神宗开边》,载《历史研究》二〇一六年第一期,24页)而在众多有关"汉唐故地"的情结之中,自古号多雄杰,却独陷于非类的幽燕之地,则是宋廷最感棘手的难题之一。直至南宋时代,痛失幽燕之地所带来的屈辱感仍旧存在,《地理图》的作者黄裳即云:"中原土壤北属幽燕,以长城为境,旧矣。至五代时石敬瑭弃十六州之地以赂契丹,而幽蓟朔易之境不复为吾有者三百余年……可不为之流涕太息哉?此可以愤也!"(《地理图》刻石跋文)

依此而论,赵宋三百年间,恢复幽云的情结几乎贯穿始终。宋廷对于幽云之人的态度,也因这一宋辽实际政治边界与宋廷所谓"幽云情结"之间的张力而显得甚为复杂。据谭凯的研究:"辽朝治下的河东、河北都有大量从事农业生产的汉民。""朝廷许多官员都将这些人视作同胞,并认为一旦宋军挥师北伐,他们自然会支持大宋收复故土的事业。"(148页)用吕大忠的话说,"山后之民,久苦虐政,皆有思中国之心"。无论是在宋太宗发动北伐、直指幽燕的讨辽诏书之中,还是在宋徽宗宣和年间与金订盟、收复燕京之时,似乎都有些想当然地认为幽燕之人与中原之士同为汉人,定然会箪食壶浆以迎王师;然而,"正是在十一世纪边界磋商的过程中,人们意识到辽朝境内汉民的身份归属存在深切的矛盾之处,正是这一矛盾进一步激发了对于'汉民'身份的新认识"(148页)。

一些情况下,人们将燕地的百姓视作手足同胞,缘边知州甚至把他们看作"吾民";但在另一些时候,这些为了自身小利而擅越边界的边民却变成了活生生的敌人。真宗年间谢泌上疏论事,在谈及燕人时就用了专门描述蛮夷的用语,说他们"所嗜者禽兽,所贪者财利,此外无他智计"。而在苏辙看来,即便是河东边界地带的民户,亦因"亲戚多在北境,其心不可知",而不能被充分信任。"苏辙预设了辽朝治下之汉人的政治动机会与宋朝治下之汉人不同——他们不是宋朝的同胞子民。如果说宋夏边境上,蕃汉之分决定了人们的政治归属,在苏辙的宋辽视域下,在边境的哪边生活才是关键因素。"而在处理民间争讼的过程中,一些决策者也开始将辽朝治下的汉人想象为"敌人",认为其在本质上与契丹统治者并无差别。

及至南宋,随着中原故地的沦丧,宋廷"恢复"之计的重心变成了河南之地;偏处河北的幽燕又被外推了一层。王庶在回顾两宋间辽国覆灭、女真南下的变乱过程中,便声言:"国家与辽人百年之好,今坐视其败亡不能救,乃利其土地,无乃基女直之祸乎?"在王庶眼中,幽燕之地已经成为"其土地",即辽国的当然领土。这一观念固然有其特定的时代背景和对话语境,重在对于靖康之难的反思,并不能代表南宋士人的全部观点;然与苏辙的宋辽视域相较,确有一脉相承、异曲同工之处。

综上所论,苏辙等人的态度纵然无法代表宋代士人的整体观念,但的确催生出一种新的"中国"认同,即边境线之内是谓华夏的看法。

这种以实际政权边界为基点的华夷观念，虽然未必是宋代士大夫的主流看法，却已经明确地体现出一种区别于传统的基于种族与文化的华夷观。此一新的理解方式和认识逻辑，显然与宋太宗和吕大忠等人的预设相异，折射出宋代华夷观念的不同"频段"。

在谭凯看来："唐朝认为自己无所不包，统治着许多不同的民族，宋朝则认为自己是某个族群的国家；为此，他们甚至需要重新书写自己的史料，以此来打造自己的形象。"（175页）从现有的证据来看，无论是五代宋初胡／汉语境的消解，还是欧阳修在撰修《新五代史》之时对于冯道等人的重新评价，抑或前述苏辙等人对于燕地之民的看法，都在一定程度上显示出宋代华夷观念的新特点、新"频段"。"进入宋代以后，人们形成了一种新的'中国'认同：它有自己的族群文化，还有固定的地理范围；这种观念与过往的种种天下观并存。"（171页）故此，我们对于唐宋间华夷观念变迁的认识和理解，不应视其为从 A 到 B 的线性发展过程或直接性的替代关系，而是多种认知观念、多个"频段"的共奏——既有新特点、新"频段"的出现，又有对于既有夷夏观念的延续与传承。

五

至此，我们对于这一问题的讨论已经逐渐深入，展现出宋代华夷观念的宽阔"频谱"。但是，上述观点仍旧局限于宋廷单方面的向度，并不能代表与其对峙的辽、金、西夏诸人，抑或燕地之汉人自身的普遍看法。由于宋辽间史料严重不均，欲想在一般性传世文献中较为全面地展现辽人或燕人的看法和态度恐怕是较为困难的。对此，谭凯的办法是将其关注的重心转向物质文化层面，尤其是埋藏于地下的墓葬。

在《肇造区夏》一书中，作者借用了文化范围（cultural repertoire）的概念，对大量辽代墓葬的文化形态进行了极为细致的定量分析。依照谭凯之见，要界定一种文化，不能只看单个墓穴最后的形态，而要看可供时人选择的范围（237页）。具体而言，该书对广泛存在于辽墓中的鸡冠壶、陶罐、陶瓶、木质人偶、砖雕等随葬品进行了类型学和文化地理方面的分析，将其较为简略地概括为契丹型和华北型两类（也包含少量混合型），绘制出一系列墓葬特征分布的地图。"基于这些地图，我们可以构拟出辽帝国内部、沿华北平原北缘燕山山脉展开的文化分界线，其走势与北齐外长城及明长城基本相仿。""总体上，契丹文化并没有渗入帝国南部的幽云十六州地区。"（248页）然而，"在辽朝北部，情况要更复杂一些。总体上，大多数出土墓葬呈现出鲜明的契丹特征。但是，限制契丹文化南下的分界线并不能阻挡墓葬文化北传。辽朝北部的华北型墓葬虽不是很多，却集中分布在辽中京与上京附近——混合型墓葬在这里也颇为常见"（251页）。

这一现象，在一定程度上挑战了辽史学界的既有看法：十一世纪的幽云十六州是汉人、契丹文化密切交流的核心地区；而在谭凯一书所着重分析的墓葬文化方面，燕山以南的汉人与契丹墓葬少有融合，反而是燕山以北的文化更为多元。换言之，至少在墓葬文化方面，契丹文化南渐的程度似乎远远无法同汉文化北上的程度相提并论。

综上所述，在墓葬文化层面，辽境的汉人文化与契丹文化仍大体以燕山为界。辽朝的政治疆域虽然地跨燕山南北，然更为具有惰性特征的墓葬文化却很难全面地突破这一传统的华夷分际，实现其更高程度的融合。具体到墓葬中的佛教文化因素方面，依照谭凯的观察："陀罗尼经幢、净瓶、梵文刻字，以及装有骨灰的人偶，这些与佛教丧礼有关的元素只见于辽境内的汉人墓葬。"（254页）"辽境内华北型墓葬中出土的佛教随葬品基本不见于契丹型墓葬。"（256页）换言之，至少在墓葬文化方面，佛教对于辽地汉人的影响力远较契丹人为胜，又在一定程度上体现出与宋境汉人墓葬文化间的差异。

辽代对于佛教的推崇并不限于汉人，致有"辽以释废"之论。

然而，尽管辽王朝推崇佛教，处于治下的汉人和契丹人却是以截然不同的方式将佛教纳入自身的文化。更为有趣的是，如若将考察的范围从地下转入地上，聚焦于辽代的佛教建筑（Nancy Steinhardt. *Liao Architecture*, University of Hawai'i Press, 1997），便会非常明显地看到，无论是木质的佛殿，还是砖质的佛塔，都在燕山南北的辽南京（今北京）、西京（今大同）、中京（今内蒙古赤峰市宁城县）、兴中府（今辽宁朝阳）和上京（今内蒙古巴林左旗）地区呈现出广泛的相似性。换言之，地上的佛教建筑文化，已经完全突破了地下墓葬文化所呈现的华夷分际，彰显出全然不同的地理分布特征。不同的遗存形态享有不同的"频段"，彰显出华夷分际的复杂和张力。

即如谭凯所言，该书的主旨"不是要证明宋代是中国现代民族国家开始形成的时期，而是要说明我们可以在宋代找到一系列对现代国族主义来说尤为核心的元素"（305页）。而在笔者看来，如若想要对上述问题有一定性的解释，既可以找到大量的证据，又会不可避免地遇到诸多反证。然而，倘或我们放弃这一非此即彼的执念，用"频谱"的思维来观照此一时代的华夷观念，便会有豁然开朗之感。故此，在进行具体分析和研究的过程中，固然应当看到新的因素、新的"频段"，也不能忘记"老的频段"，更不能将二者孤立地加以对待，而是应该重视不同"频段"间的交响、和声和共振，甚至于不和谐的"杂音"与隐而不显却传之深远的"低音"。只有如此，我们才不会贸然地将宋代的华夷观念与现代的国族主义相提并论；或对唐宋间的显著变化熟视无睹，依旧用一种泛化和固化的天下观念来概括中国古代华夷观念的全部图景。美墨边境的金属墙也好，宋辽边界的壕堑也罢，既是鲜明的屏障，又是交汇的基点。只重视一种声音、听取一个频段，便无法欣赏华夷观念富有层次的"交响"。

（《肇造区夏：宋代中国与东亚国际秩序的建立》，谭凯著，
殷守甫译，社会科学文献出版社二〇二〇年版）

从大数据神话拯救隐私

余成峰

一

博尔赫斯曾写过一则短故事，在这个故事里，他描述了一片遥远的陆地，那里的地图学达到了荒谬的极端：地图师们雄心勃勃地绘制了一张精确的地图，跟整个帝国的比例是一比一。博尔赫斯讽刺地写道：子孙后代根本找不到这张笨重地图的实际用处。于是，这张地图就这样烂在了沙漠中，并和它代表的地图学一起随风而逝。

博尔赫斯的地图悖论是：如果地图和地理同样庞大，那么地图也就丧失了存在的意义。但当大数据技术兴起，这一悖论似乎有了新的解读可能。当数据存储、处理和展示的能力足够，一张与帝国比例相同的实时数字地图，理论上已不再是天方夜谭。

对于美国《连线》杂志前主编克里斯·安德森（Chris Anderson）来说，博尔赫斯的讽刺本身就是讽刺。在二〇〇八年著名的《理论的终结：数据洪流淘汰科学方法》一文中，安德森宣告，面对海量数据，"假设、模型、检验"的一系列科学方法正变得过时。我们可以停止寻找模型，在不经假设的前提下对数据进行分析，将数据投入尽可能大的计算集群，让统计算法找到科学未能寻找到的模式。

安德森介绍了科学狂人J.克雷格·文特尔（J. Craig Venter）"鸟枪法"基因测序的工作。通过高速测序仪和超级计算机对大数据进行统计分析，文特尔先是对单个有机体测序，接着对整个生态系统测序。二〇〇三年,跟随库克船长的航程,他对大量海域进行了测序。而在二〇〇五年,他开始对空气展开测序。在整个过程中,他发现了数千种以前未知的细菌与其他生命形式。

与现代性主要基于个人意向思考和社会自由沟通的理性模式不同,大数据的技术原理主要依循后验性的推断。它并不预设任何前瞻性标准,而是通过历史数据的搜集、回看与整理,从混沌的数据海洋中回溯性地挖掘可供算法自主运作的模式。正如麦肯齐(D. A. MacKenzie)在《引擎,而非照相机:金融模型如何塑造市场》中所说,将过去作为线索,以推断不可知的未来。

大数据的运行基于自我指涉(self-reference)的技术系统闭合性。这要求摆脱人类意志的干预,排除外界意见交流的干扰,通过自身算法和代码的设置,完成数据挖掘与概率预测的全过程。例如,网络平台的个性产品推荐和广告分发,就不再需要专家系统或市场调查机构的帮助,也不再预备各类前期知识与相应的假设,只需要经由机器学习,通过特定的算法机制自动在全平台流通的信息中搜索、比对和分析,从而产生新的可用知识。这类知识主要基于历史与实时行为数据的存储记录,通过特定的算法技术赋予信息以结构,提炼其相关性模式,用以预测和指导后续的运作方向。借助互联网时代海量的数据规模,以及各种用以过滤、筛选与再合成历史信息的算法技术开发,从而将冗余的数据资源通过新的循环和再利用机制,转化为一种具有自我观察与自我指向功能的技术装置。

正因如此,基于"数据完备性假设"的大数据强调定量先于定性,在这种认知信念下,海量的数据和统计学工具为理解世界提供了一种全新的方式,"相关性取代了因果关系;即使没有自洽的模型、统一的理论或真正的机械论解释,科学也会进步"(安德森语)。因果是主观的,数据是客观的。大数据相信表象世界背后的概率相关性,从而拒绝任何带有主观色彩的因果设定。世界虽然高度复杂,但此种复杂性只是一种既定的、可被算法有效化约的可计算对象。于此，大数据为我们许诺了一个社会物理学的美丽新世界，在这个新世界中，最关键的是掌握所有颗粒（你和我）的隐私细节。一旦掌握了所有细节，便可以设计出更为公平、智能和高效的企业、组织与社会，这便是大数据所宣扬的"微粒社会"（The Granular Society）。

二

但是，博尔赫斯的讽刺是否具有更为深邃的内涵？大数据技术是否已完全破解全景帝国地图的悖论？大数据的可能性及其限度是什么？对此，意大利社会理论家埃斯波西托（Elena Esposito）提出的创见颇具启发性。她的惊人发现是，大数据理性不同于现代科学理性，而存在某种"返祖"现象，它与古代近东、希腊和中国的占卜术有异曲同工之妙：关注表象、相关性、展示先于提问、完美记忆。

事实上，在近代科学革命之前，占卜术长期是知识发现、行动决策和应对不确定未来的重要手段。古典学家韦尔南总结了占卜理性的认知结构：强调必然性，否定偶然性，摒弃对于事件线性因果关系的追索，核心是揭示万事万物的同源性、相关性以及宇宙的命定秩序。因为，在占卜世界中，所有现象都是其他现象的征兆，并不存在非对称的线性因果关系；无论是鸟的飞行轨迹、动物肝脏、星宿迁移、龟甲裂纹、水纹波动，都暗藏了宇宙秩序的玄机，可以用来解释所有其他未知事物。根据法国汉学家汪德迈的研究，占卜理性乃以形态学为基础，关注事件之间的关联，忽视因果链，重视图形组合变化，以此代表与每一个无穷尽的新变化相应的宇宙状态的整体变化。因此，占卜理性恰与神学理性相区别，后者将每一事件解释为神意，每一事件都是神意设计的结果。神意安排是手段，超验是目的，而此种神学目的论恰恰也正是因果思想的生发基础。

如汪德迈所说，占卜术把现象世界的无穷偶合转化为几种格式化的、付诸计算的知性。它的工作原理是高度技术化和程式化的,"卜"的类型化是对无数未设定的卜兆的抽象,从而成为可标准化操作的信息一般化媒介。与占卜理性指向宇宙世界的技术类似,大数据则以人的数字痕迹作为勘察资源。大数据预设的世界图景也同样屏蔽了偶然性的存在,一切事物无非是数字比特和信息熵潮起潮落的映射,不需要探究现象的深层目的与意义指向,而只需在数据的表面搜索其概率空间和模式变量。与占卜术的指导原理相同,大数据技术同样假设在事物之间存在同时性原理,万物在终极数学意义上可以相互操作,从而形成控制论意义上的数字相关性。它同样无需在过去和未来之间,在原因与结果之间,在问题和答案之间,建立直接的因果律关系,无需理解、诠释与沟通其深层意涵。相反,代码、算法和数据的同步化运行,借助人工神经网络与深度学习技术,就可以为我们呈现事物的潜在秩序。正如我们无法挑战神谕,我们也同样无法对大数据提供的答案置言。与占卜术一样,大数据的基本目标也是通过展示世界的隐匿秩序来指导未来,进而控制与塑造未来,或者说,它们都是一种去时间的时间性技术。

在十七世纪之前的基督教世界,时间乃是上帝永恒注视下的概念,而在十七世纪之后,时间变成一个"反身性"(reflexive)的概念,人类主体作为"观察者"开始打破整体的永恒时间,通过当下的行动介入,干预从过去朝向不确定未来的进程。这种新的启蒙时间观,在一系列分类学(Taxonomy)、本体论(Ontology)和认识论(Epistemology)的支持下,成为现代国家与各大社会系统建制的基本动力。

首先产生于欧洲的现代科学与法律理性,同时预设了世界的可知性和偶然性,科学与法律的目的并非寻找世界的必然真理,而是在持续的命题假设和反复的辩驳验证中形成可供进一步讨论与廓清的结论。与现代科学传统一样,现代法律方法论主要通过各种法律理论、命题和学说,对不同法律事件、证据与法律规范的因果关系进行推论解释以及合法性证明，其应用场景通常围绕当事人的沟通行动以及抗辩活动展开，主要围绕法律人格、法律行为等主观意向性概念建构体系。在这种理性传统下，现代法律需要不断的质疑、提问以及意义的诠释，其关键是通过原则的意义解释，回应当事人在特定案件语境下深层正义需求的冲突，以此克服硬性法律规则的僵滞。意义诠释提供了面向不确定的未来实现价值持续更新的动力。这要求现代法律主体必须同时具备观察能力、行动能力与反思能力。而大数据神话的信条则预设过往历史业已囊括了未来的所有线索，无需意义的因果建构，无需深层的价值追问，最关键的只是数据、速度以及效率。如果说，现代理性需要不断突破事物表象，探寻事件背后的原因、机制和意义，而大数据理性则坚称只需返回表面的关联，而无需深入探究和反思社会深层结构的原理。

事实上，整个现代科学、道德与法律传统都建立在对于因果理性的思考之上。命题假设和实验证明、理性选择与道德责任、规范预期和法律后果，都有赖于因果推断及其意义解释作为基础。更关键的是，因果思维为人类文明演化提供了一种反事实推理（what-ifs）的能力，提供了某种基于模态逻辑（modal logic）进行社会想象与世界创造的可能。在韦伯新教伦理的论述中，反对现状的救赎期望也正是一切现代道德行动和科学思想的基石，回溯过往的行为以及设想其他可能情境的能力，成为一切自由意志与道德责任的基础。

近代以降，我们生活在一个以因果科学为基础的时代，占卜理性对宇宙命定秩序的探寻逐渐沦为前现代的迷信和僭妄。现代科学与法律理性都必须借助理论学说、命题假设和方法论操作，将理性结论通过可操作与可验证的机制反复辩驳。换言之，现代真理始终是有边界的、不完美的、有条件的，真理不是必然的而是偶联的，是据时间、空间和观察者视角的不同而随时发生变化的。正因如此，现代社会的运行同时预设了各种自由与民主论证的制度架构的存在。

现代性的核心特征在于由人类行动本身的不确定性所决定的未来的高度开放性，而占卜理性的式微在于其宣示宇宙秩序的必然性。正因如此，由于同样不能回应现代世界的偶联性和不可决定性特征，大数据技术与现代社会的理性文化构成了深刻冲突。

三

卢曼使用"双重偶联性"（Double Contingency）概念概括现代社会的核心特征，即社会是由互为黑箱的隐私个体在无法确知彼此意图的状态下互动演化的。世界的复杂性正来自此种隐私黑箱所带来的微妙状态。这种不确定性决定了人类必须在各种可能性中主动或被迫进行选择，从而存在各种期望落空、事与愿违和突发意外的可能。但在隐私保护下，这种不确定性不会构成对未来行动机会的毁灭性打击，从而提供了不断自由试错的空间。同时，隐私也让现代主体获得突破任何既定秩序的能力，为新的因果可能性探索提供了庇护所。而在这个意义上，大数据技术由于难以把握双重偶联性的深度，它只能依照历史数据的相关性映射出某种简单的概率模式，它无法真正理解社会沟通的不可预测性，而只是借助算法机制强行遮蔽与简化人类社会的复杂性，并以此限制新的社会想象和实践探索。而从根本上说，这一困境无法通过数据本身的规模与处理速度的提升解决，这是由大数据和占卜技术所共享的理性模式所决定的。

现代性的文化演化依托于个体隐私的丰富和深度，隐私保护个人心理的黑箱不被外部洞穿与支配，以此应对各种例外情况和不确定性，这成为一系列现代自由价值发育的基础。现代法律因此假定个体身份的独特性与不可决定性，隐私保护从而在现代法律中承担了至关重要的权利功能。在隐私权保护背后，实际上蕴含了整个现代法律人文主义的基础假设，即作为自由个体的心理情感深度、社会角色蕴含的行动和沟通潜力，及由因果归责所捍卫的自主道德尊严。换言之，现代主体的隐私深度从根本上排斥外在的监控与干预。

美国法学家莱斯格（Lawrence Lessig）在《代码2.0》中指出，现代宪法所保护的包括隐私在内的法律价值，事实上依赖于技术能力的局限所带来的制度性生态平衡。而当技术能力转变，大数据等数字技术迅猛发展，现代隐私权所扎根的生态系统开始面临深刻危机。

大数据的运作结构及其智能机制具有独特性，海量数据经由算法挖掘生成特定的知识，无需调用任何个人的动机或意向。因此，大数据技术对隐私的影响，也不同于传统隐私的侵权类型。核心表现在于，大数据技术并不指向因果性质的刺探与入侵，而是围绕对社会群体相关性行为模式的挖掘。它无需意图邪恶地深入掌握不可告知的个人秘密，而以日常的信息基础设施捕捉各类数字化的表面踪迹。通过无与伦比的存储能力和计算能力，主要基于对历史行为的估算学习来展开对未来的概率预测。

现代性的哲学、政治和法律概念立足于人的自由意识，包括精神、心灵、自主与隐私等概念。换言之，个体心理系统作为现代性最宝贵的主体资源，有赖于隐私保护来确立法律人格与社会的边界。此种主体心智隐私不仅是新教伦理与资产阶级理性的基础，同时也是现代科学发现和法律沟通的前提。而大数据的智能形态及其知识生产机制，则与此种以人类主体意志为中心且意在保护人格资源的现代法律逻辑产生冲突。在这种背景下，大数据技术正开始瓦解现代权利的隐私根基。因为，近代隐私权立足于个体意识与自主理性，由主体控制其信息边界从而捍卫基本权利的完整性。然而，大数据智能的运行模式，则在很大程度上取代了主体自主理性发挥的空间，使信息决策权从理性个人转向匿名的算法系统，这构成了对传统隐私哲学假设的严峻挑战。

传统隐私权围绕主体之间的信息沟通及其冲突模式展开，隐私侵权是特定主体对其他特定主体信息边界的侵入，在其背后可以寻找出明确的侵权因果关系。而大数据技术则无需因果关系的行动管道实施物理意义上的干预或伤害。相反，只需要信息常规的搜集、组织、处理与挖掘，通过相关性模式的提取、预测和应用，就足以影响、引导乃至支配主体的行动选择。

在美国法学家朱丽·科恩（Julie Cohen）看来，大数据绝不只是对数据的简单挖掘，在相关性模式识别的背后，实际预设了相应模式选择的价值理由。在每个数据源采集伊始，就已隐含了有关数据内容与类型化的选择偏见。机器学习之父汤姆·米切尔（Tom Mitchell）同样指出大数据的一系列设计问题：特定算法与特定问题及其表征的对应关系是如何建立的？需要何种规模的训练数据？学习假设和假设空间应该基于何种经验进行定位？选择后续训练经验的最佳策略是什么？此种选择策略又会如何改变学习问题的复杂性？

毋庸讳言，数据本身并不具备因果关系表述的能力，它充其量只能对静态世界的概率分布进行编码。而从根本上说，任何大数据在理论上也只能是无限数据总体中抽取的有限样本。图灵奖获得者珀尔（Judea Pearl）因此认为，深度学习不过只是对柏拉图洞穴比喻中墙壁投影活动的预测，大数据无法观察到这些阴影其实只是三维物体的空间运动在二维平面上的投射。

科恩进而指出，大数据作为当代调制社会（The Modulated Society）的知识引擎，已不再是技术中立的，作为配置与攫取消费者剩余，以及风险管理、分配与定价的工具，其正当性亟须接受拷问。易言之，大数据作为一种社会技术和制度技术，业已与经济系统、政治系统以及法律系统形成紧密的耦合关系，它以其自命精准的算法判断主体的偏好，同时又以自己推断的模式反向塑造和调节此种偏好。正因如此，大数据已不只是对数据的简单挖掘，不只是对数据隐藏知识的提炼，它同时也是影响深远的行为主义社会实验，是当代最为激进的社会物理学工程。信息资本主义的大数据战略，有可能将现代主体改造为算法预测指导的路径依赖主体，从而迥异于近代印刷术时代锻造的启蒙隐私主体。

与此同时，大数据的广泛商业化应用，意味着人类主体研究的私人化趋势，对此也尤其缺乏制度、程序以及伦理层面的防护措施。正如帕斯奎尔在《黑箱社会》中所说，大数据所承诺的"计算社会科学"可能演变为系统压迫的工具。它们将主观偏见伪造成看似中立的分数，从而成为分配机遇和施加惩罚的仲裁者。由于算法系统将人看作数据点的集合，受此影响的人将不再被当作独立个体来对待和理解。在此意义上，隐私保护所捍卫的人格独立与离经叛道，恰与大数据对于可预测性和行为模式趋同化的追求形成对立。

在一个运行良好的社会，其理性形式和知识类型应当是多元而制衡的。换言之，占卜理性、科学理性与大数据理性作为人类社会的不同认知模式，理应占据各自的生态位，从而形成丰富的心智形态。而大数据神话的盛行，则可能经由资本和权力之手的联盟，悄然取代其他各种知识类型、智慧观念与理性动机，蜕变为某种霸权意识形态，进而威胁现代文明的深层基因。与流行的观点不同，科恩认为大数据而非隐私保护才构成创新的阻碍，因为大数据理性对于既往行为模式的全然顺应，对于个体偏好的标准化塑造，可能扼杀创新所倚赖的各种机缘巧合与零敲碎打。如果说数据即事实，那么创新所需要的恰恰是一种反事实、反数据的虚构想象力（would haves），它所提供的不仅是灵活性和适应性，更重要的还包括持续的反思能力以及反其道而行之的打破现状、勇于承担道德责任的能力。人类的因果观察、行动干预以及反事实的建构能力，是一种独特的心智天赋，由此进一步孕育出共情、信任、远期预测和自制能力。在原因与结果的繁复网络中，这种天赋能够帮助人类跨越漫长的历史时间线，超越当下的利益结构和视野偏见，而这尤其依赖于隐私保护所提供的心智容器。

大数据技术的兴起有其社会根源：可选择性的不断增加造成了决断的困难，必要时，放弃选择的权利，将选择交由机器完成，以此降低自主决定的成本与风险，将风险预测和成本管理交由大数据之手，可大大减轻沉重的决策负担。但是，在理性意识、心理意向、主体智能、自主权利与隐私保护之间，实际存在着深奥而隐秘的关联。换言之，保护隐私也即保护人类特有的心智类型和人性尊严。

正因如此，只有在隐私的边界之内，才能为浮面的数据和信息提供具身性的意义框架，为主体的道德判断与商谈沟通提供可能，为创造各种不同的"假如世界"提供灵感的避风港。而当大数据理性成为社会的凌驾性标准，就可能排斥人类心智的参与和干预，逐渐将现代启蒙主义的因果理性传统边缘化，从而成为人类隐私被机器监控全面吞没的前奏。当理性的定义逐步改变，人类的心智隐私可能也将随之消亡。

《读书》编辑部编辑

主管：中国出版传媒股份有限公司
主办、出版：生活·读书·新知三联书店有限公司

总　编　辑：肖启明
副总编辑：常绍民
主编（兼）：
副　主　编：刘蓉林
出版总管：李学平
编　　辑：饶淑荣／卫纯
市场经理：张惟
装帧设计：陆智昌／薛宇　印制主管：张雅丽
发行总监：周旭（010）84681050
读者服务电话：(010)84050425　84050451
邮购地址：北京市朝阳区霞光里9号B座
三联生活传媒有限公司　邮政编码：100125

《读书》微信公众号
扫码购买《读书》杂志

投稿邮箱：sdxdushu@vip.sina.com

地址：北京美术馆东街22号
邮政编码：100010
印刷：北京中科印刷有限公司
国内总发行：北京报刊发行局　国内代号：2-275
广告经营许可证号：京东工商广字第0063号
ISSN 0257—0270　CN11—1073/G2

人民艺术家
茅盾文学奖得主
王蒙
最新长篇小说

一部贯通过去未来的智慧书

和时代一起冒着腾腾热气
这是 青春万岁 的回声

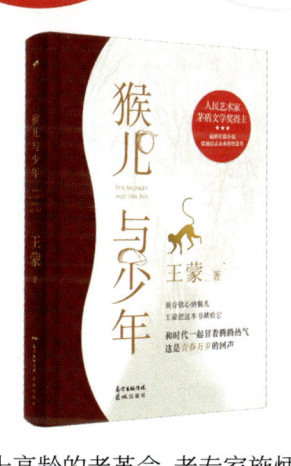

猴儿与少年

王蒙 著

花城出版社2022年1月版
ISBN 978-7-5360-9514-4
定价：58.00元

九十高龄的老革命、老专家施炳炎，
回想他六十多年前在抗日游击队根据地山村的劳动生活经验，
怀念可爱的少年侯长友，怀念聪敏与不幸的小猴儿三少爷，
回忆三少爷与少年之间命运的纠结与互动。
除了一个去而复返的地主子弟，
还有一位王蒙，也是小说角色。

中版好书 2021 年第 6 期

中版好书 引领阅读

中国出版集团 推荐

主题出版

百年革命家书　　　　　中华书局
马列主义经典著作研读丛书
（全14册）　　　　　研究出版社
共和国殿堂——人民大会堂
　　　　　　中国民主法制出版社
艺术影响中国——百年中国画名作
十谈　　　　　人民美术出版社

人文社科

革命的形成：清季十年的转折
　　　　　　　　　商务印书馆
发现三星堆　　　　　中华书局
二十四日　　　　　　中华书局
"李"解故宫之美
　　　　　中国大百科全书出版社
从灵光殿到武梁祠：两汉之交帝国
艺术的遗影　　　　三联书店
探索考古：作为人文的考古学
　　　　　　　　　三联书店
追寻三星堆：探访长江流域的青铜
文明　　　　　　　三联书店
留守者：美国乡村的衰落与愤怒
　　　　　　　　东方出版中心

百年革命家书
中华书局

共和国殿堂——人民大会堂
中国民主法制出版社

艺术影响中国——百年中国画名作十谈
人民美术出版社

革命的形成：清季十年的转折
商务印书馆

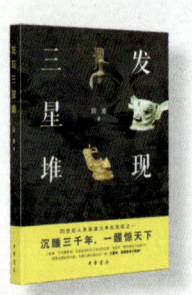

发现三星堆
中华书局

从灵光殿到武梁祠：两汉交帝国艺术的遗影
三联书店

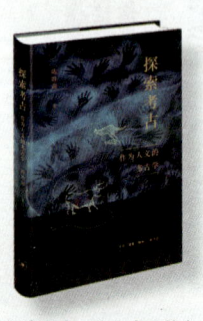

探索考古：作为人文的考古学
三联书店

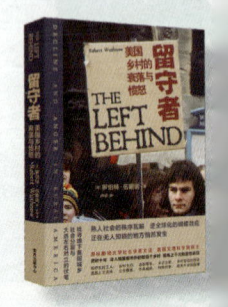

留守者：美国乡村的衰落与愤怒
东方出版中心

波德莱尔传

- ◆ 还原现代派大师夏尔·波德莱尔反叛、落魄、动荡的一生
- ◆ 通过大量书信和一手资料追寻伟大诗人传奇生活的真相
- ◆ 为时代造像，再现西方百年文学艺术史
- ◆ 纪念波德莱尔诞辰 200 周年精装典藏版

ISBN：978-7-100-19744-1
〔法〕克洛德·皮舒瓦 著
〔法〕让·齐格勒 著
董强 译　定价：198.00 元

夏尔·波德莱尔（1821-1867），法国 19 世纪著名现代派诗人，象征派诗歌先驱。法国学院派传记作家、波德莱尔研究专家克洛德·皮舒瓦和让·齐格勒写就的这部《波德莱尔传》致力于还原这位大师反叛、落魄、动荡的一生，运用历史学方法，在众多声音中追寻诗人传奇生活的真相，引用大量详实的资料，紧密围绕着波德莱尔的家庭情况、成长经历、曲折生活和创作才情，笔触细腻，塑造了一位有血有肉的文学大师形象。

通过 700 多页的巨大篇幅和详实的档案资料，本书不止带领我们走过波德莱尔坎坷的一生，更带领我们见证了他所处时代的风貌，梳理了现代主义和象征主义文学艺术的发展脉络，再现了西方百年文学艺术史、出版史、社会史的动荡，是学界更为详实可靠、丰富深入的波德莱尔传记。

CSSCI

生活·讀書·新知 三联书店

书与人

梁治平 著

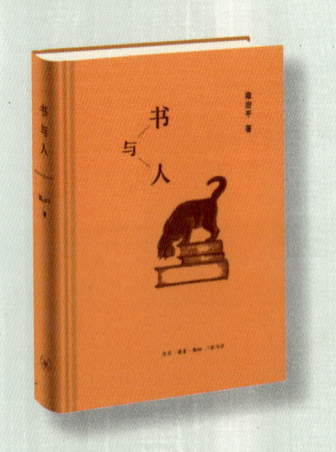

2022年1月出版
定价：78.00元

这是一本关于书的书，收录于其中的作者历年谈书的各类文字，长短不一，形式多样，既有作者的读书感怀，也有学术性的书评；有书前书后的序与跋，也有发表于不同场合的图书评论，还有作者对前贤与故友的追念，其内容及于古今中外历史与人物、思想与文化、法律与社会、信仰与秩序、心性与行动的种种。透过这些文字，作者表达了对书、对人、以及这些书与人所涉及的广大世界的种种看法。

地址：北京市东城区美术馆东街22号 邮编：100010

读书

2
2022
February

李天纲　德日进与"反思全球化"

王铭铭　蔡元培,远在的民族学丰碑

陈彩虹　"彼得原理"和终身学习

孙隆基　走出单一的世界中古史观

彭兆荣　"我"在"他"中

张　治　从未离开的目光

·文墨与家常·

瘟疫

王蒙 文 康笑宇 图

说是人类历史上有多次大瘟疫，公元前四百多年雅典鼠疫、古罗马安东尼瘟疫、米兰大瘟疫、中国云南鼠疫、伦敦大瘟疫、十四世纪的黑死病、二十世纪的西班牙流感，还有什么莫斯科黑死病、马赛大瘟疫等等。

世界上有许多画作，描绘了瘟疫灾难。

我在德国科隆—波恩地区不止一处乡村看到了纪念瘟疫的雕塑，主体是圣母像，是十字架，是悲哀的人类，是通向天堂的想象，是对逝者的哀思与记忆。从这些雕塑里，你会感觉到一种哀痛、无奈，仍有对于慰安的寻求。含泪是一种抚慰，记住就是纪念，纪念拒绝了历史与个人的虚无，是文化。没有纪念与追思，渺小的人还怎么活下去呢？

我也查到了不少写瘟疫的医学与文学作品。不知道为什么，查到的多数是美国人写的：威廉·麦克尼尔的《瘟疫与人》、理查德·普雷斯的《血疫》，此外还有《大流感》《逼近的瘟疫》《死亡地图》，中国当代作家迟子建的长篇小说《白雪乌鸦》有很大的影响，并被选定为全国政协委员读书活动的首批推荐书目之一。另外，有王哲写的《上帝的跳蚤》，则是科普文学。著名的加西亚·马尔克斯《霍乱时期的爱情》，标题很瘟疫，实际写的是爱情，瘟疫，则是某个时期社会贫穷混乱落后的一种表象。

文学艺术对于防治瘟疫是无能为力的，但是对于思索与感受饱含瘟疫过程的人类生活、命运、共同体与共同性、歧义性，还有某些人的恶意与罪孽、愚蠢与失误、屠弱与坚强、失望与期望、逻辑与报应，却也能收获与给予读者重要的启示。

读书

DUSHU

2 / 2022

李天纲　　德日进与"反思全球化"……… 3

王铭铭　　蔡元培，远在的民族学丰碑 ……… 12
渠敬东　　随李零先生回家（下）……… 22

陈彩虹　　"彼得原理"和终身学习 ……… 32
杨凤岗　　"怪异人"的心理与西方现代化 ………43

短长书
终南捷径，帝王心事　陈晓华、侯晓玉 ……… 53
为《阿Q正传》作笺注　黄乔生 ……… 59
在中亚，与诗人萨迪不期而遇　王一丹 ……… 65
由"耻"到"鬼"的视角突变　陈青庆 ……… 72

张新刚　　希罗多德《历史》中的"礼法" ……… 78
孙隆基　　走出单一的世界中古史观 ……… 88

彭兆荣　　"我"在"他"中 ……… 97

李　晋　重估庄学本 ………… 106
张　翔　湘西与西南腹地的构建 ………… 114

品书录 ………… 122
七十载史学征程的缩影（黄爱平）·先秦古《书》与古书的源流（陈民镇）·多兹与非理性的希腊（王嘉雯）·背负散文使命的行者（王正宇）

张　治　从未离开的目光　槐鉴脞录 ………… 140
刘文嘉　"别无选择" ………… 149

王　楠　黑白谜局 ………… 159
张　磊　不是错乱，而是错读 ………… 169

读书短札
王珣与《伯远帖》　北窗读记（刘涛，11）·"北魏皇帝祭天遗址"献疑　待兔轩札记（李零，21）·白居易的佚诗《麻姑山》（王建勇，42）·史可法遗墨（李建江，158）·苏辙晚年诗中"老卢"为谁？（郭明，168）

刘以林　漫画 ………… 148
王蒙　康笑宇　文墨家常 ………… 封二

李天纲

德日进与"反思全球化"

在德日进（Pierre Teilhard de Chardin，1881-1955）丰富的思想中，最打动我的是他对于二十世纪全球化时代降临的预言。虽然德日进并没有系统地论述过"全球化"，但他从古生物学出发对人类"融合"本性的揭示，确实是"二战"以后全球化运动的精神支柱。我佩服德日进的洞见，他在第二次世界大战人类相互残杀之际，看到了战后大团结的前景。受他思想的激发，我写过一篇论文《从德日进的"共同精神"到"宗教共同体"》（收入卓新平、王晓朝、安伦主编：《从宗教和谐到世界和谐》，上海学林出版社二〇一二年版），当时所持的是一种乐观的论述。如今，经过二〇一六年、二〇二〇年两次美国选战，以及在西、东亚洲各地的多种冲突，现在的世界似乎已经进入了一个"逆全球化"时代。应该承认，"二战"以来七八十年的全球化确实生出了很多弊端，人类社会自觉不自觉地都会加以调整和限制。但是，再次阅读德日进的著作，发现他的全球化预言并未过时，他并不需要为当今的全球化挫折承担过多的责任。深入理解他的思想还会发现，他有很多相关的"预言"仍然在实现中，他的一些告诫和警示我们并未好好讨论，在上一波的"全球化"运动中被忽视了。

德日进对人类一体化的估计是基于二十世纪将有"超人类""超生命"的出现，人类的智力将进一步聚合，连为一体。地球"智慧圈"里的"人的现象"，今天不但没有消失，而且正在加剧。互联网、大数据、AI把各个角落的人类连接起来的趋势愈演愈烈。按目前技术的发展，行政权力其实无从控制数据流通；而某一平台或网红形成一个群体，倒是会拥有声张其自我中心的权力。二十一世纪科学发展，如此既"聚合"又"分歧"的趋势和方向，都没有出乎德日进《人的现象》（一九三八年完稿，一九五五年出版，中文版为新星出版社二〇〇六年出版，李弘祺译）之所料。德日进在他的著作中一直使用"反思"（reflexion）一词来描述人类面临困境而超越自身的努力。他的"反思"，和黑格尔的"精神反观自身"哲学观念有关系，但却有着他在生物学上的独创想法。他说："让我们离得远一点，站得高一点。为此，让我们从一个正在自卷的宇宙角度来看问题。""我们对'去人性化的全球化'的恐惧是被夸大了，因为我们惧怕的全球化，从其效果来判断，不是什么别的东西，而只是作为真实的和直接的进化过程之继续。"（德日进：《人在自然界的位置》，汪晖译，北京大学出版社二〇〇六年版，124页）正是从这个"反思"的意义来说，我们与其说这是"反全球化"的时代，不如说是一个"反思全球化"时期。采用"反思全球化"，而不是简单的"反全球化"，是因为我认为"二战"以后的全球化实践确实需要反思，而人类大团结的进程不会停止。

在这个时候，重温当年德日进在人类最为悲观的时刻，乐观地提出"全球化"的理想主义，对我们当今"反思全球化"有着启发意义。一九四五年，英、法、美、中同盟国士兵在欧洲和太平洋战场上与德、日、意轴心国联盟激烈交战。三月十日，应法国驻北平领事馆的邀请，德日进发表演讲。在这次不著名的演讲中，他提出了一个"全球化"的概念："人类目前的位置：全球化阶段。"他解释说："人类意识的全球总合，这个想法（以及不可避免的必然结果，即凡是宇宙中有生命的行星，都会像地球一样，笼罩在某种具体形式的全球化精神中），初听起来可能会显得疯狂，可是，它难道不是恰恰概括了一切事实，而且严格推论出分子化的宇宙发展线吗？它显得疯狂，但在明显的事实面前，现代大生物学家，比如朱利安·赫胥黎和J.哈尔丹，不都开始科学地研究人类，像分析所有的大脑那样（一切事物本来平等），来分析人类的未来吗？"（德日进：《生命与行星》，载《德日进集》，王海燕编选，黄晓敏译，上海远东出版社二〇〇四年版，188页）德日进在战乱中看到了和平，在分裂中看到了团结性的"总合"，一如既往地对人类前途抱有信心。

战前，德日进是"全球化"的预言者；战后，德日进影响了"全球化"的实践者。他以深刻的思想，推动着联合国体系的建设。同代人中，赫胥黎、汤因比、史怀哲、李约瑟等人都是他的思想拥趸。一九八三年，联合国秘书长德奎利亚尔（Javier Perez de Cuellar, 1920-2020）在联合国大学举办的德日进纪念大会上，回顾德日进对联合国的思想影响，他说："我之前的两位杰出的前任联合国秘书长，达格·哈马舍尔德（Dag Hammarskjod, 1905-1961）和吴丹（U Thant, 1909-1974）曾经表示说：德日进是当代能够对人们施加巨大影响的思想家之一。我同意他们对这位哲学家的普世、人道，以及灵性思想，还有他对和平之远见的基本评价。……今天，我们缺乏一种对于和平、友爱和普世合作的新的、全球的、人道精神的视野。所以，德日进视野中的分析和配置，对我来说就有极大的重要性。在一个刚刚开始在我们面前展开的新的全球化时代，这个视野有益于丰富我们的讨论。"遗憾的是，德日进曾经寄予厚望的联合国，在八十年代以后就陷入了困境，如今更是濒临"一战"后国联面临的绝境。

"二战"后的七十年里，德日进是对人类思想影响最大的人之一。二十世纪六十年代，人们曾经把他和经济学家马克思、心理学家弗洛伊德并列为二十世纪三大思想人物，我认为是恰当的。马克思按经济身份分别人群的理论，弗洛伊德讲人性受欲望控制的理论，在一定意义上都是关于社会不和谐的理论，反映了"二战"前哲学家对于严重社会问题的焦虑，是一定意义上的悲观主义。德日进不同，他在混乱中看到了希望，从私利中看到公理。他对人类携起手来，走到同一个终点充满信心。他在《人的现象》中指出，人类的结局是融合，不是分裂，因为他们必定会在奥米茄点与上帝会合。在全书的最后一章"终局的大地"，德日进指出了人类心智演化的三个特征："思想微粒的密切结合；个人、国家或种族的综合；另外，为了要把基本人格加以联系，而且不破坏它们，便需要在真诚同情的气氛下有一个自立而最高的人格焦点。"（《人的现象》，206页）这三个特征，贯以一个"合"字——人类精神的合一。

德日进的"融合"思想，初看起来确有乐观主义色彩，容易被今天"反思全球化"的人看作思维简单，认为他回避了"在一个演化的世界里'恶'所扮演的角色和地位"。其实，作为一个耶稣会士，德日进对"Sins"有着更深的理解，而他也意识到会被质疑，说："确实，'恶'一直没有被我提到，至少没有公开提到过。其实，它是在我所站立的整个系统的每一关节、每一支点、每一角落、每一空隙都渗透着。"（《人的现象》，227页）以演化论看人类从"阿尔法点"到"奥米茄点"的全过程，生命世界从虚无（创世）到寂灭（审判），不可能是一种简单的乐观主义。德日进说的"融合"，是生命演化中的"上升"力量，而演化过程必然伴随着"无秩序与失败之恶""分解之恶""孤独与焦虑之恶"和"成长之恶"。这些"恶"，德日进作为个人、国民、会士和科学家都有遭遇和见证。他的家庭与伏尔泰、孟德斯鸠都有血缘关系，算是贵胄之后；也和维特根斯坦一样，参加了第一次世界大战，看到了生命的脆弱，以及权力的虚妄。"作为一个纯粹的生物学家，我仍能发现人类的史诗和十字架之路非常相似。"（《人的现象》，228页）德日进的那种忧郁气质，看上去确实也不像是一个乐观主义者。经历过两次大战，在华北目睹过割据、混乱、背叛，个人还遭遇了思想遗弃，德日进相信"融合"也只是生命的过程，而"天主是人类进化的终点"。当我们"反思全球化"，再回头读德日进，就会有这样"理智上的悲观，意志上的乐观"。

二十世纪后半期出现了很多思想深刻、言辞尖锐的批判学者，在法国有萨特、福柯、德里达，在美国有乔姆斯基、理查·罗蒂、萨义德，他们和德日进有一样的理想主义，这没有问题。他们的思想顺着各种各样的社会冲突理论，去分别、分离和分析人群，也各有自己的道理。不一样的是，他们主张的"多元主义"（Pluralism）经常分人群为"多"，而不是融人类为"一"。和战前思想家德日进相比，战后成长的一代在"多元文化主义"（Multiculturalism）之"多"上胜过前辈，他们对东方文化更同情，对弱势群体更关心。但是，老派的德日进对维护普世文明的核心价值，即一种基于信仰的人性尊严，有着更加坚定的持守。德日进并不是一个传统的保守主义者，他在演化论上坚持科学观点，与权威教义并不配合。《人的现象》在他生前不得出版，他人类起源学说至今还没有得到教会的公开承认。他对天主的信仰，是他自己的信仰；他对欧洲文明传统价值观的维护，也是一种向着未来的预测；他基于古人类学的"创世论"（Genesis）让他关注人类精神本体的同一性。他的"合一"思想，用来维持人类的基本尊严。在"反思全球化"的时候，我们对德日进的这种积极的保守主义思想应更加重视。

当我们回到现实，发现"二战"以后的全球化运动出现了大量的问题。人性之善在推动人群融合，生命中的恶也在分离人群，制造冲突。例如，二〇二一年东京奥运会比赛，让我们看到这个曾经最为成功的全球化组织，在新冠疫情期间遭遇了巨大挫折。国际旅行限制，赛场上没有观众喝彩；民族主义泛起，比赛成绩成为政治动员的工具；国族内不同群体分歧，不再联名组团；性别、年龄和药品辨识标准逐渐模糊，令比赛分组和成绩记录更加困难……奥运会如此，世博会如此，World Bank、IMF、WTO、WHO、UNESCO莫不如此，连联合国本身也陷入了巨大的困境。总之，"二战"后建立起来，曾经很有希望的全球化体系，经过五十年的运行，在二十一世纪遇到了史无前例的挑战。全球化仍在延续，而全球化实践中的弊端也必须加以限制。德日进所说的"智力结合"仍然是人类历史的趋势，既然人类具有智慧，能够掌控自身命运，那就应该行动起来，对恶性全球化加以限制。目前阶段，我们应该用一个 Limited globalization（有限全球化）来纠正过度、放任和滥用的全球化。提出这个"限制"，并非消极，更不是否认德日进的预言。按照德日进对全球化进程的描述，二十世纪的人类受自身理性的支配，人有自由意志；同时人类的演化也有目的，最终是与天主的会合。有目的，就有方向；为遵循方向，就有自我限制，限制来自我们对于终极发展方向的瞄准和校准。

"二战"以后的"多元文化"实践，强调的是民族独立，社群分立，欲望释放，对其负面效应不加限制，造成各种各样的身份政治，令"文艺复兴"和"大航海"以来具有共识的"现代性"（Modernity）普世价值相对主义化。这一波的全球化，常常是把价值观上的相对主义合法化，以致出现了西方人为了完成"政治正确"，把东方社会一些落后、反人性的传统当作"文化"来欣赏；而亚洲、非洲和中东一些政权，又以自己的"多样性"为凭借，抵制普世价值在当地社会的实现。每当这个时候，我就想起了德日进在北平。我一直疑惑一个问题，不解于德日进的"多元文化"观：德日进同样是一位耶稣会士，一九二三年来华，一九四六年离开，在北平生活了二十三年，曾和一群杰出的中国科学家翁文灏、丁文江、杨钟健一起工作，却从来不说汉语，也不像耶稣会的前辈利玛窦那样热衷和赞美中国文化，太不"中国化"了。现在我是这样理解：在北平腐朽、落后和混乱的状况下，德日进是在坚持文明准则，不赞赏愚昧，不屈从权威，他坚持科学家"实事求是"的事实标准和价值判断。虽然我觉得德日进可以区分文化和政治，对中华文明稍微温存一些，但他对普世价值的持守，对科学和信仰的追求，确实令我更加佩服。

我认为德日进说的"奥米茄点"上的终极力量，仍然是一个隐喻，是"一个自立而最高的人格焦点"。它是寓在人性中的神性,是与主体相关的客体,是在人的欲望之外,也在其上的超越性理性。我们说,德日进的全球化思想在二十世纪的展开是浪漫的,在二十一世纪挫折性结果中也是现实的。德日进在今天仍然可以提醒我们:你们今天的全球化挫折,来自进步目标的丧失,民族—国家的强硬,人性欲望的膨胀,人群分离学说的泛滥,这些问题在德日进的《人的现象》,以及他的演讲、谈话、书信中都有表现。近几年的畅销书作者、以色列历史学者赫拉利(Yuval Noal Harari)的说法很接近德日进。他在《人类简史》中讲"大爆炸"(Big Bang)是一个"奇点",就是德日进讲的万物开始的"阿尔法点"。他在《未来简史》中提到"数据主义"对人文主义的冲击,显示出一种无奈和恐慌,却不及德日进对"超人"具有信心。

每次读德日进,都感到一种心灵的震撼。这种震撼来自把人作为类(Sapiens),拉开距离,将它推向历史深处后产生的巨大空间感。如同在太空看地球是一个整体,从两百万年的人类演化历史看个人、城市、民族、国家,人更是一个整体现象,随之就获得了一种泰然自若的大局观。德日进认为,生命从细菌、细胞到人类、"超人类"的演化过程,最基本的方式是"配合"(Conjugation,《人的现象》,58页)。低等级生物的无性生殖,高等级生物雌雄相配,都是生命要扩展自己规模的"联结"方式。人类的繁殖、配合、联结,受生命本性的驱动,始于大爆炸(阿尔法点),更是先于人类发生,因而人类自身对于这种聚集的趋势并不能加以遏制,也就必定会走向"融合"(Convergences,《人在自然界的位置》,128页)。如果我们把"配合""融合"看作"人性善"的一部分,那当前的全球化被德日进承认的那四种"恶"给暂时摧毁了。"二战"以后,随着一系列全球治理机构的建立,各种跨"民族—国家"组织方式的运作,人们对"人性中的善良天使"充满信心,德日进的乐观主义成为UNESCO、WHO等国际人道组织的基本精神。

作为古生物学家,德日进一直认为世界不同地区发现的古人类化石遗址,属于同一来源,也都在同一时期出现了心智现象,即"智人"现代人。智人的出现,是一个本体论现象,它把人类自身从"生物圈"(Biosphere)提升起来,形成了"智慧圈"(Noosphere)。最主要的是,人类心智的高级形式,如思想、文明、民族、人种都处在同一个向"奥米茄点"竞奔的过程中。德日进最早提出"超人类"的预见,他认为二十世纪人类智能的全球联网,人类会形成更高的统一性。如今,埃隆·马斯克说德日进的"奇点(Singularity)是一个蛮正确的词",人已经是"超人"(superhuman)。但是,爱因斯坦警告了可怕的原子弹,霍金、马斯克又警告了AI比原子弹更可怕,华大基因CEO也在视频中说现代科技掌握在怀有"恶意"的人手中,会极端危险。一个想要摧毁人类文明的单个分子,已经比前来阻止他的大国总统更有权力。更糟糕的是,我们不断争执,而其实又不太明白当今全球化的挫折,到底是民族—国家、技术垄断寡头、超级金融集团,抑或是一些具有分离意向的"多元化"群体意识造成的。演化的现象杂乱无章,演化的力量包括了人和人类的"恶",一时间令演化无目的,无方向。德日进"奥米茄点"理论,是一个神学目的论,他认为在最艰难的阶段,生命仍然会找到一个合理的方向,给人类以最后的信心。

我不是研究德日进的专家,只是喜欢他那些精辟而有灵光的思想,常常阅读。从一九九一年在旧金山大学做访问研究到现在,我收集他的著作,赞叹他的传奇,佩服他对人类历史的预言,长达三十年,算是一个"德粉"。更早的时候,是在一九八九年五月,我在徐家汇的一次会议上,从与天主教上海教区助理主教,一位博学而经历坎坷的耶稣会士金鲁贤(Aloysius Jin Luxian, 1916-2013)神父的谈话中获知,"北京猿人"的发现者德日进还是一位重要的神学家。此后,在旧金山大学利玛窦中西文化历史研究所担任访问学者的时候,我从马爱德(Rev. Edward Malatesta, S.J. 1931-1998)所长那里又详细知道了德日进在巴黎、天津、北平、纽约的生活经历，马神父还答应带我去纽约找他的墓地，去巴黎看德日进协会。对我这样一个中国学者来说，遇到德日进，是人生中的幸运。

北窗读记

王珣与《伯远帖》

刘 涛

王珣（三五〇至四〇一）字元琳，小字法护。父王洽，兄弟中最知名，赞王羲之书法"俱变古形"，羲之以"弟书遂不减吾"相夸。王洽有二子，皆谢氏婿，"王珣娶万女，珣弟珉娶安女"，后"以猜嫌致隙"，谢安"既与珣绝婚，又离珉妻，由是二族遂成仇衅"（《晋书·王珣传》）。王珣曾弥补前憾，谢安卒，专程回京赴谢家吊丧。谢安夫人丧礼逾制，王珣时任仆射，为之宽缓，而谢安子琰并不领情。

王珣和父亲一样善书，有行书尺牍《伯远帖》墨迹传世，现藏北京故宫博物院。帖文之"伯远"，是王珣从弟王穆表字，其"自以羸患，志在优游"，因出仕"意不剋申"，官至临海太守。北宋时，《伯远帖》藏入宣和内府。清朝收入御府，乾隆将其与王羲之《快雪时晴帖》、王献之《中秋帖》并置"三希堂"，格外珍爱。今天看来，《快雪时晴》是摹本，《中秋》是米芾节临本，已无异议，却视《伯远》为真迹。

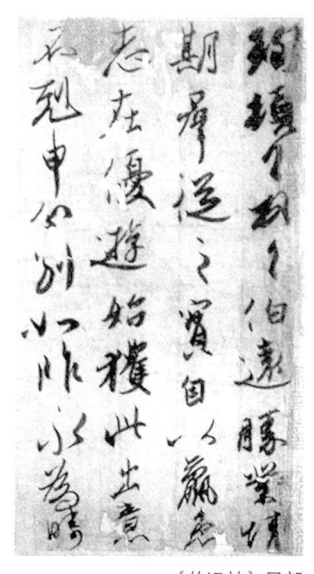

《伯远帖》局部

仔细观察《伯远帖》，第一行"远"字末捺，软而乏力。第二行"群"之"羊"，笔迹眉目不清。第四行"如"之"女"，一横作点状，孤立在字外。尤其第二行"期"字，右边"月"的"丿"，正常书写，转折后纵笔直下，但竖笔上方有错位的接笔。离奇的接笔是否纸张残破所致？我曾仔细看过故宫展出的原件，此处纸面不残也不破。《伯远帖》有如此反常笔迹，当是所摹底本不清造成。后读清初吴其贞《书画记》，已指此帖是"唐人廓填"。

蔡元培，远在的民族学丰碑

王铭铭

一

一九三四年在国立中央大学演讲时，蔡元培讲述了他的民族学研究经历：

> 我向来是研究哲学的，后来到德国留学，觉得哲学范围太广，想把研究的范围缩小一点，乃专攻实验心理学。当时有一位德国教授，他于研究实验心理学之外，同时更研究实验的美学，我看那些德国人所著的美学书，也非常喜欢，因此我就研究美学。但是美学的理论人各一说，尚无定论，欲于美学得一彻底的了解，还需从美术史的研究下手，要研究美术史，须从未开化的民族的美术考察起。适值美洲原始民族学会在荷兰瑞典开会，教育部命我去参加，从此我对于民族学更发生兴趣，最近几年常在这方面从事研究。（《蔡元培民族学论著》，台北中华书局一九六二年版，下同）

浸染于儒学和现代哲学文献中，蔡元培本是能自然过渡到康德式哲学人类学的，但他将目光投向了有"形而下"形象的民族学（当年在英文学界，已开始有了今日更常用的"社会人类学""文化人类学"等新叫法，而蔡氏因袭旧称）。他是一九二四年才去汉堡大学专修民族学的，此前其所见闻之民族学是作为"因素"分散在心理学、哲学史、文学史等研究中的。然而，民族学之"史"的气质，给原本重"经"的他留下了深刻印象。

蔡元培的民族学转向也出于选择。二十世纪一十年代中期，为提出"以美育代宗教"的主张，他已诉诸民族学。这门学问"是一种考察各民族的文化而从事于记录或比较的学问",它与"以动物学的眼光观察人类全体"的[体质]人类学不同,特别"注意于各民族文化的异同",这对实现"美育"理想至为关键。如其所言,"美术"(指"艺术")是内在于人及其物质、社会和精神生活的,不了解人的文化整体及其历史演变历程,我们便无以解释"美感",而民族学正是研究文化整体及其历史演变历程的学问,本是"美术史"(指"艺术史")的文化学基础。

一九二六年,鉴于民族学对于"美育"至关重要,他开始集中精力于这一园地中耕耘。后来,他受命组建中央研究院并出任院长,其间,亲任民族学组组长兼研究员,从事并组织了大量研究,成为民族学"华文版本"的主要制作人。

二

蔡元培笔下的民族学,"记录性"部分与我们更了解的"燕大派"所崇尚的"社区研究"接近,但其对象范围比后者要广得多,不仅包括了"社区"(他称其为"地方"),也包括了民族、器物、"事件"(如家屋和宗教)、"普通文化"乃至各大洲的民族文化整体状况。蔡氏特别推崇田野工作和民族志描述,但他不主张民族学止步于此,认为其应有历史地理上的比较、联想和概括。"举各民族物质上行为上各种形态而比较他们的异同",可成"比较的民族学",但找出文化间的异同也不是"比较的民族学"的最终目的,这门学问还担负着对文化异同进行解释的使命。

以"美育"的文化史奠基为己任的蔡元培,既有某种"好古癖",又将这一癖好视作其学术的内核,将之与"学理"结合,塑造了一门有别于将现代社会之研究视作志业的社会学的学问。在《社会学与民族学》中,他对社会学家们表示,"我们要知道现代社会的真相,必要知道他所以成为这样的经过",而要知道这个"经过",便要"一步步的推上去"，推到古典文明上，再推到"最简单形式上去"。

这一"推"的主张，与英国斯宾塞和法国涂尔干的社会学所持看法一致。在《说民族学》中，蔡元培提到，这两位现代社会学先驱通过诉诸民族学而拓展了社会学的历史时间性界限的。同文中，蔡元培还阐述了民族学对文字史和考古学的重要补充作用，他指出，"文明人的历史"（文字史）对于"未开化时代的社会"的记录"很不详细"，使我们无法单凭它们来了解"初民"（即"原始人"）的文化面貌，而只能诉诸"未开化民族"的民族志研究。考古发现对历史文献是重要的补充，但它们本身"是不能贯串的"，若没有民族学提供的有关现生"初民"遗留的古老物质、社会、精神生活形态的知识，便很难串联成有整体意义的历史认识。

蔡氏尤其重视研究人及其文化的"起原"。他既谙熟西方现代学者积累的相关知识，又亲力亲为，做自己的专门研究（集中于结绳记事、原始文字和艺术史）。他还利用主持中央研究院民族学组工作之机，派遣颜复礼、商承祖、林惠祥、凌纯声、芮逸夫、勇士衡、史图博、刘咸、陶云逵等一代训练有素的学者前往广西、台湾、黑龙江、湘西、浙江、海南岛、云南等"边疆"从事民族学研究工作。

他对博物馆事业也特别重视，早在一九二一年，已刊文提出创建包括"人类学博物院"在内的"五院"（即科学博物院、自然历史博物院、历史博物院、人类学博物院、美术博物院）。十年后，他更加确信民族志研究所得材料应得到妥善收藏和展示，于是又倡议建立"中华民族博物馆"（一九三二年，他还聘请一位德国民族学家来华协助规划设计该博物馆，此馆即为后来的"中研院"民族学陈列馆的前身）。

三

在蔡元培看来，民族学既可成为一种"通古今之变"的新方法，又可起到将本民族传统放在世界诸文明中审视的作用，特别有助于推进中华民族的文化史溯源和展示工作。这项工作，一方面是"文明之消化"的一部分（他认为这古已有之），另一方面，则是国族融入世界、形成"大我"的进程之一环节——他认为这是近代中国的新使命。如其在《中华民族与中庸之道》中强调的，"大我"国族应是"国家主义与世界主义的折中"，为谋求"本民族的独立"，它追求知识和智慧用以重新激活民族的文明，谋求"各民族的平等"。

为了复原和呈现国族文明，蔡元培诉诸进化论。该理论曾在欧美盛行将近半个世纪，也深刻影响过"帝制晚期"的华夏士人。然而，如"燕大派"吴文藻、李安宅、费孝通等二十世纪三十年代起通过功能主义人类学的译释所表明的，"一战"前后，它已连同它的对立主张（传播论）被丢入了"历史垃圾箱"。从二十年代开始研究民族学的蔡元培，对当时爆发的这一"思想革命"必有认知，但他还是将进化论当作民族学的思想主干。

这一选择有其考虑。在蔡元培看来，进化论那一"民族的文化随时代而进步"的观点，有益于国人认识自己的过去。而进化论含有的"遗俗"或"文化遗存"等观点，有益于国人理解科学发达时代其同胞仍旧"保存迷信"的原因。在"鄙薄"巫术和宗教的时代，国人对"他者"（对蔡氏而论，他们都并非"外在"，而是"内在的他者"）应保持一种超越时代和文化界限的"同情"。这种"同情"，乃是我们可称之为"包容性国族文明"的心理基础，而它的社会实现，蔡元培有很高期待，他称之为一种良善的"世道人心"。

在《民族学上之进化观》开篇，蔡元培说："民族学上的进化问题，是我平日最感兴趣的。"于他，进化并不是空泛的，而是与生活的诸层面紧密勾连，其"公例"与文化事物与人本身之间的距离远近都相关。"人类进化的公例，有由近及远的一条，即人类的目光和手段，都是自近处而于远处的。"他举的第一个例子，是他最感兴趣的"美术"，他说："人类爱美的装饰，先表示于自己身上，然而及于所用的器物，再及于建筑，最后则进化为都市设计。"他还将这种文化进化的一般法则推及人类生活的众多方面，包括交通由人力经由畜力到汽力和电力的进化，算术由手指计数经由石子、木枝记述到笔算、机算的进步，音乐由人声到器乐的转变，宗教由"低级"宗教的人牲经由"进化的宗教"的"戒杀"等。

然而，"此种进化之结果，并非以新物全代旧物"，"旧物并不因新物产生而全归消灭"。在生物界，人类进化成非动物了，并不意味着动物的消亡。在文化界，道理也是一样，"文明民族已进至机器制造时代，未开化之民族，在亚、非、美、澳诸洲尚有保持其旧习惯者"。

"不因新物产生而全归消灭"的"旧物"中，除了传统的物质文化和习俗之外，还有知识传统，而在中国，知识传统包括了民族学的"根"。蔡元培相信，古代中国与古代欧洲一样，有民族学之根。于是，在述及海内外民族志研究成果时，他提到一系列中国古代的"专书"，包括《礼记》《山海经》《史记》《匈奴列传》《西南夷列传》及中古时期的《诸蕃志》《真腊风土记》《赤雅》等。在《说民族学》一文中，他引用了《小戴礼记·王制篇》的"五方说"，勾勒出了一幅文明中心为"野蛮"的四方环绕的世界图式。比对蔡氏为民族学组布置的实地考察地理范围与这个世界图式的样式，可以发现，在其心目中，中华民族文化的源流首先应通过对古书记载的"四方"之研究来把握。

《王制篇》的"性不可移"之说的确与民族学大相径庭，但如蔡元培紧接着说的，这并不表明古人缺乏跨文化智慧。蔡元培指出，古人"已知道用寄译等作达志通欲的工具"，并且，这类"工具"已可以构成沟通中心与四方的中间环节，古代的"通达"环节与致力于在"文野之间"展开历史关联构想的民族学是相通的。另外，他还指出，《礼记》时代的古代圣贤"于修齐政治教育而外，不主张易其宜俗"，这种古代的观点，与现代民族学拒绝成为非包容性"文明进程"之推手的知识自觉相一致。

四

蔡元培的民族学与"燕大派"社会学之间，并非毫无相通叠合之处。"燕大派"导师吴文藻一九三八年发表的《论文化表格》，论述了文化的物质、社会、精神"三因子"，其实，蔡氏早已在一九二六年对此予以指明。"燕大派"也并非丝毫没有受到蔡先生民族学的影响。比如，蔡元培在中研院民族学组引领的民族学调查，后来也为吴文藻所重视，后者在一九三六年发表的《社区的意义与社区研究的近今趋势》中将这些调查纳入边疆民族志和"民族社会学"中。

然而，吴、蔡在"学风"上却还是存在着鲜明差异：吴文藻将"叙述的社会学"当作"现代史"，相信做"现代史"是社会学研究的基本工作；而蔡元培则将民族学当作一门历史的学问，对于文明史溯源倍加关注。

与此相关，两位先贤之间也存在着学术价值观方面的分歧。相比而论，"后生"吴文藻更希望学术直接来源并作用于现实（传统的现代转型），而蔡元培则更愿意沉浸于"学究式求索"中。

蔡元培似乎不愿划清"学科学术"与"问题学术"之间的界限，这很可能是因为他主张在"学科学术"内展开"问题学术"。他一向关注现实，但他相信，解决现实问题，先要达成时间和空间上的超越，而这需要有学术之道。对他而言，民族学便是这样的学术之道。民族学本身是一个综合性的知识体系，既有自身的立足之地，又是考古学和文明史研究的必备方法，这门学问的用途并不是浅显的，其发挥作用的方式是思想性的，其走向大众的方式可称为"典范的确立"的东西，而这些都与"美育"相关。他不认为"纯粹之美育"的成长必须以古老"美术"之衰亡为代价，他畅想着各种今日被称为"文化遗产"的事物焕发其普遍"美育"价值的可能。

《美术的起原》一文形同于一幅世界民族志学术区的总图，其中分布着欧洲、亚洲、非洲、大洋洲等地的民族学发现,它们色彩斑斓、相互辉映,构成一幅"广义的美术"——除了"建筑造像(雕刻)、图画与工艺美术(包括装饰品等)"这些"狭义的美术"之外,又"包括文学、音乐、舞蹈等"——共生的壮丽图景。蔡元培总结说:"初民美术的开始,差不多都含有一种实际上的目的。"有"实际上的目的"的"美术",本被他归在有待纯粹化的一类。然而,此处,他非但没有用进步论的话语来鞭挞"落后",而且还用"落后文化"的"浑"——即,今日人类学所谓的"整体性"——的一面,来反思文明时代分工发达以后"美术与工艺的隔离"的误区。由此,他展望了"艺术化的劳动"从"初民美术的境象"获得启迪的可能。

一面欣赏文明"进步",一面拒绝"鄙薄落后",蔡元培提出一种审慎的人文价值主张。在西学原典里,我们能找到部分解释这一主张的"影子"——比如,被后世归入进化人类学经典加以批判的《原始文化》一书,除了论述文化进步之外,还常常述及"衰落""遗留""复兴""调适",在不少段落里,也透露出作者(人类学奠基人泰勒)对渊博的对立派(传播)民族学家心怀的向往。然而,蔡元培本人兴许更愿意在古代中国的"道"中找到解释自己的心态双重性的理由。在《中华民族与中庸之道》里,他指出,近代西方思想"不是托尔斯泰的极端不抵抗主义,便是尼采的极端强权主义;不是卢梭的极端放任论,便是霍布斯的极端干预论";比较近代西方,他接着说:"独我中华民族,凡持极端说的,一经试验,辄失败;而惟中庸之道,常为多数人所赞同,而且较为持久。"可见,蔡元培在人文价值方面的审慎,与其说是一种"双重/矛盾心态",毋宁说是在其所向往的中庸之道浸染下形成的。

五

蔡元培从哲学转向美学,再从美学转向民族学,但没有消灭"过去的自己"。一九三六年二月上海各界举办了庆祝蔡元培七旬（虚岁）寿庆宴会，寿星致"答词"，他说，"假我数年"（所憾者，四年后，蔡元培即辞世），想写一本关于"以美育代宗教"主张的专著，此外"还想编一本美学，编一本比较民族学，编一本'乌托邦'"（《蔡元培选集》下卷）。他将比较民族学列在"三部曲"中间，表明这门学问在他心目中有特殊地位，但他对写作的总体构想却依旧是多学科的、有"以美育代宗教"等超越境界的。这对当下关注"学科问题"的同人而言是有特殊意涵的。然而，作为学科后来者，我却难以不立足于学科来做学术史回溯。

于我，首要的事实是，中外民族学／人类学史一词的"中"字所指的一个大局部是蔡元培塑造的——如果说比他小三十多岁的吴文藻之"社会学中国化"著述对于"燕大派"而言是开创性的，那么，蔡元培于同时期发表的数量有限的民族学文章对于另一学派（一般称为"南派"）的"传统发明"而言，则是奠基性的。

二十年前，品读蔡元培《说民族学》这篇与吴文藻《民族与国家》一文同年发表的文章，我深有感触。该文勾勒出了西方民族学的研究层次组合轮廓（特别是西欧民族志和比较—历史民族学的二重合一组合轮廓），揭示出了中国古代志书与现代民族学之间的绵续与断裂。在文中，蔡元培贯通中西，为国人基于所在文明传统畅想"兼容并蓄"的知识前景指明了方向。

我对蔡元培学思的兴趣渐浓，于是从图书馆借来《蔡元培民族学论著》。正文部分篇幅仅六十余页，为蔡元培所著六篇文章所构成。这六篇文章，前三篇（《说民族学》《社会学与民族学》及《民族学上的进化观》）与民族学直接相关。何联奎先生在《代序》（《蔡孑民先生对民族学之贡献》）中说，尽管"以先生的笃学，其心所蕴而未发的，还不知有多少"，但蔡元培发表过的集中于民族学的论述，却仅有此三篇。书中编入的其他三篇，包括了两篇美学文章和一篇哲学文章——《以美育代宗教说》《美术的起原》《中华民族的中庸之道》。编者将此三篇文章收录于一部民族学文集中,绝非为了"凑数",乃因其中两篇将民族学知识融进了宗教史、艺术史问题的论述中,一篇对中国思想的文化气质进行的富有民族学气质的复原,它们从不同侧面展现了蔡元培民族学的风光。

蔡元培启动他的民族学学科建设计划之后,对内(中研院)一直面对着"国府"的财力不足问题和官僚体制限制,对外遭遇着来自新兴社会科学阵营的挑战(那时燕园里的"后生"已视传播论和进化论为旧思想,并鄙视有"好古癖"的民族学)。然而,其学科正是在问题和压力下成型的。在蔡元培身边形成了一个"民族学圈",成员包括"史语所"民族学组和多个大学的学者,成果丰硕,其培养的学生,有不少成为不同区域性学派的代表人物。

《蔡元培民族学论著》出版之日,台湾的前辈已将民族学从"史语研究"中剥离了出来,为其建立了单独的科研机构。他们先是用之以研究"台湾原住民"和"环太平洋圈",接着,他们"旧瓶装新酒",在"民族学"这一容器里装填了美式文化人类学、日式民俗学及英法式社会人类学的内容。

同时期,留在大陆的新老民族学家和社会学家则都相继参与到民族识别和少数民族社会历史调查工作中去了。他们将民族学改造成可供"民族识别"和"少数民族社会历史调查"之用的"方法"。在界定所研究民族的社会形态时,他们诉诸"阶段论",为避免"中庸主义"嫌疑,他们在话语上舍弃了民族学的"同情"。然而那时"蔡元培幽灵"仍在,不少得其潜移默化者还是给被研究的文化留下了相当可观的"表述空间"。

蔡元培民族学的真正"隐去",似乎是过去这三四十年间的事。此间,两岸人类学"崇新弃旧",绕过"新(现代)人类学",跃进到"新新(后现代)人类学"时代。理论的"大跃进"是近期发生的,然而,它在历史上是有了"苗头"的。有理由相信,这一"苗头"可以在与民族学同时出席的新兴社会科学中找到。可以认为,"新新"时代,本是排斥古史、博物馆和"美育"(这些正是蔡元培民族学的突出特征)的功利主义社会科学复兴的阶段。在这个阶段,国人连回到"燕大派"都难,更谈不上对其"反好古主义的当下主义"能有何反思了。在此情况下,蔡元培式民族学还有没有复兴的机会?不得而知!然而有一点可以确信:远在的这座丰碑,已化成凝视我们的"遥远的目光",一面我们赖以自识的"镜子",也是一本《指路经》。我们可以借助于它,返回精神迁徙的出发点。

待兔轩札记

"北魏皇帝祭天遗址"献疑

李零

二〇二〇年,内蒙古自治区文物考古研究所在武川县蜈蚣坝(白道岭)发掘了"北魏皇帝祭天遗址"。这一发掘很重要。张文平副所长曾打电话问我对《魏书·高祖纪下》的下述引文有什么意见。

壬辰,车驾北巡。戊戌,谒金陵。辛丑,幸朔州……甲辰,行幸阴山,观云川。丁未,幸阅武台,临观讲武。癸丑,幸怀朔镇。己未,幸武川镇。辛酉,幸抚冥镇。甲子,幸柔玄镇。乙丑,南还。

我说,云川恐非银汉。我怀疑,云川即今大黑河(《汉书·地理志》叫荒干水,《水经注·河水三》叫芒干水),遗址会不会与上文"临观讲武"的"阅武台"有关。和林格尔南还有一条红河(也叫浑河或乌兰木伦河,《水经注·河水三》叫中陵水),西注黄河,也可考虑。

案:武川是北魏旧名。北魏六镇的武川镇就在今武川县西。武川或即阅武台、云川之合称。北魏都邑多有"云"字,如托克托有云中城,和林格尔盛乐城有云中宫,很可能与云川有关。唐代,大同曾是云中郡的治所,也设过云中县。明代,和林格尔设云川卫(在今土城子)后移治山西左云县。

总之,圆台未必都是圜丘(包括血池遗址的"圜丘"),我提个不同思路,供讨论。

渠敬东

随李零先生回家（下）

五

车子从平遥向东，爬越了太岳山，穿过一个叫分水岭的地方，便进入了潞安盆地。按照唐晓峰先生的说法："中国最早的国家'秋实'集结在晋南豫西地区"（唐晓峰：《国家起源的"地理机会"》），也就是说，"晋南是中国古代北部'人文边际'地带的最南端"，即司马迁所说的"龙门—碣石"一线，是理解夏文化的关键之地。

唐晓峰曾引用王克林的说法，认为在滹沱河至晋中一带，"多半是狩猎、畜牧为主而兼营农业"，在晋南和晋西南地区，"则多半以农业为主，兼营狩猎与畜牧业"。这种情形，说明彼时此地已构成两大族群，北面的族群"可能是属狄（翟）族及其先世"，南面的族群"似可视为中原华夏族或其支系的先世"（王克林：《山西考古工作的回顾与展望》）。由此，南北经济和文化之间的拉锯，构成了国家形态之起源的刺激点，这是陶寺遗址所揭示的一个很重要的"地理机会"，也是中国文明构造的一个非常独特的属性。

李零在《滹沱考》中，曾引用过《礼记·礼器》中的讲法："晋人将有事于河，必先有事于恶池。"他说，这里的恶池即是滹沱，祭河必先祭滹沱，说明山西此地确实非常重要，"凡北方民族南下，或从山西向华北平原东进，都要与中原诸夏争夺这条河流"。不仅如此，他还通过古地理、古文字和古文献的考证，指出古以滹沱为名者，广泛分布于山西、河北、陕西、甘肃和宁夏境内，"滹沱"、"肤施"（肤虒，或虑虒）、"亚驼"这些名字，都与之有关，皆分布于北纬三十六至三十八度的范围里。先生猜测，"滹沱"是北方民族南下在农牧过渡带留下的一串地名，是胡汉交接地带的核心区域。更为重要的是，"朝那、要册湫、岐阳是个倒三角形"，从宋代出土的《诅楚文》看，这里是秦汉西系山川祭祀和神巫祭祀的重地（参见《秦汉祠畤的再认识》）。

在滹沱河、汾河、沁河以及清漳河和浊漳河构成的这一黄河流域里，农牧兼容、狄夏交错、胡汉杂糅，难怪先生说他的祖先"说不定是从贝加尔湖来的"。而且，从交通的角度看，武乡就位于此地自古以来的两条古道中，即从太原，经太谷、祁县、武乡、沁县、襄垣到长治的这一支上，民国时期的白晋铁路以及今天的208国道，走的也是这条"绿色走廊"。在驰行的车子上，先生迫不及待地摊开地图，建议我们沿着这条古道直达武乡，只可惜，现代的高速公路太发达了，司机师傅哪里肯屈就他，只顾着带着我们在笔直的G字头公路上飞奔……

到了武乡县城，我们歇了脚，吃了饭，便前往距县城二十五公里的监漳村，那里有会仙观和应感庙。会仙观就坐落于农舍之间，是晋东南地区金代建筑的代表作之一，敕封碑立于三清殿前，说明其曾经有过的高贵地位。主殿台基高峙，斗栱厚重疏朗，形制古朴严整，气调非同凡响。特别是台阶前的两棵软枣树，笔直地挺立着，树身光滑无丫，顶梢枝叶繁盛，宛如两支椽头大笔，古风犹在。据说当年八路军就曾驻扎在这里，抗大师生在附近的五龙山上开荒生产，观里的老道士把豆角切成细丝，再放上面条在锅里焖煮，给战士们吃，叫作"炉面"（齐心：《激情燃烧的青春岁月》）。

而应感庙，就在五龙山上。我们穿过田地，跨过小溪，再攀爬一段山谷间的小路，便到了崖口。这是一座百姓求雨的龙王庙，如今已是空空荡荡。正殿为五间六椽悬山顶，懂建筑的专家曾盛赞过这里的柱头铺作，是一跳精美的大插昂，特别是廊下的那座宣和年款的仁泽侯碑，说明眼前的建筑就是真真切切的北宋遗存！如今，像会仙观和应感庙这样的"国保"（国宝），就这样散布在武乡的田野乡间，那曾得到敕封的道观神庙，就隐没于山间疯狂生长的玉米和杏树丛中，不露一点声色，仿佛历史的尘埃。

　　山中丹井今无恙，为吊南弃谢自然。

　　偶然间，我从网络上发现了一首宋代士人方信孺的诗，恰以《会仙观》为题，似乎道出了古今相近的心境。

　　傍晚时分，我们到了叫作"故县"的地方。今天的故县不是"县"，只是一个小山村；可当初，故县就是武乡的县城，是被日本人烧毁的，城墙的残垣断壁还在。故县有名，一是出于"古"，这里可是传说中石勒出生的地方，这位十六国时期后赵政权的缔造者，武力统一北方，一度以淮水为界，与东晋分庭抗礼。我们站在北原山新修的高台上，眺望"石勒出生"的谷地，黄土累积并冲刷而成的沟壑纵横交错，绿油油的庄稼闪着光，依然满是生机。

　　故县的另一个名声，则出于"今"，这里是很多八路军干部的故乡，村里的老人跟我们讲，当年县城里单是参军入伍的人数，就有五千之众。晋东南到处遍布着八路军抗战纪念馆，足见三晋的山河大地中，总有层出不穷的志士，石勒的故事，想必也种在每个百姓的心里，才会有与山河同在的气象。在这里，我满脑子都是随想，一会儿闪出的是《亮剑》里八路军和鬼子们的血战场景，一会儿则想起做历史研究的父亲曾说过，我们渠姓或许与很早的羯族有关，难道"羌渠部"的"渠"，真的是我的血脉之源？这猜想可真是太过刺激了！

　　从东边的"石勒寨"，穿过整个村子，我们来到西边的西沟垴。根据《大地文章》里的说法，当地的"垴"，就是用石块垒护崖壁的高台；垴上是普济寺的遗址，如今只有北魏遗存的"丈八佛"孤零零地伫立在那里。这高达四米的立佛,是"文革"中村民们重新立起来的,可惜方向弄反了,面朝北向。晚风吹拂着到处蔓生的刺槐,远处的公路上奔跑着一辆辆运煤卡车,唯有这尊丈八石像,身披红黄相叠的袯风,映照在夕阳的余光下。石佛的头饰尚存有华美的造型,只是其面部却几经风雨,风化斑斑,层层脱落,依稀可辨出原来的笑容模样。

石像前的石盆,还留着老百姓上香的余灰。此刻风声阵阵,扫过袯风,也扫过丈八佛的面容,千年一日,如在从前。我突然意识到,对先生来说,或许家乡的味道有千百种,那些散落在乡间的庙观,那些发生在过去的传说,那些遗留在风中的佛像,都混融着各种不同的认识和观感,远在天边,又近在眼前。历史沉积得像风一样,零星地散见在每一处,又在人的心里搅动着,如先生的神情,有时灿烂,有时怅然。

六

我们的行程,距离北良侯村越来越近了。不过,先生的老家好比一个圆心,我们要在不同的圆圈中看够了好物,才会向圆心聚集。

涅河,古称涅水、甲水,是浊漳北源的一级支流;涅河南岸,属于沁县的地界。一九五九年,在南涅水村洪教院后的荒丘上,出土了七百六十多件石刻,多为造像塔的构件,从北魏到北宋,分布于各个时期。距离这座荒丘仅百米处,有一座歇山顶式的单体古建筑——水阁凉亭。这所亭子四面环水,未见有桥通入,殿宇娇小,古朴而轻灵,泉水汩汩,供奉着观音。而洪教院原是毁于兵火的弘教寺,因金代后期得到重建,才被敕封为"洪教之院",硕大的匾额古风犹存。这里,金元时期的建筑特征尤为明显,用材粗犷:檐下的斗拱几乎未经规整,硕大的原料榫卯搭建,一看即是北方民族的气质风貌,浑然而不觉。先人对于山水的理解,就在这一阁一院之中。

一个地方的历史越多，越是层累的，就越是有无限的可能性。山西留给人的想象空间真是太大，就在涅河北岸的故城大云寺，也有着北齐的精彩造像，甚至宋代治平元年敕赐庙额的牒文中，都有着赵概、欧阳修、曾公亮和韩琦的署衔。如今，在武乡县文管所的库房里，三佛殿的三件北朝佛头竟赫然并排存放着，足以想见当初的盛况。此外，北齐河清四年的造像碑还保存完好，记载着供养人"上为皇帝陛下、臣僚百辟，保命休延、寿同河岳"的愿念。可以说，涅河南北两岸的石刻造像，恰恰处于从平城（云冈）到洛阳（龙门）的地理交通处，而且，南岸多为民间造设，北岸则有着官式造像的特征，均为北魏王朝南迁背景下的佛教遗迹，其研究上的价值，是怎样估量都不为过的。

后来，在离开北良侯村的第二天，我们又沿着平顺一线，走了原起寺、天台庵、淳化寺、大云院和龙门寺。据说，山西一半的"国保"在长治，而长治一半的国宝在平顺，这一次，我们也只看了三分之一。在平顺，我平生第一次见到了唐代建筑——天台庵，此前，曾有多位建筑学家对天台庵的断代给出学术意见。有人认为，弥陀殿的建筑制式颇类似五台南禅寺正殿，是中国仅存的四座完整的唐代建筑之一；有人认为，弥陀殿的三高比例与五台佛光寺大殿相似，为晚唐建筑无疑；有人则认为此殿为五代遗构。二〇一四年，山西省古建筑保护研究所对天台庵进行总体勘察和修缮，在弥陀殿的脊榑混融替木间发现了"长兴四年九月二日"的墨书，后在东南翼角的飞子上发现有"大唐天成四年建创立，大金壬午年重修，大定元年重修，大明景泰重修，大清康熙九年重修"的墨迹，于是，晚唐的年代便成定论了。

建筑的术语我是看不懂的，只能复述别人的讲法，可建筑的格局和韵味，似可体会一二。天台庵的出檐真是美！檐是单檐，没有一丝繁复的欲念，也不期待要去表现些什么，唯有最简洁的线条，才是"定慧双修"的"止观"。檐角，是三条最自然朴实的线的会聚，大幅度地上挑，不随着重力下垂，也不人为般地上卷，如人的双臂或鸟的双翼渐渐展开，延伸，舒缓，一点儿也不刻意，却也一点儿不随便。据说，佛殿的琉璃脊饰是金代重修时的物件，屋顶的灰筒瓦和琉璃鸱吻，也并不显得夸张，说明古老的风范依然存续，没被褫夺。

佛殿的殿身也是简洁极了。古人用极简的方法，似乎是要传递出"真空妙有"之境，一切都举折平缓，一切都随顺自然，想必"圆融"的本义即在于此吧。天台庵的美，还在于它独造的环境：佛殿的木门和窗棂简简单单、素素净净，山石铺陈的平台不大，两边种着槐和柏，郁郁葱葱的；院子里侧立的唐碑，则斑斑驳驳，难以辨认。这似乎意味着：一切流常，一切都不过是时间的印迹，或长或短，皆是永远。

这一路，我们看得很多，也多少有些蜻蜓点水，却足可感受到，涅河两岸的寺庙群以及北朝的石窟与石刻，多集中于大同到洛阳的古道两旁。正像先生说的那样："大同的佛教艺术，无论南传，走太原—洛阳的古道，还是东传，走黎城—邺城的古道，都以这一带为枢纽。"（《大地文章》）若推至上古商周时期，从稍大的范围看，"太行山，山之表为商，山之里为黎，上党与河内互为表里，正好在山的两侧"（同上）。武乡文管所，还藏有多件商周青铜器残件，说明此地的历史可追溯得很远。而秦灭六国的长平之战，就发生在羊头山以南，由此可见上党一地，总是关乎统一中国的大事。

我常想，若无这层层叠叠的历史的养育，先生何以对中国的文史有如此昂扬的兴趣。周灭商，秦灭六国，中古时期佛教的传布与民族的融合，甚至抗日战争和解放战争中太行山上发生的故事，都化作了先生的学问家园；上下五千年，纵横数万里，从来不曾以单一学科的视角进入他的眼界。细绎之，只因为他的故乡，从来都是以古今一体的方式呈现的，这种大地上的文章，生长在山岗、田地和草木里，相互连成一片，从来不曾被人为地分割过，先生的学识，也是一样。

或许，理解一个人的家乡，不应局限于他的血缘、地缘或业缘，而更像是海德格尔所说的那种此在的"因缘"，以及由此组建的"在之中"的世界。在那里，坍塌的城垣、风蚀的造像、飞挑的檐角，或是字迹模糊的碑刻，都像是平常的住屋和衣食那样，如流淌的血液，注入一个人的生命里，形塑成他的心灵和精神，无法磨灭。

七

先生的老家北良侯村，看起来再普通不过了：黄土的岗，砖砌的房错落地分布在山坡上。可进村没走几步，便有座古庙现于眼前，匾额上写着"福源院"，"国保"的碑识赫然而立。真是村小庙大！这座"福源院"，先生曾多次向我提起，也讲过去年如何成为国保单位的曲折故事，那种自豪感，像是孩子在游戏里打了胜仗一样。可既然到了家门口，我们当然顾不得参观别处，而直着向先生的老宅奔去。

"老宅，东西向，前后两个院，前院塌了。后院，只剩西楼和北房，楼房右边的窑洞和南房也塌了，门楼上的匾还在，四个大字：名高千古。"这是先生在《回家》中的文字。就在此时，当我想用精确的语言来复原这座老宅的最初印象时，怎样都不如先生的这段文字清晰晓白。只是，如今的老宅已然不"老"，几年前，先生和他堂兄出钱请亲戚们重修，亲戚们按照自己的想法，把老屋建成了二层小楼，瓷砖墙，玻璃门窗，不锈钢栏杆锃光发亮，先生笑称为"港式装修"。

院子里人头攒动，亲戚们忙着生火做饭，村里人围观，还有县里的领导上来握手寒暄。大名人回乡，跟过节一样。先生挨个介绍他的亲戚朋友，表哥、堂妹和村中的晚辈。他们只顾笑着，不多言语，来回忙着招待大家。老宅不住人，像是个小型陈列馆，可陈列的照片和实物，着实与学者李零没有丝毫关系，只有先生三岁时与家人的合影挂在墙上，那副聪颖倔强的神情，与今天没什么两样。

在当地，先生的父亲李逸三，实在是太有名了：一九二七年，他年仅二十一岁就入了党，参加广州起义，头部中弹，后赴湘鄂苏区加入红军；战役失联后，回到武乡成立中共武乡县委，任第一任县委书记，建立第一个抗日根据地，后蔓延至整个上党地区；"文革"中成为"黑帮"，"文革"后创办中国第一所民办大学。革命中他两次被捕入狱，二〇〇三年去世。

在先生身上，父亲的影子是很重的。在学问的探究和历险中，先生也似乎从来没有怀疑过，犹豫过，惧怕过，他拓展的研究领域，也像是抗战时期的根据地一样，从无到有，集腋成裘。

老宅的堂屋里，我们聊得正欢，听说先生的堂弟"小胖"要带我们去个特别的地方。跟着"小胖"，我们来到一处民宅，推开院门，一座古戏台出现在眼前。戏台上端坐一人：这不是李跃山，李大爷么？就是！

一天前，我们去洪教院参观，先生则跟其他的朋友另一路考察，可他不时地给我电话，让我告诉同行的人类学家王铭铭，说当地正办庙会，一定要找到一个叫"李跃山"的人，他们同村，两人父亲曾共同参加革命。李跃山是武乡跑腿秧歌的"说唱手"，家里就是一个戏台，而且，他还经常走乡串户巡回演出。在洪教院，他和他的乐班迅速搭起了帐篷，开口就唱，声音激荡，我们根本听不出究竟在唱些什么，唱词里偶尔听到了"考古学家"几个字，笑得我们前仰后合。其实，这种跑腿秧歌并不复杂，重复的曲调一听就会，在回程的车上，我还小声哼哼了一路。

李跃山稳稳地坐在戏台中央，表演心切，看起来等了我们好久了。他满脸皱纹，骨骼凸起，皮肤被太阳晒得紫红发亮；一手持胡琴，一手拉琴弓，一只脚拴着线绳，上端连着木棍，用来敲打木板控制节奏。跑腿秧歌根植于黄土地，调子高亢，音色粗犷，一点儿也不悠扬。而因老人的声音略带碎裂感，高调处全凭一股气力，便更会显出泥土的气息和岁月的沧桑。老人家气定神闲，足足唱了一整段，又突然站起来，比比画画，大声讲解。

这时候，又来人招呼我们吃饭了。堂屋里，两张大圆桌子排开，大家各就各位。我们先吃了几颗院子里的杏树结的果子，再喝几口茶，等着上菜。而稍后端上来的，菜只有一种，每人一大碗，茄子、豆角、土豆、白菜、海带、粉条和豆腐，还有肥瘦相间的大块猪肉，统统烩在一起，东北胃口的我，像是回家了一样，呼呼地一气，就连菜带汤吃掉了。主食是白馍，还有一种很特别的黄米枣糕。先生边吃边说，这种一层黄米黏面、一层红枣蒸成的大块枣糕，乡里人以前是很难吃到的，只有逢年过节或红白喜事才配享用。

几颗黄杏，一大碗烩菜，一只馒头，两大块黄米枣糕，还有几片西瓜，是我这一餐的饭量，以致随后的几天基本丧失了食欲。先生就坐在我的旁边，我吃没吃相，却也自然，他看着我笑，不时地问我吃没吃好。紧挨着先生另一边坐着的老人，也是庄稼人的模样，总是眯眯地笑着；他已年过八旬，精神很好，边吃边跟先生唠着家常。我看得出，先生对老人尤为尊重，再细问，原来就是把老父亲从太原双塔烈士陵园接回老家的那位大名鼎鼎的表兄李社雄！

这位表兄，当然值得尊敬。先生回乡插队那五年，在村子里当小学老师，当时的校长就是表兄。我不知先生作为"黑帮"的后代，那几年感觉怎样，但从社雄表兄的神情里，完全可以猜得出他曾经得到过的保护和安慰。如今，两人都老了，可每一次先生回乡，甚至在当地田野考察，他的表兄都会慢慢地跟着走，上山下田，寸步不离。

我开始懂得，先生在《上党，我的天堂》中写下的字句：

> 我在老家整整住了五年，乡亲们待我太好。他们干净，比我想象的干净。他们聪明，比我想象的聪明。他们没有势力，因此没有势利眼。他们是受苦人，因此最同情受苦人。

> 当你和他们一起受苦，他们会帮助你。

于是，我也开始懂得，参观福源院的时候，当看到庙中的那尊北魏石佛被老百姓涂得浓妆艳抹时，先生为何只是微微一笑；当他得知福源院西殿的元构琉璃脊被人偷掉时，又有多么地遗憾。两天后，在长治城隍庙参观时，他还急切地向当地文保人员询问琉璃件的价格，琢摸着重买一套重新安装在福源院的殿脊上。

村委会前的广场上，好些人坐在墙根下消暑抽烟。我们也走进去，跟乡亲们并排坐下，递上一支烟，偶尔说上两句话。老乡们还像往常那样打闲，静静地，只有烟雾慢慢升起……

家乡就在此处，让人心安。

八

在北良侯村，也许只顾得看了说了吃了，手机里没留下几张乡亲们的样貌和表情。可回到北京，眼前浮现的印象却最活泼深刻。

我还会想起潞城凤凰山顶的原起寺。绿色的丛林里，黄灿灿的浊漳河水在山脚下流过，那是大地的汁液。唐代石幢刻着隽秀的文字，大雄宝殿留存着宋代的遗构，北魏残碑依稀可辨，宋代砖塔高高耸立，时有微风掠过。这里虽为方寸之所，却承载了层层累累的历史；一殿一塔，一幢一钟，便是一个最简洁也最丰厚的世界。

我还会想起横亘峭立的太行山脉。太行洪谷，曾是荆浩的栖居之地，在他的笔下，是气韵相生的山水大象。古人尝谓"山水比德"，《笔法记》虽讲的是画理，却也是为人之道："气者，心随笔运，取象不惑，韵者，隐迹立形，备仪不俗。"

先生心系家乡，心系三晋大地，那里有人间常备的亲情，也有自得其所的品格，更有山水天地赋予的万千气象。

一个人的家乡，意味着他总要离开，却也总想回到的那个原来的地方。

一个人的家乡，意味着他从梦中惊醒，担心再也找不到的原来的地方。

"彼得原理"和终身学习

陈彩虹

一

二十世纪六十年代初,美国管理学家劳伦斯·彼得从大量的层级组织运行中,总结出了著名的"彼得原理"(The Peter Principle)。六十年过去了,世界发生了巨大的变化,但这个原理仍然显示出它对于现实强大的解释力,令人无法不感慨,人类社会的层级组织,如政府机构、军队、公司、学校等,推动了世界沧海变桑田,自身似乎是守常不动。这说明了什么?又意味着什么?

"彼得原理"可以这样表述:"在层级组织的等级晋升制度中,成就了本级职位者将晋升到上一级职位,直到不能成就的职位为止。"例如,在一家大型公司里,有股、科、处、部和总裁五个层级,如果你在股级胜任工作,业绩优秀,你就会晋升到科级;你在科级胜任工作,业绩拔尖,你就会晋升到处级;如果你在处级不再胜任,业绩不佳,你就不会再有晋升,停留在这个层级上。任何一个在这样层级组织里工作过的人,都很容易观察到这样的事实。"彼得原理"具有广泛的社会认同。

"彼得原理"透视了一个重大的社会组织现象:一个常态运行的组织在不同层级上,总是存在胜任者和不胜任者的,胜任者将承担本层级的职责，努力工作，实现层级的工作或业绩目标，赢得晋升；不胜任者则理所当然地"搭便车"，少量付出或完全没有付出，分享或侵吞同层级胜任者的工作成果或业绩，尸位素餐；而且，不胜任者大多由下一层级或早先的胜任者转变而来，他们并非一开始就不胜任，在组织里他们的存在有充足的历史理由。这种格局，揭示了现代社会组织运行的核心奥妙：一个组织的生存和发展，取决于各层级胜任者和不胜任者之间力量的对比——胜任者是正向力量，不胜任者是反向力量；如果不胜任者"搭便车"超过某种边界，胜任者的工作成果或业绩就将被消解，正向力量式微，直到消亡；如果每个层级，或者是关键的层级如此，这个组织的生存和发展便面临巨大的考验。

在现实社会生活中，从微观的单个组织来看，这种胜任者和不胜任者博弈引致组织生死存亡的活剧，一直都在上演。看看那些失败组织的原因，如一些倒闭重组的公司，它们关联制度规则、决策程序、资源配置、技术系统、外部环境等，但只要归结到组织中主体"人"的上面来深究，各层级胜任者力量弱势，特别是关键层级胜任者难敌不胜任者，一定是组织消亡的主因。"彼得原理"发现的，远不只是一种组织过往的历史经历，更是眼前活生生的社会真实。或许，这样的组织存在状态，还将日复一日地出现，延续到久远的未来。

从宏观的组织整体来看，时间的流逝，各种组织此起彼伏，你争我竞，兴盛衰退，在整体自我演进发展的同时，改变了世界的面貌，创造了世界的繁荣，助力了世界的进阶。基于"彼得原理"的理解，这里的潜台词是，社会组织和世界共同在进步，相比于六十年前的政府机构、军队、学校、公司等，既存的这些组织中胜任者和不胜任者的博弈，胜任者肯定更多些，更为强势，以至于正常运行的组织始终是社会的主要形态，从而保证了社会组织整体的有效性，书写出世界随时间前行而抬升向上的历史。

很清楚,"彼得原理"创造了一种新的组织分类。社会组织可以有这样两种类型:一种类型是各层级胜任者强于不胜任者的组织,它们处在生存和发展的正常或上升阶段,可称为"胜任者组织";另一种类型是各层级胜任者弱于不胜任者的组织,它们处在生存和发展的不正常或衰退阶段,可称为"非胜任者组织"。任何一个社会都是这样两种不同类型的组织组合而成的,如果"胜任者组织"占大部分或绝大部分,这个社会的运行就一定是正常的、上升性的;相反,如果"非胜任者组织"占的比重较大,这个社会的运行就不可能正常,风险巨大,危机四伏,时时刻刻都有可能发生社会性灾难。可见,微观组织新分类的科学合理性,引出了社会运行宏观判断的新方法,"彼得原理"在显现出它认知世界价值的同时,又展示出它改造世界的潜质。

那么,如何让一个社会"胜任者组织"大大超过"非胜任者组织",从而确保社会运行的正常和上升呢?或者说,如何在更多的社会组织中,让各层级的胜任者相比于不胜任者,更多、更强势、更具有可持续的正向力量?

观察和总结看到,在一个社会组织中,同一层级上有的人胜任而有的人不胜任,除了少量特殊天赋的差异之外,主要是他们在知识、技能、智慧、视野和信念等方面的差别造成的。恰恰这几个方面,人们通过学习,能够获取,至少能够得到提升和改善,因而不胜任的"坎",是可以由学习来突破的。也就是说,通过学习,很多的不胜任者可以转化为胜任者。鉴于此,社会组织运行的正常和上升,在相当大的程度上,就取决于各个层级上人们的学习状况了。由此,我们得到人类该如何作为,方能实现社会长久进步的秘密,这就是学习。

不难发现,"彼得原理"是有些悲情的,因为一些社会组织总是有相当多的不胜任者存在，他们并不会因为时间前行而自行消失；他们有的还很强大，强大到甚至可以将一些社会组织葬送掉。不过，从主旋律来看，"彼得原理"是乐观的，因为人类能够认知到组织中胜任者和不胜任者的博弈，会有怎样的社会运行走势，认知到人类如何行动，能够保证大部分或绝大部分组织中，胜任者总是强于不胜任者，挤压"非胜任者组织"到尽量小的空间，确保一个社会运行的正常和上升。

二

　　社会组织的层级结构，是有内在驱动力量的。或者说，是有内在激励机制的。层级结构既是组织框架，又是权力等级，层级越高，权力越大；在诸多的组织中，层级结构还是经济利益的等次规则，由低向高的层级，配置由少到多的经济待遇。一般而言，任何一位社会组织中人，都会受到权力等级或经济利益等次的驱使，有着从低层级向高层级晋升的主观愿望。这一点，构成了社会组织正常和上升运行本原的基础。

　　然而，组织中人由低向高的晋升，既可能是他的能力和业绩带来的，也可能是他特殊的人际关系等"非能力和业绩"因素带来的。后者在获得晋升之后，极有可能迅速成为"不胜任者"，开启新层级上"搭便车"的工作模式，消解这一层级胜任者的工作成果或业绩，深刻影响到组织的其他层级和领域，严重时导致整个组织运行陷入困境。"彼得原理"正是根据大量这样的案例得出来的，它的第一个引论，就是组织中的"不胜任者"，有这么一条形成途径，在绝大多数组织中都存在。事实的可怕正如逻辑的演化，一个组织一旦成为此类"不胜任者"的天地，组织的衰败和消亡就确定无疑。"不胜任者"最终将以组织毁灭者的身份出现。当然,他们也是自己的掘墓人。

　　"不胜任者"形成的另一个途径是这样的。当某个胜任者晋升到高一层级后，他通常会以原有层级胜任的经验，继续在高层级运用，结果"力不从心"，无法在新层级有所作为。如大型公司中的股级职员晋升到科级，依据股级成功的经验在科级工作，绝对是大概率的事情。实际上，将个人的具体经验尤其是成功经验一般化，在不同的时间、层级和领域运用，是人类实践活动的一种天性，也是一种惯性，还是一种惰性。恰恰社会组织不同层级的运行，有不同目标，遵循不同规则，涉及不同的人和事项范围，因而不同层级的经验，顶多只可借鉴参考，不可套用。特别是低层级经验照搬到高层级，完全可以说，那就是制造"不胜任者"最为普遍又现实的途径。

要紧的在于，这些"不胜任者"大多是孜孜不倦工作的组织中人，他们的努力付出和较差效果形成强烈反差，导出了"彼得原理"一个充满挑战的引论：晋升者要想胜任新的层级，就必须超越原有的经验，甚至抛弃原有的经验。否则，越是勤奋努力，就越是工作无效，成果或业绩就越是低下亏欠。

社会组织中的"不胜任者"有如此两个来源，那么，"胜任者"又从何来呢？

可以肯定，一个社会组织建立之初，框架一旦确定，各个层级上的人员，绝大多数会按照"胜任"的标准来配置。要知道，社会组织建立本身，就内含了建立者期待组织成功的基本理性，初始的"胜任者"挑选和配备，会在这样的理性之下，尽量达到最高水准。因此，一个组织运行之初，各个层级上"胜任者"一定是主要部分，并且势强力足。这个判断，与其说是一种理论预设，不如说是现实生活的概括更为贴切。

当一个组织运行颇具时日，有些"胜任者"或许仍然能够在本层级胜任，但在层级晋升机制和"彼得原理"的共同作用下，相当量的"胜任者"会由于晋升转变为"不胜任者"，引致组织中"胜任者"和"不胜任者"之间力量对比的变化，组织建立之初"胜任"的格局日益趋于弱化；同时，一个组织的运行，只要处于常态之下，由外部大量补充各层级新的"胜任者"，根本就不存在可能性。因此，运行中的组织要想重新获得建立初始时"胜任者"绝对优势的状态，唯一能够实现的途径，就是将晋升上去的"不胜任者"改变为"胜任者"。也就是说，运行组织中的"胜任者"，除了来自组织中既已存在的"不胜任者"，别无他途。

这里深刻的意味在于，层级组织的内在激励机制，本意在于激发人们更多的"胜任"潜能，实际上却是更利于"不胜任者"的形成，而不是"胜任者"。这让我们对层级组织的认知出现了一个大的飞跃。由此而来的结论，更是惊世骇俗：组织的生存和发展，有赖于多而强的"胜任者"；而"胜任者"的主要来源又有赖于组织对"不胜任者"的改造——"不胜任者"恰恰是一个社会组织生存和发展的最大命门。在组织的世界中，竟然充满着如此鲜活生动又辩证复杂的关联。

当问题聚焦到"不胜任者"时，组织治理中最重大的事项突显出来。虽然说，组织中不同的"不胜任者"对于组织运行的负面作用是一样的，都是"搭便车"，最终吞没掉"胜任者"的工作成果或业绩，但"不胜任者"不同的形成途径，会引出完全不同的治理对策来："不胜任者"形成的第一条途径，必须靠组织完备的制度和严肃的惩治，杜绝它的产生，至少要能够有效阻止这一途径成为畅行的通道；第二条途径就需要组织去安排和激励层级晋升后的个人，通过学习，超越原有层级的经验，提升在新层级上胜任的能力。从后者来看，人类社会组织一种特别的学习形态，自然而然地生长出来，这就是组织中人沿层级而上的"持续性学习"。

任何一个社会组织，从建立的初始动机来看，都不是以成就组织中人为目的的。政府机构的目的在于管理社会，军队在于保家卫国，公司在于获得利润；就是学校，以培养人为目的的组织，同样没有将教师这类组织中人，作为培养的目的来对待。这一点，组织中人在组织中，工具的地位十分明显——他们服从和服务组织目的，按照组织规则，向组织贡献才华和能力。组织则以职位提供、经济待遇和层级权力赋予，将不同的人聚合起来，长期使用。一句话，组织对组织中人，重在使用，非重在培养，更非重在成就，安排和激励组织中人的"持续性学习"，不是组织首先考虑的事情。

然而，任何一个社会组织的运行，又必须做成就职业中人的事情。相对于组织的目的，组织中人属于工具；但工具的效能如何，对于组织目的的实现，举足轻重，不能不给予足够大的关注。基于此，一个运行中的组织，总是在对组织中人进行这样那样有形或无形的改造，寄望于更多的"胜任者"出现在各个层级，以实现组织的优势生存和持续发展。我们看到各种组织中的各类培训，特别是鼓励组织中人"持续性学习"的举措，就是如此"改造"的实践。这在客观上，使得组织中人的能力能够获得提升，他们在"胜任"组织层级工作的同时，成就他们的社会价值或人生价值——组织是社会的细胞，组织中人同时也是社会中人，胜任组织中的工作，等价于胜任社会事业。

这是人类社会组织一个不大不小的悖论，社会组织并非为成就个人而建，但它们却是成就个人天然的平台。如此的悖论关系，使得社会组织对于组织中人的"持续性学习"，会有两种不同的治理实践。一种是社会组织被迫而为不得不去做出的学习安排和激励，一种是社会组织主动自觉进行的学习安排和激励。很显然，不同的治理实践对于实现组织生存和发展的目的，同时成就个人的社会价值，全然不同。"被迫而为"的做法，个人被忽略，安排仓促，激励短视，效果必定是起伏很大；"主动自觉"的行动，个人受重视，安排有序，激励持久，效果无疑会稳健向上。如果说，"彼得原理"揭示出了社会组织层级中"不胜任者"的决定性隐忧，组织必须对其改造，那么，"主动自觉"地安排和激励组织中人的"持续性学习"，就是实现改造成效的最高境界——更多的"胜任者"将从"不胜任者"中脱胎换骨而出。

三

在社会组织中，当将眼光由组织转向个人时，组织层级中的"持续性学习"，就是个人的终身学习。准确地说，是个人终身学习中最主要和最具有代表性的部分。一个人在组织中的职业生涯不等于全部人生，但职业生涯是一个人一生中最具生命活力和创造力的时段。无法想象，这个时段上不能"持续性学习"的人，凭什么还可以谈终身学习的问题。

世界的真实存在和世界在人的认知中的存在，是不同的。以社会组织为中心来看组织中的个人，人是工具；但以人为中心来看组织，个人便成了目的，组织是工具。鉴于此，"持续性学习"也好，"层级胜任"也罢，还有工作的成果或业绩，都不过是服务"成就人"这个目的的。如果说，"持续性学习"是实现组织"层级胜任"的基础，社会组织必须有这种学习的安排和激励，那么，在以人为目的的视角下，人成了自己的主宰，"持续性学习"便是个人实现人生价值的基础。

这是社会组织中个人一个不大不小的悖论。组织中的个人并非以组织的目的为目的，而是以个人的人生价值实现为目的，但个人又必须服从和服务于组织的目的。这个悖论，使得组织中个人对于"持续性学习"也会有两种不同的态度和行为方式，一种是被动所为型，一种是主动自觉型。"被动所为型"大多潜藏有个人目的和组织目的明确分立的内在规定，这种学习一定需要组织的安排和激励，推一步才走一步；"主动自觉型"则大多表现出个人目的和组织目的相当的一致性，这种学习有自我意识和自我驱动的鲜明特征，个人寄望但不依赖组织的安排和激励，无须扬鞭自奋蹄。仅从学习来看，

"主动自觉型"的效果显然要大大超过"被动所为型",让我们有理由相信,"主动自觉型"的组织中个人,其"胜任"的能力必定更为强大。人所欲之为,必强于人所不欲之为,此乃古今中外普适的道理。

遗憾的是,在现实运行的社会组织中,个人持续性学习的"主动自觉型"并不比"被动所为型"具有多么大的优势;相反,许多组织中的"被动所为型"倒显得更为普遍和突出。这正是"彼得原理"得以成立的基本原因。任何社会组织的层级数量都有限定,三到五个层级最为常见。既然在许多组织的每个层级上,都存在相当量的"不胜任者",以至于不少这种组织已经转向或将转向"非胜任者组织"的形态,面临生死存亡的重组或再生问题,那么,这一方面表明组织的学习安排和激励不足够,另一方面表明"主动自觉型"学习的个人太少,少到产生不出足够多的层级"胜任者"来。

就个人的人生价值实现来说,这个现象告诉我们,现实社会组织中的个人,并未普遍地将职业生涯看成个人一生中最重要的部分,更未将工作成果或业绩看成人生价值的某种实现,在组织中的"持续性学习"便无关乎个人的人生价值,对这种学习不主动自觉,自在情理之中。为什么社会组织中的个人,会如此漠视自己的人生目的和人生价值呢?

在社会组织中的个人,角色始终是双重的。他们是组织中人,又是完全属于自己的个体人,既要服从和服务组织目的,又要实现个人的人生价值。他们的内在驱动,也是双重的,既有组织权力和利益激励起来的欲求,又有个体人源自自己本能价值追求的意愿。但是,组织的目的具有强烈的显性,如政府机构管理社会,公司组织赚取利润,这些目的会具体化为定性和定量的指标,明明白白地展现在每个组织中人的面前;而组织中个人的人生价值实现,过于隐性,很难有清楚的外在形式,即使有也是笼统和模糊的,具有对组织很强的依附性,如升职、加薪,或是转换更合适岗位等。换句话说，社会组织的目的，时常会覆盖掉个人的目的，组织中个人的角色极为容易消退，单一化为纯粹度很高的"组织中人"，"持续性学习"便全然归属在组织目的之下——没有组织的安排和激励，指望个人会有这种学习形态的自我构建，几近为不可能的事情。

概而言之，社会组织目的的强烈外显和个人人生价值的内隐，以及社会思想领域观念的偏颇失位，使得组织中个人时常忘记自己"个体人"这一角色的存在，他们仅仅以"组织中人"的身份出现。自然而然，个人和社会组织分离开来，人生和职业生涯分离开来，"持续性学习"和"终身学习"分离开来。那种流传很广"不要将职业和人生混为一谈"的说法，拥有众多的拥趸，就说明整个社会对于组织中个人的"个体人"地位，特别是个人人生价值的认知，是非常薄弱的。在某种意义上说，社会组织都是由"个体人"组合而成的，是"个体人"的一种创造，组织一经创造出来并运行，"个体人"就不得不退避消隐，自己给自己建立了一个对立体。人类创造的世界，反过来主宰人类，这种"异化"的情形在社会组织里，看来同样地明确无误。

这显然是人类社会的双重缺憾。社会组织的运行，缺少了一种源自个人本能性力量的推动；组织中的个人，则在朦朦胧胧之中，丢弃了一段人生最具价值的时光。

我们面前存在有社会组织和组织中个人两个不大不小的悖论。之所以界说它们为"不大不小"，在于人们若能深刻地认知到它们的内涵，不论组织还是个人，都是有可能调整、改善乃至改变。也就是说，这两个悖论并不具有绝对性。由于人在组织中，人的主观自觉性，能够转化为人的行为现实性，导引社会组织和个人自我，消解悖论中的对立面，实现悖论的弱化。可见，悖论的"大小"，就看人们如何认知社会组织和组织中个人的关系，如何认知组织目的和个人人生价值实现的关系，更看人们如何在组织中行动了。

必须承认的是，我们改变不了组织目的的外显，也改变不了个人人生价值的内隐。但是,我们可以看到社会思想领域的不足,改变我们的思想认知,带动社会组织治理的改变,主动积极地对学习进行安排和激励;同时,带动个人对组织中"个体人"的认知,看到在社会组织中,实现人生价值的积极意义所在,自觉主动地"终身学习"。若是如此,在任何的社会组织中,一种积极性就会为两种积极性所替代;社会组织的运行,将更为平稳并较持久地提升。在那样的情势下,"彼得原理"可能面临巨大挑战。

读书短札

白居易的佚诗《麻姑山》

王建勇

明嘉靖间陈克昌编《麻姑集》卷七收有一首题为白居易的七律《麻姑山》:"籍庭云色卷青山,昔有真人种得仙。金骨已随鸾驭去,古坛犹在石岩边。鸟啼花笑空朝日,树老松高积岁年。愿学麻姑长不老,擗麟开宴话桑田。"(《四库全书存目丛书》集部第三〇四册,齐鲁书社一九九七年版,133页)北宋李觏《麻姑山重修三清殿记》云"若麻姑山著称久矣,元和辞人白乐天辈咸有咏歌粲于屋壁"(《李觏集》卷二三,中华书局一九八一年版,256页),而《记纂渊海》卷一一《郡县部·建昌军》《舆地纪胜》卷三五《建昌军·诗》皆节录尾联作白居易"愿学麻姑长不死,时观沧海变桑田",可证宋人已视为乐天之作。然白氏本集、清编《全唐诗》及各种今人整理本均未见。

南宋白玉蟾《麻姑山仙坛集序》云"比来仙都,批阅志集,参以青城耳闻目见,及四方观宇所述,江湖云鹤所传,碑额文字所志,括为一传,以便观览,题曰《小有洞天麻姑神仙传》"(《全宋文》第二九六册,185页),应当就收有刻于屋壁的白诗,惜是集散落无存。《续刻麻姑山丹霞洞天志》《麻姑山丹霞洞天志》《麻姑山志》及乾隆《建昌府志》等都载入该诗。周绍良《清墨谈丛》记所藏清代黄锦宣古玉斋墨也以楷书阳识之(紫禁城出版社二〇〇〇年版,197页),并可为证。

元和十年至十三年,白乐天被贬江州司马,其间或至抚州游览麻姑山并题诗。末句"擗麟开宴话桑田"系化用颜真卿《抚州南城县麻姑山仙坛记》中语,宜从《麻姑集》《麻姑山志》等。

杨凤岗

"怪异人"的心理与西方现代化

自从马克斯·韦伯在二十世纪初出版了《新教伦理与资本主义精神》以来,西方学者已经建构了多种理论,用以解释西方某种制度的成功,比如现代理性资本主义经济、现代代议政治、现代科学、现代法律、现代教育,或者社会整体的现代化。而比以往解释更具雄心、更具当代科学前沿性质、更加精细和广博的理论,最近由约瑟夫·亨里奇(Joseph Henrich)提出。他在二〇二〇年出版了《世界上最怪异的人:西方如何在心理上变得独特并且特别繁荣》,此书甫一出版,旋即引发广泛评论,亦有杂志组织专题讨论,可以说相当轰动。简而言之,他认为西方的成功不仅在于其经济,还在于其众多的社会制度,这些制度成功不能仅仅归因于新教伦理,更要归因于西方人的独特文化心理模式,而其心理文化特征的形成,是西方教会的婚姻家庭规划所带来的。

一

亨里奇原本学科背景是人类学,他的人类学研究采纳经济学的博弈或游戏方法,注重不同社会群体的文化心理研究。他曾经在艾默里大学人类学系任教,后来转到不列颠哥伦比亚大学,同时获得心理学和经济学两个系的终身教授职位。二〇一五年,他又转到哈佛大学的人类进化生物学系任教并兼系主任。虽然现在北美非常重视多学科研究，但一个人在这样几个不同的科系获得终身教授职位，仍属罕见。

几年前，亨里奇和几个合作者最先提出了"怪异人的心理"这个概念。怪异人（WEIRD）是由西方的（Western）、受教育的（Educated）、工业化的（Industrialized）、富有的（Rich）和民主的（Democratic）几个词的第一个字母组合而成的缩写，恰好是英文中的怪异（Weird）一词。他们使用这个词，精炼而又颇具洞见地说明了心理学研究的一个奇特现象。心理学学者经常选取研究组和对照组进行心理测试研究，通过给研究组实施某种刺激并且与对照组进行比较，来发现人们的心理和行为模式。亨里奇和他的合作者们通过海量文献回顾发现，现代实验心理学的研究组和对照组的样本往往是大学生，而且大多是西方的大学生，特别多的是北美的大学生。心理学家们把这些研究的发现总结提升到普遍适用的程度，以为这些心理和行为模式是人同此心，心同此理。但是，作为人类学家的亨里奇，他的研究对象是原始部落人群，比如亚马孙森林中的部落，或者太平洋群岛中的部落。当他把同样的心理测验拿到那里时，结果常常有所不同。显然，不同文化对于人们的心理具有重要影响。他们因此总结说，实验心理学的已有发现可能只不过是西方受大学教育之人的心理和行为模式，这些人是"怪异人"，放在人类历史和世界范围内，其实是历时很短、人数很少的群体，他们的心理并不具有人类的普遍性，恰恰相反，是怪异的、独特的。这个文献回顾对于实验心理学提出了严峻挑战，令人们意识到不同社会在文化心理上存在巨大差异性，从而促进了文化心理学这个分支的拓展。

在本书的一开头，亨里奇即论述说，文字导致了人们的生理变化，特别是脑神经结构的变化。他列举神经科学的研究成果指出，识字者和文盲的大脑构造具有显著不同，识字者的脑梁（左右脑的中间桥）变得粗大，主管语言的前额叶皮质改变，涉及语言、物体和脸庞识别的左脑后枕部位更加专门化,这些生理变化改进了语言记忆并且拓宽了语言处理的脑部活动力,同时也迫使脸庞识别功能向右脑移动,从而导致面庞识别力和整体图像识别力的下降,也导致分析识别力的提升。也就是说,识字之人更多依赖把景象和物体分解成组成部分予以处理,更少依赖对于总体结构和格式塔整体形式的洞察。

文字这种纯粹文化的产物,不仅带来大脑结构的变化,并且相应带来荷尔蒙和器官质性的变化,进而带来人们的认知、动机、性格、情感等一系列思维或心智方面的变化。由此切入,我们可以认识到,经过很多世代的遗传和演化,不同文化可能会导致不同族群形成不同的深层心理结构。也就是说,文化差异不仅仅是文化上的不同。如果仅仅是文化不同,一个族群就可以轻易地移植另外一个族群的文化,从而达到两个族群在文化上的同质化。但是,特定文化对于原有族群的大脑神经和心理结构已经造成了难以磨灭的影响,即使是移植了另外一种文化,其固有的神经和心理结构依然具有或隐或显的长久影响。

亨里奇基于脑神经科学和人类学的这些论述,与中国当代思想家李泽厚"文化心理积淀"和"儒学深层结构"的概念可以说是不谋而合。李泽厚的论说深具洞见,但停留在哲学的思辨和信手拈来的举例,其影响也局限在汉语的儒家文化圈之中。亨里奇采用现代科学的方法和实证研究数据,其影响范围也就更加广大。

二

那么,西方发生了什么样的文化演变?这种演变为何会导致西方"怪异心理"的形成?

亨里奇指出,在古往今来人类社会中,大多数人是文盲。中国人是个对文字和教育非常注重的民族,但是直到二十世纪初叶或中期,中国的文盲率始终在百分之八十以上。在一个社会的人口中识字率突破百分之二十大关，首先发生在大约五百年前的欧洲，特别是西北欧。追根溯源，识字率的突破是因为基督新教强调每个人都必须自己阅读理解《圣经》，而不能依赖祭司神父的代读和解释。那时的西北欧人的识字动机主要来自宗教，而不是来自经济因素或者对物质生活的追求。社会历史的量化研究显示，不同地区识字率跟人口中的基督新教信徒比例成正比。马丁·路德的宗教改革在德国的威腾堡发起，然后逐渐往外扩散。量化空间研究也表明，在宗教改革之后的西北欧社会中，识字率跟各地与威腾堡的空间距离成反比，即距离威腾堡越近的人口中识字率越高。基督新教和识字率不仅具有相关性，而且使用统计学控制变量的方法进行研究显示，是基督新教引发了识字率的提升，而不是识字率的提升引发了皈信新教。马丁·路德在发动宗教改革过程中曾经论述说，政府必须建立学校，普及教育，这成为现代学校的先声。当然，为了与基督新教竞争，天主教进行了对应改革，其中包括重视普及教育，比如耶稣会就特别注重办教育。在海外传教过程中，如在非洲一些地方，当天主教处于与基督新教的竞争时，天主教和基督新教都促进了普及教育。不过，在缺少竞争的地方，基督新教在传播过程中更多地从事普及教育，从而更快地提升了传教区人口的识字率。

识字率只是文化的一个方面。与识字相比，婚姻家庭是更加重要的文化现象。与其他灵长类动物不同，在人类部落社会中，关系比较固定的婚姻家庭成为日常活动的基本单元，婚姻家庭禁忌和规范也成为最重要的文化现象。因为自然环境的不同和部落首领的偶然决策，在不同的部落形成了不同的婚姻家庭制度。人们比较熟悉的是一夫多妻制、一妻多夫制、走婚制等等，还有一些其他的婚姻制度，比如兄死弟承制，也就是如果兄长去世，嫂子由弟弟承接为妻，并且替兄生子以便传宗接代。只不过有些婚姻家庭制度已被淘汰，或者实践那些婚姻家庭制度的人群在竞争中被淘汰了。

人们维护婚姻和家庭制度的努力程度，与自然环境有关，也可能和所从事的狩猎和农业类型有关。亨里奇引用发表在《科学》等一级期刊上的新近研究，用实证数据说明，水稻文化和小麦文化有显著的不同，种植水稻可以高产，但是费时费工，需要很多人的协作配合，因此水稻文化中的人们更多注重维护婚姻和家庭的联结，会形成大家族的村落和血亲相连的乡镇。与此相对照，种植小麦不需要很多人的协作配合，小家小户就可以从事耕种收获，因此小麦文化中的人们个性比较独立，婚姻家庭相对来说比较不稳定。

人类在其赖以生存的生物地理环境中，并且在与其他族群的竞争中，通常要依靠家庭和氏族求得生存和繁衍。跨家庭合作较好的部落，可以在生存竞争中胜出。当跨家庭甚至跨氏族的有效合作机制形成时，便出现了国家。氏族国家进一步演化，便形成地域庞大的帝国。亨里奇说，古往今来的绝大多数人类社会大都是以婚姻家庭为核心的，甚至庞大的帝国也是由分成等级的多个家族氏族联合主导的。中国的历朝历代，也都是由家而国的家国天下。

然而，与这种普遍而强大的人类群体自然进化趋势相反，西方社会的婚姻家庭规范和制度被强行打破了。那是被西方教会所主导的婚姻和家庭规划（Marriage and Family Program，缩写为 MFP）所打破的。西方教会从公元四世纪到十三世纪，强力推行 MFP，其中包括严禁一夫多妻制婚姻，婚姻必须是一男一女；严禁与近亲结婚，而且"近亲"的定义不断扩大，超出五服之外；领养之人、教父教母这些关系本来没有血缘关系，也被禁止通婚；禁止与非基督徒结婚。为了求婚，人们只好离开本村本乡，去更大的空间范围寻找相同信仰者。结婚以后，新婚夫妇要离开父母，建立独立的家庭。这个规划，在基督新教各派中，得到继承和贯彻。这些禁令和指令，逐渐削弱甚至破坏了亲属关系网，缩小了家庭规模，降低了生育，也限制了代际王位继承和财产继承。例如，英格兰国王亨利八世是个强势君主，但是，因为一夫一妻制的约束，他为了婚姻问题绞尽脑汁，但是罗马天主教教廷总是拒绝他的离婚和再婚要求，最后，亨利八世强令英格兰教会断绝与罗马天主教的关系。不过，一夫一妻的婚姻家庭制度依然被英国国教（安立甘宗）继续下去。由于婚后的不孕不育，或者虽然生养却又夭折，都铎王朝终究无奈地终结。同样，贵族和平民一生积攒的财富遇到无子嗣的情况时，只能捐献给教会，通过教会留取功名。当人们遭遇危难时，也难以求助于已被打破的家族，只能依靠教会作为生活安全救济网。

西方教会的这一套婚姻家庭规划之所以形成并且得到强制执行，其原因或许是偶然的和特殊的，因为同样在基督教中的东正教教会，在这些问题上要宽松许多。亨里奇认为，在众多原因中，肯定包括它与其他宗教的竞争，特别是与古代罗马宗教、琐罗亚斯德教（拜火教）、犹太教和伊斯兰教的竞争。比如，在拜火教中，亲兄妹的婚姻是被接受甚至称许的；在伊斯兰教中，一个男人可以娶四个妻子，堂兄妹和表亲婚姻是被接受的，至今还非常普遍。不过，对于这些，亨里奇并未展开讨论。

西方血亲家族制度的崩溃，导致了一套奇特的心理和行为模式。因为没有大家庭和家族为依靠，为了生存，人们必须倚重个人的体能和素质，必须尽可能地掌握知识和技能，在感知和认知能力方面逐渐变得更加个人主义、自恋、控制导向；另一方面，因为没有大家庭和家族的束缚，这些深具独立意识的人们变得不墨守成规、较少羞耻感但有较强的负罪感，因为羞耻感往往是由于违背了族群规范而引起的，而负罪感则是因为违背了自己的良心或上帝的戒律而发生的。也就是说，当一个人决定是否做一件事情时，主要考虑的不是脸面问题，不再是外部规范问题，而是是否符合自己内心的道德原则或上帝的戒律。哥白尼提出日心说和马丁·路德发起宗教改革，可以说都体现了脱离家族依靠和束缚的个体独立心理。亨里奇说，这些不是所有人的共同心理，而是西方人特有或特别明显的心理特征。

生存竞争需要人们联合为群体以便抵抗其他群体，但人们不再能靠血亲联合，而是必须超越血亲关系寻找有共同兴趣和志向的人联合，从而导致了非个人、非血亲的社会规范的形成，包括对于没有血亲关系之陌生人的信任、公平、诚实、合作、公正的原则和道德判断的倾向。这些社会规范的文化，进而导致了某些社会组织制度的形成，包括行业协会、城市、大学等这些自愿加入的、超越个人特性的公平市场，以及在机构内部和外部社会的参与式治理。这些社会制度在中世纪的欧洲出现，逐渐演变成现代西方，并最终向世界各地扩散。对于这些，此书根据历史文献和多种研究做出了相当充分的叙述，比如大学的成立，城市公共钟表的建造及其经济效益、行会的扩展，在战争频繁的情况下城市人口的持续增长，城邦的代议制度等。

三

亨里奇强调，这本书不是关于西方与其他国家天壤之别的论述，也不是归因于基因遗传学的论述，而是探讨导致现代制度的文化进化、社会规范及其心理机制。"我们不是在观察民族之间固定的或本质的差异，而是在观察一个持续的文化演变过程，受到多种因素影响的跨地域和跨世纪的历史演变过程。"（194页）文化在人性中的中心地位反映在学习的能力——向谁学习、学习什么以及何时使用文化学习而不是单靠自己的经验，尤其是在宗教和仪式方面。不过，文化并非类似于电脑软件，可以简单升级软件，文化更新也会改变硬件，即改变人们的大脑结构和生理器官质性。在某个特定的社会文化中，"即使某些制度实践被放弃，围绕这些传统制度的价值观、动机和社会实践，仍然会通过文化传播延续几代人"。

在这方面,中国就是一个很好的例子,虽然采用了一些西方制度,但是传统心理依然存在。"在这种情况下,即使在家族组织消失之后,文化传播也会使家族心理世代延续下去。"虽然新中国的婚姻法和一系列革命举措极大地改变了中国的婚姻家庭制度,但是,"与中世纪欧洲使用 MFP 的地区的人们不同,二十世纪后期的中国农村,并没有自发地创建很多志同道合的陌生人之间自愿的结社。取而代之的是,人们重申了与他们祖籍地的联系,加强了他们的宗族关系,并且自发地改建了以亲属关系为基础的排他性群体,这种群体是建立在基于裙带关系的忠诚美德之上的。即使中国政府在二十世纪五十年代试图打破家族,甚至烧毁了他们的族谱,但是这种情况还是〔在改革开放之后〕发生了"(357 页)。

因此,按亨里奇的观点,非西方民族的现代化,不得不经历很长时期的挣扎和反复,然后才可能将他们的心理、规范和制度,甚至重新构造的大脑神经,逐渐协调一致起来。如果协调一致的变化只能发生在几个世纪和几代人之间,那么,怎么才能避免陷入某种版本的文化本质主义或某种种族优劣论?这是我向亨里奇提出的首要质询。

其实,由中国、韩国、日本和世界各地的东亚侨民组成的全球东方(Global East),对亨里奇的这一套理论建构提出了一些挑战。首先,正如书中所描述的,无论有没有采纳西方宗教,当代全球东方确实采用了 MFP 的大部分做法,包括取消一夫多妻制、减少近亲结婚、鼓励新婚夫妇建立独立的家庭,等等。然而,日本、"四小龙"和中国的快速经济崛起并没有花费几个世纪,而且是与 MFP 的采用几乎同时或交错发生的。亨里奇所论述的 MFP 导致的心理变化、社会规范变化以及历时数个世纪的现代社会制度的形成,这些看似逻辑的必然次序,可能不过是虚幻的次序,抑或是现代制度的扩散过程不同于原生过程,扩散过程中的各项因素和具体过程可能是可以重新排列的。就如同韦伯命题，现代理性资本主义的创生或许是基督新教伦理带来的突破，而现代理性资本主义或市场经济的传播，则未必需要新教或新教伦理作为必要的支撑。

其次，亨里奇正确地指出："虽然欧洲以外的许多古代和中世纪社会都有繁荣的市场和广泛的长途贸易，但它们通常建立在人际关系和血亲制度的网络上，而不是建立在具有广泛适用性的非人情交换规范之上，不是基于公平和非人情的信任原则。"（307 页）比如，回族依靠血亲关系曾经在丝绸之路上建立了繁荣的长途贸易。我要说的是，这不仅发生在古代的丝绸之路上，在近代西方殖民主义统治下的东南亚，华人的经济成功，可以说是发挥了以血亲为基础的社会网络独特优势，商业贸易和借贷通过居住在不同地区的血亲关系网得以进行，而不是依靠政府的法律法规。在现代西方主导的环太平洋地区，形成人类学家所称的"无界帝国"，其中同样可以看到血亲网络发挥了至关重要的作用。事实上，本人采访过的一些华人家庭，他们特意将家庭成员安置在太平洋沿岸的不同国家和地区，这是家族的一种生存策略，为的是应对各种风险，在不同国家不同时间不同地点，可能会发生战争、政治动荡、种族主义暴力或金融风暴，而提前安置在不同地方的家庭或家族成员，可以接待遭遇风险的亲人。同样，散居各地的犹太人，为了生存，在全球范围内保持着广泛的血亲网络。这些案例，凸显了移民、跨国主义和全球化等几项当代世界非常重要的因素，有必要进行更多的研究和解释，这些因素尚未进入亨里奇的论述。我猜想，浓厚的血缘关系可能会扼杀创造发明和经济活力，人口流动则可能会削弱或稀释血亲关系，从而给人们更多创造发明和经济活动的空间，同时又不会遗弃血亲关系在维持商业信任和作为社会安全保障网的某些好处。这些是值得进一步研究的。

第三，在采用西方制度或现代制度之前，全球东方就已经存在着一些所谓的怪异人心理和行为模式了。例如，此书给出了七十六个国家或地区的耐心程度全球分布图。深浅不一的灰色表明中国、日本和韩国与西欧、北美和澳大利亚非常相似，但我在此书中没有看到有关全球东方这个心理特性的相关讨论。此外，书中不止一次提到东亚人勤奋的工作伦理，但没有很好地融入理论解释之中。与前面提到的猜想相关，我的推测是，一旦血亲关系变得稀薄，就像二十世纪的全球东方社会和一些移民在文化多样化的国际大都市定居的散居社区中发生的那样，这些心理特征可能会有助于他们采用和融入现代制度。这也是可以进行很多实证研究的地方。

最后，本书将分析性思维作为"怪异人"心理学的一大特征，难道这不应该辅以综合性思维能力吗？也许大多数"怪异人"确实是分析性强而综合性弱，但是，在"怪异人"的世界中，同时具有这两种能力的极少数人，则能够像本书一样将分析性的部分组合在一起，并以壮观的方式呈现宏观图景，尽管其中尚有很多需要进一步研究、完善和加强之处。

无论如何，对于关心社会文化比较研究的学者来说，在未来相当长的岁月里，这本巨著必定会陈列于必读书目之中。它综合了多学科的最新前沿研究，在广度和细节上远远超出以往的同类著述。可以预知的是，总会有些人拒斥、批驳、证伪某些具体的方面，因为辩驳验证是现代科学和学术的正常现象。但是，作为整体，这本巨著达到了某种艺术水平，即使其中的个别细节被否证，其整体的艺术效果依然会屹立不摇。当然，这种艺术需要特殊的视角，没有这个视角时，你会看到一片杂乱堆积。一旦找准视角，就会为这件艺术杰作的构思和创作惊叹不已，恰如观赏纽约艺术家麦克尔·墨菲（Michael Murphy）的知性艺术作品一样。

（*The WEIRDest People in the World: How the West Became Psychologically Peculiar and Particularly Prosperous*, Joseph Henrich, Farrar, Straus and Giroux, 2020）

短长书

终南捷径,帝王心事
——四库众生相

陈晓华　侯晓玉

清乾隆朝修《四库全书》,为之专门设立了四库馆。四库修书的第五年,即乾隆四十三年(一七七八)五月二十六日乾隆下旨告诫四库馆臣,不要借四库修书行终南捷径之事,要实心办事,恪尽职守,不得敷衍塞责。以帝王之尊,亲自下旨严禁,说明这个终南捷径已是四库修书中的常态。不过,这个终南捷径,其实还是乾隆一手缔造的。但到他下旨严禁时,面对既成事实,即使贵为君王,也只能徒自感慨,颇有心事不知向谁说的无奈。当然,终南捷径也并非就绝对是坏事。它是中国古代的一种文化现象,以退为进,以隐求仕,欲擒故纵。此外,四库馆也并不全是这等现象。四库修书的主流是正能量的,终南捷径仅是四库修书的支流。

借四库修书行终南捷径的话出自乾隆,但终南捷径一词并非乾隆首创,而是唐朝道士司马承祯为卢藏用创造的。据《新唐书》记载,司马承祯与卢藏用一道被征召,但司马承祯无意仕途,最终选择回终南山。启程时,卢藏用去送行,指着终南山说,这是个风景好的地方,适合养生隐居。司马承祯毫不客气嘲讽回应道"当官的捷径",于是以隐入仕,便被谑称为"终南捷径"。

四库修书,对于士人而言,是崇高神圣的,对于普通大众,更是高山仰止,因此当时自上而下都对四库修书寄予厚望。加以乾隆的恩宠,自然而然就与终南捷径扯上关系了。当然,终南捷径只不过是四库修书的支流,四库修书的主流仍是勤勉工作,尽力修书。如总纂官纪昀一生未有大的著述，全部精力尽耗其中。有分纂稿提要传世的纂修官翁方纲，下班后还去琉璃厂等地寻访修书需要的书，对修书尽心尽力。以破格参与修书的戴震则是四库修书的殉职者。四库馆中有关天文、算法、地理、文字、声韵等书的校订及提要撰写工作基本上都出自他手。繁重的工作严重影响了他的身体健康，年仅五十五岁就以身殉职。

然而，在倾力修书之声中，也有不和谐之音，那就是四库修书偏偏和终南捷径扯上了关系。当馆内外学者论辩四库修书、讨论学术异同是非时，希望借四库修书之事，获得官位或升迁者不计其数。之所以如此，溯其根本，始作俑者还是乾隆，他急于看到四库修成，所以抛出利禄推动之。但是，乾隆具有两面性。他对自己的母亲克尽孝道，对自己的发妻及其叔伯，他也能以儒道待之，而面对可能的隐患，他往往采取雷霆手段，处置决绝。乾隆初年，对大臣中的结朋者如鄂尔泰、张廷玉，他就曾毫不留情地加以黜置。四库修书期间，曾任总校官、总纂官、副总裁的陆费墀之所以有逝于非命的结局，也完全系于乾隆欲防朋党于未然。

四库馆终南捷径盛行离不开乾隆的恩宠。四库修书，寄予了乾隆成就帝王大治的期许。号称"十全武功"的他，如再有文治，就可望比肩圣君。加以乾隆认为自己年纪大了，成就夙愿的心情很是迫切，生怕自己去世前看不到《四库全书》成书。对于四库修书，他最大的愿望就是既保证质量又高速完成。因此，他对四库诸馆臣寄予了厚望，始终关注他们的修书事宜。馆中诸事，无论大小，都亲自过问。为此，他恩威并施，直接肇始了终南捷径。

从修书的前期准备来讲，从全国各地征集大量书籍是四库修书顺利开展的基础条件。为使天下百姓踊跃献书，乾隆亲自向天下许诺，献书者无需担心书籍有否违碍。即使有违碍，也是罪书不罪人。除此之外，还制定了奖励政策。如奖书，对进献书籍五百种以上者，赏一部《古今图书集成》；进献书籍一百种以上者，赏一部《佩文韵府》。又如御制诗文题咏，进献书籍超过百部，质量精良者，乾隆亲自题诗。最后，《四库全书总目》标注版本时并非著录刻书者和刊刻时间、地点，而是以采进地方政府或献书者的名字代替，如纪昀家藏本，浙江巡抚采进本。这也激发了民间藏书家的献书热情。

到了修书时，四库馆不仅以军机大臣担任总裁，而且破格重用人才。破格者，如纪昀，破例从流放之地召回任总纂官，连进士都不是的举人戴震、杨昌霖等也被召入馆。而平民身份的丁杰经过朱筠、戴震、翁方纲三人共同延请，得以凭借私人资格助理校勘。总之，当时借助四库开馆而显耀者，不乏其人。而为全面保障修书工程迅速高效展开，乾隆更是精心安排了馆中人事。他派三个皇子入馆，并让其中的永瑢担纲总领全馆事务，还安排刘统勋、于敏中、舒赫德、阿桂、英廉、福隆安、和珅等一大堆显贵入馆。他们的入馆保证了修书无任何后顾之忧，也历练了他想提拔大用的人。这一切，都是乾隆统治术的具体实践。

永瑢在诗、书、画等方面造诣颇深，又晓习天文知识，功底深厚，且为人质朴。他早已出继，实为皇子名为宗室。这样的身份，能很好扮演起乾隆和四库馆臣之间的缓冲角色。既然在宗室中脱颖而出，担当重任，必定是乾隆青睐有加，在四库馆行事就如同乾隆亲临，也就免了乾隆亲临的压力与钳制嫌疑。永瑢在四库馆中，也的确不负乾隆重托，很好地完成了乾隆的安排。他总领馆事，负责馆中人员奖惩、行事章程、人事安排等。馆中各类细务都被永瑢妥善处理，在他的精心调控与维系下，四库馆中各项工作得以有序开展。不过，四库馆对书籍处理的过失，永瑢也脱不了干系。

舒赫德是乾隆派给永瑢压阵的。自开馆之初的乾隆三十八年（一七七三）入四库馆任总裁，直到乾隆四十二年（一七七七）去世，为助永瑢以成四库大事，保证修书质量，费心耗力不少。纂修《四库全书》这样一个大工程，肯定也少不了乾隆亲信和珅的身影。他在乾隆四十一年入四库馆任职。这年，是馆内禁毁书籍最严厉的时候，也是舒赫德去世之年。和珅在这年入馆，乾隆历练和珅，加强对四库馆的控制意图是明显的。四库馆同时还是一些有罪臣子的起复之地。如王太岳因修书而复起，对乾隆感激涕零，而乾隆对臣子有利国事的期望也在王太岳身上得以圆满实现。

　　同时，为保证抄书人手，以及抄书质量，四库馆采取了在落第举子中选字画工整者抄缮的办法。乾隆关于办理《四库全书》并《荟要》所用誊录于京闱乡试落卷中择取的旨意，解决了这些落第举子的困顿，给予了他们机遇，也使四库馆成了他们的寄食之地。这些落第士子中不乏等待时机，蓄势而发的"卧龙"。他们如勤勉工作，成绩卓著，就有在顺天府应试的机会，而且议叙优秀者，还有升迁的希望。这就是他们的终南捷径。所以即使抄缮需要自备斧资，他们也愿意参加。如洪亮吉就是因为在四库馆抄缮，得以在顺天府参加乡试得中，进而参加会试，走上仕途的。这足可表明四库修书并非简单的文献整理活动，而是综合性的文化活动，会引起连锁反应。

　　由此可见，四库馆的各色人等，程度不一地获得了自己的期许，四库馆无疑是他们进身的好阶梯。连对总纂官纪昀来讲，也因此得益。乾隆三十三年（一七六八）纪昀因涉两淮盐引案，而谪戍乌鲁木齐，但因四库修书，纪昀在乌鲁木齐仅待了十几个月，理想、斗志、情趣并没有似其他谪戍之人，因年年岁岁的无望守候而泯灭。他眼中的乌鲁木齐，是"耕凿弦诵之乡，歌舞游冶之地"（《乌鲁木齐杂诗》）。所作诗作，是盛世之下，志士能人开疆拓土，报效朝廷的由衷抒发，大有盛唐之风。与为同一件事而被流放的卢见曾的《塞外接家书》中"料来狼狈原应尔，便说平安那当真"（转自《随园诗话》）的情境相比，立意甚异。所遇不同，自然流放观感迥异，当然立意也绝别。

　　而因四库修书，纪昀得到了乾隆非常大的关照，不仅多次得以陪同乾隆南巡，而且修书期间，虽被多次记过罚款，但并没有妨碍他不断升迁。纪昀在乾隆这里实现了士人的理想，为报知遇之恩，一生尽心竭力为四库修书。

　　然而，想走四库修书终南捷径者，并非都能如愿。首先，不是任何臣工都能入四库馆。即使入四库馆，馆中也有严格的奖惩制度。不过，在奖惩之外，还有更大的暗流涌动带来的四库修书诸人的宠辱不定，那就是如何防止因四库修书而结党。用全国之力修书，全国上下一片沸腾，京城人员流动频繁，臣工内部及臣民之间来往密切，向学氛围高涨，文化空前繁荣。面对这种局面，在开馆前，刘统勋所担心的结党等问题，势必引发乾隆的关注，激起乾隆的心事。

四库修书在自己既定要求下有序展开，不久的未来可望实现，乾隆是非常高兴的。然而，从中滋生出的如终南捷径等弊端又令乾隆增添了不少心事。归而言之，乾隆心事有四：一是解决困扰自己的某些人敷衍塞责，而以修书为终南捷径等官修书籍积弊；二是如何保质保量修成旷古杰作，完成学术文化总结，获得圆满的文治，成就帝王大业；三是如何确立思想文化导向，解决本朝思想文化问题；四是防止因修书而结党。为此，乾隆亲自出马，全程督导，自觉担当起不是总裁的真正总裁之责。从书名、征书、编修体例、奖惩措施到人员安排、馆中事务等具体事宜，乾隆全都一一量身定制，全力以赴。他自始至终倾力于四库修书，确立了各项标准，安排了人事，尽力解决修书弊端，纠偏查偏。

在《四库全书》的编纂过程中，馆内众人多次出现如漏写、丢书、拈轻怕重、徇私舞弊等渎职现象，加以馆内人员水平不一，又有乾隆对修书速度的要求，四库修书存在一定质量问题。官修书籍的这些积弊早已有之，非四库修书独有。乾隆本人也非常清楚，这样的积弊很难根治，只能通过警谕惩赏等减缓而已。为此，四库馆实行了奖惩制度。每三月以记过清单的形式，记录馆臣修书的过失。同时丰富奖励形式，对修书有功者进行多种形式奖赏。并且奖惩之间可以互抵，馆臣可用有功记录抵偿过失。通过设立明确的奖惩制度，任何人不得搞特权，"嗣后阿哥等校书错误亦应一体查核处分"（《纂修四库全书档案》），以此把控馆臣人心，这在一定程度上保证了书籍质量。同时，也鼓励馆臣间互相监督，这引起馆内告讦之风盛行。进书者之间、馆臣之间都有大义灭亲者。

至于结党，在四库修书全程中，乾隆一句都没有提到。因为早在乾隆二十三年（一七五八），他解决张廷玉、鄂尔泰二人结党问题之后，就发出了已经解决困扰父祖多年的朋党问题，本朝再无朋党的自豪声音。

"我朝圣圣相承,乾纲独揽,政柄从无旁落。如康熙年间之明珠、索额图、徐乾学、高士奇;雍正年间之李卫、田文镜等,其人皆非敢舣法干纪,如往代之比。不过私心未化,彼此各持门户之见。即联初年,鄂尔泰、张廷玉二人,亦未免故智未忘,今则并此而无之矣。"(《清实录·高宗纯皇帝实录》)

不过,在四库修书时,与结党有关系者的著作多被抽出、销毁。连名臣张廷玉的作品《尤瘒稿》也在禁毁之列,可见乾隆对结党问题的重视。凡稍有结党的迹象,都会令乾隆严阵以待。既然金口已向天下发出本朝没有结党问题的声音,那么他的朝代就不能再有结党问题存在。因此,他不顾刘统勋朋党再起危险的告诫而修书,自然会对这一问题严密防范,密切关注。于是陆费墀就这样进入了他的眼帘。乾隆四十五年(一七八〇),陆费墀因遗失书籍底本,且拖延掩饰而被弹劾。乾隆大为生气,他虽认为"办理《四库全书》一事,卷帙浩繁,人员冗杂,瞻顾私情,自所难免。然以国家办此大事,岂能彻底澄清,毫无瞻徇"(《纂修四库全书档案》),但是陆费墀的徇私舞弊却出格了。陆费墀私附于敏中,这在清代前期中期都是大事。一手操纵四库馆的乾隆明了在心。清朝康熙、雍正年间存在臣子结党问题,即位初的乾隆就有根治臣子结党的决心,并实行之。严处陆费墀可以说是乾隆对群臣的敲打,警醒有结党心思者。当然,修书接近尾声之时,惩办一二大臣也是乾隆统治术的具体体现。

修《四库全书》一事,与清代众多学者、臣民命运纠缠,不仅是修书,也是当时士人行止的一段书写。借修书而行终南捷径,只是四库修书伟业中的小小插曲,但从中也可见清代士人的情感、品性和追求。

为《阿Q正传》作笺注

黄乔生

我为《阿Q正传》(以下简称《正传》)作笺注的想法萦绕在脑海已有多年,今年方才作成,足见自己不是笺注的好手。注疏,一般人看来,不及著述远甚,"尔雅注虫鱼,定非磊落人",锢钉之技,不足称学问的。然而,我拖延的原因却是担心自己琐屑杂乱的学问尚不能胜任笺注《正传》的工作——面对这部文学经典,惶恐在所难免。

《阿Q正传》发表后不久,就引起关注,在《晨报副刊》连载不久,就有人猜测作者是谁,阿Q影射的是谁;至今,这部作品仍被中学和大学的教科书全部或部分选录,而且被译成多种语言。一百年过去了,它仍然具有吸引人一读再读的魅力。《正传》篇幅虽然不大,文化意蕴却很丰富。历来对这部作品的解读,偏重于主人公阿Q身上所凝结的民族之劣根性,当然是不错的,但笼统的概括可能会遗漏一些有意义的细节,详细的注释很有必要。

我开始作笺注时,有一个想法,就是把读者设想成外国人。外国人对中国文化和鲁迅时代的现实是陌生的,需要背景知识的介绍和各种名物的释义。我这么想的原因,是怀疑小说中一些微妙之处,外文译本恐难传达。如币值方面的"二百大钱九二串",政治术语的"柿油党"等,鲁迅自己就向几位外文译者解释过——其中也有华裔译者。对这些词语,外文译者有时候不得不以脚注、尾注的方式解释其特殊含义。如,最近几年出版的英文译本,就有将"柿油党"意译为"Persimmon Oil Party"的,在脚注中解释道:In Chinese, "Freedom", *ziyou*, sounds much like "persimmon oil", *shiyou*, an understandable error of hearing, therefore, by the good burghers of Weizhuang. Julia Lovell,*The Real Story of Ah-Q and Other Tales of China:The Complete Fiction of Lu Xun*, Penguin Books. 甚至，译者有时为便于读者阅读和理解，将本该以脚注或尾注形式表述的内容放进正文，如假洋鬼子讲述自己的革命经历时提到"洪哥"——译作 my dear friend，没有把"哥"字中蕴含的中国传统结义文化、会道门文化的精义表现出来——后面加上这么一句："by whom, his listeners may or may not have been aware, he meant Li Yuanhong, one of the leaders of the Revolution." 目的是想让读者更好地理解当时中国社会的政治和社会背景，用心不难理解。还有些场合，译者通过对原文的加减，采取意译达到更好的效果，如紧接着"洪哥"，是假洋鬼子讲外文的一段："我们动手罢！他却总说道 No！——这是洋话，你们不懂的。"该译本作："Let's strike now!" But he'd always say'—here he broke into English— 'No!'...That's a foreign word—you won't understand." 虽然标点有些复杂，读者可能弄不清说话人是谁，却颇有神韵。

闲话少说，言归正传。外国人——无论他有多高的鉴赏能力——能否真正理解这篇"很中国"的作品，实在是个疑问。小说中那些微妙之处，译本恐难传达。如罗曼·罗兰说，阿Q那可怜的形象在他脑海中留下了很深的印象，特别是阿Q为签名画押不能画圆而懊恼不已的场景，这是他独特的感悟。可见，外国读者对中国历史文化和社会现实总是有些隔膜的，这就需要详细加注释。

虽然我假想笺注本的目标读者是外国人，当然主要还是写给中国读者的。我更担心的是，中国读者因为熟悉鲁迅，没有陌生感和新奇感，反而不能给予更多的注意。从这个意义上，我想注释得更详细一些，提供更多参照，希望读者能时时反身观看，获得一些新的感悟。至于所谓的经典，不同读者有不同的看法，不同视角会获得不同的感受，每读一遍都会有新的发现，不同时代、不同地位的读者都会贡献出新的体验，可以说，一千个读者有一千个阿Q。王冶秋在《阿Q正传（读书笔记）》

中建议至少读十几遍："看第一遍，我们会笑得肚子痛；第二遍，才咂出一点不是笑的成分；第三遍，鄙视阿Q的为人；第四遍，鄙弃化为同情；第五遍，同情化为深思的眼泪；第六遍，阿Q还是阿Q；第七遍，阿Q向自己身上扑来……第八遍，合而为一；第九遍，又化为你的亲戚故旧；第十遍，扩大到你的左邻右舍；十一遍，扩大到全国；十二遍，甚至到洋人的国土；十三遍，你觉得它是一个镜；十四遍，也许是警报器……"

《正传》用白话文写成，虽然也有些古语、方言，但读起来并不难。不过，因为历史久远，时空隔离，一些场景、语句、古典和今典（也逐渐变古），如不加以解释，就是中国读者也难免有理解障碍。问题是，注解到什么程度为好？有一派学者主张"不求甚解"，信书读百遍，其义自见，最终也能读出自己的心得。这自然不无道理，而且确也有这样理解力高强的人。并且，我实在也担忧注释文字太多会淹没原著的精彩，喧宾夺主，啰唆夹缠，不但无益，反惹厌恶。

这需要笺注者注意把握分寸，达到恰切适当。但怎样才算恰切适当？也没有一定标准。《正传》是鲁迅小说中的独特之作，有人称之为杂文化小说，文化含量很高。例如序言，差不多就是一篇"论传记之名目"的文章，本身就是全书题目的注释。那么，我的笺注就成了注释的注释。也许有人认为原著这一部分可以不要，径直从赵家公子隽秀才后阿Q想姓赵开始，如此则我的笺注更成了重叠之床、续貂之尾。话说回来，阅读这些有关传记名目的议论和解释，读者不仅了解一些文史知识，而且可从更深层面理解鲁迅的创作意图。

笺注是对作品的细读，其首要目的是回到鲁迅的本意。鲁迅发表这部作品之前和之后，认识水平和人生体验是有变化的。作品发表后，鲁迅回答外界的询问，就创作过程所写的说明，如《〈阿Q正传〉的成因》，以及为外国译本写的序言，还有关于作品争论的文字和与朋友谈到作品的书信等，都透露出他的创作意图和思想观念，对我的笺注起到了纲领性的指导作用。

笺注更重要的任务,是阐释作品中人物行动的思想根源、心理动机。阐释阿Q种种言行的根源和动机,尤其是他的精神胜利法的内涵,并不是很轻易的工作。这方面,笺注文字在"优胜记略"等章节中占了不少篇幅。

本次笺注对作品中地理、民俗、方言等的注释也较为详细。如:第一章对"黄酒"和对当时绍兴地方的赔罪风俗的注释;第二章对绍兴人旧时"舂米"的方法和"押牌宝"的解释;第三章在介绍绍兴地方戏《小孤孀上坟》,请道士祓除缢鬼及缴纳香烛赔罪等习俗时也提供了不少参考资料。

鲁迅有时使用绍兴方言,一般读者也许不大能看出来。笺注参考学界的研究成果,做了介绍。如第三章阿Q的动作"摩",鲁迅原打算用绍兴方言"攎",再如第六章的妇女们怕见阿Q而到处"钻"等。

古代词语,固然要解释,但"今典"的释义也甚是必要,如武昌起义、假洋鬼子、中华自由党等,注释有助于读者了解时代背景和文化氛围。

注释了一通,我自己似乎也有所得。因为系统阅读鲁迅有关阿Q的自白和论述,我体会到,作品发表之后,鲁迅的思想有了进一步的发展,对国民性的批判更加深化,在后期的杂感文字中笔力更专注,文风也更犀利。我在笺注中做了引申介绍,同时也感到阿Q这个人物的塑造在鲁迅笔下似乎还没有完成,阿Q的精神还没有达到最高峰。小说中阿Q的接班人也就是小D(小同)而已。假如阿Q掌了权——就像鲁迅后来接受访谈时说的"阿Q已经管理国家了"——就一定会有很多"大同"出来。

关于作品的评价,早期几位批评家的意见很值得重视。发表在一九二二年三月十九日《晨报》副刊上的仲密(周作人)的《〈阿Q正传〉》,几段话就抓住了作品的要旨。评论者自己后来透露,这篇文章发表前曾经给鲁迅看过,得到首肯。文章在赞扬的同时,也指出一些问题,如认为鲁迅的创作意图没有贯穿到底:本来他是要推倒阿Q的,最终不但没有推倒,反而将他扶起来了,阿Q成了未庄唯一可爱的人。我这次阅读笺注,对此印象很深,原来阿Q这个人物形象不是靠丑恶立脚,在他的周围还有更丑的人。这个反转令人不寒而栗。读者得意洋洋,以为比阿Q高一等或数等,读完全篇,恍然大悟,懊然猛醒,原来自己就站在观看阿Q"大团圆"结局的人群中,原来自己还不如阿Q!如此,则我们的阅读成果竟然可能也是一场精神胜利。是啊,如果我们以为自己已经完全摆脱了阿Q精神的纠缠,认为《正传》已经过时,那就更加可笑而且可悲了。

经典是琢磨出来的,也要经得起挑剔。《正传》发表后,评论纷至沓来,有人说好,有人说坏。西谛(郑振铎)的《〈呐喊〉》、雁冰(茅盾)的《读〈呐喊〉》等评论文章,鲁迅是看过的。郑振铎指出小说写阿Q参加革命造成人格上的分裂,鲁迅不能接受,他的辩解在本书笺注中已经有所体现。还有人提出,第八章中大队军警轻重武器齐上阵,捉拿区区一个小偷,实在不必,夸张过甚。鲁迅却不这么看,他在回答质疑时引用了现实发生的事件作为佐证,本书笺注引用资料,对当时中国的军警制度做了简单介绍。至于《正传》中存在的事实错误、季节错乱、前后文不照应等,有的鲁迅本人后来做了更正,有的则经研究者指出,笺注随处做了说明。

因为篇幅的限制,笺注对作品总体构思、叙述方式等方面的得失的评价着墨不多,书后也未能附录历来有关这部作品的评论文字。现在用一点篇幅,摘引几条。因为正面的颂扬已为读者常见,此处偏重负面批评,以与《正传》创作意旨一致。

一九二二年二月十日,《小说月报》第十三卷第二号发表谭国棠与茅盾关于文学创作的通信。谭国棠写道:"《晨报》上连登了四期的《阿Q正传》,作者一文笔真正锋芒得很,但是又似是太锋芒了,稍伤真实。讽刺过分,易流入矫揉造作,令人起不真实之感,则是《阿Q正传》也算不得完善的了。创作坛真贫乏之极了!"茅盾复信表示了不同意见:"至于《晨报副刊》所登巴人先生的《阿Q正传》虽只登到第四章,但以我看来,实是一部杰作。你先生以为是一部讽刺小说,实未为至论。

阿Q这人，要在现社会中去实指出来，是办不到的，但是我读这篇小说的时候，总觉得阿Q这人很是面熟，是呵，他是中国人品性的结晶呀！我读了这四章，忍不住想起俄国龚伽洛夫的Oblomov了！"

收录了《正传》的小说集《呐喊》出版后第二年，成仿吾在《创造季刊》上发表《〈呐喊〉的评论》，对小说集表示失望乃至蔑视。他认为，鲁迅的"前期的作品有一种共通的颜色，那便是再现的记述。不仅《狂人日记》《孔乙己》《头发的故事》《阿Q正传》是如此，即别的几篇也不外是一些记述(description)。这些记述的目的，差不多全部在筑成(build up)各样典型的性格(typical character)；作者的努力似乎不在他所记述的世界，而在这世界的住民的典型。所以这一个个的典型筑成了，而他们所住居的世界反是很模糊的。世人盛称作者的成功的原因，是因为他的典型筑成了，然而不知作者的失败，也便是在此处。作者太急了，太急于再现他的典型了，我以为作者若能不这样急于追求'典型的'，他总还可以寻到一点'普遍的'(allgemein)出来"。他因此斥责鲁迅小说艺术"浅薄"和"庸俗"，判定这些作品大都是"拙劣"且"失败"的。但为了给鲁迅一点儿"面子"，他将其中一篇历史小说《不周山》(后改题《补天》)评为"有一些瑕疵"的好作品。他这篇批评文章对《正传》涉及不多，因为据他自己说，他"批评《阿Q正传》时，甚至都没有耐心读完"。尽管如此，他还是论定《阿Q正传》是"浅薄的记实的传记"，"结构极坏"。

诗人朱湘认为《正传》不如《故乡》。他针对《呐喊》中八篇描写乡间生活的小说评论道："《阿Q正传》虽然最出名，可我觉得它有点自觉的流露。并且它刻画乡绅的地方作《儒林外史》的人也可以写得出来，虽然写赵太太要阿Q买皮背心的一段与阿Q斗王胡的一段可以与《故乡》中的闰土的描写同为前无古人之笔。"(天用：《桌话之六》，载一九二四年十月二十七日《文学周报》第一四五期)他认为《阿Q正传》第一章关于传记名目的一番考究是模仿《堂吉诃德》："这种'名学'的考究固然可以说是不谋而合，不过鲁迅的那篇小说也是拿一个Q字来回旋，这就未免令人生疑了。并且《阿Q正传》在结构上是学《堂吉

诃德》。所以我如今仍持旧见:《阿正Q传》并没有什么了不得。"(《再论郭君沫若的诗》)

这类见仁见智的阅读感受还有很多,恕不一一引述。

《正传》笺注本出版计划的实现超乎预期。商务印书馆出版平装本,北京联合出版公司、崇贤馆出版繁体字线装本。平装线装,俱为佳制;简体繁体,文气相通。出版界朋友们为这部经典作品问世百年纪念贡献的心力,令我感佩,给我鼓舞。

短长书

在中亚,与诗人萨迪不期而遇

王一丹

一

旅行常会给人意想不到的收获,对于我,中亚之行尤其如此。

二〇一七年夏天,我有幸参加了新疆师范大学文学院组织的中亚考察团,由朱玉麒老师领队,前往塔吉克斯坦。考察的第一站,是塔吉克斯坦北部古城——苦盏（Khujand）。

六月二十一日,我们从杜尚别乘车北上,过泽拉夫善河,翻越突厥斯坦山脉,进入费尔干纳谷地,途中考察了沙赫里斯坦地区的古代粟特遗址 Bunjikath,傍晚时投宿于附近一个山村。第二天（二十二日）一早起来继续赶路,经乌拉丘别,午后抵达苦盏,便开始参观苦盏博物馆和古城墙。苦盏是塔吉克斯坦第二大城市,位于费尔干纳盆地西南角,素有"费尔干纳的门户"之称,清澈而平缓的锡尔河水从城中流过,成群的孩子在河边戏水,响起一阵阵嬉闹声。河边公园里有一座十四世纪诗人卡玛勒·忽毡迪（Kamāl Khujandī）的塑像。诗人面朝锡尔河,手持书卷,仿佛正在凝神吟诗。卡玛勒出生于苦盏（古称忽毡）,以善写抒情诗闻名,后去麦加朝觐，返程时游历于伊朗，最终定居于伊朗西北名城大不里士，去世后安葬于大不里士城东的诗人公墓。据说二〇一四年塔吉克斯坦文化代表团访问伊朗时，将卡玛勒墓前一抔土带回苦盏，在锡尔河边这个公园中建起了卡玛勒·忽毡迪纪念馆。馆中的陈设以塔吉克斯坦民俗文化为主，也有卡玛勒的诗集（Dīvān），可惜不对外出售。馆藏资料中有一些其他诗人的作品，我选购了一本波斯呼罗珊诗人阿塔尔的石印版诗集，以作纪念。

二十三日上午，我们参观了一个私人博物馆，买到一本不知名作者的诗歌抄本，接着又顺道参观了郊区的一个文化宫。据担任向导任务的邓新老师介绍，文化宫原属于苏维埃共和国时期一位名叫赛义德霍加·乌伦霍加耶夫（Saidkhuja Urunkhudjayev, 1901-1967）的农场主，一九九二年拉赫蒙在这里被推举为塔吉克斯坦共和国总统，因此是一个在塔吉克历史上有着政治意义的地方。文化宫前的阶梯广场视野开阔，遍种鲜花，一侧的台地上立有赛义德霍加的塑像，塑像前墓碑旁横放着一块圆柱状黑色大理石，上面刻有文字。走近一看，竟是四行波斯语诗句，鎏金的文字书写工整，非常清晰，很容易识读：

یاد·داری·که·وقت·زادن·تو·

همه·خندان·بودند·و·تو·گریان·

آنچنان·زی·که·بعد·مردن·تو·

همه·گریان·شوند·و·تو·خندان·

（سعدی）

诗句最下面括号里写着的名字是 سعدی（Sa'dī，萨迪），我有些意外，定睛再看，没错，确实是萨迪的名字。绕到石碑另一边，背面用西里尔文书写的是同样的四行诗句，括号里的题名也是萨迪。萨迪（约一二一〇至一二九二）是波斯文学史上最伟大的诗人之一，《果园》（Būstān, 1257）与《蔷薇园》（Gulistān, 1258）的作者，与菲尔多西、鲁米、哈菲兹并称为"波斯文学四大支柱"。没想到在苦盏这样僻远的地方会看到萨迪的名字，这一发现比前一天见到卡玛勒·忽毡迪的塑像更令我震撼。毕竟，萨迪的家乡不在中亚，而是远在伊朗高原南部的设拉子，他的活动轨迹似乎也与费尔干纳并无交集。

纪念碑上的诗歌是否出自萨迪，我当时全无印象，但箴言般的诗句确有萨迪的风格：

> 可记得，当你降生之时
>
> 众人皆欢喜，唯独你哭泣
>
> 人生应如此：当你辞世时
>
> 众人皆哭泣，唯独你欢喜

旅行后回到北京，我查阅《萨迪全集》，未能找到碑铭上的诗句；检索波斯语诗歌网站 ganjoor.net，也没有结果。在谷歌搜索上看到有人把这几行诗归于其他波斯语诗人名下，如欧哈迪（Awhadī Marāghayī，？－1337），或巴巴·塔赫尔（Bābā Tāhir，？－1010），但都不明来源。我求教于在北京大学波斯语专业任教的伊朗老师贾拉里博士（Dr. Muhammadamir Jalālī），他检索了各种萨迪诗集版本以及不同时代的抄本，也都没有找到；在现当代伊朗学者如德胡达（Alī Akbar Dihkhudā）和沙米萨（Shamīsā）等人的著述中这几行诗虽被提及，但都没有明确出处；一些辑录波斯语散佚诗句的著作中，也未见收录这几行诗。

苦盏郊区纪念碑上的这两联诗句究竟出自何人，至今仍是未解之谜。也许应该向研究中亚文学的朋友们寻求答案。对于我，诗句是否确实出自萨迪或许不那么重要，重要的是它作为一个文学交流的生动实例，让我首次领略了萨迪在异国的影响力。

二

二〇一七年夏天的塔吉克斯坦之行收获很多，不限于苦盏。六月二十四日，我们在杜尚别参观了塔吉克斯坦国家博物馆。博物馆展品丰富，令人流连忘返。我在一个展厅的角落驻足许久，那里摆放着几十块大小不等、形状各异的墓石，石上大多刻有阿拉伯文和波斯文。讲解员用英语讲解，她特别提到墓石铭文中有萨迪的诗歌，但她不能识读，因为她所学的是西里尔字母书写的塔吉克语。听到萨迪的名字，我连忙上前仔细查看，果然在一块墓石上看到六行波斯文诗句：

شنیدم·که·جمشید·فرخ·سرشت·

بسر·چشمه·ای·بر·بسنگی·نوشت·

برین·چشمه·چون·ما·بسی·دم·زدند·

برفتند·تا·چشم·بر·هم·زدند

گرفتیم·عالم·بمردی·و·زور·

ولیکن·نبردیم·با·خود·بگور

听说那公正贤明的贾姆希德大帝
命人在泉边一块大石上留下字迹：
"多少人似我辈曾在此发出豪言，
转瞬间都已离去，闭上双眼。
我们以雄心和武力将世界征服，
却无法把它随身带进坟墓。"

诗句节选自萨迪《果园》第一章，所说贾姆希德是波斯神话中的著名君王，也是波斯文学中的常用典故。诗句第三至四行垂直书写于另外四行左侧，四周刻有许多人名和年代数字，看起来多属伊斯兰历九至十世纪（公元十五至十六世纪）。讲解员见我能读波斯文，很是惊讶，交谈起来，我不无自豪地告诉她，北京大学二十世纪五十年代就开设了波斯语专业，萨迪是我们熟悉的诗人，我的老师张鸿年教授早在三十年前就将《果园》翻译成了汉语，今天在这里读到这些诗句让我感到特别亲切和兴奋。

随后几天，我们由夏冉博士带领，前往帕米尔高原考察，途中经过塔吉克斯坦南部哈特隆州库里亚布（Kulāb）附近的阿里·哈马丹尼（Sayyid Alī Hamadānī，1314-1385）陵墓。这是一位来自波斯哈马丹城的苏菲圣哲和诗人，在中亚和克什米尔等地有众多门徒和信众，地位很高。他的陵墓穹顶远远望去金光闪闪，很是壮观，可惜游人不能入内，我们只能参观陵园中的纪念馆。纪念馆分上下两层，陈列着与哈马丹尼生平事迹相关的文物，还有各方赠送的珍贵礼品，其中有一张克什米尔政府赠送的大型挂毯镶满宝石，特别醒目。而同样吸引人的还有墙上悬挂着的众多历史名人画像。并不意外的，我在这些名人的行列中又看见了萨迪，以及他谈论旅行的名句：

青涩人生应多旅行方能成熟，

苏菲不饮尽杯中酒难得纯粹。

萨迪一生曾有长达三十年的云游经历，足迹遍及西亚北非各地，他本人曾如此描述旅行中的收获：

我曾在世界四方长久漫游，

与形形色色的人共度春秋。

从任何角落都未空手而返，

从每个禾垛选取谷穗一串。

这些诗句是对萨迪旅行生涯的最好写照，同时也恰好是对哈马丹尼一生经历的诠释。哈马丹尼晚生于萨迪约一个世纪，是与萨迪一样四海为家的行者，曾走遍西亚和中亚，甚至几次向东远至克什米尔，最终未能返回波斯，中途病逝于阿姆河北边这片土地。他在中亚赢得的尊敬和纪念，或许稍可弥补长眠他乡的遗憾。

走出陵园纪念馆，将两册新买的哈马丹尼作品放入背包，我仿佛刚刚参加了一次古代诗人的小型聚会。

三

在中亚另一个国家乌兹别克斯坦，我也曾不止一次地邂逅萨迪。那是二〇一九年冬天，新冠疫情暴发前最后一次外出考察，跟随罗新、罗丰、李肖几位老师前往中亚探访咸海和花剌子模。十二月七日，考察接近尾声，我们取道撒马尔罕返回塔什干。乌兹别克斯坦考古研究所的法浩特（Farhod Maksudov）所长安排我们前往撒马尔罕东南的一座粟特古城遗址考察。当地向导是位年轻的考古学者，名字叫尼亚孜（Niyoz）。听到这个波斯语词，我问尼亚孜是不是塔吉克族，他回答说是乌兹别克族。但他接着又说，他虽然不讲塔吉克语，但会背诵一些塔吉克语诗歌，说着就吟诵道："Ay kāravānāhista raw（赶骆驼的人啊，你慢些走）……"多么熟悉的诗句！我不由自主跟他一起吟诵起来："……kārām-i jānam mīravad, vān dil ka bākhud dāshtam bādil-sitānammīravad（我灵魂的安宁正随你远去；我曾经拥有的心啊，也随我的爱人一起离去）。"念到这里，我们不禁相视一笑，彼此间的陌生感消失了，仿佛一下子变得熟识起来。这是萨迪的一首抒情诗，是曾入选伊朗中学语文课本的名篇，记得在北大开设的"波斯诗歌选读"课上我也喜欢与同学们一起分享这首诗。它不仅词句优美，感情真挚，而且韵律节奏感极强，读起来朗朗上口，特别适合朗诵。显然，它也深得尼亚孜喜爱，因此他才会如此不假思索就脱口而出，背诵得如此流畅。我再一次被萨迪诗歌的魅力所震撼。

十二月八日，我们乘机离开乌兹别克斯坦。飞机上，随手翻阅着从塔什干书店买到的一本《乌兹别克斯坦书写交流史展览图录》（*Exhibition Catalogue "The History of Written Communication in Uzbekistan"*），一幅彩色书法作品忽然映入眼帘，又是萨迪的诗句：

小骆驼开口对母亲说：

路途遥远，不如先休息片刻。

母亲道：此事若能由我做主，

我就不会在驼队中负重驮物。

这段寓言般的对话，出自《果园》第五章第十个故事，表达的是人生无法自主的无奈。作品以纳斯塔利格字体书写，周围点缀着很多字体更小的诗句，以及朵朵玫瑰蓓蕾，看起来十分精美。书上介绍说这幅书法完成于十八世纪，现收藏于塔什干比鲁尼东方研究所。除了图录介绍外，书里还收录了一篇介绍乌兹别克斯坦书面语历史的文章，有英、俄双语版，都分别引用了这幅书法，因此在这本一百多页的小册子中萨迪这首诗歌作品反复出现了三次,"出镜率"最高。就这样,在费尔干纳谷地的上空,在飞离中亚的航班上,我又一次不期然地邂逅了萨迪的诗歌。

四

说是不期然,其实又并非完全出乎意料。早在大学读书的时候,就已知道萨迪是在中亚最受欢迎的波斯诗人之一,萨迪的盛名甚至在他生前就已传入我国新疆。萨迪本人在《蔷薇园》中讲过一段他在喀什噶尔的经历,从他与学童的对话可以看出,萨迪的诗文当时就已是人们学习波斯语的样板。尽管故事本身可能带有虚构性,但萨迪的影响之广是显而易见的。不只在中亚,萨迪的诗歌甚至早在元代已传到我国东南都市。摩洛哥旅行家伊本·白图泰(Ibn Battūta, 1304-1377)在杭州时,曾听当地歌手反复演唱一首"极其委婉动听"的波斯语歌曲。张鸿年老师《波斯文学史》(一九九三年版)指出,伊本·白图泰所记的歌词出自萨迪的诗句。张老师将其译为汉语:

胸中泛起一片柔情,心中波涛汹涌;

祈祷时,壁龛中时时浮现你的面影。

不仅如此,前几年中华书局出版的《杭州凤凰寺藏阿拉伯文、波斯文碑铭释读译注》中,也有两通十四世纪墓碑上刻着萨迪的诗歌,这表明萨迪可能是最早有作品传入中国的波斯诗人。作为波斯文学的一代宗师,萨迪令不同时代、不同地域的人们都领略到波斯文学的魅力。正因如此,人们才会将波斯语称作"萨迪的语言"。

在中亚与萨迪的一次次邂逅,使我意识到,中亚之行于我而言本质上是一场诗歌之旅,是与古代波斯诗人一次次跨越时空的相遇。在这些陌生却又熟悉的国度里,你总会在某个时刻、某个地点与某位诗人不期而遇,记忆之门在不经意的一瞬间被突然推开,让你望见历史上曾一幕幕绽放的别样烟火,感受到诗歌沟通心灵的温暖力量。也许,这就是中亚特别吸引我的原因吧。

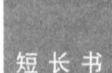

由"耻"到"鬼"的视角突变

陈青庆

二〇二一年九月,为了纪念鲁迅先生诞辰一百四十周年,上海人民出版社发行了东京大学教授丸尾常喜的鲁迅评传《明暗之间:鲁迅传》(『鲁迅:花のために腐草となる』)。丸尾常喜的鲁迅论因独特而深湛的阐释体系,在中外学界获得"丸尾鲁迅"的美名。此前,国内已出版过他的《"人"与"鬼"的纠缠:鲁迅小说论析》(人民文学出版社一九九五年版)和《耻辱与恢复:〈呐喊〉与〈野草〉》(北京大学出版社二〇〇九年版)两部研究著作。加上今年的《明暗之间:鲁迅传》,可以说"丸尾鲁迅"在中国的译介工作已基本成形。在此,笔者想探讨一下"丸尾鲁迅"在形成过程中的一次"事件",即"丸尾鲁迅"的重点由"耻"到"鬼"的突变。

学界一般将日本战后的鲁迅研究者分为三代。第一代以竹内好为代表,他在一九五〇年前后确立了日本战后鲁迅研究的基本阐释框架。第二代以活跃于二十世纪六七十年代的丸山昇、木山英雄、伊藤虎丸为代表,他们在竹内好的基础上将战后鲁迅研究推上高峰。第三代则以二十世纪八十年代至今的藤井省三、代田智明等为代表,他们与前两代学者的研究方式与思考路径明显不同——前两代学者构建了以鲁迅为媒介,在探求中国乃至亚洲现代性的基础上反思日本现代化的鲁迅研究传统;第三代则"另起炉灶",以实证分析、社会学、比较文学和文本分析等方式对鲁迅展开学术性研究。换言之,日本战后鲁迅研究发展到第三代学人时已发生明显转型。丸尾常喜通常被认为是第二代学者的代表之一，不过他的研究与第三代鲁迅研究者也存在共通之处。

提起"丸尾鲁迅"，可用"鬼"与"耻"二字简单概括其独特性。"鬼"是指丸尾常喜另辟蹊径提出"阿Quei即阿鬼"的假说，开辟以中国民俗中的"鬼"文化观念阐释鲁迅文学及其思想的崭新路径，这是"丸尾鲁迅"最具影响力的部分。"耻"则代表了丸尾常喜的早期鲁迅研究，探讨的主要是鲁迅文学如何生成的问题。自竹内好提出"回心说"后，鲁迅文学生成的根源问题一直是日本鲁迅研究界的焦点。丸尾常喜结合日本的耻感文化，强调鲁迅文学的本质是"作为民族自我批评的文学"，认为鲁迅文学生成的重要契机是个人以及民族的"耻"之意识。由此观之，"丸尾鲁迅"中的"耻"之部分显然继承了竹内好等学者的研究课题，而"鬼"之部分则与第三代学者的研究方式呼应。也就是说，当日本战后鲁迅研究发生转型之际，"丸尾鲁迅"内部也发生了转折。

一九八三年，对"丸尾鲁迅"而言是一个特殊的年份，"丸尾鲁迅"的重点在这一年实现了由"耻"向"鬼"的转变，而且其进程之快甚至有些突然。自一九七七年起，丸尾常喜便计划以"作为民族自我批判的鲁迅文学"为题，撰写五篇系列论文以分析鲁迅文学中的"耻"之意识。一九八三年一月，在该系列论文的第三篇《从〈呐喊〉到〈彷徨〉》发表后，他还在文章追记中表示将继续同系列研究，并公布了将发表的第四篇和第五篇论文的拟定标题，即《关于〈彷徨〉里面"耻辱"的推移》和《关于"耻辱"的恢复》。然而，这个研究课题此后由于某种原因戛然而止，预告的这两篇论文最终也未能面世。不到一个月之后，丸尾常喜实际发表的是《阿Q人名考："鬼"之影像》一文，也由此开启了自己以"鬼"为核心的崭新研究视角。

一个研究者的研究视角发生重大转变，其背后通常蕴含着复杂原因。那么，"丸尾鲁迅"的重点在短时间内发生了从"耻"到"鬼"的转变，其背后又潜藏着怎样的问题？关于这一点，丸尾常喜几乎未在文章中提及，但我们或许可以从《明暗之间：鲁迅传》中获得一些启发，并由此管窥战后日本鲁迅研究的转型经纬。

《明暗之间：鲁迅传》的日文原著是集英社于一九八四年至一九八五年间推出的"中国的人与思想"系列丛书中的一本，也是彼时四十八岁的丸尾常喜出版的第一部著作。该书后记的落款时间为"一九八五年四月"，据此可推测写作时间大约在一九八三年至一九八五年之间，恰巧与"丸尾鲁迅"的转变期重合。而且，书中的内容编排也显示出其研究重心正在经历从"耻"到"鬼"的过渡。

　　作为一本面向大众的鲁迅评传，《明暗之间：鲁迅传》的重点在于通过对鲁迅人生经历与文学世界的追索，展现鲁迅"历史中间物"意识的确立过程及其心灵轨迹。书中关于"耻辱感"乃鲁迅文学生成之契机的论述，显然来自丸尾常喜此前关于"耻"的研究成果。与此同时，关于鲁迅文学及中国传统文化中"鬼"形象的论述，在书中亦占据相当篇幅。后来，这些论述在丸尾常喜一九九二年提交的博士论文《关于鲁迅与传统的基础性考察》中得到进一步深化，并构成了"丸尾鲁迅"的"鬼"部分。换言之，《明暗之间：鲁迅传》可看作他个人研究转型期的过渡性产物。

　　丸尾常喜在该书后记中提到，自己一直对鲁迅抱有一种"同时代感"。他说："说来也是我马虎，此次写作之前，我一直觉得鲁迅生活的时代与我生活的时代多少有些重合。然而中日战争全面爆发的那一年我才出生，所以其实毫无重合之处。"对于一名鲁迅研究者而言，鲁迅的生卒年月本是常识，没有误记的理由，而此处却说自己此前一直怀有与鲁迅同时代的"错觉"，并且这种"错觉"仅出现于此书写作之前。这一情况，确实值得探讨。实际上，在之后的论著中，丸尾常喜对鲁迅的叙述确实呈现出一种不同于以往的"距离感"。例如，他在《"人"与"鬼"的纠缠：鲁迅小说论析》中说："鲁迅或鲁迅的文学同我个人之间存在着两重障壁。一重是超过五十年的时间之壁。……另一重是中国人与日本人的民族之壁。"

　　关于这种"同时代感"的由来，或许可用丸尾常喜在解读鲁迅时反复强调的一句话解释，即"回忆是由回想之际回忆者的意识来加以选择与过滤的"(《耻辱与恢复:〈呐喊〉与〈野草〉》)。所以，这种"同时代感"很可能是其"有意识选择与过滤"的结果——当中既包括他独特的个人意识，也反映出日本战后的一种时代意识。

在丸尾常喜的个人意识层面，对鲁迅的"同时代感"或许与其恩师增田涉有关。一九六二年，丸尾常喜从东京大学毕业后，到大阪市立大学跟随增田涉学习，从此开始鲁迅研究。众所周知，增田涉于一九三一年游学上海时拜鲁迅为师，其后频繁到鲁迅家中听鲁迅亲自讲授《呐喊》《彷徨》《野草》等诸多作品，后来他将自己向鲁迅求教的往来书信编成《鲁迅增田涉师弟答问集》。不仅如此，增田涉还时常向自己的学生谈起自己与鲁迅交往的点滴以及鲁迅一字一句授课的情景，甚至包括鲁迅说话时的语态神情。《明暗之间:鲁迅传》中许多谈及鲁迅其人的引用均来自增田涉的叙述。或许，正是这种师承的因缘在无形中令丸尾常喜心中形成鲜活而生动的鲁迅形象，也令其对鲁迅抱有一种仿佛触手可及的"同时代感"。

在日本战后时代意识的层面，对鲁迅怀有"同时代感"，是战败后直至二十世纪七八十年代在日本知识界存在的一种普遍感觉。鲁迅在战后日本迅速受到广泛的关注，其中一个重要原因是日本知识界将鲁迅视为中国革命经验与精神的象征符号，试图借助对鲁迅文学的阐释寻求促进战后日本社会复兴、反思近代化、重建民族主体性的思想资源。正如伊藤虎丸所说:"一九四五年八月十五日日本帝国主义的崩溃，和一九四九年十月一日的中华人民共和国成立，成为我们战后研究中国现代文学的出发点。当时，对于侵略战争的自我反省和中国革命成功给予我们的深刻冲击结合在一起，我们很想学习中国实现社会主义革命的历史，尤其是很想跟鲁迅学习。"(《鲁迅与日本人》)因此，日本战后的鲁迅研究从建立之初便将鲁迅置于日本社会的内部语境之中，这与当时日本亟待解决的现实问题产生强烈共振。比如，竹内好与丸山昇分别以"文学者鲁迅"与"革命者鲁迅"的构建回应了战后日本的"文学与政治"论争，以此寻求反思日本近代化的思想资源；大江健三郎等知识分子在一九六〇年安保斗争之际默念鲁迅的《记念刘和珍君》并纷纷走上街头，以实际行动守护战后民主主义；伊藤虎丸通过对鲁迅"个"之思想的考察，把握西欧近代化精神的本质，进而反思一九六八年"大学纷争"事件和日本战后民主主义的失败教训……换言之，从战败直至二十世纪八十年代，鲁迅在诸多日本知识分子眼中是一位与他们怀有共同革命思想的同志和战友。这种极具现实性与批判性的鲁迅接受方式，尽管难免伴随着主观与片面，但也因此促生了日本知识分子对鲁迅的强烈"同时代感"。所以，对亲历战后日本社会重建与思想斗争过程的丸尾常喜来说，他对鲁迅怀有的"同时代感"更可能来源于此。

因此，初期的"丸尾鲁迅"从耻感文化出发，将鲁迅文学视为"作为民族自我批判的文学"，是对第一代战后日本鲁迅研究的继承与发展。相应的，"丸尾鲁迅"从"耻"向"鬼"的转变，或许与日本战后鲁迅研究的转型和日本社会思潮的变化有深刻联系。

随着日本社会向大众消费社会的逐步转化，左翼力量衰退，大规模的社会运动陷入低谷，"政治的季节"迎来终结。日本战后知识分子与鲁迅的"同时代感"在二十世纪六七十年代达到顶峰后便逐渐减弱。与此同时，日本思想界也经历了从"存在到结构"的转变，日本鲁迅研究亦随之转型，逐渐退离思想论争的第一现场并重回学院。鲁迅文学与思想中的"政治性"品格开始日渐淡出日本学界的研究视野，历史化、相对化、理论化的研究范式逐渐成为主流。一九八三年一月，刚上任不久的日本首相中曾根康弘在施政演说中提出"战后政治总决算"的口号，要求修改和平宪法，摒弃"自虐性史观"，重新培植日本的"民族自尊心"。这一口号的问世可说是日本战后社会的一大分水岭。以此为界，全面反思战争责任、反省日本现代化失败教训的思潮不再是日本社会的时代强音，民族自我批判的精神逐渐遭到"稀释"，否认战争侵略性、试图摆脱战败国阴影的新保守主义由此走到台前。或许丸尾常喜也正是在此时发现，迄今为止自己对鲁迅文学及其精神的"同时代感"正在沦为一种"错觉"，鲁迅的时代与自己生活的时代"其实毫无重合之处"。

于是，自一九八三年起，丸尾常喜开始了以"鬼"为鲁迅研究重心的崭新视角，其目的是通过将鲁迅文学相对化以把握其背后近代中国乃至中国文化的真实面相。他认识到，此前日本鲁迅研究的根本问题是过度强调中日两国历史经验的共通性。由于中日两国传统文化的深厚渊源，致使研究者容易忽视两国民族文化的相异性，这反倒成为日本鲁迅研究进一步发展的瓶颈。所以，丸尾常喜决心将鲁迅研究的重心转移至中国文化。加之他受到周作人的启发，赞同其"中国民众的感情与思想集中于鬼……故欲了解中国须得研究礼俗"的主张，因此选择"鬼"作为理解中国社会文化的切入点。

综观"丸尾鲁迅"的重心在一九八三年由"耻"到"鬼"突变的事件，从结果上看似乎是突发的，但是其内部存在复杂的诱因。这在《明暗之间：鲁迅传》中已有所显现。当丸尾常喜意识到自己对鲁迅抱有的"同时代感"沦为一种"错觉"时，他也认识到日本战后鲁迅研究需要正视中日民族文化的相异性。这便是"丸尾鲁迅"日后逐步走向成熟的转折点。

（《明暗之间：鲁迅传》，[日]丸尾常喜著，陈青庆译，上海人民出版社二〇二一年版）

《潮汕往事·潮汕浪话》

马陈兵 著　定价：49.00元

词语是故事的化石，故事是词语的母胎。马陈兵左手词语，右手故事，双向对进，掘出了学问也掘出了诗情，掘出了一个游子对故土炽热而惊怵的再次现。

——韩少功

生活·读书·新知三联书店 刊行

张新刚

希罗多德《历史》中的"礼法"

在古代传统中,巨吉斯的故事有数个版本,但最为著名的两个版本来自希罗多德《历史》第一卷和柏拉图《理想国》第二卷。依照希罗多德的版本,巨吉斯是吕底亚国王坎道列斯信赖的护卫。坎道列斯常常称赞自己妻子的美貌,并认为她是世界上最美丽的女人。不仅如此,坎道列斯还特别希望王后的美得到其他人的确认。终于,有一天他要求巨吉斯去偷窥王后的裸体,以证明自己所言非虚。巨吉斯迫于无奈,在国王卧室门后偷看了王后,但在离开房间时却被王后发现。王后当时便意识到国王对其做了什么,第二天便召巨吉斯前来,给了他两个选择:要么杀死坎道列斯,娶王后并成为吕底亚的王;要么自己被杀。巨吉斯不得不选择前者,并最终当上了吕底亚的国王。

在柏拉图《理想国》第二卷的开始,格劳孔讲了另外一个版本的巨吉斯的故事。格劳孔版的巨吉斯故事是他对正义提出的系列挑战中的一环,主要目的是要论证"凡以正义为事的人,都是出乎无能,即无力加人以不义,就只能非出本愿地以正义为事","任何人的自然都将多占及好胜视为好东西而去追求,自然只是受法律的强迫才尊崇公平"。根据格劳孔的这个版本,巨吉斯是吕底亚国王的牧人,有一天突遇地震,地下现大洞穴,里面有一具巨人尸体,手上有金指环,巨吉斯取下指环离开了地穴。巨吉斯将指环戴到自己手上，发现旋转指环自己便可以隐身，在确认指环这一效力之后，巨吉斯便混入王宫，诱惑王后，伏击国王，夺得王位。

以下我试着从礼法的视角分析希罗多德的巨吉斯故事以及《历史》中相关主题的论述，讨论通常认为的希罗多德在自然—礼法关系中决定性地支持礼法这一观点。借着希罗多德对波斯帝国的叙事，特别是冈比西斯的疯狂，来展示礼法在帝国视域下的新挑战；并从著名的政体论辩以及大流士对待礼法的方式，探究希罗多德如何构建起《历史》中礼法的复杂性结构及格劳孔的巨吉斯与希罗多德礼法叙事的理论关联。

一 "礼法（nomos）是万物之王"

在希罗多德的巨吉斯故事版本中，坎道列斯最终被取代并非简单的宫廷叛乱，而是与习俗相关，或者说坎道列斯被杀主要是因为他违背了吕底亚的习俗。巨吉斯听到坎道列斯让他偷看王后身体的要求时，他严词拒绝了国王："一旦女人褪去了她的衣服，她也就褪去了她的羞耻。我们的先祖早就发现了是非对错，我们应该听从他们的教诲。古人云：每个人均应看那属于他的。请不要让我做任何不合习俗的事情。"

巨吉斯认为合宜的行为应该是遵循古老习俗的，但是坎道列斯却并不将吕底亚的习俗放在心上，并没有就此议题回复巨吉斯，而是继续自己的劝说，向巨吉斯保证王后不会发现他偷窥的。在这之后，巨吉斯才被迫答应。在陈述完王后发现了巨吉斯之后，希罗多德又添加了一个关于习俗的重要评论："在吕底亚——事实上在几乎所有的非希腊世界中——哪怕是男人被人看到了裸体也是极大的羞耻。"希罗多德再次强调了习俗的主题来解释为何王后感到自己受到了羞辱。在这个评论之后，希罗多德就开始叙述王后的复仇。所以，在希罗多德看来，坎道列斯的失败是因为他对自己命令（nomos）的过度自信，而故意忽视更为久远的习俗，但后者才是他王位的基础。

希罗多德开篇所讲述的这个故事实际上预先为整本书的主题奠定了讨论范式。在《历史》后面的内容中，礼法的支配性力量也得到多个事例的印证。在《历史》第四卷中，希罗多德讲述了斯基泰人从不采纳其他族群的习俗，并以斯库列斯（Scyles）作为例证。斯库列斯是当时斯基泰人的王，但是他却对斯基泰人的生活方式丝毫不感兴趣。恰恰相反的是，他更热爱希腊人的生活方式，他像希腊人一样穿着，甚至信奉希腊人的神，参加希腊人的宗教活动。而根据巨吉斯故事所展示的礼法支配原则，斯库列斯收获了与坎道列斯类似的下场。斯基泰人起兵造反，将他的兄弟扶为新国王。在这两个例子中，坎道列斯和斯库列斯都未能凭靠自己为王的权势成功挑战自己所处共同体的习俗。在这两个故事中，nomos 的两个意涵可以进一步区分，即源自国王命令的"法"和共同体长期遵循的"习俗"。国王拥有自身帝国或王朝的统治权力，并且可以凭借自己的王权来发布可被视为法律的命令；而一旦这些命令挑战了习俗，那么无论国王如何有权势都无法逃脱厄运。简而言之，巨吉斯的故事实际上揭示了整本书的一个主导性叙事模式，即 nomos 是特定族群真正的王。

这一主题在《历史》第三卷中得到进一步的阐发，并且希罗多德明确表示自己赞成品达关于 nomos 的观点："如果让人们从所有的礼法（nomoi）中选出最好的礼法，每个群体在一番斟酌之后，都会选择自己的礼法；每个群体会认为自己的礼法是最好的。所以除非一个人疯了，否则不会嘲弄这类事情的。有很多其他的证据支持这一观点……我认为品达在这一点上说的是对的，即礼法是万物之王。"这段话将礼法的主题进一步深化。随着波斯帝国的征服活动，波斯要统辖诸多不同的习俗群体，进而使得习俗的命题遇到新的挑战。从这段话来看，希罗多德不仅认为礼法对于特定共同体是支配性的，而且当某个特定族群具有多种选择的时候，也即明确知道自身群体礼法的相对性后，仍然会将自己群体的礼法视为最优。

但是"礼法为万物之王"的原则并非能够得到普遍适用，特别是在上面这段话所出现的语境中便似乎遇到了很大的挑战。这段话是希罗多德讨论波斯帝国第二个大王冈比西斯时插入的讨论，而冈比西斯恰恰是一个比坎道列斯和斯库列斯更激进地挑战习俗的王，但如果希罗多德果真如很多学者认为的那样，坚定地站在礼法一边，那么冈比西斯的这些行为应该如何解释呢？

二 冈比西斯的"疯狂"

冈比西斯是第一个由希罗多德认定的疯狂之人。他第一次被希罗多德说处于疯狂状态是在叙述他决定率军出征埃塞俄比亚时。之后，希罗多德又列举了一系列冈比西斯疯狂的例证，诸如杀害自己的亲兄弟斯梅尔蒂斯（Smerdis），杀害自己的亲姊妹，粗暴杀害波斯贵族等。而在陈述完这些暴行之后，希罗多德记述了原吕底亚国王、后来的波斯大王的宫廷智囊克洛伊索斯决定要向冈比西斯进谏，劝他更为温和地进行统治。但是冈比西斯严词回击，说"你因为自己糟糕的统治而把自己毁了，你的建议后来也把居鲁士给毁了"。在临终前，冈比西斯清楚地认识到波斯最大的敌人是米底人，并且对波斯贵族留下最后的叮嘱，即要提防米底人把波斯帝国夺回去。从希罗多德对冈比西斯的这些描述来看，冈比西斯不但没有心智失常反而头脑很清楚，更多地呈现为一个暴戾的君主形象。

所以在希罗多德看来，冈比西斯的疯狂主要还是体现在对待习俗和神圣事物的态度上："我完全确定冈比西斯是疯了。否则的话，他不会去嘲弄古老的仪式和习俗。"但是需要注意的是，在希罗多德笔下敢于违背和挑战礼法的王有很多，然而像上文提到的坎道列斯等人并没有被他判定为疯狂，那么冈比西斯僭越习俗何以被称为是疯狂呢？回答这一问题，需要对冈比西斯具体的事例进行分析。

检视希罗多德对冈比西斯嘲弄习俗事例的叙述，大致可以分为三类。第一类习俗是被冈比西斯和波斯帝国征服地区及群体的习俗。比如在埃及，人们会把一头不再能够受孕的母牛所生的牛犊（Apis，阿皮斯）奉为神，因为按照埃及人的信念，母牛是受天光感孕而生下阿皮斯，阿皮斯通常有一系列外貌特征，如通体乌黑等。而一旦阿皮斯在埃及出现，埃及人就要身着盛装，举办盛宴来庆祝。冈比西斯从埃及祭司那里得知这一事情后，并没有表示出理解或是尊重，而是在祭司带着阿皮斯前来见他时，拔出自己的短剑刺到牛犊的腿上，并说："你们这些愚蠢的人，这有血有肉能被剑刺的算什么神？也就是埃及人才信这种神。"说完后还鞭打了祭司，并下令全埃及不许再庆祝该节日。同样在埃及，冈比西斯还在萨依斯城（Sais）做了一件明显违背埃及习俗的事。冈比西斯进入埃及之前著名的统治者阿玛西斯（Amasis）的王宫，下令将阿玛西斯的尸体从坟墓中抬出，对尸体进行了各种形式的凌辱。此外，希罗多德还列举了冈比西斯其他类似的嘲弄习俗和神圣礼仪的事情，比如："打开古墓，查看埋葬在其中的尸体。进入赫淮斯托斯神庙，嘲笑其中的神像……进入卡贝里神庙。原来这个神庙只有祭司能进。而他不仅对神像大加嘲弄，而且放火烧掉了这些神像。"从希罗多德摘选的这些事例来看，冈比西斯是故意违背像埃及这样的被征服群体的习俗，有意嘲弄和挑战各个地区最神圣的事物，并且要让这些地区的人看到自身长期奉行的信仰被摧毁的后果。

帝国为冈比西斯打开了一个跨越地区和族群的视野，而多种习俗和神圣性的出现，或者说习俗的相对性的事实也使得他不仅质疑被征服地区的传统信念，还开始挑战波斯自身的习俗和神圣性，而这就是冈比西斯违背的第二种习俗。在凌辱阿玛西斯的尸体时，冈比西斯最后还下令将阿玛西斯的木乃伊进行焚烧。希罗多德对此特别加以评论，说焚烧木乃伊的行为不但违背埃及的习俗，也违背了波斯的习俗。因为火在波斯人看来是神，在任何情况下都不能把人的尸体给神。冈比西斯实际上也并不把波斯自己的习俗当真。

冈比西斯对习俗的第三种挑战形式是改变或是创设波斯的成文法。冈比西斯爱上了自己同父同母的亲姊妹，并且想娶其为妻，但是波斯人并没有娶自己姊妹为妻的习俗。冈比西斯便召集王室的法官，问他们是否有那么一条波斯法律（nomos）允许兄妹结婚。依照希罗多德的说法，这些王室法官们掌管波斯法律的解释，并能判定何为正当或不正当的行为。面对冈比西斯的这一要求，他们并不能从波斯既有的法律中找到允许兄妹结婚的成文法律，但又怕给自己招来杀身之祸，便对冈比西斯回复道："我们发现了另外一条法律，波斯人的国王可以做他愿意做的任何事情。"得到了这个回答之后，冈比西斯娶了自己的两个姐妹。在这个事例中，冈比西斯明确要挑战和创立新的波斯礼法，并且与之前的坎道列斯不同，他作为波斯帝国统治者，并没有受到波斯礼法的惩罚。

综合以上三种情形来看，希罗多德在判定冈比西斯的疯狂时主要是在讨论他对被征服地区以及波斯自身礼法的有意挑衅、嘲弄和创设。那是否真的可以用疯狂来解释这些行为呢？答案可能要更为复杂。比如贝拉格瓦纳斯（Baragwanath）在其重要的希罗多德专著中就将原因归为冈比西斯不可预料的心理及专断本性。她认为："希罗多德似乎对礼法（nomoi）在多大程度上不能决定人的行为更感兴趣；比如，他会考察这样的情况，即在习俗约束强大的情况下，人仍然有决定权，能够选择来违背这些习俗。"但需要指出的是，贝拉格瓦纳斯所提供的仅是一种描述，而非解释。当她试图给出解释时，态度就消极了许多："对人类境况而言，并没有确凿的知识，这使得真正合理的行动是难以实现的。人至多可能决定实施一些特定的行动，但是很可能在这么做的时候就已经错失了目标。"相较于贝拉格瓦纳斯略带悲观的认识论信条，我将给出一种新的解释方案，以尝试理解冈比西斯对待不同地区礼法的态度。

作为波斯帝国的大王,冈比西斯统治着从中东到小亚细亚,从埃及到黑海的广大疆域。当来到不同的地区并遇到不同群体的人之后,冈比西斯注意到其帝国境内不同地区和族群的礼法(nomoi)是大相径庭的。可以将冈比西斯统治下的波斯帝国礼法结构描述为三层。最底层是各个被征服地区的民族(包括埃及、米底、吕底亚等),他们各自拥有自身的习俗;中间是波斯自身的礼法;最上面是冈比西斯自己的喜好。对于处于最底层具体族群的人来说,冈比西斯随意嘲弄他们神圣习俗的行为是无法理解的,只能将其解释为疯狂。对于波斯王室法官和成员来说,冈比西斯更像是一个专断的主人。而对于冈比西斯自己而言,他很清楚地意识到所有的礼法都缺乏稳固的神圣根基,身为已知世界中最有权势的人,他可以随意地违反、调整和创设礼法。

因此希罗多德笔下的冈比西斯在特定的意义上就类似于柏拉图《理想国》中的哲学家。在《理想国》卷七著名的洞穴比喻中,那些投射在洞穴墙壁上的投影可以类比为波斯帝国中特定族群的礼法。在洞穴比喻中,那个被松绑的人沿路往上走,逐步发现了阴影的虚幻性。与之类似,冈比西斯是通过帝国的扩张和统治,在和不同的礼法打交道之后发现了这一点。并在发现这一洞见后,通过极端的嘲弄方式来宣示自己的"智慧"。但需要明确指出的是,《理想国》的哲学家和冈比西斯间还存在着一个至关重要的差别,那就是哲学家可以最终走出洞穴,逐步注视真理,而冈比西斯仅仅停留在发现礼法的相对性和无根基性上面,并不认为存在一个真实的礼法。对于希罗多德撰述的冈比西斯而言,他所拥有的就是纯粹的权力,以及可以利用权力来实现自己的愿望。

三 大流士与新帝国礼法

希罗多德在将冈比西斯系列挑战习俗的行为界定为疯狂之后,并没有过多地叙述他的行迹，在那之后不久冈比西斯也因伤去世。我们并不知道冈比西斯以他这种方式对待被征服地区是否能够维系稳定的帝国统治，但他的继任者大流士成功地做到了这一点。冈比西斯并没有子嗣继承其王位，他辞世前后波斯帝国就已经开始了篡权的阴谋，最终经过一番争斗，"七人帮"成功推翻穆护，夺取了帝国统治权。在此之后，希罗多德虚构了一个波斯宫廷中上演的"政体辩论"，以决定未来波斯的统治形态，在这场辩论中，三种政体即民主制、寡头制还是君主制被正式提出来进行讨论，最终大流士的方案获得七分之四的支持，其中最重要的原因应该是大流士最后给君主制加了一个最有力的根据，那就是波斯的礼法："简而言之，在考虑所有的情形之后，请问我们的自由从何而来？是谁给了我们自由？这是来自民主制、寡头制还是君主制？既然我们是由一个人将我们解放，我认为我们应该保持一个人统治，并且我们不要改变先祖的方式，因为这些方式之下我们生活得很好。改变它并不符合我们的利益。"通过将波斯人的自由归到居鲁士的一人统治，大流士将波斯统治秩序的礼法传统搬出来作为自己主张的有力后盾。大流士的这一辩护策略有两个重要的优点。第一，他知道自己并非出身居鲁士—冈比西斯家族，而是来自总督家族，通过叛乱取胜有可能获得统治权。所以，他必须将自己接续到波斯的正统之中，而波斯在统治秩序上的正统首先不是帝国统治，而是波斯最初从米底的统治下独立出来，获得自由的传统。通过主张一人统治，大流士将自己绑定在使得波斯人民获得自由的一人统治传统中。在获得王位后，大流士还娶了居鲁士的女儿阿托萨为妻，进一步保证了自己王位的合法性。第二，通过强调一人统治而非僭政，大流士暗示自己是要接续居鲁士的统治方式，不会像冈比西斯那样暴戾。大流士在这方面最重要的表态就是，他要遵循波斯的礼法，而这恰恰是冈比西斯刻意挑战的。通过这两点，大流士才能说服大家支持波斯继续选择一人统治方式。

除了尊重波斯自身的习俗之外，大流士对帝国境内被征服地区的习俗也采取了与冈比西斯完全不同的处理方式。在上文讨论冈比西斯疯狂与品达关于习俗为王的论断时，希罗多德在其中还插入了一段大流士统治时期的著名故事。大流士当王时，有一次将治下的希腊人和印度人一起召进宫廷。大流士首先问希腊人，给他们多少钱，他们愿意吃掉父亲的遗体。希腊人回答说，无论多少钱，他们都不会做这样的事。然后，大流士又问会吃掉自己双亲遗体的印度人，给他们多少钱，他们才愿意将父亲的遗体火化。印度人当场表示这个要求太可怕了。希罗多德插入这个故事是要证明，每个地区和族群的人都会更倾向于认为自己的习俗是最好的，以反衬冈比西斯的疯狂。但是，从这个故事我们同样可以看出，大流士采取了与冈比西斯完全不同的立场。

不仅如此，大流士在成为波斯新的国王之后，立马着手建立帝国的统治秩序，将帝国分为二十个统治区，并任命各个统治区的总督，按照统治区征收贡赋。通过构建这一秩序，波斯帝国从军事征服开始转变为有效的帝国管理，用希罗多德的评价来说，居鲁士像是父亲，冈比西斯像主人，而大流士则像商人。通过大流士的改造，波斯帝国成为波斯大王通过征服聚敛财富的统治秩序。这样一来，大流士就将波斯帝国的礼法结构改造为新的三层结构。在这个新结构中，处于底层的每个被统治地区和族群仍然按照自身的礼法生活，但同时也需要服从帝国的礼法，即接受帝国安置的总督统治并向帝国缴纳贡赋。处于中间的波斯继任国王，则要尊重和沿袭波斯自身的礼法，来维系自身的统治合法性。在最高层则是新构建的帝国礼法，通过征服和权力基础上的统治秩序，为各个地区添加了新的统治和贡赋缴纳的礼法。自此以后，帝国成为以权力为基础的利益获取机制。而这新型礼法的创生恰恰是前五世纪后半叶很多智者对 nomos-physis 对立诠释中的自然理解，即人性总是想通过权力来多占多得。

纵览《历史》总体的波斯帝国叙事,会发现在描述完大流士之后,希罗多德并没有停留在商人般的帝国礼法上。大流士的继任者,其子薛西斯则进一步将帝国礼法推向极端。在大流士基础上将扩张本身视为波斯帝国的礼法,扩张礼法的主宰性开始成为薛西斯作为帝国统治者的合法性基础和入侵希腊的行为动机。所以,通过从冈比西斯到大流士再到薛西斯统治时期的波斯帝国发展,可以清楚地看到帝国视野给礼法带来的一系列挑战及改变,帝国礼法的建立和极端化,成为希罗多德整部《历史》撰述的主线以及他所关心的希波战争的主要动因。

回到开篇时提到的格劳孔版本的巨吉斯故事,就可提供一种希罗多德式的解释。在格劳孔对于正义的第一个挑战中,他先是考察了正义的起源。他提出人类都是自私的,总是想对别人施加不义而自己则免遭不义对待。问题是人并没有足够的力量能够免受不义的伤害,故而通过约定来确立正义的原则,即正义是妥协的产物。人的真实本性是要胜过别人,多占多得,这也是巨吉斯的戒指被引入的语境。这种对人的自然(physis)的理解实际上就是波斯帝国新礼法,即通过权力来满足贪婪的欲望。在冈比西斯和大流士时期,礼法的相对性和无根基性已经被揭示出来,只不过大流士将波斯帝国新礼法构建为霸权基础上的多占。在这个意义上,柏拉图恰恰是希罗多德的忠实后裔,他在《理想国》中实际上以冈比西斯为镜像,创设了哲学家的形象,通过对确定的真理的探究提供了真正美好的生活方式,而哲学家比冈比西斯对洞穴中的世界怀有更大的善意,进而在必然性的驱使下拯救而非嘲弄腐败的世界。如果这一分析成立,那么我们对希罗多德的"探究"就可以有更为积极的认知和评价,至少他并非只是关注或记录单一、偶然发生的事件,而是有着更大的野心追求人类事务的真实。

走出单一的世界中古史观

孙隆基

"上古—中古—近代"是世界史的一件紧身衣，却非"前日—昨日—今日"那般简单的分段设定。它是一个蓄意的论述，有其历史背景，自成一个系谱学。"中古"的原义并非"古代"离今较近的这端，而是"古代"的对立命题（antithesis），是对古代的全面否定。这个构思透露着西方文艺复兴时代的偏见：被掩埋了近千年的古典传统到了今日方重见天日。

这里流露一股敌意，必须掌握基督教文明的背景方能感知。基督教以耶稣的降生为黑暗的世间带来了光明。文艺复兴时代的人文学者却把光明的比喻颠覆，视掩埋了古典传统的"中间岁月"（Middle Ages）为漫长的黑夜，方能突显"文艺复兴"之拨云见日，重放光明。这类偏见一直保留至二十世纪中后期的教科书，在非西方地区也遂照本宣科，仿如被别人植入了异己的人生记忆一般。

我小时候在香港的教科书要求背诵："中古"是从公元四七六至一四五三年。像一条公路必须有里程碑一般，起点和终点都必须有一个确切的里程数：四七六年是西罗马帝国收摊之年，一四五三是君士坦丁堡的陷落——这个视角无疑是罗马的。也有用哥伦布发现新大陆的一四九二，后来渐警觉是欧洲中心史观。至于以马丁·路德发起宗教改革的一五一七为分水岭则是偏向了基督教，但总算是个里程数。以"文艺复兴"为近代起点的人无疑更多，其缺点是没有特别的哪一年可作为里程数，犹如在碑上只刻上一个地名。

以上种种，都是不折不扣的西方中心论，今日的世界史教学已力图纠正，然而，在大学课程里也不见得有多奏效。在我台湾教学的经验里，侈谈世界史的老师乃凤毛麟角，能论及地中海世界一隅已属异数，方能出此一题："古代世界该如何时为下限？西罗马的收场？东罗马蜕变为拜占庭邦国？抑或伊斯兰崛起促成地中海分裂的不可逆转？请择其一申论之。"学子总是无悬念地以公元四七六年为正确。申论在乎诠释，原无哪一个才是"事实"可言，学子的选择是考虑到回答较冷僻的两项会影响分数。因此，分数中心论捍卫了西方中心论。

至二十世纪后半期，已出现了修正主义史学，"黑暗时代"被停用，最宜与此标签对号入座的"中古早期"也被重新命名为"古代晚期"（Late Antiquity）。这里，仍在借助古代落日的余晖稀释中古的黑暗。说穿了，它仍是在对基督教的褒贬里打转，且视野偏于地中海一隅，为撰写新世界史画地为牢。

因为，连"古代晚期"观都是西方中心的，它把希罗文明抬举为整个"古代"的代表，故应更正为"古典晚期"方妥。就地中海一隅而言，其"古代史"可上溯至由新石器进阶至青铜时代的近东。希罗文明没落的戏码已经在"青铜时代总崩溃"（公元前第二个千年后段）里上演过，它从历史记忆中抹掉了赫梯帝国、迈锡尼文明、乌加列，也卷走了享祚最长的第三巴比伦帝国（加喜特王朝），并导致埃及新王国的收场。换言之，古代近东已经历过一段文明没落的"黑暗时代"。这场灾难是破旧，也在立新，它催生了新生代的古典希腊文明、古以色列、腓尼基众城邦以及亚述帝国。

多了这一重时间深度的透视，近期西方史学的"古代晚期"命题显得以管窥天。这个视差的纠正凸显了所谓"古典晚期"与"中古早期"的时空局限性。"上古—中古"论述的原型既被问题化，那么，超出西方的世界范围的"中古"又该如何定位？我的解答是：这个"中古"不是该从何时开始,而是该如何开始。

我在《新世界史》里用的一把量尺是连贯欧亚大陆的古代四大帝国局面的收场,其殡葬师是匈奴,这把量尺不再围绕着对基督教的褒贬打转。古代四大帝国解体的形态各自不同,却都沾上了匈奴。秦汉帝国是已经击败了匈奴,并促使其残余西窜,它败在内附的匈奴及其他诸胡的崛起。古罗马的解体则归咎西窜的匈奴滚动了北疆诸蛮对帝国的冲击。印度古代帝国的最后形态(笈多)则因抵抗内亚的"白匈奴"入侵,遭削弱而衰亡。至于古波斯的最终形态(萨珊帝国)却并非毁于"白匈奴",反而在吃尽了匈患苦头后与新兴的突厥人联手灭了它,也因此终结了世界史的"匈奴时代",开创了突厥时代。萨珊后来亡于阿拉伯征服,古波斯的收场遂比较晚。

断代问题虽获初步解决,新世界史仍需克服西方中古观内建的倒退定义。因此,下一个待矫正的视差是"中古"乃西欧那样的"封建社会"。今日将"封建社会""中古"与"黑暗时代"混为一谈者仍大有人在。首先澄清:最接近"黑暗时代"形态者该是西罗马政权消失后西欧该角落,待至教廷与西欧的法兰克王朝合作,促成"卡洛林文艺复兴",在某个意义上就结束了"黑暗时代"。但这个"西罗马"的幽灵不旋踵即烟消云散,此时西欧风雨飘摇,四面受敌,尤其受到北方维京人的侵袭,导致地方自保、遍地堡垒的局面。由此观之,西欧的"封建"是一切秩序都消失了,老百姓唯有依托地方豪强,从无序演变为一种有法章的制度还是后来上道的。它怎么可以被当作世界史的一整个时代呢?

西欧这个"中古"形态是一个特例。在世界其他地方,与古代帝国的断层并不明显,在某种意义上甚至是古代帝国形态的进阶。在西方,这个延续与进阶只表现在拜占庭区块,它继承的是戴克里先—君士坦丁改革,最后卸掉共和包袱,将古罗马帝制完善化,且将思想定于一尊的体制,其见效是不断自我修复、千年不倒,因此,拜占庭这个"中古"形态是古罗马后期中央集权形态的保留，而不是什么"封建"。

如果拜占庭是古罗马的减肥，中华帝国将"古代"形态进阶则是增加体积。约莫与汉末三国时代同期，罗马帝国亦曾分裂为三块，罗马的"三世纪危机"很快被修复，其方式就是戴克里先—君士坦丁中兴，将帝国的寿命又延了近两个世纪，对后续的拜占庭来说则奠下千年基业。然而，"三世纪危机"出现的三个板块与五至七世纪地中海分裂成西欧、拜占庭以及阿拉伯帝国若合符节，裂痕早现，古代的地中海帝国是回不去了。

相形之下，汉末的三国分裂较长，修复较慢，相较罗马帝国的中兴，晋朝的统一也是短命的，此后中华即陷入三个多世纪的分裂。然而，罗马"三世纪危机"里帝国一分为三乃国防分工的滥觞，统一的局面是修复了，国防分工的格局却渐常轨化成四帝共治、东西两帝分治的体制，最后是只有多瑙边防与巴尔干这个区块有足够的资源将"古代"形态撑下去。

中国史上的三国则是二十五史里的一整部断代，足够让中原以外多发展了巴蜀与江东这两个大经济区，因此，罗马的中兴是开始紧缩，最后是往拜占庭缩水，三国时代的中华则是在扩建底盘。这个扩建持续为南北朝，无论南北都在缔造秦汉帝制的加强版，古代帝国的中枢朝三省六部制精密化，北方新兴民族则在实验均田制与府兵制。秦汉帝国这个壳不只是撑大了，其躯干也更强健了。

问题是,古罗马原本也可以走上这条路,罗马走出"三世纪危机"，强化了帝制，很重要的一环是以基督教为国教,以统一思想，然而，成亦萧何败亦萧何。君士坦丁首先奠定尼西亚信条，即上帝三位一体论：耶稣是神。他晚期却倒向阿里乌斯教派(Arianism)，说耶稣只是神的使者，就是这个后期但昙花一现的版本传入了哥特人之间，待到后者进入罗马帝国,想当"罗马人"——老实说只有他们是"最后的罗马迷"——尤其得靠他们撑起帝国西部的残局时,三位一体论却又变成帝国的正统了,这批"最后的罗马人"成了遭排斥的"异端",终脱离罗马而去。待哥特人出局、西罗马复归正宗,东罗马却与西帝查理曼在三位一体衍生的圣灵、圣子耶稣是否与圣父具同等分量这些问题上产生裂痕,至十一世纪,一个罗马天下未能还原,却有了两个基督教。此时,罗马中央强制的三位一体论国教早已疏离了东方省份的"一性论"者,令他们倒向了新崛起的伊斯兰。这些分裂又因文字不统一,各地有自己的语言而不可收拾。

中国古代帝制的修复不是以上帝该是什么样子为本的,它的指导思想里没有教条,"教"是指"生聚教养"与"教化"。这种寓法治于礼治尤其有助于农村基层制度的修复。相反,西方古典晚期的形态是城邦联盟,农村是化外,连国教会都是都会现象,最后入教才轮到乡下人,他们长期以来是基督教话语里的Pagan,"异教徒"乃由"乡下人"一词转义而来。拉丁文"文明"之字根就是城市,因此古典城市的消失即等同文明的没落。相形之下,古中华帝国的修复是建筑在农村的基础建设之上的:三长制、均田制、府兵制,在残破有待恢复的北方,这个政教经配合的帝业模式特别奏效。北朝的新兴民族甚至有参考周礼的,以纠正南朝玄学与佞佛之风,遂成为再度统一的动力。

文艺复兴中心论内建的负面"中古"形象,其最大的盲点是伊斯兰。中国的隋唐是盛世,与长安并列中古文明双峰的是巴格达。伊斯兰征服开始于唐太宗时代,阿拉伯人从此缔造了伊斯兰帝国,它囊括了古罗马帝国的泰半:它的亚洲、北非以及伊比利亚诸省份,甚至地中海中线的一些岛屿,另一方面,伊斯兰征服席卷了古波斯的全部。这个形态比"中古"的中华是古代帝国型号的升级更夸张。古代近东之"中古"变容,简直是它的大鹏展翅时刻。

古代近东文明堪称一个多元丛集,两个原核是埃及与两河流域,但两河和地中海东岸一带不久即被从北阿拉伯贫草原连续喷发出来的闪语族群填满。闪语文明由腓尼基人传播至北非一带,腓尼基的后人迦太基更起步经略伊比利亚,与地中海北岸的希腊人和拉丁人平分秋色。

古近东文明的两个原核后来被伊朗高原的波斯帝国覆盖,后者是雅利安人,古代近东的文明事业遂多添了伊朗人伙伴。波斯帝国的通用语仍是闪语系的阿拉米语,该语的霸权在亚述帝国时代已奠定。在亚历山大领导下,希腊人征服了这个多元的东方,在其上又覆盖了一层"希腊化",而北非与伊比利亚则被罗马征服者拉丁化。希罗文明的泰山压顶是古代后期的局面,到了"中古"的伊斯兰崛起,则是闪语文明的光复失土。

今日的语言学将古埃及语、北非的柏柏尔语以及闪语(包含阿卡德、巴比伦、亚述、腓尼基、阿拉米、希伯来、阿拉伯、埃塞俄比亚这一大串)归入"非亚语系"(Afro-Asiatic Language Family)。阿拉伯征服缔造的伊斯兰帝国统合了这个大家庭,阿拉伯语亦承接了古代阿拉米语的通用语地位。伊斯兰帝国更继承了曾在古代近东覆盖过这个闪语大群的波斯帝国旧疆。这个比古代近东更大的格局是近东的"中古"变容。

今日我们习惯的是金发碧眼的耶稣像、高鼻白皙的圣母图,遂将基督教当作西方文明的化身,而这个文明到了近代又一枝独秀。其实基督教原本是近东的信仰,由此观之,古代近东文明至"中古"的大鹏展翅不限于地域扩张,它还是精神层面的霸权,连希腊罗马的古典文明都被它覆盖了,待至"文艺复兴"才开始翻盘。

西方进入"中古盛期",即开始往外扩张,在伊比利亚发动南略,扩大为十字军东征,征战对象是先进的伊斯兰文明。开头时,仍很理想主义地去"光复"耶路撒冷。待至后来,耶路撒冷得而复失却不急于光复,反将"行都"设于富庶的海口阿卡,更忙于攻占东方的经济中心如君士坦丁堡和开罗,在前者是成功了,也因而摧毁了一个在东方遏阻突厥人西进的基督教屏藩。十字军收摊后，西方陷入英法百年战争、教廷大分裂、全境黑死病与土耳其帝国大敌当前的内敛期。待至十五世纪第二度往外扩张，则是向全球海洋进军，其起步的诱因却是印度洋，后者在全球经济的比重已经压倒了近东——那是进入"近代"期了。

最后不得不面对印度次大陆的"中古史"，它最难处理。印度本土有前后三个古代帝国：孔雀帝国、贵霜帝国和笈多帝国，被匈奴"殡葬"掉的是后者，那么前两者如何定位？而古代印度也有两个"古典时代"，与"中古"接轨的又是哪一个？其一为印度本土佛教黄金时期的孔雀帝国，其二为印度教崛起的笈多帝国时代。被匈奴"殡葬"掉的"古典时代"似乎是佛教的那个，而不是印度教的那个。

雅利安印度不是铁板一块，它至少可分为北印度中原的吠陀文明与北印度东部的摩揭陀文明，后者是佛教与耆那教的诞生地，两者异于吠陀文明，都是反种姓的，它们不用梵文而用摩揭陀方言宣教。在古代的印度，反而是佛教先出任以摩揭陀为本的孔雀帝国的国教。阿育王向四方派遣传教士，将佛教传入由亚历山大部将在中亚建立的大夏王国，其希腊国王弥兰陀继阿育王成为第二位"转轮王"。后来，在中国北疆的月氏被匈奴人驱逐来到此地，接收了大夏，开创了贵霜帝国，将"转轮王"的传统发扬光大。贵霜帝国与汉、安息、罗马并列古代四大帝国，但它在匈奴来袭前已结束，面临匈患的是笈多。因此，以匈患为量尺，也必须以笈多帝国的消失为"古代"印度的结束。

在此意义上，早期佛教基本上被限于"上古"现象，至于"中古"的佛教，则是在丝绸之路上蜕变成东亚宗教者。佛教的原乡步入"中古"，所见的是古吠陀教之重新被发明为"印度教"，这是后孔雀王朝的发展，在继起的笈多帝国底下，古代的吠陀经书梵文被提炼成"古典梵文"，新印度教的经典是两大史诗、众《往世书》以及《摩奴法经》，也是在后孔雀时代陆续成形。

印度"中古史"所见者，倒非古吠陀教的卷土重来，而是新印度教并吞先前的佛教与耆那教地盘，它最大的胜利在次大陆的西北角落，该角落除了曾是希腊化大夏与贵霜的佛教天下，还处于古波斯祆教文明的辐射下，这两种宗教基因的剪辑制造出大乘佛教的弥勒崇拜，它传到东亚去了，印度本土没有这一尊佛。印度教不是在收复失土，而是开拓古吠陀教未及之处女地。在婆罗门自我中心的话语里，这些不洁之地曾是不供奉婆罗门的"堕落的刹帝利"盘踞的领域。

新印度教的翻盘，转机是"白匈奴"的入侵，他们与古雅利安人、波斯人、希腊人、月氏等，以及更后来的突厥人、阿富汗人、蒙古人与伊朗人等，都是从西北角落入印的，但"白匈奴"这波的效应不是去印度化，而是迎上了本土的印度教涨潮。佛教史里都承认：对佛教的一次大打击是白匈奴大族王的"灭佛"。

白匈奴灭佛并非单一插曲，而是值印度教上升、对佛教不利的一个兆头，其启动与帝胤族〔Rajputs，一般音译作"拉吉普特人"，今日拉贾斯坦邦因其命名，其字义为"王者(Raja)之子(putra)"。音译未能顾及彼等乃古代刹帝利再生之义〕的登台有关。

当印度史学仍未跳出欧洲史窠臼之时，是将帝胤族简单地说成白匈奴的后代，与日耳曼人入主罗马旧疆，和一个在地教会合作，缔结新的政教联盟，将中世纪打造成一个骑士社会是同一个剧本。今日却遭逢什么都非本土化不可的"后殖民批判"，力主帝胤族是先前未入婆罗门法眼的本土族群，因此变而上升为新统治阶层。必须警惕："后殖民批判"是迎合今日的学术时尚，比旧说只是"政治上更正确"。其实帝胤族的出身无关宏旨，重要的是彼等愿意供奉婆罗门，因此被后者重新发明为古代"刹帝利"的苗裔，而先前受"堕落的刹帝利"污染的不洁之土也被净化为婆罗门圣域。

这些从古代再生的"刹帝利"还替印度教立了另一桩大功：把阿拉伯人的侵略阻挡在印度河下游。在此意义上，帝胤族针对佛教来说是卫教士，针对入侵的伊斯兰来说则是圣战士。史家一般将帝胤族时代归入印度史"中古"前期，后期则见突厥人攻破先前阿拉伯人未能克服的帝胤族防线，入主北印度，开创德里的伊斯兰政权。在中古前期，衰落中的佛教仍与印度教维持了并存局面，待至中古后期，佛教承受伊斯兰打击的能力不如印度教，被振了出局，印度史遂过渡至印、伊两大派的对峙，以迄今日。

终印度"中古"之世，都在开拓印度洋。这在西方是到了达伽马才上演的"近代"戏。虽然，在中古前期，北欧的维京人也曾跨海至北美洲，但此乃孤立事件，并未建构一张跨北大西洋的经贸文化网络。印度次大陆之经略印度洋，则缔造了一个大印度文化圈，早期是佛教与印度教的业绩，它们在东南亚架起了世上最大的佛与印度教建筑，将东南亚变成"印度文化的主题公园"。

至中古后期，伊斯兰的势力在东南亚海域渐凌驾印、佛两派，但穆斯林大半还是从印度海岸前往马来群岛的，只有少量来自阿拉伯与伊朗，南洋群岛的东部也有来自中国泉州与广州的回民。在宋以后的中国经济加持下，这个大印度文化圈成为近代初期世界经济的枢纽，没能掌握这个事实，就很难理解西方人为了进入"近代"，为何拼老命探索新航路以达印度洋，甚至因此意外地发现了新大陆。他们只在印度洋史诗这部迷你影集的下集登场，但由学子的分数中心论（课纲委员会无可救药的崇洋心理）抱残守缺的西方中心论里，世界"近代史"是没看上集从下集开场的。

（《新世界史》第二卷，孙隆基著，中信出版社二〇一七年版）

彭兆荣

"我"在"他"中

二〇二一年四月六日是厦门大学建校一百周年的纪念日，人类学家保罗·拉比诺（Paul Rabinow）在同一天去世。拉比诺是美国加州大学伯克利分校的人类学教授，他的书我是喜欢的，尤其是《摩洛哥田野作业反思》，其中提挈之句为："通过对他者的理解，绕道来理解自我。"拉比诺的田野，成了他参与观察"他文化"（other culture）的契机，也在"他性"（otherness）中实现了对"自我"（self）的认识。这种重新认识的途径是通过"解释"以确立文化的自我建构。田野作业从来被认为是人类学家的一种"通过仪式"，但把田野作业当作"自我镜像"的，委实不多。

在摩洛哥，拉比诺选择了西迪·拉赫森·利乌西村为田野点。在进入过程中，他遇到了几位人物：

莫里斯·理查德是典型的法国人。法国人在摩洛哥有过殖民历史，柏柏尔人是当地原住民。历史的境遇就像这位法国人所从事的"酒店业"，主人与客人（这里的主客关系被赋予特殊的语义）的关系不会长久，也决定了他热情而孤独的性格面相。理查德成了一个老版殖民者在曾经殖民过的地方日薄西山的侧影。

易卜拉欣是法国与摩洛哥社会"我在他中"的中间人，也是拉比诺认识"他性"的一个原型。文化是交错的，人与文化都在一个社会位置交集，这个"位置"由特定身份和"生性"（habitus——布迪厄创造的概念）的人所决定。

阿里是引导拉比诺进入摩洛哥阿拉伯社会的引路人，他是个当地"局内人的自我嘲笑者"，是漂泊在"我文化中"的"他者"，却成了作者观察和了解摩洛哥文化直接的、活生生的体验对象。

马里克是一名代表地道传统的守旧者，却又困惑于文化"多棱镜"的折射而徘徊不前，纠结于社会现实巨大变迁的各种困惑中，他试图在各种事务中保持折中，努力使自己成为当地社区的代言人，却时常力不从心。

本·穆罕默德是拉比诺的好朋友，也是作者进入伊斯兰宗教世界的向导。宗教社会是一个让圣人和俗人对视和对话的场域。涂尔干的"神圣—世俗"成了"解释"宗教化社会生活的另一种互视结构。

反观拉比诺的田野作业，所有被他选择的人（对象）都是实现在"他文化"中反观自我的一种体验和实践方式。生活中，人们可以通过照镜子反映自我的形象；田野中，人类学家通过他者来反观自我。拉比诺做到了，《摩洛哥田野作业反思》做到了。这也因此成了当代人类学在反思原则之下通过"他文化"之镜反观自我的一个典型案例。

田野作业曾经是，现在仍然是界定人类学这一学科的标志。拉比诺在中译本序中开宗明义，直奔主题。原因或许是田野作业对人类学民族志研究太过平常，因为在学科史上，除了早期极少数"摇椅上的人类学家"（the armchairs anthropologist）不做田野外，田野作业早已成为这一学科的商标。但在进行田野作业的时候，传统的民族志研究以"事实"（fact）为依据，并以此确立"科学民族志"——像"照相机客观地记录"。那不啻为一个"实事求是"的历史借镜。当代的解释人类学正是出于对这一"事实借镜"的挑战，成功地把照相机的"客观呈现"上升到"文化的解释"（格尔兹的代表作即以此作为书名）

层面。人的主观性顺势现身,从台后走到了台前。拉比诺的老师格尔兹(Clifford Geertz)正是以"解释"为杠杆,把"客观事实"挑落马下。在格尔兹眼里,"事实"不是终极事像,"事实之后"(after fact,格尔兹另一著作的书名)方为"解释"的最后根据地。

在这方面拉比诺似乎比老师更具有反思性:"事实(fact)是被制造出来的——这个词来自拉丁语'factum',是'制作''制造'的意思,我们所阐释的事实被制造,并且被重新制造。""文化事实上是阐释,而且是多重阐释。"于是人类学从传统的"科学"变成了"阐释的科学",对interpretation的解释也就成了一门"科学"。拉比诺精巧地把"客观科学"变成了"阐释科学",将客观—主观建构成了一个对视的共同体。interpretation的本义正是在对视之间的相互观照,进而以"他"的事实为根据做出"我"的解释。"科学民族志"在解释中被"他—我"的互视结构替代了。这里的"科学"某种程度上已经被艺术化。难怪,解释人类学范式也被说成徘徊于"科学"与"艺术"之间的"实验民族志"。在拉比诺的"实验室"里,田野作业有三个目标:一、人类学既不能简化为田野作业单纯的客体性对象,也不能上升为哲学的人类学那样打上先验的烙印,而是一种历史的实践;二、新的时代可以将实践和经验的不同领域捆绑在一起;三、强调再生产与新兴力量的区别。这些目标决定了田野作业天然就具有反思性。

虽然格尔兹与拉比诺师徒在"解释"上指向同一个方向,却并不表明弟子不会出格。书稿《摩洛哥田野作业反思》显然并没有完全按照老师指定的路径走下去,而是离经叛道。这也导致当初有六家大学出版社都听从了前辈们(包括老师格尔兹)的意见,拒绝出版这本书。老师甚至以严厉和最简短的话语(尽可能亲密地表达关心)告诉拉比诺:"这本书会毁了你的前途。"换言之,师徒都主张"解释",都主张解放人类学家在田野中的主观性,但在"解释"的解释上,师徒却是背道的。拉比诺把"解释"建立在了法国的哲学之上——在保罗·利科的现象学里,解释学(hermeneutics,希腊语,相当于英语中的interpretation)成为通过他者来理解自己的重要途径。当学生"倒向"法兰西跨文化的哲学表述倾向,包括深受法国哲学家、社会学家萨特、拉康、梅洛-庞蒂、福柯、利科、列维-斯特劳斯、布迪厄等的影响时,格尔兹的"解释"也因此受到了挑战,而拉比诺的"通过对他者的理解,绕道来理解自我"的提点之句正是从法国哲学家保罗·利科那儿借来的。

大概连拉比诺自己都不曾想到,他的《摩洛哥田野作业反思》能够成为经典的民族志。当他连续不断地被大学出版社拒绝时,罗伯特·贝拉的出现改变了他的命运。也就是说,提携他的不是他的老师,而是罗伯特·贝拉和法国的社会学家布迪厄。贝拉为这本书写了序,布迪厄写了跋。值得玩味的是,"序"与"跋"成了另一种互视性对话,甚至争论。贝拉的序中解释了"通过对他者的理解,绕道来理解自我"的意思:因为失去了一种传统的"我文化",现代西方知识分子让各种合成的总体为个人所利用。显然,这就是"绕道"所指的全部意思。布迪厄对此是不认可的,甚至走到贝拉的对立面,他说:"一个人把对对象的研究作为研究对象,让自己失去或显或隐地选用小说家方式对具有魔力的经验进行创造的机会,并且破坏对于异国情调的幻想;他把解释者的角色转变为针对他自己,针对他的解释——这是要把通常被建构为被秘密和神秘所包围的、作为人类学职业的入行仪式的田野作业转化到它的适当维度:一种对社会现实表征进行建构的工作。"布迪厄在"跋"中驳斥了拉比诺的观点,这是罕见的。在布迪厄看来,与其说《摩洛哥田野作业反思》是在绕道"他文化"来理解自己,莫不如实现"参与者客体化"(participant objectivation)——直接使我成为"他文化"的一部分。其实,在我看来,二者并无根本冲突,只是在反思和互视中建立一种对话的平台。

布迪厄试图以他的实践社会学为绳索把解释者从"告密室"里直接拉到现实中。

哲学解释的权威表述试图建构一种话语,然而却终将沦为话语工具,事实的真实性(authenticity)才是最终的审判官。在田野作业中,一个事实的镜像完全可能具"多棱镜"中的相貌,任何一个解释者或许都只是盲人摸象,原象都是同一个田野。一本书,一个平常的标题,一段个人的田野作业,都会有截然不同的"解释"。interpretation 凸显的正是"我"这一个体。这样,具体的田野作业——哪怕是实践者本人,一旦面对同一个事实,一旦形成了民族志,就与莎翁和《哈姆雷特》一样,"一百个读者就有一百个哈姆雷特",而莎翁只是解读者中的一员。文学与艺术于是都成了"解释"的佐证:拉比诺认为列维-斯特劳斯《忧郁的热带》是一部了不起的杰作,原因之一在于他写成了一部长篇的哲学小说,主题是在他文化中表白"他自己的处境和他自己的经历"。《忧郁的热带》是法国文学中的杰作,是从巴尔扎克经福楼拜和左拉一直延续到二十世纪的伟大的虚构现实主义传统内的一个转折点。"把民族志看作人类学家"作者的作品"是格尔兹的"创造"。格尔兹在《文化的解释》中认为,田野作业中的那些"事实材料"并非最重要的,重要的是人类学家在田野作业中对"事实"的选择、理解、分析和解释。他甚至干脆把民族志的生产建立在"作者功能"(author function)之上。但笔者认为,只说到此不够,需要补充两个重要信息,或同一个"事实"的两个层面:一、"作者"(author),与权威(authority)、真实性(authentlcity)同源;二、两个F,即"事实"(tact)与"虚构"(fiction,小说)互视和互换。后者建立在前者复合的多重解释之上。

无论如何,师徒在对田野作业的"解释"上是一致的,而且"诗学"(哲学文化)都成了附会解释的一种"策略"。只是拉比诺采用的是福柯式"词与物"的运作方式:"如果说作者已经非常明确地提示我们，一件事实，就语源学而言，是某种'制作'的东西，那么，当我们指出希腊语的 poiēsis 是'制作'的意思，并且诗人是'制作者'的时候，我们是可以被理解的。"这让我们想起由詹姆斯·克利福德和乔治·E.马库斯主编的《写文化——民族志的诗学与政治学》，拉比诺也是该论文集的作者之一。当"诗学"成为一种民族志的解释路径时，"事实"就成了田野中解释的选择对象。显然，拉比诺对田野作业中"事实的解释"没有继承老师的学说，而是将其扩大到了与"资讯人"的事实组合中："文化事实上是阐释，而且是多重阐释，这一点，对于人类学家和他的资讯人——与之一起工作的'他者'——而言，都是千真万确的。"资讯人"这个词非常精确——必须阐释自己的文化以及人类学家的文化。"而"资讯"（inform）的本义是"赋予形式和形式的原则，赋予生气"。换言之，人类学家与资讯人在田野中共同完成了对"事实的组合性解释"。这样，"解释"已经不再是人类学家对现场"事实"的主观任性发挥，而受制于"我+他"的组合。

在拉比诺看来，"解释"如果仅仅成为我的话语权力，或将坠入田野作业的陷阱。当人们热衷于格尔兹的解释人类学，模仿着"深描"（thick description）的手法，提升"地方知识"（local knowledge）的认知地位，并把格氏解释民族志作为典范时，正是他的学生另辟路径，对田野作业进行反思。在格尔兹以解释为媒介，以"深描"为手段，破解了对"事实"的惯习，纵情于"作者"的主观解释时，他的学生却采用了另一种方式：人类学家与资讯人建立一种合作关系，共同完成"解释"的建构。这样的"解释"似乎更有采信力。虽然，主观解释有着"我文化"的背景；虽然，主观解释在田野中可以成为追逐的线索；虽然，田野中的"事实"也会随着各种因素和观念发生变化——但是，这种"我+他"共同体合作的观照、互视，成了"我"的借镜，在认识"他文化"中清晰地照见自己。

既是镜像，就有"观察"，田野作业的本职工作就是参与观察。只是人们看事观物，看法多种多样。拉比诺田野反思的价值并不限于那个曾经吸引他前往调查的小村子西迪·拉赫森·利乌西，而是这个小村子为他提供了田野中全景式的观察。重要的是："我"也在其中。我在田野作业中所观察的"事实"，视野不同，景观不同，风景、场景、人景、心景、布景各有差异，呈现"主观的客观""主体的客体""意识与存在""真实与虚构""内视与外视""此处的他处""过去的现在""主体的分裂""他者的我者""自我的他性""景观与人观""权力与话语"等多种景象。人类学家无形中都成了田野中的"凝视者"，一如庄子《秋水》中的"子"与"鱼"：我非鱼，子非我，子非鱼；我与子，我与鱼，子与鱼，各自观景，各自阐释。

我的凝视与被凝视，在法国哲学家那里获得了重要的理论陈说，无意中成了拉比诺进入田野的向导。拉康的"凝视—镜像"合成理论揭示了人的自我分裂性。在《镜像阶段：精神分析经验中揭示"我"的功能构型》中，他借生物学原理说明镜像中自我的不完整性和虚假性。拉康以婴儿"照镜子"为例，婴儿以游戏的方式在镜像中自我玩耍，与被反照的环境之间形成特殊的关系，借以体验虚设的复合体与这一复合体所复制的现实世界。婴儿的身体、动作与环绕着他的人和物形成了特殊的镜像。拉康的结论是：在"前镜像阶段"，婴儿处于最初的不适应和动作不协调的"原初混乱"之中，对自己形象的认同是破碎的、不完整的。"碎片化"造成自我的内在世界与外在世界的断裂。自我为自我的镜像所分化、分裂、分解。"自我的分裂"决定了人类学家通过田野作业去寻找"自我的他性"。解释类似"凝视"，田野作业让拉比诺重新发现了自我存放在"他性"（otherness）中的奥秘，一个饱满的"自我的他性"（伯克利人类学系华裔学者刘新的著作名称，中文译名为"流心"），又辗转回到了那一点题之句："通过对他者的理解，绕道来理解自我。"

福柯一直是拉比诺重要的学业"导师"。拉比诺也成为北美阐释福柯思想的重要权威之一。如果田野作业中的不同场景都羼入"解释的镜像"的话，那么，观察便成为一种主体实践的过程。在此，福柯的"凝视"理论也在拉比诺的"解释"中留下了影子。福柯运用"凝视理论"于知识考古和话语表述，特别是作为医院和监狱的田野对象，"把脉式"地抓住了这一特征，将"凝视"视为现代临床医学的基本特征。在《临床医学的诞生》中，他发现医生"看病"类似于"凝视"，临床医学毋宁说是一种特殊的凝视方式。循着这一思路，"医学凝视"便成为一种临床医学的话语理论。临床医学的"凝视方式"呈现几种分析视野："凝视"首先是一种专业性的观察方式，即在临床医学场景中医生对病患施予的特别的、专业化的行为；其次，"凝视"衍化为一种具体的、有形的、充斥于社会的、象征化的权力关系和软暴力；再次，由社会组织化、系统化的社会作用力，即一种看不见却处处存在的力量，福柯以其独特的"知识考古学"的眼光，成为某种具体的、有形的、生理的行为所潜伏着的、具有明确指向性的价值主导方式。为此，拉比诺投入大量的时间和精力于医学人类学的研究。

　　拉比诺的"解释"更倾向于"法国式"，特别是福柯的"词与物"谱系学式的考释方式。虽然，词与物的谱系学可能存在着历史演变的"裂痕"，甚至完全分道扬镳；意义在延伸中可能被带入他途。但毕竟势如河流，折道亦有其自身道理。更重要的是，在解释学理论中，"词与物"的谱系学可以些微地管理人类学家的解释，使之不至于过分放纵"主观性"。总之，福柯成了横亘于师徒之间的阻隔。一个事件可以为证：格尔兹作为解释人类学的领军人物，却拒绝参加二十世纪八十年代美国学界因输入福柯代表的欧洲后现代社会思潮而掀起的辩论和反思热潮。在贝拉因为提倡"道德的社会科学"而与主张"用社会学解构符号霸权"的布迪厄打得不可开交时，格尔兹作壁上观。而《摩洛哥田野作业反思》出版时，贝拉和布迪厄为之写了序、跋，作为老师的格尔兹却只是"留白"。"留白"是因为老师担心弟子作品出版后"自毁前程"，还是从自己当学生的经验中感悟到人心不古而步入"隐士"生涯，或者是对弟子将解释人类学的"格氏设计"引入他途的不满？不得而知。

这部著述以"反思田野作业"为名，颇为平淡；或因"平淡"才引人注目。人生何尝不是如此。在拉比诺眼里，田野在"某处"并不是最重要的，"田野道理"才是决定性的。费孝通早年在魁阁时曾经说过："普天之下处处是田野。"我们也可以这样说，人类学家的生命和生活在场（being-there）也可视为一种"田野经验"。当人类学家到一个地方，他的生命价值、身体实践、社会关系等全都在"此处的他处"。"在场"成了观察、想象和解释的一种方式，"那里"正是"这里"建构语义的镜面。从哲学的角度来看，田野作业使我们在批判性思考的实践中获得重大价值，而这却是过往的人类学家们很少关注的。拉比诺把"田野"扩大到了"人际关系"的"在场"，其实，学者的学术场域与学术生涯也无妨视为一个"在场"。在伯克利这所大学，由博厄斯的大弟子克鲁博在美国西部创办了第一个人类学系，后来成为美国人类学的重镇。正是在伯克利，拉比诺遇见了罗伯特·贝拉，贝拉力排阻力，不仅做到了让加州大学出版社出版这部力作，还使得拉比诺因此受聘于伯克利人类学系，从此成为该校人类学精英学者。伯克利也成了拉比诺"田野"的归宿。

或许，拉比诺正是以田野为借镜，使得当代解释人类学在发展中出现"转向"，使得这部看上去具有叛逆倾向的民族志成为经典。作品为人们提供了一面镜子，让"我"在"他"中完全现身。这也是民族志的真正价值所在。

（《摩洛哥田野作业反思》，[美]保罗·拉比诺著，高丙中、康敏译，王晓燕校，商务印书馆二〇〇八年版）

重估庄学本

李晋

庄学本出生于上海郊县，少年时因贫困辍学。一九三〇年，正在公司实习的他和几个青年组成全国步行团，在前往北京的路上沿途考察。知行合一的少年心气解释了庄学本在日后的选择。日军侵华后，响应国民政府"到边疆去"的号召，庄学本花费了十年的时间在川滇甘青的民族地区旅行。除了与考察有关的文字外，庄学本以边疆为主题的影展在四十年代获得了空前的成功。解放后，他在《民族画报》的编辑工作持续到六十年代，一生拍摄的上万幅照片因"文革"大半遗失。国内学者和媒体在最近二十年试图重新发现这个几乎被遗忘的人物。在一片赞誉声中，庄学本被视为中国摄影史上大师级的人物。

庄学本为中国少数民族的研究者留下了珍贵的视觉资料。无论是从历史价值还是美感上看，这些照片都代表了民国的最高水平。当时的摄影师里很少有人像庄学本那样醉心于边疆研究，边政学者里又很少有人像他那样精通影像。庄学本与国内民族学团体之间存在着往来和交集，很多人把他定义为中国影视人类学的先驱。如何从人类学的角度评估庄学本是一项复杂的任务。当一个人拍摄了大量照片，任何试图概括他风格的努力都一定能找到反例，而且他早期的摄影与后来的作品存在旨趣上的差异。但是这些三十年代拍摄的民族志作品揭示了西方人类学对中国知识界的影响，庄学本的摄影隐藏着这个学科最晦暗的一些方面。

《庄学本全集》里有一些他早年的习作，这些照片与他日后在民族地区拍摄的作品形成了鲜明的对比。这些早期照片涉及夜景、人物、风景、动作。很显然，一个初学者正在有意识地练习他学到的拍摄手法。或许是因为它们记录的都是市政建筑、郊县、寺庙、教堂等熟悉的场景，或许是因为那时的庄学本还不敢把相机对准别人，这些照片大多数是"抓拍"，有时从远处，有时从人物的背后。有张泳池边的照片拍摄了一个观看游泳比赛的女子，泳池中拼搏的氛围和她穿旗袍的背影形成了别致的张力。像这张照片一样，庄学本的早期作品主要关注取景和构图。不管是竹筏上怡然自得的农民、操场上运动的学生、晚风芦苇前排成一排的天鹅，或是沿对角线排列的船帆，他在拍摄它们时首先考虑的是画面的美感。

三十年代，庄学本从四川进入康区，先是从嘉绒到果洛，然后从松潘返回。这是他拍摄少数民族照片的开始。稍懂摄影的人就可以看出，庄学本在这时已经不再是藏在别人背后的抓拍者。在他最常采用的模式里，他会首先用镁粉打光，然后在两三米外使用中焦段和小景深，从多个角度对一个人反复拍照。这套充满暴力的模式或是用强烈的明暗对比来突出被摄物的细节，或是用虚化背景的方式突出照片的前景。不管拍摄的是一个单独的人，一群人或一个家庭，还是人的面部表情或服饰，它把清晰和纯粹当成最重要的准则。即使仍然在追求画面的美感，这些美感也不是为了平衡前景和后景，而是把前景的可视性突出到极致。这种操作模式让主体对客体的凝视以及两者的权力关系达到无法弥合的程度。

银盐和相机发明后的第一个应用就是植物标本的拍摄和制作。植物学家在制作标本时往往偏向统一的构图，这样能更方便地呈现出他们对植物种属的分类和归纳，以印证林奈分类法的阐释。庄学本的摄影风格继承的是这个遗产：他用镜头记录的是他的行走和见闻，所以他的影集有一个明显的从四川汉人地区到边疆地区的过渡。但是与行走有关的遭遇和代入感在他的照片中没有得到强调。通过放大前景，排除背景因素的干扰，拍摄者让西南边疆的人与物看上去像是一个个被采集的标本——相片边界在这里与博物馆展台的功能类似，都是用一个框定出的视觉域，引导读者完成从个人行走体验到民族学知识的转换和升华。庄学本在呈现一个聚落时明显受到学术语言和社会调查的影响。他会首先关注自然地理和生计方式这些大的框架，然后过渡到头人、妇女、祭司等不同的社会角色和物质文化。这样，即使是一些描述生活场景的照片也遵循相似的拍摄手法和内容，仿佛边疆社会可以用一以贯之的逻辑来理解。

这个拍摄手法及其背后的理念可以一直追溯到早期人类学对相机的运用。在田野工作发明之前，照片一度是西方人类学家了解海外世界的窗口。在赫胥黎担任大英民族学会主席时，他一方面试图在进化论的框架下建立人类学知识的科学价值，一方面试图证明这个新学科对帝国治理有辅助意义。一八六九年底，赫胥黎在英国殖民部的支持下发起一项计划，希望在殖民地总督的支持下获得各个殖民地的视觉资料。这项计划可以引导英国公众去了解殖民地的种族、宗教与文化。相机在当时普及了近二十年，人们相信它能如实地展示现实。相比于绘画和速写，涂有感光材料的玻璃板和相纸把遥远的殖民地和未勘探过的地方直接搬到英国人的面前。记录种族和文化多样性的图像证明人类学这个新崛起的学科有经验世界做基础。这样在"科学"的名义下，早期人类学能够进一步证明它为各个种族及其生计和文化模式在进化论中分配的位置。

对于赫胥黎和他的同行来讲，所有与科学准则无关的要素都是不必要的细节，如果摄影师太关注情绪、表达、审美和场景，他们就干扰了"从影像建立比较"这个学科的目标。与植物学家需要可靠的标本一样，这项计划关心的是从各地流入的照片能否满足科学研究对证据的要求。建立一套标准化的程序成为最急迫的事情。那时，种族问题是生物学、哲学、考古学、解剖学、民俗学、传教士和殖民地官员共同关心的话题。如果能用固定的格式拍摄不同的种族，英国国内的学者们就能最准确地看到他们在体征上的差异。标准化意味着任何人都可以复制或检验已有的成果，从而使种族知识的积累更具成效。

当时存在两种拍照的方式。第一种方式的发明者是兰普雷。他用木框和铁丝搭出一个棋盘一样的背景，让模特在前面拍照。这样在冲印好的照片中，被摄者背后是一个方格组成的坐标，研究者可以根据坐标读出身体各部位的数据。这个方式的弱点是没有规定模特的姿势和位置。所以整个系统很难一目了然地提供比较的证据。以赫胥黎为首的团队制定了更详尽的规则。第二种方式规定，殖民地官员在拍摄时要选取男性、女性、儿童各一名，每个模特拍摄正面和侧面照各一张，还要有从正面和侧面拍摄的头部特写。规则详细规定了相机与模特的距离，固定这个距离意味着所有照片采用大致相同的焦段和景深。模特要保持全裸，双脚并拢，女性不能让手臂遮住乳房。与兰普雷的设计一样，赫胥黎要求在模特身旁放一把标尺，这样可以读出人体的数据。赫胥黎相信以科学为旨趣的人类学需要以"代表性"为追求的影像证据。通过高度统一的格式和高度统一的"看"的方式，观看者可以更直观地感受不同人种的体貌特征。

赫胥黎以人体测量学为基础的种族拍摄计划，通过统一后景来直接读出人类种族特征。图为印度艺术家对比拍照模式的还原

《理塘藏女》，1939年摄于理塘。庄学本民族摄影最典型的形式

庄学本拍摄的照片里有大量头部的特写。从侧面拍摄的头部特写尤为证明了这套人体测量学体系对他的影响。这个影响如何进入中国是个有待考证的话题。一方面，牛津大学里弗斯博物馆收藏的兰普雷模式的照片里包含有中国人的照片；另一方面，根据历史学者莫亚军的发现，鸟居龙藏等日本学者很可能影响了庄学本对这个西方模式的吸收。作为最早在调查中使用相机的东亚人类学家，鸟居龙藏在中国西南的考察一直是庄学本推崇的对象。在十九世纪末到二十世纪初，培养鸟居龙藏的东大人类学会是欧美之外唯一资助学者到未知区域考察的机构。这个学会的学生在人类学理论和方法之外接受两方面的训练——标本制作和摄影——因为他们的一个目标是通过东北亚的民族学和考古学证据来重构日本的早期历史。这些日本学者移植了西方的进化论学说，认为东北亚的其他国家和民族反映了日本民族的早期状态。在求学期间，鸟居龙藏尤其注意到两位法国学者如何通过比较头骨形状、发色和体毛来证明日韩民族的共同起源。他全文翻译了这两个法国人的作品。对人体测量学的兴趣最终影响了他的摄影。

鸟居龙藏花费了大量时间研究台湾的原住民，他在台湾拍摄的照片有近七成属于人体测量学的范畴，内容涉及原住民的发型、面相、服饰、体征和文身。他希望利用这些照片证明台湾的原住民应该被分为九个族群。与英帝国的学者希望利用影像来证明种族理论一样，对摄影的客体主义理解是这套思维的基础——在本质上它们都是把相机记录的视觉证据等同于现实,而且相信一旦有了事实做依托,知识宣称的抽象方式就可以被视为是正确。日语把"照片"翻译成"写真"(在古汉语里这个词指代人物的画像),从词源上点明了摄影是"书写真实"的技术。但是与其他表述手段一样,摄影是对客体世界的加工和建构,它实际上要受到表述者观念的影响。鸟居龙藏把目光投向原住民,是希望在台湾岛上发现一些较少受汉文化影响的聚落。这样做一方面是因为人类学习惯把调查的社区描述为孤岛,忽略外来文化对本土文化的冲击;另一方面也是因为明治时代的日本即使在台湾之外也推动"去中国化"这个时代的主题。

与鸟居龙藏一样,庄学本认为边疆区域的民族是中华民族的早期形态。这些番民和戎民"古风盎然,精神高洁",自己的照片是从二十世纪回看远古时代"未开化的旧同胞"。在茂县中学演讲时,他指出国民政府的第一要务是开发西部,巩固边疆。庄学本以最大的可能靠近被摄者,以最完满的细节记录边疆的风土,是想让观众看到他的边政见解有实践调查做基础。庄学本认为应该从灌县修一条公路,往北通向兰州,往西北通向西宁,往西通向康区的甘孜,再从玉树通向拉萨,这样做将全面打开汉藏交界地带的资源。他的照片侧重展示交通、金矿、农耕、药材、伐木和畜牧业资源,显然是在为这套主张服务。在果洛,庄学本把目光投向国族政治的中心:"如果政府在此地办一个军马场,五年以后的军马驱入东北四省可以收回失地而有余。"如果没有边疆,这个缺乏政治和文化资本的年轻人很可能无法拥有与政治家和学者同处一室的机会。出身贫寒的他之所以在第一次进藏就冒着很大的风险,前往未知的果洛,是因为他把边疆当作勇敢者的乐园:"在都市中没有饭吃的,预备自杀的人可以进去找你的饭碗……只要有人去实干,有资产的投资,有专家去指导,其间的富源真可唾手而得。"为他提供机会的杂志强调,庄学本的照片为汉地城市阶层了解边疆提供了途径,但是庄学本本人实际上也由此获得了在阶层壁垒间流动的机会。

庄学本最打动人的影像全都是女性。与很多照片一样，他在拍摄少数民族女性时采用近距离的特写，把她们像标本一样从生活场景中剥离出来。被摄者有时会低下头甚至展现怯生生的眼神，很可能是在躲避正在迫近的相机。庄学本的文字证明，他在拍摄女性时会询问男性家属的意见，把人际交往小心翼翼地局限在男性之间。但是他会留意路上碰到的女性，包括她们的容貌和身体。这些凝视在科学记录之外是否夹杂着更隐秘的情感？它们与镜头之间是何种关系？一个研究者很难通过照片就对这些问题给出定论。但是可以确定的是，相机把庄学本的视线与这些女性直接连接起来。不管站在他周围的是谁，发生了什么，取景框把一切纷繁复杂都压平到一个封闭的视域。在这样一个有如盒子一般的私密的空间，拍摄者能以更有把握的方式把边疆女性和她们生活的世界打造成他想要的样子。

或许我们不该过分强调庄学本的摄影如何赋予少数民族以尊贵感和庄严。恰恰相反，他的作品在这一点上存在着疑问——庄学本在处理民族对象时的手法和美感很容易让人联想到静物画这个独特

庄学本的拍摄手法受到了人体测量学的影响。《庄学本全集》（上），350—351页

的题材。我们知道，静物画关注的是生活中最静默的事物。相机在被发明后首先用来拍摄静物，也是因为相机介入世界的方式与静物画表述世界的方式一致，都是建立起一种绝对意义上的主体对客体的凝视。但是在另一方面，静物摆放的方式、空隙、质地、光晕、比例和空间结构都证明了它们关乎的不是真正的世界，而是一个相对于这个世界的被创造出来的世界。被选择的静物总是代表了某种无法企及的欲望，它们是一种理想图景或是想象现实的方式。庄学本的作品凝结的正是这种复杂的表述关系。一方面它把边疆放在客体位置，一方面又赋予这个客体以难以名状的情感。不管这是一个多么微妙的空间，这个权力关系背后是汉人国家对边疆的凝视，汉人知识群体对自身命运的关切，以及汉人城市居民对奇风异俗的兴趣。由于静物画在本质上是观念层面的符码体系和由此堆积出的表象，庄学本记录的摄影对象也不能简单地等同于事实。

实际上，特尔伯特和达盖尔等早期摄影的发明者都对艺术有浓厚的兴趣。萨尔福发现，在某种程度上他们是因为在艺术领域受挫才转向对摄影技术的推动。在桑塔格看来，整个摄影史是在两种不同的目标之间摇摆。一方面，摄影作为一个艺术门类要像绘画那样追求感受和情感；但是作为科学史上的突破，这项现代技术允许拍摄者对客体世界进行复制和贮存，这让展示真实成为一项富有美学和道德意味的目标。国内的评论家强调庄学本的作品兼具美学和科学这两个维度，但是直面两者的对立或许是重估庄学本的关键。我们越是强调他作为一个艺术家的属性，就越应该看到他的照片里藏着一个汉人男性对表述的建构。同样，我们越是把庄学本塑造成影视人类学的先驱，就越应该看到西方殖民传统对其美学的影响。中国的知识圈应该批判性地理解庄学本的遗产，否则我们就会在美和事实这两个方面重复庄学本对边疆的虚构。

张 翔

湘西与西南腹地的构建

湘西、四川、广西北部都处于中原进入云南的通道的连接地带，是中原王朝时代西南治理的重要战略依托。从进入云南的官道状况，可看出这一特点。郑天挺在抗战时期写的《历史上的入滇通道》梳理了入滇的主要通道：《史记·西南夷列传》记载楚威王派将军庄蹻入云南，循沅水至且兰（今贵州平越）上岸，走的路线是由湘西经贵州入滇，这是古代入滇的东道；从西江—洵江—郁江—盘江，盘江的源头都在云南境内，或者由郁江到右江，右江上源西洋江由广西百色上达云南剥隘，是古代入滇的南道；公元前一〇九年汉武帝发巴蜀兵到云南，诸葛亮渡泸，都是从四川到云南，这是古代入滇的西道，唐代通云南多经过四川。明清时期通云南的驿道主要是从湘西至贵州，再由贵州入云南，"虽然迂回于万山之中，可以入滇正道惟此一线"（郑天挺：《清史探微》）。

一九四九年解放军仅用两个月即解放大西南，打破蒋介石企图依托西南险要地形固守的迷梦，其进军路线呈现了决策者对西南治理的历史经验与地理形势的深刻把握。解放军进军大西南的主要突破方向放在湘西和广西。五月二十三日，毛泽东在《对各野战军的进军部署》电文中勾画了解放大西南的战略，一是由四野主力沿白崇禧的桂军的退路向两广前进，占领两广，然后派一部经百色入云南；二是二野准备（由湘西进入）经贵州北上入川，占领贵阳、重庆和长江上游一带，打通长江水路；三是一野一部准备从陕南入川北，与二野合作解决贵州、四川、西康三省（《毛泽东军事文集》第五卷）。一野和二野部分部队在陕南等地佯动，做出由陕入川的假象。二野和四野一部先发起广东广西战役，然后西出云南，截断国民党在四川和贵州部队的退路。同时二野主力和四野一部出敌不意地由湘西进军贵州，再迂回北上，解放重庆，"拊其侧背，断其逃路"。重庆解放之后，蒋介石下令放弃秦岭防线，一野从秦岭南下，与二野合围成都，以极小的伤亡代价取得解放大西南的胜利（刘统：《决战：中原西南解放战争（1945—1951）》）。由此可见，在四川之外，广西和湘西是中央政权经营西南的重要战略支撑点。

近年来的西南研究，越来越重视对整个大西南治理的研究，关于湘西等大西南治理的战略依托区域的研究也有较大推进。谢晓辉的新作《制造边缘性：10—19世纪的湘西》即是新近的重要研究成果，较为系统地讨论了湘西的地缘位置变迁问题，对于思考西南治理经验与西南腹地的构建问题很有启发。她认为，湘西的政治地缘位置在元代经历了重要转变。在元朝历史性地加强西南治理力度和调整治理方略之前，湘西曾是中原王朝与西南"诸国"的边疆与边缘，宋元时期对湘西的描述，强调其地处内与外、蛮与非蛮之间。蒙古征服中原，采用先征服西南地区再包抄江南地区的战略，消灭了西南地区独立或半独立的王权，也就不再需要一个中间地带。湘西不仅不再是不同王权之间的边疆与边缘，而且变成了治理云贵的重要拱卫区域。溯沅水经黔东入滇的驿道，是明王朝沟通云南最为重要和便捷的交通要道，它的畅通是王朝经营云贵的基础。明代关注湘西的焦点是云贵大道的畅通，考虑的是西南战略格局，这是有明一朝在湘西花重金修建堡哨、边墙的关键原因。到明代中叶，时人的描述强调的已是此地在整个西南格局中捍蔽云贵的角色。温春来的《从"异域"到"旧疆"》对宋代至清代贵州西北部的研究，认为在明代存在从"异域"到"旧疆"的转变，勾勒了同一时期黔西北治理的转变。湘西治理的变化与此既有关联，也有区别（湘西在宋代并非"异域"）。两人都是被称为"华南学派"的学术共同体的学者，这些研究也是一种内部的呼应。

湘西在西南治理中担负重要角色，并不是从元代才开始。宋神宗和哲宗开边荆湖路辰、沅、靖三州的南北江地区，已可视为中原王朝西南治理的前沿基地建设。谢晓辉指出，宋代开南北江地区，开拓梅山道，打通了从湘西诚州（今靖州）到广西北部融州的通道，连接资江、沅水流域与融江流域。在这条通道上，宋代设置了非常多的寨、铺、堡和团。这一开发进程，可能与宋朝买广马、从廉州分运广盐北上行销有关，也与应对交趾的挑战有关。元代以降的主要变化在于，中央王朝开始高度重视云贵的开发，湘西的重要性日益突出。

明代在湘西设置了辰州卫、沅州卫、羊峰卫、崇山卫等卫所，同时实行土司制，中央王朝利用湖广土司的设立与承袭，驾驭与分化湘西的土著力量。湖广土司则善用政策空间，打造了悍勇善战的土兵队伍。这一多元治理制度在湘西的运作有两个重要特点。

其一，明代的卫所是治理湘西苗疆、协调中央与当地土司关系的重要机构，同时，这些卫所在此前已有中央治理基础的湘西的运作，有其领先之处，对于云贵地区的卫所应有一定的示范作用。这些卫所首先要处理的是湘西本地的治理，尤其要应对悍勇的苗民的变乱。谢晓辉强调湘西"边缘性"制造的一个重要依据是，湘西土司既是应对苗乱的主力，同时又挟苗自重，有的甚至游走于顺、叛边缘，"只愿贼在，岂肯灭贼"，故意纵容苗乱以凸显自身的重要性。这种地方与中央的博弈策略，在东北、西北、东南等其他区域一些有匪乱的地方也常见。土官重要性上升的背景是卫所的弛败，卫所官员不能有效驾驭土官，实权掌握在土官手中。

换一个角度看，这种格局其实有利于外来军事移民与原住民士兵的交流与融汇。谢晓辉概括了湘西卫所士兵来源的一个重要特点，即苗疆原住民是堡哨官兵最主要的组成部分。她在比勘史料后发现，驻扎其中的多为土兵或曾示好于官府的熟苗、顺苗。按温春来的研究，贵州卫所的情况有所不同，其建立依靠的是一场大规模的军事移民，至少在明初与贵州原住民的关系不大，"一线之外，四面皆夷"。明代黔西北卫所士兵主要是外来军事移民，以南直隶为多。根据连瑞枝对明代云南大理地区治理的研究，万历元年邹应龙征讨铁索箐山区夷民之乱，令大理卫指挥陈化鹏设铁索营，七百余"汉土兵"到明末只剩下三百三十三人，清初核算明朝卫所军屯土地，记载铁索营"屯种土军人丁一百三十七丁"，土兵占比不到一半（连瑞枝：《僧侣·士人·土官：明朝统治下的西南人群与历史》）。随着卫所凋敝，外来军士逃亡，云贵地区的卫所不得不增加流民和原住民的招募，原住民的占比会有所上升，但这一进程要晚于湘西卫所。土兵在湘西卫所更早占据主流的原因是，湘西开发较早，虽然也有苗乱，但湘西卫所与土司和熟苗之间的信任程度更高。

其二，湘西土司在中央与苗乱之间"讨价还价，左右逢源"，带出了作战力颇强、天下知名的土兵队伍，不仅成为平定本地苗乱的主力，而且经常被征调去其他地方尤其是其他西南地区平定民乱，派遣土兵所得军饷，随之成为土司财富的重要来源之一。其中保靖、永顺两个宣慰司的土兵尤为著名，《明史》的评价是，永、保诸宣慰"世席富强，每遇征伐，辄愿荷戈前驱，国家亦赖以挞伐，故永、保兵号为虓雄。嘉、隆以还，征符四出，而湖南土司均备臂指矣"。谢晓辉统计，从正德元年到明末，湖广土司平均每隔三四年就被征调一次，而嘉靖以来的征调常常长达两三年。明廷平定贵州播州杨应龙之乱、水西安邦彦之乱，四川奢崇明、蓝延瑞之乱，广西田州土官岑猛之乱、大藤峡瑶乱，湘西土兵都在西南治理的进程中扮演了重要角色。按《明史纪事本末》的记载,王阳明平定广西民乱,永顺、保靖兵也是主力,"仍督分永顺兵进剿牛[肠]等寨,保靖兵进剿六寺等寨"。湖广土司的调遣也不止于西南地区,永保土兵曾是抗倭主力之一;戚继光的"鸳鸯阵"战法善用轻便的藤牌和长枪,吸纳了永保土兵的特长。明代为征倭寇而编定的《筹海图编》说,"湖广土兵,永顺为上,保靖次之,其兵天下莫强焉",这是来自实战的评估。广西的狼兵、贵州和云南土司统领的兵丁也多次作为平乱主力,《明史·兵志》的概括是:"西南边服有各土司兵。湖南永顺、保靖二宣慰所部,广西东兰、那地、南丹、归顺诸狼兵,四川酉阳、石砫秦氏、冉氏诸司,宣力最多。"谢晓辉指出,湖广土兵所发饷银往往会高于其他地方的狼兵或土兵。

谢晓辉认为,从西南土兵在明代的作用,可以进一步思考广西、云贵等地土司在西南边疆开发中扮演何种角色,进而重新认识明代西南边疆开发与国家建构。这是一个重要提议。她提出的问题是,人口众多、民族复杂的中国实现了在广袤地域上的政治一统与文明延续,是人类文明史上的一个奇迹,而相对于社会整合程度较高的汉人社会,西南地区何以能够成为中央王朝对边疆民族地区整合最为成功的典范?湘西地区何以直至近代依旧可以存有大量"边疆"、华夏边缘,同时又保持对中国与中华民族的强烈认同?她的主要理论解释是,西南中国整合进程中有制造和经营"边缘性"的"西南传统"。在第一章,她比较了东南与西南,认为相对于福建、广东较高的文化一统性,西南地区留下非常丰富的多元性和复杂认同。

从语言状况来看,谢晓辉对于东南与西南的比较、对大西南治理状况的判断,还可以进一步讨论。语言状况是区域文化整合程度的一个重要表征。如彼得·伯克所指出,在任何时候,语言都是一个敏感的指示器,体现了文化的变迁,而且不是简单地反映(彼得·伯克:《语言的文化史:近代早期欧洲的语言和共同体》)。中国一个有趣的语言现象是，历史上较后开发的广袤西南山区及其延展地带，包括今天的云南、贵州、广西北部、四川、湖南西北与西南、湖北西部等山陵地区，相互之间交通不便，却在保留各地小范围方言的同时，发展出了共通的西南官话；而在开发较早、交通便捷的东南地区，却并未形成广泛共通的方言。西南官话在西南山区通用格局的形成，意味着明清时期中央王朝的西南治理，形成了较高程度的文化整合。仅从语言层面看，虽然西南山区是后开发地区，但明清时期中央王朝在这里的文化整合程度其实有超过东南地区的一面。

西南官话在西南区域的形成与传播，是古代中国（尤其是元、明、清三朝）西南治理的重要沉淀。卫所的设置、卫所军事移民与西南本地土兵的交流、西南土兵的流动，在西南官话形成过程中有重要作用。其一，卫所内及周边发生的外来移民与原住民之间的日常性语言接触，要远比商贸流动过程中的语言接触来得深入和密切。那些有较多本地土兵的卫所，堪称西南官话形成和传播的"熔炉"。讲江淮官话或北方官话的、以军事移民为先导的外来移民，在与原住民的语言接触过程中，推动了带有地方差异的西南官话的形成。胡萍的《语言接触与湘西南苗瑶平话调查研究》提供了一个特别的案例，湖南省邵阳市的城步苗族自治县有六种方言，其中五种属于湘语娄邵片，只有分布在城步西南端的长安营镇的长安话属于西南官话。这里之所以讲西南官话，原因是乾隆五年（一七四〇），清军在此设长安营，屯兵驻守。而出了城步县，长安营镇往北的湖南怀化市靖州苗族侗族自治县、通道侗族自治县，以及周边的广西龙胜、资源和贵州黎平等县（处于前面提到的从湘西北通往桂北的通道周边），通行方言都是西南官话。边缘地带留下的历史痕迹更为清晰，长安营镇的案例更能显示卫所在西南官话形成过程中的作用。其二，湘西和广西等西南地区的土兵的跨区域调动和战斗，对语言沟通提出了很高的要求。西南土兵与天南地北的士兵和民众接触，会优先选择当时的官话作为交流的基础语言，发音表达去繁就简，这种生死之际的语言接触效率，要超过西南地区卫所之内的语言融汇。有外出平乱历练的西南地区土兵返回故里之后，在政治上和文化上都有较高地位，在语言上对乡邻产生影响，成为形成中的西南官话传播的重要中介。

语言状况的东南与西南之别，反映了这两个区域的移民与本地民众的文化关系的差异。西南山区相对落后，反而在文化上更服膺成熟的中原文化，外来移民的官话（包括江淮官话和北方官话）由此形成了较大的文化优势，这是整个西南山区能够形成通行口语的文化基础。东南地区开发较早，历史上曾有多次从北方地区向东南地区的移民浪潮，南宋以后，北方移民与原住民、老移民与新移民的文化关系，总体上处于大致相当的水平，各擅胜场，各讲各话。明成祖迁都北京之后，北方官话影响力上升，但东南地区民众未必认为北方官话更有文化，北方官话在东南地区没有形成在西南地区的那种优势。因此直到明清时期，从江浙到福建、广东，一直没有形成广泛共通的口语，清朝政府在东南部分地区普及官话的努力也遭遇了抵制。明清时期东南地区与西南地区的语言文化形成了有所不同的多元一体格局：东南地区文化的多元一体是在汉语书面语言已有统治性优势的基础上，各地在口语上各宝其言；西南地区文化的多元一体则是在传播中原语言文字及文化的同时，也确立了官话在口语传播上的优势。

对西南区域语言状况的了解，有助于丰富对于西南历史状况的了解；反过来，基于中原王朝西南治理的多区域多面支撑、卫所网点布局的特点，也可以刷新对西南官话形成和早期传播的格局的认识。语言演变与传播的进程，需要在政治史、军事史、移民史与文化史等多领域综合视野中探索和勾勒。

关于西南官话的形成与传播，以往研究界主要有两种看法。一种认为，首先在四川形成，然后再辐射西南地区。另一种看法认为，唐代中叶之后，从湖北江陵到湖南常德一带的大量北方移民的北方方言取代了此地原有的方言，奠定了西南官话的基础。也有研究者强调广西北部的重要性。例如，王福堂认为，就目前所知，官话进入广西北部是在宋代以后,特别是明代傅友德、沐英平定云贵以后（王福堂：《汉语方言论集》）。

在以往西南官话研究的基础上，结合大西南治理从广西、湘西和四川多面推进的特点，可以进一步提出新的假说：西南官话的形成和传播不止一个中心，而是多中心的，或者说，是多面支撑、网点扩散的格局，四川、湘西北鄂西南、广西北部都是重要的支撑区域。由于西南山区内部交通非常不便，仅仅依靠从一个中心点出发的流动和传播（包括商业贸易流动），很难形成西南官话覆盖如此广阔区域的局面；这一局面的形成，还需要有众多网点同时布局的非常规地方治理举措作为基础。中央王朝在西南治理进程中的官道开拓、卫所设置、军事移民与屯垦，是影响西南官话形成和传播的最重要的治理举措。其中，湘西北、广西北部、四川等区域有着特别的重要性，这些地方是中央王朝治理广阔西南山区的重要基地，更早开发，更早展开江淮官话、北方官话与当地语言的接触，更早形成西南官话的雏形，通过输送军事骨干力量、推动商贸流动等途径，成为西南官话形成与传播进程中的先导地区和中心地区。

从这个角度看，就谢晓辉提出的元代以降湘西在西南治理中的位置转变这一重要问题而言，被频繁征调的永保土兵是更为重要、更值得注意的现象。这是湘西在西南治理中的新位置形成的重要表征，是中央王朝的地方治理变迁与"西南传统"形成的重要要素。元代以降湘西的政治地缘位置转变，也是中央王朝西南治理的多面支撑格局的建构进程的重要组成部分。

（《制造边缘性：10—19世纪的湘西》，谢晓辉著，生活·读书·新知三联书店二〇二一年版）

品书录 | 黄爱平

七十载史学征程的缩影
——十二卷本《戴逸文集》读后

戴逸先生自幼酷爱文史,青年时期因缘际会走上学习研究历史的道路,投身革命后,所从事的专业工作又有幸与历史教学和研究结缘,由革命史上溯至中国近代史,进而清史,乃至古代史。在逆向回溯的研究过程中,戴先生始终勤奋努力,笔耕不辍,在历史尤其是清史研究领域做出了卓越的贡献,十二卷本的《戴逸文集》即为他从事历史研究数十年来学术成果的集中展现。其中既有其清史研究代表作如《中国近代史稿》《一六八九年的〈中俄尼布楚条约〉》《简明清史》《乾隆帝及其时代》《十八世纪的中国与世界·导言卷》,又有普及性读物《清史》《北洋海军》,更有其早年读书笔记《经史札记》等;再加戴先生多年读书治学所撰文章,编者据其内容性质,分为《清前期史》《清后期史》《史论纵横》《学界记往》《文史随感》《书评书序》《清史编务》各卷,包括著作、文章在内,文集凡十二卷十四册,近五百万字,堪称先生多年治学研究的心血结晶。

戴先生自一九五一年出版《中国抗战史演义》一书迄今,从事历史研究已七十余年,其学术生涯几乎与新中国的建立和发展同步,《戴逸文集》所收论著,从不同侧面反映了新中国成立以来历史研究尤其是清史研究的发展轨迹。如《学界记往》中对郑天挺、胡华、尚钺、黎澍、吴晗、郭影秋、陈垣、范文澜、翦伯赞、邓拓、刘大年、罗荣渠等诸多学者的回忆性文章,通过对他们生平经历、道德文章、思想学术的记述,真实地反映了新中国史学研究走过的曲折历程；再如《史论纵横》中多篇有关清史研究的文章，或呼吁加强对清史的研究，或阐述清代历史发展的基本脉络，或强调清史研究要有世界眼光，或指出《清史稿》的缺陷，或揭示清代文献档案的价值和特点，不啻是新中国建立尤其是改革开放以来清史研究发展的实录，为学者了解和研究新中国历史学尤其是清史学的发展历程，提供了极为重要的参考。

新世纪初年，国家新修《清史》工程正式启动，戴逸被任命为国家清史编纂委员会主任。他不顾耄耋之躯，日夜操劳，忘我工作，设计编纂方案，制定工作规划，建立学术机构，组织编纂队伍，斟酌体裁体例，确定篇章结构，乃至审读书稿，考证史实，润饰文字，以全部心血精力，引领这项国家重大文化工程有序开展，持续推进。十余年间，戴先生有关清史编纂的各种讲话、书信以及学术见解和工作意见，累计文稿不下数百篇。《清史编务》一卷以及《学界记往》中收录的各封书信，真实地记录了这一大型文化工程的开展缘起、工作构想和纂修历程，也全面反映了戴先生关于《清史》整体面貌、发展脉络以及重大问题、重要史实的学术思考和基本定论。

作为戴先生多年研究成果的集成之作，《戴逸文集》尤为突出地反映了一代史学大家执着的学术追求和鲜明的治学特色。约略言之，概有如下数端。

一是坚实的文史功底。戴先生的文史功底既来自其幼年的兴趣爱好，更缘于其认定目标的执着追求和数十年坚持不懈地读书治学。早在童年时期，他就经常攒着家里给的一点零花钱，追着走街串巷、出租连环画小人书的流动书摊看书、听故事，还不时钻进街头那些售卖古籍的小旧书店，专心致志地读书。特别是每当夜深人静之时，戴先生常常独坐小楼之上，捧书吟诵，握笔圈点，往往沉醉其中，自得其乐。正是这种浓厚的兴趣和广泛的阅读，奠定了他坚实的文史基础，也养成了读书习惯，即便是在蹲牛棚、挨批斗的"文革"岁月中，仍然手不释卷,以读书为解忧忘危之计。集中所收录的《经史札记》,即为戴先生当年研读《四库全书总目》及诸子和史籍的读书笔记,于此可见其读书治学之一斑。

二是深湛的理论素养。戴先生青年时代追求真理、追求光明,在北京大学求学期间,因参加学生运动而遭到国民党政府的通缉,最终在党组织的安排下奔赴解放区,进入华北大学学习,结业后留校从事历史教学与研究。人生道路的选择,革命斗争的洗礼,这一非同寻常的经历,使戴先生从内心深处坚定地认为,马克思主义既是指导中国革命走向胜利的强大思想武器,也是指导历史研究和学术探索的科学理论。因此,戴先生真诚地服膺、信仰马克思主义,常年坚持阅读马列经典著作,自觉地以马克思主义的科学理论为指导从事学术研究。以撰成于上世纪八十年代初期的《简明清史》为例。在当时学术界和全社会致力于拨乱反正,确立马克思主义实事求是思想路线的背景下,是书以马克思主义唯物史观为指南,全面梳理了清朝崛起至鸦片战争之前的历史,其中既有深刻的理论思考,又有清晰的框架结构,还有翔实的史事人物,再加上流畅的文字叙述,堪称改革开放初期清史研究领域的拓荒之作,在国内外学术界产生了极大的影响。他如《中国近代史稿》等诸多论著,也无不贯穿戴先生以马克思主义的科学理论为指导叙史、考史、释史的学术追求。戴先生能在历史研究尤其是清史研究领域取得卓越的成就,成为新中国建立以来新一代马克思主义史学家的杰出代表,实非偶然。

三是广阔的学术视野。戴先生治史,十分注重纵向的贯通,其治学路径即由革命史上溯至近代史,再到清史及古代史,不仅其学术研究贯通清代,兼涉古今,而且其培养人才也兼跨中国古代史(清史)和中国近代史两个学科领域,二〇一四年戴先生荣获"吴玉章人文社会科学终身成就奖"时,颁奖词称赞他是中国当代少有的贯通清代前后期历史的清史研究大家。与此同时,戴先生治史也极为重视横向的旁通,对有清一代政治、经济、军事、社会、边疆民族、思想文化、中外关系等各个方面，既有全面的宏观把握和具体的个案研究，还尤为强调把清代历史放到世界背景下进行思考和讨论。其《十八世纪的中国与世界·导言卷》，即着眼于十八世纪世界历史发展的总体框架，全方位地观察当时中国经济、社会、政治、军事、边疆、思想文化、科学技术、中外关系等诸多方面，并将其放在世界范围内进行对比考察。作为戴先生于二十世纪九十年代主持的《十八世纪的中国与世界》这一研究课题的总论，是书既体现了戴先生对清代中国与世界这一重大问题的思考，也开启了学界把清代历史置于世界的坐标系中进行研究的先河，至今仍具有强烈的现实意义。

四是理性的求实精神。戴先生多年治学，始终坚持用科学精神去分析疑难，用理性精神来阐释历史。以撰于二十世纪九十年代初的《乾隆帝及其时代》为例。乾隆帝是清代历史上一个极其复杂的人物，有个性，有魄力，有才能，有作为，在位六十载，享年八十八，于文治武功皆有建树，既造就了清代历史的辉煌，又引发了一代王朝的衰落。戴先生以理性的思考，严谨的态度，实事求是地观察、解析盛世君主及其所处的时代，从乾隆帝幼年时期的家庭氛围、读书生活、田猎娱乐，乃至其生母之谜，到继位之后的用人行政、军事战争、经济政策、文化举措、对外关系，以及十八世纪的耕地数字、粮食产量、人口统计等，无不详加考述，既生动刻画了一代帝王的性格、意志、才情、爱好，又客观分析了其集英明睿智与庸碌愚昧于一身的多面性，尤为注重把握时代脉搏，多角度、全方位地解读乾隆一朝政治、军事、经济、文化、对外关系，乃至北京城市建设等各方面状况，深刻揭示出其所处时代先进与落后并存、光明与黑暗同在的复杂性。他如对中国近代史的探讨，对清代前中期历史的研究，乃至对清代中国与世界等重大问题的思考等，戴先生都极为重视从历史实际出发进行具体分析，力图通过历史的表面现象探索其深层本质，真实、清晰地揭示历史的真相，寻求其发展的规律。"实事求是，勇于创新"，也因此成为他矢志不渝的学术追求。

五是强烈的现实关怀。戴先生大力倡导历史学要走出书斋，历史学家要关注现实，历史研究要回应时代提出的问题，要把握社会发展的走向。戴先生自身的学术实践，也始终紧跟时代的步伐，贯穿经世资治的情怀。如成书于二十世纪五十年代的《中国近代史稿》（第一卷），即适应了五十年代高校中国近代史教学和研究的需要，成为全国高校历史系普遍选用的教材。其后于七十年代主笔的《一六八九年的〈中俄尼布楚条约〉》，则为当时中国政府处理中苏边境的有关问题提供了重要参考。而戴先生的学术重心之所以最终定格在清史研究领域，其根本原因就在于清朝处在从传统社会向近代社会开始过渡的重要时期，时间跨度很长，距离今天最近，要了解和掌握中国的国情，建设中国特色社会主义，就要对清朝的历史有全面、深入的了解。故而戴先生甘愿将毕生精力贡献于清史，数十年如一日，"寝于斯，食于斯，学于斯，行于斯"，如今虽已年逾九旬，仍为国家《清史》工程鞠躬尽瘁，全力以赴，未有丝毫懈怠。诚如戴先生自言，"清史是我理念之归宿，精神之依托，生命之安宅"（《我和清史》，见《戴逸文集·学界记往》），其学术生命和精神寄托已经与清史融为一体。

一部《戴逸文集》，鲜明地呈现出戴先生的学术追求与治学特色，确为有分量、有深度、有价值、有启迪的扛鼎之作，是他七十载史学征程的缩影和新中国七十年马克思主义史学发展历程的重要见证。

（《戴逸文集》十二卷，戴逸著，中国人民大学出版社二〇一八年版）

品书录 | 陈民镇

先秦古《书》与古书的源流

李零曾说:"如果我们把古书的发展比作一条龙,那么战国秦汉的古书就是'龙头',魏晋隋唐的纸本古书就是'龙身',宋元以来的刻版古书就是'龙尾'。"(《简帛古书与学术源流》,生活·读书·新知三联书店二〇〇四年版,11页)在二十世纪七十年代以来简帛古书成批出土之前,人们对古书的认识通常是"神龙见尾不见首"。

郭店楚墓竹简(郭店简)、上海博物馆藏战国竹简(上博简)、清华大学藏战国竹简(清华简)、安徽大学藏战国竹简(安大简)、北京大学藏汉简(北大汉简)、海昏侯墓汉简、马王堆汉代简帛、银雀山汉简等简帛古书的面世,为世人呈现了古书的早期面目,"龙头"已若隐若现。清华简无疑是近年学界关注的焦点,而清华简所见《书》类文献则是焦点中的焦点。

张政烺生前曾感叹:"什么时候挖出《尚书》就好了。"《尚书》作为先王之政典,"五经"之一,其意义自然非比寻常。过去郭店简、上博简中的战国竹书保存了若干《尚书》佚文,只是吉光片羽。清华简第一辑所见《尹至》《尹诰》《程寤》《保训》《金縢》《皇门》《祭公之顾命》诸篇,第三辑所见《傅说之命》上、中、下三篇,第五辑所见《厚父》《封许之命》,第八辑所见《摄命》,第十辑所见《四告》,则令张政烺心心念念的先秦原版《尚书》重现于世。

具体而言,《金縢》见于今文《尚书》,《尹诰》《傅说之命》《摄命》可与伪古文《尚书》的相关篇目对应,《程寤》《皇门》《祭公之顾命》

127

见于《逸周书》，其他诸篇则当归入佚《书》。《尚书》全书、《逸周书》的部分篇章以及体例近于《尚书》的文献，可概称为"《书》类文献"。因清华简是未经科学发掘的购藏简，社会上一些人对其可靠性心存疑虑在所难免。在古文字与出土文献研究的学术共同体之内，上博简、清华简、安大简等购藏简已经过重重考验，真伪问题早已不言自明。而清华简《书》类文献进一步验证伏生所传今文《尚书》之可靠，并进一步说明魏晋时期流行于世的伪古文《尚书》不可信，亦已成为学界共识。

自二〇一〇年清华简第一辑公布以来，学者前赴后继，孜孜以求，成果丰硕。近期刘光胜《出土文献与〈古文尚书〉研究》、张怀通《〈尚书〉新研》、程浩《有为言之：先秦"书"类文献的源与流》等书集中面世，可谓《尚书》学研究的盛事。本文所论，主要围绕《有为言之：先秦"书"类文献的源与流》（以下简称《有为言之》）一书展开。

"有为言之"一语，出自郭店简《性自命出》简16："《书》，有为言之也。"上博简《性情论》简8所记相同。《书》类文献大抵记先王贤圣之言，故古人称"言为《尚书》"（《汉书·艺文志》）。《性自命出》"有为言之"一语，强调的是《书》与"言"的关系，从而与诗之"有为为"、礼乐之"有为举"相区分。所谓"有为言之"，即为了某种特定目的而"言"，其落脚点在于政教。《书》所记之言，或为王言，或为君臣对话。这些言论如何被记录，并如何进入《尚书》《逸周书》等文献，向来为学者所关注。《有为言之》一书所讨论的，便是先秦《书》类文献的源流问题。

该书的绪论首先界定了何谓《书》类文献。作者程浩认为，《书》类文献指君臣在行政过程中的言论记录所形成的文本，它是一种官方性质、记言体裁的文献，由史官记录并负责保存、传播。在这一定义的指导下，作者排除了若干被某些学者归入《书》类文献的篇章，如《保训》《耆夜》《命训》《四告（三）》《四告（四）》等。即便在古人眼中，《书》类文献也是一个相对开放的系统，什么文献属于《书》，什么文献不属于

《书》，见仁见智。

全书的正文分为上、下两编。上编《清华简"书"类文献与传世文献比勘疏证》，从今存文本者（《金縢》《皇门》《祭公之顾命》）、仅存篇目者（《尹诰》《傅说之命》《程寤》《摄命》）、篇目无存者（《尹至》《厚父》《封许之命》《四告》）三类文献入手，比较竹书本与传世本在用字、用词、文句等方面的异同。该书脱胎自作者完成于二〇一五年的博士学位论文《"书"类文献先秦流传考——以清华藏战国竹简为中心》，从答辩到出版，已有六年光景。作者并不满足于旧作，而是结合新的认识对上编部分加以修订，同时还补充了学位论文所未涉及的《摄命》和《四告》两种文献。随着二〇二〇年底《四告》的公布，清华简《书》类文献已然全部面世。就此而言，在学位论文基础上加以增补的《有为言之》一书，其出版正逢其时。

在上编文本考订的基础上，下编《"书"类文献先秦流传通论》对《书》类文献的编纂和成篇情况以及《书》类文献结集与流传情况做进一步讨论，提出了一些富有启发性的见解。

《尚书》之体，孔安国《尚书序》分为典、谟、训、诰、誓、命"六体"，在此基础上，孔颖达增益贡、歌、征、范四体，合为"十体"。此外，陈梦家将《尚书》文体分为诰命、誓祷、叙事三大类（《尚书通论》，中华书局一九八五年版，309—310页），钱宗武分为典、诰、誓、命四类（《尚书入门》，贵州人民出版社一九九一年版，24页）。程浩则从清华简《书》类文献出发，分为训诰、册命、誓祷三类。《四告》公布之际，赵平安曾认为《四告》可归入广义的诰体（《清华简〈四告〉的文本形态及其意义》，载《文物》二〇二〇年九期）。不过告神之"告"，与训诰之"诰"并不可同日而语。过去有人认为《尹诰》《仲虺之诰》的篇题说明"诰"除了可指"上告下"，亦可指"下告上"，笔者并不同意此说，另有专文辨析（见拙作《清华简与〈尚书〉文体的再认识——兼论晚书辨伪》，载《江西社会科学》二〇二一年五期）。程浩指出《四告》是典型的祝祷辞，应归入"誓祷"，极有见地。

《有为言之》描述了《书》类

129

文献的生成过程:《书》类文献原本是史官对君王言论的现场记录,此后便成为藏于盟府的档案文书;史官事后还会对这些档案文书进行整理与加工,形成了相对固定的文本,是为第一轮整理;而随着时间的推移,后人对这些文献的时代和故事背景已不甚了解,于是史官添加了一些故事背景和情节的描述,是为第二轮整理。在此认识的基础上,程浩对《书》类文献的成篇年代做了一系列的推断。以《金縢》为例,作者认为该篇的主体——周公祝告先王的部分应是周公自述、史官记录并整理而成,而第二、第三章"周公居东"以及"成王启金縢之匮"大约是春秋战国时期所增。这些观点,有助于我们认识《书》类文献及其他先秦古书成书的复杂性。

陈梦家曾指出:"册命既是预先写就的,在策命时由史官授于王而王授于宣命的史官诵读之。"(《尚书通论》,159页)根据其说,西周册命铭文以及《尚书·文侯之命》"王若曰"所引入的是预先在命书上写就的内容。张怀通则认为,"王若曰"的内容反映的是口语,是君王现场发挥的讲话,而非命书上的内容,命书的内容未在铭文中显示(《"王若曰"新释》,载《历史研究》二〇〇八年二期)。程浩也对陈梦家的观点持质疑态度,他认为,《书》类文献虽以记录王命为主,但以君臣对话为主题的篇目亦不在少数;即便我们承认篇中"王曰"的内容存在史官草拟的可能,但臣子的大段回答却无论如何都不会出自史官代笔。笔者亦曾撰文讨论该问题,认为陈梦家所指出的史官代宣王命之制是事实存在的,西周中晚期的命书具有程序化的特点,系预先写就,并在册命仪式上供史官宣读(见拙作《试论册命之"书"的体例及〈摄命〉的性质》,载《出土文献综合研究集刊》13辑,巴蜀书社二〇二一年版)。陈梦家的讨论主要就册命类文献展开,而册命文书具有特殊性,我们不必因此扩大化,一概将"王若曰"之后的内容视作史官草拟。程浩所指出的君臣对话等情形,无疑源自现场记录。

清华简《书》类文献与传世

《尚书》的篇目、篇名及部分文句不同，程浩从墨家与楚地的渊源、清华简《书》类文献不讳言鬼神等线索出发，推测清华简《书》类文献或多或少地受到墨家的影响。刘光胜《出土文献与〈古文尚书〉研究》一书对清华简《书》类文献与儒、墨诸家传本的异同亦有讨论，可以参看。

程浩显然并不满足于探讨《书》类文献的源流，他还试图从《书》类文献这一个案出发，重新反思先秦古书的生成与流传问题。过去古史辨派注意审查古书的年代，取得不少成绩，同时由于材料与方法的局限，也造成了一些误判。二十世纪七十年代以来，多批重要简帛佚籍引导了古书的"第二次反思"，李学勤、裘锡圭、李零等人都有重要的贡献。程浩受李学勤、李零、谢维扬、宁镇疆等学者的影响甚深，他对《书》类文献以及其他先秦古书源流的反思渊源有自。李学勤强调："我国古代大多数典籍是很难用'真''伪'二字来判断的。"（《简帛佚籍与学术史》，江西教育出版社二〇〇一年版，32页），李零曾指出古史辨派的疏误在于将古书本身的年代与古书内容的年代混为一谈，对古书形成过程的复杂性也认识不足（《李零自选集》，广西师范大学出版社一九九八年版，24页）。程浩认为，我们应从"线"而非"点"的角度去看待古书的形成过程，古书在流传的过程中不断会增加新的内容，"层累"作成，既有脱、漏、乙、误等自然演变，也有后人出于避讳、押韵以及思想性等动因做的主观改动。因此，过去某些学者根据篇中某字某句对全篇进行断代，必然面临着很大的风险。《有为言之》的上编偏于文本考订，看似与下编的侧重点不同，实际上两编是相辅相成的，文本的细部研究可有助于揭示古书复杂、动态的生成过程。在此基础上，作者强调，要充分考虑古书成书的复杂程度与未知因素，并不断深入对篇章字句的考察，适当估计书写载体对文本流变的影响，准确考量汉代人对古书的整理工作。

简帛古书的意义不仅在于提供新文本或新版本，还在于它们呈现了古书的原始物质形态，有助于我们进一步认识古书的形制与格式。如余嘉锡等前辈学者提出的古书多单篇流传、古书不题撰人等观点,为出土简帛所一再证实。《有为言之》亦结合清华简的材料讨论了篇题的拟定者与时代、篇题拟定的原则、《书》类文献的序次等问题。如根据清华简的简册形态,指出以人物为中心的编次原则的存在。作者还指出,脱简、残断、错简等对文本流变产生的影响,以及书写载体的材质对文本的影响,都值得重视。

可见,简帛的物质形态同样蕴藏着古书的重要信息,有待进一步抉发。

清华简《书》类文献之于《尚书》,安大简《国风》之于《诗经》,上博简《周易》之于《周易》,等等,皆为古书之龙首,非一鳞半爪所能比拟。现有的材料自然不能勾勒出真龙的全貌,但至少离真相愈加切近了。

(《有为言之:先秦"书"类文献的源与流》,程浩著,中华书局二〇二一年版)

品书录 | 王嘉雯

多兹与非理性的希腊

在二十世纪五十年代,人们将目光从明快的理性话语转向被现代社会遗忘的、隐藏的非理性文化,已不是什么新鲜举动。但是,多兹(E. R. Dodds, 1893-1979)的《希腊人与非理性》(The Greeks and the Irrational, 1951)却不属于这一潮流。初读此书,沉浸在多兹细碎而迷人的关于古希腊癫狂、萨满、降神术等描述中,很难看出这是一本探求现代人理性行动之书:它以一位在大都会博物馆中抱怨古希腊雕像"太理性了"的年轻人开篇,一举跃入古希腊这个以理性著称的古代文明，意图揭示它未被照亮的暗面。然而多兹发起对古希腊理性主义这一常识的挑衅，并不是为了哗众取宠，迎合现代读者蠢蠢欲动的猎奇品味。该书结尾处多兹才挑明，他在写作中"时时刻刻都在想着我们自己时代的状况"。

与后古典时期的古希腊一样，这个经历了理性主义的黄金时代、面临着前所未有的开放机遇的西方社会，正见证着后启蒙运动理性的衰退和非理性的蔓延。作者在其生活的两次世界大战期间体会犹盛。因此，如何以史为鉴，指引现代人更好、更理性地行动？后古典时期的希腊，被多兹作为了现代西方社会的一面镜子、一剂解药。为了理解多兹这一贯穿《希腊人与非理性》全书的隐秘使命，我将首先从其人说起。

多兹是二十世纪古典学界最有趣、最具想象力、最不寻常的人物之一。在中学时期，他因与老师作对被叫去校长办公室。校长读了违纪书，然后要求他伸出手掌。然而，让双方都吃惊的是，他的手拒绝移动。多兹说，他对手的奇怪行为感到困惑："我对这一行为负有责任，但不知为何也没有责任。我将在未来的某个场合回想起它。"多兹再记此事，是他多年后在爱尔兰开往伦敦的邮轮上。船长提议为英国国王祝寿，所有人都站了起来，只有一个例外。多兹就是那个例外。在他毫无意识的情况下，他的身体又为他做出了决定——它再一次拒绝移动。

这两则遥相呼应的轶事都记录在多兹的自传《失踪的人》（*Missing Persons*，1977）之中，并被不断提起。它们刻画了多兹两个相互拉锯的自我：一个深谙如何得体行事的习俗自我，和一个召唤他走上相反道路的隐秘自我。两者相互缠绕，共同勾勒出多兹的整全肖像：一个在边界内游走的人，一个张望着异类、未知和超常事物的人，他既不遵循群居道德，也不彻底拥抱异类。他是一位坚定的爱尔兰共和党人和民族主义者，但几乎全部的智性活动都发生在英国尤其是牛津大学。他年轻时擅长考试，成绩很好，但又带领同伴搞"少年犯"恶作剧（比如绑架校长），并尝试通过吸食大麻发现"宇宙的秘密"。

多兹自称是一个"无可救药的理性主义者",很早就确立了怀疑论和无神论立场。但和他的导师吉尔伯特·默里(Gilbert Murray)一样,人类非理性的所有表现形式意外地成了他一生的兴趣之所在。在一九三六年获得牛津大学希腊语讲席教授(Regius Professor of Greek)之前,多兹一直是一名积极的神秘主义参与者,参加心灵感应实验、观察灵媒的降神会。一九三六年后,尽管因讲席职务搁置了这些实地活动,他仍然活跃于英国心灵研究学会(Society for Psychical Research)。早年间亲眼见证的奇异事件在多兹脑中挥之不去,它们迫切需要获得某种解释的出口。为此,在一九六〇年卸任牛津希腊语讲席教授后,多兹立刻接受了心灵研究学会主席一职,开启了随后长达十二年的超自然现象研究与总结。

但是,对神秘经验的长期兴趣并没有让多兹像他的诗人好友叶芝那样,成为彻头彻尾的神秘主义者。他从不准备将自己的判断力置于任何宗教或政治"主义"之下,他从不依靠谁。不过,多兹坦言,他和苏格拉底一样有一位自己的守护神。这位守护神在他毫无意识的情况下,为他做出了一系列从未料及的决定。除了上文的两则轶事,关于是否离开伯明翰大学前往牛津任希腊语教授一事,多兹也认为"是他而不是我最终做出了关键的决定"。而微妙的是,"是他而不是我"的表述,几乎完全照搬了古希腊悲剧《阿伽门农》中主人公对杀女祭神行为的辩词,《希腊人与非理性》也正是以此剧开启首章。多兹在书中将阿伽门农这一疯狂行为归因于邪恶的"超自然介入",也就是人类意识主体之外的神或精灵。

多兹和阿伽门农在说辞上的巧合,让人不禁联想,是否是他的守护神召唤其向理性主义的边界之外张望。不过,这位守护神绝非荷马时期所谓"超自然介入"的原始心智的延伸,也绝非他用以发泄非理性的私人渴望的借口。多兹曾在自传中明确表态,他并非神秘主义的实践者,而是旁观这样一种经验的思想史家。多兹晚年仍记得,在他拒绝致敬英国国王后,同船的一位老人对他说,不要爱你的敌人,也不要恨他，要试着理解他。这一斯宾诺莎式的告诫后来成为多兹对待生活中一切异己因素的态度，不仅是宗教或神秘学，还包括战争。"二战"时，多兹甚至撰写了一本关于德国纳粹教育系统的册子（*Minds in the Making*，1941）。

潜入显露的、随和的日常经验的冰山之下，对他者甚至敌人寻求不偏不倚的客观理解，这实在是常人所不能之事。而偏偏是这一智性激情引领着多兹跨越边界，踏入人类经验的暗面，去呼唤理性主义的乡愁。在这个意义上，理性的非理性主义者是可能的，多重自我的性格也能够融贯。你可以既狂野又谨慎，既不拘一格又清晰而具有学术性；神秘主义和怀疑主义可以结合；冲向未知世界的同时，也可以留下缜密的思想痕迹。

所以，当多兹惊讶于心灵感应实验中那根自动旋转起来的棍子时，他把自己比作了苹果树下的牛顿。不可思议的自动力背后，他希望洞穿某种科学原理。他希望看到心灵感应被科学证明，因此抓住了弗洛伊德的潜意识理论。而随着现代科学的发展，他坚信人类会回返理性照耀的最初驻地，非理性最终会被驱逐，心灵研究也会走向解体。在《大学和社会中的实验研究》（"Experimental Research at the Universities and in the Society"，1962）一文中，多兹预测，现有的精神研究在未来将分散到各学科中：超感知觉将成为正常心理学的一部分；意念力将在物理实验室中测量；鬼神附体者身上渗出的物质将由有机化学家分析，产生的方式将由生理学家进行研究；风水师的主张将由地质学家测试。而所谓的超心理学（parapsychology），将成为一块不毛之地。

一边是对前沿科学的乐观预测，一边是对古希腊非理性全面的地形勘探。贯穿多兹两项工作始终的，是他对人类行动之源这一宏大问题的思索：为什么人类要如此这般地行动？为此，人们不仅需要了解理性主义及启蒙运动，还需要掌握人类经验中各种根深蒂固的非理性形式。而多兹相信，认识现代的非理性经验最好的方式，就是回返古希腊。在这个批评标准全然不确定的开放时代，在道德的黄昏的摸索中，伟大的古典作家为现代人提供的不是模型，而是参考点，是纷繁的意见中一个坚实的基础。

《希腊人与非理性》正是这样一个参考。多兹详细探讨了非理性在古希腊错综、多样甚至相悖的展现，它的主要形式可概括为"被入侵的心灵"，如神或精灵的超自然介入、癫狂、梦以及萨满，但也指罪感文化中人们面对世界的无助感和罪感，或宽泛意义上的情感。多兹论证，古希腊传统信仰模式在缓慢而持久的宗教运动中并未断裂与更迭，而是积淀在所谓的宗教"层累堆积体"之中。新信仰的出现没有抹杀旧信仰，它或是吸纳后者成为其一部分，或是与后者并行不悖。宗教堆积体在古风时代末及古典时代有所松动，而即便在理性主义发展后期的希腊化时代，一个完美无瑕的理性时代也没有来临。

由于对理性自由和随之而来的个体责任的恐惧，希腊最终屈服于理性的逃亡。现代社会虽然面临同样的风险，但多兹却发现了希望。古人只能用神话或象征性的语言来描述意识阈值之下的东西，而我们已经开始获得理解非理性的力量、奇迹和危险的工具，从而可以通过理解它在人性中的深刻根源——借助着多兹的勘探学工作，来克服非理性。这一理解的工具，就是多兹在该书前言中所说的，"社会人类学和社会心理学之间新近达成的前途无量的结盟"。

最后，尽管《希腊人与非理性》中多数具体观点已被学者抛弃，但它仍是二十世纪最伟大的古典学作品之一。英国古典学家劳埃德－琼斯（Hugh Lloyd-Jones）宣称，由于非理性的发现，古典研究的转向从尼采开始，在多兹达到高潮。并且，跨越了近一个世纪之后，在受到新的非理性主义威胁的今天，多兹提出的许多问题仍熠熠生辉。

品书录　　王正宇

背负散文使命的行者

近读散文评论家吴周文的散文集《妈妈的孤独》,感到他以对散文文体的理解和感悟,诠释并演绎了自己的信仰、理念和思索。深邃的思理、沉郁的情感、温雅的叙写、细致的描画、苍劲的格调,形成了他的散文创作风格。不妨说,吴周文的这部散文集,其价值和意义完全可以与他的散文评论等量齐观。

《妈妈的孤独》共分先生篇、朋友篇、亲人记、风情画、随笔集五个部分。

先生篇以《山高人为峰》领衔,描述一群闻名遐迩的大师级人物,为读者矗立起一组立体的浮雕群像;朋友篇以《秦牧家作客》开篇,描述友人间如同清澈醇香美酒般的友情;亲人记以《妈妈的孤独》打头,深情记录了母子、父子、夫妻、兄弟、兄妹之间的珍贵亲情;风情画以《孙桥村遗梦》为代表,浓墨重彩地叙写乡村的风俗和风情,乡村姑娘的美丽、善良、勤劳、纯情令人印象深刻,其中既有对远去的乡村生活的怀念,也有对自然风光的爱恋;随笔集则是观赏品鉴的随感手记,透露出作者的散文创作主张。

从吴周文的创作中,可以看出他对于国内外许多散文名家有深入的研究。数十年的阅读、比较、鉴别和思考,他的散文研究形成了系列成果:写出文章的"飞",文章的"眼";对散文写作的情韵、篇章结构、美学观念、艺术辩证法等皆有自己的见解。由此,在吴周文的散文创作中,既有许多散文大家的声影,也有自己独特的感悟和创新,似乎信手涂抹点染，但佳作迭出。

朱自清说过，散文是意在表现自己的文字。我以为，散文更具直抒胸臆、抒写自我的文体特征，意在表现的是自我的真情实感，是表达内心体验、抒发内心情感的心灵告白。《妈妈的孤独》里叙写的师生情、朋友情、亲人情都直抵人心，亲切自然、真挚动人。像《妈妈的孤独》对亡母的追悔和愧疚、《不带走一片云彩》对恩师的跪地磕头、《哑妹》的以情相许等等，都是情感蓄势之后喷涌而出的真性情文字，它们叩击读者的心弦，引发共鸣。

如果说小说是人物的全景录像，散文则是人物的肖像。那里虽然是剪影和速写，但记录的人物同样声息可闻。任中敏、曾华鹏、范伯群、林非、潘旭澜、谭佛雏、孙龙父、徐开垒、张泽民、秦牧……一批学养深厚、严谨儒雅，抱朴守真、虚怀若谷，诲人不倦、散淡澄明的先生，还有那些性格鲜明、爱憎分明的至爱亲朋，在作家笔下栩栩如生、熠熠生辉。爱吃清炒虾仁的钱谷融、咧着嘴笑的辛宪锡、爱跳舞的杨羽仪、自谦自尊的丁帆、脸上写满热情的王尧、诚恳待人的张王飞，通过生动具体的细节描画，一个个须眉毕现、跃然纸上。

散文作品的思想穿透力和情绪感染力，依赖于作者精巧的文字表达和高超的驾驭文体的能力。作为学人的吴周文，同样具有引人入胜讲故事的本领，他的散文作品中有掌故、有轶事，有知识、有趣味，有时让你莞尔一笑，有时让你大彻大悟，有时让你泪流满面。无论叙事写人还是抒情说理，他都能写出机趣、哲理、情韵，《积攒微笑》《枇杷园记》《小鸟情》《结账》等篇什都具有这种特点。

说诗歌适合年轻人，小说适合中年人，散文适合老年人是有一定道理的。散文的随性、散淡、闲适、通透、宁静等，似乎更加适合年纪稍大的人表达。散文好写，但真正写好并不容易。吴周文散文所展露的是，平实叙说中饱含款款深情，深刻哲理中透露出健康的人生态度，细致描摹中传递美好未来的信心，这是他的散文作品耐读耐看的原因。

我以为，吴周文对散文有着

虔诚、敬畏和使命感，他在散文领域五十多年的执着和坚守已经说明这一点。重要的是，《妈妈的孤独》再次告诉读者，他是一个背负散文使命的行者，他孜孜不倦地用散文为我们"生存的世界涂抹红红绿绿的色彩"。

（《妈妈的孤独》，吴周文著，广东高等教育出版社二〇二〇年版）

《开放时代》 双月刊　2022年第1期　目录预告

中国特色社会主义理论研究
张跃国　中国式现代化及其生成条件

专题一：从"学科性学术"到"问题性学术"（笔谈）
徐俊忠　关于从"学科性学术"到"问题性学术"的思考
苏　力　别太在意通向何处
何　明　从"学科性学术"到"问题性学术"的张力及其消解——学术研究的建制化、去建制化与再建制化
渠敬东　学术之术与问题之学
孙　歌　把藩篱变成翅膀——谈谈问题学术的边界
陈少明　调整经验的视觉
张志强　经史传统与哲学社会科学
杨光斌　政治学研究的学科化问题
陈柏峰　政法教育与新政法教育
肖　瑛　内外之间：问题性学问的关键
孙　江　全球本土化的中国研究
麻国庆　以问推学：超域与世界单位
蔡　翔　中国当代文学的学科动力来自哪里
李希光　有关新闻学学科建设的五点思考
冯乃希　近世、帝制晚期，抑或早期现代？——中外明清文史研究中的学科与问题
黄盈盈　于田野与对话间思考"问题"——以性/别为例
桂　华　政策研究的"理论"价值
陈奕山　重启农业生产过程研究

专题二：走向新的实践政治经济学
黄宗智　市场主义批判：中国过去和现在不同类型的市场交易
高　原　反思二战后新古典经济学理论的重心转移——从一般均衡理论到"新微观理论"

经济社会
吴　飞　论殡葬改革
吴　越　卢云峰　宗教理性选择理论：经济隐喻还是理论建模？
仟萃华　刘公石　汤季蓉　金融市场风险传染的时空效应研究

传播与网络
格雷厄姆·默多克　对抗的联结：大流行病与平台资本主义

"他者的世界"
郭建斌　杨立权　"藏缅走廊"刍议

地址：广州市白云区云城街云安路119号。邮编：510410。电话：020-86464940。传真：020-86464301。邮发代号：46-169。网址：http://www.opentimes.cn。投稿邮箱：opentimes@vip.163.com。官方微博：http://weibo.com/opentimes。微信公众号：open_times。
各地经销点：万圣书园（北京）、学而优书店（广州）、荒岛书店（天津·上海·广州）、虎尾厝沙龙（台湾云林县）。

139

槐鉴脞录　　　　　　　　　　　　　　　　　　　　　　张　治

从未离开的目光
——钱锺书、杨绛对战时英国文化的译介

　　一九三八年钱锺书一家离开欧洲，返回全面抗战的中国。然而他并未停止对于英国思想文化动态的关注。"二战"结束后，他受英国驻华使馆委托，参编"英国文化丛书"。由上海商务印书馆出版，自一九四八年八月至一九四九年十二月，推出十二小册概览，涉及英国文学、艺术、教育、科技、政治、经济等方面，译者包括了任鸿隽、章元善、蒋复璁、全增嘏、张骏祥、傅雷、林超、邵洵美等"国内知名之士"。请年轻的张芝联翻译《英国大学》，多少算是"量身打造"：他是光华大学创办人兼校长张寿镛之子，除了有留学经验，同时也是丛书总编朱经农在光华大学任校长时期的英文秘书。张译序提到，得此选题是钱锺书的美意，书末说明："书中的拉丁诗句，得钱默存先生的指教，方能译出，特向钱先生致谢。"全增嘏译的《一九三九年以来英国小说》的致谢词里也先提到了钱锺书的帮助。此外，傅雷（译《英国绘画》）、邵洵美（译《一九三九年以来英国诗》，出版情况未明）都是钱锺书的好友；而根据杨绛《怀念陈衡哲》一文，任鸿隽译《现代科学发明谈》也是钱锺书约稿。

　　杨绛翻译的《一九三九年以来英国散文作品》（下文简称《散文作品》）问世于一九四八年九月，不足五十页。这本小书曾得到傅雷无保留的称赞，较乎这位怒庵先生后来对很多翻译家不近情面的批评，其赞誉显得有些夸张。《容安馆札记》里读英人掌故，亚历山大·蒲

伯翻译《伊利亚特》，遭到当时一位贵族的品头论足，几月后蒲伯将原稿只字不改地再献给爵士，说已遵照其意见进行了修改，遂大受赞誉，被称为"无法更好了"（Nothing can be better）。这和瓦萨里《意大利艺苑名人传》记佛罗伦萨执政官挑剔米开朗琪罗雕塑青年大卫巨像之事如出一辙，执政官认为大卫的鼻子太大了，实际上这是为照顾远小近大的视角比例而做的修订，米开朗琪罗把另外一块大理石凿下的石屑铺在大卫脚下，看上去就像改动了一样，再问执政官意见，便赞不绝口了。米开朗琪罗"对自己使这位大人满意的巧妙做法暗自得意，因为他总是对不懂装懂的人充满同情"。还有博乔的《笑林》（Facetiae）里记维琴察长官批评秘书所拟的公函草稿，后者重抄一遍再呈阅时则得到了肯定。随后，曾被友人讥为"誉妻癖"的钱锺书回忆说：

> 六年前绛为英国文化委员会译小册，以稿示傅怒庵，怒庵谓过于拘谨。绛告予，予以此诀授之，绛如言。怒庵果堕计中，尚沾沾自负为"观书月眼"也。

坚决不受傅雷的指教进行修改，自信是有的，但涉及"包括传记、批评、历史、政治、宗教、哲学、考据等"领域很多新书，杨绛却曾自认都未读过。假如想要恰如其分地像内行一样分辨那些只言片语的评述，拿捏好分寸将之与五花八门的书题准确译出，反而是非常难处理的。可以确定，正是读书勤奋的钱锺书在背后保证了翻译的精准和生动。吴学昭《听杨绛谈往事》提到过，涉及相关题名，译者"为避免错误，常向锺书和他的英国朋友，也是丛书委员的麦克里维请教。例如牛津学者所著《魔鬼迪信》（The Screwtape Letters）的书名，就是听麦克里维讲述书评原作的内容后译出的"。陆灏《假如海沃德与钱默存有场对谈》一文说：

> 《魔鬼通信》作者C. S. Lewis，就是《纳尼亚传奇》的作者，《钱锺书手稿集·外文笔记》第四册中有此书笔记（411—

415页),……杨先生的译著出版后,钱先生补充了一则详尽的注,……"因该书后来未再版,锺书的这则注解迄今只留在杨绛仅存的本子上。"

二〇一四年的《杨绛全集》"译文卷"重刊了《散文作品》,钱锺书这条详注已经补入。细检《外文笔记》影印的《四餘室札记》"一",《魔鬼通信》的笔记应作于杨绛译书之前,译书后的补注内容都是笔记页边增补的,想是后来重读才特意加上的。因此,需要听外人讲述内容才确定书题,不见得是准确可信的记忆。事实上,这册《散文作品》里介绍的大量英国作家和作品,钱锺书都有过读书笔记,未必全都是早先就读过,但大多还是及时的追踪阅读。对于杨绛的翻译来说,这种阅读经验和眼光当然是非常重要的指导。

首先,黑瓦德(John Hayward)这本小书(*Prose Literature since 1939*)原是郎曼书屋为英国国会发行的"一九三九年以来"系列的一种,从"英国文化丛书"的选目看,钱锺书挑中了这个系列里的好几本。书前所译的说明文字,介绍了作者约翰·黑瓦德的生平著述,其中说他编过那些作家的集子。这里面钱锺书最为熟悉的应该是黑瓦德编订的约翰·邓恩诗集和《牛津版十九世纪英国诗选》,这都是他经常引用的本子。又提及黑瓦德曾长期为《标准》(*Criterion*)和《泰晤士报》文艺副刊(*TLS*)撰稿,这也都是钱锺书曾经常翻阅的英文杂志。比如新近发现的一九三三年底日记里,就有两处"阅 *Criterion* 四册"的记录。

开始的章节总结了那些报道和评论战事的散文作品,不少出自名作家之手。比如擅写小说又是资深飞行员的大卫·加内特(David Garnett, 1892-1981),钱锺书留学时便抄读过他的小说《动物园里的男人》以及讲述二十年代飞行生涯的《草蜢驾到》(《容安馆札记》引过此书),晚年还读过他的一部回忆录《熟悉的面庞》。还有记述了敦刻尔克大撤退中英军面貌的桂冠诗人约翰·梅斯菲尔德(John

Masefield, 1878-1967），钱锺书留学时读他的冒险小说《"斗气"哈克》，里面虚构了中美洲一个名叫"圣芭芭拉"的地方，笔记里就抄录了几个字；几年后的笔记里出现了"圣芭芭拉"冒险的续集 *ODTAA*，题目意思是"One Damn Thing After Another"（糟心事儿不断）这句话的缩写。还有作者破例提到的匈牙利籍的英国作家阿瑟·科斯勒（Arthur Koestler, 1905-1983）的小说作品，我们至少在钱锺书笔记里找得到他的七部作品，其中就有书里介绍的《白昼的黑暗》（*Darkness at Noon*, 1940, 中译本题作《中午的黑暗》；《外文笔记》第六册第76页）。这部小说后来入选兰登公司"二十世纪百大英文小说"，描写苏联"大清洗"时代的个人遭遇。就连一贯以"毒舌"著称的黑瓦德都称科斯勒"富有热情，而见解明豁，描摹真切"，钱锺书则说这是一部"无趣的小说，但对于苏维埃意识形态和方针有震动人心的揭示"。假如以读书笔记篇幅而论，钱锺书似乎对科斯勒写"二战"中匈牙利难民生活的小说《来来往往》（*Arrival and Departure*, 1943）更有兴趣，这反而未被黑瓦德所重视，正像书中把科斯勒称作"奥地利籍"一样。杨绛译文里有一句话：

> 他的散文《一个神话的诞生》（*Birth of a Myth*）碰巧开始了希勒利的"神化"。

结合上文，因为刚刚提到了战斗机驾驶员理查·希勒利（Richard Hillary）生前单兵空战经历的遗著，形容其书受到英国同胞们的追捧，形成了一个"希勒利神话"的雏形，这句话意思是说一切开始于科斯勒最初的致敬文章。《杨绛全集》本整理时未能区分初版本里书名号、引号通用的情况，把这里的"神化"一词加了书名号，变得有些费解。钱锺书不见得重视，但显然是了解科斯勒这篇文章的，他读过散文集《瑜伽信徒与政治委员》，那里面就收录了《一个神话的诞生》的扩充版。

"传记和自传"一章里钱锺书熟悉的作家多达十五六位，几乎是全部覆盖了黑瓦德所论述的范围。比如出身于牛津的英国文学研究家乔治·戈登（George Stuart Gordon, 1881-1942），我们在读书笔记中找到此书所举他身后收集印行的书信集，"从成熟而平静的头脑中产生，对这个变动不息的痉挛着的社会，还依恋地保留着一个永久而稳固的幻象"。像艺术史家、批评家赫伯特·李德（Herbert Read, 1893-1968），作家俄斯柏特·西特威尔爵士（Sir Osbert Sitwell, 1892-1969），钱锺书不仅读过提到的传记作品，自家笔记里还涉及他们写的其他很多书。比如李德从前写的《诗态》（*Phases of English Poetry*, 1928）一书，《谈艺录》里就提到过，说他争论法国人提出的"纯诗"发端于英国，钱锺书讥为"穷尽气力，无补毫末"。这里的《童年》实是原书题（*Annals of Innocence and Experience*, 1946）截取下来的第一部分，被当作迷恋童年时光的自传代表，我怀疑黑瓦德可能弄错了，因为第一部分的"Innocent Eye"其实早在一九三三年就出版过了，他只是一笔带过而已。钱锺书抄读这段自传里回忆童年时阅读哈葛德冒险小说而获得的丰富想象时，一定是把他引为同好的，不过《容安馆札记》里却不满意此书中对于克罗齐批评风格渊源的随口议论，讥讽为"近乎昏聩"。"散文与批评"一章里又提到李德写的《杂色衣》（*Coat of Many Colours*, 1945），赞为"有广博的范围，堪为师范的了解，论及现代对于文学、艺术、政治、建筑、社会等的反响"，钱锺书有读书笔记，但看起来也没那么感兴趣。至于曾被乔治·奥威尔誉为当代最佳传记作品的西特威尔爵士自传四部曲，黑瓦德只以第一部《左手，右手！》为最有趣，钱锺书笔记里分两次读完这四部，他在眉批里给予的评价似乎更高：认为这部自传的手法和风格令人想起了普鲁斯特小说《追寻失去的时间》——这是《散文作品》里对于"recherche du temps perdu"给出的译法，而不是后来流行的"追忆逝水年华"。"忆旧"文学对于大多数读者来说起到了"逃避现实"的作用：全面战争逼迫着所有人为了公共利益而放弃了自我人格,于是他们更迫切需要在传记文学里找寻到一点精神安慰。——这不单纯是顾影自怜的眷恋往日,而是非常时期的世道人心。

传记这章里还提到了弗吉尼亚·伍尔夫,钱锺书读书笔记里没有涉及她的任何小说作品,却非常重视她的散文作品以及日记书信集,其中也有黑瓦德这里被当作战时"考据精详的传记,最值得揄扬的"首部代表作,《罗杰·弗莱传》(*Roger Fry*, 1940)。传主即曾为伍尔夫作像的著名英国画家,也是布鲁姆斯伯里圈子里的成员,初版《谈艺录》论及西方批评家持"诗乐相妨"意见者就列举过弗莱的著作。此后,黑瓦德胪陈的其他同类优秀著作,还有叶芝专家约瑟·洪(Joseph Hone)的《叶芝传》、黑斯克斯·披尔生(Hesketh Pearson)的《萧伯纳传》,以及格兰特·瑞洽士(Grant Richards)对诗人、古典学家豪斯曼(A. E. Housman)的回忆录,钱锺书均有读书笔记。他后来常引用的是约瑟·洪为一位艺术家亨利·唐克斯(Henry Tonks)写的传记,似未再提过《叶芝传》。根据范旭仑的发现,《谈艺录》里"暗引"了披尔生《萧伯纳传》提到的一桩趣事:

> 西方旧谑,有士语女曰:吾冠世之才子也,而自憾貌寝。卿绝世之美人也,而似太憨生。倘卿肯耦我,则他日生儿,具卿之美与我之才,为天下之尤物可必也。女却之曰:此儿将无貌陋如君而智短如我,既丑且陋,则天下之弃物尔。君休矣!

——由读书笔记可以证明,唯男女角色的地位要颠倒过来;而《管锥编》里还有一次对此书的明引。不过从札记来看,钱锺书对于披尔生写的柯南·道尔传可能会评价更高。依照钱锺书对于学者兼诗人豪斯曼的喜好,自然不会错过瑞洽士此书,《钱锺书手稿集》让我们看到他还读了豪斯曼弟弟为乃兄所作的传记(*My Brother, A. E. Housman*, 1938):笔记原件正面是手抄的瑞洽士,背面是打字机录的劳伦斯·豪斯曼,时间先后难以判断,但显然是刻意放在一起对照的。

后来《容安馆札记》第三百五则专论劳伦斯·豪斯曼这部传记，就只偶尔参考了一下瑞洽士，其中的高下之判也就清楚了。此外，黑瓦德还提到了赫伯特·哥尔门（Herbert Gorman）《乔伊斯传》（一九四一年），却嫌此书"不曾连贯"，钱锺书则有此作者写的另外一部《大仲马传》（一九二九年）打字机抄读的笔记，根据日记残篇，可知作于一九三七年元旦后那几天。

"散文与批评"这章介绍的主要是文学批评论文，最后以列举未成集的艾略特零星文章篇名收尾，视之为现代文艺界"非常的权威"。从钱锺书读过的艾略特笔记来看，此时期文章读得也不少，但只有《古典文学与文人》("The Classics and the Man of Letters", 1942)、《何谓古典？》("What is a Classic?", 1944)被黑瓦德提到，称为艾略特"全心贯注于欧洲文化的传统"。钱锺书读的都是后来结集所收文本，由此可见他对艾略特"经典主义者"立场的认同。其他批评家写的书，钱锺书也大概都不陌生，我们从读书笔记里找到被黑瓦德点了名的还有：大卫·塞西尔爵士（Lord David Cecil, 1902-1986）的《小说家哈代》、罗根·披也索尔·斯密斯（Logan Pearsall Smith, 1865-1946）的《弥尔顿与现代弥尔顿批评家》、哲夫利·铁罗村（Geoffrey Tillotson, 1905-1969）的《批评与研究论文集》、赫柏特·格利尔生爵士（Sir Herbert Grierson, 1866-1960）的《论文与演讲集》、普利契特（V. S. Pritchett, 1900-1997）的《我爱好的书》、查理·摩根（Charles Morgan, 1894-1958）的论文集《镜中反照》，等等。有位报人作家西利尔·空诺利（Cyril Connolly, 1903-1974），曾化名为维吉尔笔下溺亡的船工"巴里奴如斯"（Palinurus），写出了被黑瓦德赞为"战期英国散文作品中最重要的一书"的《不安静的坟墓》（*The Unquiet Grave*, 1944）。钱锺书笔记里主要对他摘录的一些法国作家言词较有兴趣。黑瓦德还提到了他的一本论文集（*The Condemned Playground*, 1945），题目不好理解，杨绛译为《禁阻的操场》。我们在钱锺书关于此书的笔记里看到开头抄录了作者引言中对于题目含义的解释："禁阻的操场"指的就是艺术，是让人捍卫想象力免受时代影响的最高雅的尝试；对著名的《地平线》月刊编辑来说，这也意味着空诺利所游荡和工作的伦敦切尔西区的那片"宁静而富于文化的活动空间"，近年出版的"007"小说里，这句话还成了同样出身于切尔西的詹姆斯·邦德的台词。抛开那些学院派批评家不谈，短篇小说家兼书评家普利契特也是因文笔出众而长期受读者喜爱的。一九三六年，钱锺书在巴黎旧书摊买了那本著名的《小人物日记》，后来发现艾略特以及普利契特这本《我爱好的书》都对之青睐有加，忍不住专门写成札记。

此后的章节里还有位大人物，乔治·奥威尔（George Orwell, 1903-1950）。钱锺书有奥威尔全部小说的读书笔记，也读过一部分他的非虚构散文作品，包括黑瓦德这里提到的《批评论文集》（*Critical Essays*, 1946），不过钱锺书读此书笔记不过两页，想必不太认可黑瓦德所说"在这两次大战中间的一代里他是理智力最成熟的批评家"。涉及"历史与政治"的一章结尾谈到讽刺文学的力量，黑瓦德再次破例引入非其论列的小说作品，即奥威尔名著《动物农场》，认为"这讽刺电光般照彻了战争六年中笼罩一切的阴暗"。《散文作品》还引述了小说里那句名言："一切畜生，天生平等；但是有些畜生天生比别的畜生更平等"，钱锺书在《容安馆札记》里也有一条短札专论这句话。

《散文作品》第一章里，赞颂了英国人民在艰苦的战争环境里积极从事创作、出版和阅读的生活风气：

> 战时英国全体人民的希望与恐惧，积极的工作，消极的忍受，都是文艺材料。

这对曾经思考过如何在文学中表现"无处不在的战争"的钱锺书来说，应该是深有感触的。这本《散文作品》随处浮光掠影，却有专门一段讨论了《美丽新世界》作者阿道司·赫胥黎写的一部史

> 小谨者不大立,訾食者不肥体。——管子

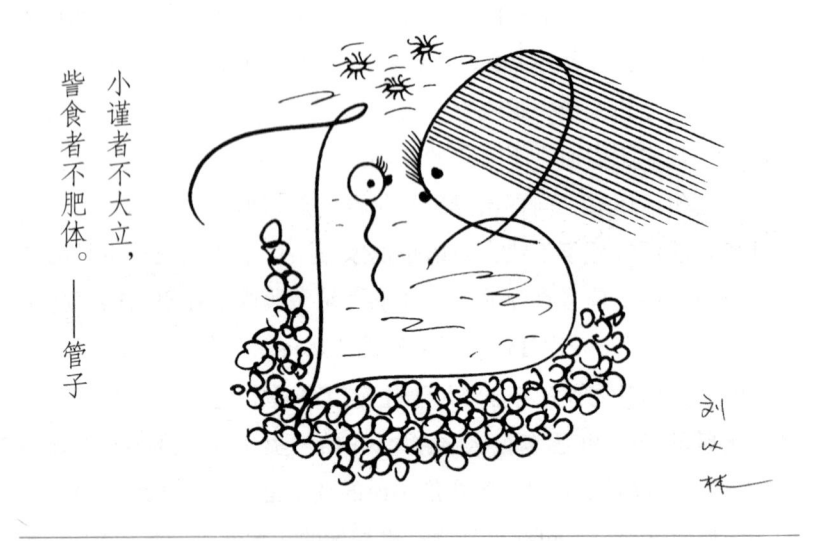

传《灰衣主教》(*Grey Eminence*, 1941)。钱锺书自然也详读过此书,不同于黑瓦德的高度概括("一个人不能同时忠诚地服侍上帝与财神"),他更注意里面的各种细节。比如书中提到有位讷维尔公爵睡觉时总睁眼的怪毛病,后来就被拈来与《三国演义》里的张飞列为同类,真是有趣极了。《散文作品》里还提到伊夫林·沃的《旧地重游》(*Brideshead Revisited*, 1945),杨绛直译作《重访布莱兹黑德》。多年以后,汉学家胡志德曾问钱锺书《围城》是不是受了赫胥黎和沃的影响,因为存在着类似腔调。钱锺书竟回答说他从未读过。——这显然不是实情,我们从其《外文笔记》里能找到他读这两位作家很多著作的笔记,而且是很早开始、终其一生的。那么,怎样理解钱锺书那样否定的答复呢?我认为,杨绛答记者问的这段话就是最好的解释:

> 你听说钱锺书读了 Aldous Huxley、Evelyn Waugh,受了影响。你信里提到的那些他都读过,而且不止那些,还有许多。我们读书都是从头到尾读,读了很多,钱锺书不可能受其中一二个人的影响。

刘文嘉

"别无选择"：
为何难以通过社交媒介求共识

互联网社交媒体常常让人感到心惊——有时，它的"恶意"会意外迸射，比如东京奥运会首金得主杨倩因为收藏过耐克鞋而忽然遭遇的网暴；有时，它的"善意"会巨量涌现，比如数千万网友冲入鸿星尔克直播间，买走一个多亿，仅仅因为这家国货企业在财报堪忧的情况下还向河南水灾捐赠了五千万元物资。当然更多的时候，它呈现的是无穷的撕扯、站队、控评、互踩和拉黑。

这和知识群体曾经熟悉的"公共讨论"已如此不同。过去大概二三十年，与改革叙事相伴随，调查性纸媒报道、新闻性电视节目和之后出现的互联网博客、BBS 曾构成一个较为严肃的公共空间，既破除了前改革时代知识供给和道德评判的垄断，又在一定程度上维持了一种共识。这个空间曾让人们对哈贝马斯的设想有所期待：具有认知智慧和自由意志的人通过对话取得一致意见，并潜在共担集体责任。知识群体都熟悉或参与过这样的对话，经由漫长的、复杂的、大剂量的笔墨往来，大家最终得出一个或几个底线性共识，类似"宽容不包括对不宽容的宽容"。举一个更熟悉的，类似"实践是检验真理的唯一标准"。此类共识最终会担当起公共性中"公理"的角色，成为更多讨论的起点或规则。

但当互联网媒介进一步成熟，或者说，由 PC 端时代进入移动端时代，规则与共识似乎都在液态化，曾需要说理的复杂讨论，被站队、讽喻和玩梗游戏所取代。这种现象可能首先会经由政治学视野审视,但其实,从后现代哲学家的分析中则会看到更为复杂的因果关系,法国哲学家鲍德里亚的媒介批判就是其中很有解释力的一种。其早期著作《消费社会》为大众所熟知,但其延伸至二十一世纪的晚期理论,对媒介抽象性和媒介新封闭性的批判,却因为晦涩和分散而难以普及。粗略概括其理论主旨可以这样说,由符号、代码构成的媒介之网包覆一切,形成了一种模型先于真实的"拟真"状态,人无法将自己的"本质"从媒介中剥离出来,也无法将"真实"与媒介的统计和模拟分离开来,更无从在这种媒介生存中建立批判性、否定性维度。如果说"共识"是有自由意志的主体经由严肃公共讨论获得的事关社会公正的判断,那么在鲍德里亚的意义上,平面化、模式化的符号之网已经取消了深度结论的可能,甚至,已没有自由意志的主体——人已经被抽象为符号、数据点和流量池。这对今天的社会治理、知识形成、个体生存无疑都是一种警报。

一

媒介类型伴随技术进步而日趋多元化的态势,曾引发人们对多元话语权的乐观预期。但鲍德里亚很早就提出过一个媒介的悖论,"大众媒介是反中介的"(《符号政治经济学批判》),媒介的结构建立在这种界定之上;"它们总是阻止回应,让所有相互交流成为不可能……这是媒介真正的抽象性。社会控制与权力体系就根植其中"(同上)。这里的意思是,交流必须有双方对等的力量,但在今天的技术社会中,再没有与完整的代码系统对等的意志、思考、智力的力量,因此无法形成真正意义上的交流。拟真之下媒介所产生的所谓公共舆论,不是媒介对大众意志的反应,而是媒介建构出来的无指涉物的东西。

在晚期著作中,他进一步认为,"大众"也是媒介的产物。民意测验、公共投票、社会评估这些媒介行为遵循的是统计的一致性，而不是遵循个体意志和观念，其结果已在投票模式中预设，其所产生的过量和无用的信息构建起了沉默的大众。媒介，表面上加速交流，本质上却阻断交流；大众，表面上释放出更多的话语权，实际上失去了回应性，这就是鲍德里亚在媒介拟真理论中提示的一种系统的虚无主义、整体意义的破坏。如果我们观察一下互联网媒介尤其是社交媒体诞生后舆论场的生态，可能会对这段话的现实性有更深的体认。

十多年来，社交媒体的出现提供了生机勃勃的公共生活，它们指向开放的信息流动，指向话语的自由和话语权的平等，从而一改印刷时代写作权力的垄断和写作者向大众训话的姿态。喷涌而出的讨论热情和摆脱"现实规则"的快感，都是对这种平等性的反应，站队和撕裂则成为自由话语的一种特别表现方式。经过最初的话语平权叙事，人们渐渐发现，这种激烈的、剑拔弩张的网络争论又相当有"规律性"，或者说，相当模式化。

社交媒介形成了一种公众票选的生存模式，其品牌建设框架、内容生产规律、同业竞争规则都是建立在这个模式之上。无论是公共投票、热搜榜、热推榜，其原始模板就是鲍德里亚曾反复提及的民意调查，它在今天的社交媒介中化约为观点更单一但情绪更饱满的票决。针对各类新闻事件和实时话题，新浪微博每日由各种性质的微博主体发起的投票有几万到十几万起，参与人数达几千万人，但微博投票制作模板的选项最多只有八个，大部分投票只有二至三个选项，选项基本是按照"同意""不同意""吃瓜"这三个面向设计的。将本来复杂的公共讨论进行了简笔画式的化约，在此基础上，又往往预设了答案。

举一个标准的微博投票为例。问：你认为某某事物（现象、专业）会一直存在下去吗？选项：A一直会有；B很难了吧；C转型发展；

D我有话说(意味着互动留言)。在这四个选项中,其实选A选B的人都可以选C,C是一个比较而言具较高说服力的答案。而很少人会选D,D虽然是一般投票都会留下的再论证通道,但极少人会使用。原因在于,整个投票模板就是为了降低讨论复杂度而设计的,"我有话说"是反向增加复杂度的选项,实际上和模板的秩序并不兼容。上述投票是相对比较理性的投票设计,一般机构媒体会使用,而更为自我的自媒体微博,选项的预设性会更强。

这不是哪一家平台的特征,微信公众号的投票与此大同小异。腾讯微信公众号的投票选项限额为三十个,这种稍高的复杂度符合微信精英化平台的设定。但一般微信投票设定的选项仍然不高,根据对一家主流媒体官方微信公众号两年的跟踪,其所组织的投票都在五六个选项之内,有个别提供大量选项的,往往因为答案本身确实具有无限性,比如"你认为文明的象征有哪些"。也就是说,无论面对的事件本身多么复杂,对它观点都会控制在媒介给定的几个限额内,不会再为理性留有反复质辩的物理可能。

在巨量的、无处不在的社交媒体投票中,人们所潜移默化接受的规训是这样的:首先,公共讨论约等于"选边站";第二,只需要论点,不需要论证;最后,多数就是对的。考虑到社交媒体已经完全覆盖了生活,或者说生活已经完全内在于媒介,上述讨论模板是真正普遍主义的,形成了独立于角色身份与地理坐标的普遍一致性。

而在通过普遍票决实现"民主"的政治模式中,今天互联网大型平台媒介所扮演的角色更是惊人。当互联网连结已成为社会运转的底层逻辑,内在于这种连结的媒介完全有能力"制造"结果,直接给答案。一个典型的例子是二〇一六年美国大选,特朗普团队聘用剑桥数字科学公司(Cambridge Analytica)进行"微定向"投放竞选广告的事件,这一操作最终被论者评价为"'脸书'(Facebook)操纵了美国大选"(二〇二一年十月,Facebook更名为Meta,意为元宇宙,考虑读者习惯，此文仍沿用其原名）。

CA公司是"脸书"的裙带机构，最著名的方法是将大数据分析和基于剑桥学者研究的用户心理画像精密结合起来，使政治广告投放达到史无前例的触角和准度。该公司曾宣称，自己掌握了两亿多美国成年人的数据，每个"人"都可以拆解为四千至五千个数据点，公司可以将这些数据与消费者数据进行关联——从选民登记数据到购物数据，再到枪支持有数据。

这种数据化的精准可以形容为"六十八个赞看懂一个人"。赞了MAC口红的男性有很高的同性恋可能性，长期点赞Lady Gaga的人极有可能是性格外向的人，而那些点赞哲学相关内容的人则更可能偏内向。综合了海量的个体数据，凭借在"脸书"上的"六十八个赞"，这家公司及其研究者可以准确推断用户的肤色、党派、信仰和性取向，每一项的准确率都在九成上下。特朗普的政治广告通过这种精准到原子化的定位推送到用户眼前，并被认定成功撬动了那些在大选中并不活跃的"大众"。

大数据算法+心理学的方式，当年曾被CA公司在公开场合宣扬，直到两年后的二〇一八年三月，才开始接受迟来的清算。它被曝非法将五千万"脸书"用户的信息用于大数据分析，并向他们推送非法广告和假新闻，用不当手段为特朗普赢得大选。"脸书"因此必须接受来自股东的集体诉讼。很多论者认为，这是政治权力操纵媒介的结果，是票选腐败在新媒介工具上的一种放大，但很明显的是，今天的情况已经与古登堡时代和麦克卢汉的"电力媒介"时代大不相同。此前，人们的判断是"政客诵过媒介操纵大选"，这是当时的现实，也是主体性哲学的思维方式；而现在，判断的主语和宾语已经倒置，变为了上面所说的"'脸书'操纵了大选"。大数据基础上的算法始终虚位以待，等待传统政治力量自动寻求加入。

不知是否因为在大选中见证了这种威力的原因，特朗普最终选择了"推特"(Twitter)治国,某种意义上,是将最高政治权力化为一个媒介符号。当传统的驴象之争变成了媒介层面的驴象符号之争,鲍德里亚的观点显示出了一种解释力:过去我们思考的是"广告和民意测验是否已经对个人或集体的意志产生了真实的影响",在今天的媒介生存中,我们已经"不知道如果没有民意测验和广告,将会发生什么"(《大众:社会在媒介中的内爆》)。

这是一种不太容易甄别的状态,人们自觉话语权正在凸显、声音正在变得多元,但模板化的公共讨论恰恰是另一种意义上的弃权。这就像互联网联通一切,人却更加原子化的悖论一样,像信息技术同时带来了多元化和大型垄断性平台的悖论一样,原因都在于过去那种外部强制权力已变成了由代码的自由布展构成的新控制形式,人则成为被算法的"微定向"准确控制的数据点。抽象"数据"与"数据"之间,又如何能形成具有自由意志主体之间达成的那种共识呢?

二

二〇二一年二月,吉尼斯世界纪录官微发文宣布,中国网红博主李子柒以一千四百一十万的"油管"(YouTube)订阅量刷新了该视频网站"中文频道最多订阅量"纪录。相信这个名字中国大众已经耳熟能详——二〇一九年末,这位以中国乡村生活为拍摄内容的年轻短视频博主在互联网上"横空出世",其在海外视频网站上的粉丝数量一度与CNN(美国有线电视新闻网)不相上下。随后,她的名字反复在舆论场沉浮,她带来的文化现象被多个角度讨论。如果说一年多来有什么变化,那就是最初关于她的视频是否"真实生活"的纠结逐渐消散了,对她背后团队运作的质疑式微了。更关键的是,这种消失不是因为问题有了"是"或"不是"的答案,而是因为问题本身被取消了。

也就是说,随着短视频时代的降临,尤其是新冠肺炎疫情下线上生存方式的快速覆盖,人们对短视频意义上的"真实"有了新的认知。人们逐渐接受,移动社交中的博主、UP主、大V背后,有着机构媒体一样的严谨团队,"意见"和"观点"是充分考虑过目标读者、数据判断和IP形象塑造后的推送。同样的道理,短视频风靡的原因,恰恰不是因为原生态的、粗糙的真实,而是经过精准镜头叙事的理想的"真实"。因为对普通人的生活元素进行了抽取和再次组合,它们像VR全景设备一样,让人们感受到了比肉眼所见更真实的"真"与震撼。主人公修竹、采笋、酿酒、制衣,形成了一种建构性的田园叙事,既不属于哪个具体地方,甚至也不属于哪个真实的时间、时代。恰恰因为没有具体地点,它构成了"家乡"的印象;因为模糊了具体时间,它被看成中国乡土文化生活的真实表达,而后者,本来是分散在延展的历史中的。

或可这样说,短视频时代的来临和快速覆盖,让社交媒体增加了一种图像层次,似乎搭建出了人与人之间更多样化的连接,但同时,也让鲍德里亚的拟真理论——模型先于真实,获得了一种更精确的批判对象。其对拟真秩序的两个批判点,可能有助于今天我们对视频社交哲学反思的达成。

首先是,拟真中历史性的消失。

鲍德里亚将媒介拟真形容为"一种假性的精确、一种远距离下的共时性、一种场景的扭曲、一种过度的透明"(Simulacra and Simulation),它消解了主体和客体,也就没有与主客体伴生的物理距离和线性时间;它的模型先于真实,所以历史本身已被代码所抹平。鲍德里亚认为,相对于传统的历史性的线性时间,过去、现在、未来的三维框架被彻底消除了。因为一切都可以被预先模拟,过去、现在、未来都可以被先行拟真。就像木乃伊,本来是与其所在的时间场景共生的,它的真取决于它内在于时间,但博物馆中的木乃伊已经把人类漫长的线性文明共时性呈现,形成了一种历史之外的超真实。而历史性一旦消失,当然只剩下了表面的游戏。

今天，短视频是以秒计时的。抖音平台最佳的视频长度是八秒到十五秒，为的是在受众指尖快速滑动中实现完播率。六十秒的"超长"视频只有达到万级以上粉丝量的号主才能尝试，因为这已经是一个在考验耐心的时间跨度。想象这个场景：至少三亿三十岁以下的青年（根据二〇二〇年抖音日活量数据和用户中三十岁以下年轻人占比推算）同时快速滑动抖音页面，指尖之下，是按秒切割的景观：脱口秀的一个梗翻过，接着是清朝格格的老照片，接着是特朗普演讲，接着是矿难现场，接着是明星仿妆。当然如果你在其中的一个短景观中多停留了几秒，下次推荐页面的主题就会进一步化约。这是鲍德里亚的迪士尼公园的视频版，那些跨越时空的海盗、城堡、边塞、飞船，曾经在迪士尼公园里以超时空的方式并排陈列，现在则以虚拟方式更自然地堆积在一起。扁平化的堆积，让上帝与口红处在了同等的符号地位，也让水灾的痛感还未来得及完全生成，就消失于下一条吃播。

纵向的历史被横向平铺于海量的视频平台中，超出了电影时代蒙太奇剪辑艺术。重要的是，这并不来自电影制作中那种周密的策划、人为的设计，而是人——无论作者还是受众，很多时候二者还是重叠的——在过载的符号中的流动。不知身处何地、不知今夕何夕，没有透视本质的时间和可能，只有游戏性和偶然性留存下来。后者已经深入到目前人们的生存方式中来。

第二点，是拟真中否定性的消失。

在鲍德里亚那里，经过仿造、生产、拟真三个历史阶段，资本社会的统一性最终归结于符号控制上，生产本位的资本主义转向了控制论的新资本主义秩序。而后者是一种绝对控制。因为系统一旦生成，就是抹平内在矛盾的——不再有与之对照的真实作参照，是没有对抗物的。鲍德里亚多次提及这种否定性或者对抗力量的消失，否定性的消失与他的关键论点主体的消失是紧密相连的，因为批判本身就是主体性的外在呈现。

借由短视频平台的扁平化特征,人人都拿着摄像头的时代来临了。有些从"下沉空间"成长起来的视觉平台,更有一种推动话语平权化的意味。人们从破除话语垄断和知识供给垄断的角度看待它们,和认为互联网带来了信息红利与多元权利的看法,是相同逻辑的,也有现实基础。只是,这只是问题的面向之一。多元的表达主体并不代表意见的异质性、批判性,事实可能是多元的表达主体在用同一种滤镜、同一种措辞说同一种声音。而且,因为视觉文化的消费性和游戏性,这种共同的声音往往起到了抹平和美化苦难的作用。

二〇二〇年夏天,南方暴雨造成了严重洪涝灾害,波及十六个省区一百九十余条河流,受灾人口至少百万。然而这样一场灾害,在视觉称王的新媒体呈现中几乎是无声的,不但无声,甚至还处于某种审美对象的状态:广西柳州强降雨,一家粉丝量多达一亿的媒体官微,发出了"夏日田园好风光"的航拍,称"桂北大地美如画卷"。

借由高距离、广视角的航拍画面,摧毁街巷、吞噬生命的灾难变成了一种"美"。这些镜头都是"真实"的,却恰恰取消了肉眼看到的苦难。它们形成了一种与视频和图像形式适配的浅表性的表达,一个手机上的美好世界,一种萌文化,以统一的滤镜、统一的高阔的角度过滤掉了粗粝的痛苦,以这种"真"建构一种关于"善""美"的浅层叙事模板。

一种较为传统的批评认为,上述现象的产生来自新旧媒体的不同特质,即,传统媒体更为关注严肃的公共讨论和批判性话题,新媒体则是浅层次和碎片化的。实际上,传统媒体并不能和所谓"新媒体"形成二元对立的构架,它本身只是今天的媒介系统中的内容源之一,早已没有独立自足的生产和传播系统。真正的问题在于,当上述所谓"新媒体"已经成为包覆一切的介质本身时,否定性和批判性迅速消失了,消失于媒介的秩序——比如航拍、短视频已经以建构真实为普遍性的正当操作,会自动剔除现实的毛刺和违和感。

一旦否定性消失，互联网上的多元话语也是同质化话语，而不是共识性话语。一个很多现代性研究的学者都提到过的困境是，当哲学家费耶阿本德的"怎么都行"成为全球性口号时，多数个体和社会却陷入了"别无选择"的生存状态。

读书短札

史可法遗墨

李建江

《史阁部遗墨》印本刊于《国粹学报》一九〇九年第五卷第一期，右有识语："史公此墨迹，今藏三衢某姓。余门人歙州许石秋得之，寄余于越中，因付铸铜。去病识。"去病，即陈去病（一八七四至一九三三），原名庆林，字佩忍，又字病倩、巢南，别号垂虹亭长，江苏吴江人，南社发起人之一。识语为《陈去病全集》所不载。许石秋，名清藻，字石秋，安徽歙县人，陈去病弟子。

遗墨上方题语云："余家所藏阁部墨迹数种，先大父常云：'阁部一生不以字名，而笔法苍劲。忠义大节凛然，须宝藏之。'今观此幅字体较大，更见挺拔。七言一绝，写无限感慨。吉光片羽，则诚难多见之珍，宝之宝之。道光元年正月获观于聊复尔尔之斋竹西清履。"题者不可考，察题语之意，所题"七言一绝"，当为史可法自作。

绝句云："一代儒宗贺彦先，冰清玉洁魁时贤。草庐风雨怜堪庇，莫授恩荣廿万钱。"落款"史可法"。此诗《史可法集》（上海古籍出版社一九八四年版）不载。贺彦先，即贺循（二六〇至三一九），字彦先，会稽山阴（今浙江绍兴）人，东晋大儒。《晋书》卷六十八载，晋元帝曾下令曰："循冰清玉洁，行为俗表，位处上卿，而居身服物盖周形而已，屋室财庇风雨。孤近造其庐，以为慨然。其赐六尺床荐席褥并钱二十万，以表至德，畅孤意焉。"贺循辞让不受，后"不得已留之，初不服用"。史公此诗寄意深远。

黑白谜局

王楠

"黑白的双重标准是美国人道德体系中的一根毒刺。"一九四七年，费孝通先生在《美国人的性格》一书中写下这句话。多次访问并十分了解美国的他，目睹了种族隔离时代黑人遭受的不平等对待。即使华盛顿·卡佛这样的大科学家出门开会，也只能委身于廉价旅馆，无法睡火车卧铺车厢。费老不禁质疑，号称民主自由的美国，何以要维持这种近乎种姓的结构呢？在他看来，这确是一根有违其价值纲领的毒刺了。

时钟转到了二〇二〇年五月，美国的种族隔离制度已废除近六十年。加州大学洛杉矶分校的会计学讲师戈登·克莱因收到一封邮件。几名他课上的黑人学生要求，他们的期末考试评分该得到"特殊照顾"。克莱因愤怒地表示拒绝，并在回复邮件的末尾，用黑人民权领袖马丁·路德·金的名言提醒他们："记住，人们不该用肤色去判断一个人。"学生随即在网上公开了这封信，呼吁大家向学校请愿辞退克莱因，校方居然也真的停了他的职。当然，在去年美国"黑命贵"（BLM）的反歧视大潮中，这只是一朵小小的浪花。不过，今日美国汹涌澎湃的后浪，当真令马丁·路德·金的名言，也成了种族歧视的前浪？如果考场上的一视同仁都算歧视，那怎样对待黑人才算平等呢？有人说，今天美国种族平等的政治正确搞得过了头，把反歧视变成了逆向歧视；也有人说，种族主义的流毒，早已深入社会的骨髓膏肓，还远没有清除干净。一时间众说纷纭，莫衷一是。

马克·吐温有云：历史不会重复，但韵律惊人相似。要弄清楚如今这一团黑白迷雾，倒可以借鉴以往的一段旧事。一九九五年，因前橄榄球明星辛普森涉嫌杀妻举行的那场"世纪审判"，震撼了全美国，也吸引了世界的目光。二〇一六年，一部长达四百五十分钟的纪录片《O.J.辛普森：美国制造》，详尽地回顾了那场审判以及辛普森跌宕起伏的人生，斩获了奥斯卡最佳纪录长片奖。该片借辛普森的人生故事，向观众清楚展示了美国社会中黑白种族间的矛盾斗争。这许是我们一窥此问题症结的极好门径。对于那场世纪审判，中国人原也并不陌生。当年林达在《历史深处的忧虑》中，不惜笔墨地描述了身处美国的临场观感。不过毕竟"横看成岭侧成峰"，林达的视角，清晰体现了那时代远赴重洋的国人的渴望。疑罪从无的法律原则、格式严明的司法程序，更多地吸引着注意力。林达也不讳言，自己并不重视此案中的种族问题，而后者却是当时许多美国人甚至欧洲人的关注焦点。今天，出自一位美国黑人导演之手的纪录片，或许能够帮助我们去思考，辛普森一生及这场审判体现出的美国的种族困境及其社会根源。

一个美国英雄的崛起

每个观看过纪录片的观众，恐怕都会惊叹于辛普森当年在橄榄球场上驰骋纵横的勃勃英姿。身为跑锋的他，持球冲向对方底线，面对对手拦阻的厚重人墙，却能抓住那转瞬即逝的间隙突出重围。身子左扭右闪，有如游龙一般，在追赶拦截的无数身躯手臂间滑行穿过，当真是疾如星火、快似闪电。赛场上的骁勇无匹，为他博得了"电流先生"的美名。而在场下，他更是万众瞩目的明星。面对自己破纪录时现场采访的镜头，他谦和不居功，将队友拉到身边一同亮相。在公众场合，他举止大方得体，待人宽厚亲和，和各路人士谈笑风生，堪称风度翩翩，完全没有一般黑人的粗鄙习气。也正因如此，他得到的抛头露面的机会，远比其他黑人更多。庆典活动、商业广告、真人秀、影视圈……他跻身于通常为白人出入的上流社会圈子，并为此沾沾自喜。有一回在俱乐部里，他和几个黑人朋友把酒言欢，听到邻座的白人女小声嘀咕："快看，O.J.和几个黑鬼混在一起！"他不仅毫无怒色，反而自鸣得意："这说明在她眼里，我不是黑人，我是O.J.!"这似乎证明了他通过努力和品格，能够超越肤色和身份的束缚，得到大众的普遍承认和颂扬。O.J.辛普森，他自己，正是一个美国式的自我成就的英雄。

当然，并没有什么单靠自己成就的英雄，更何况是美国这样一个讲求仪表、规则和制度的社会。或许可以说辛普森在赛场上的成功，更多依赖个人的天赋和努力。不过，如果他野心勃勃地迈向更广阔的天地，想取得商业上更大的成功，就得接受社会的选择和要求。辛普森曾为租车行拍过一个广告，播出后，他手持公文包飞奔穿过机场的形象风靡全美、深入人心。租车行的老板和广告设计人直言不讳，他们选择辛普森的原因，当然不只是他跑得快，更在于他的形象气质完美符合广告中商界人士的形象，完全不像一般的黑人。要让一个黑人给所有人推荐商品，他就必须不那么"黑"，而能成为一般民众的代言人。为此，他们得在广告中小心翼翼，避免让其他黑人出现，也必须精心设计辛普森的表情、动作和语言，好让他成为一个超越肤色的"体面人"。辛普森离开赛场后的成功，正是因为他能按照社会规范的要求去实现自由和自我，扮演好自己公开的"角色"，将个人英雄与普通民众的形象完美结合在一起。辛普森这个戈夫曼拟剧论的活样本能够跨出赛场，得到财富、声望和地位，正在于他能够满足美国式民主社会的普遍要求。

黑色的浪潮

辛普森试图让自己和人们都忘记他是个黑人。但美国的历史不会忘记,他出生到成名的二十世纪四十至七十年代,正是黑人从南部和东部地区向西部大规模流动的时期,也是废除种族隔离、黑人民权运动高涨的时期。纪录片令我们看到,辛普森自己的家族,正是在这一时期从路易斯安那迁居到了旧金山。他们家和数百万黑人一道,离开歧视严重的传统地区,奔向更为开放与包容的洛杉矶、旧金山等大城市。人口大量增加,城市与社区难以提供足够的工作岗位与良好的生活条件,治安问题层出不穷。另一方面,随着种族隔离制的废除与黑人民权运动的发展,各色反种族歧视的斗争甚至暴力骚乱也成了家常便饭。一九六五年,发生了著名的瓦茨骚乱。洛杉矶警察对两名开车的黑人进行身份检查,其中一人因为怕被逮捕,和警察发生了激烈冲突。在处理案件时,警察又将其随行的兄弟及后来赶来的母亲一同逮捕,随即发生了严重的袭警、暴力抢劫与纵火事件,造成数十人死亡,上千人受伤及数千万美元的财产损失。对这场骚乱的起因,洛杉矶警察局长盖茨和马丁·路德·金却有着完全不同的看法。前者认为,应该考虑的是(黑)人本身的问题,而不是在别的什么地方寻找原因。而马丁·路德·金则针锋相对:"只要那种顽固的(种族歧视)态度还存在,事情就会变得更糟。"

让我们跟随纪录片来到一九九一年。三月三日,全美各大电视台都在反复播放一卷家庭录像带拍下的影像。画面中,多名白人警官正在暴力围殴一名黑人男子,引发社会舆论一片哗然,这就是著名的罗德尼·金事件。次年的四月二十九日,陪审团对四名涉案的洛杉矶警察宣判无罪,引发了洛杉矶整个市区的大暴动。抢劫、纵火和谋杀在骚乱中大量发生,估计财产损失超过十亿美元。如果我们联想起去年因黑人弗洛伊德之死导致的全美各地的示威游行与暴动,就会发现,瓦茨骚乱、洛杉矶暴动与BLM运动,导火索都是白人警察针对黑人执法。难道真的是日光之下无新事，历史总在同一个地方重复？

发生了什么不是问题，关键在于如何解释它。白人警察殴打黑人男子，到底属于合理的正当执法，还是出于种族歧视而滥施暴力？这可不是一个容易回答的问题。以罗德尼·金事件为例，电视台在播出录像时，故意剪掉了开头几秒罗德尼·金拒捕攻击警察的画面。绝大多数观众更不会知道，在录像开始前的半小时，仍身处保释期、刚饮下数升烈酒的罗德尼·金，正以一百八十公里的时速驾车在公路上狂飙。在警察将其拦下之后，这个身高一米九、体重两百多斤的醉金刚依然逞强拒捕，徒手将四名警官打得落花流水。最终众人只得一拥而上，在警棍和拳脚夹击之下，令罗德尼·金束手就擒。身为警察，如果每天都要面对许多黑人嫌疑犯和违法者，不得不经常使用暴力来执法和自卫，一旦发生罗德尼·金录像这样的"断章取义"，或去年肖万对弗洛伊德那样的"执法过火"，哪怕心中从无种族歧视的念头，恐怕也是百口莫辩。因为定义你行为、指出你根本动机的不是你自己，乃是公众的政治意见。

实际上，资本主义与民权运动、"实现自由"与"反抗歧视"是美国社会的两个面向。这双方原本都是维护"不可剥夺的权利"的具体体现。对于黑人而言，消除种族隔离与歧视，原本也是令他们有平等的机会来实现自己的自由，这两方面原本是携手并进的。但问题在于，这两面也可能发生矛盾，一件事换个说法就成了另一件事，警察执法最容易陷入这种尴尬境地。在现实中，如果许多黑人无法按照社会的既定规则来"实现自由"，只能混迹底层、干些不太光彩的勾当，他们就难免成为警察的执法对象。所以为"维护自由"而打击犯罪分子，暴力很大程度就会落到黑人头上。人们总是看见这样的场面，确实也容易觉得，警察是不是存心和黑人过不去。"许多罪犯是黑人，所以要小心留意黑人"，这到底是一句事实判断，还是歧视言论呢？如果出自普通老百姓之口，那还关系不大。但说这话的如果是个警察，他种族歧视的罪名多半要坐实了。社会暴动屡屡源于警察执法，伤口总是一再被撕开，正是因为那是社会两个面向发生矛盾的交汇点。

从橄榄球场步入商界与名流社会，辛普森的前半生可以说顺风顺水。所以我们也就不奇怪，他为什么对黑人民权运动丝毫不感兴趣，也从不参与。在他看来，自己和一般的黑人根本就不一样。那些和"黑人兄弟"站在一起抵制歧视的黑人体育明星，不过是被人利用了。"他们应该代表自己。我要是想发声，就一定是O.J.的声音。"既然做好自己就能成为大众眼中的英雄和明星，干吗还要将自己置于和其他黑人同样的地位，为他们发声呢？在一条道路上春风得意的辛普森，做梦也想不到，未来他也有加入"黑人兄弟"队伍、踏上另一条道路的时候。并且只有那样，才能救他自己的命。

世纪审判：谁的胜利？

"我这辈子根本就没有在意过肤色，现在这种处境，我坐在那里开始数屋子里的黑人了。"这是辛普森因涉嫌杀害前妻妮可及侍应生高德曼，被推上法庭当天说的话。从某种意义上说，这场"世纪审判"，仍然是白人警方与黑人嫌犯的对垒。只不过不再是街头赤裸裸的暴力执法，而是控辩双方借司法系统的审判程序展开的斗争。所谓的"程序正义"，提供的其实只是某种"公平较量"的规则、场地和裁判。比赛到底怎么才能赢，还得看手里的牌怎么打。显然，他的律师团十分清楚，面对控方提供的海量证据，如果直接反驳否认，主张辛普森不是凶手，无异于以卵击石、螳臂挡车。唯一的胜算在于，让陪审团对证据的可靠性产生怀疑。如果针对特定证据去逐条质疑，效果恐怕也非常有限，所以必须给陪审团一种警方蓄意伪造证据的总体印象。要实现这个目标，就需要一个警方栽赃陷害的理由——

种族歧视。这就是辩方的"种族牌"策略。不是通过暴动，而是通过众人普遍接受的司法程序，"维护自由"与"反抗歧视"两条道路展开了正面交锋，成就了这场"世纪审判"。

所以，从请主打民权官司的律师强尼·科克伦加入律师团队开始，辩方的策略就确定了。在开庭陈词中，科克伦引用了马丁·路德·金的名言："任何细小的不公，都会带来全局的不义。"他暗指洛杉矶警署可能对证据动了手脚，并且包庇有种族问题的警探福尔曼，上来就给警方涂上了一层阴谋论的油彩。有明眼的旁观者一看便知，辩方就是要把这场审判变成对洛杉矶警署种族问题的清算。陪审团十二人中有十人皆为黑人，这种策略的作用可想而知。面对纪录片的摄影机镜头，当年参与审判的辩方律师都对自己的手段直言不讳。为了把辛普森打扮成一个"黑人"，辩方律师团可以说无所不用其极。他们邀请陪审团参观辛普森的豪宅，只是为了向他们展示，墙上满满的辛普森与黑人亲朋好友的合影。而那些照片，是他们在前一天才换上去的。之前占据墙壁的照片里，都是各路白人"上流人士"与辛普森勾肩搭背、把酒言欢。终于，这个超越肤色的个人英雄，也不得不扮演一位"黑人兄弟"了。

对于辩方律师团而言，最重要的任务是证明，在这个案件的调查与审判中，种族主义发挥着主导作用。白人警探福尔曼在辛普森房子后面，发现了一只沾染了妮可血迹的手套。为了令这件最重要的证物失效，他们编造出一个荒谬绝伦的故事：福尔曼对于辛普森迎娶白人女子怀恨在心，趁调查之机栽赃陷害。可是如果真的如其所说，福尔曼是在调查辛普森家的时候栽的赃，那他不仅是在冒革职坐牢的危险去陷害一个素不相识的人，更荒唐的是，他那时连辛普森有没有不在场证明都不知道。可辩方牢牢抓住福尔曼曾和一个女剧作家在谈话时用过"黑鬼"一词，并大肆吹嘘警察的威风，来说明他其实是个满口谎言的种族主义者。科克伦甚至在总结陈词时，将福尔曼与希特勒相提并论。这种将法庭导向审判福尔曼的策略，令死者高德曼的父亲出离愤怒。当然，即使福尔曼说过那些话，也不等于他真的是个种族主义者，更不能证明他给辛普森栽了赃，不过效果已经达到，庭审的气氛已经完全变了，反种族主义的水位漫过了寻找和制裁凶手的基石，"反抗歧视"的路线胜利了。在庭审结束后，陪审团只用四个小时就裁定辛普森无罪，也就不足为奇了。多年以后，面对摄影机的镜头，有黑人陪审团成员毫不掩饰地表示，她那时根本不关心辛普森是不是凶手，只是为了向白人报仇。还有黑人陪审员当年是黑豹党徒。在审判结束之前，没准许多人早就做出了选择。司法的程序正义，对他们来说，不过是走走过场、顺水推舟罢了。

从表面上看，"世纪审判"似乎是"反抗歧视"的一场大胜。许多在法庭外声援辛普森、得知结果后欢呼雀跃的黑人，连辛普森是干什么的都不知道，只把他当成又一个含冤受屈的"黑人兄弟"。他们不会知道，为辛普森辩护的律师团，每天的薪水就是五万美元。他们也不会知道，辛普森即使坐在监牢里，也在球衣上不断签名并送到外面去售卖，从而进账数百万美元。辛普森的商业团队，甚至还卖过科克伦和辛普森法庭合影的签名照。为这场"反抗歧视"的最佳辩护提供酬劳的正是"商业自由"，两者依然暗地里携手并进。

可惜，这样的联盟维持不了多久。虽然辛普森被判无罪，但现实中，大家对他多半做过些什么心知肚明。审判结束后，他的律师团最先跟他划清界限，宣称从未支持过杀人行为。随后那些上流社会的"朋友"，也纷纷表示自己跟他不太熟。甚至邻人也要求他离开居住的社区。扮演"被陷害的黑人兄弟"而脱罪，并不能挽救他作为"O.J."的信用。民事法庭的败诉，令他面临破产的窘境，连他的经纪人，都像追逐腐尸的秃鹰一般，无情地捧走他当年的奖杯。沦落底层的他，整日混迹于赌场酒吧。有一天，听闻有人在售卖他的私人物品，他带着一帮狐朋狗友，醉醺醺地找上门去，想讨回自己的"财产"。结果却被控持枪抢劫和绑架重罪，再度被押上法庭。这时，再也没有律师梦之队来为他辩护，也得不到"黑人兄弟"的声援支持了。他被判处三十三年徒刑，蹲了九年大牢方才保释出狱。今日的他，既不是O.J.，也不是那个"受了陷害"的辛普森，自由之路和平等浪潮都抛弃了他。狱中的他道出了这样的独白："在我的内心，已找不到任何善意。什么都找不到了。我的里面空空如也。"

抽象意识的困境

在辛普森案的庭审现场，出现过这样一个场面。控方律师达尔登指出，陪审团的情绪可能会因证人所用的"黑鬼"一词而影响判断。科克伦立刻站起来，愤怒地反驳："谁说黑人听到'黑鬼'一词就会情绪激动了？这正是彻头彻尾的种族歧视！"在这一句话上，就发生了常识与歧视、事实判断与价值评判的矛盾。当评判的标准是某种模糊的理想"平等"状态时，现实中存在的群体差异，哪怕只是客观陈述，也很容易被看成是表达歧视。反对歧视，原本只是要拉平起跑线，力求对所有人一视同仁。但随着抽象平等意识的不断扩张且支配着人们的头脑，现实的差异太容易被说成歧视或歧视的后果。这正是反歧视运动以照顾特殊群体、为受歧视和压迫者翻案的名义来批判历史、改造社会，走向日趋颠覆现实的真正根源。从六十年代种族隔离制的废除到九十年代的辛普森案，再到去年的BLM运动，美国反歧视运动和身份政治的发展，清楚体现出了这一特征。另一方面，贫富差距不断扩大、阶层固化和美国梦越来越难实现的现实，黑人难以适应资本主义和理性文化的事实，也确实令差异和不平等越发刺眼。今日的美国，"实现自由"与"反抗歧视"这自然权利的两个方面，非但不能携手并进，反倒越发通过政治运动，体现出社会的紧张和分裂。在两条道路上都曾风光一时，但最终沦落社会底层的辛普森，也正是美国制造的一杯苦涩橙汁。当然，这也未必只是美国的故事。泛滥的政治正确话语，受狂热的平等激情左右，成了人们怨恨他人的借口、为自己玻璃心辩护的理由，恐怕已是举世皆然的现象。无论是谁，若是在名利场中虚假地表演，或顺应政治的大潮趋时自利，却没有真正笃定的内心与实在的品质，不去抓紧人生中真正美好的东西，恐怕也都难免落得个空空如也的下场。

读书短札

苏辙晚年诗中"老卢"为谁？

郭明

苏辙晚年诗中多次提到"老卢"，如《初成遗老斋待月轩藏书室三首》云："自见老卢真面目，平生事业有无中。"（《苏辙集》，中华书局二〇一七年版，1158页）学界对"老卢"所指尚有疑问，如曾枣庄等选注的《三苏选集》中说："老卢：未详其人，而苏辙晚年屡用之。《早睡》：'老卢下种法，从古无此妙。'《十月二十九日雪》：'珍重老卢留种子，养生不得问王江。'王江为苏辙任陈州教授时所认识的'善养生'者（见《龙川略志》卷二），疑老卢也是类似的人。"（巴蜀书社二〇一八年版，284页）

按，"老卢"指六祖慧能，慧能俗家姓卢，故有此称，如《五灯会元》卷一七："老卢不识字，顿明佛意，佛意离文墨故。"而诗中所谓"下种法""留种子"，指慧能护持"本来面目"之说，苏辙在晚年所作《书〈传灯录〉后》中说："祖诲之曰：'汝谛观察，不思善，不思恶，正恁么时，阿那个是明上坐本来面目。'……予释卷叹曰：祖师人处倘在是耶？既见本来面目，心能不忘，护持不舍，则谓下种也耶？譬诸草木种子，若置之虚空，不投地中，虽经百千岁，何缘得生？若种之地中，润之以雨露，暵之以风日，则开花结子，数日可待"，并感叹"人自不知，虽知未必能行，如予盖知而不能行者也"（《苏辙集》，1231—1232页）。可见，苏辙晚年诗中"老卢"即指慧能，而"下种法"是苏辙解悟的"祖师入处"，其中融入了他晚年对外在价值评判（"平生事业"）与内在精神主体性（"真面目"）的省视，系理解苏辙晚年心态、思想的关键点，并不局限于养生。

不是错乱，而是错读

张磊

在《英国跨文化小说中的身份错乱》一书中，作者们对奈保尔、拉什迪、毛翔青这三位英国著名亚裔小说家的社会政治立场倾向提出了质疑与批评，并鲜明地指出：他们的不少作品都在极大程度上与西方霸权话语保持一致，二者形成了一种共生共谋，甚至可以说是同流合污的关系。换句话说，他们并未把自己有意识地打造成真正有进步思想的后殖民作家，而是从心理上把自己白人化，极力迎合所在社会的白人受众，因此出现了严重的身份错乱/位。

无独有偶，类似的质疑亦曾经指向另一位亚裔作家——维克拉姆·塞思，尤其是他那部被《每日电讯报》誉为史上用英语创作的最佳音乐小说、写尽当代古典音乐职业演奏家公共与私人生活百味的《琴侣》。譬如，印度作家、记者阿米塔瓦·库马尔虽然表面上声称自己无意做任何价值判断，却又情不自禁地强调这部小说全部的人物形象都是白人，没有一点咖喱味。表面上，他似乎理解曾经在中国、美国、印度、英国、德国四处行走的塞思自我塑造的世界公民身份，但又不时提醒读者所谓本真身份的问题。其实他在《民族报》上发表的书评，标题《没有西塔琴的印度音乐》就已经表露了他真实的立场和态度，即使全书没有一处提到印度音乐，他仍然要将"印度"二字与其联系在一起,哪怕是以不在场的方式在场。

与库马尔温和的颇有微词相比,布鲁斯·金对这部小说则做出了毫不遮掩的批评。在他看来,它完全脱离了目标,不符合现在的读者对后殖民作品样貌的期待。罗希尼·摩卡西-普尼卡更进一步,干脆认定这部以西方古典音乐、古典音乐职业演奏家为主题的作品是在彻头彻尾地鼓吹欧洲中心论,作家近乎没有道德地、完全地抹除了自己的印度人身份。安贾娜·沙玛的评论文章甚至直接用了质问式的标题《这难道是部英国人写的小说吗?》

不论是温和的质疑,还是严厉的批评,这些批评家们近乎不约而同地创造了某种具有强制性的假设——如果具有少数族裔(如印度裔)身份的作家不极力将某种族裔性(印度性)与自己的作品明确无误地联系在一起,就无法有效地证明其创作的合理性,就有可能会出现"身份错乱"。

事实上,塞思曾是被竞相追捧的文坛新秀,在前作《如意郎君》中,他曾经以一千三百多页的篇幅洋洋洒洒地展现了二十世纪五十年代印度社会的全景。贯穿于其中的拉格与加扎勒音乐,也为小说塑造了极好的、充满着异域风情的东方音景。这部当代少有的鸿篇巨制不仅确立了塞思的地位,也赢得了批评界与读者的一致好评。塞思如果按照这一范式继续创作下去,就不会引发如此大的争议,也一定会继续创造作家、批评家、普通读者皆大欢喜的局面。他为何要打破这一范式呢?

在笔者看来,除去创作自由、不愿意亦不允许自我重复,塞思打破这一范式的最大动力在于:继从外部(印度、非西方),亦是典型的后殖民视角展现别种文化对西方文化的差异式抵抗之后,他希望从西方文化的内部对其进行改造与重构。而作为其代表与坐标的西方古典音乐,便成为他这一创造性尝试的重要对象。换句话说,塞思非但不是倒退到与欧洲主流、中心文化合谋的保守立场,而是更加决绝、激进地更进一步。如果批评家或一般读者只是从背景与场域、角色构成、题材这些方面去做表层解读的话，无疑是没有读懂或读透那些隐藏在文本字里行间的重要讯息，形成了误读、错读，亦是辜负了塞思的深刻用心。

一

塞思所做的第一重改造，是试图去除西方古典音乐（尤其是古典主义时期与浪漫主义时期的古典音乐）长期以来被贴上的某些固定标签。众所周知，古典音乐常常被认为代表着中产阶级与贵族阶级的社会地位与审美品位，那些在经济、政治上处于下等阶层的群体往往被认为不适合，也不能真正欣赏这种"高雅"的艺术形式，更无法负担长期专业的音乐训练。就欧洲而言，古典音乐学习、演奏的重镇当然是伦敦、维也纳、威尼斯等大城市。从一开始，《琴侣》的男主人公迈克尔便饱受这一标签的困扰，一度形成了强烈的自卑情结。他出生于曼彻斯特郡罗奇代尔市，远离英国的文化中心伦敦。他也没有专业音乐教育的家庭背景，父母非但不鼓励，甚至还常常打击他的音乐热情，连他用来演奏的小提琴都是从一位贵妇那里近乎卑微地借来的。可以说，男主人公既不占天时、地利，亦不占人和。然而，正如《霍华德庄园》中同样出身卑微，却有极好乐感，从生到死始终保持尊严的伦纳德·巴斯特一样，迈克尔也始终坚信"唯有联结"的道理。小说题词部分引用的约翰·但恩诗歌，几乎是他呼之欲出的心声——"既非噪声，亦非无声"的"平等之音"与"平等交融、平等身份"遥相呼应。

正因如此，迈克尔养成了一种特殊的能力——善于发现那些鲜为人知，却有着很高艺术表现力的音乐作品。他在小说第一章里下意识哼唱的小曲（后来也反复出现多次），便是舒伯特晚期创作的一首不甚有名的艺术歌曲："我看见一个人眼睛向上凝视，双手痛苦地紧握。我看见他的脸时为之战栗。月光暴露了我自己。"舒伯特作品中的忧郁、痛苦、恐惧、焦虑，似乎让他产生了强烈共鸣，成为他内心复杂情绪外化的重要方式。而通过哼唱这样的作品，迈克尔无疑在为这些常常被视作阴暗、负能量的声音正名，为自己在包括伦敦在内的各种不适之地的格格不入找到了理由。

除了舒伯特的艺术歌曲，小说中用最大篇幅描述的贝多芬C小调弦乐五重奏（作品第104号）更是成为迈克尔追求音乐平等的重要动因。自从学生维尔日妮跟他提及这部神秘的作品之后，他便在伦敦的各公共音乐图书馆与音像店里近乎疯狂地寻找它。遍寻未果之后，他竟然"意外"地在自己家乡曼彻斯特的亨利·沃森音乐图书馆找到了这部作品的一套分谱，是这家图书馆许久之前便收藏的珍品。并且，它还有一九一六年八月十日由奥伊伦堡公司生产的微型乐谱。曾被认为是古典音乐"当然"中心的大城市伦敦，此时竟敌不过曼彻斯特一家小小的图书馆，不论眼光、品位，抑或是远见，都输得彻彻底底，颇具反讽意味。所谓的中心论、先进论、高贵论、高级论、优越论在这里被强烈地动摇、打破。

随后，在更为艰难地寻找这部作品极为有限的唱片录音时，迈克尔对音乐平等坚定的信仰再次得到了强化与确认。在一个贝多芬过度录音的时代，这首小众的作品几乎无人问津。伦敦、维也纳、威尼斯等地的著名重奏乐团竟然没有一个曾经录制过这部作品。而真正有心、用心录制这部作品的，竟然是捷克的苏克四重奏团（外加一个中提琴手），并且早在一九七七年便由捷克本土的超级响度公司发行。这个重奏团的理想，是有计划、有步骤地努力推出一些不太流行、没有理由被人们忽略而事实上又已经被忽略的作品。这几乎与迈克尔的理念如出一辙，也就不难理解他心情无比激动，打算一定要带着满满的仪式感聆听这张唱片。不仅如此，迈克尔还发现，这一乐团的首席小提琴演奏家约瑟夫·苏克是作曲家苏克的曾孙,而作曲家苏克本人跟他一样,也是下层民众之子,这让他更是百感交集。

当迈克尔在自己的房间里播放这张唱片时,立即感受到贝多芬这部作品的巨大魅力——它是"如此地熟悉,如此地令人爱不释手,如此地别出心裁,既令人不安,又令人陶醉"。他迅速沉浸在这个他"无所不知却又一无所知的世界里"。这里看似矛盾而又复杂的情感表达,确实耐人寻味。一方面,他在这音乐中找到的是一种久违的熟悉感、归属感,似乎这音乐里说的就是他自己那虽然充满酸楚,却仍然值得纪念与珍惜的过去。另一方面,他听到的也是他正在努力形塑的现在。他知道这现在的种种不确定,亦知道他的过去仍然在深刻地影响着他的现在。然而,这种不安、一无所知,让他感受到的并不仅仅是消极意义上的痛苦与不适,还带来了强烈快感的陶醉与沉浸。与其说这是艺术家疯癫与精神分裂的表征,不如说是他在音乐这种充满着强烈滑动性的能指中发现了超越固化意义的可能性。换句话说,不"安"本身便是对既有认知模式的一种打破,而一无所知才能刷新与重启认知。这首作品从沉寂到被发现、从乐谱到唱片录音、从播放到倾听的过程,几乎是迈克尔古典音乐去阶层化、去等级化的平等化实践的完整再现。

二

塞思所做的第二重改造,亦是终极改造,便是打破古典音乐界对听觉能力的强制性规约。对于音乐家来说,听觉能力,即对接收到的声音进行综合分析、理解、记忆,是一项必备,也是要求极高的能力。那些不论是天生还是后天的失聪者,常常被认为在这项能力上具有不争的缺失性,近乎当然地被排除在音乐演奏或创作的世界之外。即使失聪者真的有机会进入这一领域,他们也往往面临被边缘化,被嫌弃、看轻的境遇,会被认为不够正常、低人一等,没有资格去和其他音乐家合作，完全是"拖后腿"的角色。

在小说中，迈克尔曾经的爱人、钢琴家茱莉娅不幸失聪。她曾经在一封长信里向迈克尔详细交代自己逐渐失聪、被抛进聋哑世界的过程，她叙述的语气并不算沉重，但仍然难以掩盖她内心的忧伤。双耳不能再听到曾是自己生命之源的音乐，自己的演奏生涯也可能戛然而止，对音乐家来说，这是毁灭性的打击。更悲凉的是，音乐圈人情浇薄，一些曾经的好友对失去利用价值的她甚至吝啬到连同情的姿态也没有，让她心寒不已。

事实上，失聪与听觉能力的缺失并不当然地画上等号。不论是历史还是现今，都有不少失聪音乐家在以自己的方式强力地扭转这一偏见，并向世人证明：与常规的听觉方式相比，通过仔细感受声音的振动，同样可以完美地"聆听"，肉耳的听觉变弱或消失之际，便是心耳的听觉开始之时。譬如，贝多芬晚年的那些最伟大的作品，大都是他失聪后所创作的。而他感受音乐的方式被称为"骨传导"——一种让外部声音的振动直接由头骨、颌骨传入内耳刺激听觉神经，从而产生听觉的声音传播方式。同样，自十二岁起便失去听觉的英国女性打击乐演奏家依芙琳·葛兰妮，在演奏中依靠内心的节拍与周围物体的振动，成功地创造出极具震撼力的音响语言，重新定义了打击乐的演奏形式。

与贝多芬、葛兰妮颇为相似，从一开始，茱莉娅即使内心再痛苦，也没有放弃自己或音乐，体现了强大的意志力。她积极地参加预防话语疗法课程，数小时地练习唇语与手势语。她也颇为配合地戴上了助听器，以帮助她听到大概。她还经常做各种各样的听力测试，譬如在左耳边清脆地拍两下，又在右耳边连拍两下。除此之外，在演奏室内乐时，她懂得了如何从灵动的手指、姿势的变动、弓的回旋来判断何时演奏，以何种节拍跟进。尤其是那些有重低音声部的室内乐（譬如她与迈克尔所在的马焦雷团合作的舒伯特的《鳟鱼》），更是让她可以充分依靠传来的振动感来准确判断自己回应的方式与时间。对乐谱全力做到烂熟于心，不断唤起自己之前曾经演奏同样作品的记忆，也成为她大量精力投入之所在。

不过，除了种种超常的努力，茱莉娅这个人物令人叹服，也是最特别之处，在于她同迈克尔提到的一个全新的音乐观点——"作为一名失聪的音乐家有一个巨大的优势"。乍听起来，这多少有些故弄玄虚，甚至有些自欺欺人。然而，当读者与茱莉娅一起严肃地思考这句话时，便可逐渐体会其背后的深意。这个优势当然不是她半开玩笑说的那些所谓的好处——住酒店时，可以欣赏窗外的霓虹灯街景，却不必担忧街上嘈杂的噪声会影响睡眠；弹琴时不会被观众席上此起彼伏的咳嗽声惊醒；没有手机铃声，没有观众看完节目单后，折眼镜的噼啪声……卖了一大堆关子、绕了一大圈之后，茱莉娅终于将这个优势和盘托出——可以"尽力使自己有点创意"。当演奏家有常规的听觉能力时，往往会特别依赖既有的录音，去听听别人，尤其是所谓的权威如何演奏作品。在实际演奏时，演奏家们也往往会尽量避免各种风险与争议，而选择中规中矩，亦是安全的演奏方式。这无疑与真正的创造性相背离。吊诡的是，当茱莉娅失去常规的听觉时，反而能够自然地摆脱种种规约、权威的束缚，按照自己的意志与理解去演奏作品。譬如，在乐团排练《鳟鱼》最后一个乐章的第一主题时，迈克尔和海顿分别演奏了一个两小节的乐句。然而，让他们颇为惊讶的是，茱莉娅回应起来就像这是一个四小节的乐句并持续减弱一般。她并不是听错了音符，而是提供了一种更加符合乐句发展的解读方式。在短暂的争议后，乐团成员一致认为，茱莉娅的这种方式是更值得采用的，因为这样一来，到那些重音及后面的切分音时，对比的效果会更好。这时候，迈克尔甚至可以略带欣慰地看待自己旧爱的失聪——如果她能够清楚听到其他人的演奏，倒可能没有这么好的创意了。

不论是对古典音乐的去标签化,还是从肉耳听觉到心耳听觉的转向,塞思确实在小说中完成了从西方文化内部对其进行改造与重构的重要尝试。当其他少数族裔作家纷纷选择以典型的后殖民文化抵抗姿态来书写自己的身份时,他却无惧可能的误解与争议,勇敢地选择了一种非典型,亦是创造性的方式。作为一个有良知与责任感的作家,他从来都没有什么身份错乱。他始终都知道自己是谁,自己要做什么。对他所谓错乱的错读,不仅是对他创作用心的辜负,也更深刻地证明了简单粗暴、妄断式思维的危害。作家复杂而又微妙的立意,作家在言辞表达中努力传达的微妙情绪、情感、关系,值得批评家与读者以更为微妙的阅读和解读方式加以回应。

(《琴侣》,维克拉姆·塞思著,王仁强等译,重庆出版社二〇〇三年版)

《读书》编辑部编辑

主管:中国出版传媒股份有限公司
主办、出版:生活·读书·新知三联书店有限公司

总 编 辑:肖启明
副总编辑:
主编(兼):常绍民
副 主 编:刘蓉林
出版总管:李学平
编 辑:饶淑荣/卫纯
市场经理:张惟
装帧设计:陆智昌/薛宇 印制主管:张雅丽
发行总监:周旭(010)84681050
读者服务电话:(010)84050425 84050451
邮购地址:北京市朝阳区霞光里9号B座
三联生活传媒有限公司 邮政编码:100125

《读书》微信公众号
扫码购买《读书》杂志

投稿邮箱:sdxdushu@vip.sina.com

地址:北京美术馆东街22号
邮政编码:100010
印刷:北京中科印刷有限公司
国内总发行:北京报刊发行局 国内代号:2-275
广告经营许可证号:京东工商广字第0063号
ISSN 0257—0270 CN11—1073/G2

蔡义江新评红楼梦

(全四册)

- 十二种版本互校,择善而从,存真原作面目。
- 持论中正,用情至深,评注详尽,谨遵原著。

《蔡义江新评红楼梦》全新再版。全四册,内容包含:第一,蔡义江根据十二个版本互校的《红楼梦》原文;第二,精选脂评、新评以及注释,与《红楼梦》正文分栏排版,一一对应,精细解读,鉴赏艺术价值;第三,一百二十回均有回前题解,细论回目原貌,探讨回目精义;第四,前八十回均有回后总评,从整体上赏鉴该回内容,品评人物,分析鉴赏。

ISBN:978-7-100-20283-1
(清)曹雪芹 著
蔡义江 评注
定价:298.00元

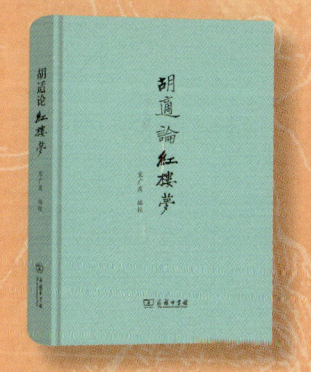

胡适论红楼梦

《胡适论红楼梦》是一部学术文献汇编,囊括胡适从1911年到1962年各个时期的《红楼梦》研究论文以及相关书信、演讲、日记、谈话、题记等。

红学在近百年为显学,而红学史上,胡适是有着突出地位的重要人物,他创立的"新红学"是最有影响的学术流派。研究红学,绕不开胡适。此书将成为胡适研究和红学研究领域的必引、必用之书。

ISBN:978-7-100-19234-7
宋广波 编校
定价:98.00元

官方微信

地址:北京市东城区王府井大街36号 邮编:100710 业务电话:010-65278537,65126429 传真:010-65249763 邮购:040-65258899-9282 网址:www.cp.com.cn

CSSCI

生活·讀書·新知 三联书店

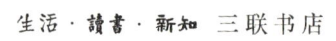

著名出版家沈昌文
逝世一周年纪念集

大哉沈公

三联书店编辑部 编

生活·读书·新知三联书店
2022年1月出版
定价：58.00元

众多名家携手怀念，
在文字中回望，
出版的乐趣与智慧，
以及一个不平凡的时代。

地址：北京市东城区美术馆东街22号 邮编：100010

ISSN 0257-02

读书

3
2022
March

王洪喆　迷宫如何讲故事

刘　东　沿着孔子的思想路线而行

杜　华　方纳的史学

刘　超　现代艺术公众是如何生成的？

刘北成　一部"革命政治的表象史"

王　璞　在布达佩斯"寻访"卢卡奇

·文墨与家常·

凤凰涅槃

王蒙 文 康笑宇 图

……我们更生了。/我们更生了。/一切的一,更生了。/一的一切,更生了。

……翱翔!翱翔!/欢唱!欢唱!/我们新鲜,我们净朗,/我们华美,我们芬芳,/一切的一,芬芳。/一的一切,芬芳。

……一切的一,常在欢唱。/一的一切,常在欢唱。/

是你在欢唱?/是我在欢唱?/是他在欢唱?是火在欢唱?

欢唱在欢唱!/欢唱在欢唱!/只有欢唱!/只有欢唱!

欢唱!/欢唱!/欢唱!

不能忘记郭沫若的长诗《凤凰涅槃》,不应该忘记每五百年自焚一次,浴火重生的凤凰激情与献身浪漫,否则就没有中国现代文学,就没有诗词大会,就没有更生、翱翔、芬芳、欢唱、新鲜、净朗。

就没有一切的一,一的一切,哪怕考证出来此说法出自《华严经》,它也仍然极其中华,中华的一,翻过面来就是多,中华的一,是混一,是浑一,是黑格尔式杂多的统一,是万象万物万生的一。

也不必把一与多的关系想得太东方化神秘化,六年前我在旧金山看到一个已打烊的大商店的招牌,写的是 One is All———一就是一切。我至少能想象:例如,它是一元店,即那里的货品全部只卖一美元。

不能忘记郭诗的气势与形式,更像交响乐队伴奏的大合唱,像贝多芬第九交响乐里的合唱《欢乐颂》。从目前的中文文本来看,郭诗比席勒的《欢乐颂》还要感人,因为郭沫若此诗里不仅有欢乐与光明,更有献身与使命,有奋进的气,有燃烧的火。

读书

DUSHU

3

2022

王洪喆　迷宫如何讲故事 3

刘　东　沿着孔子的思想路线而行 14
刘　宁　唯自尊者能尊师 24

杜　华　方纳的史学 32
李英飞　莫斯时刻与法国思想的谱系 41

彭　锋　列女不恨 50
刘　超　现代艺术公众是如何生成的？ 59

短长书
读书不求做官　王瑞来 68
笔战天下：王韬与近代中国世变　吴妮娜 72
作为景观、政治与集体记忆的行道树　刘雨石 78
是谁介绍钱锺书与卢弼相识？　艾俊川 84

张宝明　"社员"之间：怎一个"同"字了得？ 89

李欣荣　一九四三年陈寅恪的中山大学之行 ………… 98

李雪涛　跨越中西文学研究的边界 ………… 107
沙红兵　交错纠缠的"世界文学"对话 ………… 116

品书录 ………… 125
一部"革命政治的表象史"（刘北成）·华人对澳新景观的塑造（高国荣）·启蒙与犬儒理性（叶瑶）·人口大逆转的经济学（秦勇）

杨明晨　二十世纪革命与生命的辩证法 ………… 142
王　璞　在布达佩斯"寻访"卢卡奇 ………… 150

王振忠　立春与"春牛图"日出而作 ………… 160
蔡天新　永嘉，水长而美 ………… 169

读书短札
吴梅村的八首"佚诗"（陈腾，88）·李阳冰生年　北窗读记（刘涛，97）·《陈敏"七弟顽冗"考》补（徐光明，115）

刘以林　漫画 ………… 13
王蒙　康笑宇　文墨家常 ………… 封二

王洪喆

迷宫如何讲故事：
"巨洞探险"与电子游戏的跨媒介起源

格雷厄姆·纳尔逊（Graham A. Nelson）是一位英国数学家、诗人，同时是电子游戏社群 Inform 系统的创建者。在一九九五年的小册子《冒险的手艺》(*The Craft of the Adventure*) 中，纳尔逊将电脑角色扮演和冒险游戏的起源回溯到一位生于一八二〇年的混血黑奴——斯蒂芬·毕晓普（Stephen Bishop）身上。作为也许是现代历史上第一位职业探洞者，毕晓普毕生都在肯塔基州喀斯特地区的猛犸洞（Mammoth Cave）担任向导。猛犸洞，是迄今为止被人类所探测过的最长的地下洞穴系统；而黑奴毕晓普和这座猛犸洞的故事，也堪称现代洞穴探险史与现代电子游戏起源的奇特交汇。

一

猛犸洞发现于十八世纪末，据传说，猎人约翰·霍钦（John Houchin）在追逐一头受伤的熊时，偶然发现了洞穴的入口。洞口处蝙蝠密布，在美英战争期间，这里的蝙蝠粪被密集开采，溶解到硝酸盐中以提取硝石制造火药。战争结束后，随着硝石价格的下跌，洞穴一度归于沉寂，直到一具木乃伊的发现。

商人纳乌姆·沃德（Nahum Ward）在一次闲聊中得到了线索，于一八一五年十一月的一个早上与两名向导进入猛犸洞，以寻找一具传说中的木乃伊。他在探险日记中写道："……当我到达占地八英亩的洞室'主城'(Chief City)，看到没有一个支柱支撑整个拱顶时，我感到惊异。在天堂之下，没有什么比这里更宏伟了……"

由于没有现成的地图，在洞中的导航是一个挑战。沃德的探险持续了十九个小时，直到第二天凌晨三点，他终于到达了一处隐秘洞室，发现了传说中的木乃伊石棺。在他的形容中，这是一具约六英尺高，仅重二十磅的女性木乃伊。她直直地坐在石棺中，被宽大的石板包裹着，粗糙的衣服内藏着她的工具、首饰、羽毛和其他护身符。

当然，在现代游戏与迷宫史的视野下，这个传奇故事还有一个简单的讲述方式：一位玩家冒生命危险历经千辛万苦后，在迷宫的尽头找到并开启了一个宝箱，获得了属于他的奖赏。而需要注意的是，这个故事原型发生在现代游戏尚未出现的十九世纪早期探洞活动中，这为后来猛犸洞与现代游戏起源的交汇埋下了伏笔。

这具木乃伊起初被称为"猛犸洞木乃伊"，后来在一八五二年被命名为"伊福恩·胡夫"(Fawn Hoof)。自一八一六年，"胡夫"被一家马戏团带到全国巡回展出，吸引了美国各地的观众，猛犸洞因这具木乃伊也迅速为全国所知。在被巡回展出六十年后，"胡夫"被美国国立博物馆斯密森学会收藏。猛犸洞在当时能被列为世界奇迹之一，一半是出于"胡夫"的功劳，而另一半则要归功于开篇的那位黑奴毕晓普。

二

自十九世纪初，洞穴游在欧洲已成为旅游热点。猛犸洞尽管因木乃伊而名声在外，早期游览者却不多。这跟猛犸洞的巨大规模所带来的探洞风险有关。在地质上，猛犸洞是肯塔基州中部的地下洞穴网络，被认为是世界上最大的洞穴系统之一。

在一八一二年战争期间，该洞穴的蝙蝠粪是硝石的重要来源，而正是黑奴为开采提供了主要劳动力。战争结束后，硝石的价格急剧下跌，采矿获利变得不可行。为了寻找新的商机，调查猛犸洞更深层区域的工作随即展开，以进行旅游业的商业开发。由于该地区洞穴之间的商业竞争，大多数调查和地图都是保密的。在随后的几十年中，猛犸洞成为美国和欧洲旅行者的热门旅游胜地，其经济价值继续取决于奴隶劳动。在十九世纪，带领游客游览猛犸洞的向导一律是黑人，他们要么是洞穴所有者的财产，要么是由附近的奴隶主租借的。在被大多数历史学家所忽略的种族场景中，这些奴隶成为在南北战争之前的数十年中穿梭于洞中的白人男女优雅举止的保障。

迄今为止，这些黑人洞穴向导中最著名的就是毕晓普。他的所有者富兰克林·高林于一八三八年购买了该洞穴上方的土地，自此他便开始在猛犸洞工作。直到一八五七年去世之前，毕晓普陪同成千上万的白人游客进入洞穴。不管以哪种标准来衡量，奴隶毕晓普都是一个了不起的人——他自学了拉丁语和希腊语，以猛犸洞的"首席统治者"著称。他在业余时间探索并命名了猛犸洞的大部分区域，在一年内将已知的地图扩大了一倍。毕晓普开创了独特的洞穴命名风格，半古典、半美国本土气息——冥河、雪球大厅、小蝙蝠大道、巨蛋……他在一八四二年凭记忆绘制的地图，四十年后仍在使用，这些地图直到二十世纪仍因其令人惊叹的准确性而备受关注。

在十九世纪出现的一手洞穴叙事中，毕晓普因其英俊而异域的外表、对洞穴地形和历史的丰富知识以及勇敢的个性而广受赞誉。直到今天，毕晓普仍然出现在美国诗歌、历史小说和儿童故事中——作为十九世纪被遗忘的浪漫英雄、黑人教养和黑人自决的代表性人物，克服了奴隶制对人的异化。但历史学家彼得·韦斯特（Peter West）认为，猛犸洞内奴隶制的复杂性无法进行简单的理解。尽管毕晓普经常被贴上"地下世界的哥伦布"的标签，但他和其他洞穴探险者的卓越能力，始终为奴隶主的财富增长服务——因此，他的杰出成就也同时是被剥削的奴隶劳动。而地下世界的复杂性在于，考虑到环境的凶险，黑人导游在白人游客中拥有实际的绝对权威。

就此韦斯特认为，种族动力塑造了十九世纪中叶猛犸洞在美利坚民族国家想象中的独特角色。在整个十九世纪四五十年代，随着旅游业的蓬勃发展，猛犸洞成为当时美国流行文化中充满活力的文学象征：抒情诗唤起了洞穴"深沉的忧郁"；伪考古学叙事，描述了长期生活在地下的人类或近人类种族的白人文明；幽灵的故事和传说，讲述了印第安人的灵魂在洞中徘徊困扰着后人；哥特小说将这个洞穴用作谋杀、性背叛和复仇等耸动故事的背景。十九世纪中后叶，猛犸洞不仅成为美国及欧洲游客的热门旅游目的地，还作为国家形象中的活跃符号，出现在旅行书、抒情诗、私人日记、情书、哥特小说和移动全景画等各类媒介物里。由毕晓普的故事可知，探洞虽然古已有之，但在十九世纪被赋予了与古代截然不同的意义。

作为古希腊神话和哲学中的常用譬喻，物理的洞穴也是先知的所在，洞穴被当作"众神的媒介"。因进入洞穴可以改变人们的意识状态，洞中的感官剥夺显然与神谕相连。更重要的是，基于爱琴海特殊的地质条件，洞穴释放的毒气会引发欣快或神经毒素反应。因此在古希腊人那里，洞穴所具有的超验属性，使得将先知和洞穴相连成为一种普遍知识。

然而，与将洞穴神秘化的古代经验相反，现代洞穴探险试图将洞穴纳入理性认知的范畴。深入洞穴的探险在任何意义上都是一项绝对的现代发明。洞穴的独特挑战在于，除了入口区域外，绝大部分是不可见的。结果，洞穴通常没有引起主流科学家和地图史研究者的注意。除了在某些地图上标明洞穴入口外，大多数洞穴在地形图、卫星影像或航空照片上都未予以标明和展现。对于这种缺少自然光，并包含巨大生理和心理障碍的环境，只有现代洞穴探险者，由好奇心和标记这些未知区域的动机驱动，涉险进入洞穴。十九世纪以来，对洞穴的物理探险运动及其衍生的田野文献和制图工作不仅发展为一门新的学科"洞穴学"（Speleology），且为广泛的跨学科工作提供了基础，如考古学、进化生物学、水文学、地质学、地球微生物学、矿物学和古气候研究等。

由此，在现代洞穴勘探史的视野下，猛犸洞即是现代洞穴探险起源处的"元洞穴"之一。然而，现代洞穴探险，不仅仅是一种科学与理性化的过程，而必须同时被理解为一种社会的和政治的过程——毕晓普的故事表征了猛犸洞在美国奴隶制历史中的独特地位。而这项工作同时也为理解现代游戏的起源找到了一条隐秘的媒介谱系线索。

三

根据主人的遗嘱，毕晓普在一八五六年因出色的工作赎回了自己，获得了自由身。当时，猛犸洞的已探明区域有二百二十六条通道、四十七个穹窿、二十三个坑和八个石瀑。然而悲惨的是，此时的他还没来得及赎回自己的妻儿，就在一年后去世了，终年三十七岁。不过，这位伟大的黑人探洞者，因其留在洞壁上的记号、签名和他绘制的精准地图，依然被世人所记忆，依然活在各种传奇故事中。毕晓普因其对猛犸洞可探明路线的执掌，成为白人进入地下世界游玩的主持人，在这个意义上，他可被称作最早的"地下城主持人"（Dungeon Master）。

在毕晓普去世后的几十年间，探洞成了一门大生意，附近的洞穴遭到激烈的商业抢占。但是，随着奴隶制的废除，商业洞穴探险因其劳动分工的变化也变得越来越危险和隐秘，美国政府终于在一九四一年出面，将猛犸洞区域划为国家公园，游客的商业"探洞热"开始减弱。自二十世纪四十年代后，洞穴探险开始成为一项非营利的科学活动和极限运动。在没有了奴隶作为向导劳动后，这种极限运动只能以社群和共享的方式发展,其沉没成本和不可控性意味着其很难被商业化。

"二战"后,探洞发烧友社群中流传着一个传说——猛犸洞和附近的火石岭洞穴(Flint Ridge Cave System)有一条通道相连。六十年代,探洞社群对连接入口进行了多年的秘密探索,尝试了所有从火石岭通往猛犸洞的可能连接,都失败了。直到一九七二年九月九日,瘦削的计算机程序员派翠西亚·克劳瑟(Patricia Crowther)所领导的探险队取得了突破性进展。她在通过一处被命名为"窄点"(Tight Spot)的区域后发现了一条泥泞的通道——进入猛犸洞的隐蔽途径。有趣的是,一百一十五磅的克劳瑟在挤过窄点后,发现墙上潦草地刻着"Pete H",还有一个指向猛犸洞的箭头。通过查阅档案,探险家们得出结论,该记号来自探险家彼得·汉森(Peter Hanson),他在三十年代就到达过这里,后在"二战"中丧生。

洞穴中奇妙的相遇连通了不同的时空,发现"窄点"的七十年代初,也可被称为现代游戏历史的"窄点"时刻,奇妙的连接就发生在此刻。

一九七二年,派翠西亚·克劳瑟和她的丈夫威尔·克劳瑟(William Crowther)正受雇于美国国防部高等研究计划局的承包商BBN。威尔是BBN旗下阿帕网(ARPAnet)开发团队的创始成员之一。阿帕网作为互联网(Internet)的前身,其中威尔参与的程序开发又是这一过程中的关键一步。可以说,他们在七十年代的工作直接促成现代互联网的诞生。同时,在冷战军工部门宽松的工作环境中,这些麻省理工的毕业生也成为刚刚兴起的桌上游戏《龙与地下城》的爱好者。两人同时是洞穴探险社群的活跃参与者,威尔利用妻子派翠西亚编写的程序绘制猛犸洞的地图,并制作成手册共享给社群。

然而不幸的是,派翠西亚与威尔的婚姻在一九七五年结束了。派翠西亚于两年后与探洞社群的另一灵魂人物约翰·威尔科克斯(John

Wilcox）结合。在与妻子离婚后，为了让两个女儿在来访时开心并改善亲子关系，悲伤的威尔于一九七六年利用业余时间，以PDP-10为平台用FORTRAN语言编写了一款名曰《冒险》（Adventure）的文字互动游戏——游戏的舞台即用计算机模拟还原了猛犸洞中夫妇二人曾经最喜爱的一个区域。我们可以在最初版本的《冒险》里找到许多现实猛犸洞中的元素：洞穴探险者会在矿灯闪烁时回头；洞壁上神秘的标记和签名缩写——有些是十九世纪的黑奴矿工和向导留下的，还有些是二十世纪的探险者留下的。在后世电子游戏中被广泛使用的"房间"（room）一词，也是来自探洞社群命名洞室的术语。游戏同时借鉴了《龙与地下城》的要素，在后续迭代版本中加入了肯塔基中部没有的活火山、龙和矮人。游戏名称后来改为《巨洞探险》（Colossal Cave Adventure），即现代电子游戏史上第一款冒险与角色扮演游戏。

关于这段经历，威尔在回忆中写道：

> 当时我正痴迷一款名为《龙与地下城》的桌面游戏，并且一直在积极参与洞穴探险运动——特别是肯塔基州的猛犸洞。突然间，我卷入了一场离婚，这让我在各个方面都有些分崩离析，特别是想念我的孩子，探洞也停止了，离婚令社群变得很尴尬。所以我决定放空自己，写一个程序，以在幻想世界重建我和前妻的探洞经历，同时作为给孩子们的礼物，也许还纳入我一直在玩的《龙与地下城》。我的想法是，这将是一款不会让非电脑用户感到害怕的电脑程序，这也是我制作它的原因之一——让玩家使用自然语言来输入指令，而不是更标准化的程序命令语言。我的孩子们认为这很有趣。

一九七六年之后，《巨洞探险》的拷贝开始在阿帕网的早期节点上扩散开来，成为军工和大学计算机实验室中最流行的程序之一。也就是说，一款关于物理洞穴网络的文字游戏，开始在新生的数字网络——阿帕网上传播开来，而这款游戏的制作者，作为国防部的雇员，又身兼探洞者和现代互联网开发者的双重身份。由此，在七十年代这个现代游戏史的"窄点"时刻，《巨洞探险》就成为连接物理和虚拟两个网络世界的"窄点"，也成为连接冷战史与游戏史的"窄点"。

当《巨洞探险》于一九七七年春季到达麻省理工时，那里的玩家迅速做出了反应，他们创建了一个更加复杂的文字游戏《魔域》（Zork）和第一个专注开发此类游戏的新公司 Infocom，该公司开发的数款文字冒险类游戏在八十年代畅销不衰。这段时间，受《巨洞探险》启发的一系列游戏成为在计算机和其他主机上第一个风靡且被成功商业化的电子游戏类型，其中最著名的，应属雅达利（Atari）的游戏设计师沃伦·罗比内特（Warren Robinett）于一九八〇年开发的 2D 图形游戏，也叫作《冒险》（Adventure）。该游戏被称作第一个图形版的《巨洞探险》，在八十年代售出了一百万套。

不过，雅达利的《冒险》之所以在游戏史上成名，最重要的并不是因其销量，而是因为这款游戏中埋藏了游戏史上第一个"彩蛋"。在电影《头号玩家》中，男主人公韦德在绿洲挑战赛中进入的最后一道关卡，即是在雅达利二六〇〇（Atari 2600）主机上玩《冒险》，而通关方式也并非打穿游戏，而是通过密道抵达游戏中的"像素厅"（Pixel Room），找到作者罗比内特秘密刻在洞壁上的"彩蛋"——"沃伦·罗比内特创造"（Created by Warren Robinett）。而这个瞒着老板埋藏在游戏中等待玩家发现的彩蛋，正是为了抗议雅达利公司对游戏作者署名权的剥夺和在经济上不公正的待遇。

自此之后，作者在电子游戏中埋藏署名彩蛋成为惯例。而《冒险》中这个铭刻在"像素厅"洞壁上的数字签名，与毕晓普等黑人向导铭刻在猛犸洞壁上的姓名缩写遥相呼应，恰恰成为猛犸洞奴隶史在二十世纪游戏史中的苦涩回声。

四

在冒险和角色扮演类游戏中，不仅游戏的迷宫设计，对应了自然洞穴的物质性拓扑结构，其对话树的设计，也对应了洞穴探险运动中对洞穴分支结构的遍历性探索方式，即在媒介谱系研究的视野下，电子游戏的互动性叙事，也是对洞穴遍历性探险的模拟。因此可以说，现代电子游戏是在空间构造和叙事构造的双重意义上模拟洞穴探险。

由此谱系出发，可以发现，多种电子游戏的设计都具有类似的媒介特性：将裸露的开放世界"洞穴化"，成为某种有待开启的一连串未知洞室的连接。在这个意义上，甚至可以认为，游戏世界，就其本体而言都可被视作"洞穴"或"地下城"。例如，在早期文字MUD（多用户虚拟空间游戏，是文字网游的统称）游戏《侠客行》中，门派取代了洞穴组成了玩家需要遍历的游戏世界；进而，在图形化的《金庸群侠传》中，古代中国地图被描绘为一个由门派所连接的地理网络，在门派之外的中原世界一无所有。在游戏中，我们必须将开放的地面世界洞穴化，将不可遍历的无限世界有限化。

那么，在电子游戏的洞穴迷宫中游走究竟为何让人着迷呢？回到开篇纳尔逊的观点，他在《信息设计师手册》第四版中概述了这种游戏流派的起源——从斯蒂芬·毕晓普的故事开始，他是洞穴探险家、制图师和奴隶，他曾在巨大洞穴内担任导游，以期为妻儿购买自由。纳尔逊写道："第一个冒险游戏的底色是由两个失落的灵魂斯蒂分·毕晓普和威尔·克劳瑟塑造的，这让人很难不感到悲伤，他们两人都像俄甫斯一样无法将自己的妻子从地下带回。"游戏研究者丹尼斯·杰茨（Dennis G. Jerz）认为，虽然将两个人都钟爱的山洞与奴隶制、离婚和死亡进行比较，这看起来似乎有些戏剧化，但纳尔逊却恰当地指出，正是"悲痛"，成为将毕晓普和克劳瑟在巨洞中所经历的冒险情境化的直接动力。

对于克劳瑟的孩子来说，玩这款游戏一直是在父母离婚后怀念父亲的方式。克劳瑟夫妇的一位前洞穴同伴在回忆七十年代初期的探洞社群文化时称，二人的婚姻破裂是这个社群的一场灾难。直到三十年后，这个共同的朋友本人仍然在承受这种痛苦，他说只要瞥一眼《巨洞探险》就足以立即将其识别为一种情感宣泄，这是威尔为重建失去的爱情和家庭而进行的尝试。

由此，游戏迷宫的故事并不是任意的，迷宫遍历的过程，是一个将已经破碎流逝之物还原的过程，是逆时间回溯的过程，因而也是对抗死亡的过程。在没有地图（历史）作为参照的前提下，只能通过遍历所有的分支去对抗死亡。而游戏中的存档和读档，也即意味着回到迷宫的上一个岔路口——只有出现了岔路，才需要存档，即是对可能的死亡进行标记。在这个意义上，游戏也可被理解成一种"档案媒介"。

在电影《妖猫传》中，空海和白居易跟随妖猫的指引，在长安城迷宫的尽头，终于拼凑起杨贵妃悲剧的一生；在《头号玩家》中，韦德通过翻找隐藏在"绿洲"档案馆中的线索逐渐了解迷宫作者哈利迪（Halliday）的一生，并以此连闯三关得到三把钥匙，在迷宫的尽头开启了作者童年的房间，与哈利迪的副本相遇，并通过最终的考验战胜资本，完成对"绿洲"所有权的交接；在获奖游戏《极乐迪斯科》（Disco Elysium）中，玩家扮演的警探在迷宫尽头的海岛上，遭遇了革命逃兵和自己失落的爱情。

因此，在迷宫的尽头，玩家（洞穴探险者）往往会与迷宫作者最隐秘的内心相遇。也可以说，在任何游戏的最后，你终将会遭遇作者。然而这种体验不必然是与作者的共情，也可能正相反，在今天绝大多数氪金游戏中，玩家在绝望的充值内购的尽头所遭遇的游戏作者，只是将玩家和程序员都作为奴隶去剥削的洞穴奴隶主——氪金游戏的所有者。

> 雪崩时，没有一片雪花觉得自己有责任。
> ——伏尔泰

至此我们才可以理解，角色扮演、冒险和解密类游戏中，迷宫那与生俱来的"深沉的忧郁"。我们必须回到现代游戏媒介的历史物质性谱系，去破译凝结于其中的奴隶史、冷战史、物质史与情感史的交织。正是由伤感所带来的"强迫性重复"，驱动了迷宫中绝望的游走——寻回不可寻回之物，挽回不可挽回之情，反抗不可反抗的压迫，逃离不可逃离的死亡。也许正是这种绝望，成就了电子游戏作为"世纪末"媒介的魅力及其注定的局限性所在。

（Graham Nelson, *The Craft of the Adventure*, 1995, 在线出版物；Peter West, "Trying the Dark: Mammoth Cave and the Racial Imagination, 1839–1869", *Southern Spaces*, 2010；Dennis G. Jerz, "Somewhere Nearby is Colossal Cave: Examining Will Crowther's Original 'Adventure' in Code and in Kentucky". *Digital Humanities Quarterly, 1*[2], 2007）

沿着孔子的思想路线而行

刘东

一

曾经打算专门就一本书开一门细读的讨论课，课名叫"第一百零一遍"。什么书会让我如此有兴趣，都读过"一百遍"了，还打算低首下心从头读过一过？当然就只有孔子的《论语》了。在自己数十年的学术生涯中，还从未有过另一本书，能够有这样的阅读效果，以至于每过一段时间，就忍不住要取来重读一过，并且每次总能找到新鲜感。

尽管后来因为工作突然调动，并没在清华园开成这门课，可这个计划还是带到了杭州，于是趁着周遭的疫情还是时紧时松，而大量藏书尚未能装箱运来，就先用电脑里预装的电子书，重启了这次新的阅读过程。

只是，一开始完全没有意料到，自己竟又会情不自禁地想就这次家常便饭式的温习再写本书。事实上，受到了各种出土文献的刺激，原本也只想借机整理一下，到底有哪些"子曰"才真正算是可靠的，从而对孔子的领会如何才不是可疑的？

这方面的紧迫问题意识，我在前几年也曾经表露过："为什么在车载斗量的传世文献中，诸子百家都有他们基本的立言资格，可以对自己的著作施行冠名权，而享有《老子》《庄子》《墨子》《孟子》《荀子》《孙子》之类，乃至《韩非子》《鬼谷子》《鹖冠子》《公孙龙子》等等，却偏偏在后世被人'独尊'的孔丘先生，反而没有一本自己名下的《孔子》呢？"

这意味着，如果我们还愿意承认，正是孔子生前的那些言论，构成了最为重要的中国经典，在我看来，这种经典其实正处于潜在的危机之中。具体而言，如果一味这么去鼓励"创新"，乃至于每次偶然挖出几根竹简来，不管其中的字迹多么模糊、意思多么含混，马上就能引发新一轮的突发奇想，赶制出一批望文生义、只图发表的"论文"来，那么，在这种毫无"聚敛"的、想入非非的诠释活动中，中国文化固有的价值内核，也就快要跟着"发散"完毕了。

既然如此，我在前几年也曾提出过，为了不让孔子本人的言论，被"发表"的压力彻底消解，我们或不妨模仿《庄子》一书的体例，在"内篇""外篇""杂篇"的框架下，也编出一部题为《孔子》的书来。当然我也知道，任何从事这种编选的眼光，其本身都脱不开编者自家的"心证"，因而也难免会有自身的过程性；可即使如此，就算总要去经历"经典化"和"再经典化"，也总还可以在一定的阶段，相对正常地保持"稳定性"吧？

不待言，这又是个需要反复沉吟的任务，就像我爱打的那个比方，要把案板上夹着生面的面团，既用力又耐心地揉开和醒好。而在最终交出这部《孔子》之前，也只能姑且先在自家的电脑中，建立起一个作为初稿的文件夹。对我而言，这也是姑且先向自己交代一下，至少根据现阶段的私下理解，到底有哪些"子曰"应是孔子讲过，或者至少也应是他能说出的。当然由此也不言而喻，又肯定有些"语录"会被我排除掉，既然它有违于孔子的总体思想。

什么是孔子的"总体思想"呢？至少在我自己的这间书房里，也就只好先指望本人的"心证"了。而这种"心证"说到底，还遇到了麻烦的"解释学循环"，因为我也只能依据对于"树木"的理解，再去判断那片驳杂不一的"森林"。话说回来，既然这种不断的解释活动，又属于循环往复的智力活动，将来也不排除又能反转过来，再基于这片"森林"的总体状貌，去判定某个"树木"的具体年轮。

不管怎么说，这作为研读出发点的"树木"，只能是这本《论语》本身。也就是说，对于心存上述任务的我来讲，也只有先读透《论语》中的"子曰"，才能再基于贯穿此间的整体逻辑，去判断其他材料中的相关记载，究竟是不是孔子说得出口或者做得出来的。

这本《论语》，我之所以能读过那么多遍，不过是因为《论语》也可读得很快，只要你一旦碰到了某些难解之处，就马上大致浏览一下什么"集注"，从中选出一个姑且"可从"的解释。说白了，那也不过是基于现有的通行理解，再通过"文字游戏"般的训诂手段，来加强一下这类的固有理解，不可能加添任何新颖的思想内容。

然而，那些以往勉强"可从"的解释，是否当真属于孔子的原意呢？一旦把这个疑团揣到心里，而凡是再碰到"讲不通"的地方，就不再强令自己去姑且跟从了，在这种较真的"轴劲儿"下，也就难免会像棋手那样，陷入苦思冥想的"封盘长考"了。当然一旦到了这个时候，再读起《论语》来也就不觉得顺溜了，只怕即使花上一辈子精力，也不敢夸口能读过它"一百遍"了。

不过这样去做，竟也出现了出乎意料的好处，那就是在把眼看酸看膨了之后，经由意识的磕绊与羁留，突然又不无惊喜地发现了：还真有一些以往并未"读懂"，而只是马虎跟从过的句子，于今看来好像还是真能"读懂"的；而且，即使这样的句子为数并不很多，可一旦觉得自家确实"读懂"了以后，也就显出了它们长期被埋没的精义，而豁然生出"别有洞天"的感觉。当然，由此又可释然地想到，即使"经典化"本就有"固定化"的意思，"经典"本身也仍不会僵化，因为它总要活跃在人们的意识中，而这种意识只有在迁移中，才能显现出自身蓬勃的生命力。

二

思考这类问题的另一层动因，要回溯到我在三十几年前，初次去拜见李泽厚老师的时候。我在不同的地方都曾回忆过，就在那个"初次见面"的客套场合，应属这辈子相当罕见的一次，只因为提及了孔子的一句话，便遭到了李老师的当头断喝。而那句话正是《论语》中的首章，也即"学而时习之，不亦说乎……"自己那个时候，才刚刚完成了处女之作——收进"走向未来丛书"的《西方的丑学》，所以满脑子都还是西方美学的问题，自然也更习惯西学的论述方式。正因为这样，当我头一次打开《论语》的时候，劈头便看到了一句简单的人生格言，遂觉得它实在没什么"哲学"味道。没曾想到，李老师却大喝一声打断了我："不对，那里边有深刻的哲学！"回想起来，我本人的知识范围或领域，所以能从单一的西方学术，拓展到兼顾中国学术，如果不是从他这声"断喝"起始的，也是从进入李老师的门墙开始的。而当时所以能有这种机缘，则又是因为他立下的奇特规则：入学前只需考试"西方美学史"，入学后却要专攻"中国美学史"。据说这样的规定，是源于他的一番独特考虑：越是研究古老传统的问题，就越需要新颖前卫的方法。不无侥幸的是，不管他这种思路能不能成立，总归都成就了我本人的治学，因为如果当时要测试"中国美学史"，就以我对于《论语》的那种理解，肯定是要"不得其门而入"的了。至于说，他当时所讲的"深刻的哲学"，具体指什么样的深奥内容，由于当时还未免有些"生分"，也就只有付诸默默猜想了。很有可能，《论语》中的那句"不亦乐乎"，对得上他所讲的"乐感文化"？果不其然，等李老师后来移居美国，为了应付那边的教学任务，又编写出一本《论语今读》来，也就坐实了我当时的猜想。一方面，他把《论语》第一章译成了通俗简易的现代白话："学习而经常实践，不是很愉快吗？有朋友从远方来相聚，不是很快乐吗？没有人了解自己，并不烦恼怨怒，这不才是君子吗？"另一方面，却又在有关这段话的札记中，进行了很有哲学意蕴的发挥：

17

作为论语首章,并不必具有深意。但由于首章突出的"悦""乐"二字,似可借此简略谈论《今读》的一个基本看法:与西方"罪感文化"、日本"耻感文化"(从Ryth Benedict及某些日本学者说)相比较,以儒学为骨干的中国文化的特征或精神是"乐感文化"。"乐感文化"的关键在于它的"一个世界"(即此世间)的设定,即不谈论、不构想超越此世间的形上世界(哲学)或天堂地狱(宗教)。它具体呈现为"实用理性"(思维方式或理论习惯)和"情感本体"(以此为生活真谛或人生归宿,或曰天地境界,即道德之上的准宗教体验)。"乐感文化""实用理性"乃华夏传统的精神核心……本章开宗明义,概而言之:"学"者,学为人也。学为人而悦者,因人类即本体所在,认同本体,悦也。友朋来而乐,可见此本体乃群居而作个体独存也。

无可讳言,随着阅读与思考的深入,我后来也对"学而时习之"一语,得出了不大一样的见解。比如在新近杀青的《德教释疑》中,我就基于此前提出的观点,指出了"正由于儒学原本就是'认识本位'的,而并不是'伦理本位'的,它才会如此地凸显出这个'学'字;也就是说,从先秦儒学的角度来看,无论'道德'或'仁心'有多么要紧,其本身都并不足以构成'本体'或'本源'"。而"一旦缺乏这第一步的理解,我们也就无法充分地领会,为什么《论语》在开头第一句,就要讲'学而时习之,不亦说乎',从而以'好学'和'悦学'之心,为整个这本书也定下了调子。所以,就像孔子自述的那样,'十室之邑,必有忠信如丘者焉,不如丘之好学也'。我们基于他本人的立场,会发现唯有这种殷勤'劝学'的精神,才是须臾不可少离、必须终身持守的,否则也就谈不上'朝闻道,夕死可矣'了"。

虽则说,相对于李老师那种"情感主义"的解释,我这种更趋"理性主义"的解释,并没有构成什么正面的对撞,可终究还是会在相形之下,自然暴露出他那种处理的"虚化"。但即便如此,也顶多只属于"仁者见仁,智者见智"而已,毕竟李老师主要还是一位美学家。所以,真正让我尚觉得不够满足,或应当有所改进的地方,还在于李老师的上述行文,似乎在孔子的原初文本与他本人"天马行空"的发挥之间,缺乏一种生发于固有文本的、字斟句酌的过渡。而由此也就启示了我,最好还是能既全力以赴又扎实沉稳地,以不惜"封盘长考"的耐心和定力,一次只去盯紧《论语》中的某一章,把其间"深刻的哲学"自然地接引出来。唯其如此,才不致让如此简约的"解释"和复杂的"发挥",好像是脱节成了"两张皮";才更足以让读者信服:这里所讲的还属于孔子的思想,而非只是解释者自己的思想。

不过,就算总还有些"未尽人意"之处,毕竟李老师这句"深刻的哲学",虽说他本人怕是记不住了,却还是深深印到了我的心底。从这个意义上说,即使后来再去发挥他、更正他,自己也还是在某种程度上,在起用着"李门"的独有家法。这意味着,尽管孔子所留下的那些话语,的确在形态上呈现为"只言片语",可一旦从"哲学"的系统视角来省察,以往围绕《论语》的那诸家解说,就都显出过于零散、随意的毛病了。甚至于,即使后世那些很显厚重的"集注",也不过是"打包"了这些"零碎",很难从那里读出孔子思想的全貌。

由此也就想起了一个比喻:即使如"狮子搏兔",毕竟也需用足了全力,方能显出自身的"好看",显出浑身上下的"精气神"来。那么,再把这个比方挪到这里,也就要求在一旦哪句话上"卡壳"了,就不惜拿出"封盘长考"的毅力来,既不满足于仅仅从字面上再觉得哪种解释是"可从"的,也不愿让意识油然地往下"溜号",总想去连缀其他读懂了的句子,捎带着便以为也读懂了这一句,而无论如何,就只咬紧牙关地盯紧了这一句,去琢磨还有可能的余味没有。事实上,这种对于"严守字面"的坚持,也是源于另一种方法的悔悟,因为在自己晚近获得的省觉中，已是越来越清晰地痛感到，正由于孔子只是相对零散地留下了这些个"片言只语"，而后儒则是相对集中地撰写出了一卷卷"长篇大论"，才在后世造成了理解的障碍，使人们往往要在后儒的过滤下，来有所隔膜地领会孔子本身，于是也便很难再原汁原味地领教到"先秦理性主义"的精神了。

就这么"一口咬定"地读下来，另一重不无惊异的发现则是，即使又如此认真地"啃了一过"，竟还是没能从《论语》中发现，孔子本人当年"说错"了什么，只见到后人曾经"理解错"了什么。这种令人折服的情况，或是因为到了弟子们编集时，孔子的思想已经相当成熟了，而他们也正好就依据这种成熟的思想，再对老师的言论进行了筛选与精编。如果不是这样，考虑到孔子也早已明白说过，"我非生而知之者，好古，敏以求之者也"，那就总会呈现出"试错"和"追求"的过程，那才会是一部"思想传记"的魅力所在。由此看来，我们在这方面最大的、难以弥补的遗憾，还是因为受到存世材料的限制，而缺乏足够详实的孔子"思想传记"。

至于我自己，同他这种几乎"生而知之"的情况相比，正如前述的那声"断喝"所意味的，充其量也不过是"知错便改""为学日益"罢了。即使不说少年时代的"十有五而失于学"，也不说青年时期的那次心智转折，就只说磕磕绊绊地走到了现在，既然已不可能"起孔子而问之"了，也只能费尽心机去琢磨他的语句。可在另一方面，至少是根据我眼下的理解，尽管只是散见于"片言只语"之中，然而由此所表达的孔子思想，倒是相当绵密地融为了一体，并不允许后人只拿它做"文字游戏"，随便朝什么方向发挥。既然如此，我们也就只有再换一种办法，从以往不得其解的某些个"枝杈"，去尝试分析整个"树木"的生长方向，乃至摸索巡绎整个"森林"的总体生态。

或许，也只是在这个意义上，总还能有信心再讲一句，不管具体在某一个字句上,自己这一回到底"想对"了没有,可终归也只有这样的解读方式,才足以让我们更完整地回复到孔子,乃至于,又能在带着由此得到的学术成果,把孔子接引到现代的思想世界来。

三

不言而喻,自己从这次重读中获得的发现,也不可能全都写到这里来,而只能从中选出荦荦大者,特别是选出能撑起整体结构,从而独当一面地专辟出一章的。

在这中间,首先涉及这样一些"子曰",虽说以往单纯从字面上解释,看上去也没有多少问题,比如孔子所讲的"知之为知之,不知为不知",以及"知其不可而为之",还有"发愤忘食,乐以忘忧",乃至"七十从心所欲,不逾矩",然而,一旦从李老师的标准来要求,就仍嫌理解得仅仅流于表层了。也就是说,尽管孔子的这几句"寥寥数语",到后世已属于"脍炙人口"的了,可是在这些隽永的语句背后,究竟潜藏着什么"深刻的哲学",又足以带来何种"人生的道理",仍不能仅仅拘于字面的解读,否则就很难还原孔子的风神了。其实以我一直以来的猜想,黑格尔所以会把孔子贬低为"只是一个实际的世间智者,在他那里一点也没有思辨的哲学",恐怕其中很大的一种造因,还是因为他本身并不懂中文,也就只能从柏应理之流那里,读到这类字面上的肤浅解释。

此外,当然也还有另外一些"子曰",比如"浴乎沂,风乎舞雩,咏而归",又如"质胜文则野,文胜质则史",再如"及其老也,血气既衰,戒之在得",乃至"其知可及也,其愚不可及也",确实就如在前文中讲过的,恐怕一开始就连字面都未曾读通,而大体上,只是先由前人去望文生义,又由后人来以讹传讹。可想而知,唯有与此相应的那些章节,才会构成这本新书的主要侧重,否则我也不会特别就此发笔了。于是又不在话下,这也将构成最为吃重的章节,因为我必须为此多费一些笔墨，先从字面的意思着手辨析，然后再去窥测其中的"精义"。

列入了提纲的这些章节，有些是我在社科院攻读博士时，就已经想到并写入了学位论文中的，有些则是我调到北大教书以后，特地为此撰写过专题论文的，还有些是我在清华研究国学时，已在相关著作中顺便发挥过的，而更多的，却是我又在这一轮阅读中集中想到的。由此算来，围绕这些问题的绵延思绪，前前后后、断断续续，也已长达三十多年的时间了。在这个意义上，对于孔子的阅读已经伴随了自己大半生。

时至今日，就算我的生命时长已并不比孔子的享年短多少了，而且还在自己的治学生涯中，要不断重启对于《论语》的阅读，这位先师对我仍属于"一个谜"。他不仅远比前此的思想者成熟，竟也远比此后的思想者成熟，这到底是怎么做到的呢？此外，我前面已表达过这种困惑：由于我们读到的《论语》文本，显然已属于孔子成熟思想的精选，所以从中也完全看不到：他的思想有着怎样的蜕变与发展？事实上，在孔子生活的那个时代，还不兴特意去著书立说，因此，只通过弟子辑录的这些"片言只语"，也就实在让后人很难去企及他。在我看来，所谓"孔子死后，儒分为八"的现象，恰恰反映了这种跟从上的困难。要是连这些有幸簇拥过他的那些高足，由于也只是这么一句一句地听着，都会发出"夫子之不可及也，犹天之不可阶而升也"的赞叹，只因为各自性分的不同，而有了德行、言语、政事、文学的区别，也就难怪那些并未能亲炙教诲的再传弟子，即使是像孟子和荀子这般杰出的后学，更会沿着他们各自的理解歧义，而分化成"孟氏之儒"和"孙氏之儒"了。

可不管怎么说，反而正是这个特别的原因，提醒了我们在开读《论语》的时候，就不能只用训诂考据的办法，仅仅满足于对哪句话的"就事论事"，那就肯定要沦为"买椟还珠"了。在我看来，孔子的生命是最为"立体化"的，也就是说，无论碰到什么具体的事情，也不管那境遇是顺是逆，他都能顺口讲出"至理名言"来，足见其同时生活在多个层面上；也正因为这样，即使他在外在事功上失利了，也照样能把它当成道义的参验，以至于就他的内在体悟而言，也照样可以得到辉煌的成功。事实上，即使放到"轴心时代"的广阔语境中，去进行"四大圣哲"之间的平行对比，他所随口讲出的这些人生至理，都不光表现为毫不逊色，而且很可能是更胜一筹的。既然如此，我们对他这种"立体化"的人生，也就更要低首下心地去体会，那中间到底会有多少重的含义，当然也包括李老师所说的哲学含义。

就我个人而言，之所以愿意读"一百零一遍"，当然是因为在全部的文明历史中，如果还有一个人让我终生佩服，那就只有这位伟大的孔子了。正由于他在"立体化"的人生中，只以其短暂的存在和有限的经历，就典范性地思考了人生问题，从而留下一种"人生解决方案"，让后人能循此而安身立命，他在古往今来的历史中，都属于最"无愧人生"的那一位。在这个意义上，简直可以说，这种足以进入"永恒"的人，绝不是单为这"一世"而活的。而我本人作为孔子的思想后裔，无论怎么去有所发明乃至多所发明，总归也都是沿着他的思想路线而行。

附记：我的《孔子十章》一书将由商务印书馆出版，原本写明了是要"献给李泽厚教授"的。惜乎如今已是人神两隔，再也无缘让他看到此书了。现在先发表此文，作为对于业师的深切怀想。可即便如此，正如我在此义中说明的，这本书仍在沿用着"李门"家法，因而在这个意义上，他那种毕生探求学埋的精神，通过 代代薪火相传，就属于不死的、永垂后世的。

23

刘 宁

唯自尊者能尊师

韩愈的《师说》大概是中国教育史上影响最深远的一篇文字。宋元明清近一千年间，它几乎入选了所有重要的古文选本。二十世纪以来，时代巨变，许多以往家弦户诵的古文篇章，都退出了公众视野，但《师说》受到的关注从未减弱。在近百年的中学课本中，它始终是必选篇目。如此影响，不是任何刻意的宣传使然。《师说》充盈着使人激扬鼓舞的力量，这力量的核心，绝非对师的一味尊崇与膜拜，而是求学者因自尊自励而激扬从师之志。唯自尊者能尊师，这是《师说》意在激劝而非训导的真精神，也是它穿越古今的力量所在。

一、"受业"不当作"授业"：《师说》的学生视角

要领略《师说》中的"自尊"之义，需要先澄清一处误解。《师说》开篇云："古之学者必有师，师者，所以传道、受业、解惑也。"不少人引用这一句，会把其中的"受业"写作"授业"，这是不妥的。

"受"是接受之义，"授"是传授付与之义，虽然在古汉语中，"受"可假借为"授"，"授"亦可假借为"受"，但《师说》对两者的使用，有着明确区分。同样是在《师说》中，下文有"彼童子之师，授之书而习其句读者"。其中"授之书"之"授"，是传授付与之义。开篇之"受业"，在传世的韩集宋刊本中，皆无作"授业"者，与下文

"授之书"的"授",判然有别。吴小如先生即据此对"受业"不当作"授业"做出了明确的辨析。他在一九八二年撰写的《韩文琐札》中指出:"自世綵堂本《韩集》以下诸本,'受''授'二字皆前后不同,而坊间选本如《古文眉诠》《唐宋文醇》则擅改上'受'字为'授',其实非也。"(《文献》第十一辑)

"受业"不当作"授业",这是关系到如何认识《师说》立意的大问题。《师说》开篇"师者,所以传道、受业、解惑也",其命笔的学生视角不可忽视。此句之文义,吴小如有精当的疏解:"言学者求师,所以承先哲之道,受古人之业,而解己之惑也。"(同上)意即"传道、受业、解惑"三者,是学生因从师而所获之益。事实上,《师说》不是一篇直白宣讲教师作用的"教师论",而是处处从学生的立场着眼,阐述为学者当如何择师、如何坚定从师之志的"学习论"。它要通过激发学者的向道向善之志,来鼓励其从师而学。

用今人形式逻辑的眼光来看,《师说》的论证似乎并不那么严谨。它交织着何者为师、应当从师和如何从师等多方面的内容,但倘若从《师说》的激劝之道来观察,其行文的步骤次第,并非无迹可寻。

首先,《师说》运用了许多对比,这是在巧妙化用儒家传统的"正名"逻辑。中国古代的名学思想颇为丰富,韩愈着力继承了儒家的正名传统,这包含两方面内容,其一是确立"名"之内涵,其二则是通过"名"与"名"之间的"别同异""明贵贱"来弘扬伦理原则。例如,荀子以正名逻辑对"辩"进行讨论,就区分了圣人之辩、士君子之辩、奸人之辩的同异和高下。儒家围绕"正名"原则展开的讨论,总是贯穿着多重的对比。韩愈古文常常在"立本义"与"别异同、明高下"中推衍论证。《师说》开篇以"传道、受业、解惑"来界定师之内涵,这是"正名"中的"立本义"。接下来则展开多重对比,其一是古之圣人与今之众人乐于和耻于从师的不同;其二是"句读之师"与"传道之师"的差异;其三则是"巫医乐师百工人不耻相师"与士大夫讥笑从师的尖锐对照。同异既别，高下亦现，从师求道之义尽在其中。

韩愈如此阐扬师道，还有更深的用心。士人立身高远，所欲求教者，当然不应是童子之师；内心期许远过于常人的士大夫，又何以在相师的问题上，还不及"巫医乐师百工之人"？如此对比，其实是要唤醒士大夫内心的自尊与自重。而这自尊的目标，是指向成圣的理想。《师说》云："古之圣人，其出人也远矣，犹且从师而问焉；今之众人，其下圣人也亦远矣，而耻学于师。是故圣益圣，愚益愚。圣人之所以为圣，愚人之所以为愚，其皆出于此乎？"这个圣愚的对比，倘若不是面对内心希圣希贤的读者，又何以能产生警示与激劝的效果？《师说》反复的对比论证，与其说是以严密的逻辑阐明从师之理，不如说是意在激发士人内心的圣贤之志。古人常说，韩愈之文有涵煦长养之力，阅读《师说》，读者会感到自己内心的自尊被唤醒，因自尊自重而带来的奋发有为，成为尊师最大的动力。

二、自尊才能尊师：不要片面的师道尊严

唯自尊者能尊师，《师说》这样的尊师之论，在中国历史上并不多见。《礼记·学记》云："师严然后道尊，道尊然后民知敬学。"如此的师道尊严之说，是更为流行的。

对严师的强调在《荀子》中大量出现。荀子十分关注师的意义，注重"化性起伪"，强调礼对人性的约束控制，而老师正是发挥着教化、教导的作用。《荀子》说："礼者，所以正身也；师者，所以正礼也。"又说："今人之性恶，必将待师法然后正。"（《性恶》）可见，人们尊师重教，就是要接受礼义的教化与约束。从约束的角度来看待师的作用，就会十分强调师的威严，尊师也充满恭谨与服从。《吕氏春秋》谈到学生敬奉师长："必恭敬，和颜色，审辞令。疾趋翔，必严肃。此所以尊师也。"至于老师的教导，更不能违背，违背师训就成为贤

主与君子所不齿的背叛之人："听从不尽力，命之曰背；说义不称师，命之曰叛。背叛之人，贤主弗内之于朝，君子不与交友。"《管子·弟子职》要求弟子奉事严师"朝益暮习，小心翼翼"。清代的蒙学教材《弟子规》，其行文立意，和《弟子职》如出一辙，不过是更加通俗而已。

韩愈的《师说》，完全看不到严师的威仪和弟子的恭谨，对于为学者不能从师向道，虽然充满忧虑，但并没有严辞指斥，而是在唤醒其自尊、激励其奋进中循循善诱。北宋初年柳开尊崇韩愈，曾创作《续师说》期望发扬韩愈的师道精神，提出："师存而恶可移，师亡，虽善不能遽明也。……今世之人，不闻从师也。善所以不及于古，恶乃有过之者。"在柳开看来，只有从师才能摆脱人性中的"恶"，今世之人因为不能从师，故而其恶逾于古人。在这篇短短的文字中，柳开抓住今人之"恶"，再三言之："今之以禄学为心也，曰：'吾学，其在求王公卿士欤！'大之以蕃其族，小之以贵其身，曰：'何师之有焉？'苟一艺之习已也，声势以助之，趋竞以成之，孰不然乎？去而是以不必从于师矣。"对时人的禄利之学如此痛心疾首，如此揭露批判，完全是一副严师规训弟子的口吻。再看《师说》，虽然也提出圣人从师而愈圣，今人耻学于师而愈愚，但并没有在今人之"愚"上反复渲染，大做文章，而是笔锋转向唤起学者的自尊与奋进。柳开其实没有得到韩愈的真精神。

韩愈难道没有看到柳开看到的问题吗？恰恰相反，他创作《师说》，在很大程度上，就是针对为学之人群趋禄利之途的风气而发。这一点要特别回到此文的创作背景来看。《师说》一般认为是作于贞元十八年韩愈担任国子四门博士期间。韩愈一生曾四度担任国学学官，国学的重心是培养官人子弟以继承父业，国学学生的重要出路是门荫入仕，本来无需涉足科举，然而，随着科举制的不断发展，国学和科举的联系也越来越紧密。韩愈担任四门博士的四门学，以招收下级官员子弟为主，同时也招收出身庶人弟子的俊士生，这两项加起来的人数，在国学中是最多的。这些学生由于父辈所能提供的荫庇十分有限，或者根本没有荫庇可享，要在仕途上求得较大发展，主要需依靠科举。韩愈身边充满了为科举仕进焦虑的国学生，他创作的《送陈密序》《太学生何蕃传》，其中的陈密、何蕃都是累举不进的太学生，韩愈很为其际遇感慨。科举的焦虑带来奔竞之风，学生趋奉权门颇为流行。李蟠问学于韩愈，其"不拘于时"，不陷利禄之风的脱俗之志，正是激发韩愈成就此文的直接原因。可见，韩愈创作《师说》，恰恰是有感于学者利禄萦怀的风气之恶，倘若其欲在文中批判时人，绝不会缺少例证和材料；但是，《师说》全无申说斥责之语，而是以激劝鼓励行文。如此对学生自尊的呵护，在中国历史上无数尊师论述中，虽不能说是空谷足音，也是颇为罕见的。

三、圣人无常师：自主开放的师生关系

以自尊为本的尊师，才能突破门户意识，建立"道之所存、师之所存"的师生关系。韩愈《师说》明确反对从师的门户意识，提出"无贵无贱，无长无少，道之所存，师之所存"。如此自主开放的师生关系，可以让师生超越现实身份、地位、处境的种种羁绊，成为相互砥砺的精神同道。

为了进一步强调开放型师生关系的不拘形迹，《师说》在结尾处，特别阐发"圣人无常师"之理："孔子师郯子、苌弘、师襄、老聃。郯子之徒，其贤不及孔子。孔子曰：三人行，则必有我师。是故弟子不必不如师，师不必贤于弟子。"站在儒家的立场上，老聃之徒，其贤不及孔子，但他们也有孔子愿意向其学习的长处，师生之间，也可彼此相师。"圣人无常师"，"弟子不必不如师，师不必贤于弟子"——这大概是中国历史上，最开放、最活泼的师生关系。

韩愈收招后学、奖掖后进，社会上就有了"韩门弟子"的说法（见

李肇：《唐国史补》）。韩愈和韩门弟子，多数都没有直接的学校师生关系，更不是科举中的"座主"与"门生"，他们成为师生，是基于共同的求道之志。当然，儒家提倡入世行道，韩愈也关心弟子的科举进身，但这种关心并不是为了追逐功名，而是希望弟子能得志行道。用一般的标准来看，韩愈与其门弟子的关系颇为松散多元，亦师亦友。钱基博《韩愈志》记韩门弟子主要有十人：张籍、李翱、皇甫湜、沈亚之、孙樵、孟郊、贾岛、卢仝、刘叉、李贺。张清华《韩愈大传》认为韩愈有四友：孟郊、李观、樊宗师、欧阳詹；有韩门弟子八人：张籍、李翱、皇甫湜、沈亚之、贾岛、李贺、卢仝、刘叉。还有其他研究者有各种不同的统计，例如刘海峰《韩门弟子与中唐科举》就统计韩门弟子有三十七人。事实上，这个名单不可能完全统一，韩愈所建立的师生关系就是"道之所存，师之所存"的开放关系。

如此开放的师生关系，在后世产生了很大影响，最直接的体现，是宋代以后出现了许多士人结盟的开放型同道群体。在北宋围绕欧阳修所建立的"欧门"文人群体、围绕苏轼所建立的"苏门"文人群体，都是以一位盟主为中心的相对开放的同道群体。欧阳修与苏轼以其道德文章，对士人产生巨大的吸引力，受其感召，一些士人追随门下，视欧、苏为师长，尊之为文坛盟主，但这样的关系，以切磋求道为本，并没有盟主威严莅下，追随者恭谨奉事的师道尊严作风。苏轼推重韩愈，誉之为"匹夫而为百世师，一言而为天下法"（《潮州韩文公庙碑》），他自己的为师之道，就很得韩愈的真精神，从不以严师威仪自重。一个有趣的例子即是其著名的《留侯论》。文中对张良为圯上老人纳履的故事，做了十分别开生面的阐释。这个故事完全可以从弟子事师恭谨的角度去解读，圯上老人欲向张良传授稀世兵法，故而以命其纳履的倨傲来考验其对待师长是否有足够的谦恭。苏轼没有将此解读为严师对弟子的考验，而是从老人启发张良变化其鲁莽刚勇之气的角度去分析。这固然是苏轼"出新意于法度之中，寄妙理于豪放之外"的为文之妙，但又何尝不是其淡然于严师威仪这一流俗叙事的心声流露！从游于苏轼门下的士人，也完全看不到小心翼翼的恭谨敬慎。

这样的同道群体，也并不以严格的门户自限，以"苏门"为例，虽然有"苏门四学士""苏门六君子"等群体中活跃的主角，但也包含了众多服膺苏轼道德文章、追随从游的士人。这的确是接续了《师说》自主开放的精神。

《师说》中的师生关系，因其开放与活泼，在学校教育中往往很难完全落实。宋代的道学家注重师道，同时将学校教育视为弘扬师道的必由之路，在学校中，他们很强调师严道尊、威仪持重的做法。胡瑗教授湖州时，"虽盛暑必公服坐堂上，严师弟子之礼"。胡瑗不仅重视师道尊严的威仪，也有很强的门户之见，他与孙复同在太学教授时"常相避"。学校教育对建立开放自由的师生关系，的确有许多限制，而韩愈的《师说》也正是饱含着对学校师生关系种种现实羁绊的反思，它虽然具有浓厚的理想色彩，但对于纠正过分讲求师道尊严而忽视学生自主自尊的偏颇，有着重要的意义。

四、"受业"因何致误？

历史上，大量的《师说》读者还是带着学校教育中常见的师道尊严去理解韩愈的用意，忽视此文的激劝之义。这就产生了一个普遍的误解，将开篇的"受业"理解为"授业"，将"传道、受业、解惑"理解为对教师意义的直接阐述，忽视其间所隐含的学生视角。如此解读，《师说》一开篇就似乎有教师居高临下传授教化的威仪，与韩愈所希望树立的开放型师生关系，颇相扞格。元代以后，绝大多数选录《师说》的古文选本，开篇的"受业"一词，不复存留宋本之旧而皆作"授业"，《师说》的真精神，也多随之受到障蔽。

吴小如认为"受业"作"授业"，是坊本妄改所致，其实，如此大量的选本皆作"授业"，恐怕不是妄改那样简单。唐宋文献中，有将"受"写作"授"的例子，例如《唐少林寺同光禅师碑铭》："乃演大法义，开大法门，二十余年，振动中外，从师授业，不可胜言。"这里的"授"，当为"受"之假借。但是在"受""授"的含义已有明确区分的前提下，使用"授"这个假借字来指代"受"的用例并不多见。元代以后大量选本于《师说》开篇的"受业"作"授业"，不是在使用假借字，而是人们普遍忽视了韩愈此处的行文特点，直接从教师传授学业来解读此句，以为此处当作传授之"授"，而非接受之"受"。清人储欣辑、汤寿铭增辑，蒋抱玄注《注释评点韩昌黎文全集》流传颇广，其中"受业"即作"授业"，且蒋抱玄注："授业，传以学业。"可见，将韩愈所谓"受业"理解为传授学业，已经是一个相当普遍的误解。当前的一些古文选本，对"受业"之"受"，径注为"同'授'"；"人教版"普通高中语文教科书必修上，选录《师说》，亦以"受"同"授"，为传授之义，可见误解流传之广。

《师说》之"受业"不当为"授业"，这个问题并不是可有可无，或义得两通。"受业"是从学生的视角立论，体味这一视角，才能更好理解《师说》从学者自尊出发倡言尊师的深刻用心，才能更好理解，何以在中国古往今来不绝于耳的各种尊师之论中，《师说》能显示出巨大的感染力。尊师的提倡，倘若不是发乎内在自尊向上的愿望，都难免落入说教，而《师说》恰恰看不到任何说教的气息。韩愈对自主而开放的师生关系的期盼，是不无理想化的，或许理想永远不能完全落实在人间，就像历史上曾有那么多人，误解了开篇的"受业"；但理想让韩愈提倡的师道拥有了超越的光芒，这光芒会不断去点燃每个人心中追求理想的火焰。

杜 华

方纳的史学

二〇一七年三月，美国历史学家埃里克·方纳应北京大学"大讲堂"讲学计划的邀请，就奴隶制、废奴运动、内战与重建等主题做了四场学术讲座。王希教授将其译为中文，并收录数篇相关文章，辑为《十九世纪美国的政治遗产》一书。自二十世纪六十年代以来，方纳一直站在美国史学的前沿，凭借多部高水平著作构建了一个恢弘的史学体系，影响乃至重塑了诸多重要的学术领域。这部新作虽然看起来不算"厚重"，却能帮助我们理解方纳史学的基本特征。

"霍夫斯塔特问题"

一九七〇年，方纳凭借《自由土地、自由劳动、自由人：内战前共和党的意识形态》一书在美国史学界崭露头角。在此后五十年里，他出版了二十六种学术专著和编著，发表二百零九篇专业论文，并获得班克罗夫特奖（两次）、普利策奖、林肯奖等学术大奖。

二十世纪以来，美国史学界的一大特点是具有强烈的趋新求变的冲动，每一代年轻学者都以"解构"既往学术作为起点，试图在视野、路径、方法、解释等层面上挑战和超越前辈学者。过去的半个世纪，各类"新史学"更是不断涌现，社会史和文化史交替引领学术风潮，"语言转向""跨国转向""身份转向"等各种新趋势令人目不暇接。在这样一个剧烈变动的学术语境中，成名学者往往很快就成为"明日黄花"。方纳何以能够长久屹立于学术风潮呢？

问题是现代史学的核心，是构建史学叙事的组织性因素。法国学者安托万·普罗斯特曾说，"在构建历史的过程中，问题具有决定性的地位"，"在某种意义上说，一部历史著作的价值就在于其问题的价值"。因此，从问题意识入手，或许可以破解方纳学术"神话"之谜。方纳在书中坦承，他深受其导师、著名历史学家理查德·霍夫斯塔特的影响，终身都在研究"霍夫斯塔特问题"（Hofstadter Issues）。这些问题有两个明显的特点：一是主题较为宏大，二是关注"政治化的社会"和"社会的政治化"过程和问题，尤其是"政治思想、政治行动与社会现实的关系"。这一问题意识在很大程度上塑造了方纳独特的治史风格——新旧交融。方纳步入史坛之际，恰逢美国史学新潮澎湃之时。在民权运动、反战运动、女权运动等各种社会抗争运动的推动下，多元文化主义和女性主义逐渐成为时代精神，推动学者重新解释美国历史，形成了"新美国史"的史学潮流。"新美国史"在诸多方面推动美国历史研究发生重大变革，比如强调自下而上地看待历史，关注少数族裔和边缘群体，将种族、性别、阶级作为基本的分析范畴。方纳是这一学术潮流公认的领军人物，其代表性著作《重建：美国未完成的革命》堪称"新美国史"的扛鼎之作。但是，就选题而言，方纳与时代潮流似乎并不完全合拍。

"新美国史"的突出特征是选题越来越专题化，偏重就专门而细小的问题来展开研究。这一研究取向确实极大地推动了研究的深化，但也在一定程度上导致了"碎片化"问题。学者们只关注自己所研究的狭小领域，缺乏跨领域对话的意识和能力，历史著述沦为"专家之间的对话"，缺乏足够的影响力和生命力。对"霍夫斯塔特问题"的关注，使方纳在学术生涯的前期，就成功避开了这些问题。他所关注的问题，比如共和党的兴起与内战起源、托马斯·潘恩与美国早期激进主义、黑人与南部重建，与前辈史家相比，可能稍显中观，但较之同时代学者,已然颇为宏观。在学术生涯的后期,他关注的也是林肯、废奴运动、重建与宪政等在视野和意义方面都具有重大影响的问题,并尝试为美国历史提供一种以"自由的竞争"为线索的整体性叙事。这种宏大的学术视野,使方纳可以在一定程度上超越专题研究的褊狭,为美国历史提供更富洞见性的结构性叙事,这也赋予了他的作品以更为宽广和持久的影响力。

"新美国史"的另一大特点是"去政治化"。二十世纪七八十年代以来,随着社会史和文化史异军突起,政治史急剧衰落和边缘化,"政治史死亡"的论调不绝于耳。方纳却反其道而行之,始终将政治作为研究的中心。早在一九八一年,他就明确指出,政治始终是人类社会的核心因素,新社会史因有意"去政治化"而失去了更大的语境,无法赋予其研究对象以更广阔的内涵。在其学术生涯中,方纳始终对被新史学"抛弃"的政治精英抱以极大的兴趣,并密切关注民族国家、政治事件、政治组织,这些都是经典政治史的核心考察对象。与此同时,方纳也着力拓展政治史研究的边界和路径,关注权力在公民社会中的运行方式,以及社会权力与制度性权力的互动。通过这一路径,方纳成功地把黑人逃奴、废奴主义者、共和党的激进派、女性改革家等传统政治史上的"失踪者"纳入到全国性政治的叙事之中,发掘出他们对美国政治制度和理想的深远影响,深刻地揭示了精英与民众、社会与国家、激进主义与主流观念在美国民主政治中的复杂关联。对"霍夫斯塔特问题"的持续关注,使方纳在很大程度上避免了美国史学界过于追逐时尚和标新立异的弊端,以相对"保守"的学术姿态创造了更具生命力和广泛影响的作品。而且,随着综合性叙事的兴起和政治史研究的复兴,宏大视野和政治议题这两个"霍夫斯塔特问题"中的"保守"因素,在近年来又成为美国史学的新潮流。

那么,在美国早期史中,最重要的"霍夫斯塔特问题"是什么?

方纳在本书第一章的开篇就给出了明确的答案:奴隶制问题,即"崇尚自由的国家意识形态与奴隶制的现实之间呈现出来的矛盾"。这其实是对埃德蒙·摩根所提出的"美利坚悖论"的延续。摩根在一九七五年出版的《美利坚的奴役与自由》一书中指出,美国历史存在一种根本悖论:"一个民族何以能在孕育出美国革命的领袖们所展现的、那种对人类自由和尊严的献身精神的同时,又发展了奴隶制这一无时无刻不在剥夺人类自由和尊严的劳动体制?"方纳思考的则是,当美利坚民族国家建立之后,自由与奴役的悖论给美国的社会和政治带来了哪些影响?美国民众是如何克服这一悖论的?这一过程给美国历史留下了哪些遗产?

方纳认为,奴隶制问题之所以如此重要,根本原因在于奴隶制在美国早期具有无比强大的经济和政治权力。十八世纪末以来,奴隶制在美国南部快速发展,并充满活力地融入全球资本主义经济之中。到内战前,"奴隶作为财产所含有的经济价值超过了美国人在铁路业、银行业和工厂投资的总和"。奴隶制虽是南部的"特殊体制",但与北部经济也有密切联系。"北部的商船将南部生产的棉花运到纽约并出口到欧洲,北部的银行家为南部的棉花作物提供金融资本,北部的保险公司为南部棉花的生产和运输提供保险服务,北部的工厂将南部的棉花变成棉纺织品。"奴隶制对全国政治也有无可比拟的重要影响。联邦宪法对奴隶制的模糊态度,以及"五分之三条款"等一系列对奴隶制的妥协,增强了奴隶主在全国政治中的权力。奴隶主精英还发展出一套强大的州权主义观念,从法理层面捍卫奴隶制。奴隶制在全国经济政治中的核心位置,推动和强化了现代种族观点,使其成为白人群体共享的意识形态。虽然奴隶制在内战中被废除,但是所塑造的政治文化和种族观念,仍然在深刻地影响着今日的美国。

如果说方纳的史学研究有一个"主导叙事"的话,其核心情节就是激进主义传统如何推进了美国的自由。具体而言，就是废奴主义者、黑人逃奴、在重建时期积极行使公民权的前奴隶等各种社会力量，通过积极的抗争，挑战奴隶制这一强大的政治经济权势，使自由真正成为美国政治的核心精神。这与霍夫斯塔特的历史叙事其实差异极大。霍氏认为大众易受煽动家的影响，被激发起歇斯底里的偏见、仇恨、恐惧和狂热，使民主政治陷入危机。由此可见，在研究旨趣方面，方纳确实具有"新美国史"的明显特征。

"史学政治"

一九八四年，著名历史学家霍布斯鲍姆在美国加州大学戴维斯分校演讲时，提出了一个振聋发聩的问题："关于当代社会，历史能告诉我们什么？"

霍布斯鲍姆认为，不管时代如何剧烈而快速地变迁，优秀的历史学作品仍然可以为当代生活提供独特的经验和教训，但是要避免两个因素的干扰。一是现代社会过度崇拜科学主义和技术手段，"系统而巧妙地忽略了"历史经验。二是国家权力和政治精英"系统地扭曲历史"，使其成为"鼓动人心的意识形态"和"自我褒扬的神话"。现代的民族和民族主义史充分证明，后者对历史书写和人类社会的危害尤甚。因此，历史学家在当代社会的最重要责任是"将这块（民族主义）眼罩拿掉"，"若是做不到，至少偶尔将它轻轻掀起"。

方纳对历史学家的责任的认识，与霍布斯鲍姆是一致的。他的学术研究有个明确的指向，即挑战以种族主义为核心的意识形态，纠正那些被其扭曲的历史叙事，复活那些被其主动遗忘的记忆，最终打破美国例外论和盎格鲁－撒克逊白人群体的民族主义神话。

自美国革命以来，经典的辉格主义历史叙事一直认为，自由是美国人的民族认同的核心，美利坚民族的历史是一出不断走向自由平等的浪漫剧。方纳则尖锐地指出，在绝大部分时期，美国人的民族认同其实是"公民民族主义"和"族裔民族主义"的结合，前者具有包容性和开放性，认为民族是一个共享政治体制和价值的想象的共同体，其成员资格对领土范围内的所有成员平等开放；后者则具有特殊性和排他性，将民族视为构建在单一族裔和语言传统之上的族裔共同体。这种矛盾的民族认同可以上溯到建国时期，奴隶制所固化的种族主义从一开始就"赋予美利坚民族一种鲜明的排斥性特征"。公民性和族裔性之间的关系不仅是矛盾的，也是长期共生的。一方面，美国的白人群体经历了民主化的历程，美国的主流话语也变得更加提倡平等；另一方面，以种族主义为核心的意识形态却始终得到广泛的支持，成为界定民族认同的标准。因此，在美国历史的大部分时间中，美利坚民族认同一直处于不稳定状态，"族裔民族主义"往往会凭借其强大的势力，构建一个貌似伟大光荣的民族神话。

方纳之所以将废奴主义者置于十九世纪上半期美国历史叙事的中心，就是为了打破这种民族神话。自美国建国以来，美利坚民族就成为成年白人男性所独享的共同体。一七九〇年《归化法》明确将归化程序限定在"自由白人"的范围之内。虽然北部州在建国之后逐渐废除了奴隶制，但是自由黑人的法律和政治地位却不断衰落。一八五七年斯科特案中，最高法院判决黑人不能成为美国公民。但是，在"新美国史"出现之前，主流的历史叙事不仅将这段经历遗忘，也将挑战奴隶制的废奴主义者扭曲为狂热的"疯子"，忽视他们的贡献。方纳在本书中多次提到，废奴主义者最重要的价值是挑战美利坚民族认同的种族边界。他们的一系列理念，包括凡是出生在美国的人都有权利成为公民，凡是美国公民，无论属于任何种族，都应享有法律上的平等权利，在后来都成为重建时期的法律和宪法修正案的一部分，为美国民众挑战"族裔民族主义"提供了制度和法律武器。

林肯则是以走上神坛的方式进入美利坚民族神话的谱系。自不幸遇刺以来，林肯就逐渐被塑造成"一个原汁原味的美国理想和美国迷思的象征——一个自我造就而功成名就之人、美国西部边疆的英雄、美国奴隶的伟大解放者"。这种标签式的美化，严重遮蔽了林肯所处时代的复杂性，容易让人遗忘这段历史中残酷和黑暗的面相。方纳强调，林肯个人和内战这起独立的事件均无法废除奴隶制，奴隶解放是一个漫长而曲折的历史进程，林肯是在这个过程中不断成长起来的。直到十九世纪五十年代中期，林肯对奴隶制的看法与当时北部社会白人的主流观念是一致的。他认为奴隶制是不道德的，但是为了国家的统一，就必须在宪政体制内对奴隶制妥协；黑人应该享有不可被剥夺的自然权利，但黑白种族间无法真正平等；解决奴隶制的最好方式是与奴隶主合作，将黑人殖民到海外。内战爆发之后，废奴主义者和激进共和党人的施压、南部黑奴的大规模逃亡、战争对人力资源的需求，使内战从两支军队之间的战争转变为两个社会之间的战争，奴隶制就成为必须要面对的关键问题。在这种局面下，林肯签署了《解放奴隶宣言》，并接受了由此产生的全部责任。他不仅将奴隶将黑人纳入民族共同体，在事实上开启了重建，还要求整个国家面对奴隶制的遗产。由此，方纳在将林肯拉下神坛的同时，又重新定义了他的伟大——"接受了历史抛给他的机会，而且从此力图实现历史对他的期待"。

重建史学更是长期充斥着"族裔民族主义"对历史的扭曲和遗忘。二十世纪七十年代之前，"邓宁学派"主导了美国社会对重建的认知。这种观点认为，重建时期将选举权赋予黑人是一个巨大的错误，导致美国民主政治陷入前所未有的低谷。黑人天生不具有参与民主政治的能力，在获得选举权并控制南部政府之后，并不知道如何处理现实的政治问题；很多企图在南部以公职获取好处的北方人，以及南部的白人"无赖汉"乘机加入政治，成为他们的帮凶。正是三K党这样的"爱国"团体推翻了混乱的南部州政府，恢复了南部地区传统的"内部自治"。方纳最重要的学术成就就是推翻了这一叙事。他认为重建是"一场大规模的和前所未有的跨种族民主的实验"，取得了诸多成就，比如创建了南部的公立教育体系，以立法捍卫黑人劳动者的权利，黑人真正参与到州和地方的政治中去。而且，国会通过的宪法第十三、十四、十五修正案和一八六六年《民权法》，不仅彻底废除了奴隶制，打破了公民资格的种族限制，首次将平等的概念写入宪法，还关键性地改变了联邦政府与州的关系，使国家成为个人权利的保护者，禁止州以种族名义剥夺公民的选举权。这些变革可谓是"第二次建国"，彻底改变了美国的政治制度和理念。

法国思想家厄内斯特·勒南曾说："民族的本质是每个人都拥有很多共同的事物，而且同时每个人也遗忘了许多事情。"在二十世纪六十年代之前，美国学界关于十九世纪美国史的主流叙事，可谓是这一观点的写照。无论是对废奴主义者和重建的扭曲，抑或是对林肯的神化，都是试图遗忘奴隶制和种族主义，以此来消解和"治愈"内战带来的巨大伤痛，重建一个和谐、进步的美利坚民族神话。方纳的史学，就是要帮助美国人拿开民族主义的"眼罩"，告诉他们："我们的历史实际上是一个更为复杂、更有意思的故事，她有高潮，也有低谷；有进步，也有倒退；有赢回权利的时候，也有权利被剥夺而后又要在另外一个时候再度争取回来的时候。"

方纳对自己史学的"政治性"特征，倒是毫不讳言。他明确指出："历史至少部分地是一门带有道德目的的学问，因为它最终面对的是我们究竟希望美国成为一个什么样的社会。"他也坦承，对现实政治的关注是其历史研究的重要起点。他研究自由思想的演变，是为了回应保守派在二十世纪九十年代大肆宣扬的对自由的狭隘认知。他对逃奴问题的关注，是有感于联邦政府为那些试图在美国寻求好生活的难民所设置的障碍。奴隶制遗产对今天的美国所造成的巨大困扰，是他研究林肯的重要原因。他历时数年精研重建，则是因为"美国社会今天所面临的问题在某种意义上是重建时期的问题"。

由此看来,方纳的史学显然也属于他自己所界定的"史学政治"(politics of history),即"史学解释既反映了现实政治的影响,同时又在影响现实政治"。这其实是民权运动时期成长起来的这一代美国历史学家的普遍特征。对他们而言,历史写作不仅是一种智性的创造,更是一场捍卫记忆以破解种族主义民族神话的战役。但也有不少学者对此颇有微词,认为将政治与学术联系得太过紧密,会使学术沦为政治的工具,损害学术的独立性和学术价值。方纳对此亦有警醒,他曾说道:"我们对现实问题的关怀决定了我们对历史问题的兴趣所在——包括我自己对自由问题的兴趣,因为它与非裔美国人、妇女和其他人的历史相关——但现实只是决定一个人对问题的选择,而不能提供问题的答案;如果你将历史研究当成一种用来鼓吹自己(政治)观点的垫脚板(soapbox)的时候,你的著作被下一代人读到的机会一定大大减少。"对于将政治更加深入地介入学术的新一代美国史学者而言,这个提醒是颇具意义的。

在《十九世纪美国的政治遗产》的结尾,方纳讲述了一个动人的故事。他的学生马克将《重建》一书送给了自己的爷爷。老人读完之后说,这本书给他希望。方纳听后颇感惊讶,因为他自认此书讲述的"是一个希望和承诺遭到背叛、自由的梦想被打碎的故事"。老人的解释是,这本书证明了历史终将真相大白,所以给了他希望。在方纳看来,这位老人其实道出了他的史学理念的核心:"这的确是我在整个学术生涯中一直努力奋斗的目标——讲述这个既让人感到无上光荣,又让人感到无比愤怒的国家的历史真相,并始终怀揣着梦想——对历史的公正欣赏是能够为创造一个更自由、更平等和更公正的社会做出贡献的。"

(《十九世纪美国的政治遗产》,[美]埃里克·方纳著,王希译,北京大学出版社二〇二〇年版)

莫斯时刻与法国思想的谱系

李英飞

一

法国人似乎向来就有写作短小精悍之作的传统，但是布鲁诺·卡尔桑提（Bruno Karsenti）于一九九四年出版的这本《莫斯与总体性社会事实》简练到足以让人产生一种错觉：这只是一本研究马塞尔·莫斯学术思想的著作。事实上，这本小书在出版伊始便可奠定其作为莫斯研究经典之作的地位，因为当所有人都在诉说莫斯思想缺乏体系又与涂尔干思想有着难以理清的关系之时，卡尔桑提却在此书中以《礼物》一书提出的"总体性社会事实"概念为切入点，令人信服地论证了莫斯在哪些方面以及在何种程度上克服了涂尔干社会学传统的内在困难，推进了该学派的发展。

然而，卡尔桑提并未止步于此。在此之前，莫斯研究大致分为两类：一类是纯粹的莫斯研究，就莫斯而论莫斯；另一类则是从莫斯那里获取灵感或思想资源来发展自身理论的作品，或者说，作者在推进莫斯思想研究的同时，也成就了自身理论的发展。卡尔桑提的这本著作可谓另辟蹊径，将后者注入到了前者。因而，在阅读这本以《礼物》为主题展开的小书时，不禁让人进入到了类似列维-斯特劳斯当年阅读《礼物》时的情形："心潮澎湃，脑路大开。"因为卡尔桑提接下来的分析犹如"走线之针"，不仅将莫斯的个人成就与涂尔干学派的其他成员关联起来，还将其与法国社会学传统乃至法国现代哲学贯通起来，为我们呈现出了涂尔干传统作为二十世纪法国理论中最富活力和作为法国理论基石的一面。

为何要这样做？时隔三年后，也就是一九九七年，卡尔桑提在新出版的《总体的人：莫斯的社会学、人类学和哲学》一书对此做了回答。他要解释的是：什么样的理论动力推动了当代法国哲学和科学思想中特定认识论构型的迁移和转变。这一疑问来源于他在法国社会学中看到了"一种概念性形式"的出现，而"这种概念性形式又渗透到与之相关的知识体系中，并与之不断重新构成新的关系：民族学、生物学、语言学、历史学、心理学"。也就是说，卡尔桑提在法国哲学和人文科学内部看到了一种认识论的转型。在二〇一一年新版的《总体的人》"序言"中，卡尔桑提说得更为清楚："《总体的人》是在一本伟大著作的阴影下写成的，在某些方面只是这本书的延伸，并作为一种方式进入其副标题。"这本伟大的著作就是米歇尔·福柯的《词与物：人文科学的考古学》。由此可见，正是从《词与物》中，卡尔桑提获得了整个问题意识和分析框架。

卡尔桑提再次回到福柯的问题，显然并不是要重复福柯的工作。卡尔桑提认为，福柯的认识论构型概念和考古学视角，为他提供一种介入到当代思想领域的方式。在福柯那里，认识论构型或知识型是指"知识空间内那些产生了经验认识之各种形式的构型"，探究它的目的就是要"重新发现诸认识和理论在何种基础上才是可能的；知识依据哪个秩序空间被构建起来"。所以，与福柯一样，卡尔桑提也试图要讨论"从一个基础到另一个基础"，考察知识空间总体知识秩序的转换所依赖的基础，但他将目光聚焦在了十九世纪以来，即福柯所讨论的从由康德人类学开启的人文科学的出现到对康德人类学退出的精神分析和民族学的这段历史。

福柯此处提到的法国民族学，就是英美学界熟知的人类学。因而卡尔桑提考察的是从十九世纪以来的法国人文科学到列维-斯特劳斯的结构主义人类学。他关心的是结构主义在接受这种知识秩序转移,即在"对康德主义和后康德主义的退出"时,所依赖的——被他称作某种人类学的第二个基础——"总体的人"是如何产生的。这是理解接下来结构主义乃至人文科学发展的关键。按照他自己的说法,"总体的人"这一概念性形式作为哲学和人文科学新规定的知识对象,不仅释放出新的知识空间,而且仍然影响着当前的哲学和人文科学的发展,更为重要的是,它本身还未定型,仍处于调整之中。所以,在卡尔桑提看来,为了理解"当前哲学和人文科学十字路口上的关键问题,有必要经历莫斯时刻"。

二

实际上,卡尔桑提选择从社会学角度开展人文科学考古,不仅是因为福柯几乎没有提到,甚至系统地回避了社会学这门科学,而且还因为对于法国思想史而言,人文科学具有独特的地位。按照福柯的观点,由康德开启的现代哲学人类学构型,使得对人的形而上学思考转变成了对被赋予人的一切经验所做的分析,即将"具有经验特征的人"作为自己的知识对象,因而,这一转变在促使人文科学(人文科学首先是经验科学)的出现的同时,亦引发了人的科学与诸简单科学、哲学与人文科学之间的持久争议。简言之,人文科学由此陷入了难以克服的不稳定状态,因为诸简单科学会不顾人文科学这个基础,冒着"心理主义""历史主义"等危险去寻求自身基础,而人文科学只有抑制住这些独立倾向,将彼此关联起来才能存在;同时,人文科学还与哲学处于一种对立状态,因为人文科学要求将先前哲学领域的一切作为自己的分析对象,而哲学本身是要超越这种经验性的。

卡尔桑提认为,法国的人类学一开始也不是派生于哲学而就是哲学本身。也就是说,由观念学家卡巴尼斯(Cabanis)于一七九六年借助德文"人类学"创建的"人的科学"(science de l'homme),即对人的身体、智力和道德所做的综合研究，遵循的乃是古希腊哲学一样的目标：试图对其研究对象做整体的把握以获得其全部的知识。只不过人文科学以自己的方式和程序处理了传统上被称为哲学的问题，因此，与其说现代哲学是对一种永恒哲学的放弃，不如说是哲学反思在某个历史阶段的迁移和转变，从而消解了福柯所说的哲学与人文科学之间的矛盾。但是，人文科学的法国版本，并未因此而规避掉福柯所说的人文科学与诸科学之间的不稳定状态，而是在生理学、心理学、社会学这些具体科学领域之间不断迁移。

如果说在社会学出现之前，法国人文科学沿袭的是福柯所说的生物学模式发展，那么社会学的出现则使法国的人文科学具有独特的一面。卡尔桑提认为，哲学、人类学和社会学这三种知识模式是法国人文科学发展的独特组织路径，先是人类学与哲学，然后是社会学与哲学。社会学提出，认识人首先是把他作为一种社会存在来认识，意味着在法国思想中，处理社会就等于处理人这一特殊的哲学对象，因此，社会学也具有了类似人类学一般的哲学地位。涂尔干明确说过大革命之后诞生出了一些关于人的科学和关于社会的科学，而社会学与心理学都是关于人的科学研究。在卡尔桑提看来，正是大革命后对人的认识和社会法则的认识这两个主题的统合延伸，才促成了社会学这一独特地位。

然而，用社会学来处理人的科学的问题所遇到的困难并不比之前人类学遇到的困难要小。因为从涂尔干那里可以看到，用社会性（socialité）来作为人存在的本质特征，只能以牺牲个体经验知识为代价，这种认识论配置因而也随即陷入了不稳定状态。所以，法国的人文科学的认识论配置中，除了在生理主义和心理主义之间的对立之外，还叠加了另一层个人主义和社会学主义之间的对立。事实上，正是这层叠加的新关系成为莫斯提出"总体的人"的基本理论动力。

三

当我带着这样的认识回到《莫斯与总体性社会事实》一书时，就会发现卡尔桑提由此带来的洞见非同寻常。该书一开始便肩负着这样一种双重使命：既要关注莫斯自身的学术工作，又要关注莫斯前后有关人的知识空间的认识论构型，似乎唯此才能呈现"作为哲学和科学思想演变的一个决定性时刻"。所以，在最接近涂尔干的地方，我看到了"总体性社会事实"概念，而在最接近列维－斯特劳斯的地方，则看到了"总体的人"概念。所谓莫斯时刻，就是指莫斯为克服涂尔干社会学所带来的不稳定状态，从前者到后者实现新一轮综合的过程。

按照卡尔桑提的说法，贯穿于法国哲学和人文科学的主线是对人做总体研究的追求。莫斯的新一轮综合就是对生理主义、心理主义和社会学主义的综合，本质上是要为这些科学乃至哲学重新确立研究对象。但是，由于社会学对个体经验维度的拒斥，只会带来一种社会本体论。所以，社会学将社会性视作人的最高体现，就已经表明对康德的主体主义和与之相关的超验观的退出，而不是到了结构主义才开始和实现的。再加上社会学与心理学之间的竞争关系，更是强化了这一点。这两门科学之间的持久冲突和较量，从孔德时代一直持续到涂尔干时代，直至发展出了两个相互独立的研究领域。所以，直接导致的结果，不仅我们难以理解涂尔干的"社会"概念，就连涂尔干学派的成员哈布瓦赫都指出，涂尔干对自杀现象的解释"第一眼看上去是自相矛盾的，连第二眼都是矛盾的，因为我们平时在解释自杀的原因的时候，方向跟这个完全相反"。因为对于自杀的个体来说，这"完全是出于自主性和自由选择"。

因此，莫斯的新一轮综合，第一步要做的是对心理主义或个人主义与社会学主义的综合，就是要克服涂尔干拒斥个人主体经验所带来的解释上的困难。"总体性社会事实"由此提出。

卡尔桑提认为，在莫斯这位社会学家的所有作品当中，没有一部比《礼物》更为详尽地阐述了"总体性社会事实"这一概念了，而且《礼物》一书如此切近涂尔干但又如此不同于涂尔干。莫斯开篇就说："在斯堪的纳维亚文明和其他为数甚多的文明之中，交换与契约总是以礼物的形式达成，理论上是自愿的，但实际上，送礼和回礼都是义务性的。"显然，这已超出涂尔干对社会学研究对象的规定。因为在涂尔干看来，社会学的研究对象"社会事实"只具有义务性或强制性一面。莫斯似乎不再局限于强制性而是要将个体自由的维度也纳入进来。所以，卡尔桑提一开始便提出："礼物真的是社会事实吗？"莫斯试图借助总体性社会事实概念对研究对象的重新规定，来赋予涂尔干社会学一个具体的维度。

于是，社会学解释不再是某种完全不同于个人理解的"社会欺骗"了。莫斯用"负有义务的自由或自由的义务"的方式，这种最真实具体的个体主观层面的自愿性，证明了涂尔干所说的社会的强制性。莫斯说："赠送的一方却表现出夸张的谦卑……一切都力图凸显出慷慨、自由和自主以及隆重，但实际上，这都是义务的机制。"而由此推展出来的新维度，又让莫斯一举超越涂尔干以及同辈达维（Georges Davy）所坚持的诸如契约、法律和义务性概念等这些单纯的范畴。因为夸富宴呈现出的政治的、经济的、宗教的，乃至美学上的诸制度总体，以及诸如"馈赠某物给某人，即是呈现某种自我""而我之所以把自己送出去，那是因为我们亏欠了别人，不仅亏欠了自我也亏欠了物"等说法都说明：由礼物制度所表达出来的相互交织状态，让我们意识到"社会就再也不能被拆解为可以分别进行考察的制度、机构或者价值"，而只能以一种完整的或"总体的"方式被活生生地呈现出来；所以，礼物交换又意味着"群体的生活和人的生活就表现了同一个东西，并在一种彻底的、不间断的连续性上展开"。

四

"整全性就等于具体性",这是莫斯借助"总体性社会事实"概念赋予社会学研究的新特征,而由其释放出来的知识空间足以说明,莫斯在某种程度上确实克服了涂尔干社会学传统的内在困难。不过,要在"总体性社会事实"概念基础上进一步论证莫斯如何实现对生理主义的综合,并开启了之后结构主义的发展,则需要离开涂尔干诉诸与列维-斯特劳斯的关联了。

法国人文科学确实需要一个新的基础了。一九二四年,也就是在《礼物》最终成稿的同时期,莫斯在心理学会上做了一次关于《心理学与社会学的实际关系与实践关系》的报告。在这次报告中,他向心理学界提出要对具体的"整全的人"或"总体的人"进行研究。这是莫斯在比较社会学与心理学各自学科贡献的基础上提出的,他希望两门学科间能相互合作。而按照卡尔桑提的说法,莫斯是要在社会学、生物学、心理学、历史学、语言学和精神分析之间编织新关系。也就是说,莫斯要给人的科学规定一个新的研究对象,而从这个新的研究对象综合了生理学、心理学和社会学知识维度可以看出,莫斯的这项工作在此有了一个人类学转向。实际上,一九五〇年,乔治·居尔维奇(Georges Gurvitch)在编选《社会学与人类学》这本文集时,就已经意识到要用"人类学"来定义其学术工作及视野了。

"从一个基础到另一个基础",卡尔桑提认为,法国的哲学和人文科学过渡到了由莫斯提出的"总体的人"奠定的某种人类学的第二个基础。然而,这一转向的实现,仍有赖于"总体性社会事实"所提供的理论动力。有意思的是,在法国,"人类学"一词取代民族学,却是由列维-斯特劳斯促成的。所以,在读到该书第二章让人不断回想起列维-斯特劳斯的《莫斯著作导论》时,一点也不用惊讶和失望;因为正是借助"总体性社会事实"概念来重新编织的莫斯与列维-斯特劳斯之间智识上的关联,反而提供了深刻的洞见。

也就是说，在《莫斯著作导论》中，列维-斯特劳斯对莫斯有关"玛纳"只做描述不做进一步解释的质疑所揭示出的，仍然是横亘在心理学与社会学之间难以克服的对立。这种对立不仅促使莫斯关注到精神病和无意识这些有可能连接个体与社会的中间项，也逼迫其最终给出了一个解决方案：莫斯试图用一种转译（traduction）的关系逻辑取代此前必须在心理学和社会学之间做非此即彼选择的因果解释逻辑。

个体性与集体性，由此也不再是彼此对抗的维度，两者其实代表了两个平行的层面，因而，就可以被解读为关系的互为呈现。象征或符号系统随之获得了集中关注，语言学也因此获得了独特地位。然而，这一切都可归结于《礼物》一书中"总体性社会事实"带来的方法上的改变。既具体又总体（整体），不牺牲任何一方。按照莫斯的说法，"可以是罗马，是雅典，也可以是普通的法国人，是这个岛屿或那个岛屿上的美拉尼西亚人"，但都是一时一地、容易辨识、具体且鲜活的人。简言之，都是人类（humain）。这便是莫斯带来的社会学的人类学转向。

五

礼物作为最能呈现转译原则的社会事实，直接启发了列维-斯特劳斯有关亲属关系结构的研究。结构主义后来的发展表明，由莫斯的人类学转向所引发的整个知识秩序的位移确实是总体性的。只有到了莫斯这里，关于人的知识才真正开始在没有任何本体论预设和没有任何超验基础的情况下释放其可能性。所以，卡尔桑提说："《礼物》的发表标志了法国社会科学历史上的一个重要时刻:（发生了）一次前所未有的转向。"

"整体主义"（holisme）一词可用来形容涂尔干及其外甥莫斯的社会学立场，而这一立场提醒读者卡尔桑提在这本小书中还有更深层次的关注。因为如果仅从福柯的考古学视角来看,该书的最后一章已显多余。但卡尔桑提试图接续列维-斯特劳斯所说的"无需让我们离开自我"即可与他人保持一致,来进一步证明莫斯如何从局部达至整体。事实上,正是卡尔桑提引述莫斯的描述,才使我明白莫斯何以只用描述就能从局部直达整体(总体)。"我们的节日是走线之针,它缝合了屋顶的片片草秸,使其仅成为一盖。"没有比这一描述更形象的了。对于每个氏族来说,正是这些同样的交换关系的不断交叠,才使得彼此成为一个社会总体。

把握住总体这个概念,就相当于把握到了卡尔桑提为什么最后一章又回到导论中引出的讨论。因为古式社会的意义以及礼物的批判价值,完全在于借助总体这个概念所获得的对社会性的全新理解:这是一种诸面向的总体呈现,又是一种通过个体间相互性实现的整体属性。"总体性社会事实"无疑最好地表达了这一点,而这一点又恰巧与福柯说的哲学与人文科学之关系结构直接对应。所以,人文科学考古学的法国版本,所揭示出的仍然是一种最具法国理论特征的总体主义哲学。当然,这也是一种深刻的社会哲学。或许,在某种程度上,这也是卡尔桑提赋予这本小书的一种"气氛"。

(Karsenti, Bruno, 1994, *Marcel Mauss – Le fait social total*. Paris : PUF.——, 1997, *L'homme total. Sociologie, anthropologie et philosophie chez Marcel. Mauss*, Paris : PUF.)

自说自画:李保田

李保田 著   定价:79.00元

演员李保田的文字绘画作品首次出版。老戏骨有了新身份
不是刘罗锅!不是喜来乐!也不是王保长!
"疯老头"的自说自画,生猛的绘画、老道的文章。

生活·读书·新知三联书店 刊行

列女不恨

彭锋

"《小列女》,面如恨,刻削为容仪,不尽生气。"这是传为顾恺之画论中的一句话,不知多少人读过,也不知自己读了多少遍,都是不求甚解,想来真是惭愧。

不知道是谁最初做了这样的句读,我读的是俞剑华先生校点的文本。按照俞先生的解释,"列女"指的是诸女子,是画家常画的题材。"小"不是指年纪小或者身材小,而是指画幅小。俞先生还猜想,该画可能为蔡邕所画,由于当时绘画技巧尚不成熟,作品存在一些缺点。

如果画的是众女子,难道她们每个人都被画得面带怨恨?在《佩文斋书画谱》收录的文本中,"恨"被改作"银"。俞先生认为,"银"较"恨"为佳,因为"恨"尚有感情、有生气,"银"则毫无感情和生气了。对众女子要有多大的仇恨,才会把她们画得比"怨恨"还要恶劣的"毫无生气"?!

对于画面上人物的解读,尤其是涉及内心情感与价值判断等带有一定主观色彩的内容,除了依据观看者的视觉经验外,还需要了解作画者的创作意图。《小列女》的作者已不可考,传为蔡邕所画也不足为凭,我们无法借助有关作者的蛛丝马迹去考证创作意图。但是,"列女图"作为一种绘画类型,它的功能定位是非常明确的,那就是教人弃恶从善。"列女图"既有图像,也有文字,多半是对传为刘向所作的《列女传》的图解。《列女传》记载古代著名女子的事迹,分为母仪、贤明、仁智、贞顺、节义、辩通、孽嬖七个科目,共计一百一十位。前面六个科目收录的女子都是道德楷模,只有最后的"孽嬖传"收录的女子才是恶贯满盈。这些女子有名有姓,有言有行,属于人物传记之列。依据这种文本创作的绘画,相当于历史人物画。顾恺之本人就依据《列女传》创作过绘画,其中图解"仁智传"的《列女仁智图》流传至今。从现存的《列女仁智图》来看,我们从画面上女子的脸上既看不出"恨",也看不出"银"。从《列女传》的文本中,除了"孽嬖传"之外,我们也读不出"恨"和"银"。那么,《小列女》"面如恨"或者"面如银"究竟从何说起?

先说"恨"。《列女传》中的众女子多数都不应有恨。那些聪明贤惠的道德楷模就不用说了,她们既不恨人,也不遭人恨,而且容貌和言行一样堂堂正正。"贞顺传"和"节义传"中收录的有些女子

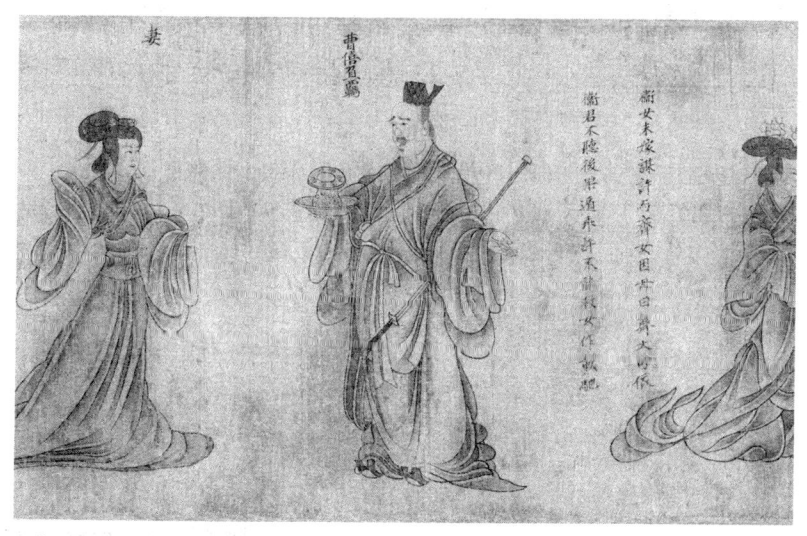

(传)顾恺之《列女仁智图》

很有个性，比较倔强，但也不是怨天尤人那种类型。即使是"孽嬖传"收录的那些恶贯满盈的女子，尽管恨人也遭人恨，但这种"恨"也不一定体现在她们的外貌上。我们的情感反应有时候是不对称的。一个邪恶的人，在别人那里引起的可能不是邪恶，而是憎恨；一个痛苦的人，在别人那里引起的可能不是痛苦，而是同情。同时，我们的情感反应还会受到表象的欺骗。一个表演恶行的演员会激发我们的憎恨，但他可能并不邪恶，而是心地善良；一个表演痛苦的演员会博得我们的同情，但他可能并不痛苦，而是满心欢喜。从《列女传》中的描述来看，归入"孽嬖传"中的女子尽管心狠手辣，荒淫无度，大多数却美如天仙，惹人爱慕。例如，说夏桀末喜"美于色，薄于德，乱无道"；说陈女夏姬"其状美好无匹"；说齐东郭姜"美而有色"；说赵灵吴女"甚有色焉，王爱幸之，不能离"；说赵悼倡后"既寡，悼襄王以其美而取之"。这些女子都有美的外表，从绘画是对人物外表的描绘来说，她们应该被描述得美丽可爱才对。不过，由于这些女子徒有美的外表，没有美的心灵和言行，将她们的内在丑恶表达出来也是画家的应尽之职。尽管中国哲学讲究关联主义，追求万有相通，但是表里不一的仍然大有人在。我对画家如何表现这种表里不一的人物很感兴趣，遗憾的是在中国传统人物画中，很少见到有对这种复杂情感的成功刻画。

顾恺之留下了《列女仁智图》，他是否将《列女传》中的人物全部画了出来，今天已不得而知。如果他将一百多位女子悉数画出，那就真是一项巨大工程。尤其是如何描绘表里不一的孽嬖女子，真让人颇费猜想。我们今天见不到《列女孽嬖图》，有可能是它的道德教化功能不强而失传，也有可能是顾恺之没画。既然列女图文的主要功能是道德教化，恶贯满盈的人还是少碰为好。尽管我们的情感反应可能是不对称的，对图写的恶人的反应不是作恶，而是憎恨作恶，从这种意义上来说，图写恶人多少可以起到某种警戒作用，就像曹植所说的那样，"存乎鉴戒者图画也"。但是，人也有根深蒂固的模仿天性，如果图写恶人引起人们去模仿作恶，那就完全背离了道德教化的初衷。因此，还是图写好人比较保险。好人会让人崇敬，模仿好人会让人善良。正因如此，后来有关列女的图文，多半不提孽嬖女子。例如，汪道昆在编纂《列女传》时，就删除了"孽嬖传"，同时增加了许多新的道德楷模。仇英在为汪版《列女传》作画时，自然就不用画孽嬖女子，一个绘画中的难题就这样被回避了，想要目睹古人是如何表达情感复杂的人物形象的愿望，就这样落空了。

即使经过一千多年的发展，绘画技法已经有了很大的发展，仇英又是一位人物画高手，我还是怀疑他能否将女子内心的怨恨成功地表达出来。从人类绘画历史来看，对人物内心情感的成功表达，

仇英绘制《列女传》版画

差不多也是十七世纪之后的事情。意大利文艺复兴的确诞生了绘画巨匠，但他们都没能真正成功地表达人物的情感，或许情感表达并不是他们要着力解决的难题。我们说伦勃朗是个伟大的画家，一个重要原因就在于他触及了微妙的情感。他对自我的反复描绘和剖析，终于让隐藏的情感跃然画上。尤其是他后期的自画像，将一个曾经风光而现在沧桑的老人的睿智与无奈表达得淋漓尽致，让人触目惊心。我相信差不多两千年前的蔡邕还不具备这种绘画能力，顾恺之本人也不具备这种能力，否则他就不会在裴楷的脸上画三根毛来表现他有鉴识，也不会为了表达谢鲲的个性而将他安排在山岩之中。这种特殊的安排，实际上并不高明，它说明顾恺之想要表达人物内在情感与个性但又无能为力，只好借助外在手段来烘托和暗示。

如果列女本身就不恨，而且当时的画家也无法表达列女的恨，我们怎么能够从《小列女》中看出众女子面带恨容呢？"《小列女》面如恨"，这种说法是难以成立的。

将"恨"改为"银"真的就能让文本意思通畅了吗？我认为它不仅没有让文本变好，反而变得更糟了。从《列女传》的文本来看，一百多位女子大多历经了大风大浪，做出了丰功伟绩，她们集美貌与才华于一身，只是"孽嬖传"中的女子没有把它们用在正道而已。这些女子不是毫无生气，而是生气勃勃。画《小列女》的画家为什么要把她们表现得毫无生气？而且，"如银"与"毫无生气"之间并没有必然的联系，它们之间最多是一种曲折的隐喻关系。如果说银子因为它的白色给人一种毫无生气的感觉，这种白色结合其贵重也会给人纯洁、高贵、俊美的感觉。如此一来，"如银"在文本中究竟是什么意思也就很难确定了。我们再设想一下，如果说当时的画是画在素绢上，素绢给人银色的感觉，那么这也不只是《小列女》的特征，而是所有绢画的特征。更何况我们不知道《小列女》是水墨白描，还是工笔重彩。如果是工笔重彩，人物面部一定会是重点渲染的对象而不会给人"如银"的感觉。总之,将"恨"改为"银",并没有打消我们的疑虑,相反还制造了不必要的困难。

无论是"面如恨"还是"面如银",都无法解通,这是否意味着文本出了差错?在怀疑文本出错之前,我们来看看现有的文本是否可以解释得通。事实上,只要改变句读,现有的文本是可以读通的。我们不妨试试这样的读法:"《小列女》,面如。恨刻削为容仪,不尽生气。""面如"即"如面"的意思,也就是好像面对真人一般。在同一篇文字中,顾恺之还评论了其他画作,谈到《汉本纪》时,说它"超豁高雄,览之若面也"。这里的"览之若面",就相当于"面如",意思是画中人物形象逼真,有见画如见人的效果。

尽管古人写实技术可能不如今人高超,但在观画时产生"面如"或者"览之若面"的经验也不是没有可能。郑岩在讨论东汉山东金乡朱鲔石室画像时提到一则轶事:清人黄易发现其中一个人物很像他的朋友武亿。黄易临摹了这个人的形象。武亿死后,他儿子为他结集,就用了黄易画的这幅画作为作者像。黄易见石室壁画如见武亿,属于撞脸。武亿之子见黄易的画如见其父,属于正常的"面如",因为黄易的画既是临摹壁画,也是为武亿造像。

尽管画家们推崇"妙在似与不似之间",但是绘画要忠实描摹对象的形象还是硬道理,就像陆机所说的那样,"存形莫善于画"。在顾恺之那个时代,人们推崇将人物形象画得逼真,也有画家的确能够在画面上制造出以假乱真的效果。当时盛传的曹不兴落墨为蝇的故事,从侧面证明时人对逼真的推崇。一千年后,意大利出现了类似的传说,乔托玩了个恶作剧,在他的老师奇马布埃的作品上画了一只苍蝇,骗得老师伸手去驱赶。不过,这时中国绘画已经由写实走向了写意。中西绘画不同的发展轨迹,由此可见一斑。

《小列女》中的众女子,个个画得形象逼真,比个个画得面带仇恨或者面色惨白,似乎更近情理。在顾恺之的这段文字中,《小列女》

放在篇首,从某种意义上说明顾恺之重视《小列女》。紧接着《小列女》之后,顾恺之评价了《周本纪》,说它"重叠、弥纶、有骨法,然人形不如《小列女》"。由此可见,《小列女》的人物形象确实画得好。由此,接下来的一句"插置丈夫支体"的流行解读也值得商榷。这句话通常被解读为将女子画成了男子身姿。如果真的将女子画成了男子身体,形象画得好就无从谈起。鉴于列女图中也画有男子,或许可以将它解读为在构图上形成了女子形象与男子形象的交错,因而显得不那么自然。即使《小列女》的女子形象完美无缺,也不能说它就无可挑剔了。从绘画艺术上来讲,仅有形象逼真是不够的,还要有更高的追求,那就是生动、传神。尤其是经历了魏晋时期的人物品藻,人们更推崇人物的内在气质。因此,顾恺之接着指出《小列女》的缺点:"恨刻削为容仪,不尽生气。"这句话的意思不难理解,大意是画得太拘谨,抠得太细致,以致逼真有余,生气不足,让人遗憾。"不尽生气",还不是没有生气,而是没有充分表现生气。在接下来评论《壮士》一画的时候,顾恺之也用"恨"来表达他的遗憾,说它"有奔腾大势,恨不尽激扬之态"。顾恺之在对绘画的评论时,大多有褒有贬。篇首评论《小列女》,而且还指出其他作品不如它,说明《小列女》是优秀画作。如果一开始就贬低它"面如恨"或者"面如银",也不符合一褒一贬的套路。

对"生气"的追求,也是中国绘画走出"形似"的一步。在顾恺之之后,谢赫将"气韵生动"确立为绘画的最高要求,将中国绘画导向了一条与众不同的发展轨迹。如果说世界范围内人们对绘画的朴素理解是"形似"的话,对"气韵生动"的追求让中国绘画变得不再朴素。从"形似"的角度来看,《小列女》已经非常优秀了,只是从"生气"的角度来看,它还有所欠缺。从顾恺之的评论来看,似乎越在"形似"上用力,就越不能得到"生气",因此有"恨刻削为容仪,不尽生气"的说法。"形似"与"生气"之间的矛盾,有点像《道德经》中所说的"为学"与"为道"的矛盾：一个强调专注精进，一个强调看向别处。这里的别处，指的是对"形似"的超越。"生气"或者"生动"既来源于对绘画对象的观察，更来源于对绘画语言的锤炼，乃至来源于画家的整体修养。就中国画来说，就是笔墨和蕴含在笔墨中的人格修养。谢赫在"气韵生动"之后接着讲"骨法用笔"，目的是让画家到笔墨中去求"生动"，而不是去捕捉对象的"运动"。"运动"是物理现象，尚在"形"的范围；"生动"是精神现象，进入"神"的领域。从绘画史上来看，对"气韵生动"的追求，是一种很高的觉悟和很大的进步。当弗莱强调绘画中的书法线条的审美价值时，他的想法与谢赫的"气韵生动"和"骨法用笔"有些接近，不过这已经是二十世纪的事情了。

之所以有"面如恨"或者"面如银"之说，或许还有一个原因，就是将"列女"等同于"烈女"，受到"烈女"的误导。俞剑华就受了这种误导，在将"列女"解读为"诸妇女"之后，又指出"列与烈通，谓刚劲而有节操"。刚劲而有节操的女子，表现得面带怨恨或者铁面无私似乎是可以成立的。

说来也奇怪，自从做了"面如恨"的句读之后，的确出现了不少面带仇恨的女子画像。例如，元明清时期都有绘制的稷山青龙寺壁画中就有一段《往古贤妇烈女众》，其中中间那位仗剑袒胸的女子，其面容就给人充满仇恨的感觉。据李凇先生介绍，明清时期的水陆画中有"烈女众"的题材，画家们能画出一些让人感到凶狠的女子形象。李凇认为，这种女子形象的塑造，可能受到佛教造像的影响。佛教造像中的护法、罗汉、武士等形象，多半比较夸张和凶恶，在它们的基础上提炼出充满仇恨的女性形象似乎不太困难。

不过，我想指出的是，《往古贤妇烈女众》之类的图像或许受到"面如恨"的影响。从现有的资料来看，很难确定从什么时候开始有了"《小列女》，面如恨"的句读。但是，从几个抄写错误可

稷山青龙寺壁画《往古贤妇烈女众》

以判断哪个时候已经有这样的句读。据毕斐先生考证，收录顾恺之画论的《历代名画记》的最早版本为明嘉靖间刻本，文本作"恨"。明万历庚寅年重刊《王氏画苑》将"恨"改为"策"，尽管"策"的含义不易确定，但"面如策"总比"策刻削为容仪"好解，这表明刊刻《王氏画苑》的作者，已经开始不在"面如"后面断句。清代《佩文斋书画谱》将"恨"改为"银"，显然也只能读作"面如银"，不能读作"银刻削为容仪"。由此可见，或许在明清时期已经流行"面如恨"的句读，而在此时期出现大量面带仇恨的女性形象的水陆画，就不能算是偶然的巧合了。

58

刘 超

现代艺术公众是如何生成的？

一

一九一七年，杜尚将一个现成品小便池取名为《泉》来当作自己的作品。这种做法似乎破除了艺术创作的技法门槛和艺术观赏的审美门槛，既解放了艺术家，又解放了观众。杜尚赋予艺术家和观众同等重要性，甚至说"观众创造了绘画"，"观看者形成了美术馆"（[法]皮埃尔·卡巴纳:《杜尚访谈录》，王瑞芸译，广西师范大学出版社二〇〇一年版）。杜尚的做法与说法极大影响了六十年代以后的当代艺术，博伊斯直接喊出："人人都是艺术家。"不过，听到杜尚、博伊斯的这些具有民主解放意味的煽动口号，我们也会反过来想：杜尚标榜的观众也可能是乌合之众，"人人都是艺术家"也可能意味着"人人都不是艺术家"。美国著名艺术批评家格林伯格（Clement Greenberg）就是这么看的，按他的艺术标准，杜尚的现成品是取悦庸众的庸俗艺术。而在《杜尚之后的康德》一书中，比利时著名艺术史家德·迪弗（Thierry de Duve）则将杜尚、博伊斯的艺术观念，追溯至十八世纪启蒙时代的康德美学和现代艺术的发源地——法国沙龙展。康德在《判断力批判》中假定了人人具有审美"共通感"，而十七世纪末、十八世纪上半叶法国艺术批评家德·皮莱（Roger de Piles）、杜博（Dubos）的写作为康德的《判断力批判》做了准备，"他们认为只有业余爱好者才有权利和能力对艺术做出审美的判断"。

德·迪弗接着说道:"十七世纪末以来,这种权利至少在法国的沙龙展上得到了应用,当时的法国画家们和雕塑家们的实践(尽管被评委认为属于艺术),每年都得向公众开放,接受业余爱好者们的趣味判断。"([比]蒂埃利·德·迪弗:《杜尚之后的康德》,沈语冰、张晓剑、陶铮译,江苏美术出版社二〇一四年版)

在十八世纪的法国,皇家绘画与雕塑学院举办的沙龙展是欧洲第一个在世俗场所定期、公开、免费向所有民众开放的大型艺术展,旨在打破旧式手工艺行会的封闭与垄断,让公众评判艺术品,成为法国公共生活的重要组成部分,也成为现代艺术的发源地。在沙龙展上,现代意义上的艺术公众诞生了。那么,沙龙观众究竟是乌合之众还是人人具有审美共通感的公众?抑或说沙龙公众另有其内涵?美国著名艺术史家、新艺术史代表人物托马斯·克洛(Thomas Crow)的代表作《十八世纪巴黎的画家与公共生活》(*Painters and Public Life in Eighteenth-Century Paris*)正是从这些问题入手,探讨十八世纪法国沙龙公众的生成。在导论部分,托马斯·克洛问道:"是什么将观众(audience)变成了公众(public)——一个在证明艺术实践的合理性、赋予艺术品价值上扮演正当合法的角色的共同体?"

二

谈到十八世纪法国的公共领域和公众,不得不提哈贝马斯。在《公共领域的结构转型》一书中,哈贝马斯认为十八世纪的法国是资产阶级公共领域的主要起源地:"十八世纪的法国才真正具有'公众舆论'。"哈贝马斯也谈到法国皇家绘画与雕塑学院举办的沙龙展,认为沙龙展使得画家从行会、宫廷和教会中解放出来,将绘画看成一种自由艺术;沙龙展还使得艺术作品超越了传统专家而与广泛观众直接发生联系,而新兴的沙龙评论家将"讨论变成了掌握艺术的手段",把自己看作公众的代言人;不久,"杂志,首先是手抄通讯,接着是印刷的月刊和周刊成了公众的批判工具"。在《公共领域》一文中，哈贝马斯对十八世纪法国公共领域、公众做了界定：

> 所谓"公共领域"，我们首先意指我们的社会生活的一个领域，在这个领域中，像公共意见这样的事物能够形成。公共领域原则上向所有公民开放。公共领域的一部分由各种对话构成，在这些对话中，作为私人的人们来到一起，形成了公众。那时，他们既不是作为商业或专业人士来处理私人行为，也不是作为合法团体接受国家官僚机构的法律规章的规约。当他们在非强制的情况下处理普遍利益问题时，公民们作为一个群体来行动；因此，这种行动具有这样的保障，即他们可以自由地集合和组合，可以自由地表达和公开他们的意见。
> （哈贝马斯：《公共领域》，汪晖译，见汪晖、陈燕谷主编：《文化与公共性》，生活·读书·新知三联书店一九九八年版）

而在托马斯·克洛看来，十八世纪法国的公共领域，特别是沙龙展这种文化公共领域及其公众的实际状况，与哈贝马斯界定的这种带有价值导向的理想性"公共领域"和"公众"有很大差异。在《十八世纪巴黎的画家与公共生活》一书的导论部分，托马斯·克洛重点论述了实际沙龙观众和理想公众的关系。一七三七年以后，随着沙龙展变成每逢奇数年举办的常规展，观众越来越多，沙龙展对巴黎艺术生活的影响越来越大，"所有那些在沙龙展有既定利益之人面临一个任务，那就是界定沙龙展形成了什么样的公众"。事实证明，这不是一件容易的事。首先，法国沙龙展观众不同于以往宗教庆典、皇家典礼、节日欢庆和市民游行里观看绘画与雕塑的民众。在这些传统庆典里的高雅艺术只是偶尔被拿出来展示，是等级化的政治、宗教仪式的一部分，完全由社会上层支配，艺术家并不直接面向公众而创作，他们首先满足的是少数特权阶级的需求。而"沙龙是欧洲第一个在完全世俗的场所定期、公开、免费展示当代艺术，并在一大群民众中激发一种以审美为主的反应的展览",也就是说沙龙里的艺术品具有了真正的公共性,沙龙观众也就在一定意义上成了哈贝马斯所界定的公众。然而,将沙龙观众称为"公众",意味着"在态度和期望上某种程度的有意义的一致性:卢浮宫里的人群可以被描述成只是一群完全异质的个体的临时集合吗"?通过援引十八世纪英国社会评论家、艺术批评家皮当萨·德·麦罗贝尔(Pidansat de Mairobert)对当时法国沙龙展的描述与评价,克洛发现麦罗贝尔所具体描述的实际沙龙观众是异质且散乱的,粗野工匠与戴勋章的大贵族、卖鱼妇与贵妇等不同阶级的男男女女混杂一处,他们带着不同的目的、根据各自的喜好来评判沙龙画作,但麦罗贝尔同时声称沙龙观众是具有自由、民主意义的"公众"。克洛认为,这种杂乱的实际沙龙观众与作为意义总体的"公众"的矛盾表述在当时的沙龙评论中很常见。如果我们局限于实证主义的历史方法,依据现有文献从经验上重构巴黎艺术公众的兴起,也会得出这种分裂看法,"公众既无处不在又不是某个具体的存在者"。

三

哈贝马斯对"公众"所做的界定难以解决异质性的实际沙龙观众与作为意义总体的"公众"之间的矛盾。既区别于实证主义者将沙龙观众看成异质且散乱的群体,又不同于哈贝马斯将公共领域里的民众看成启蒙意义上的理想公众,克洛运用福柯意义上的话语考古学和谱系学,把艺术观众看作介于这两者之间的作为话语的公众,"表征一种由某些人提出且为某些人服务的意义(significant)总体"。只要有各种主张声称代表公众,公众就会以某种形态、带着某种目的出场,"当观众群里有足够多的人相信这个或那个代表公众的主张,公众就能成为艺术史上的一个重要角色"。而公共领域也就成为福柯所说的"话语形构"(discursive formation),也就是各种话语相争的场域：

> 十八世纪法国绘画史上新兴的公共空间的角色与关于表征、语言、符号及其使用权的争夺有密切关系。问题绝不在于艺术事务是否应该咨询公众这个成问题的实体，而在于谁是公众的合法成员，谁代表它的利益说话，艺术实践中相互竞争的各方中哪一方或者哪些方能够声称得到它的支持。（托马斯·克洛：《十八世纪巴黎的画家与公共生活》）

这种关于作为话语的沙龙公众的谱系学和考古学，意在揭橥十八世纪法国实际沙龙观众转变成公众过程中复杂的话语争夺、权力运作、利益冲突及其对画家、绘画的影响，这一过程必定是不平顺的。克洛提到，西方艺术史学者受让·洛坎（Jean Locquin）的经典著作《1747—1785年法国历史画史》（*History Painting in France from 1747 to 1785*）影响，认为在拉丰（La Font）于一七四七年发表的著名沙龙评论《关于法国绘画现状的若干原因的反思》，呼吁沙龙艺术家们从创作私人性洛可可风格绘画转向创作体现公众诉求的公共历史画，到一七八五年大卫创作的公共历史画《贺拉斯兄弟之誓》成功获得公众认可之间，是一条官方、沙龙画家、艺术评论家、公众就什么是代表公众价值的绘画达成共识的平顺、通畅之路。克洛此书并不是要完全推翻这种看法，而是要还原从沙龙观众转变成公众之路的崎岖不平、迂回曲折。

事实上，拉丰在一七四七年以公众名义发表的沙龙评论不仅没有获得学院官员和画家的认可，反而受到他们的轮番嘲笑和攻击。学院画家们不仅画漫画讽刺拉丰为无知之徒，还拒绝提交画作参加沙龙展以示抗议。学院领导者图尔讷姆（Tournehem）非常愤怒，认为拉丰这篇沙龙评论的观点是愚蠢的主意，而首席画家夏尔·夸佩尔（Charles Coypel）完全否认沙龙观众构成了公众："本人认为，在展示这些画的沙龙上，公众一天会变二十次。早上十点公众欣赏的绘画到中午就会受到公开指责。……在听过他们所有人的看法之后,你得知的不是真正的公众,而只是群氓,我们完全不应该依赖那样的公众。"(《十八世纪巴黎的画家与公共生活》)

拉丰对绘画公共性的主张之所以受到学院官员、画家的激烈反对,与当时法国的政治、经济、文化状况有关。随着路易十四的去世,精英阶层从凡尔赛回到巴黎,过上私人化的感官生活。十八世纪四十年代,宫廷贵族和有钱的上层人士在巴黎修建大量奢华的公馆,需要大量的小型装饰画、挂毯图案和家庭肖像画。制作洛可可装饰画成为学院画家发财致富的好途径,而创作拉丰以公众的名义所呼吁的大尺寸公共历史画,费时费力却没多少报酬。就实际的沙龙观众来说,大多是平民观众,看不懂严肃的公共历史画,他们"支离破碎、心思纷乱和语无伦次,以至于当不起公众的称号"。再者,此时政府与巴黎高等法院陷入二十世纪投石党运动以来最严重的对峙。国王和高层教士镇压詹森派教徒,而最高法院派以"宪法""自由"之名反对这种做法,高等法院法官被民众称为反对政府暴政的爱国英雄。而以拉丰的沙龙评论为代表的非官方评论能左右公共舆论,甚至在艺术的审美话语中暗含着政治编码。拉丰发表沙龙评论,批评沙龙上展出过多的肖像画,但高等法院法官的肖像不受苛责,因为法官是公众安宁和福祉的捍卫者,这让官方对这些以公众的名义发言的非官方评论家更加警惕。总之,在十八世纪四十年代的法国,沙龙观众并没有获得拉丰想赋予的公众内涵与地位。

十八世纪法国实际沙龙观众转变成公众的过程是迂回曲折的,但不可否认,这种作为话语的公众已随着皇家绘画与雕塑学院举办的沙龙展登上舞台,成为皇家贵族、政府、学院、艺术评论家、政治异见者和革命者各方争夺的对象,成为现代艺术公众的源头。

四

在《十八世纪巴黎的画家与公共生活》一书的最后一章，克洛对法国大革命前大卫的绘画与法国巴黎公共生活以及公众的关系做了精彩论述，从中我们可以看到十八世纪沙龙观众如何最终转变成具有反抗性的激进公众。大卫一七八五年创作的公共历史画《贺拉斯兄弟之誓》的成功，在于契合了沙龙评论家和公众的政治激情。反官方的政治激进派所撰写的沙龙评论高度赞赏这幅画，这些沙龙评论家将此画中的技法的简朴、僵硬、笨拙甚至"错误"看作对学院绘画惯例的偏离、对规则和传统的蔑视。官方保守派在这种公众激情中隐约嗅到了危险的气息。克洛认为：

> 《贺拉斯兄弟之誓》似乎对观众，或者说至少对观看的批评家施加了一种特殊的关注。他们只能专注于其缺点、错误、蔑视传统、拒绝展现画家全才的方方面面。在这种关注之外，一些公众也注意到了这些特点。保守派批评家表达的警惕、焦虑和恐惧伴随着一种感觉，即大卫已经与那些不了解其自身渴望及兴趣的公众结成了罪恶的联盟。他们感觉，这种新的、尚待了解的公众正在被那些违反其最珍视的艺术价值的人所吸引。

未来的吉伦特派和革命领袖戈尔萨斯（A. J. Gorsas）此时正是颂扬大卫这幅画的"错误"的沙龙评论家，他的沙龙评论中的美学话语带有政治编码，而他身处的知识分子圈子里还有布里索（Brissot）、马拉和让-路易·卡拉（Jean-Louis Carra）等激进人士，在大革命前的这些年，他们写过一些最有影响力的激进政治文本。戈尔萨斯、卡拉将绘画、服饰、语言表达的洛可可式优雅风格看作掩盖真实的虚伪风格，提醒公众温文尔雅的贵族风格与虚假、邪恶的联系，"恶魔们将自己的本色隐藏在洛可可式精致的外表之下，掩饰贪婪、堕落和暴虐"。前文说过，十八世纪四十年代拉丰的沙龙评论中的政治编码来自巴黎高等法院与政府的政治斗争,而在戈尔萨斯、卡拉等人的沙龙评论中的政治编码同样与高等法院和政府的斗争有关。一七八七年,高等法院抓住卡拉对时任财政部长卡洛纳的指控,拒绝批准卡洛纳的财政改革计划,这导致高等法院法官被放逐,而这一行为又引起民众的骚乱。克洛认为,我们不能把戈尔萨斯、卡拉等带有政治编码的沙龙评论看作只是从外部强加于大卫的解读:"大革命前的激进主义实际上从未离开过文化领域,如果我们想了解大卫的特殊影响,就必须牢记这一点。其影响所基于的意识形态是由两种对抗形成的:一方是官方文化机构(主要是各种学院),一方是这些机构很少或根本没有考虑的新文化大众。旧政权统治的文化与资产阶级大批观众的需求和期望之间的区别,在公共展览中表现得最为明显。到了一七八七年,沙龙已不再是社会冲突和混乱的避难所,它似乎已经被转移至政治领域。"在大革命前夕,沙龙展观众与沙龙展外的激进公众已难解难分,成为意图挑战旧制度的政治激进派甚至法国国民的代表。在最后一章的结尾,克洛总结道:

> 到了一七八九年,沙龙的大部分观众已经主宰了巴黎艺术界,并将其顽强不屈的优胜者放在其同代人无可反驳的至高地位。在十八世纪的历史进程中,我们可以将这种公众的出现追溯为一种破坏和重组的力量。……沙龙的观众从未获得积极的认可,因为在由学院和国家共同维护的、定义艺术价值和宗旨的网络之中,他们没有一席之地。但是我们可以认为,当分裂开始成为时代主导性艺术的组织原则时,公众已然到来,因为曾经被剥夺权利的观众,通过表现为一种对抗性的公众,已经成为主宰。

回到杜尚所说的艺术观众,回到当代艺术,"如今的情况和那时一样"。杜尚说"观众创造了绘画""观看者形成了美术馆",博伊斯说"人人都是艺术家",这里的艺术"观众""观看者""人人"可以追溯到现代艺术公众的源头——十八世纪法国沙龙观众。杜尚、博伊斯口中的"观众"同样既不是实证层面异质而混杂的观众或庸众，也不是价值层面自由平等的理想公众，而是一种被各利益相关方争夺并赋予其不同内涵的作为话语的公众。二十世纪艺术中，作为一种"破坏和重组的力量"的"对抗性的公众"登场，杜尚、博伊斯等艺术家声称为其代言。

现代艺术公众的诞生始于这一刻：艺术家对任何个人或者精英小圈子的指令的依赖开始受到质疑，第三个变量被不可逆转地引进来，这个变量由"公众"一词来命名。各方争夺公众话语权的公共空间成为现代艺术的发生场。具有悖论意味的是，一旦某种公众话语成为绝对主流，一旦艺术完全认同于这种单一公众话语，艺术就失去活力，进入死胡同。在克洛看来，大卫作于一七九三年的历史画《马拉之死》完全认同于大革命时期的公共政治文化生活，成为被狂热崇拜的革命纪念画。各方争夺公众话语权的公共空间萎缩了，艺术沦为一种具有前现代特征的政治仪式。就当今艺术来说，则要警惕艺术沦为公共政治、文化生活的单一图解和商品拜物教中的商品。克洛认为，如果艺术与公共领域之间动态的意义交流被切断，如果艺术观众被完全等同于某种单一的话语公众，艺术便失去了作为隐喻的张力。克洛是在告诉我们，各方可在其中相互争辩的动态公共空间是作为第三方"变量"的现代艺术公众得以生成的关键，而这动态公共空间和变量公众又是现代艺术生成机制的关键因素。

（《十八世纪巴黎的画家与公共生活》，[美]托马斯·克洛著，刘超、毛秋月译，江苏凤凰美术出版社二〇二一年版）

读书不求做官

王瑞来

苏轼有首五言诗,是写给他的两个侄子的,诗的开头四句为:

治生不求富,读书不求官。譬如饮不醉,陶然有余欢。

诗有多联,清人王文诰在其辑注的《苏轼诗集》卷三〇《送千乘千能两侄还乡》这首诗下施以按语说:"起四句该通篇之意。"王文诰的理解准确,的确这四句概括了全诗的主题。诗的意思很直白,不难理解,就是说,经营家业谋生计不追求巨富,读书不谋求做官,就像饮酒处于不醉的状态,才最为适意。

在这四句中,让我最为注目的是"读书不求官"一句。北宋从太宗朝扩大科举规模,这一在各种综合背景下持续技术操作的客观效果,形成了士大夫政治,打破了官场的贵族或武人垄断,造成了一定程度的社会流动。为了吸引知识精英都加入到宋王朝"彀中",从皇帝开始,便有《真宗皇帝劝学》所讲的"书中自有黄金屋"的利益诱导。社会宣传也应和这种诱导。北宋成书的《神童诗》开篇就是:"天子重英豪,文章教尔曹,万般皆下品,唯有读书高。"成功地通过科举改变命运的范仲淹还如是劝谕乡人:"乡人莫相羡,教子读诗书。"政坛所呈现的,也是如南宋张端义在《贵耳集》所描写的那样,"满朝朱紫贵,尽是读书人"。的确,读书求官,不止在宋代,甚至也是传统社会的主流。明代一个文人在《重刻梦溪笔谈后序》就写下过自己的经历:"吾少喜聚书,十年来既无志进取,益聚书为乐,家有刻板,专用以新易故,每僦居迁徙,累日不能尽,家人辈潜相诋诮:'读书不求官,多奚以为?'"意思是说,你读书不求做官，要这么多书有什么用？

苏轼和他的父亲、弟弟也正是通过科举登第走出巴山蜀水，成为士大夫的翘楚的。苏轼走过的道路，可以说是士大夫政治成为主宰的时代里多数士人的必由之路。通过读书求得官位而走上仕途的苏轼，为什么还告诫他的侄子们"读书不求官"呢？这样的说法，是不是与时代潮流相悖，甚至与儒学经典"学而优则仕"的教诲有违呢？

运用学到的知识参与政治，体现了回馈社会的责任感，这在任何时代都不过时，也没有错。"读书不求官"，苏轼的这种认识看上去与主流认识颇为疏离，其实是折射了时代潜在的变化。南宋政治与经济重心合一，商品经济发达，地域社会强盛，平民文化繁荣，仕途行路难导致士人流向多元化，诸种因素，让南宋开启了中国历史的新一轮社会转型——宋元变革。然而，任何社会转型都不是在一个早上突然发生的变化，一定经历有相当长时期的潜流运行。就像北宋造成士大夫政治的科举规模扩大，其实也是适应了唐末五代以来崇文的潜流一样，开启于南宋的宋元变革，在北宋便逐渐积蓄了各种变革的因素，最后才终于在各种契机交织的综合作用之下得以形成。

各种变革的因素也包括观念的变化。"读书不求官"，便体现出一种不同于传统的观念变化。士大夫政治所呈现出的社会流动，让读书所追求的目的变得过于单一狭隘，而社会的需求其实是多种多样的，人生的选项并不仅仅是从政。或许苏轼是出于对侄子们科举落第安慰的用意，但"读书不求官"无疑折射了读书应当拥有多种面向的意识。这种意识不会仅仅是天才的苏轼灵光闪现，而是基于他对社会观察所形成的思考。苏轼观察到的正是包括士人流向多元化在内的在南宋显像化的各种因素的北宋潜流。值得注意的是，通过诗句讲"读书不求官"的，并不仅仅是苏轼一个人，与苏轼同时代的文同也在《崔觐诗》中写道："读书不求官，但与耕稼亲。"文同的诗与苏轼完全相同的表述，则反映了当时对这一认识认同的普遍性。由此可见，除了读书做官的主流选项之外，读书还有许多目的取向。这些潜流意识，到了时代变革的南宋，便应和社会转型的气候,获得了显著的共鸣。

社会意识一定是社会存在的反映。南宋吕祖谦受孝宗之命编《宋文鉴》,他在苏轼众多的诗作中,居然也选入了"读书不求官"这一首。这可以看作社会意识被朝廷主流认识所认可。这是朝廷主流认识的认可,那么社会下层是如何接受的呢?

南宋中期,曾经撰著过有名的笔记《独醒杂志》的曾敏行在樊仁远《浮云居士曾公行状》中被这样记载:"年二十遇疾,弃举子业,叹曰:'治生不求富,读书不求官。东坡此诗似为余发也。'于是博观群书,上自朝廷典章,下至稗官杂家、里谈巷议,无不记览。访收法书、名画,多所订正。字画祖米元章,人谓得其笔法。又仿章伯益飞歧墨戏,亦曲尽其妙。颇喜阴阳五行推测吉凶之说,如郭景纯、李常容所论著,研深尤精。假日纵谈,逆定时人穷通得丧,皆如其言。"从记载看,放弃走科举之路的曾敏行,从事各种文化事业,也包括了给人打卦算命这样的下层职业。他说苏轼的"治生不求富,读书不求官"这句诗,就像是写给他的,可见苏轼"读书不求官"的影响力了。

南宋后期,与文天祥同乡的刘振道,一生未曾入仕,被称为"隐君子",元代大儒吴澄在为其写的墓志铭中记述道:"酒酣兴适,浩歌东坡'治生不求富,读书不求官。譬如饮不醉,陶然有余欢'之句,拊掌击节,殆不知世间有荣辱事。"未曾入仕,并不妨碍他与宰相章鉴、文天祥等名流交往。南宋士人地方化的趋势,既模糊了士人与士大夫的界限,也淡化了仕与不仕。与政治的疏离,让苏轼的"读书不求官"获得了更多的共鸣。南宋陈模在《怀古录》中评价"读书不求官"等佳句为"立意高卓,而辞又足以达其意"。说苏轼辞达其意,其实更是陈模以当世的感怀,在说苏轼道出了他的心声。

《宋元学案》记载南宋的士人余芑舒,"临卒,口吟东坡'治生不求富,读书不求官'之句,以告后人"。临终不是对子孙交代后事,而是吟诵"治生不求富,读书不求官",可见苏轼所传达的观念,在南宋人那里已经是刻骨铭心的浸润了。

元代长时期停废科举，进一步促进了士人流向多元化，因而"读书不求官"更变为已然之事实。不过尽管不求官，但书还是依然在读。这样读书的目的反而更为纯粹。元代王恽的《贤哉霍生行》，以一个教书先生的口吻记载了一个商人之家，其中有云："读书不求官，此语闻大苏。譬如饮不醉，陶然欢有余。贤哉霍君心，能与坡意符。因之训二子，此诗不可无。"诗中直指"读书不求官"来自苏轼。写这个商人请先生，买诗书，希望孩子能够跻身于士人之列。他认为这种做法很符合苏轼的意愿。这是对儒学的向往，也是对知识的崇尚。王恽的《商鼎歌序》还记载过一个北方人"燕士张君文季读书不求官，治生不务富，稍有赢余，即购求古器、书画为事"。

元人刘敏中也在《题燕山许文仲余欢堂》诗中写道："生不治而馁，书不读而愚。此外富与官，有命不在吾。一堂俯仰吾愿足，不羡六印归来金钱撑破屋。"这首诗实际是反过来说，治生是为了温饱，读书是为了避免愚昧。在这一目的以外，能否富与官则是命数。恬淡的心态，让士人有一室安居便可满足，并不钦羡高官与巨富。这首诗有诗人自注云："取东坡先生治生不求富，读书不求官之诗也。"在宋元社会转型的时代，苏轼的这句诗让读书拥有了更为广泛的意义。

曾代表元廷到江南征辟宋朝士大夫入官的程钜夫，在《真乐亭》中也这样吟咏道："读书不求官，为乐得其真。"读书为了自娱，精神的充实会不在意身份的低贱与财富的匮乏。从求官的单一追求中摆脱出来，读书的天空便变得更为广阔。

元人程端礼的《送戴与善》这样写友人戴与善："客有戴与善，家世今移居。读书不求官，富贵浮云如。"游览山川，著书立说，苏轼或许不曾想到，他写给侄子的诗句，在后世宋元社会转型的潮流中，改变了很多人的世界观。

从地域上看，一代文豪苏轼的这句诗也超越了宋朝的疆域。金朝人杨云翼也有诗云："名利走朝市，山居良独难。况复山中人，读书不求官。"

从时代看，苏轼的这句诗在身后上千年间一直有着遥远的回响。清人张问陶《赠吴寄庐》诗云:"读书不求官,此意吁可知。"从《曾国藩全集》所载咸丰九年(一八五九)十二月十一日的日记中,甚至还可以看到晚清名臣曾国藩对苏轼这几句诗的补作:"治生不求富,读书不求官。修德不求报,为文不求传。譬如饮不醉,陶然有余欢。中含不尽意,欲辨已忘言。"通过补作,曾文公对读书作文进行了更为意义深远的道德阐发。

尽管有社会变化潜流影响作用其中,但在士大夫政治鼎盛时期,读书人纷纷涌向读书做官的上行路途之时,苏轼能写下"读书不求官"的诗句,颇有些惊世骇俗。宋元变革,是传统中国走向近代的滥觞。苏轼"读书不求官"之句,从南宋历元到明清,在士人流向多元化的社会转型背景下,获得了更为广泛和长久的共鸣,改变了许多读书人的世界观。

笔战天下:王韬与近代中国世变

吴妮娜

晚清中国正值内忧外患之际。一八四二年中英签署《南京条约》后,上海成为"五口通商"的口岸之一,而香港亦于一八四一年初被英国强占且成为其控制下的自由港。为了确保两地经济的稳定发展,列强格外重视两地的社会安全问题,或许也因此吸引了许多中国人偏安于上海、香港一隅。上海和香港在外贸主导下成为国际性"互市巨埠",城市空间的拓展催生了新媒体的出现,新兴的大众媒体为仕途失意的"落第文人"提供了实现经世理想的新路径,他们通过报刊延续"风声雨声读书声声声入耳,家事国事天下事事事关心"的清议传统。落第士人王韬便是在此时以一支笔战天下。

王韬(一八二八至一八九七),名利宾,字紫诠,号仲弢,道光二十七年（一八四七）科举不第，翌年他到上海探望父亲，顺便参观英国传教士麦都思（Walter Henry Medhurst，1796-1857）创办的墨海书馆，结识了麦和其他传教士如美魏茶（William Charles Milne，1815-1863）、慕维廉（William Muirhead，1822-1900）、艾约瑟（Joseph Edkins，1823-1905）等人。一八四八年父亲病故，他便去了墨海书馆工作以维持生计，自此进入了大众传媒行业。

　　咸丰十年（一八六〇）四月，太平军占领苏州，江苏巡抚徐有壬阊门殉难。王韬向新任上海道台吴煦建议，组织洋枪队进攻太平军。洋枪队是"以西人为领队官，教授火器，名曰洋枪队"。吴氏虽然建立了洋枪队，但没有聘请西人为领队官，洋枪队的训练可能收效甚微，因而这个计划以失败告终。此事未成，王韬遂化名黄畹，向太平天国总理苏福省民务刘肇钧上了一道禀帖献计，信函写道："承大人推毂以来，无日不以兢惕持躬，以期尚（太平天国讳'上'为'尚'）副厚望、下济穷黎为念。伏枕筹思，急于报效。迩闻天兵克杭，额首欢庆，以为自此襟苏带浙，力争中原，划江之势成矣。"这封信件中有一句话是"承大人推毂以来"，意思是"承蒙您的提拔或推荐"，可推测这是一封回信。换言之，这封信之前应是另有一封信的，而寄信人很可能就是刘肇钧，而信件内容应是刘肇钧要求王韬为太平军做事，王韬因此献策。据王韬《漫游随录》中的《莫厘揽胜》记载，在太平军攻占南京的第二年（一八五四），王韬曾与麦都思、慕维廉一道，通过太平军占领区到太湖地区游历。一八六一年艾约瑟写信给李秀成和洪仁玕，李和洪回信邀请他去南京，王韬也跟随左右。同年冬，王韬因母亲病重而回乡探视，"以道梗兵阻，留滞里中三阅月"，他家当时正属于太平天国苏福省管辖，因此王韬很有可能在这个时候认识了刘肇钧。此函后被清廷截获，并被呈报同治帝，同治帝下旨令李鸿章、薛焕和曾国藩等人查办王韬，王"急还沪上，犹思面为折辨。顾久之，事卒不解。不得已，航海至粤，旅居香海"。

　　这封信没有明确显示出王韬回信的目的，也无法判断究竟是否如他在《弢园老民自传》中解释的"密纵反间，使贼党互相猜贰，自翦羽翼"。

73

即便他的确为太平军献计也情有可原,因为事实上他长时间供职于传教士麦都思创办的墨海书馆,未曾入仕为清廷服务,而当时西方国家在太平军和清军之间持"中立"态度,甚至还曾派使者和太平军首领会谈。从种种事迹来看,王韬未曾受过清廷的恩惠,也从未受过太平军的伤害,因此他对于选择为谁效力都不会产生抵触情绪。然而,王韬因被清廷追捕而感到愤愤不平,比如他在《弢园老民自传》中描述自己因"语祸切身,文字之累,中或有鬼,不得已蹈海至粤"。他坚持自己是受到了冤枉才迫不得已逃离上海,况且他很不习惯香港的生活环境,因此他在《香海羁踪》中写道:"翌日午后抵香港,山重赭而水泥域,人民稚鲁,语言侏偶,乍至几不可耐。"这种郁闷而矛盾的心情或许是由被冤枉而起,但更有可能是他无法面对自己的失败。

  王韬在香港得到麦都思的老友、香港英华书院院长理雅各的关照,寄宿于香港伦敦教会,并协助理雅各翻译多部中国经典,包括《尚书》和《竹书纪年》等,其间,王韬还兼任香港《华字日报》主笔。转眼五年多过去,同治六年(一八六七)底,王韬受到朋友的邀请和资助前往欧洲游历两年。归国后,他编著了《普法战纪》十四卷,再版时增多六卷。该书依据当时日报所载资料、张宗良口译材料及采集的其他文献,记叙一八七〇至一八七一年法国和普鲁士两国为争夺欧洲霸权而发动普法战争的始因和过程。王韬从全球视角出发,结合流动空间等全新的研究概念分析欧洲局势,指出"在名分上,如今的世界各国也像春秋战国时代的诸侯一样已没有内外高下,正统与非正统之分",并且提出普鲁士的胜利可能加速俄罗斯侵华的节奏。他担心"英法离,普俄亲,中国弱,东土蹙",如果普鲁士与俄国合作,那么俄国便无东侵的后顾之忧。《普法战纪》展现的国际视野和变新论受到了日本维新派人士的追捧,尤其书中描述小国普鲁士击败大国法国的事迹引起了日本人的高度重视。这一以弱胜强的例子不单为日本提供了解除列强威胁的线索,更为他们提供了日后扩张国家版图的范例。重野成斋、栗本锄云、冈千仞、中村正直、寺田望南、佐田白茅等名士极力邀请王韬到日本一游。汉学家栗本锄云在《王紫诠之来游》一文中讲到初读《普法战纪》的感想："窃以为该书不独记行阵之事、交战之迹，而其中议论能脱出汉人之漏旧，此为珍贵之书。"原仙台藩士、东京府书籍馆干事冈千仞亦表示："《普法战纪》传于我邦，读之者始知有紫诠王先生之以卓识伟论，鼓舞一世风痹，实为当世伟人矣。"

光绪五年（一八七九）闰三月十一日晚，王韬由香港经上海抵达日本，共逗留一百二十五天。他将旅日期间的所见所闻集结成《扶桑游记》一书。该书初由东京报知社印行，共三卷，上卷刊于明治十二年（一八七九），中、下两卷刊于明治十三年（一八八〇），后见于王锡祺主编《小方壶斋舆地丛钞》（一八九一）第十帙。游记以日记形式详细记录日本名士、城市变迁、政经情况、文教改革等，为考察日本在明治维新后的社会变化提供了珍贵的资料。值得注意的是，虽然日本人"投之以桃"，但王韬却没有"报之以李"。这段时间内，他并没有如日本名士期望的那样与他们讨论世界格局和政论意见。据他在《扶桑游记》记载："日本诸文士皆乞留两阅月，愿作东道主，行李或匮，供其困乏。日在花天酒地中作活，几不知有人世事。日本诸文士亦解鄙意，只谈风月。"这让日本名士大失所望。为何他不与日本名士交换政见呢？至今，这仍然是个谜。或许是因为他对日本在一八七七年三月暗中兼并琉球，并且将其编入鹿儿岛县，直至琉球王遣使到福州要求中国出面解决才曝光一事耿耿于怀。

虽然王韬没有因日本之旅对日本人敞开心扉，但正如丘吉尔所言："世界上没有永恒的敌人。"从大局出发，王韬认为中国与日本联盟最有利。他分析："东顾之虞，其小焉者也。西事之图，其亟焉者也。"（《弢园尺牍》卷十一）在这个苍黄翻覆的时代，日本与俄罗斯都是中国的威胁，但是俄罗斯的威胁要大得多。他指出："日虽近在东瀛，与我尤为密迩，而其事尚可缓，姑置勿论。俄人跋扈飞扬，几难餍其欲壑。"（《弢园文录外编》）他在《跋冈鹿门送西吉甫游俄文后》一文又写道："今俄之蚕食亚细亚东北，亦殆秦之取巴蜀而据其资老矣。俄往年攻土耳其，几为英法所扼，无功而止。于是其意谓与其争欧，不如争亚。"俄罗斯多年侵占西方国家不成,因此有很大概率会转而侵占亚洲来扩张版图。假设俄罗斯将目标转向东亚,日本将首当其冲,因为其国"北为俄所凌轹,西为英法所恫喝,此犹韩魏西北逼秦赵,东南介于齐楚,天下有事,一败一胜,无得失于秦,而韩魏常受其弊"。在"敌人的敌人就是朋友"的前提下,中日两国互相合作才是上之策。于中国而言,日本乃小国,军事力量弱,其出口贸易又需要依赖中国,所以中国与之合作无需担心被反噬。而且纵观亚洲各国如印度、阿富汗、波斯等都被西方列强蚕食,只有日本坚持变法自强,所以值得中国与之合作抵抗俄国。中日联合既是"强强联手",而因其国力不及中国,对中国来说是"双重保险",莫怪乎王韬认为:"欲维持亚洲之大局者,其盖于中日辑和加之意哉!"(林启言、黄文江主编:《王韬与近代世界》)

姑且不论"德"与"功"两方面是否兼顾,王韬确实成功透过他的文字抒发经世思想,并且感染同时代汉文化圈的人。同治十二年(一八七三)底,王韬在香港创办《循环日报》,并任正主笔。报刊以"华人出资、华人操权"展开宣传,成功招徕广告订户来维持营运。从一八七四至一八八四年,历时十年,《循环日报》每周出版六日,星期日休刊,每日出纸两张四开,一纸以新闻为主,另一纸以商情为主,每日发表一篇论说,共刊发约八百多篇政论,其中大多出自王韬手笔。这些文章从实际角度分析国际形势,评说洋务新政,鼓吹"强中以抑外,诹远以师长",但强调不可盲目崇洋的变法理念。王韬曾在与京都汉学家西尾鹿峰讨论"中西诸法"时批评日本"仿效西法,至今可谓极盛,然究其实,尚属皮毛。并有不必学而学之者,亦有断不可学而学之者。又其病在行之太骤,摹之太似也"。以安息日为例:"安息日可行于富贵者,藉以养身心,恣游览,其贫贱者不能行则听,亦王道不外人情也。若如西国教士之语,以此日为事天,而甚至于禁食;夫天何日不当事,岂独此日哉?"(同上)西方国家习以七日一安息,此法已实行了数千年,但亦有人不守此法,如贫民工作谋生,以一日之劳供一日之食,若安息日无事可为,一家便会苦无生计,可见此法并不适合所有人。因此"强中以抑外,诹远以师长"的变法理念应"法苟择其善者而去其所不可者","不必尽与西法同"。作为十九世纪的中国人,王韬的主张展现出他对古今中外文化具有真知灼见和洞明哲理。

王韬的维新政论和他的海外名望得到清廷重臣李鸿章的青睐,李鸿章希望招揽他到旗下,于是王韬终于能在二十二年后(一八八四)"光明正大"地回到上海。王韬原先计划回迁苏州故里,但他最终还是决定定居上海租界。他在日记中表白:"韬虽身在南天,而心北阙,每思熟刺外事,宣扬国威。日报立言,义切尊王,纪事载笔,情殷敌忾,强中以攘外……"(同上)王韬选择留在上海是因为他能在这个地方获得更多实现经世理想的机会。晚清上海是一个新世界,作为华洋杂处的通商口岸,当地处在中西文化交锋的前沿。"各种新事业,都由上海发起;各种新笑话,也都是在上海闹出。"但这也代表当地人能获得更多跨越社会阶级的机遇。如陆士谔在《新上海》中写道:"'文明''野蛮'四个字是绝对相反的。文明了,便不会野蛮;野蛮了,便不能文明。上海则不然:野蛮的人,霎时间可化为文明;文明的人,霎时间可变为野蛮。"

随着封建时代的科举制度瓦解,虽则物质文明与日俱进,但这时期的社会文化却变得不可端倪,可以掌握的是人们能从更多途径获得较高的社会地位,比如买办便是在外商经济强行打入中国社会市场,"于士农工商之外,别成一业"。寓居上海的知识分子受到"新上海"的社会风气熏陶,他们的价值观和行为与内地城市相比自然"别具一格"。王韬也是如此,他虽深受儒学澄清天下的思想影响,但同时有着平民百姓的投机取巧和不拘常规的特性。譬如他虽然不断申明华洋有别的立场,但又为了谋生和利益与西人保持交往(《弢园老民自传》)。他还与管嗣复讨论过儒学与西学之关系,管坚持两者不能共存,而王则认为:"教授西馆,尺非自守之道,譬如赁舂负贩,只为衣食计,但求心之所安,勿问其所操何业。"(《王韬日记》)这种前后矛盾的思想和行为正是由于他身处一个变幻无常的过渡期,人们的传统价值观在这个时期不断受到新文化的挑战。诚如《循环日报》代理笔政洪士伟在《弢园尺牍》中所言:"立德、立功、立言，古称三不朽，然德藉伦常而著，功以时位而成，惟言则出诸己闻于人，其称道弗衰者即流传弥永也。儒者束发受书，聿修厥德，不幸时与愿违，未获见用于世，则言之文者行之远，其藉以名称著于当时，行谊留于后世者，惟此焉耳。"在这个物换星移的大时代，士人很难恪守伦常及功济于时，故王韬未能兼顾"德"与"功"也是情有可原。

晚清中国是一个变幻莫测的过渡期，在这时期生活的人们犹如置身迷宫，只能碰碰磕磕地摸索着未来的方向。钟叔河在《王韬的海外漫游》一文中对晚清中国有一段精辟的描述："鸦片战争和五口通商以后，中国从长期与世隔绝的状态中惊起，突然面对着一批新的对手，面对着一个新的世界。怎么办？在官场上，在政府中，有的人厌恶这个现实，宁愿拉着车轮倒转，恢复昨天的局面；有的人害怕这个现实，认为既然力不如人，便只能以羁縻之策求得偏安；能够比较清醒地面对这个现实，并且拿出办法来的人，是很少很少的。"王韬也只不过是一个稍微敏锐一点的普通人，他有对时局判断错误的时候，还会碰到令他左右为难、踌躇不定的事情，因此出现逃亡香港二十二年的情节。总括而言，他所做的一切也只不过是希望尽一技之长来实现文人的经世理想而已。

作为景观、政治与集体记忆的行道树

刘雨石

寻常之物配拥有历史吗？那些熟悉到我们视而不见的事物，在历史中宛如即逝的浮尘，湮没在金戈铁马的嘶鸣中，消散在烟雨楼台的旧影里。然而，如果静下心来去探索寻常事物的历史，那么历史的书写者似乎可以在生活的点滴中感受到时间的流淌，或在往昔的烟尘中找寻到飘零在当下那似散未散的余音。作为都市生活的日常背景,行道树在纵横交织的人影间伫立,在星星点点的夜灯里屏息。很少有人过问它的曾经,又何尝思考过我们与它共同的未来?

在一个"人人都是自己的历史学家"的时代,美国景观建筑学者索尼娅·丁佩尔曼在《观树:一部纽约与柏林的行道树历史》(以下简称《观树》)一书中,以比较的视角为纽约与柏林两座城市的行道树书写了一部共享的历史。

欧美国家的都市行道树种植兴起于十九世纪晚期至二十世纪初期,起初只是作为城市规划及环境改善的点缀。然而,伴随着二十世纪人类历史中的恩恩怨怨,交织着不同国家、地区具体而特殊的历史发展阶段,行道树的历史不仅仅是城市史中的微小组件,更为人们认识时间与空间、他者与自我的关系提供了一个全新的物化视角。因而,在丁佩尔曼看来,行道树的历史是一部由看而思的认知史。她将这部著作命名为"观树",即把"观看"视为研究行道树历史的出发点。

丁佩尔曼的"观看"包含着两个维度:一方面,观看的视角是日常性的。公众史学家戴维·基维格和迈伦·马蒂在《身边的历史:探寻你周边的过去》一书中,认为"身边的历史"即为一个人在事情瞬间发生的环境中所捕捉到的一切关于历史的"可能性"。正是我们司空见惯的都市行道树,进入丁佩尔曼笔下,便拥有了我们未曾想到的历史。另一方面,观看的方法是具有现实感的。丁佩尔曼并没有试图撰写一部宏大的"全球行道树史",只是选取了纽约和柏林这两座典型的城市,并试图对两座城市行道树的历史表征进行"厚描"。这种看似主观的刻意选择,实际上突显了历史问题的现实指向,是一种以小见大的全球史书写。行道树不仅作为既定时空的研究样本,根植于都市的可视化景观中,也作为一种表征都市文明与人类认知变革的物质文化,与二十世纪的历史进程相伴相随。作者以行道树为引子,激励读者去关注更多寻常之物的非凡历史,并置身于日常生活的现实关怀中重新理解过去。

为什么要在众多欧美城市中选取纽约和柏林呢?丁佩尔曼指出,这两座城市是上一个世纪之交欧洲和北美各自重要的工业与文化中心,代表了旧世界和新大陆遭遇的历史重合及分流。它们都较早地得到了城市规划师的充分考量和精心设计,并互为借鉴地成为对方进一步规划的参照物。然而,二十世纪以降的历史,尤其在第二次世界大战后,让两座城市各自的发展道路呈现出巨大的差异,也让它们经受着不同的命运。享受着战争胜利果实的国际性大都市纽约,迎来了迅猛发展的良机,也成为二十世纪下半叶世界大都市规划的领头羊。然而,大量移民的涌入,伴随着关乎性别、种族问题的平权运动,也对纽约的城市规划和改造提出了更高的要求。相反,作为世界大战的牺牲品,柏林带着对十八、十九世纪民族崛起时期的怀念,忍受着战争落败的屈辱,在二十世纪下半叶力图从丑小鸭重新变成白天鹅。然而,东、西柏林分裂的历史,让这座城市在高墙两侧呈现出各自不同且彼此对峙、竞争的状态,直至两德再度统一。时至二十世纪末,两座城市共同融入全球化的大潮中,寻找各自的未来。

  行道树是穿梭在纽约与柏林各自城市发展历史中的一条线索,它把宏大的历史变迁历程与日常生活联系在一起。作为都市景观的组成部分,行道树是两座城市经历"树木都市化"与"城市自然化"进程的主角,并适应着都市生活的节奏,为奔走或栖居于其中的市民提供有机的生态空间。作为地域性政治的表征,纽约的行道树成为市民确立自我身份或表达个人权利诉求的方式,东、西柏林的行道树则成为各自意识形态的委婉表达。作为一种建构集体记忆的现实质料,行道树成为空间与时间的坐标系上的物化交点,牵引着居于其中的人们再度认知空间与时间的关系。在这种被亨利·列斐伏尔称为生产性的社会空间中,生活在两座城市里的人们在关乎行道树的实践活动及其表征的意义中,重新认识从往昔一路走来的过程,反思亲身经历的历史。

  整洁、规范、严谨、高效!这些关键词跨越了地域与文化,几乎成为现代社会各行各业的职场追求,甚至作为一种教育理念进入日常生活中。纽约是二十世纪初期泰罗制理念的实践场与竞技场。在这里,城市发展与生态保护的平衡体现为效率的精准化，即在经济发达、人口稠密的布鲁克林地区产生一座反哺自然的"都市森林"，在繁华与质朴互为表里的景观中实现模范大都市发展的极致效果。

当然，即便是充满挑战性的伟大设想，也离不开日益增长的现实需求。纽约的行道树种植，首先要解决的是与城市化进程相随的公共健康、城市环境等方面的问题。为此，以斯蒂芬·史密斯为代表的科学家关注树木对局地生活空间的影响，并力图与公园协会合作，让树木走出公园，在繁华的街道上惠及更多行人。

作为树木都市化的结果，是城市的自然化。然而，"自然化"并不是一个全然科学意义上的概念，理想的行道树意味着整齐美观、予人舒适愉悦之感，并有助于从整体上提升城市的品质。就此而言，在繁华街市中建造"都市森林"不过是一个起点。围绕着这样的"行道树美学"，一场关于行道树种植与设计的讨论跨越了政府、专家和公众之间的身份界限，在景观变革的过程之中初见政治表达端倪。

古树的修复与新树的种植同步进行，是空间性问题在时间中的具体展现。修复那些具有历史和文化价值的古树，本身就包含了带有仪式感的纪念活动。《观树》中讲述了一个发生在一九一二年的古树修复活动，三百名来自公立学校的儿童亲临现场，见证古树修复活动的纪念仪式。公立学校所具有的"国家性"，稚气未泯的儿童与历经沧桑的老树在带有历史纪念意义的空间中对视，乃至常用于行道树的郁金香木自身所具有的树种日常性，为这场修复活动带来了生动的表演维度。在历史时间与历史空间的汇合点，民族国家与日常生活相约古树下，通过戏剧性的修复活动实现关于纽约市民集体记忆的表征实践。

与古树修复活动一样，纽约行道树的种植、保养与规划设计也作为一种关于身份政治的诉求与实践，与特定的社会群体一同进入二十世纪的历史。在第二次技术革命的影响下，行道树首先以性别政治的方式，成为女性力图参与并改造都市的有力表达。伴随着女性从家庭走向社会，她们作为持家者或母亲的身份及职责，在树木的种植和养护方面体现为耐心、细心等方面的性情优势。女性对栖居在行道树上的鸟类的关注和保护，则体现为一种源自母性的爱心。她们成立鸟类协会，并将行道树与鸟类视为一个整体加以保护。耐心、细心和爱心贯穿了女性在都市环境改造活动中对身份政治的自我确立，也在进一步的实践中扩展了她们在城市中的交往空间。

与性别平等相比，种族平等是更加"美国化"的议题。严格来说，直到内战后，非裔美国人的权利才真正得以与城市紧密相关。城市是一个熔炉，在这个充满多元化"他者"的空间里，非裔美国人与其说是确立自身的地位，不如说是去建立并维系一种与诸多"他者"之间的关系。因而，非裔美国人社区的建立，首要的是以一种相对和睦的邻里关系作为民权诉求的导向，对抗"隔都化"的城市人际枷锁。邻里关系的改造从外在空间的"形象"改善开始。一些非裔美国人在自己的社区及周边种植行道树和花草，让他们的居住环境在外观上减弱乃至消除带给"他者"的不利刻板印象，进而增进社区的开放性和接纳度。非裔美国人以景观改造和政治诉求合二为一的表达方式，寻求美国社会对他们的认同。

二十世纪的柏林，是一座既要瞻前顾后，又要左顾右盼的城市。带着一种深深的怀旧之情，柏林在废墟中艰难地捡拾着历史的余热，又战战兢兢地走向迷雾重重的未来，因而柏林的"瞻前顾后"是时间性的。冷战时期，东、西柏林的分裂与彼此不情愿的争执，又让这座城市在"左顾右盼"的空间性中建构出属于一个完整柏林的集体记忆。

东柏林把行道树种植视为战后恢复城市生态的重要举措，其目标有两个指向：一个是时间性的，指向自己的未来；另一个是空间性的，指向对立的西柏林。前者通过严格的计划和科学家们的不懈努力逐步实现，后者则需要价值观方面的引导和宣传。然而，东柏林的植树实践并没有体现出苏联式的刻板，而是关注人居环境，强调建筑与景观之间的平衡，即实用性与审美性的统一，甚至为公共生活留出足够且开放的空间。行道树的实用性意在自我塑造，即充分发挥城市的经济、政治功能，以城市革新推动东柏林社会的整体发展；审美性则主要用于内外宣传，即塑造出良好的东柏林城市形象，与假想中"落魄"的西柏林形成鲜明对比。与此相对应的西柏林，在逐步摆脱了民生危机后，将行道树种植纳入城市景观改造的议程。战时和战后初期对行道树的两度破坏，让西柏林的行道树重建遭遇一种地理意义上的模糊。那些在二百多年前曾经种过行道树的土地，是怀旧的记忆符号。然而，破坏殆尽的土壤却让往昔难以寻觅。还有来自纳粹德国统治时期的创伤，是沉痛的记忆符号，促使西柏林以多样性的新树种去打破时代伤痛。这种政治观念的表达，通过景观的改造体现出来了。多元种树也意在营造宜居的都市空间，发挥出行道树的审美作用，为经历过苦难的西柏林市民提供心理补偿。

进入七八十年代，东、西柏林在意识形态上的对立逐步让位于经济、社会的发展，并在理念和实践层面逐步显示出一定的相似性。东柏林的规划者们认为行道树有利于创设一种促进人际关系融洽的"城市多元邻里"，并鼓励社区居民自发组织行道树种植。西柏林则倡导"城市建设的有机艺术"理念，关注城市中的环境伦理问题，以阻止城市建设对行道树造成破坏。然而，激进艺术家们对此却并不买账，他们尝试通过行为艺术冲击来自市政部门的强行管理。在八十年代后期，东柏林艺术家博伊于斯设计了一场名为"七千橡树：城市造林而非城市管理"的表演活动，并在其他城市做巡回展出，以此向市民们展示他们在种植行道树中应有的主动权。西柏林的艺术家们则在联邦园艺展中刻意安装了一排行道树景观，以强化行道树对城市环境的重要作用。

行道树承载着两德市民关于一个整体家园的共同集体记忆。丁佩尔曼将这种整合认知的作用称为"树木象征主义"。柏林墙倒塌后，公众植树活动的兴起，让原来分属两德的市民在协同劳动中消解隔绝历史带来的认知分歧，塑造一个指向未来发展的民族共同体，并促使这座城市在后柏林墙时代加快融入欧洲主体社会。此外，协同种树也能够逐步愈合长期分裂带来的历史创伤，并弥合由空间对立带来的价值观分歧，建构两德共享的集体记忆。以此看来，"树木象征主义"存在于空间和时间两个层面：在空间上，它消减两德市民在心态地理上的隔膜，促成柏林在市民认知上走向统一；在时间上，它通过提炼一种两德市民所共享的集体记忆，促成生活在其中的个体对历史创伤的遗忘及愈合。

经历了漫长而曲折的二十世纪，两座城市行道树的历史，似乎又回到了各自的原点，即对城市环境进行改善。然而，这种貌似复归性的历史道路合流，实际上是全球化时代不同地域所共同面对的新起点。德国历史学家科泽勒克认为，"经验空间"与"期待视野"之间的张力共同形成了历史时间，即我们带着关于过去的经验和理解过去的预期去认识历史在时间变迁中的呈现。这种历史时间的张力，不仅体现为过去如何发展到现在，也体现为如何从今天去认识那一段我们不曾经历的过去。丁佩尔曼为行道树书写历史，即是以一种同理心将历史中的"他者"写成了当下的我们。

（Sonja Dümpelmann, *Seeing Trees: A History of Street Trees in New York City and Berlin*, New Haven: Yale University Press, 2019）

是谁介绍钱锺书与卢弼相识？

艾俊川

在钱锺书交往的老辈中，《三国志集解》作者、晚号慎园的卢弼令人印象深刻。卢弼与钱氏父子均未谋面而有深交，与钱锺书通信时年已八旬，却对这位"后学"很是服膺，除了多次叠韵和诗，还排除异议，坚持让他为《慎园诗选》作序，堪称韵事。

对二人的交往，卞孝萱曾作《〈慎园诗选〉中所见之钱基博、钱锺书》，文末归纳出"三点体会"：第一点即"二十世纪五十年代，在武昌执教的钱基博，在北京工作的钱锺书，与在天津闲居的卢弼，闻声相思，诗文酬酢。但不是基博介绍锺书与卢弼通信的，也不是锺书介绍基博与卢弼通信的"（《卞孝萱文集》第五卷，865页）。那么究竟是谁介绍的呢？卞先生似乎欲言又止。

前几年，卢弼旧藏友朋书札散出，匡时国际拍卖公司二〇一七年春拍的《见字如面》专场上拍钱氏父子书信多通，其中钱锺书信札八通、序言一首。将它们与卢弼《慎园启事》《慎园诗选》及他人信函中的相关材料合观，足以了解卢、钱交往始末，并且还能对钱锺书研究中的一些具体问题提出新认识。

卢弼与钱氏父子本不相识。据一九五一年八月七日钱基博来函和《慎园启事》八月二十四日《复钱子泉》函，卢弼在一九五〇年获读钱著《中国近代文学史》，内心倾服，遂在次年通过卞孝萱将自己的诗作抄寄钱基博。钱氏收到后致信卢弼，说"卞君孝萱书奉大集四页，跋语累十行，垂意于愚父子者甚至，诵之感悚"（《见字如面》一一六七号），二人由此订交。随后卢弼复信仍由卞孝萱转寄，再后来才直接通信。说起来，介绍钱基博与卢弼通信的不是别人，正是卞孝萱先生，不知他为何不直接说明，而要留下一个哑谜。从一开始，卢弼就有同时结识钱氏父子的愿望，在写给钱基博的信中屡屡称赞钱锺书和杨绛，钱基博只是逊谢，未肯多言，直到一九五五年，才向钱锺书转寄了卢弼的信件。

这年五月，由钱基博作序的《木斋先生遗稿》刻成，卢弼寄书三册，指明一册赠给钱锺书，并附书一通。钱基博于二十六日回信说：

> 见赐书儿乙册，即转寄，并致长者眷顾。书儿从前初解读书，而今为时代所迫，案头稿件山积，不得不遵令审阅。去冬准假来省病，留三日匆匆而去，见告苦不得读书。此次承奖借，或者知勉耳。（《见字如面一一六五号》）

钱基博说儿子无暇读书，似在为他挡驾以节应酬。钱锺书收到父亲转寄的卢弼来信，当即回复：

> 慎之老前辈先生道席：
>
> 二十年前阅《湖北先正丛书》，即向往高门，中心藏之。顷奉

家君转示手教，乃知灵光鲁殿，岿然人间，不胜欣忭。拙作妄事挦撦，难逃刘季绪之讥，时移世异，更宜覆瓿扬灰。步曾丈不惜齿牙，公亦过听而奖饰之，弥增愧汗。《人·兽·鬼》一书亦已绝版，不才手边竟无存本，遂得便于藏拙，一笑。倘来沪上，必抠衣造谒也。近作一律，录纸尾呈教。专此，即颂暑安，不一。

后学钱锺书再拜。二十九日。（《见字如面》一一七二号）

信中说"妄事挦撦"的著作为《谈艺录》，"步曾丈"为胡先骕。卢弼读过胡先骕推荐的《谈艺录》，赞赏不已，又向钱锺书索借《人·兽·鬼》，但钱锺书手边无书，难以应之。信写于"二十九日"并"颂暑安"，与五月底的时令及钱基博转信时间皆相吻合，即一九五五年五月二十九日，这是二人交往的开端。

几天后，钱锺书又收到《木斋先生遗稿》和卢弼直接寄来的两封信，于"二日"即六月二日再给卢弼写信，卢弼四日复信，希望钱锺书能与他唱和（《慎园启事》），随后二人开始密集通信。钱基博转寄的信和书应是分别寄出的，书籍挂号，沿途登记，故邮程稍慢，晚两天才收到。这种情况以前也曾遇到：前一年，钱基博将《木斋先生遗稿》的稿本寄还卢弼，也是先邮后到，故在四月二十六日信中说："《木斋遗稿》先信一日付邮挂号，续得大片知已到，想以挂号郑重转迟也。"（《见字如面》一一六六号）卢弼此时为何急着与钱锺书通信？这就要说到他们的共同友人、对钱锺书"不惜齿牙"的胡先骕了。卢弼写了诗，一边向钱基博请教，一边向胡先骕请教。胡先骕于一九五四年十一月十八日回信（末署"十一月十八日"，寄信所用邮票发行于一九五四年四月，故知作于该年。《见字如面》一一九二号），信中说：

钱子泉好著书，然于诗为门外汉。至其少君锺书，则博闻强记，淹贯中西，不惟高视当世，即古代亦所罕见，跨灶出蓝，尚其小者。其所著《谈艺录》（开明书局出版）乃诗话之精英，《石遗室诗话》视之有逊色，则以其西学根柢湛深，融会贯通，取精用弘，遂尔陵铄一代。公喜为诗（可设法谋取一读），细玩之当获益匪浅也。

为推崇儿子，不惜贬低父亲，胡先骕献的也算"殛鲧用禹"之策了。卢弼读完《谈艺录》，对钱锺书更加佩服，于是借赠书建立联系。从明处看，是钱基博把卢弼介绍给钱锺书的；而从暗处看，钱基博介绍得不太情愿，并且出大力者另有其人，卞孝萱或许知道内情，所以才会说"不是基博介绍锺书与卢弼通信的"。

钱锺书八封书信中的七封，可确定为一九五五年五月至八月间所作，只有拒绝卢弼修改序文建议的"十一日"信稍晚一些。卢弼在通信中屡求唱和，工作忙碌的钱锺书庄谐杂出，予以婉拒，最终在一九五五年旧历七月撰成《慎园诗选》跋文，后被卢弼用为序言，于一九五八年油印行世。

钱锺书信中录赠给卢弼的几首诗作（除下引二首外，尚有海王村拍卖公司二〇一七年秋季拍卖会拍卖的《置水仙种于瓦盆中覆之以泥花放后赋此赏之》二首，《槐聚诗存》系于一九五六年），为观察《槐聚诗存》提供了新视点。

初次通信，钱锺书即抄赠"近作一律"，卢弼读后诗兴遄发，叠韵九首，均见《慎园诗选》卷十。钱诗云：

闻叔子多病予亦有患苦赋怀却寄

大患徒参五蕴空，相怜那问病相同。眼如安障长看雾，心亦悬旌不假风。因疾得闲争似健，以身试药恐将穷。与君人世推排惯，白发何须叹未公。

这首诗在《槐聚诗存》中系于一九六六年，题为"叔子书来自叹衰病迟暮余亦老形渐具寄慰"，诗句也有较大变动，颈联改作"委地落花羞飞絮，栖洲眠鹭梦征鸿"，有学者将此诗境与"文革"联系起来（蔡文锦：《钱锺书先生一九六六至一九七四年的诗歌注释》），今天看并不准确。近有学者据《吴宓日记》一九五六年十一月八日记"眼如安障长看雾，心亦悬旌不待风"一联，指出诗作于一九五五或一九五六年，被误置于一九六六年（"或有意如此"。毕天普：《钱锺书〈槐聚诗存〉笺说》），现在知道实作于一九五五年五月之前。这能否说明《槐聚诗存》的编年并非完全准确？孤证不立，钱锺书致卢弼书信还提供了另一个例子。"六日"

信中说"近作一律,别纸呈粲正",诗云:

寻诗答冒叔子

寻诗争似诗寻我,伫兴追逋事不同。巫峡猿声山吐月,灞桥驴背雪因风。药通得处宜三上,酒熟钩来复一中。五合可参虔礼谱,偶然欲作最能工。(《见字如面》一一七五号)

此诗收入《槐聚诗存》时题目改为"寻诗",系于一九四九年,而"近作"之"近",则是一九五五年的年中。这是《槐聚诗存》系年再次失误,还是所谓"近作"仅为敷衍之辞?若是前者,《槐聚诗存》的编年问题值得进一步探究。

読书短札

吴梅村的八首"佚诗"

陈 腾

吴伟业《物幻诗》问世之后,唱和者络绎不绝。个中缘由,当如程穆衡所言:"物幻诗格,实创于此,非惟工丽,兼之每首具有寓意。"明清易代之际的文人心事,通过唱和步韵的方式微妙地传达。有趣的是,梅村诗集诸本所收《物幻诗》,分作八题,每题一首,唯有端木蕻良所藏抄本独异。在《吴梅村佚诗八首》这篇文章里(《文汇报》一九五七年四月一日),端木称在厂甸买了一部旧抄本,不仅"笔致流动",而且《物幻诗》共有八题,题下各二首。这一抄本今已不知所在,但是较之刻本多出来的八首诗,向来被视为吴梅村的重要佚作,专治吴诗的学者也无异议。

不过,这八首"佚诗"用典与吴梅村原诗重复,颇启人疑窦。近日乱翻褚人获《坚瓠八集》,发现卷一"物幻诗"条至关重要,其文云:"吴梅村先生,有物幻八诗。……随物肖形,丽而不纤,久已脍炙人口。近于友人处,复得前题八咏,亦巢先生所作,今录于左:故事良辰讵可违,巧装新样出闺闱。剪将筐上飞蛾蜕,制就钗头猛虎威。缕缕丝皆同豹饰,斑斑文遍缀蚕衣。形摹毒势真能肖,缚艾徒传挂户扉。"这里虽然仅录其一,然足证其文意长。如"蜕"字,端木本讹作"脱";"形摹毒势",端木本讹作"形模案势"。

可见,一直被当作吴梅村佚作的这八首诗,其实是清初朱陵(字子望,号亦巢)的和诗。

张宝明

"社员"之间:怎一个"同"字了得?

"社员"一词在现代汉语里意指某一特定组织的成员,特指人民公社社员。二十世纪六十年代有一首流行歌曲《社员都是向阳花》乃是对这一词语的另一注解。这里笔者所说的"社员"则是指二十世纪初以报刊为主体迅猛拔地而起的社团的组成人员。撇开林林总总的概念,我想从近来阅读到的一九三四年发表在《清华周刊》上的一则读者来信说起。

一

二十世纪三十年代,吴宓几经辗转再度回到清华任教。当他读到那篇以"一个学生自治团体编辑的周刊"自慰的纪念号导言,竟将自己曾经为之付出大量精力的《学衡》与北大的《新青年》等刊物相提并论时就坐不住了:"我们试一翻阅以前北大师生创刊的《新青年》《新潮》《每周评论》等,前东南大学的《学衡》《文哲学报》《史地学报》等,其中教员的著作,要占大部。"(李洪谟:《〈本刊二十周年纪念号〉导言》,《清华周刊》一九三四年四十一卷六期)原来,作为学生团体的自办刊物在庆祝二十周年时曾邀请吴景超、毕树棠、吴雨僧等教员为之撰文站台,前两位都已经赴约,唯独吴雨僧的稿子最后竟以"顷见"的形式出现:"文中有'前东南大学的《学衡》'云云,实与事实不符。按查《学衡》杂志,乃私人团体之刊物,与东南大学始终无丝毫关系。此志乃民国九年冬梅光迪君在南京发起,旋因东南大学之教授欲加入者颇不少,梅君恐此纯粹自由之刊物,与学校公共团体牵混,而失其声光及意义。故径主张停办。民国十六年冬,重行发起,社员咸属私人同志,散布全国。其中仅有三数人(在社员中为少数)任东南大学教职,然本志历来各期即已宣明'与所任事之学校及隶属之团体毫无关系',盖学衡社同人始终不愿被人误认与东南大学或任何学校为有关系也。"(吴宓:《〈学衡〉杂志编者吴宓先生来函》,《清华周刊》一九三四年四十一卷七期。以下简称《来函》)为一句话而发生那么多喋喋不休的笔墨官司,这不能不是当事人对这个"说法"的在意。要知道,这些文字还不算,下面的经济流水账精确到几分几角的交待更是让人不能不抱有更多的疑心或说好奇。

极力与所谓的"学校""团体"以及带有哪怕一丁点儿派系性质的组织撇清关系,构成了作为同仁杂志的《学衡》之一大显著特点。这不禁让人联想到它的"冤家"《新青年》当年的做法。当一九一九年新文化运动进至高潮之际,《新青年》同仁的挺身而出则显示出了很强的责任担当:"近来外面的人往往把《新青年》和北京大学混为一谈,因此发生种种无谓的谣言。现在我们特别声明:《新青年》编辑和做文章的人虽然有几个在大学做教员,但是这个杂志完全是私人的组织,我们的议论完全归我们自己负责,和北京大学毫不相干。"(《〈新青年〉编辑部启事》,《新青年》六卷二号,一九一九年二月十五日)在刊头专门发表声明否认与北大有"关系",且重点强调其"私人"性,这对多年将北大作为重要支撑的《新青年》来说多少有些难言之隐在里面:"本志同人本来无罪,只因为拥护那德莫克拉西(Democracy)和赛因斯(Science)两位先生,才犯了这几条滔天的大罪。……若因为拥护这两位先生,一切政府的压迫,社会的攻击笑骂,就是断头流血,都不推辞。"(陈独秀:《本志罪案之答辩书》,《新青年》六卷一号,一九一九年一月十五日)其实,主撰铮铮誓言中有着难以启齿的辛酸。

这里的"同人"就是因为以"德赛"两先生为圭臬才招致了洪水滔滔的四面围堵,以至于连累到了北京大学。于是也才有了对《新青年》私人性、同仁性的反复强调与承担。

其实,一九一九年《新青年》主撰们(这时体制上已经是轮流编辑)对"公私"的划界并不是心血来潮后的一时冲动。我们看到,早在一九一五年还叫《青年杂志》的时候这样的算计就已经开始了。就当初杂志创刊时一人独当以及与出版商的讨价还价过程来看,其私人的、市场的"资本"运作成分显而易见。以陈独秀这位刚刚从日本回国的海归而言,他的山盟海誓简直有"空手套白狼"的异想天开。因此,尽管他信誓旦旦地向对方承诺了从编辑到营销的一揽子工程,但想说服老板提供"免费的午餐"办一份让"全国思想都改观"的划时代杂志可并不那么容易。若不是亚东图书馆老板汪孟邹的穿针引线,以及当事人具有前瞻性的市场经营与资本运作理念让出资人动了心,群益书社的陈子展、陈子沛这两位"资本家"兄弟(陈独秀语)是不可能轻易答应每期拨付二百大洋的编辑费用的。正是在"股份"意识的驱动下,《新青年》才有了从门可罗雀到门庭若市的局面,这不但体现在"经济"上,也彰显在"社会"上,可以说是"双赢"(张宝明:《"公同担任":"精神股份制"打造的"金字招牌"》,《探索与争鸣》二〇一五年八期)。不难看出,《新青年》从一人"主撰"到"公同担任"之轮流编辑,私人性与生俱来,同仁性日后形成,最为关键的还是其中的"社员"尽管有着"朝着一个方向走"的同气相求(李大钊语),但本质上还是各自为战、在野一方的联邦式团体。进一步说,尽管鲁迅曾说过"听将令","与主编采取一致的步伐",但实际上"更像是某一焦点时刻的群众集会:有大致的趋向,却说不上'步调一致'"(陈平原:《学问家与舆论家——老北大的故事之三》,《读书》一九九七年十一期)。

正是在这一意义上,"社员"在这里可以打通。

二

　　如果将《学衡》与《新青年》的属性比较一下就不难发现,"咸属私人同志"的"社员"意识在后者随着时间的推移不断强化。前者以"总编辑"（吴宓自封）的说法为典型,后者则以"主撰"（陈独秀自命）为代表："本志具体的主张,从来未曾完全发表。社员各人持论,也往往不能尽同。读者诸君或不免怀疑,社会上颇因此发生误会。现当第七卷开始,敢将全体社员的公同意见,明白宣布。就是后来加入的社员,也公同担负此次宣言的责任。但'读者言论'一栏,乃为容纳社外文字异议而设,不在此例。"（陈独秀：《本志宣言》,《新青年》七卷一号,一九一九年十二月一日）对此稍加分析不难看出,当初"各人持论"的"不尽相同"是本然的真实,现在的"公同意见"则是带有一种事后强加的撮合意味了。"后来加入的社员"也"公同担负"则进一步佐证了这样别有的一番意味。在四面楚歌的情境中抱团取暖固然可以理解,但这样的抱团往往事与愿违,如同手中的沙子,攥得愈紧就愈可能留下的只有一小撮。

　　如此看来,一方面其与《学衡》所坚守的一贯主张不谋而合："此纯粹自由之刊物",若与"学校公共团体牵混,而失其声光及意义"（《来函》）。这与"社员"同仁尤其是主事者的初衷相违,也是吴宓、梅光迪等人最为忌讳的。这从《学衡杂志简章》上的公然申明中可以看得非常通透："本杂志由散在各地之间同志若干人,担任撰述。文字各由作者个人负责,与所任事之学校隶属之团体,毫无关系。"除文字自负之外,个人之自由与责任统一分明。另一方面也要看到,如果说《学衡》办刊理念中参与撰稿者即为"社员"的人人自负（责）原则和《新青年》创刊伊始时的情况有着高度的契合与吻合,那么后来《新青年》在"索性任其分裂"的无奈下则走向了一种与《学衡》截然不同的道路。这种无奈来自从松散（自由）联合体到绑架式（责任）共同体的转变。由"私"到"公",从"自然"到"必然",两个杂志的同途殊归则有不可逆转的宿命。

　　作为五四时期的一代名刊,《新青年》(包括后来的《学衡》)与其他刊物的重要区别就在于其同仁性,这个同仁性的最亮底色则是可以向一切"财大气粗"者说"不"。在这个可以说"不"的背后,隐含的命题则是不依靠任何财团扶持,更不仰仗任何势力做靠山。唯有这样的自食其力才能自说自话,自作主张地将思想传播出去。在强调"同仁"性质的背后,无形中也就与后来非同仁时期的"同志"式机关刊物拉开了距离。

　　不过,需要说明的是,如果将一九二二年出版的九卷五十四期与后来者硬性划出"同人"和"同志"的楚河汉界,则又有违历史真实。对此,我们可以从这一新文化元典的渐进过程找到依据。

　　就让我们从主撰陈独秀对资本家的痛恨开始说起吧。

　　我们知道,《新青年》创刊伊始完全是凭着陈独秀独当一面的精气神拿下场子的。约稿、经营、发行,不一而足。从编辑部北上招股的"大计划"到南下重组"新青年社",《新青年》的打理历经了经济上的募股与精神上的入股这样一个极具私人性的过程。这也是笔者之所以将其称为"精神股份制"联盟的根本原因。一九二〇年九月一日,几经酝酿后"新青年社"正式挂牌。八卷一号的《新青年》正式与相依为命的群益书社分道扬镳。这是八月二十二日《新青年》编辑部在渔阳里成立"上海社会主义青年团"之后又一大举措,而本卷《谈政治》就是公然表明自己的信仰的宣言书。从信奉资本的"知本家"作俑,到反抗资本家(阶级斗争)直至与群益书社老板决裂,陈独秀始终走着一条知行合一、言行如一的道路。这条道路也就是在不断否定自己的过程中前行,因此也就有了"终身反对派"的称号。

　　应该说,一九二〇年是《新青年》内外交困的一年。先说其与群益书社的外部官司就让主事者心烦意乱。五月七日,陈独秀写给北京同仁胡适、李大钊等人的信札足见其心急火燎的心态:"现在因为《新青年》六号定价及登告白的事,一日之间我和群益两次冲突。这种商人既想发横财,又怕风波,实在难与共事,《新青年》或停刊,或独立改归京办,或在沪由我设法接办(我打算招股自办一书局),兄等意见如何,请速速赐知。"鉴于胡适决意反对外部"招股",陈独秀作为关键的少数也只好多次信件周旋:"我对于群益不满意不是一天了。最近是因为六号报定价,他主张至少非六角不可,经我争持,才定了五角;同时因为怕风潮又要撤销广告,我自然大发穷气。冲突后他便表示不能接办的态度,我如何能去将就他,那是万万做不到的。"最后又加上一句颇有卸磨杀驴意味的话:"群益欺负我们的事,十张纸也写不尽。"原来,七卷六号"劳动节专号"加印纸张却不加价已经让群益老板大为不满,加之杂志内容由丰富变成单调,成本和发行的不成正比自然让资本家甚为不快。尽管汪孟邹这位牵线搭桥的"红娘"再度出来穿针引线也无济于事,在群益为之"诉讼"后,抱着"免得我们读书人日后受资本家压迫"的主撰决意自行其是:"本志自八卷一号起,由编辑部同人自行组织新青年社,直接办理编辑印刷一切事务……八卷一号以前的事,仍由群益书社负责。……特此预先声明,以免误会。"这一发布在《新青年》八卷一号《本志特别启事》的声明宣告了一个历史时段的终结。

与"外患"同步进行的还有一个让陈独秀挥之不去的心忧:那就是伴随着《新青年》名分的争执以及同仁的分崩。就在为《新青年》是否独立出版的"招股"事宜绞尽脑汁的同时,陈独秀也还在为"招人"殚精竭虑。四月二十六日写给北京的胡适、李大钊、鲁迅、周作人等十二人的征求《新青年》何去何从的意见信已经将杂志"内忧"暴露无遗:"本卷已有结束(指七卷六号——引者注),以后拟如何办法,尚请公同讨论赐复:(一)是否接续出版?(二)倘续出,对发行部初次所定合同期已满期,有无应与交涉的事?"这封信最为关键的还是第三个"编辑人问题"的询问,问题的关键不在于是不是"在京诸人轮流担任""在京一人担任"以及"弟在沪担任"的三选一(水如：《陈独秀书信集》，新华出版社一九八七年版，252页)，这一在主意已定的前提下的"过场"同仁们其实心知肚明。从其相继邀请陈望道与沈雁冰等这些之前没有"精神股份"参与的"陌生人"享用这一"金字招牌"的情形看，北京同仁还有着一种酸葡萄心理。这在鲁迅"不必在乎这样一个金字招牌""索性任其分裂"的"天要下雨"之言不由衷的流布中不难想见。

要知道，此时胡适们的"联合抵制"已经由硬抵抗变成了冷战式的软抵抗。于是也就有了上海的"非北京同仁多做文章不可"的要求与北京同仁对《新青年》的等米下锅之袖手旁观的局面。表面上要求"多做"，而内心则是对不合"机关"题意的冷作，这就是历史表象背后的内在真实。一九二一年一月陈独秀委托陈望道汇给胡适的一个明信片可以发现其中的秘密："来函敬悉，大作已载《新青年》八卷五号了。《新青年》内容问题我不愿意多说话，因八卷四号以前，我绝对是个读者，五卷以后，我也只依照多数意见进行。"连胡适的只有几行字的《梦与诗》和《礼》两首白话诗这样杯水车薪的文字也登不上《新青年》的"大雅之堂"。这不是两陈之间的踢皮球戏法作祟，就是老陈的"甩锅"作怪。进一步换位思考，在上海这已经是分明的不换思想就换人做派；在北京则是"不换人就换思想"的纠缠。

在这个意义上，同为社员，但在"同仁"和"同志"之"同"字上，两个编辑部还有着自我的内在演绎。

三

以上之所以用大量篇幅陈述了《新青年》的由"私"到"公"的演绎，目的还是要说清楚一个历史真相：《新青年》从同仁性到同志性有一个渐变的过程，不是一夜之间一蹴而就、华丽转身的。其实，从一开始就存在这样一个"色彩"不断染浓的过程，只是随着一系列历史事件的发生以及内在张力的凸显,"新青年"这样一个精神团体很快膨胀起来,以至于五四新文化运动进至高潮后,在《新青年》编辑部"招股"与"招人"双双不利的情形下,加快了同志性、机关化的进程。时至一九二二年,在刊物作为前机关或说准机关刊物运作一段时间之后,停刊后的《新青年》在原有的炉灶上再度点火升级,走向一个既有传承又有创兴的刊物。

这样说,我们再度想到了它的对头刊物《学衡》。应该说,在原初意义上,私人性、同仁性以及由此而来的公共性乃是两个刊物的根本特征。只不过,《新青年》分为两个阶段,《学衡》则始终如一。对《学衡》,万变不离其宗,无论岁月如何改变,无论人员如何走马,但是始终不变的是其初心:"昌明国粹,融化新知。"这也是创始人之一的吴宓之所以痴心不改且有一种"斯文在兹"的自信的原因:"《学衡》社的是非功过,澄清之日不在现今,而在四五十年后。"(华麓农:《吴雨僧先生遗事》,收入黄世坦编:《回忆吴宓先生》,陕西人民出版社一九九〇年版,58页)正可谓:勿悲切,即使白了少年头!

看来,如何处理好时代性与历史性关系这个命题,一直都是思想史家无法推卸的使命和责任。具体到《学衡》与《新青年》的"人"的境况,不由得让我们想起阿伦特、哈贝马斯、韦伯等给出的那个关于"私人领域"与"公共领域"的命题。以马克斯·韦伯的叙述为例,"一个私人集合而成的公众的领域",至少在国家与社会之间充当了"公开批判"的"政治讨论手段"。或许正是这样的"讨论"才能真正实现社会的开放及其转型的加速([德]尤尔根·哈贝马斯:《公共领域的结构转型》,曹卫东等译,学林出版社一九九〇年版,196页)。如果回到中国,"百家争鸣"之前的情形就值得回味:"在周朝前期社会制度解体以前,官与师不分。换言之,某个政府部门的官吏,也同时就是与这个部门有关的一门学术的传授者。这些官吏,和当时封建诸侯一样,也是世袭的。所以当时只有'官学',没有'私学'。这就是说,任何一门学术都没有以私人身份讲授，只有官吏以某一部门成员的身份才能够讲授这门学术。"（冯友兰：《中国哲学简史》，北京大学出版社二〇一三年版，33页）果然，二十世纪初年科举取士结束后的百家争鸣，使得"私学"和"官学"两分的开放时代得以再现。

二〇二二年是《学衡》杂志创刊一百周年，回想起它与《新青年》两家海归社员们各自为战的历史世界，禁不住写下这些话："和而不同"与"同而不和"是孔老的谆谆教诲。但回到百年前的两家编辑老店，又岂一个"同"字了得！在"同"与"和"的两种关系上，或许还有另一种不得其解的纠缠：不同，也不和。

（《斯文在兹：〈学衡〉典存》，张宝明编，华东师范大学出版社二〇二一年版）

北窗读记

李阳冰生年　　刘涛

书法史上，李阳冰篆书独步唐朝，与秦朝李斯并称"二李"。

李阳冰生年不详。晚唐舒元舆《玉箸篆志》盛赞李阳冰篆书，说他生于"皇唐开元天子时"。朱关田《中国书法史·隋唐五代卷》推测：李阳冰"约生于开元九年、十年（七二一、七二二）"。

北宋朱长文《墨池编》卷　收录李阳冰《上李大夫论古篆书》，自称"年垂五十"，"愿刻石作篆，备书《六经》，立于明堂，为不刊之典，号曰《大唐石经》"。又说"皇唐圣运，逮兹八叶，天生克复之主，人乐维新之令"。按，唐高祖至代宗正"八叶"；安史之乱（七五五至七六三）在代宗朝得以平息，则"克复之主"乃指代宗，可知李阳冰《上李大夫论古篆书》作于代宗朝。

李阳冰所说"李大夫"，即朱关田所指"苏州刺史兼御史大夫李涵"。《旧唐书·李涵传》载：李涵"简素恭慎，有名宗室"，代宗"大历六年（七七一）正月为苏州刺史、兼御史大夫，充浙江西道都团练观察等使。十一年（七七六）来朝，拜御史大夫"。按此，李阳冰撰《上李大夫论古篆书》当在大历六年正月之后、十一年某月之前的五年间。那么，即使李阳冰上书在李涵任命为苏州刺史的大历六年，以"年垂五十"上推四十九年，李阳冰生年不会早于玄宗开元十一年（七二三）。

李欣荣

一九四三年陈寅恪的中山大学之行

抗战军兴以后,沿海高校纷纷内迁,开始流徙不定的非常态办学。广州中山大学自一九三八年十月播迁,先经粤西罗定,复迁云南澄江。一九四〇年八月,在代理校长许崇清主持下,中大启程回迁粤北乐昌县的坪石镇。至十二月,全体师生经过滇、黔、桂、湘数省安抵坪石,并于次年一月正式开课。

坪石地处乐昌县的西北角,北邻湖南宜章县,南通广东乳源县。粤汉铁路在镇圩西南四公里处经过,设坪石站,附近兼有武水航运,与战时省会韶关城水陆相通,交通甚为便利。当地宗祠、会馆、民宅被校方租作教室、宿舍,因师生人数众多而不敷使用,各院系只能在以镇圩为中心的方圆百里内分散办学。

中大之后,岭南大学农学院、培正中学、培道中学(联合设立培联中学)等广州学校也相继迁来,中大教授吴康又在此创立中华文法学院,使得坪石弦歌不辍,成为粤北著名的文化中心,与同处南岭的文化城桂林交相辉映。引人瞩目的是,抗战时期南岭的崇山峻岭之间,各地学校的学术交流密切,田野考察频繁进行,呈现出和平时期难得一见的"山中"文教兴旺的历史场景。一九四三年夏天陈寅恪从桂林坐火车穿行于南岭,冒险赴坪石讲学,生动诠释了这段历史的特殊性与丰富性。

一

一九四三年六月三十日，已执教广西大学一年的著名史家陈寅恪，在学生李坚的陪同下抵达坪石中山大学。陈氏此行以文科研究所特约教授的身份讲学一周。历史系刊物《现代史学》报道当天盛况，"全所同学郊迎十里，亲赴车站迎接"。次日，研究所主任杨成志开会致欢迎词，其中有誉陈氏为"友机照明弹"句，感谢其长途跋涉，冒险来坪讲学。

其时研究院设在坪石镇圩。下属的文科研究所分为中国语言文学部和历史学部，共有专任教员七人，兼任两人。文学院在镇圩旁之铁岭，包括中文、外文、哲学、历史诸系，共有专任教师三十五人，助教十人。相较文学院，研究所的师资显得尤为薄弱。

一九四二年六月陈寅恪从香港抵达桂林，中大闻讯即聘其为研究院教授。七月一日，郑师许教授受杨成志委托，由研究所先行垫支四百元旅费，前往桂林邀请陈氏来坪任教。校方以"敦促新聘教授来校，尽可用函电商议，且事前未向校方报告"，并未发还垫支旅费。九日，院长崔载阳提出陈氏乃"国内著名学者，聘请不易"，特别为其申请旅费一千五百元，但校方以"经费奇绌，似难照办，且以前亦无付过是项费用"为由否决此议。杨成志、崔载阳等人深知陈寅恪来校任教的学术价值，尽力邀请，但校方恪守程序未能通融。其时陈氏患病，此次邀请终未成功。

九月，校方改聘陈氏为特约教授。主任杨成志以陈氏"学长文史，名蜚中外，为我国文史学家之威权者"，提出颇优厚的聘任条件，令其最终受聘。中山大学档案显示，聘期从一九四二年八月至一九四三年七月，校方每月致送讲学礼金四百八十元，陈氏每学期来所讲学一次，由积存礼金一次性致送讲学旅费两千四百元，余款四百八十元作为招待之用。陈寅恪本拟一九四二年十一月下旬前来而未果，此次来坪将两次讲学并作一次。虽然不符当初的聘任条件，

99

中大仍以两次经费的总和五千七百六十元接待陈氏，并将旅费先行汇至桂林。杨成志申请经费时强调："此关系本大学延揽著名学者及尊师重道之举！"

七月一日的《国立中山大学日报》这样介绍陈寅恪："氏以专门研究南北朝史、隋唐史与以梵文比对汉译佛经，及精通十余种语言文学，蜚声中外，其专门著作因欲矫今日轻易刊书之弊，甚少刊行，仅出版《唐史概要》一书。其重要论文散见《清华学报》及《中央研究院历史语言研究所集刊》。"这篇报道的认识相当到位。特别是提到《唐史概要》一书（初名《唐代政治史略稿》，出版时改为《唐代政治史述论稿》），一九四一年底大体方告完成，自序作于一九四二年七夕，初版由重庆商务印书馆刊于一九四三年五月，显示文科研究所方面对于陈氏研究动态相当了解。

其时文科研究所以杨成志为首，与钟敬文、容肇祖、岑麒祥等教授皆是偏向研究少数民族的语言、文化或下层民俗、思想等方面，创办的《民俗》季刊颇有影响；朱谦之的"现代史学"派（包括陈啸江、陈安仁、董家遵等），注重现代史、社会史和经济史的研究，皆与陈寅恪的研究方向相距较远。

文科教师中，与陈氏有旧、渊源最深者，当数罗香林。罗氏毕业于清华大学历史系，本科毕业论文《客家源流考》得到陈的指导与肯定。随后升读清华研究院，兼在燕京大学研究院肄业。毕业后长期任教中山大学，随迁澄江，再返坪石。一九四二年一月以留职停薪的方式离开中大，至重庆讲学，与傅斯年、顾颉刚等发起"中国史学会"。中大对陈寅恪动向之了解，似与罗香林有关。关于陈氏此次长途讲学，罗香林后来回忆："陈师以迁在粤北的中山大学，坚约他前往演讲，乃由桂林搭火车，经衡阳至坪石，住了几日。"事后，中大的旧同事还告知罗氏：陈寅恪在演讲中提及推荐罗撰写《唐太宗传》之事，末说："我料罗先生于开始撰作时，对李唐皇室的姓氏问题，也必极难下笔：到底依照老师的说法好呢？还是依照岳丈的说法呢？"说完便哈哈大笑。因为罗香林岳丈朱希祖坚信旧史官书所言，认为李唐皇室父系出自陇西李氏，而陈寅恪《唐代政治史述论稿》则论证李唐皇室或是北魏李初古拔之后裔，或出自赵郡李氏"破落户"。两说相左而学界意见倾向于陈，如王育伊在《燕京学报》的书评指出，"此千余载史家未发之覆"。陈寅恪对于前辈朱氏的诘难心知肚明，却私交仍笃，罗香林身处其间并不为难。

蒋天枢《陈寅恪先生编年事辑》引陈流求笔记："父亲曾冒轰炸的危险，到粤边坪石当时的中山大学临时校址短期讲课。"其时右眼失明、行动不便的陈寅恪接受中大研究院的礼聘，冒险行此次讲学之旅，原因耐人寻味，此须追溯其在广西大学的教研状况才能明了。

二

一九四二年六月陈寅恪携妻女历尽艰险，从香港经广州湾抵达桂林。其本拟继续入川，至李庄史语所与傅斯年会合。然其抵桂以后两月卧病在床，困居旅社。尝作诗赋此境遇："不生不死欲如何，二月昏昏醉梦过。残剩山河行旅倦，乱离骨肉病愁多。"遂决定暂留广西大学一年，任教法商学院政治系，并请中英庚款会出资设一讲座，每周三小时，以补贴个人收入。

一直力劝陈氏迅速入川的傅斯年对此甚为不满，认为这是囿于出身广西名门的陈夫人唐筼之故。傅在信中有言："兄今之留桂，自有不得已处，恐嫂夫人在彼比较方便，但从远想去，恐仍以寒假或明年春（至迟）来川为宜。"同时因陈氏未到李庄，傅斯年坚决反对核发其专任研究员薪水，不惜以去就相争，力主沿用自一九二九年以来的办法：以专任研究员名义支取兼任研究员薪水。

其时武汉大学资深教授张颐去信傅氏，请其允许陈氏离职史语所，让其过来主持研究所工作。傅氏特将致张颐回信抄与陈氏一观，其中有数言颇形突兀:"寅恪历年住港,本非其自愿,乃以其夫人不便入内地,而寅恪伦常甚笃,故去年几遭危险。今寅恪又安家在桂林矣。"又谓:"为贵校办研究所计,寅恪先生并非最适当者,因寅恪绝不肯麻烦,除教几点钟书以外,未可请其指导研究生(彼向不接受此事)而创办一研究部,寅恪决不肯'主持'也。"

傅与陈既是姻亲,又是同学兼同事,此事处置在人情上稍欠斟酌,不但向外人点破其猜测的夫人因素,而且有断绝陈氏去往高校之意。傅斯年稍后致信中研院总干事叶企孙说明此事经过,亦意识到此言不妥,"弟或有得罪寅恪太太之可能也"。

陈氏回信虽然赞同傅之决定(此前已速将专任聘书寄还),对于不肯指导研究事亦未反驳;但却"声明"滞留桂林乃是出于己意而非唐筼,"内人前在港,极愿内渡;现在桂林,极欲入川。而弟却与之相反,取拖延主义,时时因此争辩"。

陈寅恪在信中强调拖延入川乃为生活所迫:"现弟在桂林西大,月薪不过八九百元之间,而弟月费仍在两千以上,并躬任薪水之劳,亲屑琐之务,扫地焚(蚊)香,尤工作之至轻者,诚不可奢泰。若复到物价更高之地,则生活标准必愈降低,卧床不起乃意中之事。"仅以住所为例,陈氏任教广西大学一年,前半年居良丰山中的"雁山别墅"(陈氏命名)。陈美延后来回忆所谓"别墅"之简陋,有一次风雨来袭,竟将厨房的墙体吹倒,幸未伤人。后半岁迁入校内条件较好之"半山小筑"。多年以后,唐筼写下诗作《忆故乡二首》。第一首《忆良丰山居》:"日暖桂香穿涧树,夜深枫影上帘栊。山居乐事今成梦,欲再还山只梦中。"第二首《忆半山小筑》:"群鸡啄食竹篱下,稚女读书木榻前。此是雁山幽胜景,名园回首已风烟。"可见其时物质生活甚为艰苦,但唐筼身在故乡,精神上颇为放松,有益其心脏病之疗养。

对于陈寅恪而言,居住桂林最大的不便在于无书可读。桂林虽有战时文化城的美誉，但是广西大学缺少中古史研究可用之书。其致傅信有云："弟在此无书可看，但翻阅四库珍本中宋（集部）耳，所以思入蜀。"其时四川岳池陈树棠的"朴园书藏"向大学师生和外来学者开放，林森、于右任、郭沫若、张澜等名流赋诗品题。陈氏亦有诗寄题："沧海横流无处安，藏书世守事尤难。朴园万卷闻名久，应作神州国宝看。"透露出战时陈氏对于研究书籍的渴望之情。

正因为战时无书可读及自身藏书的散失，陈氏无法撰写窄而精的专题论文，而开始着手通论性的著作，先后完成《隋唐制度渊源略论稿》与《唐代政治史述论稿》两部名著。陈氏经历了抗战五年的乱离岁月之后，对于指导与提携后学变得不遗余力。抗战前，陈氏闭门著书，不理外事，亦如傅斯年所言甚少指导后学。但是到达桂林以后，情况大不相同。罗尔纲其时作为中研院社科所的助理研究员，因工作关系在桂林旅馆暂住。陈氏看到住客牌便主动过访。陈氏逐篇评论其考证文章，从晚上七点半一直谈到十一点旅馆关门。罗尔纲事后"深感荣幸，也极感惊奇。陈先生是研究教导隋唐史和撰著文学考证的。我研究的太平天国和他距离那么远，我又不是他的学生，他为什么这样关心我的著作呢？"陈美延亦注意到其父在山上散步时，如果遇到研究所的同事，"则会站着谈个不休"。这在战前的清华园，恐怕难以想象。若细心梳理陈氏的酬应文字，不难发现，为后学陈述、朱延丰、邓广铭、姚薇元、张荫麟写序跋或挽诗，均在桂林时期。失明、无书和战争，明显改变了陈寅恪待人接物的方式。

三

陈氏在广西大学一年合约期满之时前往坪石，除了履行特约教授的职责，恐怕还有考察中大环境，考虑能否安身之意。如果合适，则可免长途跋涉入川之苦。就书籍而言，文学院所藏中西图书、杂志数量达一万五千多册，虽不如史语所的十三万余册，但似优于广西大学"无书可看"。不过，中大教师在坪石的生活极为艰苦。容肇祖的教授工资每月三百六十元（一九四三年七月升至四百二十元），战后向乃师胡适诉苦，在粤北中大"敝衣鹑结，风雨敝庐，这样的又经历三年"。陈氏来坪固然可得优待，恐怕也是改善有限。更关键的是，坪石地处粤汉铁路入粤之要冲，日军若要打通大陆南北交通线，坪石肯定不能幸免。一九四四冬的豫湘桂战役导致中大再次迁徙四散，也印证了这一点。作为行动不便、挈家带口的长者，陈氏为安全考虑，入川可能才是长久之计。

陈寅恪此次讲学以"魏晋南北朝史研究"为主题，原定在研究所演讲五次，分别为：一、《五胡问题》；二、《清谈问题》；三、《魏晋南北朝读书方法之一——合本子注》；四、《南朝民族与文化》；五、《宇文泰及唐朝种族问题》。张为纲时为中大语言学系讲师，兼文科研究所研究员，将前两场的讲座记录刊于报端（收入《陈寅恪先生编年事辑》附录），名为《五胡问题及其他》与《清谈与清谈误国》，且附言云陈氏演讲只有两个专题。考虑到陈氏在坪石只是逗留一周，其中还有两天赴曲江，参观与唐代佛教极有关系的南华寺，很可能因为时间仓促，而将后三讲省略了。

抵坪之次日，陈寅恪首讲《五胡问题及其他》，内容为匈奴、鲜卑、羯、氐、羌等胡人的种族问题。《国立中山大学日报》报道：陈氏演讲"语气透辟，阐发无遗"。研究所诸教授、研究生为此开展讨论，"一时论学空气极为浓厚"。张为纲的听讲记录有一段相当重要，今引用如下：

> 羯人石姓，系以居石国得名。……羯人与欧罗巴人为同种，其语言亦属印欧语族，尤以数词与拉丁文近，仅"萬"字系自汉语借入，读若Tinan。此由汉语"萬"，古本为复辅音，如"蠆""邁"二字声母之别为"T""M"，即系由此分化而成。今藏文"億"为Hman，"H"即"T"声变；俄语"萬"

为 Toman，则又自蒙古语间接输入者也。

这是从"萬"的古汉语、拉丁文、藏文、俄语和蒙古语等语言比较入手，证明羯人与欧罗巴人同种，其语言亦属印欧语族。值得注意的是，一九三五年秋天周一良第一次往听陈氏课程，内容正是五胡的羯人，"论证羯族来源及石氏出自昭武九姓的石国，谨严周密，步步深入，尤其涉及中亚各族问题，为我闻所未闻"。陈氏展现出的比较语言学之卓识令其折服。若比较万绳楠整理的一九四七至一九四八年陈氏《魏晋南北朝史讲演录》，在羯人部分，却看不到利用多种语文论证民族异同的论述。或为陈氏主动略去不讲，也可能因为记录者缺乏语言学知识而漏记。坪石演讲的记录者张为纲专攻音韵训诂学，著有专书《古音探源》，具备相关学养，故能为我们留下重要证据，说明陈氏在四十年代初犹未完全放弃"殊族之文，塞外之史"，而将之作为辅助论证中古民族、文化问题之工具。

有意思的是，陈寅恪在一九四二年十二月为朱延丰《突厥通考》作序时，宣称自己于西北史地之学，"但开风气不为师"。借以告知并世友朋："年来自审所知，实限于禹域以内，故仅守老氏损之又损之义，捐弃故技。凡塞表殊族之史事，不复敢上下议论于其间。转思处身局外，如楚得臣所谓冯轼而观士戏者。"揣测其真意，一方面婉拒评价朱著的学术水准，暗示因为十年前的师生缘分和选题而作序；另一方面，表明自己仍愿对西北史地做局外之观察，但不再专门从事相关的研究。

这一转向背后实有深远的学术思考。在西人东方学的推动下，西北史地的研究已进展到比较语言学的阶段，必须通晓梵、藏、突厥、回纥、拉丁等多种语言，才有可能进入一流研究者的行列。陈寅恪在语言工具上，在国内学者中固不作第二人想，但终不能较西人独擅胜场。而且陈氏已意识到"语文学"治史有其危险性，"许多碑文都是用藏文、回纥等文写的，如无专门的语言学造诣，不小心很易出错，用此类史料必须十分谨慎。本人'愿开风气不为师'"（李涵一九四四年唐史课笔记）。因此其研究领域才会从四裔回归本部，投入"中古以降民族、文化之史"。

陈寅恪在坪石的第二讲《清谈与清谈误国》，讨论魏晋时代"清谈"与政治的源流关系，论及"竹林七贤"和陶渊明等人之事例，内容大致不出一九四五年发表的《陶渊明之思想与清谈之关系》一文（作于桂林，哈佛燕京学社在成都出版单行本）之范围。未曾演讲之第三题《魏晋南北朝读书方法之———合本子注》，可从陈氏《徐高阮重刊〈洛阳伽蓝记〉序》（一九四八年）窥知其主旨。所谓"合本子注"之法，正如裴松之所示："凡承祚（陈寿）所不载，而事宜存录者，则罔不毕取，以补其阙。又同说一事，而辞有乖杂，或出事本异，而疑不能判者，则并皆抄内，以备异闻。"裴注《三国志》、刘孝标注《世说新语》、郦道元注《水经》，均用此法而成名著。第四题《南朝民族与文化》与第五题《宇文泰及唐朝种族问题》，应属隋唐史"两稿"的内容，兹不详论。可见陈氏对于授课讲学，准备颇为精心，所讲皆是研究有素或最新完成之研究，决不肯敷衍了事。

一周以后，陈寅恪结束在坪石的讲学活动返回桂林，八月踏上艰难的入川之路。其与中大的缘分，要等到一九五二年全国高校院系调整，才重新接续，开始其在康乐园最后十八年的跌宕人生。

《文戏武唱》

穆欣欣 著 定价：69.00元

穆欣欣是一位澳门作家。在她眼中，"澳门，是一本历史大书"，于是，在"一首歌，二十年"的岁月流逝间，作者一边说着"十年丰盛，二十年精彩"，一边"说一个澳门故事给你听"……

生活·读书·新知三联书店　生活书店出版有限公司　刊行

李雪涛

跨越中西文学研究的边界
——浦安迪的《中国叙事：批评与理论》

上个世纪末的时候，我在波恩大学汉学系跟着顾彬（Wolfgang Kubin）教授做我的论文，当时上了一门他有关中国文学批评的课程，我做了一个关于《文心雕龙》的报告。在顾彬给我们的重要参考文献中，除了宇文所安（Stephen Owen）的《中国文学思想读本》（*Readings in Chinese Literary Thought*）外，还有就是浦安迪（Andrew H. Plakes）的《中国叙事》（with Kenneth J. DeWoskin, *Chinese Narrative: Critical and Theoretical Essays. Princeton*）。

一

一九七四年一月，美国普林斯顿大学召开"普林斯顿中国叙事理论大会"（Princeton Conference on Chinese Narrative Theory），并于一九七七年出版了最近被译成汉语的《中国叙事：批评与理论》一书。作为中国叙事文学研究的著名学者，时任加州大学伯克利分校汉学系教授的白芝（Cyril Birch）在本书的"前言"中，也提到了一九七五至一九七六年中国大陆的"评水浒批宋江运动"："早在本书付梓之数月前……中国举国上下发起了批判十四世纪小说《水浒传》的运动。中国领导人显然认识到小说对民众心理有巨大影响……充分发掘书中深藏的象征意义。"（中文版 ix 页，以下仅注明页码）

《中国叙事》尽管是由英语世界的专家撰写的一部有关中国文学

的论文集，但它对西方的读者来讲依然具有普遍性的意义：中国文学也是一般意义上的文学。正是浦安迪等学者的努力，使得游离于世界文学之外的中国文学，重新回到了世界文学之中。通过包括华裔学者在内的中国文学研究者的文本分析，英语知识界和民众认识了一个有着西方人同样认同的、有着文学一般特点的文学形态。

《中国叙事》共分为四个部分：前三部分以历史发展的线索，分别论述了不同时期的叙事文学作品，第四部分则是浦安迪有关中国叙事的专论。王靖宇以《左传》为例对早期中国叙事作品的分析，德沃斯金（Kenneth J. DeWoskin）对六朝志怪与小说的解说，欧阳祯从比较文学的视角对中国口头叙事的研究，以上三篇论文构成了对中国早期历史及虚构叙事作品的解读（第一部分）。李培瑞有关《三国演义》与《水浒传》叙事模式的论述，韩南（Patrck Hanan）有关凌濛初"二拍"的深入剖析，芮效卫（David T. Roy）对张竹坡评《金瓶梅》的高度评价，何谷理（Robert G. Hegel）对《隋唐演义》与十七世纪苏州精英文人圈的审美观的梳理，这四篇论文构成了对明代与清初小说的叙事研究（第二部分）。中国叙事文学的集大成者，乃清代中晚期的小说，在这一方面，本书收录了浦安迪本人写的有关《西游记》与《红楼梦》中的寓言研究，黄金铭从视角、准则和结构对《红楼梦》与抒情小说的探讨，高友工有关《红楼梦》与《儒林外史》叙事传统之抒情视野的研究，林顺夫有关《儒林外史》中的"礼"及叙事结构的梳理，夏志清对晚清文人小说《镜花缘》的分析（第三部分）。"它们细致地将化自西方的批评方法与立足于本土文化的批评理论区分开来，虽然前者在批评实践中取得了丰硕成果。"（vi 页）正是通过这些依据一般文学观念进行的中国文学文本的分析和与欧洲文学作品的比较，渐渐让英语世界的读者理解了中国固有的宇宙、自然和人的观念所形成的独特诗学性质，及其与西方文化之间不同的精神和美学意蕴。而这些都是仅用政治寓言或西方的小说诗学理论来简单

"格义"中国文学所无法达到的。也正因如此，白芝指出，这部书的难能可贵之处在于，这些中国叙事文学的研究者探讨了"中国小说本身的规律，这些规律不是外来传统能够强加给它的"（v页）。

二

一般来说，论文集不论在西文还是中文的语境下，都只是少数人阅读的对象，而非大众读物。《中国叙事》可谓英语世界有关中国小说研究的名著，书中除了十二篇相关的研究专论之外，也包括了浦安迪的一篇理论性的论述（第四部分）。这部分的论述涉及六个问题：中国文化语境下叙事范畴的定义；中国叙事传统的泛型及非泛型亚分类；叙事修辞立场的各个变体；叙事结构的诸种模式；人物性格的表现；文本模式与叙事作品意义之关系。他认为有必要将这六个根本问题带入比较文学研究的视野，同时提出几条推测性的思路。

浦安迪在论述中首先提出的问题是作为西方文学术语的"叙事"（narrative）移用到中国文学中是否合适，这一在古地中海文化遗产中起核心作用的"叙事"作为分类标准是否能成为一个面对中国文学文本有效的批评工具？中国传统文论中最接近"叙事"的说法是"直叙"，浦安迪认为，"直叙"仅仅局限于描述一部作品中的文字与其他韵文、散文语体的构成比例。因此，在中文的语境中，专指一种文学文本的模式或类型的"叙事"，完全是一个近现代的文学概念。

相对于公元六世纪的普甲西安（Priscian）将"叙事"分为虚构叙事（narratio fictilis）与历史叙事（narratio historica），浦安迪惊奇地发现，在古代中国从事正史编纂的那批文人，如班固、干宝、欧阳修、高启等，同时从事各种虚构作品的创作。他认为："在中国叙事传统中，无论历史还是虚构，诉诸笔墨的便是真实的，要么忠实于事实，要么忠实于生活，即便事实在叙事转化时明显扭曲，被夸大、加入神魔成分、意识形态遭到歪曲，这一观念始终是转化的基础。"（381—

382页)相比之下,历史书写在古代中国占据了主导地位,浦安迪认为,正是由于这个原因,历史书写在中国叙事文类中取代了史诗,这"不但提供了一整套复杂的文本布局和人物刻画技法,也为洞察世事所含意义提供了概念模式"(383页)。

在浦安迪看来,西方文学传统往往以时间中持续发生的时间序列来认知人的存在,导致将事件视作构成存在的"准实体"(quasi-substantive)。通过持续转向内化、抽象和瞬间的"事件"(events),叙事在晚近的西方传统中变得愈发微妙复杂。而中国传统叙事在构想人类经验时,"往往同样看重事件之间的交叠处和空白处,甚至看重伴随事件的非事件(none-event)。……文本中引人注目的独立事件往往嵌在严密交织的非事件当中,例如静态描写、套话、漫语及众多无关叙事的元素"(385页)。在解释其中的原因时,浦安迪认为,这是由于中国传统思想设定的相互关联的互补范畴——如"阴阳""有无"的倾向。相比于西方传统中的记录者(histor)的"经验论"与创造者(fictor)对文本的操纵,浦安迪以为,中国文学评论中的"实与虚",与其说是认识论问题,毋宁说是一对相关的美学变量。他专门提到清代史学家章学诚(一七三八至一八〇一)对《三国演义》的著名论断:七分实事,三分虚构。因此,在中国古代文学中,历史与虚构叙事的差异最终简化为内容差异而非形式差异:历史写作集中书写国家和公共事务,而小说则覆盖了此外的私人空间。

在论述到"演义"一类的历史小说能够在中国如此流行的原因时,浦安迪指出:"'演义'横跨历史与虚构,便拥有了描绘公共人物之私生活的优势……同时也能够呈现历史不肯多顾之人物的事迹与功业,比如程咬金和牛皋。"(391页)这是以历史事实为基础,增添一些文学细节的演义能够在民间流传开来最主要的原因吧。

不论在西方还是在中国,叙事文学历史发展的总体走向都是篇幅不断增加。浦安迪认为,这些鸿篇巨制的叙事文学作品之所以重要，并不仅在于其浩瀚的篇幅，而且在于其体现出的某种美学品质。在谈到有关西方与中国的区别时，浦安迪指出，西方小说的伟大似乎与史诗有着某种文类关联，而对于中国小说来说，"伟大"这一美学品质令人想到历史写作的宏阔视角。他特别强调说："《红楼梦》《金瓶梅》等作品的特定主题，与英雄叱咤风云、历史意义深刻、恢弘的小说相去万里，可尽管如此，这类小说反复将封闭院落之小宇宙，与院墙之外的宫廷情形或帝国状况相比照，或微妙，或明确，令我们感到了其中暗潜的历史视角。"（393—394页）中国叙事传统在刻画主要人物时，常常会表现出犹豫不决、出尔反尔、立场游移、情绪无常的态度。"迟疑不前的荆轲突然勇决赴死，残忍的政客曹操同时具有诗人的敏感，神一般从不犯错的诸葛亮伤于所选使命的徒然，以及林黛玉阴晴不定的情绪。"（416页）浦安迪认为，这不仅不是中国叙事的不足之处，而正是其特点："这个美学系统并不要求对人类行为的表现能够始终如一。人物刻画如此灵活易变，其实绝非致命的缺陷，反而清晰地表明了一部作品的伟大。"（416—417页）其实人之常态并非一种完美的统一状态，而是其性格呈现出的模棱两可及其行动处于矛盾之中的状态。这也是为什么中国叙事常常重视瞬间（钱穆所谓"别相"）而非发展的或持久的性格特征的原因。与西方英雄主义的"伟大"与"崇高"不同，明清小说更多体现的是日常生活——表现个体人物的焦虑与痛苦，这一时期中国叙事所追求的是普通人性的简朴风格。

浦安迪认为，中国传统美学的基础，是范畴的关联与交叠，正因如此，艺术统一性观念从来就不是古典文学批评的原则。中国叙事往往具有所谓"缀段性"（episodie）——人类经验的"片段"或单元，一部大部头的作品通常缺乏艺术的统一性。如何将这些看似没有关联的"片段"缀连在一起，这在金圣叹是"文法"，在毛宗岗是"妙"，而在脂砚斋则为"秘法"——中国文学传统在确定叙事形态的样式时，往往更注重空间模式，而非时间结构。在浦安迪看来，中国叙事移入中国哲学，其理想的存在是"连绵交替"与"循环复现"的诸种模式之相互交叠。"它是《易经》、道家哲学、阴阳五行观、汉传佛教以及宋明理学的基础；换言之，是整个文学文明的哲学基础。"（409 页）浦安迪以《红楼梦》为例，认为曹雪芹苦心孤诣地将宝玉之乐园中的五位女主角与五行对应起来（黛玉为木，宝钗为金，王熙凤为火，等等）。吴承恩在《西游记》中也利用水、火妖怪的交错关系，以及孙悟空与猪八戒的金木对立，来成就诙谐、精致的寓言，而位于中心的是师父唐僧。无论如何，中国叙事也要达成整体视野，"它们所具备的开阔视野令人得以目睹存在的可知性，而单个短小作品无论如何做不到这一点"（428 页）。中国叙事作品中存在之"隐与显"，可以说一面是具体的人物与事件，一面是经验的一般模式，"二者相互含纳，将意义的整体普遍性提升到更高的层次"（428 页）。

三

以往西方对于中国文学的认识有两种倾向：一是将中国文学作为国情知识来对待，二是将之作为纯粹的消遣。至少我觉得一直到二十世纪八九十年代中国文学给德国民众的感觉是这样的。记得当时波鸿大学的中国文学教授马汉茂（Helmut Martin）曾组织翻译了一系列有关"文革"、伤痕文学的中国当代文学作品，但一般的德国人并没有将之看作文学作品，他们阅读这些作品的目的是了解中国近现代史和当代史。而诸如孔舫之（Franz W. Kuhn）对中国古典小说的德文改写，是一种旨在满足德语读者预设心理的愉悦性通俗文学，大部分德语读者很难予以认真对待。因此我认为，除了有关中国的叙事理论外，浦安迪的这部论文集还具有一种启蒙意义，亦即通过美、中的文学研究者对中国文学作品的分析，让英语世界真正理解，中国文学并不是脱离世界文学之外的另类，从而在根本上改变他们对中国文学的认知。中国文学是世界文学大家庭的一员，并不只是在想了解中国时它才起作用，阅读这些作品同样能感受到一般文学作品给予人的心灵震撼。

《中国叙事》可以说是从世界文学发展的角度对中国文学进行的考察。实际上，即便在西方世界，系统的小说批评理论与具体技法一直到二十世纪五十年代初才开始形成，而用以分析小说风格、叙事方法以及结构模式的批评工具，在其后的二十多年间开始逐渐影响到中国小说研究领域的学者们，"他们热切期望，运用这些工具研究中国传统文学之故事、传奇和历史叙事作品，能够成功地将其中层层意义令人满意地解释出来"（iv 页）。中国文学研究如何实现现代转换，如何恰当运用当代西方文学理论资源解读中国文学，从而在中西比较视野的观照之下，对中国文学的内在丰富性做出具有新意的阐释，我想这正是浦安迪在《中国叙事》中所做的尝试。

《中国叙事》包括前言在内一共十四篇文章，共有十三位作者，其中七位是华裔学者——尽管文章的水准参差不齐，有些是特别深入的研究专论，有些却只是简单的译介性文字，但《中国叙事》本身也构成了一种中西中国文学对话的场域，并且符合巴赫金（Mikhail Bakhtin）的三大要素：共同空间、共识以及共同评价。中国文学从来就不是一个封闭的系统，它一直是一个开放的世界。而浦安迪的终章可以说是前三章的合题（Synthese）。正是从跨文化的文学比较之中，我们不仅能够在两种文学的碰撞中看到文学之间的相互影响，还能从被影响者的反思中捕捉到输出方文化自身所缺失的部分。《中国叙事》所涉及的并非仅仅是传统中国的叙事，而是中西文学之间的双向交流和对话。包括浦安迪、宇文所安在内的这些英语世界的中国文学研究者，不仅拥有一个从自我出发观照他者的视角，同时也具有以他者的眼光来反观自我的跨文化视角。我想这也是为什么时隔四十四年后《中国叙事》重新被翻译成汉语的原因吧。

四

浦安迪通过对中国叙事文学的分析,最终得出了什么样的结论呢?他认为,一般论者所认为的中国小说只关注外部描写,而不深入人物内心的看法是站不住脚的。"多数情况下,小说之所以未能清晰展现特定行为的内在动机,并非作者对人类动机了无兴趣,而是他与读者达成了默契,双方均认为,无需将人类行为之原因写在明处,秘而不宣或许更为有利,因为任何行为都能在所处环境中觅得根由。"(424—425 页)

浦安迪在书中也回答了中国没有真正悲剧的原因。"普遍潜在的意义维度平衡中正、整体统一,一定程度上说明,为何悲剧感未能在中国旧小说中得到充分发展。"(429 页)他举例说,诸如申生、项羽、岳飞,甚至贾宝玉等人物身上都带有悲剧性,但存在的整体性从根本上得到肯定,因此排除了个人悲剧上升为普遍悲剧的可能。

白芝在"前言"中就指出,中国文学有着所有文学中的人文关怀。他举例说:"《三国演义》中,诸葛亮目睹敌人因自己的妙计而惨遭屠戮,不免潸然泪下,读到这里,我们体验到的仅仅是情节带来的乐趣吗?抑或是在这预示着真正的高贵行为将堕落的一刻,感觉到了其中的悲壮?"(iv 页)也就是说,作为具有划时代意义的巨著,《三国演义》超越了一般章回小说给读者带来的所谓"快感",向我们展示的是一种基于理性的人文主义——源自悲悯之心的对生命的敬畏。

因此,在白芝看来,中国传统文学作品甚至超出了欧美传统意义上的文学观念:不仅仅作为审美的享受,而且在此基础之上将之看作人类心灵史的文献来加以思考。浦安迪在最后一篇有关中国叙事文学批评的理论阐述中,将源自虚构作品和历史书写的叙事有机地结合起来加以论述,这完全有别于西方的叙事传统。浦安迪在这本书的最后写道:"被叙述的经验有着某种积极的存在,描述的人物与之相比,不过是过眼云烟而已。"(430 页)也就是说,在中国叙事的后面，一直有着超越人物和事件的深层含义。

今天距我在波恩跟顾彬上中国文学批评的课程已经过去二十多年了，宇文所安的《中国思想读本》早在二〇〇二年就被翻译成了中文，如今《中国叙事》中文版也得以出版。借助于这些译本，做中国文学研究的国内同人可以更容易地了解英语世界对中国传统文论的研究成就。

（《中国叙事：批评与理论》[美]浦安迪主编，吴文权译，上海远东出版社二〇二一年版）

读书短札

《陈敏"七弟顽冗"考》补

徐光明

罗新先生《陈敏"七弟顽冗"考》（《中国史研究》一九九八年二期）根据《晋书·陈敏传》所记华谭遗顾荣等书有"陈敏仓部令史，七第顽冗"一句，指出所谓"七第"当依《资治通鉴》作"七弟"，并考证陈敏七弟中有陈昶、陈恢、陈斌、陈宏（闳）、陈处五人，余二人无考。

唐代李吉甫《元和郡县图志》卷二十五《江南道一》润州丹阳县记："晋时陈敏为乱，据有江东，务修耕绩，令弟谐遏马林溪以溉云阳，亦谓之练塘，溉田数百顷。"宋人卢宪编纂的《嘉定镇江志》卷六、吴士鑑与刘承幹的《晋书斠注》卷一百亦引《元和志》，可知陈敏另一弟为陈谐。

《晋书·陈敏传》记陈敏败后"单骑东奔至江乘"，罗新指出陈敏此时不南投江州、西奔历阳，而是选择向东逃窜，个中原因除军事因素、形势格禁、不得不然外，很有可能他另外两个弟弟也在东部，此论有理。《宋书》卷三十五《州郡一》："江乘令，汉旧县。本属丹阳，吴省为典农都尉。晋武帝太康二年复立。"《汉书》卷二十八《地理志上》丹扬郡有江乘县，据周振鹤《汉书地理志汇释》知江乘县治今江苏镇江句容市北。陈敏之所以取道江乘，或许是因为陈谐的缘故。陈谐在当地驻守时充实粮草储备，积蓄力量，具备一定的武装实力，陈敏败后正欲与他汇合，以图东山再起。

陈谐一作陥诣，如明张国维《吴中水利全书》卷十、清傅泽洪《行水金鉴》卷一百五十四皆记为陈诣，笔者以为"谐""诣"形近而讹，作陈诣非是。《晋书》之陈敏七弟，尚余一人之名不知。

交错纠缠的"世界文学"对话

沙红兵

近日读书，竟在一套早已出版的"老书"与三部新书之间发现了出乎意料的关联，唤起了不少多年来的阅读记忆。老书是勃兰兑斯的名著《十九世纪文学主流》。新书中一本是陈漱渝、姜异新编的《他山之石：鲁迅读过的百来篇外国作品》（以下简称《他山之石》），一本是张隆溪写的《什么是世界文学》，还有一套是日本东京大学教授沼野充义编著的《东大教授世界文学讲义》（五本）。沼野别出心裁，邀请了日本多位研究日、俄、法、美等国文学的专家及获得各类文学大奖的诗人、小说家一起，就"世界文学"的各类话题展开对话。这部讲义就是由这些生动有趣的对话组成的。通过书中这些观点的交流碰撞与往复质疑，有关"世界文学"的每一个方面都可以说交错纠缠着各种不同甚至相互矛盾的看法。这本身或许也正是现代世界文学的一个本质特点。

沼野讲义第一册第一章是与作家利比·英雄的对话，一开头的小标题就是："夏目漱石果真是'日本作家'吗"。沼野显然是有意制造一个既吸睛又刺目的效果，在有关世界文学的对话里，他想表达的意思其实也很好理解：夏目漱石除用日语写作外，像他同时代的很多人一样能用汉文创作诗歌。英语能力也很强，在英国留学两年，回国后在东京大学担任英语课程的教学，将《方丈记》翻译成英文版，平常也用英语撰写日记和笔记，甚至诗歌。所以，他具备熟练使用三国语言的能力，是一个典型的"三语者"，他当然是一个日本作家，但显然也已不是一个可以用简单的民族国家属性来定义的日本作家。而循着沼野的思路，经由《他山之石》这本书，我也可以提出一个类似的问题：鲁迅果真是"中国作家"吗？鲁迅留日七年，先在东京两年修习日语，后在仙台学医一年半，再在东京从事文艺运动三年半。《他山之石》主要寻绎、展现"再度东京"这段时间鲁迅通过日语、德语或英语所阅读的外国作家创作的文学作品，包括《日译俄国小说合订本》《域外小说集》第一册、第二册以及其他十二部作品的缩写。当然，再度旅居东京时期虽然在鲁迅的阅读史上最为关键，但姜异新在本书的"导读"里也指出，鲁迅的世界文学阅读与接收并不限于这一时期，也不止于日语、德语或英语的文学作品。一些文学史论及作家评论文章，如札倍尔德文版《世界文学史》、赖息《匈牙利文学史论》、凯拉绥克《近代捷克文学概观》等，虽然也是鲁迅了解世界文学的重要桥梁及从事译述的来源，但因不是文学作品而未收入。鲁迅也曾深受梁启超、陈冷血等翻译作品的影响，如梁译儒勒·凡尔纳的《十五小豪杰》《海底旅行》，陈译《仙女缘》《白云塔》等。林琴南的译作更是鲁迅长期的爱好，南京时期捧读《茶花女遗事》，在仙台时阅读中国寄来的《黑奴吁天录》，再度旅居东京时期专门购买在日本的林译小说，如《迦因小传》、《鲁滨孙漂流记》正续、《玉雪留痕》、《橡湖仙影》、《格利佛游记》、《见闻杂记》、《块肉余生述》、《黑太子南征录》、《堂·吉诃德传》(《魔侠传》)等，并重新装订珍藏。但这些都因是汉语译作而未涉及。此外，鲁迅担任北洋政府教育部小说股审核干事时审读到的周瘦鹃《欧美名家小说丛刊》及其他文学译品，回国后由周作人或丸善书店直接从日本寄来的外国文学作品，如显克微支的《理想乡》、契诃夫的小说等，因不是留日时期的阅读而被排除。鲁迅的所谓睁眼看世界甚至还可以追溯到江南水师学堂、江南陆师学堂附设矿路学堂的读书时期，正是在那里他第一次知道格致之学……所有这些，与《他山之石》所寻绎的材料一起，都表明在鲁迅的时代，正像在夏目漱石的时代一样，要做一个真正有为的作家，单单固守中国或日本的狭隘立场和视野已经不可能了。这是所谓"世界文学"的时代。只有在这样的时代，"鲁迅果真是中国作家吗""夏目漱石果真是日本作家吗"这样的问题才会被有意识地提出来，并且被有意义地思考。鲁迅即使不留日，夏目漱石不留英，借着翻译的世界范围的流通与阅读，他们也已经完全可以说是世界文学的一分子了。

关于世界文学，沼野在讲义里从"越境"的角度切入思考，特别发人深省。他说："在二十世纪以来的文学领域，打破国家、文化以及语言的桎梏，实现自由跨越的生活和创作方式，有着非常重大的意义。但是，这种跨越真的是一种新现象吗？……我们也要认识到，这种现象在文学之中，是早有根源的，绝非无本之木。……在《万叶集》出现的时代，日本就已经存在着所谓'越境文学'。"与沼野对话的利比·英雄是研究千余年前日本古诗《万叶集》的专家，所著《英语读解〈万叶集〉》在日本由岩波书店出版发行，沼野因此称利比是时间的"越境者"，使得古诗一跃进入现代的日本。的确，人们常说古代就是外国，后代对于古代的研究也是一种越境。与沼野对话的日本美国文学研究专家都甲幸治也指出日本国内甚至东京地区的语言多声部现象：当一个出生于日本其他地区的人说东京话时，他会常常感到不能很好地表达自己，他没法用语言把自己想说的话清楚地传达给对方，这种不太舒服的感觉会一直跟随着他；再比如住在日本浜松地区的很多日裔巴西人，他们在生活中也很强烈地感到，无论是说日语还是西班牙语，效果都不尽人意。为什么会这样呢？都甲认为，这是为了使单一语言这一虚构出来的幻想得以成立，语言的多样性在很大程度上被深深压抑了。这也为日本文学、世界文学的存在与发展提供了契机。都甲从跨越日本国内存在的各种语言、文化之境的角度，对沼野的"越境"论做了出色的阐释。沼野也敏锐地看到，二十世纪以来，不断越境的世界文学的蓬勃发展，远远超出了十九世纪初（一八二七年）歌德提出世界文学这个概念时的背景状况。各种移民作家、移民文学纷纷涌现，拉什迪、石黑一雄等人姑不必说，沼野还列举了利比·英雄和席琳·内泽玛菲等例子：前者是出生于美国、在中国台湾和香港生活过、以日语写作中国题材的作品的日本作家，后者是伊朗籍旅日女作家，用非常自如的日文创作出与日本几乎毫无关系的以两伊战争为题材的短篇小说《白纸》，入围芥川奖。最突出的例子当数多和田叶子，虽为日本人，却使用德语进行创作，诚如其《Exophonie——走出母语的旅行》一书书名所示，"Exo-"是"出口""外出"之意，后缀"-phonie"的含义则是"声、音"，合在一起即"外出之声""外出之音"。她不像一般的移民作家"外出"往往有着政治、历史或经济的原因，她主要认为作家必须有能力进行外语创作，或者在以母语创作时也能对外语有着相当程度的敏感认知，唯其如此，才能满足时代特别是二十一世纪文学的需求。

不过，沿着"越境"的思路不断推进，也会发现不少与越境的创见一起产生的问题：说越境自古就有，或者说从后代向古代越境，不免失去了"现代"这一特殊的时间节点和阶段；说只要写作就是在写作世界文学，就把所越之境泛化，最后因焦点模糊甚至失焦而失去了"世界文学"；说越境就是打破各种语言和文化界限，于今为烈，也忽视了现代世界的历史就是民族国家不断成型、发展的历史，是普遍的世界公民意识与强烈的民族国家认同交错纠缠、一体两面的历史。所以有必要强调，世界文学首先是一个现代现象，一个只有以地理大发现、工业化革命为起始，在过去一两百年终于从隔山隔水的地球平展为互联互通的"世界"以后才有的现代现象。在此现代条件下，超越民族国家之境才既是可能的也是必要的，既可以是身体的也可以是眼光和心灵的。其次，与作为平展互通的现代世界密切相关,世界文学无论是主动创造还是被动加入,都一方面要越出民族国家之境,越出民族国家的具体实在的国境,另一方面又要不断追问那处于不断形塑过程中的民族国家的显著性格与特征究竟是什么,民族国家身份、民族主义和民族国家的语言、文化之间到底已经、正在和将要发生怎样的纠葛。歌德在与爱德曼的谈话中提出"世界文学"概念时,宣称在世界文学时代研究国别文学再无意义,这是他的"见"也是他的"蔽"。马克思在《共产党宣言》中指出:"从无数的区域文学和国别文学中,世界文学诞生了。"要克服国别文学和区域文学的片面性和局限性,但又不与之割裂,才是关于世界文学的真知灼见。

在平面化的现代世界,世界文学强调越境特别是越民族国家之境,但各民族国家的发展极不均衡,世界文学同时也植根于各民族国家、地区多样化差异的土壤之中。这种既深植又超越于民族国家的特点,应该是世界文学一二百年来的发展中始终贯穿着的一条主要线索。勃兰兑斯处于世界文学的早期阶段。他在《十九世纪文学主流》这部皇皇巨著开篇的"引言"里,讲到《狐狸与鹳》这则古老寓言:狐狸请鹳吃饭,把美味的食物都放在平平的盘子里,使长嘴的鹳啄不起多少东西来吃;而鹳的报复是,它把佳肴都放在细长颈子的高瓶子里,它自己吃起来很方便,而狐狸尽管嘴尖,却什么也吃不着。他通过这则寓言所要揭示的寓意是:"长期以来各国都在扮演狐狸和鹳这样的角色。如何把鹳储藏的食物放到狐狸桌前,把狐狸储藏的食物放到鹳的桌前,这一直是文学上的一个大问题。"从认为某个作家的某部作品不过是"无边无际的一张网上剪下来的一小块"这个观点出发,勃兰兑斯进而推论某个国家的某个文学现象也不是孤立的、这个国家仅有的现象,而是一个历史阶段的时代精神体现在相互影响的国家中的不同形态。因此,《十九世纪文学主流》实际上讲的是走出法国、英国、德国各自狭隘的民族国家本位,克服自身的狭隘，汇入欧洲的、十九世纪的"文学主流"；而勃兰兑斯身为法、英、德之外的丹麦人，他这部巨著，还担负着另外一重使命，即帮助丹麦及北欧摆脱文化上的孤立状态和地方主义，与比昂松、易卜生、斯特林堡等人一起，带动起北欧文学的复兴。

勃兰兑斯也曾受到鲁迅的关注。周氏兄弟编译《域外小说集》就先从近世文潮最盛的北欧开始，"次及南欧暨泰东诸邦，使符域外一言之实"（《域外小说集·略例》）。另据周作人《知堂回忆录》，当年勃氏《波兰印象记》（《波兰文学史论》）刚在英国出版，鲁迅就托东京的丸善书店订购。在北欧等先进的文学诸国以外，鲁迅十分关注波兰及匈牙利、捷克、塞尔维亚、保加利亚等国的文学，常去东京神田一带的旧书摊搜购德文新旧书报，浏览出版消息。甚至还想搜求印度和埃及的作品，却苦于无法获得。埃及、印度及匈牙利等东、南欧国家有一个共同点即均为受压迫民族。而循着对被压迫者的关注，鲁迅又把目光投向俄国文学："我们岂不知道那时代的大俄罗斯帝国也正在侵略中国，然而从文学里明白了一件大事，是世界上有两种人：压迫者和被压迫者。"为此他表示要和俄罗斯十九世纪"四十年代的作品一同烧起希望，和六十年代的作品一同感到悲哀"（《祝中俄文学之交》）。鲁迅格外关注被压迫国家的文学，关注对被压迫阶级表达同情和抗争的文学，在深层次上无疑是与中国当时的民族国家身份、无数同胞的境遇息息相关的。而鲁迅可能没有想到的是，多年以后他会作为例证之一，被弗雷德里克·杰姆逊援引而提出"跨国资本主义时代第三世界文学"，在世界文学中发展出第三世界文学的概念。这一概念引起无数反响。萨义德以为，第三世界文学与其说是第三世界的民族寓言，不如说突出的是边缘文学的丰富性和范围，以及边缘文学、非西方身份和民族之间的关系。帕慕克则指责杰姆逊的民族寓言论不过是委婉表达了对边缘世界的文学财富及其复杂性的冷漠，从而另外指出第三世界文学如果有何独特之处，那也绝不会体现在它赖以产生的贫穷、暴力、政治或国家动乱上,而是体现在作家意识到,他的作品多少远离了中心,并在作品里反映了这种距离。萨义德和帕慕克的批评应该颇具代表性和针对性,因为代表巴勒斯坦人的萨义德和来自土耳其的帕慕克,试图传达的也可算是第三世界的声音。不过,杰姆逊提出第三世界文学,不管其主观意图和客观效果如何,他还是很敏锐地看到了在世界文学背后也就是在当今世界所存在的东方与西方、南方与北方、富裕与贫穷、发达与落后、已发展与发展中、中心与边缘、压迫者与被压迫者等等之间的差异性、不平等现实。从歌德、马克思时代的世界市场的初具规模到当今的跨国资本主义时代,民族国家始终是世界文学的重要主题、焦点所在;而从鲁迅眼中东欧、南欧(以及中国)诸被压迫弱小民族的文学,到杰姆逊笔下以民族寓言"呐喊"的第三世界文学,以至对杰姆逊持批评立场的萨义德、帕慕克等人的作品,更晚近的后殖民文学,沼野对谈里所讨论的为今日世界文学带来最新活力的诸新兴国家文学,又先后相续,在世界文学中将直面和处理各种现实的民族国家差异性、不平等问题的一支着重突出出来。

世界文学与现代民族国家同步兴起、发展,越境不宜泛化,最重要的是既植根又超越于具体的民族国家之境。而与此相关,又有一个较为重要的问题浮现出来:虽然理论上存在着一个包含了各民族国家及各语言的总体的世界文学,但由于语言差异、个人能力等各种限制,人们实际上所能接触到的往往又只是世界文学的一部分、某部分而已。这就涉及各民族国家、各语种文学的相互翻译、交流问题,涉及到底翻译、交流哪些作家、作品的问题。沼野从他对日本国内有关世界文学演变的观察出发,认为大体可分为两个阶段,前一阶段习惯邀请各国文学研究领域的知名学者编撰《世界文学全集》,开列"必读书单"。不过,在世界文学内容多样化、总量膨胀的现实前提下,试图整理出一份权威书单、经典书目似已成为难以想象的难题。而且，即便是经典也并非一成不变。所以，沼野比较赞同美国学者大卫·达姆罗什《什么是世界文学》一书的看法，认为在最广泛的意义上，世界文学可以包括超出本国范围的任何作品，只要当作品超出自己本来的文化范围，积极存在于另一个文学体系里，那部作品就具有作为世界文学的有效生命；世界文学并非一系列成套的经典文本或目录，而是一种"阅读模式"。依沼野的理解："所谓'阅读'模式，简单来说就是指书籍的'阅读方法'，取决于读者怎样阅读作品。"读者本身是文学世界真正的主人公。

不过，对于沼野等人的意见，张隆溪并不认同：世界文学并不只是一种阅读模式或阅读方法，文学经典并未过时。经典是在长期历史过程中经得起不断解释而仍然具有规范性意义的作品，他在《什么是世界文学》一书里从伽达默尔对于"经典"的定义出发，依然主张要重视对各国文学经典的翻译、交流。世界文学不是单纯作品的汇总，而是经典的汇集。不仅如此，如果说之前的世界文学大多是传统上世人所熟知的欧洲北美作家作品的话，那么当今的世界文学，则须要更多地重视之前被忽视的"小"传统、"小"语种，例如中国、日本、印度、韩国及阿拉伯世界、北欧等国家和地区，都有的十分优秀的文学传统与文学经典。张隆溪虽未明言，但他对于世界文学也似乎与沼野一样有着前后两个时段的看法，特别是对于后一时段即当今时代，两人的看法更形成饶有意味的对照。沼野以为当今时代流通性大大便利，而加入流通的各国作品数不胜数，读者在世界文学里尽情阅读即可。张隆溪却以为，今天前所未有的流通性非但不会阻碍文学经典，反而为文学经典提供了难得的便利，而某些传统上被忽略地区的文学，应当抓住这个机会，走向世界，以扩大了的经典范围与深化了的经典内涵，一定程度上缓解世界文化力量的不平衡，对抗西方强势文化。

张隆溪的看法与鲁迅当年的选择形成对照。据姜异新《他山之石》

"导读",鲁迅藏书里虽有三部歌德的作品,但可能受迦尔洵文学观的影响,不喜欢歌德,称之为"十九世纪初德意志布尔乔亚的文豪"。迦尔洵的小说《邂逅》由周作人翻译,鲁迅修改、润色、编辑和审定。小说借女主人公之口表达对上流社会追捧卖弄的文学经典的蔑视。这个曾受过良好教育的俄国女子偶然堕落为妓女,从此看破虚伪的上流社会,不再信任爱与美好,对待深爱着自己的贫穷青年伊凡冷酷无情,最终使伊凡自杀。小说中一个德国嫖客,在忘情地给女主人公朗诵海涅的诗时自豪地说:"海涅是德国大诗人。比海涅还优秀的诗人是歌德和席勒。而且,只有日耳曼这样高贵的民族,才会产生这些伟大的诗人。"就像曾经熟读普希金和莱蒙托夫的女青年听闻此言恨不得抓烂德国青年的脸一样,阅读这篇小说的鲁迅,也不能不留意到经典一旦流为装饰品的易于为人附庸风雅的一面。在日本翻译界争相翻译出版欧美经典文学作品的氛围中,鲁迅不膜拜经典,不被主流文学秩序规训,而转向东、南欧小国文学。在这里,民族国家的问题又再度迂回而来。也是在这个意义上,鲁迅的拒斥经典与张隆溪的伸张经典其实是一致的。他们之间虽然有着百多年的时间间隔,但都对世界文学的主流"大"传统及其文学经典保持警惕,对"小"传统、"小"语种的文学经典倾注心力,也从文学这个侧面,反映了现代中国走向世界、融入世界的持续艰辛的努力。

鲁迅在《准风月谈》的《由聋而哑》一文中,曾引用过勃兰兑斯慨叹丹麦在文化上的闭关自守时的一句名言:"于是精神上的'聋',那结果,就招致了'哑'为。"这就意味着,世界文学首先是走出"聋"与"哑"状态的一种视野。同时,在这样的视野下,不同的民族、国家、语言的立场与价值特别是处于弱势甚至受到排斥、压迫的立场与价值,也获得了持续不懈地呐喊、伸张与在世存在的机会,以及克服自身狭隘与局限的机会。

(《他山之石:鲁迅读过的百来篇外国作品》,陈漱渝、姜异新编,天津人民出版社二〇二一年版)

品书录　|　刘北成

一部"革命政治的表象史"

法国大革命,若从一七八九年算起,已经二百三十多年了,但是它的影响至今不灭。

大革命为什么重要?以色列史学家阿隆·康菲诺对此做了一个解释。他把法国大革命称作一个"根基性过去"(foundational past):"根基性过去是指代表一个时代的事件,因为它体现了一种历史创新,成为道德和历史尺度,成为衡量一切人类事物的尺度。根基性要素不是事件的一种内在品质,而是存在于人们主观性之中的一种历史建构。"在他看来,法国大革命正是上述意义上的历史创新事件。具体而言:"《人权宣言》和恐怖重新定义了政治和道德。大革命催生了从一七八九年起决定现代欧洲和世界历史的思想和实践:自由主义、社会主义、女权主义、人权、总动员以及革命观念本身。大革命是关于民主和国家恐怖的第一次现代经验,因此被视为衡量现代历史的新标准。对于英国评论者埃德蒙·柏克来说,它是一个不惜任何代价都要避免的模式,但对于列宁来说,它是一个值得效仿的典范。"

康菲诺的论断言简意赅,颇有见地。大革命作为现代性的雅努斯门槛,以《人权宣言》和恐怖两副面孔示人,不仅粗暴地截断了过去与现代,而且预示了"现代"或"现代化"的张力和冲突,开启了现代世界的路线竞争。

在西方乃至更广大的世界,从柏克-潘恩论战开始,有关大革命的争论从未停止。一代代的研究者和论战参与者,自觉不自觉地代入一七八九年或一七九三年乃至帝国的党派。这里不仅有语境和代际的差异,也有物质和精神利益的关联。正如法国历史学家弗朗索瓦·孚雷曾总结的:"其他任何历史争论都没有如同每一代人都会发生的关于法国大革命的争论那样激烈和尖锐。"实际上,大革命不仅是一个历史事件,而且一直以历史话语的形式参与现实生活。现实与大革命形成互文关系。每一代人需要用大革命叙事和阐释来提供实践和思想的依据,大革命的历史话语成为现实的建构因素。而每一代人的大革命话语也是当时的现实映像,每一代人基于当代记忆和想象的历史话语来重构大革命。当然,大革命的历史话语积累了丰富厚重的思想遗产。

按照莫娜·奥祖夫的说法,法国经历了"旧制度与大革命的百年战争",到十九世纪末大致尘埃落定。艰难出世的第三共和国终于向第一共和国遥遥致敬。后来有"老虎总理"之称的共和派政治家乔治·克列孟梭宣布:大革命是一个整体(bloc),必须完整地接受大革命的一切,包括恐怖。这个基调当然不能结束争论。大革命史学作为一门专业学科,就是在第三共和国的实证主义和共和主义的氛围中诞生的。二十世纪前期和中期,以巴黎(索邦)大学法国革命史研究所为中心的专业研究深受马克思主义的影响,自马迪厄、勒费弗尔到索布尔,形成了学院派正统。学院派目光向下,开掘社会经济分析,将视野扩大到农村、无套裤汉以及民众心态,但他们对雅各宾派有明显的偏爱。

一九八九年,正值法国大革命二百周年之际。此前,索布尔的继承人米歇尔·伏维尔受法国政府委托协调法国和国际的相关学术活动,但是以孚雷为代表的修正派也开辟了另外的学术天地。一九八八年出版的《法国大革命批判辞典》(以下简称《批判辞典》)就是修正派的集体之作。

《批判辞典》的主编和主要撰稿人是弗朗索瓦·孚雷和莫娜·奥祖夫。孚雷属于年鉴学派的第三代。年鉴学派第一代(吕西安·费弗尔和马克·布洛赫)和第二代(布罗代尔)以及第三代多数历史学家

（如雅克·勒高夫）关注跨学科研究，偏爱总体史、社会史以及心态史，不愿触及大革命这样的"事件史"和政治史课题。孚雷是一个例外。他从进入学界就热衷研究大革命，先后发表《法国革命史》（两卷，与里歇合著，一九六五年）、《思考法国大革命》（一九七八年）和《马克思与法国大革命》（合著，一九八八年）。他从马克思主义的社会史研究起步，转而反对学院派的"雅各宾史学"和马克思主义社会史研究取向，主张回归十九世纪托克维尔和基内的思路，强调大革命发生和整个进程的复杂性和偶然性。他先后主持法国社会科学高等研究院和雷蒙·阿隆研究所，建立了修正派的道统。奥祖夫是孚雷学术小圈子中的密友。她以《革命节日》（一九七六年）这部创新之作开启了对大革命的政治文化研究，也得到一些年鉴学派学者的认可。他们二人代表了年鉴学派第三代中的政治史回归倾向和政治文化分析取向。

《批判辞典》并非人们常见的辞典。我们可对比一下一九八九年出版的《法国大革命历史辞典》。二者都是规模宏大的集体作品。《历史辞典》由学院派已故掌门人索布尔启动、由伏维尔主持完成，编写者六十四人，均为大学及其附属研究所的法国革命史专业学者。全书一千一百三十二页，按照法文字母顺序排列，收录一千多个词条，并附有大事年表，可谓关于法国大革命的一部百科全书。与之相比，《批判辞典》的体量大体相似，全书一千一百二十二页，却只有九十九个词条，每个词条是一篇长文。编写者只有二十四人。孚雷、奥祖夫和里歇三人撰写了其中的五十三篇（第二版增补了六条，总计一百零五条。新增条目是雾月十八日、圣多明各革命、布里索、圣茹斯特、公共教育和绝对君主制。其中圣多明各革命由新邀的意大利学者撰写）。所有作者都就职于法国大学体系之外的机构：法国社会科学高等研究院、法国国家科研中心或国外大学（这里需要说明一下，法国社会科学高等研究院是布罗代尔在大学之外组建的研究机构）。其中一些作者并非法国革命史专业研究者，而是政治学或政治哲学学者或社会学者。全书按照专题分为五卷，不是按照社会理论概念分类（如政治、经济、宗教等），而是对一般历史现象加以分类（事件、人物、制度、观念和阐释者）。有评论者认为，这两部辞典属于两种历史书写体系，前者提供实证基础上的史实，后者则偏重阐释、比较和话语分析。后者许多词条明显利用了学院派的研究成果。当然，奥祖夫等人也显示了坚实的档案研究功底。

在孚雷看来，对大革命不论诅咒还是歌颂，都属于"纪念史学"，大革命依然是一种身份话语，在这个意义上，大革命依然没有结束。但是，时代已经变了，从第三共和国到第五共和国，大革命的基本原则得到了充分落实。我们可以告别革命，亦即不再代入大革命的角色，可以用一种批判的态度反思法国大革命。借助恢复被学院派史学霸权所遮蔽的十九世纪的思想资源，我们可以重新获得评判大革命的勇气和能力（参见傅勒（即孚雷）的《思考法国大革命》，生活·读书·新知三联书店二〇〇五年版）。该辞典的"批判"主旨也正在于此。

在方法论上，辞典的作者们剑走偏锋，拒斥学院派的社会经济解释，认为后者使用的概念（如封建制）需要还原到历史语境中。《批判辞典》完全自限于政治史，但是也开出一条政治文化研究的新路。有评论者指出："辞典作者的主要方法论标准，是对'革命者对自己行动的表述'的研究。……不仅仅是在十九世纪历史学家的指令下重写法国大革命，批判史学还在特别关注'法国大革命关于自身的话语'的基础上，对'观念在法国大革命中的作用'进行了初步评估（转引奥祖夫的话）。一些词条对法国大革命中文本的分析以及对话语融贯性的恢复解释了这些作用。这里看到的远不是一个虚无缥缈的思想故事。因此，《批判辞典》最具原创性的贡献在于一部'革命政治的表象史'。这是一个已经部分完成但仍有待完成的历史，这可能解释了表面上并不完整系统的词条选择，但我们已经可以特别欣赏到关于革命概念的精彩系列，要么是高度象征性的（如奥祖夫关于自由、平等、博爱、再生、革命的词条），要么是相当重要的关于新政治艺术的（如贝克关于主权的词条）"（转引法国政治观念史学者雅克·吉约蒙的书评）。

大革命二百周年的纪念活动确实呈现出一派纪念的气氛，但无论法国国内还是国外，重心在《人权宣言》。法国政府给先贤祠增补了三个人，包括启蒙哲人、吉伦特派成员孔多塞，立宪派主教、鼓吹废奴主义的格雷古瓦教士和数学家蒙日。修正派史学也赢得了媒体。"我赢了。"孚雷的这句玩笑话也并非虚夸。伏维尔在中国出席史学界的纪念活动时，甚至听到"我们都是热月党人"这种令他难以置信的表达。放眼当时全球的"山崩地裂"（霍布斯鲍姆的比喻），修正派的胜利其实不过是时代潮流转向和国际学术进展的一个表征而已。

近年来，无论修正派还是学院派都已回归平静的学术研究。有关大革命的争论似乎止于青萍之末，不再掀起惊涛骇浪。大革命是否真的成为过去？近日有新闻说，法国现任总统马克龙悄悄地把三色国旗上的蓝色改回象征法国大革命的海军蓝。在发生《查理周刊》袭击、出版《二十一世纪资本论》的国度，这会是什么预兆吗？

法国大革命在现代中国的历史话语中占据重要地位。各个时代、各个流派的代表学者以《法国革命史》为名的经典史著大多译成了中文。孚雷也曾撰写过《法国革命史》，提出著名的侧滑论，但很快就放弃了。因此，《法国大革命批判辞典》可以作为修正派的代表作，进入法国大革命史学的谱系。也许它是大革命史系列的一个压轴之作，至少目前看是如此。这一学术价值判断是我们选择翻译这部著作的一个学术动机。

（《法国大革命批判辞典》之"人物卷""制度卷""观念卷"，弗朗索瓦·孚雷、莫娜·奥祖夫主编，商务印书馆二〇二二年即出）

品书录　　高国荣

华人对澳新景观的塑造

数年前，我听一位新西兰同道毕以迪（James Beattie，又译詹姆斯·贝蒂）提到，在新西兰达尼丁市（Dunedin）有南半球最纯正的中式园林——兰园。兰园建立的初衷之一就是为了铭记华人在新西兰国家建设中的重要作用。尽管我当时还请毕以迪写过一篇关于华人十九世纪在新西兰种植蔬菜的文章，但由于对当地历史所知甚少，实际上对毕以迪所提到的"华人在澳大利亚及新西兰（以下简称'澳新'）历史上的贡献"这一研究主题的重要性还缺乏认识。最近，费晟新出版了涉及这一议题的专著《再造金山——华人移民与澳新殖民地生态变迁》（以下简称《再造金山》）。该书从环境史的视角充分阐述了华人移民对澳大利亚与新西兰建设的贡献及其带来的生态变迁，堪称一部富有创见的环境史佳作。

《再造金山》大体以时间为序，将淘金热作为重要时间节点。除绪论和结论外，全书主体由第二至八章组成。其中，第二章探讨了淘金热之前的对华贸易与南太平洋的资源开发，尤其是中澳之间以市场为纽带所建立的生态联系；第三至五章梳理了淘金热期间华人移民的涌入及其淘金活动的多方面影响；第六至八章则考察了淘金热过后华人开发南太平洋自然资源的方式转型。从这种篇章安排可以看出，十九世纪下半叶以来华人移民在澳新殖民地的资源开发与建设活动及其对当地景观的塑造，无疑是全书叙述的重点。淘金热在中澳经济生态联系中的转折意义，从该书标题

"再造金山"也可体现出来。由于淘金热的出现,中澳之间的生态联系从之前的依赖于贸易通商进入到华人移民直接参与当地资源开发的新阶段。

通观全书,自然因素一直被置于历史叙述的重要位置。作为一部典型的移民环境史著作,该书展示了以华人移民为中心的人类社会与自然世界互动的历史,不仅讨论环境因素在移民迁徙过程中扮演的角色,同时还关注华人移民适应并改造澳新当地环境的行为、思想与后果。在十九世纪上半叶的西方对华贸易中,海参、檀香木和海豹皮相继成为重要的出口商品。受市场的驱动和各区域海参产量的限制,海参供应链在地理上不断向南扩展。海参贸易不仅造成了由近及远区域海参资源的枯竭,而且也造成了连锁的生态后果。海参因为难以保鲜,在捕捞以后需要迅速干制,大量干制海参导致海参产地附近沿海森林被大肆砍伐,海参数量的减少又使殖民者转向寻找新的可替代商品。随着海豹皮成为替代海参的牟利商品,资源边疆也从热带地区扩展到高纬度寒带地区。在这个贸易网络中,西方不断扩大其主导权,将资本的触角逐渐伸向世界各个角落,资源边疆因而不断扩大。随着资源边疆日益深入到澳大利亚内陆腹地,牧羊业的扩张和淘金热的出现创造了庞大的用工需求。无数华人正是在这种背景下漂洋过海来到澳大利亚。华人移民澳大利亚的现象本身与生态因素有直接关系,此举一方面是因为国内日益加剧的生态与社会矛盾所产生的推力,另一方面是海外地广人稀、资源丰富所产生的拉力。华人移民作为劳动力到来之后,直接加入到澳新殖民地资源开发的行列,积极参与了当地经济与生态的塑造。这里仅以淘金活动的生态影响略加说明。该书从地质、气候、水文、植被等多方面交代了矿区的自然环境,其天然水源匮乏与淘金所需的大量用水构成一对尖锐矛盾,成为华人移民与白人矿工移民出现利益冲突的自然基础。淘金活动无疑也会导致一些矿区普遍存在的环境问题,诸如定居点脏乱无序、废矿石渣胡乱堆放、水土流失、大规模毁林,最严重的莫过于水系的破坏。而且,由于华人淘金者对二手废旧矿坑的淘洗及其集体化劳作,这些问题在局部范围内可能会更为明显。

然而,不同于环境史著述中常见的"衰败论"叙事,《再造金山》一书更努力呈现华人在塑造澳新殖民地环境方面的诸多积极贡献。作为环境危机催生的学术领域,环境史在一定程度上就是要厘清环境问题的由来演变。在环境史著述中,有关人类生存环境恶化、人与自然关系日趋紧张的叙述比比皆是。但实际上,人类对自然的改造并不都是破坏性的,也包括很多建设性的内容。《再造金山》一书充分展现了华人移民在澳新殖民地生态修复和资源合理开发利用方面的积极作用。华人在农业,尤其是果蔬园艺方面的技艺受到白人的广泛赞誉。这些技艺主要包括:整地松土,将荒地变成良田;使用粪肥和绿肥;引种芜菁、香葱、青菜、芥菜、水芹菜、豌豆、枸杞、柚子等在中国常见的果蔬;综合运用手捉、撒石灰粉等方法控制害虫;改造传播百叶水车等中国传统水利技术等。在淘金热过后,华人在澳新殖民地因地制宜地发展香蕉、木耳和乳制品产业,为这些产业的孵化壮大发挥了关键的作用,这种积极影响一直延续至今。书中从多方面展现了华人对澳新殖民地生态的积极影响,展示了人与自然互动关系的复杂面相。华人移民不仅是生态的破坏者,同时也是生态的建设者。

《再造金山》对中国因素和华人能动性的重视,本身是对欧洲中心论的破除。在一九八六年出版的《生态帝国主义:欧洲生物扩张(九〇〇至一九〇〇)》一书中,国际知名环境史学家阿尔弗雷德·克罗斯比(Alfred Crosby)提出了"生物旅行箱"理论,用来解释美洲、大洋洲为何成为欧洲的翻版,成为白人占人口主体的新欧洲。所谓"生物旅行箱"理论,就是指白人携带的动植物和病菌在新大陆显示出巨大优势,成功占据了新大陆本土物种的地盘,为白人的拓殖开辟了道路。克罗斯比主要从动植物、疾病等生物因素分析了欧洲移民社会征服取代土著社会的原因。但克罗斯比却没有指出，白人移民在澳新殖民地占主导地位，实际上也是欧洲移民及其后裔"充分利用并千方百计维持其政治、经济与文化霸权的结果"（18页）。书中指出，澳大利亚与新西兰这一所谓"新大陆"移民殖民地之所以成为新欧洲，"不仅在于欧洲新移民生态对原生态的征服、替代与改建，更在于他们利用自己掌握的政权排挤和压制了其他移民的生态与文化"（34页）。白人对其他移民群体的压制，以排华法案最为典型。排华法案之所以出台，在很大程度上是因为白人移民对华人移民优势的忌惮与焦虑。华人移民在参与澳大利亚内陆资源开发的过程中，不仅展示出不逊于欧洲移民的适应新环境的能力，在经济或文化方面也构成欧洲移民的有力竞争对手。在淘金热兴起过程中，欧洲矿工与华工为争夺矿产和水源而不断出现冲突。欧洲矿工动辄使用暴力驱逐华人，借环境问题对华人进行污名化，并借助种族主义舆论与殖民当局的偏袒，极力对华人进行打压，迫使华人转向淘洗已经开采过的废矿。他们通过排华法案，有力遏制华人分享资源，从而实现对资源的独占。我们完全有理由相信，如果不是因为白人的种族压迫，华人移民在大洋洲乃至美洲等新大陆生态与经济重塑中的作用要远比现在重要深远。华人移民在淘金活动中的遭遇，折射出西方殖民主义、西方生态帝国主义的排他性、垄断性和压迫性。在历史上，西方殖民主义者为行剥削压榨之实，惯常以生态威胁话语对特定群体进行污名化、妖魔化。二十世纪七十年代以来，多元文化主义虽然在澳大利亚等西方多国受到倡导，但对华人移民的"焦虑与排斥"，在"包括传染病在内的社会公共危机"发生之时，显得尤为明显（6页）。从环境史的角度对种族歧视的流毒进行肃清，无疑是一个值得研究的课题。

在传统的历史著述中，"冲击—反应"模式常常用来阐释近代以来东西方之间、旧大陆与新大陆之间的联系与交往，用来美化西方的殖民行径。为彰显华人移民在殖民地的能动作用，《再造金山》一书采用生态—文化网络这一分析框架。生态—文化网络是由研究英帝国史的学者率先提出来的,旨在去中心化,重视网络体系之中的物质、文化和知识的流动与重塑。在这一网络中,资本、人力和资源因为市场被联系在一起,联系普遍存在,而没有所谓的中心。《再造金山》巧妙地运用了资源边疆和生态—文化网络作为分析工具,成功地凸显了华人移民在澳新殖民地持续而全面的影响。正如作者指出的,"澳大利亚与新西兰的生态变化,也可以被视为中国影响全球生态,并拓展资源边疆的结果"(16页)。

在突出中国因素及华人移民在塑造澳新殖民地景观作用的同时,《再造金山》一书明确地将全球范围内的生态退化归咎于西方资本主义扩张。作者指出,中国与华人移民是在鸦片战争之后、外忧内困之际,被动卷入西方殖民势力所缔造的不平等的国际体系,其消费与移民活动,如同澳新殖民地的资源开发,都受到了资本主义世界市场的驱使与调配。在这个体系中,西方势力通过开辟新航路和创建殖民地越来越强势。因此,资源边疆的推进,海洋特定生物种群的减少,并非单纯是"中国市场消费"所导致,而主要是西方资本"为了扩大对华贸易利润而不惜开展灭绝性商业砍伐与捕捞的结果",西方殖民势力是"当地原生态破坏、许多物种遭遇危机的直接责任人"(75页)。

《再造金山》采用了环境史研究中的经济—生态分析模式,着重分析了资本主义经济扩张与环境变迁之间的互动关系,较多地探讨了资源开发的环境后果以及对自然资源的转型利用,对华人与欧洲移民在资源争夺方面的冲突也有不少分析。但有些遗憾的是,该书对华人自然观念的变化着墨甚少。实际上,人们开发利用自然资源的所有经济活动,或多或少都会受到人们自然观念的影响。大洋洲由于在地质历史时期是在与其他大陆基本隔绝的情况下独自演化的,这里的生态体系迥异于地球上其他各个板块,让初来乍到的移民颇感好奇。华人移民对澳大利亚自然环境的认识,必然经历了从无知到逐渐了解、从企图征服改造到主动顺应接受的过程。自然观念及其变化贯穿资源开发的始终，也为当地农牧矿业经济的转型创造了条件。或许是材料或篇幅所限，自然观念及其变迁在《再造金山》一书中很少涉及。

（《再造金山——华人移民与澳新殖民地生态变迁》，费晟著，北京师范大学出版社二〇二〇年版）

品书录 | 叶瑶

启蒙与犬儒理性

二十世纪末以来的德国思想界，彼得·斯洛特戴克可谓最富挑衅性的一个声音。他以自谓的左派保守主义立场，对德国乃至欧洲的文化生态以及时代精神状况展开往往不那么"政治正确"的反思与批判，被许多媒体冠以当代德国"最富争议的公共知识分子"之称。斯洛特戴克出生于一九四七年，属于深受"六八运动"与批判理论影响的一代人，思想中天然有着期待解放与变革的左派因素，但出于对真实人性的悲观信念，他又质疑人类历史能否如启蒙理性所展望的那般持续进步，因而对文明的未来、对文明不会倒退怀着犹疑的保守态度。

斯洛特戴克声名鹊起，始于一九八三年出版《犬儒理性批判》，而该书的一大出发点即反思启蒙，考察犬儒理性如何取代启蒙理性且泛滥于世。斯洛特戴克的反思显见地延续了旧法兰克福学派的异化思路，后者的文化批判理论直言启蒙理想已异化为工具理性的专制，步入歧途。工具理性不满足于对自然的宰制，更视人为物，试图用计算方式打造无所不能的体系，终致法西斯治下的大屠杀"噩梦"，继而又制造出大众工业文化的"迷梦"。不过，如果说霍克海默和阿多诺更关注从理性本身的特征与逻辑出发，审视启蒙如何从自由与解放变异为控制与奴役，进而对之大加鞭挞，那么，斯洛特戴克则更多着眼于理性人在后启蒙时代的存在状态——他将之概括为现代人自觉自愿的受奴役状态：玩世犬儒主义。此外，正如斯洛特戴克把启蒙的真义看作人在意识层面上的自我觉醒、自我成熟，他对启蒙理性向犬儒理性异化的描述与批判同样聚焦于意识层面，并试图为异化的发生、演变及至大行其道找出合理根据，而非倾力于对玩世犬儒主义之社会危害的揭露与矫正。在此，他的"左派—保守"立场已初露端倪。

书中，斯洛特戴克开门见山地说玩世犬儒主义正是启蒙理性的病变，或曰"经过启蒙的虚假意识"。虚假意识乃人所共有，它源出于人类天性中的犯错意识，换言之，但凡是人，其意识在运作过程中出现错误在所难免。对其固守在前，那么对其纠偏就要紧随其后，在斯洛特戴克的眼中，它便是欧洲思想中的反讽传统。反讽与犬儒主义可谓一体两面，但此时的犬儒主义却是指古希腊犬儒学派的生活方式，后者不只是看穿世俗观念之假，更是

追求从中脱离而生活，以身体力行的方式彰显"反讽所包含的有力的嘲笑传统"。福柯曾称之"生活作为真理发出光芒的和原始野性的东西直接在场"，换言之，犬儒主义原本意味真理与真实生活的合而为一，而它们又基于对虚假意识的反讽。从词源上看，玩世犬儒主义同样要追溯至犬儒学派，但蕴意却大相径庭。简单来说，启蒙原本应是现代版的反讽，却不能固守自己的真理与生活，凭之肆意地嘲笑意识形态，终而丢失了本色，使"人浑噩地活在一种致郁的现实主义中，无意冒头，玩着严肃的游戏"。致郁而现实的游戏人生，便是真理与生活相分离的玩世犬儒式生存。

在进一步解释启蒙的变异时，斯洛特戴克受尼采与福柯的影响，借战争语言引入了权力这一变量。启蒙的核心在于意识的自我启蒙、自我解放，它求的是基于自由的同意，而非胁迫下的无奈认可。启蒙相信以理性为纲，意识之间能展开基于事实的自由对话，从而完成意识的自我说服，自觉告别旧的谬误，投身新的真正的真理。启蒙对理性的倚重在此可见一斑。如果反讽需

以真理在握为前提，那么启蒙践行反讽的底气恰来自理性，因其认定唯有勇敢地运用理性，方可通达真理。因了这份底气，启蒙才能以乐观的希望原则，期待以和平对话的方式实现真理的普及。不过，历史却证明，启蒙理性的和平对话模式既错估了对手，又高估了理性的纯粹。对于权力而言，理性的对话隐含着失去权力的危险；此外，人虽拥有智性思维的能力，却难以摈弃古老的关于真理的感受，即"旧的总被视作真的，新的总会遭到怀疑"。启蒙未能促成对话，倒引发了旷日持久的论战。战争中求的是胜利，再不是真理，由此，启蒙理性转向进攻状的批判，要用揭发式的论战手段，迫使对方做出回应，甚至"要置对方于死地，而不再打算将对手争取到自己这一边"。所谓揭发，可理解为"绕到背后的、深入对手之头脑的举证"，它制造出更加繁多的意见，而于真理无益，它运用理性，却服从于你死我活的目的。在混战中，真理沦为"那些既能够绝妙地论证己方观点，又懂得批判性地杜绝所有致命而难缠的对立面的理论"，批判则变成理论之间的一较高低，攻击对手的薄弱，宣扬己方的一贯正确。启蒙理性的批判未能为世界带来"消除一切问题的光，……（反而）产生一种晦暗不明"，将之带入玩世犬儒主义不问真假的领地，"在这里，说谎者管说谎者叫说谎者"。

在斯洛特戴克看来，当启蒙偏离反讽、放弃对话，意识便注定走上玩世犬儒主义的道路。这虽不至于说明启蒙理性的全面失败，但显然反衬了启蒙之原初理想的无力，证实了犬儒理性才是唯一通行的、现实有效的理性。在意识的战争中，犬儒理性实际上暗中替换了启蒙理性的位置，它看似富有怀疑与批判精神，实则不讲原则、不信真理；它以理性为幌，从社会批判走向社会建构与控制；它为虚假意识披上理性的外衣，以求真掩护求权。在犬儒理性的运作下，真理陷入相对化的境遇，启蒙理性本身也被曲解为笃信意志的一种表现。犬儒理性的大流行并非因为世界上尽是缺乏智性的愚蠢之人，实是理性本身在权衡现实利弊之后的选择；信奉玩世犬儒主义，亦非真理当真不存, 而是不愿直视或假装未见"第二眼之纠偏", 主动选择一如既往地重复熟悉的日常惯例。在这种选择中, 斯洛特戴克更是再一次确认保守在人性中所具有的强大力量, 他另称之为身体的"令人舒适的自我保存"原则。基于此, 他针对玩世犬儒主义开出的处方, 最终只落脚于呼吁后启蒙时代的个体敢于反讽、勇于嘲笑, 在面对岿然难撼的理性体系时, 掌握"屈从与不对立的技艺", 这样的对策在传统左派看来, 无异于向保守主义的投名状。

(Peter Sloterdijk, *Kritik der zynischen Vernunft*, Frankfurt am Main: Suhrkamp Verlag, 1983)

品书录 | 秦勇

人口大逆转的经济学

经济学界关注人口问题由来已久, 中国的计划生育政策也在二十一世纪初期从地方上逐步开始松动。但是从计划生育抑制人口趋势的效果立竿见影, 而鼓励生育的政策对人口趋势的影响既不确定也有较长的时间滞后看, 似乎二〇二一年进一步放开三胎政策既顺理成章又有些姗姗来迟。借着生育政策应当更大力度转向的呼声, 我关注到《人口大逆转: 老龄化、不平等与通胀》这本书。

该书作者查尔斯·古德哈特和马诺杰·普拉丹是在国际清算银行货币与经济部的同事, 他们在二〇一七年八月共同发表了一篇工作论文, 讨论一九八〇年到二〇〇〇年间劳动力供给的最大正面冲击, 这场冲击是由于中国和东欧加入世贸组织而导致人口趋势发生了改变。这一改变重塑了亚洲特别是中国的制造业, 同时产生了通缩压力，进而导致利率持续下行。但是，两位作者认为这个趋势将要发生逆转，首当其冲的就是低利率环境会发生改变，而这个情况还会叠加人口结构的恶化，增长放缓，加上前期由于低利率造成的全球债务高启，这让金融市场根本无从应对高通胀。这篇论文可以视为《人口大逆转》的一个背景，可能帮助我们更好地理解这本书的真意。

书中是这样描述大逆转前的情况的：由于劳动力正向供给冲击，导致议价能力下降，工会密度下降，实际工资下降，虽然实施了宽松的财政货币政策，仍然面临通缩问题，并且债务规模不断攀升。货币宽松和利率下降造成资产价格上涨，并导致社会财富分配不均，由于发达国家内部按资本和劳动力收入进行分配，不平等状况加剧；发展中国家的劳动力进入全球市场，在国家间分配中是受益者。这带来的政治后果是发达国家内部劳工不信任精英体制，但在二〇〇八年前社会总体福利有所改进，因此没有出现大的动荡。直到金融危机爆发，政府救济进一步加大了社会不平等，于是开始出现政治动荡。

而当前人口趋势逆转，面临来自几个方面的通胀压力：一、始自发达国家生育率出现明显下降，老人照顾成本上升，前期全球化过程中发达国家、发展中国家受益不均矛盾激化，下一阶段全球化放缓，但所需要的老人服务是不可贸易产品，就有一定通胀压力；二、人口趋势逆转意味着抚养比上升，只消费不生产的被抚养者作用大过通缩效应的工人，通胀就起来了；三、劳动力供给下降，工人议价能力上升，实际工资与劳动者收入占比上升，生产成本上升引起通胀上升；四、通胀上升，工人会要求涨薪，以确保更合意的税后实际收入，进一步加大通胀压力；五、投资依旧旺盛，因为老年人的住房要求更高，企业愿意投资提高资本劳动比，改善劳动生产率；六、如果解决养老和医疗费用，税负还有上升趋势，通胀压力进一步上行。

这本书恰逢其时，它把人口问题以较为系统的方式带入公众视野，人口与通胀的问题实际上只是人口问题的次生问题之一。

在日本暴露该问题之前，全球可能还没有如此关注过人口问题，虽然生育意愿低下，生育率低也开始在西方国家凸显出来，但正是日本的深度老龄化（二〇〇五年人口已经开始净减少）与低欲望文化氛围，有理由让经济学家担心与日本文化相近的国家是否会面临同样的问题，而现在这个问题可能随着中国的人口老龄化到来，变得更加迫近。二〇二〇年中国公布了第七次人口普查数据，过去十年中国人口年均增速进一步放缓至0.53%，人口平均年龄升至38.8岁（美国为38岁），总和生育率降至1.3（根据联合国人口司UNPD数据，二〇一〇年为1.62，二〇〇〇年为1.69）。按照目前这样的生育率，中国可能会以更快的速度达到深度老龄化，并给全球劳动人口结构带来深刻的影响。

对中国来说，积极应对老龄化可以考虑的方向有：一、鼓励生育，可以由地方提出适合地方财政能力的税收抵免、夫妇生育假期、孩童补贴等激励政策，由区域社会共担生育成本；二、开发面向老年人需求的高质量供给，可以放缓经济的潜在需求增速；三、人口变化还会改变住户的组合配置，比如老年人可能更愿意配置安全资产，而经济增长更需要风险资金的投入，政府可以适当引导支持风险投资，尽力维持经济增速；四、劳动参与率长期可以适应人口变化，中国可以缓慢提高退休年龄，延长"八〇后"人口高峰人群的就业时间。

以上鼓励性的人口政策理想情况可以缓解人口变化的趋势，退而求其次，或也可以极大提高人们的幸福感。回首计划生育政策的制订，很大程度上受到马尔萨斯人口理论的影响。马尔萨斯是最早关注人口问题的经济学家，他的人口经济理论可以简单地概括为：人类的性本能决定人口以几何级数增长，若不加以控制，每二十五年可增加一倍，因人口增长速度快于食物供应的增长速度，随时间推移，人口将超过食物的供给量。而食物不足会引起贫困、恶习等出现。故人口与食物间的不平衡总是通过抑制人口增长而加以改善。马尔萨斯的理论显然早已经破产，他的问题不在于静态地看待问题，而在于他把土地、技术与生产效率作为约束条件，把当时的社会福利阶层构成作为目标函数。如果按照马尔萨斯的理论，为了维护当时的社会阶层相对福利状况不变，必须限制底层人口的数量，然而底层人口恰恰是工业化过程中廉价劳动力的来源，是技术和资本完成原始积累的重要支柱，之后的工人阶级的崛起，工人境遇与社会福利的改善，反过来进一步要求技术进步，人类才得以从机械化向电气化转变。可见，追求人类的福祉整体改善才是推动人类社会进步的根本力量。如果马尔萨斯的理论被全面接受，我们可能还停留在历史落后的生产水平之下。

站在经济学家的角度去反思马尔萨斯的理论，本质上是要回答人是不是生产资料这个问题。当你把人也作为生产资料来看待，那么问题的本体和客体就发生了变化。"追求经济增长或追求发展是人的根本目的"，在一定范围内这种提法可能还会受到不少人的认同，因为中国从极低的人均收入到人均一万美元的过程，让国人的生活状况得到了极大的改善，"发展是解决一切问题的根本"很容易成为社会共识。但是，我们进一步推论，如果发展是人的根本目的，那么分配就显得不那么重要，因为有哪些人享受到增长带来的红利，其实无关发展本身。因此这种认识最后的结果，可能是让大多数人变成极少数人发展的工具，可见人不是生产资料。

人口对经济增长至关重要，但是制定激进的人口政策，相当于阻断了人、技术、制度三者的互动影响，看似以经济增长为纲，却失了面向未来的人口与资源全新组合的可能性，错失技术与制度进步的机会，对大多数人来说，这样的经济增长并不会关涉他们境况的改善。因此，关注人口问题归根结底还是需要落实到对人本身的关注上，以更好地适应全球人口大周期拐点的到来。

(《人口大逆转：老龄化、不平等与通胀》，[英]查尔斯·古德哈特、马诺杰·普拉丹著，廖岷、缪延亮译，中信出版社二〇二一年版)

二十世纪革命与生命的辩证法

杨明晨

一九三五年,时任中共苏区宣传部部长的瞿秋白在福建遭到国民党逮捕和杀害,他临终前写下"彻底暴露内心的真相"的著名长文《多余的话》,将自己过去的政治生活说成是一个旧文人在滑稽剧舞台上"戴着假面"的表演,而即将到来的死亡是在自己揭穿假面中让滑稽剧闭幕。在一般的理解中,"滑稽剧"与"假面"的说法似乎亵渎了瞿秋白的革命牺牲,但实际上它们却化用自马克思著名文章《〈黑格尔法哲学批判〉导言》中的相关说法,意在描绘历史中的时间错位。只是马克思所言的错位对象是以德国为代表的外在制度,而瞿秋白却指向内在自我的"异己"意识。

上述将《多余的话》和《〈黑格尔法哲学批判〉导言》并置理解的片段出自张历君《瞿秋白与跨文化现代性》一书的第八章"历史与剧场":从马克思关于喜剧和丑角的语义入手看待瞿秋白对自己滑稽剧死亡的描述,重新打开了传统研究难以深化的瞿秋白的牺牲时刻,并由此进入他倒错性的历史主体。这部分内容构成该书正文部分的最后高潮,除此以外,还牵涉全书反复呈现的几个核心问题:如何理解瞿秋白思想资源中新/旧脉络的碰撞?这些思想资源如何与他的革命理论和自身生命轨迹相联结?它们如何形构二十世纪中国左翼知识分子的矛盾主体?我们又如何理解以瞿秋白为代表的中国左翼知识分子在国际左翼理论格局中的位置意义?张历君以"双面辩证法"和"跨文化研究"的方法框架对之进行了探讨和结构,突破了学界传统的革命史、文学史、思想史或人物传记等研究模式，以新的叙述脉络对瞿秋白及相关历史中的思想文化图谱予以钩沉。"生命"与"革命"在书中紧密交织，它们既是思想理论的对象，也是瞿秋白自我主体的同步节奏，瞿氏所经历的自杀、牺牲与救赎的生命历程与其交杂左翼理论、佛教和生命哲学的思想形成高度契合。

二十世纪五十年代卢卡奇写作了《理性的毁灭》，整理出德国近半个世纪以来与帝国主义、法西斯意识形态合流的哲学思潮，其中包括强调体验和直觉的生命哲学。如此一来，生命哲学被划归为与唯物论、辩证法和马克思主义相对立的右翼保守理论。但我们不应忘记，卢卡奇的这一观点产生于冷战白热化时期，当时左右意识形态的极端对立重新切割分裂了各种思想知识，事实上若回溯此前历史的发展，就连卢卡奇自己也在其著名的《心灵与形式》中难逃生命哲学的思想印迹。在此意义上，重新联结早期历史中生命哲学与左翼革命理论的关系，便成为突破当代冷战知识结构以深入理解革命的二十世纪的重要契机，而瞿秋白的相关思想轨迹正是可以被视作这一世界性问题的代表案例。瞿氏在早期代表著作《饿乡纪程》和《赤都心史》中常常提到"人生哲学""人生观"或"人生"的说法，这些修辞在今天看来容易被忽略为一般的日常用语，然而张历君却指出它们背后实则关联着二十世纪初从欧陆流传到东亚的生命主义（vitalism）思潮。无论是瞿秋白的"阅读空间"，还是他思想论述中与生命哲学家柏格森、倭铿的密切关联，都表明生命哲学在瞿氏早年思想的形成过程中具有决定性作用，只是既往研究往往有意或无意忽视他思想中的这一面向。更为重要的是，张历君发现瞿秋白并非简单被动地接受这一现代外来思潮，而是以中国传统唯识宗思想与之碰撞、对之改写，使得生命哲学与佛教的意义相互阐发增补。

以佛学比附柏格森，这在既往的章太炎研究中较常为学者提到，但就瞿秋白而言，他还面临着如何将佛教、生命哲学和左翼革命相统合的问题。如果说生命哲学已经被后世左翼理论贴上右翼保守的标签，那么以遁世为特征的佛教思想又如何能够免受相似诟病？其实，主流的瞿秋白研究的确对其思想中的佛教（或者说与生命哲学结合在一起的佛教）因素评价不高，研究者往往将之视为瞿秋白走向革命正轨之前的消沉表现，即使美国学者毕克伟对该问题持有较宽容态度，也不过把它定义为"在物质世界创造一个乌托邦的精神世界"（Paul Pickowicz. *Marxist Literary Thought in China: The Influence of Ch'u Ch'iu-pai*）。学界的这一认识首先源于缺乏了解中国二十世纪初佛教现代化运动与佛教革命的历史脉络，这以太虚大师的"佛教人间化"运动最为著名。在太虚的改革下，佛教教理开始呼应政治上的民权主义，并以追求"人间净土"、参与社会改革为导向，在此背景下瞿秋白将佛教与革命结合在一起实则并未过分异端。其次，瞿秋白从生命哲学和佛学出发引向对马克思主义的认同，形成不同思想知识的通融、联结和再创造。张历君特别分析了瞿氏如何通过柏格森的创化论和佛教中的因果相续而理解左翼理论中的革命突变、自由意志，以及领袖权等问题，同时也将柏格森生命哲学和唯识宗导入马克思主义社会辩证法中。

正是在上述三者的交杂中，瞿秋白不仅为无产阶级革命赋予了生命和宇宙冲动的根本动力，使得革命成为与"人生观"紧密相连的内容；反之也将生命哲学中的生之冲动和佛教中的因缘大网重新落实于阶级运动之中。在他看来，无产阶级洞悉历史因果、背离自身旧有阶级的意识自觉，应当取得领袖权，也只有在领袖权策略中，无产阶级才能彰显自己的"自由"选择，由此合理地落实自己的生命冲动和生命意志。张历君对瞿秋白思想图谱中生命哲学、佛教思想和左翼革命论的重新联结，呼应着夏济安在《黑暗的闸门：中国左翼文学运动研究》中将瞿氏称为"软心肠共产主义者"的评价，但较之夏济安过于简化的印象式点评,他将这一命题发展为系统的思想史研究。这不仅关乎对瞿氏个人思想生态的重构,更从两个方面对二十世纪左翼思想研究有所突破和贡献:第一,质疑冷战知识机制中所生产的左右二元对立意识形态;第二,挑战西方中心的左翼理论正统,重新认识中国现代革命知识分子以中国传统思想资源参与左翼理论建构的价值意义。

值得注意的是,生命哲学、唯识宗与现代左翼革命理论的交杂,除了作为瞿秋白的思想构成外,还根本上成为他的生命实践方式,在很大程度上,瞿秋白用革命、成长与牺牲的生命轨迹演绎了他思想理论中的诸多内涵。《瞿秋白与跨文化现代性》中的另一要点便是重新统合瞿氏思想理论与生命情感之间的逻辑关联,也唯有如此才可以解答本文开头所引片段中涉及的问题,并深入理解瞿秋白的主体和牺牲意义。近年中外学界在重回二十世纪革命的潮流中,开始注重将日常、身体、情感、心灵等范畴纳入革命史研究,这种研究趋向前溯可与雷蒙·威廉斯所倡导的"感觉结构"相对接,其意义是释放被唯理主义叙事所遮蔽的情感或心灵面向,在宏观阶级结构之外重新找寻革命发生的动因和革命主体的位置。然而,以情感史研究为典型代表,其在强调身体经验的过程中容易流于唯理与唯情的二元对立,并且聚焦于特定革命情境的视野也常常难以解释革命主体的完整生命逻辑。在此意义上,张历君对瞿秋白思想和生命实践的统合突破了一般情感研究模式的局限,他勾勒出瞿氏在"理性主义"意义上的思想理论如何同时落实为直接的心灵体验和情感认同,并且促成他从生之冲动到自杀的生命内核。用作者的话说,要探究"瞿秋白那种由创造进化论和辩证唯物论交织而成的历史观,如何决定了他的主体性形构;这种主体性形构又如何影响他在二十世纪初具体的革命政治处境中的种种抉择"。而这种抉择"包含其独特的'自杀'人生观和异托邦的空间想象"。

在张历君看来，倒错或者说错位的时刻是瞿秋白生命轨迹的核心特征，这共生于他"自杀"的精神历程中。瞿秋白曾借用古希腊神话意象，以"现代的罗谟鲁斯"自喻，指涉自己是在时代转折中成为"被中国畸形的资本主义的发展过程所'挤出轨道'的孤儿"。这种被迫裹挟于历史夹缝中的身份困境，使得瞿秋白必须摆脱自己作为"过时的文人"的内心斗争，在拥抱无产阶级这股庞大的现代集体力量时将自我葬送。这构成了他的自杀之道也即觉悟之道，其中包含着对新社会的牺牲殉道精神，也始终交织着倒错的生命感觉。从瞿秋白早期奔赴苏俄开启革命道路之始，他就作为一个外来者在"饿乡"的异托邦中发掘到异己的"真实"，也从颠倒和位移的角度出发重新看见自我并进行自我反思。张历君指出，瞿氏当时一刻不脱离现实政治的思考，也正是在一种异托邦式倒错的空间中，他才将自己这个挤出轨道的孤儿重新安置到无产阶级群众那波涛汹涌的心海里。倒错性的体验从瞿氏的青年联结到晚年《多余的话》，文中关于"滑稽剧"的说法正是他在生命最后将倒错性演绎到极致的表现。马克思笔下的丑角是以当时德国为代表的旧制度，它在"用一个异己本质的外观来掩盖自己的本质"，最后的灭亡也必然以喜剧的形态被送进坟墓，这便是马克思的著名说法："历史是认真的，经过许多阶段才把陈旧的形态送进坟墓，世界历史形态的最后一个阶段是它的喜剧。"（《马克思恩格斯选集·卷一》）而在瞿秋白眼中，来自旧制度的文人和绅士意识也同样是时代错乱现象的丑角，它们同现代无产阶级革命的矛盾构成了自己无法摆脱的二元人格，他要借着自身的死亡和自我否定重新回到无产阶级怀抱，这也是为何《多余的话》将滑稽剧描述为"愉快地同过去告别"。

在此意义上，瞿秋白身上的一个深刻悖论得以展露：他呼应着马克思那种要把陈旧的制度和形态送进坟墓中的观点，只是对他而言，送进坟墓中的内容却是他自己。以倒错的核心经验把握瞿秋白的生命轨迹，使得张历君将瞿秋白的革命成长史对应为生命的自杀终结史，但这种理解并非是对瞿秋白革命性的否定，恰恰相反，正是如此才深刻揭示出瞿氏如何以自我实践了无产阶级革命的"历史工具论"理想。瞿秋白曾从对列宁的想象中发展出历史工具论的观点，他认为像列宁这样的伟人只是二十世纪无产阶级的工具去执行了历史的使命，他较之一般人的伟大之处不在于决定历史的方向而是洞悉历史的趋向，这才是历史唯物论的观念。而历史工具论或历史唯物论的信念方法，根本上隐含着历史中行动和认识的主体摆脱"自我"的要求，这正是在瞿秋白最后的死亡中被充分演绎，他希望通过"异己"的自杀昭示自己所属的旧阶级的崩溃。不过，由于瞿秋白的左翼理论交杂着生命哲学与佛学的印迹，他在牺牲前所演绎的历史工具论同时也是他的"生之冲动"和"菩萨行"，这集中体现于"绝命诗"《偶成》中。该诗亦是瞿秋白临终前写成，作为集句诗在最后一句化用郎士元诗句"僧持半偈万缘空"而写为"心持半偈万缘空"，他改写了佛教中"寂灭为乐"的基本义而增补表明自己愿意以生命求得佛教/共产主义人间化的愿心。至此，瞿秋白倒错的生命轨迹得到终结，也在此过程中高度统合了思想理论和主体实践的节奏与逻辑。

事实上，瞿秋白"脆弱的二元人物"特征在同时代诸多中国左翼知识分子身上都有所体现，学界既往研究常常以简单的二元对立框架断定其中因素的对抗性。针对于此，贺桂梅曾主张探索人物主体如何与其文学、革命实践之间构成彼此塑造的辩证关系，通过构造实践性、开放性的"主体辩证法"而挑战传统僵化的二元论框架（贺桂梅：《丁玲主体辩证法的生成：以瞿秋白、王剑虹书写为线索》），这与张历君对瞿秋白多层"生命"与"革命"脉络的串联延展相一致。"生命"与"革命"构成了瞿秋白的主体辩证法内核，这两个概念既分别指涉着二十世纪初期生命哲学、佛教与左翼不同思想的碰撞，同时又意味着这些思想内涵与倒错的生命实践形成彼此互动,这是《瞿秋白与跨文化现代性》一书串联起不同章节部分的重要线索。

但"主体辩证法"只是张历君所谓"双面辩证法"写作计划的一部分。他借鉴李欧梵对史华慈研究方法的概括,拒绝对研究对象进行同一性或二元对立性的预设,而注重把问题变成从双面乃至多面不断互证的"问题组"(problematic),绵延深挖却不急于得出概括性的结论。这意味着打开了一个开放的批评空间,在此之中思想理论与生命经历、政治事件与哲学思考、知识档案与文学文体都可以重新得到联结,而前述张历君之所以能够跨越被后世断裂的多重思想并重塑人物主体,也正是受惠于"双面辩证法"的思路。甚至从此计划出发,张历君还着意构建起一个联结东西方马克思主义者的对话平台。他在书中有意将瞿秋白与葛兰西等西方左翼知识分子进行双面对照,这几乎贯穿于每一章不同的理论议题,包括领袖权、有机知识分子、十月革命中"真实的激情"、创化论、阶级个性、现代文化人的内心斗争以及最后的牺牲等,他们对同一理论问题的看法得到并置,相似的经历时刻也不断相互呼应。譬如第一章对瞿秋白与葛兰西领袖权(hegemony)理论的探讨,抽丝剥茧找寻到二十世纪初布尔什维克和共产国际的相关理论论述作为两者的中介,瞿秋白与葛兰西正是在一九二二年前后参加共产国际的语境中形成各自的领袖权观点,他们采用列宁和共产国际的政治语言重新思考中国与意大利的现实问题。这一研究不仅质疑了传统研究中普遍将葛兰西作为领袖权理论原创者的主流观点;更为重要的是,从其所溯之源出发,将既往研究从未关联起的瞿、葛二人进行历史的接合,在此过程中揭示出瞿秋白与世界经典左翼理论的联结、对话、吸收、创造。

因此综观双面辩证法的文脉,其与该书标题中所指涉的跨文化研究框架根本一致。瞿秋白多层次的跨文化现象呈现出辩证法的节奏，反之，也正是辩证法强调矛盾与流动的叙事逻辑才将瞿秋白如此深刻丰富的"跨文化现代性"充分表现出来。二十世纪四十年代人种志学者费尔南·奥尔蒂斯（Fernando Ortiz）最早提出有影响力的"跨文化"或"文化互化"（transculturation）之说，指出在不同文化的接触碰撞中，即使是强势文化也会遭到改写并且会出现文化的创新，这改变了传统认为的强势文化单线影响弱势文化的观点（Fernando Ortiz.*Cuban Counterpoint: Tabacco and Sugar*）。而九十年代，跨文化的理念方法在学界明显得到重视，研究者主张文化的根本存在形态便是不同文化之间的渗透和交织，以区别于单一文化、间性文化（interculturality）或多元文化（multiculturality）的文化本质论（Wolfgang Welsch. "Transculturality: The Puzzling Form of the Cultures Today"）。台湾学者彭小妍较早将跨文化方法实践于中国现代文学文化研究之中，她不仅强调对国界与语言的跨越，并且延伸至诸多二元范畴的拆解，如"过去／现代、精英／通俗、国家／区域、男性／女性、文学／非文学、圈内／圈外"（彭小妍：《浪荡子与跨文化现代性》）。

张历君的跨文化视野便是在此脉络中形成，并且与彭小妍的观点密切呼应。他在书中始终以瞿秋白的跨越性作为理解和阐释的基础，在其叙述下，瞿秋白跨越了民初西欧、日本和中国的思想界限，传统与现代的分野，左翼与右翼的对立，"将来自各种不同文化脉络的思想资源，创造性地转化成崭新的思想和书写轨迹"。也正是在跨文化或辩证法的书写中，瞿秋白的思想理论、意识体验、文体书写以及革命牺牲等，都不应当以正统的西方马列左翼论述作为衡量的唯一标准，而是应当肯定其如何跨越诸多纯化的资源界限形成创新。这是中国早期左翼知识分子对二十世纪世界革命的独特贡献，也是中国所建构的区别于西方模式的现代性意涵。

（《瞿秋白与跨文化现代性》，张历君著，香港中文大学出版社二〇二〇年版）

王　璞

在布达佩斯"寻访"卢卡奇

一、多瑙河畔的公寓楼

二〇一七年,我终于有幸来到布达佩斯,只为了"寻访"二十世纪伟大的马克思主义哲学家、美学家、文学批评家卢卡奇·捷尔吉（Lukács György；让我们按照匈牙利习惯,把姓放在前面）。那是四月的一个午后,我从匈牙利国家博物馆、裴多菲俱乐部旧址一带出发,步行到多瑙河畔。春寒未脱,天色欲雨,厚重的云层之下,河流显得如历史般浑浊。岸上贝尔格莱德街的一座公寓楼,便是卢卡奇故居所在。

二十世纪六十年代,联邦德国人士曾来此访谈卢卡奇,他们提到河畔的公寓"带有奥匈帝国的气质,这种气质仍留在布达佩斯的面容上"。也是在这里,一九七一年,患癌的卢卡奇,以非凡的意志力,起草"自传提纲"。他一生以双语写作,这最后的文本也以德语为主,匈牙利语为辅,冠以德文标题《经历过的思想》（Gelebtes Denken, 中译本见《卢卡奇自传》）。同年六月,作为参与匈牙利苏维埃革命的"老布尔什维克",作为曾经的苏联公民,作为屡遭批判的匈牙利社会主义工人党党员,作为联邦德国歌德奖章获得者,卢卡奇离开了人世。

我这样一个远道而来的旅客,只觉得布达和佩斯显出时光的耐心和侵蚀。从公寓楼所在的佩斯一侧望向对岸的布达:古城堡依丘陵而建,像一块文明的石头,枕着河流,还在和这边的公寓楼一道静听水声吗？这多瑙，欧洲第二大河，也是思想的逝水。这名城，卢卡奇生于斯，逝于斯，葬于斯，又曾从此流亡，如今它既不复是奥匈的"小巴黎"，也不再是工农政权的首都。这大地，多次改变名号和身份，既是卢卡奇终身相系的祖国匈牙利，又代表了他未能实现的社会理想。

二、一个马克思主义者的"经历"

当一八八五年卢卡奇出生时，匈牙利作为独立国家并不存在。他生长于布达佩斯的犹太巨富之家，而后多地游学，在德国海德堡时，更成为社会学大师马克斯·韦伯思想圈子中的一颗新星。当他早早完成的几百页的现代戏剧研究获奖时，他却觉得评委会根本不够水平来评价它；当他一九一一年的散文杰作《灵魂与形式》受到好评时，他写信告诉书评人，自己已经告别了那样的写作。他是真正多语种的、富有激进普世精神的欧罗巴人。第一次世界大战爆发时，许多欧洲人士受到国族情绪裹挟，支持自己的帝国主义祖国乃至参战，但青年卢卡奇却向韦伯夫人直率表态：如果战争让霍亨索伦的德意志帝国、哈布斯堡的奥匈帝国和罗曼诺夫的沙俄都遭到覆灭，那也不失为一件好事！而在晚年的回忆中，他道出了当时内心的真正绝望：当欧罗巴走向帝国主义的疯狂争夺，"究竟什么能把我们从西方文明中拯救出来？"在这样的精神危机下，他写出了名著《小说理论》。不久，俄国十月革命爆发，恰如同现代史的弥赛亚救赎。

卢卡奇一九一八年加入匈牙利共产党，在次年的匈牙利苏维埃革命中，他担任教育和文化人民委员，还曾作为匈牙利红军第四师政委和"白军"作战。革命失败之后，卢卡奇和另外一位同志被留下来组织地下党（"有人想让我们当烈士"，晚年卢卡奇如是说）。据谣传，当遭到"白军"搜捕，被喝令"交出武器"时，卢卡奇只是从上衣口袋中掏出一支钢笔。对此逸闻，晚年卢卡奇只是一笑置之。事实上，他避过了搜查,潜伏出境,开始了流亡生涯。一九二三年,他出版《历史与阶级意识》,该书提出著名的"物化"理论,可以说是列宁时代最伟大也最富于争议的马克思主义哲学著作,也因此,卢卡奇和意大利的葛兰西、德国的柯尔施一道,被尊为"西方马克思主义"的创始人。对于这份荣誉,晚年卢卡奇也仍是一笑置之。

二十年代,卢卡奇主张的"人民民主"革命纲领,遭到党内批判。他一生奉行列宁准则——"从没有绝境",一旦发现"此路不通"(cul-de-sac),就另辟道路。他退出了政治岗位,转向哲学史研究和文学批评,一九三三年起和家人定居苏联。他是最早读到马克思"一八四四年手稿"的学者之一,还曾掀动影响全欧洲的"表现主义论争"。在"肃反"的腥风血雨前后,卢卡奇也做过许多或真诚或违心的"自我批评"。终其一生,他没有后悔过当时的抉择:他必须留在国际共运的体制之中,因为"党证是参与历史斗争的门票",当时最重要的斗争是反法西斯斗争,而只有苏联可以阻挡欧洲落入法西斯之手。卢卡奇在《经历过的思想》中专门比较过,柯尔施脱离德共,结果一事无成,但戏剧家布莱希特,"表现主义论争"中卢卡奇的主要论敌,却留在党内。布莱希特和卢卡奇,既是对手又是朋友,一同成就了二十世纪左翼人格的范型:有确信,有投身,有党派,同时坚韧地保持思想文化实践的活力。

卢卡奇活过了大清洗,挺过了第二次世界大战。一九四五年,战胜之年,卢卡奇终于成为一名归来者。从美国的方向,有更多人归来:戏剧家布莱希特、音乐家艾斯勒、思想家恩斯特·布洛赫选择了东德,而法兰克福学派的研究所,则回迁到西德。卢卡奇有着明确的国族抉择——"匈牙利人"。格奥尔格·卢卡奇终究是卢卡奇·捷尔吉。他回到布达佩斯,分配到了这套河畔的公寓。说起来,这已不是他的第一次"社会主义分房"。根据新近整理的卢卡奇妻子波尔什梯贝·格尔特鲁德(Bortstieber Gertrud,也是姓在前)的书信,三十年代他们一家盼望着得到莫斯科的一套公寓。当时恰逢苏联"住房荒",他们最终只分到一处偏远狭小的住房。而卢卡奇在晚年的自传提纲中,却近乎狡黠地提到了这套房子,认为这是他逃过大清洗劫数的一个原因("原因三:我的公寓")。言下之意是,"内务人民委员会"对他的房子没兴趣。但其实在四十年代,就是从那套简陋单元房中,他也曾经被内务人员带走。拘禁期间,他的歌德研究底稿没逃过被焚毁的命运。他只在自传提纲中轻描淡写了一笔,放进括号——"两次拘捕"。历史狡黠的背后是历史的残酷。

卢卡奇回到匈牙利时"满怀希望",参与到建立匈牙利人民共和国的文化实践之中。然而,五十年代初,他又一次成为党内批评的对象。又一次"此路不通",他转回美学理论,开始《审美特征》的写作,同时,人们也会在裴多菲俱乐部的活动中见到他的身影。一九五六年匈牙利事变爆发,卢卡奇加入临时政府出任文化部长,但他不仅反对匈牙利退出社会主义阵营,而且希望回到列宁的"工农民主"纲领。苏军进城时,他曾去南斯拉夫大使馆寻求庇护,对此,他在自传笔记中直说这是"鲁莽的错误"。他随后被苏军押往罗马尼亚,度过了所谓"检讨和审查"的一年。

我在公寓楼中拾级而上,发现卢卡奇故居楼层不低。从环形楼梯上往下看去,甚至让人有眩晕之感。卢卡奇一直在这里生活到八十六岁,我不知道楼中有没有升降梯,心想,匈牙利科学院也太不照顾"老同志"了吧!对于当年的匈牙利当局,卢卡奇确实是一个棘手的存在。一九五七年回到布达佩斯后,虽然失去了党内身份,但他继续工作,完成了《审美特征》。他向党的第一书记卡达尔写信,宣布他只得在西德发表这一巨著。中央领导赶忙召见他,甚至提出,如果卢卡奇想去"西方国家"定居,他们一定礼送出境!对此,卢卡奇傲然拒绝。他曾多次表示,哪怕是"最好的资本主义",他也不愿去。如果不能从东欧阵营内部激发变革的可能性,那么他的工作也就失去了意义。一九六七年,他的党籍恢复了。他和学生开玩笑:卢卡奇同志重新加入党,可惜还不是党重新加入卢卡奇同志。他的遗言是:"唯一的出路,真正的马克思主义。"卢卡奇给"真正的"加了着重号,二十世纪的传奇一生就此隐入多瑙河畔的公寓……

三、哲人的书房和遗作

卢卡奇去世后,公寓逐步改为资料馆,接待来自世界各地的研究者。像在任何学者故居一样,书房是后人参观的重点。六十年代的访谈者们就曾称羡卢卡奇的书房,说四壁的藏书"一直堆到高高的天花板",茶几上摆着"饮品和甜点"。经过资料馆的细心整理,故居中的书房没有了学者生活的杂乱惬意,而更显宽敞明亮。我一进去,首先注意到的是墙上的卢卡奇妻子的肖像照。

波尔什梯贝·格尔特鲁德在卢卡奇的生活中具有决定性意义,说是他命运中的契机和奇迹也不为过。卢卡奇转向马克思主义,是他生命根本的"转折点",是对真理的实践性确信,而格尔特鲁德在其中的作用不容忽视。一九一八年,经历过"私生活的混乱"之后,卢卡奇在一次"伦理学讲座"中认识了格尔特鲁德:"我生平第一次有了爱情。她的活动作为一种试金石……渐渐变成了一种新的生活方式。"伦理学的原则和具体的生活实践不再对立隔离。在奥地利流亡期间,格尔特鲁德掩护卢卡奇。在苏联,格尔特鲁德用功于马克思主义政治经济学。在匈牙利人民共和国,卢卡奇一方面反对斯大林体制,另一方面又反对资产阶级民主化,这样的双重发展,其"统一"又是"由格尔特鲁德提供"的。在他的弟子们眼中,格尔特鲁德身上结合了"法国启蒙运动中的女泰斗和戈特弗里德·凯勒小说中的平民女英雄"。概括起来,卢卡奇一生的种种决断不仅是政治的,而且是伦理的。他的马克思主义哲学体系最关心的就是个人在历史中的具体生活实践,而他自己又把爱人和伦理统一性联系起来,可以说，格尔特鲁德已经代表了卢卡奇所没有写出的伦理学。

卢卡奇书房中的大书桌上，不再有乱堆乱放的各种手稿，仍然陈列着的，除了台灯和文具外，还有一只烟灰缸和一小尊歌德半身雕塑。是的，卢卡奇是"老烟枪"，在《经历过的思想》中还不忘以香烟广告为例，来说明资本主义消费社会对个人的全面控制。而那尊歌德像，在卢卡奇的晚年工作照中也多次"出镜"：桌上稿件纷杂，老人用它来做镇纸。至于他堆到天花板的藏书，已经整整齐齐、满满当当地归入各个书柜。其中自然有康德、费希特、黑格尔、谢林等德意志经典哲学家的全集，也收录着战后陆续出版的瓦尔特·本雅明作品。在浏览中我还发现了整套的李约瑟《中国科学技术史》英文原版。我立刻联想到，卢卡奇最后的巨著《社会存在本体论》讨论到人类早期生产技术，对李约瑟的中国研究有过征引。

《社会存在本体论》这部巨著又是一部遗作。六十年代初，在《审美特征》之后，卢卡奇开始着手自己构思已久的伦理学，第一章将命名为《伦理在人类行动体系中的地位》。但他很快发现，这样的一章极有可能超过一本书的规模。他到一九六四年明确下来，要走向伦理学，首先必须完成一部本体论，这便是《社会存在本体论》。人生的最后阶段，他严格而紧张地写作，一九六八年完成了第一稿。美学和本体论已经来了，伦理学和政治学还会远吗？一个二十世纪的思想体系呼之欲出。看来，卢卡奇不仅是"共产主义的圣奥古斯丁"（美国学者马歇尔·伯尔曼语），更是马克思主义的亚里士多德（正如他自己常把黑格尔比作资产阶级的亚里士多德）。但是，西德访客以及法兰克福学派的弟子们当年都不禁要问："真的有一种东西，叫马克思主义本体论吗？"

的确，经过了康德以来的历次哲学变革，知识人一见到统揽万有的"本体论"，就要打一个问号，防范着"形而上学的恐怖"。卢卡奇反复解释，他的本体论，恰是回到日常现实并为之奠定根基，要回答的问题是:"在何种历史条件下,人类的日常生活成为一种存在?"中心概念是——劳动,一切人类实践的原点。而他的学生们也认为,这部著作的确有难以克服的内在矛盾。收到批评意见后,老人立刻投入到全面的修改乃至重写工作之中。改写一直延续到生命的最后。在卢卡奇资料馆,工作人员向我们这些远道而来的访客展示了原稿。可以清晰看出,论著已是完整打字稿,但卢卡奇又在上面加了无数手写修改乃至整段整节的增删。不妨想象一下这数千页(!)手稿摊在老人书桌上的场面。正如他的得意门生阿格涅斯·海勒后来所论,这份"未定稿"中"有对相同问题的截然相反的表述,有空洞的重复,有论证上的缝隙",但也有新探索思路的"微光"。在他身后,弟子们也把他们当年的批评意见一并发表,认为这部巨著兼遗作不失为"一个二十世纪伟大头脑的产物",既是"失败也是成功"。

卢卡奇的最后十年正和六十年代重合。在《新左评论》的访谈中,他还是强调,人们不应迷恋于他早期的《历史和阶级意识》,"二十年代已经过去,六十年代才是我们的切身问题"。但六十年代的进程本身,又使得卢卡奇不得不暂时放下本体论,去回答更迫切的问题:一九六八年,苏联军事入侵捷克斯洛伐克,终止了这一东欧国家的改革,那么,"苏东"阵营还能不能自我革新?

四、"归根到底:历史"

一九六八年的卢卡奇:八十三岁,鳏居,健康状况日趋恶化。《社会存在本体论》遇到困境,而因为苏联对"布拉格之春"的镇压,他又迫切需要回应,写出自己对东欧的政治构想。他在和死亡赛跑,在和"苏东"的坠落加速度赛跑。也可以说,《民主化的进程》这本小书是一位老病哲学家的急就章。

但老年卢卡奇绝非"老朽""老弱",思想也并不"老套"。书中对康德、萨德的性伦理比较,落脚于婚姻之为"对异性器官的私有"和性交之为"对伴侣的物化"。同时，卢卡奇虽住在铁幕东侧，但他对西方战后的"后工业"资本主义也有充分了解、洞察和分析，比如他精彩地点到市场规则对文化的全面渗入和对社会的"总体控制"，这样的思想锋芒正可以和西方内部的批判声音相对照；卢卡奇并不是像法兰克福学派的后学所认为的那样"脱离时代"。卢卡奇在《民主化的进程》中进一步强调"回到日常生活"，回到个人在历史中的自我发展，从中发扬新的人民民主。但不得不承认，我们今天读来，难免感到气闷。八九十年代之交的"苏东剧变"，已经让卢卡奇的政治思考陡然丧失了相关性。恍神间回望，仿佛卢卡奇只是一个忧心忡忡的"老革命"，絮叨着回到列宁，恢复理论辩论，重启工人管理社会……这是历史的残酷玩笑,当年"苏东"内部的道路反思，却因为已然没有了"苏东"，而被大多数人扔出窗外。晚年卢卡奇跑赢了生命时间，但他的思想跑输了历史时间。可叹者，或莫过于此。

最后，摊在卢卡奇书桌上的手稿，除了《社会存在本体论》和《民主化的进程》，还有《经历过的思想》，这份自传提纲是在临终前的几个月中完成的，更显出他和时间的赛跑。为什么直到面对"哈姆雷特之问"，他才提笔记下这些自传断片？格尔特鲁德一九六三年去世前就曾催促卢卡奇撰写自传。他所尊崇的老歌德，也正是德语自传文学的伟大典范。但卢卡奇的自传提纲一开头就说，"每一部自传"都是"主观性的"，而记忆从不可靠，其"客观性"和"历史性"很难落实。提纲的德语部分艰难地面对着"个体"和人类生活的本质的矛盾：主观的种种倾向，作为个人"朝向全人类的发展"，便是对"时代难题的解答"，历史中"个体的真实展开"也就是人类本质的体现。"归根到底：历史"。

那么，历史又是如何对待卢卡奇的马克思主义遗产的呢？二〇一七年，我在参加卢卡奇研讨会的间歇，也匆匆参拜了卢卡奇墓。他葬在布达佩斯著名的克拉佩西公墓，那里安眠着许多文化名人，包括他年轻时喜爱的诗人阿迪·安德烈（Ady Endre）。在这样一座花园般的公墓中找到卢卡奇夫妇墓，不算太难。他们的墓朴素简单，没有碑，只有一块方方正正的躺石，上面用金字刻下姓名和生卒年。旁边的墓也都是如此规制，墓主人大多是社会主义革命和建设中的优秀人物，他们死后排列在小路两边，而这条路通向人民英雄墓园纪念墙。但这一纪念性墓葬区，却像被遗弃了一样，那天只我一个参观者，真仿佛这些当年的社会主义者们正在孤零零地忍耐着反讽，等待着五月。与此相隔不远，便有一九五六年匈牙利事变死难者纪念雕塑，那里摆满了当季的鲜花。雕塑周围，许多墓碑旁都专门插着剪去了红星的匈牙利国旗，正在春风中招展。在我眼中，两个墓区也形成鲜明对照，匈牙利人似乎已经刻意忘记，当年事变的不少参与者，比如卢卡奇，恰恰是在坚持左翼理想，而非放弃。在墓园中，我体会到了历史的简化。

五、没有卢卡奇的布达佩斯？

历史的简化，的确是当代匈牙利的核心文化政治问题。右翼民族主义上台后，就开始重塑国族史，掩去革命记忆，而突出民族神话。卢卡奇既是犹太人，又是共产主义者，他的历史形象自然首当其冲被抹去。二〇一七年，布达佩斯河畔公园中的卢卡奇雕像被拆除（取而代之的，据说是古匈牙利建国者圣斯蒂芬一世的雕像），以至同一年的卢卡奇研讨大会有了抗争的意味，组织者号召与会学者去公园参加游行，表达抗议。而在卢卡奇故居中，我曾向资料馆工作人员提出，他们应收藏卢卡奇的中文译本，但对方却说不会有这方面规划，让我小有不满。后来才知道，从那年起，匈牙利当局终止了资料馆经费。二〇二一年卢卡奇逝世五十周年纪念，我听说，卢卡奇资料馆已经正式"关门大吉"，二〇一七年向我们那一批与会人士开放参观，可能竟是最后一回（相关收藏暂时转入中欧大学）。二十世纪历史中具有探索性却屡遭埋葬的部分，仍为某些人不容，就这样又一次被拆除，被关闭。

现在的布达佩斯，还能找到卢卡奇的痕迹吗？不复存在的雕像，不再开放的故居，没人献花的墓。连他星散于世界各地的学生们，也正在凋零。二〇一七年开会时我见到了海勒，她以八十八岁高寿，解说着老师的遗产，而两年后，她也仙逝了。匈牙利没有成为卢卡奇为之奋斗的样子，多瑙河的水色继续透露着时间的晦涩，作为"社会存在"的人，仍需求解。今天遥想没有卢卡奇的布达佩斯，我更意识到，我们需要从二十世纪的哲学和实践中重新开始一场拯救。

草于卢卡奇·捷尔吉逝世五十周年

《开放时代》 双月刊 2022年第2期 目录预告

中国特色社会主义理论研究
李翔宇　马克思主义民主观与中国的全过程人民民主实践

专题一：全球秩序
强世功　文明终结与世界帝国——如何理解中国崛起面对的全球秩序
章永乐　"帝国式主权"降临了吗？——特朗普主义的挑战与主权理论的未来
殷之光　平等的肤色线——20世纪帝国主义的种族主义基础

专题二：思想史中的中国革命
孙　歌　作为方法的根据地
李放春　韦伯、共产国际与中国社会性质论战的发端——《儒教与道教》的革命旅程（1925—1929）
肖文明　文艺与政治——现代性视野下的《在延安文艺座谈会上的讲话》精神再阐释

人文天地
王　路　"体时"：中国饮茶艺术中的具身性时间

经济社会
邵占鹏　网络零售平台经济中的生产资料所有制
吕钊进　朱安新　邱　月　跨国移民多维度认同边界的建构——以东京池袋华人经营者为例

法学与政治
王正绪　政治信任研究：民本主义的理论框架

"他者的世界"
马丹丹　经济/社会的文类显现与衰退——回顾格尔茨爪哇、巴厘岛的早期田野调查
张　亮　强若昕　何以为友：自然资源开发的族际合作与民族团结——云南藏区松茸商品化过程的价值链分析

地址：广州市白云区云城街云安路119号。邮编：510410。电话：020-86464940。传真：020-86464301。
邮发代号：46-169。网址：http://www.opentimes.cn。投稿邮箱：opentimes@vip.163.com。
官方微博：http://weibo.com/opentimes。微信公众号：open_times。

各地经销点：万圣书园（北京）、学而优书店（广州）、荒岛书店（天津·上海·广州）、虎尾厝沙龙（台湾云林县）。

日出而作　　　　　　　　　　　　　　　　　　　　　　王振忠

立春与"春牛图"

一

多年前，有位山西朋友送我一张当代的《春牛图》，据说来自临汾一带。此一传统年画色彩鲜艳，煞是好看。此后，我断断续续翻阅过一些年画图录，发现此一图案颇为常见，似乎是北方各地相当流行的一种《春牛图》，其上有文字曰："我是上方一春牛，差我下方遍地游，不食人间草合料，丹吃散灾小鬼头。"另外，其下还有"三人九饼，五谷丰登"的字样，据说反映的是立春时节吃春饼的习俗。

立春，是二十四节气中的第一个节气。根据通常的说法，"立"为肇始之意，标志着冬去春来、万物萌动。俗话说"一年之计在于春"，立春即昭示着新的轮回已然开启，大地从此复苏。到了立春这天，官府和民间一向就有打春牛、吃春饼、祭祖拜神和祈年迎春等活动。

近读清末徽州知府《王振声日记》，其中有几段详细记录了二十世纪初黄山白岳间的迎春习俗，颇为生动、细致。例如，王氏在光绪三十二年（一九〇六）就写道：

> 正月初八日……歙县送来金花一对，初十日迎春用。
>
> 初九日……歙县送来八抬亮轿一乘，迎春用。
>
> 初十日……巳刻，朝服，坐亮轿出东门，三里许至关帝庙内少座。舞狮、祭芒神，礼毕，各官前导，舁牛、芒神进城，

绕行南北街,至署仪门外安芒神位,一揖各退。

徽俗,向系立春前一日迎春,今年因十一日忌辰,故初十日迎春,俟十二立春时打春。

十一日……午初刻同步出,至仪门芒神前行礼后,执鞭绕春牛三匝打春。礼毕进署,各官禀贺,书役叩贺。

十二日……遣号房持帖到分府、参府贺春喜。晚备便果席,请幕友吃春酒。

在传统观念中,春天系岁序之首,农业乃国家之根本,立春时节五谷滋生,故迎春必用到牛,以重农事。此类的迎春仪式由来已久,一般都会上溯到《吕氏春秋》中的"出土牛以送寒气"之记载,此后历代相沿不替。及至清代,嘉道时人顾禄在其所编《清嘉录》中指出:"立春日,太守集府堂,鞭牛碎之,谓之打春。"打春在有的地方也叫"闹春牛",是将土牛鞭笞成碎片,然后众人分抢而去。当日参加迎春仪式的一把手,多是坐着十六人抬的"亮轿"(亦称"显轿"),盛设仪仗,甚至随列万民伞、德政牌等全副执事,一路上威风凛凛,向辖境子民尽情展现父母官之赫赫官威……

迎春仪式虽由官府主导,但立春前后的民俗活动却并不仅限于官方。迎春之日,各地民众往往倾城出观,民间传说"看牛则一岁利市"。根据《清嘉录》《吴郡岁华纪丽》等的描述,在苏州的迎春仪式上,男男女女争着用手去摸春牛,据说如此便可沾上新年的福分,俗有"摸摸春牛脚,赚钱赚得着"之谚。一九二三年,有位叫汪安澜的人在《少年》杂志上讲述,休宁有"立春开大门"的风俗:

……每年到了立春节那天,凡为一家主妇的,清早便起床,梳洗既毕,恭恭敬敬地去开大门,一壁开,一壁嘴里念道:立春开大门,家婆事事成;日日进财宝,年年添人丁;老来多福寿;四季万年青。

一九三一年,温州乡绅张棡在其日记中写道:"本日夜早一句钟丑刻交立春节，予及内人、诸媳、女等披衣出外，调排香烛接春，并以柏叶煨春豆茶，敬家堂神与祖先，然后饮春茶，鸣鞭爆，事毕，始再就枕一寤[寐？]。束樟叶于中庭、房户各地烧之，俗名曰煨春。以赤小豆炖熟，入糖调而饮之，曰春茶。"立春日，温州人将红豆、红枣、桂花、白糖合煮为春茶，家人分食，谓之"煨春"。据说吃了春茶，可以明目益智，大吉大利。

各地"接春"的做法各不相同。多年前，劳格文教授与我合作主编的《徽州传统社会丛书》中，有不少都提及民间的立春习俗。例如，根据毕新丁等人的讲述，在今江西婺源县（明清时代属于徽州府）汪口一带，接春时，各家要在花盆里栽一棵没有虫眼的白菜，这棵白菜以红纸打箍，菜后插一枝天竺叶，上吊几条用金纸剪出的"钱"字，做成"摇钱树"的样子，并将写有"迎春接福"四字的纸条插于盆中，放置门外。接春时，在门口焚香，燃放爆竹。届时，先将花盆接到家中，摆在上门头，尔后再放在天井之中。家中则要点一吊灯，称"满堂红"，其上贴一灯谜："水漫金山一趟平，青蛇绕着白蛇藤，终日许仙来敬我，断桥相会见分明。"

据说，"立春"不是每年都有，民间视没有立春的年份为不吉利，俗有"无春年"之称。但也有一年出现"两头春"的，亦即年头与年末各有一次立春。王振声在徽州担任知府的光绪三十二年为闰年，故于岁暮复遇立春。对此，日记记载：

(腊月)二十二日（一九〇七年二月四日）辰刻赴东郊迎春……
二十三日……卯正起，补褂，赴仪门外芒神前行香，一跪三叩，击鼓三声，执春鞭，率属官绕春牛三周。……晚，约幕友饮春酒，食春饼，散后祀灶。

此种一年两立春，通常被认为是比较吉利的年份，民间俗有"一年难逢两头春，百年难逢岁交春"的说法。从日记来看，每逢迎春，当晚或翌晚，知府都要与衙中幕友浅斟低酌——这是官府的情形。

至于在民间，不少宗族都根据程朱理学对礼仪的设计，于立春日遵依家礼祭祖。例如，嘉庆十年（一八〇五）刊刻的歙县《棠樾鲍氏宣忠堂支谱》中，有颇为细密的"值年规例"，涉及岁时伏腊宗族内部的祭祀惯例，其中的"立春"条记载："管年之家陈设香案及香烛、纸箔、火爆等物，届时传知支下诣祠接春。倘遇年内立春，亦系次年轮管者承办。"这里也明确提到"两头春"的情况，规定在第二次迎春时，由翌年轮值者来承办。

二

十多年前，我在徽州收集到一张《御制钦定芒神春牛图像》，原件呈橘红色，这是相当罕见的文献珍品。该印刷品的内容为光绪二十七年（一九〇一）"江南徽州府歙县阴阳学训术朱为迎春事"。关于"阴阳学"，元代以后在诸路及各府、州设置，主要教授五德终始、占候占星、遁甲六壬、相宅选日之类。及至明清，地方续设阴阳学官，府称正术，州曰典术，而县一级的阴阳学官则称为训术。有的地方的阴阳学官，还负责管理境内的游方医卜星相、募缘僧道以及沿街卖艺之人。而由《御制钦定芒神春牛图像》可见，在清末，迎春一事，应归各县的阴阳训术负责统筹，并安排鸠资印送"春牛图"。标题中之所以称为"御制"，一是体现皇帝劝谕百姓重农之意，二是根据《大清会典》等的记载，每年六月由钦天监按照天干地支、阴阳五行原理，推算出来岁的春牛式样、芒神形色，绘图于固定时间下发，此后各地州县据此塑造春牛、绘制芒神形象。

吾乡前辈郑丽生著有《福州风土诗》，吟咏一年十二个月闽中的风土民情，其中有"样历官历"条："颁朔授时一卷开，伫看甲子又循回，残年弹指将归去，更著市声特地催。"这是说"急景凋年，市贩叫卖时宪书，主呼'样历官历'，俗谐其声云'一日半日'"。类似于此的"样历官历"，其中应当也有"春牛图"。之所以称为"官历"，是因为颁发"春牛图"是官府的特权。清代《刑案汇览三编》中就提及——道光三年（一八二三）贵州曾发生过一桩"私刊《春牛图》于未颁朔前售卖"的案子，该案说的是有位叫梁六的小贩，自己"仿依万年甲子书所推抄录刊刻"，虽然其内容并非捏造，但因赶在官府颁发时宪书之前兜售，故被重杖八十。

盛清时代祖籍徽州的吴锡麒编有《武林新年杂咏》，其中辑录了诸多名流咏颂杭州过年风俗的诗作。书中有《春牛图》小引，曰："阴阳家印图，年前分送。上载时日支干，下绘春牛，中书太岁姓名，旁载地母经、流郎诗。""春牛图"上的芒神，有的地方认为就是太岁。民间传说，每年有一个太岁菩萨值年，迭年一换，故而立春前数日，要将当年太岁之像精心修饰，令其焕然一新。立春举行迎春，就相当于是新、旧两太岁办理交接的仪式。歙县《御制钦定芒神春牛图像》就是一张"春牛图"，图的中央有"出行迎喜之图"，其上则有双髻牧童扮饰芒神、手持柳枝鞭牛而走的形象。除了图画之外，该张印刷品上还有其他的不少文字。如提及"春牛头白色，身黄色，角、耳、尾黑色，肚黄色，胫黄色，蹄青色……"等，可见春牛全身五色咸备。相传黄色多主年岁丰收，白色多主水患，青色多主风灾，红色多主火灾，黑色多主疫疠，等等。"春牛图"上备列"本省节气时刻"，并注有"辛丑元旦选取寅时黄道，宜向西南方出行，恭迎喜神大吉"字样，还注明"春祈二月初二戊戌，秋报七月十五日戊申"。另外，还详细罗列了一年十二个月的节气。据此，一般民众得以明了当年雨旸应对、消灾解厄的大致趋势。据此可知，类似于此的"春牛图"，实际上就相当于后世的年历，往往被张贴于室内墙上。

关于"春牛图"，此前已有不少文章涉及，毋庸笔者琐琐细述，此处仅举民国报刊上的一段回忆，以见当年民众的认识。一九四二年，有位叫唐庆和的人，以其亲身经历谈及儿时所见的"春牛图"：

小时在家里，一到新年，便会听到母亲在焦急之后，所发出来的呼声:"怎么送'春牛图'的到今天还不来呢?"后来"春牛图"终于送来了,送的是一个乞丐头目。……他一手拿一厚叠的"春牛图",一手擒着一只木制的春牛。他进来时并不用开口,只要将那只木制的春牛的模型向桌上一放,人家便会知道他的来意的。一张春牛图的代价是一升白米,或是十来条年糕。

"春牛图"是一张六寸宽、十寸长的杨连纸印的,图少字多,与其说是一张图,倒不如说是一张表来得恰当。它的标题,若不是"一本万利",则必是"五谷丰登",二旁分印着子、丑、寅、卯……十二个地支,字的下面嵌印着各字所属的动物,如子字下面就是一只老鼠,丑字下面就是一只牛。上半截印着十二个月份,并分别注明某月是月大,某月是月小,并旁的如节气等项目。下半截例是一只春牛和一个牧牛的童子了。这一点也就是春牛图这个名称的由来了。"春牛图"不是别的,是一本国子监钦定皇历的缩影、摘要。

这篇随笔发表于四十年代初的《东南日报》上,文中的"国子监"显然应系"钦天监"之误。唐庆和说,送"春牛图"是个美差,系丐帮头目的专利。的确,在不少地方,送"春牛图"一事,皆为一些特殊人群所垄断。例如,在清代的江西,每逢冬季,就有高安人分往各地农村,挨户散给"春牛图"。民间传说,此种"春牛图"只有高安姓杨的人才能印刷并分发,这是因为他们的祖先杨得胜,在朱元璋打天下时,曾利用"春牛图"作为宣传品,立下了汗马功劳,故而后来只许他的子孙专利其事。另外,在不少地方,送"春牛图"的乞丐穿戴红袍、官帽,扮作春官模样,挨家分发,俗称"送春"。而接受者通常都会依照惯例,给予相应报酬。此种习俗,据说迄今在一些偏远农村仍有所见。

唐庆和接着谈及民众对"春牛图"的解读,其情节颇为生动:

母亲拿到"春牛图",最先看的便是那个牧牛童子的位置了。若童子是骑在牛背上的,那么便是安适的意思,今年农夫们可以少流汗而多得收获了。如牧童是立在牛前,而用手牵着牛绳,那也还好。最不好的要算是牧童跟在牛的后面,用鞭子抽着牛背,以驱它向前走了。这是表示吃力不讨好,及辛苦的一种意思……

由此可见,一般民众其实弄不清楚"地母经""流郎诗",以及各类玄乎的星占术语,他们主要是通过"春牛图"上的图案,来判定一年的涝旱丰歉,其间充满了对"一元复始、万象更新"的期盼。除了芒神与牛的相对位置之外,有的地方还根据牧童(芒神)穿鞋与否,预测来年雨水之丰歉:倘若图上的牧童仅穿一只鞋,就表示来年雨水适中;如穿两只鞋,则表示次年降水会较少;而如果是光着脚丫、裤腿上挽,则预示着翌年之雨水将会很多。

三

此类的"春牛图",在全国各地有着不同的样式,其内容亦有诸多变化,如有的还增加了其他内容,有"采茶春牛图""罗汉春牛图"等名目,这些,在此前编印的各类年画图录中多有展示,无需细赘。二〇一九年,我在荷兰莱顿大学亚洲图书馆乱翻书,看到多张清末在新加坡印制的"春牛图",颇为特别。

这是光绪十年(一八八四)新加坡叨报馆发行的"华英春牛图",顾名思义,月份是中英文对照。其上半部三幅画之中间也是一帧"春牛图"。不过,站在牛背后的不是幼童,而是一位成年男子。翌年的另一张"春牛图"上印有广告:"本馆住在源顺街,刊刻'华英春牛图',迄今有年,专心参对无差,光顾者请祈细认。"然而,其上的春牛图案却有了极大的变化,站在牛身边的不仅是个老人模样,而且连手上的柳枝也省了。虽然此类"春牛图"之预设读者对象应当也是旅外华人，但在这里，传统却也在一点一点地发生着变化。

在中国本土，民国以后出现的通书上，传统的"春牛图"通常被置于首页。不过，关于"春牛图"之存废，一直存在着争议。一九三〇年的《中央周报》上有一消息，标题是《国历图替代"春牛图"》：

> 我国民间，在昔悉以春牛图为通用历表。福建同安县党务指导委员会，以现在既经颁用新历，该项历表，实在有改造之必要，特呈请该省指委会转呈中央，请通令全国刷印国历图，替代春牛图，以示彻底革新之意。中央以事属可行，当交国府令行政院转饬内政部、教育部，将该项图表早日制定、颁发，以便民间购用。国府准函后，已令行政院遵照办理云。

一八八四至一八八五年新加坡的"春牛图"，荷兰莱顿大学亚洲图书馆收藏

然而，上述提案似乎并未实际落实。相反，民国时期在有的地方，仍在恢复传统的迎春典礼。譬如，一九三九年《江苏省公报》上曾刊登政府训令，省长陈则民明确"通令各县修复迎春典礼"。该《江苏省政府训令》之后还附列有《迎春典礼》：

> 先立春日，各县于尔郊造芒神、春牛（芒神、春牛式另有图说），届立春日，设案于芒神、春牛前，陈香烛、果酒之属，案前布拜席（知事一席，余视人数），通赞一人，执事者若干人，于席左右立。县知事率在城文官服礼服，毕诣东郊。立春时至，通赞赞行礼，知事一人在前，余以序列行，就拜位，赞四拜礼。

167

执事者举壶爵，跪于知事之左，知事受爵酌酒、酹酒三（即三进酒、三献爵），授爵于执事者，复行四拜礼，众随行体兴，乃舁芒神、春牛，鼓乐前导，各官后从，迎入城，置于公所（县署大堂），各官执采杖环立，乐工击鼓，击春牛三，乃各退。

此一仪式显然与前清时代大同小异，只是此时县令已改为县知事，亦不用八抬亮轿而已。其时芒神、春牛之图式，应与帝制时代的完全相同。一九三九年为己卯年，故该份训令之后附有彩色的"己卯芒神春牛图"，并列有《迎春芒神春牛图说》，其中注明："芒神身长三尺六寸五分，鞭长二尺四寸，像少壮，衣色红带色黄，髻耳前，罨耳全戴，……芒神立牛右，芒神立牛前，芒神执策当牛肩。"这些，都应当为仿照古式而恢复。

另外，因"春牛图"最为贴近农民的日常生活，故而以广大农民为其革命阶级的中国共产党，在长年的革命斗争宣传中，也积极利用此类的传统民俗。早在一九四八年，《新华日报》上就刊登有一幅版画，其下附有一首《春牛图》诗：

新年大喜，对我生财，迎壁墙上，红对放光彩。

花花绿绿，牛槽贴牛影，一块红福字，喜在人心。

牵来黄牤牛，一路好走手，牛角乌金亮，牛毛苍黄。

手拿杨柳鞭，一路走，一路唱，唱的共产党！

唱了共产党，还有毛泽东，出好主张，平分了土地，消灭地主、土霸王！

春耕夏耘，秋收冬藏，牛为每年耕作之必备，也是农民的命脉所系，以此为切入点，勾画出稼穑岁登、含哺鼓腹之美好前景，则最易拨动下层民众的心弦……诗中的"手拿杨柳鞭"，显然是传统"春牛图"的通常样式。正是在这种背景下，"春牛图"仍然得到明显的传承。直到一九四九年以后，在新式历书中，"春牛图"仍赫然在目，虽然在形式上已稍有变化，但从中仍可看到传统的巨大惯性。

永嘉，水长而美

蔡天新

> 池塘生春草，园柳变鸣禽。
> ——谢灵运《登池上楼》

一

二〇一九年盛夏，我应《钱江晚报》旅游部的邀请，相约胡亮、蒋浩、李冰、祈媛、森子和余刚诸诗友、作家，同游浙南唐诗之路，依次到达丽水古堰画乡、青田石门洞和温州泰顺廊桥、洞头海岛和永嘉楠溪江，那正是东晋时期永嘉郡的地盘。五天的时间里，我们沉浸在王羲之的悠玄和谢灵运的诗意世界中，时有灵感降临。

两个多月后的十一月二日，故乡黄岩区平田乡王副乡长在微信中告诉我，平田村村民在清理池塘污泥，准备修建护栏时，发现了三块残破的蔡氏先祖墓碑。随后，他发来三幅照片，分别是"晋郡守蔡公邵墓""……蔡公复振墓"和"……光禄大夫蔡公之墓"。第一块应是我的南渡二世祖、东晋永嘉郡守蔡邵，第二块是九世祖、唐代大理寺少卿蔡复振，第三块猜测是二十二世祖。

公元三二三年，东晋第二位皇帝司马绍（晋明帝）登基第二年，也即太宁元年，析临海郡温峤岭（今属台州温岭，后来温州也以此得名）

以南设置新郡,辖永宁(郡治所)、松阳、安固、横阳及罗江(原属晋安郡)五县,名永嘉郡。关于"永嘉"两字,今人解释为"水长而美",其本意则是"永受嘉福",此乃汉代以来的祈福语,早在西晋年代便已用在年号上了。

西晋开国皇帝司马炎是三国时司马昭之子,他于公元二六五年取代曹魏,建立新政权,定都洛阳。西晋约半个世纪的统治,虽然也曾出现了为时十年的"太康盛世",左思的《三都赋》使得"洛阳纸贵",但一场分封制引发的皇室斗争(八王之乱)使其迅速衰落。趁着司马家族的这场"内卷",鲜卑、匈奴、羌、羯、氐等外族(胡人)纷纷南侵,瓜分中原。

公元三〇七年,风雨飘摇中的西晋迎来了第三位皇帝司马炽,他登基后改国号为"永嘉",希冀带来好运,扭转乾坤。可是,永嘉五年(三一一),匈奴军队便在前赵开国皇帝刘渊之子刘聪率领下攻陷洛阳,皇帝在逃往长安途中被俘,太子司马诠被杀,史称"永嘉之乱"。司马炽先是被封会稽王,两年后在一次宴会上被命令为斟酒的仆人,引得晋朝旧臣号哭,令刘聪反感,稍后司马炽被毒杀,西晋于三一六年灭亡。

战乱加上亡国,使得从后汉诞生到魏晋成熟的社会特权阶层——以世代读书做官形成的门阀士族,为避战祸纷纷南迁。其中就有琅琊王司马睿等五王,率领家族成员及随从,从洛阳一路南下,横渡长江,从江左幕府山燕子矶(今安徽马鞍山)附近登陆进入建康(今南京),后人称之为"五马渡江"。

这些流寓江南的贵族和官僚,在琅琊世家大族王导等人带领下,拥护晋武帝司马炎从子司马睿建立新政权,定都建康,史称东晋。据说晋元帝司马睿登基时拉着王导一起在龙椅落座,人称"王与马,共天下"。其时,王导的堂兄王敦掌握军权,他后来发动"王敦之乱",导致司马睿郁郁而终。在其长子司马绍(晋明帝)领导下才得以平乱,但并未追究王敦的党羽。

说到司马绍，他年幼时即为奇童。一日，晋元帝闲坐，将他置于膝前，正好长安有使者来，便问司马绍："你说日与长安哪个远？"绍回答："长安近，不曾听说过人从日边来，由此就可知了。"晋元帝觉得奇异。翌日，群臣宴会时他又问这个问题，绍答："日近。"晋元帝脸色一变："怎么与昨天说的不一样呢？"绍答："抬头就望见日，却望不见长安。"

话说永嘉建郡那年六月，王敦举兵向京师进发，司马绍得消息，骑马微服出行，到王敦驻地侦查了一圈出来。王敦得到报告，派骑兵追。明帝策马奔驰，马拉粪时，浇上冷水。遇旅舍老妇，送她一把七宝鞭，说："后面有骑兵来，可把此鞭给他们看。"过了片刻，骑兵追到，老妇把鞭拿给他们看，并说："人已走远。"士兵们传递着玩赏，又见马粪是冷的，认为确已走远，便停止追赶。

东晋成立后，北方战乱仍频繁，大批民众继续渡江南下。据《晋书》记载："俄而洛京倾覆，中州士女避乱江左者十之六七。"激增的人口带来江南土地的开辟和生产力的提高，在西晋司马炎于太康四年（二八三）确立永宁、安固、横阳三县建制基础上，东晋司马绍于太宁元年设置永嘉郡。待到三七五年，又分永宁县设乐成县，以罗江还晋安郡。至此，永嘉郡下辖永宁（治所）、安固、乐成、横阳、松阳五县，含今温州、丽水两市和台州、福建宁德部分地区，隶属扬州。

二

既然东晋政权是在琅琊等士族豪门支持下得以建立，便决定了朝廷的用人制度，即首先选择士族子弟担任要职。因此除了把持朝政，豪门士族还把持着地方政权。他们从建康一路南下扩张、延伸，逐渐会聚到会稽郡，尔后向台州、温州一带发展。其中，林、黄、陈、郑等豪族进一步向南，移居到福建等地，乃至台湾。

据明代《弘治温州府志》记载，东晋来永嘉郡任职太守的士族子弟约八人，其中最早的或为谢毅。据《晋书·王彪之传》，谢毅于晋穆帝永和二年（三四六）之前已到任。其他依次为王羲之（尚有争议）、孙绰、蔡邵、谢铁、刘怀之、谢逸、骆球。建郡之初，永嘉郡人少地荒，豪强们肆意占有土地。如王羲之的小舅子郗愔在木榴屿（今台州玉环县）开辟湖田，建起田庄。

历史车轮进入南北朝统治，因刘宋武帝刘裕出身破落低级士族，称帝后辅佐人才多选用寒门子弟，于是高门大族势力被削弱且受到排挤。如谢灵运、颜延之等，当时都是被当权者贬到永嘉郡担任太守。据《括州志》，从东晋到南北朝，约有三十多位永嘉郡守，其中不乏文人，如谢灵运、裴松之、颜延之、檀道鸾、邱迟、毛喜等，还有客居永嘉的郭璞、郗愔、陶弘景、郑缉之等名士。

这些文人太守或名士在永嘉郡建起田庄家业后，乐于就地落籍，不再想着恢复中原。其中，最负盛名的要数"书圣"王羲之和山水诗鼻祖谢灵运，前者留下"墨池"等佳话，明代永嘉状元周旋诗道："何以清池唤墨池，昔年临池有羲之。"南朝永初三年（四二二），谢灵运出任永嘉郡守（晋宋时期谢氏家族第四位），仅一年他便创作了二十余首诗篇，占其山水诗总数的一半，包括那首闻名遐迩的《登池上楼》。

颜延之，出身名门世族，与谢灵运齐名，合称"颜谢"。因言辞激越惹祸，贬任永嘉郡守。《宋书》记载："延之少孤贫，居负郭，室巷甚陋。好读书，无所不览，文章之美，冠绝当时。"又记："辞甚激扬，每犯权要……"据说颜延之问过鲍照，他和谢灵运相比怎样，鲍照说："谢公如初发芙蓉，自然可爱，君诗如铺锦列绣，亦雕绘满眼。"于是，颜延之对鲍照一辈子不满。

更值得一提的是孙绰，他原籍山西平遥，生于会稽，是书法家、玄言诗派代表人物，三五六年任永嘉太守。晋哀帝时，大司马桓温北伐收复洛阳后，密谋篡位，提出迁都洛阳，并请自"永嘉之乱"南渡者全部北徙河南。当时无人敢有异议，唯有散骑常侍孙绰挺身上书《谏移都洛阳疏》。迁都乃止，孙绰由此名垂青史。

在任永嘉郡守前，孙绰曾任我的故乡章安县令，他笃信佛教，以《游天台山赋》一文传世。作为书法家，廷尉卿孙绰也参加了永和九年（三五三）的兰亭集会。该雅集由王羲之写序，孙绰写跋，遗憾的是跋后来遗失了。作为当时文士之冠，凡名士去世，均请孙绰撰写碑文，然后刻石。声望之隆，由此可见。

这些文人郡守任职期间，清正廉洁、勤政为民，为开发永嘉郡做出积极贡献，在培育人才、兴修水利、发展农桑和建设城池等方面尤为如此，南朝内史（相当于郡守）毛喜甚至"不受俸秩"。在他们治理下，永嘉郡"商贾流通，居民安业"，迎来大发展，社会经济逐渐接近中原。至今温州经济和商贸发展仍居全国前列，并勇于开拓海外市场或移民欧美。南宋时期，诞生了以叶适为首的"永嘉学派"，现今温州人注重子女的文化和科学教育也有目共睹，尤以数学方面，人才辈出。

遗憾的是，王羲之和谢灵运之间的永嘉郡守蔡谟的事迹却无从知晓，或许因为他不是文人。《四库全书》里仅有记载："蔡谟长子，晋穆帝时任永嘉郡太守。"而蔡谟曾参与平定"苏峻之乱"，镇守北方，防御后赵，为东晋王朝立下赫赫战功，不仅《晋书》有传，还有不少事迹、趣事、评论甚或成语传世。无论如何，蔡邵及另外两位先祖墓碑的发现，引发了我无限的遐想，也让我的思绪回到童年和故乡。

三

我五岁那年，开始在台州黄岩县（区）西部的头陀镇新岙小学上学，当时学校只有一位老师，他同时教五个班，同学们都在一间教室里，后来我知道那叫复式班。我记得那位老师姓张，我们一年级四个同学坐在左边前面两桌。四十多年以后，我重访新岙村，见到张老师，他个子不高，是个老实木讷的本地人。

那时候我无法想象，同属头陀镇的平田乡会是我先祖的居住地。因为自懂事以来，我就知道温岭市横峰乡的观渭蔡村是我的祖居地。直到二〇一四年秋天，我去温岭参加东海诗歌节，被横峰街道的父母官梁海刚带到蔡氏家庙，从一位远房堂兄那里获到一份珍贵的家谱，才知道祖先来自黄岩平田乡。南渡的先人叫蔡谟，是东晋名臣。

二〇一九年夏天，我随浙大同事去福建平潭岛疗养，途经故乡台州，应邀在台州图书馆和温岭妇女儿童中心做了两个讲座，温岭朗诵团举办了我的诗歌朗诵会。其间我第一次走访了祖居地平田，那要感谢儒雅的平田老乡蒋志勇先生，他与我同在一个黄岩老乡群里，有一次聊起平田时得以相识。

那是一个晴朗的周六上午，志勇从黄岩城关驱车来到椒江市图书馆。在我的讲座结束之后，我们便一起出发去黄岩。途中应黄岩诗友们的邀约，到长潭水库北岸的杨家庄享用了农家乐午餐。那以后，我随志勇还有一位七旬老人蔡天福出发，那是一段四十分钟的车程，路旁是美丽的青山绿水。见到天福的那一刻是我难以忘怀的。

自从我懂事以来，便知道自己名字"天新"的来历，源于我的生日和杜甫名诗《丽人行》首句"三月三日天气新，长安水边多丽人"。加上家兄名"未名"，因此我认定父亲没沿用家族的行名为我们取名。但我知道父亲的原名"显福"是按行名取的，大伯、二伯和小叔分别叫显堂、显理和显顺。只是后来父亲觉得过于"封建"，才改名"海南"。

平田乡位于黄岩西部，原属头陀镇，一九九二年撤区并乡后，它便直属黄岩。平田南接温州乐清，正是这个原因，因得罪太后被贬庶民而避居永嘉长子蔡邵处的先祖蔡谟当年才携家人游览到此。

我们来到平田乡平田村，四周果然是群山环抱，村边有座秀丽的山峰叫旗峰山，村民称灯盏山。村头立着一块木头的牌匾，上面写着"平田蔡的来历"：只因谟公在"清江里目睹环山带水之胜，乃筑室允藏"。

值得一提的是，平田乡西侧、南接温州永嘉县的上垟乡上山周村是前北京大学法学院院长周炳琳先生祖居地，家父早年在西南联大和北大求学时，曾得到这位前辈乡贤照顾。周先生是五四运动亲历者，曾代表北大学生南下上海面见孙中山。抗战爆发时他任国民政府教育部常务次长，正是在他建议之下，北大、清华、南开三校南迁长沙成立临时大学，后又迁昆明成立西南联大，只因周太太是长沙人并熟悉故乡。

天福带我们来到平田村文化礼堂，那里已有天喜等另外三位"天"字辈蔡氏族人等候，还有从乡里赶来的王副乡长。寒暄过后，天福他们便搬出五六卷八开本的蔡氏宗谱，有的已被虫子咬得不成样子了。而平田蔡氏的"名行"和"字行"那一页却清晰可认，"谟邵伯司恒熙……永显天朝程猷"共计五十代，我们是第四十七代。

天福对家谱了如指掌，娓娓道来。五代有一支移居福建，北宋大书法家蔡襄是其后裔。六代曾遭强盗灭门之灾，幸亏蔡熙海入赘邻村幸免于难，他义无反顾地回到平田延续香火。九代出了大理寺少卿蔡复振。十八代蔡奉午移居温岭，成为我们温岭蔡氏的先祖。二十二代有光禄大夫，二十四代有兵部侍郎，二十五代又有进士……四十八代有任四大名城副市长。

天福退休前曾任宁溪镇铅锌矿副书记兼工会主席，一九七八年初夏，正是他说服矿长改变决定，同意在矿上工作的青年朱幼棣和管鹏飞参加高考。朱幼棣后来与我同时入读山东大学，中文系毕业后成为新华社记者，一九八四年首赴南极考察，著有《后望书》《大国医改》等，不幸英年早逝。而管鹏飞上了浙江大学数学系，毕业后赴美留学，获普林斯顿大学博士学位，现为加拿大皇家科学院院士、麦吉尔大学终身教授。

遗憾的是，平田村原本有两座祠堂，即蔡氏祠堂报本堂和纪念先祖蔡谟的恩感寺，却不幸在"文革"期间被拆毁，做此决定的村革委会主任也是我们同代族人，天福为此痛心不已。其中恩感寺系南宋淳祐三年（一二四三）重建，宰相杜范（黄岩出生的最高官员）亲自撰写《重建恩感寺记》，天福为我拷贝了一份。

杜范从蔡谟父亲蔡克说起，而蔡克爷爷的爷爷正是东汉名士、蔡文姬的父亲蔡邕。同样遗憾的是，先祖蔡谟之墓至今仍未找到。临行前，王副乡长和天福带我去看可能埋葬他的山头，据说那是一块风水宝地。我期待来年疫情好转，借清明之际回乡省亲，祭奠先祖。而从蔡邵墓碑上未写郡名这一点推测，当年平田或属于永嘉郡，再来看村里那三口清澈秀丽、各有其名的大池塘，又叫人想起"水长而美"的永嘉。

《读书》编辑部编辑

主管：中国出版传媒股份有限公司
主办、出版：生活·读书·新知三联书店有限公司

总　编　辑：肖启明
副总编辑：
主编（兼）：常绍民
副　主　编：刘蓉林
出版总管：李学平
编　　　辑：饶淑荣／卫纯
市场经理：张惟
装帧设计：陆智昌／薛宇　印制主管：张雅丽
发行总监：周旭（010）84681050
读者服务电话：（010）84050425　84050451
邮购地址：北京市朝阳区霞光里9号B座
三联生活传媒有限公司　邮政编码：100125

《读书》微信公众号
扫码购买《读书》杂志

投稿邮箱：sdxdushu@vip.sina.com

地址：北京美术馆东街22号
邮政编码：100010
印刷：北京中科印刷有限公司
国内总发行：北京报刊发行局　国内代号：2-275
广告经营许可证号：京东工商广字第0063号
ISSN 0257—0270　CN11—1073／G2

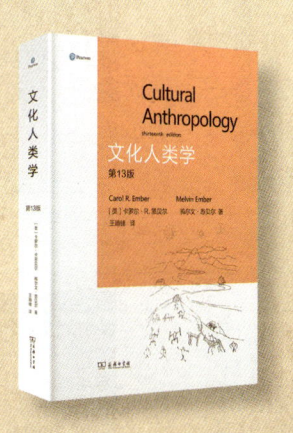

文化人类学

（第13版）

人类学可以分为生物人类学和文化人类学两大分支，文化人类学又可以分为考古学、语言学和民族学三大分支。文化人类学是一门充满好奇心的学问，对所有历史时期、所有地方的人感兴趣，从生活在数百万年前人类的直系祖先到当下的人类，从世界上那些鲜为人知的角落到繁华的国际大都会。

作为一部文化人类学经典通识入门书，恩贝尔夫妇的《文化人类学》由培生教育集团出版，目前已再版十余次。在本版中，他们以深入浅出的语言阐述文化人类学，使文化人类学不再是枯燥的他者知识，而是认识自我、通向他人的重要途径。

ISBN：978-7-100-20073-8
[美] 卡罗尔·R.恩贝尔
[美] 梅尔文·恩贝尔 著
王晴锋 译
定价：198.00 元

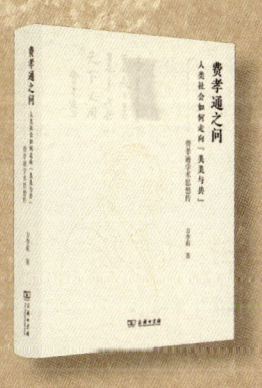

费孝通之问：
人类社会如何走向"美美与共"
—— 费孝通学术思想传

◆ 费孝通站在中国学者的立场上，向世界不同的文明展示了中国文化的最大善意，并将未来不同文明如何"美美与共"的中国思考贡献给世界。

本书围绕费孝通一生的两个问题域展开：一是其在 20 世纪三四十年代，面对工业文明冲击下积贫积弱的中国乡村，提出的"中国要如何走向现代化道路"的问题；二是其在晚年面对全球化提出的"人类社会如何走向美美与共"的问题。全书较为完整地体现了费孝通从早年关心生态问题（即人与土地的关系），到晚年关心"心态"问题（即人与人的关系，包括国与国的关系）的学术思想的转折过程。

ISBN：978-7-100-19664-2
方李莉 著
定价：88.00 元

官方微信

地址：北京市东城区王府井大街36号　邮编：100710　业务电话：010-65278537, 65126429　传真：010-65249763
邮购：040-65258899-9282　网址：www.cp.com.cn

中版好书 2021 年度榜

中版好书 引领阅读

中国出版集团有限公司 推荐

特别致敬（3种）
中国出版纪录小康文库（第一辑）
　　　　　　　　集团统筹（研究社填写）
中国大百科全书（第三版）
　　　　　　　　中国大百科全书出版社
中国社会科学词条库
　　　　　　　　中国大百科全书出版社

主题出版（12种）
中共党史十二讲　　　　　　三联书店
百年革命家书　　　　　　　中华书局
1937，延安对话　　　　　人民文学出版社
靠山　　　　　　　　　　　人民文学出版社
非凡百年奋斗路——庆祝中国共产党
成立100周年百种经典连环画
　　　　　　　　　　　　　连环画出版社
血战长津湖　　　　　　　　现代出版社
一路芳华：西迁人追忆西迁往事
　　　　　　　　　　　　　世界图书出版公司

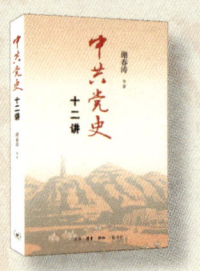

中共党史十二讲
三联书店

百年革命家书
中华书局

血战长津湖
现代出版社

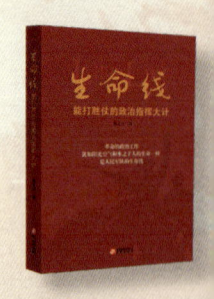

生命线：能打胜仗的政治指挥大计
华文出版社

了不起的游戏：京剧究竟好在哪儿
三联书店

革命的形成：清季十年的转折
商务印书馆

最早的中国：二里头文明的崛起
三联书店

西南联大求学日记
中译出版社

1937，延安对话
人民文学出版社

靠山
人民文学出版社

中国共产党历史歌典
人民音乐出版社、
中共党史出版社

人民代表大会制度从这里走来
中国民主法制出版社

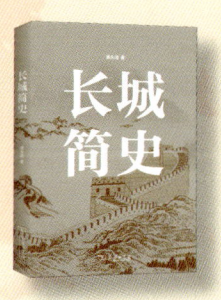

长城简史
商务印书馆

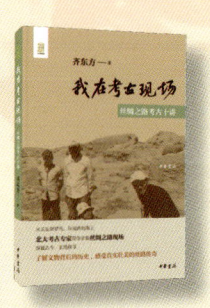

我在考古现场：丝绸之路考古十讲
中华书局

文化遗产里的中国故事·万里走单骑：老单日记
中国大百科全书出版社

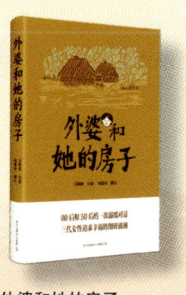

外婆和她的房子
东方出版中心

中国出版集团有限公司 推荐

生命线：能打胜仗的政治指挥大计
　　　　　　　　　　　华文出版社
大型原创交响合唱　人民音乐出版社
"毛泽东经典著作研读系列丛书"
《〈整顿党的作风〉研读》等
　　　　　　　　　　　研究出版社
中国共产党历史歌典——歌声中的
　百年风华
　　　　人民音乐出版社、中共党史出版社
人民代表大会制度从这里走来
　　　　　　　　中国民主法制出版社

人文社科（15种）

五礼通考（全20册）　　中华书局
中亚史（全六卷）　　　商务印书馆
了不起的游戏：京剧究竟好在哪儿
　　　　　　　　　　　三联书店
革命的形成：清季十年的转折
　　　　　　　　　　　商务印书馆
陈书（点校修订本）　　中华书局
长城简史　　　　　　　商务印书馆
许渊冲百岁自述　　　　华文出版社
我在考古现场：丝绸之路考古十讲
　　　　　　　　　　　中华书局
最早的中国：二里头文明的崛起
　　　　　　　　　　　三联书店
西南联大求学日记　　　中译出版社
追寻三星堆：探访长江流域的
　青铜文明　　　　　　三联书店
文化遗产里的中国故事·万里走单骑：
　老单日记　　中国大百科全书出版社
探索考古：作为人文的考古学
　　　　　　　　　　　三联书店
外婆和她的房子　　　东方出版中心
当代汉语学习词典　　　商务印书馆

文学艺术（10种）

瓦猫　　　　　　　人民文学出版社
苏东坡全集　　　　　　中华书局
美育（全18册）　　人民美术出版社
一把刀，千个字　　人民文学出版社
太阳转身　　　　　人民文学出版社
黄宾虹年谱长编　　荣宝斋出版社
洛城花落　　　　　人民文学出版社
回响　　　　　　　人民文学出版社
素手烹茶　　　　　人民音乐出版社
我和我的命　　　　人民文学出版社

尧风舜雨

元大都规划思想与古代中国

王 军 著

定价：288元（全二册）

尧风舜雨，代表了千百年来中国人民对太平盛世的向往，而古代中国的营建与规划，其思想正在于达致这一理想。

《尧风舜雨：元大都规划思想与古代中国》通过对元大都齐政楼的名称、方位、中轴线制度的考证与阐释，呈现其深厚的天文与人文内涵；并以一座城市的建造，呈现出政治和文化上的典型意义，进一步证明了中国多元一体格局的思想制度，见证了中华文明的源远流长。

地址：北京市东城区美术馆东街22号　邮编：100010

读书

DUSHU

4
2022
April

陈胜前　考古学有什么用？
冯志阳　盛宣怀与他的时代
高全喜　思想史中的"斯密问题"
孙　歌　直视竹内好
张轲风　从此滇波不倒流
梁　雪　万寿山下"小有天"

· 文墨与家常 ·

你咆哮吧

王蒙 文　康笑宇 图

画上题字：何昔日之芳草兮 今直为此萧艾也　辛丑冬月　笑宇制图

　　二〇二一年中国共产党建党一百周年，是年重庆媒体四月三日"党史中的今天"专栏中提到一九四二年四月三日，郭沫若的历史剧《屈原》在重庆演出。嗯，这是一件大事，说是以古喻今，批判了抗日战争中的投降主义与卖国主义。

　　二十世纪五十年代，我在北京青年艺术剧院看过赵丹、王蓓演出的《屈原》，高潮是屈原朗诵郭氏拟的屈子散文诗《雷电颂》：

　　你咆哮吧！

　　……啊，电！你这宇宙中最犀利的剑……你这宇宙中的剑，也正是，我心中的剑。你劈吧，劈吧，劈吧！把这比铁还坚固的黑暗，劈开，劈开，劈开……但至少你能使那光明得到暂时的一瞬的显现，哦，那多么灿烂的，多么眩目的光明呀！

　　还应该提到另一处台词："我们只有雷霆，只有闪电，只有风暴，我们没有拖泥带水的雨！"

　　太厉害啦。郭沫若本身就是雷电，就是他心仪的忠勇报国的三闾大夫。而到了摸索崭新的社会主义现代化建设之路的时期，他有一时辨析选择难免困难尴尬的地方，何足为奇？难道不是瑕不掩瑜？

　　郭沫若是浪漫的诗人与剧作家，更是研究屈原的学者。在我开始写《青春万岁》时候，适逢世界和平理事会纪念世界文化名人屈原。我读起《离骚》中的诗句：

　　何昔日之芳草兮，今直为此萧艾也？
　　岂其有他故兮，莫好修之害也！

　　这话句句说到我的心里，变成浸润着的热泪，这是我以十九岁的"芳龄"，要拼出一部长篇来来勾勒与浇润芳草、不为萧艾的动力。

读书

DUSHU

4

2022

陈胜前　考古学有什么用？ ………… 3

马传景　经济学的贫困与救赎 ………… 12

冯志阳　盛宣怀与他的时代 ………… 22
严　泉　清末新政的制宪时刻 ………… 31

高全喜　思想史中的"斯密问题" ………… 40
盛　洪　兵不血刃，王在法下 ………… 49

短长书
认识世界、改变世界与解放思想　汪毅霖 ………… 59
在医院，或在去医院的路上　王一方 ………… 64
人冰冻时期的伦敦及市井民谣　谢超 ………… 71
宋朝女性的离婚和再嫁自主权　萧盈盈 ………… 77

孙　歌　直视竹内好　著译者言 ………… 82

黄　坚　促进大众自决的艺术 ………… 91
傅春晖　乱世钟声 ………… 101

李　瑾　其号自呼 ………… 110
张轲风　从此滇波不倒流 ………… 118

品书录 ………… 128
潜在的跨界写作（潘凯雄）·历史理解的空间基点（王子今）·现当代艺术的民俗学根源（李牧）

梁　雪　万寿山下"小有天" ………… 142
宋石磊　高居翰的两次艺术史修正 ………… 151

李　芳　北平旗人的英国租客 ………… 160
黄　强　外国旅行文学中的中国铁路故事 ………… 168

读书短札
东坡诗文话的真面目（杜春雷，21）·虞世南名迹之憾　北窗读记（刘涛，100）·"鸡辟"为何物？（侯洪震，150）

刘以林　漫画 ………… 58
王蒙　康笑宇　文墨与家常 ………… 封二

陈胜前

考古学有什么用？

二〇二一年中国考古学迎来大发展，从中央到地方，研究、教育与管理机构都有重大的举措。然而，许多人可能都有一个疑问，考古学有什么用？三十多年前我学习考古学时就想知道这个问题的答案，但是中外考古教科书对此似乎都讳莫如深，很少有专门的论述。我们接受的教育更多是"为科学而科学""为学术而学术"。不要去问作用，似乎一问就庸俗了！可我还是想问，学生们也忍不住问，社会大众问的就更多了。就此我曾经有过一些思考，而今又有了新的认识。我注意到，不同时期考古学的作用并不相同，考古学的作用实际上决定了它的发展方向，是不能不重视的，当下中国考古学需要考虑不同的"用处"问题。

一百年前，瑞典地质学家兼考古学家安特生发掘了河南渑池仰韶村新石器时代遗址，也就是在这前后，北京周口店遗址的野外工作开始，法国传教士兼考古学家桑志华与德日进发掘了甘肃庆阳的水洞沟与内蒙古乌审旗的萨拉乌苏遗址。因为这几件几乎同时发生又十分重要的田野考古工作，中国考古学界通常把一九二一年视为中国现代考古学的开端。实际上，单就重要考古发现而论，二十世纪三大文献发现，安阳甲骨、敦煌古卷、流沙坠简，都始于一九〇〇年前后，只是此时还没有正式的田野考古发掘。若以中国人自己主持考古发掘为标志，则要从一九二六年李济发掘山西夏县西阴村遗址算起。由此我们可以看出，中国现代考古学的出现是以田野考古的开端为标志的。现代考古学又称"科学考古学"，其内核是科学，即以客观的态度发现并分析古代遗留下来的实物遗存，同时运用合乎逻辑的方法，揭示真实的人类过去。由此，考古学形成了两个截然不同的阶段：前现代的（或称考古学的前身）与现代的。

考古学前身的作用

中国考古学的前身是金石学（西方是古物学），金石学兴起于北宋时期。金石学家吕大临在《考古图》的开篇就讲到了金石学的宗旨："观其器，诵其言，形容仿佛，以追三代之遗风，如见其人。"常见的解读是，北宋的金石家们希望从三代的器物中寻找完美的政治理想。这种解读稍嫌狭窄，金石家寻找的是一种意识形态，或者说理想社会的思想基石。换个更简洁的表达，就是"道"，实现理想社会的道。金石学的出现改变了从前的格局，此前都讲"文以载道"，道只可能存在于语言文字之中，而金石学暗含的主张是"器以载道"（或称物以载道），道在器物之中。或是说，在器物遗存之中，更可能发现真实的"道"。理由很简单，因为器物是古人生活真实的遗留，相反，文字经过历朝历代的传抄解读，错讹不断增加，反而可能失去了古人原初的意旨。

器以载道是金石学暗含的前提，其实也是考古学预设的前提，其间的区别在于对"道"的理解不同，以及解读方式存在差别。"道"是一定历史时期社会生活的产物，是社会思想观念高度凝练的表达。金石学之前的古人也曾注意到古物，他们将之视为神物或圣物，总之古物上有某种"神性"。我们不妨把神性理解为"道"的前身或象征，代表某种绝对的合理性。为什么人类社会会有这样的东西呢？因为它们是社会思想（意识形态）根基，是社会整合的基础，构成人们认识与信仰的"道"，也很大程度上决定了社会的成败。古人无法解释其中的复杂性，于是用神性来统率。"国之大事，在祀与戎"，祭祀是首要的大事，它在反复确认社会组织的观念基础。所有这些观念是通过物质呈现的，并且与物质相交融，因此，对考古学来说，器以载道应该是合理的前提。

现代考古学的作用

十七、十八世纪时，科学古物学在欧洲兴起，科学日益成为人们认识过去的方式，到十九世纪中期，现代考古学形成。现代考古学有三个源头：以探索人类起源与演化的旧石器－古人类考古（十九世纪中期形成）、以重建民族史为中心的新石器－原史考古（十九世纪早期形成）以及古典－历史考古（十八世纪晚期形成）。现代考古学的形成是一个"除魅"的过程。非常有趣的是，现代考古学在除魅的同时，实际上也在根据时代精神"制魅"。

一个最显著的例子发生在旧石器－古人类考古领域，涉及人的古老性的问题。按照《圣经》的教义，人是上帝创造的。红衣主教乌舍尔经过精心考证，甚至把上帝创造人的时间精确到公元前四〇〇四年十月二十三日。世间的一切都是上帝的奇迹，人的努力是为了自我的救赎。以宗教为中心的意识形态是组织社会至高的"道"，人深深地陷入宗教编织的种种束缚之中。考古发现远古的石器遗存，同时伴生有人类和灭绝动物的化石，引入地质学原理的考古学逐渐厘清地层的形成过程与年代，把人类起源的年代大大提前。与此同时，受到进化论的影响，考古学逐步明确人类演化的阶段，以实证的方式支持人是演化而来，而非上帝创造。宗教创世论崩溃，随之崩溃的是整个意识形态体系，社会组织之"道"由此可以变革。或者说，这样的变化是相互推动的循环，理性精神在除魅过程中产生，考古学的发展正是其中重要的助力。然而,我们知道人并不是完全理性、客观的,人所生活的世界也不是。但是,这正是近代资本主义发展所需要的,"理性的经济人"成为经济学的前提。

新石器-原史考古是重建史前史的主要力量,它也是近代欧洲民族国家的重要推手。十九世纪初,当拿破仑侵入哥本哈根的时候,一方面打破了封建约束,另一方面激发了丹麦的民族主义。这种思想所依赖的不仅仅是具有共性的现实生活,更在于具有共性的历史遗存。民族作为"想象的共同体"不再只是一种想象,而是能够立足于具体物质材料之上的证明。考古学由此参与到近代民族国家的建构之中,它提供了民族国家存在的文化心理基础:我们之所以是一个民族,是因为我们有共同的祖先。当然,正因为其中存在建构的性质,也成为考古学容易被滥用的部分,纳粹主义、帝国主义利用这一点为其扩张服务,种族主义由此将种族优越论合法化。这也让我们今天保持警醒:所谓现代考古学中仍然残留有历史的沉渣,今天当我们面对当代世界的时候,仍旧可以看到帝国主义、种族主义的阴影,它们常常假借着科学的旗号。

制魅的过程并不只有这些,古典-历史考古也有贡献。古典-历史考古源自艺术史研究,主要研究古希腊-罗马的艺术遗存。十八世纪开始,英国的有钱人经常会送青年子弟到欧洲大陆做一次旅行,他们带着仆人,先到达巴黎,然后翻越阿尔卑斯山到意大利,遍访佛罗伦萨、罗马等文化名城,史称"大旅行",看过电影《看得见风景的房间》的人对此会有一些具体的印象。他们为什么要做这样一次旅行呢?开阔视野、经受锻炼、增加知识,这都是普遍的解释。其中的关键之处,很少有人提及,"大旅行"实际是西方文化之旅,是西方人成其为文化意义上西方人的训练。如果西方人失去了文化认同,西方人也将不成其为西方人。西方人之所以成为西方人不是因为他们生来就是西方人,而是一种文化的熏染与训练,除了日常生活之外,还包括"大旅行"

这种精致文化生活的训练。"大旅行"在培养西方文化的精英,他们获取西方文化的地方就是古代物质遗存。"器以载道"在这个意义上说,"道"是一种生活方式,是一种可以通过物的鉴赏学习的审美标准,是一个社会广泛分享的思想观念。

回顾一下现代考古学的诞生,不难发现它的形成与近代欧洲社会的发展密切相关,同时也会发现其中考古学三个分支所发挥的现实作用。它们都指向社会构建的意识形态或精神基础,指向新的社会组织形式(民族国家);按考古史家特里格的说法,还要指向新的阶级(中产阶级)。简言之,现代考古学是时代的产物,也是现代社会的参与者,它的作用体现在现代社会的构建上。某种意义上,我们甚至可以说,没有现代考古学,就没有近代欧洲社会(这里现代与近代指向同一个英文单词 modern)。

具体地说,现代考古学与许多其他学科一起贡献了近代西方资本主义社会形成的意识形态根基。与现代考古学伴生的有一系列重要的关联因素:西方文化、资本主义、民族国家等,它们构成现代考古学的人文背景,并且嵌入其中。对此我们需要特别加以关注,因为当现代考古学传入到诸如中国这样的后发国家的时候,这些因素的异质性就会突显出来,由此产生一系列问题。一方面它们在强势权力的推动下,可能表现为帝国主义、殖民主义、种族主义、西方文化中心论等;另一方面,当我们在学习现代考古学时,如果排除这些带有人文背景的因素,就会让现代考古学成为一种纯粹客位的研究,丧失了考古学的人义性。接受前者,意味着文化上的自我殖民,而采用后者,又意味着丧失人文底蕴,于是陷入两难的境地。

二十世纪六七十年代,过程考古学(processual archaeology)开始流行,它代表极端现代性取向的考古学。过程考古学非常强调跨文化的比较,寻求建立文化适应变迁的统一机制与规律。按照其主要开创者路易斯·宾福德的看法,考古学应该发展成为一门如同地质学一样的科学。有意思的是，过程考古学的中心是美国，主要流行的区域是盎格鲁-撒克逊文化圈，其他西方国家都只是借鉴了部分内容，而没有流行。如果按照过程考古学的主张（更科学、更人类学），那么它的流行区域应该更广才对。实际情况并非如此，考古学界对此罕有解释。过程考古学的主张其实暗合美国扩张主义的理念，美国考古学要建立以它为中心的世界考古。人类学是关于"他者"的研究，与科学的"客观"是一致的，都要站在对象之外开展研究。过程考古学试图构建起一个客观的体系，把世界各地不同的文化安放在里面，这个"自然的秩序"具有天然的合理性，这个秩序的构建者与维护者都是美国。某种意义上说，它正在把社会现实自然化与合理化。与之相应的是，美国考古学在全世界进行野外工作，八十年代还曾计划到中国来，被夏鼐先生拒绝。回首十九世纪末二十世纪初，中国人都非常清楚什么叫作外国人在中国考古。考古学并不是像美国考古学所倡导的那样，只是一门科学或学科。

后现代时期考古学的人文转向

二十世纪八十年代开始，在后现代思潮的推动下，西方考古学在欧洲出现了"人文转向"，后过程考古学（post-processual archaeology）登上学术舞台，考古学似乎进入了第三个阶段：后现代时期。如果从范式的角度来看，后过程考古学具有一套不同的本体论、认识论与价值论，它不认为物质遗存材料是客观的，将之视为在历史情境中早已为文化意义渗透的东西。就比如松竹梅，经过中国文化的长期熏陶，象征坚强的品质，有了特殊的文化意义。它们已经不是简单的客观之物，会影响到与之一起生活的人们。由此考古学的目的不在于解释机制，而是要理解情境关联，其价值在于意义的阐释。就好比我们读《论语》一样，了解原义固然必要，关键是要理解其中包含的思想文化，更在于结合现实生活领悟它们在当下的意义。正如伽达默尔所言，历史研究的真正兴趣与最高任务不能只停留于恢复过去的原貌，而在于理解历史事件的意义。在这里，理解就需要阐释，"阐释"（interpret）不同于"解释"(explain)的地方在于，阐释需要主体积极的参与，而解释正好要避免这一点。主体生活在现在，通过阐释，属于过去的物质对象与社会现实就联系起来了。离开了当下的参照系，就谈不上对文化传统的阐释。也正因为如此，考古学可以直接贡献于当代的社会建设。

　　人文转向后的考古学把物质遗存不再简单视为人类行为的遗留，而是认为在历史进程中物质已经为文化意义所渗透，人与物已经交融在一起，并不是客观之物。换句话说，物质是文化的载体，文化就是物质本身。这里所谓的文化不只是人应对各种挑战的手段，而是一个群体（如族群）观照世界的方式。它也可以作为人群的标识，更进一步说，它就是人存在于世的形式，物质遗存承载了一个群体存在于人类社会之中的基本属性，让他们与别的群体区别开来，让他们感受到观照世界的意义。风水轮流转，考古学似乎又回到了从前，这一观念与金石学惊人地相似。物质遗存承载了文化，包括文化的精髓——"道"。于是，随着考古学看待物质遗存方式的改变，考古学的作用也必然改变。

当下中国考古学之用

　　回到当下中国的具体情境中来，考古学又有什么用呢？平时我们去博物馆或是考古遗址公园参观，隔着玻璃橱窗看到一些展品，或是隔着围栏看到一些遗迹，或是惊叹，或是无感，或是失望，如此而已。考古学的作用似乎止于提供人们茶余饭后闲谈的资料、休闲旅游的目的地。我们也能清楚地看到地方政府之所以重视它，其中的原因，最明显的莫过于经济价值，它不仅是旅游这种无烟工业的重要产品，而且还有免费的、持久的广告效应。就像兵马俑之于临潼、三星堆之于广汉,看着文字都能想象到滚滚而来的财源。一个地方博物馆就是一个地方的客厅,是展示一个城市形象的地方。因此,稍有规模的城市无不是延请高明的设计师,打造出具有地标意义的博物馆。博物馆建设也是建筑设计师们的最爱,这意味着他们可以大展才华、名垂青史。在正式的文字中,考古学的作用叫作"满足人民不断增长的文化需要"。人民为什么需要这样的东西呢?仅仅因为他们想猎奇与休闲吗?

人民需要的是文化!而承载文化的正是物质遗存,它是古人生活的直接遗留,比反复传抄的文本更直接、更具体。科学考古学有非常强的现代性,它不认为物质遗存在提供历史信息之外另有价值。在现代语境中,科学等同于正确,不科学就是不正确。金石学不科学,所以应该被扫进历史的垃圾堆。殊不知金石学并非没有合理的地方,它的认识论比较落后,但是其本体论还是有意义的,物质遗存中融入了古人的文化。当代考古学出现人文回归,这是对科学考古学的纠正,物质遗存的研究本来需要科学与人文两个角度。现代性中暗含着非常强的"乌托邦主义",以为凭借科学,就可以解决一切问题,把人文视为有待改造的荒地,而不是同等的帮手。历史已证明并没有这样绝对的东西,它的流行极大地削弱了考古学的价值。考古学不是仅仅为重建过去、证明某些历史规律提供材料,而要传承与弘扬文化。

如果从"器以载道"的观念再来看考古学,尤其与当下中国的发展结合起来的时候,我们就会发现,考古学的作用会有巨大的改变。这里我们不妨以中华文明探源研究为例来说明。中华文明探源是当前中国考古学的热点,是热点中的热点,也许首先要问,究竟什么是中华文明?对于许多研究者来说,所谓中华文明探源,就是要研究国家的起源,去寻找国家的三要素:城市、金属冶炼、文字。这个以西亚为中心提炼出来的文明的标准很长时间成为中国研究者的圭臬，直到大家逐渐认识到诸如新大陆的文明并没有文字与金属冶炼，如印加文明，这并不影响印加帝国曾经拥有一千二百万人口，以及南北超过五千公里的疆域。当文明的标准不那么绝对之后，大家似乎对什么是文明陷入了混乱。其实，我们的研究一直忽视了一个非常重要的维度，就是文化！这正是考古学可以贡献于当代中国社会的地方。

所谓中华文明探源，除了探究国家或是社会复杂性的起源之外，更重要的是探寻中华文化的形成。这里"文明"有另外一层含义，即一种以意识形态（通常是宗教或核心思想）为中心形成的文化体系。就中华文明而言，其中有我们熟知的儒家思想、道家思想，还有诸子百家的其他思想，这些思想在后来的历史进程中不断发展，而它们的源头一直可以追溯到史前时代，比如中华文明之于天道、礼乐的强调，在新石器时代遗存中就能够找到踪迹。这个意义的中华文明，它决定所有中国人如何看世界，包含着所有中国人存在于世的意义根基，确定何为善，何为美。中华文化的根本精神不是口口相传的说教，而是实实在在的生活。这些生活的遗留就是考古学研究的物质遗存。考古学从这个意义上开展中华文明探源，就把历史与现实贯通起来，让考古学可以服务于当代中国的文化建设。

大众对于考古学家的印象总是与挖墓、探险联系在一起，考古总是意味着发现神秘的过去（如三星堆）。其实考古学的关注点跟其他人文社会科学是一致的，横渠四句能够非常好地概括这个共同点：为天地立心，为生民立命，为往圣继绝学，为万世开太平。天地万物的"心"就是文化意义，民众的人生意义来源于文化，文化的传承离不开承载之物，考古学是文化的传承者。中华文明之所以能够生生不息，正因为文化持续不断的传承。器以载道！考古学扎根深远，意蕴绵长，这已经不是"作用"所能包含的了。

马传景

经济学的贫困与救赎

在经济学界，但凡有一点科学精神和起码的真诚，都会认同经济学贫困的判断。但这还不够。问题在于如何拯救它。

近来读书的一个重要心得是，要实现经济学的振兴，需要从科学思想史和哲学史、经济社会发展史等更广阔的背景出发，寻找经济学衰落的原因，并以谦卑的态度从哲学等学科吸取营养，使贫血的经济学重新变得元气饱满。

哲学选择了与技术主义抗争，经济学则选择了投降

以科学化、数量化研究自诩的新古典经济学逐步占据主流地位，与社会科学界科学主义潮流暗合。这种科学主义思潮的盛行，与二十世纪以来科学技术对社会物质生活和精神生活的日益支配、统治有关。

面对现代技术已经摆脱人类的控制而成为一种统治人类的自在力量，哲学家分成了两派。一派坚定地认为，世界上的任何事情，无论是外部世界的事情，还是我们精神世界的事情，都可以用科学的方式加以说明和处理——这一派哲学家选择了与科学同行；另一派选择了与科学对抗。他们认为，世上人与事充满着幽暗与神秘。而这是人与事的本相，也是生命和生活依然引人入胜的意义所在。如果哲学不能领悟和守护生命中神秘幽暗的东西，那就是哲学的堕落与失职。所以,二十世纪以来,有一大批哲学家包括尼采、海德格尔等,都认为观念世界是可以直接把握的,而且可以用非知识、非科学的方式把握,因而力图摆脱形式科学和实证科学的思想方式,都在努力开辟和保护科学之外的思想方式和文化的可能性。具体表现是,二十世纪以来存在主义、现象学、实用主义、分析哲学、科学哲学等新哲学流派不断产生,挑战传统哲学,为哲学发展开辟了新的道路。

如果说哲学选择了与科学技术抗争,经济学则基本上选择了投降。从"边际革命"开始,近代以来在人文科学领域盛行的普遍数理化的知识理想,在经济学领域完全占了上风。哈耶克曾指出:"对社会现象进行自觉控制的理想,在经济领域里影响最大。"(《科学的反革命》)他认为,自然科学的巨大成功使另一些领域的学者大为着迷,为了证明自身与自然科学有同等的地位,"这些学科日益急切地想表明自己的方法与他们那个成绩辉煌的表亲相同"(同上)。新古典经济学就是这样做的。它放弃了古典经济学关于分工与交易、技术进步的研究,就是放弃了经济发展和变化问题,也放弃了企业家的决策和作用的研究。因为对这些因素的分析难以量化,最终,研究对象只剩下了对均衡的研究,使经济问题变得可以用数学来处理,使得经济学终于可以成为科学。

我们看到,受科学主义思潮的影响,越来越多的经济学家认为社会经济问题也可以并应该通过科学和实验来处理,都可以数量化。而且愈到后来,经济学界的代表人物愈以自己的研究具有自然科学的精确性为最高境界。熊彼特在为十个最伟大的经济学家作传时,把帕累托视为历史上最伟大的经济学家,认为他的一般均衡理论是堪比物理学的伟大成果。正是由于科学主义主导了经济学界,成就了新古典经济学的主流地位。

经济学的唯科学主义或者说"工程师思维"取得了统治地位,严重阻碍了经济学的进一步发展。自然科学的研究对象是物与物的关系，社会科学包括经济学的研究对象是人与物、人与人的关系。哈耶克认为，模仿自然科学的研究方法进行社会科学研究，一百二十年来对我们理解社会现象贡献甚微。不仅如此，进一步的分析还表明，这种唯科学主义还会把社会科学包括经济学研究引入歧途。

一方面，唯科学主义导致社会现象研究中存在一种普遍现象，即努力不去考虑单纯的"质"的现象，而是按照自然科学的模式，只关注那些量的、可计算的方面。把量化手段简单移植到社会科学领域，很容易导致从现象中选出一些恰好能够计算但最不相关的因素进行研究，而放弃对事物发展起关键作用的因素的研究。对这种做法，柯恩在《理性与自然》一书中提出了严厉批评，说这是"不知道计算什么就匆忙计算"，"在这个方面，最近的一些计算与柏拉图的如下断言属于同样类型：正义的统治者比非正义的统治者幸福七百二十九倍"。克鲁格曼的看法与柯恩异曲同工，他尖锐地指出，长期以来"经济学是沿着数学阻力最小的方向前进"。

另一方面，经济学研究中对科学力量的迷信，还可以成为经济上的计划经济和政治上的独裁统治的思想基础与理论根据。由于单个人不可能掌握关于社会某个方面或关于社会运动的全部知识，一种有利于社会发展和人们利益的制度或秩序往往是自发形成的，而不是来自有意识的事先设计。亚当·斯密曾经这样表述，人在社会中"不断促进着不属于他们意图的目标"，这正是需要社会科学研究的课题。盲目夸大科学的力量必然从逻辑上得出这样的结论：科学技术的发展和进步可以使一个人或机构掌握全部必要的信息和知识，因而可以设计一种最有利于人类福利的秩序和制度，可以主导资源配置，支配社会经济活动。前几年国内一位著名企业家曾在演讲时公开表示，由于大数据技术的革命性进步，现在完全可以对资源配置和经济活动实行统一安排，这样做将比市场机制自发调节更有效。

还要指出的是，这种科学主义走向极端，反映了一种超级理性主义，一种让一个超级头脑控制一切的要求，同时也就为彻底的非理性主义奠定了基础。

经济学需要冲破自我束缚

经济学要有大的作为，必须拓宽研究领域，打破新古典经济学划定的狭窄领域，改变"螺蛳壳里做道场"的状况。为此，经济学家要弄清楚经济学到底能做什么，即经济学包括哪些研究领域。要解决这个问题，须从人类思想这个更广阔的视角加以观察。

人类思想可粗略地分为确定性思想和不确定性思想。所谓确定性思想，就是这些思想毋庸置疑，科学和宗教都具有这样的品格。在科学与宗教之间，存在大量的中间地带，既确定也不确定，这是哲学、经济学等社会科学和人文科学的研究领域。不仅人类思想存在不确定的领域，即使自然科学不同学科之间也存在着确定性程度的不同。如果我们把科学视为用一束光去照亮物体，能够以数学的精确度和准确度描述一种事物时，科学之光就集中到了一个焦点上，事物变得最清晰。随着从数学到物理学、化学、生物学而到心理学，焦点变成了一个或大或小的圆圈，事物的轮廓越来越不鲜明，不确定性越来越大，科学之中包含误差的可能性也越来越大。在任何时候，人类的计算能力和观察手段都是有局限性的，我们的认识都可能出现误差，或者只能得到近似的认识。科学家不仅没有因为我们认识能力的局限性放弃对世界的探索，而且还发展出了关于误差和近似性的科学，如极限理论、误差学和概率论等。经济学是研究人类经济行为的学科。人类的经济行为更具有不确定性。新古典经济学的一般均衡理论固然具有简洁性之长，却难以涵盖所有人类的经济行为，具有确定性、精确性的数理公式和数学模型，难以描绘全部人类经济行为。

国内经济学者陈彩虹研究了经济学思想是什么,对人们思考经济学能做什么很有启发意义。他把二百多年来统治我们的"经济学思想"分为三大类:第一类是经济学知识,指的是可以得到无数生活经验和事实支持,可以得到反复验证的经济结论,如商品的供求关系决定价格。第二类是经济学理论,指的是有一定生活经验事实支持,结论的原因和结果之间也能建立一定的关联关系,但并不是有足够多的经验事实支持,需要特殊的前提条件才能成立,比如"货币供应量大,商品的价格就会上涨","资源缺乏将制约经济增长"等。第三类是经济学假说,是指经验事实至今仍不充分支持,但这种学说却有一定的认识价值,比如"经济危机将导致资本主义经济制度消亡",便属于这个类别。显然,至今我们掌握的经济学思想,最接近自然科学的经济学知识只是其中的一小部分,大量的属于经济学理论和经济学假说,是对人类经济行为的不确定性认识。对经济世界,我们仍然所知甚少。

这就启发我们,人类经济行为极具丰富性、复杂性、广泛性,我们研究经济问题的技术手段有限,我们观察经济问题的能力具有局限性,以达成经济学知识为目的的新古典经济学只能是经济学的一个部分,而且不是经济学的主干。在新古典经济学的研究以外,以达成经济学理论、经济学假说为目标,还有广阔的研究领域。除了可以运用数理手段研究经济问题,更多的经济问题还需要运用历史、逻辑、实践、实验的方法来解释和解决。

经济学要以谦卑的态度向哲学学习

经济学是从哲学的母体脱胎而出的。令人费解的是,随着经济学羽翼逐渐丰满,割断经济学与哲学的联系成了经济学界的一种时髦。二十世纪中叶以后,经济学基本上实现了与哲学的彻底切割。二十世纪最伟大的经济学家之一熊彼特曾经放言:"谈到经济学,我认为哲学的外衣是可以脱掉的","哲学对于经济学没有任何意义,却能把科学观念的潮流弄得无影无踪"。我以为,今天经济学的救赎之路,很重要的就是要从其他社会科学特别是从哲学吸取营养。这里主要结合中国经济学界的现状进行讨论。

经济学家要有点科学哲学素养,起码不去研究伪命题、假问题。二十世纪兴起的科学哲学,主要涉及自然科学研究问题,也对社会科学研究进行了讨论,对经济学研究应该有重要启发。比如波普尔提出的科学研究命题要可以证伪,库恩提出的科学范式要经得起历史和常识的检验等,不仅是自然科学研究应当遵循的原则,经济学研究也不能违反这些基本原则。比如,二〇〇四年世界银行在一篇研究报告中提出了"中等收入陷阱"的命题,国内经济学界如获至宝,马上跟风,一时间国内研究"中等收入陷阱"的学者如过江之鲫,关于"中等收入陷阱"的文章铺天盖地。其实,正如华生等学者指出的,经济发展理论和历史目前还不支持这个论断,"中等收入陷阱"是不是一个真命题,是大可以讨论的。

经济学家要建立起事物之间复杂关系的认识,特别要深刻理解因果关系的真谛。英国哲学家大卫·休谟在《人性论》一书中提出了关于科学认识的一个重要问题:事物之间的关系是复杂的,既有必然联系,也有偶然联系。说到因果关系,原因和结果之间并不是简单的一一对应关系,在时间上先后继起或同时存在的事物之间,未必存在因果关系。作为经济学家和哲学家的哈耶克曾经举过一个例子,生动地说明在事物之间胡乱建立因果关系并据此做出决策极其可怕 在体育比赛中,一个缺了一条胳臂的运动员取得了好成绩,于是当局下达命令,所有运动员都要砍掉一条胳臂。一些经济学家在研究问题时明显犯了上述错误,因而得出了荒谬而有害的结论。比如,国内一些经济学家从经济增长的需要出发,痛惜"人口红利"的丧失,大声疾呼放开生育。这里不讨论放开生育的对错,只是要指出，这种观点实际上犯了机械认识因果关系的逻辑错误。改革开放前，中国也不缺人，经济发展一直很缓慢。好的经济学家都会看到，改革开放以来前三十几年中国经济高速发展的真正原因，是制度的显著改进，而不是人口的多少。促进中国经济继续发展，关键举措是坚定不移地继续深化改革，扩大开放，而不是增加人口。

经济学家要学习现代哲学的谦卑，改变经济学包打天下、无所不能的傲慢，这对经济学的进步十分重要。西方哲学有一种科学乐观主义，认为人生是可以通过知识方式来论证和解释的，这是把人的存在放大了的看法，使得人失去了敬畏感和谦恭。现代哲学特别是海德格尔学术生涯后期，则把人的存在缩小了，认为在世界的四个基本元素中，人不过是其中一个；在人与自然的关系中，人应该是服从者、响应者、被占有者。这就把人放在一个比较谦卑的位置上了，要人们用虚怀的心态对待事物，对待比人更强大的东西。这种思想当然为哲学发展开辟了新的发展空间和路径。长期以来，经济学就缺少哲学的这种谦卑和敬畏之心。由于某些经济学理论和政策被政府采用，在政府的加持下，经济学在社会科学领域似乎可以君临天下，纷纷向家庭、婚姻、政治、心理、国际关系等非经济领域进军，是为经济学的"帝国主义"。虽然对这些领域研究的价值应该予以肯定，但经济学对二十世纪出现的新的经济学现象尚未做出科学解释，对人类社会面临的经济难题没有提出有价值的建议。对已建立的经济学理论，一些经济学家以为已经圆满周延，不愿意再继续深究。比如，新古典的市场理论似乎已经穷尽了市场经济的基本问题，其实这种市场理论并不是现实的市场理论，真实的市场是动态的，变动不居的。在国内，似乎在市场存在的同时实行强政府、强国企，就一劳永逸地解决了经济发展的制度问题。其实，近年来经济发展出现了颓势，说明这种制度架构内经济发展的空间是有限的，需要有新的理论指导改革的继续深化。中国经济学的发展，需要经济学家放下身段，承认对中国经济还所知甚少，这是经济学研究深化和发展的前提条件。

经济学家面临重新启蒙的任务

亚当·斯密是十八世纪苏格兰启蒙运动的重要代表人物。与欧洲大陆的启蒙运动不同，苏格兰的启蒙思想家重点研究了他们身边发生的商业社会兴起的原因和运行逻辑，认为商业的兴起和繁荣是人类进步的一个阶梯，而要维持商业繁荣，一个自由社会是必不可少的。这就提供了市场经济发展的伦理基础，同时指出了市场经济发展要以自由竞争制度为前提条件。可以说，没有苏格兰启蒙运动，就不会有亚当·斯密的《国富论》，就不会有英国古典政治经济学的诞生，而亚当·斯密创立的古典经济学，则是苏格兰启蒙运动的辉煌成果，使这一运动达到了光辉顶点。

既然经济学的诞生是与启蒙运动相联系的，要摆脱经济学的贫困，也许经济学界需要重新启蒙。按照康德的定义，启蒙运动就是要使人们脱离一味听从他人的指引，不敢运用、不会运用个人理智思考问题的蒙昧状态。这正是经济学界迫切需要解决的问题。

摆脱蒙昧状态的第一个方面，是要敢于独立思考和自由研究。学术研究是最个性化的活动，应该享有充分的思想自由，才有可能产生新的思想。十九世纪法国、德国、英国都产生了伟大的科学成就。法国是因为法兰西科学院的体制，德国是因为先进的大学制度，而英格兰则是在没有统一的科学组织、科学家之间互不通气的情况下，卡文迪什、法拉第、焦耳、麦克斯韦等做出了伟大发现。国内不少从事经济研究的人员自觉地让渡了独立思考和自由研究。比如每年千千万万的经济学研究人员竞争各级权威部门钦定的少数重点课题，等于交出了研究课题的选择权。提出问题是解决问题的一半。多数人不去思考，只剩下少数人思考，这就大大降低了新的经济思想产生的可能性。放弃了发现问题、提出问题的权利,最终将会丧失提出问题的能力,创造就变成了不可能的事情,经济学发展必然出现停滞。一些人不去独立思考、自由研究,正如康德所说的是因为懒惰,不愿意独立思考,主动地把自己的大脑变成了他人思想的跑马场;一些人是因为跟着别人的指挥棒从事研究可以获得实际好处。据说艾森豪威尔曾经说过,什么是知识分子?知识分子就是必须有一份不以此为生的职业。对此,也可以理解为,要想成为一个真正的知识分子,就不能为了物质利益而放弃独立思考,必须著书不为稻粱谋,才能真正在学术上有所创造、创新。

经济学界重新启蒙的第二个方面,就是要以批判态度对待已有的经济学理论。批判是哲学的本质,批判性思维是哲学的基本姿态和方法。依我看,这不仅是哲学的基本气质,也是其他所有社会科学的基本气质。笛卡儿认为哲学必须有一个牢固的基础,那就是先要普遍怀疑,怀疑自己的感觉,怀疑外部事物的存在,唯一不怀疑的就是我在怀疑,我在思考。胡塞尔强调无前提性,主张哲思首先要悬置一切先入之见。批判性思维就是一种归零思维,而归零思维和批判精神是西方哲学文化得以不断发展和创新的动力源泉。经济学应该虚心向哲学学习,敢于悬置一切先入之见,敢于怀疑和挑战现有的经济理论和经济学说。

首先,要敢于怀疑和批判占主流地位的理论和学说。真理有时掌握在少数人手里,不必因为多数人追捧一种学说就不敢怀疑它,并怀疑自己的正确理论。还需要指出的是,一种学说占据了主流地位,有时是因为一种学说诞生和流行的国家,占据了经济优势,因而也有了学术话语权。比如新古典经济学就是随着美国取代了英国的世界霸权地位而成为主流经济学的。

其次,要敢于怀疑和批判时髦的经济学说和理论,坚持正确的学说和理论。哈耶克说过,人们对重要经济学原则的认识经常出现反复，这是经济学的一大不幸。记得年轻时学哲学记下了一个观点，新出现的事物未必就是新生事物，它有可能是历史进程的反动。我们原来坚信的一些经济学原理显得有些不合时宜，常常不是因为这些原理过时了、落后了，而是时代退步了。近年来在国内经济学界流行的一些新理论和许多新词，只不过是因为多数人的人云亦云而成为时髦，只要具备基本的经济学修养，就可以看出这些理论远不如过去已经进行的理论探讨更加深入，更符合中国实际经济情况和经济发展的需要。

读书短札

东坡诗文话的真面目

杜春雷

旧题元人陈秀民著《东坡文谈录》《东坡诗话录》是两部较为知名的专门评说苏轼诗文的文话、诗话著作。《四库全书总目》、孙诒让《温州经籍志》曾指出二书体例不纯，采辑随意，并杂收明人著述，怀疑其是伪作，但因无确证，并未被学界接受。二书仍被认作是较早成书的东坡诗文话，广受重视，屡见征引凭依。如周振甫《中国修辞学史》、蔡镇楚《中国诗话史》据《东坡诗话录》介绍陈秀民的修辞与诗歌主张，王宜瑗点校本《东坡文话录》认为其是首部"苏文汇评专书"等。

经查勘，《东坡文谈录》《东坡诗话录》与王世贞编著、璩之璞增补《苏长公外纪》卷四"诗话"、卷五"文谈"内容近乎全同（仅极少数用字和条目次序有异）。此外，此二书的部分条目会在条末标注书名或人名出处，其中明确注明"燕石斋补"的有十三处。关于"燕石斋补"所指，翁方纲纂四库提要稿认为"似是元人书"，孙诒让《温州经籍志》认为是明人书，现代学者则一般认同《四库全书总目》的观点，认为是一部世罕传本的著作。但实则"燕石斋"乃是《苏长公外纪》增补者璩之璞的斋号，璩之璞对王世贞所编原书，"撮百余事，次第补入之"，所谓"燕石斋补"即表示该条目是由璩之璞增补。可见，《东坡文谈录》《东坡诗话录》是截取《苏长公外纪》卷四、卷五"诗话""文谈"内容，托名元人陈秀民，别署书名，以充秘本的伪书。

21

盛宣怀与他的时代

冯志阳

一八七〇年夏,在李鸿章幕僚杨宗濂的推荐下,盛宣怀进入李鸿章幕府。以往人们多认为,盛宣怀自进入李鸿章幕府,便深得李鸿章信任,"可以说是李鸿章的经济事业的代理人"。事实上,盛宣怀进入李鸿章幕府后,长期只是一个边缘人物,其洋务活动也屡遭挫折。更重要的是,盛宣怀不过是"一个出身于普通士绅的平凡人物",就人脉关系而言,虽然他的父亲盛康是李鸿章的同年旧交,但李鸿章幕府中与李鸿章关系更为亲密者大有人在;"就思想认识水平而言,他肯定无法与郑观应相提并论;在企业经营能力方面,他也很难达到唐廷枢的高度",然而,他居然能够成为一度掌控国家新经济命脉的角色。朱浒的新书《洋务与赈务:盛宣怀的晚清四十年》从"赈务"切入盛宣怀研究,在以往研究的基础上,打通了"政治史""经济史"和"社会史"之间的隔膜,按照时间序列,将盛宣怀生平的各种确凿史实,"连接为关于盛宣怀的某种基本信息数据库",考察不同史实之间形成的关系网络,从而更为全面地呈现了盛宣怀的生活世界,透视出盛宣怀及其时代之间的耦合性。

一

以往的盛宣怀研究,多关注其"以洋务建设为龙头的近代实业活动",因为那是"盛宣怀生平事业的核心内容,也是其在历史舞台上能有一席之地的根本保障"。这一点在盛宣怀刚刚去世时,即被陈三立明确指出。陈三立在给盛宣怀的墓志铭中写道："公以诸生起监司，最受知李文忠公。时文忠为直隶总督，务输海国新法图富强，尤重外交、兵备，公则议辅以路矿电线航船诸大端为立国之要，与文忠意合。于是，朝廷用文忠言，次第任公四者，公亦终其身以四者自效。"(《愚斋存稿》"卷首")盛宣怀生前对此亦有认知，一八八五年他上禀李鸿章表示："竭我生之精力，必当助我中堂办成铁矿、银行、邮政、织布数事，百年之后，或可以姓名附列于中堂传策之后,吾愿足矣！"在现代化研究范式下，这一点被进一步放大。无论是有关盛宣怀的整体研究，如费维恺的《中国早期工业化》、夏东元的《盛宣怀传》等专著，还是有关盛宣怀的专题论文，乃至有关盛宣怀档案资料的整理，以洋务为中心的实业活动都占据了绝大比重。

重视盛宣怀的实业活动当然没有错，这既符合盛宣怀的自我期许，也吻合时人对于盛宣怀的观感。然而，盛宣怀的人生中并非只有"洋务"活动，还有"政务""赈务"等相当重要的活动。在朱浒看来，"政务"是盛宣怀"一生命脉所系"，而"洋务"与"赈务"则是盛宣怀"生平中的两大事功"。在现代化叙事的笼罩下，盛宣怀的生平史事，一方面被分割为政治史、经济史和社会史等不同门类，另一方面又依据其与现代化关系的亲疏，被给予"或详或略乃至完全忽视的不同待遇"，"赈务"就这样成为盛宣怀研究中极其微弱的存在。人的生活世界是天然混为一体的，牵一发而动全身。具体到某个史实，往往牵汇力端，如表面上只是涉及社会救济层面的"赈务"事件，实际上却与"政务"上的晋升之路息息相关,同时达与"洋务"人脉有着千丝万缕的联系。也就是说，盛宣怀的"政务""洋务"和"赈务"活动往往是紧密交织在一起的，应该将这些活动综合起来，作为互相理解的"重要线索"。

在朱浒笔下，盛宣怀的洋务之路，"绝非通常所说的那样一帆风顺"。盛宣怀最初投入李鸿章幕府，走的是"从军之路"。不料李鸿章突然从陕西"剿回"前线调任直隶总督，于是将盛宣怀转至刘铭传军营，盛宣怀是否能够继续追随李鸿章已成问题。一八七一年，永定河发生严重决口，造成直隶地区的大规模水灾，这是李鸿章就任封疆大吏以来，"第一次独立面对严重灾荒的考验"。赈灾对于封疆大吏是一项"严肃的政治任务"，重要性不亚于其他事务。在中国历史上，"救荒自先秦开始就是中国政治结构中一个非常重要且特殊的领域"，直接关系到政权合法性的获取和维持。面对这次严重的直隶水灾，在官赈力量严重不足的情况下，李鸿章只好把目光转向民间，而直隶境内"商富无多，集资有限"，又只好把劝捐对象放到江南地区。

这次劝捐活动，没有让李鸿章失望，而盛宣怀也在这次捐赈活动中赢得了李鸿章的青睐。盛宣怀积极参与李鸿章发起的"商劝江浙绅商捐办棉衣"活动，共募集到二十八万余件棉衣。盛宣怀还积极参与购办赈米的任务，与人"分投认赡三万石"之多。李鸿章为此专门致信盛宣怀，称其"勇于为善，志在救民，可敬可感"。直隶赈务让盛宣怀可以继续追随李鸿章，同时也成为其进身之阶，得以"赏加二品顶戴"。

更重要的是，盛宣怀通过这次"赈务"活动，获得了开启"洋务"之路的机缘。从江南地区获得大批赈灾物资后，"运力不足"成为一个关键问题。据《李鸿章全集》，最先向李鸿章指出这一情况的人，正是盛宣怀。运力不足是由于"节近封河，商货必须赶运，洋行多不肯装载"。商轮运输陷入困境后，盛宣怀率先建议借用兵轮运输，李鸿章多方咨询，了解到兵轮"装载无多，英煤需费甚巨，诚不合算"。在朱浒看来，正是这次直隶赈务中的经历，使得"一度对轮运业发展持消极态度"的李鸿章开始积极地支持发展轮船招商事宜。盛宣怀与李鸿章有着共同的经历，因此被李鸿章拉入招商局的筹办事宜中，就此走上了洋务之路。

二

　　李鸿章虽然拉盛宣怀入局，但重用的是沙船业出身的朱其昂。由于朱其昂招商成效不大，李鸿章对招商局进行改组，盛宣怀成为会办，"首次在局中有了一个正式名分"。但改组后的招商局掌控在唐廷枢、徐润等粤籍买办商人手中，盛宣怀不过是"挂名"会办。一八七五年，李鸿章委派盛宣怀主持办理湖北煤铁矿务，结果以失败告终。李鸿章严厉批评盛宣怀办矿数年，"既无丝毫成效，反多亏累官帑"，"实属办理荒谬"。与此同时，盛宣怀因王先谦挑起的招商局弹劾案，被逐出局，其洋务之路似乎走到了尽头。对此，朱浒指出盛宣怀的出身背景"是非常孱弱的"。朱其昂出身于沙船业，背后是沙船帮商人群体，唐廷枢、徐润出身于粤籍买办，背后是粤东帮商人群体，而盛宣怀步入洋务事业之前，只有幕僚经历。李鸿章开创洋务事业之初，除了任用唐廷枢、徐润等具有一定社会资源的商人外，大多数任用的还是官员出身的幕僚，但"最早一批以官僚背景主持或参与洋务企业建设的人员，几乎没有人取得像样的业绩"。

　　盛宣怀洋务事业的转机，也与赈务密切相关。光绪初年的"丁戊奇荒"，直隶是重灾区，李鸿章把盛宣怀从湖北调往直隶，参与主持河间赈务。盛宣怀在河间赈务中"表现得十分出色"，李鸿章对此"十分满意"，"顺带着也宽宥了盛宣怀此前并不顺利的湖北办矿活动"。李鸿章还向朝廷保奖盛宣怀，为其争取到了署理天津河间兵备道之职，这是盛宣怀"生平第一次出任实官"。更重要的是，河间赈务给盛宣怀提供了建立自己洋务班底的机缘。参与主持河间赈务的李金镛，是江南义赈兴起的关键人物。借助河间赈务，盛宣怀与李金镛结交，并通过李金镛，开始与江南的义赈群体有了日益密切的联系。当时江南地区的义赈领袖包括谢家福、经元善、严作霖、郑观应等人。一八七九年，盛宣怀逗留上海期间，恰逢经元善、郑观应等上海义赈领袖集议赈务，盛宣怀特地前往参加会议，并被推举为上海协赈公所的董事之一。

不久,郑观应、经元善等进入上海机器织布局。一八八〇年,经元善以"化筹赈为招商"的办法主持了织布局的招股活动,"即以筹赈平实宗旨,变而通之,凡所招股本、户名、银数,及收款存放何庄,每月清单布告大众"。织布局官方代表非常不满,认为"此系商务,非办赈,收款何必登报"。但织布局招商章程发布后仅一个月,认购股金即达三十万两,不久又增至五十万两,大大超过了原定四十万两的计划。与之形成鲜明对比的是,从一八七七年到一八八〇年,轮船招商局、开平矿务局和荆门矿务总局三家企业招股总数为四十五万余两。筹赈与招商,都是面向社会公众筹款,成败的关键在于赢得社会公众的信任。经元善所谓"化筹赈为招商"的办法,无非是"收款即登报"。此前,洋务企业招股限于"商帮亲友"的范围,"今之登报招徕、自愿送入者,从此次始"。织布局招商的空前成功,极大地触动了盛宣怀。一八八〇年,盛宣怀获得了第三次"在洋务道路上证明自己的机会",即筹办电报局。他当即邀请郑观应、谢家福和经元善等义赈领袖加入,很快就取得了非凡业绩。盛宣怀的洋务事业彻底站稳了脚跟,并拥有了继续扩张的资本。一八八五年,盛宣怀出任轮船招商局督办一职,由于其长期在北方任职,先后通过谢家福、郑观应"遥制招商局事务"。

盛宣怀通过义赈同人牢牢地掌控了一批洋务企业,尤其是"经营规模和影响最大的轮船招商局,以及经营业绩最好的中国电报局"。在朱浒看来,"正是以长期掌控轮船招商局和电报局为基础,盛宣怀后来才得以应对许多危难局面","特别是在甲午战争后并未受到李鸿章失势的太大影响,反而成功地实现了对自己实业活动的全新布局,有效扩大了其经济势力"。可以说,自盛宣怀与义赈群体建立了深度关联后,盛宣怀便拥有了属于自己的社会资源。一方面可以借助这些义赈同人拓展自己的洋务事业,另一方面则可以影响乃至左右义赈同人的赈济活动，以为己用。

一八八六年，盛宣怀出任山东登莱青兵备道兼东海关监督。在任期间，盛宣怀与义赈同人合作实施了"晚清水利工程中少有的成功之作"——小清河水利工程。义赈本来是在灾害发生后进行赈济，而整治小清河则是防患于未然。尽管如此，工程还是上马了，经费由义赈同人筹集。盛宣怀为了从义赈资源中"分一大杯羹"，竟提出义赈款项"平时以三分之二助青州工赈，以三分之一助他省偏灾"。不仅筹款，整个工程的经费管理也由义赈领袖严作霖负责，负责施工的绅董绝大部分都有义赈背景。可以说，小清河水利工程是靠义赈力量才得以成就的，但在朝廷眼中，这不过是盛宣怀的个人功劳。一八九五年，湖南发生旱灾，盛宣怀迅速筹款十二万，请严作霖带队前往湖南救灾。与此同时，湖北发生水灾，盛宣怀担心其从义赈资源中分羹，竟嘱咐严作霖路过湖北时"不见鄂官"。盛宣怀之所以如此，是因为请其援手湖南的乃时任直隶总督的王文韶。在盛宣怀面临甲午战败后的参案时，正是王文韶的"力保"，才使其继续掌控招商局、电报局等。王文韶对盛宣怀的表现非常满意，在日记中表示"杏荪电来，代筹湘赈不遗余力"。义赈资源在很大程度上成为盛宣怀争取个人政绩和结交督抚权贵的工具。

三

盛宣怀崛起于晚清多事之秋，海疆危机日甚一日，西北多年战事不断，同时伴有"丁戊奇荒"这样的特大旱灾，晚清的国家财政常常左支右绌、捉襟见肘。朱浒通过对"丁戊奇荒"时期国家财政格局的考察，发现即便是遭受灾荒打击最严重的两个省份——山西省和河南省在供应西征军饷问题上也没有任何讨价还价的余地。在清廷关于军国大事轻重缓急的衡量中，"赈务"明显低于西征"军务"。但在面对"洋务"时，"赈务"则具有了优势地位。在"丁戊奇荒"中，洋务经费不得不"一次又一次被用来剜肉补疮",损失"达七十多万两"。李鸿章主持的洋务事业在十九世纪七十年代后期陷入整体低迷。

李鸿章在海防、洋务上的经费压力本已巨大,在赈务上能省一分便是一分,他采取的办法只能是充分利用义赈资源。朱浒曾表示,李鸿章是"与义赈联系最多、关系最为密切的晚清重臣之一"。一八八〇年,严作霖因江苏省内发生灾荒,准备将直赈结存的义赈款项五万余两带回江南助赈,李鸿章竟命其将此款"仍作直隶赈济要需,无须汇回南省"。于此可见李鸿章对于资金问题的高度敏感。在这种情势下,李鸿章对于能够不断地通过义赈领袖来汲取江南社会资源用于义赈和洋务事业的盛宣怀越来越信任,最终使其成为自己"经济事业的代理人"。

甲午战败后,盛宣怀能够在李鸿章垮台的情况下,继续扩充自己的事业范围,一方面出于继任直督王文韶的"力保",另一方面则是由于张之洞的洋务事业也遭遇了极大的资金压力。"湖北铁政局自开办以来,历年亏耗,势不支",盛宣怀看出张之洞的窘迫,从而提出以承办卢汉铁路作为接办汉阳铁厂的条件,张之洞不得不全盘接受,盛宣怀的洋务事业得以大大扩张。张之洞的幕僚姚锡光称盛宣怀"以铁路要制府",没想到张之洞"甘受挟制","亦一奇也"。盛宣怀凭借手中的各项官商资源,得以兼顾北洋系和南洋系的诸多事业,又以"中国"名义开办了铁路公司和通商银行,"意味着他业已成为整个中国经济体系中的重要人物"。

中国的工业化时代在十九世纪下半叶正式开启,大工业一般需要大资本的投入,相对于西方工业化过程中较为成熟的金融融资体系,十九世纪下半叶的中国显然还没有类似的渠道。在金融配套体系无法提供支持的情况下,国家投资便成为追赶型工业化国家的唯一选择,然而如前所述当时的晚清政府根本无力提供相应支持,最终还是要依靠集聚社会资源来获得资本。众多"官督商办"的洋务企业,虽然多由官府提供一笔启动资金，但企业能否生存、发展和壮大，主要还是看招纳商股的活动是否持续有效。就此而言，如何把社会资源转化为投资洋务企业的近代资本就成为一个关键。与来自西方的各种理论假设完全不同，近代中国这种转化机制根植于江南慈善传统。公共慈善事业为了筹集资金，发展出了一套在"陌生人社会"获得信用和维持信用的"征信"机制。这种"征信"机制，随着西方公共媒体技术的传入，获得了更大的活动舞台，即义赈。

朱浒曾言，有关义赈的最大宗史料是《申报》，正是由于"《申报》从义赈出现的初期就对之进行了大量的报道，并在以后的数十年中一直不辍"，使得《申报》对于义赈的记载"既详尽又极富连贯性"，为考察义赈活动提供了"最为明白直接的线索"，从而为其义赈研究提供了"一个极为坚实的基础"。与《申报》等公共媒体技术的传入一样，轮船、电报、铁路等近代交通和通讯技术在十九世纪下半叶集中传入中国，在某种程度上重塑了中国的面貌，尤其是近代中国的利益格局。这些近代交通和通讯技术，相对于传统交通和通讯方式而言，天生便具有"垄断"意味，更何况一八九五年前包括织布局在内的洋务企业，都享有官府明文规定的垄断地位。尤其是电报，垄断性质最为明显，这大概是电报局之所以是经营状况最好的洋务企业的关键所在。电报局为盛宣怀带来了源源不断的扩张资本，它与轮船招商局一起成为张之洞属意盛宣怀接办汉阳铁厂的关键所在。

不过，盛宣怀"掌控国家新经济命脉"的权力基础并不稳固。盛宣怀的权力来源于朝廷的任命，而朝廷的任命来源于督抚等权势人物的保举，这是盛宣怀想方设法"讨好"李鸿章和王文韶的原因所在。如果失去权势人物的支持，盛宣怀对"国家新经济命脉"的控制权轻易就会丧失。清末新政时期，盛宣怀手中的轮船、电报和铁路事权相继被袁世凯夺走，盛宣怀全无招架之力。一九〇六年，清廷启动官制改革，袁世凯从盛宣怀手里抢到的电政、铁路等事权，又被朝廷收归了新设的邮传部。盛宣怀安插在京城的耳目告知,京城舆论"均以为轮、电、铁路系宪台创建,理应起用,方昭公允",但需有人提议。这个人,盛宣怀先是寄希望于庚子年间有救驾之功,"为慈禧所信任"的岑春煊,结果岑春煊在"丁未政潮"中失势,盛宣怀未见其利,反受牵连。后来,盛宣怀通过攀附满洲亲贵载泽,得以进入清廷权力中枢,成为首届责任内阁的邮传大臣,在仕途上达到了"前所未有的高位"。不到半年,武昌起义爆发,而引爆武昌起义的恰是盛宣怀主导的"铁路国有"政策。在一片"非诛盛宣怀不足以谢天下"的呼声中,清廷很快将其"即行革职,永不叙用",盛宣怀的政治生命至此完结,而清政府不久亦在辛亥革命中寿终正寝。

　　某种程度而言,盛宣怀相当于官商之间的中介,同时拥有官员和商人身份的盛宣怀在国家财政举步维艰的晚清时期,通过引入江南社会资源,一手打造了国家的"新经济命脉"。在这个过程中,官商之间的权利界限一直相当模糊,各种"官督商办"企业,虽然多是招纳商股创办和发展起来的,但企业的控制权一直牢牢地掌控在官员手中。例如轮船招商局、中国电报局的发展壮大集结了诸多近代绅商的财力和心力,但其控制权不过是朝廷一纸谕令即能决定的。正是凭借这种体制,盛宣怀从"一个出身于普通士绅的平凡人物",逐渐成长为"掌控国家新经济命脉"的关键角色。盛宣怀长期浸染于这种体制,也深深得益于这种体制,因而对于官商之间的权利界限相当漠视。虽然盛宣怀也有商人身份的一面,在诸多官督商办企业中占有大量股份,但长期实践的经验告诉他,政治权力才是决定这些企业掌控权的来源。或许正是由于这些长期经历而来的信念,盛宣怀才会悍然推出"铁路国有"政策,从而终结了自己的一生事业,也终结了孕育自己的一个时代。

(《洋务与赈务:盛宣怀的晚清四十年》,朱浒著,中国人民大学出版社二〇二一年版)

严泉

清末新政的制宪时刻

在中国现代国家的形成进程中，晚清遵循的是西欧国家所经历的自上而下的建构路径。其中最为突出的表现是，在来自列强持续的战争威胁下，近代中国经过半个多世纪的早期现代化建设，成为一个初具雏形的军事—财政国家。到了清末新政时期，中国的现代国家建构又开始进入一个宪法—政治国家的阶段。塞缪尔·亨廷顿指出："现代国家与传统国家的最大不同，在于人民在大规模的政治组织中参与政治并受其影响的广泛程度；现代政体与传统政体的区别，在于民众政治意识和政治参与广度的不同。"现代国家最基本的制度特征是拥有一部宪法。但是近代中国的立宪史表明，最大的挑战不仅是颁行一部成文宪法，而是有宪法无宪政的现实困境。

一九〇六年九月一日，处于内忧外患中的清政府，终于发布了仿行立宪的上谕，宣布"预备立宪"。上谕宣称要从官制改革入手，制定各种法律，然后再广兴教育，清理财政，整饬军事，设立巡警，"以预备立宪基础"。数年后规模初具，再参照各国法律，实行立宪。在宣布实行"预备立宪"之后，清政府逐步采取一系列措施来推行政制改革。

从立宪的视角来看，清末新政的最后三年，中国经历了关键性的三次制宪时刻。其中《钦定宪法大纲》颁行为制宪启动时刻，随后开始了宪法起草的制宪进行时刻，最后则是"十九信条"颁布的制宪完成时刻。彭剑《清季制宪研究：钦定、协定与民定》一书描绘了一个让人印象深刻的历史场景，即清末立宪运动的高潮阶段，其实是从制宪始，以制宪终。

不过，对于制宪政治这个跨越政治与宪法的议题而言，仅有历史学的细致叙事是不够的，一种政治宪法学的理论解读同样重要。制宪模式与政治共识是如何影响清廷命运的？政治策略与制宪进程的关系又是什么？更为重要的是，在本书研究的史实基础上，作为后人，需要重新评价百年前制宪政治与现代国家建设之间的内在关系。

一

一九〇八年八月二十七日，清廷正式颁布《钦定宪法大纲》，标志着清末制宪启动时刻的来临，二十世纪中国以此为起点，开始了命运多舛的现代立宪事业。

在制宪的外来宪法影响方面，一般认为《钦定宪法大纲》主要是受到日本明治宪法的影响。在政体制度设计上，《钦定宪法大纲》表明要实行日本式的君主立宪，即采用君主高度集权的立宪模式。不过，本书作者进一步认为，《钦定宪法大纲》的内容虽然大体上模仿明治宪法，但是为了进一步巩固君主大权，在内容与体例上还有所"创新"。内容上增加明治宪法所没有的君主总揽司法权与制定皇室经费的权力。体例上在多数正条后面增加注释，其内容多是规定防止臣民、议会侵害君上大权。"正条和注文，犹如一枚硬币的两面，一面规定君上有此大权，另一面规定臣民不得侵害此大权，正反两面都说透，堪称滴水不漏。"由于《钦定宪法大纲》删除了日本宪法中限制天皇的条款，因此它所规定的君上大权，比起日本天皇的权力，更加漫无约束。

虽然《钦定宪法大纲》存在诸多问题，但它毕竟是中国有史以来第一部宪法性文件。对一个有着数千年人治传统的国家来说，这是一件破天荒的政治举措，确实也是划时代的政治变化，可以视为现代宪法—政治国家建设的起始。虽然对于慈禧太后这样的不知宪法为何物的专制统治者来说，立宪决策本质上是一种权力考量与利益动机。从立宪目标来看，维护以君主权力为本体的君主立宪制政体是唯一的选择，也就是一九〇五年出洋考察政治的载泽在密折中提出的，实行宪政有三大利：皇位永固、外患渐轻、内乱可弭。在载泽看来，行宪不会防损主权，反而可以"巩固君权"。

另一位出洋考察宪政的大臣达寿又把实际的政治运作，分为大权政治、议院政治、分权政治三种类型。所谓大权政治，就是像日本那样天皇有较大权力、有最终决定权的政治模式；议院政治，就是英国型的议会权力特别突出，而君主并没有实际统治权力的政治模式；分权政治，就是美、法国型的共和政治。达寿特别重视"大权政治"，他解释说："大权政治，谓以君主为权力之中心，故其机关虽分为三，而其大权则统于一。"达寿强调中国目前的政体，以行大权政治为最善，而欲行大权政治，必为钦定宪法。达寿的建议是先定宪法，后开国会，以秘密的方式制宪，这么做可以剥夺国会的制宪权，确保宪法钦定，从而使宪法能够巩固君权。

事实证明，载泽密折的作用，打消了慈禧太后对立宪的顾虑，让她下决心尽快宣布立宪。通过达寿的考察，清廷认定用钦定的办法制宪是确保宪法巩固君权的不二法门。"五大臣出洋使清廷最终下定决心启动了宪政改革，三大臣出洋则使清廷进一步认识到改革的可行性。"从最高统治者的立场来说，既要得到实行立宪可能带来的强国御侮和王朝长治久安的好处，又要尽可能地保留君主的实权，那么，钦定宪法就是最好的选择。《钦定宪法大纲》的起草、批准及颁布，正是按照钦定宪法的办法去做的。

通过宪政改革，借助宪法来"巩固君权"，是清廷的一场好梦。美国学者梅恩伯格（Norbert Meienberger）指出，清政府从未承诺要引进将会削弱皇权的政体，只赞成采纳立宪主义的某些适合的成分，以有利于中国的强盛和维护王朝的统治，清政府的宪政改革只是传统内的一场改革运动；而作为一场"传统内的改革"，清政府所认可的宪政概念含有维护过去的传统和王朝统治的企图，这是显而易见的，对一个相信自己还有足够的权威"钦定"宪法和国会的王朝来说，维护自身权力的企图自然是其最本质的目的。

二

　　立宪，首先是制定宪法。宪法如何制定呢？或者说制定宪法的程序如何？在当时的欧美国家，或由民选之议会起草并通过宪法；或由专门宪法起草委员会起草，然后由议会表决通过；有的国家还要经过全民公决才能产生宪法。制宪模式是关于制宪过程的制度安排，对于制宪结局是非常重要的。

　　一九○七年达寿等三大臣出洋考察宪政归来，进一步提出了制宪等具体立宪实施步骤。达寿把制宪模式分为三种：钦定宪法、协定宪法、民定宪法。"钦定宪法出于君主之亲裁，协定宪法由于君民之共议，民定宪法则制定之权利在下，而遵行之义务在君。"也就是说，由君主独享制宪权，不容人民参与的制宪方式为钦定；由君主和人民共享制宪权的制宪方式为协定；由人民专享制宪权的制宪方式为民定。很显然，达寿等人的见解完全是政治实用主义的，从一开始就把宪法当作挽救统治危机的政治工具，而不是一种追求长治久安的治国之道。

　　《钦定宪法大纲》颁布之后，清政府开始准备起草正式宪法。既然是以钦定的方式，所以制宪活动是在高层范围与不公开的状态下进行的。一九一○年底，清廷下令皇室成员溥伦和载泽为制宪大臣，负责起草帝国正式宪法。后又任命学部右侍郎李家驹、民政部左参议汪荣宝、度支部右侍郎陈邦瑞协修宪法。起草过程完全是秘密进行，只有摄政王与负责起草的上述大臣参与。真正起草条文的是李家驹与汪荣宝两人，陈邦瑞负责修改。两位起草人熟悉日本的宪法制度，制宪指导思想核心就是达寿力主的"重君主大权主义"，内容和框架当然是"师从日本"。从一九一一年七月初正式开始纂拟，至同年九月底，汪荣宝和李家驹执笔起草好了宪法条文，正在分批进呈给摄政王载沣"钦定"的时候，武昌起义爆发了。受到辛亥革命的冲击，他们的制宪工作被迫停止。

从制宪启动到进行时刻，整个制宪活动完全是由清廷主导，"中国宪法必以大权钦定"。按清廷本意，首先制定一部完备的宪法是未来召开议会的先决条件。因为在他们看来，宪法先成，议会后开，可以保证宪法由钦定而成，利于维护君权；而议会先开，宪法后成，必将使宪法由议会制定，不利于君权的巩固。正如本书所指出的，这与民间所主张的先开国会，后定宪法的协定制宪模式相冲突，预备立宪期间的制宪活动，遂演变成一场对制宪权的争夺。

在清廷宣布预备立宪前后，国内政治形势正在发生急剧的变化，来自民间的立宪运动开始兴起，要求速开国会的呼声越来越高。各地谘议局和立宪团体也感到有必要成立联合会，发起全国范围内的请愿运动。请愿运动表面上要求速开国会，实际上是想通过国会参与制定宪法。最为典型的是第三次请愿运动失败后，国会请愿同志会于一九一〇年冬季将其政治纲领通知全国，其中第二条纲领是要求参与宪法制定。从表面上看，这份通告书并不反对钦定，宣称"吾国宪法诚当然出于钦定"。但是，从其所谈的制宪方法来看，绝非钦定，而是协定。在支持钦定的名义下打破钦定，这是在野者打破钦定的一种方式。制定宪法关系到"国家之存亡，人民之生死"。为了打破制定的宪法完全以日本为蓝本的局面，该通告书提出，要由各省的国会请愿同志会直接致电资政院，请资政院具奏上请，待将来宪法起草好了，作为法典议案，由该院"协赞通过"后，再由"君上裁可颁行"。

35

资政院是为国会做预备的，其议员中有一半来自民选，另一半来自钦选。宪法若能由其议决，那就表明民意代表在一定程度上参与了制宪，与由国会议决，具有相似的意义。

相对于清廷主导的单一钦定制宪模式，士绅集团参与制宪的协定方式，意味着制宪模式的开放，是统治者对其他利益集团的一种政治妥协。从成功的制宪历史经验来看，政治妥协是制宪成功的关键。在一七八七年美国制宪会议上，妥协更是贯穿整个会议的始终，是宪法最后制定成功的决定因素。为解决大小州在联邦国会中代表权问题争议的康涅狄格妥协案，被后人尊称为"大妥协"。关于众议院席位分配的妥协，即所谓"五分之三条款"，更是一项妥协的力作。它是南北双方在奴隶制问题上的第一个重要的妥协。宪法史学者王希在谈论美国宪法的成功经验时中肯地指出："妥协而果的宪法本身也成为一种妥协的机制。利益的多元化迫使美国社会中的各利益集团之间、部分利益集团与公共利益之间、所有利益集团与公共利益之间始终就各自利益的定义和定位进行着一种多层次的、多方位的连续不停的谈判。"

在清季制宪进行的重要时刻，在重大争议问题上完成政治妥协是有必要的，可以避免更多的政治冲突与纷争。有学者也强调："参与立宪的利益（或利益集团）是多元的，立宪的过程必然是一个协商和妥协的过程，由此产生的宪法也必然是一个多元利益相互妥协的产物。"在美国比较政治研究大师普沃斯基（Adam Przeworski）看来，制宪政治中的政治妥协是一种制度性妥协，它是指各种政治、社会力量经由协商式的讨论而对"要如何做"获得共识。它意味着建立一个在其中没有哪一种利益必然被保证，但每一种利益都可以在其中依一组程序性的规则为其实现而与其他利益斗争、妥协的制度架构。最后制定的宪法可能在理论上并不完美，但是却能够基本上体现各主要政治势力的利益与要求。只有这样的宪法才有可能被多数政治精英们接受、执行，并存在下去，那种有宪法无宪政的局面才能够尽力避免。在清末立宪运动高涨的情势下，协定宪法的模式或许是比较妥当的，只有让各种政治利益集团参与制宪工作，才能有效遏制任何单一性的利益诉求，从而有助于达成宪政共识。

回到当时的历史环境之中，虽然政府主导与秘密制宪的方式，也是情有可原，作为主动尝试政治改革的传统统治者，当然不愿意轻易放弃制宪大权，但关键是在制宪目标上，采用日本式君主立宪模式，在扩大君主权力的宪制设计上，甚至有过之而无不及，这与立宪派向往英国式君主立宪的利益诉求与期望严重冲突。清政府出于政治利己考虑，也没有采纳先开国会的建议，坚持"我国宪法既采取大权政治主义，则与议院政治绝不相容"，"无论如何，国会之成立不可不俟诸宪法制定以后"。这种排斥资政院参与的钦定制宪模式，在制宪进行的重要时刻，当然会遭到士绅集团的强烈反对与不满。

三

武昌起义后，各省纷纷宣布独立。当时驻守河北滦州的新式陆军第二十镇统制张绍曾联合蓝天蔚、卢永祥等将领乘机发动兵谏，向清政府提出了类似最后通牒的《请愿意见政纲十二条折》，其中关于制定宪法，要求"应以英国之君主宪章为准"。让张绍曾等人意外的是，清政府迫于压力，竟然很快对其全盘接受，起草宪法的权力正式由钦派大臣转移至资政院。资政院在获得制宪权的次日，就将事先拟好的宪法大纲——《宪法重大信条十九条》上奏，并在当天就获准颁行。《十九信条》明确了"皇帝之权,以宪法所规定者为限"。皇帝只有公布权，而没有立法权、宪法的起草以及修改议决的权力，真正的权力在国会，基本上打破了日本式"君上大权"的统治，使过去"朕即国家"的传统消失殆尽。在宪政选择上已经接近英国的君主立宪，极大地限制了君主的权力。这一事实表明，在政体制度选择上，统治者并不是不明事理，之所以做出不同的选择，更多的是利益与时势使然。不过，在革命风暴的冲击下，此时的清廷制宪已经无济于事了。在民心尽失的态势下，清廷制宪放弃钦定，改用民定，非但未能巩固君权，且未能保住君位。正如第二次出洋考察宪政的大臣于式枚曾预言的，"行之而善，则为日本之维新；行之不善，则为法国之革命"。

制宪过程是构建宪政共识的过程，"制宪的成败与否，往往取决于社会各方的共识能否达成一个公约数"。武昌起义后，随着各省纷纷宣布脱离清廷而独立，不少革命党人正式登上政治舞台。此时英国式君宪的制宪目标与资政院制宪的民定模式，其实已经无法容纳共和国体的政治诉求，更何况还有众多以张謇为代表的立宪派转向共和。虽然在一九一一年十一月，清廷快速进入制宪完成时刻，但是《十九信条》已经丧失了容纳各方共识的宪法认同功能，成为一纸空文也就在情理之中了。

在清季制宪的三年进程中，虽然不能苛求清廷决策者采用民定的制宪模式，但是允诺资政院参与制宪的协定模式却是可取的，这样可以获得朝野各方的政治共识。资政院的议员中，有一半来自各省谘议局，因此，在一定程度上，资政院堪称士绅集团的大本营。另外，各省谘议局在一九一〇年成立了谘议局联合会，按其章程，来自各省的资政院议员，均可为联合会会员。这样一来，很容易形成资政院内外的同声相应。然而，士绅集团打破宪法钦定的努力一直没有效果。如果没有辛亥革命，没有滦州兵谏，士绅集团的呼吁恐怕依然无法打动清廷，其制宪主张也就依然无法落实。

宪法是现代国家的标志之一，制定宪法则是建设现代国家的起始，清末制宪完美地体现了政治与宪法的重要关联性。有论者认为，政治宪法学关注的乃是日常宪法的来世前身，是作为"政治宪法"的宪法，或宪法的政治性，尤其是非常态时期的宪法创制的政治性本质。"制宪是一个决策过程，政治精英在这个过程中将决定新政府与政体运作规范（政治规则），以及公民权利与义务。"近代以来，除英美国家外，多数国家制宪历程坎坷曲折，宪法命运多舛。像法国在大革命后至第五共和国成立前一个半世纪里面，就正式实施过十三部宪法。民国建立之后，制宪政治进入新的阶段。钦定与协定已经成为历史，国会制宪的民定模式成为主流，但是制宪之路仍然坎坷曲折、不堪回首。民国时期除去各类宪法草案外，完成制宪程序的全国与地方性正式宪法文本就有九种之多。就宪法寿命来说，每部全国性宪法平均仅六年有余。就制宪时间而言，最具代表性的一九二三年《中华民国宪法》，却是历时近十年方才完成。为什么近代中国宪法寿命如此之短？而制宪时间又如此之长？

深入考察近代中国立宪的实践困境，其实还是应该回到辛亥革命爆发后清末制宪的终结时刻。过去人们一直关注的是从君主到共和国体的更迭，本书对制宪结局做了更为细致的描述，但还是需要反思时人对宪法工具性的认知与实践问题。现在已有学者批评民初《临时约法》"因人立法"的制宪策略，这种随意性的做法，在近代中国制宪史上开了一个很不好的先例。但是士绅集团对《十九信条》与君主立宪制的摒弃，何尝不是一种宪法工具性的做法，充分表明清末立宪派在立宪问题上的局限性。

宪法是国家根本大法，关系到国家基本制度的稳固。各方在制宪时刻的利益考量与政治博弈是正常的，宪法权威性的有效构建是一个普遍性的制度难题，很大程度上取决于政治精英对宪法的认同感。但是工具性的制宪策略却破坏了宪法认同的稳定性，继而影响到人们对于宪法认同的理念。从某种意义上讲，一种政治实用主义其实主导了近代中国的立宪事业，或许这是今天我们重新审视清末制宪历史，不得不直面的现代政治国家建设的根本问题。

（《清季制宪研究：钦定、协定与民定》，彭剑著，北京师范大学出版社二〇二一年版）

高全喜

思想史中的"斯密问题"

在西方经济思想史研究中,对于斯密经济学的历史定位一直发生着变化,主流理论一般都认为斯密的《国民财富论》开辟了现代经济学,其主要贡献是劳动分工理论、自由市场理论和"看不见的手"的机制,而这些都基于一个前提预设,即现代的自由市场经济假设参与者个人是自利的理性人。在这样一个假设下,现代的市场经济秩序才能运行。这也是斯密《国民财富论》一书的基本假设,这个假设以及相关的自由市场原理,形成了后来的古典经济学、新古典经济学、效益均衡学派和芝加哥学派等,这些主流经济学都是在斯密的上述论说下发展演变出来的,两百年来一直是西方经济学的主流。但是"二战"之后,西方经济学有所分化,出现了凯恩斯与哈耶克关于福利国家的论战、奥地利经济学与古典经济学关于社会主义的论战等,在这个过程中,人们重新回到斯密等早期理论家的经典作品中寻找思想灵感,斯密的《道德情感论》开始受到经济学家们的重视。人们不再把此书视为一部与经济学无关的伦理学著作,而是从道德情感的视角理解斯密的经济学和《国民财富论》,理解自由市场经济和分工理论,尤其是理性人的假设。这样一来,就发现斯密《国民财富论》的一些基本观点和经济学原理,受到他的《道德情感论》的挑战,或者说,两部书的基本观点发生了很大的分歧,斯密这位现代自由市场经济理论的创建者,究竟持何种经济学呢?

这是重新思考斯密学说所带来的一个重大疑问。与此相关的，斯密还是一位自由主义经济学大师吗？他的经济学还需要一种理性人的假设吗？如果需要，那与《道德情感论》中的情感人是什么关系呢？这些问题随着《道德情感论》的重新被重视，随着斯密思想的晚近复兴，原先经济思想史中的斯密经济学的定位就面临重大的挑战。

其实，上述问题并非晚近四十年才被提出来，追溯起来，早在一百年前，关于斯密的《国民财富论》与《道德情感论》之间的关系，尤其是斯密经济学的基本预设与斯密道德学对于人性情感的论述存在着不小的分歧，就被一些德国经济学家提了出来，当时称之为德国经济思想史中的"斯密问题"予以讨论过。晚近四十年来，随着《道德情感论》受到广泛的重视，并在英语学术界的主流经济学和道德哲学等领域引发重大的思考与讨论，德国思想界的这个斯密问题又被激活。我认为，所谓德国思想史中的"斯密问题"，有狭义和广义两个层次的理解。狭义的理解就是一百年前德国经济学研究者们提出的那些老问题，它们早在斯密思想的晚近复兴之前，就被德国人提了出来，并且有了初步的结论。至于广义的理解，则脱离了德国语境，主要是从晚近斯密思想在英美主流思想界的背景下，重新理解斯密关于国民财富论与道德情感论之间的关系，修正人们对于斯密关于理性人和道德人的理解偏差，重回苏格兰思想的轨道，寻找它们之间的契合关系。

德国学者在一百年前提出了一个问题，他们认为亚当·斯密的两部著作，其基本观点是不兼容的，甚至是相互对立的，由此否定英美主流经济学对于斯密经济学的认知和推崇。在他们看来，一个大师级别的理论家怎么会有两个不相容的基本观点呢？在《国民财富论》一书中，斯密创立了一套基于理性自利人的现代资本主义的自由市场经济的经济理论。这个经济理论的基本假设是存在着一个理性的自利人，作为个人主义的自由自利主义者，他们参与市场经济，并在市场机制的调整之下，追求最大化的个人利益，从而塑造了一个现代经济秩序，包括从分工到交换和贸易以及分配等整个商品运作过程，由此促进了资本主义的经济发展与繁荣。所以，理性的自利人就是一个理性的经济人，这个经济人把市场利益视为个人自由参与市场的出发点，每个人只有具备这种以自利为主导的经济人理性，才能形成资本主义的市场经济。现代经济学就是以理性经济人或自利人为基本假设而建立起来的，其中关于劳动分工、等价交换、自由贸易和有限政府等一系列经济学的基本原理，都需要这个前提的预设，否则，现代市场经济秩序就难以实现。在斯密经济学理论的视野之下，道德学或伦理学是不存在的，或者说，在自由市场经济领域，是不需要甚至是排斥道德哲学的，只能以理性经济人的自利假设为基点，以经济效益、市场均衡、利益优化、成本效率等为经济行为的标准。

问题在于，斯密还有另外一部他自己更加重视并且写了一辈子的《道德情感论》，在德国学者看来，这部书提出了一个与斯密经济学完全对立的道德学说。他们认为，斯密的道德学是一种建立在利他主义原则上的道德理论，斯密通过一套中立的旁观者的视角，提出了一个与理性经济人或自利者完全不同的道德人，这个市民社会的道德人的假定，就与经济学的理性自利人的假定完全不一致，成为斯密道德思想的核心。这样一来，德国学者的问题就被尖锐地提了出来，一个建立在利他主义道德学基础之上的理论家，怎么能够同时建立起一个以自利的理性人为中心的现代经济学呢？由于斯密的两部书的基本观点或根本预设是对立的，那么，不是斯密的思想混乱不堪，就是现代经济学误读了斯密的经济学理论，片面地发挥了斯密思想的一个方面，而把斯密思想的更为重要的另外一面抛弃了。所以，现代经济学所继承的斯密理论是有问题的，德国学界的结论偏重于后者，他们谈斯密问题，主要是基于德国民族主义经济学的背景，以此反对现代的英美主流的自由市场经济学。

上述就是狭义的德国思想界的"斯密问题"，这个问题虽然被关注和讨论，但并没有受到英美主流经济学界的重视，因为英美经济学界普遍认为德国学者对于斯密《道德情感论》的认识是有很大偏差的，大多是从翻译的只言片语中理解斯密的思想，并没有深入研究斯密的全部思想作品，加上德国经济学的国家主义色彩，所以德国思想界中的斯密问题后来就被翻篇了，在英美学界很少有人提及。不过，随着晚近四十年斯密思想的复兴，尤其是他的《道德情感论》越来越受重视，德国学者曾经提出的斯密问题就重新被翻了出来，并在经济全球化的新语境下受到关注，这个就是我说的广义的理解。这个新的视角涉及如下三个方面的问题。

第一，德国学者质疑的英美主流经济学把理性的经济人或自利人视为斯密经济学的核心理论，并且由此发展出来的现代经济学各个流派，是否完全忠实于斯密的《国民财富论》以及《道德情感论》的思想？他们对于斯密思想的理解与发扬光大是否存在一定的偏差？显然，这种质疑是有道理的，换言之，现代经济学把理性的经济人视为现代经济学的原初出发点，把经济秩序视为一种基于个人利益的理性计算的市场经济行为，多少偏离了斯密思想的原意。究竟什么是理性，什么是经济人或自利人，市场经济是否就是经济理性的逻辑演绎，自利人是否就是没有同情心和仁爱情感的自私自利人呢？道德究竟在市场经济中有什么作用，看不见的手只是理性的无知之幕吗？这些问题都是现代经济学要重新思考的问题，那种教条主义的市场原教旨主义，理性经济人的刻板预设，都将受到来自斯密《道德情感论》的挑战。

第二，现代经济学的基础理论有短板，是否就意味着德国学者的观点正确呢？情况并非如此。德国学者对于斯密道德思想的重视是必要的，暗合晚近斯密思想的复兴倾向，说到底这种复兴也是现代经济学的理性经济人面临困惑后一种返回斯密道德哲学寻求灵感的举措。但是,问题在于,德国学者把斯密的《道德情感论》也误读了,把斯密等同于简单的道德说教主义,等同于利他主义的传统助人为乐和慈爱学说,这样就把斯密思想中的有关同情的自利心与合宜性的思想也排斥掉了,导致的结果就是把斯密的经济学与道德学对立起来,贬低了斯密经济学思想的创造性意义,并由此否定主流的现代英美经济学。所以,他们的观点并没有得到经济学界的广泛重视,因为斯密的经济学与道德学并非简单对立的,理性的经济人与情感的道德人,也不是两种相互对立的预设,经济秩序与道德情感之间存在着内在的联系,有着共通的问题意识,并且得到了斯密富有创造性的解决,这才使得斯密的思想呈现着广阔的包容性,并且对于现代经济学依然具有启发性的作用。

第三,既然现代经济学在继承斯密经济学原理方面有短板,德国学者对于斯密《道德情感论》的理解有偏差,那么,如何理解斯密的思想呢?其实,路径也不难,那就是重新回到苏格兰思想的语境中,从当时苏格兰思想家们所面临的时代问题以及回应的理论构建中,寻找斯密思想的源泉。应该指出,斯密与休谟等苏格兰思想家们一样,都不是简单地为了现代社会的经济效益问题提供经济学的理论,他们研究经济问题,甚至创建了一套现代经济学原理,乃是为了当时正处于转型时期的英国社会提供一整套经济、社会与道德的系统化或综合性理论,其实质是为一个上升时期的现代工商业资本主义提供一种正当性的道德与文明上的辩护。为此,他们非常重视财富生产与市场经济的现代工商业秩序,但是,更让他们关注的是这个工商经济社会的情感心理问题,即怎样的一种精神状态才使得这个社会不至于沦落为人欲横流的低俗社会,而演进为一个有道德的文明社会。他们都不信奉理性主义,崇尚经验主义,在历史和心理方面,他们是文明演进论和情感主义论,所以,打通经济利益和人心情感,接续历史传承而又文明进步，实现人为道德与正义制度，就成为他们思想的主要内容，至于经济学或道德学，不过是上述核心问题的不同层面而已。现代经济学显然忽视了苏格兰思想家们的道德关怀，德国学者则是肤浅化地理解了斯密的道德思想，真正把握斯密的核心问题的一贯性，并打通他的两部屡次修改之著作的沟壑，还是要回到苏格兰思想的历史脉络中，那里蕴含着现代社会发育的种子。

从现代经济学回到苏格兰思想来解读斯密，其中不仅有晚近四十年斯密思想的复兴，有德国思想中的斯密问题，有当今经济学面临的困惑，也还有苏格兰十八世纪与斯密前后相关的其他启蒙思想家，这里有一个多视角的谱系，除了前面谈及的德国学者、现代经济学各派，仅就与苏格兰思想直接相关的理论渊源来说，大致也有四个线索，再加上斯密的《道德情感论》修订了七版，花费了数十年时间，其间思想观点也有很大的变化，这样与他相关的思想谱系的关联度也会发生变化，致使问题甚至张力性有所凸显。但这些又是我们理解和研究斯密的道德哲学所必须搞清楚的思想背景。

第一个，当然是他的老师哈奇森。斯密在爱丁堡大学读书时，哈奇森曾经作为他的老师，哈奇森的课程对学生们的影响是巨大的。虽然斯密后来的思想理论大致偏离了哈奇森的轨道，自创一体，成为苏格兰启蒙思想的重镇，获得国际性的声誉，但追溯起来，哈奇森对于他的影响仍然不可小觑，大致表现在如下几个方面。其一，斯密在情感主义思想路径上，与休谟一样，都接续的是哈奇森的路径，哈奇森开辟了苏格兰的情感主义脉络，强调情感对于理性的决定作用，这在斯密的道德哲学中也是一条主线。其二，哈奇森对于加尔文新教的道德哲学汲取，虽然并没有为斯密全部继承，但哈奇森有关罗马自然法的思考，加上加尔文神学的沉思，对于斯密晚年的思想也多有启发，斯密在《道德情感论》的多次修改中，尤其在第六版第三、六卷关于道德情感的内省和良心等方面的论述，就与初版的有关利益感的观点多有出入，加入了很多斯多亚主义和神学思考的成分，这与哈奇森的某种启示也不无关系。相比之下，休谟的道德思想一生大致保持着相当的一致性和连贯性，少有基督教神学的色彩，两人之间的反差很大。其三，斯密显然不赞同哈奇森的第六感的纯粹道德官能理论，对于那种利他主义的道德哲学，他是不赞同的，但是，哈奇森的那种试图在情感自身的机能中寻找道德情感的努力，对于斯密试图通过想象力达成一种公正旁观者的合宜性视角，却很有启发性。哈奇森的第六感官是一种设想，斯密的旁观者也是一种设想，它们具有一定的相似性。

第二个就是休谟。斯密与休谟保持着一生的友情，他们两人的思想和人生具有非常大的契合性，具有情投意合且思想观点一致的总体特征，被视为学术思想史上的一段佳话。仅就道德哲学来说，他们的关系大致有如下几点值得关注。其一，他们都是情感主义道德思想的推崇者，都把道德情感视为道德与工商业社会的联系纽带，并为现代资本主义辩护，纠结于共同的时代问题，他们的理论倾向和价值取向大致是相同的。特别值得指出的是，在从个人自利之心到利益和财富的激情，再到道德标准的制度生成等一系列情感主义的发生与演变机制方面，他们在大的方面也是相同的，以至于后来的思想史家总把他们合为一体加以论述。其二，他们在基本原则和思想倾向上大致相同，但也还有很多具体观点的不同，这些分歧有些不是技术层面的，而是涉及道德哲学的重要问题，他们之间因此又呈现出张力性的关系，由此显示出苏格兰道德哲学的复杂性和丰富性。例如，通过心理的想象力达成的是共通的利益感，还是不偏不倚的旁观者的合宜性，两人就有尖锐的差异；在如何看待奢侈问题上，两人的分歧也是很大的，休谟推崇奢侈促进了生产工艺的改良、经贸的繁荣乃至高雅文明的发达，斯密则指责奢侈导致浪费和奢靡之风；还有，斯密晚年的思想中，多次修订《道德情感论》，呈现出很深的神学与良心论的色彩，与休谟的不可知论大为不同；在如何看待功利、效用、有用性，乃至对英国功利主义的影响方面，两人也是不同的，休谟的影响更大一些；最后，在如何看待现代工商业的未来前景，或资本主义的私利扩张方面，休谟一贯的乐观主义与斯密晚年的悲观主义也是不同的。他们之间相互影响、彼此砥砺，把苏格兰思想推向一个世界思想史的高度。

第三个是英国的曼德维尔以及法国的爱尔维修等利己主义道德思想。曼德维尔对苏格兰道德哲学有很大刺激性影响，斯密的《国民财富论》和《道德情感论》都把曼德维尔视为一个重要的理论批判对手，可见其在斯密心目中的地位。如果说休谟对于曼德维尔以及爱尔维修等私利主义的观点是复杂纠结的，斯密对于他们的看法却是明确的，那就是他反对这些唯物主义者的人性观和经济观，认为人的本性不是自私自利的，而是主张有高于私利的同情仁爱情感来统辖它们。在经济领域，单纯的个人私利更不是国民财富的动力机制，市场经济不是由私利来推动和完成的，所以，斯密在经济学和道德学两个方面，都批判曼德维尔的私利主义。尽管如此，曼德维尔对于斯密的刺激还是很大的，为了解决市场经济的动力机制，尤其是道德情感的本源，就促使斯密对于劳动分工、看不见的手以及同情心、旁观者、合宜性等问题给予深入的研究，从而创建了一套自己的经济学和道德哲学，他与休谟的很多分歧也与如何对待曼德维尔的思想有关。

第四个是霍布斯和洛克的政治思想。应该说，这批光荣革命前后的英格兰政治思想家，并非苏格兰启蒙思想的理论对话者，但他们的影响仍然是潜在的，甚至是休谟和斯密等人的隐含的理论对手。因为，苏格兰思想家们在接受了英格兰的政治遗产及其内含的政治原则之后，并不是照搬英格兰的思想方法和基本观点，而是另外走出了一条独特的苏格兰思想之路。由于休谟、斯密等人采取的是历史主义和情感主义的方法论，对于诸如政府起源、政府职能、法治秩序、国民权利、个人自由和人民福祉等政治哲学的相关问题，就没有接受霍布斯、洛克等人的政治契约论和自然权利论，而是在历史经验和现实语境下，探讨诸如自由社会、情感苦乐、国民财富、政府职能、法治传统等问题，斯密的主要著作虽然涉及政府、个人、福祉、利益、权利、法治、自由等主题，但与霍布斯、洛克等人的观点是不同的，尽管他们都属于大的英美自由主义思想谱系，斯密也不反对社会契约、自然权利、个人主义、自由宪政，但论证的理论路径和关注的要点问题大不相同。前者聚焦于革命性（英国式的）的古今之变，后者聚焦于革命后的社会建设，尤其是自由经济和文明社会的建设。

总之，上述斯密与多方位的思想界的复杂互动关系，为我们理解他的道德哲学提供了很好的理论背景。以此为切入点，才能真正理解思想史中的"斯密问题"的解决路径。

古典新读

古典不是历史的陈迹，不是枯燥的学问，而是生活的另一种可能。

第一辑

- **老子：回归于道**
  [日] 神冢淑子 著　张薇 译　定价：39.00 元
  如果没有《老子》，人类思想史一定与现在完全不同。

- **庄子：化鸡报时**
  [日] 中岛隆博 著　王孙涵之 译　定价：39.00 元
  每个人都能从《庄子》中获得洞察世界的方法和思考人心的快乐。

- **《史记》与《汉书》：中国文化的晴雨表**
  [日] 大木康 著　田访译　定价：39.00 元
  《史记》和《汉书》承载了中国文化上两种代表性的史观和文风。

生活·读书·新知三联书店 新刊

盛 洪

兵不血刃，王在法下
——《英国革命》读后

在历史上，英国的光荣革命一直受到很高的赞誉，不仅因为这是铺平英国工业革命道路以及整个国家崛起的重要事件，而且因其是一场和平的、不流血的革命。正如《英国革命》（下引此书只注页码）作者屈威廉在导言中所说："这次革命值得赞赏的地方不在于歇斯底里的吼叫与骚动，而在于冷静、谨慎、智慧的悄声细语，这些胜过了所有的喧闹声。"（2页）之所以如此，一方面在于各种要素偶然幸运地聚集到了一起，另一方面是英国人明智地及时认识到其对于历史的价值，并不失时机地加以运用。

这场革命所要凑齐的各种要素，最早应追溯到《大宪章》。关于《大宪章》的讨论，有一个观点值得一提，就是《大宪章》是英国国王愿意接受的，因而影响成败。所谓"接受"就是考虑到当时的具体条件的理性抉择。这当然包括约翰王在战败时的考虑。后来如爱德华一世，从当时的情势考虑，主动承认和签署《大宪章》。国王与贵族之间不仅是对手，而且也是亲戚或朋友，这种复杂关系有可能生发出他们之间的共识。这种共识在实际变革中至关重要，它会导致真正的妥协。威廉·夏普·麦克奇尼指出，爱德华一世"将其叔西蒙伯爵的主要宪政观念当作自己的并加以采用，而他的这位叔叔在成为他的死敌之前一直是他的朋友和老师"。"由王位的继承者来采纳西蒙伯爵之观念这一事实，最终改变了其成功的概率。所有这类方案只要源出于一个反对派首领，不管其权力有多大，都注定会失败；但如果是君主自身接受的话，就能保证其成功。"（《大宪章历史导读》，197页）

当然，《大宪章》的内容是贵族们提的，这是因为他们是国王专制的受害者，只有制定明确限制国王的法律才能避免继续受到侵害。其中的两条，第十二条，"……设无全国公意许可，将不征收任何免役税与贡金。……"第三十九条，"任何自由人，如未经其同级贵族之依法裁判，或经国法判，皆不得被逮捕，监禁，没收财产，剥夺法律保护权，流放，或加以任何其他损害"，尤为重要。用今天的一般化表述，即"征税要经纳税人同意"，和"不经法律正当程序审判，不能剥夺一个人的自由、财产或生命"。这是一个文明社会的基本条件，事关包括产权在内的基本权利。在当时的英国，无此权利贵族们就惶惶不可终日，对自由、财产乃至生命的存续没有预见，他们也不会成为王国有力且有效的支柱。人们经常有一种误解，认为在权力斗争中，其中一方获得的权力总是越大就越好。这只是对直接好处的肤浅计算。如果考虑权力受到削弱的一方的反应，他们或积极对抗，或消极怠工，都会损害在权力之争中获胜的一方。

因此，《大宪章》不仅对贵族有好处，也对国王有好处；对贵族的好处是直接的，对国王的好处是间接的。贵族的压力促使国王考虑让步的间接好处。当然，直接的好处马上可以看到，间接的好处要经过一段时间才会发现。所以作为一个凡人的国王经常会为了当下的好处，而不惜牺牲掉未来的好处。这就是为什么以后历届国王屡屡背叛《大宪章》原则。虽然国王在签署《大宪章》时是真诚的，然而后来情势的变化又使他修改了计算。所以贵族们不能以为《大宪章》一旦被签署就可以一劳永逸。不如说，《大宪章》为他们以后与国王的谈判提供了一个文本上的优势，即他们的主张是合法的，国王必须慎重考虑其对《大宪章》的违背。

《大宪章》的签署以及以后围绕着《大宪章》而进行的争斗，又综合地形成了一个基本原则，即存在一组国王也必须遵守的法律，如果他违背这组法律，贵族们组成的二十五人男爵委员会有权向国王指出，并要求改正。如果国王不改，则国王承认贵族们有权"联合全国人民，共同使用其权力，以一切方法向余等施以抑制与压力，诸如夺取余等之城堡、土地与财产等等，务使此项错误终能依照彼等之意见改正而后已"。这就使贵族们用暴力纠正国王违反法律的手段合法化。这一原则到了詹姆斯一世时，被爱德华·柯克总结为"王在法下"。

如果说柯克对《大宪章》原则的阐发在观念上影响了英国的法律传统和文化思潮，贵族们用武力反抗查理一世，查理一世战败后不肯接受君主立宪，最后被处死，则是一个震撼英国社会和王室的实际事件。这用刑罚实践证明了"王在法下"不是虚言。在此之前，贵族们总是抱怨，贵族战败了就被砍头，"国王战败了还是国王"；现在国王战败了不仅会被废黜，还会被杀头。虽然处死国王的克伦威尔的独裁更为恶劣，英国人民最终接受了英王室的复辟，这一教训仍对英王室产生心理冲击，在英国社会产生深远的影响。绝对王权理论越来越没有市场。到了詹姆斯二世时期，即使有保王倾向的托利党人，有一半已经皈依了辉格党的契约说，另一半"虽然不会参加叛乱，但是在国王作恶的权力被摧毁前，至少不会在语言和行动上保卫国王"（63页）。

光荣革命之所以是和平的，是因为詹姆斯二世放弃了武力对抗，之所以如此，是因为他判断自己没有政治上的支持，打不赢这场战争，而一旦战败，就可能重蹈他父亲查理一世的覆辙。他清楚地知道，他在主政时为了获得更多的权力，几乎得罪了所有利益集团。他想在宗教上回归罗马教廷，但遭到国教徒和托利党人的抵制，他转而攻击他们。他想要议会取消在政治上歧视天主教徒的《宣誓条例》，并且批准他享有终生供给的财政收入,但遭到议会的拒绝,他恼怒地命令它休会,并且不再召开。没有了议会,就不能改变法律,"詹姆斯想达到自己的目的,就要认定法律不能限制国王的意志"(39页),他就要做一个拥有绝对君权的君主。

这意味着他可以按照自己的意志解除所有抵制他的命令的法官、主教或行政官员的职务。"如果法官拒绝按他的旨意来解释国王的特权,他可以开除任何法官"(39页),进而"他就能够操纵法人团体,地方治安法官和议会选区,他可以自由地命令一个下院"。"这样组成的一个议会就能够改变法律……他就可以重新进入合法的轨道了。"也就是说,他成为一个不受法律制约的君主了。这时"他已经完全控制了行政权,他可以开除和任命任何政府职员,教会的圣职授予权也在他的手中"(40页)。于是他不断加码他的特权,突破法律约束,把"有严格限制的豁免权变成了一种完全非法的搁置权,它使所有的法律都仅仅屈从于国王的意志"(43页)。当一些法官抗议国王的这种权力扩张时,他们就被解职了。

詹姆斯二世还想控制教会。为此他设立了特别委员会法庭,用来控制教会,可以"暂停或剥夺那些不听话的神职人员的职务"(44页)。接着他又想控制大学。通过一系列法令,"将三个伟大的牛津学院:基督堂学院,大学学院和莫德林学院,置于了天主教徒控制之下"。"莫德林学院的二十五名成员因为拒绝在选院长时违背法律,而被从终生保有的职位上赶了出去。"(45页)总之,詹姆斯二世为了达到自己的目的,不惜"中止成堆的法律的执行",这"会彻底摧毁对国王的所有宪法约束"(47页)。

对于英国不同阶层和团体来说,詹姆斯二世通过对法律的破坏侵害了所有人的利益,违背了《大宪章》所创立的,又为柯克等法律精英所强调的"王在法下"原则。詹姆斯二世的一意孤行引起了公开抵制。这在"七主教案"时达到了巅峰。当时他要求牧师在教堂宣读违反"成堆的法令"的《容忍宣言》，遭到大主教桑克罗夫特为首的教士们的反对。在伦敦的牧师们被命令宣读宣言时，一百名牧师中只有四名进行了宣读。詹姆斯二世恼羞成怒，命令对桑克罗夫特等七位主教进行审判。结果在众目睽睽之下，陪审团宣告七被告"无罪"，引发伦敦街头的狂欢。由于詹姆斯二世的倒行逆施，"过去的老对手之间，还有那些并不固定地从属于哪个派别的广大的中间层，现在为维护宪法而组成了一个牢不可破的方阵"（54页）。

尽管詹姆斯二世破坏法律、扩张王权的行径令人发指，这也透露出了当时英国的制度背景。如同汉娜·阿伦特所说，在光荣革命之前，英国的君主制已不是绝对君主制，而是有限君主制。国王违背和破坏法律的行为之所以那么瞩目，是因为经《大宪章》和柯克等人的强调，在此之前已经有了约束国王的法律。"《大宪章》的整体价值……在于它明确宣示了一个法律体系，并声称该法律高于国王的意愿。"（《大宪章历史导读》，162页）这些法律也不再是一纸空文，它们是由具体的人来护卫和监督实施的。詹姆斯二世之所以关闭议会，是因为议会敢于通过否定国王要求的决议，议员们在议会中可以畅所欲言，受到"言论自由"原则的保护。不受王权限制地发表意见，这是议会在英国数百年发展形成的传统。

在"七主教案"中敢于违逆国王意志，宣判被告们"无罪"的陪审团，也是自十二世纪以后普通法传统的产物。陪审团制度是英王室法庭在与领主法庭竞争中，为保证审判公正而创建的制度，它使英王室在司法竞争中胜过了领主法庭，通过主导司法掌控了英国。与此同时，法官和律师等法律人群体也通过陪审团吸纳了英国传统的习惯法，最终形成了普通法。从而，英国的法律人群体发展成为一个相对独立的群体，而国王也从一开始直接介入司法案件转变为只对司法管辖权及范围发布令状，英国的司法体系早已实际上相对独立于王室和政府。这才会出现在"七主教案"中坚持独立审判的陪审团，以及那么多批评詹姆斯二世、拒绝按照他的意志判决的法官。

詹姆斯二世采取的非法行动伤害了几乎所有阶层和团体，使他们联合起来反对自己。问题是，他既然知道，他破坏法律、做政治上不得人心的事，必然会导致在政治上和军事上失去大多数人的支持，从而不能打赢一场战争，他为什么还这样做呢？这显然是心理问题。我们知道，理性与心理是两回事。詹姆斯二世个人的特殊经历造成了心理扭曲，他的父亲查理一世被国会以叛国罪处死，显然在他的心里投下深深的阴影。詹姆斯二世"是一个没有幽默感，自大而固执的人，有时还显露出军人或统治者残酷、独裁、鲁莽与不智的一面。……真正的伤害乃来自于他追求激进政策表现出的跋扈个性"（《詹姆斯二世与英国政治》，2页）。他认为"他的父亲查理一世就是因为做出让步才导致了后来的失败，他声称永远不会再犯这样的错误。他的性格使他不能接受任何逆耳忠言，即使是来自他最好的朋友"（38页）。

在威廉登陆以后，詹姆斯二世做了一些政治上的让步，但仍不能阻止大量贵族站到了威廉一边，他并且"亲眼目睹了他的大军不忠与背弃他"，他清醒地判断自己打不赢这场战争，放弃对抗、逃亡法国，结果就相当于"自己将自己废黜了，并且他还废黜了他的子孙后代"。这就避免了一场内战，以及废黜国王所要面临的宪法难题。"如果詹姆斯自己召集议会，这个议会当然不会推翻他，如果他准备……成为一个立宪君主，不管是辉格党人还是威廉都不会将他赶下王位，因为国教派和托利党人永远都不会同意明目张胆地废黜国王，……只有通过内战詹姆斯才会被推翻。"屈威廉评论说："詹姆斯的逃亡极大地减少了内战的可能性，因为它使得托利党人没有了理由去反对辉格党人更换国王的要求。"（79页）这就为英国革命提供了一次极好的和平解决的机会。

然而詹姆斯二世又不甘心和平让权，他的策略就是制造无政府状态。他解散了议会,"将国玺沉入了泰晤士河,命令解散军队……"(80页)当他逃离英国时,没有留下任何权威的政府机构,群龙无首。"在此危急时刻,英格兰人的政治天赋得到了最充分的发挥。圣诞节前,查理二世统治时期的上院和下院的议员,那些能马上赶到伦敦开会的,开始开会商讨王国的安全问题,要求奥伦治亲王接管英国的行政治理,并召集一个议会大会。"(81—82页)奥伦治的威廉亲王接受了这个要求,他接下来的诸项行动就都具有合法性的权威。他"平息了英格兰的无政府状态,保护天主教徒免遭进一步的迫害,从城市借钱以应付国家的紧急需要,加强了因国王消失而动摇的治安法官和法庭的权威,将解散了的皇家陆军中的英格兰和苏格兰团队合并到了自己的队伍中……""发布信函要求马上举行选举,在下个月举行议会大会,来处理王位问题和英格兰的未来。"(84页)

议会大会选择威廉亲王为英国国王。然而,"英国宪政在没有国王的情况下是不能够合法运作的","在空位期间召集和选举出来的议会,其合法性不可避免会存在缺陷",但这正是"革命解决方法""具有革命性和超法律性的主要成分"(86页),"法治首次被确立"。议会大会推举的国王被英国社会接受,说明没有国王的议会的法律效力得到承认,它一定具有高于国王的立法权威。"自此之后,法律只能经两院共同通过,并得到国王同意的法令所修改。法律的解释权只属于法官"(87页)。反过来,议会推举的国王既没有立法权也没有司法解释权,因而很自然,是接受法律约束的国王。议会之所以选择威廉亲王,是因为议会把"新君主接受这些对王权的限制,作为他们登基的条件"(97页),而威廉接受这一条件。

虽然新国王是议会大会推举的,但从王位继承权维度,威廉的身份会使议会的分歧减少。威廉亲王是詹姆斯二世女儿威廉·安妮的丈夫,而按照英王室的继承排序,安妮仅排在詹姆斯二世的儿子后面。现在既然詹姆斯二世已携儿子逃离英国,自我废黜并且也废黜了儿子的继承权，安妮是顺理成章的英国国王。因为威廉是安妮的丈夫，并且在挽救英格兰危机时表现出了治国才能，议会才同意他们夫妇俩为共同国王。屈威廉评论道："这是此次革命中最有革命性的方面，但却是此次革命其他保守特点的必要条件。"（85页）即是说，在没有改变原来的制度规则的条件下，却完成了实际具有革命意义的行动。

确实，在"其他方面"，"既然威廉做了国王，大家认为不必用那些半共和制的限制来束缚他的手脚了"。"从法律角度看，今天的国王保有的行政权和都铎王朝的君主们一样多。"（85页）与詹姆斯二世不同的地方在于，詹姆斯不满足于这些权力，不断地违反法律突破权力的限制，而威廉只要遵守就可以了。更重要的是，在法律条文不变的情况下，实际惯例在发生变化，行政权在逐渐向内阁倾斜，它"代表着下院的多数"。惯例的演变是一种非正式制度变迁，它具有灵活性，较少制度变迁的阻力和成本。

因而，我们看一次革命到底会带来多大变化，朝哪个方向变，不在于在革命阶段有形制度发生了多少变化，而在于主导变革的机理是否发生了变化，它为以后的制度变迁带来了多大的空间和潜力。这次英国的光荣革命，最为实质的变化是主导英国制度走向的力量，已经从国王转到了由贵族的、宗教的和法律的精英组成的团体。另外，看制度变迁的力度不仅要看有形制度发生了什么变化，还要看在现有制度下对制度的遵守情况，制度的实际运作，以及无形制度的变化。光荣革命在表面上并没有创制新的制度，而是让已有的制度变得名实相符。

光荣革命所带来的"革命解决办法"，首先是要恢复"一个自由的议会"，"铲除由武力支持下的专横和不受法律约束的权力，恢复英格兰古老的法律和一个自由议会的权威"（67页）。革命解决办法第二个重要措施是，"国王不得开除法官"（87页）。这才真正排除了国王对法律的干预。"如果解释法律的法官仍然依附于国王,法律的至上地位就不能永久保住。""光荣革命则确保了法官的独立地位。"司法独立不会存在于国王的恻隐之心中,只有法官不担心被国王免职,才会有真正的司法独立。因而"司法独立这一成果实际上是在光荣革命中取得的"(108页)。

我们一般理解的"革命"总是离不开暴力和流血,这是一种误解。我曾指出,真正成功的改革是不流血的。革命之所以不流血,是因为它的解决方案是一个均衡的制度方案,兼顾了各个利益集团的利益,这也是更有效的制度方案。光荣革命是一场没有硝烟的革命,这种不流血的革命不仅成本低,而且是革命后建立的制度更为有效的前提条件。"假使詹姆斯只是被辉格党或托利党单独推翻,在他倒台后随之而来的这个解决办法就不会如此开明,或者如此长久存在了。"(5页)

由于实行法治,《大宪章》所提出的两项重要原则,"征税要经纳税人同意"和"不经法律正当程序,不能剥夺一个人的自由、财产和生命",才真正能够实现。屈威廉说:"通过这种方法,英国不仅得到了政治和宗教的自由,还得到了整个国家的力量,这种力量胜过了法国那种没有限制的君主制的力量。"(10页)

还要看到文本的力量。《大宪章》,自颁布以后历经磨难,多次被废弃,并且长期湮没不闻,但《大宪章》文本的存在仍是至为重要的事情。有了这文本,它的原则就会时不时地被援引,就会潜移默化地影响整个民族的观念,就会在某些时刻被发掘出来并发扬光大,就会成为后来制度变迁要求的底本。更重要的是,它还成为贵族与国王之间达成共识的文献基础,而这种共识使不流血的革命成为可能。

《大宪章》并没有提出什么新的制度,而是要求恢复"古已有之的""从来就有的"权利。而这些古老的权利之所以是好的,是因为

> 事莫明于有效，论莫定于有证。
> ——王充

如此形成的习惯不仅是自发的，而且经过时间的大浪淘沙。英国人在表面上采取了最为保守的方案，无论是制度，还是国王的选择，都是从形式上看来最接近原来的规则。这就使变革更容易为保守的英国人所接受，减少了争议和阻力，也就使光荣革命更像是风平浪静的事情。汉娜·阿伦特说："'光荣革命'根本就不被认为是一场革命"，"'革命'一词的原义是复辟"；然而她又补充说，这又为"本质上全新的事物埋下了大量伏笔"（《论革命》，译林出版社二〇〇七年版，32页）。这些看似保守的变革却有着极其深远的制度含义，从此建立了真正的君主立宪制度。

（《英国革命》，G. M. 屈威廉著，宋晓东译，商务印书馆二〇二〇年版；《大宪章的历史导读》，威廉·夏普·麦克奇尼著，李红海编译，中国政法大学出版社二〇一六年版；《英国"宪政王权"论稿：从〈大宪章〉到"玫瑰战争"》，孟广林著，人民出版社二〇一七年版；《詹姆斯二世与英国政治》，迈克尔·马莱特著，林东茂译，上海译文出版社二〇〇〇年版）

认识世界、改变世界与解放思想

——《分析与思考》一书引发的经济学内外的思考

汪毅霖

马克思曾经说过:"哲学家们只是用不同的方式解释世界,而问题在于改变世界。"作为一门追求经世致用之学,即使是被马克思讥为"庸俗"的西方经济学家也服膺于此。一九八二年诺贝尔经济学奖获得者乔治·施蒂格勒就把经济学家分为两类:一类只是想要理解即认知世界;而另一类则不仅要认识世界,还试图改变世界。前者正如施蒂格勒本人,后者的代表则如一九七六年诺贝尔奖得主(也是施蒂格勒的同门和同事),在教育、社保甚至兵役等领域都产生过政策影响力的米尔顿·弗里德曼。

实际上,极少有经济学家能够兼顾认识世界和改变世界的双重角色,例如施蒂格勒所举例的弗里德曼,其作为新自由主义的先驱所推行的经济自由化政策,在拉美各国和东欧转轨国家造成的是与预期相反的经济结果。而通过阅读黄奇帆的《分析与思考》一书,我们可一窥作者在理论研究和政策实践领域的中国式双向探索。

《分析与思考》一书的作者既是经济政策的实践者也是著名的经济学家,其"见解不仅有经济理论的基础,而且对中央政策和政策设计具有很强的含义和操作性"(复旦大学经济学院院长张军语)。虽然笔者对《分析与思考》一书早有耳闻且身边同侪多有赞誉,可直到最近才有幸认真拜读。这一方面是一种遗憾;另一方面又是一种偏得,因为最近两年全球经济大势发生了新的变化,从而可将更多的后见之明引入自己的阅读体验。笔者之意不在于全面总结此书的内容,而是想借由此书,对其背后的经济学方法论问题——尤其是在经济领域认识世界和改变世界的求真法门和无解之困——略谈一孔之见。进而如果可能的话，再谈一谈笔者从阅读中获得的一些超越经济学层面的思考——什么才是认识世界和改变世界的外部根柢性前提。

以赛亚·伯林将所有人文社会科学领域的学者分为两类：狐狸和刺猬。狐狸广博故无所不知，而刺猬深思故有一大知（这类似于一九七四年诺贝尔经济学奖得主 F. A. 哈耶克的思维清晰型学者和思维糊涂型学者的二分）。不过，伯林和哈耶克的二分法也并不绝对，在思想史上确实出现过"高级的狐狸"，他们广识且深刻，马克思、韦伯、凯恩斯等皆是。在《分析与思考》中，作者也展现了"高级的狐狸"的特征：他在书中广泛讨论了"供给侧结构性改革""基础货币""资本市场""房地产市场""贸易摩擦"等经济热点问题，涉猎广泛且颇有洞见。这反映了作者在书中自述的治学原则："发表的观点在角度、高度、深度上下功夫，做到不拾人牙慧、道人所未道。"

摇椅上的经济学家往往更接近于"刺猬"，恰如哈耶克自己。所以，"高级的狐狸"的自我修养不能只归功于治学上的自律，更源于多年在经济政策一线从事实际工作的经验积累，至少对曾经长期在上海、重庆两个直辖市担任重要的经济领导职务的作者来说是如此。关于"主权信用货币制度""地票制度""互联网贷款庞氏骗局""企业杠杆率过高"等问题的思考，之于作者来说不仅是一种理论求索，更是个人的政策实践经验累积。这体现了经济研究中求"真"的重要法门：走出象牙塔，去关注真实世界里的中国故事。

当然，并非每个人都有同《分析与思考》一书的作者一样的机缘和际遇，真正做到往圣所提倡的知行合一。但经济研究的求"真"之路并不会因此堵塞。实际上，好的经济学研究存在两种路径，一是由内而外，二是由外及内。前者强调从理论逻辑出发构建认识世界的模型，再将模型的命题交于经验事实加以检验；后者倾向于先获得对真实世界的观察，再从观察到的典型事实（stylized facts）出发来构建解释这套经验的理论模型。黄奇帆、罗纳德·科斯、张五常等的研究更多体现了第二种路径，但任何能够反映"真实""真知"乃至"真理"的研究都应该是两种路径的交叉，只不过每个学者按照自身性格和思考习惯选择了科学探索之旅的不同入口和出口。

在此意义上，孔老夫子所说的"学而不思则罔，思而不学则殆"实是有永恒价值的双向提醒：政策专家切不可仅以不接地气为由轻易否定基础性的理论工作（这是政策分析的基准参照系）；理论研究者则需要极力避免自闭于象牙塔，只关注理论体系的逻辑自洽而丧失对真实世界的感受力（因为逻辑可能的世界只是真实世界的一个很小的子集）。二者结合，方是获得经济研究之真知的不二法门。

作为一门立志于求真知（认识世界）而又多有经世济民之抱负（改变世界）的社会科学，经济学的重要任务是对经济现象做出解释和预测，前者指向历史，后者指向未来。而作为一个读书人，尤其是一个好读书的经济学人，阅读的乐趣之一就在于可以利用时间差，反观以往的经济论著中的种种预测，并且难免会生出些故意在大家名著中挑错找茬的"阴暗"心理。实际上，预测的失准往往是经济学最常被人文社会科学其他学科的同行们揶揄之处，甚至生出经济学是不是科学的无休止的争吵。这些"阴暗"或揶揄有时候对经济学家来说并不公平，因为经济学的预测要想精准，关键前提在于"稳定"，如偏好稳定、约束条件（预算、制度等）稳定、宏观经济形势稳定，等等。然而，"稳定"在真实的世界中似乎是一种奢望：行为经济学证实了人的偏好并不稳定；处于政治经济文化多重转型期的中国人，近二百年来始终面对着制度巨变所带来的环境不确定性；市场经济体制建立以来的宏观经济形式更是因其易于受到外生冲击（例如二〇二〇年以来的全球新冠疫情）而求稳定却不可得。

于是，经济学的预测失准几乎在所难免。这并非是经济学家的分析能力弱化，也不单纯是因为经济学家们沉溺于数学化工具的奇技淫巧（这些分析工具对于加强经济学的逻辑严谨性和因果推断力实际上都大有裨益），而是真实世界中的经济现象过于复杂。并且，一旦我们不满足于认识世界而是进而追求改变世界，复杂程度就会进一步增长。原因在于，尽管正确地认识世界在多数时候确实有利于合理地改变世界，但即使认识在逻辑上无误，只要内外因素令某一约束条件发生重大改变，原本在认识上正确的结论就会被完全推翻，相应地，改变世界的政策也必须再做调整。

说得哲学化一点，预测的失准实际上反映了经济学家在建构关于真实世界的模型时的"复杂—还原"两难困境：涵盖一切内外因素的地图制作成本过高且容易把简单问题复杂化，但过于追求地图的简洁之美也会让路人迷失方向。所以，作为喜欢做事后诸葛亮的读书人，我们对《分析与思考》一书中的预测应该抱有更多善意的宽容。

《分析与思考》一书的作者正确地指出了中国的房地产企业亟须降低杠杆率方可规避风险，但他无法预见到疫情冲击导致房地产市场萎缩，就连某些"大而不能倒"的房企也难免最终倒下；作者在逻辑上也正确地分析了中国为什么应该按照"三零"（零关税、零壁垒、零补助）原则扩大高水平的制度型对外开放，但他却无法提前预知全球疫情蔓延造成产业链、供应链的局部断裂和大宗商品的价格飞涨。归根结底，疫情这种突发的重大外生冲击早已超出了经济学家的认知范围，而认识上的局部有知和全局无知恰是任何学科都要面对的无解之困，所以才有"人类一思考，上帝就发笑"的妙语和哈耶克在诺贝尔奖演说辞中对"知识的僭妄"的批判。

不过话说回来，人类也不能因此就停止求真。从致用的角度来说，虽说人类对于客观世界的认识存在极限，但认知范围扩张即人类知识储量的提升又可以拓展人类改变客观世界的边界。如果再提高到哲学的高度，不仅是因为从本体论的意义上来说"我思故我在"，并且警惕有限知识的无限僭妄——孔夫子和苏格拉底几千年前就有过提醒——本身就是一项重要的思考成就。

预测之所以失准，另一个方法论上的原因在于《分析与思考》一书的作者忽视了一个约束条件：经济是基础，但政治往往具有决定性的反作用（单纯强调经济基础的决定性作用是在硬把马克思播下的龙种矮化为跳蚤），故可能出现政治逻辑压倒经济逻辑的情况。按照经济学的比较优势原理，中美经贸斗争的结果必然不可能有真正的赢家。所以，作者乐观地预测中美贸易战会在短期内有明显缓和（时为二〇一九年上半年）；更具体地，他认为由于华为已经主导了行业标准，故对华为的制裁不会产生明显效果。这些预测都漏算了一招，就是在当今的美国，对华强硬已经成为一种政治正确，对以华为为代表的中国高科技企业的追踪打击似乎也已成了国策，故总统更替（拜登曾在大选时被认为更加亲中）并未带来美方对华遏制政策的软化，对华为的制裁反而愈发严厉且对华为的主营业务造成了影响。所以，经济研究既要算经济账也要算政治账，通向求真之路的经济学是且永远只能是政治的经济学。

表面的预测失准背后蕴含着更深层的哲学含义，《分析与思考》一书的阅读体验再次提醒我们：认识世界和改变世界都绝非易事，经济理论研究和经济政策实践也只能是在不断试错的过程中逐渐接近真理。而想要较优地（主流经济学所期望的最优化在现实中可望而不可即）认识和改变世界，一个根柢性质的前提是"解放思想"，从而可以为理论和实践中的试错创造容错空间。

《分析与思考》一书在史料上的一项重要价值是它提供了关于二十世纪九十年代初上海改革开放（当时上海政府和企业上缴的全部利税占中央财政收入的五分之一，上海的改革开放可谓牵一发而动全身）——主要是开发浦东和金融改革——的亲身回忆，可以让我们多一些超越现象的深层次思考。无论是开发浦东还是金融改革（启动的时间点都在一九九二年邓小平南方谈话之前）的历史经验都在启发今人："解放思想"是正确地认识世界和改变世界的前提。因为解放思想才能实事求是地正确认识客观世界，进而确立起朝着好的方向改变世界的认识论前提；解放思想还可以破除意识形态的阻碍，从而直接促进改变世界的事业。

在经济学家中间，科斯晚年提出的"思想市场"的概念实际上可视为是对"解放思想"的一种经济学视角的学理化表述。然而，中国获得解放思想之功的路径不是科斯推荐的思想市场的完全竞争，而是自上而下地破除阻碍思想解放的意识形态阻力。二十世纪九十年代初的上海乃至全国，解放思想的最大阻力是认识上对市场化改革和扩大对外开放的疑虑、担心甚至反对。所以针对开发浦东,一九九〇年初就提倡"胆子要放大,这十年以来,我就是一直在那里鼓吹要开放,要胆子大一点,没什么可怕的,没什么了不起。因此,我是赞成你们浦东开发的"(《朱镕基上海讲话实录》)。于是有一九九〇年四月正式宣布开发浦东。关于金融市场改革,先是在一九九一年初提出"金融很重要,是经济的核心"的重要论断(《分析与思考》);然后在一九九二年初强调,"证券、股市,这些东西究竟好不好,有没有危险,……允许看,但要坚决地试"(《邓小平文选》第三卷)。于是有上海证券交易所(一九九〇年底在上海成立了新中国第一家)等金融部门在中国的成长。

可以说,没有经济领域的解放思想做前提,中国就不可能有发展市场经济的正确认识,更不可能有中国经济奇迹的伟大实践。在进入新发展阶段,面临许多新的风险挑战,亟待全面深化改革的今天,解放思想或许有更为可贵的价值。从这个意义上说,作者在《分析与思考》一书中关于改革开放实践的私人记忆——尤其是其中涉及经济领域解放思想的部分——可能才是最具有恒久价值的内容。

(《分析与思考:黄奇帆的复旦经济学课》,黄奇帆著,上海人民出版社二〇二〇年版)

在医院,或在去医院的路上

王一方

短长书

现代人跟医院有着不解之缘,如同巴黎人的那句戏言:"要么在咖啡馆,要么在去咖啡馆的路上。"人这一辈子何尝不是"要么在医院,要么在去医院的路上"。即使是医者也会有脱掉白大褂换上病号服的那一刻。随着医院分娩逐渐取代家庭分娩，每个人都生在医院，而求生欲望的膨胀与"维生"技术的发达，又使大多数人都会死在医院。人们保健意识增强，即使没有疾病，也要定期去医院做体检。总之，不想去医院，又不得不去。

有人说，医院是哲学家的摇篮，说来轻松，现实残酷。医院是死亡谷的入口。医院里的死亡率每每大于家庭与社区；即使能逢凶化吉，医院也是疾苦的悬崖，身心的绞架，在疾苦、死亡交相压迫之下，在无常宿命的拷打之下展现出人性的颤抖，展示出生命与灵魂的本相。

说到底，医院的征象是"转场"，一旦住进医院，就喻示着人生可能转场，不仅是躯体转场，从家庭到医院，从医院到殡仪馆，还是心理/社会/心灵角色的转场，更是命运的转场，从健康人到患者。当然还有婴儿从温暖的子宫来到冷暖交集的人间，ICU里的转危为安或回天无力。在生产力低下、物资匮乏的漫长时代里，疾病曾经是饥寒交迫的必然产物，疗愈疾病就是济贫解困，医院就是改善温饱之所。而今，疾病成为科学索因、技术干预的非常状态。现代医院的分级、分科、分序的建制又折射了个体的身份、地位、财富、道德。有人因拮据而贫病无医，也有人小病大治；有人重疾缠身却不住院，也有人小病微恙而非要住院；有人感念医护关怀，知恩图报，也有人稍有不便就心生怨愤，甚至恩将仇报，伤医毁院。由此造就了医患关系的复杂性。因此，确实可以说，医院文化就是生死、苦难、救疗的哲思文化。不过，医院的哲思不能高高在上，不接地气，而应该走进"办医院"与"住医院"的真实困境与心灵关切，成为解决眼下办院人与住院人诸多难题的钥匙。

医院的隐喻

关于医院的隐喻很多，但以"医院即监狱"最为知名（源自《规训与惩罚》），这一论断的热议只因米歇尔·福柯（Michel Foucault）的名声显赫，加之法国哲学的批判性传统。其实，福柯只是从疯人院的历史和精神病管制格局中洞悉这一隐喻，在他看来，监护即监视，监督即监控，别无二致。一个佐证是巴黎神舍医院（Hotal-Dieu）因火灾被毁，重建时选择了全景建筑形式，这一设计范式源自法国监狱的设计，主体为一幢环形建筑，可以放射状分隔为一个个小房间，中心是一座高塔，在高塔上可以鸟瞰整个建筑，监视各处的动静，而各个房间里的人因为逆光无法看到监视人员，构成单向玻璃效应。环形建筑的发明者是英国哲学家边沁（Jeremy Bentham）和他的弟弟塞缪尔，灵感来自巴黎的一所军事学校的建筑设计图。因此，全景建筑的初衷是便于管理学生，而非监控囚犯。不过，现代医院建筑普遍采用普威廉布局（Pavillion Plan），优先考虑病房通风与换气，后经过南丁格尔的大力推崇，英国的圣托马斯医院、美国的约翰·霍普金斯医院都采用了这种建筑风格。现代医院管理中，疯人院与麻风病院的管制模式早已摒弃，随着医院人文的倡导，南丁格尔开辟了以照顾为中心的专业化服务，以及以舒适为中心的设施改造运动，努力让患者享受良好的生活、治疗环境。如今人性化、艺术化的医院境遇比比皆是，并逐渐蔚为风尚。

第二个隐喻是"陌生—亲密关系"的夹生饭，这个隐喻来自查尔斯·卢森伯格（Charles E.Rosenberg）的医院史主题专著《来自陌生人的照护》（*The Care of Strangers*）：人们在健康时，生活在适意、恬静的家庭氛围中，享受着亲人的眷顾与温情；而一旦病魔缠身，躯体与心理遭受伤害时，却要暂别亲情的环绕，抛入"陌生"的环境，去向"陌生人"倾诉，并接受"陌生人"的救助与照顾。医学是"来自陌生人的照护"，也是与陌生人的沟通，为了医疗和保健的目的，患者要将个人的秘密告诉医生，让医生观看、触摸私密的部位，甚至冒着巨大风险去迎接药物与手术的干预，而他们对医生的德行技艺却知之甚少。患者要享受专业照护，就要接纳陌生环境与陌生人，而熟人、亲情总是伴随着非专业。伦理学家大卫·罗思曼（David Rothman）的著作《病床边的陌生人》（*Strangers at the Bedside*）进一步揭示了医患关系本质，那就是陌生人之间的博弈，而且互为陌生人。恩格尔哈特（H.Tristram Engelhardt）在《生命伦理学基础》（*The*

Foundations of Bioethics)一书中将这份"陌生—亲密关系"的核心定义为"利益共同体,道德异乡人",而医患关系的递进遵循一定的位序,由利益共同体(博弈,搏杀)逐步过渡到道德共同体、情感共同体,最后才能升华为价值/命运共同体。

医院里的悖论

医院里充满着悖论,圈外人不明白,有时圈内人也"蒙圈",都有哪些悖论呢?

科层悖论:医院里有这样的职业价值排序"金院士,银主任,铜院长",若具体到医疗决策究竟听谁的,常常会出现院士、主任权威大于院长权力的现象。在许多院内决策中,行政权力让位于技术权威,似乎违背了科层制原则(柔性等级制),向刚性、僵化的官本位提出了挑战。在行政系列里,长官意志至上,一级管一级,而在医疗决策中,行政权力服从学科专家,因为专家的仲裁权与原创力是医院的核心竞争力。医院学科建设的核心是摆脱人为的桎梏与解放个性,这种"逆袭文化"恰恰是医院活力的源泉。

主客悖论:医疗活动中,医护人员无疑是服务主体,医院也是主场(相对于家庭医学),但医疗决策的原则却是弱者诉求优先,患者利益至上。此时,专家权威必须放低身段,倾听陌生患者的声音,给予无权势、缺钱财的患者更多的人道眷顾与人文关爱。通俗化解读,就是决策中既要尊重科学、遵循规范,又要听命于患者的情感、意志偏好,适时变通,引导医护人员在诊疗服务中能屈能伸、张弛有度,努力做到冷静而不冷漠,淡定而不淡漠,职业神圣而有温度,实现医者亲和力与权威性的统一。

是非曲直悖论:医院运营如同"戴着镣铐跳舞",必须在不确定的医学、无常的生死归途中寻求确定性的优质服务、高效管理。一百年前,医学大师奥斯勒(William Osler)指出:"医学是不确定的科学和可能性的艺术。"这一箴言被后人称为"奥斯勒命题",它揭示了生命、疾病转归、苦难与死亡降临具有永恒的不确定性,生命的独特性,医学的不确定性,干预的多样性，疗愈进退的不稳定性，赋予医学神圣性，赋予医院文化的特殊性。医院中常常出现"人财两空"的窘境：即使在技术高度发达的今天，还有相当多的病因、病理不明确，病情的进展不可控，疗效不确定，预后（向愈、恶化、残障、死亡）不可测。如何因应这种局面？医院管理者要弄明白究竟是无计可施，还是有计难施，或有技误施，厘清"无过失"伤害，"不可抗力"危机，帮助患者和家属建立风险与代价意识，破除"零风险""低代价"的侥幸心理……这一切都考验着管理者的人文智慧。医学常常是在与死神交易，抢救室里，从来就没有生机无限，只有命悬一线，危机重重，医者满腔热情的救治可能换来的是回天无力、万般无奈，这不是管理流程与细节上的缺陷，而是人生的宿命。在诸多全力抢救—无效的案例中，人文管理的要义是突出"尽心了""用力了"的全力与抢救，而非"无效"（无力—无奈）的结局，帮助患者接纳苦难，豁达面对死亡。

伦理悖论：医院无时不在倡导不伤害原则，但手术、药物本身就是对躯体完整性与功能元状态的伤害，关键在于如何处理相对伤害与绝对伤害的关系。医院倡导患者获益原则，治疗中只能期望小伤害（代价）博取大收益，但真实世界里也可能是以大伤害（风险）获取小收益。医院也十分倡导自主原则，但急性（诊）手术因情况紧急存在医方代理决策的境遇（无法做到知情同意）。医院倡导公正原则，但由于优质手术资源短缺，使得就诊、候床、择期、择人存在巨大的人为裁量空间，无法做到绝对公平，只能追求相对公平，遵循先到原则，重症优先原则……

职业境遇悖论：医院、医生常常被赞颂为危厄中的"逆行者"，不仅在人类灾难时刻，其实在道德与情感的斜坡上，也是逆行者。他们必须在一个价值多元的时代依然坚定地追求利他的职业价值，明白利他即利己、助人即助己的道理。在一个信仰迷茫的时代依然保持坚定的职业信仰，敬佑生命，救死扶伤，甘于奉献，纯粹厚道；在一个真爱稀薄的时代依然在诊疗中保持爱的温暖并不懈地传递着人间大爱；在一个崇尚任性的时代依然保持敬畏悲悯之心；在一个视天真为幼稚的时代依然保持天性与率真；在一个道德重建的时代率先践行共情—共荣的医患信任，超越利益共同体，率先缔结情感—道德—价值共同体。

医院的观念与价值之辨

关于医院的哲思，本质是观念、价值之辨，旨在帮助医院、医生们咀嚼自己的责任、使命与愿景，完成各自的价值锚定。首先是"医院"（hospital）与"病院"（infirmary）之辨，hospital 源自 hospice（临终照护场所，安宁病房），但其拉丁词源为 hospes（外地客），host（主人），hospitality（款待），hotel（旅舍），凸显接待与服务功能，而 infirmary 源自 infirmity，是体弱、虚弱者，暗喻需要同情与悲悯的照护。东亚历史上，日本的明治维新之后出现"病院"一词，第一所病院可以追溯到一五五七年由耶稣会士阿尔梅达（Luis de Almeida）创立的"悲悯圣家"。中国最早的博济诊所（一八三五）则是医院建制。这两者的微妙区别在于前者强调医生(技术)的存在,后者强调蒙难者(疾苦)的存在。其次是"患者"与"病人"之辨，中文"患者"一词最早出现在《妙法莲华经》"无量寿第十六"，经文为"救诸苦患者，形如倒悬中"，在英文中，患者与病人共用一个 patient，源自 patience，意为苦难中的"忍耐"，更接近于患者的意涵。其三是"治疗"（cure）与"照护"（care）之辨，医院情境中，治疗通常由医生主导，而照护则由护士主导，在传染病肆虐的年代，治疗的急迫性被大大强调，而慢病时代，则照护逐渐成为医学的主责。当然,治疗—照护两手都硬，才是当下医院实力的象征。

时至今日，人们还特别纠结于"全科"与"专科"之辨，在许多人心目中，从全科诊所、药店接诊到专科医院，是医药学的巨大进步，细分带来诊疗的精准化，也逐步形成"强专科，弱全科"，"高水平的是专科医院，低水准的是全科医院"意识。于是，肿瘤医院、妇科医院、儿童医学中心、耳鼻喉医院、传染病医院、精神病防治中心，还有胸科医院、肝胆医院、肛肠医院应运而生，构成医院格局的多元化、细分化。如今，许多综合性医院也要特别强调自己的重点专科，忽视全科并进、科间协同效应。但是，专科医院有"性格"，不再是全科医院的来者不拒，而是只接诊符合本专科范围内的患者。专科医院的另一个盲点是非专业人士的患者无从准确选择，因为产生不适症候的器官可能并非原发病灶所在器官，所谓"专科在专科之外"。此外，单科突进，会导致科间协同与支撑力的削弱，甚至阙如，不利于多学科协作，综合解决复杂临床问题。如何在医院生态上协调好专科医院与全科医院的比重，表面上是一个区域医疗规划的问题，本质上是对医疗"细分"与"整合"趋势的把握。辩证的观点是有分有合，合中有分，分中有合。

"住院与反住院"之辨也成为现代社会的焦点，告别温馨的家庭不是人生所愿，历史上很长一段时间都是医生出诊，服务到家庭，专程到医院里去看医生是很晚近的就医格局。无疑，门诊与住院是两种诊疗模式，背后是病情掌控与干预"点""线""面"的区别。疾苦早期、轻症患者大多选择"点"式诊疗观察与干预，以点带面，即可达到痊愈的目的；突发伤害、重症患者，自然首选住院，最大限度地调动医疗资源，以便掌控危机局面，赢得转圜的机遇。但是，随着诊疗技术的改进，手术、药物安全性的大幅度提升，尤其是微创手术的开展，住院与非住院的临界点发生了漂移，"反住院"思维逐渐兴起，表现在日间手术清单日益扩大。可以预期，"日间治疗"理念将不断刷新门诊业务谱系，让患者获得有效、安全、费用可控的治疗模式。

健康中国理念催生了"治已病"与"治未病"之辨，这一理念源自《黄帝内经》，所谓"上工不治已病治未病"，下先手棋，提前布局，这一思想与健康中国的理念极为吻合。于是，这一传统理念复活了，许多医院新设"健康中心"与"治未病科"，但是，困扰医院，也困扰普罗大众的问题有二：一是既然没有病，为什么要干预，人们愿意花钱买治疗，却未必愿意花钱买健康干预，未雨绸缪的健康干预是否会被误判为"过度医疗"，引发医德讨伐；二是健康干预的收益相对于疾病干预的收益要缩小很多，而现行的医保政策按照单病种结算，而非按照社区居民健康状态及获益结算，这一机制只激励医院"等人生病，生大病"，医院全力干预，才能维持医院的正常运营，而没有从社区居民健康投入中分账的激励科目，导致医院"治未病"意识无法真正落地，也造成健康促进、健康教育成本费用无法列支，难以达成健康干预环节中的收支平衡。

说来说去，就想抖出一个理，无论办医院，还是管医院，都不能秉持单纯的技术思路，或者管理思维，富含哲思的范畴思维必不可少，唯有穿越价值拷问之后，才能洞明医院服务的真相与真谛。

大冰冻时期的伦敦及市井民谣

短长书

谢 超

二〇二一年十一月，英国格拉斯哥召开第二十六届联合国气候变化大会（COP26），多国领导人及代表齐聚此地，共同商讨应对全球气候变化的策略。大会最终通过《格拉斯哥气候公约》，缔约方承诺将继续致力于涵养森林、节能减排、清洁能源等措施，以此减缓气候变暖带来的多种灾难。无疑，当下全球变暖已衍生出世界性的生态危机。南极冰川消融、加州森林大火、大堡礁珊瑚白化无不在提醒人们，应对气候变化已是刻不容缓。然而，对于生活在十七世纪大冰冻时期的英国人而言，他们所担忧的却是不断变冷的气候以及由此引发的食物短缺和政治动乱等社会问题。回溯英国大冰冻时期的历史与文化，或许能给我们一个参照，为解决时下的全球变暖危机提供有益的启发。

气象学家将一五五〇至一八〇〇年称作"小冰期"（Little Ice Age）。该时期中，由于火山爆发及海冰增加等原因，全球气温普遍下降，两极的冰川不断地向低纬度地区侵蚀。研究表明，十六世纪下半叶，中欧地区冬季平均温度比一八八〇至一九三〇年间冬季平均温度低1.3℃。十六世纪末至十七世纪，英国夏季平均温度比二十世纪上半叶夏季平均温度低0.6℃—0.8℃。英国当时将极端寒冷的天气称作大冰冻（the Great Frost），这种大范围和长时间的低温状况在十七世纪尤为常见。一六五七年冬，英格兰南部地区被积雪覆盖时间长达一百零二天。伦敦泰晤士河在十七世纪时共出现八次大范围封冻，其中以一六〇八年和一六八三至一六八四年为甚。当时的古文物研究者约翰·斯托（John Stow）和日记作家约翰·伊夫林（John Evelyn）等都在作品中详细记录了伦敦大冰冻时期的社会及文化生活。

寒冷的气候和牢固冰封的泰晤士河为伦敦市民提供了另类的休闲娱乐方式，催生出了"冰冻集市"。人们纷纷聚集到冰封的泰晤士河面上，支起货摊贩售水果、啤酒、书籍等商品。还有人在冰面上点燃火堆庆祝，斗兽、滑冰、足球、掷飞镖等活动十分普遍。此外，许多新型的冰上商业活动应运而生，比如，在特定纸张上印刷顾客的姓名作为"冰冻集市"的纪念品进行售卖就颇为流行。"冰冻集市"甚至惊动了王室，查理二世就曾携亲眷数次光顾泰晤士河上鳞次栉比的货摊。伊夫林在日记中这样

描绘泰晤士河"冰冻集市"的油画。一六八四年创作，现藏伦敦博物馆

写道："从威斯敏斯特到圣殿教堂的冰面上挤满了来来回回的马车，就像在大街上一样。雪橇、斗牛、马车比赛、木偶戏、音乐、食物、美酒应有尽有，如同酒神的狂欢，又像是水上的庆典。"伦敦长期的低温使得"冰冻集市"得以在冬季延续，直到十九世纪初，仍然有关于泰晤士河"冰冻集市"的记录。如今，倘若我们参观大英博物馆、伦敦博物馆或是伦敦市政图书馆，就能看到当时描绘各种泰晤士河冰上活动的木版画、油画及相关印刷品。

然而，大冰冻为伦敦市民带来的并非只是欢乐，看似繁荣的"冰冻集市"背后隐藏着诸多社会经济问题。长期的低温使得农作物减产，粮食价格居高不下，而农业歉收被认为是导致一六〇七年英国中部地区政治暴乱的主要因素之一。寒冷的气候还使得木材及煤等燃料价格飙升。一五五〇至一六三〇年期间，英国木材价格飙涨了近700%。此外，泰晤士河为英国交通和物质运输大动脉，这条"母亲河"的冰封无疑极大地影响了伦敦的商业与贸易发展。

大冰冻所造成的弊端在文学中亦有体现。生活于大冰冻时期的文豪威廉·莎士比亚就在作品中对此进行了刻画。众多学者认为，剧作《科利奥兰纳斯》开篇所展现的罗马共和国粮食短缺以及政府蓄意囤粮问题，其实是影射英国一六〇七年因粮食歉收所引发的中部暴乱。一六〇八年，匿名作品《大冰冻：伦敦冬季活动》发表。这部作品通过一个伦敦市民和一个乡下人的对话展现了一六〇七至一六〇八年间极端低温对英国农业、商业及人们日常生活等造成的巨大影响。作品透过城里人和乡下人的双重视角对伦敦贵族奢侈无度的生活进行了无情的嘲讽，谈及泰晤士河冰封、贸易无法开展，贵族却囤积居奇、消费无度时，城里人问道："如果绅士的生活就是虚晃度日、无所事事，那么眼下这大冰冻把多少工人和商人变成了绅士？"乡下人也不甘示弱，直言道："有钱人从不嫌钱多，贪婪的人丝毫没有同情心。"两人看似随意的日常对话却揭示出英国大冰冻时期不断加剧的贫富差别和阶级对抗。

在十七世纪众多描绘大冰冻的文学作品中，最接地气的当属市井民谣。民谣多为口头流传、讲述故事的歌谣，作者不详，通常有固定的诗行及押韵形式。市井民谣又称宽页传单民谣，通常印刷在大幅宽页纸上，内容多为时事、人物或重大历史事件。市井民谣最初流行于十六世纪的英国，多见于街头巷尾和乡村集市。英国大冰冻时期的市井民谣多半在人群聚集处——环球剧场、查令十字街及"冰冻集市"——散发或售卖。这些作品用通俗易懂的口语体记录当时严寒的天气以及"冰冻集市"上的各项活动，从多个角度表现了伦敦人对极端气候现象的思考。

与大冰冻相关的市井民谣作品如今多数收藏于大英博物馆及牛津阿什莫林博物馆，这些印刷在宽页传单上的民谣有的配以图画，形象地呈现了彼时伦敦的日常生活。一八四四年，爱德华·里姆鲍尔特（Edward Rimbault）收集整理了部分市井民谣，出版了《大冰冻民谣集》，提供了研究此类作品的重要参考。从内容上看，这些民谣有的是应景之作，描摹"冰冻集市"繁华热闹的场面。一首民谣这样写道：

先生，您请进！我这摊位可是第一，
我们先给您来块牛肉，您可满意？
您想吃的想喝的我们这里都能找到，
没有摊位像我们这样服务周到。
先生，其他人都在搬弄是非，
我们这里可有最好的现磨咖啡。

引文直接采用摊贩的吆喝声，极具画面感。英文原文使用英雄双行体（五音步抑扬格双韵体），对仗工整，读来铿锵有力、朗朗上口。读者仿佛身临其境，穿梭于摩肩接踵、熙熙攘攘的集市中。这一内容的民谣采用纪实的笔调记录下"冰冻集市"上的各项商业内容。从其印刷和售卖的目的来看，多半是为了招徕更多的顾客参与到集市当中。

还有一部分民谣则偏向宗教救赎，借大冰冻这一极端气候现象劝人向善。十七世纪时，欧洲还没有形成对气候现象全面、科学的认识（各种气象观测仪器直到十八世纪才广泛使用），气候现象在当时人们眼中仍然是上帝旨意的彰显，诸如洪水、冰冻等极端天气常常被认为与宗教惩罚相关，是上帝对人类罪行的警诫。恶劣的气候现象、自然灾难同宗教惩罚的连接可在《圣经》中找到源头。上帝将亚当与夏娃从伊甸园逐出至有四季轮回的地方，让人类经受酷热与严寒交替的折磨。此外，上帝还降下大洪水，以此消灭世间的恶人。气候与宗教的关联对西方人气候观念的形成产生了持久而深刻的影响。中世纪及文艺复兴时期，欧洲人普遍相信，地球变冷是因为世界正离气候温和的伊甸园越来越远。大冰冻时期的民谣显然承继了这一传统。我们再来看一首民谣的节选：

> 善良正直的上帝降下这艰难时刻，
> 来惩罚我们的坏心肠。
> 天谴来临都因我们自大傲慢，
> 冰冻使人苦恼不堪，
> 皆因我们道德堕落。

严寒天气的出现是上帝对有罪之人的警告。这部分民谣常以自省或是说教的口吻告诫读者，只有笃信耶稣，忏悔虚度的光阴，诚心改正犯下的罪恶，冰冻才会消退，欢乐方将重现。面对无法解释的气象灾害，寻求宗教的安慰不失为一种有效的解脱方式。这一类型的民谣实际上展现了当时人们对自然现象宗教式的体认和感悟。

此外，还有部分民谣提及大冰冻所引发的物价上涨和粮食匮乏给穷人带来了更多的伤害："穷人艰难又困苦，他们忍饥又挨饿。"为此，人们应当给予他们更多的帮助与关怀："冬季很冷，但你也要有温暖慈悲。/ 让穷人感受慷慨富足，/ 你的良善就是他们的天堂。"此类民谣告诫读者，不能沉溺于"冰冻集市"的享乐之中，而应该顾及社会边缘群体。这类民谣旨在规劝人心和倡导社会平等。

大冰冻也让政客们看到了机会，他们通过印刷民谣宣传自己的政治埋念，或是对政敌进行攻击。一六七九年英国议会就约克公爵（即一六八五年继位的詹姆斯二世）是否具有王位继承权分裂为两派。赞同约克公爵继承王位的被称为"托利"，而反对者则被称为"辉格"，此两党派的形成开启了英国两党制的先河。有意思的是，"托利"和"辉格"彼此间的责难与攻击在市井民谣中亦可见一斑。一首一六八四年印刷的名为《铁石心肠辉格党乃大冰冻罪魁》的民谣将矛头直指辉格党。这首作品痛斥辉格党穷奢极欲，毫不体察民情，正是他们的放荡无能招致了这场大灾祸：

> 辉格党！泰晤士河本为你带来富足与自豪，
>
> 而你却内心冰冷，一味只求金银钱财。
>
> 若要挽回时局，你必虔诚忏悔。
>
> 贪得无厌没好报，
>
> 功名利禄全忘掉，
>
> 别再铁石心肠，而要展现慈悲，
>
> 诚心祷告泰晤士河冰雪消退。

将气象灾害与特定政党挂钩显得别有用心。考虑到该首民谣发行的时间正值托利党与辉格党"激战正酣"之时，这首民谣极有可能出自托利党人之手，作者通过诋毁政敌来提升自己党派的形象。

由此观之，大冰冻时期的市井民谣展现了极端气象状况下伦敦的社会生活、政治环境与人情百态。这部分作品既是对现实生态图景的描摹，也记录了人们对社会生活的思索，成为我们研究彼时自然环境与人类活动互动关系的重要参考资料。

英国大冰冻已过去逾三个世纪，如今英国人要面对的是气候变化的另一个极端——全球变暖，这也是摆在全世界人民面前的一道难题。与大冰冻不同的是，多数研究者认为，全球变暖由人类大量消耗化石燃料及破坏地球植被而造成。屡创新高的全球气温、日益减少的物种数量、愈加频繁的极端天气提醒着我们，人类与自然相互依存。倘若我们对全球变暖袖手旁观，最终会走向末路。如何引导民众认识人类社会与气候变化间错综复杂的关系？如何推动各国政治决策者采取有效措施减轻气候变化的影响？如何在应对气候危机时摒弃偏见、兼顾不同阶层的利益及环境正义？前事不忘，后事之师，英国大冰冻这段历史以及与之相关的市井民谣为我们提供了宝贵的借鉴。

宋朝女性的离婚和再嫁自主权

萧盈盈

近几年出现了不少重新评价宋朝文化的畅销书籍，较常见的观点是认为有宋一代，商业高速发展，经济空前繁荣，市民社会出现，人本思想初现端倪，女性的社会地位较前朝有所提高，离婚和再嫁者众多，因而婚姻自主权也较前朝提高很多。且不论宋朝女性的社会地位可否以其婚姻状态为衡量标准，就能否以离婚和再嫁的数量推断女性在婚姻中自主权增大这一点，也颇值得商榷。

宋朝女性再嫁的例子可见于各种笔记小说，甚至三嫁也不在少数。然而在唐朝，特别是"安史之乱"前的女性再嫁现象也非常普遍。但无论唐宋，普通女性再嫁的数据都无可追溯，就可查的数据来看，宋朝再嫁的公主只有一位（不计被掳去金国的公主），远远少于唐朝的二十三位再嫁公主。虽然宋代公主再嫁少有家族原因——早夭者极多，出嫁公主的数量本就远少于唐代，但政治原因可能更为关键：宋朝历代皇帝，自太宗以来都以唐朝公主权势过大为戒，有意识从各方面限制公主的权力，比如公主出降后不开府、无邑司，驸马不授要职等，到宋中期后尤重以女德教诲公主。处在金字塔顶端的皇族风向很难不会对其他阶层产生影响。况且唐朝中期前崇道尊佛之气盛行，兼和各民族融合混杂，社会风气开放自由。这都难以证明宋朝女性离婚和再嫁的比例就高于唐朝。更何况，宋朝女性的离婚和再嫁是否出于她们自己的意愿，才是推断女性在婚姻中自主权是否增大的关键。这可以从当时有关离婚和再嫁的法律条文以及有记录的相关案例来考察。

宋朝律法《宋刑统》基本继承了唐朝律法。《宋刑统·户婚律》（户口和婚姻法）认可的三种婚姻破裂方式也来自唐律的七出、义绝与和离。七出是指丈夫休妻的七个理由：无子、淫泆、不侍奉舅姑（公婆）、口舌、盗窃、妒忌和恶疾，这只体现了丈夫的休妻意愿。义绝是指夫妻间出现了严重违背人伦的情况，比如有辱骂殴打对方长辈、与对方亲族通奸以及双方亲族有互相杀害等情况就必须离婚，如不离婚反要受责罚。但男女双方犯法的"门槛"并不相同：丈夫如果殴打妻子的祖父母和父母可以义绝，但妻子只要有辱骂丈夫祖父母和父母的情况就可义绝；丈夫只有和岳母不伦才构成义绝，而妻子和丈夫五服内的亲族有私就可算不伦，且对妻子来说，这一法令在订婚约时就开始生效："妻虽未入门，亦从此令。"

三种离婚方式中，只有和离是夫妻双方自愿离婚。但与七出和义绝不同，和离是作为义绝的一个补充条款记录在《户婚律》里的："诸犯义绝者离之，违者徒壹年，若夫妻不相安谐而和离者，不坐。"这是指在丈夫妻子都愿意分开的情况下离婚，可以不受罚。如果丈夫不同意，"妻妾擅去者，徒贰年，因而改嫁者，加贰等"。因为"妇人从夫，无自专之道……若有心乖唱和，意在分离，背夫擅行，有怀他志，妻妾合徒贰年"。而且在实际操作中，妻子必须要拿到丈夫亲自手写的离书才能离开夫家，否则至少徒两年刑。当然也有女性坚持要离婚而以"曲线救国"方式达到目的的，一个著名例子就是李清照。再嫁张汝舟后的李清照很快发现他是为了侵吞自己的金石字画收藏，既然主动求离婚不可得，她只能以状告丈夫渎职达到想要的结果:张汝舟被流放，婚姻解除。但李清照自己也面临着两年的牢狱之灾，因为《宋刑统》继承了唐律的"妻告夫者虽所告属实，亦得徒贰年"。

曾与赵师秀交好，做过潮州通判的宋代诗人刘克庄在审判一个前夫告前妻兄长逼迫自己写离书的案子时，其判词的一开头"夫有出妻之理，妻无弃夫之条"（《名公书判清明集·户婚门》）很好地解释了《宋刑统·户婚律》的礼法精神。所以他还批评这个丈夫不能坚持自己的意愿：

"臂可断而离书不可写。"可见所谓两厢和离,丈夫的意愿才是决定性的。宋朝公主中唯一一位表达了强烈离婚意愿的福康公主也未能遂愿。她与驸马李玮婚后不谐而引发了一系列家庭矛盾,最后深夜入宫向父皇仁宗申诉,李玮惶恐,申请离婚。然而他们的婚终究离了没有,却一直是个疑案。司马光在《涑水记闻》中记载,公主夜扣官门之后,仁宗为了安抚李家,赐给李玮黄金二百两,安慰说:"凡人富贵,亦不必为主婿也。"这显然是让他们离婚的直接暗示,所以李玮托兄长李璋向仁宗提出离婚,"上许之离绝"。如果按司马光所记,这婚应该是离了。但《续资治通鉴》里的记载则是:"自公主入禁中,玮兄璋上言:玮愚不足以承天恩乞赐离绝,帝将许之。"然后司马光进言反对,"帝感悟,遂并责公主"。照此看来,仁宗将要同意他们离婚时,被司马光说服,转而责备公主而对李家"恩礼不衰"。但无论他们是否离了婚,仁宗在临终前还是违背公主意愿把这对怨侣重新拉在一起。这样一个被父皇"隆爱之"的公主,可以有逾制的册封礼,可以享受超出规定的奢侈婚后生活,却依然欲离婚而不得。这是因为宋朝所尊崇的儒家礼法和宗法注重的是个体间、族群间、阶层间的关系,对这些关系的界定是儒家得以形制化家族、宗族乃至国家的基础。在同样形制化的婚姻里,不单是女性不被视为独立个体,如果他们的意愿与父母的相悖,男性也不拥有充分的自主权。这在《户婚律》有关婚姻的律法中都有所体现。

其实女性不仅表达自己离婚的意愿不被视为合礼合法,她们择偶结婚的自主意愿同样无法被当时社会接受。南宋洪迈在《夷坚志》里记载了这样一个故事:鄂州一富家女儿吴氏喜欢上了茶店伙计彭先,相思成疾,父母心疼女儿,向彭先提亲,吴父以为富人向穷人建议联姻,彭先必然大喜过望,没想到彭先已经议婚,而且深以吴氏女主动提这样的要求为耻,用很严厉的话拒绝了。对于回到娘家的离婚女性,《户婚律》倒没有对她们的再嫁有特殊规定。但实际情况是,如果娘家有父亲、兄长在,选择第二次婚姻的决定权依然不在女性自己手上,只有在和夫家绝了关系,娘家又没有人可以为她做主的情况下,她才有自己选择的可能。即便如此，也常会招来麻烦。《名公书判清明集·户婚门》还记载了一个前前小叔子控告前前嫂子的案子：阿区和李孝标离婚后嫁给了李从龙，结果李从龙又死了，她就又嫁给了梁肃。而她第一任丈夫李孝标的弟弟李孝德得知她三嫁后，认为阿区擅自嫁人的行为如同和人偷情私奔一般，因此告到县衙。幸得判官胡石壁公断说既然第二任丈夫李从龙已死，那么嫁与不嫁，只能由阿区自己决定了，又与第一任丈夫的弟弟何干？但是，即便胡石壁判阿区无罪，他还是在判词开头责备她失节："阿区以一妇人，而三易其夫，失节固已甚矣！"

然而如果从经济层面来看，宋朝商业的高度发展所引起的社会变化也不会不在律法中有所反映。宋朝立国以后，手工业和小商品经济发展迅速，加之唐代的市坊分离被彻底打破，平民的娱乐欲望和消费能力都有大幅提升，女性的确有了很多参与经济生活的机会。《东京梦华录》就有对在酒楼中打散工妇女的记载；《水浒传》虽然不是成书于宋，但在所描绘的宋代社会里，不少店老板是女性。相比唐律，《宋刑统·户婚律》增加了"户绝资产""死商钱物""典卖指当论竟物业""婚田入务"四项，在客观上加大了女性的财产继承权和支配权。比如"户绝资产"一项扩大了唐以来的女儿继承绝户父母财产的权利：没有生养儿子的父母去世后，财产应由未出嫁的女儿（在室女）继承；如果女儿已经出嫁，那么可以继承三分之一财产，其余入官；如果出嫁的女儿被丈夫休了或者丈夫死亡又没有儿子且没有分得夫家财产的，在回到过世的父母家后可以比照在室女继承财产。宋律还强化了唐律所规定的父母给女儿准备嫁妆的义务，以及女儿嫁到夫家后依然有支配嫁妆的权利：在丈夫兄弟们分家时，妻子从娘家带来的财物不在分家资产之列；如果妻子和丈夫离婚，可以取回嫁妆。这至少在物质上加强了对女性离婚后的生活保障。

《夷坚志》还记载了这样一则故事：富商王八郎在外经商时与一妓女相好后，便开始厌恶妻子，想将之逐出家门。妻子为他生了四个女儿，三个已经出嫁，幼女尚小，想着孩子还需照料，无法弃女而去。于是在丈夫再次出门做生意时将家中物品尽数典卖，把卖得的钱藏好。王八郎回家一看大怒，当即要离婚。妻子回答"果如是，非告于官不可"，即请官府公断。结果县官不单分了一半财产给妻子，而且将幼女的抚养权也给了妻子。妻子就带着幼女到其他村里安顿下来，在家门口摆瓶罐售卖。一日王八郎路过看到了，很关切地问："此物获利几何？胡不改图？"妻子叱逐之："既已决绝，便如路人，安得预我家事？"将其赶走。这位妻子堪比现代独立女性，不但争得孩子，拿到属于自己的家产，还做生意挣钱，到幼女出嫁时，"时所蓄积已盈十万缗"，全部给女儿作为嫁妆。但在这个故事里，《宋刑统·户婚律》中新增的"婚田入务"（即官府可以受理有关婚姻、田宅等案件）给她提供了到官府诉讼离婚的可能；而县官判定给妻子的财产中很可能就包括了她当年的嫁妆，是她后来可以自力更生，更有底气"叱逐"前夫的关键。即便离婚依然是被迫遵从了丈夫的意愿，但她依靠法律，在县官前动之以情，晓之以理，为自己和女儿争到了最大的权益。亦可见儒家礼法与宗法制度也并非铁板一块，礼法虽严苛，犹可诉于情理。

虽然从《宋刑统·户婚律》看，宋朝女性的婚姻自主权非常不充分，但就留下的很多记载来看，为她们择偶主婚的父亲兄长也并非如我们想象的那么"存天理，灭人欲"。且不说我们可以在宋人笔记中看到不少父母因为心疼女儿在夫家过得不好而让女儿离婚再嫁的例子，也有为人所乐道的公公安排儿媳再嫁的故事，比如王安石觉得自己儿子配不上儿媳，让他们离婚并为儿媳找了个好人家再嫁。即便是提出"天理"论的二程兄弟，对于儿女婚姻的态度即便在今天看来也称得上开放。程颢有一女，非常聪颖，据弟弟程颐说，这个侄女"风格潇洒，趣向高洁，发言虑事，远出人意"。因为太优秀，程颢一直找不到他认为配得上女儿的男子，"求访七八年，未有可者"，以当时的平均婚嫁年纪论，彼时女儿已经是超大龄了，但程颢也不因此就随便拉郎配，所以直到女儿二十四岁去世时仍然未婚。程颢会遗憾没有把女儿嫁出去吗？程颐在侄女去世后写了一篇悼文说："众人皆以未得所归为恨，颐独不然……颐恨其死，不恨其未嫁也。"

著译者言　　　　　　　　　　　　　　　　　　　　孙　歌

直视竹内好

差不多二十年前，我开始动笔写作《竹内好的悖论》。那个时候，我还是个不安分的文学研究者，从竹内好为我打开的这扇窗里探出头，尝试着眺望窗外陌生的风景：我看到的不仅是日本的一段历史，更是仅仅依靠文学研究的方式无法有效解释的人类精神世界。不过，那个时候的我并没有经过社会科学的训练，要想进入这个陌生的世界，文学研究给我的感悟能力很重要，但是远远不够。

回想起来，促使我对竹内好产生共鸣的，并不是竹内好的著述。二十世纪九十年代中期，我开始接触到丸山真男关于"虚构"的讨论。当我写作了《丸山真男的两难之境》之后，竹内好的精神世界才向我敞开了大门。《竹内好的悖论》初版呈现了我这个时期思考的主要关注点，我当时将其表述为"文学的位置"。不言而喻，只有在大于文学的视野中，文学才谈得上找到"位置"。这个为文学定位的问题意识本身，让我一只脚跨出了文学研究领域。

其后的二十多年里，我与狭义上的文学研究渐行渐远，并且获得了政治学的博士学位。一个接一个的研究课题，把我引向更为社会科学化的领域。但是，我其实并没有离开文学。只不过我没有再去讨论文学的定位问题，而是把文学领域给我的营养转变成为一种眼光，借以捕捉思想史研究中被理性过滤掉的那些纠缠不清的节点问题。说到底，人类最基本的问题，可以用逻辑解释，却无法仅仅依靠逻辑接近，更无法用逻辑解决。

让我了解这一点的是竹内好。他虽然被当代的学科习惯归类为中国文学评论家，但是他视野里的中国文学却不是狭义上的"文学创作"。竹内好的文学，相当于丸山真男的政治学。他处理的问题，与丸山真男以及同时代其他思想人物面对的问题形成了深层次的互补关系。

最初尝试勾勒竹内好的精神世界时，有两个离文学最远的问题超出了我的解释能力。一个是竹内好对于日本亚洲主义的整理与分析，涉及如何对待亚洲主义后来转变成为侵略意识形态等棘手的问题；另一个是他对中国革命的理解，涉及如何理解历史进程中中国革命特质的问题。这两个问题都牵涉历史学与政治学的基本功，当时的我苦于分析工具的阙如，不敢贸然动笔。《竹内好的悖论》出版之后，我在研究其他课题的同时不断推进研究准备工作，先后在若干学术场合进行了相关讲座，在此基础上把这部分研究写成了论文。在这个过程中，我慢慢获得了研究这些问题的自信。当然，客观而论，除了需要自我训练之外，我也需要等待合适的时机，使学界可以在不太突兀的情况下评价这部分研究。说到底，这本书初版面世的时候，中国学界还不太了解日本战后思想的脉络，竹内好这种特立独行的思想家，即使不被扣上右翼的帽子，也很难逃脱被切割成"正确"与"错误"两大部分之后再进行"三七开"解释的命运。

在这二十多年里，历史在变，人也在变。我们的学术视野不仅更具包容性和理解力，而且开始拥有了关于日本的知识。中国的日本学家们勤勤恳恳的翻译工作，使得包括战后日本思想家著述在内的大量日文著作进入了中文世界，有心人可以从中得到必要的思考线索，很多伪问题也不再会形成干扰。或许到了现在，我们可以相对完整地了解和研究竹内好了。

研究竹内好这个思想家，我的基本思路在于，跳出把人物的思想轨迹分期之后研究其"转变"的通行思维定式,从思想家一生各个阶段和各种经验中寻找其内在的根本问题。这一方法论最初也来自竹内好,用他自己的表述来说,就是不去追踪研究对象什么变了,而是探讨在变化的过程中没有变的是什么。可以说,我是把竹内好研究鲁迅的方法转用于研究他本人。就竹内好研究而言,这种认识论尤其重要,因为他不是一个在意政治正确姿态的人,因此他处理的问题,即使在今天看来,也是不能用"进步/落后""激进/保守"这类标签加以分类的。也许可以这样说:竹内好把那些最为激进的与最为保守乃至反动的历史事物同时纳入自己的思考范畴,而他在其中追寻的,却是同一个问题:如何在进入同时代史的过程中,形成日本社会健康的政治与文化主体性。晚年竹内好在《我的回想》中说:自己并不是一开始就关注鲁迅的,因为年轻时自己也喜新厌旧、追求时髦思想潮流,所以在中国文学研究会最初创立时,竹内好关注的是与鲁迅对立的创造社。二十世纪三十年代中期以后,无论在日本还是在中国,都有人认为鲁迅的时代已经结束了。"可是,时代不断变化,曾经认为是新的东西,不断地变质。"结合竹内好《亚洲的进步与反动》中对于进步与反动的追问,我们可以理解,竹内好是在历史中探寻那些"不会变质"的思想,他最终找到鲁迅并且激活了一度被视为"过时"的鲁迅思想,正由于他并不遵从约定俗成的"进步与落后"的想象。

写作初版书稿时,我关注的问题是从文学如何开放自身开始的。初版在相对独立于现实政治的意义上使用"文学"这个概念,它在"思想"这一范畴中注入了不那么逻辑化的知性内容。竹内好的思想论述,虽然有着明确的理路,却往往在关键环节拒绝分析。或许也可以说,竹内好的思想带有"肉身"的特征。《鲁迅》有效地呈现了这种不能被概念所穷尽的思想形式,竹内好认为鲁迅最根本的特质是一位强韧的生活者,思想家和文学家是第二义的。鲁迅至今仍然不朽，是因为他并没有活在观念里，鲁迅穿透了观念，抵达了人生的根本。

竹内好曾经慨叹过，日本的社会科学与文学没有找到共同语言，这影响了思想运动的涵盖面，削弱了思想立足于国民生活的可能性。他一生正是以自己特有的方式，不断推进着这种促使社会科学与文学结合的"共同语言"的形成。竹内好的特别之处，只有走出社会科学与文学各自画地为牢的圈域才能体会，同时，这种特别之处提示了固守社会科学与文学、固守思想史学科内部的思维方式往往会忽略的那些重要的问题，这些问题要求重新定义"思想"的含义，重新确定思想的功能。竹内好在今天仍然拥有足以复活的内在生命力，正是因为他立足于这个特别之处，他提出的"如何进入历史"的问题仍然是我们正在面对的问题。

在重新阅读初版内容的时候，我对自己当年视野的狭窄和思想成熟度的不足感到惭愧。动手写作增订版，总觉得有很多需要改写之处，但是如果那样做，整体上就需要重新构思了。最终，在新增加了三章之外，我只把改写初版文本限制在最低限度，基本上保持了原有章节，除了纠正若干处不准确的记述之外，只是增加了少量内容，并对部分原有文字的上下文位置进行了调整。但有一个重要的修改需要对读者交代，即我对鹤见俊辅的评价。

在初版中，我对鹤见的评价是不准确的。对于当时的我而言，这位特立独行的思想者难以定位。他与竹内好共同参与的讨论，他对竹内好的评价，都让我有一种隔雾看花之感。在初版中，我觉得他基本上是一位执着于政治正确的知识分子，但是他为什么把"转向研究"作为自己毕生的课题，对我来说成为一个谜。直到近年，我的阅读逐渐深入到更多的战后思想脉络之后，才开始领悟自己缺少的是什么。对于鹤见以自己的身心加以实践的实用主义与逻辑实证主义哲学，我缺少准确的把握，对于这位拒绝单纯的观念演绎却有着深厚理论背景的"身体力行的哲学家",我缺少身体力行的理解方式。随着对鹤见阅读的深入,这位与竹内好相通却并不相同的知识分子在我心里逐渐鲜活起来,我开始意识到,他代表了与竹内好并不总是相交的另一种思考路径,但是在关键问题上,他与竹内好产生了高度的共鸣。最大的共鸣,是他对于《大东亚战争与吾等的决意》的解释。

写作初版的时候,我仅仅参照了鹤见《竹内好》中关于这个《决意》的一章,就断定他对于竹内好的这个"错误"是以"转向"以及转向者战后的反省为基本视角进行判断的,这个解读简化了鹤见的想法。在《竹内好》中关于竹内好在上海凭吊鲁迅之墓的记述中,有这样一段话:"祭扫鲁迅墓的竹内好,正是在前一年已经把肯定大东亚战争的宣言发表在《中国文学》上的竹内好。这个人果断地选择了一条路。但是,他不是那种忘记当时由于决断而舍掉之物的人。他不是那种自己一旦抉择了并公开发表了这个抉择,其后就固执于一个不变的判断,认为自己的这个选择在任何时候都是正当的;他并不假装自己的预言是没有错误的。这使他成为无可替代的思想家。"鹤见这里所说的"由于决断而舍掉之物",显然是指竹内好宣言中放弃了对于太平洋战争爆发之前日本侵华战争的"道义的反省"。在发表这个宣言一个多月之后,竹内好在上海拜谒了鲁迅的陵墓,发现鲁迅墓碑上的塑像被严重毁坏,这个情景给他造成很大的刺激。在日本军队的占领之下,鲁迅即使死去也会遭受侮辱。竹内好无言地在鲁迅墓前低下头。鹤见言简意赅地说:"在日本占领之下墓碑被毁的鲁迅。墓碑的样子,在竹内出征前写下的他最初的著作《鲁迅》中投下了影子。"

当年,我并没有读出这段话里的微言大义。事实上,虽然鹤见认为竹内好发表这篇宣言确实是一个错误,但他并非是在指责竹内好犯了错误;相反,他看到了鲁迅墓前的竹内好拾起曾经因为决断而舍掉的"道义的反省",因而强调竹内好并没有坚守和美化他犯的这个错误。鹤见并非是在通常的政治正确意义上对这个宣言进行裁断,他是在实用主义的"错误主义"意义上指出了这个错误的;鹤见本人一向主张,人需要通过"试错"才能把握现实,犯错误是人接近真理的唯一途径。这是他从早年在哈佛所受到的实用主义哲学训练中汲取的精神营养。而最集中地表达了他这个对待错误的特别方式的,是他写于一九五七年的《自由主义者的试金石》。

同时,鹤见强调发表了支持大东亚战争宣言的竹内好却拒绝参加在日本召开的大东亚文学家大会,认为处在这两种立场之间的竹内好,其立场是"很难自圆其说"的。这个分析,暗示了鹤见俊辅逻辑实证主义的思维方式。逻辑实证主义要求在单纯的经验事实中求证,鹤见不可能无视竹内好的一系列实践性的事实而仅仅关注他的某一个主观言说。从尽可能客观地确认事实出发,鹤见必须找到足以解释竹内好各种看似矛盾的实践中潜藏的内在逻辑,这种努力最终引导他把发表支持日本国家的《宣言》、拒绝参加以日本国家之名举办的大东亚文学家大会、解散中国文学研究会、写作《鲁迅》等前后相继发生在两年内的事件,在语言符号的序列中重新加以审视,终于确认了竹内好前后一贯的思维逻辑,即作为国民参与到时局中去的意志;这个意志即使以"与日本国同体"表述,也不意味着在直观意义上认同日本政府。同样的意志,促使竹内好在战后写作了《中国人的抗战意识与日本人的道德意识》,并引导国民文学论争,重新讨论"近代的超克",推动反对安保的运动,倡导"作为方法的亚洲"……鹤见说:"在这些活动的深处,《宣言》一直鲜活地起着作用。"当然,《宣言》是一个错误,这一点并没有改变,但是这个错误的意义却改变了。鹤见承认,终生不曾撤回自己这个《宣言》的竹内好,把它转变为战后从事思想建设的动能。

鹤见之所以称竹内好为"无可替代的思想家",正是因为他从这样的哲学背景出发解释了竹内好的失误，并把竹内好对待自己失误的坦然态度而不是进行了多少正确的预测视为其作为思想家的标志。一九八三年，在写作竹内好的传记之前，鹤见发表《战争期间思想再考——以竹内好为线索》，集中讨论了如何从过失中学习的问题。鹤见尖锐地指出，那种在历史中寻找正确人物与正确思想的举动，只不过是大学或者传媒里训练优等生的"电脑规则"而已。输入电脑程序的正确与错误是确定不移的，但这仅仅是一个原则而已，它有意义有价值，却无助于分析复杂多变的现实。鹤见作为反战的和平主义者，尤其是作为太平洋战争爆发前在哈佛大学经历了末期罗斯福新政的无政府主义者，虽然对竹内好无保留地支持太平洋战争的态度心存抵触，却仍然准确地分析了竹内好执笔的《宣言》究竟错在何处：他指出，竹内好在一九四一年底以政治浪漫主义的态度预测日本将通过太平洋战争彻底变革自身，从而承担起解放亚洲的重任。这个预测完全落空了，竹内好错了。按照电脑程序规则，错了的就是错了。但是，鹤见追问：错了的真的就只是错了吗？与此相对，太平洋战争时期鹤见用英语 prognostic documents（预后 [悲观]，立此存照）隐晦地写下自己对这场战争的预测，后来的历史证明他的预测是正确的。但是，鹤见追问：正确的预测就是对的吗？在这样的追问中，鹤见确立了自己战后的思想课题。

当然，鹤见俊辅与竹内好在思想走向上仍然是不一致的。竹内好虽然坦承自己的一些时局判断是错误的，但他并不认为这种反思有多大意义，不曾把对于失误的反省作为自己的思想动力；鹤见俊辅则坚信对错误的反省才能激发更有活力的思想。年轻时受到的实用主义哲学训练，让鹤见把"犯错误"作为无法穷尽终极真理的人类接近真理的唯一途径，他把错误作为思想行为必然带来的伴生形式，并试图以试错的方式接近真理。竹内好的思想支点与鹤见并不相同，他们的一致性只在于拒绝固守自己的错误，同时也拒绝居高临下的政治正确姿态，但他们各自对于"错误"的内涵及其"思想功能"却想法不同。竹内好并没有把"犯错误"与"接近真理"结合起来作为必要的思想通路对待，因此他并不强调反省错误这一行为的思想含义。有趣的是，这种不一致并没有形成二人的思想分歧，他们成为日本战后思想史中的亲密伙伴。或许在安保运动高潮中辞职的竹内好获知鹤见俊辅也辞职的消息之后拍给后者的电报最能表述他们的关系："走自己的路，携手共进，再分头前行。"

由于本书并非鹤见俊辅研究，这些改写都控制在最小限度。二〇一〇年岩波书店出版鹤见的《竹内好：一种方法的传记》时，我应邀为该书撰写"解说"，在解说中，我已经对自己在《竹内好的悖论》中过于肤浅地理解鹤见的"错误主义"进行了自省。但是当时，我并没有研读鹤见的实用主义哲学背景，所以没有把握住鹤见在思想错误问题上这种独特态度的真正支点。对鹤见的理解是慢慢进展的，至今我仍然还在这个艰苦的进展过程中。

不过，这个过程让我获得了一个意外的收获，那就是通过对于鹤见的重新理解，我得以找到另一个关于如何处理历史人物所谓"局限性"的维度。在约定俗成的理解中，历史人物当时所做的抉择在事后被证明不正确时，善意的说法就是"历史局限性"；相比于居高临下的批判，"局限说"要温和得多。然而它却与粗暴的批判一样，几乎不具备有效的解释力。鹤见给出了另一个讨论历史人物过失的维度，这就是讨论者要把历史人物的过失视为自己也可能犯的错误。只有在这个维度上，讨论者才有可能深入地剖析对方过失的内在机制，也才能提供可供后人借鉴的教训。但是在这样做的时候，"如何才能不犯同样的错误"就不再是论述的目标，换言之，局限性与错误都不是论述的重点，重点是借助于前人的摸索与摇摆，深入历史过程最深处的腠理，谨慎地理解历史过程中无法用"电脑规则"裁断的要素。毕竟，理解历史是为了更有效地介入同时代史，这是我们每个人都无法回避的现实。不把抽象的"正确原则"作为思考的前提，同时拒绝虚无和投机的诱惑，在流动的状况中以富于弹性的方式坚持原则——当我们可以通过这样的态度理解世界的时候，才可以说自己是成熟的。

回想起来，《竹内好的悖论》初版的序言写于二〇〇三年春天，是在北京抵抗"非典"的战役中完成的。那是一场仅仅持续了数月的有限区域的疫情，它让我意识到了在似是而非的状况中培养自身免疫力的重要性。增订版完成于新冠在全球大流行之际，人类至今还没有从这场大规模疫情中免疫。这场疫情提供了一个更加沉重的契机，促使我强烈地感受到认知历史的艰难。我们有什么样的明天，取决于我们如何思考和传承过去。直视竹内好，并不仅仅是为了了解过去，更是为了思考未来，为了创造每时每刻都在成为"过去"的现在。

〔《竹内好的悖论》（增订版），孙歌著，生活·读书·新知三联书店即出〕

古典新读

人类每一次的进步，都是从回望古典中汲取智慧，从而获得看破未来迷雾的洞察力。

第一辑

- **杜甫：超越忧愁的诗人**
  [日]兴膳宏 著　杨维公 译　定价：39.00元
  在杜甫身上可以看到大量幽默精神，他的情感的振幅大到远远超出我们的想象。

- **朱子："职务"的哲学**
  [日]木下铁矢 著　凌鹏 译　定价：39.00元
  回到朱熹真正的思考原点。进入万物"各禀天职，精进不已"的理学世界。

- **历代名画记："气"的艺术论**
  [日]宇佐美文理 著　赵侦宇 译　定价：49.00元
  《历代名画记》可谓画史之开端与绘画百科全书，对中国的绘画、艺术理论影响甚大。

生活·读书·新知三联书店 新刊

黄 坚

促进大众自决的艺术
——西非发展戏剧漫谈

"世界一舞台,世人皆俳优。"对于广大的西非民众来说,男女老少皆为角色,终日演绎着挣扎求生的故事。虽然宣传报道有言过其实之处,但较发达国家而言,绝大多数当地人的生活条件仍然非常恶劣。"外援额度的增加、生活环境的改善和工作人数的增长,仍然掩盖不了当下西非无法摆脱饥饿、贫困和失业威胁的事实。全球人类发展指数排名最低的二十个国家中,十个国家位于西非。"(O.O. Philip, "Foreign Aid and Poverty level in West African Countries: New evidence using a heterogeneous panel analysis". *Australian Journal of Business and Management Research*, Vol. 3, No. 04, 2013)在这样的环境中,生活与戏剧形成了一种独特的、互相影响的关系。西非文化中充斥着各种仪式,生存的艰难并未让生活失去其值得庆祝的仪式感。喜庆婚丧、生老病死、祈福求雨、播种收割等深受西非各民族的重视,为此而精心筹备的仪式总是民众乐于参与的狂欢。有时庆典活动可持续几天甚至几周,每一次经历的象征性意义在西非文化语境中得到了完美的演绎和诠释,"人与人之间所呈现的是角色扮演者(社会角色)之间的关系,社会生活变成了一出精心编排的戏剧"(John Conteh-Morgan, *Theatre and Drama in Francophone Africa*. Cambridge: Cambridge University Press, 1994)。从这个角度来说,西非的生活是触动心弦的戏剧,西非的戏剧则是舞台化的真实。

一、非洲发展戏剧的流变

"发展戏剧"（Theatre for Development，简称 TFD）兴起于二十世纪七十年代的第三世界国家，深受巴西教育家保罗·弗莱雷（Paul Freire）和巴西导演奥古斯托·波瓦（Augusto Boal）关于解放人民（被压迫者）理念的影响，其目的是让戏剧作为一种有用的工具去介入社会变革，从而推动社会发展、改善人民生活。

非洲发展戏剧的历史可以上溯到非洲殖民时期。"早在上个世纪三十年代，殖民地的卫生工作者、中学教师、农业和社区推广工作者已使用戏剧来宣传现代化、经济作物生产和财政稳健政策的优点。"（P. M. Mlama, *Culture and development. The Popular Theatre Approach in Africa*. Uppsala: Nordiska Afrkainstituet, 1991）戏剧工作人员穿梭于各个村落，组织基于经济作物生产、税收和消除疾病等主题的戏剧表演、讨论和展示。在此过程中，剧目的安排、信息的收集和剧本的编写，均由政府职员负责。很显然，殖民统治者意识到了戏剧的工具性，知道将其作为一种有力的启蒙工具来使用。不过从本质上说，这种发展戏剧是一种狭隘假设的表达，认为"被殖民者需要以一种特殊的方式被启蒙，完全无视他们的本土知识形式和审美文化产出"（C. J. Odhiambo, *Theatre for Development*. Bayreuth: Bayreuth Africa Studies, 2008）。彼时占主导地位的发展戏剧采取了一种绝对的、自上而下的方法来传播发展信息，丝毫不在意当地民众的观点，因为殖民者将发展戏剧的使用视为文化支配的一部分，认为这对殖民统治至关重要，他们青睐的只是那些有助于他们向非洲民众灌输欧洲价值观的戏剧元素。在这样的思维引导下，非洲诸国独立前的发展戏剧旨在以满足殖民者的需求去"完善"当地民众，而非让他们获得真正意义上的发展机会。

殖民统治结束后的非洲迎来了猛烈的文化复兴浪潮，充分释放了长期被殖民体系压制的当地文化潜力，为具有强大社区凝聚力的发展戏剧实践提供了更好的平台。正是在这一时期，另一种发展戏剧的形式出现了。来自如伊巴丹、马凯雷雷、达累斯萨拉姆、卢萨卡、内罗毕和博茨瓦纳等多所非洲大学的戏剧实践者，本着摆脱阶级主导倾向的立场，开始探索一种基于民众的戏剧实践，发起了"大学自由巡演剧院"或"车轮剧院"的活动，基本上概念化了"将戏剧交给人民的必要性"（同上书）。这项实践活动彻底背离了以城市为基础来制作戏剧的殖民传统，为催化和改善发展戏剧做出了重要贡献。关于这一点，穆达、恩古吉、科尔等非洲戏剧实践家均予以肯定。不过，新型的发展戏剧还是遭受了各种批评和质疑。有人认为"将戏剧交给人民"的观念隐含着错误的假设，不但会造成剧作与民众之间的疏远感，而且还存在着将"局外人"的想法强加给民众的危险，直接导致他们成为外来思想的被动接受者。此外，巡演剧团注重作品的娱乐性而非严肃性的做法，也远离了让民众意识到社会深层次问题的初衷。

对新型发展戏剧的批评和有效解决局限性的迫切需求，促成了一九七四年博茨瓦纳的莱扎·巴塔纳尼的发展戏剧实验。他们希望通过发展戏剧来激励民众参与发展，从而有效解决因政府漠不关心该地区发展所带来的现实问题。他们将讲故事、歌舞、哑剧这些大众接受的形式与话剧结合起来，形成了发展戏剧的混合实践模式。由于该模式"引入了一个在发展传播中很重要的双向沟通过程"，民众可以了解自己所处的境遇，还被鼓励去进行批判性分析，然后采取行动去解决已查明的问题，从而摆脱被动接受政府信息的角色。这项实验大获成功，得到了来自非洲各地的学者和实践者的广泛认可。在接下来的十几年间，非洲各国的发展戏剧得到了蓬勃发展。肯尼亚的卡米里图（一九七六），尼日利亚的索巴（一九七七）、马斯卡（一九七九）和波莫（一九八〇），津巴布韦的穆雷瓦（一九八三），喀麦隆的昆巴（一九八四），马拉维的利翁代（一九八六）举办的讲习班和工作坊，都是发展戏剧实践得到进一步延伸的有力证据。

时至今日，发展戏剧的命名因为具体应用和从业者的定位发生了很大的变化，被贴上了如应用戏剧、大众戏剧、解放戏剧、社区戏剧、案例戏剧、宣传戏剧、论坛戏剧、政治戏剧等标签。无论称谓如何变化，发展戏剧聚焦"大众参与、促进发展"的宗旨并未改变，究其本质而言，发展戏剧仍是大众戏剧。

二、西非发展戏剧的范式与内涵

西非发展戏剧的范式通常分为"宣传鼓动型""分享参与型"和"启蒙教育型"。第一类演出由职业剧团承担，内容多与当地民生有关，观众不参与表演，如尼日利亚的奥贡德剧院，塞拉利昂、加纳和多哥的流动剧团。第二类戏剧选材于民众的日常生活，现场不乏观众的参与，但是表演的话语权由专业人士掌控，如几内亚比绍、布基纳法索、马里和贝宁的社区剧院。相比之下，第三类表演最受欢迎，如尼日利亚、加纳、塞拉利昂、尼日尔等国的乡村论坛戏剧，所有社区成员都以某种形式加入其中，或从事创作，或参与演出。

发展戏剧对某类戏剧的偏爱往往体现了一种"发展"范式的内涵和倾向。"现代化"范式呼应了西方的"发展"理念，其努力的方向是促进亚非拉欠发达国家由传统农业社会转型为资本主义工业化社会。为让尽可能多的受众迅速了解促进社会发展的美好心愿，西非发展项目的实施者优先考虑的媒介往往不是戏剧，而是广播、电视和报纸等。在为数不多的使用实例中，戏剧情节的聚焦点均为国外技术的采纳和收益，例如二十世纪八十年代尼日利亚的《黎明鸡啼》。此类"宣传鼓动型"戏剧强调操控而不是促进对话，充分反映了西非国家领导者们的一贯风格：重视全民动员而非民众启蒙，对发展传播中所涉及的议程、项目和策略拥有绝对话语权。由此，推销统治精英的愿景、争取民众对既定任务的支持，顺理成章地成为主导传播的方针政策。

发展传播的研究者也注意到了"现代化"发展范式的明显缺陷，如缺乏信息反馈、漠视当地民众的主动性、忽略文化敏感性、长期依赖外来援助等，于是提出了"参与"范式。"广泛参与"的发展过程意味着基层民众的介入和信息的双向流动，只有在这种语境下，分享和交换意见的真正交流才可能发生。交流双方将每一个信息源视为信息接受者，又将每一位信息接受者视为信息源。从本质上说，"参与"范式反对国家层面的宏观控制，将民众视为发展的驱动力，认为权力应该由民众而非少数精英分享。"分享参与型"戏剧遥相呼应了"参与"范式，在即兴创作和民众参与方面具有相当的灵活性，但是戏剧表演的走向、戏剧的后期评论均由高层掌控。例如一九八三年，几内亚比绍以"健康疫苗接种"为主题上演了一系列戏剧。这种范式的发展戏剧形成了如下特点：情节简单，包容性和参与性较强，以当地语言表演，地方传统特色浓郁。

较之上述范式更为激进的"启蒙"范式是"参与"范式的进一步延伸，其核心思想源自巴西人保罗·弗莱雷。弗莱雷坚信，唤醒边缘群体并赋予他们权力的"启蒙"过程，是从被压迫者"自由的批判性对话开始的"（保罗·弗莱雷：《被压迫者教育学》，顾建新、赵友华、何曙荣译，华东师范大学出版社二〇〇一年版）。"启蒙"范式关注的是如何赋予民众自由和权力，帮助他们摆脱各种类型的依赖，而这也是该范式与其他范式的本质区别。在"启蒙"范式的倡导者看来，精神上的殖民远比经济和政治上的奴役对人民更具禁锢性。只有精神上的觉醒，才能让民众从被压迫和边缘化的境遇中解放出来。与"启蒙"发展范式相匹配的"启蒙教育型"戏剧不受专家控制，也没有任何预设，呼唤民众的最大参与度。绝大部分戏剧场景为即兴之作，社区民众不是观众而是戏剧创作和演出的参与者。一九七七年尼日利亚的索巴上演的"乡村戏剧"系列、一九八四年加纳大阿克拉地区上演的"教育戏剧"系列、一九九〇年尼日利亚的恩瓦姆上演的"卫生健康指南戏剧"系列等都是这类范式的典型代表。不过在西非民众的眼中,"启蒙教育型"戏剧仍是新鲜事物。由于追求最大化的参与度,此类戏剧对指导者和民众的要求非常高,其演出过程是"一个耗时的过程,要很长时间才能见效"(Zakes Mda, *When People Play People: Development Communication through Theatre*. London: Zed Books, 1993)。

三、西非发展戏剧的趋势与前景

西非发展戏剧经历了一个杂糅的进化过程,这是由于融入的剧种起源各异,服务的对象和目的不尽相同,为了满足发展传播的需要,发展戏剧必须不断进行调整,以弥补剧种间存在的先天不足。然而这种调整却不是孤立的,无法避免诸多趋势的冲击和影响。

全球本土化显然是一个不可忽视的趋势。作为社会体系的一部分,戏剧始终在大众文化浪潮的裹挟中滚滚向前。戏剧与文化彼此交织、相互影响。虽然未被稀释的民间文化痕迹在今天的西非底层社会中比比皆是,但是西非的文化核心已不再是纯粹的传统文化。从整体上看,西非文化呈现出一个现代西方文化和传统非洲文化交融的"伪现代"景观,具体表现在音乐、服饰、饮食、宗教和传播媒体等方面。在欧美大众文化的快速驱动下,当地丰富的传统文化正在走向消亡。

所有西非国家的构成都具有文化和民族多元的特征,而城市的繁荣推动了各种文化的融合。传统民间文化和西方文化的结合既有积极的一面,也有消极的一面,大众戏剧也在为选择西方文学戏剧还是非洲民间戏剧而举棋不定。前殖民时期,西非大众戏剧以民间戏剧为主导,虽不乏较高的民众参与度,但是却较少涉及严肃主题。进入殖民期后,西方文学戏剧立刻占据了上风。面对这种重视自我表达的新媒介形式,受过良好教育的非洲戏剧家群体兴奋不已,伟大的剧作家和演员不断地涌现出来，创作了不少脍炙人口的作品，如查尔斯·诺康的《亚伯拉罕·波库》、沃雷·索因卡的《死亡与国王的马车夫》、阿塔·科菲的《金王座》、塞贡·奥耶昆勒的《沙发头枕上的咔哒声》等。他们或通过历史人物塑造，或依托社会政治现状描述，让"唤醒民众"成为戏剧中频繁出现且清晰可辨的主题。不过，文学戏剧的某些定位和做法却不利于发展传播。例如，文学戏剧希望获得更高认可度的定位，反而疏远了当地大量未受过教育的民众。充斥在索因卡、罗蒂米、麦迪、尼雷尔、卡索马等人作品中的莎士比亚、艾略特、布莱希特式的"移植与改编"，暗示了文学戏剧在有效传播方面存在着问题。对于文化水平低下的当地民众来说，这些戏剧的人物情节都很陌生，难以理解。这间接反映出文学戏剧家试图扩大影响力的做法，恰恰有悖于获得当地民众广泛认可的目标。文学戏剧往往重视宏观层面的问题，却不太聚焦与当地民众息息相关的问题，因此无法满足任何特定社区的需求。

文学的独立性决不意味着文学可以脱离政治而存在。"戏剧艺术的本性决定了它必然能够最直接、最快捷、最有效地为政治斗争服务"，因此"戏剧的政治化是必然的、不可避免的发展趋势"（陈世雄：《二十世纪西方戏剧的政治化趋势》，载《戏剧》二〇〇一年第一期）。政治化趋势不仅对西非大众戏剧自身的定位产生了冲击，而且还影响了它服务于发展传播的效能。

长期以来，西非的戏剧与政治保持着千丝万缕的联系。政治家与戏剧艺术家之间的关系时而友好、时而敌对。理想状况下，政府的存在能够为公民社会提供保护，并为社会互动提供良好的氛围；而戏剧的繁荣则是为了服务于多种社会交流，并为公民社会的良好运行注入润滑剂。在西非各国推翻殖民统治的斗争中，戏剧的政治化趋势发挥了功不可没的作用。然而在国家获得独立之后，政治家和戏剧艺术家的良好合作关系却因为理念的差异而出现了裂痕。西非各国独立之初，百废待兴。政治家希望戏剧艺术家再次发挥自己的特长，以良好的感染力和说服力去促进国家建设目标的实现。遗憾的是，这对曾经同心协力的伙伴未能在界定国家建设的内涵上形成一致的观点。戏剧艺术家希望在政府的扶持下，理直气壮地以戏剧为大众媒介去推动社会发展。例如，发展戏剧以劝诫主题和亲社会信息为特色，一方面宣扬民族主义、医疗保健、文化素养和职业道德等积极正面的力量；另一方面对部落主义、贪污腐败和贩毒交易等反社会行为予以批判。因历史遗留问题，西非各国积极争取国际认可、大力发展国民经济的景象很快被后殖民主义的阴影所笼罩。各民族之间因为宗教信仰、资源分配、文化习俗等方面的问题，让西方发达国家找到了可乘之机。出于捍卫自己话语权的动机，各种政治势力通过包括戏剧在内的大众媒介展开了一轮又一轮的博弈。亲历过反殖民斗争并最终掌握了政权的政治家深知，政治与戏剧的结合既可以为国家发展提供帮助，也可以为政治运动输入动能。基于对后者的深刻认识，政治家更希望推动政治议程，确保国家形成统一的思想认识。

西非各国政府从不否认戏剧在国家发展中的重要作用。但是戏剧和其他传播媒介的影响力究竟如何，决定权不在其本身而在政治文化。作为一种言语形式，戏剧的生命力来自民主互动的土壤。然而在二十世纪中期的西非，这几乎成为一种奢望。各国不同程度极权化的政府很难接受违背国家意志的政治观点，当权者试图控制包括戏剧在内的各种大众传播媒介。在他们看来，言论自由是新兴国家建设中无法承担的奢侈品，不能脱离国家的监管。这样的思维定式等于否定了戏剧在发展传播中的作用。西非农村的论坛戏剧和社区戏剧是最贴近民众的方式，民众参与度较高，但政府涉足以后，传播的效果受到一定影响。随着冷战的结束，非洲各国的极权主义日渐式微，加之西方强国对非洲政策的改变，影响非洲局势动荡的"多党民主化"浪潮的高峰已经过去。当下的西非虽然还存在着民族冲突，但是总体上已趋于稳定，经济增长迅猛。在此情形下，政治化趋势有可能一改当年在极权制度下的负面形象，为发展戏剧注入新能量。

除开全球本土化和政治化的趋势，商业化趋势对西非发展戏剧所造成的冲击也不可小觑。在商业化的推波助澜下，大众戏剧中现代技术介入的痕迹越来越重，戏剧从业者也变得越来越专业。随着商业资金的注入，传统戏剧的先天不足得以弥补。投影、电子显示屏、虚拟成像、混成音响、电台、电视台、互联网等配套设施让复杂场景的搭建、混成音效的生成、现场表演的同步传送、观众与现场的互动等得以实现。不仅如此，戏剧从业者的专业化也有益于大众戏剧的发展。自独立以来，不少西非国家的大学都引进了戏剧课程。师生们齐心协力，不断提高作品的质量。最初这一举措似乎朝着高雅艺术的方向发展，引进的英国和法国戏剧均由知识分子来表演。随后知识分子群体敏感地意识到，民间戏剧比西方戏剧更容易得到民众的认可。于是，改编自西方戏剧且具有浓郁地方特色的剧作越来越多。最终民间戏剧和西方戏剧相互交融并趋于平稳，形成了今天的西非大众戏剧。不少西非戏剧家走出书斋，深入当地社区汲取营养，通过与当地人交流思想来提升自己的创作和表演水平，让自己的创作更贴近民众。受过专业训练的大学戏剧团体在非政府组织的赞助下，走入社区并帮助民众组织论坛戏剧，积极探讨与社区有关的各类主题。如此一来，原本组织松散且演出水平不高的社区戏剧得到了专业性的指导和建议，表演的质量和信息传播的有效性均得到了保证。农村地区的民间戏剧表演者则被商业组织挖掘出来，作为非物质文化的传人得到了赞助，转型成为专业演员、歌手和舞者。不少人还获得了极大的社会关注和社会尊重。

然而，在西非广袤的农村，且不说收音机、电视机和互联网，就连最基本的照明用电都得不到保障。只要决策者将信息覆盖面作为关注的要点，他们马上会意识到与现代技术相结合的戏剧只能覆盖城市和精英阶层，尚不属于发展传播的有效渠道。为了提升信息传递的效率和速度，西非部分国家政府尝试为社区提供公共广播电台或电视收看中心。只有当现代技术不再是普通民众眼中遥不可及的高消费品，戏剧才可能借助技术的力量，高效地服务于发展传播。但是，当普及和消费的障碍被克服后，融合了现代技术的戏剧因为其商业本质，不可能让普通民众控制或参与其生产过程。因此，当西非大众戏剧与发展传播联系在一起时，商业化趋势所起的作用就具有两面性，既是救赎的，也是有害的。

北窗读记

虞世南名迹之憾

刘 涛

虞世南，初唐书家，传至今日的名迹却少：楷书《孔子庙堂碑》、小楷《破邪论序》刻本、行书《汝南公主墓志铭稿》墨迹。不但少，且未必真正。

《孔子庙堂碑》书于唐高祖时，毁于火。长安初年相王李旦重刻之碑，亦不传。宋代再翻刻者，俗称"西庙堂碑"或"陕本"。元朝翻刻，俗称"东庙堂碑"或"城武本"。《孔子庙堂碑》原碑拓本不传，今存最佳拓本乃清朝临川李宗瀚旧藏本，誉为唐拓，实以唐本配陕本而成，流失日本。

《破邪论序》传刻本较多，署款有两种："太子中书舍人虞世南撰并书"与"太子中书舍人吴郡虞世南撰并书"，差别在"吴郡"二字。按《唐书》所记东宫官属，署衔俱误。姚鼐认为是伪托："世所传虞永兴《破邪论序》，自署衔'太子中书舍人'，太子官但有中舍人，安有中书舍人？永兴父名'荔'，而序中用'薛荔'字，此必唐时僧徒寡闻见者所妄作伪托，欲以自取重于世耳。"（《惜抱轩全集·后集》卷八）

《汝南公主墓志铭稿》墨迹，无名款。米芾曾在洛阳王护处见到此稿摹本，十年后又在张直清处见到真迹，而米芾有临本："余临张直清家虞世南《汝南公主墓志》，浙中好事者以为真。"（《书史》）明朝都穆收得《汝南公主墓志铭稿》，明人认为米临本。今上海博物馆藏有《汝南公主墓志铭稿》墨本，笔迹近米芾。

乱世钟声

傅春晖

塔可夫斯基的《安德烈·鲁布廖夫》是一部命运多舛的电影。影片在一九六六年八月二十六日初剪完成，一九六七年戛纳电影节向塔可夫斯基发出参赛邀请，但是遭到了苏联国家电影委员会的拒绝，直到一九六九年，在承诺只参加"非竞赛单元"的条件下，苏联官方才同意把影片送到戛纳。尽管如此，该影片当年还是获得了国际影评人协会的费比西奖。

不过这部电影引起的争议也不完全是在政治层面上，就连被苏联作家协会开除、越来越倾向于文化保守主义的索尔仁尼琴，都认为这部影片过于强调了俄罗斯历史上的黑暗面。的确，从表面上看，鞑靼压迫时期的俄罗斯，特别是影片所涉及的前后一百年时间，是俄罗斯历史上非常动荡、混乱的一个时期，称其为"乱世"并不为过。别尔嘉耶夫曾说过，对于俄罗斯的历史分期来说，"较好的是基辅俄罗斯时期和鞑靼压迫时期，特别是对于教会来说"，这又该如何理解呢？

无疑，对于理解俄罗斯来说，不理解东正教的传统，拒绝或者漠视这个传统，都不可能触及她的"心灵"。当然，这个传统本身也是很复杂的，拜占庭、鞑靼人、异教徒、封建制等诸多元素都在其中扮演着很重要的角色，正是在这个意义上，塔可夫斯基的这部电影为我们做了很好的呈现。

安德烈·鲁布廖夫（约一三六〇至一四三〇年）是俄罗斯历史上最伟大的圣像画家，关于他的生平人们知之甚少，只知道他曾经受训于莫斯科近郊的圣三一修道院，他最负盛名的画作《圣三位一体像》就绘制在这个修道院中。正是鲁布廖夫生平的某些"缺失"给了塔可夫斯基"完全的行动自由"，所以，该影片不是一部考据式的传记电影，而是对于一个艺术家心路历程的探索。

影片正题开始于一四〇〇年，终结于一四二三年。当时，西欧已经进入封建时代的晚期，资本主义萌芽开始在很多地方出现，而易北河以东的地区，在这片当时还没有"俄罗斯"之称的土地上，罗斯人还在为摆脱鞑靼人的统治而斗争。诸多艺术家都对这个时代情有独钟。在波兰作家显克维奇的小说《十字军骑士》中，波兰、立陶宛人民正在反抗十字军骑士团的侵略。在伯格曼的电影《第七封印》中，骑士布洛克在东征回来的路上，体验着瘟疫、巫术、道德堕落对于心灵的拷问，和死神展开了关于存在意义和死亡本质的对话。而《安德烈·鲁布廖夫》同样是塔可夫斯基的寻找历史灵魂之旅。

鲁布廖夫的信仰

影片一开始，鲁布廖夫和两位同道基里尔和达尼拉为了避雨走进了一户农舍，正看到一个流浪艺人在表演，其言词和动作中充满了污秽、色情和不敬，对贵族大加嘲讽，引得在座的农民哄堂大笑，顺便还讽刺了一下一副僧侣装扮的鲁布廖夫等三人。此时的鲁布廖夫显然涉世未深，眼中洋溢着天真的东正教徒的"灵性之光"。不同于天主教的彼得和新教的保罗，东正教把基督最爱的门徒、被圣母收为义子的约翰当作第一使徒，这个"爱的使徒"告诉人们"你们要互爱",这是对所有人的爱,不管他们有什么样的生活方式,甚至不管他们有什么样的信仰。因此,面对这个流浪艺人和这些凡夫俗子,鲁布廖夫的神色是羞涩的、宽恕的甚至是略带喜悦的。但是基里尔却并不这样认为,他口中念念有词:"上帝造了教士,魔鬼造了流浪艺人。"他甚至偷偷向公爵告发了流浪艺人,导致其被几个骑士抓走。

基里尔在整部电影当中是以反派的面目出现的,他内心充满了虚荣的念想,他嫉妒鲁布廖夫的天才,想要抢占和大师费奥方·格列克一起工作的机会,他在格列克面前这样评价鲁布廖夫的画作:"颜色细腻、温柔,善于描绘,只是在这一切当中没有畏惧、信仰和淳朴。"不能说基里尔完全没有信仰,但是如果他把信仰仅仅理解成畏惧,就把东正教误解成了一种要求人们臣服的宗教,这也是他之所以那样看待流浪艺人的原因,即试图用震慑、强制来贯彻他的宗教原则。

基里尔是个虚构的人物,而格列克则在历史上确有其人。一四〇五年,格列克和鲁布廖夫以及另外一位画师共同绘制了莫斯科克里姆林宫圣母报喜教堂的圣像壁,电影的这个片段就取材于这段历史记载。

鲁布廖夫和格列克是亦师亦友的关系,当他们相遇的时候,格列克已经垂垂老矣,时间让他看透了一切。在影片中,格列克和鲁布廖夫进行了一场激烈的对话,这一幕叫作"安德烈的激情"。如果说基里尔所理解的宗教是建立在表面的畏惧和臣服上,格列克对此则既不赞成也不反对,对于世间百态他已经表现出了一种轻蔑和漠然的态度。他认为此世不是一个值得留恋的世界,鞑靼人一年来袭三次,到处都是饥荒和瘟疫,一切都归腐朽。因此他说:"我为上帝服务,而不是为世人。"鲁布廖夫觉得格列克的话无法理解,他感到十分疑惑:"你怎么可能独善其身?"对于"同一血统,在同一土地上"的人们，难道可以无动于衷吗？这个时候的鲁布廖夫还没有经历过信仰的动摇，他还没有看到过、遭遇过那么多的苦难，他的信仰经得起考验吗？当他经历过这些之后，会不会变得像基里尔那样虚伪世故，或者像格列克那样愤世嫉俗呢？这正是影片接下去几幕的主题。

信仰的危机

下一幕是对鲁布廖夫的一场"诱惑"。这一幕名为"节日"，指的是俄罗斯多神教的狂欢之夜。鲁布廖夫被这节日的神秘歌声吸引，走向了丛林深处，来到了一个他最不熟悉的世界里。在慌乱之中，他被抓了起来绑在了一间小木屋里，一个年轻的女人走了过来，赤身裸体，她问鲁布廖夫："为什么你们要用火烧我们？"鲁布廖夫说："光着身子乱跑是罪过。"女人问："今天晚上，大家都应该爱，难道爱是罪过？你们总是强迫人信你们的信仰。你以为在恐惧中生活很容易吗？"鲁布廖夫说："恐惧是因为没有爱。人们需要的是兄弟之爱，而不是可耻的、没有道德的兽欲。"女人说："不是都一样是爱吗？"她试图用亲吻和抚摸来唤醒鲁布廖夫的这种"爱"。但是鲁布廖夫拒绝了这种诱惑，面对女人直视他的眼睛，他流露出的表情与其说是憎恶和批判，不如说是怜悯与同情，他并不理解女人说的"在恐惧中生活"是什么意思。

不过这件事在鲁布廖夫的内心埋下了怀疑的种子，它在不声不响中开始发酵。一四〇八年，鲁布廖夫和他的朋友达尼拉以及他的徒弟福马在弗拉基米尔的教堂为大公作画。这是一个命题作文，他们要画的是"最后的审判"，可是鲁布廖夫却迟迟无法动笔。他和达尼拉在一片旷野中进行了激烈的争论，达尼拉不明白为什么这么简单的命题会难倒他的朋友。鲁布廖夫愤懑至极，他无助地说："我不想吓人们。"可是如果缺少了恐吓，最后的审判又能变成什么样子呢？在这迷茫的时候，他只能求助于《圣经》，用诵经来坚定自己的信念。

显然，念诵经文只能缓解他的焦虑，但是并不能解答他的疑问。在接下去发生的事情当中，鲁布廖夫的怀疑似乎达到了顶点。事情是弗拉基米尔大公听说有些匠人去了兹韦格罗尼为另一位领主作画，就派了一队骑士在他们回来的路上进行拦截，弄瞎了所有匠人的眼睛！鲁布廖夫得知此事之后，在影片中第一次也是唯一一次失态了，他把颜料泼到了正准备作画的教堂墙壁上，他背过身去哽咽和喘息，无法释怀。他在怀疑，到底应该爱谁，谁是真正值得爱的人？是这些自称为基督徒的伪善者、作恶者吗？还是那些受迫害的人、那些被侮辱与被损害的人？

然而到此为止，对于鲁布廖夫的考验还没有结束，接下去的考验将以最为极端的方式出现，电影中的这一幕名为"侵袭"，事情同样发生在一四〇八年。弗拉基米尔大公的弟弟一直觊觎大公的位置，听说大公去了立陶宛，他便联合鞑靼人攻占了弗拉基米尔城，可谓兄弟阋墙、引狼入室。事情发生的年代正处于被俄罗斯史学家称为"黑暗的一百年"的十三世纪中叶到十四世纪中叶，这时候的罗斯处于蒙古人建立的金帐汗国统治之下。蒙古人对于罗斯人的统治是"悬浮型"并带有掠夺性的，他们很少干预罗斯人的内部生活，只需要罗斯人承认其霸主地位，并对大公具有任免权，所以罗斯王公需要不定期地去向大汗述职以表归顺，有不少王公死在了千里迢迢的路途中。蒙古人依然保持着游牧的生活方式，除了从罗斯人那里获得贡赋以外，还经常对城镇进行扫荡。所以对于罗斯人来说，金帐汗国一直是一种异己的力量。这一百年也是莫斯科崛起的年代，这个一一四七年才开始出现在文献记载中的乡村小镇改变了之后整个俄罗斯的历史。

一三八〇年，莫斯科大公德米特里在顿河沿岸的库里科沃旷野战胜了蒙古人的大军。这场战役打破了蒙古人不可战胜的神话，但

105

是拉锯战还长达一百年，直到一四八〇年，莫斯科大公国才宣布不再效忠蒙古人。在这乱世之中，即便是莫斯科也曾经被攻占焚城，而弗拉基米尔是离莫斯科最近的几个重要城市之一，当然是无法幸免于灾难的。

影片用了颇为宏大的场面来描绘弗拉基米尔城被攻占的场景，因为有大公弟弟的帮助，蒙古人攻入城市几乎不费吹灰之力，接着就是烧杀抢掠，先是杀光街面上试图逃跑和正在反抗的人，包括鲁布廖夫的徒弟福马也被杀害，后来又攻入了教堂，继续屠杀聚集在里面祈祷的幸存者。鲁布廖夫看到一个蒙古人正在拖拽疯女人试图要强奸她，便抄起一把斧子砍了下去，把他给杀死了。这是一场屠城，甚至大公的弟弟也感到了羞耻。

鲁布廖夫绝望了，如果说之前他是怀疑爱的对象和爱的意义，那么现在他是在怀疑爱实现的可能性。在残破的教堂里，恍惚之中鲁布廖夫仿佛看到了几年前已经去世的格列克，他们进行了一场灵魂之间的对话。鲁布廖夫承认自己看错了，他说："这些不是人！你当时说了实话。"没想到格列克却说："当时我确实这么说，但我当时是错的，而你现在是错的。"鲁布廖夫并没有接格列克的话茬儿，他继续控诉道："到处都是凶杀、强奸！有个鞑靼人甚至笑着说：'没有我们你们也会自己咬自己。'难道我们的信仰不是同一血统、同一土地吗？我永远不画了，因为谁都不需要。"格列克宽慰他说："上帝会饶恕的。"他告诉鲁布廖夫，在上帝那里完全不是他能想象的样子，神自有决断，恶将被扫除，而凡人只需行善，即便现实如此这般丑陋。格列克拾掇着被烧毁的《圣经》，仰头看着教堂里的壁画，感叹道："毕竟这些都很美啊！"但是这时候的鲁布廖夫已经完全无法领悟格列克带给他的天外之音，他已经彻底失望了，他并没有表现出崩溃的样子，因为他已经不怀任何希望，他决定："我要对上帝发誓保持沉默，我对人们已经无话可说。"

钟声响起

时间来到了一四二三年，十多年过去了，鲁布廖夫又回到了莫斯科，他一直没有作画，也没有说过一句话。在这十多年间，饥荒仍然在延续，蒙古人时不时还来骚扰，甚至把疯女人也诱骗走了。但是这一时期，金帐汗国在日益衰落，罗斯大地也随之慢慢恢复生机，在瓦西里一世的统治下，莫斯科大公国继续在崛起。

基里尔回来了，重新做起了上帝的仆人，他向长老忏悔，希望对方能够收留他。他来找鲁布廖夫想让他重新为教堂作画，他的说辞极具说服力，他首先向鲁布廖夫进行了忏悔，承认自己以前的错误是出于对他的羡慕和嫉妒，然后他说："但你自己是比我更大的罪人。为了神圣的事业，上帝给了你天才，你现在有什么功劳吗？"但是鲁布廖夫并没有被说动，他的内心久已失去创造"美"的动力，他认为世上的一切都没有意义，曾经自己作的画，哪有给人们带来什么有关于爱的启示啊？地上的政权只不过证明了人的僭越和虚妄，哪怕打着耶稣基督的名义。自己的天才反倒是痛苦的来源，他羡慕格列克的死去，而自己还在苟活着。他继续保持沉默。

与此同时，大公正在派人寻找铸钟的艺人，想为安德罗尼科夫修道院铸一口大钟，据说鲁布廖夫的晚年就是在这个莫斯科附近的修道院里度过的。一伙人来到一个村庄里，找到了艺人的住所，可是因为战乱和瘟疫，村庄已经十室九空，艺人也已经死了，只剩下他的一个儿子叫博利斯。博利斯自告奋勇地说自己得到了父亲的秘传，懂得铸钟的秘密，后来我们知道其实他父亲去世之时根本没有把铸钟的技艺传授给他，他的胡乱答应只不过出于好奇以及想混口饭吃。没想到博利斯却有令人意想不到的天才，不知道是否因为耳濡目染，他竟然无师自通！大钟铸成那天，大公带着一干人等前来观礼，弗拉基米尔城的居民倾巢出动，流浪艺人回来了，疯女人也回来了，大家都期待着这象征着"复活"的钟声响起。终于，大钟被敲响了，钟声传遍四方，人们重获生机，聆听着这天堂的声音。博利斯瘫倒在泥地上，投入到鲁布廖夫的怀中，他如释重负、号啕大哭、泣不成声，坦承自己并不"知道"铸钟的秘密。

这个时候，鲁布廖夫终于开口说话了，他对博利斯说："你成功了啊。你铸钟，我画圣像，我们一起去圣三一教堂。这是对人们多好的节日啊！你创造了喜悦，一切都会好起来的。你怎么还要哭泣呢？你怎么……你怎么……"鲁布廖夫的话结束于这几个"你怎么"，最后的这个"你怎么"，我们可以看作是他的自言自语，是他的自省，是他的反悔，是他的觉悟。是啊，已经沉默太久了，"你怎么"可以一直沉默下去呢？在传统的东正教中，"钟声"是唯一可以出现在教堂中的器乐，震撼人心的钟声会给人们带来希望和救赎的平安喜悦。已经对"爱"失去希望的鲁布廖夫见证了这个天才的奇迹，他看到人们享受着这个美好的节日，钟声洗去了罪恶，洗去了罪恶留在人身上的痕迹，即便遭受了非人的苦难，人仍然是圣洁的。"一切都会好起来的！"据历史记载，一四二五年，鲁布廖夫及其同伴完成了圣三一大教堂的绘画。

尾声

影片中关于鲁布廖夫的故事到此就结束了，但是影片本身并没有结束。随着宗教声乐的响起，画面突然从黑白转为了彩色，塔可夫斯基用了整整八分钟的时间，展现了《有权力的救主》《变容》《圣三位一体像》《救主像》等鲁布廖夫的代表作的几乎每一个细节。随着镜头的缓缓移动，我们仿佛朝圣一般，沐浴着画作的灵性之光。镜头完美地诠释了圣像画"反透视"的作画原理，当镜头从下往上慢慢移动到基督的脸庞，可以感受到这个画面扑面而来、直抵人心。鲁布廖夫的伟大之处在于他使得这种来自拜占庭的艺术形式融合了俄罗斯的宗教特点，他的画作浮现着祥和、宁静、喜悦的光芒。鲁布廖夫的圣像画因此被认为是俄罗斯圣像画的最高峰，在此以后的画作大多沾染了西欧一些画派的影响，再也无法完美地重现这种灵性之美。按照塔可夫斯基的说法，后来的画作都"太过逼真"了。

虽然塔可夫斯基认为，电影应该尽量用黑白胶片来拍摄，即便他拍摄的彩色电影，也都经过减色处理，因为他觉得，黑白影像更接近心理和自然的艺术真实，而彩色镜头因其冲击感太强而可能导致观众脱离开对电影内容本身的关注。但是在《安德烈·鲁布廖夫》这部影片的最后，他把色彩本身又还给了荧幕，这个时候的他已经不是一个电影拍摄者，他肯定更希望自己也是那默默祈祷的观众之一吧。

所以，揭露和批判并不是这部电影的最终目的，至少索尔仁尼琴也并不否认，塔可夫斯基是在努力为俄罗斯找回一个更原本的历史根基。在俄罗斯历史上，反对西欧主义的声音一直存在，"分裂派"、各种斯拉夫主义者以及一些宗教思想家都可以被归入到这一类别当中。当然，这些反对并不都是采取断然拒绝的态度，大多只不过是表明和强调东正教与俄罗斯命运之间存在的天然联系。塔可夫斯基是能够正视这种历史经验的人，在影片中，正是教堂的钟声把"同一血统，在同一土地上"的人们又一次凝聚在了一起，它抚平了乱世中四处蔓延的伤痛、克服了令人绝望的怀疑。念念不忘，必有回响，自十七世纪起，鲁布廖夫在地方上被当作圣徒崇拜，一九八八年，俄罗斯东正教会正式宣布其为圣徒。

李　瑾

其号自呼

——《山海经》里的中国创世说

查尔斯·西格尔谈到《奥德赛》时曾说："这首史诗的特殊魅力，正是这样一种把我们带入迷人之境的方式。"显然，这也是《山海经》"想象中的境地"给我们带来的审美感受。如果以凡尘男女都熟悉的环境去确定文本中的一切事物，误读便会不可避免地发生。也就是说，面对先民曾经生活的世界，我们不能简单地以当下/存在的目光断定有或无。若如是，一切难以解答的问题都可以取消了，当然，艺术或审美也就不存在了。就文本而言，《山海经》包括《山经》《海经》两部分，甚至可进一步将《海经》细化为内经、外经和荒经。不论如何划分，《山经》《海经》之间存在着巨大的鸿沟，这一点毋庸置疑。简单而言，前者以真实存在的山川为经纬构建了一个"祭祀世界"，后者则以幻想而来的神话为脉络提供了一个"图画世界"。由于《山经》《海经》已被"统一"在一起，我们首要的任务是将其当作一个精神/文化共同体而不是有意隔离两部分所拥有的共同之境。

在《山海经》中，整个"天下"是一个集合/系统，山水一体，时空不分，人、兽、神甚至动植物是可以来回穿梭/化生的，即如王柯所言："人类世界，不是人类独自的家园，而是人类与天、地共存的空间；人类社会的历史，也就是人类与天、地共同度过的时间。"也就是说，先民想象的"天下"不过是自己肉体所处、目力所及和精神感受的"自然",亦即费尔巴哈在《宗教的本质》里讲的:"人的依赖感是宗教的基础;而这种依赖感的对象,亦即是人所依靠并且人也自己感觉到依靠的那个东西,本来不是别的,就是自然。自然是宗教最初的原始对象。"显然,先民视野中自然即人,人即自然,人的肉体、灵魂、思想观念都可以转化到动植物等自然物上。不过,这并不意味着把自然物和自然力视作具有生命、意志及伟大能力的对象而加以崇拜就是一种宗教形式。因为,人本身即自然物,万物和人有着某种血缘关系,这是一种最初始的生命观。这种生命观里面,日、月是生育出来的,《大荒南经》云:"南海之外,甘水之间,有羲和之国,有女子名曰羲和,方日浴于甘渊。羲和者,帝俊之妻,生十日。"《大荒西经》云:"有人反臂,名曰天虞。有女子方浴月,帝俊妻常羲,生月十有二,此始浴之。"人和植物一样是可以复生的,比如除了精卫、鼓、钦䲹、颛顼借体而生,刑天、夏耕残体而生外,有借植物而生的帝女、夸父和蚩尤。有意思的是,同为帝女,一个化生精卫鸟,一个则化生植物,据《中山经》:"又东二百里曰姑媱之山。帝女死焉,其名曰女尸,化为䔄草,其叶胥成,其华黄,其实如菟丘,服之媚于人。"同时,还可以借助肇山、日月山等凭仗"上下于此,至于天",昆仑山便作为人神之间的中转站而存在着。

上述借体而生的传说或现象是很值得留意的,中国传统哲学讲究"道生一,一生二,二生三,三生万物",一气元始化二气阴阳,再得万物自生自化,无非因为万物生而具有阴阳和合而自生的道性,故而可通过借体实现"生"的转移和重启。在这个意义上,盘古也好,女娲也罢,都是自化而非他生而来,这是中国创世说独有的逻辑理路。在文本里面,人、神、兽杂糅是一种普遍状态,既难找到一个纯粹的"人",也难找到一个纯粹的神或兽,一切带有生命现象的物体都自赋了某种"灵"。假若明了这一点,就能很好地理解文本中的神话形象了,他们往往在人、神、兽甚至草木之形体/形象中自由穿梭，看似怪诞、神奇，实际上是体现了人即"造物主"的观点，即先民通过超人间的生命移植实现对"人"/自己的认知、把握和塑造。先民的生殖崇拜中，人是主角，神、兽包括植物都是人的辅助体，《释名》曰："山，产也。言产生万物。"而人，就是《山海经》最大、最直观的产生万物之"山"。

按照黑格尔的理解，作为东方国家的中国处在停滞状态，是由于缺乏对直接存在的突破。这里先不论"停滞"问题是否确切，可以断定的是"直接存在"恰恰是先民思想意识中最可宝贵之处，亦即他们并不崇尚神圣与人世之别，而是将神圣当作人世的一部分，比如，《山海经》描述的神话世界超人间又在人间，《西山经》："西南四百里，曰昆仑之丘，是实惟帝之下都。"《海内西经》："海内昆仑之虚，在西北，帝之下都。昆仑之虚，方圆八百里，高万仞。上有木禾，长五寻，大五围。面有九井，以玉为槛。面有九门，门有开明兽守之，百神之所在。"经由昆仑山，人神建立起了双向联系。也就是说，《山海经》描绘的神话世界中，人神是共存的，而非分裂的，人不需要进入先排斥自然再回归自然的哲学轨道，假如完全任由人神分离，则面临着个体的神化，即如笔者在《谭诗录：实然非实然之间》中所说的："不得不悲哀地承认，个体的神化反而导致了个体的俗化，对神的抛弃反而导致了对另一个'神'的迎合，矛盾、冲突、延宕、挣扎构成了精神生活的全部，我们追求的自然全部不见了，至于什么取代了自然，有时人类都得不出精准的结论。"这样一来，便能够很好地理解《山海经》的精神脉络了，即人之外没有造物主，也没有自身之外的意志，这种自发的宇宙观展现的是生命、自由这些基本权利统一于人这个自然体上——自然意味着宇宙这个大的自然系统和人这个小的自然系统是和谐运转的，呈现为一种气之相生而不相克的状态。如此，人是人的目的，这是人最完美的状态。

由于人神不分，《山海经》的"观念"中就不存在忠奸善恶这种德性分疏。比如按《大荒北经》记载："蚩尤作兵伐黄帝，黄帝乃令应龙攻之冀州之野。应龙畜水。蚩尤请风伯雨师，纵大风雨。黄帝乃下天女曰魃，雨止，遂杀蚩尤。魃不得复上，所居不雨。叔均言之帝，后置之赤水之北。叔均乃为田祖。魃时亡之，所欲逐之者，令曰：'神北行！'先除水道，决通沟渎。""禹湮洪水，杀相繇，其血腥臭，不可生谷；其地多水，不可居也。禹湮之，三仞三沮，乃以为池，群帝因是以为台。"书中对这些战争或主角的描述不隐恶、不扬善，没有以正义与否的道德因素进行区分评价，其直观而血腥的写实性记录，表现出一种超然的以"事实"为依据的世界观。非但如此，无论战败的蚩尤还是被处死的鲧身上反而蕴含着慷慨豪迈的人性光辉。以女性神话形象精卫和男性神话形象刑天为例，据《北山经》："又北二百里，曰发鸠之山，其上多柘木。有鸟焉，其状如乌，文首、白喙、赤足，名曰精卫，其鸣自詨。是炎帝之少女，名曰女娃。女娃游于东海，溺而不返，故为精卫。常衔西山之木石，以堙于东海。"又《海外西经》："形天与帝至此争神，帝断其首，葬之常羊之山。乃以乳为目，以脐为口，操干戚以舞。"文本中，精卫和刑天一个是溺亡者，一个是失败者，但他们魂魄不灭，依旧以"生"的形式向毁灭自己的"敌人"亮剑，显然，二神背后折射出的是先民借助神话完成对个人命运的塑造。也就是说，在这些神话形象身上，所谓生生死死都不过是"生"的追问和延续，以及向往"生"的强大意志。

毫无疑问，《山海经》中有男权主义／权力谱系的影子，谱系中最大者三，即黄帝、炎帝和帝俊，而影响最大、出现较多的是作为天帝兼人间王形象的黄帝。如仔细推究《山海经》，文本对黄帝的记载确实建立了"父"为中心的权力谱系，《海内经》云："流沙之东，黑水之西，有朝云之国、司彘之国。黄帝妻雷祖，生昌意；昌意降处若水，生韩流；韩流取淖子曰阿女，生帝颛顼。"这种谱系在《大荒北经》《大荒东经》《大荒西经》《海外西经》等处均有记载。事实上,谱系并不是《山海经》强调的重点,但我们能够留意的是,黄帝和书中影子般存在的"天"/"帝"一样,具有征杀和管控世间万物的记录和资格。但是,即便如此,他连同治水英雄兼"杀相繇"而致"其血腥臭,不可生谷"的禹都没有被置一字之褒贬,而是完全按照旁观者的身份书写的——这显然和后世刻意拔高黄帝的德性、贬低对手的非正义是完全相异的。

我们常将"绝地天通"视作政治或文化史的一个重大事件,《大荒西经》中出现了这个事件的雏形:"大荒之中,有山名日月山,天枢也。吴姖天门,日月所入。有神,人面无臂,两足反属于头山,名曰嘘。颛顼生老童,老童生重及黎。帝令重献上天,令黎邛下地。下地是生噎,处于西极,以行日月星辰之行次。"按此叙述,"绝地天通"这个概念尚未提炼出来,只是明确了涉及该事件的颛顼、重、黎三个人物,并指出下地者"以行日月星辰之行次"。也就是说,按照文本记载,这不过是一个分掌时历的神话,但到了《尚书·吕刑》则与政治/权力挂钩了:"王曰:若古有训,蚩尤惟始作乱,罔中于信,以覆诅盟。哀矜庶戮之不辜,报虐以威,遏绝苗民,无世在下;乃命重、黎绝地天通,罔有降格。"孔传:"重即羲,黎即和。尧命羲和世掌天地四时之官,使人神不扰,各得其序,是谓绝地天通。言天神无有降地,地祇不至于天,明不相干。"《山海经》并未明言"绝地天通"的目的,而根据后世典籍演绎,由于蚩尤作乱,苗民不服,"罔中于信,以覆诅盟",为了巩固政权和疆界,颛顼实行"绝地天通",而执行"绝地天通"的重、黎,即尧舜时代的天文历法官"羲和",目的是由天文历法官"世掌天地四时之官,使人神不扰,各得其序",《史记·历书》和孔传的说法如出一辙:"少暤氏之衰也,九黎乱德,民神杂扰。颛顼受之,乃命南正重司天以属神,命火正黎司地以属民,无相侵渎。尧复遂重黎之后,而立羲和之官,明时正度。年耆禅舜,申戒文祖云:'天之历数在尔躬。'舜亦以命禹。由是观之,王者所重也。"如此一来，重、黎绝地天通之前的"夫人作享，家为巫史"民神任意沟通的自然/自由状态被终结。蔡沈注《尚书·吕刑》时曾说："当三苗昏虐，民之得罪者莫知其端，无所控诉，相与听于神，祭非其鬼，天地人神之典杂糅渎乱，此妖诞之所以兴，人心之所以不正也。"在他看来，"绝地天通"的结果是"天子然后祭天地，诸侯然后祭山川；高卑上下，各有分限"。很显然，"绝地天通"实际是一次成功的政治改革，重司天、黎司地，地天相隔、人神异界，故而张光直指出："通天的巫术，成为统治者的专利，也就是统治者施行统治的工具。'天'是智识的源泉，因此通天的人是先知先觉的，拥有统治人间的智慧与权利。……占有通达祖神意旨手段的便有统治的资格。统治阶级也可以叫作通天阶级，包括有通天本事的巫觋与拥有巫觋亦即拥有通天手段的王帝。事实上，王本身即常是巫。"

"绝地天通"之后，看待先民世界的眼光被完全定格。比如黄帝，按《史记·五帝本纪》："黄帝者，少典之子，姓公孙，名曰轩辕。"因"诸侯相侵伐，暴虐百姓，而神农氏弗能征"，"轩辕乃习用干戈，以征不享"，经阪泉之战、涿鹿之战，击败炎帝与蚩尤，"诸侯咸尊轩辕为天子，代神农氏，是为黄帝"。在司马迁的思想意识中，中国史是自黄帝开始的，这是一个虽有着神话元素却是人间王的统一者的形象，其诉诸暴力，目的是为了百姓利益；虽更神农氏，起因是受拥戴而为。黄帝王天下后，"披山通道，未尝宁居"，并开始大规模巡守："东至于海，登丸山，及岱宗。西至于空桐，登鸡头。南至于江，登熊、湘。北逐荤粥，合符釜山。而邑于涿鹿之阿。"巡守的目的，一则征讨，一则将政治蓝图推而广之，最终目的无非是宣扬天下共主的形象，《礼记·王制》的说法可谓切中要害："天子五年一巡守。岁二月东巡守，至于岱宗，柴而望祀山川。觐诸侯，问百年者，就见之。命大师陈诗，以观民风。命市纳贾，以观民之所好恶、志淫好辟。命典礼，考时月，定日，同律、礼乐、制度、衣服，正之。

山川神祇有不举者为不敬，不敬者君削以地。宗庙有不顺者为不孝，不孝者君绌以爵。变礼易乐者为不从，不从者君流。革制度衣服者为畔，畔者君讨。有功德于民者，加地进律。五月南巡守，至于南岳，如东巡守之礼。八月西巡守，至于西岳，如南巡守之礼。十有一月北巡守，至于北岳，如西巡守之礼。归假于祖、祢，用特。"显然，上述所引，都指向儒家化了的黄帝。而《山海经》中对黄帝的记载明显和后世人为拔高黄帝的德性、贬低对手的非正义是不同的，即黄帝在《山海经》以后的形象，完全是早期政治实践中的一种虚构和想象。当然，不可否认如下价值指向：黄帝被构建为中华民族先祖的过程，是华夏人民着力寻求大一统的过程。

还需要指出的是，《山海经》对待黄帝的态度和对待海荒之国的态度是一致的，文本内尚未出现系统的"四夷"观念，而海荒之国也只是空间化的表达而没有被"政治化"——它们只在相貌和习俗上有较大差异，亦即方位的不同并不代表开化程度存在差异，至多出现《海外东经》其民"衣冠带剑""好让不争"和《大荒东经》"其人衣冠带剑"的君子之国，而没有内服、外服的"中心—边远"概念。当《周礼·地官·大司徒》"日至之景，尺有五寸，谓之地中，天地之所合也，四时之所交也，风雨之所会也，阴阳之所和也。然则百物阜安，乃建王国焉，制其畿方千里而封树之"的观念被构建出来，海荒之国才被区分出中国与四夷的对立，代表人的天子才进入了被神化/俗化的格局,血缘关系再也无法涵盖"天下"之政治秩序。这种话语方式的改变不仅来源于个人私心或知识性偏见，还来源于国家和社会——一种政治性或意识形态构建的需要。可以对比英国历史学家巴特菲尔德在一九三一年出版的小册子《辉格党式的历史阐释》的理念："历史学家"大都具有这样的倾向，即站在新教徒与辉格党的立场上写作，只要是成功的革命就去赞扬，强调过去的某些进步原则，以及编造出一个修正当今的叙述。

《论语·述而第七》云："子曰：'述而不作，信而好古，窃比于我老彭。'"显而易见，《山海经》之文本仅仅停留在最可宝贵的"述"上，而没有倾向于"圣人使自然世界的文理得以兴起，将之引入人世"（普鸣：《作与不作：早期中国对创新与技艺问题的论辩》）的"作"。也就是说，胜利者如黄帝、禹身上沾满的鲜血没有被抹掉，失败者蚩尤、鲧还表现为血缘和精神不死——无论胜败与否一样都显露出一种高尚的英雄主义情结和视死如归的浩然正气，即便他们"敌我"泾渭分明，但在维护部落或自身利益/命运时也都表现出浩荡的责任感——此外，精卫、刑天和夏耕之死亦不死，他们也通过化生展现了不向命/势妥协的精神力量。正是这些不带褒贬却自怀生机的神话形象，代表了先民对自身及宇宙万物的思考，并进而孕育了朴素的、欣欣向荣的华夏文化的源头。

　　有意思的是，《山海经》中多次出现"其名自号"的"虫"，虫者，按《说文解字》："物之微细，或行，或毛，或蠃，或介，或鳞，以虫为象。凡虫之属皆从虫。"据《南山经》："东五百里曰祷过之山，……有鸟焉，其状如䴔，而白首三足人面，其名曰瞿如，其鸣自号也。""又东四百里曰令丘之山。……有鸟焉，其状如枭，人面四目而有耳，其名曰颙，其鸣自号也。"《山海经》中，另有其名自叫、自呼、自詨的"虫"凡二十七处，这些"虫"和文本中总共六见的"自歌自舞"的凤皇、鸾鸟一样，没有高下尊卑之分，皆属于自然界中最单纯的叫声，也是 种文明对"原始图腾"最粗粝的呼唤——这种不"作"之"述"才是潜藏在《山海经》中的"真"和"实"，才是我们必须珍视的历史表达和记述方式。

（《〈山海经〉释考》，李瑾著，辽宁人民出版社即出）

从此滇波不倒流

张轲风

关于"滇"和"云南"之名的由来,似乎是老生常谈的地名掌故,事实上,围绕二者的地理解释及其经典知识的形成,不只是地理学、语义学、地方史志编纂的认识范畴,还是一部知识与权力的关系史,它关乎地理知识与政治权力如何互动、地方记忆与国家认同如何构筑、意识形态与地表景观如何联结的重要问题。我想有必要重新加以梳理,并据此揭示王朝国家体系下的文化精英是如何借助地理知识、历史文化资源,不断建构云南与中央王朝的关系脉络和国家认同的,进而解析云南内地化进程中经典地理知识的解释转向。伴随着这一转向,作为地理实体的山水,也存在一个由意识形态不断阐释和重塑的景观驯化过程。

滇即颠也

汉武帝经略西南的时代,滇池进入了内地人的地理视野。大约魏晋时期,汉语文献里出现了"滇池倒流"的解释。《文选·蜀都赋》刘逵注引谯周《异物志》:"滇池在晋宁界,有大泽水,周二百余里。水源深广而末更浅狭,似如倒流,故俗云滇池。"常璩《华阳国志》也有类似记载。所谓"水源深广而末更浅狭",大约是指滇池的入水口大而出口小，形如"倒囊"。滇池水源集中在东岸，大小河流十余条，尤以东北岸的盘龙江为大宗，而出水口仅西岸螳螂川一处，且异常狭窄，如此古人以为有"倒流"之势。明人王士性形容它"腹广而颈隘"，清人贺宗章云"形如锅底，出口凹垂"，这些大致是遵循谯周、常璩之说形成的解释。从文字学上来讲，"滇"即"颠"也，二字同声，义可互训，颠有颠倒之义，故以此解释"滇"字。此后，《后汉书》《水经注》《括地志》皆从常璩之说，致"倒流"说影响日益扩大，且为后世地方志广泛采用，成为历史上关于"滇"名由来的经典地理知识。

至明代，"倒流"说又衍生出新的理解。周复俊《泾林杂记》卷一记："天下水皆东流，惟昆明水西入金沙江，以达于三峡。其水倒流，故曰滇。"明人王士性、尹伸等人都提及了滇池逆向西流的地理认识，清代包括地方志在内的大量著述也有广泛征引。此说基于流向而言，滇池之出水，循安宁螳螂川西流，绕富民，达禄劝之普渡河，北注金沙江。滇池逆向西流，与中国之水大多东流入海的认知常识相悖，从地理观感上对内地人构成很大冲击。如此解释"倒流"，较早期文献中的"源广末狭"更为直观，更有说服力。不过，汉晋文献并未提及滇池出水流向，此说大概率是明人的臆解。

此后，"倒流"说逐渐讹传，有扩大至云南多数河流之趋势，而且还被赋予了一种政治意涵。清人刘崑《南中杂说·山川》云：

（云南）山尽西向，水尽西流，汇为澜沧江西入缅甸，出西海，不闻勺水拳石朝宗于海，北卫神京也，故号曰滇中。滇之为言逆也，山逆水逆，人服其水土者，不二十年，亦生犷悍之心。明朝二百年，号曰全盛，然两迤土司无十五年不用兵之事，彼非不知螳臂当车，万无生理，徒以豺性豕心，侥幸万一，至族灭不惜。

此段文字中呈现的"叛逆"叙事，是基于汉文化本位思考而形成的权力话语，是对边民"不服从"的他者表达。然而，刘崑脑洞

119

大开，从"滇即颠也"出发肆意推导：颠即倒也，倒即逆也，逆即叛也，云南山水全部与内地反着来，长期受此浸染之人，莫不生"犷悍之心"，将族群"叛逆"归结为一种地理本性。刘崑是明末清初时人，待在云南十年之久，思想上受到明清易代之际社会剧烈变革的巨大冲击，他眼中看到的云南，是一个频遭兵燹、满目疮痍的大战场：土司"叛乱"蜂起并争，"沙定洲之乱"令沐府镇滇的二百余年基业毁于一旦；明末张献忠麾下孙可望部入滇，随后又与李定国部"火并"；永历帝在李定国扶持下组织抗清，又在清兵紧逼之下狼狈"西狩"。而后云南喘息未定，吴三桂继而起兵。或许正是受此刺激，刘崑发出了"山逆水逆"的云南不足以治的悲观骇人之论。

这种基于地理特性的云南想象，并非刘崑一人的见解，不少人持有类似的固陋之见。清代小说吕熊《女仙外史》亦载："万国水皆顺流，唯滇之水则倒行，斯亦奇事，足征此邦之易叛。"他们往往将云南视为一个"远在天末"、毒瘴横行的荒僻之乡，一个蛮夷犷悍、"叛服靡常"、长久不入王朝版图的政治疏离空间，遥远、反叛、妖异几乎构成了昔日云南的文化表征。《史记》《汉书》中《西南夷列传》的叙事逻辑是，秦汉时代的西南地区有着诸多难以识别、大大小小的"混杂的人群"，汉武帝时期的经略活动不仅将该地纳入郡县体系之下，且为其重建了文明社会秩序。《后汉书·西南夷传》在"滇池倒流"之后，继而述说了王莽至东汉初年当地族群此起彼伏的"叛乱"活动，其时舆论与刘崑之言如出一辙，出现了"蛮夷喜叛，劳师远役，不如弃之"的见解，这似乎给了后世阅读者"倒流"与"叛逆"相伴生的强烈暗示。随后南诏、大理的立国，向来被视为"唐宋以来各僭据，声教不与中国通"的一段政治文化断裂史，"叛服靡常"的云南印象不是削弱了，反而是加强了。唐人储光羲《同诸公送李宓云南伐蛮》诗云："昆明滨滇池，蠢尔敢逆常。"其中化用了"汉习楼船"典故：昆明夷屡次阻挠汉使入境，让汉武帝大为光火，立志荡平其地，故于长安"作昆明池象之，以习水战"。然而，西汉昆明夷在今大理一带，昆明池是今日洱海，并非滇池。后世人大多不甚了了，想当然地将昆明夷"叛逆"与滇池"倒流"联系起来，构筑了"叛逆"族性由地理而生发的想象基础和文化语境。

明初平定云南之际，朱元璋的诏谕也明确传达了云南的"易叛"性：

> 云南诸夷，自古叛服不常，驯服之道，必宽猛适宜。两汉十叛，诸葛亮平其地，终亮世不反。亮卒后四叛，唐九叛，元七叛，将军（傅友德）观此，非惟制其不叛，重使其无叛耳。
>
> （谈迁：《国榷》卷七）

此言中最值得注意的是诸葛亮南征史事。在明清诸葛亮南征叙事中，均能窥见云南易叛难治归于地理本性的叙事逻辑。明人唐之夔《元武洞碑记》云："滇省远僻西徼外，疆域山川与中州殊绝"，"山川氛恶所钟，非杰如武侯者出，欲服而驯之也难矣"。清人王思训《述古诗》以"广源狭末复西流"的地理解释起首，历数云南叛乱难治之史事，诗末"叛服不常真爨僰，天威惟惕武乡侯"两句则强化了诸葛亮南征定滇的绩效。明清统治者着意利用这一历史文化资源（尤其是"诸葛亮七擒七纵孟获"故事），积极营建武侯祠，加强文化宣传攻势，于诸葛亮南征本事之外衍生出诸多传说、信仰、地名和景观，借此实现"公天威也，南人不复反矣"的治化意图。窥察其用心，自然是在王朝国家体系下倡导宽猛相济的"驯服之道"，从而抑制云南的"易叛"族性。

滇即巅也

刘崑狭隘的"地理决定论"自然是极端偏激之言，其背后暗藏着云南不可予治的政治倾向。随着元明清时代云南内地化进程的加速和基本完成，这种解释自然会逐渐消弭。内地化进程包括很多内容：政区的建置和调整；行政管理体制的日臻完善；改土归流的深化推进；以明代卫所为代表的大量内地移民涌入；农业、矿业经济开发；儒家意识形态传播和推行；等等。倘若联系"倒流"与"叛逆"伴生的解释逻辑来思考，滇池疏浚工程发挥的潜在作用可能被以往研究者所忽略了。一直以来，"源广末狭"是解释滇池倒流的经典地理知识，正是这种"形如倒囊"的地理结构，导致滇池受水多而排水难，水患异常严重。因此，疏浚滇池海口就成为元以来滇池水利工程的施治目标。

元至元十三年（一二七六），云南行省平章政事赛典赤·瞻思丁和劝农使张立道开启了第一次大规模、有计划的滇池水利工程实施，"得壤地万余顷，皆为良田"。明清两季持续疏浚海口达二十余次，滇池水位持续减低，明代中后期的昆明城，已从元初"三面环水"变为"一水抱城西"的景观。滇池东岸农业用地和城市空间的持续拓展，意味着王朝力量干预下对"蛮荒"之境的改造和重建，必然为统治者和文化精英们带来心理上的极度舒适。清人何彤云《滇池歌》云：

旌旗至今如在眼，楼船几费攻习功。吁嗟乎，唐铁柱，宋玉斧，一朝划断益州土。七百余年几沧桑，南中又来革囊渡。从此滇波不倒流，鱼稻蒲蠃岁无数。

此歌重复了云南文献常见的历史叙事，着意强调"元跨革囊"结束了"一朝划断益州土"的政治断裂，接续"汉习楼船"的王朝传统，云南重回中央王朝怀抱的意义。"从此滇波不倒流，鱼稻蒲蠃岁无数"二句则昭示了这样的图景：水利疏浚工程将滇池水患之区改造为秩序井然、丰收富足的农业景观，隐喻了云南重入王朝国家体系后地理景观重获新生。某种意义上消解了因"倒流"而生发的心理恶感。滇池不再是一个"麻烦"，在汉文化凝视下日益涵化成"一碧万顷"的滇中胜景。

随着内地化进程的基本完成,清后期的云南已成文化精英眼中的乐土,"文治之光华映照四国,滇之人士与中原文献之邦均受涵濡之泽者,百数十年于兹矣"(吴大勋:《滇南闻见录》卷上)。与之相联系的是,清嘉道以来的"倒流"说开始退出主流话语,越来越多的文化精英淡化了其中的"叛逆"意涵。道光时期,跟随其父云贵总督阮元在滇多年的阮福,完成《滇池即滇县考》一文,关于"滇"之由来进行了一番全新的论证:

  所谓滇池,当读作颠池,以颠为义,则训为顶池。盖言益州各水,皆四面下注于卑池,而此县之地与池独居地高顶也。……据此则皆因昆明滇池居地高颠之故也。……至于《华阳国志》水如倒流之说,似亦因滇字本作颠字,而以颠倒为义,然倒流之说曲,不如巅顶之说直。果尔,则此间古颠王,岂肯以倒王自名哉?(《道光云南通志稿》卷十三)

"滇"即"山巅"之说,一扫"倒流"说的悖逆隐喻,甚而为滇池营造出一种清淑高远的天池气象。此义一出,获得王先谦等诸多文化精英的认可,影响日大。近世袁嘉榖先生力主此说:"滇,颠也,言最高之顶也。《说文》:天,颠也。人之高顶为颠,顶之最高为天。谚曰:一日上一丈,云南在天上。庄蹻由楚沅水溯流而南及最高境,因号曰滇池、滇池国。"(《滇绎》卷一)嗣后,"山巅"说被纳入具有近代云南乡土知识体系建构意义的《新纂云南通志》之中:"滇池,以居全国之巅得名。"使之内化为近代云南的经典地理知识。

关于"滇"之解释,表面上是从"倒流"说到"山巅"说的经典知识转换,实质上是土朝体系下云南内地化进程中重塑国家认同的一种表征。其实,"山巅"说早见于宋末元初张道宗《纪古滇说集》:"水多聚于山顶,溪池广远,谷岛高峙,称为滇水。"然而其义不彰,不为世人所重。究其根本,恐怕与"倒流"说在当时云南与内地尚较疏离的政治环境下更得人心不无关系。这给我们的启示是,关于

"滇"名的解释似乎也是历史渐进发展中的自觉选择,在"人文几与中州埒"的晚清云南,阮福的"山巅"说可谓应时而出。

南中从此彩云开

与"滇"类似,"云南"之名的解释也有一个国家认同重塑的过程。汉武帝元封二年(前一〇九)设益州郡,下辖属县之中就有云南县。嗣后,历代沿用"云南"之名,或为郡名,或为县名,至元代以来而扩展为行省之名。关于其得名,汉晋文献没有明示,此后主要衍生出"云岭之南"和"彩云南现"两种解释。《后汉书·郡国志》刘昭注引《南中志》云:"县西北百数十里有山,众山之中特高大,状如扶风、太一,郁然高峻,与云气相连结,因视之不见其山。"这段文字注于永昌郡云南县之下,隐含了"云南"之名与这座无名大山的关系。而"云岭"之名始见于《资治通鉴》,胡三省《资》注首次将这座无名大山指认为云岭,成为学界主张"云岭之南"说的重要证据。无奈云岭所在难以考实,或谓点苍山,或曰鸡足山,莫衷一是。

是否存在另一种可能呢?古汉语中的"云",多用来形容"高"。古有云车,《后汉书》卷一李贤注:"云车即楼车,称云,言其高也。"再如云梯、云杉、云崖等等,皆喻其高耸入云之意。地势高峻是古人对云南最直接的地理体验,从内地向云南方向进发,人有一种"拾级而上"的攀登感,正所谓"一日上一丈,云南在天上"。"滇"释为"山巅",也是此意。前文无名大山的显著特征正是"众山之中特高大"和"与云气相连结",山高则云现,因此所谓"云岭"或泛指高山,并不一定实指某山而言。再者,"云南"的初义不一定是指云岭以南,也有可能是指"南边的高地"。古代常用"滇南""黔南"等地域概念,其中的"南"实指南边之滇、黔,描述的是区域整体方位,而不是云南之南、贵州之南。

至元明时期,富有浪漫色彩的"彩云南现"说跃然纸上。明万历四年(一五七六)成书的《万历云南通志》卷一七载:"汉武帝元狩间,彩云见于白崖,遣使迹之,乃置云南县。"此说不见于元以前文献记载,久为学界诟病,结合《纪古滇说集》《大理行记》《景泰云南图经志书》等元明文献中尚未定型的多种说法来看,它应该是文化精英结合本土传说而不断层累的产物。尽管此说缘于附会,然而颇得人心,为谢肇淛《滇略》等大量官私文献复制传播,成为社会舆论喜闻乐从的经典地理知识,至今不衰。一九一八年,云南县且据此更名为祥云县。

为何大家都喜欢虚无缥缈的"彩云"故事呢?首先是云南有"彩云南现"的环境基础,云南之云确实美得不像话,色彩纷呈,给人以神异奇幻之感。更为重要的原因,恐怕还藏在明清云南频繁的"庆云"奏报之中。从云南祥瑞奏报来看,作为"太平之应"的庆云奏报占了很大比重。清人檀萃《滇海虞衡志·杂志》列举大量事例说明,彩云呈现的当年,云南"祥一而灾百","何能怙彩云以自凭"?然而,这消减不了云南奏报庆云的热情。为何云南官员热衷于此呢?庆云奏报并不能简单视为地方阿谀之举,只有从王朝维系边疆治理的合法性上加以理解,方能贴近其真实意涵。庆云是天下太平之瑞应,而所谓太平者,乃是王治圣化下的太平。换言之,"彩云南现"是王朝国家体系下云南治化、太平繁盛、黎庶安乐的文化表征,云南官员借用"彩云"说凝聚历史记忆,彰显云南"自古以来"渴慕王朝治化的历史图景,从而再塑了云南地域的王朝认同。从这个角度上理解,"彩云南现"说为明清云南地域的王朝治化提供了瑞应摹本、认同纽带以及礼法依据。

在明清两季的历史语境里,"彩云"说成为云南治化的隐喻符号。清人尤侗《平滇颂》"彩云飘摇昆池旁,平填洱海成田桑"诗句,凝聚了彩云南现、汉习楼船、兴办水利等多重意象,将国家治理与王朝记忆链接起来;孙髯翁《登拓边楼》"寄语南中诸将帅,武乡祠与彩云齐"诗句,则将"彩云南现"提升到了与诸葛亮南征同等地位;张九钺《昆明古意》诗云:"西略何知文教急,南中从此彩云开。"张履程《彩云百咏序》谈及书名之由来云:"盖彩云南见,固滇文教所由兴,而忠孝节烈,尤其炳焉增辉乎彩云者也。""彩云"与云南文教治化的联系被不断彰显。"彩云南现"表面上是一个浪漫故事,而其实质是借助王朝记忆,持续维系王朝治化,塑造国家认同的政治话语。

被"驯化"的山水

依托自然山水而形成的地理知识,往往与文化、权力紧密交织在一起。"滇"和"云南"地名解释的转向,是在元代以来云南重归王朝版图并逐渐实现内地化进程中完成的,在此进程中,王朝的权力触角不断延伸到云南的各个角落,并通过政区设置、派官置吏、改土归流等手段,将之重新组织为"中央"治下的一个"地方",进而通过移民实边、农业开发、兴修水利、交通展布、城池规划、建筑营造、文教倡行、整饬风俗等方式影响和改造地表景观,建立起一种由夷变夏、由乱及治的王朝治化秩序。随着王朝秩序下的历史文化要素逐渐叠加于地表,意识形态对自然山水的"阅读理解"也会随之跟进。自然山水不能言说自己,外来和本土文化精英往往会把意识的"强权"加诸其上,在特定的思想观念、认知逻辑、审美取向和文化心境构筑的环境感知体系下,将其营造为一个新的文化场域或"高度人性化的空间"(段义孚语),从而扭曲自然山水的本来样态,生产出与权力秩序、政治需要、利益诉求相配套的地理知识、审美情趣和文化表征。于是,在人们的精神世界里,山川地理焕发出另一种面貌和气质。经过这一文化重建过程,我们可以认为,自然山水被意识形态"驯化"了。

就云南而言,这一文化过程就是将原本的"边徼蛮荒"之地改造为"衣冠礼乐"之邦。当早期汉文化向边疆民族山区艰难推进时,云南边陲美景时常被内地汉人描述为"蛮山瘴水",然而被王朝秩序改造后的云南山水,经过长期的礼乐熏陶,被整合到汉文化的思想体系和审美逻辑之中,似乎突然变得"好看"起来,正如清人吴大勋《滇南闻见录》卷上所言:滇南文教日盛,人才辈出,离不开天地钟灵之气的涵化,"山则碧鸡、金马之雄秀,水则洱海、金江之清淑,其钟于人者,正不薄也"。

山水审美的变化,背后隐藏的是王朝秩序在云南的确立和巩固。元人程文海《元世祖平云南碑》云:"万国一家,孰为要荒?点苍苍苍,禹迹尧墙。"寥寥数语,具有重整山河之意义,依托《禹贡》的逻辑将云南地理重新编入华夏文明的序列中来。元人王昇《滇池赋》洋洋洒洒,将滇池风景之胜概、昆明城市之繁华渲染到了极致,而造就这番胜景的,则是"我元之统治",云南"久沾被于皇恩";明人刘文征说:云南由乱及治的历史轨迹,缘于王朝政治秩序的巩固,"天将使此土化培娄为高陵,化荆棘为松柏,化鸡犬为鹿鹤,化浊恶为清凉,非有圣人不能";清人孙髯翁凭临大观楼,凝望着滇池的淼淼水色,"数千年往事,注到心头",脑海里浮现的是一部"汉习楼船,唐标铁柱,宋挥玉斧,元跨革囊"的云南与中央王朝关系史。滇池不再是纯粹的地表景观,而是链接着云南与内地一体化历史的记忆场。何彤云说"从此滇波不倒流",张九钺谓"南中从此彩云开",都在寄情于山水,而这个"情",则是边民望治的国家情怀。

当然,云南内地化进程中的义化重建过程,不是外来者和统治者单向度推动的,同时离不升土昇、孙髯翁、何彤云、张履程、袁嘉穀等本土文化精英的认同和配合,事实上他们是共谋关系。

品书录 | 潘凯雄

潜在的跨界写作

卜键新作《库页岛往事》的创作绝对是受到俄罗斯大文豪契诃夫《萨哈林旅行记》的"刺激"与影响。这不是我的主观臆测而是卜键的夫子自道，他在该书开篇的"引子"中就直言，这次创作是"跟随契诃夫去触摸那片土地"，"曾经的我对库页岛几乎一无所知，正是读了契诃夫的《萨哈林旅行记》，才引发对那块土地的牵念"。"库页岛的丢失，原因是复杂的……而我更多反思的则是清廷的漠视，包括大多数国人的集体忽略。这也是阅读契诃夫带来的强烈感受，仅就书生情怀而言，为什么他能跨越两万里艰难程途带病前往，而相隔仅数千里的清朝文人从未见去岛上走走？"

那么，对卜键形成如此强烈刺激的《萨哈林旅行记》究竟又是一部什么样的作品呢？本人大学读书时曾经阅读过，但现在回想起来，它究竟写了什么已模糊不清，而且这部作品在契诃夫毕生的创作中有着什么特殊的价值当时也是浑然不觉，倒是对他的《第六病室》和《万尼亚舅舅》这样的小说、戏剧代表作更重视。为了更好地理解卜键的这部《库页岛往事》，我又买了一本最新版的《萨哈林旅行记》重读。对该书的评价当然不是本文的主旨所在，但关于它究竟归属于哪种门类倒是引发了我的一点好奇。在今年元月刚推出的上海人民出版社版《萨哈林旅行记》的版权页上，中国版本图书馆CIP数据中心给它的分类是"游记"。这当然也未尝不可，它毕竟是契诃夫一八九〇年四月自莫斯科出发历时近三个月、行程万余公里，在萨哈林岛上连续生活游历了八十二天后才有了以这段经历为题材的《萨哈林旅行记》,而整部作品的创作又是耗费了三年时光才最后定稿。从整个创作过程及作品题材的外观看,称其为"游记"虽不为过,但再往深里细想,作为契诃夫毕生唯一的非虚构,且不惜冒着生命危险、耗费了大量时间与精力的这次创作,难道仅仅是为了写一部"游记"吗?这似乎有点古怪。据研究者考据,契诃夫在这次远行前一年的冬天就有了创作这部作品的念头,他想知道那片苦役之地的模样,想了解俄罗斯刑罚体制的真实面貌。于是他像一个训练有素的社会调查专家,设计了一种简洁易用的人口调查卡片,用来采访全部苦役犯、流放犯和定居者,因而在后来的创作中才有了对数据的大量应用。也正因如此,无论是创作中的契诃夫还是出版时的编辑与出版商,一时皆不知究竟该给此书如何定位,这其实很正常,也就有了后来不同研究者的不同定位:有的将其视为某种人类学或民族志,有的将其称为专题调查新闻,有的将其当作科学报告。客观地说,这些概括都各有其理各有其据。契诃夫此次远东之行还有一个特点便是当局不允许他接触岛上的政治犯,回过头来看,这当然是一种遗憾,但客观上又导致了《萨哈林旅行记》呈现出一种非政治化的特征。由于他接触的都是些刑事犯,而刑事犯在一般人的心目中的位置可想而知,但在契诃夫眼中,刑事犯也是人,因而,这部作品一个突出的特征便是充满了强烈的人文关怀,这就使得整部作品超越了一般的社会或田野调查而具有了强烈的人文色彩,"人"而非"岛"才是这部作品的主角。也正是由于这一点,《萨哈林旅行记》客观上形成了一种"潜在的跨界写作"。这个描述当然是我的一种杜撰,即外观上虽为"游记",但骨子里则是一次特别而艰辛的人文创作之旅,这种"潜在的跨界"使得《萨哈林旅行记》成为契诃夫毕生创作中一部"特别特"的作品。

似乎扯远了,还是回到本文讨论的主体——卜键的《库页岛往事》上来。还真是无独有偶，中国版本图书馆CIP数据中心给它的分类是"萨哈林岛-介绍"，这有点像是将其归为地理知识一类。从作品表层看，这也没错。在作品第二章的开篇卜键就开宗明义地写道："库页岛南北延绵近两千里，东西最宽处逾三百里，面积大约七万六千平方公里，超过台湾与海南岛的总和，曾为我国第一大岛。岛上有高山大川，密林广甸，大量的湖泊沼泽，丰富的煤炭和石油矿藏，尤其是久有渔猎之利。又以东北临鄂霍次克海，南与日本的北海道隔海相邻，有着重要的战略地位。"这样的文字确是货真价实的地理知识介绍，但我以为，如果从整体内容看，将其归入"中国历史研究"一类比"地理"类或相对更妥帖。

作为专治清史的学者，卜键从事历史研究很正常。在边疆研究史专家马大正看来，《库页岛往事》"是填补研究空白的著作"，"是一部严谨的学术探研著作"，"以后只要研究库页岛，这本书就不可小觑"。同时，他还做了一个初步统计："从附录参考文献类的书目来看，涉及文献档案的汇编就有四十九种，一种可能对应一本，也可能对应几十本、上百本。卜键把有关史料记述基本上一网打尽，这很不容易。"的确，在《库页岛往事》中，有关库页岛历史的研究，卜键的贡献至少涉及三个十分关键的方面：一是通过对各种散见史料的细致爬梳，厘清了库页岛居民的构成及其与中原的关系；二是考据了库页岛究竟从何时起脱离了中国的怀抱，卜键认为"从法理上说，可追溯到整整一百六十年前的《中俄北京条约》"，"然细检《中俄北京条约》文本，其中并没有出现库页岛的名字，再看两年前奕山所签《瑷珲条约》，也完全不提这个近海大岛"；三是由此进一步追寻库页岛丢失的复杂原因，更多地反思"清廷的漠视"和国人的忽略。

但是，上述这种严谨的历史考据与研究毕竟又只是《库页岛往事》的"半壁江山"，顶多也就是"多半壁"，而且它明显不同于我所读到过的众多历史研究专著，那些作者的所为一般都只是在那里冷静地发掘考据陈列史料史实，追求的是言必有据，至于作者自己的立场则往往隐身于这种史料的挖掘与选择背后。而卜键在《库页岛往事》中则有太多的作为历史研究中所不常见的个人主观情感代入，这个作者一不小心就要自己蹦出来或痛心疾首，或撕心裂肺地抒发一下自己的情感，所谓"前事不忘后事之师"之急切溢于言表，个体情感的代入丝毫不加掩饰。正因如此，也就无怪乎有学者称其为是一种"历史散文"的写作。而且，《库页岛往事》在叙述上也的确呈现出一种明显的双线结构，即一条是种种散见史料的钩沉爬梳，另一条则是契诃夫《萨哈林旅行记》中的库页岛。前者是史料中的所谓"客观"，后者则是一位大作家笔下貌似"客观"的主观，两相碰撞，就使得《库页岛往事》如同《萨哈林旅行记》那般也呈现出一种"潜在的跨界写作"状态，所不一样的只是"跨"的起点与落点不尽相同，前者从"游记"跨入"人性"，后者则是"史实"与"文学"的双跨，都跨出了一番别样的风景。

所谓"潜在的跨界写作"，只不过是个人阅读直观感觉的一种描述，我无能就此做出若干学理性的阐释。但我想无论是契诃夫的《萨哈林旅行记》还是卜键的《库页岛往事》，从某种门类写作的客观要求与事实上的主观呈现之间存在的差异是明显的，而导致这种明显差异的一个重要缘由就在于他们那种潜在的"跨"，也就是超越了一些既定的常规。这种超越既没有造成知识的硬伤，读者阅读起来也不感到突兀，相反倒是作者的这种主观情感与意志的介入更容易让读者感受到一种新奇、产生了一些震动、引发出若干思考……如此这般，也就有理由为之点个赞喝个彩吧！

(《库页岛往事》，卜键著，生活·读书·新知三联书店二〇二一年版)

品书录 | 王子今

历史理解的空间基点
——《姚著中国史》评介

在中国早期蒙学教育格局中,文化基础的学习,已经包括时空即时间和空间知识的内容。《汉书·食货志上》说到传统农耕社会的生产、生活秩序,也涉及文化教育,班固写道:"八岁入小学,学六甲五方书计之事,始知室家长幼之节。十五入大学,学先圣礼乐,而知朝廷君臣之礼。"所谓"书计",是书写和计算。关于"六甲五方",颜师古注只涉及"五方",引用了苏林和臣瓒两种解说;"苏林曰:'五方之异书,如今秘书学外国书也。'臣瓒曰:'辨五方之名及书艺也。'"颜师古以为"瓒说是也"。然而苏林所说"五方""外国"者,也是有关远方地理学的知识。《礼记·内则》说:"六年,教之数与方名。""九年,教之数日。"郑玄注:"方名,东西。"关于"日",郑玄解释:"朔、望与六甲也。"有关"方名"和"日"的知识,就是《食货志》所谓"五方""六甲",即涉及空间与时间的学习内容。将《礼记》"方名"与"日"同《食货志》"五方""六甲"联系起来理解,是符合文化史和教育史的实际的。

顾炎武解说"学六甲五方书计之事",指出:"六甲者,四时六十甲子之类。五方者,九州岳渎列国之名。书者,六书。计者,九数。"(《日知录》卷二七《汉书注》)王国维说,"六艺"与《论语》《孝经》、'小学'",都是"汉时学校诵习之书"。"以后世之制明之:'小学'诸书者,汉小学之科目;《论语》《孝经》者,汉中学之科目,而'六艺'则大学之科目也。"(《汉魏博士考》,《观堂集林》卷四)"小学"起初是与"大学"对应的概念，指初级教育。有学者指出："小学的创始人，便是扬雄、杜林、许慎、郑玄。"（胡奇光：《中国小学史》，上海人民出版社一九八七年版，1—2页）当时童蒙教育中有关"六甲""五方"知识的整理和传授，很可能有"刘向、刘歆父子"及"扬雄、杜林、许慎、郑玄"等最优秀的学者参与。

司马迁在《史记·货殖列传》中进行了区域文化的分析。关于齐地都会临菑，有"其中居五民"的说法。所谓"五民"，有人解释为"士农商工贾"，也有人解释为"五方之民"。司马迁根据"中国人民所喜好，谣俗被服饮食奉生送死之具"以及"天下物所鲜所多，人民谣俗"等物质文化与精神文化的差别，将全国划分为"山西""山东""江南""龙门、碣石北"四个基本经济区。在司马迁生活的时代，这种划分方式是大体符合当时的历史实际的。班固在《汉书》中创建《地理志》，做了详尽的区域经济与区域文化的记述。《姚著中国史》的优异之处很多，其中很重要的一点，体现了对司马迁、班固史学思想的继承，即以空间考察的视角分析中国史，理解中国史，说明中国史。

姚大中教授在《姚著中国史》"前言"中说，"中国历史的叙述方法与解明方式"，应重视"人与地"的关系，重视"叙述空间"。他认为，"传统的历史现象说明，于时间上是悬空的"，"社会学、地理学等诸学位"应当"与历史学结合"，这样可以"帮助""历史解明"。《姚著中国史》正是如此，力图纠正过去史学或许"悬空"的问题，"走一个新的方向"。

《姚著中国史》"每册各自独立，合则成套"。第一册《黄河文明之光》"黄河文明：最早的中国"，第二册《古代北西中国》"大中国：'游牧中国'和'农业中国'的竞争、共生与融合"，第三册《南方的奋起》"历史的曲线：正统朝代南移长江"，第四册《中国世界的全盛》"隋唐帝国：东亚秩序的轴心"，第五册《近代中国的成立》"中国舞台：中华民族诸成员全部登场"。作者没有按照"传统历史偏向于政治史的叙述"的旧式模板，也不取"封建"或"帝制"的概括语词，果然要"走一个新的方向"。而第一册至第三册分别的叙说中心,从区域侧重看,正与司马迁四个基本经济区的划分相合,即"山西""山东"—"龙门、碣石北"—"江南"。只不过《史记》分说"山西""山东"者,在《姚著中国史》中以"黄河文明""最早的中国"为主题合说。

在司马迁笔下,"楚越之地,地广人希,饭稻羹鱼,或火耕而水耨,果隋蠃蛤,不待贾而足,地埶饶食,无饥馑之患,以故呰窳偷生,无积聚而多贫。是故江、淮以南,无冻饿之人,亦无千金之家"。"江南卑湿,丈夫早夭。"其实,司马迁这里说的"江南"所指代的区域,并不如后世人所谓"江南"那样广阔。在司马迁所处的时代,虽"江南"已经得到早期开发,在笼统称作"大江之南"(《史记·三王世家》)的区域中文明程度相对先进,然而与黄河中下游华夏文明中心区域相比,经济、文化均表现出明显的差距。

东汉时期,史籍中已经多可看到有关江南地区的经济与文化取得突出进步的记载。自两汉之际以来,江南经济确实得到速度明显优胜于北方的发展。正如傅筑夫所指出的:"从这时起,经济重心开始南移,江南经济区的重要性亦即从这时开始以日益加快的步伐迅速增长起来,而关中和华北平原两个古老的经济区则在相反地日益走向衰退和没落。这是中国历史上一个影响深远的巨大变化,尽管表面上看起来并不怎样显著。"(《中国封建社会经济史》第二卷,人民出版社一九八二年版,25页)对照《汉书·地理志》和《续汉书·郡国志》的人口数字,可以发现从公元二年至一四〇年的一百三十八年间,江南有些地方户口增长速度惊人。移民南迁,应当是江南文明进步的重要原因。

对于有些地方自然环境的分析以及相应的文化生态判断,《姚著中国史》颇多中肯之论。如第二册中写道:"一般史地学者往往以历史上的新疆或塔里木盆地列为中亚细亚的一部分,谓之中亚细亚东半部,而以现在的中亚细亚列为中亚细亚西半部,这个理论自属成立,因为亚洲内陆干燥地带沃洲大单元有统一性,而新疆与中亚细亚,则正立于共通的地理基础上。"然而两者又有不同,帕米尔高原"以西诸山脉,都不太高峻,地势也较平缓,自此趋向于欧洲的现象相当强烈;新疆则不然,完全具备一个历史上新疆自身才有的地理环境——北面天山,南面喀喇昆仑(Karakoram)山与昆仑山脉,都自帕米尔高原东向放射,而形成塔里木盆地周围全属海拔二千米以上的高原,几乎以新疆团团包围成一个孤立圈。""这个地形,便使新疆与中亚细亚分隔,足以自成一个独立单位,而从中亚细亚区划中脱离。"相关地理现象似乎为人熟知。但是指出其特点,并作为影响区域历史文化走向的因素予以说明,可能确实具有可以"帮助""历史解明"的意义。作者还指出:"历史上的新疆,非只能在沃洲世界中表现为独立单元,而且也是沃洲特征最发达的地区。"新疆"更能代表分散性沃洲地理典型。所以,世界学者说明沃洲性质以及建设于沃洲上的国家时,便往往以新疆塔里木盆地举证,新疆沙漠沃洲,也供为说明标准沃洲地理的'橱窗'"。这样的意见,是符合新疆自然地理、民族地理和文化地理的实际的。不过,对于新疆民族构成的复杂,使用"人种蓄水池""人种博览会"的说法,或许还可以斟酌。

对于秦汉长城,作者指出:"秦朝统一性大长城所经过的路线",多数与"秦、赵、燕长城原址无关",并且强调:"这是必须辨明的。"这是值得重视的意见。"关于秦朝长城东方尽头或起点",作者介绍了"日本学者间,对此秦朝长城极东起端地点,有平壤东南方,今日黄海道遂安的比定,指其地恰当平壤平野与汉城方面汉江流域与其北临津江平野的分水岭意义,正合自然境界"。又提示我们:"秦朝以及战国燕国辽东郡范围,系泛指辽河以东与鸭绿江以南。以汉朝以后的辽东郡印象衡量以前,容易发生偏差。"同时又写道:"但是,也由于这条自北而南,中分朝鲜半岛北部的长城线可认定,无论燕国或秦朝,半岛支配圈尚只限于西北隅。总领半岛北部与中部,须待设郡时代的汉朝。"相关认识的论定,当然还需要实地考古调查的工作。

《古代北西中国》称"秦朝统

一'天下'"之后修筑的长城为"大长城",作者赞扬了秦长城的文化意义:"雄伟的秦朝大长城,乃是汉族人定胜天的战斗精神结晶,凭双手和决心,创造并达成了'极'的构想。""全面隔断草原—耕地的万里长城,也便代表了农业汉族最大限度利用空间的界限。"关于"长城之为'极'"的认定,以及"长城的作用是双重的,非只对外,同时也具有对内性"的观点,都是长城史及秦汉工程史研究者应当重视的。关于长城"对内"的具体史料,有《汉书·匈奴传下》记载"习边事"者郎中侯应的意见。

对于秦击灭六国、实现统一的历史意义,《古代北西中国》从"北西"方向的空间考察,予以了高度肯定。对于"秦朝"的评价,作者写道:"秦朝是中国历史上革命、毅力、效率和进取的代表性朝代之一,也是充分表现汉族诞生期勃发朝气的伟大时代……"今天人们对于秦政褒贬不一,但是从英雄主义和激进节奏等方面看,姚大中的正面评说是有启示意义的。

由于笔者专攻秦汉历史,不能全面评价《姚著中国史》广角观察、宏大叙事和高位论说的种种精彩,但就秦汉时期的研究而言,确实有别开生面的印象。作为台湾大学用书,作者笔法平实,文字洁净,读来有比较舒服的感觉。

《姚著中国史》是有重要学术价值的好书。然而其中微瑕,也不妨在这里指出。比如第一册《黄河文明之光》"中央集权制萌芽与中国'国际'统合的准备期(战国)"一节,关于"农村组合""农村秩序""农村社会""农村社会传统的转移"的部分,说到"战国农村大变革展开以来,列国间的连锁反应,也只有速度与程度的差别",作者引用了《史记·河渠书》有关"列国防洪用堤防与灌溉给水所需土木事业,以及多功能运河的开发"的水利史记载。所谓"土木事业"正涉及笔者近年关注的秦汉工程史研究的主题,因而理当有所注意。所引《河渠书》的文字:"荥阳下引河东南为鸿沟,以通宋、郑、陈、蔡、曹、卫,与济、汝、淮、泗会。于楚,西方则通渠汉水、云梦之野,东方则通沟江淮之间。于吴,则通渠三江、五湖。于齐,则通菑济之间。于蜀,蜀守冰凿离碓,辟沫水之害,穿二江成都之中。此渠皆可行舟,有余则用溉浸,百姓飨其利。至于所过,往往引其水益用溉田畴之渠,以万亿计,然莫足数也。西门豹引漳水溉邺,以富魏之河内。而韩……乃使水工郑国间说秦,令凿泾水自中山西邸瓠口为渠,并北山东注洛三百余里。……渠就,用注填阏之水,溉泽卤之地四万余顷,收皆亩一钟。于是关中为沃野,无凶年,秦以富强,卒并诸侯,因命曰郑国渠。"水利开发的"土木事业"确实涉及"列国"各地。如"鸿沟""通宋、郑、陈、蔡、曹、卫","于楚""于吴""于齐""于蜀",各有水利建设。司马迁说"此渠皆可行舟,有余则用溉浸,百姓飨其利"。又说"西门豹引漳水溉邺,以富魏之河内",则只言"溉"。秦国的"郑国渠",作用也只在"溉泽卤之地四万余顷,收皆亩一钟",并不属于"多功能运河的开发"。作者写道:"这些伟大水利专家中郑国渠的时代已当战国末期,其被推定自陕西省泾阳,经过三原、富平、蒲县等地的运河遗构,今日虽然湮没,但其创造历史力量之巨大,则长存于后人印象。"所谓"这些伟大水利专家"费解,或许"专家"为"工程"之错排。而"蒲县"应为"蒲城"。应当指出的是,关于郑国渠的文献遗存中,根本没有关于其"运河"功能的记述。郑国渠的功能,只在"溉浸",未见其用以"行舟"。有意思的是,翦伯赞对于郑国渠,也有"运河"之称:"据史载秦国曾任用韩国的工程师郑国凿泾水,掘成长三百里的运河,以灌溉田地,把以前认为干旱不毛之地,变为膏腴沃土。这条运河,灌溉四百万亩的土地,每亩收粟一锺,于是国以富强。"(翦伯赞:《秦汉史》,北京大学出版社一九八三年版,30页)所谓"掘成长三百里的运河,以灌溉田地,似乎混淆了"渠"与"运河"的概念。以"郑国渠"为"运河"的错误不知从何而来,但确实是不符合史籍记录所表现的历史真实的。

〔《姚著中国史》(全五册),姚大中著,华夏出版社二〇二一年版〕

品书录 | 李 牧

现当代艺术的民俗学根源

民俗是我们最基本的日常经验。有人聚集的地方，就一定有风俗和约定俗成的种种习惯，而这就是民俗的基本内容。民俗自古就有，很多的风俗习惯一直延续至今，民俗学所研究的，就是长期流传的民俗。作为一个现代学科，民俗学的历史并没有像自己的研究对象那样悠久，它的开端是一八一二年，源自一部举世皆知的儿童读物——《格林童话》的诞生。从时间上看，虽然民俗学从十九世纪初期就确立下来，但是它的价值和独立性一直以来都遭受着诸多质疑、挑战甚至否定。人们往往认为民俗学研究的对象是荒诞不经的神话传说，是天马行空、不着边际的民间故事，是幼稚的谜语、错漏百出的谚语、日常的饮食或者愚昧的民间信仰等，都是过去的和过时的，似乎并不值得研究。在过去的数十年间，在全世界范围内，许多国家的民俗学都处于岌岌可危或者极度萎缩的状态。例如，在美国，原本师资雄厚的宾夕法尼亚大学民俗学系，如今已经完全萎缩；而全美目前实力最强的印第安纳大学民俗学系，也早已与民族音乐学专业合并。许多学校的民俗学面临着专业停止招生或者被取消、研究经费大幅削减等问题，因此，它们无奈选择并入人类学系和英语系等专业，逐渐失去了应有的学科独立性。为什么民俗学的发展如此艰难呢？

二〇〇四年，时任美国民俗学会会长、加州大学伯克利分校的阿兰·邓迪斯（Alan Dundes）教授，在当年美国民俗学会年会的会长致辞中说道，民俗学的衰落是因为它缺乏一种叫作"宏大理论"（grand theory）的东西。什么是宏大理论呢？就是那些诸如精神分析学说或者结构主义等，可以超越学科、民族和语境的特殊性，对世间万物和现象都具有普遍解释效力的知识。在邓迪斯的观念中，只有创造出对其他学科同样具有价值的宏大理论，民俗学才有可能不被质疑和淘汰。不过，对于这样的一种奢望，早在二十世纪七十年代初期，宾夕法尼亚大学犹太裔民俗学教授丹·本－阿莫斯（Dan Ben-Amos）就表现得非常悲观，他说："民俗学者非常热衷于引用其他学科的理论和方法，但是自身的理论和方法却又最少被其他学科的学者所涉及和应用。"为什么民俗学的观点往往被人忽视呢？其实，最根本的原因还在于认为民俗是无用的流俗观念：如果民俗没有价值，研究它的学问自然也是没有价值的。那么民俗或者民俗学究竟有没有存在的意义呢？

民俗学者的悲观和焦虑情绪在这本由韦斯·希尔（Wes Hill）写作的《民俗学是如何塑造现当代艺术的：后批判美学史》（二〇一六年）这里，应该可以得到一定的缓解。它从艺术理论和美学的角度为民俗学的学科意义和价值背书，认为民俗学的观念与方法很大程度上影响了现代（更准确地说，是现代和当代）艺术实践活动的路径和方向，这是一种全新的理论视角，让包括民俗学者在内的所有人为之振奋，开始重新思考民俗和民俗学的意义和价值。希尔是如何发现这一点的呢？

作为研究艺术史和美学出身的学者，希尔首先接触到的是康德美学，深谙康德关于审美无功利性的讨论，这似乎是每一个受过美学训练的学者的必修课。但是，他同样非常清醒地认识到，康德对于审美经验的判断并不是唯一的认识路径，与康德几乎生活于同一时期的德国狂飙突进运动和民族主义的旗手赫尔德，其实在早期对于德国民俗的关注中指出了另外一条通往艺术经验的康庄大道。希尔在"康德与赫尔德"章节的讨论中认为，康德创造了一种将审美经验与现实生活相互分离的艺术体验和价值判断标准,认为不可以用俗世的价值与功能评判、把握以天才和灵感为基础的艺术创作经验或者受众对于"美"的体验,"美"应该是一种完全脱离既定日常目的和价值的愉悦或者说可以升华至道德的感知体验。但是,有着明确政治目的和国家意识的赫尔德则通过对民俗的关注,表达了一种将艺术与生活进行关联的取向。康德和赫尔德关于艺术与生活的边界以及两者相互关系的分歧,非常类似于中国文艺界在二十世纪二三十年代关于艺术与生活的讨论。当时,以鲁迅、周作人为代表的"语丝"派与梁实秋、郁达夫为代表的"现代评论"派的主要不同,便是:究竟是"为生活而艺术"还是"为艺术而艺术"?很显然,"为生活而艺术"契合赫尔德有关文艺的社会功能的思考,而"为艺术而艺术"反映了康德审美判断中逃离现实世界的无功利倾向。

实际上,在这里,隐藏在有关艺术功能的讨论之下的核心问题,是艺术的边界。依照康德的观点,当人们创造之物承担了自身之外的社会功能,那么便不可成为纯粹的艺术,这种有关审美的无功利性认识,最终指向了唯美主义的道路。当我们关注艺术介入社会的功能时,艺术的边界在很大程度上得到了拓展和延伸。其实,赫尔德及其追随者如海涅和波德莱尔等,都在试图挣脱当时主流观念对于"艺术"的认识,非常关注那些原本不属于艺术范畴的、来自底层的民俗和非西方社会的"异物"(bizarre),认为它们具有无可置疑的审美价值,从而拓宽了艺术的范围。在深入民间进行探访后(如格林兄弟),或者在早期旅行者、传教士、殖民者及人类学家的记录中,这些来自底层和异域的什物从一开始便是日常或者仪式生活中具有现实功能的造物,它们并不符合康德对于艺术和审美经验的认识。从对于这些外来之物的审美认知和接纳开始,人们逐渐意识到艺术边界的流动性和模糊性,先前关于艺术与日常生活相互分离和割裂的传统观念逐渐被我们抛弃了。

艺术史家与艺术理论家阿瑟·丹托（Arthur Danto）曾说，艺术边界的拓展，艺术与日常生活之间区隔的消除，为一些新的艺术形式的出现创造了条件和可能。

现代艺术，更准确地说，当代艺术，便是这些新的艺术形式的具体变现。创作现当代艺术作品的现当代艺术家们似乎更乐于贴近、关注和呈现日常生活或者被想象出来的日常生活。在二十世纪五十年代，艺术与生活甚至出现了非常明显的合流趋势。一个名为"独立团体"（Independent Group）的英国艺术团体举办了一场《生活与艺术并行》（*Parallel of Life and Art*）的特展，这个团体的重要成员与理论推手劳伦斯·阿洛威（Lawrence Alloway）和约翰·麦克海尔（John McHale）创造了"波普艺术"（pop art）一词来标注展览中出现的新艺术形式。而波普艺术的忠实实践者安迪·沃霍尔（Andy Warhol）则通过对于日常生活现象和物品的挪用，进行了许多实验性的创作，如《金宝汤罐头》（*Campbell's Tomato Soup*）、《布里奥的盒子》（*Brillo Box*）等，把自己"接地气"的艺术实践与西方传统的高雅/纯艺术样式区分开来。支持和赞同沃霍尔挑战传统的前卫艺术评论家们，如丹托，也借着为沃霍尔背书而最大限度地抛弃了康德美学对于艺术边界和艺术功能的限制，拥护和倡导一种基于日常生活和个人体验的主观性艺术表达。康德的理想是创造普遍的价值体系和道德标准，但是，纠缠着个人情感、隐私和因为时代环境不同而具有的特殊性，让艺术无法从现实的生活世界中剥离。

我不禁要问，艺术的边界在哪里？艺术在与生活的联系中，是否也会沦落为日常的一部分而失去自我？希尔的书不断在强调日常生活对于艺术的塑造，虽然他将民俗泛化等同于日常生活，并将之视为现当代艺术起源的说法脱离了民俗学的认识轨道，但他关注到了艺术世界的民俗/日常生活维度，的确是极有创造性的。

(Wes Hill, *How Folklore Shaped Modern Art: A Post-Critical History of Aesthetics*, New York: Routledge, 2016)

梁　雪

万寿山下"小有天"

历史上的江南园林，南宋以后因文化汇集、气候温润等条件得到长足的发展，已成为江南文化的一种实物代表。在清朝，江南曾有四大名园之说，即：南京瞻园、海宁安澜园、苏州狮子林和杭州小有天园。实际上，这几座园林的繁盛都与乾隆皇帝的几次南巡有关。

长久以来，其他一些历史上的江南古园都得到不同程度的修缮并相继对外开放，但杭州小有天园却一直湮没在历史的尘埃中，连地址都无从考证。只能留下种种疑问：是园主人家道败落，抑或是遭遇战火……

二〇一九年杭州小有天园的遗址被人无意中发现。据说是两位喜欢探险的文物工作者相约去爬南屏山，考察一处北宋石刻。在上山途中，他们在南屏山慧日峰的一个山腰发现了几处刻在山石上的诗文题记，题记开头一句为："最爱南屏小有天，登峰原揽大无边。"当时，他们只是用相机拍照，下山后咨询相关专家才确定这首诗为当年乾隆皇帝所写，题目为《游小有天登绝顶》（国家图书馆收藏有石刻拓片）。至此，杭州小有天园的遗址得以重见天日，这是近些年园林考古的一件大事。

近百年来，国内学者谈及乾隆皇帝对杭州小有天园的模仿往往指向圆明园长春园内思永齐建筑群，也有人提及颐和园里的"小有天"建筑。

最早提及圆明园这一线索的是民国学者乐嘉藻所著的《中国建

筑史》，因此书考据有所不足，梁思成先生在一九二三年写有一篇评论《读乐嘉藻〈中国建筑史〉辟谬》，其中提及："又如'圆明园内之小有天，仿西湖汪氏'，案小有天在圆明园北路武陵春色，乐先生的话，出处不详，恐怕尚待考罢。这不过是一两个例而已。"（原载一九三四年三月三日《大公报》第十二版《文艺副刊》）

随着专家对圆明园研究的深入，圆明园这处仿杭州小有天园的位置和格局都已得到确认。圆明园这组模仿建筑建在思永齐东侧的一个院落内，所占空间十分有限，只能算作一组如同日本枯山水园一般的"袖珍"园林，加之圆明园地面建筑多已不存，目前只有遗址可供人凭吊，对这组建筑的仿建效果我们只能在文字和图纸中加以体会和推演了。

颐和园内的"小有天"建筑共有两处，一处在万寿山西麓，一处在谐趣园内。后一个建筑的建成年代较晚（大概在慈禧重修颐和园时期），所以不在本文讨论之内。而万寿山西麓的小有天建筑群的建成年代在清漪园时期，且在乾隆第一次南巡以后，与圆明园里的仿制园林时间相近。在现在的小有天建筑上找不到有关"小有天"的匾额或题记，但在保留下来的从清漪园到颐和园的历史档案中都可以看到对这一建筑的明确标注。

本文借助国家图书馆、国家档案馆的有关史料和"小有天"周边真实的环境实物，梳理颐和园小有天建筑群的历史沿革、建筑环境变迁，希望对以后的相关研究有所帮助。

一、"小有天""延清赏"建筑群在颐和园中的位置及周边环境

在历史图档中，"小有天""延清赏"建筑群被划归在西所买卖街的范围内。

颐和园万寿山西麓一带水域是昆明湖和后山后溪河之间的过渡地带。这里的水系相对复杂，位于水域中间的小西泠岛把水道分为

东西两个航道。西边的为主航道，东边的为次航道（也称万字河）。在万字河的南北两端设有"荇桥"和九曲桥，两座桥将小西泠岛和万寿山下山路相连接。

清漪园时期，在万字河东岸设有西所买卖街，临河店铺多背河面街，形成"前街后河"的格局。咸丰十年，西所买卖街的大部分建筑毁于英法联军的战火。光绪时期，慈禧太后重修颐和园时仅维修了邻近万寿山西麓山脚的建筑（单体建筑稍有增减），而对清漪园时期的临河建筑并未修复，现在临河一侧只留有少量的建筑遗址。

"小有天"、延清赏楼等建筑位于万寿山西麓山脚下，紧邻围绕万寿山的山道。在"小有天"和延清赏楼下透过山道西侧的一些柏树可以看到西侧的万字河，以及"小西泠"弯月形小岛。从国家图书馆保留下来的图档来看，这部分的建筑布局与清漪园时期相差不大。目前，这组建筑的主体是位置略靠北的二层延清赏楼以及南侧耳房，其北侧还有独立的、东西向布置的三间平房。山脚下的其他建筑从北向南依次排开，计有小有天园亭、斜门殿和穿堂殿。有一段随山就势的游廊将这几栋分散的建筑串联起来。建筑群东侧设有围墙，限定了买卖街的用地范围，也划定了万寿山的西侧边界。

在这组建筑中，斜门殿和"小有天"的地势略高，首层地坪为一米五，比延清赏楼和穿门殿的首层地坪高出一倍以上，故而设计师通过增设两条斜向游廊将小有天园亭与延清赏楼的耳房，及斜门殿与穿门殿加以联系。从西向东观赏这组建筑群，其空间形态显得十分丰富，受西侧柏树林的影响，拍照时很难将全部建筑收到一个画面中，只能收取建筑群的局部。

在民国时期的一份地图上，延清赏楼被列为颐和园二十四景之一，属于颐和园内的主要景区。但现在游人很少在这里驻足，只有从前山要去西堤或耕织图景区的人才会途经这里。这组建筑的主体延清赏楼近些年大门紧闭，只有附近的斜门殿和穿堂殿作为商业建筑对外开放，里面卖些冷热饮品和一般的旅游纪念品。"小有天"附近的两段游廊也被称作"小长廊"，是夏秋季节游人纳凉歇脚的地方。

近两年，我因为调查后山的几处园林遗址，常来这里小憩。

二、这组建筑群与圆明园"小有天花板园"的建成时间

清漪园时期，延清赏楼称作延清楼，从北向南一直延伸到今天的西四所位置。当年西四所的位置上只有一栋建筑，称作蕴古室。蕴古室毁于一八六〇年的大火，慈禧太后重修颐和园时在其原址上建成西四所。从时间上推断，蕴古室最迟于乾隆二十四年建成（可见乾隆御制诗《蕴古室口号》），延清楼大概建于乾隆十九年（见乾隆十九年清册）。考虑到西所买卖街的街道形成要素，位于这南北两端之间的建筑群建成的上下限时间大概可以确定为乾隆十九至二十四年之间。

乾隆皇帝第一次南巡的时间是乾隆十六年（一七五一），他曾第一次到访杭州汪庄并赐名"小有天园"，留有诗文收录在《御制诗三集》卷二十一。第二次南巡时间为乾隆二十二年（一七五七），又曾到访杭州小有天园并留有御制诗（收录在卷十九，卷二十二）。两次到访小有天园给乾隆皇帝留下相当美好的印象，故而在他回京后的第二年即乾隆二十三年在圆明园长春园内思永齐东别院仿建此景，称为"小有天花板园"（推测与"小有天画板园"同一含义）。从时间节点上看，颐和园"小有天"这组建筑的建成时间在乾隆下旨于圆明园长春园仿制"袖珍园"的前后。清漪园万寿山西麓的真山真水，仿制条件明显优于圆明园长春园的思永齐。

三、从清漪园到颐和园，小有天建筑群的历史变迁

有这样一种看法，即延清赏楼等建筑群是在慈禧重修颐和园时才由万字河沿岸搬到万寿山西麓山脚的位置。事实上并非如此。

北京国家图书馆藏有大量清朝皇家工程的珍贵图档，其中既有

描述清漪园时期这片区域的（如《西宫门买卖街地盘图》），也有光绪时期重修颐和园时的（如《万寿山颐和园内石丈亭迤北拟修未修地盘图样》），还有一些涉及其中的单体建筑。这些古代遗留下来的工程图纸非常清晰明了，把每次涉及建筑变更的内容和建筑名称都做了标注，搞错的可能性很小。

比对上面提及的两份图档以及图档旁边的说明文字，可以大概了解这组建筑群从清漪园到颐和园的细微变化：

（一）延清赏楼西侧的台阶由"山石踏跺改为阶石"；（二）将斜门殿原有的正房两间耳房改为"三间前后廊"；（三）穿堂殿"此三间照旧补盖"；（四）"延清赏"北侧值房三间"照旧补盖，作粘修"，再北南房两间"撤去"；（五）蕴古室及其两侧值房改为西四所。（见张龙硕士论文：《乾隆时期清漪园山水格局及建筑布局初探》）

在颐和园管理处编写的《颐和园志》中载有嘉庆十二年（一八〇七）的陈设清册，其中包括"小有天"部分。不过，这里对"小有天"的描述范围扩展到延清赏楼南侧的两间耳房和斜门殿的四间房（两间正殿两间耳房），属于一片建筑群空间，其范围已经不是夹在两栋建筑物之间，联系两处游廊的一个小圆亭。这也是我在行文中称呼小有天建筑群的由来。

从另一份资料中得知（徐征：《样式雷与颐和园》）："在同治三年（一八六四）的《清漪园陈设清册》（实际上是统计清漪园的损毁情况）中记载有'延清楼'和'小有天'的条目。"说明这两栋建筑都是清漪园的劫后余存。既然这两栋建筑的室内陈设还有保留，建筑物的损毁程度应该属于可以修复的，而且是原址修复。

慈禧太后重修颐和园从光绪十四年（一八八八）正式开始（以光绪皇帝"上谕"为标志）。历史档案中记载了随后对这组建筑的维修情况。《颐和园工程做法》记载：光绪十七年二月初十"延清赏楼竖立大木"。同年三月二十日"小有天园亭竖立大木已齐，安订椽木望板"。光绪十九年（一八九三）五月，两栋建筑完工并开始挂楹联。《匾额对联分析开单》记载包括"延清赏"和"小有天"，原注为："以上各座匾额对联除已悬挂外，其余现在承做。"说明这两栋建筑的门柱对联或许是清漪园时期保留下来的原始对联。

四、小有天建筑群的环境构成和御制诗文分析

仔细审视前面提到的图档《西宫门买卖街地盘图》，如果对这组建筑群加以空间上的立体复原，可以感受到一种相对封闭的狭长形空间：这个空间的南侧为由寄澜堂、浮清榭（重修颐和园时拆除，原址改为西四所和临湖园路）和石舫构成的凹形水院，东侧为沿万寿山山脚展开的"小有天""延清楼"和游廊构成的界面，西侧则由旷观斋和一些店铺、游廊组成，北侧为宿云檐城关界面。整个空间相对封闭完整，仅在空间的西南角和东南角留有两个开口，一个通向万寿山南麓，一个经过"荇桥"后通往小西泠湖中岛。

光绪年间重修颐和园以后，这个"围合空间"的西侧界面有所缺失。复建工程中仅在万字河一侧建了一座"临河殿"，也就是我们今天能够看到的大致样貌。

因小有天园亭所在的地势略高，站在园亭内可以眺望近处的小西泠岛上景物以及再远处的西堤、西山等。如果站在延清赏楼的二层楼板上应该能够看到更多昆明湖、西山一带的景物。

在乾隆御制诗里留有以延清楼为题的二题五首诗。以诗文描写了这里的环境特色和愉悦心情。细品诗文有种了悟出尘之感。

座对西山一栋楼，最无尘处有余清。

高楼漫笑匆匆去，输尔兼收实与名。

——延清楼（乾隆二十六年）

习习出深谷，蓬蓬拂远坰。

虽资摇叶发，莫使致花零。

披去十分快，御来五月冷。

独宜石泉侧，益觉入清听。

——延清楼四题之一，春风

再来近距离看看小有天园亭。在规模上看，园亭为前后檐圆形八柱间，是颐和园里点景亭榭中规模尺度最小的一种。抱柱上挂有一副楹联，内容有可能是清漪园时期遗留下来的。楹联为：

坞暖留云画栏新锦绣，亭虚待月福地小蓬壶。

"坞暖留云"讲的是小有天建筑群的"地理"之妙，"福地小蓬壶"讲的是这里如同一处道家的修行之所。而"画栏新锦绣"和"亭虚待月"则为此地所能看到的周围实景。

在颐和园景区内，涉及佛教的寺院和景点甚多，而涉及道教的景点极少。延清赏楼和"小有天"一组建筑应该是被乾隆皇帝明确指认的场所之一。联想到乾隆皇帝在杭州改汪庄为"小有天园"，而此处又充满道家的仙气，将此地与小有天园相联系也毫无违和感。

小有天的名称首见于《太平御览》卷四十："王屋山有小天，号曰小有天，周回一万里，三十六洞天第一焉。"后来，"小有天"引申为一种悬岩峭壁、崖中有洞的所在。宋代赵师侠留有《阳华岩》诗，其中有"萦回栈道泉湍响，疑似仙家小有天"，描述了一种理想中的道家修行环境。

五、对延清赏楼东侧石刻题记的联想和解读

近几年，为了继续完成"颐和园测绘笔记"的后山遗址部分，我曾多次从北宫门进园，有时会在穿门殿里喝一杯热咖啡，有时会躲到"小有天"周边游廊上倚靠在柱子上小憩。

有一次因为投食墙头上的野猫，无意中发现延清赏楼东侧内院里的风景。在一圈围墙环绕下，山坡上遗落有很多与万寿山地质一脉的红色石块，有的岩石上还刻有题记。距离小有天园亭较近的一

处石刻是阴刻脸盆大小的两个字：画峰。从字体风格上看很像乾隆皇帝的手笔。

从位置上看，岩石上的石刻被围墙包裹在一个半圆形空间内，只能给进入小院的人或站在延清赏二层楼上的人看到。延清赏楼的前后两边都不缺少看到远山近水的机会，为什么还要"画峰"呢？以远山来说，向西可以看到远处的西山和玉泉山，如果回头向东望，万寿山也近在眼前。

后来，当我读完乾隆为圆明园"小有天花板园"所写的题记，才将此处风物与杭州小有天园相联系：也许乾隆想延续圆明园处理窄小空间的方法在附近石壁上搞些提示，以比拟杭州慧日峰，从而将这组建筑与杭州南屏山一带的自然景观相联系。

圆明园长春园思永齐内因为用地狭窄，所模仿的小有天园只能是如同盆景园一般的写意园林，正如乾隆题记中所说："夫此为轩、为亭、为蹬、为池、为林泉、为崖壑，固不可历历手攀而足涉之者。"由于占地实在太局促，圆明园小有天的景色只能透过一排北侧的窗户来欣赏。乾隆在窗子上题有"罨画窗"匾额，而在"天井院"的其他三面则命人画上一些有关杭州西湖的风景画。

乾隆三十八年（一七七三）内务府造办处活计档曾记载乾隆对这个"壁画"工程的旨意：

思永斋小有天画墙三面，着魏鹤龄收拾着色见新。

证实了在这个"袖珍园"的三面墙壁上都留有皇家如意馆画师的作品。

按这个思路推演，尽管万寿山西麓一带风景已经属于真实尺度的湖山胜景，但在乾隆眼里，比之站在杭州南屏山向下俯瞰西湖的景色依然不足，所以要有"画峰"等题刻做些补充吧。

乾隆皇帝为杭州小有天园留有多首诗文，抄录一首。

佳处居然小有天，南屏北渚秀无边。

如依妙鬘云中住,便是超然劫外仙。

几曲涧泉才过雨,一园梅树欲生烟。

坐来拈句浑难得,不落空还不涉诠。

——题小有天园

如果把诗中的名称换换,这首诗同样适用于颐和园万寿山下的"小有天"。或许这就是延清楼和蕴古室都留有乾隆诗文,而万寿山下的"小有天"却未留诗文的原因吧。

读书短札

"鸡辟"为何物?

侯洪震

洛阳西朱村M1号曹魏墓出土的石牌上"鸡辟校短铗"以及青岛土山屯汉墓遣册木牍"鸡辟佩刀"中"鸡辟"一词具体指什么,范常喜先生曾撰文认为它是一种与"金""银""翡翠""白珠""白玉""碧㻁""车琚""玟瑰"等物相类的一种装饰材料,但未明确指出是什么装饰材料。其实"鸡辟"指的是犀角材料。

"鸡辟",或作"鸡璧""鸡必"。据范常喜考证,"鸡辟"是"鸡璧""鸡必"的本来书写形式。传为曹植所作《乐府歌词》的歌词云:"翡翠饰鸡璧,标首明月珠。""鸡辟"一词可能与"通犀"有关。"通犀"即"通天犀",常用来装饰剑,如《古乐府诗》"请说剑,骏犀标首,玉琢中央",士孙瑞《剑铭表》"臣有剑一枚,骏犀标首,蓝田玉琢",曹丕《大墙上蒿行》"带我宝剑……骏犀标首,玉琢中央"。而"鸡辟"正是一条附着在犀牛角上的纹理。葛洪《抱朴子》载:"又通天犀角有一赤理如线,……鸡欲啄之,未至数寸,即惊却退。故南人或名通天犀为骇鸡犀。以此犀角著谷积上,百鸟不敢集。"通天犀又名骇鸡犀。《楚辞》曰:"淹芳芷于腐井兮,弃鸡骇于筐簏。"王逸注及洪兴祖注引皆说明骇鸡犀与鸡骇犀是字字颠倒的同一物,此物在先秦时期就已有之。葛洪所言骇鸡犀角有一"赤理",有的版本作"白理"。但无论颜色如何,其能使鸡惊骇而却步。"鸡辟"可避百鸟以驱邪,所以用含"鸡辟"的犀角材料装饰剑。

高居翰的两次艺术史修正

宋石磊

"二战"后,在国内中国艺术史研究沉寂之际,美国艺术史研究达到一个高潮,掀起了明清绘画研究热。法籍驻京外交官让·皮埃尔·杜伯秋(Jean Pierre Dubose)等在纽约威尔顿斯坦(Wildenstein)的美术馆策划举办了"明清画展",出版了一部展览图录《明清大画家》。这次展览在美国大获成功,促成了"二战"后美国的明清绘画研究热。杜伯秋继而发表了在美国艺术史研究界颇具影响的论文《中国绘画新取向》("A New Approach to Chinese Painting"),直指当时西方艺术史研究只重视宋画的现象,而忽视了明清绘画的重要性,并进一步总结:"一种品位的符号,也是对过去世代无知的体现。"杜伯秋为西方提供了一种重新审视明清绘画的新眼光,并将董其昌和塞尚比较,推进了中西绘画比较研究的课题。高居翰是这一明清绘画研究热潮的受益者,他成长于伯克利,很早便展现了卓越的图像记忆和文字写作才能。他受到杜伯秋所策划的"明清画展"的影响,迸发了对明清绘画的研究兴趣,并将研究重心放在了中国晚期绘画——明清绘画——之上。最终,高居翰通过两本研究明代绘画的著作《江岸送别》和《气势撼人》,在不断变幻的文化历史语境中展开了对"二战"后美国艺术史的两次修正,拓展了艺术史研究的边界,开创了明清绘画研究的新范式。正如曹意强所评价的:"高居翰的学术意义就在于他运用西方方法解决中国美术问题,创造了有效的理论和方法论框架,在此关系中,中国固有的视角无法囊括的重要侧面得到了阐明,从而拓展了研究的途径。"(曹意强:《跨语境之鉴:高居翰中国绘画史文集序》,载《新美术》二〇一一年第四期)

一

一九七八年,高居翰研究明代绘画的力作《江岸送别:明代初期与中期绘画》(以下简称《江岸送别》)出版,这是继一九六〇年高居翰的第一部中国艺术史研究著作《中国绘画》之后的又一力作。高居翰所呈现的新的研究方法带来了海外中国艺术史研究的另一种可能,被认为是自喜龙仁(Osvald Sirén)的七卷本《中国绘画、主要画家及画论》之后,海外艺术史学界中国艺术研究的代表作。但也因其研究方法与传统的中国艺术史处理模式的巨大差别,一时在美国的中国艺术史研究界引起了很大的争议。瓦特逊(W.Watson)在其所写的书评中指出:高居翰的研究方法是"用马克思主义的理论"为指导的方法。瓦特逊指出了高居翰从外部考察的视野来处理艺术史,显然与传统风格学的内部风格研究和图像分析的路径大相径庭。对高居翰持反对意见的有韩庄(John Hay)、苏立文(Sullivan)和班宗华(R.Barnhart)。态度最激烈的当属班宗华,他在一九八一年六月《艺术通报》(Art Bulletin)发表的书评中,指出高居翰的一个根本性错误在于:他没有描绘晚明绘画艺术的总体风格,却转而称浙派为"异端派"加以贬低。高居翰缺乏历史主义客观立场的艺术史偏见显然是有失偏颇的。班宗华的指责很快便受到了高居翰的反驳,二人多次展开论争。

这一相对峙的两大派别的学界论争,论争的焦点集中在两种艺术史研究方法的分野,即高居翰所持"生活方式与风格倾向"(life patterns and stylistic directions)的对应分析(correlation analysis)方法与班宗华的纯粹艺术风格研究方法。这场论争表面看来是艺术史的评价问题,实则是美国艺术史学界长期以来根深蒂固的中国艺术史研究的方法之争，即"汉学与艺术史"论争积淀的结果，而这些论争显然正是关于美国的中国艺术研究如何走向纵深所日益面临的一个重要论题。这场论争由此引发了一个很重要的问题：艺术史书写者的立场，以及如何以历史主义的态度来客观评价明代绘画。

这场论争之于高居翰影响巨大，最突出的一个表现便是促使其修正了他的研究方法论和范式。高居翰在其后的《气势撼人：十七世纪中国绘画中的自然与风格》（以下简称《气势撼人》）一书中，对《江岸送别》论争中的来自学界的批判做了修正。从《江岸送别》到《气势撼人》，历经两次论争，经过研究方法论的两次修正，标志着一种艺术史研究范式的新转向，从而为美国艺术史学界的中国艺术史研究提供了一个与西方自文艺复兴以来的绘画形式与内容的传统艺术史表述方法迥异的理论维度。

《气势撼人》一书，缘起于高居翰一九七九年在哈佛大学诺顿讲座（Charles Eliot Norton Lectures）的系列演讲。该书被美国大学艺术学会（CAA）评为一九八二年度最佳艺术史著作——查尔斯·莫里奖。高居翰的老师马克斯·罗樾（Max Loehr）高度评价此书为西方学界中国绘画研究史上一部里程碑式的著作。在本书中，高居翰修正了《江岸送别》及其论争下的方法论和范式转向，展现了全新的学术理路："如何通过细读画作和作品比较来阐明一个时期的文化史而做的一次尝试。"其独特的研究路径在于：每一章都以一幅作品的细读或两幅作品的比较分析展开，从晚明画家的作品研究和风格形式分析切入，指出耶稣会传教士所引入的西方铜版画之"外来影响"的刺激是推动十七世纪晚明绘画革新的关键性因素。其核心论题为"外来影响"是十七世纪晚明绘画的关键，由此得出的一个结论是：耶稣会传教士对中国思想界产生了深刻的影响，使得本土的思想突破了传统儒家的藩篱，表现出一种新思想的可能性。

在本书尚未成形之际，高居翰在演讲时就已预知此书所提问题的争议性。果然，甫一出版，就在学界引起很大反响，引发了激烈的论争。大都是类似约翰·罗森菲尔德（John Rosenfield）的"非中国式"的批评：过分专注于研究方法的创新而忽视了中国绘画这一研究对象本身；对于研究方法的过分强调使得高居翰难以深入中国绘画的本质。方闻（Wen C. Fong）在《评高居翰〈气势撼人：十七世纪中国绘画中的自然与风格〉》的书评中对高居翰提出了批评，指出了其艺术史研究的"西方化"倾向，反映了一种西方长期存在的陈旧观念——将中国绘画当作泛西方世界的一部分，这一观念直接导致中西方文化与艺术二元对立的局面，由此陷入一种"文化相对主义"的艺术史偏见。同时加深了中西方文化之间的隔阂，易于造成艺术史研究的碎片化。

具体而言，这场论争的分歧主要集中在以下几个方面：

第一，中国学者以"东方学的幽灵复现"，进而指出高居翰"用了外来帝国主义的价值观点和诠释法，强制地套用在中国本土传统之上"（《气势撼人：十七世纪中国绘画中的自然与风格》，生活·读书·新知三联书店二〇〇九年版）。

第二，将欧洲中国艺术史研究方法套用在中国艺术史研究基础之上，运用"跨文化借用"的方法，即暗示一种文化强制另一种文化的观念。

第三，所谓"风格史"的研究是源于德国的沃尔夫林（Heinrich Wolfflin），从本质上讲是西方的，不适用于中国。

第四，关于高居翰指出的受到"外来影响"的晚明绘画作品与风格，中国学者力图从中国固有的绘画传统中找出先例来佐证，进而指出这一所谓的新颖手法并非是西方绘画的影响，而是来自中国绘画传统的启示。

这是高居翰在继《江岸送别》一书之后引发的第二次论争。虽然争议颇多，却直接促使他进行了第二次艺术史修正。从《江岸送别》

到《气势撼人》，高居翰对于艺术史研究方法论和范式转向的修正路径却清晰地呈现出来了。

在北京三联书店简体版新序中，高居翰开宗明义地表明了自己的立场："绘画只有通过绘画史才能进入历史"，中国绘画的研究必须以视觉方法为中心，但他同时也指出："这并不意味着我一定要排除其他基于文本的研究方法，抑或是考察艺术家生平、分析画家作品，将他们置身于特定的时代、政治、社会的历史语境。"（同上）这显然是高居翰针对班宗华在论争中的批判"离开艺术作品本身而向外求，越来越厌弃把艺术当作艺术看待了"（参见一九八一年高居翰编选的《班宗华、高居翰、罗浩通信集》，包括十四封通信和三篇书评，另附录罗浩汇编的《詹景凤论吴门画派》，高居翰一九八一年在中国的讲演稿，一九八二年的研讨会的发言提要，一九八〇年纽约"中国美术理论讨论会"的发言提要，以及高居翰的《中国画研究的五大难点》补遗）的修正。高居翰在《气势撼人》中进一步加强了对于艺术作品本身的分析，正是基于对大量中国绘画作品的研究，使得《气势撼人》展现了高居翰纯熟扎实的形式分析功力。从作品的细读和比较分析切入，以大量的视觉分析和绘画作品研究作为立论的基础。事实上，这种经过修正的艺术史研究路径无疑是成功的，以至于在后来的《画家生涯：传统中国画家的生活与工作》一书中，高居翰仍然延续了这种对于艺术作品的细读。而具体到画家的选择问题，也展现了高居翰的独特之处，他创新性地选取了张宏、吴彬等职业画家，这使其与传统的中国艺术史研究大大地拉开了距离。高居翰的依据在于：自北宋文人画崛起以后，中国的士大夫长期主宰着中国绘画史的主流走向和话语空间，文人往往惯于从自己的本位出发，选择有利于文人的观点，诸如对于技术的轻视，对于诗歌创作原则的重视，对于绘画思想性的强调。高居翰旨在提出与之相抗衡的另一种画史建构的路径，将以往被遮蔽的、边缘化的画家重新纳入绘画史。高居翰之重视视觉形式分析，辅之以作品细读的研究路径的独特艺术史价值在于其所针对的是国内学术界太过于拘泥文本研究的模式弱点,显然也是对传统中国艺术史研究拘泥于艺术作品风格的历时性自足演变这一问题的反拨和修正。

二

高居翰之于方法论的修正使得《气势撼人》开创了一种艺术史写作的新范式,带来了艺术史研究的另一种可能。需要指出的是,高居翰并非持一种西方"冲击—反应"的模式,也不是美国艺术史家詹姆斯·埃尔金斯(James Elkins)在《西方艺术史中的中国山水画》一书中所指出的艺术史书写的"西方化"问题,海外中国艺术史研究者以其西方化的个人意识形态对中国山水画的后殖民主义阐释。事实上,高居翰并非持一种欧洲中心主义的观念,恰恰相反,高居翰是基于对传统的中国艺术史研究方法的深深忧虑出发的,即传统艺术史研究所沿用的风格分析和图像阐释的方法是否还适用于新时代的语境?风格研究倾向于去描绘晚明绘画总的"风格"概括,太过于强调"分类",在一定程度上忽视了晚明画家的"个性"和创新性的问题。高居翰受到了迈克尔·巴克森德尔(Michael Baxandall)的影响,摆脱了早期的风格分析流于形式因素的弊端,即关涉作为一个实体的作品的形式因素,将形式特征视为点、线和块面等画面问题的不二法门,在一定程度上忽视了从文化与历史外部条件来分析阐释作品。高居翰强调艺术史的外部考察,这种艺术史研究方法显然与二十世纪初德国考古艺术史家亚多尔夫·米海里司(Adolf Michaelis)所强调的艺术史之考古艺术的视觉分析是一脉相承的。米海里司认为不应将考古艺术品仅仅作为研究的证据材料,而是肯定考古艺术品本身的自足性,倡导一种对于考古艺术品的形式和结构的分析阐释。高居翰以在《江岸送别》中提出"生活方式与风格倾向"

的对应分析方法来解决这一问题，并进一步在《气势撼人》中从风格分析和图像阐释之外的"社会与历史条件下的艺术"来研究晚明绘画。高居翰所持的是一种"大艺术史"的视野和世界艺术的概念。他力图更加深入地探讨艺术的生成逻辑，不停留于绘画作品之上，而是向外部不断延展，在文化、社会、经济、思想的大背景之下来重新审视晚明绘画。因而，在方法论上，他修正了传统艺术史侧重于内部的研究，转而借用了西方社会学、人类学和经济学的理论——诸如"赞助人""职业画家""业余画家"等——去重新阐释晚明绘画。对于晚明绘画的解读，高居翰显然有着更大的野心，他试图从以往中国艺术史学者的传统研究范式中抽离，开创一个艺术史研究的新范式。当时整个欧洲美术史的研究，有关艺术史的传记、证据的考证等基础性工作已经趋于完成，势必走向批判性分析和风格阐释。这显然是艺术史演变的合乎逻辑的新发展。但是，艺术史阐释的难度与限度在哪里？尚未弄清画作的确切时代与作者，在所收集的资料尚有限的情形之下，试图通过新的研究方法阐释晚明绘画的演变，难免又陷入了晚明绘画应该发生的这一虚假期望之上。

高居翰的视觉形式分析的艺术阐释路径标志着一种新的研究范式的崛起。晚明绘画充满了活力、变化与复杂性，我们能否从晚明的绘画作品中看到社会语境变迁与思想的表征？晚明画家的绘画作品又在多大程度上承载了时代的因素？面对耶稣会传教士引进西方绘画，明清易代，晚明画家所面对的是中西双重影响的刺激，又潜藏着怎样的文化张力？高居翰并不满足于从晚明绘画来看晚明历史的这一层面，恰恰相反，他要借助于晚明绘画画面结构所出现的新的视觉表现方式和图像表征，结合晚明到清初鼎革易代之际的天崩地裂的社会政治动荡，从画面的复杂形式构成里管窥晚明到清初文人士大夫的身份焦虑、情感认同和文化想象，以及文人士大夫的生命智慧，如何以绘画来建构一个安身立命的生命空间，编织现实世界中并不存在的幻象山水。

对于海外中国艺术研究而言，从艺术管窥整个文化史的变迁一直都是一个艺术史的颇为棘手的难题。如考察晚明绘画风格的"风格共相"时，如何将文人画家董其昌与职业画家张宏和吴彬相关联？从时代风格来看，又该如何处理前后"分期"的变化，以及中国晚期画家自身身份的变迁，如遗民画家的遗民心态与身份认同对于其艺术风格的影响？正如贡布里希所指出的："艺术有其自身的历史演进过程，假使没有传统知识的帮助，自然山水无法经由未经艺术训练的人来充分表达。"（E. H. Gombrich, *The Sense of Order: A Study in the Psychology of Decorative Art*）艺术史的进程有可能演变得很缓慢，却有其自身的某种逻辑存在，即中国绘画自身的自律性，忽视这一自律性则易于陷入一种"文化相对主义"的怪圈之中。虽然说艺术很难脱离其自身所处的时代历史语境，而艺术家本人也可能因为个人生计而不得不求助于"赞助人"，但是艺术仍有其自身发展的独立性存在。

从艺术史的脉络来看，高居翰在《气势撼人》中所做的修正使得"二战"后美国的中国艺术史方法论的革新又呈现出一种新面貌。事实上，高居翰所针对的是中国艺术史研究的"后进性"——中国晚期绘画高度因袭本土旧有传统的问题，即过分专注于中国艺术本身的自足性这一问题。

高居翰的这一艺术史处理与罗樾形成了鲜明的对照。罗樾在处理中国绘画"阶段和内容"之"分期"时，尽管其做了一个断代的划分，但他在"时代风格与内容"这一艺术史问题上，进一步指出"每一个时代的风格完全是由内容决定的"，而他本人则持有一种客观公正的艺术史书写态度，即"不加任何历史风格的描述"（Max Loehr : "Phases and Content in Chinese Painting"）。相较于罗樾，高居翰想要将这一艺术史研究问题推向纵深，无疑面临一个很重要的问题：艺术史修正的限度，即如何描述晚明绘画的历史风格变迁。关于"时代风格与内容"的变化，晚明画家张宏、吴彬等职业画家笔下所出现的再现自然真实面貌的这一新颖手法显然在中国传统画史是无先例可循的。其画面结构所呈现的复杂风格显然在以往中国艺术史的风格形式分析和图像阐释的研究框架中是无法解读的。针对这一研究困境，高居翰创新性地将晚明绘画的"外来影响"的刺激与北宋巨障山水的复兴问题整合到一个系统里面进行考察。但是，高居翰却未能对晚明绘画作品建立一种整体的"历史风格的描述"，这无疑又体现了艺术史推演的限度。

历史的原初语境决定了艺术史阐释的限度。高居翰受到时代风潮的影响，重视中国艺术史料之价值，而忽视了中国艺术所根植的本民族的文化精神之根。高居翰的问题恰恰是中国艺术史本土范式建构的风向标，处于探索阶段的中国本土艺术史研究，在全球命运共同体的时代，如何在世界艺术史中占有一席之地，重视中国绘画内在精神的把握和民族文化之根，这显然是中国本土艺术史研究范式建构的重心所在。

《肯特》

[美] 洛克威尔·肯特 著，汪家明、冷冰川 编　定价：149.00 元

肯特是二十世纪美国著名的画家、作家、冒险家，他曾经在世界各地游历，创作了许多描绘当地大自然风光的油画和版画，还撰写了一系列有关历险与探索生活的著作，并绘制了精彩的插图。他还为许多文学名著创作了大量插图。

《这是我所有》

[美] 洛克威尔·肯特 著　刘莉 译　定价：79.00 元

美国版画家肯特的自传。在阿拉斯加、火地岛、冰岛、格陵兰等地游历探险后回到美国，在阿迪朗达克山中寻找到隐秘的栖身之所，并在那里过着自在丰足的农场生活。

生活·读书·新知三联书店 新刊

李　芳

北平旗人的英国租客

一

　　一九三六年八月二十六日，本是前清锦州知府豫敬（一八六五至一九三八）收取前院房租的日子。他把北平宅子的前院隔开后，租给了重庆来的康太太。伊在此一连租住了七八年，从未拖欠过房租，委实是个好房客。康太太一家计划近日内搬回重庆，于是提出不再续租，本月租金以"住茶钱"相抵。"住茶钱"相当于租房押金，订立租房合同时暂押房主处，金额一般是一个月租金，可用以抵扣最后一个月的房租。这样一来，豫敬不免陷入忧思。自从民国肇建，他不再食俸，旗人赖以生存的钱粮也没了，只能一直靠着存款利息坐吃山空。房租是他的一大稳定收入，不能迅速出租，损失自然不小。

　　豫敬隶属满洲镶蓝旗，瓜尔佳氏，父亲崧蕃官至云贵总督。一八九六年，他考取总理各国事务衙门章京，一九〇五至一九〇九年间在清政府外务部任职，宣统元年曾接待过日本贞爱亲王等各国要人，是个见过世面的人物。豫敬的宅院位于西城，门前就是马市桥，约在今天的西四一带。根据一九三六年北平市财政局丈量登记的房契，这座宅子共占地五亩三分，即三千多平方米，计有瓦房、平台、灰棚、游廊共八十九间，后又添盖两间，共系九十一间。用于出租的前院计为一等房五间，二等房三间，并附带有一个独立花园。

　　不过，寻得稳定房客尤其是有能力按时缴纳房费的房客确实不那么容易。虽然陆续有人前来看房，但是直到一九三七年三月十九日，豫敬才在日记中记录道："今有人介绍英国人巴克斯，年七十余。原住石驸马大街，今拟租房，看此花园，甚为合意。"不过，这位英国人开出了几项条件："第一，须订合同几年；第二，屋中铺地板，院中油饰不齐整之处，亦须收什。"光是后一项的开销，大约就在千元开外。两天后，他又派瓦木匠前来查看房屋状况，还想要在现有基础上添盖一小间，并且改变原有的布局结构。种种要求看似苛刻，豫敬却觉得这仍算得上是一件比较称心的便宜事。首先，装修房屋的一切费用，已经言明均归租户担任，只是如果漏水，则由房东负责修葺；其次，虽然房租须酌情裁减，但是再三商议之后，定为每月三十三元，房东负责缴纳捐税。对方当下就爽快地付了定金五元，并说马上请木匠前来动工。相比起此前空置大半年的损失，无疑已经甚为划算了。

租房给外国人，需要房主和租户都具备一定的资质，也必须上报主管机关批准，办理一系列登记手续。二十世纪三十年代《北平市政府公安局修正外国人租赁房地规则》规定：有正当职业的外国人可在本市区内租赁房地居住使用，但不得开设行店公司经营工商业。作为房主，与外国人签订租房合同，首先需要到公安局购买"外人侨居租房之合同"，此外尚要预备相关的调查手续。豫敬也一早做好了心理准备："总之既租与外人居住，彼又自行修理，如此便宜事，不能不麻烦。"三月二十三日午后，他亲自前往位于"前清吏部旧址"的公安局，"局中卖合同处，系由窗内开一小洞，有人在内，先钱后纸，与胡同之小铺一样。凡买呈纸合同，均在此处也"。他按要求买了"外侨租房合同纸四份，报单一纸"，花费合计二元一角。

接下来的手续，巴先生委托他的中间人、中国人方玉书前来接洽。这位方先生办事牢靠，全权代表巴先生处理一切事务。豫敬与方玉书商妥各项细节之后，先签订了六份合同，官四份，私两份，分别签字盖章。三月三十一日午后,由豫敬再到警察局呈递官方合同四份,报单一纸。这时,才又被告知还必须要作为租客的外国人名片一张。他马上到石驸马大街巴先生寓所找方先生,值其外出,于是请仆人向巴先生要名片一张,又匆忙赶回警察局,将合同、报单、名片一同递上。审批的时间很是冗长,"问何日由何处发还,据云须三四礼拜,交本区发还"。果然,近一个月后的四月二十五日,豫敬才拿到由方玉书送来的、经过公安局批准的合同。

无论租与何人,房屋租赁均需要有铺保。只是一般情况下,仅是房东向租客要求铺保。租房给外国人,除了需要铺保为双方签订的合同进行担保,管辖本区的警察还要上门做实地调查。豫敬向北平市公安局呈递租赁合同后,四月五日,主管本区的分驻所巡官来见,"为英人租房事,须具结保",铺保需要保证"房主所租均与合同相符"。找到愿意担责的铺保甚是不易,他问了两三家,均不肯出保,不得不恳求自己的另一租户"三义公煤栈"盖上字号戳记,应付了事,交与第一分驻所收讫。哪知审核之下,仍是不合要求,因为合同铺保"元记钟表铺"仅是九等商铺,不合格,非七等以上者方可。幸亏方玉书有经验,"预为改保,当将合同带回,另觅六等铺保加于合同";并希冀"此合同有双铺保之戳记,总不至再有挑剔"。

豫敬为人谨慎,对于英国租客的改建和装修要求,预先为日后可能发生的纠纷堵住了漏洞:"所要者将来不住时所有添修各事件,均作为房东应有利益,不得拆毁及索价等事,须预先说明为要也。"又专门咨询了熟悉涉外事务的朋友,拟在合同中加入"合同批准后方可动工修理";"现在租期以三年为限,如续租再立合同定期"等语,以充分保障自己作为房主的权益。

四月二十五日,合同获准,第二天,巴宅已派瓦木匠前来修改屋中装饰,大约须二十余天可以竣工。如此着急,系因英国人目前居住的"张宅卖房期限已满,至五月十五日已过期一月,实无法迁延,不得不赶紧收什"。工程实际费时长达一个月，豫敬在五月二十六日的日记中写道："今日下午新房客英人巴克斯迁来。自二月初七日（笔者按：农历）与方玉书言定租妥，至今七十天，始迁移来居，因工程零碎，极力赶修，甚为草率也。"

二

豫敬的新租客英国人巴克斯，正是《慈禧外纪》（陈冷汰等译，中华书局一九一四年）、《清室外纪》（陈冷汰等译，中华书局一九一五年）等书的作者，著名汉学家埃德蒙·巴克斯爵士（Sir Edmond Backhouse，又译白克浩司、巴恪斯）。巴克斯一八七三年出生于英国约克郡的一个富有家族，一八八六年升入牛津大学，并开始自学多种语言。一八九九年二月，当他因主持海关事务的赫德大力举荐、手持张伯伦的推荐信抵达北京时，据说已经熟练掌握了俄语、日语和汉语。

一九一〇年，巴克斯与《泰晤士报》记者濮兰德合作撰写了《慈禧外纪》。《慈禧外纪》是清末实际统治者慈禧的第一部学术性英文传记，在英文版出版后的一年半之内，印刷八次，均销售一空，并被译为德、法、日多种文字，长期被西方学者奉为权威史料。书中收录了巴克斯在庚子事变中发现的稿本《景善日记》，作为义和团事件的第一手资料，这部日记的真实性从出版之日起即备受质疑，让中西历史研究者们多年来屡屡撰文展开论辩，聚讼纷纭。庄士敦、戴文达、刘逸生、金梁、房兆楹等著名学者都曾卷入其中。

关于巴克斯在北京的职业和身份，传闻很多。他中文极佳，在北京担任过的官方职务有使馆译员、京师大学堂教员、多家公司的商业代理人，同时又是学者、作家，以及口耳相传中的"英国政府的秘密代理人"，并曾卷入数起诈骗活动。为了厘清围绕于他的个人经历和《景善日记》的诸多疑云，牛津大学近代史教授休·特雷费-罗珀（Hugh Trevor-Roper）翻阅了大量政府文件和私人书信，为巴克斯撰写了英文传记《北京的隐士——巴克斯爵士的隐蔽生活》（胡滨、吴乃华译）。书中写道，巴克斯的著名丑闻包括以下数桩：他在大学期间过于挥霍，欠下了大量的债务无法偿还，于一八九五年十二月正式宣告破产，因躲避债权人的寻觅而出国谋求避难；他分别在一九一二、一九一四年分两次为牛津大学捐赠了数量惊人的中国古籍，仅第一批二十九箱就让牛津大学的中文藏书增加了将近四倍，一跃拥有了欧洲最好的中文藏书，只是在有意无意间将几部明版书夸大为宋版书；一九一八年，当他有意再次向牛津大学捐赠一部清宫原藏一万卷《古今图书集成》以及后续三万卷"著名的宫廷藏书"时，收取了巨额的国际运费以中饱私囊；致命一击来自让他在欧洲学术界声名鹊起的《景善日记》，被前雇主莫理循公开质疑是刻意伪造的一件赝品。

根据传记中的考证，巴克斯屡次向牛津大学捐赠古籍的直接目的，是在母校谋求一份汉文教授的职位。经过数年的努力争取，在几乎胜券在握的情况下，一九二〇年，这一职位最终花落另一位学者苏慧廉。历经风波之后，巴克斯再一次离开伦敦，回到北京，慢慢断绝了与欧美朋友的一切联系，离群索居，立志成为一名北京的隐士，将所有的时间用于写作和研究。上文提到的张宅，就是他此前居住的、位于石驸马大街十九号的宅院。这所住宅是一九一二年之后巴克斯在北京的长期住所，非常神秘的是，他将房屋所有权转让给了自己的仆人张和才（音译），一直以朋友或租客的身份居住在那里。更为离奇的是，一九三七年，张和才被人谋杀，此宅急于变卖，巴克斯由此才匆匆搬入豫敬家的前院。

三

根据豫敬在日记中的描述，"巴君身体高大，虽年老而体格雄健，一部长髯及胸"。这与巴克斯照片中的形象基本相符。长须是巴氏的标志之一,他的打扮一直很中国化,常常身着深色的中式长衫,戴中式便帽,按照中国古老的式样在帽子前边钉上一大块玫瑰色的水晶。

在此段时期与巴克斯有过交往的法国出版商魏智回忆说,巴克斯再次回到北京之后深居简出,避免与他本国的人士交往。据说,当他出门时,就派他的中国男仆走在前面,看见任何西方人士时便警告他。如果他偶尔去旧城墙上散步时遇见西方人,他掉头就走。如果他坐在黄包车上碰见西方人,他便用手帕遮住他的面孔。这也与豫敬的观察完全一致,"巴克斯不愿与人来往",据他偷偷从门隙观察的日常生活状况,"屋中空洞无陈设,亦无桌椅,晚亦不燃灯,仅开一灯,少时即闭。屋中一人,毫无声响。闻饮食一切极简单,甚重卫生,每间数日,由医生检验身体一次"。

不过,在北京生活了三十余年,巴克斯显然极为熟稔中国的礼仪,搬家之前,曾专门送来打扫费用十元,分给豫敬家的下人;在搬入的第一天,他即派方玉书代他前来拜会主人,不过事先言明"因不愿见生人,挡驾回拜"。他的语言天赋,豫敬也不可避免地注意到了:"渠每日看报廿份,中外皆有。"

隐居的生活中,巴克斯沉浸于读书和写作,还以研究中国历史和中国书法为消遣。他对外宣称的写作计划包括编撰一部大型的中文辞典,翻译他新发现的李莲英回忆录和撰写一部关于清朝皇帝生活的著作。这些工作都建立在广为人知的成就之上:他曾修订过禧在明的《袖珍汉语会话辞典》,掌握了蒙古语和满语,对中国史籍也非常熟悉。为搜集写作素材,杜绝社交的巴克斯还曾向豫敬打听相关的人物信息:"巴先生询问外务部驻俄使臣塔,何名一时记忆不清,至晚始想起系塔什纳,号木庵。伊所问者,系庚子殉难之怀塔布也。"实际上,两人交游圈的交集不少,应该不乏共同话题。豫敬曾在外务部任事数年,接触过当时的英国驻清公使朱迩典,后者与巴克斯之间渊源匪浅。此外，他还继续为领事馆从事着"低稿酬"的翻译工作。与此同时，他也强硬地应对着来自西方的、对《景善日记》的怀疑和批评，坚称"发现《景善日记》的情况就是如我所写的那样，我的整个叙述都是对事实所做的确凿的客观说明"，并准备针对戴文达、刘逸生的文章提起诽谤诉讼。

在巴克斯晚年为数不多的几位西方友人眼中，他是"一位很有魅力的，充满生活经历和缅怀往事的老先生"，"手中拿着一杯威士忌酒，这是大夫给他开的药方，用来升高他的血压"。他们多次拜访过巴克斯租住的豫敬宅子之前院，甚至明确给出了它的具体位置：西城羊肉胡同二十八号。他们认为这是一处极好的隐居之所，当然并不清楚房主是何许人："他居住在一所相当宽敞的、有花园的中国式住宅中，看来生活得很舒适。"它位于北平最为繁华的闹市区，豫敬常常记录自己出门"踏街"，步行到西单闲逛、购物；或信步到北海游园。巴克斯选择隐居在此，颇得大隐隐于市的真谛。

四

巴克斯搬进豫敬的前院后一月余，一九三七年七月七日，卢沟桥事变爆发，中日冲突顿起，日益严峻，各国驻北平大使馆纷纷邀请本国侨民迁入使馆区。豫敬的日记自七月二十七日陆续记道："巴先生为英使馆及教会来接其暂避"；"昨日即知今日信息吃紧，英使派人来接巴先生暂为躲避而巴先生不愿前往，又一再催请，始于十一点前去。"豫敬也借由他的行踪来判断交战局势："唯今日巴先生未归，大约无甚好消息。""前院巴先生由英馆归家，大约现时不至有他虞。""各报无甚登载，唯巴先生云：消息仍不佳。恐仍须赴使馆躲避。"根据《北京的隐士》一书所言，巴克斯的刻意隐居让他成为一个传说中的人物，当他出现在英国使馆时登时引起了轰动，英国使馆两位年轻的外交官乍一听闻大名，"几乎向后摔倒"。只是，当北京恢复秩序后，他又一次销声匿迹了。

时局紧张，未来不可预知，但每月按时缴纳的房租起码让豫敬减少了一点后顾之忧，他对巴克斯的入住感到极为宽慰。十一月，北平政府为增加房屋税又来上门调查，豫敬家登记的缴税房屋比实际房屋尚多两三间，房捐因此又增加若干元。他在这晚的日记中写道："幸而前院春间租与巴先生，否则至今亦不能租出，即或租出，经此事变，亦恐有迁移之虑。虽空闲房屋，亦要照纳，此真不讲情理之尤者也。"

不过，根据巴克斯的传记和朋友丹比夫人撰写的回忆录，一九三九年八月，日本人侵入了他的住所，将他多年积累的手稿、资料统统付之一炬。这处遭劫的住所，应该就是豫敬租给他的前院。只是豫敬本人并没有亲眼见到此番惨象，一九三八年二月二十日，豫敬的日记戛然而止。此前数日，他记录自己无意间着凉，浑身无力，食物不能下咽，不得不前往求医。他留下了日记中的最后一句话"陈滞一清，火自降也"，即因病去世，享年七十三岁。

自一八九九年初次来到北京之后，巴克斯的余生大都在北京度过。一九三九年之后，他先后避居在奥地利公使馆、英国公使馆和一所法国天主教医院，并完成了最后一部文稿、自传体回忆录《满洲的衰落》（书名原为法语，中文版译为《太后与我》）。这部手稿由临终前照顾他的友人、瑞士医生贺普利（R. Hoeppli）保管多年后，辗转交给牛津大学博多莱安图书馆收藏至今。此书披露了他与慈禧太后之间的秘密情事，出版之后引发了巨大争议。他曾希望在战争结束后，隐居于西山的一座寺庙度过余生。一九四四年一月八日，他逝世于北京，葬于阜成门外天主教会的查拉公墓。

（《豫敬日记》，《中国近现代稀见史料丛刊》第七辑，凤凰出版社二〇二〇年版）

外国旅行文学中的中国铁路故事

黄强

自十三世纪以降,西方的旅行者就开始向遥远而神秘的东方世界前进,留下了数量庞大的文字记述。他们中的一些人沿着古丝绸之路前往传说中的"华夏,"有的人则另辟蹊径,穿越西伯利亚地区,到达中华大地,而其他的一些人选择通过水路,沿着印度洋航线,穿越马六甲海峡后北上,抵达中国的南方省份。在他们留下的著述中,中国的形象也是五花八门、异彩纷呈。而在二十世纪,中国依旧是西方旅行者们热衷的目的地。以西方文艺界为例,以威·休·奥登、克里斯托弗·伊舍伍德、欧内斯特·海明威、诺埃尔·考沃德、阿尔多斯·赫胥黎为代表的许多文艺界人士先后在二十世纪上半叶到过中国,他们中的一些人甚至著书立作,记叙自己在中国的这段经历。而在新中国建立后,随着我国工业化和现代化建设的不断发展与深化,来自西方的访客一方面依旧源源不断地来到中国,另一方面,这些访客也目睹了新中国现代化发展的进程。在不同的历史时期,他们写下了自己对于这片遥远土地的观察和感想。而承载这一切的往往就是他们乘坐的交通工具——火车。

一、西蒙娜·德·波伏娃的"长征"

一九五五年九月,法国思想家西蒙娜·德·波伏娃与其伴侣让－保罗·萨特响应周恩来总理"到中国来看看"的倡议,对中国进行了为期约两个月的访问。当时的波伏娃刚刚凭借《第二性》

与《名士风流》两本著作,成为西方思想界热议的中心以及龚古尔奖的宠儿,风头正劲。

抱着见识中国真实面貌的初衷,波伏娃受周总理之邀,访问了北京、沈阳、南京、广州等城市,并出席了当年的国庆大典。波伏娃在结束访问返回法国后,将她在中国的见闻出版成了一部题为《长征:中国纪行》的专著,向西方展示了一个蓬勃发展中的中国,并高度赞扬了新中国所取得的进步。

而作为其主要交通工具之一,火车在波伏娃的这段经历中扮演着重要的作用。它不仅拉着波伏娃穿行在这片广袤的大地上,还为她提供了直接观察中国的机会。当时的火车速度比现在要慢上不少,按波伏娃的记叙,"从北京到奉天(沈阳)要二十个小时,到南京要三十个小时,到广东则要三天"。虽然铁路上的旅程难免让人感到疲劳,但年近半百的波伏娃还是兴奋于自己"中国火车梦"的实现。正是在自己的软卧车厢中,波伏娃"发现"自己在清晨醒来时,正"在一望无际的高粱地里奔驰",驶向共和国的工业重镇沈阳;在夜色中的长江畔,为"火车还得依靠轮渡过河"一事而感到新奇;惊讶于上海周边地区的富裕,从车上遥望着屹立于远处的"工厂的烟囱和摩天大楼";沉醉于"杭州和广州之间的农村"景色,也好奇于中途停车时,流动商贩们兜售的"馒头、烙饼、水果"和母鸡。在这些记忆中,最让波伏娃印象深刻的始终是中国人民的勤劳和奋斗。途中,她感慨于自己"在其他任何地方都没有看到过有这么多农民在田里劳动"。在抵达广州后,她回忆道:"我久久不能忘记那个平原,数百万人在那里耕地,没有机械工具,也没有牲畜。这是一种财富,它使中国得以建设它的未来。"

此外,在漫长的火车旅途中,波伏娃更是通过与毛泽东主席、周恩来总理以及以茅盾、陈学昭为代表的中国知识分子们的接触,加深了对中国的理解,认识到当时的中国尚处于现代化建设的初期阶段,"过去的影子仍未消失",现代化的建设目标"也不可能一步到位",但是,正像波伏娃在《长征:中国纪行》的结尾处使用的铁路隐喻所述:"中国已经找到出路,正奔向无限的未来。"

二、斯蒂芬·斯彭德、大卫·霍克尼的"中国日记"

一九八一年五月,七十二岁的英国诗人斯蒂芬·斯彭德和四十四岁的英国画家大卫·霍克尼以及他们的助手受邀来到中国,进行了为期三周的访问,到访了包括北京、香港、西安、桂林在内的多个中国城市,与中央美术学院、《诗刊》杂志编辑部、南京书画院等单位的青年艺术家、诗人、学员进行了友好的学术文化交流。

虽然他们在中国的游历过程中多是乘坐飞机,穿梭在访问的城市间,但是他们在由杭州前往无锡以及由无锡前往上海的旅途中还是获得机会,体验了一把中国火车之旅。两人均是第一次到访中国,"在去中国之前",他们"完全没有任何关于这个国家的概念"。因此,中国大地上的一切对他们而言,都是新鲜而"神奇"的。在火车上,车厢的"软硬"之分吸引着他俩的注意力。

与此同时,车上中国乘客的面貌也使他们开始思考中国在改革开放之后发生的变化与产生的新局面。在他们眼中,八十年代初的中国大众已"与中华人民共和国建立之前的完全不同",仿佛新中国的建立与发展"解放了他们真正的中国特性",使中国人民"看起来更为幸福,或许也更接近他们的内在特性"。此外,在火车上,通过与向导林华的交流,两人进一步地了解了中国自改革开放以来发生的变化。这种变化不仅发生在经济建设层面,也体现在老百姓的生活方式和思维模式上。这些都让斯彭德和霍克尼印象颇为深刻。大约半年后,当霍克尼回忆起这段经历时,他说道:"我们三人长达三周的旅行非常愉快、激动。……这也是难以忘怀的回忆。"他甚至感慨:"艺术家经常要旅行,因为他们认为这是他们感兴趣的事情,或他们知道这一定会让他们感兴趣的。"但他同时也意识到自己有限的知识使自己无力对中国"做出客观评价、判断",抑或它们自身就"难以归类"。

霍克尼的困惑与词穷一方面可能源自历史底蕴深厚的事物所具有的复杂性,另一方面也呼应了八十年代初中华大地上发生的巨大变革对这片土地和在这片土地上生活的人民所带来的影响。对此,霍克尼打了一个比方,"当地的每件事物都是复杂的:火车上的塑料椅子和优雅的丝质布料呈鲜明对比",却也被并置在一起,在看似不协调的状态中透露出一种秩序和必然。

三、保罗·索鲁的"铁公鸡"

在斯彭德和霍克尼访华五年后,著名的美国旅行作家保罗·索鲁也专程从欧洲来到中国,开始了自己的中国火车之旅。"在长达十二个月的旅程中",索鲁"搭乘了近四十趟列车",跟着他口中的"铁公鸡",走遍了中国大江南北的许多地方,并根据这段经历完成了其代表作之一的《骑乘铁公鸡:搭火车横越中国》。该书一经出版,便获得读者欢迎,随后还获得了托马斯·库克旅行文学奖。与斯彭德和霍克尼不同,索鲁的这一次旅程并非是其第一次到访中国。早在几年前,他便顺着长江而下,乘坐游轮走访长江沿线城镇,并出版游记《船行中国》。

在《骑乘铁公鸡:搭火车横越中国》一书中,索鲁延续其标志性的辛辣笔风,以诙谐的口吻描写着一路遇见的人和事。急着下班的列车员、拥挤的月台人群、不干净的列车洗手间乃至一些乘客的不文明行为皆没能躲避得了索鲁的调侃。即便如此,在他的书中,他依旧"勉强地"承认,"中国似乎是一片丰饶的沃土",同时也肯定了中国传统文化与古代科学发明创造对于世界文明发展做出的贡献。与波伏娃、斯彭德和霍克尼一样,他对于中国的第一印象也是

"一切都是新的：新的出租车，新的建筑，干净的街道，鲜亮的衣衫，各式各样的广告牌"。但他也敏锐地察觉到，拥有这些新事物的中国城市"不像一个供人居住的城市，反倒像是为游客和商人这样的来访者服务的"。他的话在一定程度上也反映了八十年代中后期中国社会发展的新面貌，即随着改革开放进程的深入，中国正以一种愈加积极的姿态，投身于对外交流事业，参与到全球化的进程中。城市中"在建的"酒店、餐馆、百货商场、外语学校和外文书店中的外国文学原著皆是这种趋势的例子。这种新的社会氛围也被索鲁敏锐地捕捉到。

正如索鲁在从蚌埠前往南京的列车途中所写："六年过去了，现在是春天，一切都太不一样了。……整个国家比以前更加青翠葱郁，显然也更加欢快和充满希望。这并不是幻觉，而是一个全新的甲子。"虽然索鲁这段话是在形容当时铁路沿线春日耕种景象与上次冬日到访时的所见不同，但它在一定程度上也可以视作索鲁对短短六年间发生在中国大地上的变化的感慨。正如索鲁自己所说："在火车上，人们总是显得若有所思。"而这段旅程也"融入"了索鲁的生命和文字中。

四、西内德·茉莉熙的"铁路"跨文化反思

北爱尔兰女诗人西内德·茉莉熙既是托·斯·艾略特诗歌奖的获得者，也是目前该奖评委会的主席。二〇〇三年十一月，经由中国作家协会与英国驻沪总领馆文化教育处共同组织，四位中国青年作家和包括茉莉熙在内的四位英国青年作家一道，乘坐火车，从上海出发，途经北京、重庆、昆明、广州，最后到香港，完成历时十六天、行程超过一万公里的文化交流活动。途中，八位作家通过官方网站定期更新旅行日记，以文字的形式，记录他们在各个城市的活动情况以及两国作家间的交流细节。活动结束后，八位作家的

作品被集结成册，取名《灵感之道》。该书收录了由茉莉熙创作的一首题为《中国》的长诗。全诗由九个部分组成，以细腻的笔触勾勒出了九个关于中国的片段，其中又混杂着诗人关于故土的回忆。它文辞清新秀丽，以平淡的语言记录了这段旅程中的一切以及诗人的内心世界。

旅途中，她常常"站在软卧车厢的窗户前，欣赏窗外转瞬即逝的风景"。随着火车的前进，穿梭于中国社会的不同发展层面，先后领略了上海和北京的现代，目睹了中国在新世纪初的现代化发展进程，也在重庆和昆明见识了中国社会中传统、原始、贴近自然的一面。最终，当火车驶向广州和香港时，她再一次被带回到"现代"社会，沉浸在受到现代工商业发展巨大影响的社会形态中。

就像火车往返于城市与农村、现代与传统的行进路线一样，茉莉熙的《中国》一诗似乎也始终处于一块中间地带，游离于现实和想象、真实与虚幻之间，虚无缥缈却又触手可及。这种若即若离的创作方式似乎是对其前一部诗集创作主题的延续，展现了茉莉熙在跨文化语境下对于异域文化的观察和文学探索，思考了以"这儿"和"那儿"为代表的不同文化间的关系，特别关注了两种文化之间的诗人面临文化冲击时感受到的困惑。这种困惑、迷茫和失落被茉莉熙刻意表现在了《这儿和那儿之间》的开篇部分——"我的声音从船上摔下，被冲上海岸／我在日本海上垂钓的那天／一座核反应堆映入眼帘"。同时，这种若即若离的创作方式似乎也是在暗示诗人所面对的一种"困境"，即一种"试图在生活片段把握生命本质的徒劳"。正如茉莉熙在《中国》一诗的第五部分中所写的那样——"几个小时过去，只剩下我苍白的脸庞在绝望中扭曲，／我的双手抓不住时光，就像我总是抓不住鱼儿一样"。面对"困境"时，茉莉熙从没退缩。她在《中国》的第一部分中写道："有一个国家，它不存在，所以必须被展示出来。"这句话的意思看似自相矛盾，但它暗示了一种态度——一种坚定的"在生活片段中把握生命本质的"决心。而茉莉熙的应对策略就是"在拂晓前收起窗帘,备好墨水",奋笔疾书,记录下车窗前的一切。

茉莉熙与之前几百年以来到访过中国的西方旅人一样,被幅员辽阔的东方巨龙散发出的传统和魅力所吸引。据茉莉熙的随行翻译回忆,当列车从上海驶出时,她格外兴奋。她站在半开的车窗前,望着远处地平线上变幻的天空颜色,认为它那么"美好而充满诗意"。在她看来,"中国太大了",如果在英国坐二十三个小时的火车,"火车可能已经开到海里了"。除了感叹中国幅员辽阔以外,中国的地理标志乃至硬座车厢里的普通乘客也都成为茉莉熙笔下的描绘意象。这些中国元素如同车窗外的"风景"一样,在诗人的眼前"滚动播放",进入"历史",进入了茉莉熙的诗行。

与此同时,茉莉熙也对中国在过去的几十年取得的发展和进步感到惊讶。她在当时的旅行日记中写道:"截至目前,最让我感到惊讶的是中国道路上的汽车数量。"在北京,茉莉熙惊讶于城市中的道路总是被各种汽车堵得水泄不通,这与她记忆中九十年代的中国截然不同。在她的记忆中,北京还是那个见证乌乌泱泱的自行车大军每日来往的古都。在四位英国作家看来,二十一世纪初的"中国就像一片巨大的建筑工地,到处都有人在盖新楼,中国人正忙于改善自己的生活"。同时,茉莉熙与其他几位英国作家也都注意到了现代化对于中国社会造成的挑战,特别是自然环境污染问题。正如同行的作家利特所说,传统和历史的痕迹似乎在蓬勃的现代化建设中被抹去,这虽然"活力四射",但也"无情",让人感到忧虑。利特将中国的新兴城市与古朴的伦敦相比:"伦敦已成为一个逐渐凝固的古典城市,你有可能经过一条萨缪尔·约翰逊在十八世纪走过的街道。而在中国的大都市里,哪怕在市中心都在发生宏大的变革。"一方面,他的话是其基于自己的文化背景对中国当时的发展所做出的评价;

另一方面，中国发生的变化似乎也给了他一个机会，重新审视自己的故乡。

类似的情况也出现在茉莉熙的作品里，诗中的说话人一方面谈及现代化给中国社会带来的改变，例如"斗轮式挖矿机、工厂、养鱼池和私家菜地 / 在冷清而又肮脏的筒子楼间争夺着空间""一座接一座被煤灰覆盖的城镇"。而针对环境污染问题，茉莉熙在同时期创作的另外两首诗歌中做出了她的回应。在《鸟瞰戈壁》一诗中，诗人隐晦地提及当时北京的沙尘污染问题——

每年，一万桶黄沙将被倾倒在

北京的大街上。

有几天，他们感到害怕

大地下起了沙雨。

相似地，在茉莉熙的另一首同期诗歌《黄帝内经》中，她以中国传统医学经典为出发点，关注生态环境平衡问题。表面上，该诗探讨了中医关于健康、疾病和治疗方法等议题，关注了中国传统医学试图构造人体内部和谐状态的做法。但是，该诗真正想表达的实质内容是从生态批评的角度出发，以人类身体隐喻自然界的生态系统，强调生态系统内各组成部分都该维持平衡状态。本质上，这首诗是一次以中国文化为参照物，重访当代西方社会关切的环保议题的尝试。这种以中国为镜，观照自己本土文化的做法在《中国》的第二部分中也有所展现。诗中，说话人回忆起儿时与兄长在德比郡的欢乐时光。在说话人的回忆中，林荫大道、草地、双层巴士栩栩如生、惟妙惟肖。但随着一个针头的出现，回忆的气球被无情地扎破，时间的"重启"却更像是一次"停滞"，说话人瞬间遁入另一个空间隧道，感叹"我迷失了。/ 再也回不去了"。这种游离于回忆与现实之间，时间的停滞和流动之间的情景描写，辅以结尾关于说话人到底"迷失"在现实还是回忆的悬念，都不免让人联想起中英两国在不同历史发展时期所呈现的不同发展状况以及是否会在全球化、现代化、工业化的时代背景下呈现循环式的交替模仿。

正如加拿大女作家艾米丽·圣约翰·曼德尔于二〇〇九年在美国文学杂志《百万》上评论的，对于许多作家而言，列车不失为一个不错的创作场所。这一说法也的确在以上作家的案例中得到了证实。老式绿皮火车充满节奏感的不断前进就像流淌在诗歌中的韵律一样，为他们的作品注入活力。同时，中国对于身处火车中的外国作家而言，不仅是一幅神秘的东方卷轴，也是一块明亮的镜子，在东西方两个文明间建立无形的联系，让他们在颠簸的旅途中得以回望故乡，在遥远的东方反思家乡的过往和作家在这种情景中所扮演的角色。茱莉熙在家中书房墙上悬挂一幅《静夜思》的书法："床前明月光，疑是地上霜。举头望明月，低头思故乡。"也许，这就是对茱莉熙那次中国火车文学之旅最恰当的概括吧。

《读书》编辑部编辑

主管：中国出版传媒股份有限公司
主办、出版：生活·读书·新知三联书店有限公司

总　编　辑：肖启明
副总编辑：
　　　　　 常绍民
主编（兼）：
副　主　编：刘蓉林
出版总管：李学平
编　　　辑：饶淑荣／卫纯
市场经理：张惟
装帧设计：陆智昌／薛宇　印制主管：张雅丽
发行总监：周旭（010）84681050
读者服务电话：(010)84050425 84050451
邮购地址：北京市朝阳区霞光里9号B座
三联生活传媒有限公司　邮政编码：100125

《读书》微信公众号
扫码购买《读书》杂志

投稿邮箱：sdxdushu@vip.sina.com

地址：北京美术馆东街22号
邮政编码：100010
印刷：北京中科印刷有限公司
国内总发行：北京报刊发行局　国内代号：2-275
广告经营许可证号：京东工商广字第0063号
ISSN 0257—0270　CN11—1073/G2

无声的中国

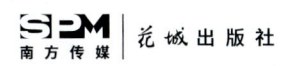

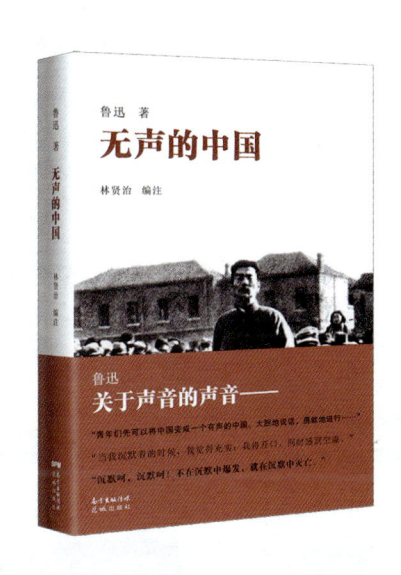

鲁迅 著
林贤治 编注

2022年1月出版
定价：89.80元

鲁迅的声音是丰富的，他所倾听的声音也是丰富的。在他这里，甚至沉默也是一种声音。

作为一个清醒的启蒙主义者，要把奴隶变成真正的国民，鲁迅以笔为刀，单身鏖战，呐喊振聋发聩。同时，鲁迅倾听大地，倾听人民，倾听自己，倾听时代与内心的声音。

本书由著名学者、鲁迅研究专家林贤治编注，选编与声音有关的小说、杂文、散文、散文诗、诗歌、书信，从声音的角度重新阅读鲁迅、认识鲁迅、循声寻找鲁迅——他在一个黑暗的时代里的所见、所闻，包括那众多驳杂、幽微到几乎无法识辨的声与影。

中国出版集团好书榜

中版好书 引领阅读

2022 年第 1 期

主题出版

中国冬奥	人民文学出版社
百年风华正茂：中国共产党的征程	研究出版社
中国农民城	人民文学出版社、浙江人民出版社

人文社科

国家宝藏（第一季·第二季·第三季）
　　　　　　　　　人民文学出版社
为什么世界不存在(未来哲学丛书)
　　　　　　　　　商务印书馆
两岸七十年：中国共产党对台决策与
事件述实　　　　商务印书馆
翠微却顾集：中华书局与现代学术文化
　　　　　　　　　中华书局
DK穿越时空的中国长城
　　　　　　　　　中国大百科全书出版社
人居北京：唤醒工业遗产
　　　　　　　　　中国大百科全书出版社
尧风舜雨：元大都规划思想与古代中国
　　　　　　　　　三联书店
当德鲁克遇见孔夫子　东方出版中心
这才是中国！日本青年眼中的先进社会
　　　　　　　　　中国民主法制出版社
历史的烟火　　　华文出版社
毁灭与重塑：20世纪的欧洲
　　　　　　　　　现代出版社
汉学家与儒莲奖
　　　　　　　　　生活书店出版有限公司

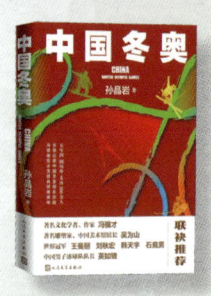

中国冬奥　人民文学出版社

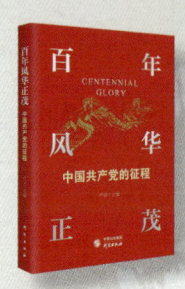

百年风华正茂：中国共产党的征程　研究出版社

为什么世界不存在　商务印书馆

翠微却顾集：中华书局与现代学术文化　中华书局

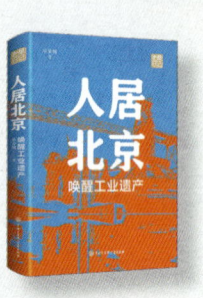

人居北京：唤醒工业遗产　中国大百科全书出版社

尧风舜雨：元大都规划思想与古代中国　三联书店

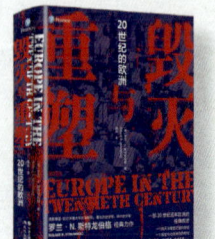

毁灭与重塑：20世纪的欧洲　现代出版社

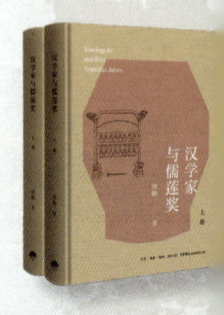

汉学家与儒莲奖　生活书店出版有限公司

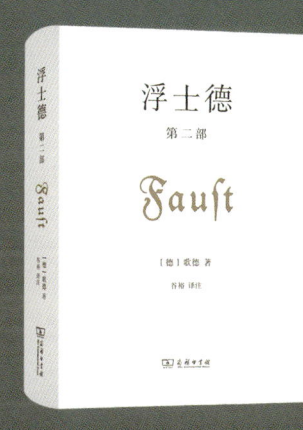

浮士德
（第二部）

《浮士德》第二部主体作于1825至1831年间。第二部是歌德76至82岁间的创作，浓缩了其毕生实践和思考。第二部上演"大世界"，即公共领域事物，涉及广泛，政体形式、经济金融、学院学术、历史更迭、军事作战、围海造陆、海外劫掠等，被悉数搬上舞台，囊括歌德时代乃至整个近代史上，德国和欧洲的重要事件。且人类社会景象，又与其时自然科学类比映照，如以火成说、地震、地质地貌学原理比照革命；以炼金术古法杂糅无机化学，制造人造人；以气象学关于云的分类，映衬层层向天界飞升。歌德时代繁荣的人文科学话语、科技手段、对古希腊的考古发现，亦无不蕴于其中。

ISBN：978-7-100-20371-5
[德] 歌德 著
谷裕 译注
定价：120.00 元

德意志史

什么是"德意志史"？这片叫作"德意志"的土地何时开始拥有自我意识？它如何崛起为中欧强权？在瑰丽的民族文化与扩张的帝国情怀之间，它又是怎样摇摆纠结的？在战争的废墟中，它如何实现了涅槃重生？数位德国历史学家联手，从政治、经济、社会、文化、精神等各方面出发，全面而简洁地回答了上述问题，并努力跳出民族国家的框架，从更为广阔的全球史视野来解读一个民族的成长历程。

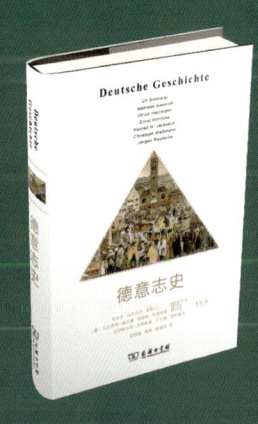

ISBN：978-7-100-20385-2
[德] 乌尔夫·迪尔迈尔 等著
孟钟捷 葛君 徐 玮 译
定价：78.00 元

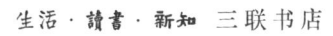

解读早期中国

我们永远也不可能获知当时的真相，但仍怀着最大限度迫近真相的执著。

2009年，我出版了第一本写给公众的书《最早的中国》，阐释"二里头文明的崛起"。此后的《何以中国》，描绘了东亚大陆最早的广域王权国家诞生的背景，《大都无城》是对中国古代都城这种"不动产"的全面盘点。《东亚青铜潮》更对整个东亚大陆"前甲骨文时代的千年变局"做了鸟瞰式的扫描，是关于早期中国最重要的高科技"动产"——青铜及其冶铸技术的梳理与整合。如果《最早的中国》《何以中国》是从"微观"到"中观"的话，那么《大都无城》和《东亚青铜潮》则具有"宏观"和"大宏观"的视角。现将这四本小书集成"解读早期中国"系列，它是我引为毕生志业的早期城市、国家和文明"三早"研究的概括，也真实记录了我在新世纪第二个十年的人生轨迹。愿与读者诸君共勉。

ISBN:978-7-108-07273-3
定价：298元（全四册）

地址：北京市东城区美术馆东街22号　邮编：100010

读书

5
2022
May

王铭铭　新中国人类学的"林氏建议"

李　零　北京中轴线

李隆国　穿过针眼：一曲别样的教会胜利史

段志强　看脸时代

刘宗坤　"敢于追求幸福"

孟　刚　事了拂衣去　深藏身与名

· 文墨与家常 ·

一以贯之

王蒙 文 康笑宇 图

《自白——马克思答女儿问题》记载说:"您最珍重的品德:朴素。

"您的主要特点:目标始终如一。"

孔子的说法则是:"吾道一以贯之。"

这是价值、方法、义理的坚定性,明确性,它与马克思之说,语义上十分接近。他们都相信,三观并不复杂,不含糊,不会混淆也不必犹疑,其他怪力乱神也好,巧言令色也好,奇谈怪论也好,不必理睬。孔子又说:"吾道不孤,必有邻"。马克思的说法是:"理论一经掌握群众,也会变成物质力量。"同时,"批判的武器不能代替武器的批判"。这是文化自信,也是以人民为中心。

孟子说:"天下定于一。"孟子还说,"不嗜杀人者能一之……天下莫不与也……天油然作云,沛然下雨,则苗浡然兴之矣。其如是……则天下之民皆引领而望之矣。"

《孟子》的文章、文气、文采极好,"定于一"的说法干净利索。天下从大乱到以王道统一下来,只要不是变态杀人狂就行,这未免偏于天真。

荀子的说法是:"一天下,财万物,长养人民,兼利天下……圣人之得势者,舜、禹是也。"比孟子讲得务实一些。

老子讲"一"讲得最多:"天得一以清,地得一以宁,神得一以灵,谷得一以盈,万物得一以生,侯王得一以为天下贞。"就是说,天得到了那个一(应是指道)就没有雾霾了,地得到了那个一就不闹地震了,神得到了那个一就能灵验管事了,山谷得了那个一万物充盈了,诸侯君王有了那个一就可以为天下的正义树立标准了。

读书

DUSHU

5

2022

王铭铭　新中国人类学的"林氏建议"………… 3

卜　键　清臣的贡品………… 13
李　零　北京中轴线………… 23

李隆国　穿过针眼：一曲别样的教会胜利史………… 34
徐前进　构建日常生活的叙事………… 43

韩毓海　杨家沟………… 52

短长书

眼光、格局与境界　左东岭………… 64
纽约晨边高地的今昔　邢承吉………… 69
审美忠实与"捧金鱼"　林少华………… 75
从"外史氏曰"到"畏庐曰"　顾钧………… 80

刘岳兵　从东游日记看晚清中国人的日本观………… 85
张帆、张晗　意大利歌剧《中国英雄》改编源头考辨
………… 94

李庆西　木犹如此，人何以堪 101
段志强　看脸时代 111

品书录 121
打捞民族多元一体的集体记忆（缓之）·一个探险家妻子的边疆故事（李晋）·也曾寻访谢六逸（张洪）·王阳明和大礼议（李为学）

刘宗坤　"敢于追求幸福" 142
张佳俊　当理性作为赌注 151

孟　刚　事了拂衣去　深藏身与名 160
张建斌　变局与抉择 168

读书短札
谢万的生卒年　北窗读记（刘涛，33）·珠穆朗玛命名之争（张培均，110）

刘以林　漫画 12
王蒙　康笑宇　文墨与家常 .... 封二

王铭铭

新中国人类学的"林氏建议"

一九四九年十月十七日,驻岛"国军"被解放军肃清,厦门解放,三日前被当作"共匪嫌犯"抓捕入狱的大学教授林惠祥幸免于难。"喜看一夕满江红",林惠祥热切拥抱新政权,出于高度期待,他匆忙准备了一份旨在说服新政府支持其学术事业的"建议书"——《厦门大学应设立"人类学系""人类学研究所"及"人类博物馆"建议书》(以下简称"林氏建议"或"建议")。他将文本递交给军管会代表萧同志,恳请其"转呈教育部"……一年后,林惠祥得到时任厦大校长的著名学者王亚南的支持,部分实现了他的愿望,开始筹办厦门大学人类博物馆;但因人类学当年被认为"有资产阶级色彩",他建立系、所、馆综合体的理想未能全面实现。

改革开放后,为实现先师遗愿,时任厦大历史学系教授的陈国强(林惠祥曾经的弟子兼助手)便忙碌了起来。他四处奔走,一九八一年在厦门成功召集了"首届全国人类学学术讨论会",与会者九十多人,来自全国各地。他安排印制了"林氏建议",并提交讨论会。一九八三年,他发表了一篇题为《上下而求索——林惠祥教授及其人类学研究》(《读书》一九八三年第七期)的文章,纪念老师,呼唤学科重建。一九八四年,陈老师如愿以偿,办起了人类学系和研究所。

讨论会举办那年,我年方十九,在其结束三个多月后才到厦大考古专业读本科(一九八四年,这个专业从历史系搬到人类学系,我们成为

3

人类学系的第一届本科生)。大学期间,我得以在人类博物馆自由进出,不记得是何时,我"顺手牵羊",在走道上取了一份没有发完的"建议"。离开厦大前,我将这份打印件与杂七杂八的书本物件一同装箱,送回泉州老家。去年暑假回乡,闲着无事,我翻箱倒柜,这份文献重现在我的眼前!它不是原件(原件藏于厦大图书馆),但我还是如获至宝,带着那叠发黄了的字纸回到北京,多次翻阅,思绪万千。

师祖的人类学

林惠祥先生是我的大学老师们的老师,我的师祖。他一九〇一年出生于泉州府晋江县莲埭乡(今之石狮市蚶江镇),又是我的同乡前辈。一九五八年,师祖年未及花甲便因病过世,我们这些徒孙都没有见过他。

年少时,林惠祥的父亲在台经商,他在福建上学(他上过东瀛学堂、英文私塾,学习成绩优异,又自修古文),一九二六年成为南洋侨领陈嘉庚创办的厦门大学首份毕业证的获得者。此后,他留校工作一年,接着自费赴菲律宾大学研究院求学。在菲大,他师从美国人类学家拜尔(H.O.Beyer)。在拜尔那里完成学业后,一九二八年林惠祥毕业回国,拜见了蔡元培,受其赏识,进入南京中央研究院。次年,他受蔡氏之托前往台湾(日据)从事田野工作。一九三〇年起,林惠祥回到厦大担任历史社会学系主任,其间在私宅创办人类博物馆筹备处并曾再次赴台做实地考察,又"以当时人类学书籍甚少,乃编写讲义,搜罗中外材料理论,综合编述","数年中成《文化人类学》《民俗学》《神话论》《世界人种志》《中国民族史》诸书"(《自传》,《林惠祥文集》上卷)。一九三六年起,林惠祥开始在泉州、武平等地开展考古调查,并有所收获。但不久抗战爆发,他避往南洋,边教书谋生边在东南亚海岛国家从事研究,又去过印度和尼泊尔访古。一九四七年,他回到厦大,担任历史系教授。至此,他已学养丰厚、著作等身。

林惠祥的人类学在两次世界大战之间成形。在那个阶段，国内与这门学科相关的学问"百花齐放"，有影响的机构，包括国民政府支持的中央研究院的民族学，及"洋学堂"燕京大学的社会学。不同的"学派"有不同风格，其差异与其代表人物的留学区域相关，可分"欧陆派"（中研院）和"英美派"（燕大）。厦大是爱国侨领创办的，属于私立性质，与此二者均有不同，而林惠祥的导师毕业于哈佛，其学科观大抵与晚他十年到哈佛读博的李济相似。

林惠祥的人类学可谓一门"跨学科的学科"，它包括了理论的文化人类学、体质人类学、史前史或史前考古学及专事综合实地考察的叙述性民族学等美式"神圣四门"。这不同于"燕大派"的界定，后者汲取了人类学的不少成分，但核心关怀是社会学。林惠祥的人类学兼有自然和人文，既与"燕大派"不同，又与中研院民族学有异（此派因袭欧洲传统，将体质／生物人类学单列）。但林惠祥一生所做学问大抵与蔡元培倡导的民族学接近，其倡导的文化人类学即为蔡元培定义的比较民族学，民族志相当于蔡氏的描述性民族学，史前史或史前考古学则与蔡氏如出一辙。

与蔡氏一样，林惠祥致力于通过现生"初民"的民族志研究达至对"史前史"的民族学和考古学的认识。在"国族营造"旨趣上，他也与蔡氏颇靠近。在所著《中国民族史》中，他"详述我民族数千年来屡遭外族侵凌，而屡次获得最后胜利，为同化入侵之外族，而屡次扩大人口也，自来有亡国而未尝有亡族，而亡我国者不久并已族亡之"（《自传》）。该书同样也带着"进步"和"同情"的双重心态，融合了历史和民族志的知识，考据中国民族各区系的形态、生成和演化，展现"夷夏"的差异与关联。

两次世界大战之间，在洛克菲勒基金会的支持下，英美人类学"先进派"从人类学的博物馆阶段跳脱了出来,越来越少在博物馆中就职,而转向大学,在其社会科学机构中求发展,随之,其民族学以往有的一体性渐次瓦解,其核心部分被"先进派"所扬弃,博物馆人类学事业逐步衰败(史铎金:《人类学家的魔法:人类学史论集》,生活·读书·新知三联书店二〇一九年版)。比之于当年的英美"主流",蔡元培倡导的民族学富有传统韵味,有着古史研究和博物馆人类学气质;林惠祥倡导的文化人类学亦是如此。他个人的田野工作,有时是民族志式的,有时是考古学式的,而无论他以何种方式展开研究,其研究总是包括标本收集工作。他的学术成果,既表现为著述,又表现为博物馆展示。为了建一所人类学博物馆,一九三三年,他用节约下来的稿费自建一住屋(位于厦大西边顶澳仔),留前厅为人类学标本陈列室,两年后将之扩充为"厦门市人类博物馆筹备处"。他的理论思想以"杂糅"为特征,而他暗自欣赏进化论,原因之一恐在于这种理论能为他整理和展示文物提供清晰的线索(进化历史时间性)。

林惠祥的早期著述是民族志类的,其一九三〇至一九三六年间所写书籍则多为通论,但进入"南洋避难"阶段后,他的著译之作再次以民族志为主导形式。除了编撰教材和通论,他持续做原创性研究,田野工作所及之处,主要分布在中国东南沿海与东南亚。这个区域,明代中晚期以来渐渐成为闽南人流动的主要范围,我称之为"闽南语区域世界体系",其"核心圈"在泉、漳、厦三州,"中间圈"在浙南经台湾至粤东这个地带,"外圈"便是南洋(王铭铭:《谈"作为世界体系的闽南"》,载《西北民族研究》二〇一四年第二期)。林惠祥避居南洋十年间,集中研究东南亚,编译了《菲律宾民族志》《苏门答腊民族志》《婆罗洲民族志》,并撰写《南洋人种总论》《南洋民族志》《南洋民族与华南古民族关系》等书。在其中一些著述中他指出,这个广大的区域中民族文化是"同源"的,曾经归属于同一个史前文明（在他看来，这一文明亦为过去数百年来跨国网络的形成提供了历史条件）。林惠祥致力于通过对这个地带分布的各族群的民族学研究，重构广义马来人—华东南古民族之种族和文化一体性面貌，又致力于通过在同一区域展开考古学研究，呈现这一区域世界的历史实在。林氏区域研究，与其身在侨乡和海外华人社会的身份有关，这些研究兼有其"乡土经验"和非凡的先见之明，可谓是"域外民族志"的先驱之作。

"林氏建议"的知识图景

"林氏建议"基于林惠祥大半生的知识积累，可谓其学术事业的总体表述，内容堪比博厄斯（Franz Boas）早四十多年为美国人类学重组所写的那些"请愿书"。在文本中，林惠祥首先陈述了在厦门大学建设人类学的理由，他指出，人类学是一门新学问，希望"新政府能提倡新学问"，能理解这门新学问是符合新社会的新思想的。他说，马克思是在"获得了人类学家摩尔根《古代社会》一书，方确实证明了唯物史观的社会发展学说（如原始共产主义社会等），而恩格斯遵照马克思遗意所写的《家庭、私有财产和国家的起源》也完全是一本人类学的著作"，他表示，"如果人民政府的教育当局"也像"旧社会"那样"不提倡人类学"，"那便不能不说是很可惋惜的"。

他接着说，人类学既包含"人类社会全体的发展原则"的研究，也大量从事民族的研究，这些研究曾被帝国主义国家用来统治殖民地，"我们的国家自然不抱这种目的，然而对于国内边疆的少数民族，以及国外的民族，也不能不了解他们的风俗习惯，以便和他们互助合作"。他说，东北、北方、西北、西南诸地设有人类学系的大学，可就近研究附近的边疆民族，至于厦大，他则提议说，此大学位于东南，可集中研究畲族、疍民、黎族、台湾的高山族（现称"原住民族"）。

此外，林先生坚称，厦大的人类学应特别重视南洋民族的研究，他解释说，南洋人类学材料极为丰富，而南洋"华侨不但人多，对祖国也很有贡献"，对南洋的史地、人种、风俗及华侨的历史现状展开文化研究，将有助于"我们和南洋民族"之间的"互助合作"。

生长在闽南的林惠祥，别有一种区域特色的家国情怀，他生活和心目中的"家"，不是社会学家们一般说的"核心家庭"或"扩大式家庭"，而是关联着乡土与异域的血缘和乡缘网络。在地方上，它常常表现为"宗族"，但"宗族"的含义并不单是"共同体"，而是某种"缘"。这个"缘"，既是地方性的，又非如此。林惠祥指出，厦大是南洋华侨出于家国情怀而在侨乡地区设立的，但其地理位置有特殊性，位于东南沿海，这个区位自古便是广义马来人—中国东南古民族区域连续统的环节之一，特别便于南洋、华侨及中外交通史研究。他深信，这样的研究——无需别的名号——亦可自然地有益于新中国的外交事业。

在其"建议"的第二部分，林先生陈述了对人类学教学、研究和展示机构"可望造成的人才"的看法。他指出，厦大设立这一组机构，除了可以培养出人类学的专门人才之外，还可以培养出南洋华侨事业人才、国内少数民族人才、"出使落后国家的外交人才"、社会教育人才、一般职业人才。

林惠祥既是一位善于讲"大道理"的前辈，又是一位勤于从具体事务入手的实践家。在"建议"的第三部分，林惠祥罗列了厦门大学人类学教学、科研、展示对机构"开办的方法"。一开始他便说："我们顾及政府现在的财政状况，决不敢使政府浪费一个钱于无用的事"，于是建议第一年只招收教员一人，由其兼任研究所研究员，此外，只需再聘一名助教，由其协助林先生本人"做研究所和博物馆工作"（这位助教便是青年时期的陈国强老师）。至于"设备"，林先生认为可分两项：图书和人类博物馆所需标本。图书方面，除了学校既有之外，他表示要捐出自藏的人类学和南洋研究书籍，又表示与其相关的厦门私立海疆学术资料馆（一九四五年由陈盛明先生在泉州创办）也可供使用。博物馆标本也一样，他愿将多年来搜集的文物捐献出来，供陈列展示。林惠祥表示，他个人的收藏足以暂时满足系、所、馆的教学、科研、展示之用，但待时机合适，学校则可在"设备"（如新书、杂志和新标本的搜集）方面给予进一步支持。

在第三部分的后面几页，林惠祥列出了人类学本科生和研究生教育的具体课程设置。除了公共必修课、语文之外，他为本科生"暂拟"的课程，均为人类学通论课。此外，他还建议适应时代新开"社会发展史"和"社会学"等课程，"采用唯物史观以探讨人类社会的性质、种类、成分、变迁原则等"。相比于本科生课程，林先生对研究生课程的设置更侧重原始社会的社会组织、宗教文化、语言文字，也显露出鲜明的区域性特征，侧重于"亚洲史前发现""中国边疆民族现状""南洋国别史""南洋民族专志"等。他建议研究生的研究题目，集中于中国东南部史前研究、民族史研究、边疆少数民族研究、体质人类学研究，及南洋民族研究、史前研究、交通史研究、华侨研究等。

我们时代的学科问题

林先生圆了创办一所人类学博物馆的梦。一九五一年，他捐献了大量图书和藏品。一九五三年三月十五日博物馆正式开放。一九五六年，博物馆已具相当规模，拥有三十六个大小陈列室，陈列品包括早期人类复原模型，华北和东南地区的考古文物，南洋、日本、印度古代文物和民族志标本。林惠祥生前未能实现创办人类学系和研究所的理想，然其倡导的南洋研究却得以成长。一九五〇年，他被校长任命为南洋研究馆馆长，一九五七年，又被教育部任命为南洋研究所副所长。该所可谓是我国最早的"区域与国别研究"机构，一九九六年扩大为拥有数十名在职人员的研究院。为了专心筹办人类博物馆,"其志甚坚,其情尤挚"(王亚南语),林惠祥辞去历史学系主任之职,但他继续在东南民族史和考古学研究领域发挥着重要作用。

如前述,"林氏建议"中有句话特别耐人寻味:"新社会"若是依旧轻视人类学,"那便不能不说是很可惋惜的"。正是这句话解释了我的大学老师们缘何如此执迷于学科重建,也正是它传递的"道理",让我的同人们难以满足于现状。

林先生逝世六十多年后,国内多了不少人类学学位点。在厦大,人类学的"神圣四门"各有守护者,其机构大大扩编,它的系、所、馆"各领风骚"。然而,二十多年来,学科目录有了调整,文化人类学一边保留其在"民族研究"中的地位,一边成为大社会学的"二级学科"。带着这一别致的双重身份,大部分人类学学位点重启了数十年前由洛克菲勒基金会和一代新派学者联合启动的人类学社会科学化进程,结果是,我们中的大多数,离古史越来越远,离"现实问题研究"越来越近。兴许与这一转变有关,在厦大,考古学已搬离人类学系和研究所,民族史则不再是人类学的"主流"。在社会科学化升温一些年后,体质人类学升级为分子人类学,它有如此强大的科学魅惑力,以至于学科架构必然在其"震荡"下而发生改变。

社会科学化和自然科学化,给了人类学整合以新机遇,但也给它带来难题。这个矛盾在国内外皆如此。比如,在美国,"神圣四门"在不少高校得以保留,但人类学家长期沿着自然与人文两条不同路线发挥着各自的长处,"自私的基因"与"社会理性"的观念界线,长期将人类学分化为生物与社会两种对立的学问。又比如,在英国,两次世界大战之间仅有一所人类学系(伦敦大学学院)抵挡住了社会科学化的冲击,其他院系则在二十多年前体会到了这种"化"的缺陷,于是转向了"生物文化不分论"或"博物馆民族志",试图借助这些新潮返回整体人类学。然而,此时学界观念分化已产生难以挽回的后果，学科的整体构想正演变成"视角的竞赛"。

在这样一个时代重读一九四九年的"林氏建议"，我深感师祖当年的洞见与遭际七十多年后仍旧与我们息息相关。他的人类学观在两个层次上是整体主义的：其一，这是一门由"神圣四门"构成的以"生物文化合一"和"通古今之变"为理想的大学科；其二，他"做学问"的理想方法是教学（系）、研究（所）、标本收藏和展示（馆）并举，如其指出的，"教人类学不能无标本，而教员不能不作研究，研究的结果、所得到的标本也一定陈列于博物馆内"。前一个层次，像是我的"洋老师"之一巴大维（David Parkin）的"近思"——他一九九六年到牛津担任所长之后，一直为式微中的社会科学化人类学构想着"整体主义"出路，后一个层次，则像是巴氏所在机构"人类学与博物馆民族志学院"之设置。

对林惠祥的整体主义学科观不应过誉，因为，这毕竟可以说是基于其美国老师的"范式"提出的，不见得能适应中国的水土。然而，他早于英国的巴老师半个世纪重申学科整体性之重要，其不无偶然的"超前"令人感慨：我们这门学科似乎一直在分合轮替的轮回中变换身份，因而，"前革命"传统也会以"后革命"形象回归。

一个值得铭记的史实是，林先生最终没能实现他的总体愿景，他的学科整体感是保住了，但这个整体感之下的那种在一个区域世界中"通古今之变"的理想，却为学科分化让了路——二十世纪五十年代，他的南洋研究与中国东南民族史研究被依照国界之分划归不同院系，这便他的人类学失去了区域学术根基。同样地，尽管他的"神圣四门"是保住了，但这些重建了的"门"，缺乏相互连接的学理机制，即使能免受肢解，也难以避免内部分化。

而更为麻烦的是，在"后林惠祥时代"的人类学研究者当中，似乎广泛存在着对"创新"的过高"期待"或过度"自信"。这与上述两种"化"有关；它们中的一个，使吾辈误以为社会科学化可等

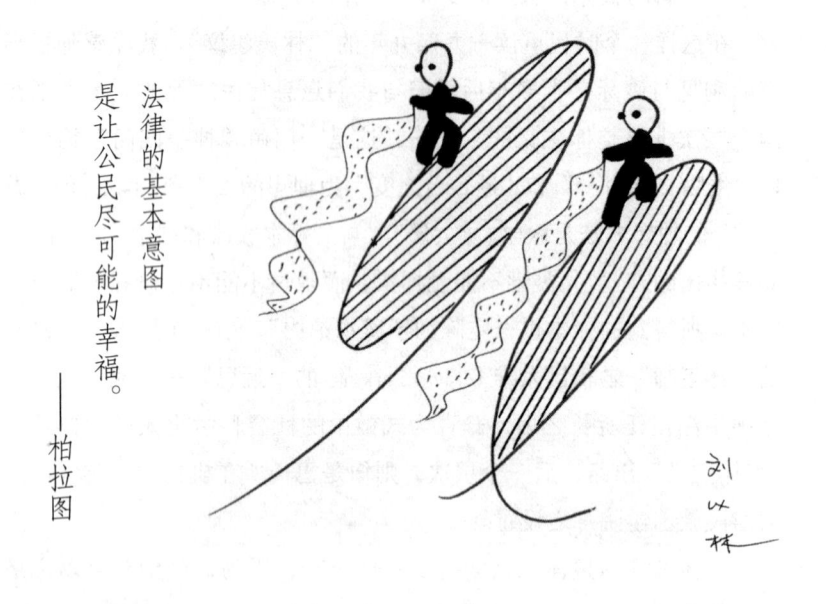

> 法律的基本意图是让公民尽可能的幸福。
> ——柏拉图

同于"创新"本身,另一个,则通过对自然科学进行"圣化"诱使吾辈抛弃本有的理性。反省其身,我意识到自己可能是前一类误解的牺牲品。比如,我曾自以为通过做历史人类学,可对既往"无历史的人类学"加以修正,殊不知我辈做的乡土民族志和"帝制晚期史"的综合,以及所谓"当代史",不过是历史学社会科学化或社会科学历史化的"自然产物",比起师祖的南洋史前史、考古学和民族学,在历史时间长度上要短许多,在文化层次深度上要浅得多,因缺乏时间和空间的距离感,它在现实的迷雾面前几乎无计可施。又比如,我曾以为背向"乡土中国人类学"——我身在其中,意识到它是"社会科学化"的重要典范——我们可以开创域外文化研究的新时代,殊不知,前辈早已在域外行走,也早已有其"海外民族志视野"——我们之所以还有机会"创新",原因不过是其整体人类学的域外(南洋)局部数十年前被"分"走了。

卜　键

清臣的贡品
——从乾隆朝大学士王杰的几封书信谈起

大臣个人向皇上进贡，乃乾隆政坛的一大弊端，郭成康先生论为"清代中期以后对政治腐败影响最严重的秕政"。它未被列入《清会典》，不属于朝廷制度，但在康熙朝已经存在，而随着一些封疆大吏和朝廷重臣的积极加持，在乾隆朝呈现愈演愈烈之势：物品由土特产变为书画宝玩、海外奇珍；品种由几种变为以"九"为组，多至"九九"；次数由新年与万寿节的一年两三次，发展到名目繁杂，有人竟多达十次以上。相关论述较多，一例地予以谴责，矛头多指向乾隆帝与和珅。和珅实属聚敛之臣，进贡之风的盛吹却远在其发身之先；至于弘历，虽有一些喜欢收贡的记载，仍不能算是贪婪之君。

王杰为乾嘉间著名的清正之臣，下文提到的几封信所写的便是乾嘉名臣王杰筹措备办贡品之事，其中也写到请谁帮忙，找谁借贷，字句真切，读之令人感慨万千，对千夫所指的大臣贡献风习，或也能有些新的认知。

一、丁忧期的晋升

王杰为乾隆二十六年（一七六一）辛巳科状元，弘历在审阅该科殿试进呈试卷后对排序做出调整，王杰由第三变为第一，以立身至诚和谦谨清廉，深得乾隆器重倚信。他较早进入南书房，三任浙江学政，历工部、刑部、吏部侍郎，四十七年四月升为都察院左都御史。

王杰的这批信函写于乾隆四十九年春夏间，正因母亲去世在家乡韩城服丧。当年三月初三日，第六次南巡的乾隆帝驻跸镇江三义阁大营，传旨："兵部尚书员缺着王杰补授，仍着在籍守制，俟服满来京供职。王杰未到以前，所有兵部尚书事务，即着刘墉兼署。"

通常说来，离职丁忧是官员的一道大坎，汉族官员按规定需二十七个月才算服满，除服之后，原来的职位已有人占上，便不得不重新排队。服丧期间被擢升者，少之又少。清朝体制，六部皆设双尚书，满在前，汉在后。此时的兵部满尚书为福隆安，已故孝贤皇后的娘家侄子，前内阁首辅傅恒家老二，娶了乾隆帝的女儿和嘉公主，贵宠异常，长期担任此职。兵部汉尚书则多属文职，此职显赫且关键，必须得到皇上的特别信任。前兵部汉尚书周煌兼尚书房总师傅，因奉旨带领众皇子编的书错讹较多，被弘历责斥和降调。

三月下旬，王杰在韩城闻知此事，虽有欣慰，而更多的似乎是犯难。他深知此事出自皇上的关怀信任，在写给京邸管家的信中说：

> 杰廿余年以来屡沐圣恩逾格，兹以守制家居，复蒙宠擢，不知何以图报。刻下举裹在即，不能远行，拟先遣人递折，杰俟事竣后驰赴德州以南行在谢恩，庶觉少安。

此信写成后，王杰又在开头加了一段："遵旨自应俟服满来京，但尚有年余，竟尔安居，固觉不妥，若俟万寿来京，又恐滋物议。似不如赴行在谢恩之为逾也。"表露出其复杂的心境。

二、筹办"面贡"之艰

王杰打算在乾隆帝自江浙返京时，前往山东德州的大运河畔迎驾，总不能两手空空，首先要准备一份"面贡"。面贡，即臣子在接受召见时呈进的贡品。而像王杰此次在皇帝回銮途中所献，又可称为"路贡""迎銮贡""谢恩贡"。名目不同，实质则一样，都是要有些拿得出手的东西。此类进贡物件在家乡韩城无处寻觅，只能托人在京中购办。这也是他写信的主要目的，曰：

> 此去似当携带贡物，或四九，或三九，已将微愠。家园无从寻觅，不得不恳求毅堂先生矣。册页、挂对之类似不宜用，挂屏、桌屏犹可，铜玉瓷之外，如宋板书、砚台、洋漆、雕漆等盒皆可备用，然亦不必以多为贵也。

信中提到的"毅堂先生"，考索即汤雄业。汤氏为常州大族，诗书传家，乾隆七年还出过一个探花。雄业出生于乾隆十五年，以贡生加捐知州，分发广西任职，升任云南临安知府，四十四年来京引见，王杰为吏部左侍郎，应是那时结识并互生好感。汤雄业大得皇上欣赏（朱批有"此人似可出息，着看"），旋以署道员离京，而王杰也于次年春再任浙江学政。忽忽五年过去，雄业为何逗留京城，大约仍与职事相关。王杰在别的信中也曾多次提及雄业，皆敬称"毅堂先生"，二人交谊颇深，拜托他为之谋划和把关。

所谓"四九""三九"，乃指贡品以九件为一组，要达到三四组才说得过去。（《养吉斋丛录》卷二十四：万寿节，大学士、尚书、侍郎、各省督抚皆有贡，以九为度，一九则九物，至九九而止。）王杰希望能在四月之前备齐贡品，由京邸中家人携带前往德州会合。但购置贡品需要花钱，家人到德州也需要盘缠，王杰恰恰没钱，只能向朋友借。所谓"上山打虎易，开口告人难"，难在即便你开了口，有时也借不到。此后王杰的一封信中，有"汪、何两年兄处屡次借贷，自觉赧颜，虽不敢负伊，然无厌之求，亦当自忖，不可以此责人"一段，可知在京借贷并非易事。不得已只能去找钱庄，为此要支付高额利息。有人说古代官场中没有纯粹的清官，否，王杰就是一个，"素风到老如寒士，公论同声说正人"，乃文史大家赵翼的诗，要知道这位同年当初可是对王杰占了自己的状元耿耿于怀。数年来，王杰先是为母亲治病，然后扶丧归里，为二老操办丧事，早已是东挪西借了，怎么还呢？这封信中也有所透露，打算卖掉在京的宅院，换一个小点的房子住。

三、召见与赏收

闰三月二十二日,王杰在办妥父母的合葬之后,起身前往迎接南巡折返的銮驾,经过河南焦作的清华镇一路东行,终于赶在皇驾之先抵达德州,受到皇上召见。在另一封信中,他对此行略作记述:

> 闰月十九日先慈窀穸事竣,于二十二日即驰赴山左行在谢恩,即蒙召见,略问沿途雨水情形,即令回家终制。并奉有恩旨,俾杰不留遗憾,且免物议。所进微物,择其价之至廉者赏收四件。圣人体物之心,无微不至,感激涕零,不知何以仰酬高厚也!

查《清高宗实录》卷一二〇四,王杰应是在德州南的石屯汛的运河码头迎驾,时间为四月十三日。对面见君王之类殊荣,他在信中虽记述甚简,毫无渲染,仍可读出皇上对他的关爱体贴。至于他精心(也是竭力)准备的贡品,乾隆帝仅拣了四件价值低廉的收下,其余都退给了他。

赏收,指皇上收下臣子献呈的贡品。除了各地土仪(土贡)之外,臣工的贡品一般只有少数被赏收,金玉珠宝之类通常会被拒斥,用词为"掷还"。弘历深知王杰的道德人品,知他一生清素,是以收下的更少。王杰的儿女亲家、时以内阁学士随驾的朱珪曾忆及这次召见,恰可作为补充:

> 甲辰,(王杰)即家擢兵部尚书,趋赴行在谢恩,高宗曰:"汝来甚好,君臣之情当如是。然汝儒者,朕不欲夺汝情,归终制可也。"公感泣。时珪扈驾,相遇于行帐,叹曰:"上待公不薄哉!"

乾隆帝对王杰赶来谢恩很高兴,表示君臣之情就该如同自家人一般亲切自然。所谓"夺情",即命服丧之臣提前回朝任职,通常在发生战争等特别的情况下,由皇上下旨。这番话也能反证弘历动过此念,复又想到王杰是一个理学家,极重孝道,仍允许他回去守制。

皇恩浩荡，又体察入微，令王杰感动至深，退出后仍涕泣不已。

王杰曾为筹备此次"面贡"挖空心思，不惜借贷和求人，却也只是一些挂屏、砚台、漆盒之类；而皇上知道他的拮据境况，对其贡件大多退还。所有臣子的贡单都会在内务府留档，且乾隆记忆惊人，对臣下所贡较为留心，若以拒收之物反复呈进，也会有应付之嫌。这些未收的贡件，不宜留待下次再贡，只好请相关店铺打折售卖。在一封信中，王杰谈起此事，又提到汤雄业，说："毅堂相爱有同手足，但毅堂景况与我略同，所嘱售卖挂屏等物，原为伊代垫之项甚多，此中实抱不安，聊藉此所售之物少补其阙。若尽以五数见付，则垫项仍归无着，是只知有己而不知有人矣。或必以相让，留其一半，或三数，或二数皆可，此亦足感盛怀。"所言针对京中来函而发，虽不甚明悉，大体可知备办的贡品多由汤雄业垫支，此时雄业颇为谦让，而王杰深感其情，也能体察到他的压力，叮嘱管家多为友人考虑。

此时的和珅已炙手可热，在办贡上出手阔绰，进单上动辄是"玉无量寿佛成龛""无量寿佛七塔龛成座""珐琅五供成分""珐琅七珍成分"，乾隆帝也是少量赏收。王杰赶赴行在谢恩，应会遇见总在皇上身边晃悠的和珅，也见到了一些随扈的同僚，除了朱珪，还有时任军机大臣的梁国治、董诰等人。他在信中还提到一件事：

> 日内与梁、董二公商议，年余内意欲将《御制诗四集》敬缮一部，即乞曹大人将原进三集大小比一样子。年兄在京，可以烦众年兄者以愚意恳之，可出资者不妨出资，愚亦不惜此费。家中尚有旧锦一匹可以装裱。梁公曾许先将刻就者付抄，以此作余在家年余区区之诚。可否能办？乞年兄再酌之，不必一定要办也。

此函见西泠二〇二一年春拍网页，应写于乾隆四十九年四月中旬，即王杰在德州被召见之后。乾隆帝的《御制诗四集》，收录自三十七年至四十八年的诗作九千余首，由梁国治和董诰负责编注，尚在陆续交武英殿刊刻的过程中。王杰希望将之敬录一部，以表达自己的心意，得到二人的支持。而此事涉及甚多，原件是肯定不能拿出，梁国治答应会尽快提供已刊部分，已经是很够意思了。信中提到的曹大人，可能是户部侍郎曹文埴，也可能是右庶子曹仁虎，与王杰皆有交集。在后来的一封信中，可知王杰得到了一份"清单"，亦即今天所说的目录，但也透露出有些复杂。究竟后事如何？尚没见留下什么线索。所能知道的，是后来就由王杰主要承担起为弘历誊录校注诗稿之事了。

四、从禁贡到限贡

王杰是在乾隆五十年九月结束丁忧、回朝任职的，自此在政坛快速跃升：十月兼三通馆总裁，十一月充经筵讲官，十二月赐紫禁城骑马；次年四月兼尚书房总师傅，十二月任军机大臣；五十二年一月钦授东阁大学士兼礼部尚书，三月担任会试正考官，六月充庶常馆总教习……所不变的是其清谨严正的个性，以及经济上的困窘。三年前的欠账不知是否还清，贵而不富，每年到了皇上的万寿节等节点，他还是要为购办贡品之事焦虑。

其实乾隆帝对此也有一些焦虑。登基继统的第二个月，弘历就传谕"禁止贡献"，曰：

> 朕仰承圣祖皇考福荫，凡服御器用之属，何一不备？取之官中而有余，正不待四方之人入贡也。在诸臣各怀尊君亲上之心，固欲藉物产以申其诚敬，然此贡献之物，岂能自备于家，而不取资于民力乎？是朕多受一次贡献，即诸臣多费一次经营；诸臣多费一次经营，即百姓多费一次供应。朕实不忍以无益妨有益。各省督抚诸臣果有爱戴之心，惟当体朕子惠元元之意，凡一丝一粟，皆思为人民留其有余，则胜如朕之自受矣。（《清会典事例·礼部·禁止贡献》）

看得何等透彻，说得又何等明白，效果却似一般！后来，乾隆帝也曾多次颁布禁贡之旨，同时对进贡者的资格、贡品的种类和进呈的时间场合都做出限制，也无数次予以"驳回""掷还""概行发还，不许呈览"，仍难以禁断贡献之风。

五十三年九月，距离他的"八旬万寿"差不多还有两年，弘历就颁发明旨"禁贡"，要求不得再进呈万寿贡品。"所进物件内如宝座屏风，各宫殿皆有陈设，不便更换；即佛像亦属过多，无处供奉，亦无另建庙宇之理。其五十五年万寿贡品，不但各督抚等俱不准其呈进，即王公大臣等亦无庸备进。"这些话很实在，态度也很恳切。过后不久，弘历传谕连次年也不许进贡。而就在五十四年夏天，各省督抚仍纷纷派员前往热河，呈进各种贺寿物件，数百里山道上车辆交错，人声鼎沸。皇上念其业已远道而来，"准其呈览，而不赏收者多于往年"。旧谚有"当官的不打送礼的"，皇帝虽说只是少量赏收，也足以让那些个真的遵旨未进者惭愧惶悔。

转眼到了乾隆五十五年，弘历于五月初十日自圆明园启銮，赴热河举行木兰秋狝。而王杰奉命先期前往，乃至于离家匆忙，皇上八旬万寿的贡品还没有着落。若等返京再办则来不及，王杰为之焦急，与家中信函往复，所写多与办贡相关：

> 日前匆匆起身，贡件俱未得料理。今除家中所有之盒，再约得几件。年兄可令朱升到汇墨斋商量，或有现成者，或画样赶做，务于四月半前赶得方好，此事不得不有费清心也……

> 前接廿二日札，匆匆未及细复，大概于廿一日书内言之矣。围屏只十幅，似乎不全，且中心太短，恐写起不甚好看，不知各当铺内及厂中尚能再购觅否？令儿子向对门当铺托其遍找，再烦汇墨斋在厂中找之，并令朱锦在打磨厂及东四牌楼、西四牌楼各器铺找之。大概公中已有大围屏，此屏宜小，而做手光泽者为佳，即或炕屏亦可。若寄来屏心尺寸，实不好看。安南、缅甸封爵二诗既写小盒，大镶玉盒写何诗，不记忆已

定否？《寿民诗》写单盒当可，若再求配对，恐不可得。《五福五代堂诗》，亦难有对者。至《对玉兰花》诸诗篇中有回禄字面，亦似难进。"赋得"诗究觉太闲，于此时不相宜，留作年底用，此时究以寿意为佳耳。家中玉版六块，已将"五福五代堂"写就寄去，可即付汇墨斋发镌。八块者大贡用，此件正日用也。石鼓百金不肯做，即加一二十金亦可。

真真是煞费苦心！由"公中已有大围屏"，可知礼部、翰林院等衙门皆会进呈寿屏。而此信第二页，页眉有"前闻彭大人云：厂中有紫檀一块，长一丈四五寸，宽二尺余，厚五寸。若不雕花纹，做素屏架似不可得。乞探听此物在何处，能商量赶办否？若非紫檀，即花梨、铁梨皆可"。此彭大人即彭元瑞，时任吏部尚书。

同时，王杰也给在京的妻子写了信，有这样一段：

家中有旧人集锦大册二本，曾经黄左田看过，尚有可用者（即拟古人姓名夹黄签），今再烦其多挑数幅，送汇墨斋裱好，且不用粘连，候临时再粘，底面用楠木足矣。……石鼓百四十金太觉贵了，百金肯做即做，如其不肯再作商量，另到别处去做。汇墨斋此番大有勒掯之意，围屏十幅似不好看，彼亲口对我说十二幅，或是本家藏起两扇，十扇便不成用矣。

琐琐碎碎，牵挂焦灼之情跃然纸上。

不是已有多道"禁贡"谕旨吗？但那主要是指各省的总督巡抚，此辈已为举办贺寿典礼扣除了部分养廉银，故皇上传谕不令再贡。至于枢阁大员与部院堂上官，上谕中虽称"王公大臣等亦无庸备进"，倒也不宜无所表示。像王杰、彭元瑞这样的文学侍从，只能选择书画插屏之类，即便如此，也是勉力筹备，不得不处处精打细算。

五、问世间情为何物

乾隆三年四月初二日，因京师亢旱，弘历深自省察，要求臣工上言议朝政之失，并谕令"停止督抚贡献"，曰：

> 盖进贡之意，不过曰藉此以联上下之情耳。孰不知君臣之间，惟在诚意相孚，不以虚文相尚。……而徒以贡献方物为联上下之情，则早已见轻于朕矣。

两次提到"联上下之情"。近似的意思，他在后来也多次表达："间有进书画玩器庆祝者，酌留一二，亦以通上下之情而已，从未有以金器进贡者"（二十二年六月）；"其有以土物充贡如纸笔香扇等类，尚可留备赏赐之用，亦藉以联上下之情"（三十一年六月）；"朕因如意义寓祥占，且计所值无几，间亦赏收，以联上下之情，初不知商人等之居寄罔利若此也"（四十三年十一月）。而不管是"联"还是"通"，强调的都是情。老臣王杰于服丧期间远程跋涉迎驾谢恩，对弘历来说才是最开心的。

活到八十八岁、统治中国超过六十三年的弘历，一生丰富而驳杂，而整体上则是明爽、积极、坦荡和重感情的。他事母笃孝，待妻诚敬，对子孙慈蔼，朝中老臣多有相随数十年者，在其身后复惠及子嗣，凡遇旱涝水患等灾害，皆下诏赈济百姓。臣工进贡之风的愈演愈烈，诚为乾隆朝一大弊端，作为皇帝的他难辞其咎，却也不应忽视其重情义的一面。而所谓"联上下之情"，应包括贡与赏两个方面，我们谈臣子进贡，也不宜省略皇上的赏赐。如果说有一些史料能证明弘历喜爱收贡，应也有更多记载证实他喜欢赏赐，而且接受颁赏的臣工远比纳贡者为多。仅以王杰为例，远在其具备进贡资格之前，就多次接受了皇上的赏赐，赐各类书卷图册，赐前代名画，赐黑狐端罩，赐貂皮荷包，赐食物瓜果，后来又有赐第……终其一生，颁赏相连。乾隆帝对王杰的纯孝有所耳闻，一次特地询问乃母年岁，御笔亲书"南陔承庆"匾额赐之。

以其聪察敏锐，弘历怎会意识不到贡献之弊？那些个禁贡之谕皆属有感而发，并非做做样子。四十七年七月山东巡抚国泰贪污案审结，因其中有逼迫属下"帮贡"等事，乾隆帝特发长谕：

各省督抚每逢年节及朕万寿呈进贡物，原以联上下之情。在伊等本任养廉原属优厚，除赡给身家及延请幕宾支用外，出其赢余，备物申悃，固所不禁。而伊等之升迁倚任，则全不系乎此也。从前尹继善、梁诗正、高晋诸人，或由封疆简任纶扉，或由卿贰晋参密勿，伊等并不以贡献见长。此天下所共知，亦屡以申谕矣。即如李侍尧久任总督，其所办贡物较他人为优，但实因其才堪任事，是以简畀封疆。前以收受矿课盈余，一经发觉，朕即治以应得之罪，未尝稍事姑容。……至国泰在山东巡抚之任，其所办贡物，亦较他人为优。伊小有聪明，办事尚属勇往，朕本欲造就其材，因伊所进过多，屡加当面训饬。上年伊父文绶获罪，发往新疆效力，伊奏请捐廉四万两为伊父赎罪。朕以国泰果能实力察吏安民，即可为父干蛊，但罚彼父而不及彼，初不料其公然勒派属员，毫无顾忌。……兹又据明兴查出通省各州县亏空库项竟有二百万两之多，则国泰之罪，更无可逭。昨已明降谕旨赐令自尽，何尝以国泰平日用心贡献，遂可邀恩幸免耶？（《清高宗实录》卷一一六〇）

此案主犯国泰出身满洲镶白旗富察氏，父子同朝，一督一抚，皆得弘历倚信；从犯于易简系大学士于敏中之弟，由微员加恩任为山东布政使，始终帮着国泰掩饰罪行。乾隆帝虽决然将二人赐死，而不无痛惜与感伤，应也不无反思。

问世间情为何物？

本来是有贡有赏，本意是联上下之情，却出了李侍尧、国泰这样的恶例，乾隆帝在处理时应是五味杂陈。而若说他"言行不一，打着禁贡之名，以行赏收之实"，个人以为有失偏颇。弘历的确夸赞过某某办贡较优，亦不过随口评价，也不影响其杀伐决断。乾隆帝算是一个好货之主、"恋物癖患者"吗？清臣王杰的贡品，皇上对其寒素境况的理解，那种数十年一贯的信重，应能提供一个反证。

李 零

北京中轴线：
万宁寺、中心阁与中心台

我是北京长大，十岁前住东城，蓑衣胡同上保育院，白米斜街上小学。近年怀旧，发思古之幽情，打算到儿时住过的地方转悠转悠。

打电话给王军。他说，你的圆梦之旅，我来安排。有些地方，王军陪我转过（如崇礼故居、拈花寺、白米斜街），二〇二一年四月七日的活动是围绕万宁桥、万宁寺和钟鼓楼。

他说，我们是"还乡团"，团员有我有他，还有唐晓峰、王睿。考察回来，在家恶补北京地理。王军送我他的未刊书稿，先睹为快。最近，书在三联书店出版。二〇二二年一月二十二日，他请饭送书庆春节，请了很多人。饭吃了，书读了，我想我该写点什么，祝贺祝贺，也讨论讨论，特别是把基础文献梳理一下。话题如题目所示。

有关史料，元熊梦祥《析津志》最重要。《析津志》久佚，清徐维则藏铸学斋本号称善本。北京图书馆善本组编《析津志辑佚》（北京古籍出版社一九八三年版），可参看。下面，我想以《析津志辑佚》为主，讲一下我对上述话题的理解，供王军参考。

一、原庙 行香
完者笃皇帝中心阁 正官 正月初八日……（63页）
亦怜真班皇帝愍忌中心阁 二十九日……（64页）

此条辑自铸学斋本，与万宁寺有关。《析津志》讲原庙行香，哪些帝后在哪些庙，有很多条，这两条跟万宁寺中心阁有关。观此可知，元成宗（完者笃皇帝）、宁宗（亦怜真班皇帝）的原庙在万宁寺中心阁。"愍忌"是死者生日。

古书所谓"原庙"本指太庙以外的副贰之庙。元室本无太庙，只有影堂。如窝阔台的原庙不在北京，在真定玉华宫。元世祖至元十七年（一二八〇）始立太庙于大都（在今朝阳门内朝内大街路北）。太庙供列祖列宗牌位，原庙在京师诸寺分设影堂，影堂是供奉御容（皇帝肖像）的地方。如元世祖、裕宗的原庙在大圣寿万安寺（即白塔寺），元成宗、宁宗的原庙在大天寿万宁寺。万宁寺，《乾隆京城全图》作万福寺，后避道光皇帝讳改万灵寺。万灵寺是一八二一年后的名字（见侧门未拆前的庙额）。万宁寺是元明时期的旧名。

影堂，唐代已有此名，宋代也叫神御殿，元代两种叫法都有。万宁寺在今钟鼓楼广场东侧，成宗、宁宗影堂在万宁寺内，叫中心阁。万宁寺建于大德九年（一三〇五），成宗神御殿建于泰定四年（一三二七）。

元设影堂于寺多在偏殿，如万安寺，成宗御容在西殿，宁宗御容在东殿（《元史·五行志下》）。中心阁，想亦如是。《日下旧闻考》引《图经志书》说中心阁在钟楼东，《析津志》说中心阁在齐政楼东，其实是在钟楼东南、鼓楼东北，即今钟鼓楼广场东侧。我怀疑，中心阁可能在万宁寺西侧邻近今钟鼓楼广场的地方。

二、天寿寺　在阁街东。(78页)

此条辑自《顺天府志》。所谓《顺天府志》，不是明万历本《顺天府志》，而是《永乐大典》中与顺天府有关的《析津志》佚文（有缪荃孙抄本和国家图书馆藏残帙）。

"天寿寺"，即大天寿万宁寺。原文说天寿寺在"阁街东"，街以阁名，顾名思义，即中心阁旁的街。天寿寺既然在阁街东，则阁街必在万宁寺西，一种可能类似今钟鼓楼广场东侧的南北道，一种可能指今鼓楼背后和钟楼背后的广场。学者多忽略这一条，甚至误以阁街为旧鼓楼大街（清代叫药王庙街，药王庙在此街北口）。但中心阁在万宁寺中，万宁寺的位置很清楚，在钟楼东南、鼓楼东北，挪不了，阁街不可能是旧鼓楼大街。

清万灵寺可能只是元万宁寺的东半，旧址在今草厂胡同十二号。今十二号院，经实测，长约六十二点八米，宽约三十三米。其西侧有钟楼湾胡同八十四号院（石友三旧居），八十四号院西侧有六十号院（原住户姓阎），则可能在元万宁寺范围内的西半。

三、万宁桥　在玄武池东，名澂清牐。至元中建，在海子东。至元后复用石重修。虽更名万宁，人惟以海子桥名之。（102页）

此条辑自《日下旧闻考》。万宁桥与万宁寺同名，初名海子桥，原来是木桥，至元中改建石桥才改名万宁桥。桥在玄武池（什刹海）东。桥下有闸叫澄清闸。澂同澄，牐同闸。

石桥有镇水兽四，东北岸石兽，兽首下有题记两行，作"至元四年九月日，刘天一、杜元礼"。至元四年是一二六七年。元大都南北中轴线穿桥而过，与钟鼓楼相对。据说桥下有线刻子鼠和"北京"二字的石桩，与正阳桥下出土石马构成子午线，如一九三四年张江载《燕京访古录》、徐国枢《燕都杂咏》。靳麟在《漫谈后门大街》（收入文安主编《名街踏迹》，中国文史出版社二〇〇五年，79—108页）中称，一九五〇年什刹海清淤，他曾亲眼目睹过这件石桩。

万宁寺，始建年代比此桥晚三十八年，先有桥，后有寺。

四、中心台　在中心阁西十五步，其台方幅一亩，以墙缭绕。正南有石碑，刻曰："中心之台"，寔都中东西南北四方之中也。在原庙之前。（104页）

此条辑自铸学斋本，徐苹芳《永乐大典本顺天府志》同，最可信据。

"中心台"，位置"在中心阁西十五步"，可见阁在东而台在西。疑台在钟鼓楼之间。此台既以"中心"为名，可见在当时人看来，中心台是元大都的四方之中。

25

"中心阁",阁以台名,在万宁寺内,即元成宗、宁宗的影堂。

"其台方幅一亩,以墙缭绕","方幅"是正方形。意思是说,此台四四方方,恰合一亩大小,四周有短墙,如今地坛方泽坛。

"正南有石碑,刻曰:'中心之台'","正南",主语承上省,指中心阁南有石碑,而非中心台南有石碑。上文说成宗、宁宗原庙"在中心阁",可见中心阁即原庙,下文有"在原庙之前",即在中心阁前,否则无法理解,为什么还要加这句话。

"寔都中东西南北四方之中也",意思是说中心台乃元大都的四方之中,而不是说立碑之处为元大都的四方之中。这句话未必是碑文。

万历本《顺天府志》卷一《古迹》:"中心阁:府西,元建。阁东,碑刻'中心台'。"乃节引旧志,语极简略。"府西",指中心阁在明顺天府(在今鼓楼东大街北京教育学院东城分院)西,即元大都路总管府所在。"元建"是说中心阁建于元。"阁东",据上《析津志》第三条佚文,当作"阁街东",与上"府西"相对,指中心阁在顺天府西、阁街以东,因引文含混脱"街"字,让人误以为碑在中心阁以东而不是它的正南。

《日下旧闻考》有三条引文涉及中心台、中心阁,值得辨析。

第一条讲北中书省的位置,"其地在凤池坊北,钟楼之西,钟楼又在中心阁西,俱见《析津志》。按中心阁址为今之鼓楼……"(卷六四),"北中书省",《析津志》作"京师北省""中书省"或省称"北省",如"北省始剏公宇,宇在凤池坊北,钟楼之西"(《析津志辑佚》,32页),即此所本。所言北省、钟楼、中心阁的相对位置大体不误:北省在凤池坊北,隔旧鼓楼大街,与钟楼相望,中心阁在钟楼东南。唯《日下旧闻考》按语以"中心阁址为今之鼓楼"说乃推测之辞。今世学者把钟鼓楼西移,挪到旧鼓楼大街,实本于此,并非出自《析津志》。

第二条"中心阁:在府西,元建,以其适都城中,故名。阁东十余步有台,缭以垣,台上有碑,刻'中心台'三字。(《明一统志》)"(卷五四),此条出自《大明一统志》卷一《宫室》,"在府西"至"阁东"略同万历本《顺天府志》，下文与《析津志》此条拼凑。修撰者不明"阁东"是"阁街东"之误，竟于"阁东"后加"十余步"，把"阁西十五步"变成"阁东十余步"；"台上有碑"句，亦无视碑"在原庙之前"，妄改原文，把阁南之碑误置中心台上。

第三条"中心台：在中心阁十五步，其台方幅一亩，以墙缭绕。正南有石碑，刻曰'中心之台'，实都中东南西北四方之中也。(《析津志》)"(卷五四)，此条亦转引《析津志》此条，对照原文，异文有二，一是"中心阁"后缺方位字，盖惑于阁西、阁东，疑不能定，索性去之；二是删掉"在原庙前"，以不明"正南"实指"原庙"前。其实，元《析津志》在前，《大明一统志》、万历本《顺天府志》和清《日下旧闻考》在后，后者多意引误改，稍加梳理，自可明之。

元万宁寺旧址，原有建筑屡经拆盖，范围、结构不明，除非拆迁后做考古发掘，难以复原，但相对位置可以推定。

五、钟楼 在京师北省东，鼓楼北。至元中建，阁四阿，檐三重，悬钟于上，声远愈闻之。(108页)

此条辑自《日下旧闻考》，讲钟楼位置和形制。

"在京师北省东，鼓楼北"，讲钟楼位置：京师北省在凤池坊，隔旧鼓楼大街，与钟楼东西相望；鼓楼在钟楼南，与钟楼南北相望。上引《日下旧闻考》云北中书省"其地在凤池坊北，钟楼之西，钟楼又在中心阁西"，据说出自《析津志》，正与此同。可见钟楼在京师北省东，中心阁西(准确讲是西北)。

"至元中建，阁四阿，檐三重"，讲钟楼形制，可见这一位置上的钟楼是元代建筑，不是明代建筑。

注意：旧鼓楼大街在元凤池坊和金台坊之间，西为凤池坊(凤池疑指海子)，东为金台坊(金台疑指中心台)。凤池坊在鼓楼西、海子北，这一带是海子周围最热闹的地方，今天仍如此。但此街并不在元大都主体建筑的南北轴线上。元大都的南北轴线是穿钟鼓楼，钟鼓楼一带属于金台坊。此街主要与凤池坊的京师北省和钟楼以西的街市有关。

> 六、钟楼之制，雄敞高明，与鼓楼相望。本朝富庶殷实莫盛于此。楼有八隅四井之号。盖东西南北街道最为宽广。(108页)

此条辑自《日下旧闻考》，亦言钟楼与鼓楼南北相望。

"本朝富庶殷实莫盛于此"，"本朝"是元朝。元钟鼓楼南北相望，与明中都、南京城和西安城异。后者均左右排列，体现"晨钟暮鼓"。当时，这一带最繁华。

"楼有八隅四井之号"，"楼"字承上省，兼指钟鼓楼。"八隅"，指二楼围墙作八角形或八边形（四正窄，四隅宽），"四井"，古书查不到这种用法，或与楼基四正有坡道如井字形有关。二楼俯视图作哑铃状，谈晟广说像藏传佛教的金刚杵，很形象。我怀疑，中心台在钟鼓楼之间，相当于"哑铃"或金刚杵的握手处。

"盖东西南北街道最为宽广"，指鼓楼居大都之中，瞰制全城：东有鼓楼东大街，西有鼓楼西大街，南有地安门大街，北有钟鼓楼和钟鼓楼背后的街道（现在辟为广场），前抵今豆腐池胡同（合并旧娘娘庙胡同与豆腐池胡同，明代叫豆腐陈胡同）。

> 七、齐政楼，都城之丽谯也。东，中心阁。大街东去即都府治所。南，海子桥、澄清闸。西，斜街过凤池坊。北，钟楼。此楼正居都城之中。楼下三门。楼之东南，转角街市，俱是针铺。西斜街临海子，率多歌台酒馆。有望湖亭，昔日皆贵官游赏之地。楼之左右，俱有果木、饼面、柴炭、器用之属。齐政者，书璇玑玉衡，以齐七政之义。上有壶漏鼓角。俯瞰城埋，宫墙在望，宜有禁。(108页)

此条辑自《日下旧闻考》。"齐政"指日月五星、二十八宿围绕北斗、斗极旋转，与"中心"的概念有关。

这里讲得很清楚：齐政楼即鼓楼。"此楼"承上省，当指鼓楼，而非钟楼（例同上"正南"句），位置在元大都的四方之中，下开三门。鼓楼东南角，"转角街市"有很多针铺，大约相当今鼓楼东大街西口的东南角。

原文以齐政楼为中心，讲它的四至。

第一，鼓楼东（准确讲是鼓楼东北）有中心阁，中心阁在鼓楼东大街北口的路北，过中心阁（准确讲是过中心阁南），沿鼓楼东大街再往东是元大都路总管府（准确讲是在鼓楼东大街路北），属灵椿坊。这是讲东。

第二，鼓楼南有海子桥、澄清闸，即上万宁桥。这是讲南。

第三，鼓楼北有钟楼。这是讲北。

第四，鼓楼西有斜街，即今鼓楼西大街。此街斜穿凤池坊，西南是海子北岸，东北是京师北省。这是讲西。

东南西北四至可以卡定钟鼓楼的位置，足见"中心阁址为今之鼓楼"说不可信。王军力辩鼓楼绝非中心阁、万宁寺所在，甚确。

八、双青杨树大井关帝庙，又北去则昭回坊矣。前有大十字街，转西，大都府、巡警二院；直西，则崇仁倒钞库；西，中心阁；阁之西，齐政楼也，更鼓谯楼。楼之正北乃钟楼也。(116页)

此条辑自《日下旧闻考》，涉及中心阁与周边建筑的相对位置，很重要。"大都府""巡警二院"是两个衙门，辑本连读，今点断。

这里讲得很清楚：双青杨树大井有元关帝庙（在地安门东大街五十五号和五十七号），庙以北是昭回坊。昭回坊北有大十字街，即所谓交道口，南北向大街是今安定门内大街（南段即今交道口南大街），东西向大街是今鼓楼东大街和东直门大街（后者即今交道口东大街）。十字路口西拐，路北依次为大都路总管府、巡警二院（即警巡左院）和崇仁门内的倒钞库（在宝钞胡同东）。中心阁在草厂胡同南口的西北，再往西是鼓楼，鼓楼北是钟楼。

总结一下。

今北京城是以明清北京城为基础。明清北京城是继承元大都。元大都是从金中都北郊的苑囿向北拓展，按一个"大十字"全新设计。西苑"二池"（玄武池、太液池，即后来的什刹海和北海、中海）卡在西墙和南北轴线间，居城之半，主体建筑分布在"二池"东岸，恰好让开"二池"又贴近"二池"。

它的东西轴线很清楚，就是和义门到崇仁门的轴线（即今西直门到东直门的轴线），南北轴线存在争论。原因是后者稍稍偏离几何划分的南北轴线，略向东偏。

今世学者论元大都南北轴线，向分两派：一派沿用"中心阁址为今之鼓楼"说，以元大都的几何中心点（城区四隅交叉线的中心点）作为东西南北之中，做总体挪移，把钟鼓楼挪到旧鼓楼大街，把万宁寺、中心阁、中心台挪到今钟鼓楼的位置；一派从元大都城市布局的实际出发，将主体建筑让出"二池"水域，沿丽正门到厚载门，穿万宁桥到钟鼓楼，从南到北一线排列，所谓南北轴线，既是划分东西城的轴线，也是纵贯宫城、青山（今景山）、御苑、海子桥和钟鼓楼的轴线。

前说以侯仁之为代表。他之所以把钟鼓楼放在旧鼓楼大街，与他按四隅交叉线的几何中心点讲元大都的规划设计有关。参看侯仁之《北平历史地理》（邓辉等译，外语教学与研究出版社二〇一三年版）。侯先生有"明皇城、宫城东墙东移"说，因与考古发现不符，他已放弃。但他的"明钟鼓楼东移"说，至今人多从之。学者认为，元钟鼓楼在旧鼓楼大街，西移后的空白可由万宁寺、中心阁、中心台等建筑来填充。如元大都考古队（中科院考古所和北京市文管处联合组成）的《元大都的勘查与发掘》（《考古》一九七二年一期，19—28页）就是这样安排。今侯仁之主编《北京历史地图集》（文津出版社二〇一三年版）也仍然保留其最初的判断。

我认为，从《析津志》的记载判断，二说当以后说为是。

前说，不仅与《析津志》不符，且以南北轴线穿越水面，明显不合理。陈平把南北中轴线一分为二，旧鼓楼大街算北中轴线，钟鼓楼以南算南中轴线，就是为了折中二说。参看陈平《古都变迁说北京——北京蓟辽金元明清古都发展轨迹扫描》（华艺出版社二〇一三年，134—138页）。

元中心阁与万宁寺是一组建筑，位置在阁街以东。阁是附属于寺，元成宗、宁宗的原庙在中心阁，是以中心阁为供奉帝后御容的影堂，位置可能在万宁寺佛殿以西，西邻阁街，与中心台东西相望。

钟楼和鼓楼，四周皆有八角形围墙，钟楼南墙和鼓楼北墙各有两端，四角连线是个近似长方形的场子。今钟鼓楼间距约97.9米，鼓楼北墙宽约三十米，钟楼南墙宽约24.2米，广场宽度约25.3米。中心台方一亩，约合15.5×15.5步（以五尺为步，两百四十平方步为亩，两百四十开方，每边长约15.49步）。元代官尺一尺约合三十五厘米，营造尺一尺约合31.5厘米（参见熊长云《元尺考》，待刊）。今以营造尺计算，台宽约24.4米，加上围墙，宽度可能略大，放在钟鼓楼之间，正合适。钟鼓楼加中心台是元大都的核心建筑，周围街市林立，最热闹。

今钟鼓楼广场，两旁有道，环绕钟鼓楼，一九四七年叫钟楼湾，一九四九年叫钟楼湾胡同。今胡同两侧的街面房，东西相距约47.4米。这一距离，减去广场宽度，还剩22.4米。22.4米两分，还剩11.2米，今道宽3.44米，在11.2米的范围内。据《析津志》，中心台在中心阁西"十五步"，约合23.6米。从距离判断，中心阁约在钟楼湾胡同八十四号（石友三旧居和它后面花园）和六十号院一带，东邻万宁寺，西邻阁街。中心阁是供元代帝后的影堂。我怀疑，明代复兴，中心台因北城内缩已失去中心的地位，变成街市（六十年代以前一直是个市场），中心阁也因元灭被汉人拆毁，只有万宁寺东半的佛

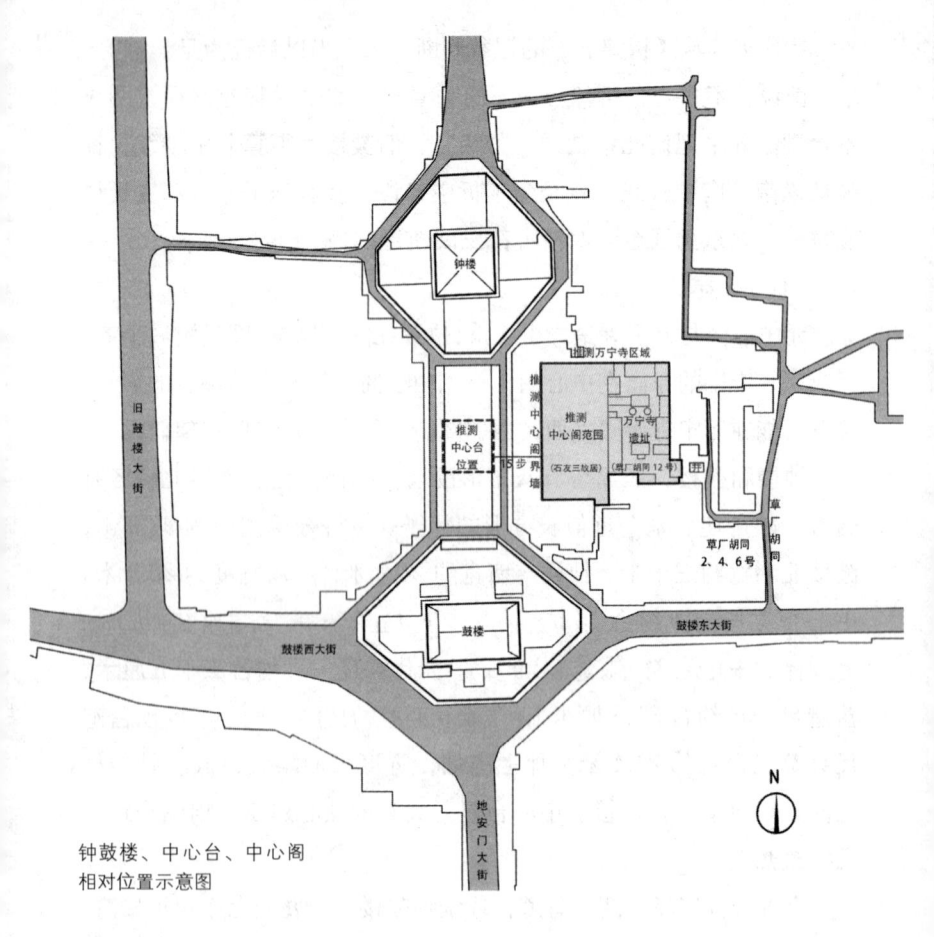

钟鼓楼、中心台、中心阁
相对位置示意图

殿保存下来，成为清万宁寺（分前中后三殿）。

我把中心台放在中心阁正西的钟鼓楼之间，王军把中心台放在草厂胡同六号院以南，即今草厂胡同十二号院的东南。这是我和王军看法不同的地方。

另外，清周筼《析津日记》云："天寿万宁寺在鼓楼东偏，元以奉安成宗御像者，今寺之前后皆兵民居之。从湢室而入，有穹碑二尚存，长各二丈余。西一碑国书，不可读，东一碑欧阳原功文，张起岩书，姚庆篆额，题曰'成宗钦明广孝皇帝做天寿万宁寺神御殿碑'。其北列明碑四,一为冯祭酒梦祯文,一为焦太史竑文。""鼓楼东偏"指鼓楼东北。我怀疑,"从湢室而入",只是因为前门被兵民搭建的屋舍堵占,不得已才从侧门而入。王军提到的山门其实是后开的侧门(有清万灵寺庙额)。两通元碑,原本立在中心阁前。西碑"国书,不可读者",或即中心台碑。"国书"是八思巴文。元代的国书碑,通常都有对读的汉文,篆额亦为汉文,"不可读者"只是八思巴文。欧阳玄撰文的东碑则是中心阁碑。我期待,这几通碑文有一天会出土。

总之,元大都的南北中轴线只有一条,就是丽正门到钟鼓楼的轴线。中心台虽稍稍偏离元大都的几何中心点,仍不失为元大都的东西南北之中。

(《尧风舜雨:元大都规划思想与古代中国》,王军著,生活·读书·新知三联书店二〇二二年版)

北窗读记

谢万的生卒年

刘涛

陈郡谢奕与王羲之结姻,而羲之与谢奕弟谢安、谢万更相知。永和九年(三五三)王羲之召集"兰亭之会",谢安、谢万一同参加,皆作四言、五言诗各一首。

谢万字万石,其"才气隽俊,早知名",以啸咏自高,官至西中郎将、豫州刺史。受任北征,不能抚众,败还,废为庶人。谢万因疾未尽天年,《晋书·谢安传附谢万》云"时年四十二",卒于何年,《晋书》失记。《北堂书钞》卷五八引《晋起居注》有升平五年(三六一)起用谢万为散骑常侍诏,史家田余庆据此推测,谢万死于复官的升平五年或稍后。

如果按《晋书》记载谢万得年四十二,以卒于升平五年上推其生年,在元帝大兴三年(三二〇),则与兄谢安同年生,有悖常理。以稍后的哀帝隆和元年(三六二)初上推生年,在元帝大兴四年(三二一),似乎说得过去。

但谢万裔孙谢庄另有终年四十之说,见《宋书·谢庄传》所录谢庄与江夏王刘义恭书。按《宋书》为梁朝沈约撰,早于唐臣编撰的《晋书》,且《宋书》所记乃谢万后人所道,较《晋书》可信。依谢庄所说四十岁推算,谢万生于明帝太宁元年(三二三),小谢安三岁。

穿过针眼：一曲别样的教会胜利史

李隆国

帝王也难免一死。临终前，罗马帝国的缔造者奥古斯都立下遗嘱。在安排国事之余，奥古斯都也将自己的钱财进行了分配：除了大方地赠予家乡、士兵、罗马城的每位公民钱币若干之外，未来的皇帝提比略会得到三分之二的财产，余下的三分之一遗赠给奥古斯都的妻子利维亚。财富，就这样跟随权力在家族内部世代流转。

八百年过后，在西部复兴罗马帝国的查理曼也在晚年立下遗嘱，将全部财产和动产，"无论是金银、珠宝或御用衣物"都安排了去向。其中四分之三将被送到帝国的二十一个大主教府，储存于教会这个"天国银行"。余下部分留赠给自己数量众多的子女和宫廷仆役。希望通过将财富留给教会，得以穿过针眼，顺利地进入天国。

穿过针眼，语出《圣经·马太福音》。"骆驼穿过针的眼，比财主进神的国还容易呢！"即便古代骆驼的体格远比现代骆驼瘦小，但要穿过细细的针眼，何其难哉！"财主进天国"着实不容易。倘若一位财主想进天国，除了"你还要来跟从我"，变成基督徒之外；还要按照耶稣的吩咐，"变卖你所有的，分给穷人，就必有财宝在天上"。这段教诲的落脚点在于"信神"，如耶稣随后对众门徒所言："在神凡事都能。"神能而人不能，无他，信心不足之故也。这一教导可以被用来谴责富人，但更为常见的解读，则是劝勉富裕的信众将钱财捐赠给教会。"穿过针眼"从表彰"信心"，转化为褒美慈善行为。在古代晚期教会史终结之时，善用慈善的效果如此明显，古代罗马帝国的开国皇帝奥古斯都将钱财遗赠给继承人的方式转化为中古欧洲西部神圣罗马帝国的缔造者查理曼以教会为主要遗赠对象。

"古代晚期"有广义与狭义之分。从奥古斯都到查理曼，是广义的古代晚期，而狭义的古代晚期，约从公元三〇〇至公元六〇〇年。这是从君士坦丁一世等皇帝宽容基督教，到拜占庭帝国形成的时期。其间经历内战、入侵、西罗马帝国灭亡和查士丁尼的再征服等等。历史在这里不仅转了一个弯，而且还像进入了一条幽暗的山地隧道，若隐若现的暗淡灯光，稍纵即逝，等到驶出隧道之时，景物业已焕然一新。

这些暗淡的灯光，主要是由基督教教士们的布道辞所发出。通过布道辞，教士们批判现实，劝勉信徒行善，救济穷人。如果我们将布道辞作为历史实际的忠实反映，那么就会像英国历史学家爱德华·吉本那样，得出"基督教会的胜利与罗马帝国的衰亡"这一经典性宏大历史命题。三世纪以降，帝国的税负日益加重，原本承担征税任务的主体、以市议员为代表的帝国城市中产阶级不堪重负，两极分化，罗马社会也随之日趋贫富悬殊。作为穷人的保护者，教会与代表社会另一端的富人和帝国政府抗争，西部的元老贵族也纷纷加入教会，教会的势力日渐壮大。于是乎内有罗马教会依托于日益增加的穷人，掏空帝国；外有被称为"境外无产阶级"的蛮族进入帝国境内。内外因素作用之下，西罗马帝国灭亡。但教会的胜利并非没有代价，在获得大量财富、土地和人力资源的同时，教会丧失了其早期的宗教理想和追求，甚至不惜采用愚民政策。文化倒退，文明衰落、欧洲步入黑暗的中世纪。教会获得财富和权力而走向胜利宣告了愚昧和迷信的胜利。

然而，彼得·布朗并不相信这样的叙事。从研究奥古斯丁开始，半个世纪的学术探索，他成功地推动了古代晚期研究，大有骎骎乎凌驾于罗马帝国衰亡研究之势。透过政治史的断裂，他感受到了曾被大一统罗马文化所遮蔽的、充满创造力的地方文化跳动的脉搏。文化不仅在顽强地延续，也在缓慢而有力地转型，重塑认同。为满足社会需求，基督教文化日益变得实用化。在帝王将相的身侧，生活着无数个鲜活的圣徒，他们面向所属的村落、市镇、城市乃至帝国，舒缓社会承受的压力，预言美好的生活愿景，为芸芸众生开启面向未来的精神寄托和所渴求的心理安慰。依托于这样的舞台布景，布朗的《穿过针眼：财富、西罗马帝国的衰亡和基督教会的形成，三五〇至五五〇年》（以下简称《穿过针眼》）讲述着一曲别样的教会胜利史。

第一幕，君士坦丁王朝（三〇六至三六三年）。克服了三世纪危机的罗马帝国仍然维持着"小政府"，但军团倍增，所有公民都得纳税，帝国的行政区划细分，为皇帝分忧的官僚系统也就随之大规模地扩充，一批服务于皇帝的帝国新贵应运而生。这些新贵迎来了"黄金时代"。税收、劳役，一如既往地由散布于帝国各地的两千多个自治市来承担，尤其是祖祖辈辈在那里谋生的市民以及代表他们的中产议员们。皇帝们皈依了基督教，也授予了教士免税的特权，从此，教会就不再仅仅是穷人的教会了。尽管帝国政府也紧盯着负责纳税和征税的市议员们，不允许他们投身于教堂之内，成为教士，但是教会还是务实地将普通人视为力量的基本来源，秉承了他们"本分得体"的角色设定，闷声发大财。在布朗设定的叙事起点，教会就不穷，只是没有显山露水而已。这就为此后教会财富的平稳增长定下了基调。

在四世纪的大部分时间里，虔诚信徒的主体是那些本分得体的中产阶级。无论是富裕还是贫穷，不管身处高位抑或地位普通，基督徒来到教堂参加仪式，就得凝心聚力，暂时成为一个共同体，世俗等级差别的张力大大缓解。富人在这里享受到了非主流文化的氛围，体会到新鲜的文化感受和宗教体验，他们也共同创造了一种新的慈善方式，通过捐赠给教堂，将财宝积储于天国。施舍不论多寡，意义相同，教会的慈善方式对富人具有吸引力。

君士坦丁王朝的结束，为我们拉开了第二幕。四世纪末，帝国再次步入下行轨道，远在边境地区的宫廷，并没有放松它的要求，反而收紧了免税的缺口。面对日益艰难的生计压力，宫廷"以冷漠、时断时续的方式提供物质资源，以此来显示对民众的热爱"。而老式贵族、罗马元老西玛库斯仍在按照老规矩办，为罗马人民定期提供免费食物。为了显示自己对罗马人民的爱，西玛库斯不得不竭尽全力地动用自己的一切关系，从"世界各地"预订斗兽，尽量将它们如期保质保量地送抵罗马，以便依照惯例分别为自己的儿子第一次当选财务官和裁判官举行盛大的庆贺活动，以飨罗马人民。但西玛库斯的父亲在罗马的宅邸曾被他所热爱的罗马人民捣毁，他自己千方百计地谋划，也面临重重困难，似乎传统的慈善方式遭遇到了前所未有的危机。

老式慈善方式，似乎不仅劳民伤财，而且疯狂无道，受到了教会的强烈谴责。在不列颠出土的壁画中，斗兽之旁竟然刻有"杀人"的字样。当西玛库斯为了延续罗马城传统的公民慈善事业而殚精竭虑的时候，在他的身侧，新的基督教慈善理念日益发扬光大。穷人取代罗马公民成为新的救济对象。

谁是穷人？他们不仅是食不果腹的罗马公民，也不限于那些因逃避战祸而流浪他乡、缺衣少食的难民，他们是所有寻求教会帮助的人们。安布罗斯等教父并没有使用某种具体或者绝对的贫困标准，在他们口中、笔下，穷人是那些"渴求帮助的人"、祈盼基督恩典的人、请求教会保护的信徒。基督教徒即是穷人，教会乃是穷人的教会。穷人不再是一个特定的社会少数群体，而是广大的、在罗马帝国政府和权贵的权势面前感受到压力的所有人，"全世界"的穷兄弟联合在教会的周围。在这个经济形势下行且日益动荡的年代,谁还能有绝对的安全感,而不会觉得自己有朝一日也需要帮助?穷人的队伍似乎正在壮大中。

即便是原本"无忧无虑"的帝国权贵们,也不得不有了某种焦虑,他们分散在帝国各地的地产和营业变得不那么安全了。主动变成"穷人"开始成为一种可行的选择,教士中越来越多地出现帝国高级贵族的身影。巨富的权贵如诺拉的保利努斯、如小梅拉尼娅,为布朗提供了绝佳的案例,使得他得以窥见信仰与财富之间日益密切的往来。

诺拉的保利努斯与自己的妻子,在独子去世之后,毅然放弃华丽的服饰、精致的美食和成群的仆人,卖掉祖产,选择了苦修的生活。"抛弃了元老院,中断了一支贵族血脉的延续。"抛弃家产很难,放弃世代簪缨的优越感更难,这才是真正需要穿过的针眼。只有抛弃固有的做派、尊严和文化,才可以顺利地成为"穷人",完成骆驼穿过针眼的壮举,抵达天堂。

随着权贵参与教会管理,教会内部的分歧和争斗也与日俱增。修道士群体与教士群体之间、修行的富人与普通修行者之间并非只有爱。当教会成为一个社会各阶层的大熔炉之后,教会内部也为社会观念的冲突提供了一定的空间。百基拉主教及其支持者受到惩处,伯拉纠的教导受到批判。权贵们不仅在教堂之外,而且也在教堂之内影响并震撼着看似平静的教会。

当五世纪中叶帝国面临真正的危机之时,贵族及其财富与教会亲密接触,第三幕上演了。政治分裂、蛮族王国和罗马飞地交叉分布、多种认同性与效忠共存,傲慢和嫉妒流行起来。为了保住财产,控制劳动力,越来越多的贵族或者投身于教堂,或者在土地上设立教堂。失势的权贵带着财富和奴仆进入教会修行,不仅使得教会的财富大为增加,而且他们还通过坚贞的苦行,卓然独立、成为圣徒,帮助教会和修道院进一步吸引财富。进入教会的财富似乎"洗白"

了富人的双手，坏富人可以借此摇身一变为好富人。

教会成为最大的富翁，布朗的叙事终点隐隐在望。大戏的最后一幕是教会如何处理其财富。首先，继续开源：面对即将到来的永火审判，平信徒最好也能在临终前开口，说出他们的捐献。其次要确保财富留在教会。马赛的萨尔维安要求贵族带入教会的财产只能是属于教会所有，当他们前往天国之时，教会必须接管他们的财产。罗马教会则率先从法律上保障赠给教会的土地永远留在教会，教产只进不出。最后，教士只是代为打理教产的管理者，一方面，不少管理型主教留下了经营良好的教产；另一方面，他们安贫乐道、实行财产的绝对公有、甘当富庙的"穷方丈"，证明自己有资格管理神圣的集体财富。也正是在管理财富的过程中，教士们被他者化，以便与平信徒管理者泾渭分明。削发、独身、禁欲，从精神到身体，教会的管理者成为一个独特的社会团体乃至等级，古代教会至此终结，中古基督教会史开门。

剧情简介无法道尽布朗的奇思妙想。在与一个个同行的亲切对话中，一位思路敏锐、史料娴熟的谦谦君子，清晰地浮现在字里行间。《穿过针眼》的分析不可谓不精彩，但读者更深刻地感受到的，可能还是历史叙事的魅力。一个个丰满鲜活的人物，一个个令人惊艳的地下证据、文本分析，恰如其分地嵌入在语境之中、章节之间，如同一部行云流水的大剧，不同地点、人物、事件和分析环环相扣，令人目不暇接。有厚度、有温度的大历史是从碎片中生长出来的。

物质与精神、贫穷与富庶二者在古典哲学中存在着明显的张力，达则不忘体验贫穷，穷且苦修精神。但财富也让人闲暇，得以心游万物，放飞精神的追求。闲暇在财富与精神之间来回牵线搭桥，因此，物质上的贫穷，并不必然意味着精神上的富足。倘若没有精神追求，物质的贫困更有可能导致根深蒂固的精神贫困。同样是坚持穷人与富人之间的对立，但通过添加此生与来世这一对范畴，基督教的宗教话语一方面夸大了财富与灵魂得救二者之间的张力,另一方面又在教会内部铺设了一条快速通道,教会居间作为中介,沟通二者。进入教会的财富是天国的财宝,确保信徒的得救。教会好像是如意金箍棒,可大可小,带着富人及其巨额财富轻松地穿过针眼,抵达天国。

依靠这一套修辞,古代晚期教会史的色彩似乎明快起来,对立依然存在,但奇妙地互相转化着,也不见了启蒙思想家们所谴责的那种紧张的偏执特性。自十八世纪以降,我们熟悉的罗马帝国晚期教会是一个置帝国命运于不顾,疯狂地争吵神学信条的激进组织。如大启蒙思想家伏尔泰所嘲弄的那样:"基督教打开了天国的大门,但却丧失了帝国;因为不仅基督教内部各教派以神学论争的狂热性互相攻讦,而且这些教派又一起共同反对帝国的旧宗教。"教士们各执一词的都是"毫末之事",但还非得"要靠棍棒交加大打出手才能决定下来"。教父们怀着高昂的宗教热情、执着于宗教理想、不顾一切地追究着精微的神学大义,似乎那是一个高高在上、不食人间烟火的教会。

《穿过针眼》中的教父们则完全没有不切实际的书卷气。安布罗斯、奥古斯丁、伯拉纠、哲罗姆、卡西安、马赛的萨尔维安等等,他们不仅仅是神学家,而且更是对现实问题和需要有着无比清醒认识的社会活动家。他们的作品远非无病呻吟或者为经典背书,而是在活学活用,切实地面对现实的挑战、以务实的方式提供可行的解决方案,化理想为实际。他们开出的药方可能互相对立,他们的命运也大相径庭,但他们都在利用娴熟的经学知识、理性务实地管理着教会。他们提出的,是实用性神学主张;他们所帮助建立的,也是应对灵活、反应灵敏、行动有力的务实性教会。在他们的领导之下,教会稳健有力地增加财富、平稳地渡过西部帝国的衰亡危机,走向中古。

在前现代社会，财富的增长存在明显的自然"天花板"，土地是财富最主要的来源。马尔萨斯陷阱可能过于悲观，但承平日久，随着人口的繁衍，财富的分配问题终究会被提上日程，所谓人不患寡而患不均。尽管罗马帝国晚期的皇帝不乏出生卑微者，但皇帝仍是最大的地主，也是富人中最有钱的主。为了供给军队，帝国政府控制着最好的土地、矿山、牧场和大型公共建筑等等。千千万万个私人的财富固然粲然可观，但是他们多为帝国财产的经营者。市议员耕种的土地、经营的牧场、开发的矿山，就属于政府资产。依据责权相称的原则，纳税和征税的义务也主要落在他们的身上。自君士坦丁一世之后，量出为入的帝国政府，每十五年调整一次税负。在此期间，一个萝卜一个坑，税收的支出都按部就班，有例可循。

当君士坦丁王朝将照顾穷人的重任委托给教会之时，政府并没有将税收的基本盘转让，而是仅仅免除教士们的纳税义务和徭役。除此之外，还大方地免除了他们的妻子、孩子和仆人的营业税。因此，教会的发展空间在于手工业和商业。按照君士坦丁王朝的祖宗之法，皇帝、帝国政府、市议员和教会利益互补，共同维持着财富的增长和帝国的运转。但是到了五世纪上半叶，上述格局遇到困难甚至难以为继。帝国政府三令五申，限制市议员成为教士。如果市议员执意成为教士，他也只能最多带走四分之一的财产进入教会，余下的财产必须留给他的替代者，用以完税。布朗提到，晚年的奥古斯丁、马赛的萨尔维女等高级教士猛烈批判了帝国的税收政策，是在替"避难者和欠税者"发声。透过基督教话语修辞，帝国政府与教会围绕税收发生的第一次尖锐正面交锋暗示，通过广泛接纳市议员，教会大量拥有了位于征税目录中的地产，教会成为征税的直接受害者。

皇帝手中竟然没有了土地。四六八年，西部最后的皇帝之一安提米翁请教东部的皇帝利奥，如果一位被认为没有继承人的地主，突然有一位他的近亲对这块已被赏赐出去的土地要求所有权，或者被俘的那位地主返回家乡，按照公民资格恢复权益并合理地要求收回业已被转让的土地，皇帝的问题是："依法判决原告收回土地，还是维持皇帝原有判决的权威？"利奥皇帝建议安提米翁按照君士坦丁一世定下的惯例，判决原告胜诉，并由皇帝另拨同样数量与质量的土地补偿被告。但是，安提米翁皇帝的最终决定令人大跌眼镜："如果赠地确实为无主土地，则皇帝的赠与有效。如果原告能够确实证明其合法所有权，则其权益受到法律保护，而此赠与无效。"《提奥多西法典》的这一则新律表明：东部皇帝的手里还有充足的土地，因此利奥皇帝能够延续一百年前的政策。而西部皇帝则颇为捉襟见肘，手中无地，遂无法补偿那位被告了。西部的皇帝不仅没有了土地，而且也丧失了权威。

皇帝的土地去哪儿了？布朗没有说。他仅仅将西罗马帝国的衰亡作为布景，论述教会的财富增长史，尤其是巨富的权贵们如何将财富转移给教会。教会的财富、教会的胜利似乎来自教会与时俱进的成功说教。这是一部修辞引导财富自愿进入教会的演进史。在教父们的成功领导和劝说之下，贵族乐捐，财富逐渐转移到教会，教会逐渐走向胜利。但它也只是钱币的一面，而且是那光鲜亮眼的一面。而钱币的另一面呢？

(《穿过针眼：财富、西罗马帝国的衰亡和基督教会的形成，三五〇至五五〇年》，[美]彼得·布朗著，刘寅、包倩怡译，社科文献出版社二〇二一年版)

徐前进

构建日常生活的叙事

　　日常生活，作为一个具体与实在的领域，在人类历史上是宏观与抽象的对立面，一个可隐匿或无意义的对立面。过去的日常生活已基本消失，当下的日常生活正在消失，未来的日常生活可能也无法免于消失。普通人在当下的日常生活中实践理想，伟大政治家和思想家同样如此，他们从中感受一个时代的物质、语言与空间状况，制定政策或提炼方法。在这个时刻之后，这些场景消失不见，像从未出现过一样。

　　日常生活是一种空间性的存在，却展示了时间的内涵。在当下这个时刻，它是一切，包围着我们，吸引着我们，但我们不知道它从哪里来，要到哪里去，就像时间一样。即使在一个类型的日常生活重复出现时，我们无从概括它的特点，也不知道如何使之逃离无限的流动性。但这是一个重要领域，无论对于个体生命维持还是伟大思想的创造，当下的日常生活都是基础条件。

一

　　近二十年来，我专注于法国启蒙研究，希望在西方理论之外构建中国人阐释这个问题的方式。在这个目的的引领下，我收获了很多新认识，例如制造启蒙、现代思想的寻根意识、西方中心主义的思想起源等。但我也遇到一个难题，即启蒙时代的日常生活是无法复原的。伏尔泰、卢梭、狄德罗是启蒙精神的象征，然而支撑他们思考的日常生活已经消失。思想与日常生活的分裂造成了思想的虚拟化。每当一个问题进入日常生活领域，相关分析就会停滞。这意味着我对法国启蒙的阐释是有缺陷的，一个无法弥补的缺陷。

这个时代留下了丰富的历史档案，尤其是作为启蒙核心区的巴黎，相关资料更多。然而，即使详细搜集其中的日常信息，我也难以复原这个时代的物质、语言与空间状况。那时的巴黎绿树繁茂，但历史档案里只剩下几棵，比如卢梭晕倒后倚着休息的橡树，因其进入了《忏悔录》。还有杜伊勒里宫外的一棵橡树，有人不时获得宫廷消息，然后在树下讨论，这棵树进入了他们的回忆录。这片土地上浮动着几张桌子和床，以及麻布床单……我们根据常识推测这是一个房间。在真实的历史中，这的确是一个房间，位于一栋建筑的顶楼。住在这里的年轻人一时贫困，但最终获得了功名，例如狄德罗，晚年，他在回忆录中提及这段岁月。在十九世纪的大规模改建中，这栋楼已被拆除，这个房间在文字中变得残缺不全。

巴黎塞纳河边是启蒙思想的传播空间。根据常识判断，这里应该人来人往，包括书籍零售商、买书人、维持秩序的警察、搜集信息的间谍、蹭书看的流浪汉。他们大声讨论，或窃窃私语。但在历史档案里，这个空间也变成了奇异之地。所有的声音消失了，那些人也消失了。塞纳河边的小路通向亨利四世大街。这是一条造就法国启蒙思想，甚至现代精神的街道，西南端连接圣日耳曼大街，东北端是巴士底狱。我们走在一片历史性模糊的大地上：不完整的空间结构、被文字制度删除的芸芸众生、缺少连续性的交往场景，还有脱离日常生活后游移不定的概念。我们想象着在这个启蒙精神之都中行走，四处几乎都是失去了日常逻辑的景观。一辆马车在亨利四世大街上疾驰，只有当轮子滚入积水时，它会瞬间出现，然后又谜一样地消失，因为有人批评它横冲直撞，溅起的水飞到了行人身上。巴士底狱吸附了大量文字，因其是启蒙思想管理的象征，但这些文字仍不足以复原这个在革命时代被焚毁的专制象征。

日常生活总是难以逃脱消失的机制，历史档案中就此出现了一个关于人类生存的空白领域。法国历史学家布罗代尔对此有过疑问："当时的人吃什么？喝什么？穿什么？住什么？……在传统历史的书本上，人是从来不吃不喝的。"他希望做出改变，并将日常生活视为"历史研究的基础领域"。然而，已经消失的日常生活无法补救，当下的日常生活仍在不断地消失。这种现象的主要原因是人类对于文字的期望有别于日常生活状态，例如微小、琐碎等。父母照顾孩子，努力工作，劳累不堪。这是人的生活，无限重复，缺乏奇异。谁会耐心阅读这类日常记录？相反，我们更希望在文字中看到断裂、惊奇或伟大，所以那些普通人避之不及的场景，例如犯罪、革命、战争等，由于异常性而进入文字记录，有些甚至成为历史的路标。

历史记忆的不平等机制导致了一个负面后果，即真实历史与现代叙事是分裂的。本来不重要的变成了重要的，本来受冷落的变成了被人追捧的。曾经高频率出现的日常词汇消失殆尽，只有那些进入文字制度的词汇留存下来，现代人据此撰写历史。这是一种漂浮于日常生活之上的历史，确切地说是一个叙事结构，一个可能让历史亲历者感到陌生的叙事结构。这不是虚构，而是在一个时代的物质、语言与空间几近消失后，现代人对于完整状态的艰苦复原。但我们无法回避一个问题：由于观察角度、研究立场和论证方法不同，启蒙历史会有很多版本，例如国王的启蒙、贵族的启蒙、警察的启蒙、女人的启蒙、书商的启蒙、外乡人的启蒙等等。启蒙时代在其展开的时刻到底是什么样的，现代人并无共识。

对于人类而言，日常生活是最基础的生存场景，真实、直接、平等。任何人，无论从事什么工作，无论实践理想时做了多少伪装，都要无数次地回归日常生活，并在那一刻恢复本性，感受走路时身体的节奏，以及提着东西时的沉重感。他也会考虑晚上吃什么饭，油盐酱醋缺了哪样……这些日常状态密集、连续或错乱地出现,对于宏观叙事而言可有可无,实际上却维持了生命与思考的连续性。我们在衡量政治理念、经济策略的效果时,也有必要参考它们在日常生活中的实践状况。如果一个观念没有进入日常生活,往往会停留在抽象领域,可以作为逻辑分析的前提,却难以准确地阐释时代精神。

"伟大的启蒙"是一个抽象意义的问题。现代精神需要一个根源,西方学者就制造了启蒙时代。我不是要彻底否定这个时代,而是说他们美化了这个时代,将之塑造成一个美丽的传说。每当现代精神遇到困境,它就会出现,作为一种批判性的注视,或劝慰性的引领。然而,这是一个脱离了日常生活的思想传说,西方现代寻根意识也就缺少了实证性。

二

过去的已经无法改变,而对于当下的日常生活,我们可以使之免于彻底消失,主要方法是构建日常生活叙事,将那些本来会被文字制度裁剪的物质、语言与空间变成文本。对于现代人,这是一个叙事镜像,文字像镜子一样映照当下,现代人成为当下日常性的观看者。对于未来的人,日常叙事为那些穿越时空的思想保留了原生场景,他们借此重现过去,或以实证性的方法反思过去。

日常叙事与博物馆有相似的功能:保存一个时代不断出现、转而消失的日常景观,向未来的阐释学开放。巴黎蓬皮杜中心是日常生活的展示空间,为那些本来会消失的当下之物赋予历史性的身份。在一个衣柜旁边,我与看护员有过一次对话:

——先生,我有一个问题,这是艺术吗?

——啊,又是这个问题,这是艺术。

——我觉得这不是,只是日常生活中的东西。

——我们把日常的、普通的东西变为艺术,这不是很好的事吗?

表面上，这是法国文化的霸权，也就是一种定义艺术的权力。他们说什么是艺术，什么就是艺术，不是艺术也是艺术。实质上，这是法国人希望留住当下的朴实愿望，未来的人就会理解这个时代的人是怎样生活的。就此而言，这又是一个关于时间与存在的深刻愿望。

日常叙事是关于当下的写作。对于现代人而言，这不是一个简单问题。很多思想家为此付出过努力，但由于缺乏严密的逻辑与明晰的因果关系，日常叙事在文字制度中仍旧不是独立的类型，附属于文学或哲学，借用这些学科的表述方式，服从于它们的问题意识。

十九世纪，欧洲文学已经转向日常生活。巴尔扎克认识到这是人类历史的空白，据此确定《人间喜剧》的写作主旨："书写那些普遍、日常、隐秘或明显的事件。"他以百科全书的方式记录日常生活，将之变成文本。客观而言，文学对于日常生活的阐释是最丰富的，尽管存在变形或失真的问题，但日常生活变成了叙事本体。二十世纪末，一种新体裁力求弥补这类缺点，即"当下文学"(littérature immédiate)，放弃夸张、虚构的方法，以符合日常生活节奏的语言记录这个领域的状况。《鲁瓦西快车的乘客》(*Les Passagers du Roissy-Express*)是一部代表作，马普罗(F. Maspero)在地铁里记录各种声音、颜色、动作，具体地展示现代人的机械出行方式。

在哲学领域，现象学派重视日常生活的意义。胡塞尔创造性地继承了"我思故我在"的理念。笛卡尔以此维护现代人的独立，使之不受制于古典权威和神学理论，而胡塞尔思考的是独立之后要做什么。为了发掘存在的本源问题，他以单数第一人称的叙事方式对待日常生活："我直接发现物质物在我之前，既充满了物的性质，又充满了价值特性，如美与丑、令人愉快和令人不快……物质物作为被使用的对象直接地在那儿，摆着书籍的桌子、酒杯、花瓶、钢琴等。"但胡塞尔很快放弃了这种叙事，回归深奥的理论。考虑到构建日常叙事的难度，这应该是迫不得已的回归，因其无法消解文字制度与日常生活之间的反差。文字制度重视逻辑、秩序和因果关系，而日常生活是一个不规则、可隐匿、难以预测的领域，各类状况几乎都表现为当下的感受，确切地说是个体神经内部的、即时性的感受。所以，文字制度有忽略日常生活的充分理由。

在构建日常叙事时，我们可能还会强调逻辑和因果关系的重要性，但这些目的几乎都有裁剪意图，是文字制度对日常性的裁剪。这种裁剪会引起一个结果，即日常生活再次被忽视，包括同一时间性里的忽视，即当代人对于当下日常生活的忽视，也包括不同时间性里的忽视，即未来的人不了解这个时代的日常生活。这种忽视在存在与记忆之间制造了一种历史性的断裂。

文字制度不想放弃对于逻辑与因果关系的追求，这是日常叙事稀少的原因。所以如果要构建这类叙事，我们首先要接受非逻辑和因果关系稀少的状态，摆脱文字制度的束缚，勇敢、真诚地记录。这是一个由博返约的叙事策略：放弃高雅的修辞、复杂的逻辑，以及假设、象征、比喻、渲染、夸张等技巧，回归简单直白的叙事。这是一种最古老的文字风格，在古典史诗中达到顶峰，之后慢慢被复杂的修辞学掩盖。

晚年的海德格尔勇敢了一回。在《形而上学导论》中，他用直白的方式构建了一个日常叙事片段："在大街的那一边，矗立着理工中学的教学楼……我们能够观察到这座大楼的所有方面，从地下室直至顶楼……走廊、楼梯、教室及其设备，我们到处都会发现在者。"在深奥的现象学体系里，这段话看起来很奇妙。在那个时刻，海德格尔变成了普通人，不再是抽象的思想符号。我甚至能想象到他从教学楼旁边经过，停下来观看、思考，然后用日常景观回答现象学的根本问题："究竟为什么在者在而无反倒不在？这是问题所在。这问题恐怕不是个普普通通的问题。这是所有问题中的首要问题。"

这种古老的叙事风格是一种感觉写作，充分调动人的视觉、听觉和触觉机制，从琐碎、微小、流动的日常景观中发掘存在的象征。这些象征物是具体的，又是绝对的，因其是自足的，不受制于抽象观念，反而是抽象观念的基础。日常叙事会成为未来阐释学的根源，穿越时间，向我们的后代展示这个时代的日常性。

三

日常叙事是一个文本学策略，重视被文字制度裁剪的日常性，也是一个时间策略，从"过去—现在"的结构转向"现在—未来"的结构。除此之外，日常叙事关乎当下的阐释权。对于被忽视的日常生活而言，这种阐释权具有启示性。在文字制度中，它们本来是不可见的，但只要变成叙事，它们就是可见的。这种启示性制造了一个矛盾：存在是叙事的前提，叙事却决定着存在的可见性，甚至变成存在的前提，即没有叙事就不存在。在未来的阐释学中，这种叙事也就具有了垄断性。一个日常叙事片段一旦出现，由于本身的稀缺性，在历史阐释学中，它可能会获得不受质疑的权力。

中国学术界应该重视关于当下的阐释权。在世界历史上，中国问题既深刻又丰富，自中西交往以来一直吸引着西方人。他们不断记录中国见闻，由此制造了一个日常叙事类型，即域外游记。这个类型垄断了那些已经消失的当下的阐释权，我们只有借助于这类叙事去复原在那个时刻出现的人物、事件与空间。

一九七四年，法国思想家罗兰·巴特到中国旅行，之后完成了一个日常生活文本，即《中国行日记》（Carnets de voyage en Chine）。他在中国仅仅生活了二十几天，面对一个丰富、深刻的历史—现实知识体，或是由于资本主义的优越性，或是由于西方文化的优越性，他忘记了在未知的深刻面前保持沉默的道理，于是一个东方的奇异世界出现了："完全没有时尚可言，零度的衣饰。没有任何寻求、任何选择，排斥爱美。"他坐在从南京到洛阳的火车上，看着窗外闪过的景观，下了一个判断："一个没有皱痕的国度……没有任何东西在讲述历史。"（罗兰·巴特：《中国行日记》，怀宇译，中国人民大学出版社二〇一一年版）他以此描述这条铁路线，甚至认为整个中国缺乏历史厚度，单调乏味。罗兰·巴特没有理解中国，却制造了一个奇异的文本。中国是深刻的，这个文本是粗浅的。中国有长时段的历史，这个文本展示的却是短时段的日常景观。他有杰出的想象力与修辞学技艺，却没有发掘中国的丰富性，以及这种丰富性的历史内涵。

二十世纪七十年代，中国生产落后，物资紧缺，生存是最迫切的问题。这是一种表象的单调，而非本质的单调，因为其中隐藏着八亿多人对于独立、富足的渴望。面对这种隐而不显的丰富性，罗兰·巴特的分析方法失效了。他不懂汉语，他的符号学理论被悬置起来；他在中国匆匆而行，无法深入日常生活，他的大众文化理论也被悬置起来。他能做的仅仅是根据域外视野制造一个表象意义的中国。二〇〇九年，这个文本刊行于世，在西方文明停滞和中国进步的对比中，这种奇异性对于中国不再具有冲击力或伤害性，但对于那些不了解中国的西方人，仍旧会引发误会或偏见。

自十六世纪以来，外国人观察中国时提出了很多深刻的观点，但也无法避免无端的想象。在有限的时间与空间里，他们往往难以进入深层的日常知识领域。日常性才是一种文化的实践状态，也是这种文化对于自身内涵的全面展示。他们对于流动的表象可能会有独特的理解，但未必能突破时间—空间距离，理解其中的内涵。日常叙事不能停留于表象分析，无论这种停留是时间性、空间性，还是知识性的，因为停留会触发非实证性的想象力，然后制造虚拟的叙事类型。这是域外视野的缺陷。

对过去，我们能做的只是从本土文化角度去审视或批判这类奇异的历史文本。然而对于当下的日常生活，我们有必要，也有能力创造本土化的叙事类别，即使不能引导域外视野，至少能使之进入一个接受本土化质疑的实证空间，弱化因稀缺而导致的垄断性。这个工作是紧迫的，因为任何一个民族的历史存在都不想受制于那些匆匆而行的外国眼睛。

如果本土文化意识放弃了当下的阐释权，域外视野可能会滥用这种权力。日本APA酒店社长元谷外志雄是一个谙熟此道的右翼人士。二〇一七年，他在酒店的每间客房放置了一本书，否认日本侵华罪行。在当下的日常生活中，他要以一己之力重塑历史记忆。中国政府和民众严正抗议，在日华人组织了反对元谷外志雄的游行，要求他实事求是。但他受到日本右翼势力的支持，有恃无恐。

元谷外志雄意识到日常生活具有重塑历史记忆的功能，只要在一段历史记忆上不断覆盖异质性的日常生活，就有可能改变它。如果我们忽略了这个日常事件，他就获得了部分意义的成功。如果我们忘记了这个事件，他就有可能实现自己的愿望。否认有罪的历史，这是一个违背历史理性的行为。我们要如何应对呢？记录，将这个很快消失的事件变成文本，使之进入长时段的、具有批判性的思想领域。表面上，这是日常叙事的历史功能，实际上是当下阐释权的历史功能。

二十世纪末，西方学术界提出了很多新概念，例如当下史、即时历史等，但在文字制度的冲击下，相关实践并不成功。鉴于此，在构建中国日常叙事时，如果我们像在其他领域一样，过度依赖西方理论，忘记了当下，以及当下的处境，可能会掉入理论的陷阱，就此放弃了当下的阐释权。而放弃当下可能会失去构建中国话语的机会，因为当下才是理论之源。

（《流动的丰盈：一个小区的日常景观》，徐前进著，上海书店出版社二〇二一年版）

杨家沟

韩毓海

二〇二〇年我的陕西之行中,东升安排我去杨家沟参观,出门就下雨,他说:陕北的雨,都下不大,凡是干旱的地方,雨都下不长。结果是他这陕北人犯了经验主义错误,雨哗哗下了一天,是瓢泼大雨。我们淋成了水鸭子,浑身发抖,一双鞋里灌满了水,没法穿,只好拎着鞋参观。一场醍醐灌顶的雨,对我研究中国共产党,作用很大。

回来后,躺着睡不着,想了很多——主要想中国共产党、中国革命为什么能成功。

首先当然是有理想信念,有铁的纪律性。中国共产党是列宁主义政党,世界上夺取政权的共产党,其实都是列宁主义党,马克思虽然是我们的祖宗,但他没有造出列宁那种党,没有通过这样的党夺取政权、建立政权。一个坚强的党,一个坚强的领袖,一个坚强的组织原则,这就是共产党成功的法宝,是第一法宝。

第二个法宝,简而言之,就是邓小平强调的——实事求是,实践是检验真理的唯一标准。邓小平说,这是毛泽东思想的精髓。这个精髓,反映在革命者的性格上,就是灵活性、实践性、坚韧性、长期性或者长久性,而这里的根本,就是毛主席说的"会拐弯",能讲辩证法，在坚持真理的同时，能够不断修正错误。

苏联等世界上的列宁主义党，凡是能成事的，首先都是因为坚持列宁主义原则，而他们犯错误，最终垮台，则是对于实事求是、解放思想、批评与自我批评知道得少，不讲乃至不懂得实践是检验真理的唯一标准，其突出特点是民主作风不够，十分地僵化。

这说明理想信念当然最重要，但实事求同样重要。毛主席说，不能不断修正错误，就不能不断坚持真理。理想信念，总是要落地，好像飞机，只是在天上飞，落不了地，那就要完蛋。

党史告诉我们，一个坚强的党，如果没有坚定正确的政治方向，那就站不住，如果没有灵活机动的战略战术，那就走不远。

罗莎·卢森堡说，一个奔向人类伟大事业的莽汉，在为人类解放事业斗争的路上，毛手毛脚地撞倒了一个小女孩——这种行为也是不可原谅的。我很晚才读到她这句话，她的话，深深刺痛了我，震撼了我。我的一个朋友说他喜欢列宁，因为列宁简单，我说我喜欢卢森堡，因为她复杂。

苏联共产党为什么垮台？就是因为它只有列宁主义的那一个原则，而没有卢森堡提出的另一个原则。最终，列宁主义的原则被斯大林搞到了反面，斯大林胡搞，党内却没有任何机制能够制衡他，苏联就只能一条道走到黑。

毛泽东说过，我们这个党，一旦顺利些，就要犯左的错误，一旦受挫折，就要犯右的错误，我们什么时候做到不左也不右，做到团结紧张、严肃活泼，我们党就真的成熟了——这个话，就是老人家在杨家沟说的。

一、扶风寨

一九四七年十一月二十二日，毛泽东、周恩来、任弼时率领代号为"亚洲部"的中共中央机关、中国人民解放军总部共计六百余人，来到了地处米脂县城东南二十三公里的杨家沟。毛泽东在这里住了四个月零二天，杨家沟，是党中央转战陕北期间，居住最长的地方。

杨家沟其实不是一个村，而是个百年屹立的坚固城堡，这个城堡名叫扶风寨。杨家沟的主人并不姓杨，而是姓马，马家是陕北的望族。

进入杨家沟后，中央机关住在马豫章家的院子里，马豫章，是马氏家族十二世掌门人，他一九二八年加入中国共产党，长期在汉中、北平、西安之间做地下工作。一九三三年冬，马豫章协助榆林中学校长杜斌丞从事联共反蒋抗日活动。西安事变后，马豫章任肤施县（今延安）县长，毛泽东称他是"白皮红瓤"的抗日县长。

毛泽东在杨家沟的住处，是马家十代传人马醒民亲自设计建造的"上院"，这个院落，可谓是中国建筑史上的瑰宝。一排窑洞分别为中式、日式和欧式，窑洞屋内建有洗澡间，洗澡间内设有进水孔和排水口；窑洞采用地下取暖，地板下面都是空的，设有走烟道，从外面窗下地灶烧木炭，炭烟通过烟道，使地板发热来达到取暖的目的。当年，毛泽东站在上院城堡的大门口，曾经感叹说：这位建设者既懂得建筑，又懂得军事，既懂中国，又懂世界，是个了不起的人才。

一九四八年一月，毛泽东在上院与前来参加"十二月会议"的陈毅多次谈话，两位井冈山时代的老战友，围绕着人心这个问题，再次深入讨论了中国革命的经验与教训。

毛泽东说，我们一定要向群众讲清楚，我们不是要消灭蒋介石个人，而是要消灭蒋介石腐败集团和剥削阶级。我们现在主要解决的问题，就是人心的问题，十年内战没有解决这个问题，当时我们只有苏区工农群众，其他阶层都脱离了，而蒋介石的基础就比较雄厚，结果是我们丢了井冈山，丢了苏区，王佐、袁文才、李文林，这些好同志，都被错杀了，当时我们犯了大的错误。现在这个问题解决了，蒋介石消极抗战，搞独裁，打内战，以及买办集团垄断金融，把经济搞垮了，使他断送了国民党的江山。

在与陈毅的谈话中，毛泽东深刻阐释了一个马克思主义核心问题：什么是阶级、如何认识和划分阶级。所谓阶级，不是指个人或某些人，而是指经济结构和社会结构的"人格化"。革命，是指改变经济结构和社会结构，而不是指打倒一批人，换成另外一批人。

关于阶级，马克思在《资本论》中特别做出说明如下：

> 为了避免可能产生的误解，要说明一下，我决不用玫瑰色描绘资本家和地主的面貌。不过这里涉及到的人，只是经济范畴的人格化，是一定的阶级关系和利益的承担者。我的观点是：社会经济形态的发展是一种自然历史过程。不管个人在主观上怎样超脱各种关系，他在社会意义上总是这些关系的产物。

正是根据马克思的上述观点，毛泽东指出：正确认识、分析中国社会的经济形态，正确分析中国社会的进步力量、保护力量与破坏力量，这才是我们认识阶级、划分阶级的马克思主义前提，如果离开了对中国社会经济形态的正确分析去划分阶级，这就是离开了马克思主义的前提，就是违背了马克思主义的基本方法。

在杨家沟，毛泽东深刻分析了中国社会的经济形态，进一步深入分析了中国经济中的官僚买办资本、商业资本、土地资本和产业资本的关系问题。

二、伟大转折

一九四七年十二月二十五日至二十八日，中共中央扩大会议（即著名的"十二月会议"）在米脂杨家沟召开，而会址就是马豫章家的客房。

此时，战争的形势已经日益明朗——由美国人空投到东北战场上的国民党精锐部队，已经被林彪团团包围起来了。而其余的国民党军队，再也不可能突破从山东到陕北的漫长的战线，而在国民党统治的江南地区，国民党已经没有多少兵力了，在中国大地上，共产党人已经牢牢地掌握了战争的主动权。

毛泽东在会上做了《目前形势和我们的任务》的报告，这个报告的第一句话就是："中国人民的革命战争，现在已经达到了一个转折点。"

报告最鲜明的地方在于：毛泽东气势磅礴的"大历史"视野，他从一百多年来，中华民族、中国人民求解放的道路大视野观照当下。

毛泽东说："这是一个历史的转折点。这是蒋介石的二十年反革命统治由发展到消灭的转折点。这是一百多年以来帝国主义在中国的统治由发展到消灭的转折点。这是一个伟大的事变。这个事变所以带着伟大性，是因为这个事变发生在一个拥有四亿七千五百万人口的国家内，这个事变一经发生，它就将必然地走向全国的胜利。这个事变所以带着伟大性，还因为这个事变发生在世界的东方，在这里，共有十万万以上人口（占人类的一半）遭受帝国主义的压迫。中国人民的解放战争由防御转到进攻，不能不引起这些被压迫民族的欢欣鼓舞。同时，对于正在斗争的欧洲和美洲各国的被压迫人民，也是一种援助。"

杨家沟是中国革命和中国人民解放战争的转折点，是中国历史的转折点，是世界历史的转折点，也是中国共产党和毛泽东奋斗征程的转折点。

什么是"转折点"？就是说有两种可能性，一种可能性是转向胜利，另一种可能性是转向失败。毛泽东说，在这个顺利的时候，尤其需要用"可能失败"来提醒大家，不要让胜利冲昏头脑，历史反复告诉我们——我们究竟什么时候最容易失败？在形势一片大好的情况下，最容易走向失败。

从这样的"大历史"视野，毛泽东特别指出，这一伟大的历史转折，主要就集中体现为人心的转变。

毛泽东在会议上总结了中共二十六年奋斗的经验与教训，他说，今天，我们最大的胜利，不是别的胜利，而是赢得了人心，今天最大的变化，就是人心动向发生了变化，是人民群众站在了我们一边。而蒋介石被孤立了，他失去了"人心"，民心、士子（即知识分子）之心。我们现在只能这样说——蒋介石正在失去人心，人心有转向我们的趋势，但是，我们绝不能说，我们已经获得了人心，更不能说，蒋介石失去人心，就等于我们已经获得了人心。

因此，必须从这样的角度去认识"转折点"，说中国革命处于转折点，不等于说处于胜利之中，恰恰相反，处于转折点，乃是处于千钧一发之际，如果稍有闪失，则胜利就会转变为失败，大好局面就会如镜花水月一样丧失。

毛泽东指出，全党在这个时候，必须高度清醒地认识到"转折点"究竟意味着什么。紧紧围绕着"民心"这个问题，毛泽东总结了中国共产党此前奋斗的历史。他说，我们过去失败，主要是因为人心向背这个问题，是因为这个问题长期没有解决，所谓统一战线，一言以蔽之，就是要孤立敌人，而不是孤立自己。而我们过去的错误，也主要在于此处。

北伐时期，我们本来不孤立，但党脱离了军队，脱离了农民，因为右倾而孤立了。十年内战期间，我党的主要缺点就是左，因为极左，不但在城市里被孤立，造成在城市立不住，而且在农村也搞赤白对立，对中小资产阶级实行过左政策，在农村片面地讲工人阶级利益，结果只能是把工商业很快搞垮，把基本生活也很快搞垮了，那时，我们虽然在农村还是有群众，还不能算完全孤立，但讲地主不分田，富农分坏田，把中间力量都得罪了——总起来说，是孤立了自己，而不是孤立了蒋介石，最后在苏区也站不住了。

抗战期间，我们就比较好，吸引一些政治上进步的基层开明绅士到人民政府工作，这是完全必要的，以后还要照此办理。今天，我们讲劳资两利，公私两利，这就是"不左也不右"。我们的任务是把工人、农民、小资产阶级和民族资产阶级尽可能地团结起来，共产党必须站在最大多数的人民群众一边，而不是刻意地使人民对立起来。而且要格外注意：对学生，对知识分子，一定不要犯左的冒险政策，在这个问题上，延安审干，是个极大的教训。

三、"只提出自己能够解决的任务"

在《政治经济学批判序言》中，马克思这样提醒革命者说：

> 我们判断一个人不能以他对自己的看法为根据，同样，我们判断这样一个变革时代也不能以它的意识形态为根据；相反，这个意识必须从物质生活的矛盾中，从社会生产力与生产关系的现存冲突中去解释。无论哪一种社会形态，在它所能容纳的全部生产力发挥出来之前，是决不会灭亡的；而新的更高的生产关系，在它的物质存在条件在旧社会的胎胞里成熟以前，是决不会出现的。所以人类始终只提出自己能够解决的任务，因为只要仔细考察就可以发现，任务本身，只有在解决它的物质条件已经存在或者至少在生成过程的时候，才会产生。

马克思的这些话，是毛泽东《目前形势和我们的任务》的重要出发点。

在杨家沟，毛泽东反复地与陈毅谈到：我们只提出自己能够解决的任务——如果不注意这一点，我们就还是有可能犯错误。根据过去的经验，我们在形势严峻的时候，容易犯右的、妥协主义的错误，而在比较顺利的时候，则容易犯左的错误。

毛泽东之所以讲这些话，是因为他已经清醒地看到了土改中出现的严重的左的错误，毛泽东清醒地认识到，这种左的错误，已经大到了可以葬送土地改革，葬送人民解放战争，乃至葬送中国革命的地步。

土地改革运动（一九四七年三月至一九四八年五月）实际上分为两个阶段，在"十二月会议"之前，全国土改是由中共中央工委主持领导的，负责人是刘少奇。

一九四七年三月，毛泽东与刘少奇、朱德在田庄镇分别，刘少奇一行过黄河到达晋绥解放区，即提出晋绥解放区土改不彻底，干部脱离群众，必须发动普遍的、彻底的、系统的群众运动，彻底解决土地问题。

刘少奇去西柏坡后，康生、陈伯达留在晋绥，他们无视晋绥解放区按照中央"五四指示"，已经基本完成土改的事实，别出心裁地提出再次土改，深挖"化形地主"的四条标准，即一看现在的土地财产，二看土地财产的历史来源，三看过去现在的经营方式，四看群众态度。在晋绥，他们推行"查三代""挖地财""搬石头""贫雇农想怎么办就怎么办"等一系列极左的、破坏性的政策。

土地改革的这个阶段，效果是极为不好的，严重地破坏了解放区的基础和基层政权，例如晋绥解放区兴县的蔡家崖——这个村子有五百五十二户，其中一百二十四户被错划为地主富农，占总户数的22.46%，大大超过了中共土改政策认定的地主不超过3%的比例。许多反对这个政策的基层干部，被撤职、审查，给予纪律处分，乃至开除党籍。对划为地主富农的，则扫地出门，交给贫农团处理。

发现并深刻地认识到这个问题，且立即向党中央、毛泽东提出批评意见的，是时任中共西北局书记的习仲勋。

一九四八年一月四日，习仲勋就陕甘宁边区老解放区的土改问题，紧急致信中共西北局和中共中央。信中提出以下问题：

一是中农问题。老解放区已经经过了土改，在土改后，贫农经过辛勤劳动、发展生产，大部分成为中农，因此，在老解放区农村，中农是主体，是支持革命战争的主体，如果再搞一次土改，再割一次韭菜，再把中农变成贫农，把中农推到对立面上，那么，我们在解放区就失去了基础，革命战争就没有依靠的力量。

二是关于"贫农团"。习仲勋直言不讳地写道："在老区，有些农村贫雇农很少。其中，有因偶然灾祸贫穷下来的，有的是因地、富成分下降但未转化好的，有因好吃懒做、抽赌浪荡致贫的。故这些地区组织起来的贫农团在群众中毫无威信，由他们来领导土改，等于把领导权交给坏人。"

三是关于干部政策，习仲勋尖锐指出，许多地方，现在的工作其实只有一个，就是挖地主、富农底财，开斗争会，而没有人搞支前，搞经济，搞生产，搞基层组织建设，更没有人搞民生。谁不整人，自己就会被整，干部人人自危，许多积极工作的干部，丧失了工作的热情与信心。

习仲勋指出，这样的土改政策，不是使我们获得人心，而是极大地失去了人心。目前的土改政策，已经完全脱离了老区实际，脱离了最广大的群众，也脱离了干部。现在是前方打仗，后方鸡犬不宁，家家点火，户户冒烟，如不纠正这种极左错误，就将造成形势逆转，导致革命失败。

另一个站出来的是任弼时。实际上，早在一九四七年十一月十二日，中央决定去杨家沟之前，任弼时就土改中出现的左的问题，给毛泽东写信，信中说："各地分析阶级不一致，做的过火的地方，恐有将富农算作地主，富裕中农算作富农者，因此确需颁发一个大体通用的'怎样分析阶级'的文件。"

任弼时指出，现在许多地方的农会就是"贫农会"，不但中农不能参加，在民主政权下，由贫雇农上升为富农的，更不能参加，很多地方，中农、新式富农和地主一样没有选举权，而这与人民民主的宗旨不符。

任弼时提出，对新政权下产生的"新式富农"，很多地方采取逼、吊、打的方式，剥夺他们的剩余财产，造成人心惶惶，"在农民中会产生一种怕变富农的想法"。

中国共产党之所以能够胜利，从根本上说，就是因为有习仲勋、任弼时这样的革命者，能够在大多数人头脑发昏的时候，勇敢地站出来，站在党和人民的根本利益的基础上，大声疾呼，纠正党的错误。

他们的意见，使毛泽东大为震动，但也使毛泽东感到由衷欣慰，更使毛泽东坚定了这样的思想：在中国革命走向胜利的转折点上，由于左的错误，革命可能走向失败，使共产党失去人心。必须立即纠正左的错误。

四、纠正错误

毛泽东善于抓点，即通过一件事的处理，来给全党发出明确信号。

首先，究竟怎样对待在新政权下产生的"新富农"？

一九四八年三月八日，中央专门发出关于吴满有一类人入党问题的电报，毛泽东给电报加写按语："说今后不要提倡新式富农的意见是不对的。我们提倡新式富农的目的和俄国革命后保存富农的目的是不相同的。中国富农经济不占重要成分，粮食供给主要依靠中农、贫农，并不是依靠富农，我们鼓励吴满有一类人之目的，在于这样能够稳定新旧中农，刺激其生产。如果过去这是需要的，现在这种情形仍未改变，不能说这种需要已不存在。……"

其次，必须立即纠正意识形态和宣传部门的左的教条主义错误，从纠正宣传舆论导向入手。

一九四八年二月二十九日，毛泽东在晋冀鲁豫中央局宣传部《检查报社发现"左"偏》的报告上写下了这样的批注："开明绅士问题不是什么革命性质的原则问题，中央并未这样指出过。中央指出，不要抛弃那些赞成反蒋和土改而愿意同我们合作的从地主富农阶级出身的开明绅士，如陕北的李鼎铭、晋绥的刘少白等人，借以分化地主阶级，是于反蒋和土改有利益的。"

随后，毛泽东首先在中央前委统一思想，让前委同志一起，认真研究习仲勋和任弼时的意见。毛泽东直言不讳地说，因为不了解党史，不知道、忘记了我们过去犯的左的错误，以至于今天，有些人在这个"极端重点的问题"上再次犯了错误，而且这种错误的性质是严重的，因为他们与王明当年的错误是一样的。

搞清楚"谁是我们的敌人，谁是我们的朋友"，搞清楚我们要建立的人民政府是民主联合政府，而不是共产党一党包办的政府。搞清楚这两个问题，极为关键。毛泽东指出，蒋介石失去人心，并不等于我们就能获得人心，蒋介石失败，并不意味着我们自动就能胜利，如果在战争、整党、土地改革、工商业和镇压反革命五个问题上，我们犯政策的错误，那我们也会失去人心，我们也会失败。

类似王明、康生这样的人，他们满口马克思主义，满口理想信念，但是，他们的所谓马克思主义完全脱离中国现实，脱离人民群众，脱离广大干部，他们手握肃反利器，名曰加强党的领导，实际上是严重破坏了党的民主，这样的人，不是马克思主义者，他们的所谓党性，与人民性乃至人性是对立的。

从那个时候起，毛泽东决定，一面指挥解放战争，一面开始亲自领导土地改革。从此，土地改革进入到第二个阶段，纠正左倾错误的正确的阶段。

毛泽东提出了一个底线——一切工作，以恢复生产、发展生产为要，不能破坏中国农村的生产力。蒋介石造成了中国经济的全面崩溃，在共产党手里，经济不能崩溃，而是必须发展，发展生产力，这是革命的根本目的。

一月二十日，毛泽东转发了习仲勋一月十九日关于西北土改工作情况的报告，并写了批语。毛泽东完全赞同习仲勋的观点——新的社会经济结构的建立，是一个长期的、逐步的、复杂的历史进程，而建立一个新社会，绝不是通过划分阶级成分这样的行动，就可以一蹴而就，以为通过搞运动、划成分，就可以一步迈入新社会的观点，是左的、盲目的观点。

二月八日，习仲勋复电毛泽东，进一步阐释了对于在老区实行彻底平分土地的危害，指出："这会对农民土地所有权的信心发生动摇，普遍现象是农民都不愿意积极生产，认为这次平分了，又不知几年之后，再来平分。"

毛泽东表示完全赞成习仲勋的意见，他指出，发展农业生产，是土地改革的直接目的，土改是种庄稼，是鼓励种庄稼，而不是一茬一茬割韭菜，没有劳动果实，谈什么分果实！

三月二十日，毛泽东为中共中央起草通报。通报中提出了一句著名的话——政策和策略是党的生命，各级领导同志务必充分注意，万万不可粗心大意。

毛泽东身体力行共产党人的工作作风，手把手地教给同志正确的工作方法，经过全党的努力，土地改革中的错误，得到了系统的纠正。

三月二十一日，毛泽东、周恩来、任弼时率领中央机关，从他们居住了四个月的米脂杨家沟出发，向佳县进发。

佳县，是《东方红》诞生的地方。

　　高楼万丈平地起，
　　盘龙卧虎高山顶，
　　边区的太阳红又红，
　　咱们的领袖毛泽东。

眼光、格局与境界

左东岭

短长书

读了五卷本的《袁世硕文集》后，深感前辈学者学术见解的精深与学术成果的丰厚，而且，从文集中也能够找到如何读书与治学的充足答案。实事求是讲，从文集所提供的厚度上看，袁世硕先生并不属于著作等身的那类学者，作为九十多岁的资深学者，仅仅贡献出这样五本著作，似乎并不足以引起足够的轰动效应。但熟悉他的人都知道，这些并不是其成果的全部，能够进入文集的成果均是其学术的精品，从中不仅体现了袁先生诸多原创性的论题与创新性的见解，更重要的是同时显示了他的学术理路与研究方法，而这些更能够给予后学以深刻的启示。就本人的阅读体会说，从中显示了袁先生作为一流学者的眼光、格局与境界。

所谓眼光，是指自步入古代文学研究领域的初始，便选定一流的作家与作品作为自己的研究对象，并始终坚持此种学术选择。从其《文学史学的明清小说研究》看，研究《水浒传》的论文有六篇，研究《三国演义》的论文有四篇，研究《西游记》的论文有四篇，研究《金瓶梅》的论文有三篇，研究《红楼梦》的论文有九篇，这些文章构成了本书的主体，而且从作者身份到版本源流，从文献考辨到思想意旨，都是言之有据、解决问题的重头论文。许多年来，随着学界研究水平的提升与研究队伍的扩大，古代文学研究的论题越来越难以找到新的突破口，因此许多学者开始研究二、三流作家作品和枝节性的选题，前些年甚至成为一种学术时尚，而且也的确解决了一些问题，弥补了一些学术细节，使古代文学研究更为细致丰满与立体化。但以我个人的观点看，要想成为一流的学者，就必须对文学史的一些根本问题提出自己的看法，做出自己的贡献，而这些看法与贡献都离不开经典作家作品的不断解读与深入思考。看一看当今有成就的大学者，他们一生所选择与坚守的学术领域，基本都是围绕经典作家作品所进行的研究。比如詹锳先生一生坚持《文心雕龙》和李白诗文的研究，其《文心雕龙义证》《李白诗文系年》早已成为经典研究论著。还有罗宗强先生的第一部著作就是《李白与杜甫》，章培恒先生的第一部著作是《洪昇年谱》，王元化先生的代表作是《文心雕龙创作论》等等，后学从中可以悟出一些治学的门径。袁先生与一般学者所不同的是，他非常自觉地将山东的地域文学与主流的经典作家有机地结合起来作为自己的研究特色，像蒲松龄《聊斋志异》这样的作品，是袁先生一生花大功夫研究的对象，五卷文集中有两卷都是研究这部小说的成果，而且也奠定了袁先生在学术上的坚实地位。袁先生有很深的乡土情结，他在《蒲松龄事迹著述新考》前言中说："作为山东省最高学府的山东大学的一名古典文学教师，没有理由对本省的先贤、足使中国人引以为荣的文学巨匠蒲松龄及其著作，漠然视之。"毫无疑问，每一地方高校都会重视本地域的文学特色与文学作家，强调学科的地域特色也成为目前的一种流行趋势。但许多学校与学者，在凸显自身的地域特色时，有意无意拉低了自己的研究水准，显示出狭小的学术眼光，从而日益处于学术边缘化的位置。在此，袁先生的学术选择将为学界提供有益的学术经验，他将地域文学特色的强调与经典作家作品的研究紧密结合起来，既能突出地域文学研究的优势，又能跻身文学史研究的主流地位，不仅使自身的学术研究成果成为学术界绕不开的高地，同时也使其所处的学科成为古代文学研究的重镇。

所谓格局，是指其所选定的研究领域具有巨大的包容性与宽阔的学术空间。袁先生的成名作是《孔尚任年谱》，后来又在此基础上撰写了长篇文章《孔尚任评传》，这奠定了他一生的戏曲研究的兴趣与经验。随后他将研究领域转向《聊斋志异》等古代经典小说的研究，出版和发表了许多有分量的学术成果,并以小说史研究专家的身份享誉于学界。最后他又转向清代诗文的研究,不仅领衔主持了《王士禛全集》的整理与研究,还花大力气撰写了全面论述王士禛生平创作的前言。袁先生对于自我学术研究领域的布局显然并非率意为之,而是深思熟虑所构成的学术格局。这三位作家作品的选择,从地域上看均为山东籍贯,从高度上看均为一流作家作品,更重要的是,它们分属于戏曲、小说与诗文不同的文类,覆盖了中国古代,尤其是清代文学最为重要的几种文体。中国古代文学研究自学科建立以来,越来越崇尚专门之学,从朝代的选择到文体的偏爱,甚至有了以一部书名家的现象,所谓的"红学家""金学家""水浒学家""龙学家"等等,研究的专门化当然有其自身的学术优势,它能够使研究论题更为集中,论述更为细化,研究更为深入等等,同时也符合现代学术分工日益细化的学科发展趋势。但其弊端也显而易见,长期固守一隅的专门化研究,造成了学养不够,眼光狭隘,思路固化的学术缺陷,这不仅导致了自身研究领域过于狭隘的问题,同时也影响到专书研究的深度。其实,明清文学的历史实际不仅仅是诗文、戏曲、小说共存的,而且文体之间互渗的现象更为突出。即使研究一位作家,也会涉及其经学修养、诗文写作能力及其他相关领域的知识背景。如果要具备驾驭文学史全局的能力,并有效地展开一代文学的立体研究,缺乏诸种文体以及与之相关的经典作家的认知,是很难达成自己的研究目标的。袁先生对此具有明确的学术认识与自觉的学术操作,他一生写过《孔尚任评传》《蒲松龄评传》和《赵翼评传》,这三篇经典作家的学术评传,刚好涵盖了戏曲、小说和诗文批评三个领域。他在《赵翼评传》中说:"本文要评述的赵翼,更有多方面的成就,他既在史学方面卓有建树,又在诗创作方面形成了自己的特色,有近于袁枚处,又与袁枚有显著的不同,而且还著有一部论断精到、具有开创性的《瓯北诗话》,都是不可以漠然视之的。"《瓯北诗话》之所以具有开创性,原因即在于它是"一部具有诗史性质的诗话",也就是说,研究赵翼,不仅可以了解其史学建树、诗歌创作特色以及诗歌批评内涵,更重要的是通过他还能从整体上把握中国诗歌发展的历史过程。一位学者的学术格局，是由其学术眼光、学术素养与学术能力的综合要素所构成的，同时也决定了其一生学术贡献的大小。袁先生对于自我学术格局的建构，可以为那些已经步入和将要步入学术研究领域的学者提供有益的参考与启示。在当今日益重视学科交叉的学术背景下，这种学术经验尤其值得重视。因为交叉的前提乃是以跨学科、跨领域和跨文体为其基本条件的，缺乏广阔的学术视野与宽厚的文史哲素养，所有的所谓综合研究、学科交叉都将会流于空谈与浮泛。

所谓境界，是指一位学者一生所能达到的学术目标与学术高度。关于这一点，袁先生在其为张可礼《东晋文艺系年》所作的序言《文史研究的三个步骤》一文中有过系统的表述，他借用乃师陆侃如先生的话，指出文学史研究包含了三个层面的工作：一是对作者的生平、作品年月的考订，字句的校勘、训诂等朴学工作；二是对于作者环境、作品的背景，尤其是当时的社会经济情形的考察等史学工作；三是对于作品的内容和形式加以分析，并说明作者的写作技巧及其影响的美学工作。袁先生的学术研究既有作家作品的细致考订，显示了扎实的文献功夫，尤其是成名作《孔尚任年谱》，展现了其全面扎实的材料功夫与学术能力，使其一生的学术研究具备了良好的开端与厚实的基础。同时，其作家作品产生背景的史学考察也取得了引人注目的成就。而对作家作品的美学分析更是袁先生的强项，也是其学术研究的落脚点。呈现在读者面前的五部文集，其中《蒲松龄事迹著述新考》展现了他朴学与史学的实力，至今依然是《聊斋志异》研究的必备参考著作，而其《〈聊斋志异〉知解散论》则是对本书艺术特征与重点名篇的美学解读，体现了袁先生敏锐的艺术感觉与系统的文本解读经验。其中《〈聊斋志异〉的再创作研究》一文，将此种现象概括为"踵事增华""故事新编""镕旧铸新"和"因事明理"等不同撰写方式，可谓既视野开阔，又分析入微，尽管没有说明其有意采用当今的互文性理论方法，但其解读效果却相当精彩。每位学者都有选择自己研究领域的自由，也都具有自己的学术专长，或做版本目录的文献考据，或做史实发掘的史学研究，或做文本分析的文学研究，均可做出自己独特的学术贡献，学界的研究理应具有此种立体格局与学术包容性，应该相互尊重而不相互轻视。但是，如果要成为学术大家而发挥引领学术的作用，当然其所具备的研究层面与学术能力越全面越丰富越好。在袁先生的学术生涯中，他始终处于理论探索的学术前沿，其《文学史理论、交流》卷所收的一组重点论文，凝聚了袁先生对诸多重要理论问题的思考。这些论文既不断总结自我学术经验而将其提升至方法论的层面，又不断与西方当代文学理论进行深入对话而批判吸收其合理成分，还及时检讨古代文学研究的学术史以吸纳精华而纠正不良风气。在此基础上，形成了他自身的学术立场与学术方法，概括起来讲，其文学史观就是以文本的文学审美研究为核心，以追求历史真实为目的，以呈现诸文学要素因革演变的历史过程为基本框架。具体讲就是："从对具体作家作品的评论到构成一部文学史，中间须要有共时性的归纳、整合，揭示出一个时期表现于文体、主题、写作范式、风格多方面的文学现象；更要有历时性的联系、比较，发现呈历史系列的文学作品之间的上述几个方面存在的因革现象。"（《文学史的性质问题》）在此，批驳、纠正并有效吸纳了西方当代接受美学的内涵及理论探索的精神乃是其重要原因之一。他纠正了本体诠释学过于强调接受主体而对文本有所忽视的倾向，同时也避免了新批评和结构主义自我封闭的所谓纯粹的文学内部研究。其实，一位真正有创造性的学者，从来都是将专题性研究与理论方法的探索同时兼顾的，因为只有如此，其学术研究才会获得源源不断的动力，也才能保持学术研究水平的不断提升。面对历史悠久而内容丰富的古代作家作品，没有任何一种固定的理论方法能够包打天下，而应该根据不同的对象、不同的领域、不同的问题而提炼出独特而有效的理论方法与操作技术。无论是西方的各种新理论与新方法，还是中国古代传统的批评方式与范畴概念，都只能作为理论的资源而吸取，最终通过自我摸索与试验，总结出适合自己的独特研究方法，进而才能取得研究的突破，得出有价值的学术结论。

袁先生曾如此概括其对学者知识构成的认知："文科各专业的知识结构基本上是由三种性质的因素组成的：一是理论性的，二是专业知识性的，三是工具手段性的。缺乏任何一种因素都是不行的，但是，在整个的知识结构中，理论因素是带有方向性、最有活力的因素。因此我认为从事文学、历史等社会科学研究的人应当重视学习哲学，提高理论素养，形成科学的思维方法。"（《中国研究生》二〇一八年第二期）这是他一生治学经验的总结，是真正的有得之言，而摆在面前的这五卷《袁世硕文集》，便是此种经验与体会坚实的例证。

（《袁世硕文集》，袁世硕著，人民文学出版社二〇二一年版）

纽约晨边高地的今昔

邢承吉

<u>短长书</u>

家门口的命案

二〇二一年十二月二日的晚上，纽约回暖，趁着久违的好天气，我夜里跑出去溜了一圈。当晚风大，九点多钟的光景，路上已没什么人。次日看《纽约时报》消息，方得知当夜十点五十左右，在阿姆斯特丹街（Amsterdam Ave）和一二三街拐角附近，一位哥伦比亚大学的博士生大卫·吉里（Davide Giri）在回家的路上被人用刀捅死。这起随机杀人案案发地在晨边公园（Morningside Park）北角，凶手是一名年轻的黑人惯犯。年仅三十岁的意大利国际学生大卫酷爱足球，在纽约晨边高地街区（Morningside Heights）生活多年，就要学成毕业了。晨边高地是纽约哥伦比亚大学所在的、由南向北从一一〇街到一二五街的街区。我在哈德逊河畔的寓所位于一二五街，大卫之死就发生在我生活的几条街外。读到新闻,顿感天旋地转。

这是我每天进进出出,再熟悉不过的街区。百老汇街(Broadway)和滨江街(Riverside Drive)相对安全,但阿姆斯特丹街和哥伦比亚街(Columbus Ave)偶尔会爆出各种犯罪问题,到处都是大麻的气味,甚至还有枪支暴力。哥大校方当然对此有所警觉。然而一开始,他们并未加强校园周围的警力,只是开设了安全方面的课程,帮助学生思考在纽约生活的自保之道。于是秋季学期甫一开始,我就跑去国际大厦(International House)参加了哥大安全部门新开的空手道课程。即便如此,在纽约生活多年,我也从未将晨边高地与"危险"二字联系到一起。搬到一二五街以后,虽然晚上很少出门,但周边街道宁静祥和,日常进进出出的大都是哥大的老师和学生。樱花公园(Sakura Park)里还长年住着一个流浪汉朋友,每日早晚固定和你问安,站在风中阔谈美国社会万象。

而素未谋面的大卫,是任何一个你可能在图书馆和咖啡厅里邂逅的阳光男孩,他的意外死亡因此给我极大的触动。同样地,此事震动了哥大社区里的所有人。次日傍晚时分,哥大校长李·布林格(Lee Bollinger)在巴特勒图书馆前的草坪为大卫组织守夜祷告会(vigil),聚集了成百上千哥大的师生,他们对世界的天真和善意受到了前所未有的毁灭性打击。悲剧当前,大家戴着口罩,手持蜡烛,站在凛冽的寒风中,为逝去的灵魂吟唱默哀。

大卫在晨边公园的悲剧让人忆起新冠疫情前夕的往事。二〇一九年末,一个巴纳德女子学院(Barnard College)一年级的新生、年仅十八岁的美国女孩泰莎·梅杰斯(Tessa Majors)在晨边公园遇袭而亡。杀害她的凶手是三个未成年的少年。他们一开始只是想抢走她的手机,但遭遇反抗后少年就拿出了刀。泰莎被发现时已经不省人事。

巴纳德女子学院和哥大共享教学、校园设施各个方面的资源,我教的课上时常有巴纳德的学生参与,泰莎也就好像你在讨论课上会遇到的任何一个好学深思的本科新生。隔开哈勒姆区(Harlem)和晨边高地的晨边公园,更在箭步之遥,是周围住民晨练、散步必去之所。公园里有个非常漂亮的湖,湖心里有小小的喷泉。晨边公园里嘉木成荫,但一到黄昏时分,我便不敢再靠近公园。只记得有一回,我和朋友一边闲聊一边走过公园的石头台阶(也是泰莎后来遇难的地方),绕到了哈勒姆区。天黑之后,整个公园都暗了,沿途越来越不对劲。找到了一条路绕着公园外延往回走,回到校园,我俩才算松了口气。唯有安慰大惊失色的朋友,我们有幸生活在更好的时代里,二三十年前纽约的公园当真是罪犯的天堂!

总记得来哥大前一位美国朋友给我讲的段子:八十年代的一个晚上,我的这位朋友坐地铁到哈勒姆区,想要步行前往公园对面的哥大。不熟悉路线的他于是请教警察,怎样走才是最佳路线。警察告诉他:"你要是夜行公园,则可能一辈子到不了哥大。不如从公园旁边的某条路走,绕一个大弯,这样多走很长的路,可你一定能顺利抵达。"言下之意,走入黑漆漆的晨边公园,就有可能没命回来了。三十年后,夜行晨边公园的女生泰莎的确再没有顺利走回校园。得知她的死讯,哥大前教务长、《恐惧本身》(*Fear Itself*)的作者艾拉·卡兹尼尔森(Ira Katznelson)在给我的电子邮件里感慨:"我们总是太容易将良善美好视为理所当然。"之后无数次穿越公园、快步经过那些带着青苔的石头台阶时,我老想起卡兹尼尔森的话。

晨边公园的街区之争

在寸土寸金的纽约大都会办学的哥伦比亚大学,一直以来都面临空间匮乏的问题,也在不断试图扩张其活动范围和地界。哥大不仅迫切需要建各个系所的办公楼,更想要拓展其供学生和教职员工娱乐休闲的空间。当时,校方认为最紧要的是建立自己的健身房。哥大一直缺乏一个良好的健身场所,也使其同其他常青藤高校争夺全美优质生源时处于不利地位。为解决这一难题,校方曾尝试租用纽约各公园的场地为体育运动员训练之用,也曾经和哈勒姆区协商,在工作日利用晨边公园给运员提供集训场地。但长期租赁公园场地训练毕竟不是长久之计。在类似的成功经验之上，六十年代初，校方自然而然地萌生了在晨边公园租用一大块地、兴修健身房的构想。按照合约，纽约市住民和哥大的师生一样拥有对健身房的使用权。起初，哈勒姆区并未表达异议。

毗邻的哈勒姆区是晨边高地外的另一个世界。地下铁轰隆隆地经过哥大后，下一站就是位于一二五街的哈勒姆区。在那里，你会看到著名的阿波罗剧院（Apollo Theater）、各色美国南部美食、因政治倾向过左而长期被FBI监控的哈勒姆革命书店（Harlem Revolutionary Bookstore）。哈勒姆区也是一个高度商业化的街区，周末的早晨，经过哈勒姆区街头各式各样的大型时尚连锁商店、艺术品商铺，绕过数不清的小贩摊位，你会看到奇异不知名的香水、logo为马丁·路德·金（Martin Luther King）或马尔科姆·艾克斯（Malcolm X）的汗衫、琳琅满目的各式小商品。哈勒姆区过去是犹太人和白人的街区。二十世纪初，随着南部的黑人逐渐北迁、白人搬离哈勒姆区，该街区发生了重大变化，到三十年代中期的哈勒姆文艺复兴（the Harlem Renaissance）之时，哈勒姆区在艺术、文化、爵士乐上已经全方位绽放，其中知名的代表如保罗·罗宾逊（Paul Robeson）、兰斯顿·休斯（Langston Hughes）、路易斯·阿姆斯特朗（Louis Armstrong）都和中国有千丝万缕的联系，哈勒姆区也成为举世闻名的非裔美国文化的圣地。

随着六十年代民权运动的兴起，哈勒姆区慢慢发生了改变。一九六六年起，哈勒姆区的黑人激进主义者决定不再对哥大在晨边高地边界的扩张行为保持沉默。他们花了两年时间，发起对晨边公园健身房项目的抵制，并且鼓动哥大的本科生加以声援。晨边公园哥大新健身房的设计者，设计了两个入口，高处的入口专给哥大师生，靠近哈勒姆区的低处的入口让附近社区的居民使用。于是，哥大在晨边高地的健身房实际上把人分为黑白两类。该工程的推进加剧了以晨边高地为代表的白人社区以及以哈勒姆区为代表的黑人社区之间的对立。它不是新形势下的种族隔离，又是什么？用这些抗议者的原话来讲，这是健身房里的"吉姆·克劳法"!〔Jim Crow Laws, 泛指一八七六至一九六五年间美国南部各州以及边境各州对有色人种（主要针对非洲裔美国人，但同时也包含其他族群）实行种族隔离制度的法律。〕换言之——健身房克劳法（Gym Crow）。

在越战和民权运动的大背景下，对哥大校方的批评迅速获得了支持。一九六八年四月，支持哈勒姆区、反对"Gym Crow"的哥大学生涌入校园，占据了图书馆、教学楼，冲入当时的校长办公室，构成了哥大历史上最大的一次学生抗议运动。面对纷涌而来的抗议声，态度保守的哥大校方选择了镇压。校方甚至叫来了警察，暴打抗议的师生。数次来华讲学的美国史学者埃里克·方纳（Eric Foner）教授当时也是人群中参加运动的一名学生，当年他是忙着撰写博士论文的高年级博士生。二〇一七年，在哥大一九六八年运动的五十周年纪念前夕，我受国内一家媒体的委托采访方纳。在费耶韦瑟（Fayerweather）六层的办公室里，方纳教授向初到纽约生活的我叙述了抗争当日的经历："我清晰地记得警察来的那个晚上，他们清理了所有建筑，把抗议者从里面硬拖出来，并且袭击了许许多多露营的学生。警察挥舞棍棒，殴打任何在场的人，轻而易举地清理了那些帐篷。他们还痛殴了申顿教授（按：申顿是对方纳影响极大的老师，在哥大讲授美国内战史）。我把申顿带回公寓那会儿大概是凌晨三点。申顿和其他一群爱好和平的教员挡在一些建筑的门口，想阻止警察。警察击打了他们的头部，扬长而去。我大半夜在校园里找到了申顿。这是哥伦比亚大学历史上最重大的事件。"

晨边高地的历史遗产

一九六八年的抗争之后，健身房项目自然无疾而终。然而基于城市空间和资源而形成的晨边高地和哈勒姆区的对立困境却延续下来。哥大在哈勒姆区的扩张也继续如火如荼地开展着。住在一二五街附近的我对此尤其感受深刻。曼哈顿维尔新校区（Manhattanville Campus）于二〇一九年初步建成，经历了疫情，更是完善了从咖啡厅到各式演讲会、展览和放映会各个方面的配置。从杰罗姆·L. 格林科学中心（Jerome L.

Greene Science Center）到大学论坛（The Forum）的一整排高楼大厦，华美开阔，充满未来感，同一一六街哥大主校园的封闭式的纽约百年老建筑风格迥异。疫情前，我曾去卡兹尼尔森位于曼哈顿维尔的办公室谈论文，高层的房间里有一面巨大的落地窗，可以清晰地看到纽约的夜景。卡兹尼尔森指着窗外告诉我：负责这栋楼的意大利设计师认为，应当让你看到纽约，更要让整个纽约看到你。年薪超百万美元、全美收入最高的大学校长布林格是这一切宏伟扩张项目背后的设计者。晨边公园的健身房项目受挫了，但哥大在纽约周边街区的扩张并不会因此按下暂停键。

围绕晨边公园的街区之争也照旧继续。五十多年后，无辜的泰莎和大卫在晨边公园规划的健身房所在地附近遇难，哥大应对这类恶性犯罪的解决方案是增加警备。大卫案件中的杀人凶手、黑帮成员文森特·平克尼（Vincent Pinkney）就是一名黑人惯犯，有二十多起犯罪记录，并且刚从监狱里出来。白人警察，黑人罪犯。千篇一律。美国早已成为全球最大的监狱国家。派出更多的警力，短期看的确可以解决犯罪率的问题，但长期而观，只是加剧了监狱国家的正义困境，进一步激化了晨边高地和哈勒姆区的黑白对立。厘清一九六八年以来哈勒姆区和晨边高地紧张的关系、日益黑白分明的族裔边界，方能真正看清这个街区一系列困境的根源，理解自身在这个历史脉络里的位置。

二〇二一年秋季，在家憋了两年多的本科生重返课堂，学习的热情空前高涨。秋季学期我主持的每周两次的讨论课结束后，学生依旧围在一起热烈地讨论着，久久不愿离去。然而纽约的生活也是残酷的。秋季学期开始前，史无前例的艾达飓风摧毁了很多人的生活。因为位处地下室里，哥大健身房里的跑步机统统浸没到水里，光修复就花了好几个月的时间。紧接着轰轰烈烈的博士生罢工开始，哥大的博士生群体正开始新一轮与校方的谈判，一连数日，校园里到处都是敲锣打鼓的工会成员。到十二月，大卫遇难了，每个人都深感痛心。布林格发起对大卫的纪念活动，的确在某一刻缔结了哥大社区共同体休戚相关的忧患意识。然而随着人流离去，这种共同体的意识却很快地瓦解殆尽。哥大每年各方面的收入高达几十亿美元，却拒绝给为其提供教学服务的博士生最基本的生活薪资。

回顾一九六八年这段历史使我们发现，今天的哥大校方和一九六八年时一样地因循保守。布林格从二〇一七年以来就不愿承认博士生为争取自己群体利益而组织的工会（Student Workers of Columbia, UAW），他也因此备受诟病，在各种场合被围追堵截。在这种高度政治化的情形下，哥大校园经历了空前的分裂。我穿梭在校园里的游行队伍和知名美国教授的课堂里，眼见校方越来越保守，罢工越来越激进。疫情猛增的寒冬过去以后，熙熙攘攘的晨边高地重新恢复了往日喧嚣。大卫遇刺后，工会最终获得了胜利。以校长布林格为首的校董会略显狼狈地终于同意了博士生关于薪酬的合理要求。哥大博士生工会的胜利也给全美其他高校树立了榜样，普林斯顿等高校随即也给充当教书匠的学生涨了津贴。一切都在朝前推进。纽约客拼命飞奔，捕捉机遇，如同追赶曼哈顿准点开走的巴士。寒风中的人群，烛光中的大卫，注定成为时代浪潮里的模糊背影。

审美忠实与"捧金鱼"
——我的翻译观和村上的翻译观

林少华

〔短长书〕

尽管翻译有那么多种类，比如科技翻译、社科翻译、新闻翻译、旅游翻译、商务翻译、文学翻译，但从语言角度来说，文学翻译是最难的。这是因为，文学语言，尤其是诗歌语言是语言的最高层次。最高层次是什么层次？审美层次、艺术层次。也就是说，语言的艺术审美形式是文学。反过来说，文学是语言艺术、语言审美艺术。我以为，文学概论中说的文学三大功能，教育功能、认识功能和审美功能之中，唯独审美功能，通过语言艺术给人以审美愉悦这一功能是其他学科门类和艺术形式所无法替代的。遗憾的是，由于一言难尽的原因，很长时间里我们忽略了文学作品的这一功能。即使现在，也不能说对此有多么重视。包括文学翻译在内，人们只顾说说说，而忘了怎么说。其实怎么说才是艺术，才是美，才是文学翻译的文学性或者审美信息。老一辈美学家朱光潜先生早在二十世纪八十年代就提出了"翻译美学"这个术语，认为"翻译绕不开美学"，这是完全符合翻译这一"很可能是整个宇宙进化过程中迄今为止最复杂的活动"（英国文艺批评家理查兹语）的自身规律的。

说到美，最日常性的联想往往和女性有关。文艺复兴（不妨说是审美复兴）时期的意大利的一句流行语就曾把翻译比喻成女性："翻译如女人，漂亮的不忠实，忠实的不漂亮。"这句话我最初是从日文书中得知的："翻訳は女に似ている。忠実なときには糠味噌くさく、美しいときには不実である。"根据日文，也可译为："翻译和女人相似，漂亮的时候不贞洁，贞洁的时候不漂亮。"这个比喻并不恰当，有歧视女性的意味，但作为引用者的我，绝对没有这个意思。我的意思是，翻译、文学翻译必须美，必须漂亮。却又不能仅仅漂亮，必须漂亮与忠实兼而得之。换言之，理想的翻译就是要既忠实又漂亮。那么这样的翻译，这样的译者有没有呢？不多，绝对不多，多乎哉，不多也。但有还是有的。

英文汉译我固然不太熟悉，但至少王佐良译的培根读书名言是为其一："读书足以怡情，足以傅彩，足以长才。其怡情也，最见于独处幽居之时；其傅彩也，最见于高谈阔论之中；其长才也，最见于处世判事之际。"你看，英汉之间，妙而化之，天衣无缝。可谓美而不妖，贞而不俗。汉译法国文学，翻译家罗新璋最服傅雷。他举傅译《约翰·克里斯朵夫》开头一句为例："Le grondement du fleuve monte derrière la maison"直译为"大江的轰隆轰隆声，从屋子后面升上来"。而傅雷译为"江声浩荡，自屋后上升"，化人为己，水乳交融，既顾盼生辉又守身如玉，斐然而成名译。日本文学翻译这方面做得最好的，窃以为是丰子恺译的《源氏物语》。鬼斧神工，出神入化，信手拈来，绝尘而去。个别理解或有不足，原意传达或有不逮，但在整体审美意韵的捕捉和重构上，无人可出其右。读之可知译事之难，可叹译笔之工，可生敬畏之情。

忠实与漂亮如何兼而得之的问题，其实也是学翻译搞翻译的人尽人皆知的"信达雅"如何认识和实践的问题。"译事三难，信达雅"，信达雅三个字，解释起来也够难的，"雅"尤其众说纷纭，质疑也最多。听起来最为理直气壮的质疑是：原文是俗的难道也非要译成雅的不可？

"信"，其实也有任性、随意的意思：信手拈来、信步前行、信口开河、信马由缰。这里当然是真实、确实、诚实、忠实，忠实于原文之意。不偏不倚，不即不离，不增不减。一言以蔽之，不伪——信哉斯言。"达"，达意。孔子说"辞，达意而已"，词不达意是不成的。一般理解为通达、畅达、顺达——达哉斯言。"雅"，古人说"辞令就得谓之雅"，大意是，话说得恰到好处、说得得体就是雅——雅哉斯言。也不仅是说话，穿戴也好，化妆也好，礼节也好，房子装修也好，得体都是最不容易的。稍有疏忽就弄巧成拙，走向反面：庸俗、粗俗、恶俗或者显摆、浅薄、浅陋。用东北话说，就是嘚瑟、臭美，穿上龙袍不像太子，扎上孔雀尾巴也还是黑乌鸦。

在这个意义上，雅乃是一种层次极高的审美追求、审美理想。诸如雅致、雅度、雅量、雅望，又如高雅、优雅、风雅、古雅、典雅（二十四诗品之一）等等。简言之，得体是一种艺术，雅是一种艺术，艺术审美，审美艺术。表现在文学翻译上，即是译文的艺术性（Art）、文学性，即是原作的文学审美功能的重构和忠实再现。是的，我认为达、雅，其实也是个信的问题，也是信的表现。就侧重面来说，信，侧重于语义忠实或内容忠实，属于文学翻译的形式层；达，侧重于行文忠实或文体忠实，属其风格层；雅，侧重于艺术忠实或美感忠实，属于审美层。其中最重要的就是审美层。法语有句话说"翻译即背叛"（Traduire c'est trahir），即使"背叛"，也要形式层的背叛服从风格层，风格层的背叛服从审美层，而审美层是不可背叛的文学翻译之重。在这个意义上，我的所谓翻译观可以概括为四个字：审美忠实。

下面看一下村上春树的翻译观——"捧金鱼"、"捧金鱼"节奏。先交待一句,村上翻译观是我擅自总结的,人家自己没说。说这个之前,先考察一下村上对别人翻译自己作品的态度。

村上二〇〇六年在《远近》杂志上发表过一篇题为《翻译与被翻译》的随笔,其中写道:"对于用英文翻译的我的小说,我大体是啪啪啦啦翻看一下的,看上去还蛮有意思(这是因为自己早已忘了梗概),激动着笑着一口气看到最后。因此,若事后译者问我译得如何,我也只能回答:'啊,看得一路畅通,还是很不错的嘛!'几乎完全提不出这里如何那里怎样的技术性意见。……既然能让人看得一路畅通心情愉快,那么翻译想必完全尽到了作为翻译的义务——这是我作为原作者的基本态度。因为我所考虑的故事、所设定的故事就是那个样子的。"他还说,"我本身搞翻译(英文→日文)搞了相当长时间,相应晓得翻译这东西是何等艰苦而又何等愉快的活动,也在某种程度上知晓一个个翻译家使得文本固有的滋味发生了多么大的改变。"村上在文章最后表示:"我想出色的翻译首先需要的是语言能力,但同样需要的还有——尤其文学作品——充满个人偏见的爱。说得极端些,只要有了这点,其他概不需要。说起我对自己作品的翻译的首要希求,恰恰就是这点。在这个不确定的世界上,只有充满偏见的爱才是我充满偏见地爱着的至爱。"

概括一下,较之一词一句的技术性得失,村上看重的更是"一路畅通"的整体性审美效果。为此必须对翻译本身怀有爱——翻译是爱的行为。而不是功利性行为,与养家糊口无关,与课题研究无关,与外译项目无关。其实,这已透露了村上的翻译观信息。

话说回来,对译者持有这种态度的原作者肯定不止村上一人。所以这些话也可以看作多数作者对译者的希望和要求:一、怀有爱、偏爱、充满偏见的爱;二、读起来要一路畅通、一气呵成,而不是读起来磕磕绊绊别别扭扭;三、要知道你的翻译无论如何也不可能不改变"文本固有的滋味",不可能百分之百原汁原味,也就是说译文在客观上必然带有译者的主体性以至癖好(bias)。其实村上早在一九八九年就表达了对译者主体性的认可。他说一个让他比什么都感到欣喜的事实，就是同以往相比，译者能够更有弹性地弹出自己的主体性（identity）了，可以拥有译者本人的面目而不受非议了（参阅《新潮》一九八九年十一月号《上のくせ玉》）。不难看出，这也是村上翻译观的一个方面。

对于译者，上面三点的第一点第三点都不难，难的是第二点：读起来"一路畅通"或一气呵成。好在村上就此提出了对策。那就是修炼文体，尤其修炼文体的节奏。村上在四十多年前刚出道的时候就几次强调"文体就是一切"（文体はすべてである），在二〇一七年四月出版的访谈录《猫头鹰在黄昏起飞》中又一次强调文体的重要性："我大体作为专业作家写了近四十年小说，可是若说自己至今干了什么，那就是修炼文体，几乎仅此而已。"

既然原作者修炼文体并且修炼了四十年，那么不用说，作为译者也必须跟着修炼文体。如何修炼呢？重点修炼什么呢？节奏！村上指出："对于我，节奏比什么都宝贵。比如翻译的时候，把原文照原样准确译过来固然重要，但有时候必须调整节奏。这是因为，英语的节奏和日语的节奏，结构本来就有区别。这就需要把英语的节奏因势利导地转换成日语节奏，文章因此活了起来。""没有节奏，事物就无从谈起。"这是他始终一贯的主张，早在一九九六年就曾这样说道："创作也好翻译也好，大凡文章，最重要的都是节奏……文章这东西，必须把人推向前去，让人弓着身子一路奔走。而这就是节奏，和音乐是同一回事。"（《翻译夜话》）"一路奔走"，同前面说的"一路畅通"可谓异曲同工，靠的都是节奏。他曾如此描述翻译塞林格《麦田守望者》时的感觉：此人文章的节奏简直是魔术。"无论其魔术性是什么，都不能用翻译扼杀。这点至关重要。就好像双手捧起活蹦乱跳的金鱼刻不容缓地放进另一个鱼缸。"我把村上的翻译观戏称为"捧金鱼"，即由此而来。不言而喻，"捧金鱼"，就是紧跟原作的节奏——"捧金鱼"节奏。

也许读者有疑问：你说自己的翻译观是"审美忠实"，村上的翻译观则是"捧金鱼"，这是不一样的吧？既然翻译观不一样，那么你能翻译好村上吗？村上能认可你的翻译吗？而我要说，不一样中有一样的。"捧金鱼"指的是节奏之美，而节奏之美自然包括在审美要素之中。节奏之美，也可以说是韵律之美。而韵律是中国古典文学最为显而易见的审美形式。楚辞汉赋唐诗宋词元曲，尤其绝句、律诗和楹联，对平仄韵律的追求简直到了刻不容缓、间不容发的地步。而这样的文学基因、文化基因，虽然几经狂风暴雨的摧残，但仍然多少遗留在国人的血脉中。这也是我的译文节奏感的由来。村上的文体节奏感则主要来自爵士乐。但本质上二者讲究的都是语言的音乐性。完全不懂爵士乐节奏的我在翻译过程中之所以每有得心应手之感，原由就在这里。

从"外史氏曰"到"畏庐曰"

顾 钧

《林纾的翻译》是钱锺书先生的名文，在这篇脍炙人口的文章中，钱先生举了大量的例子说明，林译并不只是如大家所认为的删节原作，也有时进行增补，"这类增补，在比较用心的前期林译里，尤其在狄更斯和欧文作品的译本里，出现得很多"。增补的情况之一是"引申几句议论，使意义更显豁"，钱先生特别以《贼史》第二章中的一段译文为例予以说明(林译原用句读，这里改用新式标点，下同)："凡遇无名而死之儿，医生则曰：'吾剖腹视之，其中殊无物。'外史氏曰：'儿之死，正以腹中无物耳！有物又焉能死？''外史氏曰'云云在原文是括弧里的附属短句，译成文言只等于：'此语殆非妄。'"

《贼史》现在通译为《雾都孤儿》，英文原作出版于一八三八年，是英国作家狄更斯（Charles Dickens）的第一部社会小说。该书以十九世纪的伦敦为背景,讲述了孤儿奥利弗·退斯特(Oliver Twist)的悲惨身世和凄苦遭遇,揭露了社会底层人们哀苦无告的生活,在当时引起了巨大反响。一八二四年由于父亲负债入狱,年仅十二岁的狄更斯被送到一家鞋油厂做工,几个月受尽折磨和屈辱的生活让他终生难忘,这也成为《雾都孤儿》最主要的素材来源。林纾之所以用"贼史"作为小说题目,是因为主人公奥利弗曾误入贼窝,又被迫与狠毒的歹徒为伍而历尽无数辛酸。

钱先生对于林译《贼史》中"引申几句议论"的揭示非常具有启发性,但只是一笔带过,点到为止。近年以来,翻译学在文本研究之外,越来越重视对于副文本的考察,所谓副文本(paratext),是指封面、标题、序言、注释、后记等连接读者和正文并起协调作用的中介性材料。译者所添加的评论无疑是一种重要的副文本。就林译小说而言,"外史氏曰"的情况颇为复杂,值得做更为深入的探究。

钱先生所举例子的原文如下:But these impertinences were speedily checked by the evidence of the surgeon, and the testimony of the beadle; the former of whom had always opened the body and found nothing inside (which was very probable indeed), and the latter... 不难看出,括弧中简单的一句which was very probable indeed(那可真是太可能了/此语殆非妄)被林纾添油加醋做了发挥,更重要的是,这句本是小说叙述者的话,在林译中却转换成了"外史氏曰",成了译者林纾的评论,也可以说是题中本有变成了借题发挥。

还有一种借题发挥类似中国古小说评点,如《贼史》第十一章中的一段:"官曰:'此子何罪?'老人曰:'吾在书肆之前……'官曰:'止。我非尔问,胡得唐突?巡捕又安在?'此最肖中国之官府。亦令之立誓。因曰:'巡捕,此子所犯何罪?'巡捕因敬谨告以执贼之由,兼检查无有赃物,余事则并不之知。官曰:'贼取物,曾有见证乎?'巡捕曰:'无之。'官不言,少须,则怒目向老人曰:'汝告小儿,一无凭证,然已立誓,则当予我以证,不尔则予将加以诬告良民,咆哮公堂之罪。'此又最肖中国之官府。"不用查看原文就可以确定,这里的"此最肖中国之官府"和"此又最肖中国之官府"乃是林纾的议论。与上文的"外史氏曰"不同的是,那里还有一些原文的依据,这里则完全是自由发挥了。

林译中的"官"是警察局长,"老人"是布朗洛先生(Mr. Brownlow),后来成为改变奥利弗命运的关键人物,当时却试图控告奥利弗偷窃(实际上是另外一个人干的),但局长态度蛮横,根本不想弄清事实真相,还大发淫威。林纾由此联想到晚清官僚的腐败作风,顺带讽刺两句,也是再正常不过。这里的评论只是简单的一句,此外还有篇幅较长的,如有关林纾个人身世的一段:"乙未、丙申之间,余既遭母丧,己又丧妻,旋丧其第二子。明年,又丧女,至干仆亦以疫死,而畏子子妇又前死于瘵。纾誓天曰:'天乎!死我家者,天有权也;死我心者,天无权。'身厤多难,然决不为恶。今读此语,至契我心。"(第十四章)这段感慨是针对布朗洛的一席话:"吾生平所亲爱之人悉归黄土,然亲属虽尽,而吾心仍未死,但觉遇不幸之事愈多,则为善之心亦愈坚挚。"奥利弗在走投无路的情况下恳求布朗洛"垂悯孤儿,加以收录",后者"闻言心动",说了上面一番肺腑之言,引发了林纾的共鸣。一八九五至一八九七年间,林纾的多位家人相继去世,最让他痛心的是乙未十月(一八九五年十二月)母亲陈蓉病逝。母亲病重期间,林纾日夜服侍,母亲去世后又守丧六十天,因操劳过度,几次晕倒。至于妻子刘琼姿的去世则引发了一个意想不到的后果,一八九七年夏林纾因夫人新逝郁郁寡欢,在家人的劝慰下到马尾访友散心,在那里结识了船政学堂法文教习王寿昌,并在王的邀请下共同翻译《巴黎茶花女遗事》。

林纾插入译文中的评论、议论不时出现,各式各样,其中一些当然无关紧要,但有一些则相当重要,可以借以理解林纾乃至近代中国思想的变迁。试举两例。一例来自《拊掌录》(现通译为《见闻札记》):"畏庐曰:欧文·华盛顿,古之伤心人也。在文明剧烈中,忽动古趣。杂撼此不经之事,为文明人一易其眼光。……顽固之时代,于伦常中胶质甚多,故父子兄弟恒有终身婉恋之致。至文明大昌,人人自立,于伦常转少恩意。欧文感今思昔，故为此顽固之纪载，一段苦心，识者当能会之。须知狉獉时代，犹名花负冻而苞也，至春虽花开，则生气已尽发无余，故有心人每欲复古。盖古人元气，有厚于今人万倍者。必人到中年，方能领解，骤与青年人述之，亦但取憎而已耳。"《见闻札记》(The Sketch Book)是美国文学之父华盛顿·欧文(Washington Irving)的代表作，出版于一八二〇年，其中关于英国乡村生活，特别是圣诞节习俗的描述一向脍炙人口，如化装表演一段："众方倾耳时，忽餐房中出怪声，其喧彻天。忽而门辟，群人争出，状皆怪特可笑。西门则饰为俳优状，请老人二子助之舞蹈。发陈年古箧，取数十年不经御之衣，加之童子身上。西门为之魁率，人人各承一名号，或曰炙牛肉，或曰红苹果，呼之辄应。老人仲子则扮为古勇士洛宾荷德，女郎周丽亚则扮为马铁而达，盖从勇士同逃者。周丽亚以首枕仲子之肩，迤逦同行。群人既出，老人弗骇，搓手格格而笑。余平生好奇，亦大欣悦，不期发噱绝倒。似此古风，留者但有英国，即在英国中，亦仅此一村耳。"(《圣节夜宴》)洛宾荷德就是罗宾汉(Robin Hood)——英国民间传说中最受欢迎的侠盗，马铁而达(玛丽安)是他的情人。随着工业化和社会的快速发展，这种表演已经难得一见了，从最后一句不难看出欧文对于逐渐消逝的英国古老风俗的惋惜之情，这种情绪也体现在其他多则札记之中。上引林纾的评论附在《圣节夜宴》的末尾。在这段话中，林纾强调了"古人元气"的重要性，以及"有心人每欲复古"的合理意义。这当然是一种保守的观念，辛亥革命以后，特别是"五四"以后，林纾一直被视为文化保守主义的代表，中国传统文化，特别是其重要载体的古文确实是他的思想命脉（林纾去世前还反复强调"古文万无灭亡之理"），但他从翻译作品中同样看到了西方的"古趣"以及有识之士对此的执着和依恋。怀旧和复古并不是中国的特产。

林纾的思想资源是多元的，这也就决定了他的复杂性，既有保守、复古的一面，也有与时俱进，甚至是相当激进的一面，下面这个例子或许可以说明。一九〇二年林纾与严培南、严璩合作翻译了《伊索寓言》，其中一则是这样的："野兽鳞集，争讻谁之多子，质于雌狮曰：'君一胞得子几也？'雌狮笑曰：'予每育一耳。然其生也，即为狮。'天下贵产，不以数争，安有以多寡定贵贱者？"《伊索寓言》每则末尾都会阐发一定的经验教训，但大都是泛泛而论，这一则也不例外，林纾则针对中国做了进一步的引申："畏庐曰：支那莫审卫生之术，嫁娶既早，而又苦贫，故得子恒羸。欧西人量力而娶，娶则能育，胎教及保婴之术在在详审，故其民魁硕精悍，寡夭折之祸。其种不必尽狮也，然其对支那人固狮耳。"近代以来面对西方的弱肉强食，中国知识分子不断地反思自我，试图寻求解救之道。林纾这里从生育角度的探讨很有见地，他显然已经走出了多子多福的传统观念，明确地提倡优生优育。目前国内学界只关注到了严复、章太炎对于优生的零星论述，认为是优生学在中国的最初萌芽（蒋功成：《淑种之求：优生学在中国近代的传播及其影响》)，而对林纾则比较忽略，其实他的这段"畏庐曰"完全可以和严、章鼎足而三。此外更值得关注的是"支那"一词，通常认为是近代日本侵略者对中国的蔑称，中国人自己是绝不愿意使用的，但林纾这段不长的文字中却两次出现支那，目的显然是刺激国人警觉亡国灭种的危机。林纾无疑是一个爱国者，一八九五年曾参与康有为、梁启超领导的"公车上书"，后又写下《国仇》一诗，呼吁政府奋力抵御外侮，伸张国威。虽然有情绪激动的时候，但终其一生来看林纾的爱国是理性的，既不是盲目自大，更不是狭隘的民族主义。

"畏庐曰"中的"畏庐"二字是林纾的号，也是他闭门读书的一个所在，落成于一八九三年冬，为此林纾专门写了一篇《畏庐记》，提醒自己不忘"畏天循分"的祖训，远离名利，时时检点、处处约束自己的言行。从此"畏庐"成为林纾的最爱，他的所有文集、诗集都用这个名号，连墓碑上也是"林畏庐"。在林译所添加的各种议论中，"畏庐曰"似乎比"外史氏曰"或其他评点文字含有更大的信息量，显然不是偶然的现象。"外史氏曰"是从"太史公曰"（《史记》)、"异史氏曰"（《聊斋志异》）而来，属于外号，而"畏庐"则是本号，近于原名，所以把更重要的意见安排在这个名号之下。

从东游日记看晚清中国人的日本观

刘岳兵

近代日本的中国观已经成为读书界的一个热点，而且出版了一些有体系的著作可供读者参阅。清末民初中国人游历、考察日本的原始资料，既有王宝平主持影印的《晚清中国人日本考察记集成》（本文主要参考吕顺长编著《教育考察记》上下卷，杭州大学出版社一九九九年版），又有钟叔河主持点校的"走向世界丛书"（一百种中日本占三十四种）。但是系统的研究，似乎还不是很充分。这对于了解那个时代中日之间的相互认识，是一个很大的缺憾。

一

甲午战争，日本赢了。日俄战争，日本又赢了。优胜劣败，日本人自然容易生出优越感，人们也很容易认为胜利者是优秀的，值得学习。尤其对于当时病急求医的中国而言，着眼于日本的好处，游历者常常发出欣羡与赞叹。

丁鸿臣这样记载他踏上日本的第一观感："就其风土人情之可见，则无乞丐、无争斗、无吸鸦片者。其民皆有执业，不敢逞忿以干禁，故能健体以勤业。即此数端，可以考其国本之强。"接着又看到几十个十来岁的小学生在公园"习操"，"皆持枪列队，作向敌状，进退秩然，一惟教习之令是听"。"人人皆有杀敌致果之意。日本自维新以来，小学即教以兵操，故国人鲜有昧于兵者，自强之道基诸此矣。"（《东瀛阅操日记》）

游历者基本上都是从长崎入日本，再乘船到神户，由神户换火车到东京。三月的车窗外"菜花散金，茶芽铺翠"，"夹道丛灌，葱蒨宜人"（楼黎然：《藕盦东游日记》）。第二年冬月另一位游历者乘坐同一趟火车由神户到东京，"路之所经，目之所入，无论山上田间，无一隙地无树，其中以松为最多，此外各色俱有。但多似图画中见过，一时目不暇给，亦未辨其名色，只觉耐看而已"。感叹"其国除荒山大洋而外，无寸土隙地。农业之发达如是，由此并可侦其国之利无不兴、民无不治。活活泼泼之一般新气象也"（定朴：《东游日记》）。

东京的状况，王韬的《扶桑游记》中就已有记载："东京为日本新都，壮丽甲他处，尤为繁华渊薮。每当重楼向夕，灯火星繁，笙歌雷沸，二分璧月，十里珠帘，遨游其间者，车如流水，马若游龙，辚辚之声，彻夜不绝，真可谓销金之窟也。"经过几十年的发展，其文明程度，不仅硬件设施如"遍地电车，四通八达"，警察、消防、水道、公园、卫生、教育等有形无形的制度建设也大为完备，黄黼一九〇七年的《东游日记》记载："出观三越吴服店，东京市吴服店冠也。资本五十万，楼四层。最上层花坛数弓，殊有幽趣。花夺鲜艳，篱际五色纷披可爱也。有池有鱼有喷水机。更奇特，门前车马如织，而席无纤尘，如在空谷，阒无人声。其好洁性与文明程度，殊令人佩。"

最令游历者感到欣羡的还是日本国民的精神状态，比如勇武、爱国，这些都是教育培养的结果。日本从幼儿园开始重视体操和运动，杨泰阶一九〇七年二月二十九日参观以"勤俭尚武"著称的第一高等学校，学生"课余之暇多从事于运动技术，有击剑部、柔术部、野球部、竞船部、弓术部……盖日本尚武之风，不独此校如是，自小学以迄大学无不注意，从可知彼国武士道、大和魂之所以养成军国民者，匪一朝一夕之故有以致之"（《东游日记》）。左湘钟一九〇八年五月底连续几日参观东京富士见六丁目寻常小学附属幼儿园，发现"即游憩之处，无非教诲"。而小学体操，"虽游戏事亦寓兵法，尚武之风，即于此窥见一斑矣"（杨泰阶：《东游日记》）。吴汝纶《东游丛录》中记载的日本人重视体育的观点:"抑体育者,教育之基础,富强之渊源,而天下之得失系焉。(中略)身体既健,精神既旺,则文教可以兴,武备可以精,殖产兴业可以隆盛焉。果然,则富国强兵之策,全在于兹,况如中国之土广而民众乎。"(《日本体育会体操学校松井次郎兵卫来书》)而游历官项文瑞一九〇二年九月十六日参观高等师范学校秋季大运动会后亦有同感:"争竞之世界,既不能闭关谢客,即不能不奋勇以力与之角。而欲与之角,不能不在学校中寓武于文,而发端在体操,故体操不可不急讲求也。"(《游日本学校笔记》)

忠君爱国之念则主要由学校的伦理修身科培养而成。丁鸿臣观成城学校:"其功课如中学校,而以预备士官学校之用,故于体操、兵式尤重。其教之宗旨,则以伦理学端其心志,体操学练其胆力,使其忠君爱国之心油然而生。虽当危亡,效死勿去。若是者,为精神教育为第一义……知识教育为第二义。"(《东瀛阅操日记》)林炳章一九〇三年闰五月二十二日观士官学校:"诸科中均以伦理修身为本……噫!武备,但尚武耳。而拳拳于纲常名教若此,可知子舆氏所云壮者以暇日修其孝悌忠信,可使制梃以挞秦楚之坚甲利兵为不诬。"文凯的《东游日记》具体记载了一九〇七年正月二十二日参观东京牛达区第四中学校的情况,与校长"辩论约二时许。大致言教育需求切实,智育、德育、体育三者之间,而德育为重。凡人民忠君爱国之诚,须由中小学校养成之。各科目最重修身科。谈毕,引至一大室,言即修身教室。又三大节时,与行开学卒业式时,教员生徒均齐集于此,分班递进,庄严整齐,同唱国歌,奏乐和之。即向壁间所悬御影行礼。礼毕,校长捧教育敕语,宣读讲解,令学生知教育宗旨之所在。继校长对学生发训词,勖以忠孝观"。留下了珍贵的礼拜天皇"御真影"与捧读《教育敕语》的场景。

二

看到日本的新鲜事物，会不由自主地与国内的情况进行比较，并做反思。游历考察记中类似的文字随处可见。先看比较概括的论述，黄庆澄一八九三年《东游日记》五月二十日条记载："尝细察其人情，微勘其风俗，大致较中国为朴古；而喜动不喜静，喜新不喜故，有振作之象，无坚忍之气。日人之短处在此，而彼君若相得以奏其维新之功者亦在此。若夫中国之人，除闽粤及通商各口岸外，其缙绅先生则喜谈经史而厌闻外事，其百姓则各务本业而不出里闾。窃尝综而论之，中国之士之识则太狭，中国之官之力则太单，中国之民之气如湖南一带坚如铁桶、遇事阻挠者，虽可嫌，实可取。为今日中国计，一切大经大法无可更改，亦无能更改；但愿当轴者取泰西格致之学、兵家之学、天文地理之学、理财之学及彼国一切政治之足以矫吾弊者，及早而毅然行之。"这种观点基本上还是属于"中体西用"论。吴汝纶一九〇二年考察日本，八月二日访前文部大臣滨尾新，滨尾强调："处万国交通时，非一国之学所能独立，必兼各国之长，与之角胜，乃能与列强并立于世界。"而吴汝纶则认为："悬揣中国，先宜设立医科工科，二者皆实业，有速效，足使国人信向。吾两国本有文明，今所增者，西国之文明。本国原有之文明，皆精神上事，西国之文明，皆制度上事。以吾精神，用彼制度，是用彼之长而不为彼所用，不似波斯埃及，本无文教者比。"（《东游丛录》）在"大经大法"或"精神"上，当时许多中国人还是颇有优越感的。

在一些具体的细节上，游历官们也有许多有意思的发现，并且能够小中见大，深入反思。比如，李文幹一九〇六年十月十九日早晨八点钟就到了高等师范学校附属小学第三部参观，因为到校早，见女学生一手提书包一手提一网袋装的小盒，他好奇地打听，当得知那是午餐的便当盒饭，而且教师也自带，他不胜感慨："日本尚朴之风，令人欣羡。揆之我国学生，每因饭堂肴膳不精，屡起风潮者，极可浩叹！"(《东航纪游》)再看，左湘钟一九〇八年七月初八日在去神田访友的路上遇见"乘马车而过"的日本当时的首相桂太郎，他不胜感叹："倘论其勋，则侯爵也，论其位则内阁也。而其出也，一马车、二仆夫，何其简也！我国衮衮诸公，虽亦不尚虚文，然以一州县出衙，旗锣牌伞，仆从如云。亲民之官，张皇如是。腐败积习，相沿已久，而不能改。湘每思勉除此等习气，非不得已事，不必多带从人。(中略)观日本司法警长，与民交接，蔼然可亲，心焉慕之。管子有言：'堂上远于百里，堂下远于千里。'痛哉壅闭之为害，未有甚于今日之州县也。"(《东游日记》)在出行的排场上，将日本的内阁总理大臣与中国的州县之官进行比较，由此想到中日两政府官民之间的距离，"痛哉壅闭之为害"，这应该是作为清末直隶省选授知县一员的左湘钟的肺腑之言。

又如对商战和商学的观察与反思。楼黎然一九〇七年三月二十九日"访故人蒋君观云于本乡区北辰馆"，他们都深感"败于兵战者犹可重振旗鼓，败于商战，则有如人身然，膏血吸尽，躯壳自僵"(《藕盦东游日记》)。如何才能做到商以富国呢？首先还是要重视商学。同年五月二十一日，黄龢参观东京高等商业学校："是校教授以讲求实业、养成商材为宗旨。"因为时值暑假，无法课堂观摩，只是参观了商品陈列室、图书室及可容五六百人的大讲堂。他写道："观于此而知日本商业发达、进步神速，由其养之者有素也。……商无学则识浅趣卑。人以夺外人之利为目的，我则以夺内地之利为上策。至内地之利无可得，而外势又愈激愈厉，唯有坐以待毙而已。为今之计，莫如多设商业、实业各学校，培养人才，不遗余力。当此商战剧烈之时，或尚可挽回于万一。倘仍因循坐误，惟其名不惟其实，仅托振兴商务之空言，则虽遍国中立千万商会，吾恐将来商业之堕落更有不堪设想者矣。"(《东游日记》)

日本为什么成功？中国的问题在哪里？何去何从？这也是甲午

战争之后数以万计的中国赴日留学、游历者想要解开的谜底。丁鸿臣东游回国之后，一九〇〇年暮春所作《东瀛阅操日记·跋》这样写道："日本，一岛国耳，仿泰西法以致富强，蒸蒸云上，与欧西各大国相颉颃，非必风俗政教特异也。观其学校之设，以知兵为本。盖环顾欧洲，皆以兵立国，舍此则无以为自强之基耳。……异乎中国之所学非所用，而遂得使国如身，营卫舒畅，无痿痹不仁之患也。然而，日本之强为日甚浅，三十年前，若甚中国。乃者经之营之，敝己之法，修人之法，不数年而暴兴。夫以日本之褊小屠羸，且能振奋若是，而我中国于制枪炮、造轮舟、通电音、修铁路，创办亦历有年矣，卒未获一收其效，其故何欤？岂真地广人稠，声教未易讫，风气未易开耶？抑徒知守法，不知变法，徒知愚民，不知用民之祸烈至此，诚可叹也！"（《东瀛阅操日记》）那时所谓三十年的差距，一百多年之后的我们又该作何感想呢？

三

当时的游历者也看到了日本的消极方面，有些是属于文明发展带来的所谓"文明之累"，有些则是文明普及未到的遗憾，还有些则是需要彻底批判的社会丑恶方面。

比如城市污水。张謇的东游日记一九〇三年五月二十四日条记载，他当天早起，发现"旅馆门外临江户城濠，濠水不流，色黑而臭，为一都流恶之所，堪不宜于卫生，此为文明之累"（《癸卯东游日记》）。

街道不整洁，甚至还有在街上小便的。左湘钟发现"小弄之内，亦有扫出秽屑堆积路旁，猫狗鸡矢皆有，亦似中国。惟无养猪者而已。正街地如瓦背，旁亦铺小石子。晴天灰起，店家泼清水，涂湿无尘。行人稍不经心，则湿衣矣。幸尚无秽污之水也"（《东游日记》）。还发现"一日人急奔至同口小解而去。然则街市禁小解之说，亦不尽然也"。到日本之后，他也发现日本人的文化程度并非如一些崇拜日本者所言"日本文明甲于大地，其农夫俗子下女车夫，皆谙文墨，能阅报章"。其日记中记载："尝步行小市，见一妇阅书，故作问路者，用铅笔书与看之，则茫然不知。索其书视之，则白话也。城市如是，乡农可知矣。又常独出访友，唤人力车，亦用铅笔作字，与之议价，亦冥然莫解。数目且然，文理何有哉。"

社会治安，也有未尽人意之处。一九〇八年六月二十七日，左湘钟读报发现："前日早稻田大学后旅馆中有一下女，十六有姿首，一奸夫诱与远飏，若无川资。女窃客宝石约指、金表，与遁。被馆主拘留。是夜放火图脱，即救灭。送警部。如此等事，层见叠出。日俗虽佳，此等人究不能免。其所谓道不拾遗者，有警部处不敢拾耳。"

日本的工商业虽然发达，但是也有私德败坏，为盈利而坑蒙拐骗、不择手段的。实业家张謇的东游日记中就记载了一件他自己亲历的受骗事件，即欲聘森村扇四郎为通州凿井并购买凿井机械之事，还涉及罗振玉、日本驻沪领事及外务省翻译，森村请借墨银百元，张謇当面索要，森村"父子果相与推诿，图诳语，反复至三四无定"。后来"以借券付松山堂书肆代索"，不知结果如何。在一九〇三年闰五月四日的日记中反复提到："日人商业甚无信义，十余年来中人之受诳者指不胜屈。"感叹："日人谋教育三十年，春间教科书狱发，牵连校长、教谕等近百人。今察其工商业中私德之腐溃又如此，以是见教育真实普及之难，而人民性质迁贸于开通，有不期然而然之势。然以不信不义之国人，向冀商业前途之发达，是则大车无輗小车无軏之行矣。闻半年来，中人受诳于日人者，复有数事，其甚细值仅五元。"(《癸卯东游日记》)又据程淯《丙午日本游记》一九〇六年八月二十九日所记："日商近以教育用品为吾国要需，信口昂值，如五百元之货，竟减至百八十元，亦可见其虚浮矣。"而实际这些东西在他看来"仅值数十元耳"。这样漫天要价，也是一种"不信不义"

的表现吧。

数以万计的大批留学生赴日求学，这对日本教育界而言也是一个很大的"市场"。游历官也注意到其中的种种乱象。左湘钟的《东游日记》一九〇七年三月十七日条中记载了其友人之言："近因中国留学者多，新立数十校，专为罗致华人，缩短学之程，滥与证书，但取学费，不计功课，专于谋利，必达其所以经营之目的而后止。而中国之希图速成者，相率而入。于是日人之华屋起，家室富，荒芜辟，货物销。向为旷地，今成市井矣。而华人方源源而来，以灌输之，不察之甚也。"日人之唯利是图之所以能够得逞，也是因为中国赴日的许多留学生有这种"需求"。这一点吕珮芬（一九〇七年八月作者以翰林院侍读的身份受学部派遣赴日考察，历时三个月）的《东瀛参观学校记》中《观宏文学院记》一文已经描绘得非常形象透彻了："余闻之人言曰：昨岁之留学东京者，几不下一万六七千人，以宏文人数为最多。而校规之窳败，亦以宏文为最甚。推原其故，则皆速成科之为也。尝有人以四十元请学速成师范，宏文受之；寻又以三十元请兼学速成警务，又受之。其人入学未半月，遂一去不再至；及十月期满，竟得修业证书而去。旋有黠者效之，由中国寓书其友，待之纳费报名，宏文亦受之；及期，亦给予证书，不之问。彼固未出国门一步，已俨然宏文之师范生、警务生矣。于是持证书走谒大吏，求任师范之事，往往得之。既不得，则又出警务证书以为请，大吏多其能，辄可之。彼未尝闻教科一语，又俨然师范员、警务员矣。是以留学者闻其事，咸以入宏文为耻。今速成科已停课矣，固不至复有此事。然即此一事推之，而欲望普通科之若何成材，恐亦不可必得。金钱主义之说，观于此其益信乎！"对此现象，日本的教育家自然也有所察觉，为此，早稻田大学在一九〇五年成立"清国留学生部"，其主事者青柳笃恒在定朴一九〇八年十一月十五日访问之际就说到要力图解决这一问题。他说："盖数年以来，清国留学生来此者以千数,此间诸学校争割席待之。然法度未备,无以副其意。其卑近者概期速成,轻俊子弟具一知半解,即小成自安;其高尚者多费岁月不足应急。我大学有见于此,特设清国留学生一部,参酌损益,稽诸国情,学科不切者,缺之;功课过繁者,简之。难易速成,务执其中。使彼来学者自普通学进至专门学,循序而进,自无踏等之病。火燃水达,岂有后时之忧?时不徒费,力不徒劳而功倍矣。语曰:欲速则不达。传曰:业贵及时,庶几不贼。夫人之子也夫。"(《东游日记》)

以上种种晚清中国人东游观感,虽然挂一漏万,但是总体而言,还是比较理智的。当然,游历者记录的其所受接待上的怠慢,以及看到当时日本为庆祝甲午战争胜利而在靖国神社等处所做的带有侮辱性陈列的屈辱感,今天读来依然令人痛心。可贵的是,他们明确地认识到自己留下的这些史料是使国人人人"知耻",其目的乃在于"洗耻",对日本人的言论和行为有清醒的认识(程淯:《丙午日本游记》)。面对强敌骄肆,我们应持何种态度?张謇在一九〇三年的游历记中所言所思颇为发人深省:"彼骄则我益下,彼肆则我益恭。以求进于学问,下则志苦,恭则气肃。进退消长,于实业教育程度衡之,我果有自立之日,今日之受侮,皆我玉成之资也。苟不自立,人即朝摩而夕咻之,其耻均耳。是说也,我思之。"(《癸卯东游日记》)无论是卧薪尝胆还是居安思危,这种度量都很可贵。

《北风南枝》

刘一秀 著　定价:68.00元

本书是散文集。从非虚构的纪实视角,围绕从乡村到城市、校园到职场等,对诸如桑梓故园、亲情朋谊、世道人心等多方面进行回忆描绘,叙写自身真实感受与独特体验。

上海三联书店 2021 年 10 月出版

张帆、张晗

意大利歌剧《中国英雄》改编源头考辨

一七五二年，歌剧《中国英雄》(*L'Eroe Cinese*) 在欧洲艺术之都维也纳美泉宫首演，这是意大利著名剧作家彼特罗·梅塔斯塔齐奥 (Pietro Metastasio, 1698-1782) 为庆祝奥地利女大公、神圣罗马帝国皇后玛丽亚·特蕾西娅 (Maria Theresia) 三十五岁生日的献礼。该剧将"舍子救孤"的中国故事植入欧洲戏剧舞台，成为当时的经典剧目之一。一七五二至一七八八年间《中国英雄》陆续在那波里、德累斯顿、威尼斯、里斯本、马德里等十多个欧洲城市上演，音乐家朱塞佩·博诺 (Giuseppe Bonno)、达维德·佩雷斯 (David Pérez) 等争相为之谱曲，莫扎特亦为该剧创作咏叹调《啊，如果吉星高照》。加之此间，法国伏尔泰根据《赵氏孤儿》改编的五幕剧《中国孤儿》(一七五五)、英国亚瑟·墨菲改编的《中国孤儿》(一七五九)，以及德国歌德的剧作《埃尔佩诺》(一七八一至一七八三) 等等，在欧洲掀起一股"孤儿"改编创作热潮，成为中国戏曲西传的重要里程碑。时至今日，作为极具影响力和典范性的剧本《中国英雄》受到学界重视，相关文献普遍指向《中国英雄》亦是《赵氏孤儿》的改编本之一，但均缺乏源头性的抉发考证，致使在知识的机械堆叠中产生"常识性误识"。

一、"常识"与存疑

在国内，《中国英雄》是《赵氏孤儿》改编本之说，最早见于陈受颐一九二九年发表于《岭南学报》的《十八世纪欧洲文学里的〈赵氏孤儿〉》,"《中国英雄》到底是《赵氏孤儿》的改作",概因梅塔斯塔齐奥在《中国英雄》序言中感谢杜赫德《中华帝国全志》给他的创作灵感。张西平、马西尼编《中外文学交流史》(中国—意大利卷)认为梅氏的创作灵感来自《赵氏孤儿》:"在维也纳期间,梅塔斯塔齐奥应神圣罗马帝国皇后之邀编写一个剧本。恰在此时,他读到了《赵氏孤儿》。惯于从希腊、罗马历史中寻找灵感的梅塔斯塔齐奥立即决定借用这个中国题材做一次尝试。"此类观点叠加成近乎无需考证的常识,被言之凿凿地写进统编教材,李赋宁总主编的《欧洲文学史》写道:"梅塔斯塔齐奥还以中国元曲《赵氏孤儿》为蓝本,改编成《中国英雄》,其中的异国情调十分吸引人,成为流传很广的剧目。"中央电视台《百家讲坛》栏目在"戏里戏外说历史·赵氏孤儿"中亦将《中国英雄》作为《赵氏孤儿》改编本介绍给观众。从故事情节来看,《中国英雄》和《赵氏孤儿》确实存在相似之处,二者都围绕"舍子救孤"这一关键要素展开,加之《中国英雄》诞生于《赵氏孤儿》在欧洲改编盛行的十八世纪五十年代,都为"误识"的种子提供了生长土壤。

一七五二年,《中国英雄》剧本在意大利巴勒莫出版,梅塔斯塔齐奥亲笔作序:"好几个世纪过去了,时至今日,在辽阔的中华帝国,老臣利恩戈(Leango)的忠勇事迹依然家喻户晓。"作者为"利恩戈"添加注释:"'利恩戈',即历史记载'Tchao-Kong'。"序言第二段记叙利恩戈的事迹:"在一次国人暴动中,皇帝利维亚诺(Livanio)为保命仓皇出逃,老臣利恩戈为拯救小皇子苏恩亚戈(Svenyango)——被屠杀皇族的最后一根血脉,对残忍的造反者撒了一个可敬的谎言,他将与皇子同龄的亲生儿子用皇室襁褓细心包裹,替换了皇子。压抑着强烈的父爱,他目睹儿子在眼前被刺死,并忍痛保守了这个秘密。"紧接着梅塔斯塔齐奥交代该故事出处:"杜赫德《中华帝国全志》

记载。"序言全文只字未提及《赵氏孤儿》。

杜赫德（Jean-Baptiste Du Halde, 1674-1743）是法国汉学家，他编写的四卷本鸿篇巨制《中华帝国全志》（全名《中华帝国及其鞑靼地区的地理、历史、编年、政治和自然之描述》）约两千五百页，向欧洲人详实介绍了中国历史、文化、风土人情；一七三五年在巴黎首发，相继被译成英、德、俄等多国文字，是"西方早期汉学三大名著之一"。《中华帝国全志》第三卷收录传教士马若瑟（Joseph Henri Marie de Prémare, 1666-1736）翻译的《赵氏孤儿》，译者把主人公宰相赵盾译为"Tchaotun"，驸马赵朔则被译为"Tchaosuo"，却通篇不见剧作《中国英雄》的关键主角"Tchao-Kong"。

如此看来，尽管《中国英雄》与《赵氏孤儿》同有"舍子救孤"的核心情节，但未有直接论据佐证前者系后者的改编本。疑惑之下，细读文本，两剧的主要矛盾、角色设置、故事情节、思想意涵竟然大相径庭。其一，《赵氏孤儿》中以程婴为代表的正义之士与屠岸贾等邪恶势力的斗争，是推动剧情发展的主要矛盾；但《中国英雄》未有屠岸贾等重要反派，冲突双方为国人与君王，是老臣在皇族被杀的情境中换子救孤以保全皇子。如此一来，《赵氏孤儿》的忠奸善恶、正义复仇在《中国英雄》中演变为单纯效忠君主。其二，《中国英雄》剧情从皇子苏恩亚戈长大成人拉开序幕，随后上演了一出"爱情喜剧"：西维诺〔为隐藏皇子身份，利恩戈将其更名为西维诺（Siveno）〕爱上了作为人质在皇宫中长大的鞑靼公主莉森加（Lisinga）；皇子的朋友，武将蒙代奥（Minteo）则爱上了公主的妹妹乌拉尼娅（Ulania）；平息战争后，利恩戈当众吐露实情，宣布皇子真实身份并归还皇位；当他得知自己的亲生儿子并未夭亡，就是蒙代奥时，激动得差点晕厥；全剧在众人对利恩戈的赞美合唱中落幕。这与《赵氏孤儿》重在讲述忠良之臣历尽艰难险阻、千方百计保护襁褓幼儿，最终复仇的剧情相去甚远。

其实,国内外学者对两剧的差异大都了然于胸,如李志远在《〈赵氏孤儿〉在十八世纪欧洲的传播现象》一文中说:"彼得罗·梅塔斯塔齐奥的《中国英雄》只是保留了《赵氏孤儿》的部分影子,如席文诺是遗孤,朗格为保护遗孤而牺牲自己的孩子,其他已找不到太多《赵氏孤儿》的影响。"孟伟根在《中国戏剧外译史》中坦陈:"梅塔斯塔齐奥的改编本的情节内容与原剧《赵氏孤儿》出入较大,他把原剧中的复仇情节改译成了供宫廷娱乐的大团圆喜剧情节。"艾德丽安·沃德(Adrienne Ward)在《戏剧中的宝塔:十八世纪意大利歌剧舞台上的中国》中强调:"尽管这部中国剧(《赵氏孤儿》)通常被认为是《中国英雄》的情节来源,但需要指出的是,我们在梅塔斯塔齐奥作品中几乎找不到与纪君祥文本的直接联系。"由此看来,尽管学界普遍承认两部剧作相去甚远,却少有人怀疑:《中国英雄》或许根本不是基于《赵氏孤儿》的改作。

二、溯源与正本

事实上,十八世纪上半叶,几乎与《赵氏孤儿》同时传入欧洲的"舍子尽忠"故事还有"召公舍子救宣王"。范希衡在《从〈赵氏孤儿〉到〈中国孤儿〉》(该文是作者为译作《中国孤儿》写的长篇序言,完稿于一九六五年;作者一九七一年遭迫害辞世,该文直到一九八七、一九八八年才得以连载发表于《中国比较文学》第四、第五期年刊)中首次提及梅塔斯塔齐奥创作《中国英雄》是"以召公舍子救宣王为主题,却也采用了《赵氏孤儿》里的一些情节",但这一创见仅点到为止,并未引起学界重视和认可。直到半个世纪后,罗湉在二〇〇四年出版的《十八世纪法国戏剧中的中国形象研究》中再次指出,梅塔斯塔齐奥创作《中国英雄》的资料来源很可能是《中华帝国全志》第三卷中关于召公事迹的简略记载。这是国内学者中为数不多、最接近史料源头的论断。此卷确有此记载:"那暴君(周厉王)为了保命,当即逃走,从此流亡异地。如果不是忠臣召公（Tchao Kong）将自己亲生儿子借宣王假名并替代之，牺牲亲子性命保住皇位继承人一命，那么宣王恐怕要遭受同他父亲一样的厄运。"（12页）

事实上，《中华帝国全志》在第一卷第三章"中国历代帝王"已大篇幅更加完整地记载了"召公舍子救宣王"这一历史事件：周厉王暴政惨无人道，在其执政五十二年时爆发国人暴动，起义者如潮水般涌进王宫，厉王出逃保命，愤怒的国人将王室成员全部处死，只有最小的王子被召公藏匿于自己的住所而免遭其难。不幸的是，此举泄露，暴民包围了召公的住宅，逼迫他交出王子。为了拯救王子的性命，在一番忠诚与父爱的内心斗争之后，召公交出了亲生儿子替换王子，亲眼目睹儿子被暴民处死。该卷关于宣王的介绍中，记叙厉王去世后，召公才把当年救王子的经过公之于众，宣布宣王为王位继承人。这与《中国英雄》情节完全吻合。

同时，伏尔泰根据《赵氏孤儿》改编的《中国孤儿》的序言亦可提供佐证："著名的梅塔斯塔齐奥神父曾为他的歌剧选了一个与我差不多相同的题材，就是说一个孤儿从全家惨遭杀戮中逃出来了；他这个故事是从公元前九百年的一个朝代中汲取来的。"周厉王在位时期正是公元前九世纪，"国人暴动"发生在公元前八四一年，当时辅佐王位的大臣是召穆公召虎——召公奭的后代。据《国语》第五篇"邵公以其子代宣王死"所述："彘之乱，宣王在召公之宫，国人围之。召公曰：'昔吾骤谏王，王不从，以及此难。今杀王子，王其以我为怼而怒乎！夫事君者险而不怼，怨而不怒，况事王乎？'乃以其子代宣王，宣王长而立之。"由此看来，《中国英雄》的故事情节与《中华帝国全志》和《国语》关于"召公舍子救宣王"的记载如出一辙。而且，《中国英雄》中那位逃跑的皇帝"Livanio"名字取自《中华帝国全志》中的"Li vang"（厉王），被拯救的皇子"Svenvango"取自"Suen vang"（宣王），人物名字音节非常相近，借用明显。

此外,《中国英雄》剧情发生地与"召公舍子救宣王"发生地完全一致,同为西安。梅塔斯塔齐奥在剧作序言中交代:"剧情发生在皇宫之内,当时的皇宫坐落在陕西省(Chensì)省城西安(Singana)。"周厉王时期国都丰镐也坐落在西安,《诗谱》云:"《小雅》《大雅》者,周室居西都丰镐之时诗也。"《疏》云:"皇甫谧云:镐在长安南二十里。"从公元前十二世纪丰镐建立,到公元前七七〇年犬戎攻破镐京,三百五十年间,丰镐一直是西周王朝的政治、经济、文化中心。而"赵氏孤儿"故事发生并流传在山西省新绛、襄汾和盂县一带,并于二〇一一年被列入山西省非物质文化遗产名录,与梅氏剧作地点陕西西安不符。再者,"召公舍子救宣王"比《赵氏孤儿》更符合梅氏的创作意图。《中国英雄》是为庆祝奥地利女大公生日所作,角色多为宫廷贵族亲自参演,不允许出现令人不适的残忍场面。梅塔斯塔齐奥在一七五二年二月十八日给卡洛尔·布罗斯基(Carlo Broschi)的书信中,倾诉该剧本创作所受限制之严格:"没有人愿意扮演可憎的角色,演员数量不能超过五个……演出时间、场景变化次数、咏叹调数量,甚至几乎诗句行数都有限制。"同年六月十二日他在给长兄莱奥波尔多·特拉帕西(Leopoldo Trapassi)的书信中再次表达了创作此剧时的诚惶诚恐:"我努力保证它不因任何不规范之处而被指责","整部剧可以在大厅、长廊、花园,或皇宫中任何一个人们期待的地方上演"。面对诸多限制,人物众多、场景繁杂的《赵氏孤儿》显然不是梅塔斯塔齐奥的合适选择。而"召公舍子救宣王"发生在宫廷内,故事情节比《赵氏孤儿》简单,人物关系相对和谐,更符合作者对冲突和剧情的把控;比起强调复仇的《赵氏孤儿》,其结局更圆满,更符合女大公庆生的喜庆气氛。结合以上故事内容、年代、地点以及创作动机来看,范希衡、罗湉提出《中国英雄》改编自"召公舍子救宣王"的观点更具合理性,更准确地说,改编源头是《中华帝国全志》第一卷第三章"中国历代帝王"之厉王、宣王篇。

但有一点需要特别解释的是，梅塔斯塔齐奥笔下的西安皇宫中呈现出一幅中原民族与鞑靼人杂居、关系密切的图景，然而，周厉王时期的中原与周边少数民族并没有如此和谐的杂居关系。那么，梅塔斯塔齐奥笔下的西安应该来自哪个年代呢？十八世纪欧洲人对中国的了解主要来自明清来华传教士的游记和报告，据张明明《〈中华帝国全志〉成书历程试探》考证，《中华帝国全志》的供稿者均为耶稣会教士："二十七人中，安文思、卫匡国为明末来华，其余为清代来华。从安文思入华的一六四〇年至最迟东来的宋君荣、雅嘉禄入华的一七二二年，时间跨度八十余年。"此期间，中国正经历大规模民族融合，《中华帝国全志》第一卷记载："驻守中国北方边境的鞑靼部队在一名鞑靼将军的统领下驻扎在城墙外。陕西省有为数不少的高级官员（premiers Mandarins），他们通常是鞑靼人。"（221页）从众多鞑靼人占据要职来看，此处涉及的朝代为清代，鞑靼人即指满族人（西方文献常将鞑靼作为中国北方游牧民族的泛称，如将西征的蒙古军称为鞑靼；到清代，亦常称满族为鞑靼）；"Mandarin"一词最早系明代中叶来华葡萄牙人对中国官员的称谓，而这一称谓被梅塔斯塔齐奥赋予《中国英雄》的主角蒙代奥，在序言中介绍其身份为武将（Mandarinod'armi）。《中华帝国全志》第一卷有一幅名为"西安——陕西省省城"的插图，图中渭河从上方流过，左侧靠中是鞑靼军队的驻扎地，下方宝塔、屋顶，树木点缀其间。该图景被梅塔斯塔齐奥植入《中国英雄》中："透过平地上的拱廊，便可窥见西安和绕城而过的河流的大部分景象。宝塔、屋顶、船只，甚至树木，目光所及之处，呈现在这独特风景中的所有一切，不管是自然的，还是艺术的，都充满异域色彩。"梅塔斯塔齐奥从未踏足中国，但可以想见，在《中华帝国全志》的影响下，他笔下周朝的西安打上了明清社会的印记，亦佐证了剧本《中国英雄》是基于《中华帝国全志》史料故事的合理想象。

李庆西

木犹如此，人何以堪

一

《晋书》编目有个特殊之处，于诸臣列传之外，"四夷"和"载记"之间，又插入三卷列传（卷九十八至一百），分述王敦、桓温、祖约、苏峻等二十人。如此另册处置，无非叛臣奸佞之属。王鸣盛《十七史商榷》谓："王敦等聚于四裔（夷）之下，不名叛而叛显矣。"可《晋书》偏是不立叛臣奸佞之目，之所以"不名叛"，撰史者或亦拿捏不准。

某些人物是否可称叛逆，实是两说，譬如桓温。此公似有"不臣之心"，亦曾"以雄武专朝"，对皇权多有侵凌。但联系实际历史语境看，在与十六国割据政权的对峙中，东晋王朝君臣关系自有其特殊性。历史学家周一良认为，桓温与王敦大有不同，其早年建功立业之时未必已存心篡夺皇位，只是利用北伐为政治资本（这说法亦未免阴谋推定）。对于桓氏灭成汉和数度北伐，周先生都有正面评价，认为论功绩可与谢安相提并论（《魏晋南北朝史札记·晋书札记》）。人所周知，永嘉之乱后已是"王与马，共天下"，王导主持江左大局，联合南迁门阀与江南士族共扶晋室，之后渐而是各自与司马氏共天下，此亦魏收所谓"君弱臣强，不相羁制"之局（《魏书·僭晋司马睿传》）。当然，此说只是强调君臣关系失衡，而东晋面临内外纷乱尚能延祚百年，实际上亦是强臣与朝廷互相制衡与扶持的结果，如桓温与简文帝，与中朝谢安、王坦之诸辈，相互掎止，也是相互依存，犹之围棋双方"共活"。这种"共天下"必然是一种政治妥协，本质上属于特殊情形造成的"共和"形态。

东晋"君弱臣强"之局，成因复杂。除了西晋八王之乱、永嘉之乱造成国势颓靡，内忧外患的纷杂局面，还有一个重要原因：君主不是幼年即位，就是享祚或享年相当短促。如，元帝中年而夭，在位只四年；明帝在位二年，二十七岁死；成帝在位虽达十六年，死时才二十二岁；康帝在位二年，只活到二十三岁；穆帝二岁即位，十九岁崩；哀帝在位三年，二十五岁死；废帝虽成年登基，五年后即废黜；简文帝天年不短，活到五十三岁，但皇帝做了不到两年；之后孝武帝十岁嗣位，享祚二十四年，倒成了两晋在位时间最长的皇帝。可是孝武登朝不几日，桓温就死了。桓温寿数不算很长，活到六十二岁，一生竟经历了九朝天子（还不算西晋最后两位），中间七帝串起他整个的政治生涯。历朝都是弱主，朝廷之外自然形成机枢，他前有王导、温峤，后有谢安，数辈强人自为中坚，大局如此。

二

桓温（三一二至三七三）字元子，出身世家，其父桓彝曾为明帝近臣，后补宣城太守。苏峻叛乱时，桓彝固守泾县而死，桓温时年十五，三年后手刃仇家数子，颇显豪士风概。其仕宦之初情形不详，《晋书》本传从他"选尚南康长公主，拜驸马都尉"说起，他二十四岁就成了琅邪太守，旋而又是徐州刺史（按，此琅邪、徐州均为侨置）。南康长公主乃明帝长女，明帝驾崩之日公主未成年，桓温才十四岁，选为驸马应在成帝时。不消十年，桓温已位陟显赫，为安西将军、荆州刺史。

穆帝永和二年（三四六），桓温率兵伐蜀，翌年灭成汉取益州，进位征西大将军。桓温西伐意义重大，蜀地富饶，得而有之，自是国之大利。再者东晋偏安江左，巴蜀势据上游，极易为其控扼。先前晋灭东吴就是借助长江水道之便利，"王濬楼船下益州，金陵王气黯然收"，这才几十年前的事情。

之后，桓温北伐石赵，但穆帝对他这回的远征未予支持。军次武昌，被抚军会稽王司马昱（即后来的简文帝）拦阻，称其出兵唐突，使人"妄生疑惑""忧及社稷"云云。其时朝廷以殷浩为中军将军，都督扬豫徐兖青五州兵马北征许（昌）洛（阳）。司马昱入朝辅政，力挺殷浩，用以掣制桓温。无奈殷浩屡战屡败，以致朝野皆怨，桓温趁势奏劾其罪，终被免为庶人。此后内外大权归于桓温。永和十年（三五四），桓温再度北伐，欲拔除苻秦。晋军出荆益长入关中，大战白鹿原，进至灞上。当地百姓持牛酒迎于路者，耆老感泣曰："不图今日复见官军！"但此役最终也是无功而返，因苻健搞坚壁清野，断了晋军粮草。

本传记述桓温"自江陵北伐"一段，大约在穆帝升平年间。这回好像并未遭遇顽敌强力阻击，桓温率师进入洛阳，驻兵故都太极殿前，传曰："徒入金镛城，谒先帝诸陵。陵被侵毁者皆缮复之，兼置陵令。"但晋军南撤后，不仅洛阳，司豫青兖四州又重新沦陷。

哀帝时，桓温作还都洛阳之想，又欲北征。此时桓公头衔又加码，加侍中、大司马，都督中外诸军事。但皇上召他入朝参政，不许他率师远征，又加扬州牧、录尚书事。桓温已从荆益二州转进合肥一带，又移镇姑孰（今安徽当涂），但他拒绝入朝，上疏曰："至于入参朝政，非所敢闻！"他不愿"解带逍遥，鸣玉阙廷，参赞无为之契"，他激忿地剖露心迹："愿奋臂投身造事中原者，实耻帝道皇居仄陋于东南，痛神华桑梓遂埋于戎狄。"

废帝太和四年（三六九），桓温率兵五万讨伐前燕。先期挖卜湖陆、金乡（均在今山东济宁），借水道向邺都（前燕都城，在今河北临漳）进军。据《晋书》本传描述，其过程十分艰辛——"时亢旱，水道不通，乃凿巨野（巨野泽，即北宋梁山泊）三百余里以通舟运，自清水入河。"渡河后，在林渚（在今河南新郑）与燕军大战，破敌至枋头（在今河南浚县）。其时燕主慕容暐乞援于前秦苻坚，致使晋军遭遇秦燕两军夹击。桓温数战不利,竟又是军粮竭尽,"及闻(苻)坚师之至,乃焚舟弃甲而退"(《晋书·慕容㬢载记》)。这回桓温折损三万余人,弄得有些灰头土脸。不过,本传对桓温北伐不利未予究诘,归咎粮草不给,似不忍抹杀其抗敌勇气和军事才能。

三

《晋书》本传"自江陵北伐"以下,至"师次伊水"一节,接连采入《世说新语》两则轶事。前者出自《言语篇》,其曰:

>（桓）温自江陵北伐,行经金城,见少为琅邪时所种柳皆已十围,慨然曰:"木犹如此,人何以堪!"攀枝执条,泫然流涕。

之前叙述桓温调兵遣将部署军务,这里突然插叙其行军途中轶事,笔墨转向传主风神意概。但钱大昕注意到《世说》本无"江陵"二字,且质疑曰:"（桓）温自江陵北伐,何容取道江南邪?"江陵（今属湖北）在荆州,而钱氏考证,金城在丹阳郡江乘县（在今南京市东北长江南岸),北伐师旅岂能向东南而行。他认为《晋书》受庾信《枯树赋》"昔年移柳,依依汉南"之语误导,"遂疑金城为汉南地耳"(《廿二史考异》卷二十二)。这不能不让人怀疑,本传关于桓温北伐之旅有移花接木或叠置叙事。

桓温早岁为琅邪太守,求朝廷割丹阳郡江乘县立为侨郡。此时行经金城,见当年所植之柳已长成大树,不由得感慨岁月蹉跎。"木犹如此,人何以堪!"他已位极人臣,何以不堪,夫复何求?你能想到的,自然是北伐未成,中原尚沦于戎狄。如此情感与情怀流露,不同于奏疏文牍之慷慨壮语,是直面生命的真性情。但本传于此段之下,又引《世说·轻诋篇》一则,桓公与诸僚属登临眺瞩中原,慨叹神州陆沉,又讲述曹操宰刘表千斤大牛事,颇具警策之义。此际,桓大司马未免以魏武自况。与前者合而观之,似乎可读出另一层意思。

纵观本传叙事，所谓桓温篡逆，并无任何实锤证据，却不乏以意逆志的种种轶闻。如借名士刘惔之口，称桓温"眼如紫石棱，须作猬毛磔，孙仲谋、晋宣王之流亚也"，乍看似是赞语，但将桓温比作孙权、司马懿之辈，不啻说其觊觎天下。

传中又举述术士郭璞谶语，影射桓温篡夺之志——

> 曰："有人姓李，儿专征战。譬如车轴，脱在一面。"儿者，子也；李去子木存，车（車）去轴为亘，合成"桓"字也。又曰："尔来，尔来，河内大县。"尔来，谓自尔已来为元始，（桓）温字元子也，故河内大县，"温"也（按，"温"乃双关，司马懿，河内温县人）。成、康既崩，桓氏始大，故连言之。

史官采用这类测字算卦的八卦，乃于虚拟语境中展开诡异想象。不过，其根据只是成帝、康帝崩殂后，桓氏坐大的事实。可事实上桓温并没有篡位之举（未述及任何实质性举动），于是本传又引述一则更加诡异的故事，以破腹断足的血光之相告诫桓温，若做天子当有杀身之祸。此事采自陶潜《搜神后记》"比丘尼"一条，原文如下：

> 晋大司马桓温，字元子，末年，忽有一比丘尼，失其名，来自远方，投温为檀越。尼才行不恒，温甚敬待，居之门内。尼每浴，必至移时。温疑而窥之。见尼裸身挥刀，破腹出脏，断截身首，支分脔切。温怪骇而还。及尼出浴室，身形如常。温以实问，尼答曰："若逐凌君上，形当如之。"时温方谋问鼎，闻之怅然。故以戒惧，终守臣节。

桓氏"终守臣节"，原来是有仙尼悬之惕厉之义。本传采入这个故事，给桓大司马终未僭位登阼做出某种解释。其实自汉末魏晋以来，"方谋问鼎"几乎被人视为英雄气概。

《晋书》诸臣列传多引晋人小说段子，温传亦是，如"木犹如此，人何以堪"，如"君拜于前，臣揖于后"之类，均出自《世说新语》。刘义庆书中辑录桓温事略多达八十余条（几与王导、谢安相埒），且多有赏誉之言，这也见得晋宋士人对他的看法大体不坏。

四

桓温既总督内外，不断向诸帝灌输恢复大计，本传抄录桓温奏疏四章，皆属此例。其平生事略最重要者莫过于北伐，概要已如前述。不过，他在内政方面亦有深谋远虑，如本传举其"上疏陈便宜七事"，并撮述如下：

> 其一，朋党雷同，私议沸腾，宜抑杜浮竞，莫使能植。其二，户口凋寡，不当汉之一郡，宜并官省职，令久于其事。其三，机务不可停废，常行文案宜为限日。其四，宜明长幼之礼，奖忠公之吏。其五，褒贬赏罚，宜允其实。其六，宜述遵前典，敦明学业。其七，宜选建史官，以成晋书。

这些举措皆着眼于风习教化和政府职事，从整顿官场风气、裁并政府机构，到典章制度、文化教育，皆有筹划。这里所谓"便宜七事"，用现代语言来说，都是关乎国家长治久安的制度性安排，关乎意识形态和上层建筑领域。可见桓氏思虑长远，亦颇有治国理政之才，不只是一赳赳武夫。

此公还有一项重要政绩，这里不妨说一下。桓温在哀帝时主持"庚戌土断"，为考课税收厘定法规，是当日振兴经济的重要措施。所谓"土断"，简单说就是以土著为断，所有人等均按居住地入籍。因为东晋时，江南各地设立许多侨置郡县（按北方原有郡县名之），用以安置大量南迁的北方人口，这些流民在南迁士族庇护下，不负担官家租税徭役，桓氏搞"土断"就是厘改因侨置政策造成的人口隐匿和财税流失之弊。奇怪的是，此事《晋书·桓温传》并无记载，而《食货志》亦竟一字未提。查《哀帝纪》，只约略说及"大阅户人，严法禁，称为庚戌制"。倒是《宋书·武帝纪》有明文记述，因刘裕在晋时，亦曾依界土断侨民。安帝义熙九年，刘裕上表称："大司马桓温，以民无定本，伤治为深，庚戌土断，以一其业。于时财阜国丰，实由于此。"

不能不说，庚戌土断带来的"财阜国丰"，实实在在给东晋政权注入续命的活力。桓温死后，东晋又延续了近半个世纪，自是有财力支撑国家机器。王鸣盛《十七史商榷》有"东晋国势不弱"之说，其曰："东晋君弱臣强，势则然矣。而其立国之势，却不为弱。刘琨、祖逖志在兴复，陶侃、温峤屡有诛翦。桓温之灭李势，谢安之破苻坚，刘裕之擒慕容超、姚泓，朱龄石之斩谯纵，皆奇功也。"王氏看重的是与北方割据政权的军事较量，但一切征伐背后自须相应的经济保障。其实，东晋最终亦未灭于"四夷"，而是刘裕代晋称帝——刘宋接盘，复制了曹魏代汉、司马氏代魏的一幕。可见，王氏"东晋君弱臣强"和"国势不弱"之论，所言不虚。

本传"史臣曰"称赞桓温"挺雄豪之逸气，韫文武之奇才"，又斥其"蓄无君之志""窥觎周鼎"，可谓毁誉参半。史官总将桓温北伐解释为立功立威之私心，而诸葛亮亦连年征战，且未暇审视国计与内政，在人们眼里则是千古社稷之臣——界限在于所谓忠与不忠。

五

桓温备受非议，无外乎废立一事，就是废帝奕而立简文。此事因以"人伦道丧"为由（帝奕三子疑为嬖人所出），史家多认为是床笫之诬。《晋书·废帝纪》有谓：

> 初，桓温有不臣之心，欲先立功河朔，以收时望。及枋头之败，威名顿挫，遂潜谋废立，以长威权。然惮帝守道，恐遭时议。以宫闱重闼，床笫易诬，乃言帝为阉，遂行废辱。初，帝平生每以为虑，尝召术人扈谦筮之。卦成，答曰："晋室有磐石之固，陛下有出宫之象。"竟如其言。

帝奕乃庸主，对桓温来说并不碍事，何故将他拿掉，好像也找不出别的理由。换上来的简文帝却是老油条，历宰三世，预事多年，而且与桓氏向有嫌隙。如果说桓温操办废立之事是出于私欲，岂不是给自己添堵？史家侈言桓氏"不臣之心"，都不说起这一层。《废帝纪》引录"晋室有磐石之固，陛下有出宫之象"的卦辞，不知是什么意思，倒是正好印证这事情的结果：拿掉帝奕，保住晋祚。

本传谓：当初废司马奕后，桓温入朝见简文帝，"既见，欲陈废立本意，帝便泣下数十行，（桓）温兢惧不得一言而出"。《简文帝纪》亦记述这一幕，而且还有另一幕，当时桓温以谋反之罪奏诛武陵王晞，简文帝态度很坚决，也很微妙——"帝不许，（桓）温固执至于再三，帝手诏报曰：'若晋祚灵长，公便宜奉行前诏。如其大运去矣，请避贤路。'温览之，流汗变色，不复敢言。"话说到这份上，让他觉得觳觫惶恐。不管他内心是否瞧得起司马昱这人，可他现在面对的是国之神器。

简文帝是他弄上来的，可他不是能够"挟天子"的狠角色。但另一方面，桓温这人矫厉的个性亦在在可见，晋帝的诏命多半对他不管用，他喜欢自行其是。他打破"礼乐征伐自天子出"的老例，皇上不许北伐，他照样出兵。天下乱成这样子，他大司马说了算。北伐不成，他就回姑孰老窝里待着，宁愿盘踞方镇，不留京都擅政。哀、废、简、孝四帝都曾召桓氏入朝参政，他一概拒绝。他不喜欢待在皇帝身边，或似乎有意跟朝廷保持某种距离。

桓温跟王敦不一样，虽总揽兵戎，功高盖主，却不像后者"奏事不名，入朝不趋，剑履上殿"那般跋扈。东晋政治向来以家族势力运作，王敦出于琅邪王氏，根基深厚，"将相岳牧悉出其门"（《王敦传》），这一点桓氏比不了。桓温未尝躁进篡夺，也许根本就没有那种打算。合理的解释是，他跟这套国家机器有着休戚与共的关系。

本传说，"（桓）温初望简文临终禅位于己，不尔便为周公居摄"。这种说法太不靠谱，桓温比简文帝年长八岁，不能预期他会死在自己前边。至于圣体不豫之际，谁知道他是否有过禅代之想，但史家喜欢讨论这种后设问题。本传就是拿他与其弟桓冲信中两句话来说事,"遗诏使吾依武侯、王公故事耳。王、谢处大事之际,日愦愦少怀"。这不能说明他有非分之想,他是对王坦之和谢安"处大事"而愤有怨言,他自知来日无多,已无力与之纠缠。简文帝临终前诏命桓温入朝,曰:"吾遂委笃,足下便入,冀得相见。便来,便来!"一日一夜频有四诏,桓温偏是托词不入。他疏表中有这样的话:"……但朽迈疾病,惧不支久,无所复堪托以后事。"这也是实话。简文不做禅代文章,桓温亦自无心自取,事实就是这样。

六

对桓温这类人物,后人往往以叛逆思想罪之,如王夫之《读通鉴论》斥桓温为贼为逆,其论相当苛刻。船山先生"理势合一"的历史观背后是华夷之辨的理想主义,故难免落实为君明臣忠的评骘标准。在复杂的历史情境中硬要追究忠诚与否,自然少有"理解之同情"。

不能不说,史官衡鉴人物往往带有成王败寇的势利眼,曹操、司马懿真正是当朝掘墓人,却未有篡逆之名(篡逆是小说家之言),就因为他们各自奠立了一个王朝。假如诸葛亮真要像刘备临终所言托付,如嗣子不才"君可自取",那算是代汉称帝还是篡位的伪主,似乎不好说,大抵要看其国祚气数长短。当然历史不可假设,只是作为假设的话题别有意趣。桓温死后,其幼子桓玄夺晋帝位立国,很快为刘裕所灭,他那个国号就被史家称作"伪楚"(桓玄实在是坑爹,这也是史家嘀咕桓温篡逆的重要缘由,此姑不论)。然而,刘裕代晋称帝,就堂而皇之成了刘宋。八百年后辛弃疾写下京口怀古的动人词句,"斜阳草树,寻常巷陌,人道寄奴曾住……"这是将历史转化为修辞,而修辞则凝固为某种情感。

至于桓温,为什么就不能有禅代之念?问题是,他有吗?

值得注意的是,《晋书》关于桓氏企望禅代或蓄谋篡逆的叙事,广泛采入小说、轶闻、卦辞、谶语等非历史文献,借以构成所谓"不可靠的叙述"。这不妨理解为一种反讽修辞，撰史者未敢对"不臣之心"视而不见，却留下作为质疑叙事真实性的伏笔。

说到底，桓温还是太"温"，终究未能豁出去。孝武帝即位时，他入京拜祭简文高平陵，在车上跟随从说，他像往常一样见到了先帝，谒陵时只听他连声嘟囔"臣不敢"。其实，这是一个介于忠与不忠、果敢与犹疑之间的复杂性格。在玄风大盛的觉醒年代（李泽厚所称"人的觉醒"时代），桓氏意识到忠诚无价值，而"木犹如此，人何以堪"，他只能继续扮演似醒未醒的角色。

读书短札

珠穆朗玛命名之争

张培均

《读书》二〇二二第一期的《印度测绘局的"地图开疆"》一文说："印度测绘局将印度前总督乔治·珠穆朗玛（George Everest）的名字作为新发现的山脉的名称，以纪念前测量员乔治·珠穆朗玛。"乍一看，似乎珠峰得名自一个叫"珠穆朗玛"的英国人。这个误译背后是珠峰的命名之争。

珠穆朗玛源于藏语，"珠穆"意为女神，"朗玛"是女神的名字。康熙五十八年《皇舆全览图》，就已基于实地考察准确标注珠峰位置并用满文注名。两年后，改用汉字"朱母郎马阿林"注名。其中"朱母郎马"是藏民对这座山的叫法，"阿林"是满文"山"的音译。

乾隆二十年至二十六年绘制的《乾隆内府舆图》，首次用"珠穆朗玛阿林"之名。道光二年（一八二二）《皇朝地理图》和同治三年（一八六四）《大清一统舆图》都用"珠穆朗玛山"之名，不再叫"阿林"。

事情还有另一面。一八四九年，英属印度测量局从印度平原遥测出珠峰高度约为九千二百米，并于一八五二年确认珠峰为世界第一高峰。一八五五年，为纪念前任局长（而非总督）乔治·埃佛勒斯，印度测量局将这座山命名为"埃佛勒斯峰"。但其实，埃佛勒斯并未直接参与测量。当时已有人指出以人名山不可取，更何况一个与这座山没什么关系的人。但英印政府坚持这么做。二十世纪上半叶，中国也曾长期采用这个英文名称，音译为"额菲尔士峰"。一九五二年，中央人民政府内务部和出版总署联合发布通报，才将额菲尔士峰正名为"珠穆朗玛峰"。

看脸时代

段志强

一

荀子认为,他正生活在一个看脸的时代。一个人长得好不好——荀子说的主要是男性——很大程度上决定人们对他的评价,结果就是大家争相追求颜值,以至于"今世俗之乱君、乡曲之儇子,莫不美丽姚冶,奇衣妇饰,血气态度拟于女子",而在婚恋市场上最受欢迎、"妇人莫不愿得以为夫,处女莫不愿得以为士"的,自然也是这样的人。

目击时弊,荀子不以为然。他写了一篇《非相》,非的就是这种不正之风。《非相》里列举了圣贤们的长相,大部分不像正常人;又说昏君如桀、纣,都是又高又帅体格又好,"古者桀、纣长巨姣美,天下之杰也,筋力越劲,百人之敌也",那么人与人之间,到底是比外表,还是比内在呢?以这样无可辩驳的论据,荀子抨击了当时流行的相人术,所谓"相人之形状颜色而知其吉凶妖祥"的技术。

但是,对荀子的批评,后世的相士们肯定不以为然。他们理解的相面,绝不是比谁更好看,而且《非相》一篇虽然反对相术,但其中一句"相形不如论心"却被相士引去,几乎成为相术的金科玉律,荀子反而变成了相术谱系中的重要一员。

时代进步快。几百年过去,到东汉王充笔下,"长得好"在相术体系中已经成了一个需要辩护的特质了。王充是相术的支持者,《论衡》中有一篇《骨相》，开头就说人的命运很容易知道，办法就是观察"骨体"。王充的论据跟荀子差不多，都是古来圣贤的奇怪长相，只不过结论和荀子正相反：正因为大人物都有特殊的外表，所以可以通过外表判断人的命运。有趣的是王充写的圣贤外貌和荀子笔下大多不一样，例如荀子说"皋陶之状，色如削瓜"，皋陶的脸色如同削了皮的瓜，大概是一种绿白色；王充则说"皋陶马口"，不太容易想象。

王充举出的唯一一个长得好的例子，是汉初名臣陈平，说他"貌体佼好"。陈平年轻时很穷，饭都吃不饱，营养不良的人还能拥有美貌，所以"众人怪之"。《论衡》于是承认，"面状肥佼，亦一相也"，只要有"异"。可见如果没有别的特异之处，长得好只能算缺点，不会有大出息。总之，相术最重视的相貌，在荀子笔下是"美"，而到王充的时候就变成了"异"。这个"异"，当然与东汉流行的谶纬有关。

荀子与王充一正一反，论证的落脚点却都一样，那就是大人物的长相如何；反过来说，一个人究竟长成什么样才能变成大人物？

上海博物馆藏战国楚竹书中有一篇《鲍叔牙与隰朋之谏》，简文中齐桓公回顾了三代用人之法，说夏代是"观其容"，商代观其容还要"听其言"，周代除了观容、听言又有升级，可见古人心目中，"观其容"是较为初级，但也应该是较为普遍、不可或缺的选人方法。

选人要看长相，几乎是历史上一以贯之的规则。为人熟知的唐代科举"身、言、书、判"四条标准，"身"要求"体貌丰伟"，就是公然的以貌取人。史料记载，元朝几位皇帝非常重视"步态"，见到有所表现的人才，就"命之步"，或者"令纵横行殿中"，以此识别人物，这也是一种相人术。

明初，山西平遥训导叶伯巨上书朱元璋，说如今朝廷求才若渴，地方官搜求人才、送往京师，如同押送重犯。可是到了京师之后呢？"除官多以貌选"。论"貌选"，明朝前三代帝王谁也不遑多让。建文二年殿试，本来排名第一的是江西吉水人王艮，结果因为"貌寝"，改成胡广。后来两人成了邻居，朱棣兵临南京城下之时，却是王艮服毒自杀，胡广归附新君。而那位造反的燕王也曾听一位相士袁珙的话，说他命该"太平天子"，但是要等到"年交四十，须长过脐"才能身登宝位。甚至后来朱棣为废立太子而纠结，也是这位袁珙相了仁宗、宣宗的面相，才一言以决之。这些桥段并非民间野史，而是出自"靖难功臣第一"的姚广孝为袁珙所写的墓志铭，还见诸《明太宗实录》及《明史》这样的堂皇史册。

到清代，更出现了制度性"貌选"的"大挑"之法。为了解决屡考不中的举人们的出路问题，乾隆定制，每隔数科，在会试放榜之后即举行一次"大挑"，多次落榜的举人可以报名参与，由王大臣面试拣选。如何"挑"法呢？嘉庆十三年规定，每班举人二十名，一排站好，各自报上姓名、年龄，主持拣选的亲王看上一眼，从中挑出一等三人，二等九人。入选一等的举人就拥有了做知县的资格，二等可以做个教谕、训导之类的教官。"大挑"一途，在清代算是非常重要的一条出路，以国家选拔官员之大典，竟取决于"看脸"。

自然，以貌取人的选官方式受到持续的批评。晚清人记下一条谜语，以"大挑"为谜面，打二古人名，谜底是"颜良、文丑"，可谓善谑而虐。但进士录取名额有限，要在考试体系之外缓解举人积压的问题，清朝也没有找到更好的办法，"大挑"一直延续到科举取消。

黄正建统计了唐代的相面事例，发现相术的核心作用是告诉人们能不能做官以及如何升官（《敦煌文书中〈相术〉残卷与唐代的相面》，《敦煌学辑刊》一九八八年第一、二期）。唐代如此，其他时代也概莫能外，一个人长得如何，与他的命运——主要是做官的命之间，既有术数性质的神秘联系，有时也会有体制性的实在因果。即使一般人没有做皇帝做大官的福分，也负不起识拔人才、选官任官的责任，还可以凭借相术发现些未来的大人物，并进而烧冷灶、下闲棋，交朋友、

113

选女婿——《史记》记载吕太公"好相人",他正是通过相人之术,才把女儿嫁给刘邦的。所谓"命运",本来就是人我纠葛。

有了这样的社会实践和公众认知,"知命"和"造命"甚至可以产生闭环连接。陈庆桂《谏书稀庵笔记》记了这样一个故事:举人某,身材十分高大,参与大挑,自以为必得,结果落选。他拦住王大臣的车驾,质问大挑标准,大臣回答说:"我挑命也。"大臣的话,既可理解为知命,又可理解为造命,总之令人"无言以退"。唐代李勣临事选将,要选长相"丰厚"者,因为"薄命之人,不足与成功名",这些人立了战功,自然也就证明确实命该如此。

总之,相术与"做官"一样,是跨越阶层、跨越时代的共同信仰。从神秘的江湖方术,到庙堂的选官制度,这两种看起来分处光谱两端的相人术之间是连续的、融合的,它们的连接点正是命运的无常,和人们对"做官"的渴望。

二

王充对面相与命运的关系抱有一种相当机械的看法。《骨相》篇说:"人命禀于天,则有表候以知体;察表候以知命,犹察斗斛以知容矣。"人的外表与命运的关系,就像容器与容量的关系那样,如影随形,一望可知。东汉王符《潜夫论》也有一篇《相列》,其中说:"人之有骨法也,犹万物之有种类,材木之有常宜。"什么样的骨法也就决定了将成为什么样的人。他们都把命运比作内在本体,把骨相看作外在表征,相术乃是由外及内、由表及里的观察方法。

后来,王充、王符都曾被看成是"唯物主义哲学家",是"反对迷信""批判神学"的"进步思想家"、无神论者。显然,对相术的支持并没有影响他们得此嘉名。他们的论证也确实排除了神秘主义的成分,与重视经验、依赖观察的经验科学有其相似之处。推而广之,古代"术数"往往以数学为基础,建立起可以推算的理论模型,输入数据，就能得到结果，有什么样的征兆，就意味着什么样的结局，不考虑理论前提的话，完全称得上是理性、冷静的知识体系，与那些直指人心、不讲逻辑的道德哲学判然两种风格。

既然相人术就像"察斗斛以知容"般斩钉截铁、毫不通融，那么这种技术也应该像度量衡那样精确、标准，不能言人人殊，不容多元解读，而一种技术既要标准化，则必然形诸文字，载之典籍。《汉书·艺文志》著录《相人》二十四卷，大概就属于这种相书，可惜早已失传。

《汉书》记载，西汉名臣黄霸年轻的时候，有一次与"善相人者"外出，看见一位女性，相士说："此妇人当富贵，不然，相书不可用也。"相书的权威，给这位相士提供了充足的理论自信。黄霸一问，"其乡里巫家女也"，身份低微，但仍娶她为妻，"与之终身"，终于夫以妻贵，位至丞相。故事中，相书、相术和命运若合符契，可以前知，可以后验。

不但民间有相书，宫廷中应该也有类似的技术指南。《后汉书·皇后纪》记载当时挑选后妃的流程，要由宫廷官员以及"相工"在洛阳乡中阅视良家童女，选择"姿色端丽，合法相者"载还后宫。什么才算是"合法相"呢？应该也有载在文本的条条框框，才能便于操作。

另外一些故事表明，相术不但有法可依，而且还能交叉验证。《旧唐书·方技传》载，隋炀帝居藩时曾请相士乙弗弘礼看相，结论是"王骨法非常，必为万乘之主"。炀帝末年天下多故，又把乙弗弘礼召来，"谓弘礼曰：'卿昔相朕，其言已验。且占相道术，朕颇自知。卿更相朕，终当何如？'弘礼逡巡不敢答。帝迫曰：'卿言与朕术不同，罪当死。'"——隋炀帝自己也很懂相术，而且相信相术确有标准答案，只是需要找个专业人士来验证一下而已。很有可能，隋炀帝也读过相书。

"以貌取人"的选官之法,是不是也有客观标准呢?关于清代"大挑"的去取原则,商衍鎏《清代科举考试述略》中有一段著名的话。他说举人大挑,重在形貌应对,而形貌"相传以同、田、贯、日、气、甲、由、申八字为标准":"同"者面方体正,"田"者举止端凝,"贯"者体貌颀长,"日"者骨格精干,这四种长相为合格;"气"者形相不正,"甲"者上宽下削,"由"者上窄下粗,"申"者上下皆锐而中粗,这四种长相为不合格。不过,这八字标准,商衍鎏明说是"相传",官方文献中也从未见有成文规定。

晚清举人丁树诚曾参与光绪十五年的大挑,日记中记下大挑流程:"雁行入,阁外班立。前排出,乃右进。由右转中,鹄立南向,正中北面坐者,睿王、郑王也。"班齐之后,与挑举人不过"跪背履历,自念某人、若干岁二语,极简短",一班背完,主持大挑的王大臣"呼名起,连起八人去,即不中选者。旋皆起立,呼三四人近案,择选知县,余不动者,皆列教职"。参与大挑的举人动辄一两千人,往往要历时三四日才能挑完,从大挑的流程来看,每个人轮到的时间极短,不可能像相面一样认真端详,分成八类、对号入座。中选与否,全在大人物一念之间。

相比于选官制度中的随意和偶然,反而是一些有心人物更注重"由相及心""观人知性"。晚清曾国藩以善相人而闻名,常在日记中记下他对人物的第一印象,包括眼神、口鼻、面色等项。咸丰九年三月初八日的日记说,他"夜思相人之法",定下十二字标准,六美六恶:"美者曰长、黄、昂、紧、稳、称,恶者曰村、昏、屯、动、忿、遁。"十一月八日又记他"细参相人之法"的心得,是"神完气足,眉耸鼻正,足重腰长,处处相称"四句。流传更广的曾国藩相法是这段口诀:"邪正看眼鼻,真假看嘴唇;功名看气概,富贵看精神;主意看指爪,风波看脚筋;若要看条理,全在语言中。"曾国藩最关心相术的时候,也正是他和太平军战事最激烈的时候,他关注的重点其实也是用人,是特殊状况下的选官。

用最经济、最高效的手段准确识人,在人际关系中减少成本、最大化收益,是相术流行的社会基础。社会交往永远存在,"做官"欲望不易熄灭,因此相术不像风水、择日、占卜等术数只在特殊时刻才会用到,它的"应用场景"最多、流行程度最高,许多"善相者"都不是相士出身,所以它的"专业化程度"也相对较低。大批"业余"读者的存在,助长了相术知识的文本化、标准化。

文本化与标准化,往往是一件事情的两面。历来的各种方术典籍,无论相书、命书还是风水书,无不大量使用表格,很多还有圆盘形图示,为的就是删繁就简、分类清晰,看上去就令人生出信赖感。可惜我们都知道,世事无常、人生多歧,越是要精准,就越容易落空。唐代韩愈给发明八字算命术的李虚中写墓志铭,先说这种新方术"其说汪洋奥美,关节开解,万端千绪,参错重出",似乎是重大的理论发现,但马上笔锋一转:"学者就传其法,初若可取,卒然失之",方术的奥妙,就隐藏在这"可取"和"失之"之间。

三

回过头去看古代的书籍世界,我们很容易被目录书所迷惑。目录书里,大张旗鼓的都是正经正史、宏文杰构,凡属"小道"之列的,往往被压缩在角落,甚至完全抹去。《四库全书总目提要》子部术数类的相书部分只著录了《月波洞中记》《玉管照神局》《太清神鉴》《人伦大统赋》四种,主要因为这是四库馆臣从《永乐大典》中辑出的五代宋金作品,"有资考证",最多算是举例说明,完全不能代表真实文献世界的分布状况。至少在南宋以后,诸如风水、算命、相面乃至医书、科举之类的实用性书籍,在书籍出版中绝对占据优势,然而像《神相全编》《柳庄神相》等流传极广的相书,却未能入四库馆臣的法眼。

目前能看到的最早的相书,是保存在敦煌文献中的十几种残卷。经过几代学者的研究,这些相书的面目已经逐渐清晰。从技术上看,敦煌相书还比较简单机械,例如说"女人左颊高妨父,右颊高妨母""臂方有财,短粗臂者则劳苦"等等,很像是给普通人参阅,带有半参考、半休闲性质的相法手册。宋代以后,传世相书才越来越多,今天能看到的可以确定年代的相书,除了四库馆臣辑录的那几种之外,基本上都是明清的作品。

在方术的世界中,文本与实践的关系一直是个扑朔迷离的问题。后世史家只能通过文本来揣测历史,而一名合格的术士,显然不可能仅靠"书本知识"行走江湖。比如,敦煌相书讲步法之相,说:"凡人如龙行,三公。虎行,将帅。似鹅行,大夫。似龟行,三公。似小儿行,贵。似雀行,下贱。"不过究竟如何走路才算像龙像龟像鸟雀,大概还得看相师的经验积累和临场发挥。

一方面是逐渐增多的相书,一方面是各类史料中保存下来的相术故事,这两者的对应性如何呢?敦煌相书云:"足心有黑子,大贵,三公";《太平广记》有一则故事说,唐代张仁愿一只脚下有黑子,而当时还在他帐下服役的安禄山不但两只脚都有黑子,还比张仁愿的更黑更大,因此成为张仁愿的亲信。这两则材料常被作为相书知识得到实际应用的证明,不过《太平广记》这一条关于安禄山的笔记多是荒诞不经之语,例如说安禄山醉卧时化为猪龙之类,恐怕不能看成信史,但即便是后人杜撰,也得有所凭据,相书可能就是源头。

但这只是例外,大部分相术故事在相书中都找不到依据。比如前引朱棣"年交四十,须长过脐"就可以做皇帝的相法,在现存明代之前的相书中就见不到类似的理论。相师也许另有其不传之秘本或秘术,不过更可能是他触景生情、因人设教。明代谢肇淛《五杂组》有一则说,兰溪杨子高以相术知名,有一次到谢肇淛斋中,坐客二十来人,杨子高一一辨识其身份,丝毫不爽。谢肇淛事后问之,答说:"此无它,但阅人多耳。"——"阅人多"实是跑江湖的不二法门,而准确判断来人的身份与职业,又是所有术士必修的基础课程,却非单靠相书所能学会。

术数史研究由此面临困境:一方面只能依靠现存的文献,另一方面术数的实践与文献之间却可能存在严重的脱节。其结果就是,尽管有数量繁多的术数类书籍存世,我们对古代的术数世界仍然缺乏理解。

王兴的新著《明代的相术:命运与身体》(*Physiognomy In Ming China: Fortune and the Body*)与大多数讨论术数的著作不同,作者除了讨论相学文本的演变和分化,还非常关心相术的实践。作者发现,相书的标准化记载和相术的实践之间,其实存在相当大的落差。比如说,为了说明某种长相特征,相书常常会画许多幅头像,以便读者按图索骥。但以当时的刻印技术,实在太难表现出微妙的面部差别,更别说那些分类是不是合理、标注的形容词(清、奇之类)能不能言传了。结论是,古人如果想靠阅读相书来掌握这门技术,恐怕并不容易,还得靠另拜名师,指点江湖伎俩才行。

以正统儒家的眼光来看,方术的先天不足在于,其中没有道德的位置。倘若茔地形势决定了家族的兴衰,出生时日决定了个人的命运,面目身体预示着吉凶休咎,那人为什么还要做好人呢?倘若世间万事都依照方术所揭示的规律冷漠运转,那人的意义体现在什么地方呢?宋代以后,术数类书籍往往都会有一个"政治正确"的序言,预先解决这个理论困境,相术类书籍的常见套路,是说心术决定了面相,看相是为了看心,而心地善恶才是决定命运的关键。社会上还流传很多"改相"的故事,说某人本来面相不好,后来做了好事,面相改观,进而改命,那就更有道德说教色彩,也增加了术士行术的正当性和灵活度。

进而言之,方术的实践根植于复杂的社会心理,不但不宜用科学/迷信的二分法加以框定，也无法单靠文本窥其实际。相书条目清晰，相术实践却模糊含混；相书客观机械，相术实践却兼容道德，正说明方术与经验科学的相似性也就仅止于"相似"而已。明代冯惟敏《海浮山堂词稿》中有一支散曲讽刺相士道："对着脸朗言，扯着手软绵。论富贵分贵贱，今年不济有来年。看气色实难辨，荫子封妻，成家荡产，细端相胡指点。凭着你脸涎，看的俺腼颜，正眼儿不待见。"神秘技术沦为语言艺术，正是一般江湖术士的必然归宿。

另一方面，历史文献中又充斥着相人术的成功传奇。崇尚科学理性的历史学者要么把这些故事看成是"迷信"，要么看成是"策略"。历史学的基本套路是，如果故事主角是小人物，那么就可以说他们是无知、迷信；如果是大人物，那最好还是用策略来解释更符合主角的身份，一般来说这种策略还得是政治性的。有意思的是，尽管科学一向强调经验，这些在史书上反复出现的情节却失去了成为经验的资格。换句话说，要想成为历史事实，先得经过科学的拣选，而这些方术故事只能先被判定为假象，进而归因于其他的动机，才能被历史学所理解。

新的术数史研究，不但应当重视文本与实践的差异，同时也要超越科学与迷信/策略的对立，方有望推进至新的境界——时至今日，外貌与心术及人生际遇的关系仍是极具吸引力的课题，由于面部识别技术的飞速进展，对面相的分类和描绘也前所未有地更加精细。蓦然回首，我们可能会发现，从荀子到今天，"看脸"始终都是时代的要素，一直未曾改变。

(*Physiognomy In Ming China: Fortune and the Body*, Wang Xing, Brill, 2020)

品书录 | 缓之

打捞民族多元一体的集体记忆

近读米彦青教授的《中国古代蒙古族汉诗研究》,印象深刻。此书从时间和空间两个维度,系统深入地描述了元明清时期蒙古族汉诗创作的发轫、发展以及嬗变的轨迹,是作者多年积累的重要收获。

首先,作者占有丰富的史料,包括大量的诗文集、游记、日记等,为深入解读诗歌意蕴奠定坚实可信的基础。

元明清时期蒙古族文人诗集数量不菲,收集不易。如桂霖诗词集《观自在斋诗稿》《青霞室哀禅词》等,在清人编《八旗艺文编目》及今人编《中国古籍总目》中均未著录。作者在第一历史档案馆查询桂霖档案,知道他曾在云南、贵州等地任职,沿着这样的线索,终于在云南省图书馆查到《观自在斋诗稿》,在贵州省图书馆查到了《青霞室哀禅词》。《青霞室哀禅词》虽然收录到《清词珍本丛刊》中,但贵州图书馆所收为不同版本,有着独特的价值。至于收藏在民间的文献典籍,如恭铭《石眉课艺》,作者通过多方联系沟通才有机会看到影像资料。

有些诗集从未刊刻过,只存有钞稿本。如清代蒙古族文人和瑛的《浨源诗集》,稿本藏在我国台湾的傅斯年图书馆,壁昌的《星泉吟草》,稿本藏在中国人民大学图书馆,景文的《抱筠亭集》为海内孤本,藏在故宫博物院图书馆。这些稿本有着较高的文学价值,值得整理出来。譬如景文,他出身于世宦之家,父亲伍弥泰是乾隆朝的大学士,博学多识。景文从小就受到良好的教育,文武兼长，雅好操觚，称得上是蒙古王公大臣子弟中的佼佼者。景文创作最叫人感兴趣的，是与其外甥和珅、和琳的交游酬唱。和珅《嘉乐堂诗集》中有多首忆念景文的诗歌，流露出一些难得的情怀。如"齐心默祷为民请，幸获甘和三日霖""臣本无功民有福，志诚感恪颂吾皇"（《步喜两吟韵聊以解嘲》）等，能在颂圣之中体察民情。又《和彦翁渭阳近作二首》之一："我素不擅饮，寄情杯斗外。喜与雅士觞，厌共酒徒令。遮莫槽共枕，何如医可盖。昼起笑蚁旋，宵寝譬蛇蜕。名教乐地多，及乱万恶最。醉醒慎在躬，易为行止害。"（《步醉吟篇韵借以奉笺》），写自己不擅长饮酒，喜欢雅士而厌恶酒徒，并时时警醒自己躬行勿醉。和珅的这些诗句呈现出与一般人印象中不一样的形象。

在史料取舍上，除诗文集外，作者还广泛阅读了蒙古文人日记、游记之类的作品。锡珍是清代蒙古族作家和瑛的曾孙，游宦四方，多有诗文纪行。同治十三年（一八七四）四月，锡珍奉使喀尔喀，六月归京，往返六十一日，他将沿途中见闻所感写成《奉使喀尔喀纪程》；光绪七年（一八八一），出使朝鲜，作有《奉使朝鲜纪程》；光绪十一年（一八八五）六月，赴台湾查办台湾道刘璈，又作《闽还纪程》等，诗文互证，可以看出锡珍的创作具有一定的史诗色彩。如出使朝鲜时，他的诗文中常常提到辽阳城、凤凰边门、通远堡、医巫闾等地名，有的在辽宁境内，也有的在今朝鲜境内，这有助于理解他的诗歌内容。他的诗多以自然之笔，抒写内心情感。如《朝鲜贫弱时事棘矣慨然有作》："营州踰海地东偏，犹是箕封礼俗传。赫赫中天依日月，茫茫下土奠山川。海潮终古无消长，人事于今有变迁。漫说通商为受命，他时涕出更谁怜。"记远行之景，抒忧民之嗟。锡珍赴台湾前后，清朝海军在马尾海战中全军覆没，中法战事成为作者一块心病："海上归槎迥，淮南返棹轻。湖菱添客馔，堤柳入诗情。兴废徒怀古，关河正洗兵。翻悲身历碌，终是绊浮名。"（《宝应舟中》）。身为朝廷重臣，面对如此颓败的国事，亦无可奈何。结合

《闽还纪程》，锡珍种种复杂的情感，得以形象地浮现出来。其他游记如柏葰《奉使朝鲜驿程日记》，花沙纳《滇辀日记》，文孚《青海事宜节略》，瑞洵《散木居奏稿》，托浑布《东道纪略》《西道纪略》《畿辅事宜》，博迪苏《朔漠纪程》，博明《西斋偶得》《凤城琐录》等，都为作者所关注、征引，博观约取，足相参印，扩大了读者的视野。

在收集蒙古族汉诗创作资料的过程中，作者深感读书不易，于是萌生了将众多别集汇为一编的想法，为广大读者提供更加便捷、更为丰富的学术资源。在国家图书馆出版社的大力支持下，作者主持编纂了《清代蒙古族别集丛刊》，收录八十七种别集，合成四十册，已于二〇二一年出版。《清代蒙古族别集丛刊续编》凡二十册也即将面世，《元明蒙古族别集丛刊》则在编纂中。这些文献的出版，为深入系统地研究华夏多民族文学，提供了基本资料。

其次，在作家的判定上，作者从广义上界定文学家，提出四项取舍标准：一是有诗作或辞赋等文学作品存世者，二是有文学批评著作存世者，三是虽无作品传世而据传文或史志记其能诗而生平可考者，四是传统记载中以之为诗人者。按照这样的标准，作者采用史书常见的"互现法"，对一百多位元明清蒙古族汉诗创作者进行了历时性的研究。

元明清时期的蒙古族文人，多数并不显赫，有些甚至默默无闻。作者依靠地方志、科举文献、家谱、档案等资料，试图对元明清蒙古族文人的生平事迹做地毯式的清理。举例来说，清代蒙古族文人既有旗人，又有民籍，还有外藩的蒙古王公，查询他们的生平文献，途径不一，重点不同。以人数最多的旗人而论，研究清朝旗人世家、人物的官修典籍如《八旗通志初集》《钦定八旗通志》《八旗满洲氏族通谱》等书，收录范围截止到嘉庆时期，此后付之阙如。《清史稿》《清史列传》等史书，主要关注对当时有重要影响的将相臣僚，而那些为数众多的八旗子弟，很难悉入官方载集。他们的生平事迹，需要从笔记、方志、奏折、档案等材料中多方考察，并结合他们各自的创作，钩沉索隐，瞥观疏记，才能得知一二。问题的复杂性还在于，满蒙旗人的记述，习惯称名不称姓，记载蒙古人事迹的史料，常常不载姓氏，阅读时，稍有疏忽，就会忽略过去。如前面提到的乾嘉时期的蒙古族诗人景文，很多学者将其与咸丰、同治时期的驻藏大臣景纹相混淆，就是典型一例。有些民籍蒙古族诗人只能通过家谱、族谱去寻找其线索。至于外藩的蒙古王公，则需要借助《钦定外藩蒙古回部王公表传》《玉牒》《蒙古游牧记》《皇朝藩部要略》等典籍，甚至还要参考蒙文《金轮千福》等文献才能确定其身份。不管怎样，上述文人，多少还有一定地位，还可以在相关文献中寻找到蛛丝马迹。那些底层文人的生平事迹就更难探寻，真犹如大海捞针一般。如清代杭州驻防文人贵成的生平资料就很少，作者从第一历史档案馆中发现了一则《奏为热河道贵成边俸期满循例送部引见所遗员缺请旨简放》，其中有关于贵成生平行年的记载，令作者喜出望外，学术发现之旅既有艰辛，更有乐趣。

再次，在作品的评价上，作者秉持一种历史的眼光，既要考察其文学的意义，更要挖掘出历史的价值。

从文学的意义看，元代萨都剌、清代法式善等，都是绕不过的重要作家。如萨都剌，作者用了近七万字的篇幅展开论述，如果能再充实一些文献考订的内容，完全可以成为一部专著。法式善的诗歌创作非常丰富，现存诗作近三千首。嗣孙来秀曾作《望江南词》四十首，分为"风土人情"和"钓游旧迹"，堪称北京风情组画。不仅如此，法式善文学思想也很有特色，他的《梧门诗话》系统地评点了康雍乾及同时代诗人诗作，提倡"真性情"，与同时代的袁枚的"性灵"诗学思想相颉颃。所附"八旗诗话"是对八旗文人诗作及诗学思想的专门论述。总之，《梧门诗话》在蒙古族文人汉语创作中具有无可撼动的经典地位。与法式善相似，和瑛文学家族既是官宦世家，也是科举世家，四代皆有诗集存留，诗作千余首。这在蒙古族诗人中不多见，在清诗史上也是少有的。

本书通过对上述作家作品的系统论述，强调说明了他们在中华文学史上的独特位置，言而有据，信而可征。

从历史的价值看，蒙古族诗人的创作，为我们了解一些重大历史事件，提供了很多背景资料。元明清时期的蒙古族文人多任职边疆，创作了很多描绘边疆风情的作品，明显有别于通过想象或者根据阅读得来的知识而写成的有关边地的诗文。解读这类作品，必须密切结合不同时期的边疆政策，不同地域的民俗风情，才能得其诗中三昧。譬如和瑛家族成员多有在边疆戍守的经历。类似这样的文人还有很多，譬如松筠任职新疆，文孚任职青海，三多任职外蒙古，恭钊任职西宁，果勒敏任职广州，桂霖任职云南，博明任职广西，托浑布任职台湾，等等。他们的创作，除前述桂霖的《观白在斋诗稿》《青霞室哀禅词》，还有恭钊的《湟中竹枝词》《续湟中竹枝词》，果勒敏的《广州土俗竹枝词》，博明的《永昌竹枝词》《庐阳竹枝词》，托浑布的《台阳纪事八首并序》等，或记述所见所感，或模仿地方民歌，形象地展现了新疆、西藏、甘肃、青海、岭南、云南等地的风土人情。

托浑布的纪事诗，详细记录了他任职台湾知府期间镇压暴乱的过程，具体而微，语简事赅。沧州驻防桂茂《德山诗录》，据事直书，内容丰富。其中如《弱秀才》《三百人》《老炮手》《义军叹》等诗，表现了太平天国战争期间的社会面貌，具有重要的史料价值。延清亲见亲闻了八国联军的侵华恶行，创作了二百多首《庚子都门纪事诗》，悲愤地记录了中国人民反抗外辱的不屈历程，被阿英选入《庚子事变文学集》中。

一部蒙古族汉诗创作的历史，连接着古代的华夏文明，又与现实密切相关，既是一个民族的记忆，也是中华民族多元一体的集体记忆。米彦青的研究成果，开辟了中国古代蒙汉文化交流研究的新天地。

（《中国古代蒙古族汉诗研究》，米彦青著，中国社会科学出版社二〇二一年版）

品书录 | 李晋

一个探险家妻子的边疆故事

弗雷德里克·伍尔辛是二十世纪上半叶来到中国边疆的探险家和动物学研究者,曾经代表哈佛大学和国家地理学会两次访问中国。在这些考察里,陪伴他的是妻子珍妮·伍尔辛——一个在纽约长大的铁路大亨的女儿。一九八〇年,哈佛的皮博迪博物馆出版了弗雷德里克对两次考察的记录,但是直到二〇〇五年我们才看到珍妮的文字和照片。在这本由他们的女儿梅布尔·卡博特(Mabel Cabot)撰写的《消失的王国》里,有关珍妮·伍尔辛的信件和照片把人们带回到卓尼、定远营等已经消失的边疆政权。这批史料让我有机会从女性视角来思考西方博物学与中国的遭遇。

十九世纪,在中国推动博物学发展的欧洲使节和官员基本是男性。利用工作的闲暇时间,这些人在通商口岸周围探索中国的自然和物种,研究中国的语言和历史,像人类学家那样记录中国的社会和生活,但是我们很少听说这些人的妻子有类似的爱好。探险与考察所需要的勇敢与毅力,似乎总是与男性绑定在一起。人们相信男性比女性更能忍受恶劣的自然环境和条件,更能承受异域文化和疾病的冲击。他们会强调这样一个事实:在全世界收集动植物标本和人类种族资料的基本是男性,他们雇佣的帮手也大多是男性。

但是,女性很可能只是由于殖民制度的限制才没能参与博物学知识的生产。很多欧洲国家一直到十九世纪中后期都不允许女性到殖民地去谋生,它们担心女性的大量出现将有损欧洲文明在全世界的强健形象。还有一种担心是，如果有大量妻子跟着丈夫到海外，这些家庭将因为开销的增加而要求补助，否则就会因为陷入赤贫而转向对布尔什维克的认同，这两种情况都将增加殖民政府在治理上的负担和难度。因此在很长一段时间，一些国家只允许单身男性到海外殖民地去淘金，由此造成人口性别比例在母国的失衡。一九一一年，英国女性人口比男性多了一百三十万，为了避免多出来的女性无法找到配偶，欧洲各国放松了对女性流动的管制。

人们期待走出去的女性能继续在新定居的土地上按照欧洲标准操持家务，保证丈夫和孩子能继续保有对母国文化的认同。在这个白人家庭观的统治下，跨种族的亲密关系成为禁忌，与土著有染的殖民官员必须要离职，白人妻子因此被视为维护种族边界的最保守的势力。乔治·奥威尔通过一个叫伊丽莎白的女人在自己的《缅甸岁月》里展示了这套话语的影响。在他的书里，这个角色没有任何财产和谋生的技能，在母亲死后到缅甸投奔亲戚。她厌恶缅甸的文化和市集，厌恶缅甸女性的长相和身体。为此，她拒绝了一个与缅甸人有染的开明军官的追求，选择嫁给年长的行政署长做太太。奥威尔批判了这个白人太太群体和她们创造的封闭的圈子："与生俱来的冷漠刻毒越来越彰显，仆人们都很怕她（伊丽莎白）。她总是举办令人陶醉的晚宴，知道如何接待下属官员的老婆。"但是，这套话语在某种程度上把殖民者的妻子当作体系的替罪羊，用她们来解释殖民体系与地方社会的脱节。有个说法是一旦有了这些女性，她们的丈夫就必须筑起高墙来保证她们过得舒适，避免她们遭到土著人的强暴，男性官员因此无法拉近与当地人的距离。这套污名化的说法暗示着在海外生活的女性很可能无法像男性那样，自由地探索身边那些她们或许会感兴趣的世界。但珍妮·伍尔辛的故事给了我们历史的另一个版本，她的丈夫是探险家和动物学研究者，她必须跟着他在中国的民族地区考察。

珍妮·伍尔辛的成长环境看上去和探险没有任何关联。她在纽约和波士顿的富人区长大，从小受到的教育是女人应该以家业为重。她的父亲掌管着整个新英格兰的铁路，或许是童年时经常从列车上远眺窗外的景色，少女时代的她想要逃离自己成长的圈子。二十三岁那一年，她在舞会上遇到了哈佛工程系毕业的弗雷德里克，珍妮的生命里还从未遇到这样一个人，想要以动物学和人类学为志业，而且已经为哈佛的动物学博物馆在东非收集了一年的标本。两个年轻人很快坠入爱河。"一战"爆发后，弗雷德里克报名参军，随后被派往比利时的前线。为了更靠近自己的爱人，珍妮在美国红十字会的招募下到巴黎做了护士。

弗雷德里克的妈妈是一位活跃在巴黎文化界的女士。在巴黎，她引导珍妮接触最前沿的文学和戏剧，在知识界和报界的沙龙上汲取养分。这个圈子取代了原生家庭对珍妮的影响，但是她和弗雷德里克的婚姻并没有逃过阶层的鸿沟。为了讨好珍妮的爸爸，弗雷德里克在战后加入一家美国公司做财务，但是只坚持了一年，他就意识到自己无法放弃探险的梦想。一九二一年，哈佛大学询问弗雷德里克是否愿意再次接受动物博物馆的委托到中国搜集标本。美国经济在当时已经有萧条的征兆，珍妮的爸爸希望弗雷德里克能利用这个机会帮家族开拓海外市场。他帮助弗雷德里克拿到了包括国务卿在内的十一封有分量的推荐信。弗雷德里克和珍妮做了两个月的准备，就从西雅图出发，乘船经日本和马尼拉到上海，登上前往北平的列车。

到达北平时，弗雷德里克已经放弃了经商的打算。当时的北平有一个外国人的圈子，里面不乏暴得大名的动植物考察者，这些坚定了弗雷德里克从事考察的决心。他和珍妮在北平组建了一支队伍，两个人带队从太原、忻州、大同到塞北的呼和浩特，一路搜寻稀有的哺乳动物和鸟类。弗雷德里克在山西染上了疟疾，接下来的半年，他只能派助手继续到江南搜集标本，自己在北京的水磨胡同养病。他的队伍最终找到了扬子鳄、白鳍豚和其他一些稀有鸟类和蛙类的标本，帮助哈佛学者完善了他们对中国和蒙古动物的认识。只用了一年的时间，伍尔辛夫妇就建立了自己在圈子里的名声。

一九二二年五月，弗雷德里克回到美国养病。他告诉岳父自己没有在中国找到商机，但是看到了一条通过学术攀升的通道。他认为中国的少数民族迟早会引起学界的兴趣，如果能利用搜集标本的机会研究这些民族，他有信心在哈佛找到一份工作，然后利用自己在中国的人脉涉足政坛。不管有没有说服自己的岳父，弗雷德里克说服了国家地理学会的主席。他和珍妮将得到一笔两年的资助，这一次他们以考察中国少数民族为目标。

一九二三年，伍尔辛夫妇在北平组建起新的队伍。起初他们想要去贵州，但是最终选择了相对安定的西北。两个人的朋友里有不少曾访问过西北，他们都认为这不会是场一帆风顺的旅行。当时最了解西北的是在戈壁滩发现恐龙蛋化石的安得思。安得思的夫人告诉珍妮，自己在安得思考察时就待在北平，而且她也从来没听说有哪个女人会跟着丈夫去边疆。这让珍妮更不想离开自己在北平的圈子，她觉得这个圈子很像她曾经生活过的巴黎，她也非常喜欢北平这座城市在精神层面给她的刺激。上次来中国，她最喜欢的就是用古董店淘来的家具、丝绸、毛毯、字画布置自己在水磨胡同的小家，这让她意识到自己想要的不是风餐露宿的冒险。漂泊对她而言，可能更像是寻找一个足够舒适的可以称之为家的地方。

但这个家里不能没有弗雷德里克，所以珍妮选择了牺牲。她剪短了头发，在写给父母的信里，她说你们精心培养的女儿已经"永远地死了"，镜子里的短发女人要成为"草原上的野花"。考察队先到达包头，从那里，他们穿过腾格里沙漠到兰州，然后从兰州到更远的西宁和藏区。弗雷德里克和珍妮平安渡过路上的每一道劫难，不仅包括沙尘暴、劫匪和断水，还包括削弱人意志的鸦片。每隔一段时间，他们就要挑一个地方休整。不管是巴彦浩特的定远营旗府，兰州城种满罂粟的小楼，还是卓尼土司拨给他们的木屋，在每一个这样的地方，珍妮总是坚持用自己挑选的家具装饰它们，打造出生活的仪式感和家的氛围。

但是，弗雷德里克忽略了珍妮的感受。他总是焦虑于工作，焦虑于自己能否控制住考察的预算，能否满足国家地理学会对照片和标本的期待。那个年代的考察者为了大机构的合同面临激烈的竞争。在他们出发前，国家地理学会答应弗雷德里克要在二月和三月的杂志里宣传这次考察，但是一直等到八月，他们都没有看到文字。弗雷德里克写给国家地理学会的报告一直没有收到回信，他寄出去的礼物也没有消息。在甘南，考察队收到了一份哈佛寄出的册子，里面提到了所有在中国考察的美国探险队，唯独没有提到他们。弗雷德里克万分沮丧，觉得自己已经被遗忘。珍妮只有在与亲友通信时才敢吐露对丈夫的担忧。她相信丈夫只是由于运气不好才没有爆炸性的发现，而且她觉得弗雷德里克不像安得思或洛克那样善于炒作自己。在写给《国家地理》杂志的文章里，洛克宣称自己最早拍摄了卓尼的羌姆法会，但是他到卓尼的时间实际上晚于弗雷德里克和珍妮。为了增加弗雷德里克的曝光度，珍妮甚至写信给家人，希望他们能利用在纽约和华盛顿的关系施加些影响。

让人惊讶的是，即使已经做出如此巨大的妥协和牺牲，珍妮还是会担心拖丈夫的后腿。她在写给母亲的信里提道："弗雷德里克热爱他的工作，热爱中国和他研究的问题。他的想法已经开始像个学者……但是问题在于我。这种生活虽然很有趣，可是我不想永远这样过。"她不想让两人的婚姻失去共同语言，但是在家务之外又找不到帮助丈夫的办法，"爱一个人却不能给他想要的东西是件悲伤的事情"。

不过，珍妮·伍尔辛证明女性完全有可能颠覆我们对博物学事业的想象。虽然她的丈夫抱怨"在队伍里带一个女人相当于带四个男人"，但是珍妮在队伍中承担着具体而关键的任务。她负责队伍的联络和财务，负责标本的整理和运输。在必要时，她像男队员一样抓蛇、打野猪、给驼队打包。弗雷德里克在接受国家地理学会的资助后开始学习摄影，他把照片冲洗和放大的任务交给了珍妮。在路上，珍妮用临时搭建的暗房冲洗了数千张底片。她还利用自己当护士的经验保障了队伍的健康。通过行医和赠药，她帮助队伍赢得了地方社会的好感，很多标本实际上来自前来看病的农夫和猎人。这些细节都证明女性可以像男性一样影响博物学知识的生产。

但是，我们越是在历史上寻找女性考察者的身影和声音，就越有可能发现围绕在她们身边的规训与权力。与同时代的很多女性相比，珍妮·伍尔辛没有在从小的耳濡目染中滑向对男权政治的顺从，相反，她独特的人生轨迹和婚姻证明，这是个想要掌控自己生活的女性。但珍妮·伍尔辛还是掉进了由丈夫制造出的漩涡：他把她带到中国，又不给她想要的中国，在矛盾中，她只能选择妥协和牺牲。珍妮·伍尔辛让我们看到了女性主体性复杂的一面。当不平等的性别实践和不公平的家庭关系塑造了女人对爱的意识，她们在想要突破时也可能撞向权力的樊笼。作为能动者的女性与作为受害者的女性之间并没有清晰的界限，看似自由的选择有可能是对权力关系的复制和确认。

无论是在正式的社交场合还是路上的偶遇，珍妮特别喜欢在信里讲述与边疆女性的互动。在谈到藏族女孩儿如何调侃弗雷德里克的相貌时，她说她们"美丽"而"直接"。在谈到自己如何与蒙古女性交流对首饰、针线包和辫子的看法时，她说这是"所有女人的共同语言"。珍妮·伍尔辛无疑对女性的共同身份有一种模糊的自觉，这也解释了她为什么非常在意中国女性的烟瘾、缠足、恶劣的卫生条件，以及年长女性与年轻女性之间的等级关系。像后殖民研究者指出的，在海外旅行的白人女性比男性更容易注意到不平等的社会制度如何限制了当地女性的发展。但是我们不知道当珍妮·伍尔辛哀叹中国边疆女性的境遇时，她是否通过把自己放到一个观察者的位置，暂时忘记了类似的权力机制也通过不平等的婚姻关系限制了她这个白人女性的自由。

珍妮·伍尔辛的故事突出了性别不平等对理解殖民世界的意义。受后殖民思潮的影响，当学者们批判西方殖民者如何用强势话语屏蔽底层的声音时，他们往往忽略了在统治者内部同样存在着分化。任何想要从性别角度批判殖民主义的学者，都需要意识到白人女性同样有可能像土著女性那样在殖民体系里处于受害者的位置。欧洲女性在很长一段时间被剥夺了进出殖民地的自由。在可以参与对殖民地的建设后，她们也被归入殖民秩序最糟糕的一面。与同时代的很多女性相比，珍妮·伍尔辛无疑拥有更大的自由。但是当她拥有的阶层优势在万里之外的中国被稀释时，她让我们更清楚地看到即使是出身上层的女性，在作为单独个体时也要屈从于男性主导的婚姻关系。

(*Vanished Kingdoms: A Woman Explorer in Chinese Tibet, and Mongolia 1921-1925*, Mabel Cabot, Aperture, 2003)

品书录 | 张洪

也曾寻访谢六逸

记不得商务印书馆哪部纪念文集中，偶然看见谢六逸一段趣闻：大学课堂下一位弟子把听课笔记整理出版，请老师作序推荐。谢师欣然应允，并不计较，倒生同情。商务一百多年来进进出出的馆史人物何其多也，整整一百年前，谢六逸二十四岁早稻田大学毕业后入职商务修订《综合英汉大辞典》，成为一名编辑人。在二三百人的编译所供职七个多月，待一待作了"无名英雄"（茅盾语），何以让人难以忘怀？二〇〇九年，我获准推出"才子英年"丛书，准备收录梁遇春、朱湘、谢六逸三位文人的随笔杂谈。

拜识谢六逸大名不难，寻绎其著述编译却非易事，仅结集者即不下几十种。虽说拟订编选十余万字的小册子，仅凭雪泥鸿爪零星感受和个别篇什印象深刻肯定不灵。二十世纪八十年代之前，提及其名的出版物几乎没有。五六十年来，只是一九九五年陈江、陈庚初两位先生整理编选了《谢六逸文集》。此书印数很少，发行一千册，所知者并不多。我开始在图书馆上下翻腾，收获不多。眼见这第三本速度落后，无奈何，小字辈驰书向陈江老师告急求助。

回音来了。陈老师首先解释因为退休多年，信由商务老干部处转来，所以延宕了时日。赞扬谢六逸文章"有深度，文笔抒情、幽默"，前辈所言增强了自己的信心。肯定我的编选很有意义的同时，善意提示，"可能经济效果不会太理想，文化价值、社会影响却是肯定的"。有了联络方式，讨教请益变得方便迅捷。陈江老师熟稔现代出版历程，钩沉馆内外旧事，研究人物现象，勤于笔耕，先后惠赠编选撰著的谢氏文集和年谱两部作品，老人家又复印相关材料寄达，让我对六逸先生诸方面建树有了大概了解。尤为关键的，编辑长对于搜罗线索、联络当事人知情者富于经验，指点后学泥淖里踏实脚步，迷津中觅得航标。

唐弢书话，赵景深日记，曹聚仁、吴奔星、内山完造回忆录，郑振铎评述，谢六逸交游圈的同道好友，都在翻阅范围之中。韬奋一九二九年撰文区别硬性软性读物，五年后谢六逸略谈了介乎两者的中间读物。吴宓对三十年代中国文学弊端提出了四条不满，谢六逸针砭流行小品文中的四种毛病以桴鼓相应。一九三六年十月鲁迅去世，郭沫若于东京撰挽联呈治丧委员会后又致信谢六逸，投稿《言林》希望发表。《韬奋全集》收录《同道相知》一文，一九三七年九月二十日《立报》副刊《言林》创立两周年纪念，为主编六逸约稿而作，说到"拉稿"编辑生涯，自愿"老死此乡"。韬奋主编《抗战》时，谢六逸同样积极投稿支持。乐此不疲的编辑执着,俩人志趣相契。主编《言林》《国民》周刊,巴人、唐弢撰稿最多,王任叔因此可能成为现代文学史上笔名最多的作家。不断发现的快乐,连带着不可弥补的缺憾和怅惘。一九三二至一九三七年任复旦大学中文系主任的谢六逸于一九二九年曾主持并开山新闻专业,"社会教育,有赖报章……言而有文,行而能远",简章中他开篇点题办学宗旨。两年后受教育部聘请,主持大学新闻系课程及设备标准。新闻工作者应有史德、史识、史才,新闻人才除了理论与实际工作,还要成为新闻批评家,能够建设一种新的新闻学理论,"新闻即史"。谢六逸之观察提炼,由传统向现代嬗变,可谓适应本土、赋予当下以意义的话语体系,惜之长期湮没,"渐行渐远渐无书",效仿无门。"知我者希,则我者贵",知道的人很少,取法前贤自然很难了。新闻媒体使用历史事件,当下既向未来也向过去延展,过去和未来共同设计了对目前事件的报道框架,日益成为事实。罗伯特·达恩顿多次说过,所有历史学家都应该抽出一段时间,学习为媒体报道抢劫、凶杀等案件,目的在聚焦于一点,必须搞对事实。文本与事实的关系,介乎直接透明反映与多重制约和束缚之间,两者间制衡乃一脉相承的特性。新闻学、历史学立身之本高度契合,智者所见相同。谢六逸从广义狭义上来阐述报章文学与纯文学、普通历史的同和异,唐弢认定其主张可以说是新闻文学一个方面吧。回忆"十年动乱"中付之一炬的一千三百余封函件,唐弢列举了五六位友人,销毁谢六逸来信数量居中,排名第三。

一路查找,挖掘,分解,拼接组合,重新框定,史上谢六逸的形象逐渐立体丰满。作家、学者、教师,主办副刊投身书局,策划报展组织协会,写作翻译编辑教学,细节足以说明全貌。从《日本文学》到《日本文学纲要》,最后定名《日本文学史》,研究轨迹之扎实悉现其中。一九二八年而立之时,北新、商务分别印行其《文坛逸话》《日本文学史》之外，大江书铺出版了其翻译的日本现代创作集《接吻》，还在世界书局推出《农民文学ABC》《神话学ABC》。一九二二年《小说月报》连载，翌年由商务出版《西洋小说发达史》，胡愈之将其与周作人《欧洲文学史》相提并论。无独有偶，两人一南一北分别在复旦、北大开设相关课程。后来悔其少作，谢六逸敦请"老东家"停版不再发行，以免贻误读者。周作人晚年回想录中称《欧洲文学史》"杂凑而成"，"在供应了时代的需要以后，任其绝板，那倒是很好的事情"。作为文学研究会二十四号会员，谢氏一九二二年十一月接任郑振铎主编研究会机关刊物《文学旬刊》(后更名《文学》《文学周报》)，一九二三年五月起由沈雁冰、叶绍钧、谢六逸十二人共同编辑，轮流主编，谢六逸与李青崖、徐调孚等八人一直编辑到一九二九年十二月停刊。抗战爆发后，参与多家报刊策划编辑，加入文艺界救亡协会，正式成立前即与郭沫若、巴金等十一人被公推为临时执委，继而成为中华全国文艺界抗敌协会四十五名理事之一。发起中国文艺家协会、上海书报杂志界编辑人协会，出任后者主席。一九四一年中国新闻学会成立，与王芸生、张季鸾等十一人被选为第一届监事。

"身后空传稿，生前事作坟。"现在妄自猜想，也许与赵景深等人都是鲁迅"游戏文章"(许寿裳语)、"教授杂咏"中善意讽刺过的人选，甚至被误判为遭到茅盾、鲁迅敲打和批判的民族主义文学者之一？也许因误会与"左联"关系一度紧张？也许赞许过周作人的学术态度，为周作人、林语堂刊发诗文来函而约稿鲁迅却遭拒绝？评价他"埋头做事，不说苦，不叹穷，不言劳"，相知甚深的郑振铎去世过早。后来身居高位要津的故交郭沫若、萨空了、胡愈之、周建人、陈望道等人无暇或不便于提及老友。曹聚仁、黎烈文等同人又出走香港、台湾……贴标签，扣帽子，斥异己，冷眼热嘲，打入另册，逢迎误读中的传奇、流言，谢六逸无辜被偏见、创伤命中为受害者。"我纵言之将何补"，只关注大作家岂可作数呢？北斗人物日月天才之外，繁星点缀旧云新影烘托不可或缺，定于一尊赞何益，阿世曲学遗毒深。鲁迅研究前辈，人民文学出版社一九五七、一九八一年版《鲁迅全集》编纂中不可替代的"核心人物"（王培元语）林辰，和古稀之年后在上海书店出版社主编、总编纂《中国现代文学社团流派辞典》《中国近代文学大系》大型工程的范泉，这两位昔日复旦新闻系学生作为谢六逸出版界薪传者，对先师情深意长，明晰版本线索。不出所料，我在北京鲁迅博物馆搜罗出近二十种民国老书。林辰作为弟子和同乡，兼以学者和编辑身份看待老师的创作成就，将其与朱自清、俞平伯、钟敬文、梁遇春散文并列为一时之选。尊师作品他收集很全，甚至有谢六逸与叶圣陶等友人签名互赠本，林辰将平生积累的五千多种七千多册藏书全部捐给了北京鲁博。我从几本专著译著中抽取章节，选本来源更为丰富，谢六逸为文作人之笔力事功，展卷披览，读者自然从中体会到"谈说从容抽妙绪，玉树堂前推谢公"（叶圣陶诗句）的大度与风雅。

各美其美，互见共存，化约与孤悬遁去，苛求回归宽容。黄开发等主编的《中国现代文学编年史》第四卷，由谢六逸一九二〇年五月《小说月报》刊发文论亮相文坛发端，三十五万字全书中一共提及谢公十一处。人民出版社"出版家丛书"集纳四五十位现代巨子，叶圣陶、王伯祥等人传记中披露出谢六逸诸多交游行踪，声名卓著的商务、中华、开明，"众筹"的同人出版商朴社、大江书铺，无不活跃着谢氏的身影与作品。边春光等主持《出版词典》，多个词目收录其生平事迹，附录"中国出版史大事年表"，罗列他几项创意贡献，如一九二六年创办《趣味》半月刊，一九三五年为复旦三十年校庆而举办世界报纸展览会。纵横记载铺陈，让人忆起"孤岛"时唐弢阅读赫尔岑引发的感慨：过去有它的权利，面对既往，捧住的是既不能克服又不能忘记的事实，愿启示我以更新的路！

（《谢六逸文集》，陈江、陈庚初编，商务印书馆一九九五年版；《谢六逸年谱》，陈江、陈达文编著，商务印书馆二〇〇九年版）

品书录 | 李为学

王阳明和大礼议

有明一代思想家影响之巨者莫如王阳明，但明末清初之际，一系列重量思想家都将心学引致的士风"蹈虚之病"作为政治衰亡的原因之一。在明清之际学术风气的转折中，对心学的批评起到了重新划分学术思想版图的作用，这一点对于清代学术方向和特征的形成有奠基性影响。《明史十二讲》中将王阳明与陈献章同节处理，认为他们的学术都是从脱离朱子学开始，"小疑则小进，大疑则大进，开自由思想的先声"。在作者樊树志看来，王阳明非但没有晚明心学末流的"蹈虚"之病，更是"明朝少见的事功与学问俱佳的官员"。就连东林书院的创始人、心学的反对者顾宪成也说："当士人桎梏于训诂辞章之间，骤而闻良知之说，一时心目俱醒，犹若拨云雾而见白日，岂不大快。"可以看到，阳明学说的面向在历史截面中是多重的，这使得我去接近阳明思想的真实品质时困难重重。不妨回望一下阳明及其弟子在嘉靖时期对于"大礼议"这一历史事件的参与情况来具体分析阳明学派及其学说在涉及重大问题上的决断和影响，进而一探阳明学术的品质。

心学往往给人们留下偏重于"尊德性""致良知"的内圣之学的印象，却容易忽视心学思潮在中国政治思想史上的重大影响。毕竟，阳明仅仅比马基雅维里这位现代西方政治哲人小了三岁。而阳明龙场悟道之后十年，马丁·路德贴出了《九十五条论纲》，揭开了欧洲宗教改革的大幕。

"大礼议"贯穿嘉靖帝朱厚熜

在位期间长达四十五年，讨论的核心问题是将嘉靖的亲生父亲兴献王应该加尊到什么程度才算合于礼制。这个争论又具体分为：到底是尊无后的明孝宗为皇考还是尊嘉靖亲生父亲兴献王为皇考；兴献王能否入太庙崇祀并加称庙号。围绕这两个问题形成了议礼派和卫礼派。卫礼派坚持旧制，坚称只能考于明孝宗，兴献王即便是作为世宗的亲生父亲也不能作为正统，更不能入太庙。议礼派与此相反。议礼派中多有阳明弟子及友人，显然阳明与他们更趋于一致。在给他的弟子霍韬的信中，王阳明明确地说："往岁曾辱'大礼议'见示，时方在哀疚，心喜其说而不敢奉复。"阳明在此"心喜其说"的"说"就是议礼派支持嘉靖的主张，即支持废除传统经学"为人后"的成例，可以尊奉自己的亲生父亲兴献王为皇考而非以无后的明孝宗为皇考。这个争论也就是"继统"还是"继嗣"之争。议礼派张璁给出的理论根据是："《记》曰：礼非从天降也，非从地出也，人情而已矣。故圣人缘人情以治礼。"圣人制礼的根据就在于"人情"，人情之大莫大于父子，当然应该顺应这个"最大的人情"来行事，这样才合于"良知"所昭示出来的直接感受。跟这个直接性相比，不从父子之情的旧例显得太过外在和抽象。传统礼制的合法性应该让位于良知的直接性。这种论证跟王阳明对礼的认识是一致的。阳明认为，天下古今之人，人情是一贯的。先王制礼就是因着这个"人情"而为之节文。因为"人情"古今一贯，所以礼制可以行之万世而皆准。如果有的礼让我们觉得不太心安，那也不是因为礼的传习出了差错，而是古今风气习俗有差别造成的。因此，虽然有的礼制先王未有，也可以因具体的"人情"而制作。儒家所尊称的三王礼制也不是一贯的，如果一味拘泥于古礼、古例，反而不得"心安"，那就是非礼之礼。一句话，只要抓住"人情"这个第一原则，后世之人就有"制作"权，而不是孔子那里强调的"非圣人不议礼、不制度、不考文"。第一制礼原则就是"人情"，即使"先王未有"，只要遵照"吾心所安"就可以"义起"。最重要的在于"得心而实行",不是拘泥于旧有的礼制。很明显,这个理论鼓励"作",不重于"述",鼓励大家去考察是不是有"非礼之礼"。既然只有圣人才能"制礼作乐",那么在作、述之间怎么拿捏呢?这里有一个儒家政治哲学体系里非常关键的决断时刻。这个问题在《论语》里是以"权"的问题形式出现的。"可与立,未可与权",可见"权"最难掌握。如何把握何时应该"从权"何时应该"守成"成为儒家政治哲学中的一个要害问题。

"继统""继嗣"之争背后是天理与人情之争。天理与人情之争也可以看成是传统的朱子学派与新出的阳明心学之间关于政治哲学第一原则的争论。这个第一原则之争就是制礼的根据到底在致良知之"人情"上还是在朱子的"天理"上。嘉靖的反对者们主要就是依据朱子以及比朱子更早的解经传统来反对议礼派。公羊家的"为人后"成例、汉儒的成说以及程颐的"濮议"都是卫礼派的论据。卫礼派杨慎明确说与议礼派代表桂萼的不同在于学术不同,杨慎所执的是程颐、朱熹之说。另一卫礼派骨干薛蕙依然使用解经的办法来提出自己的反驳,他的入手处在《礼经》中"无生而贵者"一句。按照《礼经》所传,即便是天子、诸侯之子,如果不是从君父那里受命,也不敢"自成尊"。不是有血缘关系就能自成正统,所以《春秋》里看重的是君权的授受之义。榖梁家就认为,即便是臣子跟君父有血缘也只能是受君父之命之后才能成正统。按照《穀梁传》的义例,君臣高于父子,即使子受之于父,也应该称之为"受君父之命",君在父前。这意味着政治伦理高于从良知而来的"人情",来自历史与传统的间接性高于良知的直接性。薛蕙的反驳直接针对的就是以"人情"为本,人情在经学解释中一定是不能高于政治伦理的。不管有没有父子的直接血缘关系,继承政统的新君与先君的关系就是父子关系,"其言出《公羊》,固汉儒所传,与《仪礼》相表里,古今以为折衷,未有异论"。到了宋代理学集大成者朱熹那里,在这个问题上的立场也与此立场一致。这个问题实际上就是到底是以内在的"人情"为第一根据还是以外在的名教为第一根据的第一原则之争,用现代哲学语言来表述就是直接性是第一位还是间接性是第一位。以这个背景我们就能够看到,阳明学对于程朱理学、对于整个儒家经学传统具有极大的颠覆性,堪与同时代欧洲新教改革运动对于神人关系的重新谋划相并举。

我们再回到儒家根本经典《孝经》。《孝经》中的"天子之孝"是:"爱敬尽于事亲,而德教加于百姓,刑于四海,盖天子之孝也。"这几句可以说非常明确,评价天子是不是"孝"最终不是对父母怎么样,而是在对父母尽爱敬之心的基础上,施加"德教"于百姓,"刑于四海"。天子最重要的评价标准在于是不是能够立天之心,"以天视其亲,以天下视其身"。这个"孝"的标准决然不同于诸侯、卿大夫、士、庶民的"孝"。在古典文本之中,这种等次差别的论述是普遍的。而阳明学"致良知"的直接性以及"因人情以制礼"的学说可以说具有抹平这个等差体系的力量,

这也是阳明及其后学具有的激进要素所在。这也能解释为何阳明之学更适用于革命之际、制作之时。在这个意义上,议礼派所说的"孝子之至,莫大乎尊亲。尊亲之至,莫大乎以天下养",实际上是以士、庶人之孝来要求嘉靖。议礼派张璁认为,卫礼派所依据的汉定陶王、宋濮王旧例,只强调"为人后者为之子",却使得世宗不能顾"私亲",对自己亲生父亲是不孝的。这种解释恰恰是颠倒了《孝经》里对于天子之孝的论述,公、私对调了。

到清儒段玉裁还不算完,他一口气连写十篇《世宗论》,其中第十篇就主要从公私问题入手反驳。段玉裁认为卫礼派的意图也不是想忠于已经去世的孝宗,而是觉得像桂萼、张璁这些人为了迎合君上的私意,丢掉了政统传续的"公心"。"天理人情至公之道,垂诸经典,万世不易之法。"能称之为公者,只能是视天下如其身的天下心。如果说,阳明的"致良知"使得良知成为首要根据,成为一种获得合法性的直接来源,那么在汉代经学以及朱子那里却

恰恰相反，正是这种直接性是他们极力排斥的。到了阳明那里终于完成了对于第一原则的替换和交接，这也是阳明学与传统儒学的最大区别所在。传统儒学往往更强调与这种"良知"的直接性相反的"间接性"，强调良知之后仍旧有"名"有"例"。阳明学将"至善"落脚在"心"上，朱子学将"至善"落脚于"事"，这个区别实际上也可以看成是阳明学别开一道统的另一种表达。段玉裁在《世宗论九》中指出在统、嗣之外天子还有一个"天祖"作为其合法性的依据。"天祖"是绝对外在的，而绝对外在的权威在"良知""人情"的直接性视野中，已经失去了由传统赋予的至高权威。"天理"和圣人制作的礼法失去了它们至高无上的地位，让位于每个人都有的"良知"，这两个语词开始了慢慢消逝之路。这种意义生成视野的转换为新的历史可能性奠定了基础。新的"正名"带来新的语词秩序和权力秩序，也使得来自直接性的激情成为基本的"人生在世情调"。

王阳明在"大礼议"期间夜坐碧霞池，曾经写下过一首颇有微言意味的诗："一雨秋凉入夜新，池边孤月倍精神。潜鱼水底传心决，栖鸟枝头说道真。莫谓天机非嗜欲，须知万物是吾身。无端礼乐纷纷议，谁与青天扫旧尘？"阳明的"致良知"和"因人情"确实适合"扫旧尘"。从这个意义上说，阳明的学说颇具革命性。在给霍韬的同一封信中阳明规劝自己的弟子："然如倒仓涤胃，积于宿痰，虽亦快然一去，而病势亦甚危矣。今日急务，惟在扶养元气，诸公必有回阳夺化之妙矣。"阳明期待自己的弟子能够"扶养元气""回阳夺化"，培育新的道统，建立新时代文明的元气。段玉裁却恰恰在此强调，"明之元气在于此斯丧"。如果王阳明能够看到明朝历史以后的发展脚步，他会做出怎样的思考呢？阳明如果看到欧洲现代社会兴起和启蒙运动塑造的新人类，又该如何思考呢？

（《明史十二讲》，樊树志著，中华书局二〇二一年版）

刘宗坤

"敢于追求幸福"
——重新理解启蒙运动

二十世纪下半叶,西方学界对启蒙运动的阐释由哲学家主导,法兰克福学派、自由主义、后现代主义等流派先后登场,批判启蒙运动,尤其是启蒙理性,在学术界和大众文化界风行一时。同一时期的史学家则相形见绌。这种状况在近二十年发生逆转,对启蒙运动的哲学批判逐渐退潮,史学界的启蒙运动研究则是硕果累累。其中史学家伊兹瑞尔(Jonathan Israel)的启蒙运动三部曲和艾德尔斯顿(Dan Edelstein)的启蒙谱系学著作等,已经成为启蒙运动研究的经典。与二十世纪下半叶哲学家对启蒙运动的批判不同,当代史学家大都是为启蒙运动辩护。牛津大学德语教授罗伯岑(Ritchie Robertson)的近著《启蒙运动》即其中之一。

罗伯岑在书中避免使用近几十年学界流行的"现代性""欧洲中心论""东方主义"等概念。在他看来,这些概念包含沉重的历史包袱和想当然的假设,如果纠缠进去,难免要跟一些大名鼎鼎的哲学家进行思想论战,无助于呈现启蒙运动本来的历史面目。他希望让十八世纪的启蒙者通过原始文献自己讲话。所以,这部巨著以史料见长。但罗伯岑锐利的分析和批评锋芒并没有被繁杂的史料掩盖。他的写作目的十分明确,就是为启蒙运动正名。

一、被误解的"理性时代"

罗伯岑对"反启蒙"哲学家的批评直言不讳,指出他们长于透过当下问题思辨历史,短于对史料的钻研,往往把自己对启蒙运动的思想重构当成启蒙运动本身,把后世和当今发明的理念硬放到十八世纪的启蒙思想家头上。比如,二十世纪各种思想流派纷纷把两百年来西方社会出现的问题都放到"现代性"这个箩筐中——几乎所有现代世界的问题都被归结为现代性问题,而所有现代性问题都被归咎于启蒙运动:帝国主义、殖民主义、法西斯主义、纳粹主义、乌托邦主义、共产主义、资本主义的罪恶源头都被追溯到十八世纪"理性时代"。根据罗伯岑的分析,这类指责的共同特点是不符合历史事实。

首先,十八世纪的主流启蒙思想家使用"理性"一词含义宽泛,更接近于日常语言中的"常识""常理常情""讲理"等。大致可以说,启蒙思想家讲的理性是一种"常识理性",他们用这种"常识理性"反对盲从教会权威:教会不能再以神启的名义,用恐吓和酷刑证明自己正确,而是要通过"讲理"来说服别人。从伏尔泰到潘恩都是在这个意义上使用"理性"这个词。康德固然讲启蒙是敢于运用理性,但运用理性认知只是启蒙的一项使命,是人脱离不成熟状态,进入心智成年的必要条件,而不是充分条件。况且,"敢于运用理性"的"敢于"或"有勇气运用理性"的"勇气"本身就涉及人的意志和道德信念,不是纯粹理性活动。

其次,理性无疑是启蒙运动的一个关键词,但不是唯一的关键词。十八世纪各国的启蒙者往往把人文、幸福、敬畏、希望等跟理性并举,不仅强调运用理性消除认知蒙昧,避免盲从权威,也同时强调感性、情感、同情心在人性和社会生活中的地位。启蒙运动不仅是理性时代,也是感性时代。罗伯岑的这一结论有充分的历史依据。比如,斯密在写《国富论》前,先写了《道德情感论》,分析人这种复杂的社会动物,说明人群是靠同情心、道德感等纽带组成社会,在这种前提下各自追求利益,并不是只会利益算计的经济动物。斯密出版《道德情感论》是在一七五九年,比出《国富论》早十七年,而且他一生中不断修改《道德情感论》,直到去世前一年还在修改,去世那年出了第六版。这些修改主要集中在扩充论述人的同情心、同理心、公民德性、道德责任等方面。跟斯密同时代的休谟讲"理性是激情的奴仆",更是广为人知。

二、"反启蒙"

罗伯岑特别分析了霍克海默(Max Horkheimer)和阿多诺(Theodor Adorno)对启蒙运动的批判。在一九四七年出版的《启蒙辩证法》中,这两位法兰克福学派哲学家认为,启蒙有无法克服的自我毁灭逻辑,把理性作为绝对权威,试图借助科学和逻辑控制自然,最终导致法西斯和纳粹极权主义、资本主义生产方式和现代工业社会的同质文化。同为法兰克福学派的哈贝马斯(Jürgen Habermas)曾经批评这种对启蒙的概括过分简单化。罗伯岑则引用波兰史学家克拉考斯基(Leszek Kolakowski)的评论说,霍克海默和阿多诺发明了自己的启蒙概念,把他们不喜欢的东西都装到里面:"实证主义、逻辑、演绎和经验科学、资本主义、金钱万能、大众文化、自由主义、法西斯主义",一言以蔽之,都是启蒙运动的错。但是,启蒙运动和启蒙理性何以既导致法西斯极权主义,又导致跟法西斯极权主义截然不同的个人自由主义?霍克海默和阿多诺则对此语焉不详。罗伯岑说,《启蒙辩证法》"是本哲学著作,跟历史研究无关"(775页)。这大概是含蓄地批评两位哲学家用对启蒙理性的哲学思辨附会启蒙运动的历史。

《启蒙辩证法》在一九七二年才被译成英文。二十世纪下半叶,在英语世界"反启蒙"最具有影响力的是自由主义哲学家伯林(Isaiah Berlin)。罗伯岑认为:"在霍克海默、阿多诺刻画的启蒙形象和以赛亚·伯林搬运到英语世界的启蒙形象之间存在着惊人的相似。"(776页)他把伯林对启蒙运动的理解——或者更确切地讲,对启蒙运动的误解——一直追溯到二十世纪三十年代伯林早年的著作。当时,伯林接受出版社约稿,写一本马克思传记。在写作过程中,伯林主要参照俄国马克思主义理论家普列汉诺夫的名著《论一元论史观的发展》。普列汉诺夫认为,马克思从法国启蒙主义思想中发展出了唯物史观。虽然伯林没有全盘接受普列汉诺夫的观点,但对马克思主义和启蒙运动渊源关系的看法却深受那本书影响。在《卡尔·马克思》中,伯林认为,启蒙运动的诉求就是通过运用理性,把人从贫穷、专制和神权中解放出来,建立美好的社会乌托邦。罗伯岑注意到,伯林在概述法国启蒙运动时,把伏尔泰、狄德罗、卢梭等最重要的启蒙思想家放到一边,反而突出霍尔巴赫(Baron d'Holbach)、爱尔维休(Claude Helvétius)等二流启蒙哲学家的观点,跟普列汉诺夫的做法如出一辙。

伯林对启蒙运动的"乌托邦"成见贯穿他的学术生涯。一九五六年,他为自己编纂的《启蒙时代:十八世纪哲学家汇编》写导言,重申他早年的观点,把启蒙运动描述成理性乌托邦。在他编选的启蒙哲学家文献中,法国哲学家只占七页,包括伏尔泰《哲学书简》中的一个段落,而英国哲学家则占到两百三十五页,相对完整地选取了洛克、休谟、巴克莱等人的著述。值得注意的是,他选取的这些材料并不支持他在导言中的结论——无论是伏尔泰,还是洛克、休谟、巴克莱,都没有他批评的那种建立理性乌托邦或社会乌托邦,一劳永逸地解决人类社会问题的诉求。

"二战"以后,伯林借助自己的社会声望和学术名望,把"反启蒙"(Counter-Enlightenment)变成文化界和思想界的流行术语,并采用二元对立的方法,把启蒙和反启蒙描述成十八世纪思想家两种互不相容的诉求:启蒙意味着理性至上、普世文明、人类进步、乌托邦等,反启蒙则意味着情感追求、文化独特性、原始创造力、回归自然等。为了跟法国和英国的启蒙哲学家阵容相对抗,伯林推举出维科(Giambattista Vico)、哈曼(Johann Hamann)、赫尔德(Johann Herder)等"反启蒙"思想家阵容。

伯林把启蒙运动分割成"启蒙"和"反启蒙"两个对立阵营,是否有足够的历史依据呢?史学家盖伊和伊兹瑞尔都认为,尽管各国启蒙运动呈现出多样性,但启蒙运动是一个有大致共同诉求的知识和文化运动。罗伯岑赞同这两位历史学家的看法,指出伯林对维科、哈曼和赫尔德的思想描述充满了误读和夸张,缺少历史依据;跟伯林的结论相反,他推举的这几位"反启蒙"人物的诉求跟启蒙运动的根本诉求——追求幸福——是一致的。他们是启蒙运动的一部分,而不是独立于启蒙运动之外的反启蒙者。追求幸福可以在理性和感性方面各有所侧重,但启蒙者有着不同于此前任何时代的共同诉求:"要追求幸福,我们不能预先规定好了,人怎么才能幸福。"(779页)换言之,启蒙不是要建立一个永恒的社会乌托邦,把人训练成像机器一样按照理性设计的规则运转。与其说启蒙是追求被别人设计好的幸福,毋宁说启蒙就是每个人运用自己的理性和感性,不断探寻什么是幸福。

在分析伯林"反启蒙"理念的由来时,罗伯岑尤其提到德国史学家梅耐克(Friedrich Meinecke)对他的影响。在梅耐克看来,英法启蒙运动崇尚抽象、普世和永恒的理性权威,追求绝对真理;而德国启蒙运动则强调感性和人性的丰富性。在为梅耐克著作《历史主义的起源》英文版写的序言中,伯林重复了梅耐克的二分法,并将其通俗化为启蒙与反启蒙的对立。罗伯岑认为,伯林事实上是把十九世纪以降德国学界对英法启蒙运动的"敌视"搬运到二十世纪下半叶的英语世界。

在笔者看来,伯林对启蒙运动的解读——启蒙就是把人从蒙昧和迷信中解放出来，在世俗世界追求幸福，显然是正确的。他推崇长久被英语世界忽视的维科、哈曼、赫尔德等思想家对感性启蒙的贡献，极大地丰富了后世（包括罗伯岑等当代学者）对启蒙运动的理解。作为哲学家，伯林擅长使用二分法，把同一个对象一分为二，在对比中阐述各自的特性，条理十分清晰。比如，他曾经把自由分为"消极自由"和"积极自由"，为学界所熟知。不过，伯林用同样的方法把启蒙运动分为启蒙和反启蒙则流于牵强。二分法固然有助于把观点讲得清晰明了，但也容易把复杂的问题简单化，人为地把本来相辅相成的历史现象对立起来。另外，伯林把启蒙运动崇尚的追求幸福等同于建立社会乌托邦的政治诉求，显然流于草率。人生的意义在于在此世追求智慧、德性和感性生活的幸福，政府的目的在于保护民众平等地追求幸福的权利和自由，这是启蒙运动的观念；承诺人人幸福的乌托邦理论是政治鸦片；按照统一的幸福标准建立强制所有人服从的制度乌托邦，则是反启蒙的政治压迫。伯林显然没有在三者之间做充分的辨析。

三、启蒙与革命

奈保尔（V. S. Naipaul）曾把追求幸福称为"观念之美"，认为这是现代文明中最具有普世意义的价值，跨越了宗教、种族和文化界线。传统社会中，制度和习俗把人分成三六九等，追求幸福是一种按高低贵贱远近亲疏分配的特权，自上而下层层打折扣。十八世纪下半叶，追求幸福跟平等、自由的启蒙运动观念一起，成为革命时代的理想。在美国革命中，一七七六年签署的《独立宣言》把追求幸福作为人人与生俱来的权利；在法国革命中，一七九三年颁布的《宪法》把"公共幸福"当作社会的目标。

不过，任何观念和政治事件之间都存在着极其复杂的关系。美国革命和法国革命都不是简单的革命者把启蒙理想付诸革命行动的结果。罗伯岑指出，观念很少直接变成政治行动，在解释政治事件的时候，需要着眼于具体的社会环境和历史事实。换言之，要把政治事件作为政治事件去解释，而不是单纯从理念的角度去解释。近两百年，思想界存在夸大观念在政治事件中作用的倾向。尤其是在描述启蒙运动跟法国革命的关系时，"观念在法国革命中的重要性可能被夸大了"。政治事件的发生和演进往往有自己的逻辑，即政治的逻辑。"不管哪种学术理论激发了某些革命者，法国革命是个政治事件，有其自身的动因。人们不需要启蒙运动给他们灌输对自由的渴望，才会反抗旧王朝往往是触目惊心的不公。回顾那段历史，随着一系列事件加速发展，人们似乎越来越分化成势不两立的敌友阵营。"（730—731页）

法国革命演化成雅各宾党的恐怖统治后，思想界出现褒美国革命、抑法国革命的潮流。柏克（Edmund Burke）对法国革命中激进主义的声讨和对美国革命中保守主义的褒扬流传了两个多世纪。休谟说自己"原则上是个美国人"，认同美国革命的理念。席勒赞赏美国革命倡导的"生命、自由和追求幸福"的权利，甚至考虑移民美国。他认为，美国人在政治上比较成熟，能够有秩序地实现革命理想，不像法国人，草草革命，以恐怖统治收场。类似的观点在当今学界内外仍然十分流行。针对这种流传已久的贬抑倾向，罗伯岑问：法国是否有可能接受温和的启蒙理念，走上英国的君主立宪道路或美国的民主共和道路？伊兹瑞尔也曾问过同样的问题。两人的结论大体一致：法国革命不是一群拥有激进启蒙理念的革命者把恐怖理念变成恐怖行动，雅各宾党的恐怖统治是在君主立宪和民主共和失败后才出现的结果。换言之，是当时法国的社会状况和各方政治势力的具体操作，而不是启蒙观念上的温和或激进，导致了法国革命最终走上恐怖道路。罗伯岑强调，单纯从激进启蒙理念的角度，无法令人信服地解释法国革命的暴力和血腥，而是必须着眼于当时一系列社会问题和政治事件的细节。对于史学家来说，魔鬼在历史细节中，上帝也在历史细节中。

四、保守与激进

罗伯岑的《启蒙运动》虽然侧重历史叙述，但在保守和激进等引发广泛争论的问题上带给读者很多思考。二十世纪的几场人类灾难被很多学者归罪于激进主义，学界内外很多人因此倒向保守主义。但保守主义往往维护传统中好的东西，也维护传统中坏的东西。好坏良莠在历史中竞争，在某个历史时段哪一面占上风，取决于具体的传统和人群，以及当时的社会状况、经济状况、时代精神等因素，而且，可能更重要的是，取决于这些因素同时发挥作用的历史机缘。

在柏克发表对美国革命的看法时，美国刚刚独立，很多理念和事件还没有在历史中展开。两百多年后，回顾柏克对美国革命的评价，不免让人感到有草率和短视之嫌。美国革命并不是完成于一七七六年宣布独立，甚至不是完成于一七八七年立宪。立宪时的妥协造成的后遗症在此后的历史中逐渐积累、酝酿，不断呈现出来。比如说奴隶制，立宪后的半个世纪，北方各州经过制度改良，以不流血的方式先后废除了奴隶制，但这种温和的改良在十九世纪五十年代走入死胡同。南方州不但拒绝以和平方式废除奴隶制，而且要把奴隶制扩展到新纳入美国版图的州。在林肯就职总统前，已经有七个蓄奴州宣布脱离联邦。立宪时和立宪后半个多世纪的妥协终于导致国家面临解体的危险。林肯就职后，尝试继续通过妥协的方式避免联邦解体，但所有努力都失败了。柏克崇尚的温和、保守、妥协终于没能避免大规模内战，付出六十多万平民和一位总统生命的代价，后遗症影响至今。

比之柏克，当代人能够把美国革命放到更为纵深的历史中审视。史学家方纳（Eric Foner）把美国内战和战后重建称为"第二次建国"。

从政治诉求和战后立法看，内战显然是美国革命的继续，战后《宪法》增加了第十三至十五修正案，在法律上把"平等、自由、追求幸福"等启蒙观念扩展到所有公民。所以，如果把美国革命放到更广阔的历史背景上看，它并不比法国革命更温和、更保守、更妥协，造成的暴力、流血和人命损失并不比法国革命少。正如罗伯岑指出的那样，美国建国者在奴隶制等问题上的妥协，首先并不是因为他们的保守理念和英国的温和传统，而是在当时殖民地的历史条件下，不得已而为之。"没有这种妥协，在立宪问题上就达不成共识。但那种'特色制度'对后来美国历史造成的邪恶后果早已尽人皆知。"

柏克去世于一七九七年。那一年，美国第二任总统刚刚就职，还是一个没有完全成形的国家，立宪时妥协的后遗症还没有在历史中充分展开。无疑，柏克对美国革命和法国革命有着超越历史的洞见，在身后两百多年间启发了无数思想者。但同时，他和他的思想是十八世纪英国历史的一部分，有着那个特定历史时空的烙印。罗伯岑引用托马斯·潘恩在《人的权利》中对柏克的批评："柏克先生把死人的权威置于活人的权利和自由之上。"（740 页）

在探讨启蒙与革命、保守与激进等问题时，我们受益于柏克的思想洞见，但也要聆听他的同时代人对他的批评，还有他身后历史发展对他的真知灼见和偏见从正反两个方面的验证。尊重历史传统和思想权威，但不做历史的囚徒或盲从权威。这正是在美国革命和法国革命中都得到弘扬的启蒙精神。

用一个短语或一句话概括这部近千页巨著的主题并不容易。比起被广泛误解的"敢于运用理性"或同样容易引起误解的"敢于感知"，可能一个更恰当的表述是"敢于追求幸福"——这既是罗伯岑这部巨著一以贯之的主题，也是他揭示的启蒙运动的主题。

(*The Enlightenment: The Pursuit of Happiness 1680-1790.* Ritchie Robertson, New York: Harper Collins, 2021)

张佳俊

当理性作为赌注:
合法性的美国隐喻

一

犹记八年前的盛夏,一位戴着半框眼镜、面容清瘦的年轻人,在镜头前向全世界宣布了一条大新闻,让酷暑里的人们不禁倒吸一口凉气:我是斯诺登(Edward J. Snowden),曾任美国中情局技术助理,是我把两份绝密资料交给了英国《卫报》和美国《华盛顿邮报》。此前,两家媒体先后报道了美国国家安全局、联邦调查局与通信网络巨头合作,长期实施大规模秘密监控的"棱镜"项目。事件曝出后,全球震惊,美国政府陷入严重危机。而这场危机的国内矛头,最终指向了行政权力的合法性问题。

一个多世纪以来,以总统集权和行政国家扩张为特色的行政权力日渐崛起,挑战了乃至架空了美国的法治传统,其对美国宪制的现实改造,堪称"一场不流血的宪法革命"(bloodless constitutional revolution)。尽管这一变化是在法律框架内渐进完成的,其合法性问题却悬而未决,表现为一种周期性的合法性困境:在传统分权体制映照下,现代行政体制成为美国人内心挥之不去的非法暗影,尽管每代人都似是而非地宣称解决了行政合法性问题,但潜在的阴云及突发的碰撞,却总在下一个时代激起电闪雷鸣。到了二十一世纪的今天,人们对行政合法性的质疑并未打消,反而有了新的抗争意味:从"爱国者法案"之争到"棱镜门"事件,从"占领华尔街"运动到"旋转门"之辩,从"黑人的命也是命"到"警察的命也是命",当代美国一系列政治社会纷争,几乎都涉及行政权力的是是非非。

为此,从十九世纪末起,美国的政治精英和知识精英就开始重新评估行政权,他们用一百多年时间建构、批判、辩护和重构行政合法性,生产出了形形色色的合法性理论。这些理论,在逻辑堆砌和话语传播中成全了自身的合法化,好像让行政权看上去更合法了;但吊诡的是,行政合法性问题并没有实际解决,反而变得狡黠难缠起来。这正是《公共行政的合法性——一种话语分析》(下引此书,只注页码)一书的破题之处。作者麦克斯怀特(O. C. McSwait,是O. C. 克斯怀特和奥林·F. 怀特的合著笔名)认为,围绕行政合法性的过往争论,不过是一场话语游戏。根据"话语"(Discourse)理论,所有文本都是在社会和历史之中,通过不同文体和叙述要素的反复组合构建起来的,它们是各种权力建制资源的再生产,是各种欲望和意识形态的再编排,也是各种意义的重复和增殖(译者前言)。其中,意识模式被看作是特定历史条件下人们共享的某种赌注,不同人以能够反映自身的思维方式,围绕意识模式展开斗争,结果是一种意识模式取代另一种意识模式。就此而言,多数美国学者都是在一定的历史语境和意识模式中,对公共行政进行某种意识形态表达。在这场游戏中,他们极力凸显自身的客观和中立,以佐证自身理论的合理性和普遍性,即,使自己的合法性论证得以合法化。

麦克斯怀特则开启了"上帝视角",深入其中却又超乎其外地俯瞰美国行政合法性之争,从而解构其中的主流话语——基于精英政治的合法性理论——的合法化过程,对"由歪曲和谎言构成的合法性话语"进行祛魅。在他看来,行政合法性的叙事林林总总,归根到底是两种话语的竞争:联邦主义和反联邦主义。前者的合法性话语背后,是代表现代商业精神和经济特权阶层,以个体竞争为基础,趋于中心化的社会意象,导向一种精英政治图景;后者的合法性话语背后，是代表社区自治精神和公共利益，以人际互动与合作为基础，非中心化的有机社会意象，导向一种社群政治图景（译者前言）。两种话语的竞争，本质上是精英民主与大众民主之争在行政领域的投射，归根到底要解决的问题是：美国行政要建立和捍卫的，是谁的民主？如何建立真正符合民主精神的行政权？

二

自威尔逊（Woodrow Wilson）和古德诺（Frank Goodnow）提出政治与行政的二分法以后，美国精英围绕要不要赋予行政一种独立地位、构建专属于行政的合法性理论这一核心问题，展开了旷日持久的"德赛之争"：民主行政论者强调行政必须在政治精英的规训下，遵照民主原则行事，对代议机关和公众负责，从而获得合法性，也即因民主而合法；科学行政论者主张行政去政治化，行政应由专家掌舵，以效率和功能为导向，通过科学、专业的管理实现公共目标，进而获得合法性，也即因科学而合法。这样两条截然不同的合法化路径，在麦克斯怀特看来却同出一辙：二者本质上都以一种"理性人"预设为前提。这种"理性人"预设，把人性简化为理性或非理性、可信或不可信，却对动态变化、相互作用的人性特质视而不见，本身就是一种偏见。它的深层隐喻，是在"理性的"精英与"非理性的"大众之间划出一条界线，内在地导向精英统治而提防民粹政治，最终把大众排除在行政过程之外。正是在"理性"的隐秘支配下，"德赛之争"一开始就以一种注定无解的方式提出了行政合法性问题，并使其讨论建制化，成为后来所有理论对话的前提。而有关美国行政合法问题的过往论争，无形中都为精英行政理论提供了隐蔽的合法性。换句话说，"合法性问题的持久存在使得我们仿佛必须把统治权托付给令人崇敬的精英们，因为他们的行为有'客观的'经验和'原则化的'道德关怀作为基础"（10页）。

对此，麦克斯怀特显然是怀疑的。他把笔触转回到美国制宪以前的邦联时期，认为反联邦主义理论把政府视为一个贴近人民的完整体，其背后有着革命性的大众热情，建立这种政府，才是美国革命的"初心"。遗憾的是，这一理论连同初心，都被美国制宪这一"篡夺革命果实"的"二次革命"颠覆了。事实上，美国宪法并没有经过全民同意，而是由少数联邦主义者基于"自私自利的人性"和自由贸易的"商业帝国梦想"，通过政治运作，"不经审查就直接通过的"（48—63页）。美国革命曾被寄托反对贵族统治，争取独立、自由和平等的历史厚望，然而，这部联邦主义的宪法，却以精英代议制取代大众民主和社群政治，实为对美国革命的反动。在后来的主流叙事中，制宪被奉为正统，而邦联体系则被贴上失败的标签。麦克斯怀特尖锐地指出，制宪者抛弃邦联时代的参与型共治，而确立联邦精英统治，无非是想以父权化、中庸化的"理性"来制约大众情绪；但结果却压制了美国社会自发产生和维持集体道德意志的能力，瓦解了人民为集体生活确立规范共识的能力，由此产生的所有合法性话语，都不过是精英政治的翻版或重述。这种隐于昭昭宪法背后的偏颇逻辑，使人变得自我中心，更热衷于相互倾轧，也使美国社会丧失了作为一个整体所该有的黏合性和身份认同——十九世纪的南北内战、二十世纪初的"扒粪运动"、一九七二年"水门事件"乃至二〇二一年"国会山事件"等，无不佐证了这一点。这反过来又加速了美国宪法秩序的失效，导致政治腐败、经济不公和社会压迫；而这也是为什么，普通美国人与政府和政策过程严重脱节，公民偏离了传统认同，疏远了公共生活，也丧失了对政治的信心和兴趣。

三

对美国宪法及联邦主义的反思，始终有一个参照物，即美国邦联条例和反联邦主义。麦克斯怀特之所以推崇后者，是因为它代表着更契合美利坚民族精神，也更符合人性本质的社群政治想象。在他看来，以人的互动为核心的人际关系才是政治，这是"心灵政治"。与之对应的政治模式，应内含人与人之间互助互惠、有机联系的社会精神，邦联体系就是典型。在这种模式下，人们追求的不是"私人王国"的个人自由，相反，整个社会构成一种共同的家长制作风和交互依赖网，人们通过复杂的个人忠诚和义务连为一体，组成有机联系的"和平王国"；在这种模式下，政府与政治的基础是个人间的直接关系，任命和选举通过非正式会谈和商议而达成；在这种模式下，好政府以健康的集体心理为基础，群体生活以地方自治为共识，并强调对社会共同体的关心。它与追求经济利益、信奉专家统治的"理性人"模式截然不同，也体现了与当代美国行政观念不同的治理理念。

这种反联邦主义的精神和理论，一直作为"与宪法政府相对立的亚主题"潜伏于美国社会之中，并在进步运动的浪潮下，催生出致力于服务全体人民、改变贫富分化、促进公共福利的积极政府理念，进而触发了轰轰烈烈的公共行政运动。它衍生出一种实用主义的治理形式，"这种新的治理形式与其说是政治的，不如说是行政的或功能的；与其说是代议制的，不如说是参与性的；其方向定位与其说是经济实体，不如说是合作性的社群、仁政和社会黏合力"（11页）。例如，福莱特（Mary P. Follett）就提出一种个体联合模式，以发挥个人在公共决策和行动中的创造作用；弗莱斯（Horace S. Fries）主张在公共行政中开展参与式、实验性的自治民主；李连萨尔（David Lilienthal）直指联邦集权弊端，提出发展分权式行政的设想；蒂德（Ordway Tead）则主张通过利益代表和合作协调来优化行政过程，推动对权力、知识和尊重的分享。然而这些设想未能变成现实，而是在理性人意识形态的影响下，被抽离了民众参与和实用主义，转向了专家统治论。彼时，诸如法兰克福特（Felix Frankfurter）、古利克（Luther Gulick）、西蒙（Herbert A. Simon）、兰迪斯（James M. Landis）等一大批行政改革论者，都不同程度地主张通过行政权力的集中化运作，促进行政的专业化和高效化。麦克斯怀特认为，这一转向使得后来各种行政理论都变成了"有偏见的话语创造"，这些理论把合法性作为中心要素，一直召唤着"理性人"的统治。这么来看，美国公共行政运动及理论对话虽有创新意义，却始终没能动摇精英政治逻辑；与其说是创新，不如说是一种修正主义，因为它们始终"都回指着对这一新型理性人来说具有必然性的核心前提"（11页）。

四

那么，"理性人"意识形态到底是如何生成的？又是如何自我复制并推动行政理论再生产的？

麦克斯怀特认为，出于追求"确定性"的需要，理性通过与非理性的区分而存在，即，理性观念是有"边界"的。无边界则无内外之分，也就无法确定理性本身。这意味着，理性以及理性思维是有限的，它无法覆盖全部现实，甚至会自相矛盾。而因为理性不能直接符号化自己的界限，它又需要一个可以分界的外部对象。例如，若以"性别"这一符号审视理性，"理性是男人的，女人是他的界限"。男性的性有限性和女性的性无限性形成鲜明对比，而无限性所引出的"无界限的文字链条和无休止的修正，在男人看来是对意义可能性的摧毁"，即对追求"确定性"的理性的最大威胁。换句话说，理性（男人）要想维护自身的地位，就必须否定无限的非理性（女人），或将其置于控制之下。这一点对美国公共行政起着潜移默化的影响。斯蒂弗斯（Camilla Stivers）在《公共行政中的性别意向：合法性与行政国家》一书中揭示，美国公共行政赖以建构其合法角色的"理论象征"，一次又一次地以男性化概念来界定。诸如客观性、匿名专家、专业自律、层级关系、领导身份等概念，在定位上都是高度男性化的。为了占据社会改革主导权，男性精英展开了一场意识形态争夺，力图在科学、客观的理性基础上推动改革，追求最大的效率和进步——此二者恰恰被视为阳刚之气的象征。又如，从"阶级"视角审视理性，它又是有产者与无产者的界限，且常常被有产者用来隔离和防范民粹主义。恩斯特（Daniel R. Ernst）在《托克维尔的梦魇》一书中点破，"阶级情感"一直是美国精英焦虑的根源。他们担心以经济平等和社会公平为目标的积极政府，会被阶级情感所利用，变成一把针对有产者统治秩序的利剑。为了防止工人阶级夺权，美国精英通过发展理性化的司法审查和行政程序来控制行政系统，以应对潜在的政治经济威胁。

因此，公共行政之争，"实际上是围绕着谁对政策有裁决权和这一裁决如何实施而展开的一场政治意识形态的斗争"（150页）。这是为什么，那些潜意识里抱持理性观念的专家，可能并不想真心诚意地解决官僚制如何与大众民主相契合的问题。因为关键不在于问题的解决，而在于问题的存在本身，对于维持行政官员作为行使权力的理性人的身份，至关重要。于是乎，理性人观念大行其道，它不仅被塑造成一种根深蒂固的公共意识，而且烘托出一种掌权者要依理性行事，且不得不在法律、道德、科学等各种约束下进行统治的氛围："理性人是一个仁慈的，甚至谦卑的，或缺乏自信的主人——他成为主人是被迫的，因为理性在人类中间一般来说是短缺的。……如果他是一个主人，那只因为人们需要主人。"由此推出的冠冕堂皇的结论是："人民必须坚守在服从者的位置，理性人必须坚守在领导者的位置。"（152—153页）

五

然而，理性的行政专家真的理性吗？麦克斯怀特毫不讳言：他们恰恰是最轻率的，美国的决策圈内充满混乱的协商，理性人思维也很容易导向独断和封闭，而不是向公众开放、对人民负责。既然如此，能否打破理性人一统天下的局面，在理性思维之外创造世界，不依赖

"边界"而实现"现实"的再现呢？他认为存在一种替代理性的对话方式，即源于反联邦主义的"与公民合作的实用主义"。有别于理性通过区隔非理性的他者来确定自身，合作的实用主义并不指向一劳永逸的意识形态企图，而旨在跨越自我与他者的边界，超越理性化模式的边界，以更为开放的眼光看待他者，以促进社会中的人际关系。因为真正创造世界的，是集体性的具体人类关系。"如果我们建立了关系，就不需要理性"，如果公共行政与公民开展实用主义合作，就有希望重建真正的合法性。为此，人们需要摆脱"追求确定性"的执念，摆脱单一理性话语及理性人行政的宰制，保持一种永远开放的意识；人们得承认他们对客体的认知和定义永远是不完整、不确定的，从而在不同语境下展开对话。这时，"唯一的选择就是倾听，就是成为空心人，把他者当作自身来接受"。当人们改变谈话和交往方式，少一些理性而多一些实际时，问题或许就可以得到解决。

这一方案，代表了美国后现代思潮在反叛传统话语之后，对行政合法性的一种理想化许愿：重返革命和历史，找回大众参与式民主的精神源流，进而重新定位"公民"，倡导一种以公民对话为基础，激活公民主体性的公共行政，以弥合日益断裂的美国心灵。但是麦克斯怀特也心知肚明，要做出改变，谈何容易。因为公共行政的主流合法化模式已是既成事实，难以回头。说到底，合法性问题只是"一个虚假的人造物"（178页），在它成为问题的那一刻，就不再是问题了；它越是问题化，反而越稳固。因为总有人不断地争辩和解释行政权，促使其合法化，他们的学说与行政实践交缠作用，又持续地塑造精英行政统治。结果是，合法性与其说被削弱了，不如说被强化了。

不过无论如何，麦克斯怀特对美国行政合法性的话语游戏的批判，对于理解美国社会潜在的文化矛盾，依然颇有意义。今天那些形形色色的种族、性别、年龄、宗教、阶层、职业、区域之争，归根到底都是在质问整个精英政治秩序的是非。理性人行政就像一块汽车挡风玻璃那样暴露在世人眼前，受尽毁誉却依然坚硬，而有权驾驶这辆大车的人，则安然无恙地躲在车里，不变底色。所以"合法性"到头来变成了一个既令人怀疑、想要挑战却又无法摆脱的铁笼——一切罅隙因它而生，一切纷争随之而起，一切思虑无从逃遁。这是今日美国的困惑，也是现代文明的一个困惑吧。

〔《公共行政的合法性——一种话语分析》(中文修订版)，[美] O. C. 麦克斯怀特著，吴琼译，中国人民大学出版社二〇一六年版〕

《开放时代》 双月刊 2022年第3期 目录预告

中国特色社会主义理论研究
孟　捷　中国共产党与中国特色社会主义市场经济

专题：问题性学术中的民族研究
谭同学　族体认同的知识生产及其主权意识
袁先欣　设想"民族"的前提
　　　　——杨成志云南调查与20世纪二三十年代中国的民族主义
励　轩　想象的符号：中文语境中的美利坚民族及其演变
黎相宜　陶雨馨　民族主义叙事框架下的"做阶层"
　　　　——新加坡华工阶层实践的发展历程研究（1911—1990）

人文天地
胡英泽　郭心钢　明清时期中国家庭的"合家"研究
王加华　形式即意义：重农、劝农传统与中国古代耕织图绘制
安劭凡　重访平郊村
　　　　——20世纪40年代华北城郊日常生活的社会学呈现与历史学细读

法学与政治
祁玲玲　政治极化与西方民主困境
马　啸　发展中的发展政治学

经济社会
黄志辉　从不在地主到不在农民：农民居住格局的转变与城乡互惠关系中的乡村振兴
彭　涛　单位互惠视角下三线企业建设初期的工农合作
　　　　——以黔东南德胜厂为例
陈　雪　张　畅　并非"自由的火炬"
　　　　——20世纪美国女性卷烟消费话语与女性主义浪潮的互文关系

地址：广州市白云区云城街云安路119号。邮编：510410。电话：020-86464940。传真：020-86464301。
邮发代号：46-169。网址：http://www.opentimes.cn。投稿邮箱：opentimes@vip.163.com。
官方微博：http://weibo.com/opentimes。微信公众号：open_times。
各地经销点：万圣书园（北京）、学而优书店（广州）、荒岛书店（天津·上海·广州）、虎尾厝沙龙（台湾云林县）

孟 刚

事了拂衣去 深藏身与名
——纪念张修桂先生

没想到张修桂先生走得这么急，从二〇二一年五月十九日家里晕倒紧急送医抢救回来到九月十二日晨去世，不过区区百日。这两年来，我熟识的师长竟然先后故去了十三位，真是"人生如梦"。每位长辈的远去，都带走了他们记忆中的我，留下的是我记忆中难以忘记的他们。

二〇二〇年初夏，邹逸麟先生去世。同年秋天，张先生也查出恶疾。两位老前辈同年同月同日生，就这么相继走了。

一

认识张修桂先生快二十年了。从二〇〇二年夏天起，我们在复旦大学中国历史地理信息系统（CHGIS）项目工作组一块儿工作了五年半，在同一间办公室邻桌而坐、朝夕相处也整整四年。张先生戴一副老花眼镜，总是端坐在电脑前专心致志地打字，累了就点上一支烟。他的办公桌上除了堆着史料和地图外，还有两个杯子，一个是废茶杯，积满烟蒂，另一个是雀巢咖啡瓶子，常常是泡了满满一杯茶。和邹先生喜欢聊天不同，张先生比较严肃，也不太多言，我不敢和他讲话。混熟了，才发现张先生也是一个热心肠。有一天他突然告诉我，南区一条街上新开的沙县小吃扁肉味道非常正宗，用的是猪肉做的"燕皮"。午饭时我们特地去尝了，扁肉非常有弹性，味道确实特别，张先生只是觉得有一点可惜，他福建老家的这个汤里是不放辣椒粉的。

张先生是福建惠安人，从小在海边的崇武古城长大，一九五四年离开家乡到上海华东师大读大学，客居上海几十年，自然对家乡的美食十分留恋。二〇一三年一月，单位里组织去泉州、厦门考察，特意去了崇武古城参观，古城建在海边，站在城墙上可以看见波涛起伏的台湾海峡。听张先生讲过，他小时候，一水（一个涨潮落潮）就可以坐船从崇武到对岸。同行的鲁西奇教授当场打电话跟张先生确认，这才知道古城里最大的一座张府和张将军庙就和张先生家族有关——张先生的祖上张勇是清代乾隆年间镇守福建等地的海军将领，被朝廷封为"武功大夫"，从二品。时间有限，我们没能去寻访张将军庙和张先生旧居，但是崇武南城门的石雕和城门内香火兴旺的关帝庙给我们留下了很深的印象。后来和张先生聊起来，他说小时候就在这个张府门口的圣旨牌坊前小场地玩耍，奶奶家在右边，大伯一家住在左边，而他的父亲一九三一年就从祖屋迁到城外的街上居住了。小时候他随长辈去扫墓，大家都称张勇这个老祖宗为"老爷公"。

张先生在CHGIS工作组工作十分勤奋，他在《龚江集》的自序中写道："我负责并完成福建（包括台湾岛）、广东（包括海南岛）、广西三省区的县级及以上政区沿革考订。其中明清时期福建（大陆地区）县级政区的考订，还落实到县界的每一年变化，成为系统庞大数据库中最为完整的一个小小部分。"当时项目组还曾计划出版分省的历史地图集，福建省的数据最成熟，可以率先出版。张先生指导我把明清时期福建省县以下小地名上图，讨论上图小地名标准时，张先生讲到当年编"谭图"，谭其骧先生要求《读史方舆纪要》上的地名都要上图。由于各种原因，这本《福建历史地图集》的样稿都打印出来了，最终却没有出版。

二〇〇五年春天，张先生把他的《中国历史地貌与古地图研究》自序的校样给我看，序里主要介绍了书中各个章节的基本内容。我觉得其中一句话不太适合登出来，就冒冒失失地和张先生讲，建议他删掉。记得我和张先生说，他做的工作和成绩学术界自有公论，没有必要自己讲出来。后来张先生当真就把这句话删掉了，我第一次感受到张先生的虚怀若谷和从善如流。

张先生对人的关心和帮助常常是悄悄的。二〇〇五年邹逸麟先生委托我整理《晋书地理志汇释》，我每天写一点，拖了很长时间。二〇〇七年有一天午饭时，张先生悄悄和我说："你要加紧写啦，别拖拖拉拉的，邹老师已经急了，他又不好亲自来催你。"我听后非常汗颜。二〇一九年书终于出版了，我给张先生送去，张先生拍着书说："书终于问世了，这下我不再担心了。"张先生还曾多次建议我写点学术文章，并鼓励我说："你把你现在手头做的事情写出来就可以啊！你是如何把CHGIS里一九一一年的底图画出来的？这个工作过程就可以写成文章。"可惜我一直拖着没有写，直到二〇一三年谢湜找我去中大给本科生介绍CHGIS，我才找出当年的笔记把工作过程梳理出来，但还是没能写成像样的文章，更没有拿去给张先生看。张先生还曾当面介绍来复旦开会的胡阿祥、辛德勇两位老师给我认识，私下他和我说这两位老师学问都很好，要多向他们请教学习。二〇〇六年六月他带研究生去南京实习，回来还特意捎了一本胡阿祥的《六朝疆域与政区研究》给我，这个书已经绝版多年。后来我参与编《历史地理》辑刊时也得到了辛老师、胡老师的支持和帮助，这里面当然有张先生的关怀。

二

张先生是复旦大学历史自然地理研究的代表性学者。一九八二年九月一日在复旦召开的"中国历史地理学术讨论会"上，侯仁之先生在他《近年来我国历史地理学发展的主要趋势》的报告中表扬了张修桂撰写的《洞庭湖演变的历史过程》，认为这样的研究"大大开拓了过去历史地理的研究领域，显示了今后发展的一个重要方向"。侯先生大概不知道，张先生这些研究都是在谭其骧主持和支持下开展的。谭先生和张先生关于历史时期长江流域地貌和水系变迁的一系列文章虽然撰写于八十年代，但是材料和观点都是在编绘《中国历史地图集》的过程中逐渐搜集和形成的，这在谭先生《长水集自序》和张先生《〈中国历史地图集〉自然地理要素编绘点滴》里都有详细叙述。连同邹逸麟对华北水系的深入研究等，这些自然地理要素研究工作的完成从一个分支上标志着历史地理学真正实现了从沿革地理到历史地理的实质性转变，现代的地理科学真正在历史地理研究中发挥了作用。

二〇二〇年底到二〇二一年上半年，为了筹备谭其骧诞辰一百一十周年展览，我几次跑去向张先生请教。张先生几次都强调："我一生的工作都是在谭先生开辟的道路上走的。"这段时间重点聊了两件事情，一件是六十年代初谭先生在复旦大学创建我国第一个历史地理本科专业，另一件是一九七二年谭先生带他去金山考察，为金山石化选址撰写《金山卫及其附近一带海岸线变迁》一文的过程。

一九五九年经高教部批准，复旦大学历史系成立历史地理研究室，谭其骧任室主任。为了培养历史地理专业人才，早日完成改绘杨图的工作，谭先生在历史系筹建第二专业"历史地理专业"，当时最缺的就是讲授地理基础课的教师。一九五九年夏秋之际，华东师大地理系毕业的张修桂和孔祥珠调入复旦大学，一九六〇年又从中山大学、西北大学地理系先后调入八名大学毕业生，十人共同组成了地理教学组，张先生担任地理教学组负责人，具体安排地理学各门课程的师资、备课和试讲等工作。翻开当年的课程设计与学时分配表，可以看到张先生自己负责"普通自然地理"的教学，其他地理课还开出了"地质学""地图学与地形测绘""经济地理"等,谭先生亲自讲授"中国历史地理概论"。一九六二年以后因为编图工作紧张,历史地理专业被迫停止招生,地理专业的老师在校内另行分配工作,张先生被留在研究室做一些历史地理资料的抄录工作。一九六三年他做了两件事,一是这年夏天被派到北京参加中科院地理所历史地理组组织的永定河故道调查考察,前后五个月,回来后撰写了一篇调查报告(《从永定河故道的研究谈谈历史河流地貌研究方法的一些体会》,载《历史地理研究》第一辑);第二件事是他在抄录历史资料时发现汉江口变迁的一个问题,写了一篇文章。谭先生不仅在研究室开会时表扬了他,还把他撰写的考察报告印出来分发给全国有关单位。一九六九年恢复编图以后,张先生正式参加了《图集》江西、湖南和湖北图组的编绘,这项工作训练了他历史地理考证的基本功,这时他才真正对历史地理产生了兴趣。

金山石化选址是历史地理服务社会经济发展的一个典型案例,已经广为学界所知。一九七二年七月底,谭先生带张先生去金山看了滩地和盐场,回来以后由张先生撰写成文,从历史资料和地貌演变规律等方面论证了场基的稳定性。张先生回忆:"我花了两个月时间,基本上是深更半夜写的,写出来以后给谭先生看,他看后就建议赶紧印刷送上去。""当时文章后面有十几张附图,可惜到正式出版时只被允许刊登了一张。"在准备展览资料时,我从绘图员刘思源先生留存的资料中找到这本装订成册的地图,张先生非常高兴,叫我复印一份给他。他对照地图详细讲了金山嘴的变化,讲了两股水流在这里对地貌的塑造。他还建议展出《金山滩地与金山深槽图》,说这张比刊出的《金山卫附近海岸线变迁图》好玩,因为其绘出了金山卫南部水下深槽的地貌。

一九九二到二〇〇〇年,张先生只带过四名硕士生、一名博士生,他回忆起来很感慨:"自然地理太难,那个时候没有人来考!"

历史自然地理和现实的环境治理密切相关，他对一九九八年长江特大洪水、二〇〇八年汶川地震等自然灾害都很关注。一九九八年他在给韩昭庆博士论文《黄淮关系及其演变过程研究》写的序里讲道："淮河生态环境的根治，是一个庞大的系统工程，需要多学科协同攻关。淮河今日存在的弊端，主要是历史遗留的恶果。只有首先查明目前环境形成的历史过程，才有可能制定全面周详的治理规划和措施。因此，历史自然地理学在诸学科中就充当先行官的作用。"

张先生有两篇文章自己很满意，推荐我去阅读，一篇是《上海成陆过程研究中的几个关键问题》(《历史地理》第十四辑)，是他在谭先生研究的基础之上对上海成陆研究做的一次总结；另一篇是研究赤壁的《赤壁古战场的争论和旅游资源的开发》(《龚江集》，上海人民出版社二〇一四年版)，对争论一千多年的赤壁问题进行全面的论证。我请他谈谈学术研究的经验，他说："没有比较好的地理基础的人，不会发现研究中重要的东西在哪里，这些东西有什么重要意义。"我还问过张先生，他当时研究这些河湖变迁时主要用的理论书是什么？他告诉我是一些河床演变研究的书，这些书他看得非常慢，一两个月才看完几页，"如果不懂得这些河床演变的规律，文献里又没有直接的这些东西，没有地理基础的人就研究不了"。

张先生虽然退休了，但他对《水经注》的研究兴趣仍然很大，二〇〇八到二〇一四年他陆续发表了对长江中游河段、汉江流域、洞庭湖水系三篇《水经注》校注的研究成果，对公元六世纪以前长江中游的河湖地貌形态进行地理学角度的复原，这是他晚年最重要的成果。二〇一三年四月十二日，张先生来找我借书，特别和我讲解了他研究赤壁的过程，还画了一张草图。他是从长江河道的变迁与沿江重要治所点变化的关系来分析《荆州记》《水经注》的史料，最终定论今武昌赤壁是三国赤壁之战的赤壁。非常可惜的是，武昌赤壁沿江部分在二十世纪二十年代开采石灰，景观都已经毁坏。二〇一四年三月，张先生又来把我刚买到的一本《〈水经注疏·江水〉校注补》借走。可见这段时间他一直在关注《水经注》中有关长江的史料。

二〇二〇年所里的暑期学员对张修桂先生进行了一次访谈，张先生谈到他的希望："《水经注》今后的研究应当是：第一，利用当前最好的《水经注》版本，转入具体内容的研究，并以此为基础，对《水经注》的内容进行必要的订正后，整理出版新的《水经注》；第二，在具体内容研究的基础上，以今天测绘的地形图为底图，编绘出版新的《水经注图》。"其实近年来，在周振鹤先生的倡导下，李晓杰教授和他的研究团队，已经先后对《水经注》的渭水流域、汾水流域和洛水流域进行了新的整理和绘图。二〇二一年三月三十一日一早，我在手机上看到《中国社会科学》刊登的《考古学视野下的黄河改道与文明变迁》，顺手就转给了张先生，下午三点半张先生回了我一条微信，说："这篇文章值得深入细看，这就是考古成果的威力，可以大大推进历史地理研究的深入发展，可惜我没精力细看了，如河北平原中部大量遗址的发现，谭先生有些结论的修正也是必然的，这就是研究的共同推进。"张先生最反对研究跟在别人屁股后面走，又超不过别人。访谈时曾语重心长地说过："研究不能回到古人那里去，回到乾嘉去，我们要有科学判断。研究不能倒退！"

三

除了历史自然地理的教学和研究之外，张先生另一大学科贡献是编辑《历史地理》。他从一九七九年受主编谭其骧委托同吴应寿先生一起负责《历史地理》的编辑工作，到他二〇〇〇年退休，长期担任《历史地理》的编辑和领导工作，一共经手编了二十辑，发表研究性文章近七百篇，总字数约九百万字。《历史地理》辑刊为历史地理学科的发展和人才培养起到非常大的作用，这里边就有张先生二十多年的心血。直到二〇二〇年十二月中旬，他还为《历史地理研究》审稿，为一个"凌门之山"叫我帮忙查阅《山海经》《全校水经注》和杨守敬的《水经注图》。

我在CHGIS办公室里就看到过张先生改稿子，核对史料，和邹先生、朱毅老师讨论稿件。对于一些名气很大的作者，他的审稿也毫不留情，学术刊物的严肃与神圣可见一斑。二〇一六年朱老师退休，所里安排我接手《历史地理》辑刊的编辑工作，我是战战兢兢、如履薄冰，生怕出纰漏，好在编委会每期都开会，在外审基础上编委专家们逐一审稿，审阅目录编排，有时候提出的意见非常严苛，但对工作有极大的帮助。张先生虽然退休了，个别相关稿件也会向他请教。曾经有一篇文章争议很大，最后送张先生看，张先生回信中写道："学术刊物不应该刊登理论明显错误的文章，这是刊物的立身之本。有的刊物没有专门历史地理编辑，根本搞不清楚历史地理类文章的错误，但是《历史地理》不同，是历史地理学的专门园地，有专业编辑和审稿专家，类似错误文章不应该得到支持或通过。在发现其他刊物刊登历史地理错误文章时，作为专业委员会的刊物，也有责任发文纠正。这是对学科负责任的态度。"这种学术自信和学科坚守精神成为《历史地理》的宝贵财产。

张先生作为一位地理学家，对复旦大学历史地理学科做出了独特的贡献，这也是他对整个中国历史地理学发展的贡献。晚年的他对复旦大学历史地理学科充满感情，对历史地理学的发展寄予厚望，他一再谈到周振鹤先生在满志敏老师追思会上提的建议："所里除了坚持传统研究以外，一定要把如何加强历史自然地理的研究作为所里的发展战略来考虑，要人文地理、自然地理两条腿走路。"张先生说："只要能够落实周老师提出的计划，相信会有新的发展，历史地理研究所一定大有希望！"这就是六十余年耕耘在历史地理学领域的张修桂先生最后的心愿。

张建斌

变局与抉择：
丁未政潮前后的郑孝胥

郑孝胥是清末民初的经世之才，同时又是同光体诗歌的代表，先后入幕李鸿章、张之洞、岑春煊、端方等封疆大吏，深得倚重，对于清末政局颇为熟悉，宦海沉浮，也难免卷入政局之中。庚子之后，统治集团内部积怨已久的派系之争愈演愈烈，至光绪三十三年（一九〇七，农历丁未年）终于集体爆发，军机大臣瞿鸿禨、四川总督岑春煊等人，与军机大臣庆亲王奕劻、直隶总督袁世凯为首的北洋集团互生嫌隙，各方势力裹挟进入政争，清廷高层进行了人事大调整，史称"丁未政潮"。政潮前后，面对朝中党同伐异的各方政治势力，郑孝胥逶迤于岑春煊与两江总督端方（袁世凯一系）之间，想借此有所作为，又恐陷入政局漩涡不能自保，一时进退两难。

对于此段往事，郑孝胥的日记有所记述，学界多有引用。不过当事人一方之言真假难辨，难以揭示当时复杂的政争过程与政情内幕。幸运的是，我在中国第一历史档案馆藏端方档案中查到这一年郑孝胥、端方、袁世凯等政潮中人的往来电函，内容多涉及隐秘情事，远比郑氏日记复杂详实，借此能够厘清郑孝胥与多方势力的复杂关系，考证各方对于郑氏仕途抉择的介入与操纵，这些档案还未见学人利用。深入研究此段历史，可窥见郑孝胥的双向性格特点，亦有助于丰富有关清末政争与官场生态的认知。

一、"卧龙"待机复出

郑孝胥以诗文享誉文坛，人称"卧龙"先生，湖广总督张之洞对其尤为赏识，聘请入幕，委以重任，在人才济济的湖北官场，幕僚们称其为郑总文案。时任署理四川总督岑春煊于庚子勤王有功，深得慈禧太后崇信，准备广揽名士，开拓一番事业，因钦慕郑孝胥之才，于光绪二十八年连续两次保举了郑孝胥，郑氏之名得以在军机处存记。据岑春煊称，之前两人"并无杯酒之欢"，仅是"访之公论，察其行事，确为今日难得之才"（《署理四川总督岑春煊折》，光绪二十八年十二月二十八日，朱批奏折）。郑氏自此改换门庭，进入岑府。

光绪二十九年五月，岑春煊调两广总督，郑孝胥跟随来到粤地。时广西匪乱，地方事务颇为棘手，郑氏督办桂省边防事务，与时任署理湖广总督端方结识。两广兵力不足，军机处调拨湖北武建军助剿，端方提出武建军近年训练初具规模，所辖两旗统领不足以独当一面，"虽有贤将，不如苏龛（郑孝胥字）"，点名由郑孝胥统帅鄂军（《端方致岑春煊电》，光绪二十九年闰五月二十八日，端方档案）。郑孝胥不负所望，调度有方，连战连捷。湖广作为广西的协饷省份，端方尽力支援前线军饷。端方与郑、岑于政务互相支持，相处融洽，私人交际极为投契。不过，受困于捉襟见肘的边防军饷以及复杂的官场纷争，郑孝胥还是以身体不适为由，辞去广西军务督办，诗言"弃官才信一身轻"（《移情》，《海藏楼诗集》卷六）。辞官隐居，等待时机。

郑孝胥交代边务之后，乘船赴上海。自光绪八年乡试中举，至光绪三十一年，宦海沉浮二十余年，四十六岁称疾致仕感慨颇多。光绪三十二年他在《元旦试笔》中写道："胜天由素定，吾意稍施行。归老方耽学，投荒久厌兵。一闻春风至，复有少年情。只恐清樽侧，回肠醉不成。"表达出对政事的厌倦，内心又不甘于归隐山林。

光绪三十二年，郑孝胥摆脱宦海束缚，旅居他乡，闲适从容，却度过了人生中不平凡的一年。临近岁杪，总结这一年写道："丙午一年又辞我去矣。一生最奇之境莫如今年,吾之待己与待世者,皆开从古未有之新意。"(《郑孝胥日记》,1076页)。孤傲自负的郑孝胥,感叹"从古未有之新意",显然有得意之作。

此年正月,郑孝胥乘船由上海赴烟台,此行是为见其"挚爱"——名角花旦金月梅(郑孝胥呼其"凤雏",应是与自称"卧龙"相呼应)。两人相识有年,此后郑孝胥随幕主辗转各地,与金分居两地。此次赴烟台,先前应是久未联系,临行之际郑氏情感交杂,担心见不到,或者金氏嫁人。郑孝胥战场上运筹帷幄,却对此行不存胜算,日记中流露出忐忑之意:"意凤雏不在烟台,余当不遇而返","又意凤雏已嫁,则当谢余不见;或请见余,略谈所遇情状,余何言以对乎"。幸运的是,金月梅未嫁,"悲喜相持,为余下榻,絮语终夕",郑氏将迎回金月梅与诸葛亮收姜维相比:"吾神机妙算,战无不胜,攻无不克。此次来烟台,如诸葛孔明之收姜维。可谓快矣!"(《郑孝胥日记》,1027—1028页)上年离开广西,曾遭广西巡抚李经羲弹劾,军饷未造册报销。或许郑氏离职解交的军费并非实数,发了军饷财,此时又抱得美人归,凡此种种都可称得上"从古未有之新意"。

不仅如此,光绪三十二年四月,郑孝胥在上海置办了房产,临近河岸,屋后洋房一幢,明亮宽敞。摆脱了紧张的军务与幕府兼差,身边有佳人相伴,又在苏州、太湖等地买了土地和多处房产,做起了地主和寓公,不时在上海会见名流,生活闲适惬意。正如三十一年除夕自书"名教乐地,风流人豪"二语,准备在上海这片华洋杂居之地享受一番。郑孝胥是六月初四日搬入新屋的,就在同日,出洋考察大臣端方(三十一年被派出国考察)回国途经上海,张謇、瑞澂、赵凤昌等沪上知名人士设宴招待,郑孝胥位列其中。酒桌上,郑孝胥建议政府包买进口洋药,加抽土药税,为制造机械筹集资金,此后全国施行禁烟,得到名流们的认可,"申言其理致,举座皆然之"(《郑孝胥日记》,1050—1051页),其才华又一次在华洋齐聚的上海得到认可,想必性格狡黠的端方也说了一通客套话。

解甲归田，郑孝胥隐于喧闹的上海，享受十里洋场的繁华，也时刻观察着朝局动向，在《隐几》诗中写道："卸甲归来倚市楼，腾腾人海独吟秋。浮云北极天将变，落日中原事可忧。"凭借多年宦海经验，他已意识到朝局将变，自然做好了随时入仕的准备。对于己才，十足自信："倘竟有豪杰再起，必将求我，虽埋头十年，至五十六岁出任天下大事，依然如初日方升，照耀一世。"（《郑孝胥日记》，975页）三十二年七月中旬，端方被任命为两江总督兼南洋大臣，拨款筹建中国公学，聘请郑孝胥为校长。郑孝胥适机入幕端府，再次踏入政界。

老东家岑春煊与郑孝胥也一直保持联系，光绪三十二年，岑氏出资在上海成立宪政研究会（当年九月改为预备立宪公会），请郑孝胥参与帮办。十月初，岑春煊乘船来到上海（岑由两广调任云贵，并未赴任，又补四川总督）。自此，郑孝胥逶迤于端方与岑春煊之间，开始了"一仆二主"的生活。

临近岁杪，广西巡抚林绍年内召为军机，途经湖北，约郑孝胥汉口一见，应是与湖广总督张之洞等人讨论了朝局异动。郑孝胥在给林绍年的诗中写道："朋党兆已萌，勿使祸再起。"提醒林氏此次入京多加小心（《赠林赞虞侍郎》，《海藏楼诗集》卷六）。几日后郑孝胥记道："铁良将入军机，瞿子久（瞿鸿禨）将不能自固，京都情形视上半年更加黑暗。"（《郑孝胥日记》，1073页）郑氏已经隐约预料到山雨欲来风满楼，一场狂飙渐作的高层政争即将上演。

二、深陷政局之中

光绪三十三年，清廷高层爆发群体性政争事件——"丁未政潮"。政潮发起的直接引线是一直以病为由，滞留沪上的岑春煊，以赴任四川总督之名，擅自入京觐见，参劾北洋一系。揆诸史实，岑春煊并非贸然扣响宫门，而是经过了精心筹备。三月初二日，即入京前两周,邀请郑孝胥"同入都"。郑氏"谢不能同行",应是出于京中动向不明,不想伙同进入是非之地(《郑孝胥日记》,1085页)。

较早探知岑春煊借道北上的人正是两江总督端方,上海在其辖区,自岑入沪,端方即派眼线时刻监视。三月初四日,据袁世凯电告盟友军机大臣徐世昌称:"午桥(端方字)电开,云帅(岑春煊)初四自沪开行,初六七过。此行名为入蜀,实则入都,有荐膝之陈。"(《袁世凯全集》,第十六册,河南大学出版社二〇一三年版,71页)。需要说明的是端方自上年丙午官制改革后,与袁世凯政见相合,结为金兰之谊,交往愈发密切。反之猜疑岑春煊有谋求江督之位,渐生嫌隙。

岑春煊入京关系朝局走向,端方急于探知内情,邀请郑孝胥到南京面谈。端方从郑氏处探知:"北来蓄志已久,在沪向苏盦(郑孝胥)说此行专为推翻政府,改良外部,必欲达目的而后已。当事(奕劻)力薄,不足制之,请公(袁世凯)用全力密为布置。此子智小谋大,怨家太多,诚如公言,无能为也。"(《端方致袁世凯电》,光绪三十三年三月十八日,端方档案)端方将信息告诉了袁世凯,所提及的"推翻政府,改良外部",是希望引起北洋的注意,同时有捧袁贬岑的意蕴,"诚如公言,无能为也",实际还是为了唆使袁氏"全力密为布置"。

岑春煊入京后,接连受到两宫召见,借此打击异己,弹劾朝中重臣,以北洋居多。令北洋一系深感不安的是,岑春煊觐见后,竟补邮传部尚书,将常驻京城,对此郑孝胥不无得意:"余在沪尝告云帅,入京必补邮传部。果然。"(《郑孝胥日记》,1088页)岑春煊尚未履任新职,即将北洋亲信邮传部左侍郎朱宝奎参劾去职,一部之长未及上任就将卿贰拿下,这种刚劲的办事风格,在官场是极为罕见的。

岑上任后,立即致电郑孝胥赶紧入京,想必邮传责重事繁,急盼帮办。为稳妥起见,岑上奏保举,"特旨调令来部,在丞参上行走"(《岑春煊保举郑孝胥、张元济折》,光绪三十三年三月二十八日,录副奏折)。

岑春煊此时正承两宫雨露，获得连续独对的恩宠，报界风传入军机指日可待，加之与郑多年交情，自信"卧龙"不日即到。事情却未按其设计进行，这是岑氏始料未及的。

端方为阻止郑孝胥进京，告知御史江春霖参劾奕劻，慈禧太后甚为不满，京中局势异常，名为担忧郑的仕途，实为暗示不能贸然行事。而得知都中形势未定，郑孝胥自然不愿冒险，但迫于岑氏压力，复电称"容即赴沪，料理北行"。

此一阶段，相比仕途的进退两难，郑孝胥更为情所困。金月梅于三十三年二月回烟台，三月初突然寄来诀别信，称"依君一年，自惭无功坐食……高情厚爱，终身不忘。今愿自苦，复理旧业。请勿相迎，婢不来矣"。郑孝胥接信后，"肌跳头眩，几不能坐"，悲痛欲绝，连复三书，其中一书曰："汝病疯耶，乃为此语：我诚有负情义，使汝有去志耶？"以图挽留（《郑孝胥日记》，1086—1087页）。所作"琅琊王伯舆，区区为情死"（《三月十二日四十八岁初度是日自上海赴南京》，《海藏楼诗集》卷六），正是此时的心境。

不过，有"官屠"之称的岑春煊顾不上郑孝胥的这些苦衷，劝其尽早入京，同时上奏保举郑为邮传部丞参。端方得知即电促袁世凯阻止，"苏盦在此深资臂助，西林（岑春煊）近拟攘之入邮，闻已奏保丞参上行走。苏盦见局势扰攘，不愿往。……鄙意苏盦大材，亦断不可为西林有，能为苏盦在外边谋得位置，既使彼有所展布，亦免为某附翼"（《端方致袁世凯电》，光绪三十三年四月初一，端方档案）。端方建议将郑留在南方，安徽按察使或可运作，"若以苏盦接替此席""暂令迴翔，小所甚愿"（《端方致袁世凯电》，光绪三十三年四月初二日，端方档案）。同时，端方也向朝廷保举，"将候补四品京堂郑孝胥破格擢用，于大局实有裨益"（《两江总督端方折》，光绪三十三年四月初五日，录副奏折），显然这是为郑任职安徽臬司做铺垫。

端方的奏保和运作无疑打动了郑孝胥，决心拒绝入都。岑虽大怒，但动之以情，发长电相劝："相知有年，即不念私交，宁不念国事？又当此急而相求之际，煊纵极庸下，不可共功名，宁不可共忧患耶？务求践约来都。"岑春煊这封电文可以看出其性格刚正强势，与端方之狡黠大不相同。郑回电拖延："容月内行。"（《郑孝胥日记》，1090—1091页）同时将此电抄示给端方，望能够帮助给出对策。

端方告知正为谋划安徽臬司一职，京中人心惶惶，审时度势，郑氏接受端方的建议，拒不赴京。只是安徽巡抚恩铭早有皖臬意向人选，谋得此职难度不小，端方请袁世凯联合奕劻从中斡旋。袁氏很快有了回复，托人给端方带了一封密信，称"大老（奕劻）亦在上前说明，颇以为然"（《袁世凯全集》第十六册，176页）。不过，袁世凯判断此事已经无关紧要。

原来袁世凯写这封密信的时间为四月十九日，此时岑春煊入京已有一月，此间京中朝局发生了剧烈变动，先是岑获恩宠独对，到了四月中旬渐渐失宠，四月十七日，上谕补两广总督，被排挤出局。既然岑出任两广总督，袁世凯据此认为郑氏是否入都已无关大局。四月二十二日，如端方所愿，郑孝胥任皖臬谕旨下发。岑春煊离京之际，大力参劾北洋嫡系原两广总督周馥，袁世凯请端方沟通郑孝胥帮助斡旋，郑表示"当保无虞"，显然已倒向北洋。

三、厌世与弃官

岑春煊补两广总督上谕下发，基本已经确定出局，但并未即刻离开京城，而是寻找时机，伺机翻盘，再发电邀请郑孝胥入京，郑以胃病发作为由婉拒。到了四月二十七日，岑春煊知大局已定，在京周旋无益，怏怏出京。临行之际，上奏请将郑孝胥与广东按察使朱寿镛互调，谕旨允其所请，郑氏得知后"齿痛甚剧"，称身患大病，拒绝随同赴粤。五月初七日，岑春煊乘船抵达上海，郑孝胥便衣求见，在日记中特意强调，"旧幕府郑苏盦，非以广东臬司来见也"，看来已决心更换门闾，不再追随旧主（《郑孝胥日记》，1091页）。

岑春煊到了上海，端方反而一改前态，怂恿郑孝胥进京，以避免随岑赴粤，并向新任邮传部尚书陈璧请托，为郑谋丞参一职，请袁世凯"预为招呼"（《端方致陈璧电》，光绪三十三年六月初二日；《端方致袁世凯电》，光绪三十三年六月初七日，端方档案）。在等待陈璧回复期间，安徽巡抚恩铭被刺，端方借机上奏称郑孝胥堪膺派署，未果。六月二十四日，陈璧回电称邮传部所奏预报丞参各员中，郑孝胥排位居首，已交军机处记名，并特别强调得到了中枢各位大员的认可。

岑春煊被排挤出京，此前北洋的头号政敌瞿鸿禨已被罢免，反观袁世凯、奕劻圣恩日隆，郑孝胥入京前景大好，入粤可得岑氏重用，倚为心腹，宦途也不会差。不过郑孝胥选择了弃官，先是拒任广东臬司一职，请端方代奏开缺。同时为防京中政局有变，邮传部丞参一并拒绝。端方认为郑孝胥自请离任对其无益，陈璧也认为外省可大用，千万勿萌退志。无奈郑孝胥去意已定，坚执如前，作诗《弃官》表达对处境的无奈："弃官宁不遇，厌世始猖狂。欲老真甘死，难行却善藏。累心情略尽，用短巧何妨。此意将谁语，凭阑送夕阳。"

此后，岑春煊依然逗留上海，七月再遭北洋一系重创，被免去两广总督职务。郑孝胥频繁往来沪、宁之间，日记中记述经常与岑春煊进餐打牌，间或起草文书。当然也不乏与端方的交际，不过已然不同于政潮期间那般频仍。后来，郑孝胥好友熊希龄向其透露："午帅（端方）前有电入都，谓郑某乃岑春煊死党，如令入邮传部，不啻为虎添翼云云。"熊氏同为端府食客，所言非虚，前文业已详述，郑孝胥听后则"笑而不信"。本年七月，内阁学士恽毓鼎参劾岑春煊结交康有为、梁启超，图谋不轨，有传言为端方发动，郑孝胥认为"江督贤者，而亦为此耶？当系谣言耳"（《郑孝胥日记》，1107—1109页），对端方足够信任。

光绪三十三年末，郑孝胥总结这一年："老态已成，殊无生趣。

厌世之意益坚，弃官其余事耳。恨无知者可与深言，嗟夫！"是看透了官场的尔虞我诈，因此萌生"厌世之意"，还是如其所言，缺少"可与深言"者？不得而知。临近岁杪，写下一首《残岁》："残岁每添怀抱恶，北风弄雪晚冥冥。捐书未必遂闻道，厌世何为空养形。歌哭圣狂喧海市，酣嬉醉梦祕云屏。人间正有沉迷乐，莫信灵均说独醒。"诗中表达了对世事的无奈。

丁未政潮是清末政局转折的重要枢机，影响了权贵进阶，也改变了一些中下级官员的仕途命运，郑氏此年的仕宦沉浮与矛盾心境是为清廷高层政争的注脚。三年后，川路风潮爆发，端方出任督办川汉铁路大臣，推荐郑孝胥为湖南布政使，寄望助力，郑氏拒不赴任，倒向更有权势的邮传部大臣盛宣怀，这与其丁未政潮期间的抉择如出一辙。处在大变局之际的官员与朝士，本质上既非顽固，也非革新，大都是为了仕途奔走而已。

《读书》编辑部编辑

主管：中国出版传媒股份有限公司
主办、出版：生活·读书·新知三联书店有限公司

总　编　辑：肖启明
副总编辑：
主编（兼）：常绍民
副　主　编：刘蓉林
出版总管：李学平
编　　　辑：饶淑荣/卫纯
市场经理：张惟
装帧设计：陆智昌/薛宇　印制主管：张雅丽
发行总监：周旭 (010) 84681050
读者服务电话：(010)84050425　84050451
邮购地址：北京市朝阳区霞光里9号B座
三联生活传媒有限公司　邮政编码：100125

《读书》微信公众号
扫码购买《读书》杂志

投稿邮箱：sdxdushu@vip.sina.com

地址：北京美术馆东街22号
邮政编码：100010
印刷：北京中科印刷有限公司
国内总发行：北京报刊发行局　国内代号：2-275
广告经营许可证号：京东工商广字第0063号
ISSN 0257—0270　CN11—1073/G2

中国出版集团好书榜

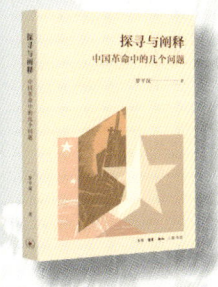

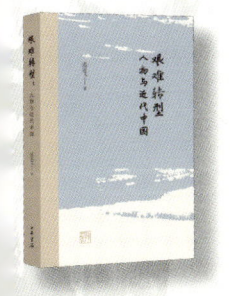

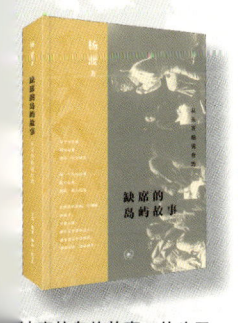

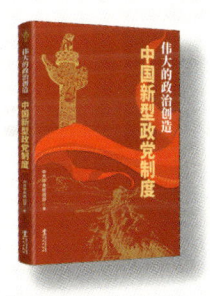

中版好书 引领阅读

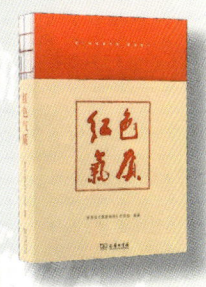

2022 年第 2 期

主题出版

红色气质	商务印书馆
乌江引	人民文学出版社
探寻与阐释：中国革命中的几个问题	
	三联书店
伟大的政治创造：中国新型政党制度	
	华文出版社
小漫画 大时代（套装）	
	生活书店出版有限公司

人文社科

艰难转型：人物与近代中国　中华书局
南沙争端的由来与发展——南海纷争史国别研究
　　　　　　　　　　　　　　中华书局
为有荷花唤我来——叶嘉莹在南开
　　　　　　　　中国大百科全书出版社
缺席的岛屿故事：从头开始说台湾
　　　　　　　　　　　　　　三联书店
亲爱的中国——移民书信与侨汇
（1820—1980）　　　　东方出版中心
人生能有几回搏　　　　　　研究出版社
印地语动词词典　　世界图书出版公司
美国国家地理全球史：古埃及兴亡史
（3册）　　　　　　　　　现代出版社

红色气质
商务印书馆

乌江引
人民文学出版社

探寻与阐释：中国革命中的几个问题
三联书店

伟大的政治创造：中国新型政党制度
华文出版社

艰难转型：人物与近代中国
中华书局

为有荷花唤我来——叶嘉莹在南开
中国大百科全书出版社

缺席的岛屿故事：从头开始说台湾
三联书店

亲爱的中国——移民书信与侨汇 (1820—1980)
东方出版中心

美国的疴疾
一位历史学家对疫情的反思

- ◆ 跟随作者步伐，直面疫情初期社会危机
- ◆ 立足历史视野，审视美国当下现实困局
- ◆ 为健康与公正，寻求治病良方脱困之道

该书是美国当代最具影响力历史学家蒂莫西·斯奈德病中沉思录，笔锋直指美国医疗系统之疴疾顽瘴。他结合自身生命经验，对比过去在他国医疗系统的体验、观察与反思，对美国利润至上、效率低下，专业意见被轻视，科学逻辑不断被政治左右的医疗体系，写下犀利而沉痛的呼吁。

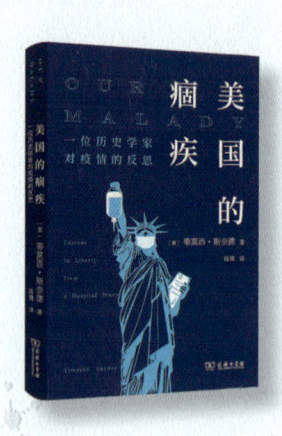

ISBN：978-7-100-20545-0
[美] 蒂莫西·斯奈德 著
陈博 译
定价：48.00元

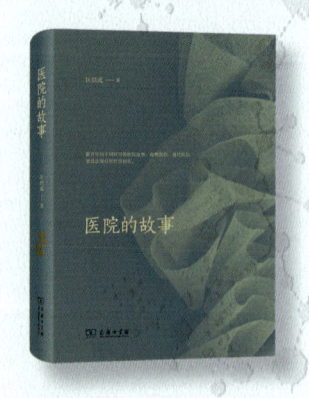

医院的故事

- ◆ 数百年间不同时空的医院故事，提醒我们，现代医院要设法保存医疗的初衷。

本书生动而详细地将现代医院诞生历程中错综复杂的各种元素娓娓道来，对香港西医发展的详尽介绍和对现代医院的殷切需求诉诸笔端，引人入胜。

ISBN：978-7-100-18748-0
区结成 著
定价：56.00元

读书

6
2022
June

王　宁　两代人的志向与情怀

潘振平　回忆陈旭麓老师

许纪霖　"我是大正之子"：丸山真男的思想史研究

卢周来　"故事"如何影响经济决策与宏观经济

戴海斌　历史与记忆：辛亥年的周善培

孙红卫　马尔登、达菲、吉卜林与巴特勒夫人

一与多

· 文墨与家常 ·

王蒙 文　康笑宇 图

其实，一切的一——，同时也是多，而多多的一——加在一起，总还是一。

一是有结构的，物质的最小粒子分子、原子仍然有自己的结构，这是向更小的质子、中子、电子分析，用亚里士多德的说法，物质是实际的分割，也有理论上或思想上的分割，潜能中的分割。所以细小如原子，也仍然是一的一切与一切的一。

一是不断变化的，一的每分每秒都可以1‰化为毫秒微秒纳秒皮秒，每个时间点都是一，也是多的合成。

从佛教的观点来说，一是指心，多是指境。从王阳明的心学与道教的观点来说，一是心，多是物。一切的物，对于心来说是境，而万物的投影与消化选择决策实足都在一心中——知行合一。

人是多多细胞、神经、血管、器官、毛发的统一。心中可能有家国、社会、天下、人类、世界、宇宙、万有，心其实也是一切的一与一的一切。

一个字，一个词，一个或一组符号，一个或一组发音与书写，一个概念，一个认知，都是一的一切与一切的一。

更重大的道理在治国平天下方面，"圣人无常心，以百之心为心"，圣人，古代是指圣王，对于庄子来说是指黄帝之先的轩辕氏、有巢氏、燧人氏、神农氏，对于儒家来说则是指唐尧、虞舜、夏禹、周文、周武、周公，又可称内圣外王，而玄圣素王指的是孔子。他们之成为一个圣人，正因为是来自他们对多、对一切的代表。庄子说，内圣外王的特点与标志是："天下之人，各为其所欲"，一面服众，一面得众，一面满足万众。伟哉，难矣哉！

读书

DUSHU　　6　2022

王　宁　两代人的志向与情怀 3
潘振平　回忆陈旭麓老师 13

许纪霖　"我是大正之子"：丸山真男的思想史研究 23
康子兴　从文明帝国到帝国文明 33

卢周来　"故事"如何影响经济决策与宏观经济 43
许　准　粮仓或是粮荒 53

短长书
何兆武先生的中外融通　仲伟民 61
"经""权"之辩　唐慧丽 66
"照扮冠服"的前世今生　石超 72
一石之微　沈迦 78

戴海斌　历史与记忆：辛亥年的周善培 83
王升远　一九三八："非常时期"的一场越境私奔及其余波
　　　　 93

孙红卫　马尔登、达菲、吉卜林与巴特勒夫人 ………… 102
李　旻　于断裂处重生 ………… 111

王　路　"形而上学"与"元宇宙" ………… 120

品书录 ………… 128
探寻诗境的入口（袁行霈、曾祥波）·黑弥撒与撒旦先生（戴潍娜）·"微笑"的革命（查少琛）·被解放的女性身体？（马姝）

焦　姣　美国社会科学史中的时间静止术 ………… 151

马嘉鸿　多义性与单行道 ………… 160
陈占敏　诉诸良知的对话 ………… 169

读书短札

富辰论妇德　读左零札（傅刚，22）·民初书画胜流　北窗读记（刘涛，92）·朱熹的比喻？（陈腾，101）·《陈敏"七弟顽冗"考》再补（张韶华，168）

刘以林　漫画 ………… 12
王蒙　康笑宇　文墨与家常 ………… 封二

王 宁

两代人的志向与情怀

一

陈抡先生的《历史比较法与古籍校释》一书，一九八七年十月在湖南教育出版社出版。从书名看，是一部用语言学方法解读中国古籍的书。目录包括《越人歌》《离骚》《天问》三种典籍的校释，内容和方法都跟音韵训诂学有直接关系。音韵训诂学被现代人看成冷门绝学，这种书，除了业内的学习者，是很少有人看的。但是这正在我的专业领域内，惭愧的是，我不但没有读过，对作者名和书名都没有太多印象。主观上，是因为自己的学术积累不足，而客观的原因，是这部书只出了一版就没有再版，等到我关注训诂和文学语言关系时，已经很难找到了。

可是，一种缘分让我拿起了这部书，而且从头到尾细细读了好几遍。

说起来已经是八年前的事了。二〇一四年的夏天，一位名叫陈桂芬的女医生辗转通过我的学生李瑞找到我，送来的就是这本《历史比较法与古籍校释》，还附带送来一摞作者用很不整齐的纸做的卡片。他说："陈医生想找人帮着看看她父亲陈抡写的书，帮忙写个介绍或序言什么的。"李瑞同时也说，他和陈医生并不熟，要我不必太在意，没有时间就推辞算了。我简单翻看了这本书，也查到陈抡先生与我的师辈年龄相仿，是一位长者。但那一年《辞源》第三版修订面临收尾，加上教学、科研的忙碌，更怕自己识见不足，耽误了陈医生四处探访的苦心，所以准备婉言谢绝这件事。只是因为担心李瑞受人之托不好交代，想给一个比较礼貌的推辞方式，假期里，我拿起了这本书翻看，第一篇就是再熟不过的《离骚》。文章一开始就说："'离'就是'流'，'流'就是'流放''放逐'，这里指接受动作的人，可译为'逐客'……'骚'就是'操'，就是'曲'。""《离骚》就是逐客曲。"我会意地在心里默念，"流放者之歌"。读了那么多《离骚》题目的解释，类似的说法不是没有，却没有讲得这么直白而清晰的。而且，这说法的根据也非常直白，作者提出，在古代方言里，-iu 韵字读如 -i 韵字的很多（他举了不少例子，这里只说一个大家都懂的——读"求"如"祈"，"求"-iu，"祈"-i），所以"离"就是"流"。他又认为："谓'曲'为'操'，犹谓'去'为'造'。谓'曲'为'骚'，亦犹谓'去'为'扫'。""骚"是"操"，也是"曲"，这是事实。《乐书》记载有古琴操《公莫渡河曲》，乐律之书记载古代有"五曲十二操"，也记载"古琴操"配有"九引曲歌辞"……都证明"操"和"曲"是一回事。这已经不是问题。但为什么古琴曲叫"操"？似乎没有人注意。仅仅《风俗通义》有一个解释说："其道闭塞，忧愁而作者，命其曲曰操。操者，言遇菑遭害，困厄穷迫，虽怨恨失意，犹守礼义，不惧不慑，乐道而不改其操也。"是把"操"解释作"操守"的"操"，很迂曲。而这里用方音解释，采用训诂学的因声求义和比较互证两种方法，如此简洁、合理，完全说服了我。

更让我心动的是下文，陈抡用《离骚》比喻《箕子操》说："箕子名其曲为'箕子操'，屈子名其曲为'逐客骚'。我看，这是有意的模仿，并不是偶然的雷同。"这让我马上想起那首《箕子操》："嗟嗟纣为无道杀比干，嗟重复嗟，独奈何！漆身为厉，被发以佯狂。今奈宗庙保，天乎天哉，欲负石自投河，嗟复嗟奈社稷何！"想起商纣王无道，比干被剖心惨死，箕子装疯为奴以自保，心里已经万分压抑。

又忽然想起，太老师朱季海先生有一次说起《楚辞》的《天问》，曾经对我说："人到无奈才喊天，你说屈原的《天问》像不像《箕子操》喊出的'天乎天哉'，像不像《窦娥冤》的问天呼冤？"思古抚今，浮想联翩，我仿佛听到了蒙冤者的呐喊，一个晚上也没有睡好！

往下看，又一个地方让我诚服。"纷吾既有此内美兮，又重之以修能，扈江离与薜芷兮，纫秋兰以为佩。"陈抡用《方言》"纷怡，喜也。湘潭之间曰纷怡"，《尔雅》："怡，喜也。"《广雅》："欢、纷怡，喜也。"《后汉书·延笃传》："纷纷欣欣兮，其独乐也。"四个证据将"纷"解释为"喜"，而且说是从"欢"派生出来的。一下子就让我想起"喜欢""欣喜""欢喜"这些双音词的语音关系，在古音里，h 与 x 本来就相同，在方言里，h 与 m\f 相通的地方也很普遍。他又说，"能：古音台"，这不正是"能"和"態（态）"的声音关系吗？他说"楚俗音 têi"，不是很容易就跟"美"（mei）、佩（pei）押上韵了吗？

连续读了两天，看到了类似的太多的精彩之处，明白了陈抡方法的创新性。他心里的语音，不是我们在韵书里用汉字表示的那个音，而是口语的音，既是口语，必有方言。跳脱出汉字的字形来用口语解读民歌，很多难解的句子变得非常明白通晓。这方法是典型的因声求义，但不是一般人能够采用的。要有古今的方言语感，要有丰富的材料寻找规律，没有积累做不到。慨叹之余，我才仔细看了那一摞卡片。卡片一共八张，纸张粗糙破旧，大小不等，边沿不齐，似乎是用手撕成小块儿的。稍微整理一下，就会看到这样的音义关系：

"ling-bi 令－俾"，"ling-hie 另－别"，

"ling-bu 灵－卜"，"ling-bao 凌－暴"，

"ling-ba 岭－岜"，"ling-bo 领－脖"，

"ling-pa 舲－舥"，"ling-po 岭－坡"。

一看就明白，作者是在寻找古声韵"来"纽（l）和唇音（b\p）

的关系，没有想到他竟然找到了这么多其实很浅显的例子。每一条单独看，"别"从"另"得声，"卜"就是"灵"，"欺凌"与"强暴"同义，"领"就是"脖子"，等等，虽符合语言事实，但都带有偶然性，并列在一起，语言规律就显现了。这种积累，应当不是一时兴起，更不会是一日之功。我回头看了自己的卡片柜，早期的也是废纸，但裁得整齐，后来就是专门印好的，还有专门的分类卡。那时候我的工资只有81.9元，还能这样积累资料。陈抡这么重要的内容却是这么破的卡片，是在什么情境下做的？

想了一夜，我第二天一早就给李瑞打了电话，请他邀请陈医生来见个面。过了两天，我终于见到了陈桂芬医生。她比我小不了几岁，一口浓重的湖南方言，背着一个很重的双肩包，自己带着水瓶。她语言凝滞，好不容易才向我说明父亲著述的过程。在她出示的父亲为书的出版与当时很多专家学者来往的信件中，最使我感到亲切的是我的前辈师长杨树达先生和周秉钧先生介绍这部书的信。杨树达是中国科学院哲学社会科学学部委员，他的《词诠》《积微居小学述林》《积微居读书记》都是我们学科的必读书。周秉钧应当是我的业师，他在湖南师大任教，我虽然没有直接听过他的课，但经过导师陆宗达先生的介绍，我的《尚书》是他亲自指导的。两位先生都是湖南的知名学者。我明白，他们的信，可能就是陈抡的书一九八四年终于能在湖南教育出版社出版的原因吧！

二

陈桂芬医生告诉我，其父一生在做古籍校译的工作，家里存有很多没有发表的手稿，父亲想作一本古代方言的词典，收集了很多材料，装了整整一个麻袋。她告诉我，父亲是一九九二年二月二十三日去世的，她一直想把父亲留下的遗稿整理出版，但她只是一个医生，退休后想学一点古籍方面的知识，又不能再去上学。她说，这次好不容易联系了北京的线装书局，准备重出父亲的《历史比较法与古籍校释》，而且除了《越人歌》《离骚》和《天问》以外，还加了《诗经》和《天论》两种。她说自己参与校对，但责编不听她的意见，不好好改，要我帮她看看她的意见对不对，还要我给其父的书写一篇序或者介绍。我安慰她说：现在出书很难，即使自己出钱，出版社也会提出一些"包销"的条件，她不是这个行当的人，会遇到更多的困难。看着她匆匆赶来而孱弱的身体，我归还她的书和那摞卡片，也回答了陈医生校对中提出的问题。她毕竟不是业内人，意见有牵强之处。但令我吃惊的是，她的确不简单，找出的错处多数有道理，提出的修改意见也有不少可行。对于一位西医医生，如不是因为对父亲的书弄得很熟，而且专心、精心于此，是做不到的。我知道她在联系出版和跟编辑打交道的时候会有怎样的遭遇。现在的社会不是"尊老"的社会，老年人连买东西付款稍慢一点，也会看到嫌弃的脸色。何况陈医生口音很重，又不善于表达。势利眼几乎是当今很多人的习惯，看地位，看名气，甚至看衣着，看仪态……她的交涉不会很顺利的。我答应了写序，对她说："陈抡先生是我的前辈，他的学问也比我大得多。如果我的老师辈还有人在，这件事是轮不上我来做的。但是现在连我都已经快要八十岁了，老师们都已经离开，作为这本书的学习者，我已经知道了它的价值，不忍推辞，也就勉为其难了。"这以后，倒是我反过来向她讲述我对这部书价值的认可了。

二〇一五年，陈抡这部书在线装书局出版，很快售完，书局不肯再版，陈医生再次向我求助，我写了推荐给中华书局，请一位帅大毕业的很优秀的编辑许庆江做责编，书名改为《楚辞解译》，二〇一八年，终于在中华书局出版。陈医生请了归青老师作序后，仍然希望我给一个序。为了给这部书写推荐和写序，我已经将陈抡先生的书断断续续读了第二遍，似乎已经完全懂得了他的意图和方法。

但是在为《楚辞解译》写序时，我的认识又深进了一层。

我原以为，陈拎是湖南人，《楚辞》产生在楚地，可以借助他方言口语的语感，更为锐敏地找到更多的语音关系线索，沟通古今后，进入对词语意义的解释，根据应当是充足的。而对他用这种方法解读《诗经》和荀子的《天论》等其他典籍，仍有些疑虑。《诗经》地域广阔，比如《召南》，召在今陕西岐山之阳；《邶风》，邶在今河南朝哥以北……《天论》的作者荀况，战国赵人，赵国大部分地域在今山西，少部分在今河南，荀况晚年虽受春申君之邀到了楚国，任兰陵令，但口音也不会有大的改变。从这些典籍中勾稽方言，与湖南方言对应楚地古籍，规律应当有所不同。陈拎的方法能不能扩大使用呢？后来，我从陈拎的生平中看到，他不是仅仅用自己的湖南方言来做研究，而且注意收集了上海、南京、北京、湖北、广东、福建等一些其他的方言，他应当掌握了吴语、闽语和粤语这些最有参考价值的现代方言，我也从他具体的解读和注释中看到，他深入研究了训诂专书和古代方言资料。所以我断定，他凭借自己的湖南方言语感进行研究只是一个起点，而真正的做法确实是在现代方言、古代方言和古代雅言之间寻求联系，而且借助汉字为线索，用这些语音比较的规律来解读古代典籍的词义和文意的。

其实，历代解读《诗经》《楚辞》的知名学者很多，成果也不少，而像陈拎全面借鉴西方历史比较语言学的精神，又根据古代汉语的特点运用了中国传统语言学音韵训诂的方法，确实是一种创新。他以语音为线索，加入了方言因素，从而考证词义，疏通文意，很多地方发前人所未发，让一部冷门的学术放出了异彩。

三

陈拎的这两本书出版后，我觉得陈桂芬医生实在辛苦，劝她一定要歇息，但她又提出了一个新的问题：如何整理父亲那一麻袋卡片？在我看来，那的确是一批有价值的资料，如果陈抡还在世，根据现在的条件，应当在他指导下，对每张卡片进行校对，统一音标，输入电脑，然后根据语音比较的意图，研究出编则，归纳出体例，采用音序方法排列起来，真正做成一部古代方言词典。只是，陈抡已经去世了整整三十年，他在世时，仅仅是一位普通的中学老师，一切都要自己动手。那些卡片虽然用棉线捆成一小摞一小摞，但装在麻袋里，必然不会有严密的排序，应当比较零乱。加上音标不统一，体例无规划，还难免有笔误，别人做起来，如果没有理解他的思想和方法，缺乏他对资料了解的纯熟，又没有他那样研究古籍的根底，恐怕是难上加难的。老年学者中方言、音韵、文献功力可以胜任者即使还有，精力、体力都已经不足了，无法承担。这个领域培养的中青年学者本来就少，能够不图名利、一心向学的优秀者发展学术的重任在身，都有自己的任务，这件事的紧迫性也还不到动用他们的时候。至于那些功力不足或无心做真学问只想"短平快"混名利的人，更不可能关注这样的任务。因此，我替她着想，劝她将卡片按音序排列，装在资料盒里送到国家图书馆或湖南省图书馆收藏，以备将来有懂行的人花工夫整理成字典。陈医生对我劝她知难而退的办法显然很不甘心，她说："那会不会就藏在那里永远没有人再看到这批材料了呢？"她执拗地坐在我那里，不肯起身。看着她不肯放弃的眼神，我只能对她说："如果剪贴编排，影印出版，可以多处收藏，也是一个办法。但财力、人力应当投入很大吧？为了出版和再版父亲的书，你已经花费很多，影印的花费会更多。而且，即使把那一麻袋卡片排序后一张张贴起来，恐怕也是一个大工程呢。你心脏不好，身体本来就弱，能不能坚持做完这件事啊？"她没有再说什么，我也不知道自己的劝告究竟起没起作用。

从二〇一七到二〇二一年，陈医生一直在湖南，因为疫情，我们没有见面。她有时来微信，以医生的口气，嘱咐我一定要喝牛奶补钙,要轻微运动和晒太阳,还用快递寄来奶粉。我以为,她终于放下了。

没有想到,前年夏天,陈医生到我家。她告诉我,终于得到全家人的支持,要将卡片整齐排列,剪贴影印。去年夏天,题名《古代方言词语考释资料集成》已经完成,集成十二册,准备在线装书局影印出版。陈医生要我帮助推荐,寄来凡例和两本样稿。我才知道,卡片一共五万六千零九十张,剪贴整齐,按音序排列粘贴,凡例井井有条,目录莘莘清晰,还附上了音标表。我对着目录仔细读了样稿,莫名感慨,竟说不出话来。

这批材料真的有留下来的价值吗?当然有。我国的文献典籍浩如烟海,传统语言学文字、声韵、训诂三门学问的应用价值,就是为了让现代人读懂这些文献,掌握古代真实的史料,发掘古人的思想智慧,以古为鉴来认识今天。由于语言学研究这一个世纪以来受西方语言学的影响太大,有些成果是脱离中国古代语言实际的,有些甚至对语言面貌的描述有干扰作用。认真的、对古代文献语言的解释有参考价值的材料不是太多,而是严重不足。陈抡的这批材料影印出版,保留下来,当下可以查找,可以引用,可以评判;如果和其他相关材料放在一起对照、互补,对典籍的解释必会起到重要的作用。将来一旦出现了进一步整理的机缘,这批材料没有流失,可以全面发挥作用,也就没有什么遗憾了。

四

从二〇一四到二〇二一年,我和陈医生为了陈抡的著作和资料而相识、相熟,已经八年。我怀着钦敬、佩服的心情眼看她完成了父亲的遗愿。也随着与她的交往对陈抡有了一个全面的了解,更加懂得他的艰难和执着。

他是湖南省溆浦县人。二十世纪三十年代毕业于上海的大夏大学。那时，厦门大学的一部分师生因为学潮离开原校转移到上海，得到很多知名人士的帮助，建立起来一所新的大学，校名"大夏"。这个名称既与"厦大"有联系，又含"巍巍华夏"的意思在内。大夏大学在抗日战争中表现出优秀的爱国主义传统，五十年代初高等学校院系调整时，大夏大学的主要部分并入现在的华东师范大学。很少有人知道，大夏大学的中文专业有极为坚实的古代语言文学基础。我国古代文献语言学的学术体系，是在文字学、音韵学、训诂学这三个分支的基础上发展起来的。由于闽语、粤语保留古代韵母的入声和闭口韵，这些语音因素在其他方言区特别是北方方言里已经完全或部分消失；所以，闽粤地区的学者研究音韵学有天然的优势。自从传统语言学走入现代以来，音韵、文字学在广东、福建等地区最为兴盛，很多知名的研究者，大多是广东、福建人，或者是离闽粤地区较近的湖南、湖北人。我这才知道陈抡的方言基础和研究传统语言学的思想渊源。

陈抡不但是一位非常平凡的知识分子，而且是一位饱经人间沧桑的中国文人，一位既无光环护身又无荣誉标签的普通学者。他先是一名中学校长，后是一名中学老师。生活一直贫穷拮据，"文革"时被迫停职，送进了"五七干校"劳动，接受审查，四十年来写成的上百万字书稿和全部藏书曾被付之一炬。之后，他被遣散到农村生产队，温饱不能维持，却凭着非凡的毅力和惊人的记忆在煤油灯下恢复旧作，写出新作。他完全靠着手写，遍寻废纸，年复年、日复日地把将近六万张卡片一张一张、一例一例地积累起来。他要下多大的工夫、读多少书、花多少时间、费多少脑力，是可想而知的。

在他遗留的书稿和整整一麻袋的卡片里，蕴藏着他毫无功利的、一心求得最终结果的纯净动机，不论多么艰苦，也要坚持下来的韧性，以及视继承传统为己任的骨气和情怀。

在他的书稿终于面世的过程中，蕴藏着另一种精神。陈抡先生

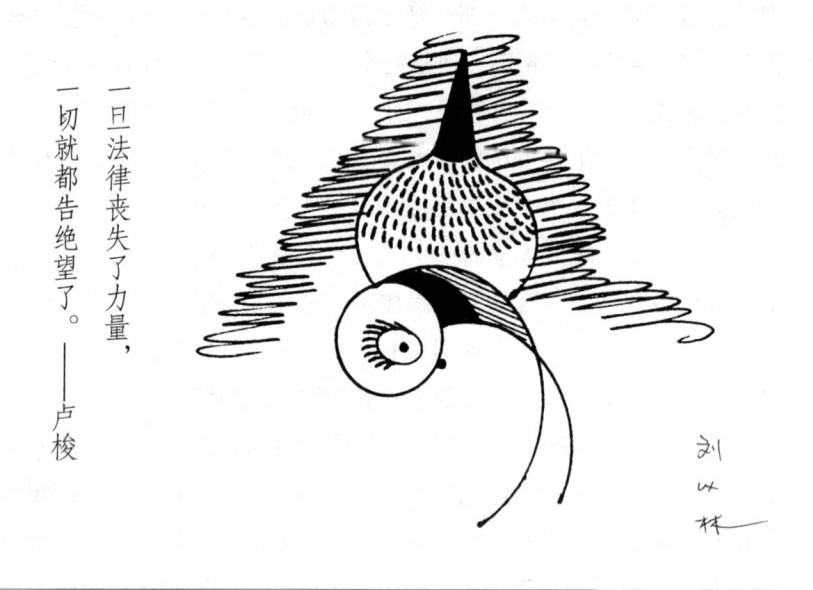

> 一旦法律丧失了力量,一切就都告绝望了。——卢梭

已经去世三十年。在他生前的艰苦岁月里,陈桂芬姊妹四人支持着他,供他生活,帮他买书,给他鼓励。在他身后,未完成的草稿堆积,资料装在麻袋里,他的已经年逾七十的女儿退休后,为了继承父亲的遗志,苦苦地学习、求助,终于让父亲的遗著面世。陈桂芬医生的执着,使我想起《论语》的话:"三年无改父之志,可谓孝矣。"她何止奔波了三年。女儿延长了父亲的学术生命,也把一笔丰厚的文化遗产留给社会。这已经不是一个"孝"字所能涵盖。这是一种两代人之间的理解和支持,是被父亲的执着激发出来的更深的执着。

我在这些年少有的激动中写出这部极有创意的冷门学术著作背后的故事,不只是一种对他们的表彰,更是希望这种两代人深刻的相互理解更多一些,这种执着激发的执着更多一些,中华文化宝贵的遗产也许会失落得少一些吧!

(《历史比较法与古籍校释》,陈抡著,湖南教育出版社一九八七年版;《楚辞解译》,陈抡著,中华书局二〇一八年版)

潘振平

回忆陈旭麓老师

时间过得真快，一晃，先生辞世已经三十多年了。这些年来，我脑海中常常会浮现先生的音容笑貌，也几次提笔写过一些回忆文字，却因自己不满意而搁置。如今接近古稀之年，不想留下终身遗憾，所以贸然动笔，写下虽然零乱却真实的些许回忆，寄托久久未能表达的哀思。

最后一面

一九八八年十一月，我去广东参加"戊戌变法与中国近代化——戊戌变法研究国际学术讨论"，先生也去了那里。我到广州越秀路他的客房时，他正在看一部别人的稿件。虽然这年九月我在上海见过他，但这次感到他精神分外健旺，脸色红润，完全没有前几年那种疲惫。问起他的身体，他说最近才在华东医院检查过，一切正常，就是肺部有点小问题。近年，烟也基本戒了。

说了没几句，他便一一告诉我他的论著撰写和编辑情况。那几年，茅海建和我约定，只要见到先生，就要催问他的书稿，估计先生见到我们也有点头疼。他说，新的论文集《近代史沉思录》已经着手在编了，不久就可杀青。治学过程中的随想录也要整理出来。"新陈代谢"一书，"明年一定搞出来"，他笑了笑说，"拖得太久了。"

我知道他的苦衷，他实在太忙了。一九八八年十月，他几乎全在外奔波。安徽有个李鸿章的会,他是很想参加的。接下来南京的社会史会议,组织者盛情邀请,似也不便推却。上海人民出版社请他审读有关县志,几十年的老朋友了,也是不能撒手不管的。先生去世后,北京的一些师友常常对我谈起他这几年外出活动似乎太多了,我只能苦笑。我能说些什么呢?趁着腿脚还能走动,去外地看看,也是他的一个心愿。不过细想起来,又有多少活动能够真正推辞?先生学识渊博,思想敏锐,观察问题的切入角度和思考深度令人叹服,不经意间的归纳和点评,往往就能给人启迪。所以不少地方召开学术研讨会,常常会邀请他出席并发言。这种情况见多了,我常常会冒出不很恭敬的想法:学问做到这个地步,实在够累的。

不过在广东会议期间(不包括会后等火车票的日子),我看他还是轻松愉快的。不管在南海西樵山还是新会,我每日自然都要去请安,他那里访客不断,话题相当广泛。在新会他做了一次大会发言,因为他的湘乡口音经扩音放大不太好懂,我被叫到台上充当"翻译"。因预订的车票提前了一天,会议尚未结束我就离开了。晚上辞行时,他关照我在北京给他留神买点书。次日早上我拖着行李下楼时,先生正缓缓上来。他拉住我的胳膊说:"你这就走啦。"我问他北京方面有什么事没有,他摇了摇头。

我无论如何不会想到,新会冈州宾馆楼梯上的这次告别,竟是我与先生最后的见面。

师门岁月

一九八八年十二月二日,当陈林林在电话里告诉先生突然去世的消息时,我简直说不出什么话来安慰她。我感到这个世界缺少了什么,却不知道到底缺少了什么。

晚上,我和茅海建、刘世龙聚在一起,谈话已经失去往日那种轻松的气氛。我们三人说着一些无关紧要的闲话,我不知道自己为什么要说这些，只是觉得说话能使自己松弛一些。

第一次见到先生，是在一九八〇年六月。我一九七〇年离开上海到黑龙江省克东县插队落户，一九七三年有幸进入黑龙江大学中文系读书，一九七六年毕业后，在黑龙江人民出版社做编辑工作。一九七八年恢复高考，可以招研究生了，我就想再去读书。大学里学的是中文，但那时老是讲文艺是阶级斗争的晴雨表，我觉得自己政治敏感性不够，就想去学历史。一九七九年首次报考研究生，但是外语太差，落榜。于是接下来的一年重点学英语，一九八〇年报考，看到上海华东师范大学陈旭麓老师的研究方向是"中国近代社会的新陈代谢"，很有吸引力。五月份考完试之后，六月利用回家探亲的机会，托人联系拜见先生，想打听一下自己考试成绩如何。

在先生的小书房里，第一个感觉是谈话有严重的语言障碍，先生的口音常常使我不知所云，十分紧张。记得他简单地询问了我的家庭和工作经历等情况，说我考试成绩还算过得去，总分在分数线以上，又反复提及另有一人专业成绩极好，可惜其他几门分数不理想，言下大有惋惜之意。

先生这一年招了两个硕士研究生，我和茅海建，学制是两年。前面有四个师兄：熊月之、费成康、谢俊美和陈梅龙。

先生这个时候在学校里境遇不佳，所以我和茅海建每天的生活基本上三点一线：宿舍、图书馆、食堂。先生每周给我们两个人讲一次课，是他正在研究的课题"中国近代社会的新陈代谢"。讲课之前，我们要先读基本史料，就是那大套"中国近代史资料丛刊"。记得先生的讲课提纲记在一个小本子上，引用的史料则是卡片。讲课是讨论式的，可以随时提问。先生思想深刻，思维活跃，史料功底扎实，宏观把握能力极强，往往能从浩如烟海的史料中读出新意，听他讲历史真是一种享受。在大量阅读史料的基础上，从微观入手发现问题，继而追根溯源，不拘陈说，把握大势，探求因果，从而理解史实的本质，构建叙史框架，是我在师门岁月的最大收获。

晚上吃完晚饭，就给陈老师送他的信和报纸，第一年师兄他们还在校，天天到系里取来了送，他们毕业后，就是我和茅海建接班。所以一九八一到一九八二年这一年基本上天天都能见到先生，海阔天空地聊天，也就很快地熟悉起来。先生晚上访客不断，我们得以陪侍左右。从这种接触中得到的教诲和潜移默化的收获，大概不会比正式授课少。据我了解，很多学生很难见到导师，特别是知名学者，所以我们的确很幸运。先生当时还是副教授，三级副教授在全国绝无仅有，我后来碰到的史学界前辈，无不为之感慨，但他在逆境中仍然保持着旺盛的学术创造力。他有一个愿望，想带博士生，但直到去世，也没能实现。在我看来，这不仅是华东师范大学历史系的损失，更是中国史学界的重大损失。

先生的书桌上堆满待看的别人的书稿和文章，这是很多人都提到过的。据我所知，这些文稿大致可以分为三类：一类是先生自己主编的丛书或辞书，譬如上海人民出版社的"中国近代史丛书"和上海辞书出版社的《中国近代史词典》，我们入学时，正是截稿时期，记得我奉命审读过一两部近代人物传记，写过词典条目初稿二三十条。这类书稿后来又有不少，花费了先生不少时间。另一类是教育部或有关单位主持的教材或大型辞书，先生或任主编，或参与策划，车马劳顿之外，看稿也是少不了的。还有一类是学者（包括学生和学界同仁）完成著述之后前来索序，先生通读书稿后，或提炼主题，或阐发新意，确实能为作品增色，故而上门者络绎不绝。在为师兄熊月之所著《中国近代民主思想史》写的序言中，先生写道：

近几年，我常为年轻人阅稿作序，目不暇接，每从他们的笔下看到年轻人特有的才思，听到年轻人大步前进的足音，那愉悦之情总久久不能自已。能为他们做点事，"鬓微霜，又何妨"！尽管，我的双鬓已不止"微霜"了。个人的生命像大海里的一滴水，如果把这滴水洒在绿荫成长的泥土上，它就会比一滴水大得许多。

读了这段话，我终于理解了先生书桌上为何永远堆着别人的稿子，为何总是挤出时间为他人做嫁衣，而不惜耽误了自己专著的完成。将学术视为天下公器，将学术传承看作本体生命的延续和扩展，是我在师门岁月中的又一大收获。

一九八二年毕业，面临分配问题。当时系里不愿意留先生的弟子，我要留上海，就是去上海科技大学嘉定分校讲公共课；去北京，是解放军装甲兵学院讲公共课。毕业前两个多月，一天傍晚，我突然接到先生的电话，让我马上去见他。原来，北京人民出版社的编辑林言椒和南开大学的陈振江、河北师大的苑书义三人到上海开会，这天下午抽空来看先生。林言椒说起人民出版社历史编辑室需要人手，先生推荐了我。在先生家吃完晚饭，先生让我立刻去宾馆找林先生，又一遍一遍地叮嘱如何如何说话。就这样，经过林言椒先生的介绍推荐，我毕业后顺利地入职人民出版社。

第一份作业

入师门前，我写过一篇《试论洋务运动的历史进步作用》，发表在黑龙江的《学习与探索》杂志，从各方面看，都不能算正规的学术论文。

先生带学生重视实践能力。刚进学校，他就对我们说，一年之后你们就要写一篇文章出来，写文章可以综合考察你解决问题的能力，你是不是适合做研究。的确，怎么检索学术界的已有成果，能不能发现课题，如何寻找资料，怎么破题，怎么立论，如何写出新意，等等，都是对学习能力和成效最好的考验。

我选的课题是徐继畬和《瀛环志略》，因为在考研究生的时候，有一个名词解释就是"瀛环志略"，我交了白卷。我那个时候接触到的历史书里面，没有关于《瀛环志略》的内容，所以这次就选这个题目。大概花了半年左右，写了篇文章。我至今还珍藏着一九八一年五月完成的论文第二稿，上面有先生用铅笔所做的修改和批注。

文章的开头，我原来写道："对魏源的《海国图志》，历年来著述颇多，人们比较熟悉。本文所要介绍的，是有关《瀛环志略》的几个问题。"先生这样修改：

> 对魏源的《海国图志》，历年来论述颇多，人们比较熟悉。对《瀛环志略》谈得却不多，因为徐继畬的官阶虽高，但学术地位没有魏源那么响亮。如果单以《瀛环志略》这部书来说，它的社会影响并不亚于《海国图志》。

将文章要论证的主题交代清楚。关于徐继畬的评价，由于他的政治立场和著述的贡献存在反差，所以我的原稿叙述十分纠结，先生批注称：

> 这些话说得不圆通。林、魏从抵抗出发去了解世界，徐却在了解世界中主张妥协，可以对比论证。

关于徐继畬从美国传教士雅裨理处得到的知识，原文称："徐继畬从雅裨理那里得到有关外国史地的统计资料和史实；并见到了'绘刻极细的外国地图'。在雅裨理的帮助下，他'粗知各国之名'。"先生这样修改：

> 徐继畬从雅裨理那里得到的，一是"粗知各国之名"；二是外国历史和地理的统计资料；三是见到了"绘刻极细的外国地图"。

概括清晰，层次分明。关于《瀛环志略》的成书，原文为："因此，《瀛环志略》固然是徐继畬辛勤工作的结果，更重要的它是时代新思潮酝酿的产物。"先生改为：

> 可见，《瀛环志略》之成书，固然是由于徐继畬的研究兴趣和辛勤工作，但更重要的则是中国与世界接触后必然的产物。

这样的评价显然更为平实和准确。关于明代晚期西方传教士编写的世界地理作品，原文的叙述为："由于时代没有提出要求，因而这类著作即使在知识界也影响不大，只起着'以广异闻'的作用。直到《海国图志》和《瀛环志略》问世以前，中国人对外部世界没有过完整的了解。"先生改为：

> 这些由传教士捎来的东西，不是中国人自己提出的要求，因而对中国知识界的影响并不大，只起着"以广异闻"的作用。《海国图志》和《瀛环志略》的问世就不同了，它们反映了中国人迫切要求了解外部世界，所以受到知识界的欢迎，产生了较大的影响。

关于《瀛环志略》问世后的影响，原文为："不过总的说来，《瀛环志略》那时'罕行世，见者亦不之重'，没有什么显著的影响。当徐继畬在政治舞台上消失后，他的著作也似乎被遗忘了。"先生删改为：

> 但是那时中国的知识界关心世界大势的人并不多，所以《瀛环志略》的基本情况，是"罕行世，见者亦不之重"。

直接说明原因，紧扣主题。其他的批注有："论人、论时间，康有为所论应放在梁启超之前。""'论''沦'要写清楚"，"'籍'与'藉'不是一个字"，等等。

这份"作业"后来经先生推荐，发表在一九八一年第六期《华东师范大学学报》。今天重温先生的手迹，细细品味原文和先生修改后文字的差距，真是百感交集。我不知道其他老师如何对待学生呈交的作业，只知道自己得到先生如此具体的指点，是何等幸运。我学到了写文章要杜绝空话套话，质朴平实，有一说一，不为追求"新意"而人而无当；学到了展开叙述要逻辑分明，层次清晰；也学到了要态度严谨，书写认真。所有这些，让我终身受益。

开放的知识体系

先生才、学、识三长兼具，以学术创新和思辨深刻著称。他的著述，通过梳理历史的脉络再现历史的真实，并以洗练隽永的文字表达深刻的哲理和丰富的文化内涵，命意深邃，文采焕然，具有鲜明的个性。他所撰写的人物小品、序言、书评、杂感和随想等，也视野宏阔，议论精审，文情并茂，久为学术文化界推重。

二十世纪七十年代末，先生开始建构以"新陈代谢"为旨趣的中国近代史新体系。这个新体系，要求从一八四〇年至一九四九年间政治、经济、社会、军事、思想文化和风俗时尚的新旧嬗替入手，全面展现中国半殖民地半封建这一独特的社会形态的演变过程。

关于中国近代史的年限，先生早就主张从鸦片战争到中华人民共和国成立"这一百一十年的历史是一个半殖民地半封建社会的历史，它不是有完整意义的资本主义社会，而是在外国资本主义侵略下的变态社会"，"中国近代史的下限，就不应是'五四'运动"（《关于中国近代史的年限问题》，载《学术月刊》一九五九年第十一期）。经过"文革"之后的反思，他在晚年更明确地指出："半殖民地半封建社会又是一个过渡形态的社会"，"这个过渡的半殖民地半封建社会之前的中国没有过，今后的中国也不可能再有，它是在中国历史上也是在世界历史上所没有过的特殊社会形态。应该从这样一个社会形态的全过程考察其来龙去脉，走出八十年近代史框架，理出一百一十年近代史的线索"，并提出以一八四〇、一八六〇至一八六一、一八九四至一八九五、一九一一至一九一二、一九二七至一九二八、一九三七、一九四九年这七个重要历史年份作为"一以贯之的历史线索及其体现演变的环节"（《关于中国近代史线索的思索》，载《历史研究》一九八八年第三期）。这不仅科学地界定了中国近代史与清史和中华民国史的学科区别及不同内涵，也为中国传统社会向近现代社会转型的研究开辟了新的方向。

从一九八〇年开始，先生即为历届研究生系统讲授中国近代社会新陈代谢的课程，在近十年中不断丰富其内涵，完善其结构。在此期间，他分别主编出版了《近代中国八十年》（一九八三）和《五四后三十年》（一九八九）两书，以探索这一框架的线索和体例。他在报刊上就中国近代的爱国与卖国、革命与改良、中体西用思潮、近代文化演进、农民起义与人口、秘密会党、近代租界等专题发表了一系列论文，创造性地揭示了中国近代社会发展变化的内在规律，也大大丰富了我们对近代社会历史性巨变的认知。

一九八八年先生突然去世，生前未能亲手完成他所构思的新体系的专著。在他去世三年后出版的《中国近代社会的新陈代谢》一书，是其学生根据遗稿（主要依据先生的讲课提纲、大量的史料卡片、课堂录音和各届研究生的听课笔记）整理完成的。尽管这部书稿主要部分仍是叙述一九一九年以前的中国近代历史（"五四"以后只有《历史的选择》一章），但仍清晰地展现了先生对中国近代社会急剧变迁独具慧眼的认识和既广且深的观察。如在政治变革方面，细致认证了革命与改良是一个不断扬弃和汲取的复杂的历史过程（《假维新中的真改革》和《变革中的两大动力》等章）；在社会经济方面，牢牢把握新的生产力引进时在旧体制内能量的"发酵"作用（《近代化一小步》等章）；在社会结构方面，特别关注传统社会以血脉为纽带的宗族组织，以工商业为基础的行会组织和以游民阶层为主体的会党组织的变化状况（《城乡社会在演化》和《中等社会》等章），在思想文化和社会风气方面，更是高屋建瓴，大气磅礴，充分描述出古今、中外、新旧之争的精彩内容（《变与不变的哲学》《欧风美雨驰而东》和《揖美追欧，旧邦新造》等章）。先生晚年致力构筑的理论体系和分析框架，是当时中国历史学在时代变革中深刻反思的重要理论成果，也是二十世纪中国史学最有价值的学术遗产之一。

要将鸦片战争以来一百多年的历史进程整合为一，难度当然不小。且不说清史、民国史和中国近代史、中国现代史、中国革命史等学科久已成型，各擅专长，藩篱坚固，只要想想百年来政治、经济和文化变幻莫测的变迁，所涉及的海量史实和不同人物，其中不少还具有特殊的敏感性，就使人望而却步。不过我想，中国近代社会的新陈代谢是一个开放的知识体系，可以容纳不同领域和不同层次的相关课题，而探求和解释中国社会沧海桑田般的历史巨变，正是一代学人不可推卸也回避不了的历史责任。从先生的学术实践来看，社会结构和思想文化的嬗变，最有可能成为取得突破的前沿。相信若干年以后，先生开创的这个新体系，一定会涌现出许多惊艳世人的成果，成为一片姹紫嫣红的学术园地。

这应该是最可告慰先生在天之灵的一刻。尚飨！

（《近代中国社会的新陈代谢》，陈旭麓著，生活·读书·新知三联书店二〇一七年版）

读左零札

富辰论妇德

傅 刚

僖公二十四年传："夏，狄伐郑，取栎。王德狄人，将以其女为后。富辰谏曰：'不可。臣闻之曰："报者倦矣，施者未厌。"狄固贪惏，王又启之。女德无极，妇怨无终，狄必为患。'"

富辰言"女德无极，妇怨无终"，"德"字当释为品性，《礼记·乐记》："德者，性之端也。"又《庄子·天地》："物得以生谓之德。"物生而具德性，德性为人之本，故《礼记·大学》说："德者，本也。"定公四年传"夷德无厌"、《晋语·周语》"翟，豺狼之德也"，皆此"德"之义。杜预因注富辰此语说："妇女之志，近之则不知止足，远之则忿怨无已。"杜预所解，当据于孔子。《论语·阳货》："子曰：唯女子与小人为难养也，近之则不逊，远之则有怨。"看来孔子当读过记富辰言语之简牍，所以有如此感慨。因为孔子主要是就小人而论，怎么会对女子之品性有如此议论呢？襄王不听富辰之谏，所谓感德狄人，而以狄女为后，狄后却与王子带私通，而伙同狄人将襄王逐出王朝，襄王不得不出奔郑之南泛。《左传》以事明义证理，有因有果，令人警醒！

孔子此语当然是以偏概全，他把男人分为君子、小人，女子却一棍子打死，不说别的，《左传》中的邓曼、齐姜（醉遣重耳者）、怀嬴、芮姜、赵姬、成风，皆是有智慧、有眼光的女子，所以孔子所说的"近之则不逊，远之则有怨"，宜用于小人。自然，女子若泼辣起来，也是合孔子所说的。日人竹添光鸿《左氏会笺》注《左传》，于此处却忍不住说："八字说尽古今妇人情状！"也是以偏概全之论。

"我是大正之子"：丸山真男的思想史研究

许纪霖

十多年前，我访学日本，听东京的学界朋友谈论最多的一个名字，就是丸山真男。当时，被翻译成中文的丸山著作，寥寥无几。近年来，他的作品陆续译介进来，然而，对于"面向欧美、背对东亚"的中国思想界来说，丸山依然是一个陌生的存在。

丸山是战后日本启蒙知识分子的旗帜性人物。他说过："我是大正之子。"大正时代，是日本战前最开放、最有活力的黄金盛世，与丸山的童年平行。他呼吸着大正的自由空气成长，一生的思想底色由此奠定。如同中国的"五四之子""八十年代之子"，"大正之子"意味着对自由民主理想的坚守，历经国家主义、消费主义的狂潮而终生不渝。他自觉继承的是十八世纪启蒙的思想传统，是一个坚信正义价值的普遍知识分子。他在大学时代读到康德的著作，留下刻骨铭心的印象："在这一历史的瞬间，我告白自己对自由、和平与正义理念的依归。""'真正的原理'是超越现实的，是应该加以实现的。"丸山并不相信绝对正义的现实存在，却坚信它是值得追求的："绝对的正义是不存在的，但是，人是具有执着之心的动物，有追求正义的执着之心，尽管其所追求的'正义'只不过是幻影，但幻想要比现实更强大。尽管一路上有血有泪，人类依然会在柏拉图的道路上前行。"

这个柏拉图、康德式的普遍正义，到了二十世纪，就是人权的信念。太平洋战争期间，丸山在陆军船舶司令部服役，当他在监听美军广播时听到"基本人权"这个词，"觉得就像邂逅初恋情人一样激动无比"，他相信，虽然战事尚未分出胜负，但日本帝国在伦理上已经战败了。伦理的战败，是终极性的失败，哪怕在实力上得逞于一时。

丸山在高中时期，因为偶然参加了一场演讲会而被逮捕，虽然在看守所关了几天便被释放出来，但青年丸山深切感受到了国家权力的暴虐。在这之前，他过的是"老油条"生活，暴政的刺激让他开始严肃面对现实。国家权力对民众日常生活乃至思想意识的规训，让丸山开始了沉痛的自我反省。如何抗拒无所不在的权力，特别是其对国民的精神结构的宰制？丸山认为，"人的内在主体性的确立"是最有效的抵抗。丸山坚信，即便内在的无形权威，无论是神、理性，还是主义，有不合理之处，然而，"如果个人不依归于某种超越历史的东西，能够抵抗'四周'的压力而坚持自己的信念吗？"个人在宇宙是渺小和无力的，但只要与无限之物接通，就拥有了精神的主体性。他在评论福泽谕吉时说："福泽那惊人的现世主义并没有使他对宇宙中人类存在的渺小性现实视而不见，他敢于正视其渺小性，并把这种对无力感的觉悟，逆转为强大精神主体性的动力。"

战后日本的自由主义一代人，形成了"悔恨共同体"，反思为何在战争之中知识分子普遍失去了"内在主体性"，成为国家主义的附庸。丸山在众多反思者中是最敏锐、最深刻的一位，他发现，战时的日本法西斯主义，是一个"无责任的体系"，这个体系似乎在自动运作，究其最后，每个人都丧失其自我的主体性，堕入阿伦特所说的"平庸之恶"。丸山深刻地揭示了天皇制不仅是一套政治结构，而且是一种内在精神结构，"再专制的政治，如果没有被统治者的最低限度的自发性协助是无法存在的"。他呼吁，为了实现以人权信念为核心的"伦理的内在化"，日本国民要有一场精神的自我战斗，与精神结构中的内在敌人斗争，实现自我的主体性。

不要以为只有在法西斯主义的专制环境里人的主体性才会丧失，即使在民主社会的和平年代，同样也会如此。丸山发现：在现代大众社会，人们已经变成了完全享受媒体提供的娱乐和信息的被动性存在，不再关心政治；但同样是这批政治冷漠症者，在某种意识形态的刺激之下，也会突然被煽动起来，狂热地参与政治，加入到愤怒的大众行列。政治的无力感与对政治的愤恨，吊诡地成为一体两面之现象，人们普遍地放弃自我而盲目地依从权威。一方面是日常生活的"去政治化"，另一方面是间歇性的政治狂热，这一切的背后，乃是国民精神结构中的深层缺陷：缺乏"内在的主体性"。

这一"内在的主体性"，对于丸山而言，只是西方的自由民主理念吗？作为战后最重要的日本启蒙思想家，他只是将西方的思想体系引入日本吗？显然，这是对从福泽谕吉到丸山真男两代启蒙者的误解。日本文化与西方文化，其差异之大，不亚于中国与西方文化的差异。不过，与东西方文化之间有激烈冲突的近代中国不同，日本自明治维新以后，外来文化与本土文化之间给人感觉不那么对立，彼此相安无事。

这种文化间的交融是以什么样的方式实现的？丸山敏锐地发现："欧洲的哲学、思想本来所具有的历史构造性屡次被分解，或被隔断了其思想史的前提，仅作为零件不断地吸收进来。其结果，那种经过高度抽象的理论却意外地在扎根于我们旧习惯的生活感情中受到欢迎。"也就是说，欧洲思想在日本被"传统化"了。欧洲思想是作为高度抽象化的符号进入日本的，当它们被"去语境化"之后，同时也被"碎片化"了，当遭遇到日本传统的"生活感情"之后，抽象的外来符号与鲜活的本土意识发生了奇妙的化学反应，诞生了一种非东非西、亦东亦西的新文化。西方思想是一种外在的"刺激"，激发了日本某些传统内在因素，使之"发酵"为近代思想的一部分。从某种意义上来说，现代日本人的大脑是欧美的，但心灵依然是日本的。

这种具有强大同化融合力的日本传统，丸山在晚年将其称为日本思想的"古层"。他借助音乐学的一个术语"执拗的低音"来形容。这种伴随式的低音，虽然不是主旋律，却会在各个乐章中反复出现，贯穿始终。究竟什么是"古层"？经过现代哲学思想洗礼的丸山，对"古层"的解释不是"本质主义"的，也并非古希腊逻各斯中心主义的一套实在概念，它无法用清晰的理性认识去把握，而更接近一种心理和感觉，即"集体的无意识"。美国的中国史权威列文森曾经将中国的传统形容为一套"语法结构"，丸山所说的"古层"也是类似的民族精神中的深层结构，像一个"大象无形"的结构性容器，可以容纳各种互相冲突的思想观念。可以说，"古层"是一个相对主义的存在，其中不包含任何绝对的价值。不错，日本文化本来就是一个反绝对价值的相对主义结构，任何绝对价值到了日本，都会被相对化、暧昧化。

丸山晚年著作《忠诚与反叛》的导读者川崎修敏锐地指出："通过'古层'的方法，丸山发现了日本独特的思维方式，这种思维方式根本上是机会主义的，它使对外来思想做出无尽的机会主义式反应成为可能。"丸山对江户时代的日本思想做过卓越的、创造性的研究，他说："江户时代的历史活力，不在于'近代化'进程的单线展开，而在于近代化进程与'古层'的隆起二者相生相克的复杂的多声部合唱。"在这个历史意识的"古层"上，各种外来思想，从儒家、佛教、道教到欧洲思想，都层级地堆在上面，犹如地质学上的分层结构。日本人的思想，究竟是儒家的、佛教的，还是西方的，都是，也都不是。这些外来的普遍主义哲学，经过日本"古层"的过滤、修正，形成了日本人独特的精神结构。相对主义和机会主义的日本，对于外来的文化，什么都能坦然接受，也什么都不能绝对地接受，一切都要通过累积层叠的日本文化过滤网的筛选和修正。

从明治维新到大正时代,再到裕仁时代的军国主义,最后是战后的民主制转向,其变化跨越之大,令人惊讶,但每一次转变似乎都光滑无缝,天然对接。个中原因无它,乃是"古层"中有相对主义与机会主义因素。不过,这也令人怀疑,当建制背后的普遍价值不再绝对的时候,日本的民主制是否有稳固的思想基础?日本对东亚战争所犯下的罪行,与德国战后的态度比较所体现出的暧昧性,多少也是与"古层"的那层相对主义精神结构有关。

丸山学术上最大的贡献,是政治思想史研究领域独特的方法论。他有过一篇文章专门谈《关于思想史的思考方法》,认为有三种思想史的类型:第一种是教义史,比如基督教史、佛教史等;第二种是观念史,最典型的乃是洛夫乔伊的观念史研究;第三种类型的思想史,"是将时代精神或时代思潮作为一个整体来加以把握,并对它的历史进行叙述"。在这三种类型之中,丸山虽然没有明说,但在我看来,他更欣赏和接近的是第三种思想史研究;在另一处谈到学者类型时,丸山认为有"体系建设型"和"问题发现型"两种,前者追求的是将一个个问题纳入到自己的体系之中,而后者是"在现实之混沌不清中发现新的视角"。作为战后日本思想界巨擘,丸山不在意构建自己的思想体系,他有敏锐的问题意识,善于从时代错综复杂的现象之中,捕捉到问题的核心,提炼出富有解释性和生产性的概念,比如"无责任的体系""古层""执拗的低音"等,成为日本思想界持久不衰的讨论命题。

丸山最欣赏的日本思想大家,是福泽谕吉。他笔下的福泽,乃是夫子自道,就是丸山自己。他认为福泽的思想史研究乃是一种"状况性思考",具体而言,乃是"价值判断的相对性"。"关于事物的善恶、真伪、美丑、轻重等价值,并不能就其本身而孤立地下判断,必须在与其他事物相关联、相比较的情况下才能判定。"丸山以及丸山所解读的福泽,显然与欧洲柏拉图、黑格尔的绝对主义理念截然不同,是一个价值多元主义者。他指出,与"状况性思考"相反的,是一种精神上的懒惰:将某种价值理念绝对化,作为万能的尺度安心依靠,每次遇上价值判断,省去对具体状况的具体分析,一劳永逸地以抽象的理念评判复杂的现实。他将这种凝固性思维称为思想上的"惑溺"。

或许有人会提出这样的问题:丸山是坚守普遍信念的启蒙大家,为什么同时又是一个价值多元主义者?要知道,普遍主义与特殊主义相对,而相对主义与绝对主义相对。在丸山看来,日本的现代化道路,不能异于普遍的自由民主潮流,任何以日本国情特殊为由对抗世界的普遍性,如日本在"二战"中的结局一样,最终都不免一败。但在思想方法上,那种以西方理念为绝对价值,则是懒惰的"惑溺",价值的判断永远在具体的、相对的语境之中才有意义。日本文化固然具有相对主义的暧昧性,但丸山并不是否认一切价值共识的相对主义者,他与以赛亚·伯林一样,相信在众多价值之中,依然存在着虽然单薄却是必要的价值共识。我们只能追求局部真理,但这局部真理是属于绝对真理的一部分。因此,他的多元主义不是否定价值的相对普遍性,只是拒斥简单粗暴,在价值评判时必须显现出历史的流动性与语境性。

不错,丸山并非固执于绝对理念自我演进的哲学史家,他是具有强烈历史意识的思想史家。哲学史家在意的是概念的内在逻辑理路,但思想史家更重视在具体的历史背景中思想与外在语境的互动。在那篇著名的《历史意识的"古层"》一文中,他有一段意味深长的话:"历史认识既不能单纯从超越时间的永恒者观念中产生,也不能单纯从对自然时间延续的认识中产生。无论什么时候,在什么情况下,历史认识都是在永恒与时间的交错中,被我们意识到。正如前文所示,在日本历史意识的'古层'中,扮演这个永恒者的是谱系连续的无穷性,而日本式的'永恒的现在'也建立在这一观念的基础上。但这个无穷性，并非时间的超越者，而是位于时间无限的线性延长上的观念。因此，它始终不同于真正的永恒。"

丸山相信，既没有超越时间的永恒理念，也没有纯粹的自然时间。"永恒的现在"意味着：永恒的理念总是存在于具体的历史时间之中，其并非固化封闭，而是处于无穷的变化流动之中，但又体现为清晰的谱系连续性。在时间的无限延长线上，永恒既是过去的延续，又是此刻的呈现。与古典的永恒不同，"永远的现在"乃是一种生成的流动性，永远在变化却又有内在的清晰脉络。

作为一位"大正之子"，丸山的身上集中了启蒙思想的所有矛盾性，集理性、浪漫与意志于一身。他解读下的福泽谕吉，有三个思维面向："数理学的实验方法""状况性思考"和"强韧的独立精神"，分别代表了近代启蒙的理性主义、浪漫主义和意志主义，这三种富于张力的启蒙元素不仅在福泽，而且在丸山的思想深处，也呈现出某种张力。在丸山身上，鲜明地展示了一种日本式的浪漫主义精神，那就是相对主义文化所提供的个性的独特创造。丸山的思想史研究之中，始终有"人"，这个"人"，不是受到物理学因果律支配的"机器人"，也非深谙以最小投入获得最大收益的"经济理性人"，而是具有活生生情感、意志的"个性人"。

一个有情感和意志的"个性人"，仅仅凭传统观念史的理性分析，显然是不够的，必须运用心理的方法。在对日本法西斯主义的分析过程之中，他用"逻辑与心理"的双重方法，解剖法西斯主义的"思想结构"与"心理基础"。比如丸山分析了南京大屠杀中的日本士兵，他们在国内都是卑贱的平民，一旦奔赴战场，作为皇军与天皇制的神圣价值发生了联系，便处于一种无比优越的地位，将平日被压抑的欲望，在更弱的敌国平民身上暴力发泄。丸山的政治学和思想史研究，无疑有一种深受日本文化传统熏陶的感觉主义气质。

丸山思想史研究，不仅有抽象的观念，还有观念所赖以存在的肉身，即有欲望、激情和情感的鲜活个体。苅部直引用席勒的话说："'一旦灵魂开口说，啊，那么灵魂自己就不再言说。'灵魂是来自心灵的声音，而观念只是大脑的分泌物。在丸山看来，思想一旦离开了思想家的骨肉，化为'客观的形象'，便开始了孑孑独行。原本蓄满的内在张力变得松弛，其棱角被磨平而变得圆滑，原来生气勃勃的矛盾被'统一'起来，或者，原来一体两面的矛盾仅有一面被继承下来，使矛盾丧失活力，僵化不变。"在这方面，丸山与哈佛大学的中国思想史研究巨擘史华慈颇多相似之处：同有"以问题为导向"的研究旨趣，同样将观念、人物和语境作为思想史研究的"三位一体"，也同样注意时代思潮内在的多重面相。东西两位思想史研究大匠，可谓心心相印。

实证与逻辑的思想史只是按照可靠的证据和坚硬的逻辑"呈现"研究者的思想，然而，丸山对经验实证主义和逻辑实证主义都是怀疑的，酷爱音乐的他，常常用音乐来比喻思想史研究。除了著名的"执拗的低音"之外，他还将思想史研究比喻为音乐的演奏，是"一种再现艺术"，正如不存在所谓对乐谱的客观解读那样，思想史研究也是一种再创造，虽然不可能随心所欲，却有很大的自我理解空间。"思想史家的工作也并非思想的纯粹创作，而是一种二次创作"。他的福泽谕吉研究，被不少研究者批评为不够客观，只是丸山视野中的福泽，但就像史华慈眼中的严复那样，反而比所谓客观的福泽更有个性和思想活力，是一种"永远的现在"。

丸山说过一句很有意味的话："最具个性的思想，往往是最具普世性的思想，因此才最值得学习，同时也最不易'学习'。"人类一切伟大的思想遗产，都是最富有个性的先知与伟人创造的，而那些由意识形态或科学程序演绎出来的绝对真理，不是正确的废话，就是破绽百出的谎言。当富于个性的人所创造的精神历史形成一种"民族精神"的时候，作为"大正之子"的丸山，对此的态度是有点矛盾的,他相信"民族精神"与"个性人"一样,能够给予自我以足以安身立命的安定,但他也警觉到其虚妄性,他指出:"浪漫主义者们一方面指责启蒙主义的非历史性,另一方面又经常用历史素材打造出远比启蒙主义的历史叙述远为非历史的'民族精神'或'国民性格'。"而丸山本人,对非历史性的绝对主义,无论是以普遍的理念面貌,还是以集体的"民族精神"出现,都怀有深深的警惕,他毕竟经历过那段走火入魔的黑暗时代。

思想是复杂的,真理也是多元的,具有相对主义的多元面相,因此丸山从来不化约研究对象的思想,也不视自己的知识立场为唯一正确。他说:"不仅要把他者归根结底作为他者来对待,还要把他者放在'异在'的环境里来理解。"有他者才有自我,个人的主体性是建立在倾听和尊重他者声音的基础上的。丸山认为,缺乏他者的感觉,也就无法建立现代性的个性主体。而这个他者的感觉,需要内化为自己内部的声音,自己与自己对话,将自己所讨厌的东西放入自己的精神内部,想象一个似乎是喜欢那样的东西的自己,以另一个他者与自我进行内部的对话。这就可以理解为什么自由主义的丸山从年轻的时候就非常重视卡尔·施米特的理论,他从强大的对手那里寻找和弥补自己思考中的短板,从而完善自己的政治理念。

丸山深有感慨地说:"尽可能地与和我们有不同意见的人进行接触,同不是自己集团的人进行交往,以此来丰富自己的思想,增强自己的思考方式对不同思考方式的抵抗能力,这才是要做的事情。"一个学者的伟大,并非取决于自身,而是他所愿意对标的对手是否足够强大。丸山以自己所尊重的"敌手"为对话者,这让他的思想富有多重的底蕴,得以站在国际思想界的前沿,拥有与各种思想流派对话的能力。这种虚怀若谷不仅是因为丸山有足够的知识自信,更重要的是他对真理的理解具有开放性和多元性,他借助对福泽谕吉的解读,如此说:"无论是什么思想,什么世界观,不管其内容是进步的还是反动的，只要其无视自由的辩证法，谋求自己的意识形态的单一化统治，那就是人类进步之敌。"丸山超越了各种意识形态的傲慢与偏见，以有道德底线的多元主义立场，坚信真理在流动的时间之河之中、在无限的敞开性与无穷的对话性之中。真理是相对的，但又处于一个连续的精神谱系，因而也是普遍的。

丸山是有雄心的，他继承的是明治维新时期思想家的精神传统，指出福泽谕吉、冈仓天心、内村鉴三"不甘心只做东西世界的启蒙架桥人，他们将自己对日本的使命与日本对世界的使命紧密地结合在一起，成了终生背负强烈'天职'意识的思想家"。他特别提到自己最心仪的福泽谕吉，认为他一生所欢迎的欧洲近代文明，绝不是指其自身的绝对理念。文明这个观念本身的价值应该置于相对性的制约之下。文明是普世的，但依然有其相对的特殊表现，而当某一种内含了普世文明的特殊文化上升为普世的人类价值之时，这个民族便成为黑格尔意义上的"世界民族"。日本虽然未必会成为"世界民族"，但思想永远飞在肉身的前沿。丸山真男，不愧为一个具有世界价值的普世思想家。

（《丸山真男：一位自由主义者的肖像》，[日] 苅部直著，唐永亮译，中国人民大学出版社二〇二一年版）

慢下来

大加速的终结，以及为什么这是一件好事

[英] 丹尼·多林 著 童文煦 译
定价：69.00元

作者使用令人信服的可视化时间线图表向读者说明：自1970年以来，人类的进步就一直在放缓。生育率、人均GDP增长以及人类预期寿命的增长速度，过去几代人中是稳步下降。即使是不断重塑着人类日常生活的技术进步，其发展速度也在迅速下降。在多林看来，这恰是一个充满希望的时刻，因为慢下来让人类获得了稳定经济、增进平等，缓解甚至停止环境破坏的机会。

生活·读书·新知三联书店 新刊

康子兴

从文明帝国到帝国文明

一、帝国与文明

帝国总是与"殖民"结合在一起,从而必然要面对异族的文化与法律,必然要面对生活方式与政治制度上的差异;并且,帝国还须有能力消化、吸纳这些差异。唯有如此,帝国才是一个统一的政治体,不会因地域、族群之孤立、对抗而崩解。

帝国的自我理解必然要面对"自我"与"他者"的问题。在殖民与征服之后,母国要实现对殖民地的统治,就必须在一个统一的意义体系中理解自身与殖民地的关系。例如,当英格兰扩张为英帝国时,英格兰虽为帝国赋予了所谓的英国性,但古老的英格兰也不再存在。它成为英帝国的中心,必须站在帝国的立场来理解自身。所以,帝国必然带来关于文明的思考。帝国的自我理解问题要求它对普遍的人类文明加以反思,将民族与地域差异消融在统一的文明框架和逻辑之中。

十八世纪的欧洲位于时空交汇之枢纽。就其对人类文明的反思而言,它既拥有得天独厚的土壤,又具有前所未有的紧迫性。其时,欧洲实现了由封建社会向现代商业社会的变革。与此同时,欧洲也借助商船和舰队向海外征服,在美洲、印度、北非等地殖民。所以,它不仅正在经历古今之变,也面对着东西之争:因为殖民而直面世界各地的文明差异与冲突。为了理解自身的发展及其与世界的关系,欧洲心灵必然要沉思文明之进程。在此语境下,具有普遍意义的"文明社会史"便在苏格兰启蒙运动中萌生。斯密与弗格森都认为,就像动植物都要从其幼弱阶段成长起来,进入成熟的阶段,人类社会也必然要从其粗野状态步入文明。由于处在文明发展的不同阶段,不同的民族便在生产技艺,乃至政治、法律制度上呈现差异。文明的成长与进步是人类社会的自然目的,成为思考政治、判断政治善好与否的准绳。文明观念也为帝国的合理性提供了一个概念框架。

詹妮弗·皮茨注意到,自十八世纪八十年代到十九世纪三十年代,短短五十年间,在面对帝国问题时,英法自由主义传统中出现了一个重大的转变。如果最为敏锐、影响最为深远的政治哲人能够代表并体现其时代的精神,那么,在这五十年之间,时代精神就从对帝国的怀疑与批判转向对帝国的倡导与支持。帝国自由主义在此"大转型"中逐渐成形。

在其著作《转向帝国》中,皮茨围绕"帝国与文明"问题,重点分析了斯密、伯克、边沁、密尔父子,以及托克维尔的政治学说,勾勒出英法政治思想的断代史。这些经典思想家代表了"大转型"过程中最重要的"时刻"。他们在很大程度上塑造或体现出人们对现实政治的理解,从而体现出一个时代之精神。若把这些重要"时刻"勾连起来,就可描绘出一幅思想演化的历史图景。皮茨仿佛一位思想画家,她在半个世纪的帝国思想(十八世纪末到十九世纪三十年代)中游历,精心选择几处最有代表性的景致,用心描摹为图画。然后,她把这些图画组合起来,形成一个画廊,讲述其思想游历中的感悟,并力图呈现这半个世纪的总体风貌,及其关键性转变。在这半个世纪里,面对异域的民族与文明,英法政治理论似乎出现了某种意义上的衰败,丧失了理解异域文明甚至批判现实的能力。所以,"大转型"也带来了理论的危机。那么,这一危机的根源何在?面对当今世界中的政治经济冲突,甚至文明冲突,皮茨费心打造的思想画廊又能提供何种启示？要回答这些问题，就必须深刻理解英法政治思想在这半个世纪中由"文明帝国"向"帝国文明"的转向——前者试图用文明来界定帝国，后者则依据帝国来定义文明。

二、文明帝国

欧洲的商业帝国观念大体上与欧洲商业社会的兴起同时浮现。按照斯密在《国富论》第三卷中的历史叙述，自罗马帝国衰亡起，到十八世纪为止，欧洲社会的发展遵照的是一种"不自然且倒退的顺序"。在此期间，欧洲实现了文明复兴，摆脱了中世纪的贫穷与专制，变得富裕且自由。其中，商业发挥了最为关键的作用：在某种意义上，正是借助商业，欧洲才以迂回的方式重新回归了经济与社会发展的自然秩序。斯密将这一转型称为对公众幸福极为重要的"革命"。但这一革命是商业而非暴力的结果。如斯密所言，正是欧洲对外贸易的发展，欧洲的城市和乡村才逐渐获得自由。因此，贸易既是塑造欧洲内部秩序的力量，也是打造其商业帝国的重要力量，欧洲也逐渐形成了一种新型的不同于征服帝国的观念。这一新型帝国最先通过荷兰强大的海洋力量呈现出来，威廉·配第在《政治算术》中对之进行了系统的总结，阐述了这种商业帝国的观念。当英国承继荷兰的模式，建立起自身的海洋霸权和商业帝国，配第阐述的观念也逐渐成为英帝国的自我理解。大卫·阿米蒂奇在《英帝国意识形态的起源》中表明，在很长一段时间里，英国人都认为他们的帝国不同于葡萄牙和西班牙，甚至不同于法国与荷兰，它是一个商业的帝国，对传播自由的英国制度与政治实践具有责任。在此意义上，商业体现了某种规范性的价值：具有纠正不义、消灭专制，甚至孕育文明的力量。

关于欧洲的社会变革，斯密做出了具有普遍意义的理论解释。尽管欧洲的变革采用了一种看似非自然的（甚至是倒退的）方式，但是，它之所以突破中世纪的野蛮习俗,其根由却是全球市场范围内的自然法则。欧洲的现代转型虽是特殊个例,但主宰这一转型的原因却是普遍有效的自然法。在道德哲学与法理学层面,斯密致力于探索在一切时代、地域都行之有效的原则。在政治层面,这些普遍原则便体现、容纳在其帝国观念中。斯密在分析国民财富之原因与性质时,也系统阐述了商业帝国之原理。一旦他发现现实的帝国政策与之相违,他便在效用与道义的层面加以批判。

斯密成功地解释了欧洲与人类文明的发展,也用它来反思英帝国的政治实践,重新规划帝国的未来。然而,到十八世纪后期,美洲殖民地陷入危机并最终获得独立,英帝国通过一系列军事征服实现了在印度的扩张。英帝国转身背后,在海外扩展英式自由的帝国幻想终成泡影,再也难以维持。在这样的历史时刻,斯密不仅冷静地分析了这一变局的理论根源,也对英帝国的政治实践做出了系统的批判。在皮茨勾勒的帝国思想谱系中,斯密是首位出场的思想家,也是最为重要的帝国批评者。如果皮茨力图展示帝国精神的衰亡史,那么,斯密无疑处在这一下行之路的顶峰。在某种意义上,他的思想也就成为某种尺度。通过与斯密比较,就可以知晓文明观念为何会转而支持帝国沙文主义,以及如何在思想上克服这一"帝国转向",从而为后世的帝国主义扩张找到一服思想解药。

皮茨特别强调:"亚当·斯密是十八世纪最具原创性、最深奥精微的社会发展理论家之一。他一方面认为,现代社会的兴起造就了进步,另一方面,对那些他认为处在较早发展阶段的非欧社会,也持有一种尊敬的立场。在这两者之间,斯密维持着一种难得的平衡。"

斯密的确认为,就生存模式或物质生产而言,欧洲社会具有较大的优势。但是,生产优势并不能带来道德合法性,使欧洲有权利或义务去统治相对落后的非欧民族。斯密审慎地提醒欧洲人,切勿陷入"过度想象的自负"中。为了劝服他的国家乃至欧洲避免犯下这一过错,他就必须论证:欧洲的文明进步(或优势)并不意味着欧洲人在自然禀赋或道德品质上卓越不凡。对斯密而言,文明进步、社会发展首先意味着生存方式的发展。在斯密看来,文明是一个自然且连续发展的进程。相比起原始社会,商业社会中人具有相同的情感机制、道德能力,但是,他们具有更高的技艺与劳动分工水平。因此,就社会发展的自然进程而言,商业社会并不具有道德上的优越性,但具有某种历史的先进性,它处在一个更高的文明史阶段,拥有更高的技艺成就。

斯密将人类文明进程划分为渔猎、畜牧、农耕、商业四个阶段。世界各国,交通条件各异,劳动分工无法均衡发展,才有文明程度之别。在《国富论》中,斯密专辟一章(第一卷第三章),着力阐释市场条件对文明分化之影响。世上文明开化之地亦为财富糜集之所,它们均有得天独厚的水运条件。地中海相当于欧洲的内湖,海面平滑、岛屿棋布,对早期航海最为适宜;中国与印度皆有大江大河交织而成的航运网络。斯密力图证明,正是便利的市场条件才孕育了这些地域的古老文明,使之成为世界文明的源头。在《道德情感论》中,斯密则着力论证:古往今来,一切民族都同等地拥有"同情"之道德能力。在不同的文明阶段,人们称许的德性会有具体的差别,但这仅表明环境之不同,不能反映道德能力之高低。所以,他充分肯定原始社会成员身上呈现出来的粗粝、勇敢品质,他对"死亡之歌"的论述也令人动容。对于那些处在早期发展阶段的社会,斯密总是避免以轻蔑或贬低的方式来归纳其特征。他虽然将畜牧社会描述为"野蛮的",但并不认为它是卑微低贱的。"他将一种令人震惊的高度的道德尊敬给予畜牧社会,以及畜牧社会的习俗与价值。"

斯密的历史叙述表明,现代欧洲的兴起是一种意外的"革命",绝非由欧洲人用理性与美德造就的功业。所以,欧洲文明并未授予"白人的负担",也未赋予任何正当的帝国扩张理由。甚至,在罗马帝国衰亡之后，欧洲也曾经历贫穷荒芜的生活，受制于野蛮的风俗，屈服于充满奴役的法律制度。所以，现代欧洲的繁荣与文明并不能证明，他们在理性与道德能力上高人一等，是世界帝国天然的统治者。

在斯密笔下，殖民地是一种政治经济体系，是母国为追逐财富建构起来的法律、政策体系。亦即，帝国问题直接关系到效用与正义：帝国是否能够有效实现富国裕民的目的呢？母国对殖民地的经济限制是正义的吗？斯密遵循效用与正义原则，对现代欧洲和英国的帝国事业展开了溯源式的分析与批判。认为由西班牙和葡萄牙开启，英国与法国接棒的帝国征服在动机上就是非理性的，只是为着一个虚无缥缈的"黄金国"迷梦。我们从中看不到任何"无可奈何的必要或明白显著的实例"。母国对殖民地施加了诸般限制，打造极其严苛的重商主义体系，最终将殖民地塑造成"顾客之国"，使之屈服于"商人与制造业主阶层"的利益。殖民地贸易在本质上是垄断贸易，它从其他经济部门吸引了巨额资本，使母国丧失了自然平衡的经济结构，不仅为之强加了维持殖民地的沉重负担，也使母国的经济与稳定性变得极为脆弱，对殖民地贸易产生了严重的依赖。并且，这一帝国体系具有两大不义：母国为自身的制造业和贸易限制殖民地，制造业主与商人则为垄断利润牺牲其他国民的利益。重商主义帝国无效且不义，"白人的负担"更是缺乏人性基础与道德基础。

斯密虽然批判帝国，但他无意彻底放弃帝国。在他眼中，帝国是一种政策工具，应当服膺效用理性与正义。在帝国与文明之间，我们应当取文明而舍帝国。但是，帝国与文明并非截然对立。倘若母国舍弃重商主义，遵照自然自由体系，建立起一个正义的帝国，让殖民地与母国之间彼此平等，自由通商，市场因而扩大，文明亦因此得到成长。若此，文明精神与帝国构造融合为一，效用亦与正义融合为一。在不列颠面对美洲的殖民地危机时，斯密建言成立帝国议会，让殖民地与母国一样，既享有完全的政治权利，也承担完全的政治义务,其意图便在打造这样一个文明帝国。

三、帝国文明

斯密、弗格森等苏格兰推测史学家以生存模式来划分社会发展阶段,也借此来思考、理解文明进程。他们的推测史学致力于探究文明的道德基础,并由此审视帝国。作为一种制度与法律体系,帝国构成了文明的条件和环境。文明高于并独立于帝国,它构成了帝国的目的,也是思考与批判帝国的尺度。

然而,时光流转,到十九世纪时,推测史学尽管仍然承担着思索帝国事务的重任,但其内在精神与立场都已经悄然改变。在皮茨呈现的帝国思想史中,苏格兰的推测史学传统与边沁的功利主义传统逐渐融合,由密尔父子做出新的阐发。然而,正是在密尔父子关于帝国的思考中,皮茨清晰地看到了理论的转向与传统的断裂。

詹姆士·密尔与约翰·斯图尔特·密尔深度参与了东印度公司在印度的殖民事务。密尔父子既是帝国官员,又是理论家。他们的著述既是对具体帝国事务的归纳与规划,为殖民统治提供路线与蓝图,也在理论层面做出总结与反思,呈现系统化的帝国观念与文明理论。他们的思想既真实反映,也进一步塑造了帝国的实践。他们身处帝国事务当中,在内部观看、归纳帝国的结构与原则,其理论视野本身就内含了对帝国实践的认同。他们的理论人生与帝国实践密不可分,其独特经历本身就意味着背离——对他们宣称继承的理论传统的背离。

詹姆士·密尔一度认为自己是苏格兰启蒙哲学历史的继承人。在《詹姆士·密尔》这篇文章里,邓肯·福布斯(Duncan Forbes)完全接受了老密尔的自我定位,既视之为边沁的门徒,又强调他"从苏格兰带来一种进步的概念"。在福布斯看来,密尔深受苏格兰启蒙哲学的滋养,其推测史学亦承接这一传统。他表明:"一条连续的思想的因果关系之链把孔多塞、苏格兰'推测'史学家们与颠覆东印度公司原始政策的本廷克（Bentinck）等人联系起来，因为他们注定要将一种更高的'文明'模式加诸他们所谓的半野蛮国家。"亦即，福布斯认为，这些思想家与帝国政策制定者共享一种"文明"观念，对帝国的文明化使命拥有共同的理解，因此处在一个连续未断的思想传统之中。福布斯的文章颇有影响，他的观点也富有代表性。

皮茨挑战了这一习见，认为福布斯犯有双重错误，既没有看到密尔对边沁思想的改变，也忽视了他的推测史学与苏格兰前辈之间的冲突。皮茨反复强调，詹姆士·密尔大大简化了苏格兰启蒙哲人的进步理论，从而带来了"实质性的断裂"。"密尔的历史著述在两个重要方面破坏了那个传统。首先，相比较而言，苏格兰史学家设想了精妙的发展等级，密尔则将之简化为一种在文明与粗野之间划分的简陋的社会类型学。并且，他最终将所有非欧社会归入单一的社会'婴幼年'范畴。其次，他的论证认为，一个社会的历史发展阶段与成员的精神能力直接关联在一起。"因此，密尔缺乏任何历史发展理论。在他看来，一切社会的落后状态、一切野蛮的习俗与法律都证明了社会成员在心智能力上的低劣；相反，社会的繁荣、进步与文雅则证明社会成员在理性与道德能力上的卓越。所以，他声称，印度和中国文化封冻在一种凝滞静止的状态，只有通过一位英雄式的立法者的干预，或一个更加先进的社会（如不列颠）的干预，他们才能从这种状态获救。

约翰·斯图尔特·密尔引入"民族性格"概念，将之与一种哲学的历史视野结合起来。但是，他大体承袭了老密尔关于文明与野蛮民族间粗疏的二元划分。小密尔认为，进步能力是人性的实质特征，但被"一些选定的社会垄断"。这些幸运民族要承担起把进步带给全人类的责任。按照他的民族性格学说，对于野蛮民族而言，"仁慈的独裁"才是"真正的好教育"，能够帮助他们"最大程度增进进步精神，激发出改良的热切欲望"。

皮茨着力说明，一种关于个人认知能力的"哲学人类学"支撑着他们的文明论述。野蛮人的认知能力不足以让他们遵守任何法则，从而无力实现自我治理。为了解释社会发展程度的差异，苏格兰启蒙哲学诉诸复杂精致的社会发展理论，密尔父子则用这种粗糙的"哲学人类学"取而代之。所以，关于如何理解文明之基础，他们与斯密、弗格森分道扬镳，其对苏格兰哲学历史的继承也不过是徒有其表罢了。于是，文明被帝国俘获，丧失了超越现实统治的批判力。在新浮现的文明观念中，帝国本身成为文明的担纲者，并因此肩负"文明的责任"。

四、文明转向帝国

从十八世纪晚期到十九世纪三十年代，半个世纪而已。然而，在这半个世纪中，英法政治哲学对帝国的态度却完成了总体上的颠覆。根据皮茨的分析，文明观念的衰变构成了这一转向的枢轴。关于帝国思想在这半个世纪里的转向，皮茨至少揭示了两大原因。首先当然是现实捕获了思想。随着英法的扩张，它们的文明自信日益增强，于是将自身视为文明的模型，将殖民地社会过于简单地斥之为"野蛮"。恰如皮茨所言："自由的殖民地改革本身，以及自由世界主义已经发生了改变。在十九世纪中期，不列颠的优越性、英国殖民统治的正义性几乎得到普罗百姓的认可。"

另一原因则来自思想传承本身。皮茨敏锐地洞见到密尔父子与十八世纪思想先辈之间的差异，反对上述解释传统。在人类是否普遍拥有平等的道德能力这一道德哲学的根本问题上，密尔父子已经背离了斯密与弗格森，从而对文明与帝国的理解亦大为不同。皮茨对此不胜唏嘘。在她看来，斯密主要在其法理学讲座中阐述其文明与社会发展理论，虽有系统写作法理学作品的计划，但终其一生，他都未能完成"计划中的文集",却在临终前将许多法理学手稿付之一炬。于是,随着年代推移,其思想中的诸多精妙之处就难以为后世学人领会。

短短半个世纪,英法政治哲学的重心就由文明转向了帝国。在这半个世纪里,英法在帝国征服的路上越走越远,帝国权势不断扩张。然而,其文明帝国的观念却反而走向衰退,对非欧洲社会的复杂性丧失了兴趣与关注,也丧失了批判与反思帝国的能力。帝国心智随之走向封闭,既不能理解现实,也无法预见未来,更不能掌控命运。皮茨勾勒的思想画卷意蕴深远。她展示出政治思想之于现实与权势的独立性,自然也凸显思想所具有的超越时空的独特价值。在皮茨笔下,"转向帝国"的思想轨道是一条下行之路。亚当·斯密是这条道路的起点,也是顶峰。在文明与帝国的思想画廊里,皮茨重新发现了斯密——一个伟大却又受到长久忽视的文明帝国构想者,一位用心思索文明变迁,乃至文明之本源与普遍秩序的政治哲人。面对当代世界中的"文明冲突",他的思想仍能带给我们启发。

(*A Turn to Empire: The Rise of Imperial Liberalism in Britain and France*, Jennefer Pittss, Princeton University Press, 2005)

《中国鸟类野外手册》

(马敬能新编版)

约翰·马敬能 编著 卡伦·菲利普斯、杨小农等绘图 李一凡 译

定价:200元

全书收录1505种鸟类、1484幅全新分布图、1400余条鸟类鸣声二维码、2800余条识别特征标识,更新了最新的国家重点保护等级信息,方便读者快速查询鸟类信息和提升鸟种辨识水平。

商务印书馆2022年版

"故事"如何影响经济决策与宏观经济

卢周来

二〇〇七年,沪市指数突破六千点,有经济学家不断鼓吹"一万点可期"。当时,我所熟悉的某所地方高校,教研之余,几乎所有人都在议论股市。其中一位哲学教授,更是放弃了购买单位廉价自建房的机会,把原本用于购房的钱,全都投向股市。"高光"时刻每天账户都能多出万余元进账。一个哲学教授在股市发财的"故事",很快在校园里流传,几乎成为传奇,更吸引了越来越多的教授把积累投入股市。当然,后来的结果是悲剧性的,他们中的不少人,亏掉的不仅是积累,还有远低于市场价位的单位自建房。

亦是在一片狂热的时段,熟读经济史的我感觉到一丝丝不安。于是,在当时《东方早报》所开专栏"京华书影录"中,我推荐了美国历史学家艾伦(Frederik Lewis Allen)的著作《从大繁荣到大萧条》。在那本书中,艾伦生动再现了一九二九年大萧条降临前夕美国股市的"末日疯狂"。而这种"末日疯狂",也正是由无数个在民间流传却无法证实的"日进斗金"故事推动的。终于,当财富的底层架构已承担不起最后垒上的那个方块时,崩盘开始了。

特别巧合的是,十五年后,当我翻开经济学诺奖得主罗伯特·席勒(Robert J.Shiller)的《叙事经济学》(以下简称《叙事》),扑面而来的文字,竟然就是席勒对艾伦《从大繁荣到大萧条》这部著作的同一段内容的引述。更让我感觉"不谋而合"的是,席勒之所以以艾伦著作开头,是在论证"故事"在影响个人经济决策中的强大力量。而我当时警告人们不要被流行性"故事"所"忽悠",其基本逻辑亦是:个人决策并非全是理性的,而是受到周边舆论环境的极大影响。

关于"叙事"(Narrative)与"故事"(Story),在席勒看来,"叙事的本质就是故事"。正因此,席勒为《叙事》加了副题——"故事是如何流行开来并驱动主要经济事件的"。不过,"故事"要成为"叙事",还要有两个前提性条件:一是流传范围较广,而非在很小的圈子内很少人知道的故事;二是围绕某个话题衍生出一连串而非单个故事。

关于"叙事"对个人与社会的重要性,在经济学之外的其他学科,其实是得到了充分认证的。席勒在书中也专门有一章,带领读者来了一场所谓"知识融通之旅"。

比如,社会学认为,故事以及讲故事是人类知识的基础。人们对于事实要点的记忆,是围绕故事来进行排列的,那些被记忆的事实是附加在故事中的。没有故事穿插其间的事件就没有意义,我们也就无法将其保存在记忆中。而我们之所以能够回忆起走过的路,也得益于经历的一个个"故事"构成路标,引导我们"回到"个人独特的成长历程。

心理学家还认为,人类的交流也总是以互相提醒的讲"故事"方式进行。一个人讲一个"故事",就会激发另一个人想起相关的"故事",而这个"故事"又会使对方想起另一个"故事"。如此不断提醒,形成很长的反馈序列,使交流得以顺利进行。特别是,人类的心智结构,还要求接收的信息不要被太多的细节以及太冗长的逻辑所拖累,因此,线索越清晰明了的"故事",往往越能被人们所记住。这就是为什么即使人老了仍然记得小时候听过的经典童话,也是这些童话历经悠长岁月而仍在流传的原因所在。

人类学家则干脆提出,会讲故事是人类社会一种特殊的现象,是其他动物所不具备的人类特有功能。

然而，被诸学科如此重视的"叙事"，在当下的主流经济学中却没有其存在的空间，因为在以新古典经济学为代表的主流经济学教科书中，个人的经济决策，只受两个因素影响：一是财富约束，即你口袋里有多少钱；二是市场价格。剩下的，就是"你"如何在这两个约束条件下，确定怎样的商品组合能够实现最大限度满足。至于这个"你"，是绝对理性的。不仅仅知道自己"最大化"需求是啥，而且知道如何实现这个"最大化"。也就是说，这个"你"，在主流经济学中，就是一台冷冰冰的、不会受任何外在环境与情绪影响的"超级计算机"。这一明显忽略人性的多样性及人的决策受多元化因素影响的假定，使得主流经济学在独享半个多世纪学术霸权之后，越来越与现实经济发展相抵牾，越来越受到包括主流经济学家在内的更多经济学家怀疑。

也是在这一背景下，席勒与其学术伙伴、同为诺奖得主的阿克洛夫（George A. Akerlof）一起，把"叙事"这一重要元素主动引入主流经济学，专门研究"通过口述、新闻媒体和社交媒体传开的大众性传播故事，是如何推动人们做出一些最终会对决策产生影响的决定"，以"开启一种新的经济变化理论"，扭转主流经济学"黑板化"趋势。同时，"鼓励人们识别那些能够帮助定义重大经济事件的经济叙事，并将它们纳入思考，从而提高人们预测和处理这些事件的能力"。这就是《叙事》一书的主旨。

无疑，个人经济决策始终是经济学研究的起点，亦是理解宏观经济现象的入口。《叙事》一书，从资本市场中个人行为受流行性叙事驱动入手，同样是想为理解"叙事"的经济效果、构建"叙事"流行的经济学模型找到一个完美切口。

《叙事》是以艾伦讲的一九二九年故事开头，而席勒自己第一个用以解剖的"麻雀"是"比特币"。在席勒看来，公开的股票市场尽管看起来以"叙事"推动,但经济自身因素可能更具决定性。而作为一个"隐秘"的地下资本交易市场,比特币系统几乎是完全凭借"叙事"得以运行的,因为,与货币价值有实物与政府信用支撑不同的是,"比特币现在之所以有价值,完全是因为公众的狂热"。这与经济学上关于个人理性决策,几乎没有任何关系。

通过回顾比特币自出现到成为大众投机工具的历史,席勒发现,关于比特币的流行性叙事,几乎拿捏住了当下人们所有的困惑,迎合了全球化悖论下人们所有的情感需求。主要有三条:财富鸿沟越来越深,以至于普通阶层通过寻常路径永远无法实现财富自由,而比特币的交易体制提供了实现平等以及使普通人发财的可能性;腐败的权力阶层与资本阶层联姻,通过其掌控的所谓"合法"金融机构,通过制造通胀与危机,反复"合法"地剥夺普通阶层好不容易积累的那点财富,而比特币系统是由大批匿名个体以民主方式维护的,是"无政府主义"的;信息化与智能化装备的大量使用,使得技术越来越决定着人类未来及未来个体的命运,而比特币提供了个人深度参与新技术的接口,并可能使参与者成为新世界的赢家。

不仅如此,比特币叙事的流行,甚至还抓住了大众心理对神秘性的兴趣。这就是关于比特币最早的"发行者"中本聪的"叙事"。时至今日,仍然没有人确切地说见过中本聪本人,也没有人知道他的身份。后来还有关于中本聪的传言反复出现,其中的"浪漫"与"侠义",成为推动比特币叙事流行的又一个"核心人文故事"。

从比特币及其他流行性叙事的分析,席勒推出了关于叙事经济学的七大构想,这构成了全书最具理论与逻辑性的部分。但这些构想其实并非经济领域所独有,而是通行于社会认知领域。对于普通读者而言,也很容易理解,因为与我们日常生活中形成的经验与常识非常吻合。这也足以证明席勒想把主流经济学从"黑板"拉回"生活"的努力。

其中有三个构想，尤其让读者"感同身受"，同时也能让读者进一步理解社会认知是如何被塑造的。

一个是"真相不足以阻止虚假叙事"。最权威的《科学》杂志曾发表过这样的研究成果，在故事的真假问题上，虚假故事的转发率是真实故事的六倍。这里面反映了两个深层逻辑：首先是人类一个普遍性心理——对于刺激、有震撼力的叙事，人们更"趋之若鹜"，更津津乐道，也更急于进行"二次传播"。再就是，出于对体制或权威的本能警惕甚至是抗拒，人们对口口相传的"故事"的信任程度，从来都超过对传统媒体的信任程度。尤其是当下，人们对自媒体所传播叙事的信任程度，以及对传统资讯的不信任，都达到了前所未有的程度。这两个深层次逻辑，是导致虚假叙事日益主导社会认知的原因。在此背景下，即使传统媒体或政府出面，对虚假叙事进行"辟谣"与修正，提供真实的故事原型，其传播力也远比不上虚假叙事。

再一个是"经济叙事的传播力取决于重复概率"。无数的事实表明，一个叙事要流行起来，反复进行强化非常重要。仍以股市为例。研究表明，人们在股市的投资行为，受"故事"影响的程度，与"故事"被重复的概率息息相关。每一轮行情启动的初期，就会有这样的"故事"在人们之间流行："某某昨天还与我们一样，今天因为买股票发大财了！"一开始，大家半信半疑；但很快，耳朵里不断被股市发财故事所充斥，且这个"某某"离自己越来越近。终于有一天，又听到了这样的"故事"："我们小区的某某发财了，你看他都一口气买下两套房子！"这种不断重复的"故事"似乎在越来越强烈地警示人们"再不买，可能真会错过发财机会"，人家都疯狂地扑向股市，股市也在人们的推动下不断攀上新高。

还有一个构想也非常有意思："叙事大行其道依赖其附属元素，如人情味、身份认同和爱国情怀等等。"因为这些附属元素最能打动人们的内心。席勒在文中不无嘲讽地举了这样一个例子：美国哥伦比亚广播公司有一档名为"九十秒观世界"的节目很受欢迎,尽管里面的新闻报道几乎全是美国发生的事,却极少有美国观众质疑其名称为啥叫"观世界"。席勒认为,这背后其实就是身份认同及爱国情怀。他写道:"虽然美国人口只占全世界5%,但在美国人眼里,美国就是世界","最重要的事也只配发生在美国"。

在分析了经济叙事对个人经济决策的影响及机理之后,席勒亦分析了经济叙事对宏观经济的影响。

关于国家宏观经济增长,如果问任何一个接受过经济学标准教育的人,都会这样回答:决定一个国家短期经济增长的是投资、消费和出口,即所谓"三驾马车";决定一个国家长期经济增长的是资本、劳动与技术,即所谓"新古典经济增长模型"。然而,席勒认为,这些内生性经济因素,对宏观经济及长期经济增长的影响当然是有决定性的,但还应该看到,经济叙事对宏观经济增长的影响同样关键。

在仔细研究了美国历史上经济增长周期之后,席勒列举了他所认为的影响宏观经济的九大经济叙事。这些经济叙事在历史上反复出现,并且在当下呈现出新特征。这九大经济叙事分别是:恐慌与信心、节俭与炫耀性消费、金本位制与金银复本位制、劳动节约型机器取代多种工作岗位、自动化和人工智能取代几乎所有工作、房地产繁荣与萧条、股市泡沫、对"奸商"和"邪恶企业"的抵制,以及"邪恶工会"干预导致的经济扭曲等。

其中,资本市场与房地产市场历来与宏观经济息息相关,又如前所述,它们与人性中的贪婪、盲从、愚昧等黑暗的一面相联系,所以,关于股市泡沫和房地产繁荣这二者的叙事,成为所有长期经济叙事中最显眼、最具吸引力的那种。经济史也表明,股市与房地产市场走向,受相关叙事影响也最大,而其对股市与房地产的最终影响,又与宏观经济表现息息相关。

与此相关联，恐慌与信心对宏观经济的影响尤其是对资本市场的影响，我们已不陌生，但却仍然难以驾驭。特别是金融恐慌叙事，带有强烈的心理成分，更容易如超级病毒般传播，引发市场崩盘。金融恐慌叙事往往又影响到商业信心。这也是现代经济危机往往以金融危机开端的重要原因。也正因此，每当经济下行或资本市场遭遇重挫，尤其是经济与金融危机期间，如何消除投资者与消费者的恐慌情绪，如何提振他们的信心，就成为宏观经济调控的重要决策指向。

节俭与炫耀性消费是一对对立的经济叙事。席勒指出，历史上不同国家在不同时期，节俭叙事与炫耀性消费叙事交替出现，都因其影响到人们的消费和储蓄模式，故对宏观经济状况的影响甚至超过了经济学家和政策制定者的预期。以美国大萧条时期为例，因为太多人陷入贫困而不得不节衣缩食，勉强度日，此时，"节俭叙事"在全社会流传。一方面，媒体及社会舆论要求即使是富人也应该有"共情效应"，把节俭与过普通人一样的生活视为"新道德"，甚至到最后，"贫穷"成为一种时尚；另一方面，那些仍然无视大众苦难，还在进行炫耀性消费的人，会成为口诛笔伐的对象。这种"节俭叙事"的流行，导致即使有能力正常消费或较高消费的人群也不敢消费，同样去过着"节俭"的生活。其结果是，总消费水平进一步走低。席勒认为，这是导致危机越走越深的重要原因。直到一九三三年，"罗斯福新政"用政府和社会消费提升总消费使萧条走出谷底，"炫耀性消费"叙事又悄然升温，并助推了经济重新走向繁荣。

对一个国家来说，当国内出现恶性通货膨胀、国际贸易与汇率出了问题时，恢复金本位的叙事就会流行。美国上届总统特朗普，基于对美国国内所负担的国际债务不断高企、美元滥发导致通胀的双重担忧，在其任期内，多次提出在美国恢复金本位制，亦成功地在欧美激活了关于"金本位制或金银复本位制叙事"。这一叙事的再次复活,不仅是美国与国际经济结构出现问题所催生的结果,亦将反过来影响到经济下一步走势。

不过,对普罗大众来说,更关注的是有份稳定的工作,因为失业对个人与家庭的损害,更甚于通胀。于是,在历史上,由技术进步引发的机器对劳动力的替代的担忧,作为又一个长期经济叙事反复出现。从一八一一年英国"卢德派"掀起的打砸机器运动,到十九世纪七十年代的美欧把经济萧条归结为"劳动节约型发明所导致高失业率",再到二十世纪三十年代大萧条时期对于"技术专家治国"的无端恐惧,又到六十年代的自动化恐慌,表现各不同,但实质都一样。尽管历史表明这种"叙事"表达的担忧似乎是多余的,但另一方面,这种"叙事"在当时推动了经济政策的缓慢调整,为增强技术进步的社会适应性赢得了时间。

人工智能时代的到来,再次把关于"劳动力被技术替代"的叙事推向了高峰。技术专家预测"奇点"到来,认为"无人工厂"将成为常规;历史学家尤其是以《人类简史》闻名的以色列学者尤瓦尔·赫拉利预测,未来将出现一个"完全无用的社会阶层";甚至苹果公司前总裁乔布斯也参与到这一叙事中,他以亲身经历表明,"时代抛弃你时连招呼也不会打一声"……这些叙事的流行,一方面的确在强化人工智能将替代大多数劳动岗位的忧惧,另一方面又在推动新一轮经济决策,主要包括征收"机器人税"以及"全民基本收入"制度。其中,为所有人——无论在岗还是不在岗——提供全民基本收入的设想,已在部分欧洲国家进行试验,这将影响长期宏观经济增长。

资本与劳动这对矛盾的持久博弈,在经济叙事表现为"奸商"叙事与"邪恶工会"叙事二者的交替与反复。在历史上,在数不清的文学家、思想家以及社会大众所制造的叙事中,企业家经常被视为"无情冷漠奸诈的赚钱机器",不仅要为贫困、通胀、失业等这些经济现象负责,还被认为制造了战争、不平等、社会冲突等人类灾难。

当然，反过来，在奥地利学派、芝加哥学派等"自由派"经济学家的叙事中，企业家又成为推动历史进步与社会发展的主角，而前者叙事中被认为代表公平、道德、为被剥削者求解放的工会，在后者的叙事中，不仅是推动通胀与失业的真正元凶，而且是经济增长和社会发展的"拦路虎"，是蒙着正义外衣的"邪恶力量"。

需要特别注意的是，尽管席勒并没有进行这样的综合性总结，但无论从现代经济史还是从席勒在著作中梳理的"经济叙事史"来看，当一国宏观经济走向萧条之前，关于资本市场与房地产泡沫的叙事、关于节俭的叙事、关于企业或资本不道德的叙事、关于劳动力可能会被技术替代的叙事等，往往会越来越流行。这种流行一方面可能是经济繁荣过程中积累的矛盾已经到了危险地步的征兆，而另一方面，这种流行又成为宏观经济真正走向萧条的重要推手。一直到宏观经济走向下一个繁荣周期，相反的叙事则往往会取而代之。

对这一规律的认知，可以帮助宏观调控当局，在使用惯常的经济工具之外，还应该通过更好地引导"经济叙事"进行反周期操作。比如，在当下中国，那些能够激发资本市场信心，有利于提升消费水平、有利于企业经营环境的经济叙事，应该予以鼓励。

作为首次系统研究"经济叙事"的经济学家，席勒与其搭档阿克洛夫还清醒地认识到，叙事不仅影响个人决策与宏观经济，还深刻地影响着经济学发展及经济学家个人的学术选择。

阿克洛夫就讲了这样一个故事。在美国，自由放任派经济学家为了证明政府的官僚主义和低效率，常常反复向受众讲这样的故事："《十诫》有二百九十七个字，《独立宣言》有二百个字，林肯的葛底斯堡演说有二百六十六个字，但物价管制局最近的一项卷心菜价格调控方案的指导意见有两万六千九百一十一个字。"这个"故事"最早流行于一九五一年初，由一位脱口秀经济评论员说出。而实际上，物价管制局从没有过关于调控卷心菜价格的方案，上述"故事"传开后，物价管制局为辟谣专门做了声明，但并没有阻止住对政府调控持敌意的经济学家和共和党人继续传播这个"故事"。直到现在，这个"故事"还不断被本该非常严谨的学者作为实证，用来攻击对手并宣传自己的主张。

席勒则列举了一个更离奇的事。众所周知，"拉弗曲线"被认为是推动当年里根政府大规模减税的重要理论。经济学家拉弗提出这一理论是在一九七四年，但它的流行，则得益于时任《华尔街日报》社论主笔万尼斯基（Jude Wannisk），他在一九七八年出版的一本书里，以亲历者身份讲了这样一个故事："拉弗曲线"最早的版本，是拉弗与白宫两位高官及万尼斯基在华盛顿特区名为"两大陆"（Two Continents）的餐厅共进牛排时，在一张餐巾纸上画出来的。该书出版时，拉弗本人还在世，亲口否认了这一说法："那家餐厅使用的餐巾是布做的，而我母亲从小就教育我不要亵渎美好的事物。"然而，正如"叙事经济学七大构想"中所认为的那样，拉弗本人的澄清未得到传播，那位记者关于拉弗在餐巾上画出"拉弗曲线"的故事，却因其足够符合人们对伟大经济学家的想象如病毒般传播开。更为离奇的是，拉弗及万尼斯基先后去世后，万尼斯基的夫人宣称，在她丈夫的遗物中发现了那方画有"拉弗曲线"的餐巾。这方餐巾竟然又被美国国家历史博物馆作为馆藏，成为后来那些主张减税政策的经济学家口中的"流行性叙事"。

作为本篇札记的结束，我最后想说的是，在纷繁复杂的经济社会中，作为普通人，要学会听故事，还要警惕被一些似是而非的"故事"所蒙蔽；作为宏观经济调控当局，要了解流行性故事背后的经济风向标，并有目的地引导故事的流行；作为经济学家或思想者，则要学会讲好故事，既助推经济社会发展，同时又能更好地推销自己的观点与理念。这应该是阅读席勒《叙事经济学》对我最重要的启发。

（《叙事经济学》，罗伯特·席勒著，陆殷莉译，中信出版社二〇二〇年版）

许准

粮仓或是粮荒
——走出两百年来的国际粮食体系

随着东欧局势的进展,以及俄乌战事的展开,世界的目光重新回到了亚欧大陆的这一端。这一场战争无疑牵连甚大,在谈及俄乌情况对世界的影响时,除开军事、制裁、难民以及油气资源,还有不少分析者也指出了俄乌两国都是非常重要的粮食出口国,所以目前的战争也会对世界范围的粮食问题产生明显的影响。事实上,眼下(二〇二二年三月)国际市场上的小麦价格暴涨,从绝对价格上说,已经赶上二十一世纪初全球粮食市场危机的水平了。

从表面看,当下的粮食危机只是因为某种非常态的地缘政治因素使得市场受到影响,而一切平稳之后,俄乌等地的"粮仓"也许会让粮食问题回到正常水平。然而这种思路无视了围绕国际粮食贸易的一些长期的结构性问题。少有人提到的是,俄罗斯以及乌克兰的所谓"欧洲粮仓"甚至"世界粮仓"的特殊地位,并不是自然资源决定的结果,更不是自古以来的传统,而是相当晚近形成的世界粮食体系的一部分。而且在这种格局当中,俄乌两国的境况也发生过巨大的变化,一度从粮仓变为粮荒,而又在过去几十年恢复了粮仓的地位。这种历史变化是怎么发生的?我们首先需要明白当今世界的粮食体系是怎么出现的,而这种体系如今的危机又意味着什么。

所谓粮食体系,无非是指世界范围内粮食于何处并如何在世界经济当中进行贸易和消费的。在所谓前现代社会,本地的粮食生产与消费是高度统一的。一方面，有着大量的农业人口进行自给自足的生产，另一方面，贸易——尤其是长距离贸易——还没有发展起来，交易也总以奢侈品为主。可以说，在人类历史中的大部分时候，并没有所谓的国际粮食贸易。

这一切是到了近代资本主义产生之后开始发生变化的。我们熟知资本主义发展的条件包括自由可供雇佣的劳力，以及前期积累的资本。这样的简单化描述无疑默认了市场会自动提供低廉而充足的粮食，以供城市工人消费。但是这个条件并不会从天上掉下来，对于新兴的资本主义工业来说，本国的农业并不总是能够解决本国的发展需要。城市化、工业化的发展，以及农村生产关系的变化，都使得农业人口不断减少，而居住于城市的非粮食生产者增加。这无疑产生了前所未有的巨大粮食需求。同时，资本主义的分工等级不仅在国内，同时也在国际展开，出现了"世界经济"。欧洲西部尤其是英国逐渐发展起来资本主义工业，而其附属地如爱尔兰以及欧洲东部则首先沦为地位更不利的生活资料供应地，也就是所谓的"粮仓"。这一点在所谓前现代，也就是资本主义占据统治地位之前已经显出端倪，但是真正作为一个显著的国际市场现象，是从十九世纪才开始的。

英国作为最早的资本主义大国，就遇到过长期的粮食问题。在整个工业革命时期，英国的农业生产陷入停滞，这无疑制约了资本主义的发展。在一七〇〇年到一八五〇年这关键的一百多年里，英国的谷物产量每年只增长区区0.27%。这自然远远不够供应英国工业革命的需求。英国在十七、十八世纪的大部分时候都还能略有粮食出口，而到了一八〇〇年之后，就转为一个稳定的粮食进口国。

如果说在十九世纪前半期，英国旧势力仍然还能以《谷物法》极大地限制英国的粮食进口以及整个世界粮食贸易的发展，那么到了一八四六年废除《谷物法》之后，英国资产阶级从整个世界购买便宜粮食，从此，现代的粮食体系就迅速成型了。在十九世纪六十年代，英国近半的小麦进口都来自德国和沙俄（包括乌克兰），美洲（主要是美国）贡献了另外三成。在接下来的半个世纪里，新世界的重要性越来越高，而德国随着工业化的开展逐渐退出了粮食出口市场。到"一战"前的十几年，欧洲大陆唯一的主要粮食出口国就是沙俄，提供了英国大约15%的小麦进口，而美洲则提供了将近六成。

从《谷物法》废除到"一战"爆发这大半个世纪里所形成的国际粮食体系，是以主要工业国英国为进口中心而维持下来的。而这一体系的核心就在于有少数的工业国，依靠殖民地或者不发达地区的粮食出口维持本国的工业积累。这个局面在"一战"就被打破了。贸易的中断，以及俄国接下来发生的革命运动以及内战，都造成了工业革命以来第一次明确的世界粮食危机以及英国中心粮食体系的破灭。

这个时期开始接替沙俄粮仓地位的国家是美国。为了让欧洲免于革命，不仅在"一战"期间，而且在"一战"过后的重建时期，美国有意识地大量向欧洲输出粮食。当时的美国设立了专门的食品管理部门，其领导是后来的总统胡佛。胡佛宣称，美国的粮食出口就是要同时与饥荒和无政府（革命）进行战斗。美国能够扮演这样的角色，有其优越的资源基础，但最关键的还是其政府主动的干预政策。比如美国政府在这个时期节省粮食，动员民众参与各种节食运动，比如周一不吃肉、周三不吃麦，等等。与此同时，美国政府在世界上首次运用大量补贴来管理农业生产。很快，美国就积累了大量的粮食剩余，出现了卖不动的状况，胡佛甚至开始把粮食卖给苏俄。

可以说，在这个时期的美国已经建立了一种新的国际粮食体系的雏形，那就是以少数国家对农业进行补贴干预为基础，以部分国家和地区大量生产粮食剩余为中心，而体系中其他地方则吸收这样的粮食剩余。在"二战"后的相对稳定繁荣时期，这种美国中心的国际粮食体系开始正式建立起来。不过与"一战"后不同的是,"一战"后的美国体系里面购买美国粮食的是欧洲国家,而"二战"后,美国借助马歇尔计划和欧洲重建计划让(非社会主义)欧洲逐渐复制了美国的补贴干预模式,从而使欧洲成为国际粮食体系里面的出口方。

如果不是欧洲,那么谁去买美国(以及欧洲)的剩余粮食呢?出于内外两方面因素,世界粮食的进口方逐渐变成了大量的曾经自给自足的第三世界国家。从国际因素来说,美国以及少数其他国家通过粮食补贴有了粮食剩余需要卖掉;从国内因素来说,第三世界国家实现独立之后,都有着迫切的工业化的要求。然而,正如之前所论述的,工业化、城市化必然会增加粮食需求,这种需求增长往往要超过本国粮食产量的增长。在少数国家,比如中国,这种增长的粮食需求是靠严格的计划体制和城乡统筹来得到满足的,也就是把饭碗放在自己手里,但是一个必然的后果就是所谓"勒紧裤腰带搞建设",会有一段艰苦奋斗的时期。在大部分第三世界国家,没有彻底的土地革命和农村集体建设,没有领导革命胜利的共产党组织,想要"抄中国作业"非常困难。这些地方采取的办法往往就是用国际市场来解决问题,也就是大量进口看似价格低廉的美国粮食。

这当然是一种看起来成本很低的工业化方案,躲过了农村生产关系的革命。这种国际粮食体系从二十世纪五十年代到七十年代早期实现了比较稳定的国际粮食价格。但是廉价的国际粮食对于第三世界的粮食生产来说也往往有毁灭性的影响,不利于培育自己的粮食生产,逐渐受制于国际粮食市场(以及美国)。这种不平衡也预示着体系的危机,因为少数国家的粮食出口并不总是能够满足整个世界的粮食需求,国际市场始终处于某种紧平衡之中。比如,在二十世纪六七十年代,东亚地区的净谷物进口翻了一番,而非洲的净谷物进口则增加了两倍,在这期间,美洲国家的净出口只增加了85%。

就在这种长期危机趋势还在发育的时候,一个"外来"因素在七十年代开始进入国际粮食体系，并带来了一次大的冲击。这个因素就是拥有曾经是"粮仓"的沙俄领土的苏联。苏联在这之前基本独立在资本主义世界之外，但是就粮食来说，苏联基本上长期是一个出口方。比如在六十年代，苏联的净谷物出口跟整个非洲的进口差不多。然而这种局面在苏联开始着力提高居民的饮食消费水平之后迅速改变了。在社会主义福利社会的建设中，苏联人民开始靠拢西方式的肉蛋奶消费。在苏联解体之前，苏联人均的热量摄入已经达到了美国的水平，而肉类的消费量超过了英国。这便要求国家把更多的粮食作为饲料，苏联在七十年代开始变为一个主要的粮食进口国，并迅速超过了非洲和东亚的进口量。曾经的粮仓似乎已经反转成了粮荒，这种发展路径对于现有的美国中心的粮食体系是一个新增的挑战，这个突发的冲击也在七十年代早期引发了二十世纪第二次，也是"二战"后的第一次主要国际粮食市场危机。

美国中心的国际粮食体系在之后的二十年里随之做了调整。一方面，美国大幅度增加了食品出口，而且长期以来需要进口粮食的西欧也成功地学习美国，转型成为粮食出口地区，这种市场供给相当程度上缓和了苏联进入国际粮食体系所带来的冲击。另一方面，苏联在九十年代初经历剧变，苏联领导层采用的"休克疗法"对社会和经济都带来了巨大的、不可逆转的打击。在随之而来的长期萧条之中，俄罗斯人民（以及大部分原苏联人民）的生活水平一落千丈，这也直接影响到这些地区的食品消费。以俄罗斯为例，苏联剧变之后，俄罗斯的谷物产量在很长时间里并没有增加多少，单纯是由于国内消费减少，俄罗斯得以在本世纪初期开始成为一个谷物出口国。

这两方面条件促成了八十年代到二十一世纪第一个十年末期又一个相对稳定的国际粮食市场时期。但是其危机趋势也在慢慢积累，一个重要的表现就是，出于种种原因，美国越来越不能独力支撑起国际粮食体系了。比如说，在七十年代危机时期，美国一国的谷物出口就占了世界谷物市场的一半,在二十一世纪初,美国依然占有三成,但是这个比例仍然在缩小中。到了二十一世纪第一个十年末期,国际粮食市场再次出现明显的不稳定状态,美国的谷物出口只占世界的不到五分之一。一旦没有一个中心力量来维持,这个持续半个多世纪的现有国际粮食体系可以说已处在缓慢瓦解当中。这一点倒是与美国霸权为基础的各种国际秩序类似。

从根本上说,美国中心的国际粮食体系是难以持续的。少数发达国家拥有粮食剩余,其他大部分国家由于廉价国际粮食而丧失了自己的饭碗,主要靠购买少数国家的粮食剩余而得以维持工业和城市。这种基于高度不平衡之上的市场平衡是颇为脆弱的,哪怕不谈刻意卡脖子的因素,第三世界逐步增长的粮食需求本来就很难依靠少数地方的粮食供给来稳定满足。更不用说,二十一世纪的北美和西欧都一度出现了减少粮食供应的趋势。一个重要的原因就是大批的农业用地被用于生产生物燃料。这也是本世纪第一个十年末期粮食市场危机的成因之一。

过去几十年的情况就是,老体系依然运行,而二十世纪七十年代的危机暴露出来的问题一直没有得到根本解决。在刚过去的二十一世纪一十年代,出现了一个重要的新情况,那就是前苏联地区的再度崛起,在其中俄罗斯和乌克兰扮演了重要角色。在二十一世纪初的粮食危机之后,俄乌两国在数年之内就将小麦出口翻了一番。这种出口的增长建立在国内产量的实足增长,而国内消费仍然不高的基础上。就在这短短数十年间,俄罗斯的小麦出口量已经赶上和超过了美国,在某种程度上又恢复了沙俄时期的"粮仓"之名。

从这样的趋势看,世界上会形成一个新的俄罗斯中心(或者俄乌中心)的粮食体系吗?哪怕抛开现在凸显的地缘政治不稳定性造成的危机,可能性也并不大。正如前面所提到的,俄罗斯的粮食出口建立在本国消费低的基础上,哪怕是到了近年,俄罗斯的本国谷物消费依然没有恢复到二十世纪九十年代初的水平。也就是说，一旦俄罗斯的生活水平得到提高，哪怕是部分地恢复苏联后期的消费标准，俄罗斯的粮食出口很可能会大幅度缩小。到那时，又有谁能来补救呢？而且，现有的石油农业本身是不可持续的，其生产过程需要耗费大量的化石能源，且对环境有显著的破坏。从生态的角度来说，希望在少部分地区通过大量投入化石能源来规模集约生产以支撑整个国际粮食体系，也是不可行的。

那么，世界能否跳出粮仓与粮荒的周期变化，真正解决粮食问题呢？首先，技术的作用是有限的。粮食的生产无疑受到科学技术的巨大影响，然而粮食问题却远远超出了技术层面。过去的历史告诉我们，技术本身不会解决粮食问题，不管是二十世纪的绿色革命，还是后来出现的各种新的生物技术，都是如此。我们并没有生活在马尔萨斯的预言里。实际上，全球的粮食生产完全可以满足人类总体的需要，但是具体的国际生产和分配制度，使得这一点难以实现。

因此，我们需要从根本上反思近两百年来的国际粮食体系本身。大规模国际粮食贸易的出现，在历史上首先是资本主义发展不平衡的结果，而且粮食体系的出现和维持，又会强化这种不平衡。英国作为第一个资本主义工业国，迫切需要从其他社会里获得稳定的粮食供应，而由此出现的第一个国际粮食体系有效地支撑了英国以及其他部分国家十九世纪后半期的稳定资本积累。而到了美国主导的第二个国际粮食体系，低廉供应的美国粮食在"二战"后相当时期内促进了第三世界很多国家的资本积累，却又使得这些地方难以自己解决粮食问题，从而逐渐孕育新的危机。可以说，粮食体系是全球资本积累的重要制度，而粮食问题，则正是内生于全球资本主义发展的一个长期危机趋势。

这并不是说唯一的解决办法是取消粮食贸易，而是在于培育各个地区，尤其是第三世界自己掌握饭碗的能力，越是能够保护自己的农业和农民，就越是能够把饭碗放在自己手里，从而能够不被国际粮食体系所左右。这最起码要求，在这些地方，国家不能以短期的经济眼光来看待粮食生产、农业和农民，而是要将其作为整体发展的战略，把食物主权拿在手里。事实上，中国就是一个好的典型，虽然也参与国际粮食贸易，但从总体上说，在漫长的工业化、城市化的过程中，成功地做到了独立于国际粮食体系之外。这是与新中国彻底的农村革命以及领导层长期对粮食安全的重视分不开的。如果中国在未来逐渐进入国际粮食体系，那么中国的饭碗恐怕就如大批第三世界国家一样不稳当了。

民以食为天，天下同理，联合国的可持续发展目标第二条就是到二〇三〇年的时候消除饥饿，然而现在看起来希望渺茫。摆在世界——尤其是很多缺粮的不发达国家——面前的任务是迫切的。可以预想，随着美国霸权的衰退愈加明显，未来以美国为中心的各项世界秩序都不可避免地会迎来前所未有的冲击，其中也包括国际粮食体系。在过去粮食体系运作相对良好的时代，世界上也没能消除饥饿和营养不良，比如就在新冠疫情暴发前的二〇一九年，世界上仍然有将近七亿人困于饥饿中。在世界局势更加不稳，全球气候变化加剧，粮食体系运作越来越不好的时候，更多的饥饿，乃至饥荒，恐怕都会出现。能否在未来几十年走出一条新的道路，真正地让全人类免于饥饿，这是我们所有人共同面临的深刻挑战。

黄金团

樊希安 著

定价：78.00元

这部长篇小说以人民解放军黄金部队一个团为描写对象，记叙该团指战员在山东莱州湾建设三山岛金矿的战斗历程，是八十年代军人生活的一个缩影。

四川人民出版社 2022 年版

何兆武先生的中外融通

仲伟民

何兆武先生是一位率性而纯真的学者，即使到了晚年，尽管动作不便，反应也比较迟缓，但依然可看到他的眼中闪烁着聪慧的光芒，没有一丝浑浊，绝对不是那种我们常见的或老练或麻木的眼神。他更是一位智者，与他谈话，看似极为平常的言谈却时常能让你感受思想的机锋；在课堂上，他古今中外旁征博引，常发人之所不能发，敢讲人之所不敢讲。何先生是一位真正的思想家，是二十世纪后半期中国学术史上特别重要的一位学者，尤其在沟通中西文化交流方面，他更是一位不可替代的重量级人物，他译介的西方哲学及史学理论著作以及相关的学术著述，都是这一领域最重要的成果。

但是，因为何先生过于低调和谦虚，从不为自己争利益，尤其是他带过的研究生特别少，平生只带过两名硕士研究生，没带过博士研究生（他退休时清华人文学科还没有博士点），因此没有学生给他抬轿子吹喇叭。有人说，导师往往靠弟子出名，某种程度上真是有道理的。但何先生的学问和人品实在是太好了，即使他的学生少，但因为大家都喜欢他的著译，所以他依然广受敬慕。

人家都知道何先生是一位学贯中西的人物，但他自己从不这么自许。他在《上学记》里谦虚地说，在他求学的二十世纪三四十年代，中国已经完全接受新式教育，他没有旧学根底，比不了他的前辈学者。所以，他非常仰慕梁启超、王国维、陈寅恪、雷海宗等这些古今中外兼通的学者。

何先生为人极其单纯，淡泊名利，待人接物少有世俗圆滑的方式。在我与先生有限的接触中，有一点感觉特别深，这就是他不会恭维别人，也不肯恭维别人，因为他没有学问以外的索求。比如：学校在蓝旗营分给他面积大的房子（当然要补少许房款），他说自己年事已高，无需大房子，不愿搬家，所以没要；师友们为他过八十大寿，他本应享受众星捧月的场面，可是一大早自己先溜出去逛公园了，谁也找不到他；在《上学记》中，他毫不隐讳地批评某人学术不行，某人急功近利，某人品行不好等，几乎口无遮拦，曾引起某些被批评者后人的不满，但何先生不在乎，因为他讲的都是事实。

何先生家境一般，没有在国外学习的经历，但他依然精通英语、德语等多种语言。更重要的是他通过精研原典而对西方文化有了全面、深入、系统的理解，可以说是一位真正中西会通的学者，他的主要著述和见解正是建立在对中西思想文化融会贯通的基础之上的。在全球化迅猛发展的今天，我们怎么看待传统，怎么看待中西文化的交流和冲突等，是特别重要的问题，甚至可以说是关乎中国发展前途的问题。

学术界多关注何先生在史学理论研究方面做出的突出贡献，因为他对西方哲学的译介是中西文化交流史上的丰碑，他对西方哲学尤其是西方历史哲学的阐释更是填补了中国学术的空白。比较而言，何先生关于中国文化阐述的精辟见解以及他对中西文化的深入比较，学术界关注得并不多。实际上，何先生对中国文化及中西比较都有很多非常睿智的见解，对我们具有重要的启发意义。更为重要的是，我以为何先生之所以能在译介西方经典及西方学术研究方面做出如此杰出的贡献，恰是因为他有相当深厚的国学根底，以及他对中西文化比较极为透彻的认识。也就是说，何先生对西方文化的理解是建立在对中国文化深入理解之上的，他说自己没有旧学功底，当然只是相对于他的老师那一辈。

近读何先生文集，感触更深。比如《杂草集：西方思想史散论》，辑一总共收录了三篇文章，分别是《西方哲学概述》《西方古代哲学》《中世纪和近代的西方哲学》。如果只看标题，无疑是纯粹讲西方哲学；但实际情况是,这三篇文章中有大量的中西比较内容,如第一篇超过一半的篇幅是对中学与西学的比较。辑四中的六篇,居然有五篇是讨论中西文化的比较,如《"中学"与"西学"——从李陵谈起》《中西文化与全球化》《中学、西学与近代化》等,从这些文章标题,我们能看出何先生的治学旨趣及其中西会通的学识。

我读何先生著作最深切的体会是,他不仅仅专注于纯学术问题,更有深切的现实关怀,以及知识分子的使命感和责任感;他也不仅仅把自己的研究限定在西方哲学和经典著作的翻译方面,同样关注中国历史和文化,对传统有着深刻的反思。从下面几个问题,我们可以明显感受到何先生的情怀和见识。

其一,关于中国特色问题。近年来,强调中国特色似乎是各行各业共同追求的目标,学术研究领域更是提出了"中国学派"的伟大口号。对此,何先生持谨慎的保留态度,他认为过分强调中国特色、中国特殊没有实际意义,也基本没有什么道理;相反,这种认识可能是非常危险的,因为某些人扛着"中国特色"的大旗,真实目的却是为了对抗西学、排斥西学,甚至是为了反对对外开放。他敏锐地指出,人类的智慧一旦凝结为知识和学术,就成为全人类的共同财富,没有国家与种族之分;面对这些全人类的共同财富,每个民族、每个国家都应当认真学习和吸收,这样才会不断进步。而那些通过强调特色为自己壮胆,高喊"二十一世纪是中国的世纪"等口号,"恐怕不是一种健康的心态……宣扬本民族的优越,那是狭隘的民族主义"。我特别赞成何先生无需刻意强调国家与民族特色的观点,因为世界各国家、各民族的特色是不证自明或自然凸显的。在全球化时代,我们特别需要强调的恰恰应该是中国文化与世界文化的共性,中国人与世界各国人民的共性,以及学习先进文化的重要性。

其二,关于近代化的普世性问题。与中国特色问题类似,近代化(与现代化含义基本一样)的普世性似乎也是不好谈的问题。但是,如果我们理解了近代化的深层含义,这个问题便不会有任何的误解。何先生认为，近代化主要有两个重要含义，一是科学，科学造成了工业革命，工业革命实际就是近代科学在生产中的运用；另一个是民主，民主制规定人人平等，人人享有最基本的民主权利，尤其是最基本的生存权利。一个社会只有具备了科学和民主这两个最基本的要素，并且生产力水平大幅度提高，人们的生活水平也大幅度提高，才可称之为近代化的社会。何先生说："只要有一个国家，一个民族近代化，别的国家、民族也迟早要走这条路，这是一条普世的、共同的道路。"在这个过程中，各民族、国家的特色一定会存在，但在科学和民主面前，特色应该是第二位的。所以，我们绝对不能在强调特殊性的口号下否定普遍性，因为世界近代化的发展历程已经证明，科学和民主是达至近代化的通行证；拒绝这个通行证，不仅可能走很多弯路，还可能掉入泥坑。实际上，过分强调特殊性，是患自大狂的突出表现；而自大狂与自卑症是一对孪生兄弟，强调特殊性的自大狂，其实是强烈的自卑感在作怪。

前两个问题，本质上是一个问题，即怎样看待个性和共性或特殊性和普遍性的关系问题。既然建设现代化是我们国家的首要任务，而现代化又有很多共性的内容，那么为了实现现代化，就必须明确个性必须服从共性，或者说普遍性是第一位的，特殊性是第二位的。只有这样做，才符合国家和民族的根本利益，现代化建设才可能顺利进行。

第三，关于中学、西学的问题。中西海通以来，直至今天，"中西体用"之争就从来没有停止过。对一个民族来说，生存是第一位的，发展是第一位的，近代化是第一位的。今天我们回头看晚清中西体用的争论，尽管"中体西用"经常遭受批评，相关文人及官员被斥为"保守派"，他们的言论被批评为迂腐守旧，历史已经过去了一个多世纪，但"中体西用"的心态不仅没有改变，反而更加牢固，甚至可以说至今我们脑海里仍被这些观念所控制。何先生对此做过特别深入的思考，他敏锐地指出："我们近代化的起步要比西方晚了三个世纪，因此人们就错误地认为我们近代化就要学西学，其实我们要走的实质上乃是近代化道路，这是全世界共同的道路，不论哪个国家，哪个民族都要走近代化的道路。"

在这里，何先生彻底摒除了"中学""西学"的界隔，批判了以所谓保护国粹而阻碍学习近代科学和民主的愚蠢举措。何先生指出，"中学""西学"之分只有在一个非常特殊的时期才有意义，即清末这个时期，因为这个时期仍处在帝制时代，任何改革都必须在维护君主专制合法性的前提下才能顺利开展，所以当时"中学"的含义非常清楚，就是指"三纲五常"：君为臣纲、父为子纲、夫为妻纲。中国的帝制时代结束后，原来提倡"中学"的基础不存在了，如果再提"中学为体"，那这个"中学"的含义是什么呢？在全球化速度加快，各国互联互通日渐紧密的今天，凡是有利于国家发展和百姓福祉的举措、理念，我们都可以拿来为我所用，不应该再有中外之分。我想何先生欲表达的，一定是这个意思。他下面这段话可谓掷地有声：

> 真理不在乎它是不是符合国情。假如它不适合中国国情的话，那么要加以改变的是国情，而不是要改变真理。国情要适合真理，而不是真理要适合国情……学术和文化，不以中西分。

说得实在太好了，如果我们遵循先生的话去做，一定会少走很多弯路。在现时代，发扬优秀的传统文化是正当举措，但是如果把糟粕当作精华，或如果仍抱持"天朝上国"的心态，那只会阻碍中国的现代化进程，并增加与国际社会的隔膜和矛盾。在"中学""西学"问题上，我们容易走极端，即顺利时期往往从极端的自卑走向极端的自大，困难时期则往往从极端自大又走向自卑。何先生说，自大狂和自卑感是人类偏见的一对孪生儿，一个极端总是伴随着另一个极端。真是说得太好了！

此外，何先生还有很多睿见。比如，有人认为中国学习西方的科学技术开始于明末清初西方传教士最初来中国的时候，但何先生不同意这个见解，他认为那个时期耶稣会士对中国的影响是负面的，那个时期近代化的核心内容近代科学和近代思想并没有传到中国，中国人真正开眼看世界要迟至十九世纪后期。又比如，在讲西方中世纪的时候，何先生与中国进行比较，提出一个困惑很多人的问题，即占中国人口大多数的汉族为什么没有那么浓厚的宗教信仰。他认为主要是由于物质上的原因,就是中国的血缘关系始终没有断绝,正是因为宗法的背景,一直以来形成了中国特殊的以伦理道德为中心的集体主义,有了这样一个集体主义,个人就不太需要宗教信仰了。这些见解对我们都特别有启发。

写于何兆武先生逝世一周年之际

"经""权"之辩
——辜鸿铭与张之洞的文化分歧

唐慧丽

作为中国近代文化史上的"风流人物",以辜鸿铭之睥睨傲世,同时代之康有为、严复等都遭其贬损、讥笑,却甘为张之洞之幕僚下属,历时二十余年,可见其对张之洞的推崇。然而,张之洞的代表性的著作《劝学篇》,"中体西用"的文化思想,以及在"中体西用"指导下的"洋务运动",却遭到辜氏诟病。为此,张之洞批评辜鸿铭"知经不知权",辜鸿铭则反唇相讥:"张文襄之所谓权,乃术也,非权也。"

辜氏一方面对张之洞的操守表示尊敬,一方面对其"中体西用"提出批评。主要有二:其一,"中体西用"企图调和中西,在"中体"与"西用"、传统与现代、旧学与新学中寻找折中之道,其实质是中国传统道德文明对西方现代物质主义文明的妥协、退让。源于张之洞的错误认知——未能认识到道德本身就是一种力量,道德原则对一切事物都具有约束力,最终必将导致道德文明被物质主义"吞噬"的下场。其二,张之洞的道德相对主义,导致其道德原则的分裂:一个人必须有两套道德原则——一套用于个人生活,一套用于国家和民族生活。作为个人,恪守儒家原则,继续做儒门君子;作为民族国家,须抛弃儒家原则,成为西方物质主义的"食肉野兽"。故张之洞有所谓"公利、私利"之辨,称"私利不可讲,而公利不可不讲"。这种道德相对主义在张之洞看来,是审时度势之"权变",在辜鸿铭看来,则是道德原则不能统一的"虚伪的理想主义"。

表面上看,辜、张二人的第一个分歧是道德相对主义与道德绝对主义之争。然而,其背后因由则是儒家"权变"论与欧洲浪漫主义思潮下催生的文化保守主义的交锋。

在儒家学说中,作为绝对性、终极真理的"道"或"天理"与具体的历史情境之间存在着一个如何统一问题,即,"天理""道"如何落实、实现于具体的历史情境之中?既然"天理"或"道"是亘古不变的,那么,受"道""天理"支配着的人类历史为什么又不是一成不变的?不变的"道"如何体现于多变的历史之中?为解决道与历史的统一,儒家抬出了"时势""理势"的概念。"'势'强调的是一种支配物质性变化的自然趋势或自然的力量——这种自然的趋势或自然的力量固然总是落实在促成其自我实现的人物、制度或事件的身上,却不能等同于物质性过程本身。"〔汪晖:《现代中国思想的兴起》(上卷),57页〕这就要求作为主体的人"审时度势",将形而上的"道""天理"与具体的历史情境相结合,此即儒家的"权变"之说。"'权'意味着主体必须在儒家原则与具体情境之间进行权衡,进而达到自然、时势和人情的和谐",从而为主体的历史实践提供空间。在"权变"意识之下,儒家又形成了道德相对主义,即道德原则并非一成不变,而应根据具体的历史情境有所变通。张之洞调和中西的"中体西用"论正是这种"权变"意识的产物。而辜鸿铭用以抨击张之洞的道德绝对主义,即,作为终极真理的"道"或"天理"是绝对而不容妥协的——这一反诘却难以在学理层面上站住脚。这是因为,辜氏没有理解,儒家所谓的"道",是道德相对主义与绝对主义的统一:面对千差万别的历史情境,究竟怎么样做才能符合"道"、践行"道"?此问题不能从本体,即,"道"的层面进行解答,只能在具体的历史情境中寻找答案。既然历史情境千差万别,那么实现于具体历史中的"道"也会千差万别,因此,并没有一套固定、绝对的道德标准。道德行为根据具体情境而定,如,"男女授受不亲"的道德原则,在"嫂溺之"的具体情境下,就必须被打破,必须"援之以手"。故孔子自述其言行"无可无不可"(没有绝对的标准),指的就是这种相对主义;而在本体论层面,所有千差万别的言行都指向终极存在的"道",这是绝对主义,故孔子又说"吾道一以贯之"。"无可无不可"的言行与"一以贯之"的道,并不矛盾。这便是道德的相对主义与绝对主义的统一。之所以能够统一,是因为儒家在"经"与"势"之间,给出了一个"权"的空间,即道德主体历史实践的空间。"经"指向圣人教诲,经书典籍,"势"指向具体情势,那么审时度势就成了道德主体"权变"的自由。这样一来,"权"与"术"也难以从学理层面判别,必须基于具体情境之中,即,我们只能模糊地理解,在中国传统文化语境中,"权"指向不违背"道"的前提下,因时因地所采取的权宜之计;而"术"则因远离或背离"道"而落入下乘,指向手段、算计、谋术等负面内涵的词汇。而这种解释,只是学理上的概念,在具体情境中的"洋务运动"究竟是"权",还是"术"?辜鸿铭与张之洞的分歧——究竟是辜鸿铭"知经不知权",还是张之洞"知术不知权"——也就无法从道德视角、学理层面界定。因此,辜氏以道德绝对主义对张之洞的反诘也就成为无源之水、无本之木。但我们在此不做价值判断,而是寻觅其背后根由,可以发现,辜氏的反对,乃是基于他受欧洲浪漫主义的影响所形成的文化保守主义立场。

欧洲浪漫主义的根本精神是反思启蒙、反思现代性。启蒙运动(十七世纪初至十八世纪末)是欧洲近现代的分水岭,此后,人类历史进入了"现代"新纪元。启蒙理性也随之成为人们新的信仰与最高精神权威。欧洲由此拉开了现代化进程的序幕,踌躇满志于凭借人类的理智之光打造"现代化工程"。

然而,启蒙理性所许诺的自由、平等、博爱并没有真正实现,法国大革命的血腥、暴力见证了这一理想的破产。启蒙理想的破产,又催生了欧洲十八世纪至十九世纪初的浪漫主义思潮,这股思潮最初由法国发轫,最后成为席卷欧洲的一场思想文化运动。对现代文明的忧虑、反思乃至批判,也就相应构成了其核心内容。面对启蒙以降欧洲所出现的物欲横流、道德沦丧等社会现象,浪漫主义者提出"回归自然""回归中世纪"两大口号。"自然"代表人类的精神、灵性,与物质欲望相对,以华兹华斯为代表的浪漫派诗人,表达的则是这一派对人类精神家园的渴望;倾向"回归中世纪"的浪漫主义者,赞赏中世纪的宗教信仰、道德秩序,以卡莱尔为代表。辜鸿铭十三岁至二十二岁游学西方之时,正是这股浪漫主义思潮席卷欧洲之际。辜氏受其影响自不待言,在辜氏著述中,引述得最多的是卡莱尔、阿诺德、罗斯金、爱默生四人,皆是浪漫主义者。其中,爱默生的超验主义,被视作浪漫主义在清教土壤的分枝。在其浪漫主义师辈的影响下,辜鸿铭形成其文化保守主义立场——留恋中世纪,拒斥现代文明。加上辜氏方法论上的局限性——将整个现代文明不加甄别,都等同于物质实利主义而全盘否定。在这种方法论的主导下,辜氏的立场更接近于极端的保守主义:将中世纪、儒学等同于道德;将现代文明视作不道德,使二者极端对立,全盘肯定前者而否定后者。因此,中国学习西方的洋务运动,在辜这里,就变成了现代物质主义文明对古老道德文明的侵蚀,两者不可兼容。张之洞则不然,在他那儿,洋务运动是"中体西用"的物化,是在"中体"(即"道"的根本原则)之下,面对西方"坚船利炮"的具体历史情境,所采取的权宜之道。

第二个分歧:对于"保教"与"保国"之轻重先后看法的分歧。在张之洞,"保教"的目的是"保国",即通过维护儒学之正统地位,来维护清王朝的统治。如其《劝学篇》所论,"教"(作为正统思想之儒学)是"国"(清王朝之统治)的道德基石,为"国"提供道德合法性与思想保障。故,学习、引荐"西用"(如,兴办实业、制度改革等),都必须在"中体"(即,以儒学之正统思想为根本)的前提下进行。"中体"与"西用",两者的目的都是"保国",前者从思想上、精神上"保国",后者从物质力量上"保国"。在辜鸿铭,"保国"的目的是"保教",正如辜鸿铭自己的辩解:"我的朋友们都嘲笑我对满清王朝愚忠……事实上，我忠诚的是它所代表的政教文明。"这是二人在"洋务运动""清王朝参与协约国对德宣战"事件上立场相悖的原因：在张之洞，为"保国"计，开展"求富""求强"的洋务运动；为"公利"（国家利益）计，支持清王朝在"一战"后参与协约国对战败国德国宣战，张之洞的理由是"私利不可讲，公利不可不讲"。辜鸿铭对此坚决反对，抨击对方是"虚伪的理想主义"。在他看来，"洋务运动"是学习西方的物质主义、利益至上；对"战败国"德国宣战，为"不义"之举，两者都违背了作为终极真理的"道"，并批评张之洞将"中国的国家利益、国家安全凌驾于一切道德原则之上"。这一批评，反过来也说明，对辜鸿铭而言，道德原则重于国别利益。故，"保教"重于"保国"。

这一分歧的是与非，撇开不论。由"保教""保国"所显露的信息，却令人惊讶：像辜鸿铭这样一个"愚忠"的"遗老"，怎么清王朝的国家利益、生死存亡竟不是他最为看重的事？既然不是，那么，以往对辜鸿铭的界定——"文化民族主义者"（黄兴涛语）——是否有误？……联想辜氏对"蛮夷"和"中国人"的论述："蛮夷"并非按照肤色、种族来划分，凡是违背道德的都是"蛮夷"，故有"黄夷"也有"白夷"；"那些穿着西服、满口英文的中国人并非真正的中国人"。显然，"蛮夷""中国人"并非国别、民族意义上的划分，而是道德品质的区分，如同君子与小人之区分。再联想辜氏自己的辩解"我所忠诚的，是这一王朝所代表的政教文明"，以及辜氏在清朝灭亡后，赴日本演讲，再三赞赏日本文化中有儒学的因素，并向其日本友人萨摩雄次表示，愿迁居日本，直至老死，显然，日本文化再度成为其理想文明的一个载体、表征……由此观之，相较于他的"民族主义"立场，他似乎更显示出一种"世界主义"的襟怀。从文化血脉上看，"长袍马褂"的辜鸿铭更像是一位浪漫主义者，如何以道德化解现代文明物质主义的危机，才是他真正萦绕于心的文化目标。这就不难解释，何以一个喝足了洋墨水、二十四岁以前几乎没有接触过传统文化的人，会成为清朝"遗老"？辜鸿铭是生于马来西亚槟椰屿的华侨混血儿，母亲据说是葡萄牙裔。辜氏一生中国话都说得不甚流利，引经据典之际，常写错别字。梁实秋曾调侃："先生错别字不多，不过也不少。"这种古怪的"遗老"形象，其背后却是浪漫主义者的"乌托邦"情结——对现实（现代文明）失望之余，转而寄托他乡。辜氏在儒家文化中发现了与其浪漫主义师辈相似、相通的思想，遂阐发之，推向西方世界，以期解救欧洲现代文明之困境。与其说他忠于清王朝，毋宁说是忠于其自身的文化理想。

第三个分歧则是对社会达尔文主义的接受与否。张之洞的学说里含有不少进化论、社会达尔文主义的因素，而社会达尔文主义在辜氏看来，恰是引发欧洲诸国恶劣竞争，并导致"一战"的祸根。

"物竞天择，适者生存"的进化论援引到人类社会领域，形成社会达尔文主义。其核心观点认为，生物界的生存竞争，也存在于人类及其社会之间，尤其表现为种族间的竞争。"……作为自然选择的结果，现代欧洲人已经发展到了居于统治地位……原始人还处于迷信和非理性之中……这些特征导致了非欧洲种族不可避免的毁灭。"这种论调自然成为欧洲种族主义的滥觞。

进化论及社会达尔文主义，经严复译介赫胥黎的《天演论》，在中国得到广泛传播。张之洞也受到影响，把西方的强大归结为欧洲各国相互竞争的结果："欧洲各国开辟也晚，郁积勃发，斗力争巧，各自摩厉，求免灭亡，积惧成奋，积奋成强。"（《劝学篇·内篇·知类第四》）相较于西欧诸国，中国则是"傫然独处于东方……所与邻者……无有胜于中国者"。这种缺乏竞争的情形下，中国"去古益远，旧弊日滋，而旧法、旧学之精意渐失，今日五洲大通，于是相形而见绌矣"。这种危机意识，遂促使张之洞兴办洋务，参与竞争。

辜鸿铭则相反，一方面以孔子的道德观来驳斥社会达尔文主义："孔子对'适者生存'的解释与现代的解释完全不同。适者生存并不是意味着最强悍的野兽最能生存，而是意味着最有道德的人最能生存。"另一方面，再三向欧洲人宣扬"有教无类"。辜、张二人，一个欲高扬国人之种族意识,救亡图存;一个要消泯西方之种族意识,使世界大同。

按照解释学的观点,任何阐释活动都有"前结构",即,阐释者用已有的概念系统去接受或阐释新的对象。在张之洞,是以儒家"权变"论为"前结构",接受西方的社会达尔文主义,从而提出"中体西用"的政治主张;在辜鸿铭,是以欧洲浪漫主义对现代文明的批判、反思为"前结构",来阐释儒学、批判张氏之"中体西用"。本文无意于做价值判断,评判孰是孰非,旨在尽可能多地显露历史的细节,将辜、张二人的文化分歧作为个案,从中管窥晚清思想史,中西文化交融互渗、既相融又相斥的复杂性。

"照扮冠服"的前世今生

石 超

短长书

关于明清戏曲、小说插图功能的研究,学界一般认为,戏曲插图多一重场上的属性,即"照扮冠服""唱与图合"此类的功能;也有学者认为,所谓的"照扮冠服""唱与图合"只是商家营销的噱头,是一种"文图共谋的陷阱"。笔者认为,这两派观点更多是立足于个案基础上的讨论,未将戏曲插图置于插图演变史的宏观视域下进行观照,所以结论有失偏颇。

从现存明代曲本来看,"照扮冠服"的说法并不鲜见,金台岳家刊行的《新刊奇妙全相注释西厢记》末尾印行牌记中云:"世治歌曲之者犹多,若《西厢》……作戏搬演,均须字句真正,唱与图应然后可。……本坊谨依经书重写绘图,参订编次大字魁本,唱与图合,使寓于客邸,行于舟中,闲游坐客,得此一览始终,歌唱了然,爽人心意。"虎耘山人在《〈蓝桥玉杵记〉凡例》中亦云:"本传多圣真登场,演者需盛服端容，毋致轻亵。""本传逐出绘像，以便照扮冠服。"著坛刊刻的《〈玉茗堂还魂记〉凡例》中也有记载："曲争尚像，聊以写场上之色笑，亦坊中射利巧术也。"可见，从弘治到万历的百余年间，戏曲插图都以场上属性作为重要卖点，说明这在当时已成为一种时尚。我们固然可以认为这是书商的一种射利之术，但若细察就会发现，这些插图之所以会被书坊主当作卖点，并且持续达百年之久，说明其存在是有合理性的。否则，那些购买曲本的读者都是有一定文化水平的，明明知道"照扮冠服""唱与图合"只是一场图文共谋的陷阱，完全与场上表演没有任何关系，依旧甘愿上当受骗，没有任何疑义吗？更让人难以置信的是，这种欺骗读者的伎俩还能在不同的书坊主之间重复使用，除非当时的书坊主和读者都认为插图的"照扮冠服"和"唱与图合"功能符合了他们的心理预期。从这个意义上讲，"照扮冠服""唱与图合"的说法是有其合理性的。

那"照扮冠服"和"唱与图合"又是如何实现的呢？研究者们一般认为，所谓"照扮冠服"和"唱与图合"，就是插图可以为读者提供全套的表演规范，从场景布置到着装、动作、表情等，事无巨细，完全与图像相吻合。这些具有舞台性的插图基本都具有如下特征：第一，从构图视角看，这些插图都呈现出正面构图与侧面构图的特性，类似于戏曲舞台的正方位视角和侧方位视角。如弘治版《西厢记》，正面构图的有九十幅，侧面构图的有四十三幅，说明绘图者在绘制过程中，有意参考了舞台表演的独特要求。第二，构图以人物为主，人大景小，比例不协调，且呈现出程式化的特征，如同舞台演出场景一般。如高石山房所刻《新编目连救母劝善戏文》和环翠堂所刻《琵琶记》的插图都是如此。此外，人物和人物之间没有遵从近大远小的原则，几乎并置在同一平面上，看不出明显的空间关系，这些都大抵出于空间展演平面化的需要。第三，插图布景以屋宇居多，画面构图多以厅堂为中心进行布局，类似于舞台背景的设置。但如果我们仔细翻阅，就会发现早期的插图在"照扮冠服"和"唱与图合"的功能上的确存在缺陷，指导实际的舞台表演也并不能完全立得住脚。此外，笔者还仔细比对了明代早期的小说插图与戏曲插图，发现两者并没有明显的区别。也就是说，戏曲插图并没有因为需要展现出独特的舞台属性而与小说插图大相径庭。既然不能直接指导实际的舞台表演，书坊主又为何要宣扬"照扮冠服""唱与图合"呢？其实，书坊主们之所以这样做，正是迎合读者市场需求的表现，而这与当时的官方政策和戏曲消费语境有很大关系。

元代时，官方对词曲创作进行了严格的限制，"诸妄撰词曲，诬人以犯上恶言者，处死"，但对于戏曲表演显得相对友好。明初时，统治者为了教化民众，对戏曲表演进行了严格限制，《御制大明律》卷二六载："凡乐人搬做杂剧戏文，不许妆扮历代帝王后妃、忠臣烈士、先圣先贤神像，违者杖一百；官民之家，容令妆扮者与同罪。"到了永乐九年，曹润等奏："有亵渎帝王圣贤之词曲、驾头、杂剧，非律所该载者，敢有收藏传诵、印卖，一时拿送法司究治。奉旨：'但这等词曲，出榜后，限他五日，都要干净将赴官烧毁了，敢有收藏的，全家杀了。'"除了对表演和收藏、传诵、印卖曲本等进行种种限制外，政府还极力贬低演员的社会地位，规定演员及其家属不能参加科举考试，禁止军民学唱戏。在官方这一高压政策的影响下，其结果是只有"《西厢》《琵琶记》传刻偶多"，演戏活动就可想而知了。可见，虽然演剧活动在元代积聚了深厚的民众基础，但明代前期的演剧活动并不兴盛，无论是士大夫，还是普通民众，想看表演都非易事。在这种情况下，"照扮冠服"和"唱与图合"类的插图便成了消费者聊以自慰的工具，自然会成为书坊主射利的卖点。

明代前期的演剧活动被压制，曲本的刊刻数量很少，所以插图的舞台属性也未凸显。如宣德十年刊行的《金童玉女娇红记》和成化年间刊刻的十六种说唱词话（其中的《刘智远还乡白兔记》为南戏戏文），都属于比较早期的刻本，两书中的插图风格基本与同时期的小说插图无异，延续的都是建安古插图的风格，并不具备舞台表演的属性。直到弘治年间刊行的《新刊奇妙全相注释西厢记》才率先提出"唱与图应""唱与图合"

的说法，算是这一沉寂局面下的大胆突破。到了嘉靖年间刊刻的《荔镜记》和《风月锦囊》，插图也不具备表演属性，说明戏曲消费依然被压制得比较厉害，一方面是戏曲刻本较少，另一方面是演剧活动比较沉寂。在相对保守的大环境下，只有处于京城的金台岳家开风气之先，采用数量极大的插图来满足读者的观剧需求。它不仅提出了"唱与图合"的说法，在构图设计上，也努力呈现出戏曲舞台的正方位视角和侧方位视角。但细看这些插图，就会发现它们根本不能指导实际的舞台表演，至于其他地域的戏曲插图，就更无法满足了。

正德之后，因君主痴迷导致禁令废弛，僭越之举常有发生，戏曲消费活动逐渐复苏。周晖《金陵琐事剩录》引有沈越《新听闻见记》的一段记载："正德丙子以后，内臣用事南京守备者十余人，蟒衣玉带。其名下内臣，以修寺为名，各寺中搭戏台扮戏。城中普利、鹫峰，城外普德、静海等处搬演，各处传来扮戏棍徒，领来妻女，名为真旦。人看者钱四文，午后二文至一文，每日处得钱十余千。彼此求胜，都人生理不理，风俗大坏。"可见，正德以后的演剧活动逐渐增多，但依然不敢大张旗鼓，多是以修寺为名，在寺中搭戏台扮戏，受众面也不广。除了寺庙搭台演戏之外，家乐在这一时期也开始增多。据刘水云《明清家乐情况简表》统计，明代蓄家乐主人共有二百四十六人，正德以前蓄家乐的并不多，正德以后才开始迅速增加，地域分布也从最初的江苏、浙江一带迅速扩散到山东、福建、湖北、江西、北京、陕西等地，并呈蔓延全国的趋势。可见，到了嘉、万时期时，演剧活动已经日渐风靡，甚至有点全民狂欢的味道了。

嘉、万时期演剧活动的盛行，培养了庞大的观众群体，袁宏道和张岱都记载过苏州的"虎丘曲会"，可谓规模宏大，盛况空前，这种普及性的、世俗性的民间戏曲活动昭示出当时戏曲消费的热度。这一时期刊行的戏曲插图与前期相比，其舞台属性明显强化，如继志斋刊行的《吕真人黄粱梦境记》第九出"蝶梦"插图，此图表现的是一个"戏中戏"的场景，吕真人等喝酒观戏，图中的演员伏案而眠，演员的背后有两名司职伴奏的，旁边还有盔帽、须髯等砌末，梦境是从演员的头上生发出来的，里面画有三名演员头戴蝶形簪饰在跳舞，展示的是"庄周梦蝶"的情景。这幅插图连穿关、动作等都刻画得十分具体而详细，与舞台表演较为切近。此外，世德堂刊本《琵琶记》"强子求官"插图亦是如此，此图描绘的是"蔡公逼试"这一情节，图中呈现了蔡公、张太公、蔡母和蔡伯喈四人，张太公与蔡公在对话，大意是在劝和，蔡母面向侧面，背对着蔡公，大意是对"逼试"一事持反对意见，蔡伯喈则跪在地上，聆听父亲的教诲。这幅插图中出现了戏剧性的一幕，蔡母本是背对着蔡公，但是对于看图者来说却是侧坐着，蔡伯喈本来应该面向蔡公跪着赎罪，却侧跪着，脸朝向看图者，且做拱手作揖状，似乎在与看图者对话。一个侧坐，一个侧跪，两人的动作已经背离了情节讲述的原貌，之所以全都以看图者视角展现，其实是为了展现舞台表演的需要。这种情况到了写意化的戏曲插图中就变了，《苏门啸》中的听审插图，就都是背对看图者了。从演员的扮相来看，《玉杵记》插图中的人物扮相与现存明代戏曲演员的人物塑像高度一致，说明绘图者是从舞台表演实际中来，无疑对实际的舞台表演有一定的指导和借鉴意义。可见，演剧活动的风靡催生出新的消费需求，戏曲插图的舞台属性在金台岳家刊本的基础上更加凸显，但问题在于这一时期戏曲插图的展演功能仅止于偶尔几幅，无论是从整个明刊曲本，还是从单一曲本来看，这种插图的数量都极少，占比极低。也就是说，这些插图顶多是个别关键节点的点拨，无法真正指导整场戏的表演。由此也说明，这些偶尔出现的一两幅表演性插图穿插于书中，只是起调节的作用，帮助读者更加直观地展现一下舞台表演的状态，作为其他类型插图的补充。

万历以后，演剧活动早已风靡大江南北，读者再也不必借助插图去想象舞台上的场景，由此带来的是写意化插图的盛行。崇祯四年刊刻的《北西厢记》凡例中云："原绘原非雅相……殊令呕哕。兹刻名画名工，两拨其最，画有一笔不精必裂，工有一丝不细必毁。内附写意二十图，俱案头雅赏，以公同好，良费苦心，珍作此谱。"说明插图逐渐脱离舞台的属性,"案头雅赏"慢慢成为读者关注的重点,这一时期插图的山水写意性逐渐增强,且都出自于名家、名工之手,如起凤馆所刻《王李合评北西厢记》的插图是汪耕绘,黄一楷和黄一彬刻,《王李合评南琵琶记》插图也是黄一楷所刻,容与堂所刻李卓吾批评系列的《琵琶记》《玉合记》《幽闺记》等插图,皆是黄应光所刻,朱朝鼎香雪居所刻《校注古本西厢记》的插图,也是黄应光所刻;张琦校刊本《吴骚集》的插图是黄应光和黄端甫所刻。这种文人画家和精工巧匠相结合的经典范式,将戏曲插图的文人化特质和写意属性推到了极致,舞台表演属性自然也就不复存在。

到了清代后期,各种戏班名角的脚本开始大量出现,这些脚本主要为各个戏班和名角服务,不再是一般的普通案头读者,所以舞台展演的属性又开始变得格外凸出。如《绘图京都三庆班真正京调全集》共收剧目四十八出,扉页绘图三十六幅,每一幅插图都有非常齐整的人物扮相,纤毫毕见,与舞台表演无异,可谓真正做到了"照扮冠服""唱与图合"。

戏曲插图的舞台属性与演剧活动形成了一种同源共振的关系,从最初的粗糙、朴拙逐步走向精工、典雅、富有诗意,既是我国版画发展的整体趋势,又是演剧活动兴衰的真实写照。可见,"照扮冠服""唱与图合"是特定历史时期的产物,因为迎合了消费者的诉求,所以才成为商家营销的噱头,当戏曲的案头属性日渐强化时,插图的精工、意境便成为卖点。就戏曲插图"照扮冠服""唱与图合"的功能而言,虽然强调其舞台表演的属性,但并不具备指导舞台实际表演的功能,它其实是从读者看舞台表演的视角来设计插图,使其在阅读过程中,能借助插图想象出舞台表演人致的情形,在那个演剧活动被强力压制的时代,作为聊胜于无的消遣。

一石之微
——漫记端方、苏慧廉的一页题跋

沈 迦

易福平兄发我一页图片,说得自辽宁省博物馆,其上有苏慧廉(William Edward Soothill)的题字,供我留存。

确实是苏慧廉的笔迹,这我熟悉,他的汉名印章,倒是第一次见。苏慧廉写的是英文,一时不能全识读,于是先释读左边的汉字:

> 家弟匋叔牧许以颜书残石见寄,识为《和州刺史张敬因碑》,《集古录》《金石录》《丛编》《类编》并著于录。《集古录》云碑已残缺,碎为数段,是此碑在宋时已不完,今则仅存此一段耳。公馀评赏,并属陈君汝玉为作是图。端方题记。

据端方题跋内容,可知说的是《赠和州刺史张敬因碑》,该碑为颜真卿楷书作品。如今碑石早佚,仅存拓片,拓片也非全碑整拓,仅几行三十余字。网上能查到拓片的图片,"北京故宫博物院藏,清长白端方旧拓本"。欧阳修《集古录跋尾》卷七有关于此碑石最早的记录:"碑在许州临颍县民田中,庆历初有知此碑者,稍稍往模之。民家患其践田稼,遂击碎之。余在滁阳,闻而遣人往求之,得其残阙者为七段矣。"端方说"此碑在宋时已不完",

应该就是据此记录。欧阳修当时得七段，但到清末，"则仅存此一段耳"。端方的《匋斋藏石记》卷二十七中对这段残石有更详细的记录："碑已残毁，现存之石，广三尺一寸，高尺寸不计。前后漫灭，惟中间八行，行存四五字。正书，径一寸八九分。……右碑于许州出土，王文敏、盛伯希皆以为鲁公书，而碑中并无年月。案：鲁公之殁在兴元元年，姑从二君之言，漫附于此。"

得到这段残石的是端方的弟弟端锦（一八六五至一九一一），时任河南知府。弟弟知兄长酷爱金石，于是宝剑赠英雄。端方得石后很欢喜，又拓印，又绘图，还遍征题咏。我说"遍征题咏"是有根据的，一九〇八年《国粹学报》第四卷第十二期上有陈三立的一首诗，《陶斋尚书征题颜鲁公书和州刺史张敬因碑残段三十字》：

鲁公书势蛟鼍横，斫剑画锥起人敬。
一朝光气满山川，千载残碑出坑窭。
摩挲失喜寄青氊，河永江间夸季孟。
尚书孝友更思贤，岂徒凤墅备搜证。

（石为尚书弟许州牧所得。）

《瑞安市文化志》亦记载光绪二十一年（一八九五）进士胡调元（字榕村，一八六二至一九三〇）在分发江苏候补时，因端方"命题《天发神谶碑》及《张敬因碑》，大加赞赏，不久摄篆金坛"。当时端方为两江总督，是他的上司。

苏慧廉的题字应是此次"遍征题咏"中的一个部分。

传教士、汉学家苏慧廉在中国生活三十年，能读中国典籍，讲流利中文，但不会写汉字，因此他写的

《赠和州刺史张敬因碑》拓片（北京故宫博物院藏）

是英文："And this our life ...... finds tongues in trees, books in the running brooks, sermons in stones, and good in everything." 落款："山西大学堂,苏慧廉,时在太原府,1910年10月30日。"

一九一〇年十月,苏慧廉还在山西大学堂西学斋总教习(即校长)的任上,但已是尾声,是年底,李提摩太(Timothy Richard)兑现创校时的诺言,将大学堂交还山西政府。

苏慧廉题字的内容出自莎士比亚名剧《皆大欢喜》,在第二幕第一场,过着流放生活的老公爵对大自然生发咏叹,暂借朱生豪的译文:

我们的这种生活,虽然远离尘嚣,

却可以听树木的谈话,溪中的流水便是大好的文章,

一石之微,也暗寓着教训;

每一件事物中间,都可以找到些益处来。

苏慧廉不愧是大汉学家,他摘题莎翁这一段,说明他懂一块残石之于中国文化的微言大义。

以前写苏慧廉传记时,读到些苏氏与端方的材料,以为两人是"次密接"的关系:

端方任陕西巡抚时保护过传教士,庚子年八国联军进入北京城时,传教士投桃报李,时正旅居北京的敦崇礼(Moir Duncan)见外国士兵正要洗劫端方的住宅,于是向指挥官打招呼。敦崇礼是山西大学堂的创校校长,苏慧廉是他的接任者。

苏慧廉的女儿谢福芸(Dorothea Hosie)在她那本著名的《名门》(*Two Gentlemen of China*)中也写到端方,是翁同龢的侄孙翁斌孙与她聊天时述及,说他是满族人中的一个异类,很有智慧,"从来都不相信义和团那一套招摇撞骗的把戏"。

辛亥年,他奉命前往四川进剿革命党。四川是辛亥年那场革命的始源地。当时,四川的铁路沿线,乃至整个省份都处于一片混乱之中。形势之复杂,危机之严峻,端方是有着清醒认识的,但他还是义不容辞地去了。他从北京带去了军饷,到了四川以后,

就把全部的军饷交给了自己的部下向士兵发放。他虽然不在乎钱财,却没有意识到自己的部下都是一些无耻之徒,他们克扣了大部分的军饷,士兵们拿到手的只是很少的一部分。很快,一些士兵发现没有拿到足够的军饷,就愤而当了逃兵;但有一部分暴躁的士兵直接找到端方索要军饷。端方说自己手上并没有任何钱财,这其实是事实。但那些士兵早已恼羞成怒,把刀架到端方的脖子上问他到底是要钱还是要命。端方说,这种情况下,恐怕只能把自己的脑袋给他们了。哗变的他们迟疑了一下,最后杀死了端方。临刑前的端方,就像"泰坦尼克号"上的那些乐队一样,唱起了歌,表现出了极大的无畏,告诉那些乌合之众自己并不惧怕死亡。我不知道这样的结局到底是不是真实的,但无论如何,端方确实是一个勇敢的人。

谢福芸笔下的"端方授首"缘由及场景,与读革命史长大的我们习见的有点不一样。

都说保路运动是压死清王朝的最后一根稻草,一九一一年九月七日,发生成都血案,四川局势濒于失控。九月十日,朝廷将四川总督赵尔丰免职,命督办粤汉川汉铁路大臣端方署理,率湖北新军第八镇第十六协第三十一标及三十二标一部至资州(今资中)平乱。有研究者认为,正是因为端方带走了新军中的主干,导致武昌城防空虚,才有十月十日武昌起义的成功,由此一个王朝与一个时代共同倾覆。孙中山说:"武昌之功,乃成于意外。"孙中山都没想到,更遑论端方了。

端方更没料到的是自己此刻已行走在人生的边缘。十一月二十七日新军哗变,端方与其弟端锦在资州东大街天上宫"文命诞敷"牌楼通衢下被部将刘怡凤等枭首。同时遇难的端锦就是前面提到的将《赠和州刺史张敬因碑》残石送给端方的弟弟。《清史稿》这样记载端锦:端锦,字叔纲。河南知府。赴东西各国考路政,著日本铁道纪要。从兄入川,变作,以身蔽其兄,极口詈军士无良,同被杀。事闻,赠端方太子太保,谥忠敏;端锦,谥忠惠。

坊间有传闻，端方被杀之前曾求饶说他的祖先是汉人，姓陶。苏慧廉的妻子路熙（Lucy Farrar Soothill）在回忆录《中国纪行》（*A Passport to China*）则说自己与苏慧廉在伦敦曾接待过一个翻译，他自称亲眼目睹了这幕惨剧。"士兵无理索要军饷，端方不给，士兵就抓住他叫他跪下。他坚决地说：我只跪皇帝。于是士兵们杀了他。"

早年读到路熙这段回忆时，我以为苏慧廉仅是个听众，现在看见这页题跋，才知两人是旧识。苏慧廉的英文题记落款一九一〇年十月三十日，他没有想到，一年之后，他的同龄中国朋友就身首异处了。那一刻，不知他是否想起当年为端方写下的莎翁题句："一石之微，也暗寓着教训。"那是一个远离权力中心，在大自然中过着流放生活的老公爵的生命感悟。

端方死于一九一一年十一月二十七日，两兄弟的头颅被分开装入两只盛了麻油的铁筒。据有关文献记载，援川鄂军从资州东返武昌期间，沿途各县镇军民多要求开匣参观人头，有时还照相留念。一九一二年一月二十八日，援川鄂军回到武昌，带队的陈镇藩立即晋见黎元洪，献上端方首级。

这是哗变者献给新时代的"投名状"，这也是迟暮时代给自己端上的最后一道祭品，此刻，两颗被麻油浸泡了一个月的头颅，正血肉翻飞、面目模糊。王国维后来有首长诗《蜀道难》记此事，其中"戏下自翻汉家帜，帐中骤听楚人歌""朝趋武帐呼元戎，暮叩辕门诟索虏"，说的就是难料的世变与叵测的人心。

近年，端方研究方兴未艾，其中有关于他的朋友圈，也有提及他的西人朋友，如福开森、莫理循、内藤湖南等，惜一手材料不多。这件缺头少尾的题跋的出现，或许能为进一步还原端方与他的时代提供一点线索。

（《寻找·苏慧廉》修订版，沈迦著，生活·读书·新知三联书店二〇二一年版）

戴海斌

历史与记忆：辛亥年的周善培

李劼人创作的"大河小说"三部曲《死水微澜》《暴风雨前》《大波》，向为历史学者所重。一九六二年，他在致友人信中说，《大波》第三部挖掘成都假独立之根源，使掩饰五十余年的真面目之"周秃子"，暴其丑恶于光天化日之下。这个"周秃子"，即周善培，四川保路运动中首当其冲的川省官僚之一。

周善培初刊于一九三八年、旨在"既答李君，亦告川人"的《辛亥四川事变之我》，批评李劼人"损害我名誉"，敦促其"修改"小说内容。至五十年代，又出版《辛亥四川争路亲历记》一书，持续自我剖白，"志在纠正李劼人所作小说《大波》中有关周氏诸事"。那么，周善培究竟是怎样的人物？他经历了怎样的辛亥年？辛亥革命到底是怎样的一场革命？

周善培其人：从"维新派"到"遗老"

周善培，号孝怀，原籍浙江诸暨，一八七五年出生于四川营山县。一八九七年入湘，初识谭嗣同、陈三立、梁启超。一八九九年东渡，与当时流亡日本的梁启超交往最密，从此订交。梁视周为"四川一豪杰"，作书介绍于孙中山，冯自由将周列入"兴中会前半期之革命同志"名录,谓其"思想新颖,议论豪爽,日以提倡新学为务"。回国后,捐纳升至道员,分发四川。一九〇一年,率川省官费学生赴日留学,倡言变政,"大要首在学校",延聘日籍教师至成都,创办四川第一所新式学校。不久,受业师赵熙创建川南经纬学堂,应邀出任学监。一九〇二年,岑春煊督川,废保甲,办警察,周善培出任警察传习所总办,提出"采外、酌中、师古、保安、正俗、卫生"之治警方针,是为川省警政之始。历任巡警道、劝业道、署提法司,倡办省内新政,囊括警政、市政、教育、工商业、航运多个方面,堪谓清末风云人物。美国学者司昆仑(Kristin Stapleton)称他为"成都的儒家治国论者"。

周善培掌巡警道时,不过而立,血气方刚,行事大刀阔斧。时人评价他"素性恃才,处事锋利""性酷而刻,然施政不无善者"。在当时川人眼中,他被视作不折不扣的"新派"。

四川保路运动事起,继而"革命"爆发,周善培卷入风波,度过他在成都最后一段,也可能是一生中最艰难的时期,"归隐"沪上,开始长达三十余年的寓公生涯。入民国后,自谓"独立以后,足迹不履成都军政府,且终身不仕民国,则以示天下后世",俨然以遗老自居。然在旁人看来,他仍属于"长袖善舞""与时俱进"的人物,如张颐就说:"他这个遗老,却常是尼姑思凡。"

一九四九年,周善培应新政权邀请入京,参加第一届政协会议。议程之一为商讨国名,有人主张仍为中华民国,周坚决反对:"这是一个祸国殃民、群众对它毫无好感的名称。二十多年来更被蒋介石弄得不堪言状了。我主张就用中华人民共和国,表示两次革命的性质各不相同。"新中国国名一直沿用至今。"把更换国号的理由点拨得如此到位,可不是一般的老辣。"

解放后,周善培历任华东军政委员会委员、全国政协委员、上海文史馆馆员,一九五八年病逝。虽隶浙籍,但以生于斯长于斯,他对四川始终有强烈认同感。晚年在沪，唐振常面谒之际，听到的还是"满口四川话"，据说"思蜀"不已，尚有"回川居住"之念（《周孝怀先生》）。对半个世纪前在川风云往事，周善培念念不忘，对外部功过评定抱有复杂心理，尝谓："真讲做事的政治家，勿论职权的大小，到一个地方，作一趟官，总得留下两件事，使去后还有人想起。如李冰在四川凿离堆，事隔二千年还有人纪念他，这是第一等。如子产在郑国，前半时期被人咒骂，后半时期被人歌颂，也是好的。即使像王荆公作坏，到今天还有人佩服他做事的精神，也称得上政治家。"（《谈梁任公》）此语以李冰、子产、王安石为"政治家"之例，也可转视作对自己的一个总结，但这一形象认知，却很难说符合川人眼中的那个"周善培"。

从"周秃子"到"周条师"——川人眼中的周善培

二十世纪初的省城成都，是个古老而宁静的内陆城市，按旧有节奏，日复一日迎接每一轮晨昏。在西风东渐的近代化历程中，位居长江上游的四川省表现出的总体特点是封闭性强、受外界影响相对较小、近代化起步晚。真正搅动这一塘死水的"微澜"，发源于清末自上而下的新政运动。老成都通惠门城楼上，题款"既丽且崇，名曰成都，文明建设，今有古无"，正出自周善培手笔。唐振常评论说："远在清末，孝怀先生就能提出文明建设一词，并誉为古无今有，其眼光可谓远大。"时人言："在清光、宣年间，海内知名之新政能员，有唐绍仪、伍廷芳、熊希龄、郑孝胥、温宗尧之流，善培亦其中之〇。"今人道及周氏场合，也多缘成都城市现代化"与有大力焉"，感谢他能倡风气之先，甚而前述十六字被理解成"一个清代官吏搞城市建设时的施政大纲"。

不过，随着研究视野转移，如何评估"近代化变革"对"地方社会"的影响，成为学界重新思考的问题。在四川现代化研究领域早着先鞭的学者王笛反思道："如果说《跨出封闭的世界》是从精英的眼光去看社会的变化的话,那么《街头文化》则是从下层民众的角度探索现代化对他们日常生活的影响。"《街头文化》以"社会改良者"命名与下层相对应的精英阶层,特指受现代化和西化影响,有意识重建公共空间和重塑城市形象的那部分人。周善培正为"手握政治权力的改良者"的一类典型,他所领导的改革前所未有地改变了城市面貌,也留下为后人乐道的"近代化"遗产,但无可讳言的另一面是——"民众所能享有的公共经济和文化资源缩小了,新的城市权威对公共空间的控制使民众的生计日益艰难。民众不得不组织起来,为自己的利益而进行反抗。"当然,"下层民众"应如何定义,仍是一个存疑的问题——是否只有那些曝露"街头"的乞丐、拾荒者、江湖游民、流氓赌棍,才算真正的"下层"?在不同人群构成的"民众"视野中,改良者形象也不是单调统一的——新政启动后的"地方"已较传统社会发生更为剧烈复杂的阶层和利益分化,在此寻求某种"共识"的企图总是伴随了风险。但无论如何,"下层"角度出发的观察,确为我们理解周善培在清朝倒台前后备受各方批评和痛恨的原因提供了线索。

在成都度过中学时光的郭沫若对周善培大名如雷贯耳。多年后他回忆道:"成都毕竟是四川的政治中心乃至文化中心,所有旧时代的势力与新时代的影响都集中在这儿。当时做巡警道的是周孝怀,他是清朝末年的一位干员,他在那不生不死的新旧官场中委实是巍然地露出了一头角。他的德政,四川人给他五个字的刻薄的口碑,那便是:娼场厂唱察。"(《反正前后》)喜好"涮坛子"的成都人用五字俏皮话,总结周善培任上做的几件波及全城且惊世骇俗的事情:"娼"是官娼,成都娼妓划定区域,公开营业,政府抽捐;"场"是劝业场,提倡新式工商业;"厂"是制革厂,以犯人代工,制造西式革制品;"唱"是新式戏院,以为"改良川戏"手段;"察"即警察。

郭沫若由周善培谈到改良、革命两派之殊途同归,倒与日后风行的近代化史观颇多暗合:"平心而论,这位周先生在当时倒不愧为一位不言而行的革命家。他所举办的事业可以说全都是对于封建社会的破坏,对封建社会的革命。他比他当时的职业的革命家,所谓'乱党',在使中国产业资本主义化的一个阶段上,倒是做了一番实际工作的。"在李劼人笔下,革命前夜的成都城依然享用着周氏主持警政时留下的若干善果:"只有劝业场才有电灯,全城街道,仍旧是一些点菜油壶的街灯,尚是周善培开办警察时,费了大劲才兴办起来,后来多少年了,大家还叫这为警察灯哩。……"同一作者还借革命党人之口,问了一句听似很难反驳的话——"一方面破除迷信,一方面提倡新政,你们能说周孝怀的不对?"

不过,回到当时,周善培治下的成都人在"破除迷信"和"提倡新政"上面看到的却是无数个"不对"。有亲身经验的郭沫若解释说:"在漫无组织的社会中,突然生出了这样的监视机关,而在创立的当时又采取了极端的严刑峻法主义,这在一般的穷人不消说是视为眼中钉,而就是大中小的有产者都因为未曾习惯,也感觉不便。因而周孝怀也就成为众矢之的,四川人差不多个个都把他恨入了骨髓,一说起周秃子(四川人给他的诨名),差不多是人人都想食其肉而寝其皮。"(《反正前后》)考"周秃子"来由,民间说法不一:一谓其身为清廷命官,率先剪掉辫子;二讥他胆大妄为,"癞子打伞",无法无天。总之,不管出处如何,重点在此"歪号"表达的一种集体情绪,自属贬词无疑。周善培推行的一系列强制性市政措施改造了地方社会面貌,也给市民日常生活造成不便,从而引起公愤。至辛亥前夕,真可谓到了"众恶所归"的地步。

辛亥成都血案发生后,认为周善培是幕后谋主的舆论甚嚣尘上,民间相信"拘捕蒲罗""放手杀人"等等都是"周大人给季帅大人打的条",于是给另取了一个"周条师"歪号。四川独立后,吴虞日记写道:"周孝怀正在逮捕中,此人上半年欲杀余,不意今日竟不能免,此积恶之报也。"吴虞显然也是周的仇家之一,不期而至的革命恰给了他泄愤、报仇的机会。不只吴虞,从学堂考试被淘汰的下岗秀才、妓院的院妈娘、被治理的腐败寺院方丈诸"群小",乃至被裁抑的"同僚"、遭冒犯的"上司"、有名无名的深恨周善培的人群,均为辛亥年的"大波"所动员、裹挟,他们及其敌人的命运在这中间发生了巨大变化。

"正误":周善培的辛亥记忆

辛亥年保路运动事起,至川省宣告独立,继至成都十月十八日兵变,周善培身当前台,亲历全程。他致力于"官绅联合",弥缝其间,不仅未得"好处",反而身陷群议。李劼人在《大波》中借了趋新绅士的口吻痛责"他自从升署提法使以后,就变了一个人,油滑取巧,各方讨好",多处表露社会舆论如何大不利于周。革命期间所谓"乱民"告示,文曰"但拿周、赵,不问他人",点名罪魁,署提法使周善培竟还排在有"赵屠户"恶名的总督赵尔丰之前。民间观感明显不佳,在清政府方面,周善培也饱受倾轧,奉命入川的督办铁路大臣端方以"轻躁喜事,变诈无常"为罪名参他一本,遂遭"即行革职"处分。

面对端方弹章,周善培一面上书赵尔丰要求澄清"外间谣诼",一面致电端方,指责"捕风捉影","反唇相讥,口齿犀利"。四川独立后,尹昌衡即生兵变,周善培"天留一壑"逃离四川,同时致友人公开信,为己辩白:"七月十五日之变,不知其中底蕴者,多疑为周氏所耸动。周氏在川,至今人多思之。其所以招怨者,实在警局时办流棍过严,与在司法任内斥退法官养成所学员所激而成也。"(《与陈子立书》)《辛亥四川事变之我》的"自叙"开宗明义:"李君所纪他人他事且勿论,但论其纪事之涉余者,则舍可征且见存之公牍报章,乃至宣布全国百四十二州县之文字,独引街巷无根修怨之谣言,虽时加以公平之辩解,然其要归,固贱事实而尊谣言以为可征也。

先取家藏文字之既公布者八篇，每篇复附数语以补所未尽，而以正《大波》之若干条附于后，统名之曰《辛亥四川事变之我》更公布之，既答李君，亦告川人。"此书"公布"的一九三八年，距离事变已过去二十七年，周善培针对李劼人之"贱事实而尊谣言"，不惜诉诸著述，公开辩论，可见争议之巨。

解放后，他公开出版《辛亥四川争路亲历记》，成为辛亥革命史研究的重要参考书。据其自述，此书发端于一九五三年与民主党派领袖、四川保路运动当事人张澜的一次谈话，写作目的全在为"以后编辛亥四川争路史"提供一份"确实的资料"。对所谈内容的可靠性，他极具自信："事虽过去了四十六年，而所记的件件事、句句话，当时既深深地印记在我的眼睛里耳朵里，几十年来又时时使我回忆起，并且曾经无数次对人谈论过。谈论中我从来也没有错记过一字、一事。我主要的戒条是：对事必求件件确实，对人必求'死者有知，生者无愧'。"

周善培政治身份已变，著书动机及行文风格也相应调整。当时出版方对其人评价似趋缓和，认为在保路同志会抗争时，"即在清廷内部，也开始出现分化的迹象，部分官方人物在广大人民正义呼声的感召下，逐渐站到人民方面来，和人民一道反对了当权的死硬顽固派"。同为川人的老革命家吴玉章却有别种感受，不客气地指出，"周善培在这次运动中，担任了一个颇不光彩的角色"，所言无非"无耻妄说"，"硬着头皮把他反对争路的亲历写作争路的亲历"。二十世纪六十年代，陈旭麓的人物研究还相当注重从阶级立场出发的褒贬评价，他对"当年破坏革命的官僚""妄想篡改历史"的行为深不以为然，而推许吴玉章上述指摘"很重要"，"纠正了周善培对革命历史的混淆，也警告了那些不以老实态度对待历史的人"。

或许当局者迷，倒是当时同僚、成都将军玉崑用一种带有连续性的眼光，看到了他看不到的一些东西："此番川民激变，可谓官逼民反。比年以来，将川民膏血搜掠殆尽，民贫财尽，所以与行政诸公结成敌忾之仇，商农士庶无不痛恨。俗云官清民自安，近来新政繁兴，建立局所，各项摊派无不应付，无不由民出资，因此愈结愈深，故然造意谋反之心生矣。周善培，四川人，系劝业道，为人阴险最苛，平日刻薄，自亦技能迎合上司，不顾梓桑之邦情谊，人人怨恨。此番肇祸，实由此人两面煽惑酿成巨祸。"（《蓉城家书》）

当下政治史研究领域，无形中受近代西方"优胜劣败"这一进化史观影响，较注意研究和论证历史发展中取得胜利一方（或接近取胜一方）的人与事，而对失败一方或视而不见，或简单一笔带过（罗志田：《见之于行事：中国近代史研究的可能走向》）。如果说，"周善培是一个站在新与旧之间，很不好用'新'或'旧'来简单界定的人物，或许正是为此落了个'滑头'名声"，那么，这样一位光宣年间"海内知名之新政能员"，何以在革命到来之际遽落至进退失据、左右均难逢源的窘境？时人对周氏观感，无论较带贬义的"变诈无常"，或相对中性的"善观时变"，都反映其人因应世变的特色，纯用阶级分析方法，既难在历史过程中替他准确定位，也不易看清他与各类"谣言"的关系，以及之于四川事变的真正影响。厘清周善培究竟扮演了何种角色，或也就可以追索并理解当时各式川人眼中，辛亥革命到底是怎样一场"革命"？

"重写"：作为对手方的《大波》三部曲

《辛亥四川事变之我》写作在前，处处突出主观之"我"，并设定了明确的辩论对象，具有强烈对话性；《辛亥四川争路亲历记》出版在后，尽管框架内容与前书高度一致，但著述体裁、语言风格已经大变，一些史实细节也存在出入，尤其在当时政治语境下，全书基调已由主观色彩浓厚的"自我辩护"，转向以客观姿态标榜的"保存史料"。那么，先后两种著作，是否因作者写作姿态变化，而导致史料价值的差异？

很有意思的是，作为辩论对手方的李劼人在新中国成立后也修订了《大波》三部曲,用他自己的话说几乎是"重写"。一九一一年时,李劼人尚是"一个旧制中学未毕业的学生,曾参加过四川保路同志会运动",亲历事变,有直接的见闻,又尽力搜集档案、公牍、报章杂志、府州县志、笔记小说、墓志碑刻和私人诗文,访问多人,相互核实,小说中所有人物均整理"人物纪要"。正缘于此,三部曲厚重逼真的历史感,特为读者珍视。李劼人的自我评价相对保守,尤其对《大波》不满意。他在五十年代表示说:"这个运动(指四川争路运动)的构成,是非常复杂的,就是当时参加这运动的本人,也往往蔽于他那光怪陆离的外貌,而不容易说明他的本质,……在三部小说中,偏以《大波》写得顶糟。"这里不仅有文学追求永无满足的精神,也(或更多)反映了"时代变革""思想进步"下自我检查的痕迹。所以,"在思想上也背了一个包袱,十几年来,随时在想,如何能有一个机会将《大波》重新写过,以赎前愆",他自以为"由于解放后参加了政治学习,回头看辛亥革命运动比廿年前更清楚、更透彻了",重写旧作"想深入运动的本质"。一九五四年的新版《大波》在评论家眼中"基本真实地"描写了历史,至八十年代,川籍学者隗瀛涛还相信:"《大波》虽然是小说体裁,但众所周知,《大波》中的重大历史事件都并非杜撰,相反,是有根有据,极其准确的。"

今人再读此书,则更应留心作者的"在场",创作及重写《大波》过程中贯彻的主观意图,可于历史场景的铺陈描绘寻求印证。李劼人读过《辛亥四川争路亲历记》,《"大波"第三部书后》写道:"第七章、第八章、第九章中,写周善培这个人与其活动,便感到有些缺欠,虽然也还了他 副本来面目。因为对丁辛亥年成都的假独立,周善培辄自以为有大功可居,我的确为他表了功,比他自己在一九五六年写的'辛亥四川我所亲历之重要事实',似乎还真实些罢?"言下还带有辩论的气息。他对友人张颐表示:"秃子公议处甚多,特在《大波》中只能挖掘这一点耳。"细读再版《大波》,可发现对"周秃子"的描写已不如解放前版本那样"淋漓尽致",但角色定位未变,同时又吸收了不少对方"正误"的素材和观点。我们原以为具有性质差异的历史和文学作品,都经历了重要"改写",且两者之间构成持续对话关系,在此意义上,它们都已成为"史料",唯利用时需小心揭示层叠交错的部分,从而逼近真实。

北窗读记

民初书画胜流

刘涛

张挂书画,旧时布置居室厅堂的"标配"。贵胄府邸、官宦人家、书香门第,耕读之家,莫不如此。清末民初欧风吹进,上流社会以洋货为时髦,但居室陈设依旧传统,少不了中堂、对联、条屏之类的书画。

一九一八年夏,三十八岁的李叔同在杭州出家,入冬,致书沪上许幻园(许嶫,一八七八至一九二九)代为求字:"拟请仓石(吴昌硕,一八四四至一九二七)、梅庵(李瑞清,一八六七至一九二〇)各书一幅,以补草庵之壁,大小横直不限,能二幅配合相等尤善。仁者有暇,奉访二老人为述贫衲之意。文句另写奉,能依是书,尤所深愿。"

一九三二年阴历除夕,钱锺书拜访陈石遗(陈衍,一八五六至一九三七),谈话内容说及石遗屋内所挂名流书画:"晚饭后随丈入其卧室,指吴昌硕画轴、杨惺吾(杨守敬,一八三九至一九一五)书联谓锺书曰:东洋人最崇拜此二人书画。又曰:他人谓余屋内多流连光景,少持家勤俭语,余自有勤俭对,人不知耳。因出示一联云:园小栽花俭,窗虚月到勤。自撰句而弢庵书。"(钱锺书:《石语》)弢庵乃陈宝琛(一八四八至一九三五),清末"清流四谏"之一,末代帝师。石遗夸他"翰林出色人才,做八股文、赋试帖诗、写白折子,皆拿手当行"。钱锺书年轻气盛,直言:"弢庵书纵似放脚娘姨,不甚自在。梁武帝评羊欣所谓'举止羞涩者'有之。"石遗与弢庵同是闽人,回护道:"此乃结习难除,不能怪他。"

吴昌硕、李瑞清、杨守敬三家,皆清末民初书画胜流,索求者趋之如鹜。老派人物陈石遗如此,新派人士李叔同亦然。

王升远

一九三八：
"非常时期"的一场越境私奔及其余波

一九三八年一月五日，《东京朝日新闻》刊出了一则新闻，题为"冈田嘉子谜之去向：与杉本良吉氏一道消失在桦太"。在新年的喜庆祥和气氛中，这则新闻的副标题更是耸动视听——"离奇：遇难、殉情还是有计划的私奔？"报道详尽披露了三十八岁的著名电影女星冈田嘉子与三十二岁的新锐男演员杉本良吉自年前十二月三十日一道抵达桦太岛（这里指当时被日本殖民占领的今库页岛南部）直至双双失踪的行程，其中不无蹊跷：在入住宾馆时，良吉使用了本名吉田好正，而嘉子却化名为吉田よし子；一九三八年一月二日两人携礼品慰问了日苏边境警备员，并在当晚归途中去向不明。

尽管入住旅馆时，嘉子曾向人表示此番桦太之行是为怀旧而来，也是为阿依努·乌尔塔族题材电影积累资料，但警方依然根据良吉的左倾思想排除了殉情和遇难的可能，并认为极有可能是假托国境慰问之名越境苏联。当红女影星、年轻男演员双双抛妻弃夫、私奔失踪的劲爆新闻，旋即让其亲友和同事成为媒体追逐的焦点。《东京朝日新闻》找到了良吉之弟吉田好尚，据其透露，乃兄临行前"留下了谜一般的话"："母亲就拜托你了，我与政治运动无涉，放心吧！"（《读卖新闻》一九三八年一月五日）与嘉子同住的竹内京子（前夫竹内良一之妹）也表示她临行前心情愉悦，稍显异样的是，她拜托自己卖掉所有衣物换成钱送给她（《东京朝日新闻》一九三八年一月六日）。尽管如此，桦太厅特高课和警视厅还是通过两人足迹，以及马橇车夫的证词确证了其越境苏联的事实。车夫称，接近国境线时，良吉假装手枪在握，挟制车夫，乘其不备，二人借夜色遁入苏联境内。桦太厅特高课意识到兹事体大，随即报告给了警视厅。特高课推定："国人越境到北桦太领土内（苏属——引者），都会被下狱并施以重刑。尽管如此，良吉和嘉子两位还是借慰问国境线警备员之名有计划地逃往苏联境内，可以推测，他们应该曾与苏联方面私下联系过。"（《东京朝日新闻》一九三八年一月六日）

特高课的推测并非毫无根据。一九二五年，良吉曾短期就读于早稻田大学俄文科，具备一定的语言能力；而《东京朝日新闻》（一九三八年一月六日）则在回顾了他加入日本共产党、活跃在无产阶级文化战线的经历后进一步暗示，"杉本是已故小山内薰和在俄的土方与志之弟子"。一月八日《大阪每日新闻》更因良吉曾频繁出入苏联领事馆，直接以大字标题抛出了其推测——"嘉子、杉本入俄的背后难道是土方与志？"土方与小山内曾共同创建、经营筑地小剧场，后者殁后，小剧场分裂，土方组建"新筑地剧团"，并加入无产者剧团同盟，演出了小林多喜二的《蟹工船》等无产阶级戏剧。一九三三年二月二十日小林遭特高警察虐杀，剧团曾为之举办了盛大的葬礼。在"治安维持法"不断强化、风雨如晦的三十年代，土方的活跃自然会被认为是一种与官宪对抗的姿态。一九三四年八月，他与日共系戏剧家佐野硕到访苏联，作为日本代表在苏联作家同盟第一次大会上发言介绍了小林多喜二遭虐杀一事，以及日本革命运动的现状。发言内容不久传回日本，土方因此被褫夺了伯爵爵位并亡命苏联。《大阪朝日新闻》一月九日的报道直接援引了来源不明、据信是良吉的自述称："到了俄国就能勉强应付得了了。特别是辗转抵达莫斯科之后，以前辈土方与志为代表的很多知己都在那边，我不会受到处罚，还能实现自己长年以来的愿望。"（就常识而言，行动之前为保密起见，越境者不可能说出来；越境之后因拘押、隔绝之故，在此时点上日本媒体对越境者心态亦无从得知）但战时防范日德两国的苏联之对日通报似乎也坐实了这次行动是"自愿的、有计划的"（《大阪朝日新闻》一九三八年一月十五日）。然而，事实上，一九三七年八月，受苏联肃反运动之波及，曾任职于国际革命戏剧同盟的土方与志和佐野硕早已被迫分别逃亡法国、墨西哥。多年后，曾供职于新筑地剧团的千田是也在接受加藤哲郎的采访时称，该剧团一九三七年九月即已得知了土方与佐野被驱逐海外的消息，"但由于戏剧理论的对立以及《安娜·卡列尼娜》竞演等无聊的原因，与我们对立的新协剧团的杉本对此事却并不知情……"从这个意义上来说，很难说对肃反实态和在苏师友们的际遇、动向全无所知的良吉之越境事件是"有计划"的行动。

因左倾之故越境苏联的嫌疑使良吉所属的"新协剧团"不得不火速断尾求生。当此之际，较之于事实真相，立场表态似乎更为重要。"新协剧团五日上午求得警视厅的谅解，又从下午五点开始起在筑地小剧场剧团全体会议，其基本方针便是向警视厅当局保证剧团的思想转向，结果全员一致决定（将杉本——引者）除名"，并为此向社会道歉，申明"杉本此次行动与剧团完全无关"（《读卖新闻》一九三八年一月六日）。六日下午，嘉子所属的"井上一座"也召开了协议会，而与"新协"的决绝形成鲜明对照的是，对于这位演技绝佳又有着极强市场号召力的一线女星，众人一致认为其"没有任何思想上的嫌疑"，并向警视厅陈情，"若有可能，我们愿以温情迎接嘉子的归来"（《东京朝日新闻》 九二八年 月七日）。

就这样，在官方和大众传媒混杂着臆测的捕风捉影，以及战时日、苏因彼此防范隔绝而产生的信息不对称中，以政治正确为准绳，事件基本被定性为曾事先与苏联方面联系过的、"有计划的行动"，其主谋无疑是有着左翼思想的良吉，而嘉子则便被普遍目为受良吉的左翼思想牵累、放弃了艺术生命的受害者。她被认为与思想问题毫无牵连，"在事变下的非常时期，突然从桦太国境入俄，是弃作为女演员之生命于不顾"之举。所谓"事变下的非常时期"是指一九三七年全面侵华后、日本国内"精神总动员"时期，报纸上大同小异的论调也自然都与此密切相关。四个月后，《大阪每日新闻》（一九三八年五月二十五日）以"冈田嘉子等人过着悔恨的生活"为题，臆测了在苏联作为"外宣机器人"被迫从事谍报翻译工作、释放无望的良吉、嘉子之苦涩心境，"非常时期"日媒涉苏报道的内宣功能由此可见一斑。

前文不惮辞费，对主流媒体上事件相关各方的即时性判断、反应做了考索，旨在强调昭和军国主义下的媒体宣传极有可能形塑了日本国民对事件性质的认知——这几乎是大众了解作为"时事"的越境事件之唯一窗口。时人与后来者的言说中着意凸显了什么、遮蔽了什么，甚至凭主观臆测篡改了什么，在此大都有迹可循。由于资讯不畅、言论空间逼仄，自战时至战后冷战时期的异态时空中，日本国民对该事件的认知也几近止步于此。

故事的后续发展极尽曲折和悲惨。二人入苏后，经GPU（内务人民委员会国家政治保卫局）的调查被分别关押，自此动若参商。良吉拼命奔赴的国度，最终却埋葬了他。在"大清洗"的恐怖氛围中，不堪拷问的他被迫做出了"我是为见梅耶荷德而来的日本间谍，梅耶荷德的助手佐野亦是间谍"的伪证，这番供述也成了清洗梅氏的决定性材料之一。而在后来的公审中，以做伪证为耻的良吉推翻了此前的供词，其后遭到枪杀（一九三九年九月二十七日）。曾追踪此事的今野勉认为，"需要杉本只是为了逮捕梅耶荷德，取得口供后，为了防止他翻供，就只能杀掉"。嘉子则被判处有期徒刑十年。而对于这一切，当时日本国内无从知晓。

在战后的一九四六年日本文学界的战争责任论争中，这件陈年旧事中的动机、时机问题再次成为争议话题。一九四六年一月，《近代文学》同人中的左派荒正人、佐佐木基一和小田切秀雄创办了一份小报《文学时标》，他们将火野苇平、佐藤春夫、菊池宽等四十位被认为协力了战争的文学家押上道德法庭，一一论罪，此举亦为文坛所侧目。然而，真正暴露了其彻底激进姿态的，却是一九四六年二月同人们召开的一次题为"文学家的战争责任"的座谈会，对话概要刊载于川端康成等创办的《人间》杂志。与《文学时标》上的据实控诉有所不同，此番讨伐的重点则是那些无产阶级文学和艺术派阵营中看似无需承担战争责任的文学家们，战时的他们或逃亡异国、或牢底坐穿、或缄默不群，但都因战时"不抵抗"而未能躲过批判者们的良知谴责。座谈会上，在托马斯·曼、罗曼·罗兰和托尔斯泰几位世界级抵抗者、批判者的光环映照下，战时逃亡中苏的鹿地亘和杉本良吉被三十三岁的荒正人作为"文学家反对战争的唯一的最高案例"而提出。但这一见解当即遭到平野谦的质疑，他要求重新评估鹿地亘逃亡的时机、动机，以及上述两人逃亡时日本言论环境的严酷程度和反抗的可能性，荒随即附和称："有必要考虑杉本、鹿地是作为文学家逃亡的，还是夹杂着个人私事而越境或潜入重庆的。"（《人间》一九四六年四月号，152—153页）两个月后，平野谦又发表了一篇题为《一个反题》的文艺时评，他声称：

> 报纸报道说，鹿地亘将于近期自重庆归国，杉本良吉不久之后也会回来吧。新闻界也许会像对待野坂参三那般，将其奉为国民英雄。事实上，他们也确曾饱尝艰辛。
>
> 但即将回国的他们今后若将主要活跃在文学和艺术领域（尽管期待如此），那么，与单纯将其奉为国民英雄的做法相反，我们应该追溯他们无奈亡命的复杂状况以及当时之情势。唯有阐明其文学意义，才是待之以文学家的唯一正道。今天之所以要特意谈到这些，是由于文学家的战争责任是一个与无产阶级文学运动之功罪以及转向问题几乎密不可分的议题

……(《新生活》一九四六年四、五月合并号，49页）

在翌月发表的《基准的确立》中，平野更是直言不讳地宣称："我的真意在于，警惕左翼英雄主义的简单复活，警惕借着外化感伤的左翼英雄主义提出战争责任的不在场证明之举。"战后初期，发生在平野谦、荒正人和中野重治之间的这场著名的"文学与政治"论争，虽以战争责任为话题，内里实则潜含着对战后文坛领导权的争夺。但平野显然不知良吉早已殒命异域，反倒对预想中即将返国、享受国民追捧的"杉本良吉"心存警惕，意图抢在这些道德明星归国引领潮流之前先发制人。在《近代文学》同人们看来，作为战争中的"不在场者"，鹿地与杉本甚至比常年身在囹圄而未转向的宫本显治、藏原惟人责任更小，更具道德优势。因此，战术层面上只要将杉本等定责，其敌手左翼阵营便面临整体垮塌，这是显见的多米诺效应。而良吉与嘉子在苏联的际遇、生死自然不在虑中，他们沦为平野谦们表述其"政治与文学"观念、战争责任认知的工具人；难以实证的动机、目的便必然成为这番诛心之论的核心指向。

在《一个反题》中，平野明言，他便是从报纸新闻中得知二人越境逃亡之消息的。文中，作者做出了一些臆想——"冈田应该是迷上了杉本了吧？越境这般'思想性'行动也全都是顺着心上人心意的吧？"接下来，建立在此臆想基础之上的批判却是剑拔弩张："问题在于，一个左翼戏剧家通过与电影女星同行，巧妙地骗过当局耳目，越境逃亡。……杉本是被何种理想附体抑或直面怎样的困境，以至于决意潜入苏联，我自然不得而知。我不过是清楚地知道一个事实——杉本为了实现自己的目的，利用了一个娇小而年长的女演员。但这一微不足道的事实却是极为重要的。"他指出，为了目的不择手段乃是政治的基本特征，"无论杉本良吉胸怀何等高远的理想，仅凭将一个活生生的女性作为其实现理想的垫脚石这一点上，我们就必须对其高远理想的整体做出严厉的批判"。这番控诉虽凌厉有余，但在认识层面却并未超出一九三八年官方与舆论界确定的基本论调。

若平野的指控成立,那么,"为了目的不择手段"则将成为左翼阵营的一个难以辩驳的道德污点。而问题的关键便在于,越境事件是良吉对嘉子的"利用"吗,二人究竟为何要逃亡苏联,嘉子对此有过悔恨吗?事实上,一九三八年一月七日的《东京朝日新闻》即已刊出短消息称,警视厅在搜查过二人住宅、调查过其近期行动后确信:"二人并非与苏联取得联系后越境的。可能是杉本因在艺术领域陷入困境,加之同人生病等原因产生了厌世情绪,基于个人的考量而越境的。冈田对此产生了共鸣,于是才引发了这次的越境事件。"这则消息值得瞩目者有二:一是事件的非计划性,二是嘉子行动前的理性和自主性。而这些信息似乎是平野从报纸上有所了解(从对良吉面临困境之论上推断)却不愿相信的。

子非鱼,鱼之乐或不乐殊难置喙。逝者已矣,唯有倾听生者证言。刑满释放后的嘉子并未回国,而是选择在苏联从事播音和演艺工作,到一九七二年抱着亡夫泷口新太郎遗骨回到日本时,已暌违故土三十五载。一九七三年,广济堂出版了嘉子回忆录《无悔的生命》,当年那件举国轰动的往事自然也是书中绕不过去的话题。她坦言,当时两个人都处于困境之中。"七七事变"后的日本陷入了全民战争狂热之中,《日德防共协定》的签订更使日共系艺术家的生存雪上加霜,当时因参与左翼运动被判有罪、处于保释出狱期的良吉更感到了严重的生存危机。"他最怕的便是收到红纸(即征兵令——引者),一旦被征兵,作为思想犯的他显然将会被送到最艰苦的地方去。"身为演员的嘉子本人也意识到:"很清楚的是,再这样下去,就不得不去演充当帝国主义走狗的戏码。"

  我们俩无时无刻不在凝视着环绕在四周的黑暗,动辄陷入沉默。

  "哎,我们索性逃到苏联去吧!"

他猛地盯住了我，告诉我以前他也曾有此计划，但未成功。话虽不多，但我从他的反应中看出他觉得我的方案也似无不可，就急着一口气做出方案。我记得那是在十二月《彦六……》上演第一天的几天后。

　　良吉为嘉子放弃影坛声望感到可惜，反倒是后者更为洒脱："说实话，我丝毫不觉得留恋。……现在的局势，也不是什么时候都能演正经戏。若是能成功进入苏联，到了莫斯科，土方与志和佐野硕都在那里。他在那边可以与国际左翼戏剧联盟联系去工作，我就去学演戏。他说，情况也不会一直如此，一定会诞生新的社会，到那时我们再带着'礼物'回来！"一九八〇年，嘉子又以对良吉的回忆为连载的《留在心底的人》系列压轴，文中，她再次将责任揽于一身，表示："我不记得他说过什么'要去执行党的指令'云云，但最先提出越境去苏联的是我。"

　　良吉逝后，实情已难确证。而唯一可以确认的是嘉子维护恋人清誉的拳拳之心。然而，何谓"无悔"？二〇〇八年十月十一日NHK播出了一段嘉子的影像视频，她强调："我不喜欢后悔过去。""不喜欢后悔"与"无悔"事实上存在着微妙的语义差异。时过境迁，嘉子是否因"不喜欢后悔"而"揉搓"了其与杉本相关的感情记忆，今人已不得而知；但在三十年代的"非常时期"，嘉子作为演员遭遇到的艰难艺术环境及其历尽风雨却对良吉初心不改、一往情深的爱恋和维护恐怕是难以"揉搓"的。然而，虽不喜欢后悔，但她对良吉的歉疚却成了压在心底的重荷。一九九二年六月，日本各大媒体披露了在苏服刑时期的嘉子于一九四〇年一月二十七日写给苏联当局的一份《请愿书》，文章最后出现了这样一段文字："背负着间谍的污名比死还让人痛苦。为了我，深爱着苏联的杉本也蒙受着间谍的污名。犯下了无法挽回的罪过，让我的内心日夜倍感自责。请再调查一遍，给我们摘下间谍的假面。求求你们了！"正如河崎保所洞察到的那样："她将这份无法向任何人倾诉的烦恼藏在心底，在其后五十三年的人生里，她一直背负着沉重的十字架。"

一九八六年，嘉子重返莫斯科，并于一九九二年谢世于异乡。一九九六年九月二十日，朝日电视台公布了一段有关她的未公开影像。她表示自己生前有件必须亲手完成的工作——完全不知良吉身葬何地的她要为之寻找安魂的归宿。最终，嘉子将良吉翻译的日译本《钢铁是怎样炼成的》带到了索契，将其与恋人遗像一道放到了奥斯特洛夫斯基纪念馆的书桌上。这是她最后的工作。至此，她终于可以卸下了一九三八年一月三日跨越北纬五十度线以来的心灵十字架。

读书短札

朱熹的比喻？

陈 腾

葛兆光先生为了说明"思想史中的层层积累"，借用过"酒中添水"的比喻：

朱熹曾经举了一个僧人的话说，"今人解书，如一盏酒，被一人来添些水，那一人来添些水，次第添来添去，都淡了"。朱熹不同意这种看法，便反过来说，"愚独以为不然，佛氏原初本是浅薄，今观其所谓如来禅者可识已，其后吾儒门中人逃至于彼，则以儒门意思说话添入其中，稍见有败缺处，随后有儒门中人为之修补增添，次第添来添去，添得浓了，以至不可穷诘"。(《中国思想史·导论》，97页)

两个比喻针锋相对，值得玩味。查《朱子语类》，卷一〇三确实提及僧人之喻，但朱熹只说："他禅家尽见得这样，只是他又忒无注解。"那么，到底是谁说的"添得浓了"？答案是晚生于朱熹四百八十年的黄宗羲。清刻《宋元学案》卷三四"曾渐"条，附有梨洲案语："朱子曾举一僧语云（中略）。愚独以为不然……添得浓了，以至不可穷诘。而俗儒直以为其所自得，则儒淡矣。可叹也！"这里的"愚"正是黄宗羲本尊。梨洲治学本受刘宗周影响，加上父仇阉党中人耽于禅悦，故而终身排佛不遗余力，上引案语正见得他对俗儒说禅素无好感。

孙红卫

马尔登、达菲、吉卜林与巴特勒夫人
——关于阿富汗的诗画小记

二〇〇九年七月,英国桂冠诗人卡罗尔·安·达菲(Carol Ann Duffy)邀请十多位诗人,写作了十七首诗歌,从各个角度思考伊拉克战争与阿富汗战争,发表在《卫报》之上。此时,由美国发起的反恐战争已进入了第八个年头,英国人刚刚在威尔特郡的伍顿巴西特(Wootton Bassett)列队迎接四名阵亡的英军士兵从阿富汗战场魂归故里,国会即将启动对伊拉克战争的调查,调查布莱尔政府参战的真实原因。在这组诗歌的序言中,达菲对这一"诗歌工程"的起因进行了说明,并引用柏拉图的话说:"见证乃诗人之责。"这是西方世界第一次有意识、有组织的文学行动,借助主流媒体平台,以诗的声音记录、反思与批判战争。诸多论者认为,十七首诗中,北爱尔兰诗人保罗·马尔登(Paul Muldoon)的诗歌最为突出,不仅诗艺精湛,立意也别出心裁。其中的关键词"出口伤"("exit wound",即子弹射出身体后留下的创口)被达菲摘取,作为这组诗集的题名。这首题为《阿富汗》的诗,全诗仅两行,采用了传统的"英雄双行体"形式:

  It's getting dark, but not dark enough to see

  An exit wound as an exit strategy.

(天渐转黑,但依稀能够看见

子弹射出的一个伤口就如军队撤出的一个战略。)

马尔登于一九五一年出生在北爱尔兰阿玛郡的一个天主教家庭,

对二十世纪六十年代至九十年代撕裂北爱尔兰社会的政治动乱、恐怖袭击感受颇深。这一人生经历让他的创作始终对政治、战争保持着极度的敏感。移居美国多年后,马尔登曾在一首诗中自嘲道:"你能把这个人带出阿玛郡,但是扪心自问\你能把阿玛郡(Armagh)带出这个穿着大号阿玛尼(Armani)的人吗?"在贝尔法斯特女王大学读书期间,马尔登师从谢默思·希尼(Seamus Heaney)等北爱尔兰当代著名诗人或文学评论家,参加过诗人、评论家菲利普·霍布斯鲍姆(Philip Hobsbaum)组织的著名的"贝尔法斯特诗歌创作小组"。他于一九九四年和二〇〇三年分别凭借诗集《智利编年史》(*The Annals of Chile*)和《莫伊沙砾》(*Moy Sand and Gravel*)荣膺T.S.艾略特诗歌奖和普利策诗歌奖。从一九九九至二〇〇四年,继希尼和詹姆斯·芬顿(James Fenton)之后,马尔登担任了英国牛津大学的诗歌教授。目前,他在美国普林斯顿大学执教,并多年担任《纽约客》杂志的诗歌主编。二〇〇六年,应时任联合国秘书长安南邀请,马尔登在联合国做了题为"战争与和平中语言的使用"的演讲。在马尔登看来,"九一一"之后的美国政治与北爱尔兰曾经的遭遇越来越趋于一致,在一次访谈中他说:"我虽已离开北爱尔兰十五年之久,但它始终是我思想深处,甚至思想表层的重要组成部分。生活在'九一一'之后的美国,这里的经历以某种奇特的方式在很多方面越来越像当时的北爱尔兰。例如,我们在走进一座大楼的时候,会下意识举起双手接受检查。"这种感受也为《阿富汗》一诗的写作做了思想的铺垫。

二〇〇九年,美国正面战场的军事行动似乎早已结束,战火却没有熄灭。这年三月,奥巴马政府正式宣布"针对阿富汗和巴基斯坦的全面新政策",大张旗鼓地推行"撤离战略",从此拉开了结束阿富汗战争、从阿富汗撤军的帷幕,此后的进程却一波三折。轰炸、占领、定点打击等带来的平民伤亡激发了当地民众极端的愤怒,将他们推向了仇恨与极端势力。以美军为主导的阿富汗战争非但未能一劳永逸地解决恐怖主义难题，反而铺设了更多滋生恐怖主义的温床。虽然推翻了塔利班政权，却也撕裂了当地的社会结构。这首诗中，诗人将个体层面的身体政治与公共层面的国家政治串联在一起，个体生命的创伤与社会层面的危机作为一个硬币的两面呈现在我们面前。诗人以伤口为隐喻，暗示无论是个人的生命还是国家的政治构想，经历一场战争后都绝不可能安然无恙。尽管战争终会偃旗息鼓，但总会留下一个难以弥合的创口。

就形式方面来说，诗歌工整、对仗的英雄双行体以其精巧、完结的形式与其所描述的无法愈合的伤口形成了反讽的对比。由乔叟开创，在德莱顿、蒲柏那里臻于完善的诗体在这里以反讽的姿态表述着诗中并无英勇之处的事件。双行体是一种高超的平衡与调和语言的技术。它的完美、严整的形式所反映的是一种节制、收敛的思想立场与审美取向。在这里，诗歌的艺术及其所暗示的政治的技艺似乎都要为一切画一个完美的句号，却只反衬出战争的劫难留下的永远难以愈合的伤口。两者之间的反差形成了这首诗歌强大的表现效果。诗人以此发问，我们应该如何面对过去的创伤？无论是诗的赋形的技艺还是政治的撤离的技术都不能给战争带来完结。

诗歌所采取的是一种极简主义的态度。在当下我们的世界，信息爆炸式的传播将可以快速消费的图像与文字传递到人群之中，过量的信息时刻轰炸着人们的感官。一次灾难或许会引起人群的惊诧与震颤，但瞬间又会被另一场更具爆炸性的新闻所取代。就如达菲在这组诗歌的前言中所言："二十一世纪初的诗人不再像凯斯·道格拉斯和爱德华·托马斯那样参加战斗。……今天，和大多数人一样，诗人在很大程度上通过来自战区的朋友或同事的电子邮件或短信，通过广播、报纸或电视，通过博客、推特或媒体采访经历战争——不管它在哪里爆发。"相对于海量的、不间断的新闻报道，相对于浩如烟海的图像与话语，诗歌采取了寡言少语的策略，如话语海洋之中的一座孤岛，突兀、超离与"不同凡响"。在这里，我们所阅读的只言片语是语言向静默的无限接近，它将巨大的悲悯浓缩在一个疼痛的伤口之中。

马尔登曾言，读诗即要读诗中缺席的语言。纸面上的文字只是诗人艰苦卓绝的创作过程的结束，而关键的词语、意象与意图则在诗的文字以笔墨呈现的一刹那黯然淡出，以缺场的方式萦绕在诗所开启的场域之中。这就决定了我们的阅读除了关注诗的最终呈现，也要发掘诗的生成。种种矛盾、对立及其产生的张力在诗结束的瞬间达成暂时的缓和，但我们若要解读诗中的对抗必须反观其动态的生成。此处不妨以马尔登这种近似解构的态度"移评"他本人的创作。在诗的近乎沉默的姿态中，是否有着无能为力的、悲剧的潜台词？两行文字是否无意中传达了诗的软弱无力与无可奈何，暗示了诗的退场与喑哑无声？我们在字里行间见证的是诗的自诉，隐约之中是诗人不自觉的对时代变化的一声叹息。诗更多的是个人的内心感受与生命体验，终究难以获得它在过去的时代可能引起的广泛的共鸣。诗人在无意之中写到了诗的退场——吉光片羽无可奈何地湮没在信息时代媒体话语与图像的喧嚣之中。如此，"撤退"与"策略"两个词道明了当代诗人吊诡的位置。一方面他们掌握着传承已久的文字的武器，另一方面他们面对的却是时代催生的诗艺的式微。两行孤独的文字之外巨大的留白隐去的是诗的困境。短小的文字撕开了一个巨大的伤口，这个创伤是身体之伤、社会之伤，也是诗之殇。面对这巨大的创伤，这首短小的诗就如一块微不足道的创可贴。退场是军事力量的退场，也是诗的退场，既是政治军事的危机，也是诗的危机。诗的文化功能已然式微，诗在这里被诘问、被质疑，"撤退"一词指向的是诗人潜意识中对诗艺的焦虑。它的矫揉造作与小心翼翼显得如此不合时宜。

就在这首诗发表的六个月前，奥巴马宣誓就任美国总统。因

"九一一"引发的阿富汗战争已经打了近八年。这既是小布什"反恐战争"的政治遗产,也是新政府大张旗鼓、推行变革的切入口。美国人看不到这场战争的尽头,开始心生倦意。马尔登对奥巴马政府寄予厚望。他曾接受奥巴马邀请,在白宫做客,并朗诵诗歌。四年后,在《题于巴拉克·奥巴马:他的第二次就职典礼》这首诗中,马尔登写到了中情局的"黑狱",写到了被移至美国境外的"合法"酷刑,呼吁奥巴马"关闭关塔那摩","坚定地反对/不经审判的羁押",反对所谓的"加强审讯""把水刑当作游戏"。

在邀请马尔登写作《阿富汗》一诗五个月后,达菲本人应《广播时报》的约稿,写了一首名为《圣诞十二日》的诗。在这首诗中,达菲改写了传统的同名颂歌,将种种社会关怀囊括其中。这支颂歌在欧洲流传已久,原诗首行为:"圣诞第一日,我的真爱送给我,一只梨树上的鹧鸪。"后面如此类推,回环往复,每一日呈示一个礼物,充满了喜乐气氛。达菲将这一行重写为:

圣诞第一天,一只秃鹰落在树枝上。

在阿富汗,没有鹧鸪和梨树;但我的爱人从家中给我寄来了一张卡片。

我一人独坐,蜷缩在黄土中,大拇指轻抚着孩子们的笑容。

将来某一天,为另一个父亲、丈夫、兄弟、儿子,准备一颗写着他名字的子弹。

一方面她以"落在树枝上的秃鹰"替换了原诗第一行的意象"梨树上的鹧鸪",另一方面她将这一行扩写为一个诗节,补充了细部,对原本简洁、无固着的诗句进行了戏剧化处理,变成了一个故事的开场。这个"树下守望"的情景,似乎还暗含了几分贝克特式的色彩。这一节最后一行的意象"一颗写着他名字的子弹"预示了必然的死亡,让这个故事的叙事有了宿命般的色彩。如此一来,一首原来各行间"无依无靠"的诗变成了一个有一定连贯性的叙事。在之后的诗节中，达菲如法炮制，进行了扩充与改写，含括了不同地域的语言文化、生态危机、气候变化、无限期羁押等各个话题，提到了奥巴马、足球教练卡佩罗、女演员乔安娜·林莉等各界人物，开篇的阿富汗线索似乎戛然而止。不过，在第九节，这条线索又以相对隐晦的形式重新出现：

> 但是死去的士兵的女人没有跳舞。
> 但是羁押中心的女人没有跳舞。
> 但是因荣誉受辱被杀死的女人没有跳舞。
> ············
> 但是另一个死去的士兵的女人没有跳舞。

第一节出现的士兵的命运至此已交代清楚。其他意象也渲染了这一结局的社会背景："羁押中心"指向"反恐战争"中被无限期羁押的疑似恐怖分子，因荣誉受辱被杀死的女人指向极端势力控制的某些中东地区。最后一句"另一个死去的士兵"强化了这种无休无止的死亡，以及循环反复的悲剧。第九节之后，诗人又转移到别的话题之上。最后一个诗节，也即第十二节，再现了各国领导人在哥本哈根参加联合国气候变化会议的情景，表面看似乎与第一节的阿富汗主题无关，不过却有一句："他们在绕弄自己的大拇指吗？／还是听到鼓声，听到鼓声，听到鼓声？"在重大场合，无聊地绕弄大拇指，这个小动作读者恐怕都有亲身体会。经由这个看似漫不经心的意象，全诗形成了一个闭合的循环。无名的战士以大拇指爱抚照片中孩子的细节在这里找到了呼应。一边是世界领导人们百无聊赖的"高大上"摆拍，一边是无人关注的死亡在阿富汗悄无声息地上演。媒体的聚光灯下，只有政治人物高调的、仪式性的表演。爱抚的大拇指与绕弄的大拇指两个绝佳的意象凸显了这一组对比，将整首诗编排成一个完整的叙事。诗人反复质问他们是否听到鼓声，既是指气候变化的鼓声，也暗指了诗中其他被边缘化的危机。诗歌描述的

107

死亡与原诗洋溢着节日色彩的欢快的形式之间显然龃龉不合，由此产生了一种刺耳的、不和谐的效果。相对于马尔登的极简主义，这首诗内容饱满，并且以寄生的形式附着在传统的、在欧洲传布甚广的名曲《圣诞十二日》之上。它所表现的是个体层面的无助与悲哀，以及社会环境体系化的冷漠与麻木。

达菲对马尔登的《阿富汗》一诗评价颇高，又以其中关键词作为诗歌系列的"诗眼"。她的这首写在五个月后的涉及阿富汗的诗，可以视作与马尔登之间一次隔着大西洋的唱和。两首诗一首惜字如金，欲语还休，仅取一鳞一爪，便重归缄默，一首铺陈阔张，回旋往复，将各种关切纳入其中，诗末鼓声大作；一个是美国的视角，像一帧意味深长的战地照片，一个是英国的视角，如一段蒙太奇的电影视频。两首诗既相互角力，又相互补充，将美英为主导的阿富汗战争带来的创伤呈现在读者面前。对于英国人而言，阿富汗战争的阴影尤其沉重，因为这个阴影中还另外投射了历史长长的影子。达菲并不是第一个以诗歌讲述阿富汗战争的桂冠诗人。一百多年前，年轻的诗人吉卜林便将英阿战争写进了自己的诗作和小说之中。达菲诗歌结尾的"鼓"的意象也指向了吉卜林诗歌和小说里面高亢、进击的鼓声。

在一次和希拉里·克林顿关于阿富汗战争的会谈中，新加坡前总统李光耀向她诵读了几句吉卜林的诗歌《年轻的英国士兵》：

> 当你负伤，被遗弃在阿富汗平原上，
> 女人们会涌上前来，砍碎你的残躯，
> 你要翻身滚到步枪旁，打烂自己的脑袋，
> 像一个士兵那样迈步进入天堂。（参见李光耀著 One Man's View of the World）

李光耀随后向希拉里指出，今日的阿富汗与吉卜林时期的阿富汗并无实质区别。他希望美国能以史为鉴，尽早从阿富汗撤军，不要寄

望于改变他国的制度。诗中描述的惨况，应为美国军队提供警示。

吉卜林的这首诗发表于一八九〇年，是从印度归国后出版的诗集《军营歌谣》（Barrack Room Ballads）中的一首。他的诗歌与小说多次以英阿战争为题材。同年发表的《喀布尔河浅滩》一诗，写的是一八七九年三月三十一日，第十轻骑兵队一名军官和四十六名兵士溺于阿富汗喀布尔河的惨状；小说《想做国王的人》讲述了西方人到阿富汗称王，后被识破的故事。穆雷（Craig Murray）所著《伯恩斯传》（Sikunder Burnes）认为这篇小说部分参考了英帝国阿富汗事业马前卒、第一次英阿战争关键人物亚历山大·伯恩斯（Alexander Burnes）的事迹。《年轻的英国士兵》一诗中英国伤兵被阿富汗人砍杀的情景，也隐隐指向了伯恩斯被阿富汗人乱刀砍死的结局。伯恩斯一生极具传奇色彩，可以说是十九世纪英国与沙俄中亚博弈最为关键的人物之一，在各类关于英阿战争的历史著作中频频现身。他本人所著的《布哈拉游记》（Travels into Bokhara）是众多关于阿富汗和中亚的游记中最为著名的一部，让英国民众对中亚魂牵梦绕。一八五九年，马克思在《新的对华战争》中写道，伯恩斯的信件经由时任外交大臣、后来的英国首相帕麦斯顿篡改形成的蓝皮书，构成了说服英国国会发动第一次英阿战争（一八三八至一八四二年）的关键文件。一八四一年喀布尔爆发起义，伯恩斯惨死。英军于一八四二年一月撤军，遭到阿富汗武装力量一路迂回穿插，分割合围，结果全军覆灭。四千五百名军人和一万两千随军人员被屠戮殆尽，仅剩下一位军医浑身血污，骑着一匹奄奄一息的战马侥幸突围。这一"单枪匹马"的情景被呈现在画家伊丽莎白·汤普森（Elizabeth Thompson），也即巴特勒夫人（Lady Butler）的著名画作《残兵》中，成为英国民众心中英帝国最为屈辱的一刻。

汤普森尤工于军事题材的绘画，她所绘的克里米亚战争与拿破仑战争，十九世纪七十年代风靡英伦，一时无两。一方面因为她是首位描绘军事题材的女性画家,而且画艺精湛;另一方面,她的绘画并不宣扬英雄主义与战争荣耀,而是描绘战争的残酷、军人的苦痛。她画中的兵士是立体鲜活的,不管是茫然的表情还是困倦的姿态,都是在引导观者自己去认知战争表象之下的复杂冲突。不过,这也导致她的画作在一八八〇年后,不复得到民众倾心。就在这幅画的创作之后,英国进入布尔战争,民众爱国热情高涨,审美倾向发生了骤变,转向了那些自带英雄主义色彩的画作。

一部阿富汗征服史,也是一部帝国的屈辱史。这个近乎陈词滥调的判断常为论者乐道,其中自有犀利、公允之处,也暗含了几分讥讽与揶揄。不过,若从反面观之,它不自觉地站在了帝国的一端,以其似是而非的宏大格局掩饰了征服者的视角。塔利班夺权后,拜登总统就阿富汗局势发表讲话,洋洋洒洒近千言,为自己的撤军政策辩护,其中便提到了"帝国的坟场"这个隐喻。所谓"帝国的坟场",这一看似聪明至极的隐喻,不论是让人生发蜗角蛮触之感,还是帝国兴亡之叹,背后是为人津津乐道的、戏说的历史,而阿富汗所遭遇的战争的悲剧、战后的创伤被弱化了。它所呈现的是马其顿、英国、苏联与美国垂头丧气的背影,而非阿富汗人满目疮痍的家园。它与类似表述的宏观性、戏剧性恰恰指向了它的空泛虚妄。它让人想起十九世纪时,英国与沙俄势力逐鹿阿富汗时所使用的一个词语"大博弈"(Great Game)。由此一来,战争导致的动荡分裂、民不聊生变成了帝国之间角力的游戏。坟场也罢,博弈也罢,这种话语所忽略的是军事地图背后活生生的人的世界。无论是泰特美术馆陈列的那幅汤普森的《残兵》,还是拜登讲话中提及的"阿灵顿国家公墓多少列无穷无尽的墓碑",抑或征服者无法看见的不计其数的死难的阿富汗民众,在帝国的墓地深处,埋葬的是被战争裹挟其中的"父亲,丈夫,兄弟,儿子"。"Exit wound",这个亦可译作"撤离伤"的词也一语中的地定义了今日美军撤离的情状。

李旻

于断裂处重生

士人世界中，金石与金银分处文明两端——前者承载三代礼制，后者不见经传。为搜求金石，李清照自言首先舍弃金银珠饰："首无明珠、翠羽之饰，室无涂金、刺绣之具。"落难时也奉夫命："先弃辎重，次衣被，次书册卷轴，次古器，独所谓宗器者，可自负抱，与身俱存亡，勿忘之。"对比士人对金石的执着守护，世间对金银的态度始终重在当下——盛世推陈出新，追求时样，乱世则为保命之资，变卖求生，盛衰都不在意对古代器物的保存。因此，宋代以来金石谱录层出不穷，却鲜有古代金银器传世，更不曾出现过一部金银器史。

为金银立传需对古代文献与工艺技法了然于胸，又能用清隽的文字描述繁华奢靡，还要对市井生活的气息和颠沛流离的苦难有深切的同情。难为的事，扬之水自会去做。二十年来，她走访各地文博考古机构，所观金银器数千件，结合文学和图像进行考据定名，探究设计理念与风格的演变轨迹——古人如何驾驭他们的想象力，在"创造"与"成规"，"辉煌"与"黯淡"之间交替前行，成就绵延四千年的金银匠作传统。繁华落幕时常伴随着人口的离散、传承的断裂、器物的窖藏乃至销熔。社会复苏又推动匠人开创新的传统，工艺美术史与社会生活史始终交融。

考古揭示古人的做法，包括器物的制作流程与使用场景。名物探究古人的说法，在"物"与"文"之间架设桥梁。两者共同构成扬之水的研究方法。中国金银器的历史可以追溯到三代文明初兴的时代。从北端的游牧社会到南端的城市文明，贯通阿尔泰山脉、中亚绿洲、阿富汗、伊朗高原的"黄金轴线"是早期中国金银器造型与技术的主要来源。希罗多德笔下的黄金是欧亚草原社会中王权的象征，斯基泰国王的重要职责之一就是守护上天赋予先王克拉科赛司的四件金器。草原流行的斗兽纹样来自西南亚文明中古老的狮噬牛造型——其杀伐外形之下，蕴含着天象、王权、季节轮转和生命周而复始等人类永恒的主题。

金饰与冶金术一起通过高地龙山社会与北亚牧民猎户间的交往进入河西走廊、河湟、岷洮等地。此后，青铜与玉器逐渐成为三代礼制的核心。在中原周边，三星堆与金沙的金面具、金璋，大河口的金璜、金瓒，都用黄金来烘托或替代铜玉造型。西周的灭亡开启了金石与金银彼此交织的历史。关中的沦陷导致西周贵族宗庙中的青铜重器被掩埋或劫掠。金带饰、金虎、金甲、金权杖、金柄铁剑等戎族金器则通过与戎为邻的秦、晋、虢、芮等国进入东周社会，成为春秋贵族生活中的时尚，与青铜礼器地位的逐渐下降同步发生。

农牧社会间持续的互动使草原和中原匠作传统在东周时代逐渐合流。随着都市的繁荣和匠人的流动，中原作坊开始娴熟地生产具有北方技术和造型特征的金银器物，催生出灿烂的战国秦汉金银器传统。匠人们不但从仙道传统中引入云气纹，而且广泛使用来自北方的错金银技艺，于佩饰、兵器、车马饰等方面尤为繁盛。在编钟、铜鼎上鎏金的做法使这些礼器变为豪奢的象征，与来自戎族的鎏金带扣、天马当卢并出于西汉王侯大墓中。自匈奴引入的斗兽纹带扣，已经化身由官方作坊制作的瑞兽龙纹金带扣，成为汉晋王朝赏赐周边政权的礼物，并出现以玉仿金的作品。来自波斯文明的凸瓣纹银盒，自西汉时也已通过海陆贸易进入中国。同时，金银首饰开始出现于《陌上桑》这类诗歌中，接续《诗经》以来人与物之间互相衬托的传统。

两汉之后，来自中亚和草原的摇叶、步摇冠、带扣等造型，斗兽、格里芬、缠枝卷草等纹饰，金粟攒焊工艺等异域元素，在魏晋南北朝社会蓬勃发展。通过中亚粟特商人的贸易网络，来自波斯的金银酒器在贵族阶层中日益流行。同时，佛教的流传进一步拓宽金银在宗教领域的使用。三代青铜礼器传统则在这个时代悄然退场。南京仙鹤观东晋墓出土的鎏金小银鼎已成为墓主高悝的炼丹器具。

"葡萄酒，金叵罗，吴姬十五细马驮"——唐诗中的金银器具与人与酒异彩交映。来自寺塔地宫、贵族墓葬、窖藏等考古发现共同显示，本土制作的波斯与粟特风格金银器已经成为时代风尚。隋唐陶瓷对波斯金银器造型的模仿也折射出民间对异域奢侈品的向往。出身粟特胡商家族的何稠，以其"巧思过人"仿制波斯锦袍、琉璃等舶来品，说明参考的样式多出自近世。何家村窖藏中唐人的复古造型鎏金银耳杯，也是用卷草纹、宝相花装饰。从何家村到丁卯桥，重要唐代窖藏都以金银器为主，与西周陷落时遗留关中的青铜礼器窖藏显著不同。这些宝藏的遗弃，多为中晚唐战乱的产物，例如安史之乱、泾原兵变，以及田神功对扬州番商的劫掠。历次动荡都对当地社会世代经营的商业网络造成灾难性破坏。金银窖藏的反复出现，器物纹样与造型的延续，又揭示金银匠作的复苏与传承。

晚唐匠人也在吸收融汇波斯风貌的基础上尝试本土造型与纹饰。镇江丁卯桥出土的"力士"铭文金银宴会用具，已完全不见胡风。其中一套自铭"论语玉烛"银鎏金龟负筹筒，银筹上"四海之内皆为兄弟，任劝十分"铭文，尚存唐人诗酒行令时"醉翻衫袖抛小令，笑掷骰盘呼大采"的豪迈。在这个"今朝不醉明朝悔"的绚丽时代，法门寺地宫中的金银器成为皇家礼器的象征，三代古器却经历"风霜兵火，湮沦摩灭，散弃于山崖墟莽之间"。在韩愈等人心中，复兴儒学道统已迫在眉睫。

爪哇黑石礁晚唐时代阿拉伯沉船上载有数万件装饰异域纹样的长沙窑瓷器和种类繁多的金银器，包括由唐代作坊仿制的波斯与粟特造型作品。这些金银器高超的技术水平与艺术成就显示至少在黄巢劫掠广州番商之前，扬州、广州等地金银匠作已经恢复到其巅峰状态。繁峙上浪涧村窖藏出土"高骈进"金花银酒海，是这位诗风"雅有奇藻"的晚唐名将进奉朝廷之物。大概在黄巢攻陷长安后自府库散失，流落到滹沱河畔，正是"先勇而后怯"的高骈拥兵自重，坐视不救的结果。

唐朝灭亡后，唐代风格、造型与纹样在辽代金银器中得以延续，与草原风格的金银镶嵌兵器、饰物、马具等器具一起构成中古时代北方金银器传统。耶律羽之墓出土的高士图鎏金银杯，把西域造型与"竹林七贤"合为一体带到契丹文明中。宝山二号辽墓杨贵妃《颂经图》和《寄锦图》壁画上，匠人用贴金的方法来表现唐人的华美妆容。在中原和南方，造型、装饰与消费等各方面则经历了中国金银器史上的"唐宋变革"。变革的迹象首先发生在国际贸易体系中——爪哇海域发现的井里汶、印坦两艘宋初东南亚沉船上面载有铜镜、南汉银锭、钱币等各种中国金属物资，以及少量东南亚金器与金饰，但是"黑石号"上整批唐风金银器的现象不复出现。"黑石号"上满载异域风格的长沙窑彩色陶瓷，在井里汶、印坦沉船上也为数十万越窑青瓷所取代。此后，海上贸易从唐代来华西亚商船主导，变成以宋代中国船只为主。从"南海一号"到泉州后渚，宋元沉船上都不见波斯风格金银器的踪影。

唐宋之间国际金银器贸易的差别背后可能存在更深层面的社会变革。在丝路西端，尽管波斯帝国在七世纪中叶被阿拉伯人征服，萨珊政治文化一直延续到十世纪，在伊斯兰教影响下才发生根本性改变。在丝路东端，"唐宋变革"体现在金石与金银之间雅俗之别的分野，造型与装饰本土化美学的形成，以及金银器在宋代社会中的普遍使用。三代礼制传统沉寂数百年之后，韩愈提倡的"复古"思想在北宋终于绽放。宋人把目光从佛道与胡风盛行的隋唐，转向儒家仰慕的上古，通过寻访、收藏、谱录三代彝器来辨析"经义之疑"，并根据其样式铸造仿古青铜器，彰显对三代礼制中永恒秩序、法则和道德的追求。西周灭亡时埋藏在关中的青铜礼器，也出现在宋人金石著作中。

在以三代金石为雅的宋人眼中，隋唐时代地位高贵的金银器跌落到凡俗的一端。然而，宋代社会金银器的使用却因为工商业的繁荣而更加普及。金银器从唐代官方作坊生产、为达官显贵所用的波斯风格奢侈品，变成造型装饰本土化、制作流通商品化的民间器皿。从酒楼歌馆的夜舞笙歌，到婚嫁、庆寿、送礼、设宴、焚香、插花等社会活动，造型丰富的金银器无所不在，映照宋人的都市生活。

李清照重金石轻金银，她的词作却在追慕奢华的市井间广为传诵，也偶尔在金饰上落下神来之笔——"见客入来，袜刬金钗溜"。士人主导的宋代美学促使金银匠人从诗词与绘画的意境中汲取设计灵感，创造新的造型与纹样。汉唐文明中，金银器始终是"物在诗中"，宋代又出现"诗在物中"——以文学为蓝本设计器皿首饰，形成从容自在、意趣盎然的本土美学。如扬之水所说，这些金银器"很像宋诗的风貌，以日常化的叙事方式，采集身边的花草组成四时花信，拈取庭院佳胜制为山水小景，大到器皿，小至耳环"。如果唐代满花缠枝纹饰出自波斯美学，那么梅梢月纹则体现宋人花鸟绘画对留白和韵味的追求。两宋金银匠作不但取意于花卉、瓜果、传说、诗词、绘画的造型与纹饰，而且融汇金石谱录中的商周铜器纹样，以迎合宋人对古意的推崇。

汴京沦陷之后，皇家与民间的金石收藏损失殆尽。然而，从国家祭典到书斋陈设，北宋建立的礼器传统为南宋社会所继承。考古发现宋代仿古青铜器窖藏，以浙江最为集中，成为南宋"中兴复古"

的遗影。重建三代文明秩序的理想处处影响宋人的雅俗之别。汉魏时代曾为王侯将相所珍爱的错金银铁器，因其来自戎族，不受南宋古董商人待见："减铁元本北地有，头巾环子与腰条。马鞍作子并刀靶，如今不作半分毫。"贵州播州土司杨价夫妇墓出土仿古纹象纽银注子、教子升天金杯盘、金银筯瓶等南宋金银器，显示宋人美学通过政治与经济交往进入周边社会。

彭州西大街、金坛尧塘、黄石陈伯臻粮库等南宋晚期金银器窖藏，以及遂宁金鱼村瓷器窖藏多为宋蒙战争的遗留。其中，黄石西塞山南宋窖藏群规模最为壮观。东麓自晚明以来六次发现重逾百吨的大型南宋钱币窖藏、数百件银锭、成批金器，可能先后属于南宋军库与宋将吕文德家族。西麓也几度出土金银器、银锭及数以吨计的钱币窖藏，陈伯臻粮库出土银锭与银器窖藏中有咸淳七年"赏功、大使"铭文银卮，是朝廷赏赐抗蒙名将、京湖制置大使李庭芝之物，距离忽必烈兵锋至此仅有三年。吕文德、吕文焕兄弟和李庭芝都曾在襄阳与蒙军鏖战，当日从襄阳城到西塞山，沿江可见烽火未息，"风樯战舰在烟霭间"。

曾在金蒙、宋蒙战场上厮杀的世侯、宋将、土司等政治家族陆续为元政权招抚，其考古遗存让我们洞悉宋人的美学传统如何在元代社会传承。代表由金入元汉军世侯的石家庄史天泽家族墓地、西安刘黑马家族墓地，代表入元宋将的安庆范文虎家族墓地和苏州吕师孟家族墓地，都出土过宋代风格金银器皿或首饰。其中，范文虎夫妻合葬墓出土的贯耳铜壶造型玉瓶尚存宋人仿古遗风。杨价夫妇墓出土南宋金银器为贵州仅见，应与杨价率播州兵与宋军并肩作战，获朝廷追封"威灵英烈侯"的事迹有关。南宋灭亡之后，三代抗蒙的杨氏家族降元，世袭土司直到晚明播州之战。这些考古发现既揭示历史人物复杂的文化背景与政治角色，又呈现出他们所共享的文明传统。同时，元代晚期窖藏与墓葬出土八思巴文、梵文和阿拉伯文金银器代表蒙古和色目权贵留下的印记。来自波斯的西番莲卷草纹饰也重返中土，在元代青花瓷上绽放，并为明清陶瓷所继承。湖南元代晚期金银器窖藏的集中发现，与内蒙古集宁路瓷器窖藏一样，都是元明之间战乱所留。

明代金银匠作从萧条中逐渐复苏之后，明中叶名臣王鏊在《震泽长语》中依然感叹民间社会富庶程度远逊宋人："宋民间器物传至今者，皆极精巧。今人卤莽特甚，非特古今之性殊也。盖亦坐贫故耳。观宋人《梦华录》《武林旧事》，民间如此之奢，虽南渡犹然。近岁民间无隔宿之储，官府无经年之积，此其何故也？人皆曰本朝藩府太多，武职太冗，是固然矣。又有一焉，而人莫之及：古称天下之财不在官则在民，今民之膏血已竭，官之府库皆空，岂非皆归此辈乎？"明代诸藩王墓出土金银器显示"藩府"果然是能工巧匠追求"肖状精奇"的主要推手，其造型与工艺方面都堪称中国金银器史之巅峰。明梁庄王墓出土金银首饰镶嵌着郑和下西洋带来的奇珍异宝。元代的金银累丝工艺在明代为表现精致造型提供了理想的手段——在戏曲与小说激发之下，明代匠人推出各种以鸟兽鱼虫、神仙人物、亭台楼阁为造型，做工玲珑奇巧的珠宝首饰，望之层叠错落，若有铿锵之声。

工商业的发达和美洲白银的输入使晚明成为绽放"奢华之色"的白银帝国。如扬之水在《物色》中指出，《金瓶梅》作者把金银器当作点染市井人情世故的视觉语言。承平日久的晚明盛世终为战乱打破。重庆长寿县火神街窖藏金银器和彭山江口沉银遗址为文献中频繁出现的劫难提供了直观的场景。明之季年，"外见迫于辽东，内受困于张李"的崇祯密遣兵部尚书陈新甲与清军议和，其间文件意外泄露，群臣哗然，皇上震怒，大明失去最后的议和机会。陈新甲获刑后十年间，张献忠数克重庆，陈氏遗族为避战乱将府上金银器掩埋于火神街尚书宅内，直到三百多年后重现。其中一件夔形扁足鎏金铜鼎继承了宋人仿古彝器传统，成套的"寿"字鎏金银盘则推测为新甲之弟、定番州知州陈新第在贵州置办。顺治三年，张献忠军队撤离成都途中在彭山江口战败，江底散落掠自藩王府的金银封册、印章，来自富贵人家的戒指、耳环、发簪等大量首饰，以及大西国新铸金银锭、"西王赏功"金币、分封嫔妃金银册等器物。这些金银制品来源覆盖大半明代江山，并多有仓皇间销熔或打砸的痕迹。其中夹杂许多纤细小巧的儿童饰物，背后或有不可言喻的人间悲剧。次年，孙可望率张献忠余部攻陷定番州，知州陈新第誓众坚守，城破殉难。中国金银器史上最后的黄金时代在这场席卷晚明社会的浩劫中终结。明清鼎革之后，清代皇帝的器用观念流露出帝王为文明之集大成者的理想。乾隆以纯金铸造代表三代礼乐的编钟，彻底打破金石与金银之间的边界。在宫廷趣味的主导之下，清宫和民间作坊制作大量寓意吉祥福禄的金银器皿和珠宝首饰。同时，清代首饰在旗妆与汉妆之间始终保持满汉之别，宋明金银匠作中的文人雅趣则不复见。虽然清代文人重拾对金石学的兴趣，在考证与鉴藏中孜孜不倦，真正的经典却由时人书写。历经近三千年变革，经典发生之处已从《尚书》时代的西周庙堂扩展到小说流传的明清市井——曹雪芹笔下人物首饰、妆容与其言语、情感相互交融，让我们在古典传统之外，感受到这个文明动人的气息。

中国金银器在二十世纪进入一个黯淡时代——古今几度治乱兴衰过后，"物"与"文"早已脱离，使人无从了解古代文献中金银器物与首饰的样貌。即使现代考古学的发端使我们对三代社会的了解远超宋人，今人对古代金银器的认知，特别是文学发达的宋元明时代金银器，研究近乎空白。考古类型学分析可以为器物提供时间的定格，却无法把它们还原到古典文学作品所描述的场景中。结合器物、诗文、图像三条线索，扬之水的名物研究通过对"物"的图文解读，重续古典传统中"文"与"物"与"史"之间断裂的脉络。

名物学本是传习经典知识的产物,故而孔子说学《诗》让人"多识于鸟兽草木之名"。当古典世界逐渐远去,宋人通过研究古物与铭文来探索和重建理想中的三代文明秩序。同时,《诗》赋予人们"可以兴,可以观,可以群,可以怨"的情感力量则为文学接过——从汉代乐府,到唐诗、宋词、明清戏剧与小说,历代文学作品逐渐形成新的经典传统。扬之水名物研究的范围也由《诗经》顺流而下,扩大到唐宋诗文与《金瓶梅》《红楼梦》,为读者建立一个个文学想象的基点。

宋人金石学之旨趣在于"观其器,诵其言,形容仿佛,以追三代遗风,如见其人矣"。唐宋之后,金银与文学之间的紧密联系,赋予古代金银器金石一般承载文明的独特品质,贯穿人间悲欢离合、雅俗贵贱。理解这个转折,方能洞悉作者倾二十年之力为金银立传的初衷——以士人之毅力,为古代诗歌、小说、戏剧书写《金石录》。扬之水金银器研究与宋人金石学之间的差别,只在古今对经典的不同定义。她对中国金银器的研究堪称一次文化史意义上的考古发掘——从尘封多年的出土金银器中发掘关于设计、制作、使用、传承的信息,进而考察它们的发展脉络。在这个沈从文开启的学术传统中,扬之水通过融"物"入"文"入"史"的书写,赋予金银器生命的气息。它所承载的文化史意义,如西谚所谓:"堪值等重之黄金。"如果读者按图索骥,可以发现扬之水的定名与描述,已频繁出现在各地文博机构的金银器展览中。自古金银匠作多繁荣于盛世,窖藏的集中出现则常与离乱相连。铁山石颂中有"缣竹易销,金石难灭"之语。从尖山到巴米扬,金石并非永固,但文明终会于断裂处重生。愿书中美器在此定格的一瞬,令人恒久可见这个文明金色的光泽。

(《中国金银器》,扬之水著,生活书店有限公司即出)

王 路

"形而上学"与"元宇宙"

"形而上学"是一个哲学概念,是哲学家讨论的用语,一般用来称谓一种哲学形态,也有人用它称谓一种哲学方式,与辩证法相对应。哲学之外也有人使用这个词,"形而上学猖獗"这个说法曾一度流行,这大概属于社会上借用哲学概念来说事的典型例子。

"元宇宙"是近年来社会上的一个流行语,意思是指与物理世界对应的虚拟世界,或者说是将现实世界虚拟化、数字化以后的东西。现在哲学界也有人热衷于讨论元宇宙,这大概属于哲学界借助社会上出现的概念来说事。

人们喜欢哲学,愿意借助哲学概念说事,希望可以使用哲学的思想资源。哲学家讨论社会上出现的热点问题,不少人认为这显示出哲学关注重大的现实问题,是哲学与时俱进的表现。

"形而上学"与"元宇宙"是两个不搭界的词,字面不同,意思也不同,似乎不应该放在一起讨论。但是,"形而上学"是一个哲学概念,一些哲学家也在谈论"元宇宙",似乎后者也是一个哲学概念,这样它们似乎又可以联系起来。我认为,这两个词是有联系的,但是这并不意味着它们所表达的概念就是有联系的。这两个概念之间有重大区别,我们可以通过这两个词之间的联系来认识和说明这两个概念之间的区别。

"形而上学"和"元宇宙"都是外来词,其英文分别是

metaphysics 和 metaverse。很明显，它们以一个共同的词头 "meta" 分别与 "物理学"（physics）和 "宇宙"（verse）组合成词。所以我说它们是有联系的。英文 metaphysics 译自希腊语 metaphysika，德、法等西方语言译法大致相同。字面上可以看出，这不是翻译，而是沿用了该希腊文。它背后有一个故事：后人在编纂亚里士多德著作时发现一部独具特色的手稿，不好命名；鉴于它一部分内容与《物理学》有些相似，于是把它放在《物理学》之后，并加了 meta（"在-之后"）这个词头。于是一个新的名字产生了，这就是 metaphysika。更重要的是，它是一部伟大哲学著作的名字，这就是众所周知的《形而上学》。

关于 metaphysics 有许多故事，其中一个传说是这样的：在远方征战的亚历山大大帝听信使说自己的老师亚里士多德在家讲述 metaphysics，很不高兴，致信亚里士多德说："你为什么把我们二人研究出来的东西讲给别人呢？！"亚里士多德回信时婉转地说："你放心，即使我讲了，他们也听不懂。"西方人沿用 metaphysics 这个名字，也许有很多原因，很可能还包含着对亚里士多德的景仰，体现出哲学家们对这部著作的敬重。不管怎样，metaphysics 字面上保留了与物理学的区别，凸显了哲学与物理学的区别。如果将物理学看作古希腊的科学，则原文显示出哲学与科学的区别，这样也就显示出对学科区别的认识。

沿用 metaphysics 这个词，字面上保留了 meta，因而保留了这个词的用法。随着使用的频繁，人们也许会忘记这个词的用法和它的意思，而直接记住和使用 metaphysics 一词。但是，只要字面上保留了它，也就可以讲述它的故事，认识它的作用。所以，meta 这个词是有意义的。

哲学史上使用 meta 一词，构造 metaphysics 一词也许是第一次，但绝不是最后一次。至少二十世纪又出现一次非常著名的使用：波兰逻辑学家塔尔斯基以它和 language（语言）一词相结合，构造了 meta-language 一语。这一用语的意义在于区别出语言的层次。塔尔斯基的论述告诉我们，语言可以形成关于事物和世界的认识的表达，也可以形成关于这种认识的认识的表达，因而是有层次的。被表达的语言叫 object-language，而用来表达后者的语言叫 meta-language。日常表达中"是真的"就是这样的用语：它和它所说明的东西处于不同的语言层次，比如人们说"'雪是白的'是真的"。"雪是白的"是关于世界中事物状况的说明，"是真的"是关于该说明的说明。人们在表达中一般不会注意区别这两个层次，这也是语言表达有时候会产生悖论的原因之一。中文将 object-language 译为"对象语言"，将 meta-language 译为"元语言"，显示出语言层次的区别，由此也表明，"元"（meta）一词在这里是关于语言的说明，是关于语言层次的说明。

这些故事如今已是常识。将这三个词比较一下，却会发现一些超出常识的东西。在外文中，以英语为例，metaphysics、metalanguage 和 metaverse 这三个词字面上都保留了 meta 一词，与 physics、language 和 verse 这三个词的组合特征清晰可见。正由于 meta 这一共同要素没有变，因此无论如何解释，至少这三个表达式中这种共同的组合特征没有变，也不会变。而在中文里，这一特征发生了变化。"元语言"和"元宇宙"这两个用语将 meta 译为"元"，因而保留了外文的构词特征。中文的"元"有特定含义，有人就认为以它来翻译 meta 不合适，比如应该将"元语言"改译为"后语言"。假如将"元"看作有"在……之后"的意思，则可以看出，"元"一词的翻译还是不错的，它至少保留了外文中的构词特征，从而提供了做出与外文对应解释的可能性。所以，"元语言"和"元宇宙"的翻译大致是可以的。相比之下，"形而上学"一词中没有"元"字，字面上失去了 meta 一词的构词法特征。所以它与"元语言"和"元宇宙"这两个表达式没有共同的语言要素，没有语言表达方式的延续性。由此可见，"形而上学"的翻译是有些特殊性的。

中译文"形而上学"一词借用《易经》中"形而上者谓之道，形而下者谓之器"的用语，其中的"上""下"也显示出一些区别，但这仅仅是一种比喻，至于与物理学的区别，关于学科区别的认识，就无从谈起了。所以，"形而上学"一词字面上失去了两个要素，一是失去关于meta的表达，二是失去了关于"物理学"的表达。失去前者导致失去了meta一词的构词法特征，从而失去一种关于层次的区别，失去后者则意味着失去了与物理学的区别，因而失去了关于学科的区别。在我看来，关于学科的区别是metaphysics一词最主要的意思，即它不是物理学，而是一种与物理学不同的东西。认识到这一点也就可以看出，同样增加meta来表达，都是要表达出与其修饰部分所表达的东西的区别，结果却完全不同。metaphysics是要表达出学科方面的区别，而其他两词旨在表达出某一类事物方面的区别，一如"元语言"是关于语言的区别，"元宇宙"是关于宇宙的区别。近年来也有人用"后物理学"一词翻译metaphysics，无论想法如何，至少将上述失去的两个要素显示出来，因而显示出meta的构词法特征和与物理学相区别的特征。

我重视metaphysics的字面含义，最主要就在于关于学科的区别。正由于它有这一层意思，因而它本身表示一个学科，一个与其他学科不同的学科。亚里士多德留下许多著作，被称为许多学科的开创者。他的哲学著作以metaphysics命名，所以，这也可以看作哲学这个学科的名字，一如"物理学"（physics）是一个学科的名字，"meta-物理学"要与它形成区别。"形而上学"这个中译名融入了中国思想文化的要素，显示出中国思想文化的特征，最主要的就是它消除了关于学科的区别，模糊了其本身所表达的学科性质和特征。"上"的比喻使它具有想象的空间，比如表示与实际有距离甚至脱离实际，所以才会有"形而上学猖獗"这样的说法。假如当初译文是"后物理学",无论人们看法如何,大概也是不会说"后物理学猖獗"的。"形而上学"一词已经使用多年,我认为没有必要修正这个译名,它可以使我们看到中国文化在翻译中,特别是涉及学科翻译时所起的作用。但是从事哲学研究的人应该看到这个词的本义,认识到它所称谓的东西和学科意义,在使用中不至于还是停留在字面的遐想空间。

"元语言"一词的构词法方式显示出与 metaphysics 一词的相似性,却有一个重大区别。从它本身出发,这个区别不在于学科方面,而在于方法论的意义。就是说,可以借助 meta 一词来说明语言层次的不同。"语言"是一个自明的概念,要在它做出区别,而且是层次上的区别,因而使用了"对象"和"元"(meta)这两个词,并对它们分别做出说明,再借助这些说明而区别出"元语言"和"对象语言"。这一说明有两个意义,一个是该说明本身:提供了关于语言中"是真的"这一表达式的说明,因而提供了关于"真"这一概念的一种说明,其意义的重大和重要性如今已是常识,一如波普尔说,由于塔尔斯基的工作,我们敢说"真"了。另一个意义是人们认识到,可以用"元"(meta)表达一种层次的区别,由此哲学中常常会出现这样的表达,比如"元伦理学""元哲学""元逻辑",比如在塔尔斯基思想的基础上还有人谈论"元元语言"等等。从文献来看,这样的使用很多,具体讨论并不多,也没有什么成果。这说明,"元"的表达可以具有一种方法论的意义,许多人也确实想以它来表达,至于能够达到什么成果,则是另外一个问题。

很明显,"元宇宙"与"形而上学"没有可比性,却与"元语言"有相似之处,似乎是一种方法论意义上的产物:将"元"用于"宇宙",由此称谓一种与现实世界相区别的东西。

今天,谈论元宇宙的人很多,一些哲学家也热衷于谈论"元宇宙",发文章,开讨论会。对此我有些不以为然。可以简单做一比较:

今天谈论元宇宙的人很多，谈论形而上学的人却不是那样多，谈论元语言的人就更少了。这说明，"形而上学"和"元语言"更多还是哲学界中使用，属于哲学用语，而"元宇宙"大概不是哲学用语，至少不会限于哲学学科。社会上一些流行的东西常常会被哲学关注，成为讨论的热点，比如克隆羊、阿尔法狗、人工智能、网络、大数据，以及今天的"元宇宙"，一些哲学家也会认为这样的哲学讨论是关注现实重大问题，是理论联系实际。这样的讨论通常有两个特征。一个是讨论者常常会补充说明，他们的讨论与科学家的角度不同，结果也不同，他们提供的是关于这些东西的哲学思考。思考就是思考，"哲学思考"这样的说明让人感到奇怪。科学家们通常不会以这种方式来说明问题，人们不太会听到对某某问题的物理学思考、化学思考这样的表述，考虑同样的问题，科学家们大概也不会在乎哲学家们的讨论。另一个特征是关于这些热点问题的讨论也仅仅是时髦的，正因为如此，它只是哲学界一小部分人的话题，而且是有时效性的，甚至昙花一现。

近年来我区别出哲学与加字哲学，实际上也就暗示，像"元宇宙"这样的东西是加字哲学讨论的，比如科学技术哲学可能会讨论这些东西。我认为哲学就是形而上学，而形而上学是不会讨论这些东西的。这里的区别在于，形而上学的讨论是先验的，而加字哲学的讨论是经验的，像"元宇宙"这样的东西显然是经验的，一如从克隆羊到大数据，所有这些讨论都是经验的。在我看来，"元宇宙"是不是可以成为哲学概念，相关问题是不是哲学问题，也许是可以讨论的。但是有一点可以肯定，它不会因为一些讨论者来自哲学系和哲学所就会变为哲学问题，它也不会因为一些所谓哲学家在讨论中使用了"形而上学"这一概念就成为形而上学问题。一句话，同样含有 meta 这一表达，同样与一种确定的东西形成区别，"元宇宙"（metaverse）与"形而上学"（metaphysics）是根本不同的东西。对这一点,至少哲学家们应该有清醒的认识。

有人可能会认为,形而上学也不是所有人都讨论的,充其量只是一小部分哲学家讨论的。确实是这样。但是形而上学是人们讨论了两千年的东西,是哲学家们一直讨论的东西,过去人们谈论本体论、认识论,今天谈论分析哲学,后者也被称为当代形而上学。这说明,形而上学不是时髦的东西,而是哲学中一直要讨论的东西。

我常说,一部哲学史若是不讲述一些加字哲学大概没有什么关系,但是形而上学是一定要讲的,或者,一部哲学史若是不讲述形而上学,那么不管讲了多少加字哲学,大概也不会被人称道。名义上这是说哲学史,其实说的是哲学。我的意思是说,哲学就是形而上学,形而上学对于哲学是至关重要的。metaphysics的字面意思是"在物理学之后"或"元‐物理学",即它是与物理学和科学相区别的。更具体一些说,哲学是关于认识本身的认识,而一门科学只是某一类事物的认识。所以哲学与科学泾渭分明。"元宇宙"(metaverse)显然是一类事物,一如宇宙也是一类事物。关于元宇宙当然是可以谈论的,但是我以为,是不是可以谈成科学姑且不论,大概是谈不成哲学的。

哲学似乎是一个奇特的学科,不仅哲学家们可以谈,似乎人人都可以谈,在很长时间里,人们信奉,让哲学从哲学家的书本上和课堂里走出来,变成人们手中的武器,冯友兰甚至说过,我国"处处都有哲学","领导各部门的同志,都是哲学家",这就使哲学与其他学科形成鲜明区别。许多哲学家也很奇特,他们居高临下谈论其他学科的东西,甚至谈天说地,无所不能,就是不谈形而上学,这与科学家们形成鲜明的区别。科学不是这样的,它们有自己的研究领域,有自己的领域,研究对象和方法,也有自己的理论成果。形而上学也不是这样的,它是metaphysics,是与物理学相区别的。因此形而上学本身也是有学科性的,有自己的对象和方法,范围和界限。从亚里士多德的《形而上学》到康德的《纯粹理性批判》，再到今天的分析哲学，人们公认说它们难读，难懂。不仅爱好者这样看，科学家这样说，甚至许多哲学家也这样认为。原因就在于它们是形而上学，具有学科性，具有科学性和专业性。相比之下，加字哲学带来巨大变化。比如中国哲学和马克思主义哲学使哲学变为地域性和流派性的，今天人们甚至更为宽泛地给哲学加字，探讨文化哲学、教育哲学、工程哲学、休闲哲学等等，这样就使哲学变为对象性的，结果使哲学变得越来越经验化。谈论经验的东西比较容易，界限也不易划定，即使加上"哲学思考"，比如对文化的哲学思考，也并不能做得那样哲学。比如中国哲学那样的东西，冯友兰可以谈，一些圈外人，包括科学家、作家、艺术家也可以谈，好像都是专家，都有体会甚至洞见，都可以称为大师。这难道还不是一种奇观吗？！在中国文化的语境下，在有些人那里，也许谈论"元宇宙"是容易的，谈论"形而上学"也是容易的，但是我不这样看。我以为，谈论元宇宙也许是容易的，谈论形而上学却一定是不容易的，因为它涉及metaphysics，涉及与物理学的区别，涉及与此相关的那许许多多故事、思想和文化。

《中国鸟类图鉴》

赵欣如 主编　定价：228元

　　由数位有着丰富观鸟经验的资深观鸟者共同编写而成，全书收录1384种鸟类，收录专业鸟类照片3100余张，真实还原自然条件下的鸟类状态，文字描述详尽，有利于解决入门爱好者在户外观鸟实践中所遇到的相关困惑。

商务印书馆出版

品书录 | 袁行霈、曾祥波

探寻诗境的入口

最近收到蔡宗齐教授寄来的新作《语法与诗境——汉诗艺术之破析》，这使人想起高友工、梅祖麟两位先生的旧作《唐诗的魅力》。《唐诗的魅力》使用雅各布森提出的对等原则（The principle of equivalence），分析唐诗中普遍存在的隐喻、用典现象，强调诗歌语言具有超越普通语言局限于说明、解释功能的特殊性质，这种特殊性质的根源来自诗歌语言的自由组合能力。换句话说，诗歌通过语言构成方式，自己解释自己。这部书利用语言学理论分析中国古典诗歌艺术，在当年给人以耳目一新之感。蔡宗齐在高友工门下读博士三年，耳濡目染，对语言学方法有所领悟，这部《语法与诗境》就是使用语言学方法再次分析中国古典诗歌艺术的论著。他认识到要揭示中国古典诗歌艺术的奥秘，需要从分析汉语特点入手，因为中国古典诗歌的艺术特征与发展方向应该是由汉语独特本质所决定的。值得注意的是，他意识到虽然从汉语特点来破解中国古典诗歌艺术的奥秘是一个正确方向，但西方学者如美国意象派诗人庞德、费诺罗萨《作为诗媒的汉字》（一九三六）与华裔法国学者程抱一《中国诗语言研究》（一九七七）执迷于"会意文字的神话"，误将汉字字形视为中国古典诗歌艺术的决定因素，这一具体切入路径并不合适。如果字形这条路走不通，那么研究的注意力就应该转向另一方面——语音，考虑汉语单音而有实义的特点是否对中国古典诗歌的节奏、句法乃至更高层面的结构产生了决定性影响。这一基本思路合乎情理,令人期待。

汉语语音的文本单位是从词语到句子,再到篇章,此书的基本结构也就按照这样一种"韵律结构(词语音节)——句子结构(句法)——抒情结构(篇章之法)"依次展开。首先从词语入手,通过单音汉字的双音、三音构词法与诗歌的双音节、三音节吻合,揭示出中国古典诗歌韵律节奏与意义节奏在总体上合拍的现象。四言诗、五言诗、七言诗由此形成独特的节奏,而每种节奏又形成了特定的语序变动,承载了不同句式。接下来对词语构成的句子结构进行分析,发现汉语作为一种"孤立语言"或"分析语言",具有结构宽松的特点,因此诗句的语法手段极为丰富,既有倒装、省略等手法,又有超越逻辑限制、并列不同意义指向的语言内容的自由。再进一步探讨句法与篇章结构的关系,指出中国古典诗歌的篇章结构实际上是主谓句紧密的线性组织原则与题评句断裂的非线性组织原则的进一步延伸。这样的论述线索就将中国古典诗歌的声音节奏、句法与篇章结构内在贯穿起来,并且在此基础上对不同诗歌体裁的语言特征、审美功效的分析判断,与古人对该诗体的独特审美境界所做的直观描述,往往不谋而合,从而实现了务实的语言分析与务虚的诗境研究之间的衔接。这样的研究思路不但切实,也是很有气魄的。

在具体研究中,全书最重要的创新有两点。第一是把题评句的地位提高,成为与主谓句平等的基本句型。题评句的概念是赵元任先生提出来的,他认为这类句子的形式主语实际上是叙述者所关注的主题,句子的形式谓语是叙述者对主题发表的评论,故称为"题评句"。不过,赵元任先生反对在主谓句之外树立与之对等的"题评句型",他只把题评句看作汉语主谓句的共同特性。而蔡宗齐则提高了题评句在汉语中的地位,将其作为基本句型之一,并发现题评句大量出现在诗歌中,为诗人提供了一种不诉诸逻辑语言的表达方式,也就是说,主题与评语往往处于不同时空,不存在施事者、受事者之间的逻辑链条关系，能更好地驰骋诗人的想象力，提升语言联系不同事物的能力，从而使语言由日常的进入诗意的。高友工、梅祖麟已经从理论上阐述了运用题评句分析中国古典诗歌演变的可取性，但还没有展开贯穿中国古典诗歌史的系统而全面的分析。此书从《诗经》出发，一路往下，涉及了汉魏六朝唐宋诗词，大致囊括了古典诗歌的基本类型，所做的分析翔实得多，得出的结论也就更有说服力。第二个创新是将句法延伸至篇章之法，也就是将语法延伸到抒情心理结构。比较典型的例子是对古诗十九首及汉魏六朝代表诗人的结构创新的分析，认为古诗十九首有一种先观察外在场景、然后抒发观物情感的明显二元结构，还有一种从不同角度反复叙说同一主题的叠加结构。而汉魏六朝诗人根据个性及创作场合的不同需要，分别对这两种结构做出重要改革，发展出纷呈多样的结构类型。曹植赠答诗将二元结构中的抒情部分细分为写景、言情、劝诫，得到三重结构；阮籍灵活采用间断式叠加结构和三重结构；谢灵运山水诗将二元结构的写景、抒情部分再分为二，营造出记游、写景、抒情、说理的四重结构；谢朓山水诗将二元结构的抒情部分化整为零，在句法层次融情入景，发展出一种新的线性结构。这些分析从语法的角度实实在在地找出了作家受到传统影响之后的创作规律性。

书中还提出或利用了不少很有趣味的观点来加强对语法与诗境关系的论述，颇能启人之思。如指出《诗经》中描述的钟鼓之声几乎都是用叠字联绵词描述，以二声为一拍，较之其他可能的组合，是最为中正平和的乐声，既符合周代礼乐中和理念，又强化了《诗经》的四言句式。再如分析题评句呈现的"隐""虚"的特点，认为题语与评语之间时空和逻辑关系断裂，是题评句"隐"特征产生的主要原因，题语、评语并列组合反映出来的语法关系上的"虚"，是不诉诸实用逻辑而带有强烈情感色彩的心理过程，然后进一步指出这一特点与《诗经》中用作题评语的联绵词尚未概念化、没有实在意义、只是形貌形声的声音有关，这种追溯源头的联系出人意料，却有某种体贴入微的合理性。又如认为一种诗体只有当诗行自身具有固定节奏后才能算是正式建立，以此为标准分析颇多争论的五言诗起源，认为先秦时期只有"五言句"，不能说有五言诗。标准设置清晰合理，有一定说服力。又如分析"晨风怀苦心，蟋蟀伤局促"，在晨风、蟋蟀作为诗人想象并予以题评的虚拟主语之外，还指出在互文层次上，两者并非移情想象，而是诗句的真正主语，因为它们是《诗经》的篇名，这两篇正好分别指向怀苦心、伤局促的情感内容。尽管李善注早已给出晨风、蟋蟀的《诗经》出处，但从题评句的角度仍能得到古老用典方式中蕴含的语法新意义。又如分析六朝五言诗圆美流转境界，指出首先表现在对偶句上——对偶句实际上追求一种圆，在一个句子里完成一种形式上的完美单位，流是符合逻辑正态的语序，转是违背逻辑、有意倒转的语序，两者兼用造成流转之美；其次表现在篇章结构上，流表现为诗歌线性向前发展的推动力，转表现为一种跳跃的变化，不同作家以不同模式争取流、转的平衡。这种解释从语法的角度自成一家之说。

书中还有一些针对自身理路进行反思，并予以合理说明的部分，体现出研究的自觉警惕。例如提出按照逻辑推理，四言诗之后，双音节化运动的自然产物应该是六言诗，然而应运而生的是五言诗，原因何在？作者认为这与动词双音节化的滞后有关。检阅《古诗十九首》，其中的双音词绝大多数都是名词、副词、形容词，而动词几乎都是单音字。这个解释就比较有说服力地弥补了关于双音节因素影响诗歌体裁的相关论述。

从句法角度研究古典诗歌，过去王力先生《汉语诗律学》已经做过，得到简单句式二十九大类、一百二十五细目，复杂句句式四十九大类、一百五十细目，不完全句式十七大类、一百一十五细目，可谓全面细致。后来蒋绍愚先生《唐诗语言研究》大幅度简化了王力的分类。蔡宗齐的分类也秉承了尽量简化的原则。尽管如此,由于此书不满足于共时性的一般原则性研究,还要做出历时性描述,这就使得全书的篇幅较大。如果熟悉中国古典诗歌基本情况的读者,选择首章与末章精读,也足以把握全书要义。另外需要指出,古代作家的创作遵循了语法的基本规律,往往是出于不自觉然不得不如此的状态,以词语、句子、篇章的递进结构对古典诗歌史进行描述,只是一种富于启发性的研究策略。

这一点想必作者、读者都是了然于心的。蔡宗齐说,此书的统稿、校稿工作在北京大学大雅堂汉学家研修基地完成,这一经历十分愉快。在此期间,他了解我们正在合作撰写《中国诗学史》。因此之故,他希望我们谈谈对《语法与诗境》一书的观感。在最近已经出版的《中国诗学史》中,我们也强调对中国古典诗歌神韵、意境的艺术体悟,故欣然命笔,略述共同的会心之处。

品书录 | 戴潍娜

黑弥撒与撒旦先生

一本一直没办法读完的厚书,像一场持续而漫长的勾引。想起来,总还是个浪漫的念想。既然得不到,就不如好好供起来。《尤利西斯》大概就是这样不讲道理先把人砸晕,再由许许多多渴望它的人将它毕恭毕敬供上神坛。

极少有人富有耐心和勇气勘探废墟的全境。几年前,单向街曾举办过一场"乔伊斯禁忌之夜",一同赴会的还有诗人西川、小说家阿乙、学者王敦。正式开场前,我心虚地问几位嘉宾,是否啃完了大部头?得知他们都跟我一样,没有读完,当下顿感松脱,愧意全无。毕竟,绝顶伟大的《尤利西斯》，也有它绝顶无聊的一面。动用上百万字，就为了描绘都柏林一天发生的事。这文学史上毁天灭地的二十四小时，没有一分钟能轻易从乔伊斯纸上逃逸，每一秒都被赋予史诗般的意义。伍尔夫讲得没错，乔伊斯是一个"揭示内心深处火焰闪动的作家，火焰携带着大量信息，在头脑中稍纵即逝"。如此这般不放过任何一缕光的写法儿太过可怕。据说，他写了三年，刚刚写到了那一天早上的八点钟。而故事一直要到午夜才完结。谁都忍不住替作者感到崩溃：这恐怕是一个作家能给自己创造的最恐怖的绝境。

这样一个狠人，哪里还能指望他好好伺候读者呢？说到底，乔伊斯压根儿也没打算让人读透，想到人人皆能懂他，谁都有权爱他，这位傲慢的怪才一定寝食难安——那意味着他呕心沥血胡言乱语的失败！他在世界拒绝他之前，先发制人抢先拒绝了世界。这世上只有极少数孤勇之人，敢于了解乔伊斯文学风景的全貌。然而正是广泛的不了解，构成了我们对乔伊斯理解的基础。既然达成共识过于困难，那么，都不理解反倒是另一种共识。

这场文学黑弥撒中诞生的未经洗礼的杂种文本，充斥着渎神、不祥和无政府主义的思想，对古典文学信条的唾弃嘲弄俯拾皆是。背着传统和神坛逆行，《尤利西斯》从伤害中获得崇高性和优美感，如同庞德所感慨的那样：文明时代结束了。文学圣殿从此沦为一个赤贫的废址。

一、撒旦先生

二十世纪是一个充斥着毁坏的时代。文学艺术中的神像被接连捣毁，各色前卫的文艺潮流，呼应着现代工业的震天轰鸣，催生出亿万有关破碎、腐烂和死亡的美学沉思。

争论起源于诱惑。从危机中诱发的现代主义文学，同频共振出一代人心灵的紊乱。撒旦印记，如恶之花般开遍字里行间。乔伊斯，苏黎世女人们在背后窃窃称他为"撒旦先生"。这个作家中的危险分子，急躁地敲击着梣木手杖，他必须赶在视力恶化到无可挽救之前，用酝酿已久的史诗写就恶作剧式的二十四小时，对传统小说发起致命的无政府主义恐怖袭击。数十年间，他忍受眼疾剧痛，不时地电击眼睑，或用水蛭吸走眼球充血，在几近赤贫中写作至形销骨立，"走起路来像一只苍鹭"（凯文·伯明翰：《最危险的书：为乔伊斯的〈尤利西斯〉而战》，443页。下引此书只注页码）。

又是天才又是怪人，这位文学史上的著名怪客，一出道就傲慢地羞辱了正统文学。一九〇二年，乔伊斯经由诗人拉塞尔引荐，在一间餐馆的吸烟室跟叶芝狭路相逢，彼时叶芝已是爱尔兰文学掌门人，乔伊斯还是个名不见经传的小文青。照面后，叶芝请他朗诵一首诗，乔伊斯傲气道："我可以给你读，但并不是因为你叫我读我才读的，你的意见跟路上的任何一个行人给我的意见没有区别。"他随后朗诵了自己的作品。叶芝听完当下惊叹眼前的年轻人骨骼清奇，才分如云，忍不住传授分享自己的创作计划。他告诉乔伊斯自己正在从诗歌创作转向爱尔兰民间传说的写作实验。"这说明你退步得很快。"乔伊斯毫不客气，说完转身就走。刚抬脚，又好像想起什么，折返回来道："我今年二十岁，你呢？"叶芝回答三十六岁。大概上了点岁数的人都有点年龄自卑，叶芝不自觉地少报了一岁，他当年其实三十七。谁承想，眼前的毛头小子叹道："我们俩认识得太晚了，你太老了，我已经没有办法影响你了。"（转引自拉塞尔私人谈话，Ell, 103页）难以想象，叶芝面对此等出言不逊还能保持风度不被激怒。

然而，"一个人不会仅仅为了激怒他人而历尽艰辛地写作"（13页），这个令菲茨杰拉德情愿为他跳窗的男人，背负起倒置的十字架，以纵欲般的修辞，"将大块的秽物扔进不连贯的胡言乱语中"。不洁的语言，搅以坏故事和春药作为辅料，乔伊斯泼脏了文学的圣餐。

自他以后，现代文学集体跳崖，向死而生。

二、文学世界里的逃犯与警察

"文学史不是一幅风景画，而是一个战场。"（马修·珀尔语）乔伊斯的传记《最危险的书》，描绘了文学兵荒马乱的战场上，一群人如何受《尤利西斯》牵连，与欧美审查制度相缠斗，最终赢得言论自由，一步步将这本书从违禁品变成世界经典，从文化叛逆演化为现代德行的壮阔往事。一九二〇年，乔伊斯从里雅斯特城搬往巴黎，赢来了文学生涯中的重要转折。那时如果一个青年在法国宣称自己是艺术家，是一件稀松平常的事，就跟在八十年代的中国说自己是个诗人一样不必感到难为情。法郎贬值，巴黎左岸廉价又多元，颓靡又热烈，各种小型的艺术反叛活动每天都在小作坊里上演。《尤利西斯》这部天书，潜移默化地激发了从文学到知识、性别、法律乃至政治领域的认识革命。这场革命绝非由乔伊斯一个人发动，而是围绕在他身边的同时代文人、律师、编辑、法官、出版人等一群艺术公民共同与时代摩擦的结果。

这本《尤利西斯》"被一位女性激发出灵感，被一位女性资助，被两位女性连载，被一位女性出版发行"（14页）——堪称是被一群女人喂养长大的杰作。尽管一九一九年《尤利西斯》甫一出手，就迎来了美国邮局查禁焚毁的待遇，被一度定性为淫秽物品，依然挡不住女人们为其奉献的激情——显然，诺拉绝非黑弥撒中的唯一圣女。即便是乔伊斯深感焦虑自我怀疑的时刻，《尤利西斯》的编辑安德森小姐也丝毫没有动摇过她磐石般的信心，她坚信，公众应该为天才服务，而非相反。

乔伊斯之前的小说家们，多数遵循着一套礼仪和教养，文字亦是一块华美的遮羞布。凯文·伯明翰尖锐地指出："经验主义的敌人不是反逻辑，而是隐秘……《尤利西斯》之所以危险，是因为它揭示出一本书是如何废除隐秘的权力的。《尤利西斯》告诉我们，隐秘只是行将就木的政治制度的工具，而秘密本身，正如乔伊斯所说，是'自愿被废黜的暴君'。"（4页）

三、黑弥撒

曾一手销毁过成吨的淫秽物，像"捕捉老鼠般"逮捕过数千名色情作品从业者的"纽约正风协会"（NYSSV）领导人康斯托克相信："最具破坏力的原始冲动是情欲"——那是一个人身体里的撒旦力量。

"（诺拉）她既是高尚的，又是下流的，既是天使，又是婊子……她的信件激发了他最美丽、最淫秽的创作。"魔鬼崇拜混合着春药，被释放进残缺的现代身体——勾引出了古板主编们最狂躁的激愤。伦敦《周日快报》主编詹姆斯·道格拉斯鞭挞道，"这种肮脏的疯癫夹杂着令人震惊的、反胃的渎神精神，它反基督教，反耶稣"，并将其归入"撒旦教中最下流的欲望"（261页）。

在几近失传的阴暗画作中，后世隐约窥见黑弥撒的图景：破败的小教堂里祭台上的少女，颠倒的十字架和不祥的黑暗生物。截至十八世纪，欧洲对撒旦崇拜的清洗运动，已将黑魔法和黑弥撒统统驱入爬虫密布的地下。当它们脱下禁忌的黑袍，再次浮上纸面时，经过了工业革命洗礼的人类，已视那些咋舌故事和不解之谜为无聊的恶趣味和纯粹的杜撰。

早在十六岁就"怀着深仇大恨离开了天主教"的乔伊斯〔（詹姆斯·乔伊斯：《尤利西斯》（上），刘象愚译，上海译文出版社二〇二一年版，8页）〕，在《尤利西斯》开篇就呈现出一场戏谑的宗教仪式，从一开始他便有意布局一场黑弥撒。透过各式机关秘道、方言俚语、生造字、外来语、双关和文字游戏，零落在笔记本、活页纸上的七百三十二页的《尤利西斯》组建出一座壮观的祭坛——祭坛之上，古老的堕落与复活的戏法轮番上演。世人只见乔伊斯凌乱的刀工，将"现代身体"分尸成无数碎片，神性的整全之美被凌厉分割，碎片拼贴出一座废墟博物馆，成就了一种禁忌之美——它最终替代了美。

"《尤利西斯》之后，现代主义文学实验已经不再处于边缘而成为核心。骚动已不再是混乱的种子，而是美学的组成部分。"这部"终结一切小说的小说"，不仅开创，而且重创了现代主义小说传统。道格拉斯一度声称："我们的批评家为他的无政府主义而道歉。"他们把读者抛给"文学的豺狼虎豹"……尤利西斯的到来，"是一场撒旦无政府主义和上帝的文明影响之间的冲突"（261页）。

四、重生方程式

如果说《尤利西斯》是撒旦文明对上帝文明发起一次突袭，他的目的远远不是堕落，而是重生。

作为一本"人体之书"，此前整个人体中最尴尬的部件（性区）被略去了，乔伊斯带来了齐泽克口中的"勇敢新世界"。此后的世界一头栽入黑弥撒的狂宴，人体最终微缩成一根电动棒。二十世纪初，自由主义甚至更激进的自我主义者（the egoist）席卷古典，如今重新审视对乔伊斯"堕落"的误读，大概也是一个纯粹的个人主义者重要的议题。当旧世界被摧毁的同时，社会普遍失却了古典节制、崇高理想和富有耐心的真正的亲密欢愉——而这些原本正是乔伊斯所忧惧的。人们几乎遗忘了，乔伊斯写作《都柏林人》的目的，"就是要为他的祖国写一篇'道德史'，因为他看到都柏林已经成了一个'瘫痪的中心'"（《尤利西斯》，10页）。《尤利西斯》野心更甚，它并不打算以道德的方式回归道德的目标，而欲在混乱和堕落之中撕毁僵死的社会秩序和宗教教义，开启一番崭新的现代自由。撒旦只是他请来的助产士，借助地狱的力量，诞生新的时间和世界。

这一场地狱反叛，不仅赢得了美学上的胜利，更带来思维和方法论的新生。撒旦信使安东·拉维认为，后期的撒旦主义者不再实施可怕的伤害，他们日渐变异为一种享乐主义和极限游戏。如同今天的撒旦主义者们主要沉迷于七宗罪中的纵欲一样，尤利西斯的后继者耽溺于技法的钻研和隐秘的开发，单单是暗嵌其中的与《荷马史诗》的平行结构就够他们摸索一个世纪，如乔伊斯所愿："我在书中设置了大量谜团，要弄清它们的真意，足够教授们争辩几百年。"（《尤利西斯》，12页）由此衍生出的一系列文学研究"产业"，涉及心理分析、几何形态学、女权运动、后殖民主义、新历史主义等多种理论，引发一场全领域的思维方式革新。

"上帝存在于原子当中"，这种颠覆性思维，渗透进各个学科，《尤利西斯》甚至跟量子物理、流行的微观史学有微妙的量子纠缠。科学领域内的诸多进展，都受惠于这本书肇始的革命。乔伊斯意欲通过捕捉内心火焰的闪动，去揭示二十世纪的社会历史。我以为，看不见的世界大致可以分为两类：一类是现象上看不见，比如那些只有在显微镜里才能显形的事物（乔伊斯便是用文学显微镜，放大了内心不可言说的火焰）；另一类看不见的，是未来才会发生的事，是尚未到来的世界。对于看不见的世界，科学家是事先模拟，文学家则事先预言。

这大约也是一本书无尽的试探，和它幸存的目的——"启程进入一个更伟大的世界……去肯定我们微小的存在"（400页）。

（《最危险的书：为乔伊斯的〈尤利西斯〉而战》，凯文·伯明翰著，辛彩娜、冯洋译，社会科学文献出版社二〇一八年版）

品书录 | 查少琛

"微笑"的革命

微笑象征友善，浅浅一笑成了一种无关地域、政治与宗教而为人广泛接受的社交礼仪。不过，当下司空见惯的微笑竟然也有其历史性。法国史学者柯林·琼斯在《十八世纪巴黎的微笑革命》一书中提出了一个违反直觉的结论：在近代法国，人们并不像现代人那样青睐微笑。事实上，"笑"在当时甚至与主流社交规范相抵触。更出人意料的，则是在十八世纪中叶启蒙运动渐向高潮的时刻，微笑却又曾革命般席卷巴黎，一度成为时尚潮流，但又很快再度消逝，直至二十世纪才最终获得不可撼动的地位。"微笑革命"为何会发生在这个历史时刻却又戛然而止？其背后思想与文化的变迁着实耐人寻味。

旧制度为何鲜见微笑？首先，于时人而言，美好的微笑本身就是件极为困难的事情，因为一口好牙并不常见。在近代欧洲，绵延的战乱和饥荒所致的营养不良令牙齿十分脆弱。更致命的是洁齿意识和手段的匮乏。人们既不觉得有必要也不懂得如何保护它们，因而对丧失牙齿习以为常。牙痛发作，时人并不寻求尽可能地保留原生齿，而是想办法忍着剧痛一拔了之。普通百姓会求助于从事拔牙的手艺人，比如意大利的"江湖游医"。宗教战争之后，这群人打入法国市场，聚集在新桥前的集市执业。这些"游医"其实根本不能被称作医生，因为拔牙只是其众多副业之一，杂耍表演才是他们的看家本领。但讽刺的是，在治疗手法上，国王御医和他们也并无二致，都是凭借一身蛮力拽下牙齿，因为正规医学也甚少关注口腔健康。一六八五年，在一场现在看来极为灾难性的拔牙术中，路易十四不仅摆脱了上颚最后几颗令人烦恼的牙齿，还丢掉了一块上颌骨，而这种意外在当时并不鲜见。总之，受历史条件的局限，成年人即便高贵如路易十四也难逃早早掉牙的命运。牙齿缺损不仅损害了咀嚼和消化功能，还导致了面部的变形。露齿微笑只会展露空洞的口腔，令面容狰狞可怖，促使人们规避这个动作。

身体之外，文化与制度同样也制约着微笑的发生。旧制度政治不欢迎微笑。法国王室要求控制并减少笑的表情，不仅是为了遮掩身体的缺陷，还是宫廷礼仪的要求。十六至十七世纪写给廷臣的行为指南提到，人发笑的前提是存在可笑的事物。无缘由的、拉伯雷式的张口狂笑被斥为下等人的动作，是愚蠢失智的象征。十七世纪下半叶，天主教会和国家也都明确表达了对笑的态度：反宗教改革的浪潮收紧了中世纪宗教对情感的宽容，反对幽默和狂喜；黎塞留主政则为政治奠定了严肃的基调，兴起了"多听少说"的政治文化。路易十四亲政后延续了这种执政风格，无论公私场合，总保持着庄严、肃穆的表情。他和曼特农夫人的婚姻更不能提供很多令他愉悦而笑的机会,因为后者虔诚而禁欲。精神的庄严、宫廷礼仪的传统和路易十四本人忧郁的处境,令他始终保持着严肃无笑的神情。

在十八世纪资产阶级的公共领域生成之前,法国宫廷引领着巴黎的时尚潮流。在宫廷,效仿国王稳定而淡漠的表情不仅是必须遵守的规范,还是一种生存和晋升策略。巴黎那些无法接触宫廷但希望学习其做派的人,则从礼仪手册中获取了必要的知识。路易十四治下社会精英对笑形成了一致的态度:无事不笑。微笑是上流社会嘲讽、攻击底层民众以彰显阶层差距的武器,不具有传达友善的功能。狂笑则绝不会出现在有教养者的脸上,因为要克制情感的流露。太阳王的表情控制规范尽管是十七世纪的主流,但对许多人而言是难以忍受的。在其统治末年,大众开始逐步解除自身的压抑并在奥尔良公爵摄政后造就了短暂的情感解放。不过,摄政期的轻松戛然而止,因为路易十五掌权后完全追随曾祖父的政治风格,廷臣的神情因而回退到庄严、肃穆的状态。

到启蒙运动走向高潮时,"微笑革命"才真正启动。理解琼斯提出的"微笑革命"这一命题,应当回到学术史的历程之中。学界早已形成共识,在启蒙时代理性与情感并驾齐驱,几乎具有对等的重要性,但"情感转向"的兴起与威廉·雷迪《感情研究指南》一书的问世,令十八世纪的感情主义和"敏感性"再一次浮现于人们的视野之中。一批以文化史为主题的新研究在近年发表,进一步揭示了启蒙理性与情感的对立统一。"sentimentalism"一词在文学史研究中常被译为"感伤主义",这的确是十七、十八世纪文学重要的特征,而眼泪与哭泣也始终是研究的焦点。柯林·琼斯眼光独到之处就在于发现"敏感性"的品味并不只带来了泪水与哭泣,微笑在十八世纪的短暂流行同样得益于这一文化浪潮,甚至与泪水结成了具有张力的关联。

"敏感性"有着庞杂的思想史背景。自问世起,其内涵不断叠加,横跨生理学、认识论和道德哲学。十八世纪的生理学家则更新了对身体构造的理解，他们认为"纤维"而非"体液"填充着人体，这些纤维具有感知外界刺激的能力，构成了生理意义的"敏感性"。在认识论领域，洛克启动的经验主义脉络主张知识与个人意识源于外界施加给个体心灵的影响，孔狄亚克等人则在法国接过了洛克的衣钵。这些感觉主义者认为，人的感官能力所构成的敏感性是获取经验和知识的前提。不过，到狄德罗和卢梭那里，敏感性被动的、生理的属性让位于主动的、道德的意涵，指代人类天生具备的在情感、道德和灵魂上被触动的能力，强调人类情感的正当性，要求展现人的平等、同情并拯救他人于不幸的感情。由此，"敏感性"还是启蒙情感理论的关键。

真正令"敏感性"具象化的则是文学。英国的感伤主义文学举世闻名，斯特恩《感伤的旅行》以及理查森的《帕梅拉》《克拉丽莎》赚足了欧洲各地人们的眼泪。在法国，《新爱洛伊丝》等本土小说走红，特色戏剧"泪喜剧"的创作也如火如荼。在狄德罗等人的改造下，该体裁进一步演化为"资产阶级戏剧"，聚焦于巴黎资产阶级（也是戏剧的主要受众）真实的生活日常。能够被称为"感伤主义"的文学有着类同的结构与目的：设置本应幸福生活的正义一方遭到邪恶势力打击的情节，通过展露不幸以培养观众同情正义、向往美德，实现教化的功能。

必须承认，泪眼婆娑贯穿感伤主义文学的内外：读者随着主角们一同哭泣，后者的眼泪滋养了前者的敏感性。可是，微笑也时常浮现在主角善良的面庞，甚至与眼泪一同出现。如何理解"笑在嘴边、泪噙眼眶"的文学设计？琼斯意识到此时微笑承担的策略性功能：纯洁的主角受尽邪恶势力的欺压，激起了读者的眼泪，但却在终局以微笑定格。在悲剧情节的衬托下，主人公的平和、沉着和宏伟愈发鲜明，圣洁的人格得到了最终升华。临终前，克拉丽莎莞尔一笑，不仅昭示了身故后永恒幸福的开始，也令这一形象的悲剧性质更具冲击力，久久萦绕在欧洲读者心头不能散去。临终微笑的设计也被卢梭应用在朱莉身上：尽管一生爱而不得，但在深爱着她的人们注视下,朱莉眼中含泪却又微笑着离世。悲伤与欢愉这些微妙的情愫混杂在一起由读者全盘接受,令他们的情感饱受锤炼,也教会了读者哭泣与微笑。此时,微笑的角色发生了变化:旧制度达官贵人的讽刺微笑是对他人地位卑微、处境不幸的蔑视与攻击,充斥着居高临下的气焰,富于深情的微笑却要体现对他人感同身受的能力。两相对照,高下立现,闪烁着人类进步的曙光。

十八世纪七十年代起,露齿微笑在巴黎人民的脸上散播开来,一场静默的表情"革命"就此展开,其背后是启蒙理念与文化多方位折射的结果:培育情感与革新社会风尚的理念通过文学塑造了一代人对待表情和情感的方式。还有,不要忘了笑包含着欢愉的本能。科学的飞速发展激发了人类对自我能力的信任,进而推导出启蒙叙事中那个进步与幸福不可阻挡的部分。笑是这种普遍乐观的真切反应,并令巴黎成为"欢乐之都"。另外,微笑与社交的兴盛亦有密不可分的关系。巴黎独特而丰富的社交生活不仅强化了日常的欢愉感,还促成了新公共领域的生成,取代宫廷掌握了文化和社交规范的主导权。温和的微笑伴随着亲吻、握手等亲密的肢体接触,成为新式社交的必备技能,突破了宫廷礼仪的钳制。琼斯甚至认为,巴黎人民共同选择微笑,某种程度上象征着"公意"的出现。由此,霍尔巴赫男爵将"欢乐、活力、礼貌和社交性"视为法国的民族特质,这与海峡对岸的阴郁形成了对照。

"微笑革命"亦展现在艺术领域。女画家维吉·勒布伦夫人大胆地将露齿微笑引入绘画作品之中,公然对抗以雅克-路易·大卫为代表的新古典主义风格,而后者在学院派中占据主导地位。这种潮流虽然不受艺术界主流的欣赏,但却一度赢得了市场的青睐。为了表现对情感的认同,顾客要求在交付的画像中展现自己的迷人微笑。微笑广泛出现于六十至八十年代的绘画和雕塑作品中,风格自成一脉,进一步证实了"微笑革命"的广度。

"微笑革命"还引发了一个意

外的结果：露齿微笑对身体的规训提出了更高的要求。社交注定引发模仿和攀比。对于重视社交的精英而言，此时再以一嘴烂牙微笑示人，就会因不美观而有损声望。几乎就在同一时期，属于口腔医学的时刻也悄然而至。尽管传统的游艺式拔牙在让·托马斯（Jean Thomas）为代表的手工业者手中继续散发魅力，但在外科医学的独立化浪潮之中，更现代的口腔医学也逐步发展起来。新牙医重视医学的人文关怀，在康复之外还考虑治疗的痛苦和病人的终身福祉，誓要与江湖游医划清界限。他们以保存病人原生齿为治疗的核心目的，不再盲目地施行拔牙。齿疾预防和各式修复技术的尝试成为牙医一时的焦点。后者尤其先锋，除了发明精美的陶瓷假牙，激进的医生甚至曾试验过人牙种植。针对不得已的拔牙，器械的精密化和手法的轻盈灵活改善了患者的体验。诊室也发生了变化，从公开的集市转移到密闭的室内，并以资产阶级舒适家居的理念陈设布置，力求私密舒适，宾至如归——凡此种种不仅是争夺市场的手段，还展现了医生面向病人的温情。巴黎牙医事业就此经历了一段黄金时代。

行文至此，十八世纪的微笑似乎已经踩在了现代社会的门槛上。但是，政治革命的爆发终止了"微笑革命"。法国大革命爆发之初，两者看似在互相促进。许多研究业已指出充沛的情感贯穿着大革命全程。面对一七八九年接踵而至的政治激变，希望的微笑与激动的眼泪再次和谐并存。在国家重生那似乎触手可及的希望之前，革命初期的乐观与欢愉具有强大的感染力。人民嘴角挂着自发的微笑，象征着公意对革命的认同，进而宣告了政治革新的正当性。此外，人的敏感性所主张的共情、美德和社会性，汇流于革命对团结和博爱的向往。

但在革命的巨轮面前，微笑很快就遭遇了危机。国民议会规定，议事时不可发笑，其根源在于国家希望政治家能够按照罗马共和国的美德政治传统、那种庄严的气质主持国家事务。任何幽默和微笑都是政治不成熟的表现。此后，随着革命的激进化，中立和妥协态度越来越不为激进派所容,微笑却恰好象征着某种温和的情绪。最后,革命者希望按照统一的政治标准重塑国家,可他们现在发现微笑根本不受控制,这会给革命事业造成巨大的风险。反革命者嘲笑革命,重拾了笑攻击与讽刺的功能;无套裤汉的平民幽默也不登大雅之堂。最可怕的则是"断头台前的微笑":本应受革命惩处的叛国者,竟然在死前将宁静、泰然的微笑挂在脸上。这唤起了某种文学隐喻,调转了感情主义叙事中正义与邪恶的角色。在革命者看来,是弱小的国家遭受着强大的反革命势力侵害,死刑的正当性在于匡扶正义、替天行道。但被处决者受刑前的微笑仿佛化身理查森小说的主人公,为自己攫取被革命暴政迫害的弱者形象。此时的微笑是对革命沉默的嘲讽和抵抗,令雅各宾派难以忍受。民众政治和反革命的因素,令微笑与革命事业发生了难以调和的矛盾。

从革命前社会进步的象征到反革命的标志,微笑开始从公共生活中全面退场。其背后的思想与文化也在继续流动:九十年代后,启蒙的情感理论被复兴的伪科学人相学取代:表情具有欺骗性,只有头骨构造才能揭示人的本性——进一步推论就走向了人种、阶级和性别优劣论。由于国家支持的减少,口腔医学也陷入停滞,江湖游医迎来复兴。直到二十世纪,摄影与传媒技术的进步令美好微笑的画面定格于人心,这才使微笑最终成为现代社交的规范,获得了难以撼动的地位。

回望这场"微笑革命",柯林·琼斯指出了它的限度:微笑局限于巴黎,是多重因素在自身发展轨道上偶然聚合的结果,带有鲜明的历史偶然性。在法国漫长的历史中,十八世纪瞬息即逝的微笑构成了一个独特的历史性时刻。它并不是宏大、重要的历史现象,但却因琼斯的研究而留下了隽永的余音。一些传统的命题再一次得到呼应。比如,启蒙是理性的时代,却又是感情的时代;启蒙哲人也不是冰冷的说教者,他们在智识生活中充分探索了人类感性的意义。对于感情主义的内涵,琼斯则反其道而行之,揭示了眼泪并非其唯一面相，看似矛盾的笑与泪、欢愉与悲伤协调于对真挚情感与德性的追求。十八世纪笑与泪这种具有张力与特殊内涵的联系，向我们呈现出情感及其载体深刻的历史性，而这正是情感史研究的要旨。最后，琼斯还呈现了微笑背后身体与医学史的流动。多线并行的做法尽管有模糊重点的风险，但也揭示了启蒙实践的复杂多样：情感和表情同时受制于思想的规训、制度的规训和身体的规训。这意味着启蒙运动诸要素联系的普遍性，提醒我们思想史、政治史和文化史相互缠结的本质。

(*The Smile Revolution in Eighteenth Century Paris*, Colin Jones, Oxford University Press, 2014)

品书录 | 马姝

被解放的女性身体？

二十世纪初，为应对危机，清廷开启了《大清钦定刑律》的修订工作。汉唐以来的刑律，礼教是其核心，但《大清钦定刑律》的修订却是仿照以个人主义和平等主义为基础的西法来进行。如此"激进"的举措，势必引发争议无数。争议的焦点，最后集中在"子孙对于尊长侵害之正当防卫"和"无夫奸"这两条上。前者所争议的，是正当防卫是否适用于子孙受到尊亲属侵害的场合；后者所争议的，是和奸（与强奸相对）无夫妇女是否为罪（自唐以来都为罪，但在修订后的新刑律草案中,不再有这条文）。梁治平指出，这两个条款之所以如此牵动人心，并非是因为其本身为刑法中最基本最重要的内容，而是因为它们所自出的两个范畴，男女和长幼，在传统道德、法律和政治上均有着特殊的重要性，以致针对这些条款所做的任何修改，都可能触动和改变传统中国的某些核心价值。但是相比"正当防卫"议题，"无夫奸"一条引发的争议更为激烈。很多反对者指责说，无夫奸不为罪的话，将破坏男女之别。劳乃宣在《声明管见说帖》中表达了他的担忧："今使有处女、寡妇与人通奸为其父母舅姑所捉获，事发到官，官判以无罪而两释之，吾恐其父母舅姑之羞忿无以自容，强者将刲刃，弱者将自裁……"劳乃宣意在以废法之后的可能后果来支撑他的立场。他的假想或许存在夸大的成分，但是却无意中道出了社会对无夫妇女的贞洁要求。陈宝琛也提醒修法者："……甚谓国家崇尚新法，贞节不重，佻达无伤，一歧百误，堤决流倒，有非首议之人所能预料者。"女性的失节，在他看来，竟有如此可怖的危险。

可见，在这些礼教人士眼中，妇德是人道的大本，"妇德修而人道乃有所始，妇德废则纲纪无首，王化无端，父子君臣皆将失其所矣"。《历史、身体、国家》一书的作者黄金麟认为，这种将整个世界的运作和安定都建立在妇德的维系上，并视其为一切权力关系的基础的理念，并非是在推崇女人对世界的贡献与影响，而是想借此束缚女人的身体，将她的生理与情欲牢牢约束在礼仪教化之下。这显示出，"妇女的身体在中国一直受到各种权力形式和真理性声称的羁绊"。黄金麟指出了礼教派恐慌心理的来源，也补充了男女有别的"别"的内涵。原来，"别"的成功，是建立在对女性身体的禁锢，对女性活动空间和情欲的双重规制之上。

女性身体状态之于传统中国社会秩序的意义早已由妇女史的研究而得到充分揭示。秦汉之际的妇女接受诸种礼仪教育，礼仪空间和身体的规训其实密不可分，礼仪的空间从来不是一个客观、匀质、科学意义下的空间，而是充满宇宙图式、伦理关系、权力分配、文化象征系统的空间。再比如"内闱"一词，既标注了女性的活动空间，也指涉了女性身体的幽闭状态。这意味着，一个女人并不仅仅要藏身不露、充分表现阴的倾向，还要能完全克制欲望。

黄金麟对礼教人士强调妇德的用意的揭示，为中国女性身体所做的申诉，似乎并不显得新颖。但是，在十多年前，在法史研究对于略显时髦的"身体"还没给予充分关注之时，他鲜明而执着地将身体引入对近代史的观照中，并以近代中国法系的变迁为例来追踪修法行为对身体生成的影响，便显出十足的前沿性与先锋性。清末民初正是国人身体发生急剧变化的时期，法律的施加对象又正是身体，清末修律以及之后的《中华民国民法》对近代中国身体建构的影响就成为一个天然的、绝佳的选题。在梳理了社会理论中从古典三大家到福柯、特纳等人的身体理论后，他取福柯和韦伯的交集之处作为论著的理论出发点，同时以一种"趋势的转变"去观看身体在近代中国的发展。清末发生的、试图往律法中注入平等色彩的刑律修订行为无疑值得深加剖析，除此之外，军国民运动、钟点时间的采用以及频发于街头广场的学生爱国运动，也被收归于他的视野之中。在对既有史料进行一番"身体"视角下的解读后，近代中国身体的演变趋势在其极具个人风格的表述中渐渐显现，即身体的国家化、法权化、时间化与空间化。

需要注意的是，此处的"身体"，是一个抽象的整体意义上的身体，也就是说，作者无意引入性别"变量"，另辟篇章，对中国女性身体的历史经验进行专门考量。对大清新刑律修订过程中礼教派人士的言论的分析，只是为确保论述的整全性而做的一个必要的涉及，不是全书的重点和主线。女性身体这一概念在其论著中所扮演的角色，也有别于专门的妇女史研究，那么，他的研究对于理解中国女性近代以来的身体动向，价值何在？

身体从与灵魂、与理性相对立的关系中分离出来成为独立的认识对象，与西方思想家们对身心二元论造成的人的压抑以及与之相应的人的解放问题的思索有关。尼采的"一切从身体出发"，福柯的遍及身体的"规训权力"，以及看似没有提及实则时时浮现身体幽影的马克思的"异化",都提示着西方自身历史经验尤其是资本主义对于人身的作用与影响,是"身体"从西方思想史中"忽然"绽出的重要前提。但是,中国与西方的历史发展轨迹并不相同,因此,黄金麟意识到,在以源自西方历史经验的身体理论来观照中国问题时,必须保持必要的谨慎。譬如,资本主义的发展必须诉诸劳动生产力的充分供应与自由买卖,在这种情况下,将个人或妇女的劳动生产力从家庭中解放出来,使它投入资本积累与再积累的过程,就成为一个不可缺少的动作,而这也就造成了资本主义与家父长制的可能冲突。在资本主义的挑战之下,父权在西方渐显低落,这个竞争的过程也是个体主义所以在西方首先诞生的部分原因。他认为,在西方,父权的低落主要来自资本主义的发展和挑战,在中国,却是起源于国家主义的抬头和亡国的迫切压力。因为,近代中国虽然也受到资本主义的影响,但同时还面临着民族国家建立任务的压力。

正是这种历史局势成为中国身体产生变化的重要起源。清末至民国的修律与立法行为给身体所带来的影响,也要放置到这一历史局势下去看。

大清刑律草案的制定者参照西法,试图将现代的人人平等的理念灌注到法律当中,让刑律出现了由伦理法向权利法转变的趋向。删去与无夫奸有关的条文,自然也存在着解除束缚在女性身体上的礼教约束的意义。在这个身体法权化的过程中,拥有个人欲望的那个身体得到了重新认识。在之后国民政府颁制的《中华民国民法》中,也删去了过往民律中对女子行为能力的各种特别限制,女性身体的活动空间不再因为性别而受到差别对待,女性身体因此而进入一个前所未有的新的发展阶段。但是,这是否意味着女性身体从此就获得了解放?黄金麟对此有深层的怀疑。

在当时的情境之下,个人是通过国家的助力而从父权、从家族主义的控制中解放出来,个人与国家之间于是形成了黄金麟所说的"相互为用"的连带关系。

在法律层面，行之千年的伦理本位固然被权利本位所取代，但那个身体权利义务的对象也由家族演变为国家与社会。国家主义的长盛不衰，既是受时代危机的刺激，也是受这种以国家作为最高权力中心的法制变革的有利支持，二者之间存在微妙的互动关系。正是这种个人与国家"相互为用"的关系，使黄金麟对女性身体的"解放"程度持一种保留的态度。身体确实得到了松绑，但松绑是片面的，也是功利性的，因此很难称得上是一种对身体的解放。他举出来的例子，如放足，让女性畸形的小脚得到伸展的空间，但这一更强健的身体所服务的，是强国保种的政治目的。康有为在《请禁妇女裹足折》中就曾说："欧美之人，体直气壮，为其母不裹足，传种易强也。回观吾国之民，尫弱纤俴，为其母裹足，故传种易弱也。"《中华民国民法》中明确禁止早婚，也有类似目的。梁启超在当时也指出："早婚不但有害养生，有害传种，有害养蒙与修学，更有害于国计民生。"国家于是干预早婚的行为，以使女性的身体能在更适宜的时间生育更强的国民。这样看来，对身体"殖民"的权利，不过是由家族和礼教体系转移到了"国家"的手上。

黄金麟的这一论断是否符合女性身体自近代以来的发展轨迹？新刑律因为清朝的迅速覆亡并没有来得及实施，随之而来的运动浪潮革命洪流，释放了压抑已久的身体能量，也裹挟着身体朝着更为宏大的政治目标挺进。在此过程中，女性的身体处处可见，成为历史发展进程中一个不可抹去的重要存在。女性抗击压迫的身体、参与革命的身体、集体劳动的身体、生育的身体……以过去历史上不曾出现过的规模和不曾涌现的力量，出现在民族国家建设和发展的历史舞台上。她不再受到礼教的严控，但她是否走出了国家的视线，成为自主自在的自己？站在今天的位置回看过往世纪中女性身体与国家之间的诸般故事，应不难做出判断。

"身体"一词近些年频频出现在学人著述中，成为越来越多的研究所直接或间接指向的对象。这与其说是一种后知后觉，一种对身体价值的追认，不如说是早有预兆的必然回归。肉身早已沉积下各种权力形式作用后的印记，等待着被照亮、被显影、被述写。黄金麟这本书完成在十多年前，但放在今天堪称海量的身体研究著述中，依然闪烁着独有的无法淹没的光辉。他带着强烈的理论自觉、坚定的反思意识和对中国人身体处境的关切，返回到近代开启的那个喧嚣剧场，细致剖解稳态的定型的中国人身体在历史的大刀阔斧或是无形之手的模塑雕刻下渐渐动摇、改变的过程。对这个过程的分辨与梳理，对于理解国人后来的身体形态，尤其是身体在面对已与消费主义、新兴科技、医学权威等捆绑一体的权力形式时所采取的应对姿势，都极有帮助。然而，像这样贴紧时代的转捩点，从具有共性的诸多事件中总结出一个近代身体的生成脉络的研究，其实需要真正的创新之力和甘冒风险的探索精神。它构成了福柯以来微观权力探视方式的一次中国化的尝试，也因为对身体一面的打开，让曾经被认识到的诸如"国"对"家"的置换、现代时空观对人的接管等问题得到了新的、更有具身性的阐释。特别是对清末修律这一已被固着在"礼法之争"的认识框架下的事件，他看出了其对女性身体之后走向的潜在影响，这对于已有的女性身体研究而言，是一个法史视角的经验补充，对于立足当代的法律与性别研究，则提供了一个可供参照的历史坐标。

此书的不足已有很多人提到，身体概念的模糊性是其一。究竟是福柯所声明的，是某种客观的、实践性的身体，还是作为"符号"或"象征"的身体？在这本书中，并没有一个统一的形象。再有，他不断出新的学术名词一方面频繁给人以新奇感，另一方面也造成了某种阅读和理解上的障碍。但是，试验的勇气和创作的激情，独立思考的精神和对"人"的存在的深切关怀，却每每冲破这些障碍，触动阅读者的可能被习惯束缚已久的"身体"。在惊异和停顿之处，便有新的事物诞生，而这，或许也正是身体存在的意义。

（《历史、身体、国家：近代中国的身体形成（1895—1937）》，黄金麟著，新星出版社二〇〇六年版）

焦姣

美国社会科学史中的时间静止术
——《美国社会科学的起源》与例外论

思想史中常有这样的现象：两本看似无关的著作，在方法和问题意识上却有直接承继关系，抓住这条隐藏的思想线索，就把握了原书的要旨。多萝西·罗斯的《美国社会科学的起源》（以下简称《起源》）初版于一九九一年，是研究十九世纪末至二十世纪初美国社会科学史的经典著作，最近由几位社会学学者译成中文。要理解这本内容庞杂的大部头，也可以借助一把现成的"钥匙"，那就是J.G.A.波考克的政治思想史名著《马基雅维里时刻》。

一九七五年，《马基雅维里时刻》甫一面世，便在美国政治思想史界卷起了一阵"共和修正主义"的疾风。此前，伯纳德·贝林、戈登·伍德等美国早期史学者率先挑起了争论。他们直击战后美国史学界的"共识论"，主张美国革命的思想底色并非洛克式的自由主义，反而更接近十八世纪英国本土反对派的激进共和主义。波考克在此基础上更进一步，将美国的立国原则上溯至十五至十六世纪佛罗伦萨的公民人文主义，构画出纵贯四百年、横跨两大陆的"大西洋共和主义传统"。

随后，美国历史学界出现了"思想意识"研究的短暂复兴。长久以来，政治史是史坛不争的女王，二十世纪七八十年代风头正健的社会史时时攻城略地，但很快，这两派都将被异军突起的新文化史席卷。在学界潮流起落的间隙，共和修正主义的相关争论将学界的聚光灯引向了舞台边缘的思想史。短短十年间,"共和主义"从一个无人关心的前现代政治术语变成了各派史学论争的焦点。

由于论战发源于美国早期史领域,读者往往认为"共和修正主义"属于美国早期史的内部辩论,讨论的是美国建国前后(一七六五至一八一〇)的政治思想状况。殊不知,共和修正主义也深刻改变了十九世纪美国思想史的研究格局。这一时期成长起来的许多主攻美国十九世纪思想史的学者,如克洛朋伯格、丹尼尔·罗杰斯,都坦承自身思想中有着波考克的印痕。罗斯的《起源》也在此列。然而,《起源》讲述的主要是美国内战后到大萧条时期(一八六五至一九二九)的史事,波考克的佛罗伦萨共和主义如何跨越时代,影响关于数百年后美国思想史的论述呢?这就要从波考克对美国人历史时间观念的讨论说起。

通常认为,共和修正学派可分为两支,贝林、伍德代表的"哈佛派"与波考克代表的"圣路易斯派"。两派对革命前的北美政治文化的理解十分接近,都强调十八世纪末,大西洋两岸存在古典共和话语的滥觞。美国革命时期的上层精英普遍使用共和主义的语言,他们声称,政治生活的核心是捍卫公民美德、防止权力滥用,因此,必须与腐败的英国议会君主制决裂,在新大陆重建真正的混合政体,除此之外,"美洲人没有其他良药可用"。在共和修正学派看来,这套政治语言是霍布斯式的,而不是洛克式的。它更接近于共和主义,而非强调个人追求自我利益、政府保护私有财产的个人自由主义。不过,"哈佛派"主张,随着共和制度的确立,美国的主流政治话语发生了天翻地覆的变化。伍德在一九九二年出版的《美国革命的激进主义》中提出,在美利坚共和国建立的过程中,精英们使用的古典共和话语遭遇了严重危机。随着革命的推进,更多的社会阶层加入到革命之中,美国人"几乎一夜之间"放弃了共和美德的话语,转而拥抱个人主义与自由主义。

与伍德不同，波考克并不认为美国革命带来了"古典政治学的终结"，革命之后的美国人也并非全面拥抱了自由主义。即便在革命终结与一七八七年立宪后，共和主义的幽灵始终在美国人心头萦绕不去。十九世纪美国政治生活的深层动力仍然来自上层精英对公民美德消逝的焦虑、对共和制度腐败的恐惧。美国政治精英将新国家的混合政体看作共和制度的道成肉身，他们感到，作为一个新大陆的新生国家，美利坚共和时刻面临着"向前"与"向后"的两种威胁：一方面，建立共和国意味着逃离旧世界，与欧洲大陆的封建和教权划清界限；另一方面，新生的美国是作为英国辉格党体制的反对者登上世界史舞台的——尽管此时的不列颠代表着十八世纪最先进的商业文明，但它绝非美国效仿的理想对象。英国辉格党的重商倾向是危险的，它过分强调政府服务于个人利益，很可能侵蚀公民美德，让共和政府屈服于商业与扩张的欲望。美国共和政府建立的特殊历史处境，导致美利坚共和制始终处于前进与后退的两难之中。"更新"与"复古"的双重冲动贯穿了十九世纪美国政治史，古典共和主义话语因而保存下来。不论美国政治体制的未来是否指向自由主义，共和的话语框架并没有随着共和国的降生而消失，相反，维护共和的强烈冲动一直延续到十九世纪末。在使用共和话语的上层精英看来，美国共和最大的敌人是流逝的时间本身，美国人始终要与共和制度内在的易腐性质抗争。

那么，怎样给古典共和话语加入"防腐剂"呢？美国人试图把共和主义与基督教千年王国的观念糅合起来，随着革命的成功，美国建立了完善的混合政体，可以将新共和国从古代共和国—帝国的治乱循环中解救出来。与此同时，新大陆又具备了独特的经济地理条件，可以抵御现代商业活动对公民美德的腐化：边疆不断向西推进，广袤的处女地为每个公民提供了经济独立的机会，独立的公民不会轻易被政治利益收买，也不会屈从于贪婪和投机的欲望。因此，只要保证丰沃的土地供应，个人自利与公共美德就可以融为一体，共和制的衰落就永远不会到来。在这一想象图景中，美国不仅跳出了古典的治乱循环，也可以自外于现代性的线性历史。可以说，生于新大陆的美国是"不古不今之国"。为了让共和不腐，美国人用空间来对抗时间，用波考克的话来说，美国的元史学"是空间运动，而不是言辞的运动"，它表述的是一种空间上的逃离和返回的话语。

美国例外论的内核，是共和制与时间的对抗，空间上的"例外"是其实现手段。在《起源》一书的作者罗斯看来，历史上各种版本的美国例外论的原型，都来自波考克笔下的这一"往复运动"，它是清教、共和主义与自由主义妥协调和的产物。美国的"例外"并不是固定的社会心态，而是一种思想和话语装置，它不断地通过各种话语变体将美利坚共和与腐化的宿命隔离开来，结果加强了美利坚民族特异性的观念，影响了美国人构想其社会结构和政治生活的方式，从而塑造了美国经验。换句话说，美国的"例外"是一项典型的"自证预言"。

例外论在十九世纪美国的发育，正是围绕共和制度能否在新大陆长存这一问题展开的。国父一代相信，混合政体能够制衡和约束权力，防止共和腐败，而新大陆的社会土壤也能培育出德行超然的"自然贵族"，维系共和国的公民美德。一八一二年战争后，建国第二代逐渐掌握政权，他们粗鲁、暴力、党同伐异的作风与国父一代形成了鲜明对比，美国人关于共和美德能否延续的怀疑达到顶点。在随后的"杰克逊民主"时期，美国人扩大了政治民主的范围，希望公众意志得以充分表达，从而限制美国政治腐化的倾向，修复例外论的理想。然而，共和话语与自由话语之间的张力并未消失。随着商业活动的繁荣，工商业与农业之间的意识形态冲突愈发严峻。在例外论的框架中，西部土地"安全阀"是调和商业与农业理想的关键，只有保证土地的自由供给、自由经营，公民美德方能建立在个人自利的基石之上。因此，在美国内战前的政治论争中，南部蓄奴制度成为例外论最突出的敌人。直到内战后，奴隶制这个巨大的"例外之例外"被消灭，共和话语与自由话语之间的紧张才得以平息。十九世纪的美国"历史学之父"乔治·班克罗夫特将这两种话语糅合为美国历史的条顿"种源"叙事，美国政治制度被描绘为日耳曼自由火种在新大陆的重新生发：盎格鲁-撒克逊人的先祖攻克了腐败的罗马帝国，他们将民主和自治的传统带到英格兰，几经流传，最终形成了美国政治的新英格兰正统。诞生于新大陆的美国，既是共和与自由之后裔，也是其完备和最终形态，历史车轮的前进不会再损耗美国共和政体一分。

结合这一思想谱系，我们才能理解罗斯为什么将她的著作定名为《美国社会科学的起源》（origins）而非《美国社会科学的兴起》（emergence）。作为一种学科建制，美国社会科学大体兴起于十九世纪晚期，是对工业化冲击的思想回应，这一点与欧洲社会科学的兴起过程类似。然而，美国社会科学兴起的背后还牵涉更长远的思想和政治传统。十九世纪末的美国人对工业化的忧虑，仍然与对共和制度的焦虑牵扯在一起。美国人对工业化和现代性的态度是矛盾的，一方面，他们担心工商业过度膨胀，会催生经济依附、腐蚀共和美德；另一方面，他们又寄希望于美国的"例外性"能够驯服工商资本主义，让劳动财产权成为培育公民美德的手段，转而巩固共和制度。在波考克看来，美国人的政治理想是让美国停留在从共和主义迈向自由主义的某个中点。例外论就是这个让时间静止的"秘术"，在古典共和框架中注定要腐化败落的共和国，通过这一美国独有的思想装置得以"续命"。因此，十九世纪末的美国知识分子将工业化带来的危机视为一种外来冲击，它是"欧洲化"对美国例外论的挑战，应对危机意味着继续修正或彻底放弃例外论框架。

《起源》一书将美国社会科学的兴起划分为三个阶段。从一八六五年内战结束到一八九六年大选是第一阶段，是例外论的危机全面浮现的时期。工业化的进展让美国人深刻感受到历史变迁的压力。第一代社会科学家意识到，欧洲式的阶级冲突正在冲击美国社会秩序，但他们仍然试图维护美利坚共和稳固不变的观念，希望通过新兴的实证主义科学来拯救例外论。一八七九年，经济学家亨利·卡特·亚当斯在给他父亲的信中写道："希腊民主和罗马共和国的历史都说明这些曾经繁荣的国家由于在贫富之间不平等的物品分配都走向毁灭……只有一条道路，这条道路指示了两个方向：继续前进或后退。"尽管共和话语仍然流行，但知识精英已经开始意识到，美国例外论不能永远与静止的时间绑定，而是必须与历史变迁的新观念结合。

美国社会科学发展的第二阶段大致从一八九六年延续到"一战"爆发前，与美国史分期中的进步主义时期重合。在进步主义影响下，美国历史意识的主流逐渐转变为自由派历史主义：历史是世俗性的，驱动历史前进的不是神意和自然法，而是市场、多元化、民主与科学。美国人逐渐接受了美国并非千年王国，美国经验也无法自外于西方的普遍历史。要克服历史的不确定性对美国共和制的侵蚀，不能因循例外论的保守逻辑，只能通过实证社会科学的介入，将混沌的历史变迁转化为稳定可控的进步。在美国，自由派历史主义也抵制了带有福音派色彩的社会主义话语。尽管历史进程存在多种逻辑可能性，进步主义者仍然认为，工业化带来的阶级冲突只是历史发展的中间阶段，例外论的理想仍然可能在可期的未来实现。

第三个阶段是自由派历史主义衰落、科学主义全面兴起的时期，它奠定了现代美国社会科学的基本品格。随着工业化的迅猛推进，美国人的生活经验随之巨变，新的交通方式、政府管理形态和经营方式改变了人们的活动半径和交往频度，带来了空间和时间被压缩的感觉。生活在二十世纪初的美国人感觉到，过去已经是遥不可及的事物，而变迁则在身边无孔不入。由于人类社会处在加速度的变迁中,历史并不比现代经验更具权威性。用历史学家詹姆斯·哈威·鲁滨逊的话说,通过古代历史来推测人类进步的法则,就如同"通过观察一个四十岁成年人一周的生活来确定他是否在发展"。在这种心态的影响下,现代主义的时间意识取代了历史主义。杜威的实用主义是现代主义历史意识的代表,他强调历史总是处于永续不断的转变之中,人类的经验只能是"隐含在现在中的将来"。在社会科学中,"进程"(process)的观念逐渐取代了"进步"(progress)。新一代的社会科学学者更为强调历史发展与自然过程的相似性。历史主义中线性的时间观念消融了,历史成为一种"无时间性的存在",因而也更容易成为人类理性控制的对象。

如果与同期欧洲社会科学的发展对比,我们不难发现:相比于历史主义对欧洲的深刻影响,十九世纪美国知识界接受历史主义的速度较为迟缓,影响也相对短暂,而进入二十世纪后,美国对现代主义的反应却格外迅捷。这一接受史并非偶然,而是例外论持续作用的结果。例外论之所以强调美国"独特"的空间特性,是为了构筑一种静止的、可控的历史意识,以对抗美国人对共和腐化的焦虑。因此,十九世纪从欧洲传入的历史主义遭受了例外论的激烈抵制,甚至有人认为,历史主义是激进派颠覆美国共和制度的阴谋。十九世纪末的进步主义者试图将历史主义与例外论调和起来,把美国历史融入自由主义"进步"的西方普遍历史。而二十世纪初涌现的现代主义历史意识,则与这一经过修正的自由主义例外论格外合拍,现代主义迅速成为美国社会科学的主流意识形态。用罗斯的话说,"现代主义打断了历史主义在美国造成的短暂幕间休息"。与欧洲相比,例外论干扰了历史主义在美国的接受史,也造就了美国现代社会科学的种种典型特征,如科学主义、反历史主义、统计学崇拜、技术控制观等等。这不是源于美国人对科学主义的特殊偏好,而是这一曲折的思想接受史造成的。

因此，罗斯本书的写作意图，实际上是继承了波考克对共识史学的批评，反驳"认祖归宗"式的社会科学史。在共识史学中，社会科学史不过是政治史"条顿种源"的映射，实证社会科学在美国的兴盛常常被描述为盎格鲁－撒克逊人的逐利与自由倾向在新大陆的生发。实际上，将现代美国社会科学中的科学主义、实证主义倾向看作英美"民族性"的延续，恰恰落入了共识派的窠臼。美国思想传统不是天生的，而是由美国人的行动框架、话语传统和历史语境塑造的，例外论是一种美国人惯用的思想装置，而非固定的思想内核。

《起源》不仅勾勒了美国社会科学源起的思想谱系，还从知识社会学角度分析了社会科学家们的行动框架。例如，美国社会科学对"客观中立性"的格外强调，与其说是源于某种"民族性"，倒不如说是受到早期社会科学家的出身影响。从镀金时代到进步主义时代，美国社会科学家的出身阶层逐渐从新英格兰的士绅（genteels）转变为专家（professionals）。他们既非英国式的上流社会精英，也不像德国教授那样是政府雇员，而是普遍出身于中产阶级。奠定美国社会科学基石的第一代社会科学家，大多属于内战后东北部的新兴士绅阶层，他们不是经济金字塔中顶尖的阶层，却与东北部的"老钱"贵族保持着良好的关系。他们疏离宗教正统，政治上属于共和党自由派，支持文官改革和行政专业化。新士绅利用自身的知识权威、专业技能和社会声望，成为沟通传统土地－金融资本与新兴工商资本家的纽带。他们大多接受过精英教育，有良好的道德修养，视自己为共和传统中的"天然贵族"，但其学术主张却往往带有保守主义倾向。

第一代社会科学家也是早期的大学改革者，他们推动美国大学制度向世俗化方向转变，通过建立大学科系和专业学会体系，划定了美国社会科学基本的学科分野。此后，世纪之交的第二代和"一战"前后的第三代社会科学专家,所属的社会阶层更是明显下移,出身的地域、族裔、性别也更为多样化。在他们活跃的时代,大学和学会制度逐渐走向成熟。专业主义的兴起提升了社会科学专家在大学体系中的地位,也限制了行动派的政治参与——为了维护他们作为学院"专家"的职业声望,社会科学家不得不收敛其政治主张。美国社会科学的"专业化"是与学院知识分子的中产身份相适应的,美国社会科学家十分清楚他们与英国同行的阶层差别:牛津政治学系的老同学也许过些年就会在上议院重逢,但直到新政以前,美国社会科学家都没有进入政治决策的核心层,他们是"专家"而非治国者。

近来学界有种论调,站在"施特劳斯学派"立场上,将波考克视为"历史相对主义"的渊薮,甚至要让剑桥学派为当代的"政治激进主义"负责。这一类品鉴"学人心性"的作品对历史学家意义不大。美国历史学家重视波考克对共和主义传统的追索,主要是希望通过共和主义谱系来重新解释美国史中的众多悬念——为什么历史主义在美国姗姗来迟?如何看待桑巴特"为什么美国没有社会主义"的提问?美国"二次立宪"(内战重建)甚至"三次立宪"(新政)的理论是否必要?共和修正主义不是一种自限的史学,它对历史研究各个实证领域辐射甚广,其深远影响并不需要通过与施特劳斯学派的论战来体现。本文已经阐明了共和修正主义与社会科学史之间的关联,七十年代的共和修正主义潮流同样催生了新左派史学和劳工社会史中的"劳工共和主义"、南部史中的"南部共和主义"、妇女史中的"共和母亲"等分析概念,它们回应的同样是各自领域的实证问题。对历史学家而言,美国的"共和主义"是一个分析工具,而不是政治论战的标的。如果非要强行将手段变成目标,未免夸大了政治思想研究在史学流变中的地位,又错失了波考克的精华。

(《美国社会科学的起源》,[美]多萝西·罗斯著,王楠、刘阳、吴莹译,生活·读书·新知三联书店二〇一八年版)

多义性与单行道

马嘉鸿

一

在《单行道》扉页上，有一段致敬题词："这条街叫阿丝雅·拉西斯，以她的名字命名，她作为工程师，在作者心中打通了这条街。"但是，在由阿多诺整理的一九五五年版《本雅明文集》中，这句致敬却被删去了，二人合作的文章《那不勒斯》，拉西斯也被抹去了署名。本雅明的好友格哈德·肖勒姆在《莫斯科日记》序言里也倾向于低估拉西斯对本雅明的影响："这本日记恰恰未能让我们见识并理解本雅明所爱的这位女子才智的一面。"

本雅明的这句致辞该如何理解？后世学界对待这位"拉脱维亚女布尔什维克"是否公平？她对本雅明思想的左翼转向曾发挥过怎样的影响？对这一系列问题的回答，不得不追溯本雅明在这场相遇前后，究竟经历了什么。

本雅明和拉西斯初次见面是在一九二四年的意大利卡普里岛，这一年夏天，本雅明正在写一篇申请教授职位的论文。本雅明在德国学界本就没有可资利用的师承关系，况且，当时的犹太人普遍很难谋求体制内的教职，唯一的指望就是时任法兰克福大学哲学系主任的舒尔茨教授。舒尔茨建议他写一篇关于"巴洛克悲剧形式"的论文,最好一年内完稿,因为在此期间舒尔茨仍然在任,具有一定话事权。于是,为了能远离家庭琐事,本雅明决定离开柏林,带着六百个摘抄的引注,一个人前往意大利南部小城那不勒斯,开启压力下的写作。

在风景秀丽的卡普里岛,本雅明成为咖啡厅的常客。写作之余,他注意到一位年轻有魅力的女士,他走上前问道:"尊贵的女士,需要我的帮忙吗?"拉西斯后来在她的回忆录中如是写下对本雅明的第一印象:"浓密的深色头发,戴眼镜,眼镜镜片就像小探照灯一样投射出光芒",她认得这种类型的人:"一个典型的资产阶级知识分子,或许是很有钱的那种。"(Asja Lacis, *Revolutionär im Beruf*, S. 42)除去经济情况,她的猜测还是挺准的,毕竟此时的本雅明还需倚仗父亲的资助。很快,两个人开始在陌生的城市里周游、交谈,陷入爱河的本雅明忍不住在信中向他最好的朋友肖勒姆分享这个消息:"这位来自里加的俄国革命家,是一位出色的共产主义者,自从杜马革命之后,她就在党内工作","是我认识的最为出色的女士之一"。

阿丝雅·拉西斯是一位纺织工匠的女儿,但贫寒的出身并没耽误她接受良好的教育,思想进步的父亲将她送到了当时在圣彼得堡唯一对女性开放的大学。拉西斯学习戏剧并发展出一套儿童戏剧心理学理论,她阅读广泛、聪敏健谈,通晓俄文、德文和法文,因而她所到之处,无论是在柏林、巴黎还是莫斯科,都能收获同时代顶尖的知识分子朋友圈。拉西斯还在布莱希特执导《爱德华二世》时担任其助手,也正缘于她的牵线,本雅明才得以和布莱希特相识。

此时的拉西斯三十二岁,比本雅明年长一岁。她来卡普里岛是为了治疗三岁女儿的病,一同前来的还有拉西斯的男友——德国戏剧导演伯恩哈德·莱西,只不过他先行返回了。此时的本雅明在经历了多年与朵拉疲惫的婚姻和长期对尤拉·科恩没有回应的单恋后,这一次，终于遇到了在思想上棋逢对手、在身体上双向奔赴的爱情。

然而，拉西斯和本雅明是如此的不同，在政治立场、思想资源、信仰与行动的关系等诸多面向上，她都站在本雅明的对立面。拉西斯绝不会理解，在欧洲遍布革命浪潮之时，为什么有人会钻进故纸堆研究十七世纪巴洛克戏剧。而对本雅明来说，革命的激励与短暂的荷尔蒙仿佛一场"进步的风暴"，席卷了他原有的精神秩序。

作为两人爱情的见证，城市印象文《那不勒斯》如实地记录了这场风暴。在二人对那不勒斯城市进行静物扫描的字里行间，可以时而平行、时而交叉地捕捉到两种截然不同的眼光，他们用各自的理念，将同样的事物聚合成不同的意涵，这在对那不勒斯建筑的描绘中体现得尤为突出："建筑被用作大众化的舞台，它们全被分裂为数不清的、同时活动着的剧场，阳台、庭院、窗户、门廊、楼梯、屋顶，都既是舞台又是包厢。"在这种场景中，每个人都既是表演者又是观赏者，每一个人在看的同时也在被看。建筑体包含了多个平行空间和世界，随时对即兴事件保持敞开状态，在这里，没有任何一个角落可以掌握全息景观，而每一个角落又都分参建构着整体的和谐。拉西斯仿佛从中看到了去中心的、无政府式的大型共产主义实验剧场；而本雅明则从连绵不绝的碎片中看到弥赛亚的永恒和超越。

在这篇散文中，出现频次最多的一个词就是"多孔"（porous）。在多孔视域下，每一个细微的事物都包含诸多彼此平行的阐释空间，就像某个建筑单元既可以是庭院的构件，也可以是楼梯的组成部分，庭院与楼梯不是相互否定的关系，而是以不可化约的方式，共同保存了事物的全部具体与可能。这种表达似乎是对传统存在论和认识论的一次突围，文章未曾使用"定义"的动作，并不试图将事物特性固定为普遍概念，因为任何界定都很难不是片面的。这甚至不是价值悬置，而是主体悬置，即让事物以一种无法穷尽的方式自我展开，从而尽可能丰富地、无偏差地呈现事物的多义性，并同时兼具启示和隐秘的功能，完成对事物的"拯救"。

在那不勒斯，相爱的两个人既渴望用对方的眼睛看世界，更渴望将对方的视角纳入自己的视野。拉西斯对革命共产主义的献身与本雅明犹太教的底色共同指向对物化世界的超越和对人性的救赎。究竟，拉西斯的道路是否能走通？这条路更优越于本雅明的路吗？在经过那不勒斯的交汇后，这两条迥异的思想轨迹会渐行渐远，还是发生更深的纠缠？又或许，就如同"庭院"和"楼梯"一样，并行不悖而又交相辉映？

二

一九二四年十一月，本雅明回到了妻子朵拉身边，继续书写因为那不勒斯罗曼史而耽搁的论文，这篇论文一直拖延到一九二五年春天才提交，而舒尔茨只读了论文的前言就宣布自己不再为本雅明负责。为了避免本雅明在求职记录上有曾被拒绝的痕迹，法兰克福大学建议他撤回教授资格的申请。这篇后来被阿多诺称为本雅明在"理论上论述最充分的著作"——《德意志悲苦剧的起源》就这样受挫了。

改宗的资产阶级家庭出身的犹太知识分子本就渴望融入主流社会和证明自己，更何况本雅明需要以学术成功换取父亲的经济支持。同时代的捷尔吉·卢卡奇情况类似，但他在一九二三年就因出版《历史与阶级意识》而年少成名。这本书批判了资本主义制度对人的异化，指出光明的前途在莫斯科，此书后来受到布洛赫、阿多诺、克拉考尔、本雅明等一众犹太知识分子的追捧。反观自己，学术生涯才刚刚起步就遭遇打击，体制内教职的这扇大门似乎永久地合上了，本雅明就这样成为一名自由知识分子，接下来的路该如何走呢？

本雅明此时处于一个岔路口，他的挚友肖勒姆一直试图吸引本雅明共同从事犹太复国主义的事业,他一九二三年就移民到巴勒斯坦。本雅明如果要走这条路,唯一的条件就是学会希伯来语。在肖勒姆两年前离开德国时,本雅明就曾根据当时的社会现实写了一篇送别文章《德国没落的描写分析》并题词"祝移民幸福",这篇文章后来稍加修改以《对德国通货膨胀的巡视》为题收录到《单行道》中。肖勒姆回忆道,他很难理解写下这篇文章的人会继续留在德国。这是因为那时的本雅明还对自己的学术职业生涯保有相当的信心。与此同时,布尔什维克拉西斯则昭示着另一种可能,是去巴勒斯坦还是莫斯科?在这个负责任的决定之前,本雅明必须要让自己以漫游者的状态尽可能多地收集经验。

与拉西斯的第二次相遇发生在里加,然而,这次见面更像是本雅明的一厢情愿。拉西斯在她的回忆录中写道:"我去排练演出,满脑门子的事情,瓦尔特·本雅明突然出现在我面前。他喜欢给人惊喜,但我并不喜欢他制造的这一场。他来自另一个星球——我没有时间陪他,他有很多时间去熟悉里加。"(Asja Lacis, *Revolutionär im Beruf*, S. 56-57)他在里加漫无目的地闲逛了四周,并将这种孤单的守候记录下来,后来也被收录到《单行道》中:

> 为了看望一位女友,我来到里加。她的房屋、她的城市和她的语言,我都不熟悉。没有人等我,没有人认识我。我在大街上孤零零地走了两个钟头。就这样我再也没有看见她。……她很可能从一个大门里走出来,拐过墙角,也可能恰好坐在电车里。但在我们两个之中,无论如何,我必须成为第一个看见另一个的人。因为,假如她将目光的导火索先埋到我身上——那我可能不得不像一座火药库那样飞上天空。

申请教职被拒后的两年里,本雅明一直断断续续着这种速写。按照本雅明最初的构想,《单行道》就是这样一本写给朋友们的小册子:"我想用几个章节收录我的一些格言、讽喻和梦境,每个章节都会以我一位亲近的朋友的名字作为唯一标题。"《单行道》箴言式的写作似乎体现了本雅明在谋求大学教授席位失败后对自己的重新定位，用他自己的话说是"单子式"的，这既是对传统体系性哲学的反叛，也带有鲜明的《那不勒斯》遗风。他不再仅仅停留在抽象的理念世界，也不再借助诠释经典艺术作品的方式，而是以物质对象作为哲学分析的出发点，发展自己全新的表达，这一切不能不说是拜拉西斯这位唯物主义者所赐。但是，本雅明的唯物主义并非马克思或者列宁的辩证唯物主义。他的目的不在于揭示客观世界的矛盾，或是主体对客体的克服；相反，他力图呈现万事万物在存在论上的模糊，因为矛盾本身也是一种主观建构的结果。

与《那不勒斯》相像的是，《单行道》里几乎每一个意象都是多义的，都类似于既是"庭院"又是"楼梯"的存在。当思维从它被规训的概念、逻辑中解放出来，它捕捉到事物之间新的关联。本雅明从梦与神话中借用了重新看待周遭一切事物的眼镜，但这副眼镜并非为了看清，它的意义恰在于将物体之间的边界、梦与现实之间的边界统统模糊，这既使思维摆脱沉疴概念的异化，也同时使那些有待概念化的经验得以被领会、通达。

就连"单行道"的书名也是这样多义的意象：从正面看，它如一切同时代的事物一样，有一个进步的方向；从反面看，它没有掉头的可能和其他的出路。近代以来，当金钱越来越成为一切事物的中心，拜物教统治了人的心智，威胁着传统与直觉，精神在物质铁律面前被碾成齑粉。物质主义的、不好奇的、自私迂腐的资产阶级价值和道德使历史行进于单行道上，不断走向对人类自由的限制。在资产阶级的进步史观下，本雅明力图对濒死的事物进行挽救，虽然这恐怕注定是一场无谓的抵抗和有去无回的历险。此外，本雅明对拉西斯的爱恋，也未尝不是一条"单行道"——只管此刻的出发，孤勇如一支射出的箭，向无限的未知一往无前。

三

承接未知的下一站发生在一九二六年十二月的莫斯科。自这年四月起，本雅明开始患上抑郁症，与此同时他还在翻译《追忆似水年华》，但翻译"虚弱与天才相伴相生"的普鲁斯特毋宁是某种慢性自杀。罗沃尔特出版社迟迟没有出版《亲和力》和《德意志悲苦剧的起源》，在体制外成名的机会仍然遥遥无期，更重要的是本雅明失去了父亲。在这种状况下，加入德国共产党，去莫斯科与拉西斯建立更亲密的关系，为自己的人生开辟另一片战场，能否成为摆脱当前困境的出路呢？为此，本雅明做了一定的准备，在卢卡奇的《历史与阶级意识》的持续影响下，他继续读了《资本论》第一卷关于商品特征的一章，还读了有关现实政治的共产主义分析，比如托洛茨基的《英国往何处去？》。此外，他还接受了马丁·布伯撰写莫斯科城市印象的约稿，为这次旅行提前预支了稿费。

然而，希望越大，失望越大。坏消息是他的挚爱拉西斯此时正在经历严重的精神崩溃，不得不在疗养院休养，更坏的消息是拉西斯的男友莱西一直在陪伴她。本雅明到达莫斯科后，不得不面临三人行的局面，本雅明根本没有和她单独相处的机会。更让人失望的还有拉西斯喜怒无常的情绪和令人无所适从的行为方式，很快，本雅明就在日记中写道，他感到"和阿丝雅分开生活的这个想法不再像以前那样难以忍受了"。

爱情的未来似乎变得愈来愈暗淡，同样地，理想政治的未来也在逐渐失去光彩。在莱西的带领下，本雅明接触了苏维埃俄国的知识分子。他听闻自列宁去世以来，党在文化事务方面的紧张氛围，感到"人们对严格进行政治立场的区分极端重视"，等等。

本雅明发觉，政治立场对于他的工作而言过于狭窄,即便这种"狭窄"能够给他提供必要的"支架"，为生活填充各种事件，以摆脱生命不能承受之轻。但一番思想挣扎后，保持独立的意志还是占了上风。在莫斯科的日子里，他一直在游荡、观望，却始终不能在行动的意义上向前一步，因而也注定无法受到任何庇护，只能孤零零地暴露在生命的偶然和各种彼此冲突的极端思潮影响之下。在这次莫斯科文化苦旅的尾声，本雅明暗自许诺，如果有机会能争取到和拉西斯一起生活的话，可能会成为他最先要做的、最重要的事，但他知道这件事不可能发生在俄国。

事实上，在一九二九至一九三〇年的柏林，本雅明确实有过这样一次机会，当时拉西斯受官方派遣负责建立苏联与德国左翼作家之间的联系。本雅明用肖勒姆帮他争取来的学希伯来语的奖学金，为拉西斯租了一栋大房子，却对学习希伯来语三心二意。这不仅是为了拉西斯，更缘于此时的本雅明已在德国文化界崭露头角。这段时间，他的几本著作相继出版，就连赫尔曼·黑塞这样的大人物都会告诉出版社，读完《单行道》不由得心生激动。学术体制外的新路正徐徐拉开帷幕，本雅明为自己树立的新抱负是成为德国一流的文学批评家，虽然，文学批评在德国五十多年来从未被看作严肃的文体，但至少这足以保证他的独立性并容许他在思想上对各种可能性保持敞开。

当拉西斯完成公务要被遣返时，只有婚姻可使她继续留在柏林，本雅明就果真戏剧性地与朵拉离婚了，但他和拉西斯的关系却并没有从此幸福起来，相反，他们只要在一起就充满争吵。更不幸的是，拉西斯得了急性脑炎，不得不被送往法兰克福急救；而本雅明因为离婚官司在经济上心力交瘁，饱受折磨。当本雅明在一九二〇的跨年夜独自一人躺在巴黎的宾馆时，他再也没有固定的居所收藏他的图书，再也见不到阿丝雅·拉西斯，也再没钱学习希伯来语了。

随着纳粹上台，本雅明的出版越来越受限。一九四〇年，在纳粹的驱逐下，他逃亡到西班牙的边境自杀，而拉西斯也在一九三八年三月被押送到卡拉干达集中营，她的男友莱西则在一九四三年也被关了进去，二人直到一九五一年才重见天日。之后，拉西斯才从布莱希特口中得知本雅明的死讯。

当各色的主义和意识形态铸就的"单行道"各行其是，宣称自己是真理的代言时，"本雅明充满激情地，同时也是充满反讽地把自己放置在交叉路口。对他来说，对许多位置保持开放十分重要：神学的、超现实主义美学的、共产主义的，等等。这些位置互相矫正，所以，所有这些位置他都需要"（Susan Sontag, "Introduction", in Walter Benjamin, *One-Way Street and Other Writings*, p.27）。恰恰是出于对"单行道"的密闭恐惧，本雅明踌躇、犹疑，也因此始终无法将自己的人生安放于任何一元化的信仰、观念系统、政治组织或情感关系之中，甚至他的生命最终也委顿于此。

（《单行道》，[德] 瓦尔特·本雅明著，李士勋译，当代世界出版社即出）

读书短札

《陈敏"七弟顽冗"考》再补

张韶华

罗新先生《陈敏"七弟顽冗"考》（《中国史研究》一九九八年第二期）认为，《晋书》本传所载陈敏"七第顽冗"之"七第"，并不是唐长孺、周一良二先生所理解的乡品，当以《资治通鉴》所记"七弟顽冗"为是，即陈敏有弟七人。罗先生考证出了其中五人，分别是陈昶、陈恢、陈斌、陈阂（宏）、陈处。徐光明先生撰《〈陈敏"七弟顽冗"考〉补》（《读书》二〇二二年第三期），据《元和郡县图志》的一条材料，补证了陈敏的又一弟陈谐。至此，陈敏七弟，仅剩一人未知。

其实，此人亦载于《晋书》。《晋书·虞潭传》（中华书局一九七四年版，第二〇一三页）说："陈敏反，（虞）潭东下讨敏弟（陈）赞于江州……又与诸军共平陈恢。"可知，陈敏造反时，乃弟陈赞在江州，遭到虞潭讨伐。刘乃和先生主编《晋书辞典》（山东教育出版社二〇〇一年版，第六一〇页）有"陈赞"条，称其为陈敏之弟。陈赞连同罗先生所揭示的五人以及徐先生增补的一人，恰成七人之数。此足证罗先生关于陈敏有弟七人的判断不谬。

陈占敏

诉诸良知的对话
——读舒晋瑜《深度对话鲁奖作家》

由《说吧，从头说起》《以笔为旗——与军旅作家对话》到《深度对话茅奖作家》，再到这部《深度对话鲁奖作家》，似这样矢志"将文学访谈进行到底"，舒晋瑜大概是唯一的。需要对当代文学怀有怎样的热情和执着，才能如此追踪着当下文学演进的脚步，久久不舍呢？不只是追踪，还有回溯乃至钩沉，某种意义的抢救，某种程度的揭秘。舒晋瑜的热情与执着可贵而又可敬。她的文学访谈，有时候简直可以作为当代文学的索引，按图索骥。这并非夸大之词，须知，这四部汇聚出版的访谈集，尚未囊括舒晋瑜所做文学访谈的全部。

现在活跃于文坛的中青年作家，很难想象新时期文学之初的情景了。舒晋瑜常常"从头说起"，让我们重回筚路蓝缕以启山林的新时期文学初叶。对话史铁生、陈世旭、韩少功，她很自然地提到了《我的遥远的清平湾》《小镇上的将军》《西望茅草地》。且不说获得初期全国优秀短篇小说奖的殊荣吧，单单它们甫一发表那种争相传阅的情景，四十余年过后，回想起来，还会令文学的过来人怦然心动。《我的遥远的清平湾》，苦难中的温情，《小镇上的将军》，抬过小镇人街的将军灵柩，《西望茅草地》的苍凉，即使再过去四十年，也不会淡忘。当下流行的中短篇，很少有那种激荡灵魂的力量了。舒晋瑜的"从头说起"，跟作者本人的"重提当年勇"截然不同。舒晋瑜关注的是"他者"，她做的是文学史家的工作，在舒晋瑜的文学访谈中，总是贯穿着史的意识。

正是由于舒晋瑜触到关键处的发问,让史铁生做出了超越"清平湾"的回答:"那时候还有一种比较虚弱的乐观主义。我并不认为悲观是一个贬义词,在比较深层的意义上。但如果以自己的悲哀为坐标的悲观主义是不好的,以自己的某种温馨为出发点的乐观主义也是虚假的、浅薄的。真正的乐观和悲观都是在一个更深的层面,它是人的处境的根本状态……"这是史铁生每周都要去做几次透析距生命的终点不远的回答了,差不多是"清平湾"的绝响;舒晋瑜访谈的"抢救"意义在此。舒晋瑜在史铁生访谈的"采访手记"中写道:"他对于写作的宁静和执着,对于生命的冷静和超脱,对于亲情的感悟和回忆,对于每一个关心他的人的友善和热情——这一切都让人觉得亲切而意味深长。"这样的手记,让人读出的不仅是对史铁生的理解,也有舒晋瑜深深的悲悯。

像舒晋瑜一样,对于陈世旭,我们也会有这样的感觉:"他所秉持的理念,与我们印象中的名家大相径庭。"不仅如此,而且,我们也很难想到,以《小镇上的将军》《惊涛》《马车》分获一九七九年、一九八四年和一九八七至一九八八年全国优秀短篇小说奖的作者,陈世旭"快写一辈子短篇了,退稿依旧是常事"。陈世旭似乎没有享受到名家稿子被争抢的宠遇,只有当事人和同此遭际的作家才能体会到其中的悖理与常情。这大概又关系到"文运"了吧。有的人就是文运亨通,一起步就顺畅,畅通始终;有的人就是文运坎坷,即便著作等身,也依然厄运相伴;这与作品质量并不等同。不过,陈世旭引契诃夫"大狗叫,小狗也叫"的话,称自己为后者,倒是很达观的,可为文运蹇厄者之鉴。倘若看看杜甫的文运,那更可释然了。

韩少功以小说家名世,最初的盛誉亦来自小说,他获得鲁迅奖的却是散文集《山南水北》。这本没有什么奇怪,有好多小说家的散文倒比专事散文的作者写得好。韩少功《马桥词典》之后的写作，往往有一种打通文体的倾向。他的《暗示》是作为长篇小说出版的，但其文体形式却与传统的长篇小说不同。正如舒晋瑜所言："从语言的切口进入谈论韩少功，大概是必要的途径之一。"韩少功的后期作品总能让人感觉到语言坚硬的理性因素，这也是他那么多理论文章产生的重要基础。舒晋瑜问他《山南水北》这部作品对他来说是不是有挑战，这一发问便引出了韩少功那可作有志成为杰出作家的同道圭臬的话："一个作家最为可怕的挑战其实来自自己，来自心中所设定的标高，来自对自己麻木、怠惰、势利、浮躁、浅薄的克服。"读到对第四届鲁奖评委张守仁的访谈，得知韩少功并未将《山南水北》报奖，张守仁看到报评的一百八十四部作品中没有韩少功的《山南水北》，立即提请组委会通知韩少功报送作品。《山南水北》就此以唯一一部全票通过的作品获奖，评为第一名。张守仁认为，评了《山南水北》第一名，"这一届鲁迅散文奖就有了权威性和顶梁柱"，韩少功也算遇上了知音。

舒晋瑜对邵燕祥的访谈，不仅具有"抢救"意味，也有"钩沉"意义，其回溯更为久远。"文革"后期，在一所师范学校里，老师捧着笔记本，给我们一班工农兵学员朗读他年轻时抄写的邵燕祥五十年代初期的诗作，其情景亦历历在目。邵燕祥是以随笔集《邵燕祥随笔》获得第一届鲁迅文学奖的。舒晋瑜由邵燕祥的第一本诗集《歌唱北京城》入于，连连发问，问诗人怎样评价那个时期诗作的价值，这便引出了邵燕祥对新诗界的总体评说："现在不怕你追求诗，就怕你把不是诗的东西当成诗来追求，而且诗人也要独立思考，不要随大流，不要赶风。"不知道诗的追求者读到老诗人的这种说法会引起怎样的思考。会幡然醒悟吗？会停止那种对于不是诗的东西的追求从而把大量分行排列的散文逐出诗歌界吗？那当是舒晋瑜与邵燕祥共同期待的。

读舒晋瑜的文学访谈，常常忍不住感叹舒晋瑜读书的广博，她需要怎样夜以继日地阅读，才能将一部书写中的当代文学史纳入心中，指点源头和流向，提出她的问题。还有，她的一篇篇"采访手记"，好似为受访者画像，她所画出的音容语貌，关涉文，也关乎人。在对何向阳的"采访手记"中，舒晋瑜写道："在人声鼎沸的嘈杂中，何向阳安静、温婉、谦和，和她细致入微的文学笔调紧密地糅合，留下一个严谨扎实、温文尔雅的学者印象。"这手记，绘写的是何向阳，也仿佛是舒晋瑜的自况；舒晋瑜给人的印象，不也是这样吗？还有，何向阳主张："作家和艺术家之间，和哲学家之间，和思想家之间，精神领域的创造者必须有这样的场域，就像《流动的盛宴》，进行精神的互惠，共同创造文学的高峰。"何向阳倡扬的这种精神领域创造者之间的交流互惠，也像是舒晋瑜与作家、诗人、评论家的相识、相知与相通。做过舒晋瑜采访对象的，大概都会有这种得遇知音之感。

在对吴义勤的"采访手记"中，舒晋瑜为吴义勤"画像"用的也是温婉笔调："作为著名的评论家，他拥有很多知心的作家朋友，因为他既有对文本出色的感悟和阐释能力，又有对作家劳动的基本尊重与充分理解；即使外行也能与他的作品一见如故，大约是因为他的文章既有学理的逻辑，又有深入浅出的表达；既有善意的体贴，又不乏深刻的见识。"读着这样的描摹，熟悉吴义勤的作家，能发出会心的微笑；吴义勤对作家劳动的基本尊重，却不是所有批评家都有的。吴义勤强调："批评的力量不是说你的情绪或姿态有多强悍，嗓门有多大，调门有多高，关键是看你有没有说服力，有没有本领让读的人服气。"吴义勤进而苦口婆心地主张，也好像是劝诫："如果批评一个作家的局限，我们能换一种方式，不是咬牙切齿、义愤填膺、愤世嫉俗，而是和风细雨、娓娓道来，令人信服地指出问题，这样的批评也许反而会有力量。说到底，学会说理，学会进行说理的批评是至关重要的,越是尖锐否定性的批评,越需要解决'怎么说理'的问题,要说服别人,首先要说服自己。"舒晋瑜就此发问:"您的文章总是比较体贴作家,这是否与您比较温和的性格有关?"吴义勤则诚恳谦和地回答:"这也许就是我性格的局限,面对文学我总是'心很软'。我总是愿意去发现和寻找一部作品打动我、感染我的地方。我想,一部作品有我需要的哪怕一点东西就足够了,我们读一部作品肯定是想从精神上得到正面的美好的享受的,肯定不是为了去寻找不痛快,不是为了受罪。所以,我看作品确实不是着眼于缺点和不足。"吴义勤的"心很软",不仅体现在他的批评文章中,也表现在他的日常工作与待人的作风中。正如舒晋瑜"采访手记"中所言:"常见主席台就座的吴义勤,不苟言语,睿智的目光在镜片后藏起笑意;然到了台下,他乐呵呵一脸童真,谈笑风生,未及接触先让人觉出三分亲切。"

必定是同气相投使然,吴义勤对孟繁华学术风格的总结为"有思想、有骨气、有胸怀",吴义勤认为:"孟繁华的成功在于,他的文化批评和文化研究根植于他的人格、他的个性、他的人文情怀、他的理想主义激情,而不仅仅源于一种批评方法的应用。"当舒晋瑜问孟繁华"你认为优秀的批评家具备怎样的潜质"时,孟繁华提出了"合宜的批评"这一概念,差不多与吴义勤"心很软"的批评在某一点上有些相接了。说到家,批评家不是法官,不是裁判,好的批评家应该是作家的朋友,而绝不是敌人。"心很软"的批评,"合宜的批评",首先建立在对作家的劳动设身处地的体恤与理解上。当然,这也不意味着廉价的捧场、起哄式的鼓吹。好的批评家,首先应该是好的读者,最最切紧的是坐下来认真地读作品,从作品出发,道出独见,而不是跟着一阵风追跑。孟繁华提出"合宜的批评",当然也建立在批评家好好读书的基础上。他说:"热爱文学、从事批评就要说真话,这一点在今天尤其难做到。合宜的批评最难能可贵。

合宜就是不偏不倚不高不低。但我们今天看到的情况恰恰是就高不就低，尽量往大了说，往高了说，这是批评普遍的风气。能在这种风气中坚持合宜的，就是好批评家。我也难以做到。"孟繁华说得中肯而又恳切。

平心而论，作家希望批评家能够体恤作家的劳动和苦心，同时，作家也应该体谅批评家的难处。批评家要面对作品，有时候还要面对朋友的作品说真话，做出"合宜的批评"，多么困难！不过，文学要健康发展，如同一驾前驱的马车，创作与批评这两个轮子都不可或缺。俄罗斯文学黄金时期创造的辉煌成就，谁能否认"别车杜"的意义呢？批评家的立场——政治立场、人生立场、美学立场，这些重要立场坚定正确，不为时势不为情势所动摇，才会成就一个优秀批评家，"合宜的批评"方可期待。

李敬泽是以鲁迅文学奖获得者与评委、组织者双重身份接受舒晋瑜采访的。舒晋瑜对李敬泽的"采访手记"，一改她的温雅柔婉，换了另一种笔法，好像是另一个舒晋瑜了："总觉得应该羽扇纶巾，或朱子深衣，才和他骨子里的追求相符，又觉得似乎他从来也没被世俗尘嚣打扰过，不然，何来那些风雅闲散、怡然自得的文章？何来时而与嘉靖年间人'话不投机'，时而又与大明王朝的外国囚犯盖略特'一见如故'？""他沉浸在自己构建的世界中谈笑自若，在时光隧道中穿梭自如，在古今中外辽阔天边的精神视界沉吟梦想。"舒晋瑜为李敬泽画像，基于她对李敬泽深深的理解，换言之，她是由李敬泽的文与人尤其是为文之道提炼生发出来的。李敬泽是以评论集《见证一千零一夜》获得第四届鲁迅文学奖的。读过李敬泽评论文章的人，大都会有一个突出的印象：这是别样的评论文章，既非学院派的架式，也非随感式的招数。他像修道的隐士，偶尔一露，面目迥异。这与李敬泽的文学主张亦即为文之道有关。他认为："新文学以后，我们建构了一个文类传统，规定了小说应该是什么样子，诗歌是什么样子，散文是什么样子——但中国传统中，最根本的是'文'。现在拿出《庄子》让你给它一个现代归类，你一定会抓狂，这是虚构吗？非虚构吗？是小说、散文、论文吗？都是都不是。这些事情，庄子不会想，他所写的只是'文'而已。"这便是《青鸟故事集》被定位为"既是散文评论，也是考据和思辨，更是一部幻想性的小说"的文类注脚了。李敬泽是有意打破文类界限，"从心所欲"的。他的为文之道，为的正是先秦时期的"文道"，这也是他认为唐宋八大家的文章比先秦文章差得很远的原因所在。这让人想起了鲁迅的文学批评文章。看看《中国小说史略》的笔法行文，就更加明白鲁迅的新文学开山人的意义了。山林已启，后来者何以为继？

文学评奖不是体育赛事，没有秒表计时，没有尺子量高。由于标准的难以把握，每一次评奖结果，都会激起不同的声音，尤其是大奖，近年来争议之声更大。舒晋瑜对几位鲁奖评委的采访，让我们略略得知了一些评奖内幕，舒晋瑜的访谈，便有了某种程度的"揭秘"意义。在对吴思敬的采访中，我们得知，首届鲁奖诗歌评委会主任牛汉，"牛"劲上来，顶着"相关领导"要将一部"说教气太浓、诗意不足、总体看来水平不够"的诗集评上的压力，表示"如果一定要这部诗集得奖，我就辞去评委会主任"。我们还得知，在关于于坚是否能获奖争论最激烈的时候，评委韩作荣站起来说了令全体评委震惊的一句话："如果于坚这样重要诗人不能入选，那么这届评奖就没有意义。"老诗人牛汉、韩作荣的刚正让我想到了远去的汉唐气概、魏晋风骨。于坚以最后一名获得此届鲁奖，让人记住的不只是他的诗集，还有韩作荣的铮铮铁言。当舒晋瑜问到"鲁迅奖散文评选中有何遗憾"时，张守仁则为胡冬林的《狐狸的微笑》没有得奖抱憾："这样的一位作家，世界一级的作品没有得奖，我很伤心。"胡冬林岂止是没有获奖，他的作品也没有得到应有的评价和声誉。胡冬林已经去世，他生前被埋没，逝后迄今，也很少读到关于他的作品的评论。张守仁在胡冬林去世后写的一篇文章《我有个亲人在长白山》，可以作为胡冬林的墓志铭了。

评委难当，因为来自方方面面的压力太大。匿名制，实名制，再匿名制……反反复复，力图完善，而完善又着实难求。对评委的要求，可以一条一条列出，最重要的一条，应该是文学良知。失去了文学良知，一切都是空话。从舒晋瑜的访谈中得以窥见的点滴评奖内幕，让我们对评委的辛苦和难处给予莫大的同情，对牛汉、韩作荣等秉持文学良知的评委肃然起敬。作家、诗人、批评家以及评委，从事的不是有关人类灵魂的事业吗？从某种程度、某种意义上讲，社会良知，人类灵魂，也到了亟需抢救的时候了。

基于此，称舒晋瑜的这部文学访谈为"诉诸良知的对话"，应该是贴切的。

（《深度对话鲁奖作家》，舒晋瑜著，人民文学出版社二〇二一年版》）

《读书》编辑部编辑

主管：中国出版传媒股份有限公司
主办、出版：生活·读书·新知三联书店有限公司

总 编 辑：肖启明
副总编辑：常绍民
主编（兼）：
副 主 编：刘蓉林
出版总管：李学平
编 辑：饶淑荣／卫纯
市场经理：张惟
装帧设计：陆智昌／薛宇　印制主管：张雅丽
发行总监：周旭（010）84681050
读者服务电话：（010）84050425　84050451
邮购地址：北京市朝阳区霞光里9号B座
三联生活传媒有限公司　邮政编码：100125

《读书》微信公众号
扫码购买《读书》杂志

投稿邮箱：sdxdushu@vip.sina.com

地址：北京美术馆东街22号
邮政编码：100010
印刷：北京中科印刷有限公司
国内总发行：北京报刊发行局　国内代号：2-275
广告经营许可证号：京东工商广字第0063号
ISSN 0257—0270　CN11—1073/G2

以百年文学经典为镜
照见中国女性的选择和命运

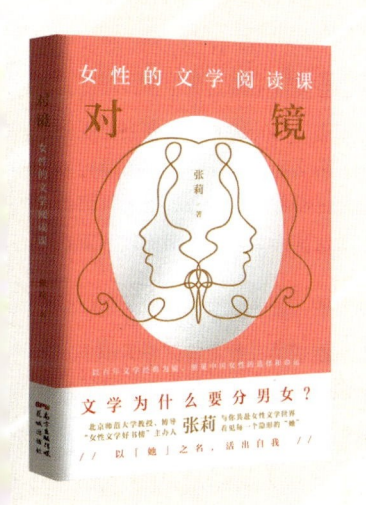

《对镜:女性的文学阅读课》
作者:张莉
ISBN:978-7-5360-9658-5
定价:59.8元
出版时间:2022年3月

怎样做才是真正尊重女性？谁来定义女性美？何为女人的体面？怎样理解女性情谊和互相嫉妒？金钱能否真正衡量爱情？离婚就是被抛弃吗？母亲是否也会被孩子的期待绑架？
……

　　本书是北京师范大学教授、博导，"持微火者·女性文学好书榜"主办人张莉的最新作品。由"自我、困境、关系"三个与女性切身相关的维度入手，精选鲁迅、丁玲、萧红、张爱玲、张洁、冯骥才、铁凝、王安忆、苏童、毕飞宇、迟子建、东西、邵丽、周晓枫、李修文、魏微、乔叶、李娟等多位文学名家，细读22部经典作品。今日女性的困惑，可以在此书找到答案。

法国大革命批判辞典

（全五卷）

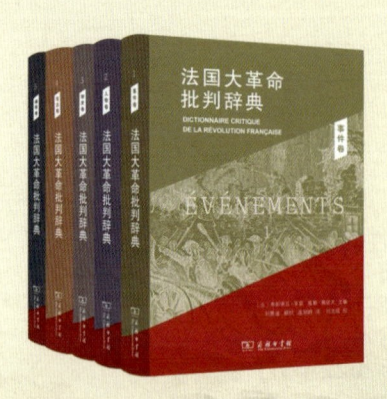

此套书是法国大革命修正派史学的代表作，亦可谓迄今为止大革命史系列的压轴之作。由法国著名历史学家、修正史学代表人物弗朗索瓦·孚雷和莫娜·奥祖夫带领的专家团队，对法国大革命做全面梳理和重新评价。

此书名为辞典，词条为目，但并非简单解释。全书精选105个关键词作为词条，每一词条呈现为一篇长文，极具可读性。辞典共设五卷，分事件、人物、制度、观念、阐释而述之。

[法] 弗朗索瓦·孚雷 莫娜·奥祖夫 主编
申华明 张智 黄艳红 等译
刘北成 校

创造现代世界：英国启蒙运动钩沉

此书带读者领略了17—19世纪初的英国思想世界。通过考察那时的英国人如何理解人性、理性、自然、心灵、性别、幸福、财富追求、改善、进步等问题，作者对英国启蒙运动进行了一场全面的巡礼，展现了思想与观念的变革如何爆发出巨大力量，带动社会各领域急速发展，并最终创造出一个全新的世界。

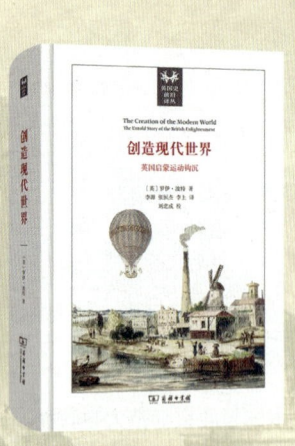

ISBN：978-7-100-20487-3

[英] 罗伊·波特 著
李源 张恒杰 李上 译 刘北成 校
定价：228.00元

官方微信

地址：北京市东城区王府井大街36号 邮编：100710 业务电话：010-65278537，65126429 传真：010-65249763
邮购：040-65258899-9282 网址：www.cp.com.cn